DIE GROSSE

ENZYKLOPÄDIE DER VÖGEL

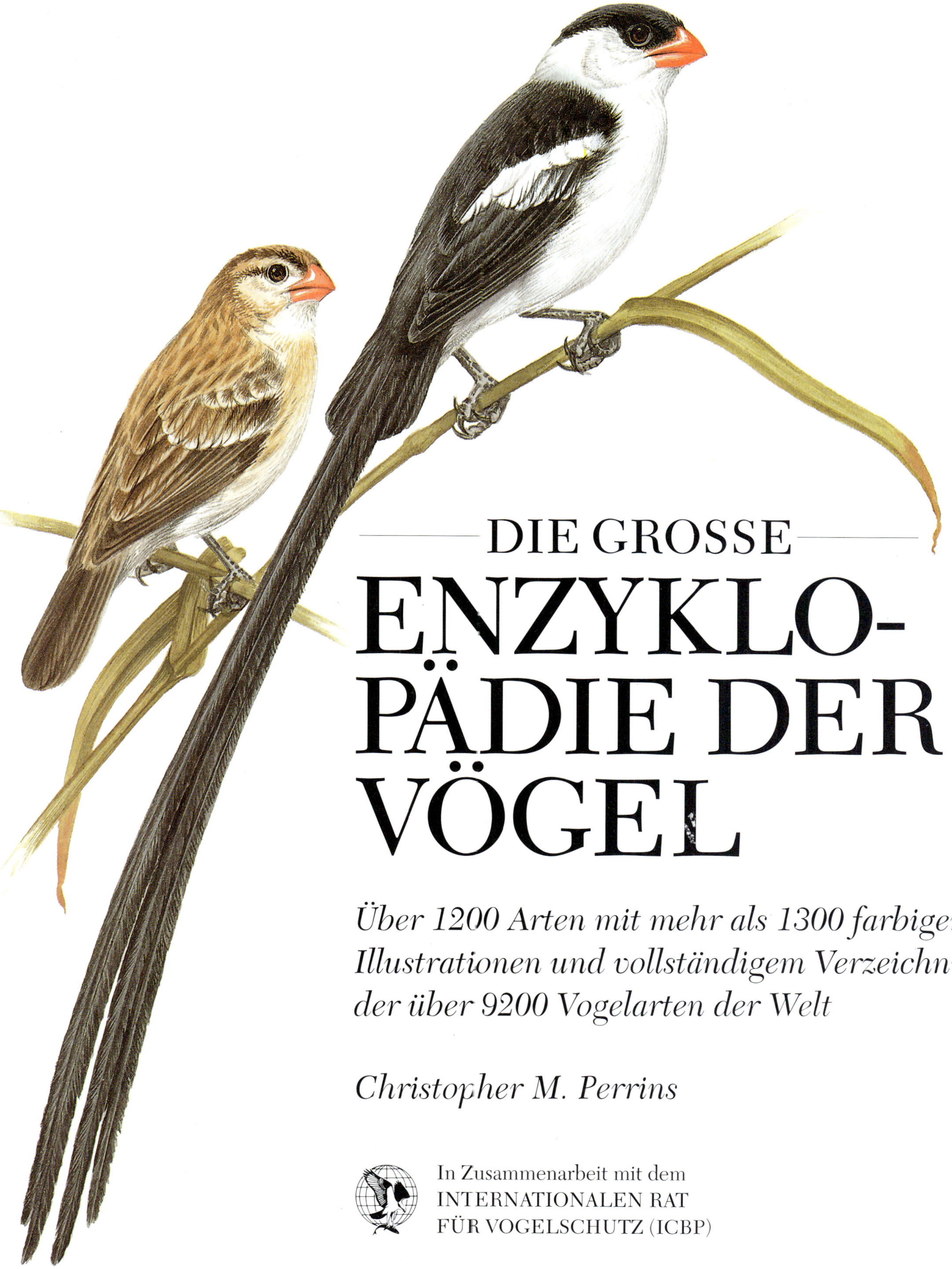

DIE GROSSE

ENZYKLOPÄDIE DER VÖGEL

Über 1200 Arten mit mehr als 1300 farbigen Illustrationen und vollständigem Verzeichnis der über 9200 Vogelarten der Welt

Christopher M. Perrins

In Zusammenarbeit mit dem
INTERNATIONALEN RAT
FÜR VOGELSCHUTZ (ICBP)

ORBIS VERLAG

Die Originalausgabe erschien 1990 unter dem Titel *The Illustrated Encyclopaedia of Birds* bei HEADLINE BOOK PUBLISHING PLC

Die Artenliste wurde erstellt auf der Basis von *A Complete Checklist of the Birds of the World*, 2. Aufl. 1991
erschienen bei Academic Press, London

Leitender Fachberater:
Dr. Christopher M. Perrins, Direktor des Edward Grey Institute of Field Ornithology der Universität Oxford

Fachberater USA:
Dr. Jerome A. Jackson, Professor für Biologie an der Mississippi State University

Fachberater Australien und Asien:
Dr. Hugh Ford, Dozent für Zoologie an der Universität New England, Armidale, Neusüdwales, Australien

Sonderausgabe 1995 Orbis Verlag für Publizistik GmbH, München

Übersetzung: Christine Barthel und Peter H. Barthel, Northeim
Fachredaktion: Peter H. Barthel, Northeim
Computersatz: Limicola Verlag, Northeim
Druck und Bindung: New Interlitho, Mailand
Printed in Italy
ISBN 3-572-00702-X

INHALT

GELEITWORT

Zu allen Zeiten haben Vögel die Phantasie der Menschen in der ganzen Welt angeregt. Ihr Flug, ihre Gesänge, Farben, Verhaltensweisen und Wanderungen gehören zu den beeindruckendsten Wundern der Natur. So ist es traurig, daß von den etwa 9300 in diesem schönen Buch aufgezählten Vogelarten über Tausend von der Ausrottung bedroht sind - durch Verlust ihrer Lebensräume, Raubbau und Gier der Menschen.

In den vergangenen vierhundert Jahren hat unser Planet etwa einhundert Vogelarten verloren. Viele davon bewohnten isolierte Lebensräume, in denen sie den von Menschen eingeschleppten Haustieren weichen mußten. Einige wurden bis zur Ausrottung gejagt. Nur wenige verschwanden als Folge der Zerstörung von Regenwäldern. Doch in den letzten Jahrzehnten hat die Vernichtung von Lebensräumen besonders in den Wäldern und Feuchtgebieten der Tropen so stark zugenommen, daß nun eine erschreckende Vielzahl von Vogelarten vom Aussterben bedroht ist. Das exponentielle Wachstum der menschlichen Bevölkerung, der Verbrauch von Rohstoffen und die Entwertung unserer natürlichen Umwelt sind die Gründe dafür. Obwohl die Welt im Besitz des Wissens und der Möglichkeiten ist, diesen bedrohlichen Trend umzukehren, scheint der Wille dazu zu fehlen. Doch jeder von uns könnte einen Beitrag leisten.

Als Direktor des Internationalen Rats für Vogelschutz (International Council for Bird Preservation ICBP) möchte ich die Leser dieses Buches bitten, sich bei der Lektüre eine Frage zu stellen: Wie würde unsere Welt aussehen, wenn wir tausend der hier behandelten Vogelarten für immer verlieren würden? Im Moment kann man nur vermuten, welche langfristigen biologischen Folgen eine solche Tragödie nach sich zöge. So würden zum Beispiel mit jeder Vogelart etwa 35 Pflanzenarten und ungefähr 90 Insektenarten aussterben, von denen einige vielleicht wichtige Grundstoffe für die Medizin oder genetisches Material zur Züchtung neuer Getreidesorten enthalten könnten. Was das für unsere gesamte Umwelt bedeuten könnte, ist weitgehend unbekannt. Eins ist jedoch sicher: Wir Menschen sind die Ursache für diese Probleme, und nur wir können auch ihre Lösung herbeiführen.

ICBP führt derzeit etwa 60 Forschungsprojekte durch, um Lösungen für die dringlichsten Probleme des weltweiten Vogelschutzes zu finden. Auf der ganzen Welt arbeiten professionelle Naturschützer für ICBP. Zu den Projekten gehören Rettungsaktionen für einzelne Arten, Vorschläge zur Gestaltung von Lebensräumen, erzieherische Maßnahmen und wissenschaftliche Grundlagenforschungen. Ferner unterstützt ICBP die Bildung von Naturschutzgruppen, veröffentlicht Schutzrichtlinien, leitet Schutzkampagnen in den Massenmedien, um auf besondere Probleme aufmerksam zu machen und berät Regierungen und Dienststellen in Fragen der Umweltpolitik. Der Schutz von Kernzonen der tropischen Wälder, Feuchtgebieten und Inseln im Ozean sind zentrale Elemente im Programm von ICBP, dessen Schwerpunkt immer auf einer verträglichen Nutzung der natürlichen Umwelt liegt.

Der Internationale Rat für Vogelschutz, die ihn unterstützenden Organisationen und die individuellen Mitglieder auf der ganzen Welt hoffen, daß die tausend zur Zeit bedrohten Vogelarten überleben können. Um die Lebensqualität auf der ganzen Erde zu erhalten, müssen diese Vögel gerettet werden. Für diese Botschaft kann man sich keine bessere Unterstützung als das vorliegende Buch wünschen.

Dr. Christoph Imboden
Direktor des
International Council for Bird Preservation

Die Welt wird von über 9000 Vogelarten bewohnt, und keine andere Tiergruppe hat bei uns so viel Interesse erweckt wie sie - nicht einmal die Säugetiere, zu denen wir selbst gehören. Ihre Farben, Gesänge und ihre Auffälligkeit machen Vögel nicht nur zu idealen Studienobjekten, sondern auch zum Gegenstand ästhetischer Wertschätzung. Viele kommen im Winter an unsere Futterhäuser und machen es uns leicht, ihr possierliches Wesen zu beobachten. Wenn auch die meisten von uns den Vögeln nur aus reiner Freude zuschauen, haben sich ihnen auch viele Zoologen mit wissenschaftlichen Fragestellungen gewidmet. Die Ergebnisse solcher Untersuchungen haben viel zum Verständnis unserer gesamten Umwelt, zur Systematik, Verhaltensforschung und Ökologie beigetragen.

Durch die zunehmenden durch Menschen bewirkten Veränderungen in unserer Umwelt sind einige Untersuchungen nun plötzlich sehr dringend geworden. Umweltverschmutzung, die Einbringung von Giften, starke Bejagung und vor allem die Zerstörung von Lebensräumen blieben für die Bestände einiger Vogelarten nicht ohne Folgen. Derzeit sind etwa tausend Vogelarten, also mehr als jede zehnte Spezies auf dieser Erde, vom Internationalen Rat für Vogelschutz als bedroht oder gefährdet eingestuft worden.

Wohl mehr als hundert Vogelarten starben aus, seit die Erforschung der Erde ab dem siebzehnten Jahrhundert dokumentiert wurde. Inzwischen wird auch immer klarer, daß schon vor dem Einsetzen wissenschaftlicher Aufzeichnungen, bei der Ausbreitung des Menschen über den gesamten Globus, sehr viele Vogelarten ausgerottet wurden. Dies trifft wohl in besonderem Maße auf die Inseln im Pazifik zu. Zum Beispiel haben schon die Vorfahren der Maoris auf Neuseeland alle Moas ausgerottet - mindestens zwölf Arten.

Um den bedrohten Vögeln die nötige Hilfe leisten zu können, benötigen wir dringend mehr Informationen über ihr Leben und die Ansprüche, die sie an ihre Umwelt stellen. Besonders der Schutz von Lebensräumen gewinnt immer mehr an Bedeutung, da viele Arten ganz bestimmte Umweltbedingungen zum Überleben benötigen. Wenn es uns gelingt, diese Lebensräume zu erhalten, retten wir nicht nur einige bedrohte Vogelarten für die kommenden Generationen, sondern gleichzeitig unzählige andere Tier- und Pflanzenarten, die mit ihnen zusammen leben.

Wir hoffen, daß dieses Buch zum Verständnis eines unersetzlichen Teils unseres natürlichen Erbes beiträgt. Es ist selbstverständlich nicht möglich, alle ca. 9300 Vogelarten in einem Buch zu beschreiben und abzubilden, doch wird jede Vogelfamilie durch typische Vertreter vorgestellt. Wir haben uns auch bemüht, einige ungewöhnliche oder besonders bedrohte Arten mit aufzunehmen. Mehr als 40 Experten und 15 Künstler haben an diesem großen Unternehmen mitgewirkt. Wenn dieses Buch in irgendeiner Weise zum Wachsen des Umweltbewußtseins und zu einer verantwortlicheren Haltung des Menschen gegenüber der Natur beiträgt, haben sich die Bemühungen aller Mitarbeiter gelohnt.

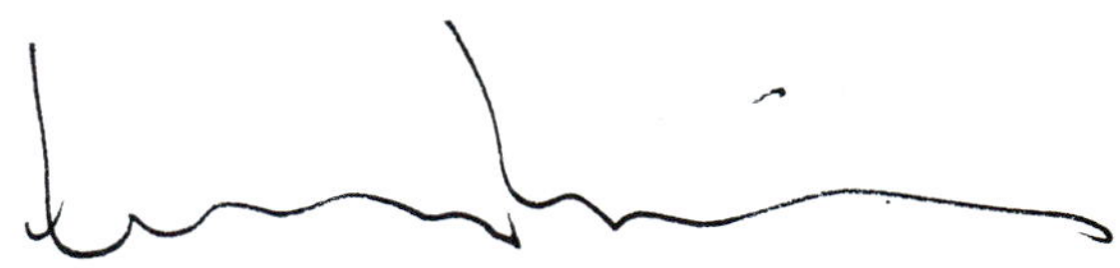

Dr. Christopher M. Perrins
Direktor
Edward Grey Institute of Field Ornithology
University of Oxford

Trotz der bemerkenswerten Vielfalt der Vogelwelt haben alle Vögel in Körperbau und Lebensweise Grundsätzliches gemeinsam. Das herausragendste Merkmal ist ihr Flugvermögen, und der Bau des Körpers wie auch seine Funktionsweisen spiegeln diese Eigenschaften wider.

Das Skelett

Das Vogelskelett ist in vielen Aspekten dem der meisten anderen Wirbeltiere sehr ähnlich aufgebaut, weist aber zugleich einige Besonderheiten auf, die mit dem Flug untrennbar verbunden sind. Man könnte es grob als einen stabilen zentralen «Knochenkörper» mit anhängenden Körperteilen wie Kopf, Hals, Flügeln, Beinen und Zehen umschreiben. Den vorderen Teil bilden, ähnlich wie bei den meisten Säugetieren, die Halswirbel, die in vielen Fällen mit der kurzen Wirbelsäule zu einem stabilen Rückenknochen annähernd verwachsen und nach hinten mit einem verlängerten kräftigen Beckengürtel verbunden sind. Nach unten setzt sich der Knochenkörper in einem massiven Brustbein fort, das, mit Ausnahme der flugunfähigen Vogelarten, einen breiten Kamm trägt, an dem die kräftige Flugmuskulatur ansetzt.

Die abgeflachten Rippenknochen sind nach oben mit den Brustwirbeln und nach unten mit dem Brustbein verbunden und bilden die Seiten des Knochenkörpers. Als besonderes Merkmal, das zu erhöhter Stabilität beiträgt, besitzt jede Rippe einen nach hinten gerichteten Knochenfortsatz, der die nachfolgende Rippe überlagert. Inmitten dieses Knochengerüsts liegen die inneren Organe des Vogels gut geschützt. Das Brustbein ist lang ausgebildet und stabil genug, um die Bauchregion bei einem Sturz oder während eines Kampfes vor Verletzungen zu bewahren.

Vor allem bei tauchenden Wasservögeln, wie zum Beispiel Alken, kann das Knochenskelett schwerer ausgebildet sein, um den Auftrieb des Wassers, der das Tauchen erschweren würde, zu überwinden. Ihr Knochenkörper ist zudem widerstandsfähig genug, um die inneren Organe bei Tauchgängen bis in 50 m Tiefe zu schützen.

Die Flugmuskulatur

Wichtigster Bestandteil der mit dem Skelett verbundenen Muskeln ist die kräftige Flugmuskulatur. Sie besteht aus jeweils zwei Brustmuskeln, die zu beiden Seiten am Kamm des Brustbeins ansetzen.

Der außen liegende Große Brustmuskel (Musculus pectoralis major) ist über kräftige Bänder am innersten langen Flügelknochen, dem Oberarmknochen (Humerus) befestigt und führt den vorantreibenden Abschlag des Flügels aus. Um den Flügel nach dem Abschlag wieder anzuheben, wird weniger Energie benötigt, da die Federn sich beim Aufschlag mitdrehen und dem Luftwiderstand anpassen. Daher ist der für den Aufschlag zuständige Kleine Brustmuskel (M. supracoracoideus) deutlich kleiner ausgebildet. Das Anheben des Flügels wird durch eine Sehne bewirkt, die ähnlich wie ein Flaschenzug funktioniert. Sie führt über das Rabenschnabelbein, durch das Dreiknochenloch und über das Schulterblatt bis zum Humerus, mit dem sie verbunden ist.

Das Flugvermögen

Vögel sind nicht die einzigen Lebenwesen, die fliegen können, aber die einzigen, die ein Federkleid besitzen. Einen Vogel ohne Federn gibt es nicht. Die Federn wachsen aus speziell dafür ausgebildeten Hautzellen und werden aus dem Protein Keratin gebildet, aus dem auch die Schuppen der Reptilien bestehen.

Die Federn erfüllen vielfältige Funktionen. Für die weiche, rundliche Gestalt der meisten Vögel sorgen Struktur und Anordnung des Kleingefieders, das aus sogenannten Konturfedern besteht. Diese Federn erhöhen die stromlinienförmige Gestalt und sind zudem windfest und in vielen Fällen auch wasserundurchlässig. Unter dem Kleingefieder befinden sich Dunenfedern, die für die Erhaltung der Körpertemperatur sorgen. Die Steuerfedern (Rectrices) sind in aller Regel lang, von kräftiger Struktur und unterstützen die Flugstabilität und die Steuerung der Flügel. Beim Landen werden sie zudem als Bremse eingesetzt.

Bis zu einem gewissen Grad können die meisten Federn durch Hautmuskeln bewegt werden, was in besonderem Maße für die Steuerfedern gilt. Den größten Einfluß auf das Flugvermögen eines Vogels haben jedoch die verschiedenen Federn des Flügels. Der Flug selbst hängt von zwei entgegengesetzten Kräften ab: dem Vortrieb und dem Auftrieb. Für den Vortrieb sorgen die Handschwingen, die am äußeren Flügelrand sitzen und von denen in der Regel neun bis elf vorhanden sind. Die Handschwingen sind normalerweise lang, sehr stabil und gleichzeitig biegsam. Sie müssen Luft nach unten und nach hinten drücken, um beim Abschlag den nötigen Vortrieb zu erzeugen, gleichzeitig aber beim Aufschlag die Luft zwischen den einzelnen Federn passieren lassen. Die Handschwingen überlagern einander ähnlich wie die Reihen einer Jalousie, wobei jeweils die schmalere Außenfahne über der breiten Innenfahne der nächst äußeren Feder liegt. Für den Auftrieb, die Kraft also, die der Schwerkraft entgegenwirkt und den Vogel in der Luft hält, sorgen vor allem die inneren Flügelfedern, die Armschwingen und Schirmfedern mit ihren wesentlich kleineren Deckfedern. Diese Federn bilden zwei Tragflächen, deren Oberseite, ähnlich wie bei einem Flugzeug, konkav und deren Unterseite konvex gewölbt ist. Während die äußeren Handschwingen nun im Flug, ähnlich wie ein Propeller, den Vortrieb bewirken, fließt die Luft über die längere Fläche des Oberflügels schneller ab als über die kürzere Fläche des Unterflügels. So entsteht eine Differenz des Luftdrucks. Der schnellere Luftstrom erzeugt einen Unterdruck, dessen Kraft grundsätzlich nach oben gerichtet ist und daher den Auftrieb bewirkt.

Dieses einfache Prinzip wird dadurch etwas komplizierter, daß der Flügel einen gewissen Luftwiderstand erzeugt, der bremsend wirkt und den Vogel nach unten drückt. Damit der Vogel in der Luft bleiben und sich vorwärts bewegen kann, muß die Antriebskraft des Flügelschlags daher immer stärker sein als Luftwiderstand und Schwerkraft zugleich. Die Stärke des Auf- und Abtriebs hängt vom jeweiligen Winkel der Angriffsfläche ab, also dem Winkel des Flügels zum Luftstrom. Bei sehr niedriger Geschwindigkeit oder sehr steilem Winkel der Angriffsfläche können Luftwirbel entstehen, die den Auftrieb mindern oder außer Kraft setzen.

Vogeltopographie

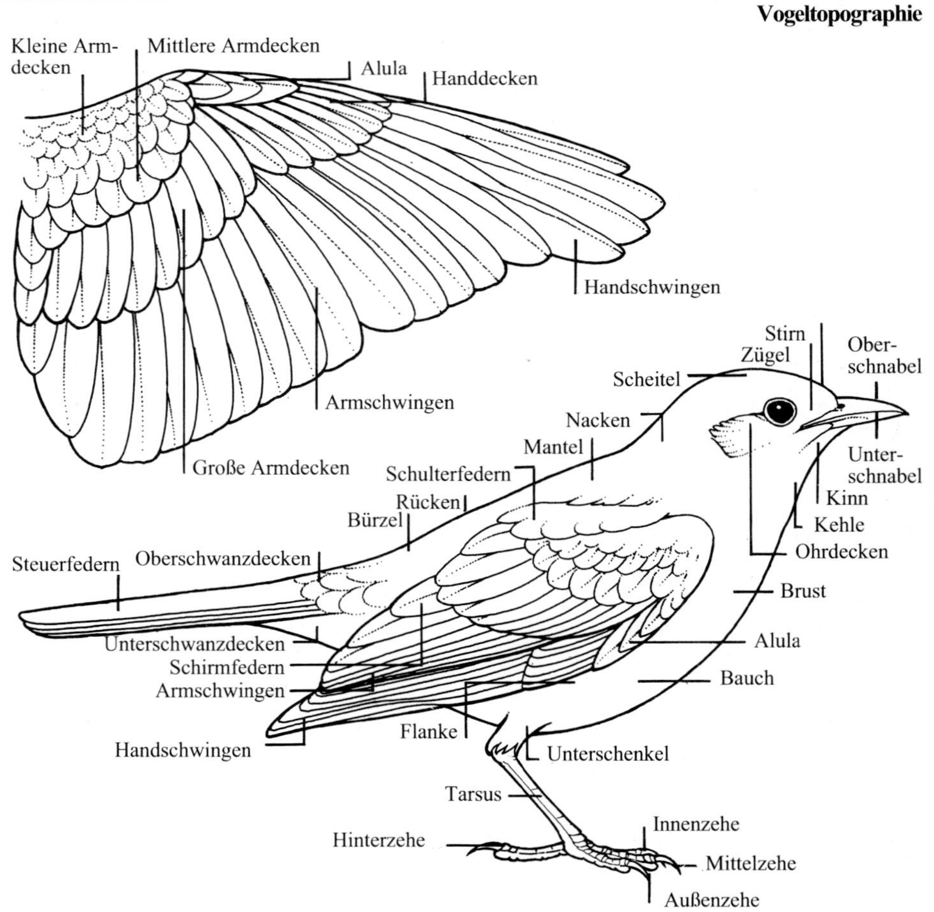

Wie der Vogelflügel funktioniert
Zu den am höchsten entwickelten Flugorganen der Tierwelt gehört der Flügel des Kolibris. Er sitzt in einer Gelenkpfanne und kann praktisch in jede Richtung gedreht werden. Dank dieser speziellen Konstruktion kann der Kolibri vorwärts, seitwärts, auf- und abwärts fliegen, rüttelnd an einer Stelle verharren und sogar rückwärts fliegen. Zum anderen Extrem gehört der Flügel des flugunfähigen Strauß *Struthio camelus*, der stark zurückgebildet ist und vor allem bei der Balz, aber auch als schattenspendender Fächer und beim schnellen Laufen zur Balance eingesetzt wird.

Zwischen den genannten Extremen gibt es unzählige Varianten von Flügelkonstruktionen, die sich als Anpassung an die jeweilige Lebensweise der Vogelart herausgebildet haben - und häufig auch als Grundlage für die Klassifizierung der Arten dienten. Zahlreiche kleine und mittelgroße Singvögel (Passeriformes) besitzen mittellange Flügel, deren Handschwingen eine dreieckige Flügelspitze bilden - eine Form, die für den «allgemeinen Einsatz» zweckmäßig ist. Dagegen sind die schlanken, sichelförmigen Flügel der Schwalben und Segler, dieser hochentwickelten, fluggewandten Luftbewohner, ganz offensichtlich für eine spezialisierte Lebensweise konstruiert. Die breiten und langen Schwingen der Adler und Geier, deren Flügelspitzen häufig tief gefingert sind, ermöglichen mit minimalem Energieaufwand das ausdauernde Segeln in warmen Aufwinden. Zu ganz ähnlichen Ergebnissen führt der lange, schlanke Flügel der Albatrosse und Sturmtaucher unter den speziellen Windverhältnissen, die über dem offenen Meer herrschen. Kurze, runde Flügel mit oft tief gefingerten Flügelspitzen sind zum schnellen Auffliegen bestens geeignet und ermöglichen besonders kurvenreiche Flugmanöver. Sie sind vor allem für die bei Störung sich plötzlich in die Luft erhebenden Hühnervögel und die im Wald zwischen Bäumen jagenden Greifvögel charakteristisch.

Wie das Körperskelett, so müssen auch die Flügelknochen leicht und zugleich widerstandsfähig genug sein, um die ungeheuren Kräfte auszuhalten, die beim Flug entstehen. Bei einigen Vogelarten, wie zum Beispiel Albatrossen und Geiern, sind die langen Knochen innen hohl (pneumatisiert) und, ähnlich einem Speichenrad, mit Verstrebungen stabilisiert. Die Flügel sind mit dem mächtigen Brustskelett verbunden, das sich in Stärke und Konstruktion von dem der meisten Säugetiere stark unterscheidet. Längs der Brustwirbel liegt zu beiden Seiten je ein schmales Schulterblatt, das mit den Wirbeln und den Rippen durch kurze, kräftige Sehnen verbunden ist. Es trifft vorne in einer Gelenkpfanne, in der der Flügel ansetzt, auf das Rabenschnabelbein. Schulterblätter und Rabenschnabelbeine sind über die Brust durch die Gabelbeine (Furcula) miteinander verbunden, die nach unten V-förmig zusammenlaufend auf das Brustbein treffen.

Das Skelett des Flügels ähnelt dem Arm der Säugetiere. Der Oberarmknochen (Humerus), über ein Kugelgelenk mit dem Brustbein verbunden, ist lang und kräftig ausgebildet. Nach außen ist er über den (häufig durch Schulterfedern verdeckten) «Ellbogen» mit den Unterarmknochen Elle (Radius) und Speiche (Ulna) verbunden. An der Elle setzen die Armschwingen an, die für den Auftrieb sorgen. Der äußere Flügelteil, der sogenannte Handflügel, hat sich aus einigen Handwurzel- und Mittelhandknochen (Carpometacarpus), die beim Vogelflügel nur noch teilweise vorhanden und miteinander verschmolzen sind, und dem Zeigefinger entwickelt. An diesen abgeflachten Knochen setzen die für den Vortrieb sorgenden Handschwingen an. Aus dem rudimentären Daumen wächst die Alula, die bei niedriger Geschwindigkeit zur Stabilisierung bewegt wird.

Laufen und Rennen
Aufgrund der herausragenden Flugeigenschaft der Vögel mögen alle anderen Bewegungsweisen zunächst zweitrangig erscheinen, doch trifft dies für einige Vögel, darunter natürlich alle flugunfähigen Arten, keineswegs zu. Einige Arten, wie zum Beispiel Strauß, Emu und Rhea, haben sich auf das schnelle Laufen spezialisiert und zu diesem Zweck eine Veränderung des Vogelbeins entwickelt, die der Beinkonstruktion schnellfüßiger Säugetiere, wie beispielsweise der Pferde, nahekommt. Pinguine besitzen stark verkürzte Beine, um den Wärmeverlust in extremer Kälte so niedrig wie möglich zu halten. Auch bei ihnen sorgen die Flügel für den Vortrieb, werden aber vorwiegend auf und - noch effektiver - unter Wasser wie ein steifes Paddel eingesetzt.

Die große Mehrheit aller Vogelarten besitzt eine kräftige, am Brustbein ansetzende Flugmuskulatur, die einen ganz erheblichen Anteil des Körpergewichts ausmacht (bei einigen Arten bis zu 25 %). Daher liegt der Schwerpunkt des Körpers vor dem Hüftgelenk, an dem die Beinknochen ansetzen. Zum Laufen, Rennen oder Sitzen muß dieses vorgelagerte Schwergewicht ausgeglichen werden, wozu ein kräftiger verlängerter Beckengürtel, eine spezielle Anordnung starker Muskeln und nicht zuletzt die Konstruktion des Beins selbst beitragen.

In seinen Bestandteilen ähnelt das Vogelbein zwar dem eines Säugetieres, unterscheidet sich jedoch erheblich in der Länge der einzelnen Knochen. Der Oberschenkel ist kurz und kräftig und führt von der Hüfte aus fast horizontal nach vorne. Das Knie des Vogelbeins liegt in aller Regel innerhalb des Körpers, und zwar direkt unterhalb des Schwerpunktes.

Was außerhalb des Körpers als vermeintliches Vogelbein erkennbar ist, stellt in Wirklichkeit das Schienbein (verwachsen mit zwei Fußwurzelknochen zum Tibiotarsus) dar. Das sichtbare Beingelenk, das wie ein Knie aussieht, aber in die andere Richtung weist, ist stattdessen das Fersengelenk. Zwischen diesem und den deutlich als solche erkennbaren Zehen liegt ein schlankerer Knochen, der normalerweise mit Schuppen bedeckt, zuweilen aber auch befiedert ist. Es handelt sich hier um den Lauf oder Tarsus, der sich aus ursprünglich zwei Knochen, Tarsus und Metatarsus, zu einem Knochen entwickelt hat. Am Ende des Tarsus sitzen die Zehen, von denen normalerweise drei nach vorne und eine nach hinten ausgerichtet sind. Bei Vögeln einiger weniger Ordnungen sind die Zehen anders angeordnet, doch besitzt keine Vogelart mehr als vier Zehen.

Typisch für das Vogelskelett ist, daß Knie und Fersengelenk sowohl vom Hüftgelenk, als auch vom Boden recht weit entfernt liegen. Sie werden durch die sie umgebenden elastischen Sehnen bewegt und funktionieren in entgegengesetzte Richtungen. Auf diese Weise dienen Bein und Zehen gleichermaßen als Stoßpuffer beim Landen, gleichzeitig aber auch als eine Art Sprungfeder beim Auffliegen.

Flügelformen

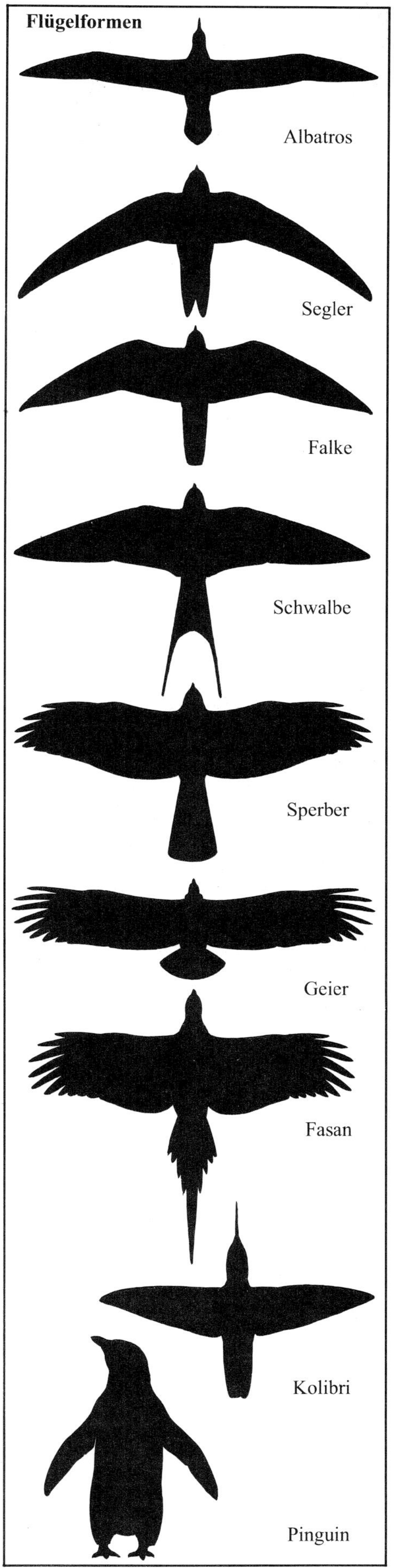

Nahrung und Ernährungsweise
Das Flugvermögen der Vögel hat in Bezug auf die Nahrungsaufnahme eine große Vielfalt und Spezialisierungen ermöglicht, allerdings zu einem bestimmten Preis. Durch die Entwicklung ihrer Flügel haben sie gewissermaßen ihre «Hände» geopfert und damit die Fähigkeit verloren, mit diesen Nahrung zu sammeln und zu sich zu nehmen. Was auch immer die Nahrung eines Vogels ist, er kann sie nur mit Hilfe der Beine, der Zehen und des Schnabels bewegen und aufnehmen. Die unterschiedlichen Techniken, die sich aus dieser Notwendigkeit heraus entwickelt haben, sind ausgesprochen vielfältig und liefern wertvolle Hinweise für die Artbestimmung.

Der Schädel des Vogels besteht aus einem fast kugelförmigen, dünnwandigen Schädelknochen (Cranium), der vergleichsweise große Augenhöhlen aufweist. Unterhalb des Schädelknochens ist der Unterkiefer (Unterschnabel), ähnlich wie bei Reptilien, durch bewegliche Knochenteile, das sogenannte Quadratum, befestigt. An Stelle des einfachen Scharniergelenks der Säugetiere besitzen Vögel ein Doppelgelenk, mit dem sich der Schnabel wesentlich weiter aufsperren läßt. Nur so ist es möglich, daß ein Kormoran einen großen Plattfisch hinunterschlucken oder ein Papageitaucher, der bereits mehrere Fische im Schnabel trägt, noch weitere Beutetiere aufnehmen kann.

Der Oberschnabel ist nicht fest im Schädelknochen verankert, sondern mit der Stirn verbunden. Welche Beweglichkeit durch diese Konstruktion erzeugt wird, demonstriert am anschaulichsten ein Papagei beim Knacken harter Samen. Zudem ist der Schädel mit dem obersten Halswirbel durch ein äußerst bewegliches Kugelgelenk verbunden. Das Zusammenspiel von Kugelgelenk und zahlreichen Halswirbeln bewirkt eine weitaus größere Beweglichkeit des Kopfes, als dies bei Säugetieren der Fall ist.

Schnäbel und Schnabelformen
Die eigentlichen Knochen des Ober- und Unterkiefers bleiben unter den Hornscheiden des Schnabels verborgen. Größe und Form von Knochen- und Hornschnabel stehen in direktem Zusammenhang mit der Nahrung und der Art ihres Erwerbs. Beispiele dafür liefern die kraftvollen Hakenschnäbel der Greifvögel, die langen, schlanken Stocherschnäbel vieler Watvögel, die bananenförmigen Filterschnäbel der Flamingos und die kräftigen konischen oder keilförmigen Schnäbel der Körnerfresser.

Die «Grundausstattung» der Greifvögel ist, unabhängig von der Beutegröße oder dem Anteil von Aas an der Nahrung, immer gleich - ein mächtiger Hakenschnabel und kräftige, mit scharfen Krallen bewehrte Zehen. Meist wird die Beute jedoch nicht mit dem Schnabel, sondern mit den Krallen festgehalten und getötet. Der Schnabel sieht zwar gefährlich aus, ist aber vorwiegend ein Freßwerkzeug. Da Vögel keine Zähne besitzen und nicht kauen können, müssen Greifvögel Fleischstücke aus dem Körper ihrer Beute herausreißen und hinunterwürgen. Wenn es jedoch darum geht, kleine Junge zu füttern, kann selbst der größte Adler winzige Fleischstücke ablösen und dem Jungvogel vorsichtig übergeben.

Nicht alle Fleischfresser tragen Hakenschnäbel oder benötigen Krallen zum Töten. Viele Reiher und Störche sind auf Fische und andere am und im Wasser lebende Tiere spezia-

Verschiedene Schnabelformen: 1 Kolkrabe, 2 Gelbspötter, 3 Dottertukan, 4 Grünspecht, 5 Rotkardinal, 6 Ararauna, 7 Steinadler, 8 Rotschenkel, 9 Riesenkolobri, 10 Stockente, 11 Mittelsäger, 12 Amerikanischer Schlangenhalsvogel

lisiert. Auf hohen Beinen stehen sie langhalsig lauernd im Wasser, um ihre Beute durch einen blitzartigen Speerstoß mit dem dolchförmigen Schnabel zu durchbohren oder zu ergreifen.

Nahrungssuche in Feuchtgebieten
Die große Zahl der Küsten und Feuchtgebiete belebenden Watvögel holt die Nahrung meist tief aus dem Schlamm. Durch Nerven an der Schnabelspitze können sie die unsichtbare Beute identifizieren, während die Biegsamkeit des Vorderschnabels einen pinzettenartig genauen Zugriff erlaubt, ohne daß sie gleich den ganzen Schnabel voller Sand haben. In trockenen Uferbereichen oder auf Sandbänken suchen die Regenpfeifer nach Nahrung. Sie sind recht kurzschnäblig und finden ihre Beute eher mit Hilfe der Augen, als daß sie stochern. Manchmal trippeln sie mit den Füßen, um dadurch versteckte Tiere an die Oberfläche zu locken.

In den schlammigeren Bereichen finden sich Watvögel mit mittellangen Schnäbeln, z.B. der typische Rotschenkel *Tringa totanus*. Mit seinem zugespitzten Schnabel kann er 3-4 cm in den Boden eindringen, gleichzeitig aber auch kleine Tiere von der Oberfläche oder vom Wasser auflesen. Noch weiter entwickelt sind die Uferschnepfen *Limosa limosa*, deren kräftigere Schnäbel bis zu 12 cm tief in den Boden gebohrt werden, und die verschiedenen Brachvögel *Numenius* mit teilweise weit über 15 cm langen, stark abwärts gebogenen Schnäbeln. Sie brüten, wie viele Watvögel, in Mooren und in der Tundra und suchen in feuchtem Untergrund nach Würmern und anderen Wirbellosen.

Entenvögel sind die zweite große Gruppe, die sich ganz an das Leben in Feuchtgebieten angepaßt hat. Unter ihnen bevorzugen die Gänse etwas trockenere Gebiete und zeigen daher lange, sehr biegsame Hälse und kräftige, scharfkantige, keilförmige Schnäbel, mit denen sie Gras rupfen können. Auch viele Enten grasen am Gewässerrand, gründeln aber auch in Flachwasser und Schlamm, um nach Samen und Wasserpflanzen zu suchen. Ein extremes Beispiel ist die Löffelente *Anas clypeata* mit ihrem löffelartig verbreiterten und am Rand mit lamellenähnlichen Hornplatten besetzten Schnabel. Die kräftige Zunge drückt aufgenommenen Schlamm aus dem Schnabel, wobei die kleinen Nahrungspartikel in den Lamellen hängenbleiben. Tauchenten verschwinden dagegen ganz unter der Wasseroberfläche, oft in beträchtliche Tiefen, um dort nach pflanzlicher und tierischer Nahrung zu suchen. Die Säger sind auf den Fischfang spezialisiert und tragen daher an den Schneidekanten des Schnabels kleine Sägezähnchen, mit denen sie glitschige Fische besser festhalten können.

Nahrungssuche an Land
Die meisten kleineren Vögel ernähren sich von Insekten, Früchten oder Samen, wobei sie oft nicht auf einen bestimmten Nahrungstyp festgelegt sind. Typische Insektenfresser sind die Laubsänger und Grasmücken mit feinen, spitzen Schnäbeln zur Aufnahme von Insekten, deren Eiern und Larven aus Baumrinde oder von Blättern. Trotz der angepaßten Schnabelform fressen Grasmücken aber auch regelmäßig Beeren, besonders vor den Zugzeiten, wenn sie schnell größere Fettreserven anlegen müssen. Umgekehrt sind viele von der Schnabelform her eigentlich an Früchte angepaßte Vogelarten in Wirklichkeit Allesfresser. Drosseln nehmen genauso gerne Beeren in den zwar recht kräftigen,

Verschiedene Fußformen: 1 Fasan, 2 Rabenkrähe, 3 Gelbstirn-Blatthühnchen, 4 Grünspecht, 5 Kormoran, 6 Alpenschneehuhn, 7 Bläßhuhn, 8 Haussperling, 9 Harpyie, 10 Graureiher, 11 Strauß

aber auch spitzen Schnabel, wie sie damit auch nach den verschiedensten wirbellosen Tieren suchen.

Obwohl viele Körnerfresser ihre Jungen mit Insekten füttern, damit diese während des Wachstums ausreichend mit Eiweißen versorgt werden, sind sie doch überwiegend Vegetarier. Besonders bei Körnerfressern lassen sich die Vorteile einer Anpassung der Schnabelform an die bevorzugte Nahrung gut studieren. Sie hilft vor allem, eine unnötige Konkurrenz zwischen den Arten um die knapp bemessene Nahrungsgrundlage zu vermeiden, da nicht jeder Schnabel für jeden Samen geeignet ist.

Allein schon seine Größe bestimmt die Einsatzfähigkeit eines Schnabels. An einem Ende der Variationsbreite steht bei uns der Birkenzeisig *Acanthis flammea* mit einem winzigen, an kleine Birkensamen angepaßten Schnäbelchen, am anderen Ende der Kernbeißer *Coccothraustes coccothraustes* mit dem massiven Schnabel, der selbst Kirschkerne knacken kann. Aber es gibt noch feinere Unterschiede, besonders bei verschiedenen Finkenvögeln. Gimpel *Pyrrhula pyrrhula* können mit ihrem rundlichen Schnabel und der pflöckchenförmigen Zunge hervorragend Knospen schälen, um an den nahrhaften Inhalt zu gelangen. Dagegen ist der Schnabel beim Stieglitz *Carduelis carduelis* fast schon pinzettenartig verlängert, um die anderen Finken nicht zugänglichen Distelsamen aus den stacheligen Fruchtständen herausziehen zu können. Eine ganz extreme Anpassung stellen die an der Spitze überkreuzten Schnäbel der Kreuzschnäbel *Loxia* dar, mit deren Hilfe sich die Zapfen von Nadelbäumen bearbeiten lassen.

Männchen und Weibchen

Bei einigen Vogelfamilien sehen die Geschlechter nahezu oder völlig gleich aus, bei anderen gibt es zwischen Männchen und Weibchen mehr oder weniger deutliche Unterschiede. Dann ist das Männchen meist größer und prächtiger gefärbt, während das Weibchen ein schlichteres Gefieder trägt, das während des Brütens auch als Tarnung dient.

Fast alle Vogelarten haben eine bestimmte Brutperiode pro Jahr. Während dieser Zeit besetzen und verteidigen die Männchen Territorien, indem sie singen oder balzen und damit einerseits andere Männchen vertreiben, andererseits Weibchen anlocken. Die Lieder können angenehm wie das melodische Schluchzen und Schlagen der Nachtigall *Luscinia megarhynchos* oder rauh wie das mechanische Gackern des auch Lachender Hans genannten Jägerliests *Dacelo novaeguineae* sein.

Das Balzverhalten von Vögeln ist so vielfältig wie ihre Stimme. Besonders spektakulär ist die Balz bei den Paradiesvögeln und einigen Fasanen. Gerade solche Arten sind oft polygam, da die Männchen mehrere Weibchen in ihre Balzarenen locken und sich mit ihnen paaren. Der Normalfall ist jedoch, daß Vogelpaare für eine Brutsaison, manchmal aber sogar lebenslang, eine Zweierbeziehung eingehen. Die Begattung findet zwar innerlich statt, doch besitzen die Männchen (mit Ausnahme der Flachbrust- und Entenvögel) keinen langen Phallus, sondern nur eine ausstülpbare Samenrinne am unteren Kloakenrand. Sie wird in die dann gleichfalls hervortretende Eileiteröffnung in der Kloake des Weibchens gepreßt.

NESTTYPEN

Kein Nest
Kaiserpinguin
Aptenodytes forsteri

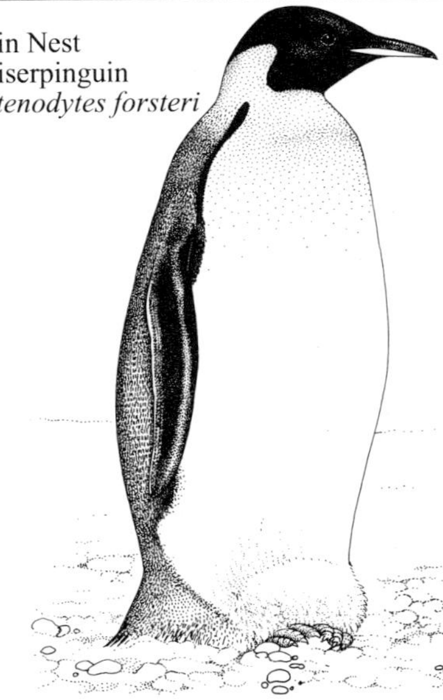

Bodenmulde
Zwergseeschwalbe
Sterna albifrons

Nest in Vegetation versteckt
Feldlerche
Alauda arvensis

Schwimmendes Nest
Haubentaucher
Podiceps cristatus

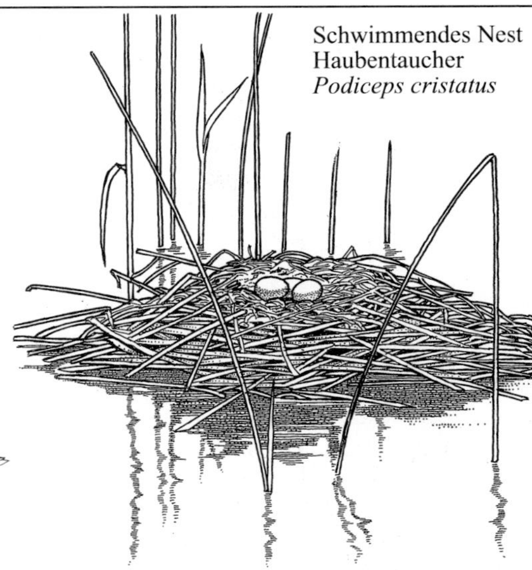

Selbstgegrabene Niströhre
Eisvogel
Alcedo atthis

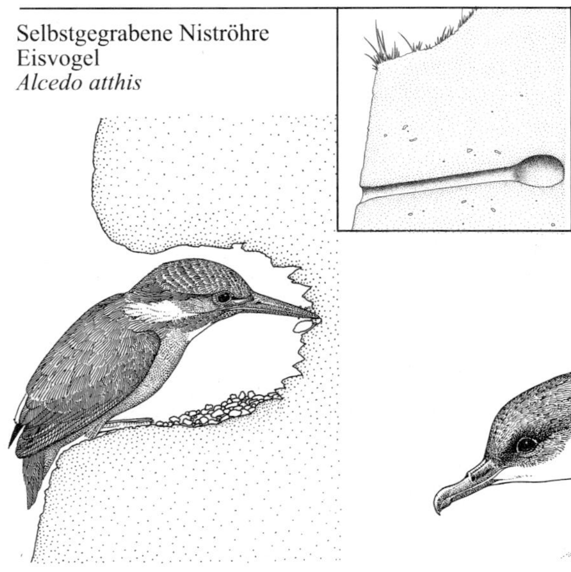

Verlassener Kaninchenbau
Schwarzschnabel-Sturmtaucher
Puffinus puffinus

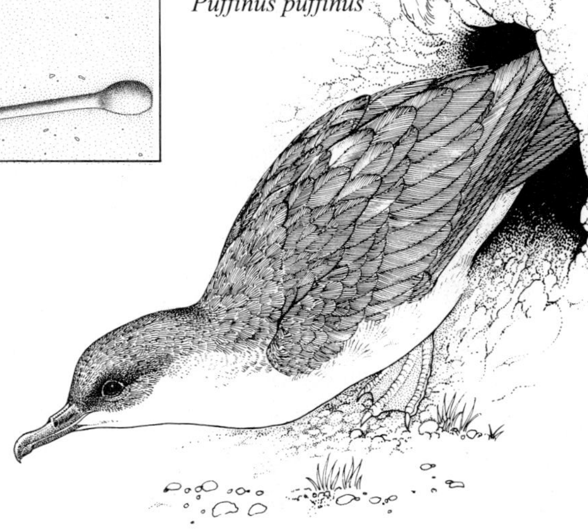

Nackter Klippenvorsprung
Trottellumme
Uria aalge

Speichelnest an Felsen
Weißnestsalangane
Aerodramus fuciphagus

Getrockneter Schlammkegel
Zwergflamingo
Phoeniconaias minor

Zusammengenähte Blätter
Rotschwanz-Schneidervogel
Orthotomus sericeus

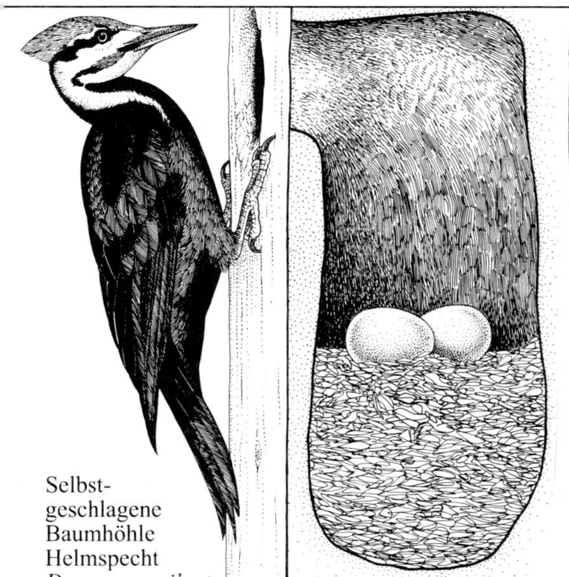

Selbstgeschlagene Baumhöhle
Helmspecht
Dryocopus pileatus

Selbstgeschlagene Baumhöhle
Doppelhornvogel *Buceros bicornis*

Eier und Eiablage

Die Flugfähigkeit hat es den Vögeln zwar ermöglicht, die verschiedensten ökologischen Nischen auszufüllen und mannigfaltige Lebensformen hervorzubringen, doch zog dieser Vorteil auch einige Einschränkungen nach sich. Bei der nötigen Kombination aus Kraft und Leichtigkeit wären langsam heranwachsende und immer schwerer werdende Föten, wie Säugetiere sie austragen, das Überleben des Weibchens gefährdende Belastungen. Es wäre körperlich überfordert, da seine Muskelkraft und sein Skelett zum Tragen nicht ausreichen würden und die Sauerstoffversorgung der Embryonen nicht gewährleistet wäre.

Daher produzieren Vögel durch Schalen geschützte Eier, meist in schneller Reihenfolge. Jedes Ei wird abgelegt, bevor das nächste zur vollen Größe herangewachsen ist, damit die vom Weibchen zu tragende Last nicht zu schwer wird. In der Regel werden die Eier in Nester gelegt, wo sie von den Eltern während der Bebrütung schnell verlassen werden können, wenn diese ihr eigenes Leben retten müssen. Darüber hinaus kann das Weibchen weiterhin ein recht normales Leben führen und jederzeit vor Feinden flüchten, ohne wie viele große Säugetiere durch eine Schwangerschaft erheblich behindert zu sein. Doch auch diese Methode bringt wieder Nachteile mit sich. Der Verlust von Eiern durch ungünstige Wetterbedingungen oder Feinde kann so hoch sein, daß mehr als die Hälfte der Brutversuche erfolglos bleibt. Meist werden dann jedoch schnell Ersatzgelege produziert.

Das Verhältnis zwischen der Größe der Vögel und der Größe ihrer Eier ist nicht immer gleich. Ein Grund dafür ist, daß einige Arten nur ein Ei legen, andere aber über 15 in ein Nest oder gar während einer Saison nacheinander mehrere Gelege aus jeweils 4-5 Eiern bebrüten. Die Eier kleiner Vögel sind meist relativ größer. Ein einziges Ei einer Meise wiegt beispielsweise 8-10 % des Körpergewichts des Weibchens, bei kleineren Sturmschwalben oder Regenpfeifern macht es gar 25 % aus. Der Strauß legt zwar ein gewaltiges Ei mit einem Volumen von über zwei Litern und einem Gewicht von 1400 Gramm, was aber gerade einem Prozent des weiblichen Körpergewichts entspricht.

Die Eier werden im Ovar gebildet und wandern befruchtet durch den Eileiter, wo sie mit energiereichem Eiweiß und schließlich mit einer Kalkschale umgeben werden. Diese wird kurz vor der Ablage mit Pigmenten gefärbt, wobei pastellartige braune, graue, blaue und grüne Grundtöne am häufigsten auftreten. Zusätzliche Kritzel, Punkte oder Flecke in Braun oder Schwarz sind häufig spiralförmig ausgebildet, da sich das Ei auf seinem Weg zur Kloake dreht.

Grundfärbung und Musterung der Eier erfüllen meist eine wichtige Tarnfunktion, denn sie sind dem Nestuntergrund angepaßt. Dies wird besonders bei den am Strand in einer kleinen Bodenmulde brütenden Seeschwalben und einigen Watvögeln deutlich, deren Eier kaum zu entdecken sind. Die bei jedem Ei individuelle Musterung erlaubt es den Eltern von in dichten Kolonien brütenden Arten auch, ihr eigenes Gelege wiederzufinden. Die meisten Höhlenbrüter haben dagegen rein weiße Eier. Hier wäre eine Tarnung überflüssig, und zudem sind sie im Dunkel der Nisthöhle für den Altvogel auch leichter zu sehen, wenn er sich zum Brüten auf ihnen niederlassen möchte.

Die Vielfalt der Nester

Die verschiedenen Nestformen lassen sich grob einzelnen Vogelgruppen und ihren Lebensräumen zuordnen. Die einfachste Möglichkeit ist es, die Eier auf den nackten Boden zu legen. Dort sind sie theoretisch für Nesträuber frei zugänglich, doch läßt sich diese Gefahr auf zwei Wegen umgehen. Lummen legen ihre Eier auf Vorsprünge steiler Felsklippen an der Küste, wo sie nur für fliegende Vögel, aber nicht für Säugetiere erreichbar sind. Bei anderen Arten sind die Eier (und später die Küken durch ihr Dunenkleid) durch ihre Färbung so gut an die Umgebung angepaßt, daß sie nahezu unsichtbar sind. Nester von Watvögeln fallen in diese Kategorie und wirken auf den ersten Blick wie einfache Bodenmulden. Sieht man jedoch genauer hin, erkennt man viele kleine Bruchstükke von Muscheln, Zweiglein oder kleine Steinchen, mit denen der Nestrand verziert ist.

Dieser einfache Nesttyp wurde von anderen Watvogel-Arten, Möwen und Entenvögeln weiter verfeinert. Abgestorbene Pflanzen und Treibgut werden zu einem kleinen Kegel angehäuft, auf dessen Spitze eine flache Mulde das Gelege birgt. Kormorane, Tölpel und andere auf Klippen brütende Arten bauen ihr Nest nach diesem Schema eher breit als hoch, bei vielen Entenvögeln und Möwen, die nahe am Wasser brüten, kann es aber zu einer recht hohen Pyramide geraten, um es vor Überflutung zu sichern; besonders massiv ist es bei Schwänen und Kranichen. Eine logische Weiterentwicklung ist das aus toten Pflanzenstengeln gebaute schwimmende Nest vieler Sumpfseeschwalben und Lappentaucher.

Sehr oft werden napfförmige Nester angelegt, wie sie besonders bei den kleinen und mittelgroßen Singvögeln weit verbreitet sind. Die Eier, später auch die Jungvögel, liegen am Boden des Napfes, wo sie vor Wind und den Blicken eventueller Feinde geschützt sind. Die Nester sind meist aus kleinen Zweigen und Halmen gebaut und fest zwischen Zweigen oder in Astgabeln verankert. Innen sind sie mit feinerem Material wie Gras oder Würzelchen ausgekleidet und oft zur besseren Isolation mit Haaren oder Federn gepolstert.

Eine Weiterentwicklung sind die überdachten Nester mit noch größerer Wärmeisolation und besserem Schutz vor unerwünschtem Einblick. Das kugelförmige Nest der Schwanzmeise *Aegithalos caudatus* ist aus Spinnweben, Haaren und Federn gebaut, außen mit Flechten getarnt und sogar flexibel, denn es dehnt sich mit zunehmendem Wachstum der Jungvögel immer weiter aus. Eine ähnliche Schutzfunktion haben die Nester der Schwalben, die aber aus kleinen Lehmklumpen mühsam erbaut sind und eine ganz andere Struktur aufweisen. Oft haben sie die Form einer Halbkugel und werden an Felsen oder menschlichen Bauten befestigt und bei einigen Arten sogar mit einem langen Eingangstunnel versehen.

Angehörige der verschiedensten Familien und Ordnungen, z.B. Meisen, Tauben, Krähen und Eulen, nutzen den natürlichen Schutz von Höhlen in Bäumen, Felsen oder Gebäuden, um ihre Nester anzulegen. Andere graben sich ihre eigenen Höhlen in Steilufer, wie es die Eisvögel, Bienenfresser oder Uferschwalben tun. Spechte sind hervorragend an das Schlagen von Nisthöhlen in Baumstämme angepaßt, und ihre verlassenen Behausungen werden später gerne von anderen Vogelarten bewohnt.

Die höchstentwickelten Nester finden sich

1 Fischadler, 2 Schleiereule, 3 Kiebitzregenpfeifer, 4 Bronzeflügel-Rennvogel, 5 Kleiner Göttervogel, 6 Streifendommel, 7 Schwarzhalstaucher, 8 Blaustirn-Blatthühnchen, 9 Kapkrähe, 10 Kuckuck (im Nest vom Drosselrohrsänger), 11 Drosselrohrsänger, 12 Kuckuck (im Nest vom Wiesenpieper), 13 Wiesenpieper, 14 Rabengeier, 15 Wanderfalke, 16 Weißkehlhäherling, 17 Schwarzrücken-Cistensänger, 18 Grausaltator, 19 Chilesteißhuhn

bei tropischen Vögeln als fast schon künstlerische Strukturen, die nur mit Hilfe von Schnabel und Beinen erstellt werden. Auch hier dienen sie vorwiegend dem Schutz vor Nesträubern, zu denen in den Tropen vermehrt Schlangen und Eidechsen zählen. Die zu den Stärlingen gehörenden Stirnvögel und Kassiken in Südamerika weben hoch in Bäumen flaschenförmige Nester mit trompetenartigen Eingangsröhren. Einige afrikanische Nektarvögel hängen ihr Nest an dünnen Webfäden auf. Die vielfältigsten und erstaunlichsten Nesttypen finden sich bei der Familie der Webervögel im tropischen Afrika und Asien.

Bebrütung der Eier
Die Bebrütungszeit bis zum Schlüpfen der Jungen kann bei Kleinvögeln 9 bis 11 Tage dauern, bei Kiwis und sehr großen Arten wie z.B. Albatrossen bis zu 90 Tage. Je kleiner ein Vogel ist, desto kürzer ist in der Regel die Bebrütungszeit. Meist beginnt sie erst, wenn das Gelege vollständig ist, doch fangen besonders Greifvögel schon nach Ablage des ersten Eies mit der Bebrütung an. Kleinvögel legen meist ein Ei pro Tag, bei größeren Arten betragen die Intervalle zwei bis vier Tage.

Die Weibchen der meisten Arten zeigen einen sogenannten Brutfleck, der meist auch bei Männchen solcher Arten vorhanden ist, bei denen sich beide Geschlechter an der Bebrütung der Eier beteiligen. Dabei handelt es sich um eine federfreie, faltige Hautstelle auf Brust und Bauch, die stark von Blutgefäßen durchzogen ist und die Eier während der Entwicklung mit der nötigen Wärme versorgen soll. Bei vielen Seevögeln, z.B. bei Tölpeln, fehlt der Brutfleck. Sie bedecken die Eier mit den Schwimmhäuten zwischen den Zehen. Kaiserpinguine *Aptenodytes forsteri* und Königspinguine *A. patagonicus* leben in extremer Kälte und legen sich ihr einziges Ei während der Bebrütung auf die Füße, um es vom darunterliegenden Eis zu isolieren. Von oben bedecken sie es mit einer fettreichen und kräftig durchbluteten Hautfalte.

Bei kleineren Vögeln schlüpfen die Jungen eines Geleges meist innerhalb von 24 Stunden, bei größeren Arten, die bereits bei Ablage des ersten Eies mit der Bebrütung beginnen, können zwischen dem Schlüpfen des ersten und des letzten Jungvogels mehrere Tage liegen.

Heranwachsen der Jungvögel
Bei den Singvögeln und einigen anderen Gruppen sind die gerade geschlüpften Jungen nackt, blind und hilflos. Bis sie voll befiedert sind und das Nest verlassen können, sind sie auf Schutz, Wärmezufuhr und Nahrung durch die Eltern angewiesen. Die Jungen sitzen bei kleinen Vögeln etwa 14 Tage, bei Greifvögeln manchmal mehrere Monate, bei Albatrossen fast ein Jahr im Nest. Sie werden daher Nesthocker genannt und bleiben oft auch nach Erreichen der Flugfähigkeit noch mehrere Tage bis mehrere Monate unter der Obhut der Eltern.

Bei Entenvögeln, Watvögeln, Möwen und einigen anderen Gruppen tragen die Küken schon beim Schlüpfen ein wärmendes und tarnendes Dunenkleid. Wenn es nach einigen Stunden getrocknet ist, verlassen die Jungen auf ihren schon überproportional gut entwickelten Beinen das Nest. Ihre Augen sind bereits offen, und sie können meist sofort selbständig mit der Nahrungsaufnahme beginnen. Solche Nestflüchter werden von den Eltern oft lediglich bewacht und geführt, bis sie fliegen können.

Sperber: Küken mit Dunen und geöffneten Augen, bleiben aber von den Eltern gefüttert und gewärmt mehrere Wochen im Nest.

Heckenbraunelle: Küken blind, nackt und hilflos, aber schnell heranwachsend. Ein typischer Nesthocker.

Schwarzkehl-Honiganzeiger: Jungvogel tötet mit seinem Hakenschnabel das Küken der Gasteltern (Grünstirnspinte). Verschiedene Vogelfamilien haben unabhängig voneinander den Brutparasitismus entwickelt, z.B. Kuckucke.

Brautente: Gleich nach dem Schlüpfen springen die befiederten Dunenjungen aus der Baumhöhle und laufen ans Wasser, von den Eltern geführt und bewacht. Ein typischer Nestflüchter.

Vögel haben sich, wie auch einige Fossilfunden beweisen, aus den Sauriern entwickelt. Tatsächlich war der älteste bekannte Vogel, *Archaeopteryx lithographica*, einem Reptil so ähnlich, daß einige Knochenfunde anfangs Reptilien zugeordnet wurden. Die Vorfahren der Vögel waren agile, eidechsenähnliche Tiere, die schnell auf den Hinterbeinen liefen, die kürzeren Vorderextremitäten dabei über dem Boden hielten und den langen, angehobenen Schwanz zum Balancieren benutzten.

Archaeopteryx hatte etwa die Größe einer langschwänzigen Taube und lebte vor ungefähr 140 Millionen Jahren im Erdzeitalter des Jura. Alle sieben bekannten Funde stammen aus dem Solnhofer Plattenkalk der Fränkischen Alb in Bayern und zeigen um das Skelett herum Abdrücke der Federn. Selbst die vielen Schwanzwirbel waren mit langen Federpaaren besetzt. Der lange Schwanz läßt vermuten, daß der Flug noch etwas unbeholfen war. Bei heutigen Vögeln sind die wenigen Schwanzwirbel zu einem kurzen Pygostyl verwachsen, auf dem die Steuerfedern an einer Stelle ansetzen, was die Manövrierfähigkeit erheblich verbessert. Dennoch war *Archaeopteryx* wohl auch zum kraftvollen Streckenflug fähig, denn Anzahl, Form und Position der Flügelfedern lassen große Ähnlichkeit zu heutigen Vögeln erkennen.

Wie *Archaeopteryx* selbst entstanden ist, konnte noch immer nicht ganz geklärt werden, doch lebten seine eidechsenähnlichen Vorfahren wahrscheinlich auf Bäumen. An den Hinterbeinen trug er wahrscheinlich eine Zehe, die wie bei heutigen Vögeln nach hinten gewendet war. Sie fehlt Eidechsen und hat sich vielleicht entwickelt, um das Festhalten an Ästen zu erleichtern. Einmal auf die Bäume gelangt, war es sicherlich auch von Vorteil, längere Vordergliedmaßen, wie *Archaeopteryx* sie auch zeigt, zu entwickeln, um nach entfernteren Zweigen greifen zu können. Die einfachen Zähne, ein Merkmal von Eidechsen, deuten darauf hin, daß die Vorfahren des Urvogels vorwiegend Insektenfresser waren.

Es ist auch unbekannt, wie sich die Federn entwickelt haben. Da sowohl die Schuppen der Reptilien, als auch Vogelfedern aus der Substanz Keratin bestehen, ist ein Zusammenhang naheliegend. Wahrscheinlich sind die ersten Federn am Hinterrand der Vordergliedmaßen entstanden, um den Gleitflug von Ast zu Ast zu ermöglichen. Beim Übergang zur Warmblütigkeit, einem großen und für aktive Arten sehr vorteilhaften Evolutionssprung, wurden sämtliche Schuppen in ein isolierendes Gefieder umgewandelt.

Waldbewohnende Tierarten, besonders die kleineren mit hohlen Knochen, wurden nur selten versteinert gefunden, so daß es kaum Fossilfunde von Vögeln gibt. Man weiß also nicht nur über die Vorfahren von *Archaeopteryx* sehr wenig, sondern auch über seine direkten Nachkommen. Aus den nächsten 50 Millionen Jahren der Evolution gibt es kaum Fossilien. Zu den Ausnahmen gehören *Enaliornis* aus der Unterkreide, ein flugunfähiger Taucher mit Zähnen, der gleichfalls taucherähnliche *Hesperornis* aus der Oberkreide und die flugfähige Kreidemöwe *Ichthyornis*. Alle drei waren offenbar über lange Zeit wesentliche Bestandteile der Fauna. Im späten Eozän vor etwa 55 bis 50 Millionen Jahren entstanden besonders viele Vogelarten, deren Fossilien weitgehend schon den noch heute existierenden Familien zugeordnet werden können.

Wissenschaftliche Vogelnamen

Es ist aus verschiedenen Gründen sinnvoll, Lebewesen genau zu klassifizieren. Dadurch kommt etwas Ordnung in die enorme Vielfalt der Natur und es wird leichter, verwandtschaftliche Beziehungen zwischen den verschiedenen Gruppen und Arten sichtbar zu machen. Zudem bekommt jede Tier- und Pflanzenart einen international anerkannten wissenschaftlichen Namen, der auf der ganzen Welt verstanden wird.

Sobald eine Art erstmals beschrieben wird, wird ihr gleich ein wissenschaftlicher Name verliehen. So heißt die Schleiereule *Tyto alba* (Scopoli, 1769). Der erste Teil dieser lateinischen Bezeichnung beginnt immer mit einem Großbuchstaben und benennt die Gattung, wird also von mehreren nahe verwandten Arten getragen. So gehören viele Möwen zur Gattung *Larus* und viele Drosseln zu *Turdus*. Der zweite Teil des Namens beginnt immer mit einem kleinen Buchstaben und bezeichnet die genaue Art. Er darf also in dieser Kombination nur einmal vergeben werden und sagt oft etwas über das Aussehen oder die Eigenschaften dieser Art aus (lateinisch *alba* heißt «weiß»). Bei anderen Gattungen, zu denen gleichfalls helle Vögel gehören, kann das *alba* erneut auftauchen, z.B. beim Afrikanischen Löffler *Platalea alba* oder beim Sanderling *Calidris alba*, aber selbstverständlich nicht noch einmal in Kombination mit dem Gattungsnamen *Tyto*. Diese Art der Benennung wird binominales oder binäres System genannt und geht auf Carl von Linné zurück.

Der Zusatz Scopoli und die Jahreszahl 1769 geben an, welche Person dem Tier in welchem Jahr seinen Namen verliehen hat. Manchmal hat ein Systematiker, wie im vorliegenden Fall, das Tier ursprünglich zu einer anderen Gattung gestellt, unsere Schleiereule also zu den Käuzen *Strix* statt zu *Tyto*. Um die nachträgliche Umbenennung der Gattung zu verdeutlichen, wird sein Name dann in Klammern gesetzt.

Streng genommen, bilden alle vier Bestandteile den exakten wissenschaftlichen Namen, doch gibt es in der Praxis zahlreiche Abweichungen. Manchmal wird als zusätzliche Information noch angegeben, im welchem Buch (z.B. in der 1758 erschienenen 10. Auflage von Carl von Linnés «Systema Naturae») oder in welcher wissenschaftlichen Zeitschrift die erste Beschreibung veröffentlicht wurde. Meist, wie auch in diesem Buch, beschränkt man sich aber auf den zweiteiligen wissenschaftlichen Gattungs- und Artnamen, der völlig ausreicht, eine Art exakt zu definieren. Neben der wissenschaftlichen Bezeichnung gibt es für viele Tier- und Pflanzenarten auch deutsche Namen, die aber oft nicht eindeutig und einheitlich sind.

Sind die Arten einmal benannt, ist der nächste Schritt, sie in eine verwandtschaftliche Beziehung zueinander zu setzen. Angehörige einer Gattung sind miteinander natürlich näher verwandt als mit Arten anderer Gattungen. Einander nahestehende Gattungen werden wiederum zu Familien zusammengefaßt, ähnliche Familien zu Ordnungen. Sämtliche Vogelordnungen bilden gemeinsam die Tierklasse der Vögel. Ein Beispiel für dieses hierarchische System wird rechts gegeben.

Nach dieser Methode entsteht ein sich immer weiter verzweigender Stammbaum der Vögel. Selbst wenn man über eine bestimmte Art nichts weiß, kann man aus ihrer Stellung im natürlichen System einige Informationen ableiten: Bei der Schleiereule erfährt man, daß sie zu den Eulen gehört, also vermutlich nachts nach Tieren jagt, weiße Eier legt und in Höhlen brütet, wie es für die meisten Eulen typisch ist.

Art und Unterart

Die Art oder Spezies ist die wichtigste taxonomische Einheit, und jeder weiß ungefähr, was unter diesem Begriff zu verstehen ist. Der Steinadler *Aquila chrysaetos* ist eine Art, die sich von der Schleiereule unterscheidet, welche wiederum eine andere Art als die Silbermöwe *Larus argentatus* ist. Dennoch ist es sehr schwierig, eine genaue Definition dafür zu finden. Man könnte sagen, daß eine Art aus Gruppen sich tatsächlich oder möglicherweise miteinander fortpflanzender natürlicher Populationen besteht, die von vergleichbaren Gruppen genetisch isoliert ist, sich mit ihnen also nicht kreuzt. Das bedeutet, daß sich alle Steinadler miteinander fortpflanzen können, dies aber nicht mit anderen Adlerarten tun.

Nun leben Steinadler nicht nur in Europa, sondern auch in Nordamerika. Der dazwischen liegende Atlantik verhindert, daß sie sich begegnen und miteinander paaren können. Würde man die geographische Isolation aufheben, beispielsweise bei einem in Gefangenschaft gehaltenen Paar, würden sie nicht nur möglicherweise, wie in der oben gegebenen Definition, sondern wohl auch tatsächlich miteinander brüten, denn sie gehören zur selben Art. Leider sind die Verhältnisse nicht immer so eindeutig, und Taxonomen müssen ihre Entscheidungen manchmal nach anderen Kriterien fällen, denn es ist kaum möglich, mit allen Vogelarten Kreuzungsexperimente durchzuführen. So kommt es, daß in verschiedenen Büchern auch oft verschiedene Anzahlen von Vogelarten angegeben werden, je nachdem, welcher Auffassung sich ein Autor angeschlossen hat.

Bei einigen Vogelarten mit sehr weiter Verbreitung treten zwischen den Angehörigen verschiedener geographischer Populationen leichte Unterschiede in der Färbung, Größe oder Stimme auf. Wo sie aufeinander treffen, brüten sie jedoch zusammen, gehören also derselben Art an. Solche auf eine bestimmte geographische Region beschränkten Gruppen von Populationen, die sich von Angehörigen derselben Art aus anderen Regionen mehr oder weniger deutlich abgrenzen lassen, werden als Unterarten oder Subspezies bezeichnet. Um sie zu kennzeichnen, wird an den binären wissenschaftlichen Namen noch eine dritte Bezeichnung angehängt. Unsere europäische Rauchschwalbe heißt demnach *Hirundo rustica rustica*, während die unterseits rötlichere nordamerikanische Unterart *Hirundo rustica erythrogaster* genannt wird.

REICH:	Tierreich (alle Tiere)
STAMM:	Chordata (alle Tiere mit dem Stützorgan Chorda)
UNTERSTAMM:	Vertebrata (alle Wirbeltiere)
KLASSE:	Aves (alle Vögel inkl. der fossilen Zahnvögel)
UNTERKLASSE:	Neornithes (alle heutigen Vögel)
ORDNUNG:	Strigiformes (alle Eulen)
FAMILIE:	Tytonidae (Schleiereulen)
GATTUNG:	*Tyto* (Schleiereulen)
ART:	*alba* (die Schleiereule)

Die Entstehung von Arten
Die Ökologie lehrt, daß zwei Arten nicht nebeneinander leben können, wenn sie exakt dieselben Umweltansprüche stellen. Unter dem Aspekt der Evolution betrachtet hat dies zur Konsequenz, daß die Ausbildung möglichst vieler verschiedener Arten sinnvoll ist, um alle sich bietenden ökologischen Nischen auszunutzen. Aus einer Stammart können also spezialisierte neue Arten entstehen.

So können einzelne Individuen einer Art, während des Zuges vom Wind verdriftet, auf einer bislang unbesiedelten Insel landen, wo sie sich unabhängig von den übrigen Artgenossen in Anpassung an die speziellen Umweltbedingungen der Insel weiterentwickeln.

In Nordamerika und Europa sind während der Eiszeiten viele neue Arten entstanden. Vögel mußten die von Gletschern überdeckten Lebensräume verlassen und in Amerika an die Küsten, bei uns entweder nach Südwest- oder nach Südost-Europa ausweichen, so daß Angehörige einer Art in jeweils zwei Gruppen getrennt wurden. Nachdem das zurückweichende Eis die ursprünglichen Lebensräume wieder freigegeben hatte, kehrten auch die Vögel zurück, und die zuvor getrennten Populationen trafen wieder aufeinander. Während der langen Isolation hatten sie sich unabhängig voneinander in Anpassung an die neuen Lebensräume mehr oder weniger verändert. Nun gab es vier Möglichkeiten, aufeinander zu reagieren.

Die Vögel konnten sich großräumig wieder miteinander verpaaren, eventuelle feine Unterschiede gingen verloren, und wir haben es heute mit einer einheitlichen Art zu tun. Vorausgesetzt, eine Gruppe hatte im Exil Anpassungen erworben, die sie der anderen Gruppe überlegen machte, und ferner angenommen, daß beide Gruppen sich nicht mehr miteinander paarten, kam es zu einer ökologischen Konkurrenz, bei der im Laufe der Zeit eine Gruppe durch die andere völlig verdrängt wurde. Das Ergebnis ist dasselbe wie im ersten Fall: Wir treffen heute nur auf eine Art. Vielleicht kehrten beide Gruppen aber auch nur in aneinander grenzende Teilareale zurück, verpaarten sich lediglich in der Überlappungszone miteinander, hatten sich aber sonst immerhin schon so weit auseinander entwickelt, daß sie sich noch heute an äußerlichen Unterschieden erkennen lassen. Dann haben wir es mit Unterarten zu tun.

Beide Gruppen konnten sich während der Trennungszeit aber auch in sehr verschiedene Richtungen entwickeln und getrennte ökologische Nischen erobern. Dadurch entstand beim späteren Aufeinandertreffen keine Konkurrenzsituation, und sie konnten nebeneinander leben. Aus einer Vogelart entstanden also zwei neue, die wir heute noch vorfinden.

Um einmal erlangte Anpassungen an bestimmte Umweltbedingungen oder Nahrungsressourcen, also letztlich die eroberte ökologische Nische, nicht wieder zu verlieren, ist es sinnvoll, sich nur mit genauso gut angepaßten Individuen der eigenen Art fortzupflanzen - und nicht mit zwar nahe verwandten, aber eben nicht optimal den artgemäßen Bedürfnissen entsprechenden Formen. Daher ist es wichtig, innerhalb einer Art Erkennungszeichen zu entwickeln, die als Abgrenzungs- oder Isolationsmechanismen anderen Arten gegenüber funktionieren. So kommt es, daß sich sehr nahe miteinander verwandte Vogelarten entweder durch ein anders gefärbtes Gefieder oder aber einen gänzlich voneinander abweichenden Gesang unterscheiden.

Die Kleidervögel auf Hawaii
Inseln sind ideale Orte, um den Entstehungsprozeß von Vogelarten zu studieren. Die ersten Vögel, die Hawaii vor etwa 15 bis 20 Millionen Jahren erreichten, sahen vielleicht unseren heutigen Finken recht ähnlich. Da es dort noch keine anderen konkurrierenden Vögel gab, also alle ökologischen Nischen unbesetzt waren, haben sich aus den Neuankömmlingen im Laufe der Zeit über 40 verschiedene Arten entwickelt. Dieser Prozeß wird adaptive Radiation genannt.

Der Urahn der Kleidervögel besuchte wahrscheinlich Blüten, um nach Nektar und Insekten zu suchen. Aus ihm entwickelten sich Formen, die fast nur noch Nektar und kaum Insekten zu sich nahmen, und solche, die sich ganz auf Insekten spezialisierten. Die Art *Hemignathus munroi* bekam sogar einen verlängerten Oberschnabel, mit dem sie in Spalten nach Insekten stochert. Die Frucht- und Körnerfresser entstanden wahrscheinlich aus den ersten Insektenfressern. Die kräftigeren Schnäbel entwickelten sich immer weiter und erlaubten schließlich nicht nur das Fressen weichen Fruchtfleischs, sondern auch das Öffnen von Samen und das Knacken von harten Kernen.

GEOGRAPHIE UND EVOLUTION

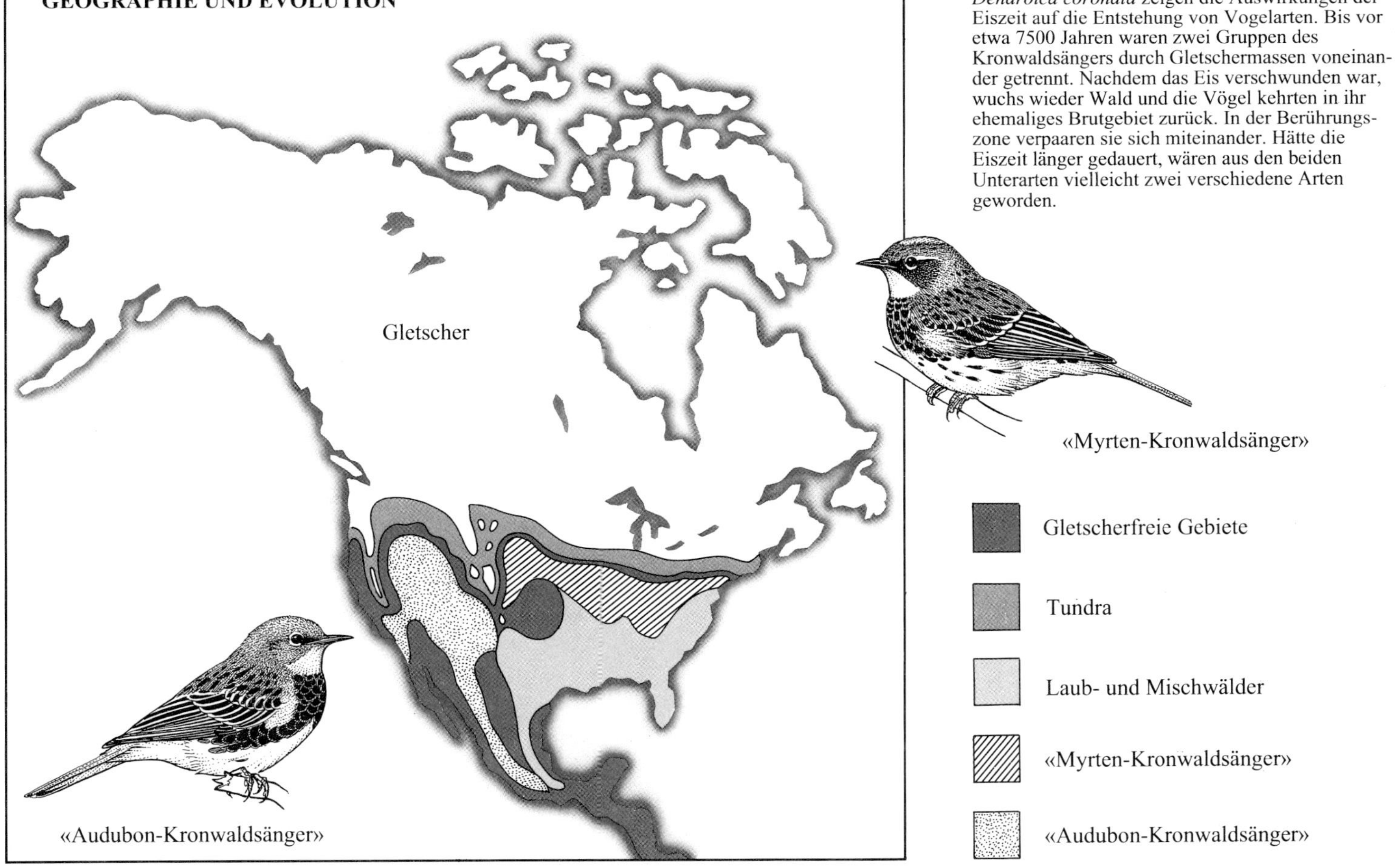

Die beiden Unterarten des Kronwaldsängers *Dendroica coronata* zeigen die Auswirkungen der Eiszeit auf die Entstehung von Vogelarten. Bis vor etwa 7500 Jahren waren zwei Gruppen des Kronwaldsängers durch Gletschermassen voneinander getrennt. Nachdem das Eis verschwunden war, wuchs wieder Wald und die Vögel kehrten in ihr ehemaliges Brutgebiet zurück. In der Berührungszone verpaaren sie sich miteinander. Hätte die Eiszeit länger gedauert, wären aus den beiden Unterarten vielleicht zwei verschiedene Arten geworden.

KLEIDERVÖGEL AUF HAWAII

Jede Kleidervogel-Art besetzt eine eigene ökologische Nische und ist an die Art der Nahrung besonders abgepaßt: Insekten und ihre Larven, Früchte, Samen und Nektar.

Die Art der Nahrung und ihres Erwerbs spiegelt sich in der Schnabelform wider, von kurz und kräftig um Samen zu öffnen bis zu lang und schlank, um an Nektar zu gelangen. Alle Arten haben sich durch adaptive Radiation aus einer Stammform entwickelt.

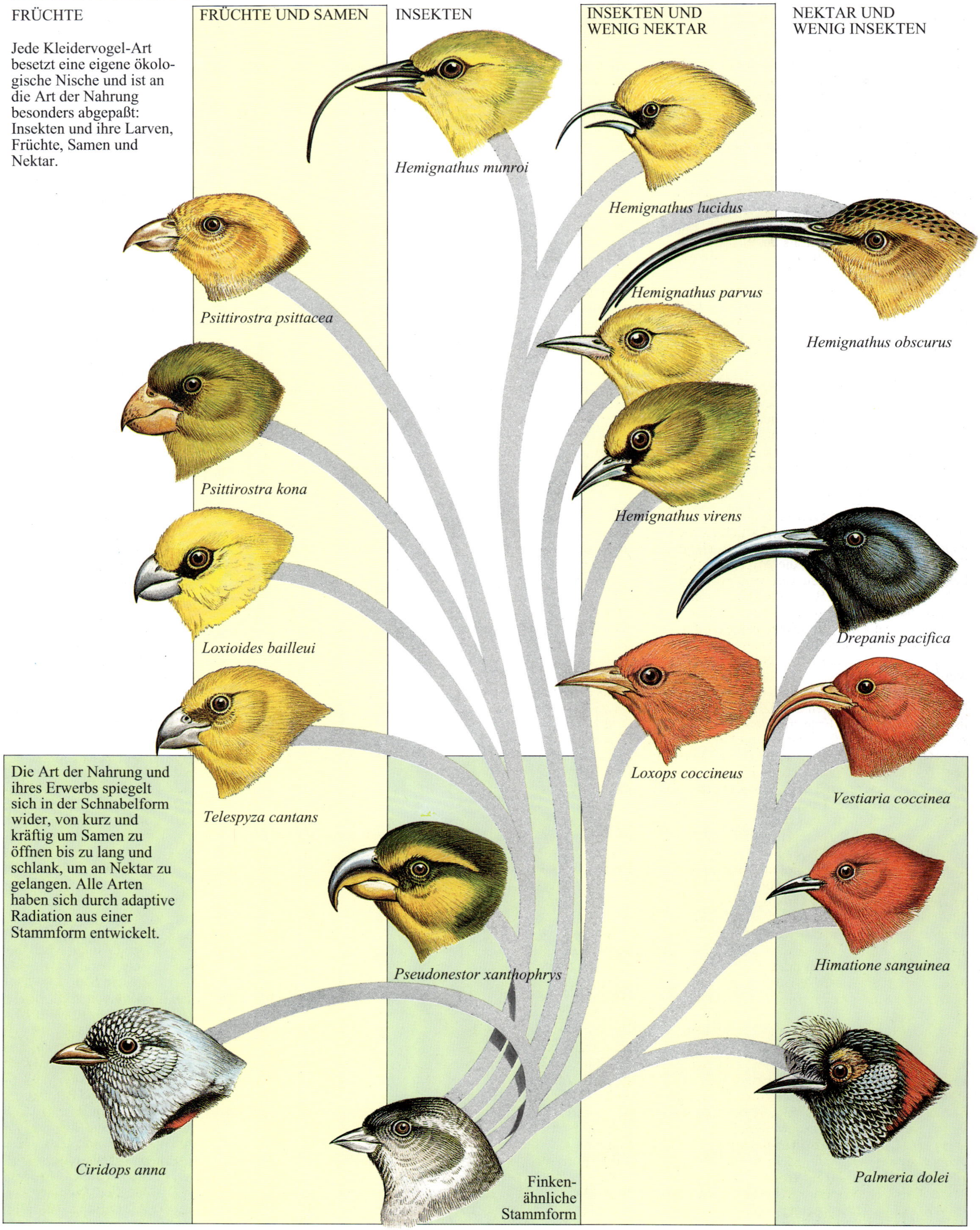

Die Klassifikation der Vögel

Die gesamte Klassifikation der Vögel befindet sich zur Zeit im Umbruch. Die bislang von Taxonomen und Systematikern benutzten Kriterien zur Abtrennung und Einordnung von Arten, also z.B. Körperbau, Färbung, Verhalten, geographische Trennung, sind durch neue biochemische Methoden ergänzt worden. Dazu gehören vor allem ein direkter Vergleich der DNA und der genetischen Information. Es wird also in absehbarer Zeit einige wichtige Änderungen im System der Vögel geben.

Doch auch bisher waren die Verhältnisse keineswegs klar. Wie bereits auf Seite 16 gezeigt wurde, ist es nicht immer leicht zu entscheiden, ob es sich bei zwei Formen nun um Unterarten einer Art oder um zwei verschiedene Arten handelt. Genauso problematisch ist oft die Entscheidung, wie viele Arten man unter einem Gattungsnamen zusammenfaßt oder ob man eine Familie dieser oder jener Ordnung zuschlägt oder gar zur eigenen Ordnung erhebt. Das sind bislang oft Fragen der persönlichen Auffassung oder gar des Geschmacks, denn eine einheitliche wissenschaftliche Klassifikation der Vögel gibt es momentan nicht. Eine Konsequenz daraus ist, daß es keine zwei Bücher über die Vögel der Erde gibt, in denen die Anzahl der aufgelisteten Arten, Gattungen, Familien und sogar Ordnungen übereinstimmt. Als weitere Folge ergibt sich leider auch, daß oft sogar die verwendeten wissenschaftlichen Namen nicht immer dieselben sind, da einige Systematiker dazu neigen, die Arten auf möglichst viele Gattungen zu verteilen, wodurch sich jeweils der erste Bestandteil der wissenschaftlichen Bezeichnung verändert. In diesem Buch wird einer traditionellen und weit verbreiteten Systematik gefolgt, die von Howard & Moore 1991 auf einen neuen Stand gebracht wurde.

Ein weiteres Problem sind die deutschen Namen, da es bislang keine offizielle Namensliste der Vögel der Erde mit deutschen Bezeichnungen gibt. Oft wurde ein und dieselbe Vogelart von Taxonomen, Freilandornithologen, Vogelbeobachtern, Vogelzüchtern, Jägern, Tiergärtnern und dem Volksmund mit verschiedenen Namen belegt. Für die in Europa und der Westpaläarktis nachgewiesenen Vogelarten hat man sich inzwischen weitgehend auf eine einheitliche Namensgebung geeinigt. Für den Rest der Erde wird in diesem Buch oft den unverbindlichen Vorschlägen von Wolters (Die Vogelarten der Erde, Hamburg & Berlin 1975-82) gefolgt, auch wenn einige alte Bezeichnungen sehr unschön und wenig treffend erscheinen.

Innerhalb des Stammes der Chordatiere bilden die Vögel die Klasse Aves. Sie wird in zwei Unterklassen aufgeteilt: Die Archaeornithes mit *Archaeopteryx* und anderen ausgestorbenen Zahnvögeln, und die Neornithes, zu der alle anderen und sämtliche noch lebenden Vogelarten gehören. Man schätzt die Zahl der heute auf der Erde vorkommenden Vogelarten auf gut 9000. Sie verteilen sich, je nach Auffassung der Systematiker, auf 27 bis 53 Ordnungen. Im vorliegenden Buch werden jeweils nahe miteinander verwandte Familien in insgesamt 28 Ordnungen zusammengefaßt. Mehr als die Hälfte aller Vogelarten gehört zur großen Ordnung der Passeriformes oder Sperlingsvögel. Sie ist noch einmal in sechs Unterordnungen aufgeteilt, von denen fünf nur außerhalb Europas vorkommen. Die sechste Unterordnung heißt Passeres oder Singvögel und umfaßt allein über 4200 Arten, darunter sämtliche europäischen Singvogel-Arten. Alle anderen 27 Ordnungen werden den Sperlingsvögeln oft unter dem zusammenfassenden Begriff Non-Passeriformes gegenübergestellt.

Manchmal werden noch zwei weitere Einteilungen vorgenommen. Die ersten fünf Ordnungen der folgenden Liste lassen sich als Oberordnung Palaeognathae zusammengefaßt allen anderen gemeinsam zur Oberordnung Neognathae gehörenden Ordnungen gegenüberstellen. Zu den Palaeognathen zählen die recht einfachen, vielfach flugunfähigen Vogelordnungen, bei denen Gaumenbein und Flügelbein im Gaumen miteinander verwachsen sind, während sie bei den Neognathen ein Gelenk verbindet. Zudem werden die ersten vier Ordnungen flugunfähiger Arten oft gemeinsam als Ratites oder Flachbrustvögel bezeichnet, da auf ihrem Brustbein kein hervorstehender Kamm sitzt, wie ihn alle flugfähigen Vögel als Ansatzpunkt für die starke Brustmuskulatur benötigen.

Die folgende Zusammenstellung listet alle Vogelordnungen auf, charakterisiert sie kurz und weist auf Verwandtschaftsbeziehungen mit anderen Ordnungen hin. Die hinter dem wissenschaftlichen Namen der Ordnung stehende Zahl gibt an, wie viele verschiedene Vogelarten ihr jeweils zugerechnet werden.

1 Struthioniformes: 1
Nur eine Art, der große, flugunfähige afrikanische Strauß. Zahl der Zehen auf zwei reduziert, davon eine sehr klein.

2 Rheiformes: 2
Nandus sind große, flugunfähige Laufvögel Südamerikas mit nur drei Zehen.

3 Casuariformes: 4
Zu dieser Ordnung flugunfähiger australischer Vögel mit nur drei Zehen gehören die Familien Dromaiidae (Emu; 1 Art) und Casuariidae (Kasuare; 3 Arten).

4 Apterygiformes: 3
Kiwis sind mittelgroße, flugunfähige, nachtaktive Vögel Neuseelands, denen die Nasenlöcher an der Schnabelspitze einen guten Geruchssinn verleihen. Sie sind vielleicht mit den ausgerotteten Moas der Ordnung Dinornithiformes verwandt, mit denen sie von manchen Systematikern in der Ordnung Apterygiformes vereinigt werden.

5 Tinamiformes: 46
Steißhühner bilden eine recht primitive Ordnung aus Mittel- und Südamerika, die mit den echten Hühnern trotz einer gewissen Ähnlichkeit aber nicht verwandt ist. Einige Merkmale erinnern an die Flachbrustvögel, doch fliegen sie immerhin über kurze Entfernungen und tragen einen schwachen Brustbeinkamm. Wahrscheinlich sind sie am nächsten mit den Nandus aus der Ordnung Rheiformes verwandt, zumal diese gleichfalls in Südamerika vorkommen.

6 Sphenisciformes: 18
Pinguine sind eine durch die Umbildung der Flügel in kräftige Ruder extrem an das Leben im Meer angepaßte Vogelordnung der Südhalbkugel. Früher hielt man sie für so verschieden von allen anderen Vögeln, daß man sie in einer eigenen Oberordnung (Impennes) von ihnen abtrennte. Wahrscheinlich sind sie aber mit den Röhrennasen Procellariiformes nahe verwandt, zumal einige fossile Pinguinarten gleichfalls «Röhrennasen» trugen. Sie leben von der Antarktis nordwärts bis zum Äquator.

7 Gaviiformes: 5
Seetaucher brüten an Binnengewässern im Norden der Nordhalbkugel, überwintern aber meist auf dem Meer. Sie tauchen in tiefem Wasser nach Fischen und sind daran durch Schwimmhäute zwischen den Zehen angepaßt. Wahrscheinlich haben sie gemeinsame Vorfahren mit den Charadriiformes.

8 Podicipediformes: 21
Lappentaucher, kleine bis mittelgroße Tauchvögel, brüten an Binnengewässern, können aber den Winter auf dem Meer verbringen. Ihre Zehen tragen Schwimmlappen. Obwohl sie meist in die Nähe der Seetaucher gestellt werden, sind sie mit diesen nicht verwandt, und ihre tatsächliche Stellung ist noch nicht ganz geklärt.

9 Procellariiformes: 110
Zur Ordnung der Röhrennasen gehören vier Familien: Albatrosse (Diomedeidae), Sturmvögel (Procellariidae), Sturmschwalben (Hydrobatidae) und Lummensturmvögel (Pelecanoididae). Viele Arten haben einen sehr langen Armflügel, der ihnen ausdauerndes Segeln über dem Meer ermöglicht. Charakteristisch sind auch die röhrenförmigen Nasenlöcher. Die Brutbiologie ist bei allen Arten ähnlich, denn sie legen nur ein Ei und die Jungen entwickeln sich sehr langsam.

10 Pelecaniformes: 62
Eine weitere Ordnung von vorwiegend am Meer lebenden, fischfressenden Vögeln, zu der sechs Familien in drei Unterordnungen gehören: Phaethontes mit der einzigen Familie Phaethontidae (Tropikvögel), Fregatae mit der Familie Fregatidae (Fregattvögel) und Pelicani mit den vier Familien Sulidae (Tölpel), Phalacrocoracidae (Kormorane), Anhingidae (Schlangenhalsvögel) und Pelecanidae (Pelikane). Mit Ausnahme der Kormorane sind alle Familien recht klein. Ein gemeinsames Merkmal dieser Arten ist, daß alle vier Zehen durch Schwimmhäute miteinander verbunden sind. Die Skelette von Albatrossen und Fregattvögeln zeigen einige Übereinstimmungen und lassen eine Verbindung zwischen diesen beiden Ordnungen vermuten. Auch eine Verwandtschaft mit den Ciconiiformes ist möglich.

11 Ciconiiformes: 117
Schreitvögel sind große, langbeinige Vögel, die sich meist von Fischen und Amphibien, aber auch von Insekten und kleinen Säugetieren ernähren. Die Ordnung wird von drei großen Familien gebildet, nämlich den Reihern (Ardeidae), den Störchen (Ciconiidae) und den Ibissen (Threskiornithidae), dazu noch von zwei ungewöhnlichen Familien mit jeweils nur einer Art, nämlich den Schattenvögeln (Scopidae) mit dem Hammerkopf, und den Schuhschnäbeln (Balaenicipitidae). In diesem Buch wird hier auch noch die kleine Familie der Flamingos (Phoenicopteridae) mit fünf Arten eingeschlossen, die sonst oft als eigene Ordnung Phoenicopteriformes behandelt wird und möglicherweise ein Bindeglied zwischen den Ciconiiformes und den Anseriformes darstellt. Vielleicht hatten die Flamingos aber auch einen

gemeinsamen Vorfahren mit den Stelzenläufern und Säbelschnäblern (Recurvirostridae) aus der Ordnung der Charadriiformes, was durch den Fund des fossilen Watvogels *Presbyornis* nahegelegt wird. Aber auch die Verwandtschaft einiger anderer Familien in dieser Ordnung ist nicht ganz zweifelsfrei. Es wurden Verbindungen zu den Ruderfüssern und den Kranichvögeln gesehen, und die Störche haben wahrscheinlich einen gemeinsamen Vorfahren mit den hier zu den Greifvögeln gestellten Neuweltgeiern.

12 Anseriformes: 150
Die große Ordnung der Entenvögel wird weitgehend von der Familie der Anatidae mit den bekannten Schwänen, Gänsen, Enten und Sägern gebildet. Als Wasservögel tragen sie Schwimmhäute zwischen den Vorderzehen. Doch auch die nur aus drei Arten bestehende Familie der südamerikanischen Wehrvögel (Anhimidae), die mit ihren hakenförmigen Schnäbeln gar nicht an Enten erinnert, gehört hierher und scheint einem recht urtümlichen Seitenast zu entspringen.

13 Falconiformes: 290
Die Ordnung der Greifvögel wird hier sehr weit gefaßt und schließt fünf Familien ein, von denen jedoch drei heute meist als eigene Ordnungen betrachtet werden. Die größte Familie sind die Accipitridae (Habichtartige), zu denen u.a. die Adler, Milane, Weihen, Altweltgeier, Seeadler, Habichte und Bussarde gehören. Sie ernähren sich überwiegend von erbeuteten Tieren, teilweise auch von Aas. Zusammen mit den beiden jeweils nur aus einer hochspezialisierten Art bestehenden Familien Pandionidae (Fischadler) und Sagittariidae (Sekretäre) werden die Accipitridae heute meist als Ordnung Accipitriformes (Greifvögel) zusammengefaßt. Der Fischadler ist fast weltweit verbreitet und daran angepaßt, Fische durch Stoßtauchen zu erbeuten, während der Sekretär nur in Afrika vorkommt und vorwiegend Schlangen frißt. Falken (Falconidae) sind eine sehr einheitliche Familie aus kleinen bis mittelgroßen Arten, die sich von Insekten, kleinen Säugetieren und besonders von im Flug erbeuteten Vögeln ernähren. Sie werden oft als eigene Ordnung Falconiformes von den Accipitriformes abgetrennt. Auch die Karakaras oder Geierfalken (Daptriidae) aus Amerika, vorwiegend Insekten- und Aasfresser, die aber auch im Gegensatz zu den anderen Arten viel pflanzliche Nahrung zu sich nehmen, gehören zu den Falken. Schließlich werden die Neuweltgeier (Cathartidae) aus Amerika in diesem Buch als Familie der Greifvögel betrachtet. Sie sehen zwar wie Geier aus und sind gleichfalls Aasfresser, doch zeigen neuere Forschungen, daß sie viel näher mit den Schreitvögeln verwandt und deshalb besser in eine eigene Ordnung Cathartiformes zu stellen sind.

14 Galliformes: 274
Zu den Hühnervögeln zählen die Megapodiidae (Großfußhühner), Cracidae (Hokkohühner), Phasianidae (Hühner), Meleagridae (Truthühner), Tetraonidae (Rauhfußhühner) und Numididae (Perlhühner), wobei oft nur die ersten drei als eigene Familien und die anderen als Unterfamilien der Phasianidae betrachtet werden. Die meisten Arten sind am Boden lebende Vegetarier, und ihre Jungen sind Nestflüchter. Oft wird auch der Hoatzin in dieser Ordnung geführt, scheint aber eher ein Kuckuck zu sein.

15 Gruiformes: 190
Die Kranichvögel formen eine sehr verwirrende Ordnung mit zwölf Familien, von denen einige wenig erforscht und sehr klein sind (vier Familien werden nur von einer einzigen Art, vier weitere von weniger als zehn Arten gebildet). Auf den ersten Blick sehen sie sich nicht besonders ähnlich. Alle leben eher am Boden als auf Bäumen, Kraniche und Rallen besonders in Feuchtgebieten, einige Rallen sogar im Wasser. Die Nester liegen meist am Boden oder schwimmen zwischen Wasserpflanzen, nur einige Arten brüten höher. Zu dieser Ordnung gehören die Stelzrallen (Mesitornithidae; oft als eigene Ordnung Mesitornithiformes betrachtet), Wachtellaufhühnchen (Turnicidae), Trappenlaufhühnchen (Pedionomidae), Kraniche (Gruidae), Rallenkraniche (Aramidae), Trompetervögel (Psophiidae), Rallen (Rallidae), Binsenrallen (Heliornithidae), Kagus (Rhynochetidae), Sonnenrallen (Eurypygidae), Seriemas (Cariamidae) und Trappen (Otididae). Die Verwandtschaftsbeziehungen der Kranichvögel zu anderen Ordnungen sind noch etwas unklar. Die rallenähnlichen Blatthühnchen scheinen eine Verbindung zu den Charadriiformes herzustellen, wie auch das Trappenlaufhühnchen vielleicht eher mit den Regenpfeifern und Höhenläufern aus dieser Ordnung verwandt ist.

16 Charadriiformes: 337
Die Wat-, Möwen- und Alkenvögel bilden eine sehr große Ordnung, die in drei Unterordnungen aufgeteilt wird. Die Charadrii, auch Regenpfeifer- oder Schnepfenvögel, meist aber Watvögel oder Limikolen genannt, bewohnen meist Feuchtgebiete aller Art, von Mooren über Meeresküsten bis zu Ufern von Binnengewässern. Zu dieser Unterordnung gehören die 13 Familien Jacanidae (Blatthühnchen), Rostratulidae (Goldschnepfen), Dromadidae (Reiherläufer), Haematopodidae (Austernfischer), Ibidorhynchidae (Ibisschnäbel), Recurvirostridae (Stelzenläufer), Burhinidae (Triele), Glareolidae (Brachschwalben), Charadriidae (Regenpfeifer), Pluvianellidae (Magellanläufer), Scolopacidae (Schnepfen, u.a. mit Strandläufern, Wasserläufern, Wassertretern), Thinocoridae (Höhenläufer) und Chionidae (Scheidenschnäbel). Die antarktischen Scheidenschnäbel bilden den Übergang zur nächsten Unterordnung, den Lari oder Möwenvögeln mit den vier Familien Stercorariidae (Raubmöwen), Laridae (Möwen), Sternidae (Seeschwalben) und Rynchopidae (Scherenschnäbel). Alle Arten sind elegante Flieger, die sich meist am Wasser ernähren. Als dritte Unterordnung leben die Alcae mit der einzigen Familie Alcidae (Alke) ausschließlich auf dem Meer, wo sie meist an Steilklippen brüten. Die drei Unterordnungen unterscheiden sich sehr deutlich in Aussehen und Ernährungsweise.

17 Pterocliformes: 16
Flughühner leben in Trockengebieten Südeuropas, Afrikas und Asiens. Einerseits zeigen sie Gemeinsamkeiten mit den Regenpfeifern, andererseits mit den Tauben, und vermitteln wahrscheinlich zwischen der vorigen und der folgenden Ordnung.

18 Columbiformes: 300
Taubenvögel sind eine große Ordnung mit weltweiter Verbreitung. Alle heute noch lebenden Arten gehören zur Familie Columbidae (Tauben). Mit ihnen verwandt waren die drei ausgerotteten Arten der Familie Raphidae (Dronten): Die berühmte Dronte, auch Dodo genannt, von der Insel Mauritius, die Réunion-Dronte und der Einsiedler von der Maskareneninsel Rodriguez.

19 Psittaciformes: 342
Papageien, zu denen u.a. auch die Kakadus und Sittiche gehören, bilden eine große und farbenprächtige Ordnung, die fast ausschließlich in den Tropen verbreitet ist. Alle Arten zeigen eine charakteristische, an das Verzehren von Früchten und Samen angepaßte Schnabelform. Der hohe Grad ihrer Spezialisierung macht es schwer, Beziehungen zu anderen Ordnungen herzustellen.

20 Cuculiformes: 159
Zu den Kuckucksvögeln gehören die afrikanischen Turakos (Musophagidae) und die weltweit verbreiteten Kuckucke (Cuculidae). Kukkucke sind dafür bekannt, daß sie ihre Eier in Nester anderer Vogelarten legen, doch trifft dies keineswegs auf alle Arten zu. Die Turakos werden heute oft als so deutlich von den Kuckucksvögeln getrennt betrachtet, daß man ihnen eine eigene Ordnung (Musophagiformes) zubilligt. Der südamerikanische Hoatzin, einziger Vertreter der Familie Opisthocomidae, wurde früher für einen Hühnervogel gehalten, dann zu den Kuckucken gesellt und wird heute oft in einer eigenen Ordnung (Opisthocomiformes) geführt.

21 Strigiformes: 174
Eulen sind als eine nachts nach Beute jagende Ordnung sehr deutlich von anderen Vögeln abgegrenzt. Nur die Schleiereule weicht so sehr ab, daß man ihr eine eigene Familie (Tytonidae) zugesteht. Neuere Untersuchungen lassen sogar vermuten, daß sie mit allen anderen Eulen (Familie Strigidae) gar nicht näher verwandt ist, sondern nur als Anpassung an die identische Lebensweise ähnliche Merkmale entwickelt hat. Eulen scheinen in Beziehung zu den Falken und Schwalmvögeln zu stehen.

22 Caprimulgiformes: 109
Schwalmvögel verbringen den Tag meist gut getarnt in einem Versteck und jagen nachts im Flug nach Insekten, weshalb sie überwiegend in südlichen Regionen vorkommen. Alle haben sehr breite Schnäbel, um die Beute leichter erhaschen zu können. Die fünf Familien dieser Ordnung sind die Steatornithidae (Fettschwalme), Podargidae (Eulenschwalme), Nyctibiidae (Tagschläfer), Aegothelidae (Höhlenschwalme) und Caprimulgidae (Nachtschwalben). Der Fettschwalm ist der einzige Vertreter seiner Familie und weicht von allen anderen Angehörigen der Ordnung dadurch ab, daß er sich von großen, ölhaltigen, stark duftenden Früchten ernährt, die er mit Hilfe seines gut entwickelten Geruchssinns nachts findet. Schwalmvögel sind möglicherweise mit den Eulen verwandt.

23 Apodiformes: 429
In der Ordnung der Segler sind drei Familien untergebracht: Die fast weltweit vorkommenden eigentlichen Segler (Apodidae), die nahe verwandten Baumsegler (Hemiprocnidae) Südost-Asiens und die Kolibris (Trochilidae). Die winzigen, farbenprächtigen Kolibris Amerikas unterscheiden sich so deutlich von den beiden

anderen Familien, daß sie besser in eine eigene Ordnung (Trochiliformes) gestellt werden. Allerdings bildet der kurze Arm (Humerus) ein gemeinsames anatomisches Merkmal, aus dem sich dann jedoch verschiedene Flugweisen entwickelt haben.

24 Coliiformes: 6
Die Mausvögel sind mit einer einzigen Familie (Coliidae) und sechs Arten auf Afrika beschränkt. Diese ungewöhnlichen Vögel sind deutlich von anderen Ordnungen getrennt, doch wurden Verbindungen zu den Papageien angenommen.

25 Trogoniformes: 39
Alle Trogone gehören zur Familie Trogonidae und leben in Wäldern Mittel- und Südamerikas, wo sie sich überwiegend von Früchten ernähren. Viele Arten sind schillernd gefärbt, oft metallisch grün. Die Beziehungen zu anderen Ordnungen sind auch hier noch nicht ganz geklärt.

26 Coraciiformes: 204
Rackenvögel zeichnen sich oft durch ihr farbenprächtiges Gefieder aus. Zu der großen Ordnung gehören neun bis zehn Familien: Alcedinidae (Eisvögel), Todidae (Todis), Momotidae (Sägeracken), Meropidae (Spinte), Coraciidae (Baumracken; hier einschließlich der oft als eigene Familie angesehenen Erdracken Brachypteraciidae), Leptosomidae (Kurole), Upupidae (Wiedehopfe), Phoeniculidae (Baumhopfe) und Bucerotidae (Nashornvögel). Es ist nicht klar, ob diese vielfältige Gruppe wirklich in einer Ordnung untergebracht werden sollte, da es keine Hinweise auf einen gemeinsamen Vorfahren gibt. Bei einigen Familien werden Verbindungen zu den Spechtvögeln, bei anderen dagegen sogar zu den Sperlingsvögeln gesehen.

27 Piciformes: 381
Zur Ordnung der Spechtvögel gehören neben der großen Familie der Spechte (Picidae) noch die mittelgroße Familie der Bartvögel (Capitonidae) und vier kleine Familien: Glanzvögel (Galbulidae), Faulvögel (Bucconidae), Honiganzeiger (Indicatoridae) und Tukane (Ramphastidae). Es scheint so starke Verbindungen zu den Rackenvögeln zu geben, daß vorgeschlagen wurde, die Glanz- und Faulvögel in diese Ordnung zu stellen. Die südamerikanischen Tukane werden als spezialisierte Abkömmlinge der Bartvögel betrachtet.

28 Passeriformes: 5414
Die mit Abstand größte Ordnung sind die Sperlingsvögel, zu der etwa 60 % aller Vogelarten gerechnet werden. Die ganze Gruppe zeigt so viele Übereinstimmungen, daß ihre Abstammung von einem gemeinsamen Vorfahren angenommen wird. Traditionsgemäß wurde die Ordnung in vier Unterordnungen aufgeteilt, von denen zwei sehr klein sind. Die Schreivögel (Eurylaimi) bestehen nur aus der tropischen Familie der Breitrachen (Eurylaimidae) mit 14 Arten, und die australischen Menurae (Leierschwänze) aus den Leierschwänzen (Menuridae) und Dickichtvögeln (Atrichornithidae) mit jeweils zwei Arten. Nach neueren Ergebnissen sind die Menurae jedoch keine primitive Unterordnung der Passeriformes, sondern sollten neben den Paradiesvögeln (Paradisaeidae) und Laubenvögeln (Ptilonorhynchidae), mit denen sie auf demselben Kontinent leben, in die Unterordnung der Singvögel gestellt werden.

Die beiden anderen Unterordnungen sind sehr viel größer. Hier werden etwa zwölf Familien mit 1108 Arten zu den Tyrannen oder Bronchienschreiern (Tyranni) gezählt, einer überwiegend in der Neuen Welt, besonders in Mittel- und Südamerika vorkommenden Unterordnung. Innerhalb der Tyrannen können zwei größere Gruppen unterschieden werden. Die erste wird von den Tyrannidae (Tyrannen), Cotingidae (Schmuckvögel) und Pipridae (Schnurrvögel) gebildet, wobei sich die eigentlichen Tyrannen und die Schmuckvögel in vielen Merkmalen so sehr überschneiden, daß in den letzten Jahren ganze vorher für Schmuckvögel gehaltene Gattungen zu den Tyrannen gestellt wurden. Zur zweiten größeren Gruppe gehören die Ameisenvögel (Formicariidae), Baumsteiger (Dendrocolaptidae), Töpfervögel (Funariidae) und Bürzelstelzer (Rhinocryptidae). Alle Familien beider Gruppen leben nur in Amerika. Während einige Mitglieder dieser Unterordnung offensichtlich miteinander verwandt sind, wurden andere den Tyrannen zugeordnet, obwohl die Situation keineswegs klar ist. Dazu gehören die Pittas (Pittidae) aus den Tropen der Alten Welt, die Jalas oder Lappenpittas (Philepittidae) von Madagaskar und die neuseeländischen Maorischlüpfer (Xenicidae oder besser Acanthisittidae). Sie zeigen nicht nur wenig morphologische Ähnlichkeit mit den eigentlichen Tyrannen, auch ihre Verbreitung läßt wenig Verbindung zu dieser überwiegend südamerikanischen Unterordnung erkennen.

So ist es nicht verwunderlich, daß andere Systematiker eine weitergehende Aufteilung in Unterordnungen vorziehen, und zwar in Breitrachen (Eurylaimi), Lappenpittas (Philepittae), Pittas (Pittae), Bronchienschreier (Tyranni), Luftröhrenschreier oder Töpfervogelartige (Furnarii) und Maorischlüpfer (Acanthisittae). Übrigens werden die Tyrannen von den weiter entwickelten eigentlichen Singvögeln (Oscines) oft unter der Bezeichnung Sub-Oscines getrennt, da ihr Stimmapparat (Syrinx) sehr viel einfacher gebaut ist.

Die letzte und größte Unterordnung der Passeriformes sind schließlich die Singvögel oder Oscines (heute aber meist Passeres genannt). Sie wird von etwa 57 Familien und 4288 Arten gebildet. Einige größere Familien sind zum Beispiel die Lerchen (Alaudidae), Schwalben (Hirundinidae), Würger (Laniidae), Zaunkönige (Troglodytidae), Drosseln (Turdidae), Sänger (Muscicapidae), Grasmücken oder Zweigsänger (Sylviidae), Meisen (Paridae), Ammern (Emberizidae), Stärlinge (Icteridae), Finken (Fringillidae), Webervögel (Ploceidae), Sperlinge (Passeridae), Stare (Sturnidae), Paradiesvögel (Paradisaeidae) und Rabenvögel (Corvidae).

Am Beispiel zweier Familien, nämlich der Sänger (Muscicapidae) und Ammern (Emberizidae), zeigt sich die Schwierigkeit, die Familien innerhalb der Singvögel klar abzugrenzen. Traditionell wurden ihnen 147 bzw. 284 Arten zugeordnet. Nun zeigte sich aber, daß einige andere Familien so nahe mit ihnen verwandt sind, daß sie keinen eigenen Status verdienen, sondern ihnen zugeschlagen werden sollten. Einige Systematiker fassen jetzt also unter dem vergrößerten Dach der Muscicapidae folgende früher selbständige Familien zusammen: Drosseln (Turdidae), Laufflöter (Orthonychidae), Timalien (Timaliidae; einschließlich der manchmal als eigene Familie betrachteten afrikanischen Felshüpfer Picathartidae), Papageimeisen (Paradoxornithidae; manchmal zu den Timalien gezählt), Zweigsänger (Sylviidae; einschließlich der amerikanischen Mückenfänger Polioptilidae, die meist als eigene Familie abgetrennt werden), Sänger (Muscicapidae), Monarchen (Monarchidae; einschließlich der afrikanischen Schnäpperwürger Platysteiridae und der asiatischen Fächerschwänze Rhipiduridae, die manchmal als eigene Familien betrachtet werden), Staffelschwänze (Maluridae), Südsee-Grasmücken (Acanthizidae) und Dickköpfe (Pachycephalidae). All diese Familien werden dann zu Unterfamilien. Trotzdem stellen die alten Familien in sich recht einheitliche Gruppen dar, mit denen es sich überschaubarer arbeiten läßt, wenn man die Trennung beibehält. Viele Ornithologen ziehen diesen Weg vor, und auch das vorliegende Buch folgt ihm.

Ähnlich verfahren viele Systematiker mit den Ammern und schließen hier nicht nur die eigentlichen Ammern (Emberizidae, die dann zur Unterfamilie Emberizinae degradiert werden) ein, sondern auch die Plüschkopftangaren (Catamblyrhynchidae), die Kardinäle (Cardinalinae) und die Ammertangaren (Thraupinae). Dem Vorschlag wird hier gefolgt. Manchmal werden auch die Kleidervögel von Hawaii (gelegentlich als eigene Familie Drepanididae, hier als Unterfamilie Drepanidinae der Fringillidae betrachtet), die Waldsänger (Parulidae) und die Stärlinge (Icteridae) bei den Ammern eingeschlossen.

Die auf der Basis von DNA-Untersuchungen durchgeführten neueren Forschungen lassen erwarten, daß es in der Klassifizierung der Passeriformes zu weiteren tiefgreifenden Änderungen kommen wird. So deutet sich an, daß viele Familien der australasiatischen Region untereinander sehr viel näher verwandt sind als mit Familien der Alten Welt, es also ähnlich wie bei den Beuteltieren zu einer adaptiven Radiation gekommen ist (siehe S. 17). Auch scheint die Verwandtschaft zwischen vielen Körnerfressern so groß zu sein, daß die Mehrzahl der Arten sich nur noch auf zwei Familien verteilt, nämlich Fringillidae (einschließlich z.B. der Ammern und Waldsänger) und Passeridae (zu denen dann sogar Pieper und Braunellen gehören). Ein vollkommenes und den natürlichen Verwandtschaftsbeziehungen der Vögel nahekommendes System wird jedoch noch lange auf sich warten lassen.

Die Tiergeographie beschäftigt sich mit dem räumlichen Verteilungsmuster der Vögel (und anderer Tierarten) auf der Erde. Wie auf der Karte dargestellt, läßt sich die Erde in verschiedene tiergeographische Regionen aufteilen, die jeweils eine ganz charakteristische Zusammensetzung der Vogelwelt oder Avifauna zeigen.

Das Gebiet, in dem eine Vogelart natürlicherweise vorkommt, nennt man ihr Areal oder Verbreitungsgebiet. Bei ziehenden Arten ist eine Unterteilung in die Brut- und Winterverbreitung möglich. Ist eine Art oder Familie nur auf eine Region beschränkt, bezeichnet man sie als für diesen Raum endemisch.

Die Verteilung der Vögel

Ob Vogelarten in bestimmten Gebieten vorkommen, hängt vorwiegend von den geographischen und physikalischen Voraussetzungen, also dem Lebensraumtyp und dem Klima, und den ökologischen Ansprüchen der Arten, also dem Vorhandensein von Nahrung, Nistplätzen, konkurrierenden Arten und Feinden ab.

In vielen Regionen der Erde haben menschliche Aktivitäten die Verbreitung von Vögeln beeinflußt. So haben sich Arealgrenzen durch lokale Verfolgung oder Zerstörung von Lebensräumen verändert. Andererseits hat der Mensch die Verbreitungsgebiete einiger Arten vergrößert, entweder vorsätzlich, indem er seine Lieblingsvögel in bislang unbesiedelten Regionen eingebürgert hat (wie den Haussperling *Passer domesticus* in Nordamerika), oder auch zufällig durch die Schaffung geeigneter Lebensbedingungen (im Falle des Haussperlings beispielsweise durch die Anlage von Dörfern in Wüsten).

Die Grundfrage der Tiergeographie lautet jedoch, wie sich die Vogelfamilien auf natürliche Weise über die Erde verteilt haben und warum einige sehr große, andere aber nur winzig kleine Areale besiedeln.

Kontinentaldrift

Die großen tiergeographischen Regionen spiegeln die Geschichte des Planeten Erde wider. Vor etwa 300 Millionen Jahren gab es auf der

DIE TIERGEOGRAPHISCHEN REGIONEN DER ERDE

NEARKTISCHE REGION

Wie die Paläarktis (mit der sie manchmal zur Holarktis zusammengefaßt wird), zeichnet sich die Nearktis durch kaltes Klima im Norden und relative Artenarmut aus. Die Verbreitung von Vogelarten wird oft durch die Nord-Süd-Ausrichtung der Gebirgsketten bestimmt, in der Paläarktis dagegen durch die Ost-West-Ausrichtung. Viele Arten ziehen im Winter nach Mittel- und Südamerika.

Keine der 61 nearktischen Familien ist endemisch, doch sind Zaunkönige, Spottdrosseln, Waldsänger, Vireos und Tangaren sehr typisch und in anderen Regionen (außer in der Neotropis) kaum vertreten; Ammern sind hier besonders artenreich. Auf die gesamte Holarktis sind die drei Familien Seetaucher, Alke und Seidenschwänze und die Unterfamilie Rauhfußhühner beschränkt.

NEOTROPISCHE REGION

In dieser artenreichsten Region brütet über ein Drittel aller Vogelarten der Erde, und einschließlich der Wintergäste ist fast die Hälfte nachgewiesen. Im Unterschied zu anderen Regionen liegen etwa 70 % der Landmasse niedrig, sind gut bewässert und haben tropisches Klima. Noch sind 32 % mit tropischem Regenwald bewachsen (in Afrika 9 % und in Australasien nur 4,5 %), fast 40 % sind Savanne.

Die Zahl endemischer Familien ist mit 31 von 95 extrem hoch. Dazu gehören die Nandus, Steißhühner, Wehrvögel, Neuweltgeier, Hoatzins, Rallenkraniche, Trompetervögel, Sonnenrallen, Höhenläufer, Fettschwalme, Tagschläfer, Todis, Sägeracken, Faulvögel, Tukane, Ameisenvögel, Bürzelstelzer, Pflanzenmäher und Schnurrvögel.

AFROTROPISCHE REGION

Dieser auch Äthiopis genannten Region fehlt die klimatische Vielfalt anderer Gebiete. Da es in weiten Teilen wenig regnet, gibt es viele Wüsten und Savannen und folglich überwiegend landlebende und körnerfressende Arten, aber kaum Wasservögel. Von den 73 Familien sind neun endemisch: Strauße, Schattenvögel, Schuhschnäbel, Sekretäre, Turakos, Mausvögel, Baumhopfe, Vangawürger und Proteavögel. Andere typische Familien sind Trappen, Flughühner, Spinte, Lerchen, Würger und Webervögel.

Das vorgelagerte Madagaskar beherbergt mit den endemischen Familien Stelzenrallen, Erdracken und Jalas eine eigenständige Fauna und wird oft als Malagassische Region von der Afrotropis abgetrennt oder als Unterregion behandelt.

Erde nur eine einzige große Landmasse, die Gondwanaland genannt wird. Sie zerfiel im Laufe der Jahrmillionen langsam in unsere heutigen Kontinente.

Die Australasiatische Region oder Australasis trennte sich vor etwa 50 Millionen Jahren vom Rest der südlichen Landmasse. Der heutige Kontinent Australien trieb zwar auf Südost-Asien zu, war aber bis vor etwa zehn Millionen Jahren noch so weit entfernt, daß asiatische Vögel den Weg dorthin noch nicht fanden. Der vorhergehende Zeitraum reichte aus, um in Australien eine isolierte, eigenständige Avifauna entstehen zu lassen. Die ersten Vögel erreichten die Australasis wahrscheinlich von Südamerika her, einige vielleicht auf dem Weg über Afrika. Untersuchungen an den flugunfähigen Arten einschließlich der Pinguine, aber auch die Verbreitung von Tauben, Papageien und anderen Gruppen zeigen Verbindungen zwischen den Avifaunen dieser Regionen auf. Bei den Sperlingsvögel scheint es, daß sie sich aus nur wenigen ursprünglichen Formen heraus entwickelt und die verfügbaren ökologischen Nischen durch Anpassung erobert haben. Viele haben dabei Merkmale entwickelt, die wir auch bei den nördlichen Vogelarten finden, ein Prozeß, der als konvergente Evolution bezeichnet wird.

Die Vögel der Afrotropischen Region (oder Afrotropis, manchmal auch Äthiopis genannt) sind weitgehend in Isolation entstanden. Doch weisen einige waldbewohnende Arten, darunter die Nashornvögel, enge Verwandtschaft zu ihren orientalischen Gegenstücken auf und zeigen, daß Afrika und Indien einmal miteinander verbunden waren.

Zur eigenständigen Avifauna der Neotropischen Region oder Neotropis, der mit Abstand mannigfaltigsten auf der Erde, gehören so verschiedene Familien wie die Nandus und Wehrvögel, der Hoatzin *Ophistocomus hoazin*, die Höhenläufer und Tagschläfer. Andere charakteristische Gruppen sind die Kolibris (von denen es auch in der Nearktis wenige Arten gibt), Steißhühner, Faulvögel, Glanzvögel und Tukane. Die gesamte Avifauna der Neotropis trägt den Stempel geographischer Isolation, denn

PALÄARKTISCHE REGION

Obwohl die Paläarktis die größte tiergeographische Region ist, beherbergt sie wegen des kalten Klimas in ihrem nördlichen Teil nur relativ wenige Vogelarten. Die Eiszeiten mit ihren dazwischen liegenden Perioden hatten starken Einfluß auf die Verbreitung von Vogelarten. Die meisten Brutvögel ziehen und verbringen den Winter südwärts bis in die Afrotropis und Orientalis. Von den 69 Familien sind nur die Braunellen endemisch. Typische Gruppen sind jedoch Seetaucher, Alke, Spechte, Grasmücken, Laubsänger, Ammern und Finken.

Aus praktischen Gründen teilt man die Paläarktis entlang einer über Ural und Kaspisches Meer zum Persischen Golf verlaufenden Linie in die West- und Ostpaläarktis.

ORIENTALISCHE REGION

Die Orientalis weist ein überwiegend tropisches bis subtropisches Klima mit hohen jährlichen Niederschlägen auf, schließt aber an der Grenze zur Paläarktis die höchsten Gebirge der Erde ein. Die Avifauna zeigt sehr starke Verbindungen zur Afrotropis, hat aber auch Gemeinsamkeiten mit der Paläarktis und Australasis. Von den 66 brütenden Familien sind nur die Feen- und Blattvögel endemisch, die Breitrachen kommen überwiegend dort vor. Typisch sind ferner Fasane, Tauben, Spechte, Bartvögel, Pittas, Timalien, Nektarvögel und Drongos. Mit der Australasis werden Großfußhühner, Eulenschwalme, Schwalbenstare, Mistelfresser, Loris und Kakadus geteilt. Die Abgrenzung zur Australasis ist umstritten und verläuft entlang der sogenannten Wallace-Linie zwischen Borneo und Sulawesi bzw. Bali und Lombok.

AUSTRALASIATISCHE REGION

Die eigentliche australasiatische Vogelwelt wird durch Elemente aus der Orientalischen Region überlagert, zu der die indonesischen Inseln eine Verbindung schaffen. Von den 64 brütenden Familien sind viele endemisch, u.a. Kasuare und Emus, Kiwis, Trappenlaufhühnchen, Höhlenschwalme, Maorischlüpfer, Leierschwänze, Dickichtvögel, Staffelschwänze, Südsee-Grasmücken, Südseeschnäpper, Baumrutscher, Lappenvögel, Drosselstelzen, Würgerkrähen, Laubenvögel und Paradiesvögel, andere kommen vorwiegend hier vor, z.B. Großfußhühner, Honigfresser und Laufflöter. Dagegen fehlen z.B. Flamingos, Fasane, Spechte und Finken (deren Funktion von kleinen Papageien, z.B. Wellensittichen, übernommen wird).

erst vor etwa drei Millionen Jahren wurde über die Landenge von Panama eine Verbindung nach Nordamerika hergestellt.

Die Nearktische Region oder Nearktis war einst über Grönland mit Europa verbunden, und durch die zeitweise überbrückte Beringstraße gab es auch eine Verbindung mit Asien. Tatsächlich sind die Gemeinsamkeiten so groß, daß sich Nearktis und Paläarktis zwanglos zur Holarktis kombinieren lassen. Einige alte Vogelfamilien zeugen von früher Isolation, z.B. Zaunkönige, Spottdrosseln, Waldsänger und Vireos, andere trafen später aus Europa ein, z.B. Kraniche, Kuckucke und Eisvögel, weitere wohl noch später aus Asien, wie z.B. die Trogone. Die letzten Neuankömmlinge sind die aus Südamerika nach Norden vorgedrungenen Kolibris.

Die Paläarktische Region oder Paläarktis umfaßt Europa, große Teile Asiens und Nordafrika und ist jetzt durch Atlantik und Pazifik isoliert. Im Süden ist die Begrenzung eher unscharf, so daß es fließende Übergänge zur Afrotropis und Orientalis gibt. Da die Sahara für Vögel eine sehr viel größere Barriere als das Mittelmeer darstellt, wurden die Vögel Nordafrikas in die Paläarktis mit einbezogen. Im Osten wird die Südgrenze durch den Himalaya und andere Gebirgsketten markiert.

Die Orientalische Region (Orientalis) mit dem Indischen Subkontinent und Südost-Asien einschließlich der vorgelagerten großen Inseln hat eine eigene Avifauna ausgebildet. Doch lebt auf den Inseln, z.B. Borneo, Sulawesi, den Molukken, Philippinen und in Indonesien eine merkwürdige Mischung aus orientalischen und australasiatischen Gruppen neben einer eigenständigen Inselavifauna.

Oft können innerhalb dieser fünf großen tiergeographischen Regionen noch Unterregionen abgetrennt werden (siehe Karte auf S. 366). In ihnen leben jeweils endemische Familien, Gattungen oder Arten. Beispiele sind die Stelzenrallen, Kurole (auch auf den Komoren), Erdracken und Jalas auf Madagaskar oder die Kiwis, Maorischlüpfer und Lappenvögel Neuseelands.

Arealveränderungen

Die Verbreitung von Vogelarten ist nicht für alle Zeiten festgelegt, hat sich früher verändert und tut dies auch heute noch. Viele heute seltsam anmutende Verbreitungsmuster lassen sich durch Ereignisse der Vergangenheit erklären, besonders durch die letzte Eiszeit. Viele Arten hatten sich damals vor den Gletschern in getrennte Refugien in Südost- und Südwest-Europa zurückgezogen. Als sie nach dem Rückzug des Eises in Mitteleuropa wieder aufeinander trafen, hatten sich zwischenzeitlich bei einigen von ihnen Unterarten oder gar neue Arten herausgebildet (siehe S. 17). Bei vielen war dies gleichwohl nicht der Fall, doch behielten sie die in dieser Zeit entwickelten Traditionen bei der Wahl ihrer Zugwege bei. Die Weißstörche *Ciconia ciconia* Westeuropas ziehen noch heute über Gibraltar nach Süden, die in Osteuropa brütenden dagegen über den Bosporus. Die Trennungslinie zwischen beiden Populationen ist recht scharf.

Aktuelle Arealerweiterungen betreffen die nordwestwärts gerichtete Ausbreitung einiger südöstlicher Vogelarten (z.B. Türkentaube *Streptopelia decaocto*, Blutspecht *Picoides syriacus*, Girlitz *Serinus serinus* und Karmingimpel *Carpodacus erythrinus*), während z.B. Seidensänger *Cettia cetti* und Orpheusspötter *Hippolais polyglotta* von Süden her nach Westeuropa vorstoßen. Die Gründe dafür mögen teilweise in Klimaveränderungen liegen, teilweise auch insofern genetisch bedingt sein, als daß einige Arten eine höhere Toleranz gegenüber Klimaschwankungen oder nicht dem eigentlichen Idealbild entsprechenden Lebensräumen entwickelt haben. Im Gegensatz dazu sind die Areale einiger anderer Arten auch beträchtlich geschrumpft, z.B. bei Weißstorch, Blauracke *Coracias garrulus* und einigen

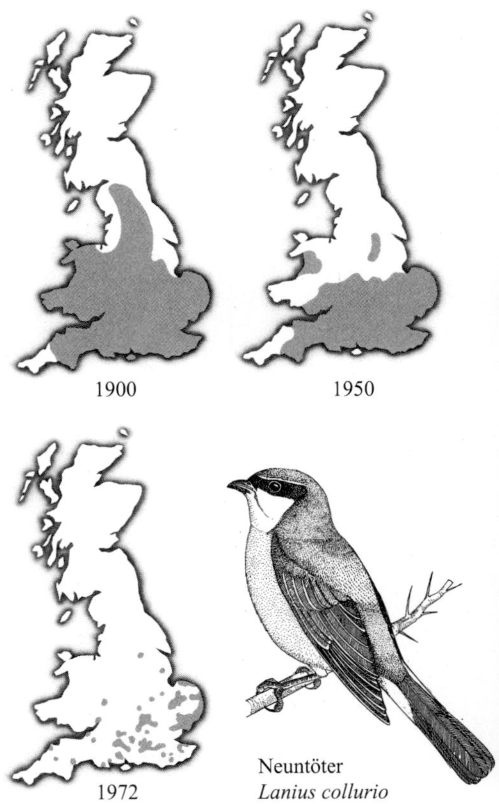

Neuntöter
Lanius collurio

Der Neuntöter (oben) hat in Großbritannien dramatisch abgenommen. Der Grund liegt vielleicht in einer Klimaabkühlung und dem Rückgang von großen Insekten, seiner Hauptnahrung.
Dagegen hat die Türkentaube (unten) ihr Verbreitungsgebiet in den letzten Jahrzehnten erheblich erweitert.

AUSBREITUNG DER TÜRKENTAUBE

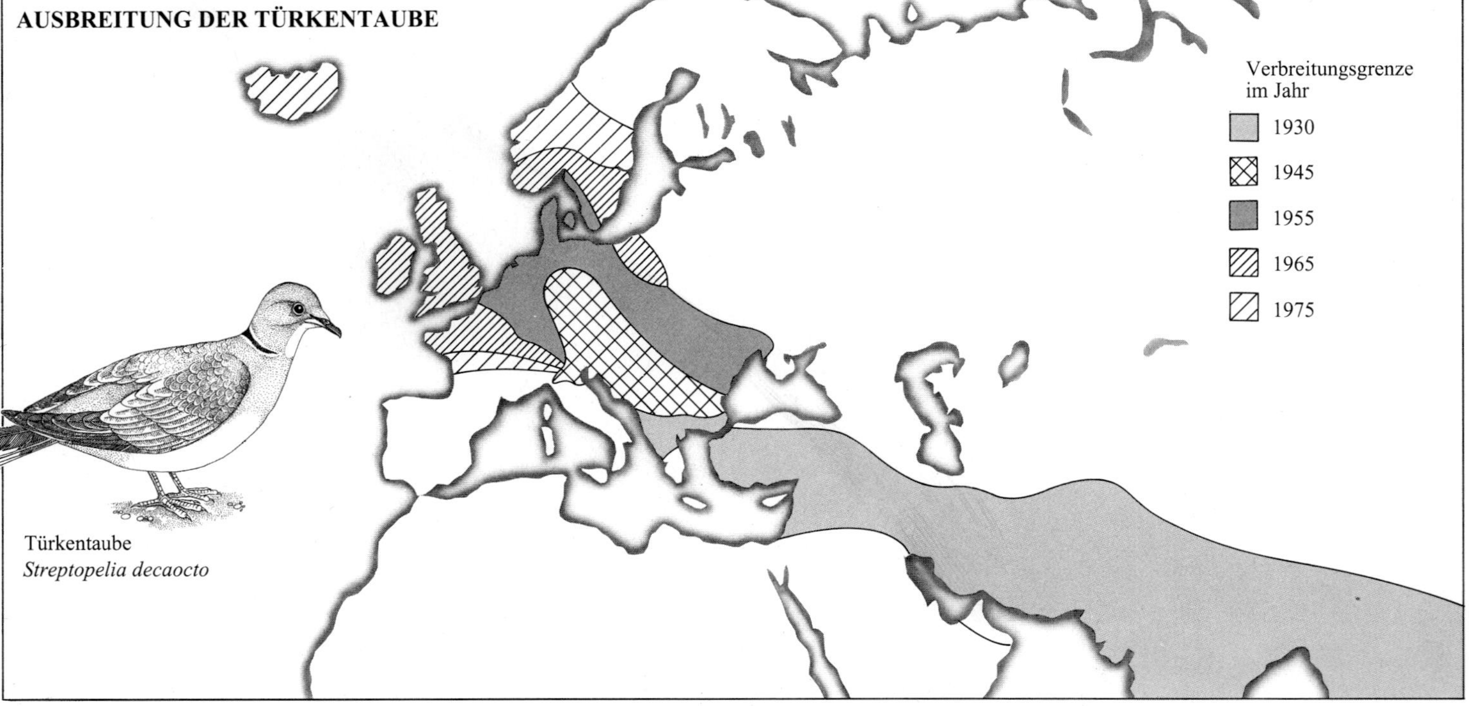

Türkentaube
Streptopelia decaocto

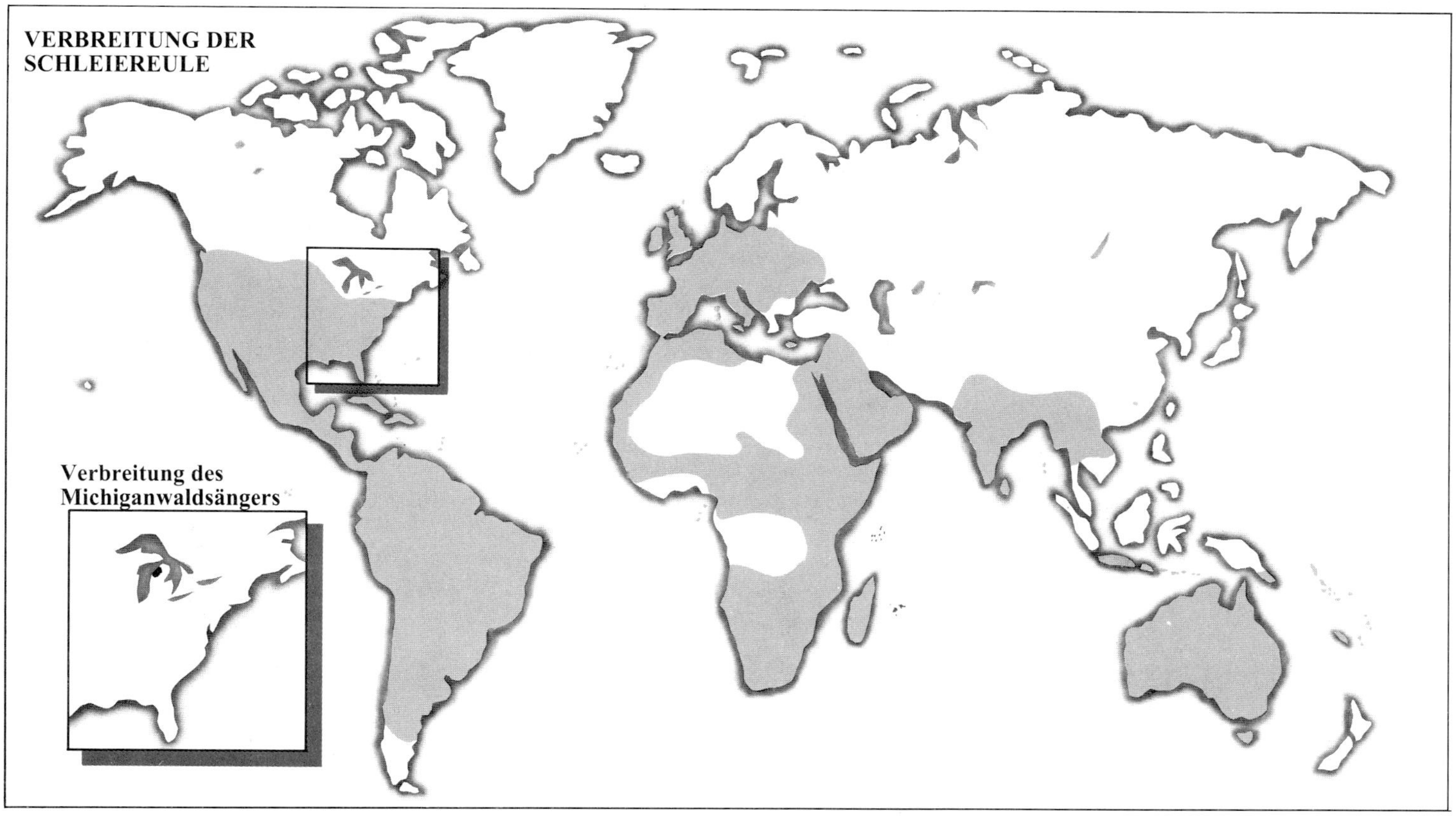

Würgern. Auch hier sind die Gründe sicher vielfältig und reichen von Klimaveränderungen über Lebensraumzerstörung bis zum Gifteinsatz in der Landschaft.

Sprunghafte Ausbreitungen
Wenn eine Vogelart mehrere Jahre hintereinander einen sehr guten Bruterfolg hatte und dann ein Jahr mit schlechtem Nahrungsangebot folgt, kann es zu Irruptionen in sonst nicht zum Verbreitungsgebiet gehörende Räume kommen, z.B. beim Seidenschwanz *Bombycilla garrulus*. Gelegentlich können vorübergehende oder andauernde Arealerweiterungen folgen, wie z.B. bei Brutansiedlungen von Bartmeise *Panurus biarmicus* und Fichtenkreuzschnabel *Loxia curvirostra* geschehen.

Der Kuhreiher *Bubulcus ibis* hat etwa 1930 von Afrika aus Südamerika erreicht. Wahrscheinlich wurde nur ein kleiner Trupp dieser Vögel durch starke Ostwinde über den Atlantik geweht. Nachdem diese große Barriere überwunden war, kam es zu einem dramatischen Anwachsen der kleinen Population, die inzwischen Nord- und Südamerika besiedelt hat. Etwa zeitgleich lief eine Arealerweiterung nach Südosten über Neuguinea nach Australien und bis Neuseeland ab.

Schon mehrere Arten haben ihr Areal von Australien nach Neuseeland ausgedehnt. Der Mantelbrillenvogel *Zosterops lateralis* machte 1856 den Anfang, in den folgenden 120 Jahren von weiteren zehn Arten gefolgt, darunter Reiher, Watvögel und Schwalben.

Der Eissturmvogel *Fulmarus glacialis* konnte sein Verbreitungsgebiet durch indirekte menschliche Hilfe erweitern. Der gestiegene Abfall von Fisch- und Walfangschiffen lieferte eine so gute Nahrungsgrundlage, daß die Population stark anwuchs. Die Folge waren Emigrationen aus den großen alten Kolonien und Neuansiedlungen an vielen westeuropäischen Küsten in diesem Jahrhundert. Auch viele Möwenarten konnten ihr Verbreitungsgebiet ausdehnen, indem sie statt wie früher an Klippen nun auch auf Dächern in Städten und an Hafengebäuden brüten, wo sie von den zunehmenden Abfällen profitieren.

Der Einfluß des Klimas
Klimaveränderungen haben zum Schrumpfen der Areale einiger kälteliebender Seevögel geführt. Es wird auf eine Wärmeperiode zwischen 1920 und 1940 zurückgeführt, daß sich Dickschnabellumme *Uria lomvia*, Krabbentaucher *Alle alle* und Elfenbeinmöwe *Pagophila eburnea* damals in nördlichere Gebiete zurückgezogen haben.

Auch heute beeinflußt das Klima viele Vogelarten in Europa und Afrika. Geringe Regenfälle, verschlimmert durch menschliche Ausbeutung der Wälder und Savannen, haben zu Trockenheit in der Sahelzone am Südrand der Sahara geführt. Als Folge verschwand nicht nur der Strauß *Struthio camelus* als Brutvogel, vielmehr kam es bei vielen dort überwinternden europäischen Vogelarten zu erheblichen Bestandseinbußen. Für sie war die Region ein wichtiger Rast- und Nahrungsplatz, um sich Energiereserven für den anstrengenden Heimzug über die Sahara hinweg anzufressen. Besonders dramatisch nahm 1969 der Bestand der Dorngrasmücke *Sylvia communis* ab, aber auch Gartenrotschwanz *Phoenicurus phoenicurus*, Uferschwalbe *Riparia riparia* und weitere Insektenfresser waren betroffen.

Das Aussehen einer Vogelart kann innerhalb ihres Gesamtverbreitungsgebietes auch unabhängig von der beispielsweise durch geographische Isolation bedingten Ausbildung von Unterarten variieren. Dafür sind dann oft Anpassungen an besondere klimatische Verhältnisse die Ursache. Vögel nördlicher und damit kälterer Regionen sind größer als Angehörige derselben Art in südlicheren Breiten. Ein größerer Körper hat nämlich eine relativ kleinere Oberfläche, wodurch der Wärmeverlust reduziert wird (Bergmannsche Regel). Auch Körperextremitäten wie Schnabel und Beine (bei Säugetieren oft die Ohren) strahlen viel Wärme ab und sind daher bei Tieren im kalten Norden oft kürzer (Allensche Regel). In feuchteren Klimaten sind Vögel oft dunkler gefärbt. Eine dunkle Pigmentierung nimmt Sonnenwärme auf, was zu einer Energieeinsparung von 20 % führen kann, während helle Farben in heißen und trockenen Regionen das Licht reflektieren (Glogersche Regel).

Die auf Grönland brütenden Steinschmätzer *Oenanthe oenanthe* sind nicht nur robuster als ihre mitteleuropäischen Artgenossen, sie haben auch als Anpassung an die größere Zugstrecke längere Flügel. Bei Schneeammern *Plectrophenax nivalis* nimmt die Zahl der Eier pro Gelege zu, je weiter sie im Norden brüten. So kann einerseits vielleicht eine erhöhte Sterblichkeit in rauherem Klima ausgeglichen werden, andererseits aber auch die durch massenhaftes Insektenvorkommen im kurzen arktischen Sommer gebotene Nahrungsgrundlage optimal genutzt werden.

Fließende Übergänge in der Ausbildung von Merkmalen werden klinale Variation genannt. Oft sind die Unterschiede zwischen den Populationen von Nord nach Süd oder von West nach Ost so gering, daß sie kaum wahrnehmbar sind. Deutlich werden sie erst, wenn man Angehörige weit voneinander entfernt lebender Populationen einer Art vergleicht. Die Unterschiede können dann so groß sein, daß man zwei verschiedene Arten vermuten könnte. Solche Übergänge gibt es auch bei den Gesängen, und oft kommt es zur Ausbildung regionaler Dialekte.

Vögel leben nicht isoliert, sondern stehen in ständiger Beziehung zu ihrer Umwelt. Sie ernähren sich von Pflanzen, Samen, Früchten, Insekten, Fischen, Säugetieren oder sogar anderen Vögeln und müssen es umgekehrt vermeiden, selbst gefressen zu werden. Außerdem konkurrieren sie untereinander oder mit anderen Tieren um Nahrung und Nistplätze.

Die Ökologie beschäftigt sich mit den Wechselwirkungen zwischen Lebewesen und ihrer Umwelt. Die Evolution ist dafür verantwortlich, daß diese Beziehungen sehr fein aufeinander abgestimmt sind, denn schließlich entstanden alle Anpassungen auf dem Wege einer durch die Umwelt vorgenommenen natürlichen Selektion.

Ökologie und Evolution
Die für Vögel wichtigen Lebensgrundlagen oder Ressourcen sind oft begrenzt. Es kann sein, daß die Zahl der zur Verfügung stehenden geeigneten Territorien oder Nistplätze beschränkt ist oder das Nahrungsangebot nicht ausreicht. Sollte genügend Nahrung vorhanden sein, kann es zu einer raschen Vermehrung der Population mit der Folge einer sich anschließenden Nahrungsknappheit kommen.

Dann setzt ein Wettbewerb um die lebensnotwendige Nahrung ein, aus dem die stärksten oder am besten angepaßten Individuen als Sieger hervorgehen. So läßt sich, stark vereinfacht, die von Darwin begründete Evolutionslehre formulieren. Da die Nachkommen meist die Eigenschaften ihrer Eltern erben, sind die Jungen erfolgreicher Vogelpaare mit denselben Vorzügen ausgestattet, die ihren Eltern das Überleben erleichtert haben. Die natürliche Selektion sorgt also dafür, daß die Anzahl gut an die Umweltbedingungen angepaßter Individuen innerhalb einer Population stetig zunimmt.

Das läßt sich am Beispiel der europäischen Amsel *Turdus merula* verdeutlichen. In großen Teilen ihres Verbreitungsgebietes ist die Amsel ein Teilzieher. Einige Vögel ziehen also im Winter fort, andere bleiben an ihrem Geburtsort. In strengen Wintern sterben viele der standorttreuen Vögel, in milden Wintern ist die Zahl der Opfer unter den ziehenden Amseln höher, und schon vor deren Rückkehr haben die daheimgebliebenen die besten Territorien besetzt. Vögel können das Wetter nicht vorhersagen, und so ist es schwer zu entscheiden, ob es günstiger ist, sich auf den gefahrvollen Zug zu begeben, oder dem Winter zu trotzen. Jungvögel folgen meist der von ihren Eltern ererbten Strategie. Ökologen haben herausgefunden, daß nach einer Serie strenger Winter der Anteil von ziehenden Amseln innerhalb einer Popula-

Drei Taubenarten auf Neu Guinea und den benachbarten Inseln *(links)* zeigen, daß die Wahl des Lebensraumes durch die Konkurrenz zwischen nahe verwandten Arten bestimmt wird. Kommen alle drei Arten nebeneinander vor, besiedeln sie unterschiedliche Lebensräume, sind es nur zwei Arten, dominiert eine von ihnen, indem sie in die offene Nische vorstößt. Wird eine Insel nur von einer Art bewohnt, besetzt diese alle drei Lebensraumtypen.

Die Schnäbel von Watvögeln oder Limikolen *(links unten)* sind verschieden lang, so daß sie in unterschiedlichen Tiefen in Schlamm und Sand nach Nahrung stochern können. So wird eine Konkurrenz zwischen den Arten vermieden.

Obwohl Krähenscharbe und Kormoran zur Brutzeit im selben Lebensraum auf Beutefang gehen, sind sie auf verschiedene Arten von Meerestieren spezialisiert und stehen so kaum im Wettbewerb miteinander.

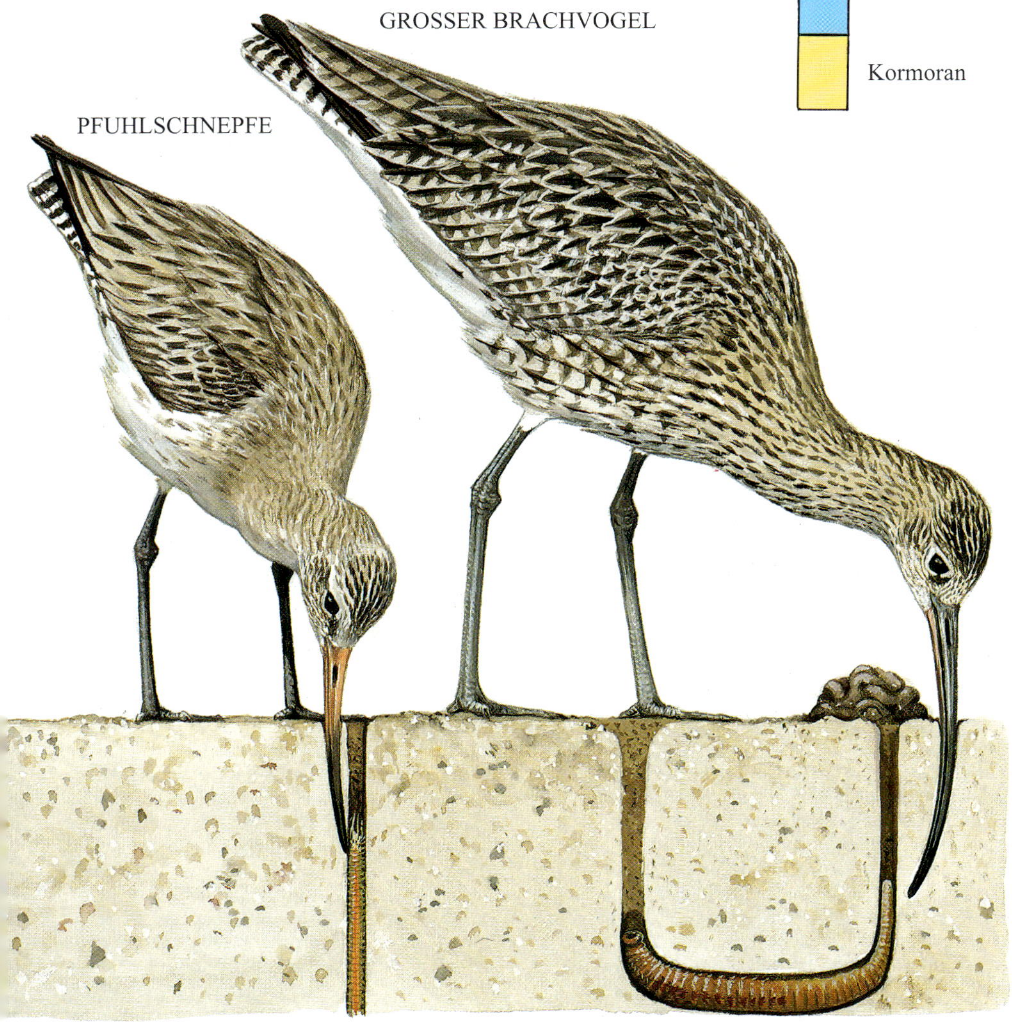

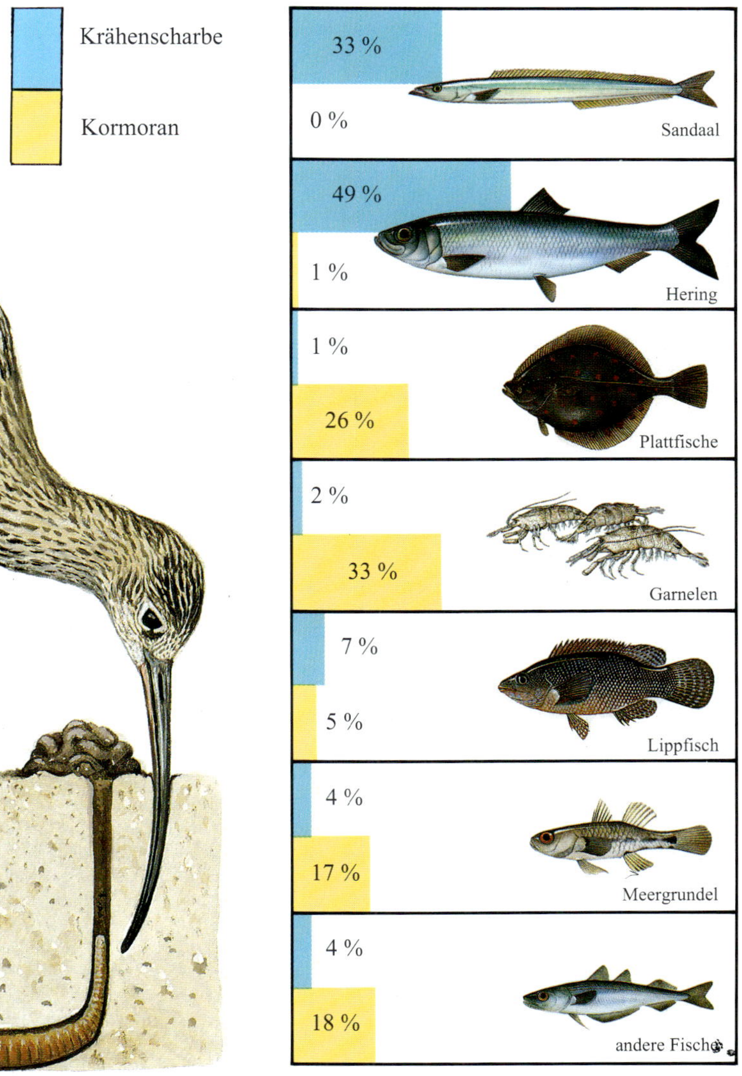

tion höher ist, nach einigen milden Wintern aber der Anteil seßhafter Vögel. Hier entscheidet also die natürliche Selektion, welcher Teil der Population überlebt, sorgt aber gleichzeitig dafür, daß ein Verhalten favorisiert wird, das den jeweiligen Umweltbedingungen optimal angepaßt ist.

Schnelle Umweltveränderungen werden oft durch den Menschen herbeigeführt. Vögel passen sich ihnen entweder an, oder sie räumen das Gebiet. Die Uferschnepfen *Limosa limosa* in den Niederlanden brüten in feuchten Wiesen. Während der letzten 50 Jahre begann man, diese Wiesen mit Maschinen zu mähen, wodurch viele noch flugunfähige Jungvögel getötet wurden. Es wäre also von Vorteil, wenn Uferschnepfen so früh brüten würden, daß die Jungen vor Beginn der Mahd bereits flügge sind. Tatsächlich hat sich dieser die früh mit der Brut beginnenden Uferschnepfen bevorzugende, aber eigentlich unnatürliche Selektionsmechanismus inzwischen ausgewirkt. Im Durchschnitt setzt die Eiablage der Uferschnepfen in den Niederlanden jetzt zwei Wochen früher als noch vor 50 Jahren ein.

Die Elemente der Selektion

Voraussetzung für die Selektion ist die Verschiedenheit der Individuen innerhalb einer Art. Wie es große und kleine, helle und dunkle Menschen gibt, findet man auch bei Vögeln eine gewisse biologische Variationsbreite. Diese wird durch das gelegentliche, spontane Auftreten von Mutationen noch erweitert. Solche Mutationen sind gewissermaßen Übertragungsfehler bei der Weitergabe der genetischen Informationen. Da also letztlich kein Individuum exakt dem anderen gleicht, gibt es überhaupt die Möglichkeit, daß es zu einer Selektion kommen kann.

Grundsätzlich setzt die natürliche Auslese auf zwei Ebenen an. Innerhalb einer Art werden Individuen begünstigt, die am meisten Futter oder die günstigsten Nistplätze finden, am längsten leben, sich am erfolgreichsten fortpflanzen und somit die meisten Nachkommen hinterlassen. Doch auch zwischen den verschiedenen Arten gibt es einen Wettbewerb, z.B. um Nahrung und Nistplätze. So können zwei Fliegenschnäpper-Arten um dieselben Insekten konkurrieren.

Vom Standpunkt der Evolution aus betrachtet muß diese Situation dazu führen, daß es innerhalb von Vogelgemeinschaften keine zwei Arten geben kann, die exakt dieselben Ansprüche an ihre Umwelt haben. Andernfalls würde eine von beiden früher oder später von der anderen, die ihr vielleicht in einigen Bereichen überlegen ist, verdrängt werden. So ist die schwächere Art gezwungen, eine andere Lebensweise zu entwickeln, um dem Konkurrenzdruck auszuweichen.

Die ökologische Nische

Die Kräfte der Evolution haben also bewirkt, daß sich tatsächlich jede Vogelart auf eine bestimmte Weise von allen anderen unterscheidet. Die für eine Vogelart spezifischen und exklusiven Ansprüche an die Umwelt, gewissermaßen ihr Wirkungsfeld innerhalb einer Lebensgemeinschaft, bezeichnet man als ihre ökologische Nische.

Die beiden einander sehr ähnlichen Arten Kormoran *Phalacrocorax carbo* und Krähenscharbe *P. aristotelis* illustrieren diese Einnischung. Beide brüten an nordeuropäischen Küsten, oft sogar nebeneinander auf denselben Klippen. Die Krähenscharbe fischt jedoch auf dem offenen Meer, der Kormoran dagegen am Grund von Flachwasserzonen. So haben sie sich auf unterschiedliche Beute spezialisiert, stehen nicht in Konkurrenz zueinander und besetzen verschiedene ökologische Nischen. Auch Fluß- *Sterna hirundo* und Küstenseeschwalbe *S. paradisaea* zeigen Unterschiede bei der Nahrungssuche: Die Flußseeschwalbe ist bei bedecktem Himmel erfolgreicher, die Küstenseeschwalbe bei starkem Wind.

Schwerer zu durchschauen ist die Situation bei Watvögeln, wenn viele verschiedene Arten gemeinsam in großen Trupps am Meeresstrand oder im Watt der Nahrungssuche nachgehen. Eine genauere Betrachtung offenbart aber, daß nicht alle Arten an derselben Stelle oder in derselben Weise nach Beute stochern. Während der Sandregenpfeifer *Charadrius hiaticula* in trockeneren Bereichen trippelt, durchseiht der Säbelschnäbler *Recurvirostra avosetta* mit seinem aufwärts gebogenen Schnabel sehr weichen Schlick.

Bei solchen gemischten Gruppen von Watvögeln am Meer, aber auch von Meisen oder Laubsängern, die außerhalb der Brutzeit gemeinsam den Wald durchstreifen, wird die Nahrungskonkurrenz nicht nur zwischen Artgenossen, sondern auch zwischen verschiedenen Arten deutlich. Die graduellen Abstufungen in der Nahrungswahl können als ein Spiegelbild des Wettbewerbs zwischen nahe verwandten Arten betrachtet werden.

Verbreitung und Konkurrenz

Es ist von den Ökologen noch nicht genau untersucht worden, welche Wechselwirkungen die verschiedenen Vogelarten untereinander zeigen und was für Auswirkungen das auf ihre Verbreitung hat. Gewöhnlich überschneiden sich die Verbreitungsgebiete nah verwandter Arten, oder sie liegen deutlich voneinander getrennt. Nur selten grenzen sie direkt aneinander, wie beispielsweise beim Eistaucher *Gavia immer* und Gelbschnabeltaucher *G. adamsii*. Nicht immer sind Verbreitungsgebiete durch natürliche Barrieren wie Wüsten oder Meere begrenzt.

Der Grünspecht *Picus viridis* ist keineswegs gleichmäßig in Europa verbreitet, sondern in einigen zentraleuropäischen Gebieten sehr selten, obwohl es keinen erkennbaren Grund dafür gibt. Ökologen nehmen an, daß der Grünspecht in unbesiedelten Gebieten nicht nur mit einer, sondern gleich mit mehreren anderen Arten konkurrieren mußte und in diesem diffusen Wettbewerb unterlegen blieb.

Die Konkurrenz zwischen nahe verwandten Arten wird besonders deutlich, wenn man sie einerseits bei gemeinsamem Vorkommen, andererseits aber auch in Gebieten, in denen nur eine von beiden Arten lebt, studieren kann. Sumpf- *Parus palustris* und Weidenmeise *P. montanus* sind einander sehr ähnlich, leben aber in vielen Regionen Europas in verschiedenen Lebensräumen: Sumpfmeisen in feuchten Laubwäldern, Weidenmeisen in montanen Nadelwäldern. Doch kommt beispielsweise auf den zwischen Schweden und Finnland gelegenen Alandinseln nur die Weidenmeise vor und geht hier in Laub- und Nadelwäldern der Nahrungssuche nach. Daraus läßt sich folgern, daß die Weidenmeise auf dem Festland nur deshalb nicht in Laubwäldern lebt, weil sie dort der effektiveren Sumpfmeise unterlegen ist.

Inselökologie

Je weiter Inseln vom Festland entfernt sind, desto geringer ist meist die Zahl der auf ihnen lebenden Vogelarten. Für den Ökologen sind sie daher ideale Freiland-Laboratorien. Man nimmt an, daß die relativ kleinen Inselpopulationen der Vogelarten von Zeit zu Zeit aussterben und durch Einwanderung neuer Arten ersetzt werden. Die geringe Artenzahl auf Inseln spiegelt also sowohl die hohe Rate der wieder verschwindenden Arten, als auch die geringe Rate der Wiederbesiedlung wider.

Auch andere ökologische Aspekte lassen sich auf Inseln studieren. Bei Inselgruppen kommt es oft vor, daß einige Vogelarten einzelne Inseln besiedeln, auf anderen aber fehlen. Grundsätzlich besteht die Tendenz, daß es auf Inseln weniger nahe miteinander verwandte Arten gibt, als auf dem benachbarten Festland. Daraus laßt sich ableiten, daß die Koexistenz zwischen solchen Arten schwierig ist und sie sich allein durch Konkurrenz in ihrer Verbreitung gegenseitig ausschließen können.

Um Neuguinea herum gibt es eine Vielzahl kleiner Inseln, die aber keineswegs alle dasselbe Artenspektrum aufweisen. Auf Neuguinea selbst leben in jeweils unterschiedlichen Habitaten drei Taubenarten, die Glanzkäfertaube *Chalcophaps indica* in küstennahem Dikkicht, die Stephantaube *C. stephani* in lichten Wäldern und die Goldbrusttaube *Gallicolumba rufigula* im Regenwald. Auf einer der kleinen Inseln fehlt die Goldbrusttaube, und hier besiedelt die Stephantaube sowohl offene Wälder wie Regenwald. Auf einigen anderen Inseln leben weder Glänzkäfer-, noch Goldbrusttauben, so daß die Stephantaube hier in allen drei Lebensräumen vorkommt. Offenbar können die Arten also ein breiteres Spektrum von Lebensräumen besiedeln, jedoch nur dann, wenn die konkurrierenden Arten fehlen. Es ist jedoch nicht klar, warum jeweils eine Art dominant ist, doch liegt der Grund vielleicht darin, daß sie die Insel als erste erreichte, sich an die speziellen Umweltverhältnisse anpaßte und so gut etablierte, daß sie den später ankommenden und daher unterlegenen Arten keinen Raum zur Entfaltung mehr ließ.

Freie Nischen

Sind tatsächlich alle ökologischen Nischen besetzt, wenn sich eine Vogelgemeinschaft in ihre Umwelt eingepaßt und untereinander das Nahrungs- und Wohnraumspektrum aufgeteilt hat? Könnten neu ankommende Vogelarten noch freie Nischen finden, in denen sie überleben und sich so in die bestehende Vogelgemeinschaft einpassen könnten? Man weiß bislang noch nicht genug, um diese Fragen eindeutig beantworten zu können.

Unter natürlichen Umständen finden solche Ausbreitungsvorgänge meist sehr langsam und schrittweise statt, doch lassen sich einige Einblicke gewinnen, wenn man die Expansion von durch den Menschen eingeführten Vogelarten verfolgt. So wurden beispielsweise 1890 etwa 120 europäische Stare *Sturnus vulgaris* in New York freigelassen. Bis 1955 hatten die Vögel nahezu die gesamten Vereinigten Staaten, Südkanada und Mittelamerika besiedelt und einen in die Millionen gehenden Bestand erreicht. Doch auch dieses Beispiel verrät wenig über die ökologischen Auswirkungen in der natürlichen Umwelt. Der Star ist nämlich ein Kulturfolger, der sich an die vom Menschen geschaffene künstliche Umwelt angepaßt hat. Wo er ausge-

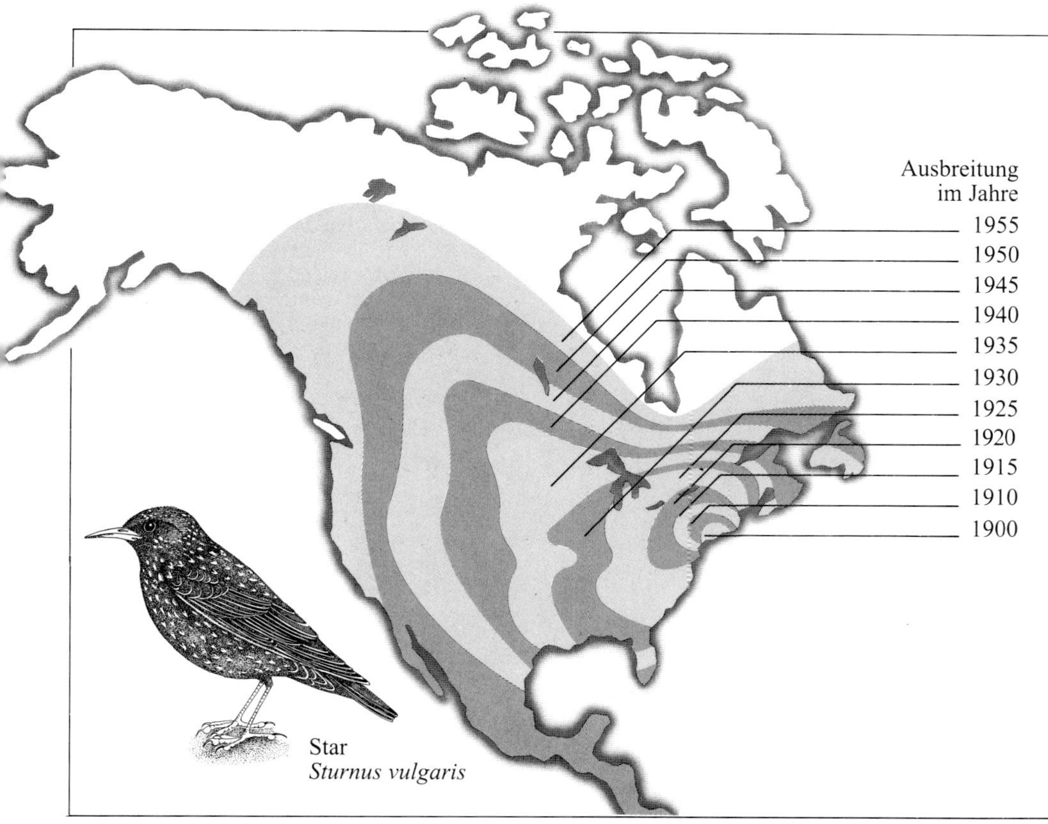

Der erfolgreiche Star
Bis vor kurzer Zeit lebte der Star nur in Europa und Westasien, bewohnt aber heute mehr als das Doppelte seines ursprünglichen Verbreitungsgebietes, da er auf vier weiteren Kontinenten ausgesetzt wurde. Die spektakulärste Ausbreitung fand in Nordamerika statt, wo 1890 im Central Park in New York etwa 120 Vögel freigelassen wurden. Von hier aus hat er die gesamten USA, Südkanada und Mexiko besiedelt. Dabei half ihm sicher seine Fähigkeit, dem Menschen in die Städte zu folgen. Zudem ist er zur Brutzeit recht aggressiv und vertreibt andere Vögel aus ihren Höhlen.

setzt wurde, ist er kaum in die natürlichen Lebensräume vorgedrungen.

Umweltveränderungen
Jede Vogelart hat sich während ihrer Evolutionszeit recht genau in eine spezifische ökologische Nische eingepaßt. Doch die Umwelt ist dynamisch und ändert sich ständig, und folglich kann keine Anpassung endgültig und perfekt sein. In den gemäßigten Zonen haben die verschiedenen Eiszeiten in nicht allzu ferner Vergangenheit für einen ständigen Wechsel gesorgt, während in jüngster Zeit menschliche Aktivitäten für rasche und einschneidende Änderungen auf nahezu dem gesamten Globus verantwortlich sind.

Die Eingriffe des Menschen in die Umwelt haben große Auswirkungen auf die Zukunft vieler Vogelpopulationen, da sie so schnell verlaufen, daß Vögel und andere Lebewesen keine Zeit haben, sich durch natürliche Auslese anzupassen. Besonders beunruhigend ist die Situation in den tropischen Regenwäldern, in denen ein Großteil der Vogelwelt unserer Erde lebt. Hier sind viele Vogelarten so sehr auf ihre ökologische Nische fixiert, daß sie mit dem Abholzen auch nur geringer Teile dieser Wälder für immer verschwinden.

Aber auch Arten mit sehr kleinem Verbreitungsgebiet, beispielsweise nur auf einzelnen Inseln, sind stark bedroht. Auf den Inseln der Karibik sind dies allein vier Papageienarten: Blaustirnamazone *Amazona versicolor*, Blaukopfamazone *A. arausiaca*, Königsamazone *A. guildingii* und Kaiseramazone *A. imperialis*. Sie sind nicht allein durch Lebensraumzerstörung bedroht, sondern weisen nur noch so kleine Populationen auf, daß sie selbst für Naturkatastrophen wie z.B. Hurrikans anfällig sind. Die starke Bedrohung wird auch durch die Statistik deutlich, denn in den letzten 300 Jahren sind zehn inselbewohnende Papageienarten ausgestorben, darunter als karibische Art 1864 der Dreifarbenara *Ara tricolor* auf Kuba.

Der Jahreszyklus der Naturgüter
Obwohl Vogelgemeinschaften in der Regel ein gut aufeinander abgestimmtes Gefüge bilden, in dem die begrenzt zur Verfügung stehenden Naturgüter aufgeteilt sind, ist dies keineswegs immer das ganze Jahr über der Fall. Nahrung ist zwar im Sommer reichlich vorhanden, wird im Winter aber knapp.

So ist es nicht verwunderlich, daß die meisten Vogelarten im Sommerhalbjahr brüten. Die Weibchen benötigen viele Nährstoffe, um die Eier bilden zu können, und beide Eltern brauchen ein großes Nahrungsangebot, um die Jungvögel zu füttern und sich selbst zu ernähren. Auch wenn die unerfahrenen Vogeljungen das Nest verlassen, sollte reichlich Nahrung vorhanden sein, damit sie deren Erwerb schnell lernen können.

Im Winter wird das Nahrungsangebot von Tag zu Tag knapper, zudem werden die Tage kürzer, und die Vögel brauchen mehr Energie, um ihre Körpertemperatur in der kalten Umgebung aufrecht erhalten zu können. So wird der Winter für viele Vogelarten zu einer sehr harten Zeit.

Nahrungsknappheit ist einer der Gründe, die viele Vogelarten nach dem Sommer zum Wegzug zwingen. Doch auch der Vogelzug bringt seine Probleme mit sich. Bevor die Vögel abziehen, müssen sie sich erst einmal ausreichende Fettreserven anfressen, um die Reise ohne große Unterbrechungen durchführen zu können. Im Winterquartier sehen sie sich dann einer völlig neuen ökologischen Gemeinschaft gegenüber, in die sie sich einpassen müssen. Hinzu kommen aber auch Klimaveränderungen in angestammten Überwinterungsgebieten, die zu großen Problemen führen können. So wurde der Bestand der in England brütenden Dorngrasmücken *Sylvia communis* innerhalb eines Jahres durch die Trockenheit in der Sahelzone am Südrand der Sahara um 77 % reduziert.

Bilanzen
Mit Ausnahme ganz weniger extremer Regionen trifft man überall auf der Erde Vögel an. Laien unterscheiden meist nicht zwischen den verschiedenen Arten, bekommen also den Eindruck, als gäbe es noch genügend Vögel. Doch sind die Amseln, Meisen und Sperlinge am Futterhaus kein geeigneter Maßstab, denn gleichzeitig verschwinden auch in Europa die stärker spezialisierten Arten aus Wäldern, Wiesen und Feuchtgebieten.

Änderungen in der Zusammensetzung der Vogelwelt Mitteleuropas hat es schon immer gegeben, bedingt durch langfristige Klimaschwankungen oder Veränderungen in der Vegetation. Einige Vogelarten zogen sich daraufhin zurück, andere bekamen dadurch erst die Möglichkeit, in bislang unbesiedelte Gebiete einzuwandern. Doch die jetzt sehr rasch verlaufenden Umweltzerstörungen und Veränderungen von Ökosystemen verhindern, daß sich Vögel an die neue Situation anpassen können - sie verschwinden einfach. Nur wenige Arten können zwischen Beton, Asphalt und Plastik, in ausgeräumten Agrarsteppen, monotonen Fichtenschonungen oder an begradigten Wasserläufen existieren. Sie sind dann aber oft wahre «Überlebenskünstler», die in großen Schwärmen auftreten können und uns vortäuschen, daß es noch viele Vögel gäbe. Es gibt also keinen Austausch oder Wechsel zwischen den Vogelarten mehr, sondern die explosionsartige Vermehrung von «Anpassern» und das Verschwinden von Spezialisten - letzlich eine negative ökologische Bilanz.

Vom Standpunkt der eher seßhaften menschlichen Lebensweise aus betrachtet mögen die Wanderungen der Vögel kräftezehrend und gefährlich erscheinen, sind aber biologisch durchaus sinnvoll. Die meisten Brutvögel der kühleren und gemäßigten Breiten sind Zugvögel und verbringen den Winter in wärmeren Klimazonen.

Zugbewegungen finden zweimal jährlich statt, und zwar von den nahrungsreichen, im Sommer bewohnten Brutgebieten zu den klimatisch milderen Winterquartieren, und wieder zurück. Bei einigen Arten gibt es im Sommer auch einen zusätzlichen Zug in die Mausergebiete. Doch ziehen keineswegs unbedingt alle Angehörigen einer Art oder einer Population. Von Nord nach Süd gibt es oft erhebliche Unterschiede, ferner manchmal zwischen Alt- und Jungvögeln (s. S. 33).

Das Muster des Vogelzugs

Zeiten, Richtungen und Ziele des Vogelzuges sind von Art zu Art verschieden. Im Sommer ist der wichtigste Ort im Leben eines Vogels der Nistplatz, den man gewissermaßen als seine Heimat bezeichnen kann. So fliegen viele wandernde Seevogelarten außerhalb der Brutzeit Tausende von Kilometern über die Meere, kehren dann aber nicht nur in ihre angestammte Kolonie zurück, sondern oft sogar an exakt denselben Nistplatz auf demselben Felsvorsprung.

Im Winter sind die Vögel nicht so sehr an einen Ort gebunden, so daß sie in weiten Gebieten umherstreifen und nach günstigen Nahrungsquellen suchen können. Einige Arten leben aber auch im Winter in einem genau abgegrenzten Territorium. So wurden einzelne europäische Teichrohrsänger *Acrocephalus scirpaceus* Jahr für Jahr im selben Busch in Afrika kontrolliert, und auch viele Limikolen, darunter der Kiebitzregenpfeifer *Pluvialis squatarola*, ließen sich in Europa und Amerika immer wieder im selben Winterrevier feststellen. Solche

ZUGWEGE

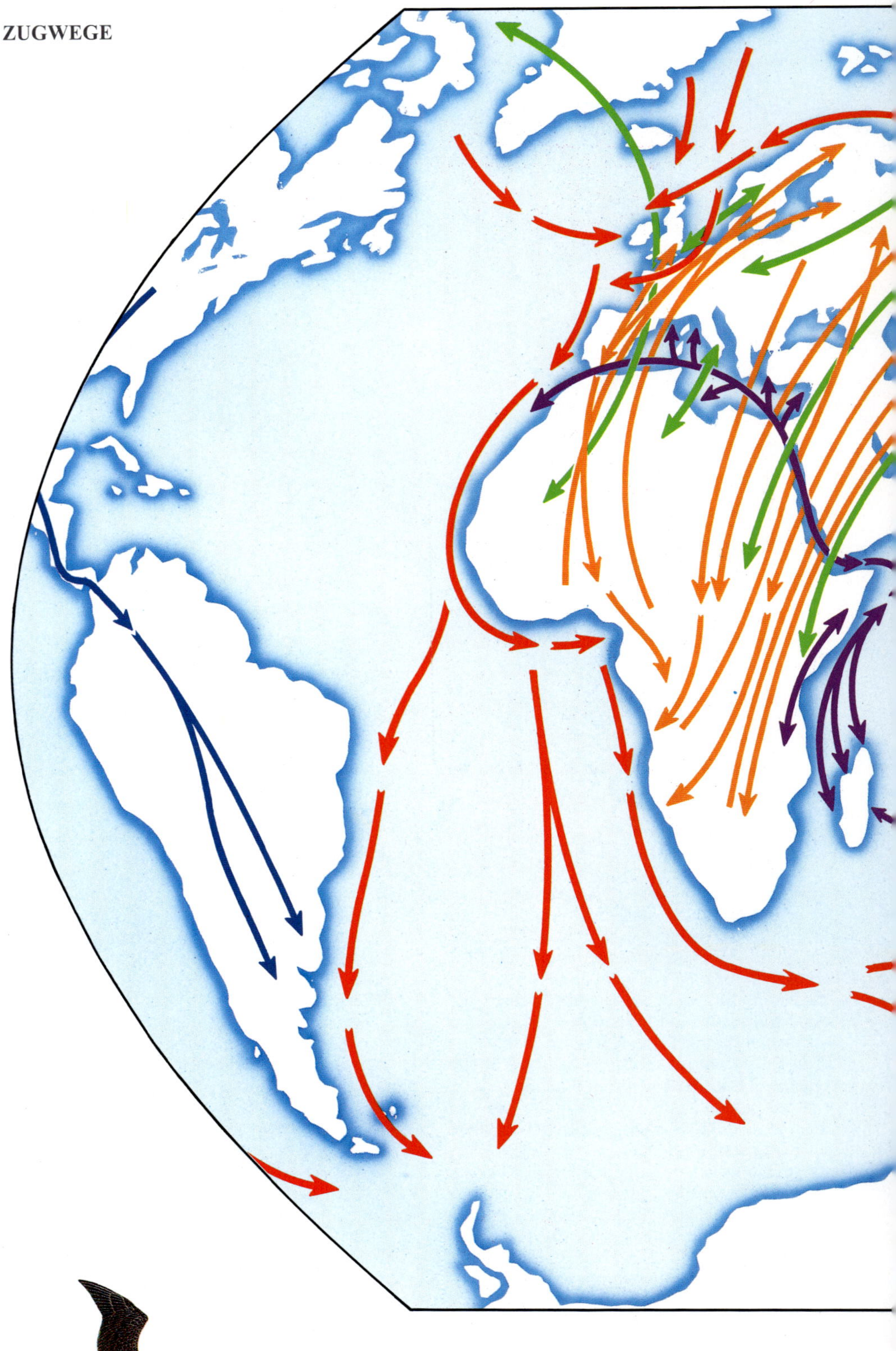

Die Karte zeigt die Zugwege einiger Langstreckenzieher. Die Küstenseeschwalbe legt mit etwa 36000 km pro Jahr die größte Entfernung zurück. Der Kurzschwanz-Sturmtaucher fliegt eine Schleife von bis zu 32000 km. Von den paläarktischen Zugvögeln sind Fitisse die zahlreichsten Weitstreckenzieher. Eleonorenfalken brüten und ziehen erst spät im Jahr, da sie ihre Jungvögel im Spätsommer mit den erschöpft auf den Mittelmeer-Inseln rastenden Zugvögeln füttern. Der Steinschmätzer hat zwar ein gewaltiges Verbreitungsgebiet, doch überwintern alle Populationen in Afrika. Anders als der über das Meer ziehende Eleonorenfalke ist der Präriebussard als Thermiksegler auf warme Aufwinde angewiesen und zieht daher über Land nach Südamerika.

Küsten-
seeschwalbe
Sterna paradisaea

Kurzschwanz-Sturmtaucher
Puffinus tenuirostris

Fitis
Phylloscopus trochilus

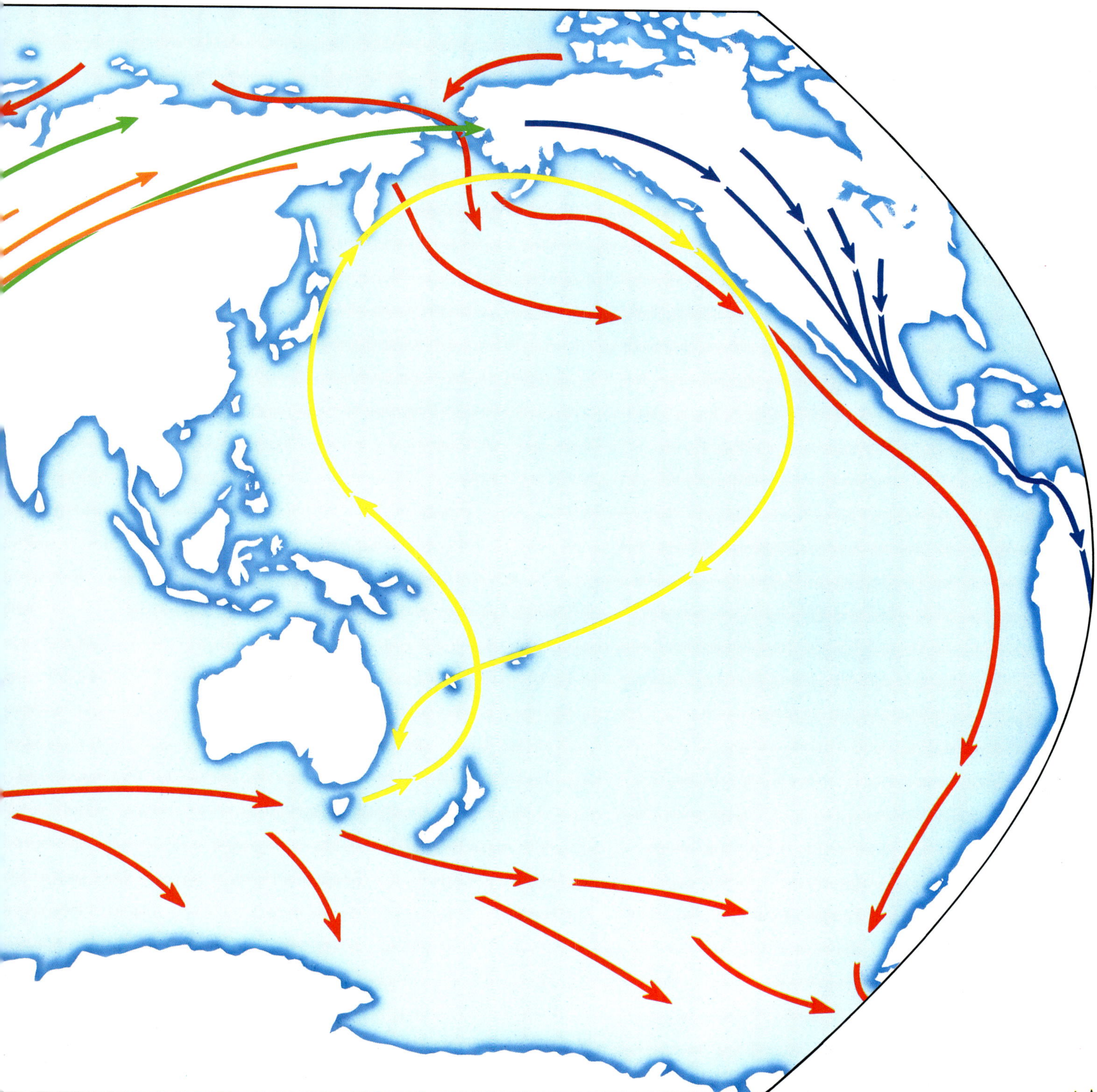

Eleonorenfalke
Falco eleonorae

Steinschmätzer
Oenanthe oenanthe

Präriebussard
Buteo swainsoni

Arten demonstrieren deutlich die Notwendigkeit, sich auch im Winterquartier in das Gefüge der dort eigentlich heimischen Arten einzunischen. Viele der weiter verbreiteten Zugvögel sind aber Generalisten, die sich an die verschiedensten örtlich vorhandenen Nahrungsquellen anpassen können und sich an besonders günstigen Stellen oft konzentrieren.

Der Zug vieler auf der nördlichen Halbkugel brütender Vogelarten ist von Nord nach Süd orientiert, in Amerika meist direkt, in Europa dagegen zur Umgehung der Alpen und des Mittelmeers oft erst nach Südwesten und dann nach Süden oder Südosten abknickend. Arten wie Laubsänger, Waldsänger oder Schwalben überwintern in Mittel- und Südamerika, Afrika oder Südasien und kehren im April oder Mai zu ihren oft noch nördlich des Polarkreises gelegenen Brutgebieten zurück.

Das Zugverhalten vieler Arten wurde stark durch die letzte Eiszeit und die nachfolgende Erwärmung des Klimas in den vergangenen zehntausend Jahren beeinflußt. Viele Vogelarten konnten ihr Verbreitungsgebiet um 3000 und mehr Kilometer nach Norden ausdehnen, einige expandierten auch Richtung Osten. So kommt der Fitis *Phylloscopus trochilus*, dessen Vorfahren während der letzten Eiszeit nach Afrika und vielleicht auch Südeuropa zurückgedrängt waren, heute bis in den äußersten Norden Europas und in weiten Teilen Sibiriens vor.

Auch die in der nördlichen Tundra brütenden Enten, Gänse, Schwäne, Seetaucher, Seeschwalben und Watvögel wanderten dem schmelzenden Eis folgend immer weiter in die Polarregion ein. Diese während der langen, kalten Winter unwirtlichen Gebiete haben den Vorteil, daß sie nahezu frei von Raubtieren sind und während der kurzen Periode im Sommer, in der Eis und Schnee schmelzen, ein überreiches Nahrungsangebot und einen sicheren Ort zur Aufzucht der Jungvögel bieten. Doch gleich nach der Brutzeit werden sie wieder verlassen.

Manche Vogelpopulationen führen aber Zugbewegungen durch, die über relativ kurze Entfernungen führen. So steigen viele Gebirgsvögel lediglich in tiefere Lagen hinab, und einige im Zentrum des europäischen Kontinents brütende Arten verbringen den Winter im etwas milderen Klima der europäischen Küsten.

Orientierung

Eine exakte Navigation ist für jede ziehende Vogelart lebenswichtig. Auch wenn das Zielgebiet relativ groß ist, kann schon die kleinste Abweichung zum Tod des Vogels führen. Wissenschaftler haben in zahlreichen Experimenten herausgefunden, daß Vögel verschiedene Möglichkeiten zur Orientierung entwickelt haben. So besitzen sie, wie die meisten Tiere, eine innere Uhr mit einem 24-Stunden-Rhythmus, die es den tagsüber ziehenden Arten erlaubt, aus dem Sonnenstand die Zugrichtung abzuleiten.

Besonders die Sterne bilden eine wichtige Hilfe bei der Orientierung. Bei jungen Gartengrasmücken *Sylvia borin* in Europa und Indigofinken *Passerina cyanea* in Amerika zeigten Experimente in Planetarien, daß sie durch Beobachtung des nächtlichen Himmels das Zentrum herausfinden können, um das sich die Sterne drehen, nämlich den Polarstern im Norden.

Untersuchungen an Rotkehlchen *Erithacus rubecula* ergaben, daß sich Vögel auch an den von Pol zu Pol verlaufenden Magnetfeldlinien der Erde orientieren können. In gewissen Abständen, die einige hunderttausend Jahre betragen können, polt sich das Magnetfeld der Erde jedoch um, was seit Entstehung der Vögel schon mehrmals vorkam und die Orientierung erschweren könnte. Vögel haben dieses Problem gelöst, indem sie sich nicht an der Nord-Süd-Ausrichtung der Feldlinien orientieren, sondern an ihrem Neigungswinkel zur Erdoberfläche, der an den Polen 90°, am Äquator dagegen 0° beträgt. Es handelt sich also nicht um einen Polaritäts-, sondern um einen Inklinationskompaß, der nicht erlernt werden muß, sondern angeboren ist.

Daneben können einige Vogelarten wahrscheinlich auch ihren Geruchssinn zur Zielnavigation einsetzen, andere orientieren sich auch an einmal erlernten auffälligen Landmarken. Neuere Untersuchungen haben gezeigt, daß sie zusätzlich polarisiertes Licht wahrnehmen können. Doch sind keineswegs alle Fragen der Orientierung und Navigation gelöst.

Energieverbrauch

Das beste Orientierungsvermögen nützt dem Vogel nichts, wenn er physisch nicht in der Lage ist, die Reise anzutreten. Die meisten Vogelarten ziehen fliegend, doch gibt es auch flugunfähige Arten wie Pinguine, die schwimmend oder laufend wandern. Selbst einige flugfähige Meeresvögel legen Teile ihrer Zugstrecke schwimmend zurück. Für den langen Flug wird Energie benötigt, die Schwalben und Segler durchaus während des aktiven Zuges in Form von Insektennahrung aufnehmen können. Viele andere Arten müssen sich jedoch vor dem Abflug ein Fettdepot als Energiereserve anlegen.

Einige Arten verdoppeln vor dem Abzug ihr Gewicht und können so vier Tage lang ununter-

ORIENTIERUNG NACH SONNE UND STERNEN

1. Viele nachts ziehende Vogelarten können sich am Sternenhimmel orientieren. Gartengrasmücken wurde in Planetarien ein künstlich erzeugter Sternenhimmel gezeigt, wie sie ihn während des Zuges im Herbst sehen. Die meisten Versuchstiere führten Zugbewegungen in die richtige Richtung aus *(oben)*. Wurde das Sternbild ausgeschaltet, bewegten sich die Gartengrasmücken dagegen in die verschiedensten Richtungen.

2. Vögel können sich auch am Stand der Sonne orientieren. Stare führten in einem Experimentierkäfig ihre Zugbewegungen jeweils im richtigen Winkel zum Sonnenstand aus *(oben)*. Dieser Winkel wurde auch eingehalten, wenn die Strahlen durch Spiegel abgelenkt wurden *(unten)*. Bei bedecktem Himmel oder nach Abdeckung der Fenster mit Milchglas waren die Stare jedoch völlig desorientiert.

1

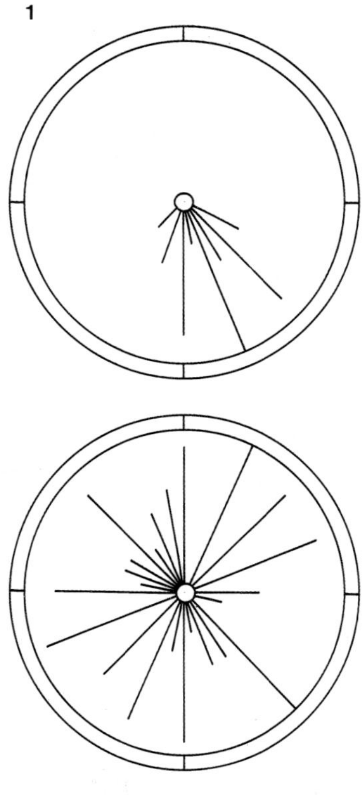

2

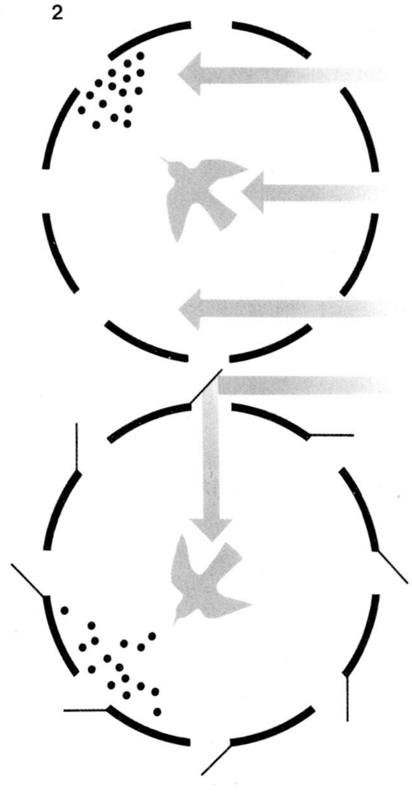

brochen fliegen. Ein so kleiner Vogel wie der Streifenwaldsänger *Dendroica striata* legt die Strecke von Massachusetts bis zu den südlichen Westindischen Inseln oder gar nach Südamerika in einem 3000 Kilometer über den Atlantik führenden Non-Stop-Flug zurück. Größere Arten können noch effektiver sein. Die Fettreserven des Pazifischen Goldregenpfeifers *Pluvialis fulva* erlauben ihm den Direktflug von 4000 Kilometern über den offenen Pazifik von Alaska nach Hawaii, eine Leistung, die zusätzlich eine exakte Navigation verlangt.

Aktiver Kraftflug während des Zuges setzt also das vorherige Anlegen von Energiereserven voraus, die dann nahezu vollständig verbraucht werden. Viele Vogelarten nutzen aber die von der Atmosphäre gelieferte Energie, und zwar nach zwei Methoden. Große Arten, z.B. Greifvögel und Störche, lassen sich von warmen Aufwinden in höhere Luftschichten tragen. Von dort aus können diese Thermiksegler dann im Gleitflug langsam an Höhe verlierend größere Strecken zurücklegen, bis sie erneut eine Stelle mit günstigen Aufwinden erreichen. Hochseevögel wie Albatrosse und Sturmtaucher gleiten dagegen im nahezu ständig über den Wellen wehenden Wind. Die für das Ausstrecken der Flügel und gelegentliche korrigierende Bewegungen nötige Energie beträgt nur 3-5 % des für den Kraftflug benötigten Aufwands. Der Nachteil ist jedoch, daß diese Arten bei fehlender Thermik aufgrund kühler Witterung oder bei Windstille über dem Meer keine andere Möglichkeit haben, als auf dem Boden oder dem Wasser zu landen und auf bessere Bedingungen zu warten.

Die über Land fliegenden Thermiksegler benutzen traditionelle Zugrouten, die über Gebiete mit garantierten Aufwinden führen und vermeiden das Überfliegen von offenen Wasserflächen und Meeren bzw. beschränken es auf ein Minimum. So kommt es am West- und Ostrand des Mittelmeeres über Gibraltar und am Bosporus zu zwei «Nadelöhren», in denen sich zu den Zugzeiten Tausende von Großvögeln konzentrieren, um das Mittelmeer zu umgehen.

Notwendige Anpassungen

Der Zug macht es erforderlich, daß das gesamte Leben eines Vogels an diesen Vorgang angepaßt ist, denn andernfalls liefe er tatsächlich Gefahr, während der Wanderung sein Leben zu lassen. Neben der inneren Uhr mit dem Tagesrhythmus besitzen Vögel auch eine innere Uhr für den Jahreszyklus. Sie steuert die verschiedenen physiologischen Prozesse, darunter den Brutbeginn, die Mauser und den Zugtermin.

Bei einem Zugvogel müssen die zur Anlage von Energiereserven nötige Zeit und der Termin des Zuges in den übrigen Jahresablauf eingepaßt sein, was unweigerlich zur Folge hat, daß die für andere Aktivitäten zur Verfügung stehende Zeit beschränkt ist. Das wird durch einen Vergleich der beiden europäischen Wiesenschmätzer Braunkehlchen *Saxicola rubetra* und Schwarzkehlchen *S. torquata* deutlich. Die von vielen hundert britischen Vogelbeobachtern zusammengetragenen Daten zeigen, daß das Braunkehlchen als Langstreckenzieher in jedem Sommer nur Zeit zur Aufzucht einer Brut (gelegentlich auch einmal zwei Bruten) hat, während das eher seßhafte oder nur über kurze Strecken ziehende Schwarzkehlchen drei Jahresbruten zeitigt.

Braunkehlchen brüten in offenem Wiesengelände und haben ein relativ gefährdetes Nest.

Der Fitis besitzt längere, spitzere Flügel als der sonst sehr ähnliche Zilpzalp, da er im Gegensatz zu diesem eine weitere Zugstrekke bis nach Zentralafrika zurücklegen muß.

Obwohl ihre Gelege durchschnittlich etwas größer sind, liegt die Produktivität eines Paares bei weniger als 2,5 Jungvögeln pro Jahr. Dagegen bringt jedes Schwarzkehlchen-Paar durchschnittlich 5,5 Jungvögel bis zum Erreichen der Flugfähigkeit. Doch muß das nicht ziehende Schwarzkehlchen in strengen Wintern hohe Verluste hinnehmen, höhere, als sie das Braunkehlchen während des Zuges erleidet. Als Ergebnis zeigt sich, daß der Bestand des Schwarzkehlchens starken Fluktuationen ausgesetzt ist. Nach einem strengen Winter ist die Population sehr klein, nach mehreren aufeinanderfolgenden milden Wintern dann wieder sehr hoch. Der Bestand des Braunkehlchens bleibt dagegen im Durchschnitt vieler Jahre recht stabil.

Viele Vogelarten benutzen während des Zuges bestimmte, oft traditionelle Rastplätze, an denen sie ausruhen und ihre Fettreserven ergänzen. Eingehende Untersuchungen haben gezeigt, daß ein Kleinvogel dort an einem einzigen Tag sein Körpergewicht um 5 % erhöhen kann.

Auch der Körperbau kann deutliche Anpassungen an das Zugverhalten zeigen. Viele insektenfressende Vogelarten besitzen abgerundete Flügel, die ihnen mehr Beweglichkeit bei der Beutejagd verleihen. Für einen Langstrekkenzieher ist es aber von Vorteil, lange und zugespitzte Flügel zu haben. So besitzen bei nahe verwandten Arten die eher seßhaften oder nur über kurze Entfernungen ziehenden Vögel kürzere Flügel, wie z.B. Schwarzkehlchen und Zilpzalp, die Langstreckenzieher aber längere Schwingen, wie z.B. Braunkehlchen und Fitis.

Zugstrecken

Der Rekordhalter unter den Zugvögeln ist zweifellos die Küstenseeschwalbe *Sterna paradisaea*. Sie brütet im Norden bis weit über den Polarkreis hinaus, überwintert aber am Rande der Antarktis. Die nördlichsten Brutvögel verbringen den Sommer unter der ständig scheinenden Mitternachtssonne und kommen auch im Winterhalbjahr im antarktischen Packeis in den Genuß ununterbrochenen Tageslichts.

Selbstverständlich legen nicht alle ziehenden Vogelarten so extreme Entfernungen zurück. In der paläarktischen und afrotropischen Region kommt es oft vor, daß die nördlichen Populationen einer Art etwa 5000 Kilometer weit ziehen, die südlichen dagegen nur wenige hundert Kilometer oder gar überhaupt nicht. Das kann auch dazu führen, daß die südlichen Populationen schon im Februar mit der Brut beginnen, die nördlichen aber erst ab Ende Mai. Grundsätzlich ziehen die nördlichsten Vögel am weitesten nach Süden.

Viele Arten sind in Teilen ihres Verbreitungsgebietes sogenannte Teilzieher. Bei ihnen kommt es oft vor, daß die alten Männchen im Brutgebiet bleiben und ihre Territorien verteidigen, während die Jungvögel und die meisten Weibchen in mildere Gebiete ausweichen. Der Besitz eines optimalen Reviers ist für den Fortpflanzungserfolg eines Männchens so wichtig, daß es das Risiko eingeht, im kalten Winter auszuharren. Wenn es im folgenden Frühjahr noch lebt, wird es bei den zurückkehrenden Weibchen die größten Paarungschancen haben.

Unser Wissen über die Zugwege und Winterquartiere der Vögel wurde hauptsächlich durch die wissenschaftliche Vogelberingung gewonnen. In vielen Ländern werden Vögel mit leichten Aluminiumringen versehen, die neben dem Namen der zuständigen Vogelwarte auch eine individuelle Nummer tragen.

BEMERKENSWERTE VÖGEL

Obwohl Vögel eine deutlich abgegrenzte Tiergruppe mit sehr einheitlichem Bauplan sind, zeigen sie eine erstaunliche Vielfalt an Formen. Dabei handelt es sich um Anpassungen an den Lebensraum, den Nahrungserwerb oder die spezielle Lebensweise, die sich auf Größe, Gestalt, Schnabelform, Nest und Eier, Wanderungen, Flugvermögen, Lebensdauer und vieles mehr auswirken.

Einige Vögel segeln stundenlang und fast ohne einen Flügelschlag, andere schwirren so schnell, daß die einzelnen Schläge nicht mehr sichtbar sind. Es gibt Vögel, die in der stärksten Brandung schwimmen oder in gewaltige Tiefen tauchen, aber auch solche, die ihr Flugvermögen völlig eingebüßt haben, dafür aber schneller laufen können als die meisten Säugetiere.

Auf den folgenden Seiten werden einige extreme Anpassungen vorgestellt, die einen Einblick in die von der Evolution hervorgebrachte erstaunliche Formenvielfalt der Vögel geben.

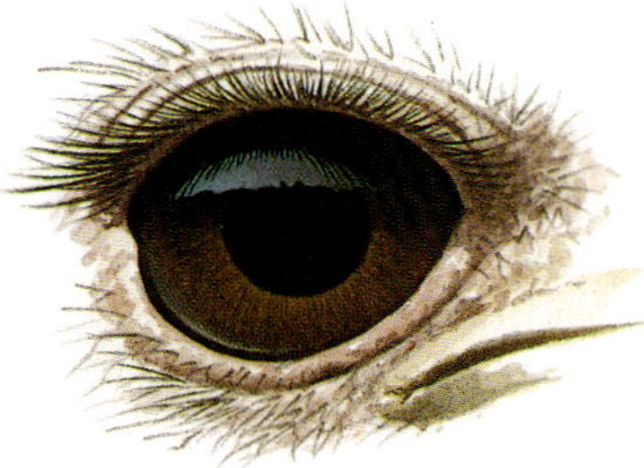

Der Strauß hat das größte Auge

BIENENELFE

Die Bienenelfe, ein Kolibri, ist als kleinster Vogel der Erde kaum länger als das Auge des größten Vogels, des Strauß.

STRAUSS

Der flugunfähige Strauß ist der schwerste und höchste Vogel und zudem der schnellste Läufer. Die Atlantisralle ist der kleinste flugunfähige Vogel.

ATLANTISRALLE

Der Andenkondor ist der schwerste, das Weißscheitelfälkchen der kleinste Greifvogel.

Unter den Seevögeln ist der Kaiserpinguin die schwerste und größte Art, die Zwergsturmschwalbe die kleinste.

Im Sturzflug ist der Wanderfalke die schnellste Vogelart, im Streckenflug gehört der Mittelsäger zu den schnellsten Vögeln. Der langsamste Kraftflug wird bei der Kanadaschnepfe beobachtet.

Eselspinguine sind die schnellsten Schwimmer unter den Vögeln. Von den flugfähigen Arten kann der Wegekuckuck am schnellsten laufen.

BEMERKENSWERTE VÖGEL

LEBENSDATEN		
Größte und höchste flugunfähige Art	Strauß *Struthio camelus*	Gewicht bis 156,5 kg, Höhe bis 2,74 m bei Männchen
Schwerste flugfähige Arten	Großtrappe *Otis tarda* Riesentrappe *Ardeotis kori*	Männchen bis 18 kg schwer
Weitere schwere Arten	Trompeterschwan *Cygnus buccinator* Singschwan *Cygnus cygnus* Höckerschwan *Cygnus olor*	Männchen bis 16 kg schwer
Schwerster Greifvogel	Andenkondor *Vultur gryphus*	Gewicht des Männchens bis 14 kg
Schwerster und größter Seevogel	Kaiserpinguin *Aptenodytes forsteri*	Gewicht bis 40 kg, Höhe bis 1,2 m
Größte Flügelspannweite	Wanderalbatros *Diomedea exulans*	bis 3,63 m
Größte Spannweite bei Landvögeln	Andenkondor *Vultur gryphus* Marabu *Leptoptilos crumeniferus*	bis 3,2 m
Kleinster Vogel	Bienenelfe *Calypte helenae*	Gewicht 1,6 g, Länge 5,7 cm
Kleinster Greifvogel	Weißscheitelfälkchen *Microhierax latifrons*	Gewicht 35 g, Länge 15 cm
Kleinster flugunfähiger Vogel	Atlantisralle *Atlantisia rogersi*	Gewicht 34,7 g, Länge 12,5 cm
Kleinster Seevogel	Zwergsturmschwalbe *Halocyptena microsoma*	Gewicht 28 g, Länge 14 cm
Schnellster Vogel	Wanderfalke *Falco peregrinus*	im Sturzflug bis 180 km/h
Schnellster Streckenflieger	Eiderente *Somateria mollissima*	mehr als 76 km/h
Langsamster Streckenflieger	Kanadaschnepfe *Scolopax minor*	8 km/h
Schnellster Flügelschlag	Sonnenstrahlelfe *Heliactin cornuta*	90 Schläge pro Sekunde, bei einigen anderen Kolibris im Balzflug vielleicht bis 200 Schläge/Sekunde
Größte Flughöhe	Sperbergeier *Gyps rueppellii*	11274 m
Schnellster Läufer	Strauß *Struthio camelus*	mindestens 72 km/h, auf Kurzstrecken vielleicht bis zu 96,5 km/h
Schnellster flugfähiger Läufer	Wegekuckuck *Geococcyx californianus*	42 km/h
Längster Zugweg	Küstenseeschwalbe *Sterna paradisaea*	36000 km zwischen Arktis und Antarktis
Längster Luftaufenthalt	Rußseeschwalbe *Sterna fuscata*	3 Jahre (vielleicht 8-10 Jahre) ständig in der Luft
Längster Luftaufenthalt bei Landvögeln	Mauersegler *Apus apus*	bis zum Brutbeginn nach 3 Jahren
Schnellster Schwimmer	Eselspinguin *Pygoscelis papua*	auf Kurzstrecken bis zu 27,4 km/h
Maximale Tauchtiefe und -dauer	Kaiserpinguin *Aptenodytes forsteri*	265 m, Tauchzeit 18 Minuten
Maximale Tauchtiefe flugfähiger Vögel	Eistaucher *Gavia immer*	81 m
Relativ längste Beine	Stelzenläufer *Himantopus himantopus*	60 % der Körperlänge
Kürzeste Beine	Segler (Familie Apodidae)	Tarsus 10-12 mm
Längster Schnabel	Brillenpelikan *Pelecanus conspicillatus*	34-47 cm
Relativ längster Schnabel	Schwertschnabel *Ensifera ensifera*	mit 10,5 cm länger als der Körper
Kürzeste Schnäbel	Nachtschwalben (Familie Caprimulgidae) Segler (Familie Apodidae)	8-10 mm 10-11,5 mm
Einziger seitwärts gebogener Schnabel	Schiefschnabel *Anarhynchus frontalis*	
Längster und breitester Schwanz	Perlenfasan *Rheinardia ocellata*	Länge bis 1,73 m, Breite 13 cm
Größte und kleinste Federzahl	Zwergschwan *Cygnus columbianus* Rubinkehlkolibri *Archilochus colubris*	25216 Federn 940 Federn
Größte Augen (von allen Landwirbeltieren)	Strauß *Struthio camelus*	Durchmesser 5 cm
NESTER		
Größtes Baumnest	Weißkopf-Seeadler *Haliaeetus leucocephalus*	Durchmesser bis 2,9 m, Höhe 6 m
Größte Nisthügel (speichert wie ein Brutkasten die Wärme)	Großfußhuhn *Megapodius freycinet*	Höhe bis 5 m, Breite 11 m
Umfangreichste Gemeinschaftsnester	Siedelweber *Philetairus socius*	bis zu 300 Nestkammern
Größtes überdachtes Nest	Hammerkopf *Scopus umbretta*	bis zu 2 m breit und tief
Größtes Nest eines Kleinvogels	Weißkehlcacholote *Pseudoseisura gutturalis*	Vogel 21 cm lang, Nestdurchmesser bis 1,5 m
Längste Niströhre	Nashornalk *Cercorhinca monocerata*	bis zu 8 m lang
Kleinste Nester	Zwergelfe *Mellisuga minima* Bienenelfe *Calypte helenae*	halb so groß wie eine Walnußschale klein wie ein Fingerhut

EIER UND JUNGVÖGEL		
Größtes Ei	Strauß *Struthio camelus*	bis zu 17,8 cm lang und 14 cm breit Gewicht bis zu 1,78 kg
Kleinstes Ei	Bienenelfe *Calypte helenae*	Länge 6,35 mm, Gewicht 0,25 g
Größte Eier im Verhältnis zum Körpergewicht des Weibchens	Zwergkiwi *Apteryx owenii* Sandregenpfeifer *Charadrius hiaticula* Sturmschwalben (Familie Hydrobatidae)	etwa 25 % des Körpergewichts
Größtes Gelege (Nestflüchter) (Nesthocker)	Rebhuhn *Perdix perdix* Blaumeise *Parus caeruleus*	durchschnittlich 15-19 Eier durchschnittlich 10-11 Eier
Längste Brutzeit	Streifenkiwi *Apteryx australis* Wanderalbatros *Diomedea exulans*	74-84, manchmal bis 85 Tage 75-82, manchmal bis 85 Tage
Kürzeste Brutzeit	Buntspecht *Picoides major* und verschiedene Singvögel (Ordnung Passeriformes)	nur 10 Tage
Kürzeste Zeit bis zum Erreichen der Flugfähigkeit	Großfußhühner (Familie Megapodiidae) Braunbauchtragopan *Tragopan caboti*	fast sofort innerhalb von 24 Stunden
Längste Zeit bis zum Erreichen der Flugfähigkeit	Königsalbatros *Diomedea epomophora* Wanderalbatros *Diomedea exulans*	9-12 Monate
Kürzeste Zeit bis zum Erreichen der Geschlechtsreife	viele Hühnervögel, darunter die Wachtel *Coturnix coturnix*	nur 10 Wochen
Längste Zeit bis zum Erreichen der Geschlechtsreife	Dunkelalbatros *Phoebetria fusca* Königsalbatros *Diomedea epomophora* Wanderalbatros *Diomedea exulans*	13 Jahre 6-10 Jahre
Nördlichster Brutvogel	Elfenbeinmöwe *Pagophila eburnea*	oberhalb 79° N auf Treibeis in arktischen Gewässern
Südlichste Brutvögel	Weißflügel-Sturmvogel *Thalassoica antarctica* Schneesturmvogel *Pagodroma nivea*	Thiel Mountains, Antarktis, 80° 30' S, 25° 00' W Mount Provender im Shackleton Range, Antarktis
HÄUFIGKEITEN		
Häufigster Vogel der Erde und größter Landwirtschaftsschädling	Blutschnabelweber *Quelea quelea*	geschätzte Brutpopulation 1500000000 Altvögel (1,5 Milliarden)
Häufigster Seevogel	wahrscheinlich Buntfuß-Sturmschwalbe *Oceanites oceanicus*	geschätzter Bestand der Altvögel mehrere 100 Millionen
VERBREITUNG		
Arten mit der weitesten Verbreitung	Fischadler *Pandion haliaetus* Wanderfalke *Falco peregrinus* Schleiereule *Tyto alba* Seeregenpfeifer *Charadrius alexandrinus*	
Verbreitetster Singvogel	Rauchschwalbe *Hirundo rustica*	
Verbreitetster ausgesetzter Vogel	Haussperling *Passer domesticus*	

LEBENSDAUER NON-PASSERIFORMES	JAHRE	LEBENSDAUER PASSERIFORMES	JAHRE
Königsalbatros *Diomedea epomophora*	58,0	Amsel *Turdus merula*	20,3
Austernfischer *Haematopus ostralegus*	36,0	Star *Sturnus vulgaris*	20,0
Küstenseeschwalbe *Sterna paradisaea*	33,9	Saatkrähe *Corvus frugilegus*	19,9
Fischadler *Pandion haliaetus*	31,2	Gimpel *Pyrrhula pyrrhula*	17,5
Stockente *Anas platyrhynchos*	29,0	Rauchschwalbe *Hirundo rustica*	16,0
Waldohreule *Asio otus*	27,7	Kohlmeise *Parus major*	15,0
Weißstorch *Ciconia ciconia*	26,2	Rotschulterstärling *Agelaius phoeniceus*	14,2
Purpurreiher *Ardea purpurea*	25,5	Rotkardinal *Cardinalis cardinalis*	13,5
Maskentölpel *Sula dactylatra*	22,9	Rotkehlchen *Erithacus rubecula*	12,9
Höckerschwan *Cygnus olor*	21,7	Dachsammer *Zonotrichia leucophrys*	12,8
Mauersegler *Apus apus*	21,1	Seidenschwanz *Bombycilla garrulus*	12,6
Carolinaspecht *Melanerpes carolinus*	20,4	Brauensäbler *Pomatostomus superciliosus*	12,1
Zwergpinguin *Eudyptula minor*	18,9	Haussperling *Passer domesticus*	12,0
Bläßhuhn *Fulica atra*	18,3	Braunkehl-Nektarvogel *Anthreptes malacensis*	11,7
Carolinataube *Zenaida macroura*	17,1	Kletterwaldsänger *Mniotilta varia*	11,1
Turmfalke *Falco tinnunculus*	16,2	Teichrohrsänger *Acrocephalus scirpaceus*	11,0
Kea *Nestor notabilis*	14,1	Mantelbrillenvogel *Zosterops lateralis*	10,7
Kuckuck *Cuculus canorus*	12,9	Feldlerche *Alauda arvensis*	10,1
Jägerliest *Dacelo novaeguineae*	12,3	Carolinakleiber *Sitta carolinensis*	9,4
Wachtel *Coturnix coturnix*	7,6	Rotschulterwürger *Lanius vittatus*	7,9
Rubinkehlkolibri *Archilochus colubris*	5,0	Hauszaunkönig *Troglodytes aedon*	6,2

1 MADAGASKARSEEADLER

2 KAKAPO ODER EULENPAPAGEI

3 ELFENBEINSPECHT

6 MAURITIUS-TURMFALKE

5 ROSENTAUBE

9 KAISERSPECHT

10 LEAR-ARA

8 SEYCHELLENDAJAL

7 SCHUPPENKEHLMOHO

15 ESKIMOBRACHVOGEL

18 SCHWARZER STELZENLÄUFER

19 ATITLANTAUCHER

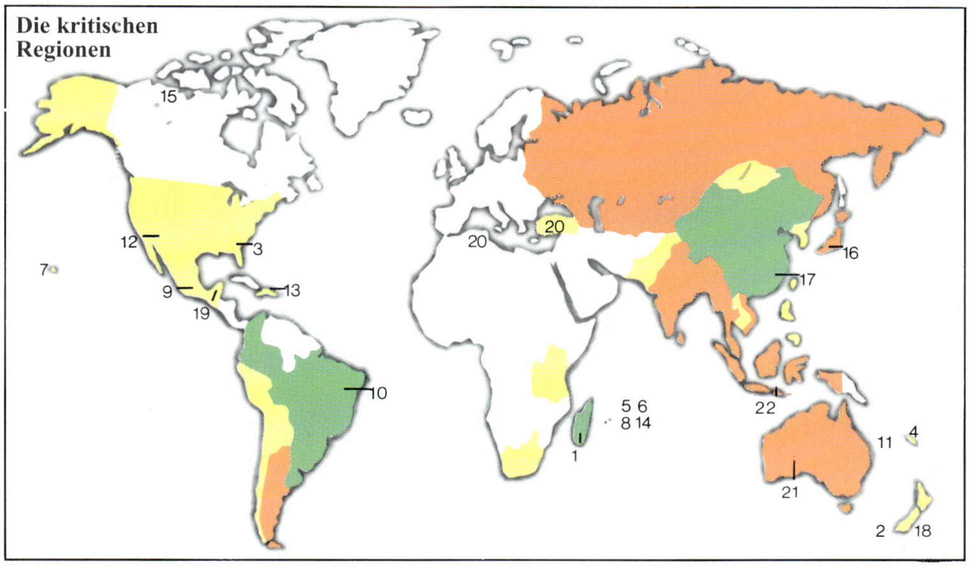

Zahl der hochgradig bedrohten Arten

mehr als 20

10-20

5-9

4 NORFOLK-BRILLENVOGEL

12 KALIFORNISCHER KONDOR

13 PUERTO-RICO-AMAZONE

14 SEYCHELLEN-PARADIES-SCHNÄPPER

11 WALDRALLE

16 OKINAWASPECHT

17 NIPPONIBIS

21 BRAUNBAUCH-DICKICHTVOGEL

20 WALDRAPP

22 BALISTAR

Die akute Bedrohung von Vögeln erstreckt sich über den gesamten Globus. In einigen Regionen ist sie jedoch besonders groß, abhängig von der Vielfalt der dort vorhandenen Lebensräume und dem Grad ihrer Zerstörung. Grundsätzlich sind die hochspezialisierten Vogelarten besonders gefährdet, da sie durch ihre Anpassung an bestimmte Lebensräume und eine besondere Art des Nahrungserwerbs weniger flexibel sind, sich an veränderte Umweltverhältnisse anzupassen.

Vogelschutz

Etwa 1000 Vogelarten, also mehr als 10 % aller bekannten Spezies, sind zur Zeit von der Ausrottung bedroht. Diese erschreckende Bilanz verlangt nach raschem Handeln. Einerseits ist es allein schon eine moralische Verpflichtung, den Verlust so vieler schöner und einmaliger Geschöpfe zu verhindern. Andererseits sind Vögel aber auch sehr genaue und schnell reagierende Anzeiger für die Qualität unser aller Umwelt. Ihr dramatischer Rückgang geht also jeden Menschen etwas an, der sich um die Zukunft unseres Planeten Gedanken macht.

Die Kräfte der Zerstörung

In unserem Jahrhundert sind die Errungenschaften der Technik und Industrie größer als jemals zuvor in der Geschichte der Menschheit. Sie erlauben besonders den Bewohnern Europas und Nordamerikas ein Leben in bisher ungekanntem Reichtum. Doch ging dieser Fortschritt mit einer gewaltigen Ausbeutung natürlicher Rohstoffe, einer Verschmutzung und Zerstörung der Umwelt einher, was unseren Planeten in eine große ökologische Krise gestürzt und schon jetzt zur Ausrottung vieler Pflanzen- und Tierarten geführt hat.

Jedes Lebewesen auf dieser Erde hat ein Recht zu leben und benötigt dafür auch Platz. Für die meisten Arten ist der passende Lebensraum auf bestimmte Regionen der Erde beschränkt und zeichnet sich oft durch Besonderheiten aus, die spezielle Anpassungen der ihn bewohnenden Organismen hervorgebracht haben. Mit der Zerstörung eines Lebensraumes werden meist auch die dazugehörigen Vogelarten ausgerottet, da ihnen die Existenzgrundlage entzogen wird.

Die offensichtlichste Umweltzerstörung betrifft Wälder, die zur Gewinnung von landwirtschaftlicher Nutzfläche, für die holzverarbeitende Industrie oder zur Papierherstellung abgeholzt werden. In keinem anderen Lebensraum kommen so viele verschiedene Tierarten vor wie in den tropischen Regenwäldern. Doch gerade in diesen unersetzlichen Gebieten werden jährlich bis zu 10 Millionen Hektar zerstört, was etwa der Fläche Österreichs entspricht. Die Regenwälder sind inzwischen auf etwa die Hälfte ihrer ursprünglichen Ausdehnung geschrumpft, und bis zum Jahr 2000 werden nach Schätzungen weitere 12 % vernichtet sein.

Eine Umweltzerstörung in so großem Maßstab zieht unausweichlich die Bedrohung von mehreren hundert Vogelarten nach sich. Von den bekannteren Gruppen sind besonders Hühnervögel, Greifvögel, Nashornvögel, Papageien und Tauben gefährdet. Allein in Brasilien, dem Land mit dem größten Restbestand von Regenwald, sind 121 Vogelarten von der Ausrottung bedroht. Große Gebiete tropischen Regenwalds werden in Indonesien zerstört, das mit 126 gefährdeten Vogelarten einen traurigen Rekord hält.

Wälder sind nicht die einzigen Gebiete, die in den letzten hundert Jahren starke Einbußen erleiden mußten. Vielmehr sind nahezu alle größeren Lebensraumtypen betroffen. Steppen und Grasländereien wurden entweder unter den Pflug genommen oder einer starken Beweidung durch Haustiere ausgesetzt. So ist die Hindutrappe *Choriotis nigriceps* auf dem Indischen Subkontinent in ihrer Existenz bedroht, weil das von ihr bewohnte Grasland durch Überweidung zur Wüste wurde.

Früher weit ausgedehnte und für Menschen oft unwirtliche Feuchtgebiete wurden trockengelegt und in Ackerland umgewandelt, Wattflächen und Salzwiesen am Meer eingedeicht und zerstört. So verschwanden Brut- und Rastplätze vieler Wat- und Wasservögel. Typische Opfer eines solchen Verlustes an Lebensraum sind die 15 Kranicharten, von denen fast die Hälfte heute gefährdet ist.

Der Krieg gegen die Vögel

Wichtigster Grund für den Rückgang vieler Vogelarten ist die Zerstörung ihrer Lebensräume. In einigen Fällen stellt aber auch die direkte Verfolgung durch Jäger oder Eiersammler einen starken Gefährdungsfaktor dar.

Es gibt kaum ein besseres Beispiel für die menschliche Fähigkeit zum gefühllosen Abschlachten und Ausrotten einer Tierart als die Geschichte der Wandertaube *Ectopistes migratorius*. Sie war einst vielleicht der häufigste Vogel der Erde, und Trupps in Millionenhöhe zogen über Nordamerika. Diese scheinbar unerschöpfliche Nahrungsquelle wurde so exzessiv genutzt, daß z.B. 1878 ein einziger Händler allein 3 Millionen Vögel für die Kochtöpfe verkaufte. Innerhalb von 35 Jahren war die Art bis auf ein einziges Exemplar ausgestorben. Martha, die letzte Wandertaube, starb 1914 im Zoo von Cincinnati.

Dieser tragischen Episode, übrigens keineswegs der Gipfel hemmungsloser Ausbeutung von Tierbeständen durch den Menschen, folgten zahllose weitere Beispiele ungezügelter Dezimierung. Großfußhühner, eine recht einfache Gruppe truthahnähnlicher Vögel aus Indonesien, Neuguinea und Australien, graben ihre Eier in das Erdreich ein, wo sie allein durch Sonneneinstrahlung und die beim Verrotten von Pflanzen entstehende Wärme ausgebrütet werden. Da die Eier sehr groß und nahrhaft sind, werden sie von den Einheimischen gesammelt. Der Raub hat jedoch ein nicht mehr vertretbares Maß erreicht, so daß von den 19 Großfußhuhn-Arten der Erde inzwischen schon acht gefährdet sind, darunter das Nicobarhuhn *Megapodius nicobariensis* und das Molukkenhuhn *M. wallacei*.

Doch auch Nationen mit größerem wirtschaftlichem Wohlstand garantieren keine bessere Behandlung der Vögel. In den Mittelmeer-Ländern eröffnen Millionen von Jägern alljährlich im Frühjahr und Herbst einen regelrechten Krieg gegen durchziehende Vögel. Neben Gewehren, Netzen und Fallen sind mit Klebstoff beschmierte Zweige, an denen die Vögel kleben bleiben, besonders effektiv. Jährlich werden etwa 900 Millionen Vögel Opfer dieses Massakers, viele davon nur wenige Gramm schwer. Man schätzt, daß etwa jeder siebente Vogel im Sperrfeuer mediterraner Jäger auf der Strecke bleibt. Doch auch in Mitteleuropa wird skandinavischen und sibirischen Wasser- und Watvögel, die hier rasten und überwintern möchten, statt des Gastrechts das Bleischrot geboten.

Als Vögel früher in vielen Regionen noch eine wichtige Ergänzung der menschlichen Speisekarte darstellten, war durchaus ein Grund für diese Jagd gegeben. Heute handelt es sich bei dem Morden eher um eine sportliche Aktivität mit einer starken Komponente von Prestige und Machismus.

Ein grausamer Handel

Die Neigung des Menschen, Vögel in Käfige zu sperren, und der dafür nötige internationale Handel besonders mit bunt gefärbten Tieren aus Afrika, Südamerika und Asien haben dazu geführt, daß der Bestand vieler Vogelarten in Freiheit stark abnahm und weiterhin dezimiert wird. Dies betrifft besonders die hübschen Papageien, von denen 78 Arten aktuell bedroht sind. Jede dreizehnte gefährdete Vogelart ist ein Papagei!

Auch hier scheint der Rückgang die Fänger und Händler nicht zu beeindrucken, wie Spixara *Cyanopsitta spixii* und Leara *Anodorhynchus leari* aus Südamerika belegen. Die erste Art ist wahrscheinlich schon ausgerottet, und die letzte Handvoll aus dem Nest geraubter Jungvögel wurde für 50000 Dollar pro Exemplar verkauft. Beim Leara ist der Bestand auf 60 Individuen zurückgegangen, die aber noch immer verfolgt werden.

Ein weiterer Aspekt ist der Transport der Vögel aus ihren Ursprungsländern zu den meist europäischen Käufern. Die gefangenen Vögel werden in Massen ohne Futter und Wasser in Kisten gepfercht, so daß Millionen von ihnen tot im Bestimmungsland ankommen. Es wird geschätzt, daß für jeden Vogel, der lebendig in den Tierhandlungen zu sehen ist, vier weitere sterben mußten.

Die unschuldigen Einwanderer

In vielen Regionen der Erde haben europäische Einwanderer vorsätzlich oder aus Versehen verschiedene Tierarten ausgesetzt. Besonders in entlegenen Gegenden, z.B. auf Inseln, haben sich im Laufe der Evolution Lebensgemeinschaften herausgebildet, die oft durch das Fehlen von Raubtieren gekennzeichnet sind und fremden Einflüssen, besonders aber eingeführten Tierarten gegenüber extrem anfällig sind.

Auf dem winzigen Stephens Island vor Neuseeland machte die Katze des Leuchtturmwärters im Jahre 1894 ornithologische Geschichte. Sie brachte ihrem Besitzer nämlich eine neue Vogelart, den zu den Maorischlüpfern gehörenden Stephenschlüpfer *Xenicus lyalli*. Um ihren Erfolg noch zu übertreffen, schleppte sie schließlich die gesamte Inselpopulation an und rottete den Stephenschlüpfer innerhalb von sechs Monaten nach seiner Entdeckung komplett aus.

Auf der Insel Mauritius, einst Heimat der von Seefahrern ausgerotteten und auch Dodo genannten Dronte *Raphus cucullatus*, lebt eine einzigartige Vogelwelt. Als der Mensch dort einwanderte und neben seinen Haustieren auch Vögel, Affen, Schweine und Ratten mitbrachte, begannen diese gleich, unter den ursprünglichen gefiederten Bewohnern aufzuräumen. Sie fraßen nicht nur die Vögel und ihre Eier, sondern stritten mit ihnen auch um Nahrung und Nistplätze. Der Mauritiusturmfalke *Falco punctatus* ist ein typisches Opfer und bewegt sich heute mit etwa 50 überlebenden Altvögeln am Rand der Ausrottung. Noch schlimmer traf es den Mauritiussittich *Psittacula echo*, von dem 1990 nur noch etwa 15 Vögel lebten.

Untrügliche Zeichen
Vögel wirken teilweise als sogenannte Bioindikatoren, als sehr feine Meßinstrumente der Umweltqualität. Ihr Verschwinden kündigt oft auch den Rückgang weiterer Arten oder die Zerstörung ganzer Ökosysteme an. Viele menschliche Aktivitäten wirken nicht nur negativ auf Vögel, sondern ziehen weitere schlimme Konsequenzen nach sich. Die Abholzung der Wälder in Nepal ist ein klassisches Beispiel. Der kleine Himalayastaat verlor in den letzten 25 Jahren 30 % seiner Bewaldung, was nicht ohne Folgen für die Vogelwelt blieb, beispielsweise für den Schopffasan *Catreus wallichii*.

Auch für die Bevölkerung Nepals gab es ernsthafte Auswirkungen, denn die Wurzeln von Millionen von Bäumen wirkten wie ein gewaltiger Schwamm, der den schweren Monsunregen aufsog und das Erdreich an den steilen Berghängen festhielt. Seit die Bäume gefällt wurden, gehen jährlich 80 Millionen Kubikmeter fruchtbaren Bodens durch Erosion und Erdrutsche verloren.

Die Reaktion des Schopffasans auf menschliche Eingriffe in die Umwelt könnte Warnzeichen für künftige ökologische Probleme liefern. Andererseits können sich Maßnahmen zur Erhaltung einer Vogelart auch positiv auf viele andere Tier- und Pflanzenarten und nicht zuletzt auf den Menschen auswirken. Eine behutsamere Waldnutzung und eine Aufforstung mit heimischen Baumarten würde nicht nur dem Schopffasan, sondern auch der nepalesischen Bevölkerung zugute kommen.

Aktiver Artenschutz
Die Dringlichkeit von Schutzmaßnahmen für die Vogelwelt war nie so deutlich wie heute. Besonders in den höherentwickelten Ländern gibt es eine Vielzahl von lokalen und nationalen Naturschutzverbänden. ICBP, das International Council for Bird Preservation (Internationaler Rat für Vogelschutz), ist jedoch die einzige Organisation, die sich weltweit ausschließlich um die Erhaltung der Vogelwelt kümmert, und dies als älteste internationale Schutzorganisation schon seit 1922.

Am Anfang der Arbeit von ICBP stand der Kampf für den Schutz der über den nordamerikanischen Kontinent wandernden Zugvögel, gewissermaßen als erster Ansatz, Vogelschutz über nationale Grenzen hinweg durchzusetzen. Der internationale Charakter von ICBP mit aktiven Sektionen und Repräsentanten in über 100 Ländern ist weiter ausgebaut worden. Schutzkampagnen für Zugvögel stehen noch heute auf dem Programm, beispielsweise um das alljährliche Massaker in den Mittelmeer-Ländern zu beenden.

Ein weiterer wichtiger Aspekt ist die Finanzierung und Durchführung von über 60 Forschungs- und Schutzprogrammen. Gemeinsam mit anderen Naturschutzorganisationen hat ICBP auf Mauritius ein Zuchtprogramm für den Mauritiusturmfalken und die gleichfalls vom Aussterben bedrohte Rosentaube *Columba mayeri* durchgeführt. In Sulawesi und Indonesien bezahlt ICBP Wissenschaftler zum Schutz und zur Erforschung des Hammerhuhns *Macrocephalon maleo*, eines bedrohten Großfußhuhns.

Schlüsselelement der Tätigkeit von ICBP ist die Öffentlichkeitsarbeit, die sich sowohl im politischen Bereich wie beispielsweise im Europäischen Parlament in Strasbourg abspielt, aber auch breite Bevölkerungsschichten erreichen soll. So wurden in Marokko, Griechenland, Portugal, der Türkei und dem Libanon Vogelbücher verteilt, um die Bevölkerung zu einer veränderten Einstellung der Natur und ihren Tieren gegenüber zu erziehen und den Vogelmord am Mittelmeer zu beenden.

Vögel sind schön, bunt, interessant und leicht zu beobachten und daher als Werbeträger für den Natur- und Umweltschutz sicher besser geeignet als viele andere Lebewesen. Ihre Popularität trägt dazu bei, auch auf andere Aspekte der Umweltzerstörung aufmerksam zu machen. Ihre Bedrohung steht oft stellvertretend für weitere Tierarten oder ganze Ökosysteme. So haben beispielsweise die Bemühungen zum Schutz der Hindutrappe zur Einrichtung von Nationalparks in den Wüstenregionen des westlichen Indien geführt, in denen nun die ganze Gemeinschaft von Pflanzen, Insekten, Reptilien, Säugetieren und Vögeln überleben kann.

Grundlagenforschung
Die gesamte Arbeit von ICBP gründet sich auf harte Fakten. Über mehr als 1000 bedrohte Vogelarten werden laufend aktuelle Informationen gesammelt und in Zusammenarbeit mit der International Union for the Conservation of Nature and Natural Ressources (IUCN) regelmäßig in einer sogenannten Roten Liste, dem Buch *Birds to watch*, veröffentlicht. Diese «Rote Liste» ist auch unter der Bezeichnung *Bird Red Data Book* bekannt. Darüber hinaus sind in den ICBP-Computern die Daten über die wichtigsten Rückzugsgebiete für Wildtiere und Vögel auf der ganzen Erde gespeichert. Diese «Brennpunkte» müssen rechtzeitig geschützt werden, um den Bestand vieler Tierarten auf unserem Planeten für die Zukunft sicher zu stellen.

Inzwischen weiß man, wie gefährdete Tierarten vor dem Aussterben bewahrt werden können. Nun liegt die Aufgabe darin, finanzielle und politische Unterstützung zu bekommen. Wenn wir jetzt versagen, obwohl wir uns der Krise bewußt sind, hat dies eine tragische Verarmung der Tierwelt, unseres gemeinsamen Naturerbes, zur Folge.

Illustrierte Übersicht der Vögel

Auf den folgenden 324 Seiten sind etwa 1200 Vogelarten aus sämtlichen Ordnungen und Familien farbig abgebildet. Dieser repräsentative Querschnitt durch die über 9200 bekannten Arten zeigt besonders typische, interessante oder bedrohte Vertreter.

Um die Vielfalt der Kleider innerhalb einer Art zu verdeutlichen, wurden gelegentlich Männchen und Weibchen, Küken, Jungvögel und unausgefärbte Vögel, das Prachtkleid und das Schlichtkleid, manchmal auch verschiedene Unterarten (Subspezies) oder Färbungsmorphen dargestellt. Sofern nicht anders angegeben, handelt es sich immer um Altvögel im Prachtkleid. Nicht in allen Fällen sind die Arten im richtigen Größenverhältnis zueinander dargestellt, doch sind die größten und kleinsten Arten innerhalb einer Tafel als solche kenntlich.

Die Beschreibungen auf den jeweils folgenden Doppelseiten umfassen Angaben zu Verbreitung und Lebensraum und zur Größe (von der Schnabel- zur Schwanzspitze gemessen). Schließlich werden einige Informationen zur Biologie, Lebensweise, Bedrohung oder zum Verhalten der ausgewählten Vogelarten gegeben.

Gemeinsamkeiten und typische Eigenschaften der einzelnen Familien sind in einem den Artbeschreibungen vorangestellten Absatz kurz zusammengefaßt. Beschreibungen der Ordnungen finden sich auf den Seiten 19-21. Um Informationen über eine bestimmte Vogelart zu bekommen, sollten neben diesen Einführungstexten auch die Beschreibungen der nahe verwandten Arten gelesen werden, da dort oft noch weitere für die gesamte Familie gültige Aussagen enthalten sind.

Die Ordnungen, Familien und Arten wurden in der systematischen Reihenfolge behandelt, die sich auch am Ende des Buches in der vollständigen Liste aller Vogelarten der Erde wiederfindet. Nur wenn es die Anordnung der Vögel auf den Tafeln erforderlich machte, wurde ausnahmsweise von diesem System abgewichen.

Die nach den neuesten Untersuchungen von ICBP als gefährdet eingestuften Vogelarten sind durch ein Symbol hinter dem wissenschaftlichen Artnamen gekennzeichnet.

Abkürzungen

♂	Männchen
♀	Weibchen
ad.	Altvogel (adult)
juv.	Vogel im Jugendkleid (juvenil)
imm.	noch nicht voll ausgefärbter Vogel (immatur)
{B}	bedrohte oder gefährdete Vogelart
{†}	ausgestorben oder ausgerottet

N, S, O, W Himmelsrichtungen: Nord, Norden, nördlich, Süd, Süden usw.

STRAUSSE, NANDUS, KASUARE, EMUS, KIWIS, STEISSHÜHNER

♂
♀
immat.
♀
Küken
Bennettkasuar
Helmkasuar
♀
Andensteißhuhn
♀
Großtinamu
♀
♂
♀
Brauntinamu
Streifenkiwi
♀
Zwergkiwi
♂
Buschtinamu
Eier
Perlsteißhuhn

STRAUSSE, NANDUS, KASUARE, EMUS, KIWIS, STEISSHÜHNER

FAMILIE STRUTHIONIDAE STRAUSSE

Zu dieser Familie gehört nur eine Art.

Strauß 1

Struthio camelus

VERBREITUNG: Früher in ganz Afrika und bis in den Mittleren Osten weit verbreitet; heute nur noch Restpopulationen, vor allem in West-, Ost- und Südafrika
LEBENSRAUM: Trockene Savannen
GRÖSSE: 200-250 cm Höhe bis zum Scheitel, Männchen größer als Weibchen.

In den vergangenen hundert Jahren ist der Bestand des größten und zugleich schwersten Vogels der Erde durch Bejagung und Zerstörung seines Lebensraums dramatisch zurückgegangen. Der Strauß lebt heute vor allem in den Wildparks Ostafrikas. Von den vier Unterarten sind hier *S. c. massaicus* aus dem südlichen Kenia und Tansania und *S. c. molybdophanes* aus dem ostafrikanischen Horn abgebildet.

Der Strauß ist an extreme Trockenheit gut angepaßt und kann einen durch Wasserverlust bedingten Rückgang des Körpergewichts von 25 % überstehen. Das Männchen wählt den Nistplatz aus und paart sich mit drei oder mehr Weibchen. Jedes Weibchen legt zwei bis elf cremeweiße Eier in die gemeinschaftliche Bodenmulde. Insgesamt kann ein Nest bis zu 40 Eier enthalten (das bisher größte Gelege enthielt 78), doch können nur 19-25 Eier ausgebrütet werden. Die Bebrütung dauert 42 Tage und wird tagsüber vom dominanten Weibchen und nachts vom Männchen übernommen. Kurz nach dem Schlüpfen verlassen die Küken das Nest.

FAMILIE RHEIDAE NANDUS

Große, flugunfähige Vögel mit kräftigen Beinen. Gefieder grau oder braun. Geschlechter gleich gefärbt. Das Gelege in einer Bodenmulde umfaßt 10-50 goldgelbe Eier, die sich beim Nandu weißlich verfärben, beim Darwinnandu grün. Die Bebrütung dauert 35-40 Tage. Die Küken verlassen das Nest kurz nach dem Schlüpfen. Zwei Arten.

Nandu 2

Rhea americana

VERBREITUNG: Von Südbrasilien bis Patagonien
LEBENSRAUM: Grasland
GRÖSSE: 130 cm Höhe bis zum Scheitel

Die Verbreitung dieses größten Vogels Südamerikas ist in den letzten Jahren durch Jagd und expandierende Landwirtschaft stark zurückgegangen. Wichtigste Rückzugsgebiete sind die argentinischen Pampas.

Im Frühjahr tragen die Männchen heftige Balzkämpfe um die Weibchen aus, wobei jedes Männchen versucht, einen Harem von 2-15 Weibchen zu gewinnen. Jedes erfolgreiche Männchen legt eine Bodenmulde von etwa einem Meter Durchmesser an, in das die Weibchen ihre Eier legen. Die Brut wird ausschließlich vom Männchen übernommen, das das Gelege nur mittags für etwa eine Stunde verläßt, um Nahrung und Wasser aufzunehmen. Alle Jungen schlüpfen in der Regel am selben Tag und werden in kalten Nächten vom Männchen gehudert.

FAMILIE DROMAIIDAE EMUS

Zu dieser Familie gehört nur eine Art.

Emu 3

Dromaius novaehollandiae

VERBREITUNG: Australien
LEBENSRAUM: Offenes Buschgelände und Halbwüsten
GRÖSSE: 180 cm Höhe bis zum Scheitel

Der Emu ist nach dem Strauß der zweitgrößte Vogel der Erde. Eine besondere Federstruktur unterscheidet ihn von allen anderen Vogelarten: Aus jeder Spule wachsen zwei gleichlange Federschäfte. Er ernährt sich von Hartgräsern, bevorzugt jedoch saftige Grünpflanzen und frißt auch Früchte, Blüten, Samen und Insekten. Er streift weit umher, wobei er dem Rhythmus jahreszeitlicher Niederschläge folgt, und kann in einem Jahr bis zu 1000 km zurücklegen. Im Herbst nehmen die Männchen viel Nahrung zu sich, um Fettreserven für die Brutzeit anzulegen. Jedes Männchen paart sich mit 1-3 Weibchen, die 2-20 blaugrüne Eier in die gemeinschaftliche Nestmulde legen. Die Bebrütung dauert 56 Tage und wird ausschließlich vom Männchen übernommen. Im Alter von 2-7 Tagen verlassen die Küken das Nest, doch müssen sie noch bis zu 18 Monate lang vom Männchen umsorgt werden, bis sie selbständig sind.

Der Emu ist die einzige große, flugunfähige Vogelart, deren Verbreitung bis heute weitgehend erhalten blieb. Möglicherweise hat sein Bestand durch den Zuwachs an Getreidefeldern sogar zugenommen, da er diese als Nahrungsquelle zu nutzen lernte - was dazu führte, daß die Armee 1932 während des sogenannten «Emu War» Jagd auf die Vögel machte. Obwohl viele Emus abgeschossen wurden, konnte sich die Art behaupten.

FAMILIE CASUARIIDAE KASUARE

Große, flugunfähige Vögel mit kräftigen Beinen. Gefieder schwarz, an Kopf und Hals blaue und rote Hautstellen. Der hornartige «Helm» dient möglicherweise dazu, in dichtem Gestrüpp einen Weg zu bahnen. Geschlechter gleich gefärbt. In das Bodennest werden 4-8 helle bis dunkelgrüne Eier gelegt und 50 Tage bebrütet. Die Küken verlassen das Nest kurz nach dem Schlüpfen. 3 Arten.

Helmkasuar 4

Casuarius casuarius

VERBREITUNG: Neuguinea, nördliches Australien
LEBENSRAUM: Feuchte Wälder
GRÖSSE: 160 cm Höhe bis zum Scheitel

Der früher in Neuguinea weit verbreitete Helmkasuar ist heute durch Bejagung und Abholzung selten geworden. Die meiste Zeit des Jahres lebt er als Einzelgänger und durchstreift weiträumige Territorien auf der Suche nach herabgefallenen Früchten, Insekten und kleinen Wirbeltieren des Waldbodens. Nur zur Brutzeit sucht er Kontakt zu Artgenossen.

Das Männchen stimmt die Balz an, indem es das bedeutend größere und farbenprächtigere Weibchen umkreist und dabei mit aufgeblähtem Kehlsack brummende Laute von sich gibt. Nach der Eiablage verläßt das Weibchen das Männchen, durchstreift Territorien anderer Männchen, verpaart sich mit ihnen und legt so mehrere Gelege an. Brut und Aufzucht der Jungen werden ausschließlich vom Männchen übernommen.

Bennettkasuar 5

Casuarius bennetti

VERBREITUNG: Neuguinea, New Britain
LEBENSRAUM: Wald bis in 3000 m Höhe
GRÖSSE: 110 cm bis zum Scheitel

Der Bennettkasuar gilt allgemein als gefährlichste Vogelart der Welt. Vor der Brutzeit können die Weibchen besonders aggressiv werden und mit ihren 10 cm langen, scharfen Krallen nach jedem Lebewesen treten, das ihnen zu nahe kommt. Bei solchen Angriffen haben Einwohner des Hochlandes Neuguineas schwere Verletzungen erlitten.

Die Verbreitung des Bennettkasuars reicht im Gegensatz zu den beiden verwandten Arten bis in das buschbestandene Hochland. Sein hornartiger «Helm» dient vielleicht zum Durchkämmen von Laub, um Nahrung freizulegen.

FAMILIE APTERYGIDAE KIWIS

Bodenbewohnende, flugunfähige Vögel mit langem, abwärts gebogenem Schnabel und eiförmigem Körper. Geruchssinn gut entwickelt. Nasenlöcher nicht an der Schnabelbasis wie bei anderen Vogelarten, sondern nahe der Schnabelspitze. Gefieder braun oder grau und haarig wirkend. Geschlechter gleich gefärbt, Weibchen größer. Bodennest enthält 1-2 Eier, Brutzeit 65-85 Tage. Die Küken verlassen das Nest etwa 7 Tage nach dem Schlüpfen. 3 Arten.

Streifenkiwi 6

Apteryx australis

VERBREITUNG: Neuseeland
LEBENSRAUM: Primärwälder, Kiefernplantagen
GRÖSSE: 70 cm

Der Streifenkiwi ist in Neuseeland zwar noch immer weit verbreitet, jedoch in vielen Regionen durch menschliche Besiedlung und Abholzung des Waldes inzwischen ganz verschwunden. Dieser flugunfähige, nachtaktive Vogel hält sich zumeist in dichter Bodenvegetation auf. Flügel und Schwanz sind nicht zu erkennen, dafür besitzt er kräftige, zum schnellen Laufen geeignete Beine. Sein rauhes Körpergefieder, das ihm ein etwas schäbiges Aussehen verleiht, bietet Schutz beim Durchstreifen dichten Dornengestrüpps.

Während man früher annahm, daß Kiwis sich ausschließlich von Würmern ernähren, zeigen neuere Untersuchungen des Mageninhalts, daß sie ebenso Käfer, Zikaden, Larven, Spinnen, Wassertierchen und Beeren fressen. Mit ihren an der Schnabelspitze gelegenen Nasenlöchern können sie Nahrung aufspüren, die mehrere Zentimeter unter der Erde liegt.

Zwergkiwi 7

Apteryx owenii {B}

VERBREITUNG: Südinsel Neuseelands
LEBENSRAUM: Trockene, lichte Wälder, Waldland, Wiesen
GRÖSSE: 50 cm

Diese kleinste und zugleich scheueste der drei Kiwi-Arten war den frühen Einwohnern Neuseelands bestens vertraut. Seit der Besiedlung durch die Maoris wurden Tausende von Vögeln getötet, um aus den Federn zeremoniellen Schmuckbehang anzufertigen und um Fleisch als Nahrung zu gewinnen. Nach der Einführun von Katzen, Ratten und Schweinen durch europäische Siedler ging sein Bestand rapide zurück, bis er auf der nördlichen Insel schließlich ganz verschwand.

Im Verhältnis zum Körperumfang legt der Zwergkiwi das größte Ei aller Vogelarten. Sein Ei ist vier- bis fünfmal schwerer als das anderer, gleichgroßer Vögel, weshalb das Weibchen 24 Tage zur Eiproduktion benötigt. Das Eidotter macht über 60 Prozent des Eigewichts aus (doppelt soviel wie bei anderen Vogeleiern), und die Brutzeit beträgt 70 Tage. Im Alter von einer Woche können die Jungvögel sich selbst ernähren.

FAMILIE TINAMIDAE STEISSHÜHNER

Vögel mit recht plumpem Körper und kurzem Schwanz. Gefieder vorwiegend braun oder grau mit gebändertem, gestreiftem und gepunktetem Muster. Weibchen farbenprächtiger. Nest am Boden mit 1-12 glänzenden Eiern von grüner, gelber, blauer bis schwärzlicher Färbung. Die Bebrütung dauert 16-20 Tage und wird vom Männchen übernommen. Nach dem Schlüpfen verlassen die Küken das Nest. 46 Arten.

Großtinamu 8

Tinamus major

VERBREITUNG: SO-Mexiko bis O-Bolivien und Brasilien
LEBENSRAUM: Tropischer bis subtropischer Regenwald
GRÖSSE: 45 cm

Der Großtinamu kommt im tiefen Regenwald Mittel- und Südamerikas vor und bevorzugt Gebiete mit dichtem Unterwuchs. Seine langen, aufsteigenden und am Ende abfallenden Triller sind häufig zu hören, doch bekommt man ihn nur selten zu Gesicht. Wie alle Steißhuhn-Arten hält er sich zumeist am Boden auf, doch fliegt er bei Störung mit lautem Flügelgeräusch auf und flüchtet durch den Wald.

In Brasilien findet die Brut im Mai und Juni statt. Das Männchen legt eine Bodenmulde an, in die das Weibchen glänzende violett gefärbte Eier legt. Über die Brutbiologie ist wenig bekannt, doch dürfte das Weibchen mehrere Gelege für verschiedene Männchen anlegen. Das Fleisch der Steißhühner gilt als besonders schmackhaft, weshalb sie von Ureinwohnern wie auch von Siedlern gejagt werden. Eine weitere Bedrohung stellt die Ausbeutung und Zerstörung ihres Lebensraums dar.

Brauntinamu 9

Crypturellus soui

VERBREITUNG: S-Mexiko bis O-Bolivien und Südzentral-Brasilien
LEBENSRAUM: Buschbestandene Waldrandzonen, Sekundärwälder, überwachsene Lichtungen
GRÖSSE: 24 cm

Die Einordnung dieser weit verbreiteten Vogelart wird durch 14 nicht klar voneinander unterschiedene Unterarten erschwert. Möglicherweise kommt der Brauntinamu in einigen Regionen häufig vor, doch ist er sehr klein und scheu und wird daher sicherlich leicht übersehen. Erst durch seinen bebenden Pfeifruf, einen der beeindruckendsten Laute des amerikanischen Regenwaldes, wird man auf seine Anwesenheit aufmerksam.

Er brütet im Juni und Juli. Das Gelege umfaßt zwei lehmfarbene Eier, die ausschließlich vom Männchen ausgebrütet werden. Außerhalb der Brutzeit finden die Vögel sich häufig in Trupps zur Nahrungssuche zusammen. Das Fleisch gilt als ebenso wenig schmackhaft wie das des Buschtinamu, weshalb Jagd kaum ein Risikofaktor für den Fortbestand der Art sein dürfte.

Buschtinamu 10

Crypturellus cinnamomeus

VERBREITUNG: Mexiko, Costa Rica, Kolumbien, Venezuela
LEBENSRAUM: Buschwälder und Waldrandzonen halbfeuchter Regionen
GRÖSSE: 30 cm

Obwohl der Buschtinamu mit seinem schnellen, wachtelähnlichen Flügelschlag durchaus fluggewandt ist, verharrt er bei Gefahr zumeist regungslos am Boden. Er besiedelt gern Gebiete, deren dichte Vegetation durch Menschen zerstört wurde, und ernährt sich von kleinen Insekten, Beeren und anderen Pflanzenteilen, die am Boden zu finden sind. Sein Gesang besteht aus einem klagenden, reinen, dreisilbigen Flöten, dessen zweite Silbe höher liegt.

Die meiste Zeit des Jahres lebt er als Einzelgänger in einem kleinem Territorium. Die Brutzeit liegt zwischen März und Juli. Das Weibchen legt 3-7 leuchtend purpurfarbene Eier. Die Jungen gehen bald nach dem Schlüpfen auf Nahrungssuche und sind bereits im Alter von 20 Tagen, wenn sie erst halb ausgewachsen sind, selbständig.

Andensteißhuhn 11

Nothoprocta pentlandii

VERBREITUNG: Anden von S-Ecuador bis N-Chile und N-Argentinien
LEBENSRAUM: Steppenartige Hochflächen (Puna) oberhalb 3000 m Höhe
GRÖSSE: 28 cm

Entlang des Gebirgsgrats der Anden kommen etwa sieben Unterarten des Andensteißhuhns vor. Sie sind typische Bewohner kurzgrasiger Bergwiesen der Punazone, in der die Nächte extrem kalt sein können. In Chile, dem südlichen Verbreitungsgebiet, sind sie häufig auf den in Terassen angelegten Luzernenfeldern der Aymara-Indianer zu finden.

Das Andensteißhuhn ist am weichen Pfeifton leicht zu erkennen, doch wegen seiner Tarnfärbung und seines aufmerksamen, scheuen Verhaltens nur äußerst selten zu sehen.

Perlsteißhuhn 12

Eudromia elegans

VERBREITUNG: Argentinien, Paraguay, Bolivien, N-Chile
LEBENSRAUM: Trockene und halbtrockene Steppen, Busch- und Waldland
GRÖSSE: 40 cm

Das Perlsteißhuhn bewohnt unterschiedlichste offene Flächen bis in 3500 m Höhe. Im Gegensatz zu den anderen Steißhuhn-Arten besitzt es nur drei Zehen. Möglicherweise kann es sich durch das Fehlen der Hinterzehe im offenen Gelände schneller bewegen.

Perlsteißhühner sind sehr gesellig und halten sich häufig in Trupps auf. Gelegentlich können sich bis zu hundert Vögel zusammenfinden. Wie viele andere Steißhuhn-Arten lieben sie das Staubbad, wobei sie ihr Gefieder heftig am trockenen Boden reiben. Auf diese Weise pflegen sie das Federkleid und befreien es wohl auch von Parasiten.

PINGUINE

ausgewachsenes
Küken
Königspinguin
Eselspinguin
Kaiserpinguin
Küken
juv.
Dickschnabel-
pinguin
juv.
Adeliepinguin
halberwachsenes
Küken
Kehlstreifpinguin

Felsen-
pinguin
Haubenpinguin
Goldschopfpinguin
Gelbaugenpinguin
Zwergpinguin
juv.
Brillenpinguin
juv.
Humboldtpinguin
Küken in
Nestmulde
Magellanpinguin
juv.
Galapagospinguin

PINGUINE

FAMILIE SPHENISCIDAE PINGUINE

Mittelgroße bis große flugunfähige Seevögel mit zu flachen Schwimmpaddeln entwickelten Flügeln. Gefieder oberseits dunkel, unterseits weiß. Geschlechter gleich gefärbt. 1-2 weißliche Eier werden 33-62 Tage bebrütet. Dauer der Jungenaufzucht zwischen 10 Wochen und (beim Kaiserpinguin) 13 Monaten. 18 Arten.

Königspinguin 1

Aptenodytes patagonicus

VERBREITUNG: Subantarktis, Falklandinseln
LEBENSRAUM: Ozean; brütet an Küsten
GRÖSSE: 95 cm

Der Königspinguin zeigt einen ungewöhnlichen Brutzyklus, da jedes Paar innerhalb von drei Jahre nur zwei Jungen aufzieht. Das Weibchen legt ein Ei, das im November (auf der Südhalbkugel Frühsommer) von beiden Altvögeln 55 Tage bebrütet wird. Bis Juni hat das Junge bereits 80 Prozent des Körpergewichts der Altvögel erreicht, und sobald der Winter anbricht, wird die Fütterung eingestellt. Bis zum Frühling müssen die Jungen mit sehr wenig Nahrung auskommen und bleiben zum Schutz vor Kälte in einer «Schule» dicht beisammen. Von September an füttern die Altvögel erneut. Zwei bis drei Monate später legen die Jungen das Dunenkleid ab und verbringen den Sommer im Meer, um selbst Nahrung zu erbeuten.

In der Zwischenzeit mausern die Altvögel das Gefieder, weshalb sie erst im Februar (also im Spätsommer) mit der nächsten Eiablage beginnen können. Im darauffolgenden Winter sind die Jungen noch sehr klein, so daß viele von ihnen die kalten Monate nicht überleben. Das Dunenkleid wird im Januar gemausert, und erst im darauffolgenden Sommer können die Altvögel mit der nächsten Brut beginnen. In einigen Kolonien scheinen die meisten Altvögel nur alle zwei Jahre zu brüten.

Kaiserpinguin 2

Aptenodytes forsteri

VERBREITUNG: Antarktis
LEBENSRAUM: Ozean; brütet auf Packeis
GRÖSSE: 115 cm

Mit 110 cm Höhe bis zum Scheitel ist der Kaiserpinguin die größte Pinguin-Art. Er brütet in riesigen Kolonien auf dem Packeis, das die antarktische Küste im Winterhalbjahr umgibt, und besitzt somit auch die südlichste Verbreitung. Nördlich des Packeises ist er selten.

Das Weibchen legt im Mai oder Juni (Frühwinter) ein Ei, das vom Männchen zwischen Füßen und einer Hautfalte 60 Tage lang bebrütet wird. Währenddessen geht das Weibchen im Meer auf Nahrungssuche. Die Temperaturen können während der Brutzeit bis minus 60° C sinken, und da das Ei ununterbrochen gewärmt werden muß, muß das Männchen auf jegliche Nahrung verzichten. So verliert es während der 110-tägigen Fastenzeit, die bereits zur Balz beginnt, 45 % seines Körpergewichts.

Zur Schlupfzeit kehren die Weibchen zurück, um die Jungen zu füttern. Nun unternehmen die Männchen lange Wanderungen, um an offenen Wasserstellen zu jagen. Später bleiben die Jungen in «Schulen» zusammen, so daß beide Altvögel auf Beutefang gehen können. Mitte des Sommers beginnt die Wanderung der Jungen, die das offene Wasser erreichen müssen, bevor die Küste zufriert.

Eselspinguin 3

Pygoscelis papua

VERBREITUNG: Antarktis, Subantarktis, südliches Südamerika
LEBENSRAUM: Ozean; brütet an Küsten
GRÖSSE: 81 cm

Die nördlich beheimateten Eselspinguine bleiben oft das ganze Jahr über in den Brutkolonien, während ihre weiter südlich verbreiteten Artgenossen den Winter auf dem Meer verbringen.

Die Brutkolonien sind klein und liegen häufig auf Landzungen oder hinter Stränden. Die Brutzeit beginnt mit der Schneeschmelze. Auf eine Unterlage aus Pflanzen und Kieselsteinen legt das Weibchen zwei Eier, die von beiden Altvögeln bebrütet werden. Im Alter von vier Wochen bilden die Jungen «Schulen», während die Altvögel kurze Tageswanderungen zur Nahrungssuche unternehmen. Da Krill einen wichtigen Bestandteil der Nahrung ausmacht, fällt die Brut in Jahren, in denen es in den Küstengewässern keinen Krill gibt, aus.

Adeliepinguin 4

Pygoscelis adeliae

VERBREITUNG: Antarktis
LEBENSRAUM: Ozean; brütet an Felsküsten
GRÖSSE: 71 cm

Nach dem Kaiserpinguin besitzt der Adeliepinguin die südlichste Verbreitung. Er brütet in großen Kolonien auf Inseln und Landzungen im Bereich der antarktischen Küste. Geeignete Brutplätze sind rar, da er schneefreie Stellen benötigt, die gleichzeitig den für die Fütterung der Jungen unerläßlichen Zugang zum offenen Meer gewähren. Erfahrene Altvögel kehren jedes Jahr an ihren alten Brutplatz zurück und paaren sich meist mit demselben Partner. Im kurzen antarktischen Sommer bleibt für die Brut nur wenig Zeit. Die Eier werden im November gelegt (Mittsommer) und zuerst vom Männchen und später vom Weibchen insgesamt 35 Tage bebrütet. Im Alter von drei bis vier Wochen bilden die dunklen, flauschigen Jungen «Schulen», während die Altvögel auf Nahrungssuche gehen. Vier Wochen später legen die Jungen das Dunenkleid ab, und im Februar (Spätsommer), wenn sie erst Dreiviertel des Körpergewichts der Altvögel erlangt haben, schwimmen sie ins Meer hinaus.

Kehlstreifpinguin 5

Pygoscelis antarctica

VERBREITUNG: Antarktis
LEBENSRAUM: Ozean; brütet an Felsküsten
GRÖSSE: 68 cm

Mit Brutkolonien von mehreren Millionen Vögeln allein im südamerikanischen Bereich der Antarktis ist dies die häufigste Pinguin-Art. Die Populationen scheinen sogar noch zuzunehmen, denn der Bestand an krillfressenden Walen ist durch den industriell betriebenen Walfang stark zurückgegangen, so daß nun verbesserte Nahrungsbedingungen herrschen.

Kehlstreifpinguine sind die aggressivsten Vertreter ihrer Familie. Sofern sie in direkter Nachbarschaft zu Esels- oder Adeliepinguinen brüten, können die Männchen ihre größeren Verwandten durchaus angreifen und von ihrem Nest vertreiben. In der Regel bevorzugen sie jedoch trockenere Brutplätze, oft auf felsigem oder steinigem Gelände, das von den beiden anderen Arten gemieden wird. Das Weibchen legt zwei Eier und übernimmt meist auch die erste Hälfte der Brut. Dies bedeutet einen großen Energieaufwand, da es nach der Eiproduktion noch bis zu 30 Tage fasten muß.

Dickschnabelpinguin 6

Eudyptes pachyrhynchus

VERBREITUNG: Neuseeland, SW der Südinsel (Fjordland) und Stewart Island
LEBENSRAUM: Felsküsten; brütet in küstennahen Wäldern oder kleinen Höhlen
GRÖSSE: 71 cm

Mit einer Population von etwa 5000 Vögeln gehört der Dickschnabelpinguin zu den seltenen Arten. Er ernährt sich von Tintenschnecken, Krill und Fischen.

Er brütet meist in kleinen Gruppen unter Felsvorsprüngen oder in dichter Vegetation und verteidigt seinen Brutplatz mit lautem, grellem Geschrei. Das Weibchen legt zwei Eier, von denen das zweite bedeutend größer ist. Obwohl beide Eier bebrütet werden, wird nur ein Junges, zumeist das aus dem größeren Ei geschlüpfte, aufgezogen. Das kleinere Ei mag als Reserve dienen, falls das größere Ei steril ist. Sofern beide Küken schlüpfen, wird das kleinere vom größeren Geschwister verdrängt und stirbt bald darauf.

Felsenpinguin 7

Eudyptes chrysocome

VERBREITUNG: Subantarktische Inseln, Süden Südamerikas
LEBENSRAUM: Ozean; brütet auf Klippen
GRÖSSE: 55 cm

Der Felsenpinguin ist der kleinste der polaren Pinguine und zugleich einer der streitsüchtigsten. Um die auf Felsgipfeln gelegenen Brutplätze zu erreichen, muß er Steilwände überwinden. Dabei watschelt er nicht wie die meisten anderen Pinguin-Arten, sondern hüpft mit geschlossenen Füßen, vorgebeugtem Kopf und nach hinten gerichteten Flügeln von einem Felsvorsprung zum nächsten. Meist landen alle Vögel am selben Küstenabschnitt, von wo aus sie gemeinsam den Aufstieg zu den Brutplätzen über bewährte Routen beginnen. Die Eiablage findet, weil abhängig von der Meerestemperatur, im Norden des Verbreitungsgebiets früher als im Süden statt.

Haubenpinguin 8

Eudyptes schlegeli

VERBREITUNG: Macquarie Island, Süden Neuseelands
LEBENSRAUM: Ozean; brütet an Küsten
GRÖSSE: 76 cm

Der Haubenpinguin, möglicherweise nur eine Unterart oder Morphe des Goldschopfpinguins, ist größer als dieser und hat einen derberen Schnabel und weiße Kopfseiten. Obwohl Haubenpinguine nur auf der Macquarie-Insel vorkommen sollen, wurden Vögel mit Kennzeichen dieser Art auch auf anderen Inseln in Kolonien des Goldschopfpinguins beobachtet. Intermediär gefärbte Vögel tauchten auf den Inseln Macquarie und Marion im südlichen Indischen Ozean auf. Die Art wurde erst 1876 wissenschaftlich beschrieben.

Wie viele andere Pinguin-Arten wurde auch der Haubenpinguin wegen seines Öls gejagt, das durch Kochen des Tierkörpers gewonnen wurde. Zwischen 1894 und 1914 wurden etwa 150000 Vögel pro Saison abgeschlachtet, doch schien die Jagd nicht zu einem Rückgang der Population zu führen. Heute leben etwa eine Million Vögel auf der Macquarie-Insel, wobei die größte Kolonie aus über einer halben Million Vögel besteht, die mehr als 6 ha Küstenfläche bewohnen.

Goldschopfpinguin 9

Eudyptes chrysolophus

VERBREITUNG: Subantarktis, Südamerika
LEBENSRAUM: Ozean; brütet an Küsten
GRÖSSE: 70 cm

Der Goldschopfpinguin besitzt lange, dünne, goldgelbe Federbüschel an den Kopfseiten. An Land bewegt er sich hüpfend vorwärts und klettert in kurzer Zeit von der Küste bis zu den Brutkolonien, die meist auf steilem Gelände wie Geröllhängen und Gletschermoränen liegen. Seine Kolonien sind zum Teil sehr groß: Eine einzige auf South Georgia besteht aus etwa fünf Millionen Brutpaaren.

Wie der Felsenpinguin legt auch der Goldschopfpinguin ein zweites kleineres Ei. Während der 36 Tage dauernden Brutzeit verlieren beide Altvögel, die sich die Brut in zwei langen Schichten teilen, bis zu 30 % ihres Körpergewichts. Nach der Brutperiode verlassen die Altvögel die Kolonie für zwei Wochen, um Krill zu fressen und sich einen Fettvorrat anzulegen, bevor sie das Gefieder mausern.

Gelbaugenpinguin 10

Megadyptes antipodes {B}

VERBREITUNG: Neuseeland, SO der Südinsel, Stewart, Auckland, und Campbell Islands
LEBENSRAUM: Küstengewässer; brütet in Büschen oder Niederwald
GRÖSSE: 76 cm

Der Gelbaugenpinguin gehört zu den seltensten Arten seiner Familie, was in einigen Regionen auf die Zerstörung seines Lebensraums durch die Landwirtschaft bedingt ist. Im Gegensatz zu anderen Arten brüten die Paare einzeln.

Gelbaugenpinguine ernähren sich vorwiegend von Fischen und Tintenschnecken und kommen nur nachts an Land. Sie besitzen eigene Territorien und gehen enge, lange währende Paarbindungen ein.

Zwergpinguin 11

Eudyptula minor

VERBREITUNG: Neuseeland, Chatham Island, S-Australien, Tasmanien
LEBENSRAUM: Küstengewässer; rastet und brütet an Küsten
GRÖSSE: 40 cm

Der Zwergpinguin ist die kleinste Pinguin-Art. Er bewohnt Küsten kalter Klimazonen und ernährt sich vorwiegend von Fischen, die er in flachen Küstengewässern erbeutet. Die Nacht verbringt er grundsätzlich an Land, vor allem an Felsstränden.

Zwergpinguine leben monogam und verpaaren sich in der Regel jedes Jahr mit demselben Partner. Auch kehren sie jeweils zum selben Brutplatz zurück, der in einer Höhle, einer Erdvertiefung oder in dichter Vegetation und oft von der Küste entfernt liegt. Die Paare brüten einzeln oder in kleinen Kolonien, doch verläuft der zeitliche Ablauf der Brut synchron. Pro Saison können zwei Bruten stattfinden.

Brillenpinguin 12

Spheniscus demersus {B}

VERBREITUNG: Südafrikanische Küsten
LEBENSRAUM: Kalte Küstengewässer; brütet an Küsten
GRÖSSE: 70 cm

Der Bestand des ehemals eine Million oder mehr Vögel zählenden Brillenpinguins ist in den vergangenen zwanzig Jahren auf 150000 Vögel zurückgegangen. 1967 hatte die Population stark unter der Ölverschmutzung der Brut- und Nahrungsgründe zu leiden, nachdem der Suez-Kanal geschlossen wurde und die Öltanker über Südafrika umgeleitet wurden. Heute ist sie besonders durch die Zunahme des kommerziellen Sardinenfangs bedroht, der früher die Hälfte ihrer Nahrung ausmachte.

Der Brillenpinguin geht zwar im kalten Benguelastrom auf Nahrungssuche, brütet aber im heißen Klima Afrikas. Zum Schutz vor Überhitzung nistet er in Vertiefungen oder unter Felsen und ist nur nachts aktiv.

Humboldtpinguin 13

Spheniscus humboldti {B}

VERBREITUNG: Küsten Perus und Chiles bis 40° S
LEBENSRAUM: Strände, Inseln in Küstennähe und Küstengewässer
GRÖSSE: 68 cm

Alle Pinguine sind an extreme Kälte angepaßt, doch leben einige Arten in tropischen Regionen, deren Gewässer durch kalte antarktische Meeresströmungen gekühlt werden. Zu den Arten entlang der Küsten des kalten Humboldtstroms gehören die Humboldtpinguine. Sie jagen vor allem Fische, die sie gemeinsam zu Schwärmen zusammentreiben.

Früher nisteten die Humboldtpinguine auf den küstennahen Inseln in Höhlen, die sie in Guanoberge (dicke Lagen aus Vogelkot) gruben, doch seitdem der Guano vom Menschen abgebaut wird, nisten sie in Höhlen entlang der Küste. Sie brüten das ganze Jahr über, so daß man in einer Höhle frisch gelegte Eier, Küken und ältere Jungvögel nebeneinander findet.

Magellanpinguin 14

Spheniscus magellanicus

VERBREITUNG: Südküsten Südamerikas von Chile bis Brasilien
LEBENSRAUM: Küsten und küstennahe Inseln
GRÖSSE: 70 cm

Magellanpinguine graben ihre Höhlen oft hochgelegen in weiche Grashänge oder unter Bäumen in die Erde, wobei sie ihre Füße als Schaufel einsetzen. Die Höhlen sind groß genug, um beide Altvögel zu beherbergen, und dienen diesen nachts als Schlafplatz.

Die Altvögel erbeuten vor allem Fische und Tintenschnecken, die sie in der Höhle für die Jungen auswürgen. Ältere Junge finden sich oft in kleinen Trupps am Strand zusammen, wo die Altvögel sie leichter füttern können. Nach der Brut ziehen die Vögel in nördlichere Gewässer.

Galapagospinguin 15

Spheniscus mendiculus

VERBREITUNG: Galapagos
LEBENSRAUM: Küsten und Küstengewässer
GRÖSSE: 50 cm

Auch der Galapagospinguin verdankt sein Vorkommen dem kalten Humboldtstrom, der entlang der Westküste Südamerikas bis zu den Galapagosinseln zieht - einem auf der Höhe des Äquators gelegenen vulkanischen Archipel.

Er jagt kleine Fische und brütet in kleinen Gruppen an geschützt gelegenen Küsten. Die zwei Eier werden in Höhlen oder Löcher des Vulkangesteins gelegt, da weicher Boden kaum vorhanden ist.

SEETAUCHER, LAPPENTAUCHER

Schlichtkleid
Zwergtaucher
Schlichtkleid
Bindentaucher
Atitlantaucher
Schlichtkleid
Titikaka-
taucher
Schlichtkleid
Küken
Haubentaucher
Schlichtkleid
Haarschopftaucher
Schlicht-
kleid
Clarktaucher
Ohrentaucher
Goldscheiteltaucher
Renntaucher

SEETAUCHER, LAPPENTAUCHER

FAMILIE GAVIIDAE SEETAUCHER

Große, tauchende Meeresvögel mit weißer Unterseite, im Prachtkleid oberseits grau bis schwarz mit weißen Halsstreifen, im Schlichtkleid grau. Geschlechter gleich gefärbt. Nest auf Bülte. Meist zwei dunkelbraune bis olivfarbenen Eier mit schwarzen Punkten oder Flekken, die 24-29 Tage bebrütet werden. Schon am ersten Tag verlassen die Küken das Nest und werden auf dem Rücken oder unter den Flügeln der Altvögel geschützt und gewärmt. 4 Arten.

Sterntaucher 1

Gavia stellata

Verbreitung: Arktische Gewässer bis gemäßigte Klimazonen
Lebensraum: Brütet auf Binnenseen und überwintert vor allem in Küstengewässern
Grösse: 53-69 cm

Der Sterntaucher zeigt einen leicht aufgeworfenen Schnabel und im Prachtkleid einen roten Kehlfleck. Er ist von zierlicher Gestalt und benötigt zum Auffliegen eine wesentlich kürzere Anlaufstrecke auf dem Wasser als die anderen Seetaucher-Arten. Daher kann er auch an kleinen, nur zehn Meter breiten Seen in der arktischen Tundra oder in Mooren brüten. Da der Fischbestand kleiner Gewässer für die Jungenaufzucht meist nicht ausreicht, fliegt er oft mehrere Kilometer weit, um von größeren Seen Nahrung herbeizutragen.

Das Weibchen legt zwei Eier, die von beiden Altvögeln 28 Tage bebrütet werden. Bei der Fütterung ist die Konkurrenz der Jungen so groß, daß das schwächere häufig nicht überlebt.

Prachttaucher 2

Gavia arctica

Verbreitung: Arktische Gewässer und nördliche gemäßigte Klimazonen; überwintert weiter südlich
Lebensraum: Brütet auf großen, tiefen Binnenseen und überwintert in Küstengewässern
Grösse: 58-73 cm

Im Prachtkleid zeigt dieser Seetaucher einen glänzend schwarzen Kehlfleck, der im Sonnenlicht bei Vögeln der sibirischen Unterart *G. a. viridigularis* grün schillert, bei Vögeln der europäischen Unterart *G. a. arctica* und der nordamerikanischen und ostsibirischen Unterart *G. a. pacifica* dagegen purpurfarben. Einige Ornithologen betrachten die Unterart *pacifica* als eigene Art, den Pazifiktaucher.

Prachttaucher bevorzugen Brutplätze an größeren Seen, die genügend Nahrung bieten, doch fliegen sie auch bis zu zehn Kilometer weit, um in anderen Gewässern Fische zu erbeuten. Sie tauchen bis zu 45 Sekunden lang und etwa 3-6 Meter tief. Dabei setzen sie die mit Schwimmhäuten ausgestatteten Füße und gelegentlich auch die Flügel zur Fortbewegung ein.

Das am Ufer gelegene Nest besteht aus einer Lage Wasserpflanzen und enthält in der Regel zwei Eier, die etwa 28 Tage bebrütet werden. Die Jungen erlangen im Alter von 12-13 Wochen, wenn sie bereits selbst Fische erbeuten, die Flugfähigkeit.

Eistaucher 3

Gavia immer

Verbreitung: N Nordamerikas, Grönland und Island; überwintert weiter südlich
Lebensraum: Brütet auf großen, tiefen Seen und überwintert in Küstengewässern
Grösse: 69-91 cm

Die insgesamt schwerere Gestalt des Eistauchers mit dickem Hals und Kopf und einem kräftigeren, dolchförmigen Schnabel unterscheidet ihn vom Stern- und Prachttaucher. Im Prachtkleid zeigt er oberseits breite weiße Fleckenreihen und am Hals zwei weiße Halbringe. Sein Gesang, ein Heulen und klagendes Jodeln, das wie manisches Gelächter klingen kann, gehört zu den lautesten Vogelstimmen und schallt weit über das Wasser.

Da die Füße der Seetaucher am hinteren Körperende ansetzen, können sie sich an Land nur sehr unbeholfen auf Brust und Bauch rutschend fortbewegen. Das Nest bauen sie daher direkt am Ufer.

Gelbschnabeltaucher 4

Gavia adamsii

Verbreitung: Hocharktis
Lebensraum: Brütet an Binnengewässern und Flüssen; überwintert in Küstengewässern
Grösse: 76-91 cm

Der Gelbschnabeltaucher ist der größte unter den Seetauchern. Vom ähnlich gefärbten Eistaucher unterscheidet er sich vor allem durch seinen elfenbeinfarbenen, unterseits aufgeworfenen Schnabel.

Er ist der einzige Seetaucher, der auch an Fließgewässern brütet, doch wurde dies bislang nur im russischen Verbreitungegebiet, nicht dagegen in Nordamerika beobachtet. Als Nistplatz eignen sich nur Uferregionen mit weitgehend konstantem Wasserstand. Denn Hochwasser könnte das Nest wegschwemmen, während es bei Niedrigwasser zu weit vom Wasser entfernt liegen könnte, um von den Altvögeln noch erreicht zu werden.

FAMILIE PODICIPEDIDAE LAPPENTAUCHER

Mittelgroße bis große Tauchvögel. Gefieder oberseits braun oder grau, unterseits weiß, Kopf, Hals und Kehle im Prachtkleid oft farbenprächtig. Geschlechter gleich gefärbt. In das aus Wasserpflanzen gebaute Schwimmnest werden 2-6 Eier gelegt und 20-30 Tage bebrütet. Nach dem Schlüpfen verlassen die Küken das Nest und finden auf dem Rücken der Altvögel oder in einem Gemeinschaftsnest Schutz und Wärme. 20 Arten.

Zwergtaucher 5

Tachybaptus ruficollis

Verbreitung: S Eurasiens, Afrika und Indonesien; Vögel nördlicher Vebreitung ziehen im Winter nach Süden
Lebensraum: Flache Binnengewässer; überwintert in geschützten Meeresbuchten und Küstengewässern.
Grösse: 25-29 cm

Die Gestalt des Zwergtauchers wirkt durch kurzen Hals und fehlenden Schwanz recht gedrungen. Zur Brutzeit ist er wesentlich ruffreudiger als die meisten anderen Lappentaucher, und sein typischer lauter Triller ist häufig zu hören. Zur Verteidigung der Reviers stürmt er dem Rivalen über das Wasser planschend und von heftigem Rufen begleitet entgegen und signalisiert durch aufgeregtes Flügelschlagen und Tauchen seine Stärke. Zur Balz trillern beide Altvögel häufig im Duett. Das schwimmende Nest wird aus Wasserpflanzen gebaut und an Pflanzen oder Büschen unter Wasser befestigt. Der Zwergtaucher legt 4-6 Eier, die von beiden Altvögeln etwa 20 Tage bebrütet werden.

Bindentaucher 6

Podilymbus podiceps

Verbreitung: S Südamerikas N bis S-Kanada
Lebensraum: Flache, stehende oder ruhig fließende Gewässer
Grösse: 31-38 cm

Im Verhältnis zu seinem kurzen, gedrungenen Körper besitzt der Bindentaucher einen großen

Kopf und einen hohen, kurzen Schnabel, der in der Form an den eines Kükens erinnert. Der weißliche Schnabel mit schwarzer Binde ist das auffälligste Merkmal dieses sonst graubraun gefärbten Vogels.

Viele Bindentaucher bleiben den Winter über im selben Gebiet, wo sie sich in lockeren Trupps zusammenschließen und erst im Frühjahr erneut Territorien bilden. Im nördlichen Verbreitungsgebiet frieren die Seen im Winter dagegen zu. Vögel dieser Regionen ziehen an weiter südlich gelegene Gewässer oder an eisfreie küstennahe Brackwasserlagunen.

Atitlantaucher 7

Podilymbus gigas {†}

VERBREITUNG: Atitlan-See in Guatemala
LEBENSRAUM: Schilfbestandenes Seeufer
GRÖSSE: 48 cm

Der Atitlantaucher war ein naher Verwandter des Bindentauchers und etwa 50 % größer als dieser. Seine kurzen Flügel waren zum Fliegen nicht tauglich. Er kam ausschließlich am Atitlan-See vor, der im Hochland Guatemalas in fast 2000 m Höhe liegt.

Die beschränkte Verbreitung machte den Atitlantaucher anfällig für jegliche Veränderungen dieses Gewässers. Seine Population war wohl nie sehr groß, doch nachdem fremde Fischarten im See ausgesetzt wurden, die für die Taucher eine Nahrungskonkurrenz darstellten und zudem ihre Jungvögel erbeuteten, ging der Bestand dramatisch zurück. Als sich die Population später erholt hatte, wurde sie durch die Zerstörung der Schilfgürtel, durch Wasserverschmutzung und den Rückgang des Wasserstands erneut bedroht und schwand seit den 1970er Jahren stetig. Inzwischen ist der Atitlantaucher ausgestorben.

Titicacataucher 8

Rollandia micropterum

VERBREITUNG: Titicaca-See in Peru und Poopo-See in Bolivien
LEBENSRAUM: Große Bergseen
GRÖSSE: 28 cm

Wie viele Lappentaucher Mittel- und Südamerikas hat auch der Titicacataucher seine Flugfähigkeit verloren. Er bewohnt Bergseen der zentralen Anden oberhalb 3000 m, wo die Nächte bitterkalt sind. Den Wärmeverlust gleichen die Vögel durch ausgiebiges Sonnenbaden wieder aus.

Frühmorgens und spätnachmittags rasten sie mit leicht ausgebreiteten Flügeln und aufgestelltem Rückengefieder auf dem Wasser, um möglichst viel Sonnenwärme aufzunehmen. Durch diesen zusätzlichen Vorrat an Wärme benötigen sie einen geringeren Anteil der aufgenommenen Nahrung zur Erhaltung der Körpertemperatur.

Haarschopftaucher 9

Podiceps poliocephalus

VERBREITUNG: W und SO Australiens und Neuseeland
LEBENSRAUM: Große, offene Gewässer, auch Sümpfe, Seen und Flußmündungen
GRÖSSE: 25-29 cm

Dieser Taucher erhielt seinen Namen wegen der weißlichen Strichelung an Stirn und Wangen. Er ist von gedrungener Gestalt und besitzt nur rudimentäre Ansätze eines Schwanzes. Im Gegensatz zu den meisten anderen Lappentauchern brütet er gern in großen Kolonien von mehreren hundert Brutpaaren, deren Nester nur einen Meter voneinander entfernt liegen. Seine Stimme ist nur selten zu hören, da ohne Revier keine Notwendigkeit besteht, laute Rufe oder Triller auszustoßen.

Haarschopftaucher bauen ihr Nest in die Vegetation von Flachwasserzonen. Mit der Brut beginnen sie erst, wenn der Wasserstand nach heftigen Regenfällen ausreichend gestiegen ist, so daß die Brutzeit von Jahr zu Jahr schwanken kann.

Haubentaucher 10

Podiceps cristatus

VERBREITUNG: Gemäßigte Zonen Eurasiens, Ost- und Südafrika, Australien und Neuseeland
LEBENSRAUM: Flache, stehende oder mäßig fließende Binnengewässer mit frischer Vegetation; überwintert in Meeresbuchten und auf küstennahen Lagunen
GRÖSSE: 46-51 cm

Der Haubentaucher ist vor allem durch seine spektakulären Balzrituale bekannt geworden. Dabei werden die doppelte schwarze Haube und die schwarz und rotbraun gefärbten Ohrbüschel aufgestellt, so daß sie dem Kopf eine dreieckige Form geben. Die Altvögel bringen sich in Paarungsstimmung, indem sie, kleine Pflanzenteile im Schnabel tragend, aufeinander zuschwimmen, dann Brust an Brust hoch aus dem Wasser steigen und dabei heftig die Köpfe schütteln. Der Tanz wirk ausgesprochen elegant und feierlich.

Wie alle Lappentaucher ernähren sich Haubentaucher von Fischen, Insekten, Schalentieren und Weichtieren. Die Jungen werden mit kleinen Fischen gefüttert. Daneben bekommen sie kleine Bauch- oder Flankenfedern der Altvögel zu fressen, mit deren Hilfe unverdauliche Nahrungsreste im Magen gebunden und als Gewölle ausgewürgt werden können. Regelmäßiges Auswürgen von Gewöllen befreit den Magen wohl auch von Parasiten.

Ohrentaucher 11

Podiceps auritus

VERBREITUNG: Zirkumpolar N Nordamerikas und Eurasiens
LEBENSRAUM: Brütet auf kleinen und großen Seen; überwintert auf großen Seen und geschützten Küstengewässern
GRÖSSE: 31-38 cm

Der Ohrentaucher vollführt ähnlich beeindruckende und aufwendige Balzrituale wie der Haubentaucher. Zum Tanz werden hinter den Augen ansetzende, leuchtend goldgelbe Schmuckfedern und schwarze Ohrbüschel aufgestellt. Für eine Pose werden die Schmuckfedern angelegt. Dazu erhebt sich ein Vogel aus dem Wasser und beugt Kopf und Hals nach unten. Da diese Haltung stark an Pinguine erinnert, wurde sie «Geistertanz der Pinguine» genannt.

Ohrentaucher bauen aus Wasserpflanzen eine Nestplattform, die sie manchmal an Pflanzenstengeln befestigen, häufig aber auf einem direkt unter der Wasseroberfläche liegenden Stein ruhen oder auch frei auf dem Wasser schwimmen lassen.

Goldscheiteltaucher 12

Podiceps gallardoi {B}

VERBREITUNG: Südpatagonien
LEBENSRAUM: Große Süßwasserseen
GRÖSSE: 36 cm

Der Goldscheiteltaucher wurde erst 1974 als eigene Art eingestuft. Während man früher angenommen hatte, daß er nur an einem See in der Provinz Santa Cruz Südwest-Argentiniens vorkommt, haben Nachforschungen ergeben, daß er ein weit größeres Gebiet mit mehreren großen Basaltseen dünn besiedelt. Die Population ist zwar recht klein, doch größer als ursprünglich angenommen. Zwei 1986 vorgelegte Schätzungen gaben einen Bestand von 3000-5000 Vögel an.

Renn- und Clarktaucher 13

Aechmophorus occidentalis, A. clarkii

VERBREITUNG: W Nordamerikas, von Südkanada bis Mexiko
LEBENSRAUM: Brütet an Süßwasserseen; überwintert vor allem auf offener See
GRÖSSE: 56-74 cm

Während der Clarktaucher bis vor kurzem noch als Unterart des Renntauchers betrachtet wurde, gilt er heute als eigene Art. Beide teilen dasselbe Verbreitungsgebiet und denselben Lebensraum, doch ist der Clarktaucher im Norden viel seltener anzutreffen. Gelegentlich kommt es zu Hybriden beider Arten.

Zu den variationsreichen Balzritualen des Renntauchers gehört eine Art Wettrennen. Dabei stürmen Männchen und Weibchen mit steil aufgerichtetem Körper und nur noch die Füße im Wasser haltend nebeneinander etwa 20-30 Meter weit, bevor sie wieder ins Wasser zurücksinken.

Renntaucher sind sehr gesellig, und oft brüten mehrere Paare auf einem Gewässer. Während des Zuges und im Winterquartier können sich Trupps von vielen hundert oder gar tausend Vögeln bilden.

ALBATROSSE, STURMVÖGEL, STURMSCHWALBEN, LUMMENSTURMVÖGEL

am Nest
Kapsturmvogel
Eissturmvogel
Großer Entensturmvogel
Bermudasturmvogel
vor Nisthöhle
Kurzschwanz-
Sturmtaucher
Schwarzschnabel-Sturmtaucher
Gelbschnabel-
Sturmtaucher
P. p. mauretanicus
«Mittelmeer-Sturmtaucher»
Wellenläufer
Buntfuß-Sturmschwalbe
Lummensturmvogel
Kleiner Sturmtaucher

ALBATROSSE, STURMVÖGEL, STURMSCHWALBEN, LUMMENSTURMVÖGEL

FAMILIE DIOMEDEIDAE
ALBATROSSE

Große Hochseevögel mit langen, schlanken Flügeln und langem Hakenschnabel. Gefieder weiß, Oberseite, Flügelspitzen, Brauen oder Schwanz dunkel; zwei Arten ganz dunkel. Geschlechter gleich gefärbt. Nest meist auf Erd- oder Pflanzenhaufen. Das weiße Ei wird 65-79 Tage bebrütet. Die Küken bleiben 4-12 Monate im Nest. 14 Arten.

Wanderalbatros 1

Diomedea exulans

VERBREITUNG: Südliche Ozeane, bis 60° N; brütet auf Inseln
LEBENSRAUM: Ozean
GRÖSSE: 107-135 cm

Der Wanderalbatros gehört, neben Königsalbatros und Amsterdamalbatros, zu den drei «Riesenalbatrossen», die mit einer Flügelspanne von 2,5-3,3 Meter die größten Seevögel der Erde sind. Sie verbringen die meiste Zeit ihres Lebens auf hoher See, wo sie thermische Winde zum Segeln nutzen und an einem Tag bis zu 500 km zurücklegen. Nur bei ruhigem Wetter oder auf der Suche nach Tintenschnecken, Fischen oder Schiffsabfällen setzen sie sich auf das Wasser. An Land erscheinen sie ausschließlich, um auf subantarktischen Inseln zu brüten und die Jungen aufzuziehen.

Brut und Aufzucht der Jungen dauern lange, dafür werden Albatrosse im Durchschnitt 30 Jahre alt. Sie sind im Alter von 3-4 Jahren geschlechtsreif, brüten aber erst im Alter von 7-8 Jahren. Da die Bebrütung der Eier 11 Wochen dauert und die Jungen erst nach 40 Wochen flügge werden, können Albatrosse nur alle zwei Jahre brüten.

Galapagosalbatros 2

Diomedea irrorata

VERBREITUNG: SO Pazifischer Ozean; brütet auf Hood Island (Galapagos) und Isla de la Plata (W von Ecuador)
LEBENSRAUM: Humboldtstrom
GRÖSSE: 84-94 cm

Der Bestand dieses ausschließlich in tropischen Breiten lebenden Albatrosses wird mit 6000-12000 Vögeln angenommen. Er ernährt sich von Fischen, Tintenschnecken und anderen Wirbellosen. Seine langen, schmalen Flügel sind zum Segeln hervorragend geeignet, nicht jedoch zum Landen und Auffliegen, was ihm besonders auf den mit Felsblöcken und Kakteen übersäten Brutinseln Schwierigkeiten bereitet. Der Paarung geht ein kunstvoller Balztanz voraus, der «Ekstaseritual» genannt wird. Zu den Balzrufen gehören Äußerungen wie *ha-haha* und ein langgezogenes *whuu-uu*.

Schwarzbrauenalbatros 3

Diomedea melanophris

VERBREITUNG: Südliche Ozeane, 65° bis 10° S; brütet auf Inseln
LEBENSRAUM: Ozean
GRÖSSE: 83-93 cm

Der Schwarzbrauenalbatros gehört zu den häufigsten Arten seiner Familie und brütet gemeinsam mit dem sehr ähnlichen Graukopfalbatros in oft großen Kolonien. Er baut ein faßförmiges, 60 cm hohes Nest aus Schlamm und Gras. Das Weibchen trifft eine Woche nach dem Männchen am Brutplatz ein und fliegt nach der Paarung für weitere zehn Tage auf das Meer hinaus, um zwei Tage vor der Eiablage zurückzukehren. Während der Schwarzbrauenalbatros jedes Jahr brüten kann, was wohl mit seiner Hauptnahrung, dem Krill, zusammenhängt, brütet der Graukopfalbatros, der sich von nährstoffarmen Tintenschnecken ernährt, nur alle zwei Jahre.

Rußalbatros 4

Phoebetria fusca

VERBREITUNG: Atlantik und Indischer Ozean; brütet auf Inseln
LEBENSRAUM: Ozean
GRÖSSE: 84-89 cm

Ruß- und Graumantel-Rußalbatros unterscheiden sich von anderen Arten dieser Familie durch verhältnismäßig längere, schmalere Flügel, den keilförmigen Schwanz und die eher vereinzelte Brutweise. Sie sind außerordentlich grazile Flieger. Zu ihren Balzritualen gehört ein synchrones Auf- und Abfliegen beider Altvögel. Sie brüten auf Klippen oder landeinwärts an steilen Hängen, von wo aus sie problemlos starten können. Der Rußalbatros brütet erst im Alter von 11-13 Jahren, nachdem er 3-4 Jahre lang seinen Partner umworben hat. Er zieht alle zwei Jahre ein Junges groß.

FAMILIE PROCELLARIIDAE
STURMVÖGEL

Kleine bis große Hochseevögel mit kurzem Schwanz und schlanken Flügeln. Gefieder meist dunkel mit wenig Weiß. Geschlechter gleich gefärbt. Nest in Höhlen oder Spalten, zuweilen auch auf Vorsprüngen oder am Boden. Das weiße Ei wird 43-60 Tage bebrütet, die Jungen bleiben 2-5 Monate im Nest. 72 Arten.

Riesensturmvogel 5

Macronectes giganteus

VERBREITUNG: S Ozeane, bis 10° S; brütet auf Inseln und an der antarktischen Küste
LEBENSRAUM: Ozean
GRÖSSE: 86-99 cm

Der Riesensturmvogel und der Hallsturmvogel *M. halli* wurden erst vor kurzem in zwei Arten getrennt, nachdem man neben geringen morphologischen vor allem ökologische Unterschiede festgestellt hatte. In der Größe überragen sie alle anderen Sturmvögel und machen sogar einigen Albatrossen Konkurrenz. Sie bewegen sich geschickt an Land und ernähren sich ebenso von Aas wie von Meerestieren. Mit ihren mächtigen Schnäbeln können sie Kadaver von Seehunden und Walen aufbrechen.

Als Nest bauen sie eine flache Grundlage aus Kieselsteinen, Erde und Pflanzen. Schon die Nestlinge spucken wie alle Röhrennasen zur Verteidigung dem Angreifer ein übelriechendes Öl entgegen. Vögel der weißen Morphe kommen in allen Populationen vor und machen mancherorts etwa 15 % aus.

Eissturmvogel 6

Fulmarus glacialis

VERBREITUNG: Nordpazifik und Atlantik
LEBENSRAUM: Ozean; brütet an Küsten
GRÖSSE: 45-50 cm

Der Bestand des Eissturmvogels hat in den vergangenen hundert Jahren erheblich zugenommen. Die Ursache könnte in vermehrten Fischabfälle von Fangschiffen oder in der veränderten Meerestemperatur liegen. Während St. Kilda früher der einzige britische Brutplatz des Eissturmvogels war, brütet er heute praktisch an allen Küsten Großbritanniens. Der Bestand der britischen und irischen Populationen wird auf 350000 Brutpaare geschätzt.

Er nistet auf Küstenklippen, gelegentlich auch landeinwärts an Felsen und Gebäuden. Vor den Brutplätzen vollführt er spektakuläre Balzflüge, begleitet von schnarchenden Lauten.

Kapsturmvogel 7

Daption capense

VERBREITUNG: S Ozeane und Westküste Südamerikas; brütet auf Inseln
LEBENSRAUM: Ozean
GRÖSSE: 38-40

Der Kapsturmvogel taucht in großen Trupps überall dort auf, wo Strömungen an der Meeresoberfläche für große Ansammlungen von

Krill oder anderen Krustentieren sorgen, und folgt gern Schiffen. Er brütet auf Vorsprüngen steiler Klippen, wo er aus Kieselsteinen eine Nestgrundlage baut. Die Männchen säubern den Brutplatz von Schnee und bewachen ihn, während die Weibchen noch 2-3 Wochen auf dem Meer nach Nahrung suchen und erst einen Tag vor der Eiablage zurückkehren.

Bermudasturmvogel 8

Pterodroma cahow {B}

VERBREITUNG: Außerhalb der Brutzeit unbekannt; brütet auf 5 kleinen Inseln vor der Ostküste der Bermudas
LEBENSRAUM: Ozean; brütet auf Felseninseln
GRÖSSE: 41 cm

Vor der Besiedlung der Bermudas haben möglicherweise Hunderttausende von Bermudasturmvögeln diese Inseln bevölkert. Durch Jagd und die Einführung von Haustieren und Ratten wurden die Vögel vom Festland auf die Felseninseln vertrieben. Doch auch dort ging ihr Bestand durch Nistplatzkonkurrenz mit Tropikvögeln, Ratten und Vergiftung mit DDT weiter bis auf den heutigen Tiefstand zurück. Während die Vögel früher eine Nisthöhle in den weichen Boden gruben, legen sie das Ei heute in ausgewaschene Mulden des harten Felsgesteins. Den lateinischen Artnamen erhielten sie in Anlehnung an den im Herbst zu hörenden unheimlich klingenden Balzruf.

Großer Entensturmvogel 9

Pachyptila vittata

VERBREITUNG: S Ozeane; brütet auf Inseln, auch an der Küste der Südinsel Neuseelands
LEBENSRAUM: Ozean
GRÖSSE: 25-30 cm

Der Schnabel des Großen Entenvogels ist an der Basis breit und an den Schneidekanten mit Lamellen besetzt. Sie dienen wie die Fischbeinplatten der Wale als Filter, an dem im eingesogenen Wasser enthaltene Kleintiere, vor allem stecknadelkopfgroße Ruderfußkrebse, beim Herauspressen hängenbleiben. Der Große Entensturmvogel brütet in großen Kolonien. Meist kommt er erst bei Dunkelheit zum Nistplatz, um der Verfolgung durch Skuas zu entgehen.

Gelbschnabel-Sturmtaucher 10

Calonectris diomedea

VERBREITUNG: Brütet auf Inseln im Mittelmeer und im Atlantik; überwintert an der Ostküste Nordamerikas, S bis Uruguay und im W Indischen Ozean
LEBENSRAUM: Warme Ozeane
GRÖSSE: 46-53 cm

Gelbschnabel-Sturmtaucher ernähren sich vor allem von Fischen, Tintenschnecken und Krustentieren, die sie von der Wasseroberfläche picken. Sie brüten auf unbewohnten Inseln, wo sie ihre Nisthöhlen dicht nebeneinander graben. Das Ei wird 54 Tage bebrütet, und die Küken werden 14 Tage nach dem Schlüpfen flügge. Auf einigen Madeira-Inseln wurden Eier gesammelt, Küken und Altvögel zu Nahrungszwecken gejagt, und durch künstliche Nisthöhlen wurden sie sogar regelrecht «gehalten».

Kurzschwanz-Sturmtaucher 11

Puffinus tenuirostris

VERBREITUNG: Brütet in S-Australien, Tasmanien; außerhalb der Brutzeit im Nordpazifik
LEBENSRAUM: Küsten und Küstengewässer, außerhalb der Brutzeit auf hoher See
GRÖSSE: 41-43 cm

Kurzschwanz-Sturmtaucher jagen in Trupps Krill, Tintenschnecken und kleine Fische, die sie sturztauchend einen oder mehrere Meter tief erbeuten. Große jagende Schwärme können das Meer aufwühlen, als sei es mit Schaum bedeckt. Sie nisten in großen Kolonien in Erdhöhlen. Ende April oder Anfang Mai werden die 13 Wochen alten Jungen von den Altvögeln verlassen und folgen ihnen bald aufs Meer hinaus.

In Australien ist dieser Vogel wegen seines schmackhaften Fleisches als «Hammelvogel» bekannt. Noch heute werden Jungvögel wegen ihres Fettes und Magenöls, das für pharmazeutische Produkte verwendet wird, gejagt. Die Jagd wird streng kontrolliert und stellt keine Bedrohung für den Bestand der Art dar.

Schwarzschnabel-Sturmtaucher 12

Puffinus puffinus

VERBREITUNG: Brütet an Küsten des Nordatlantik und auf Inseln im Mittelmeer; überwintert S bis Südamerika
LEBENSRAUM: Küstengewässer oberhalb des Kontinentalschelfs
GRÖSSE: 30-38 cm

Der starke Kontrast zwischen dunkler Oberseite und heller Unterseite ist bei der Unterart *P. p. mauretanicus*, die im westlichen Mittelmeer brütet, schwächer ausgeprägt.

Diese Vögel brüten in Kolonien meist auf einsam gelegenen Inseln. Bereits im Februar treffen sie an den Brutplätzen ein. Die Bruthöhlen suchen sie bei Dunkelheit auf, um den Angriffen der Mantelmöwen zu entgehen. Die Altvögel verständigen sich mit lautem Heulen und heiserem Schreien. Die Jungen werden im Alter von 70 Tagen flügge, aber schon 1-2 Wochen vorher von den Altvögeln verlassen.

Kleiner Sturmtaucher 13

Puffinus assimilis

VERBREITUNG: Nord- und Südatlantik, Südpazifik und Indischer Ozean; brütet auf atlantischen Inseln und den Antipoden
LEBENSRAUM: Küstengewässer
GRÖSSE: 25-30 cm

Im Gegensatz zu den meisten Sturmtaucher-Arten leben Kleine Sturmtaucher vereinzelt und tauchen auf offener See nicht in großen Trupps auf. Sie graben keine Nisthöhlen, sondern legen ihre Eier in Felsspalten, die nur begrenzt vorhanden sind. Wahrscheinlich ist dies der Grund, weshalb sie bereits vier Monate vor der Eiablage ihre Nistplätze besetzen und gegen andere Sturmtaucher verteidigen.

FAMILIE HYDROBATIDAE STURMSCHWALBEN

Kleine Hochseevögel. Gefieder schwarz oder schwarz und braun mit weißem Bürzel. Geschlechter gleich gefärbt. Das weiße, bei manchen Arten gesprenkelte Ei wird in Spalten oder Höhlen gelegt und 40-50 Tage bebrütet. Die Jungen bleiben 2-2,5 Monate im Nest. 20 Arten.

Buntfuß-Sturmschwalbe 14

Oceanites oceanicus

VERBREITUNG: Feuerland und Falklandinseln bis antarktische Küsten; außerhalb der Brutzeit nördlicher Indischen Ozean und Nordatlantik
LEBENSRAUM: Ozean
GRÖSSE: 15-19 cm

Die Buntfuß-Sturmschwalbe ist möglicherweise die häufigste Seevogelart der Erde. Sie tritt oft in großen Trupps auf und folgt gern Schiffen. Ihre Nahrung besteht vor allem aus Krustentieren, die sie, mit hochgehaltenen Flügeln über die Wellen trippelnd, von der Meeresoberfläche aufpickt. Das Ei, das in einer Höhle bebrütet wird, wiegt ein Viertel des Gewichts der Altvögel. Bis die Altvögel das Junge verlassen, hat es das Doppelte ihres Körpergewichts erreicht und muß dann auf das 1,5fache Gewicht abnehmen, um flugfähig zu werden.

Wellenläufer 15

Oceanodroma leucorhoa

VERBREITUNG: Von Japan NO bis Alaska, S bis Südmexiko; außerhalb der Brutzeit südlicher und mittlerer Pazifik und Südatlantik
LEBENSRAUM: Ozean
GRÖSSE: 19-22 cm

Wellenläufer ernähren sich von Krustentieren, Fischen und Tintenschnecken, aber auch vom Kot der Seehunde und Wale, denen sie gern folgen. Auf dem Meer treten sie meist einzeln auf, brüten aber in dichten Kolonien unterhalb von Felsen und Böschungen. Mit Schnabel und Füßen graben sie eine bis zu 1,6 Meter lange Neströhre. Es gibt Hinweise darauf, daß die Altvögel ihre Höhlen, die sie nur nachts anfliegen, am Geruch erkennen.

FAMILIE PELECANOIDIDAE LUMMENSTURMVÖGEL

Kleine bis mittelgroße Vögel mit kurzem Hals, von kompakter, alkenähnlicher Gestalt. Gefieder oberseits schwarz, unterseits weiß. Geschlechter gleich gefärbt. Das einzelne Ei wird 45-53 Tage in einer Höhle bebrütet. Die Jungen bleiben 1,5-2 Monate im Nest. 4 Arten.

Lummensturmvogel 16

Pelecanoides urinatrix

VERBREITUNG: Inseln S Ozeane, Küsten Südaustraliens, Tasmanien, Neuseeland
LEBENSRAUM: Ozean
GRÖSSE: 20-25 cm

In gewisser Weise sind die Lummensturmvögel der südlichen Meere das ökologische Gegenstück zu den kleinen Alken des Nordens. Ihre kleinen Flügel, die in der schwirrenden Flugweise ebenfalls an Alke erinnern, werden vor allem unter Wasser eingesetzt, denn Lummensturmvögel sind für das Durchfliegen von hohen Wellen, an deren steilen Seite sie eintauchen, berühmt. Ihre Stimme hat ihnen in Neuseeland den Namen « Kuaka» eingetragen.

TROPIKVÖGEL, PELIKANE UND TÖLPEL

weiße Morphe
juv.
weiße Morphe
auf Galapagos
Baßtölpel
braune Morphe
Maskentölpel
weißschwänzige
braune Morphe
Rotfußtölpel
juv.
Weißbauchtölpel
♂
weißschwänzige
und weißköpfige
braune Morphe
S. l. brewsteri
S. l. plotus
juv.
♀ mit Küken
am Nest
Guanotölpel
Abbott-Tölpel

TROPIKVÖGEL, PELIKANE UND TÖLPEL

FAMILIE PHAETHONTIDAE TROPIKVÖGEL

Elegante, sehr fluggewandte Seevögel mit verlängerten mittleren Steuerfedern. Die Schwanzspieße sind beim Männchen länger, bei Jungvögeln noch nicht vorhanden. Gefieder weiß, manchmal rosa oder goldgelb überhaucht, mit schwarzen Abzeichen. Schnabel kräftig und gebogen, mit zum Festhalten der Beute gezähnten Schneidekanten. Beine sehr kurz. Das rotbraun gefleckte Ei wird in eine Mulde oder auf den nackten Boden gelegt und 40-46 Tage bebrütet. Während der Nahrungssuche der Altvögel bleiben die Jungen allein im Nest, das sie im Alter von 11-15 Wochen verlassen. 3 Arten.

Rotschnabel-Tropikvogel 1

Phaethon aethereus

Verbreitung: Tropischer Atlantik, Ostpazifik, NW Indischer Ozean
Lebensraum: Offenes Meer; brütet auf Inseln
Grösse: 90-100 cm

Diese attraktiven Seevögel ziehen einzeln oder in Paaren weit über die tropischen Meere. Sie verbringen die meiste Zeit ihres Lebens in der Luft, setzen sich nur selten auf das Wasser und jagen stoßtauchend nach Fischen und Tintenschnecken. Die schmalen Schwanzspieße, ebenso lang wie der Körper, dienen unter Wasser und bei wendigen Flugmanövern auf der Jagd nach fliegenden Fischen wohl zur Stabilisierung. Bei der Balz, die vor allem in der Luft stattfindet, äußern sie schrille Schreie, fliegen nah und mit schnellen Flügelschlägen nebeneinander und gleiten mit abwärts gebogenen Schwanzspießen. Erbitterte Kämpfe um Brutpartner und Nistplätze hinterlassen häufig Narben an Kopf und Hals.

Die auf Inseln gelegenen Brutkolonien bestehen aus mehreren hundert Brutpaaren, die auf Felsvorsprüngen oder in Felsspalten brüten. Die Eiablage kann in jedem Monat des Jahre stattfinden. Das Junge wird im Durchschnitt dreimal am Tag gefüttert und im Alter von 12-13 Wochen flügge.

Weißschwanz-Tropikvogel 2

Phaethon lepterus

Verbreitung: Tropische und subtropische Ozeane
Lebensraum: Offenes Meer; brütet auf Inseln
Grösse: 71-80 cm

Der Weißschwanz-Tropikvogel besitzt 33-40 cm lange Schwanzspieße. Die starke Nistplatzkonkurrenz zwischen dieser Art und dem Rotschnabel- und Rotschwanz-Tropikvogel erklärt möglicherweise, warum die gelbliche Unterart *P. l. fulvus* nur auf Christmas Island vorkommt, wo sie im dichten Dschungel in Baumhöhlen brütet. Die anderen Populationen des Weißschwanz-Tropikvogels, darunter die auf Inseln des Indischen Ozeans brütende Unterart *P. l. lepturus,* nisten in Felsspalten, unterhalb von Felsvorsprüngen oder am Boden.

Das Ei wird von beiden Altvögeln etwa 40 Tage bebrütet, und das Junge wird im Alter von 11 Wochen flügge. Die Brutperioden folgen nicht im Jahreszyklus aufeinander; in der Regel liegen zehn Monate dazwischen, nicht zwölf wie bei anderen Vogelarten.

FAMILIE PELECANIDAE PELIKANE

Große Wasservögel mit langem, geradem Schnabel und großem Kehlsack. Gefieder meist grau oder weiß. Geschlechter gleich gefärbt. Das Nest am Boden oder in Bäumen enthält 1-4 Eiern, die 28-31 Tage ausgebrütet werden. Die Jungen bleiben fünf (Baumnester) bzw. drei Wochen (Bodennester) im Nest. Die Jungen aus Bodennestern bilden danach «Kinderkrippen». 7 Arten.

Rosapelikan 3

Pelecanus onocrotalus

Verbreitung: Südeuropa, Afrika, Asien
Lebensraum: Seen und Binnenmeere
Grösse: 140-175 cm

Rosapelikane sind ausgesprochen gesellig. Sie rasten und schlafen nicht nur häufig in großen Trupps, sondern jagen auch gemeinsam. Dabei bilden sie einen Kreis, treiben die Fische regelmäßig mit den Flügeln wedelnd und mit dem Schnabel auf das Wasser planschend zusammen und schöpfen sie dann in den riesigen Kehlsack. An einem Tag fängt dieser große Pelikan etwa 1,2 kg Beute, die aus wenigen großen oder hunderten von kleinen Fischen bestehen kann.

Altvögel zeigen im Prachtkleid eine Schopf am Hinterkopf, einen gelben Fleck am Vorderhals und ein rosa überhauchtes Gefieder. Die Männchen balzen in Gruppen um die Gunst der Weibchen. Nach der Paarbildung wird die Balz fortgesetzt, und das Weibchen wählt einen Nistplatz aus. Brutkolonien können manchmal aus bis zu 30000 Paaren bestehen und weit vom Wasser entfernt liegen.

Brillenpelikan 4

Pelecanus conspicillatus

Verbreitung: Australien und Tasmanien
Lebensraum: Flache Meeres- und Binnengewässer
Grösse: 150-180 cm

Der Brillenpelikan halt sich gern in Trupps auf und brütet in großen Kolonien. Altvögel zeigen einen kurzen grauen Schopf und einen gelblichen oder rosafarbenen Kehlsack, der sich zur Balz karminrot verfärbt. Zu der in Gruppen vorgetragenen Balz der Männchen gehören Rituale wie das Hin- und Herschwenken des Kopfes und Schnabelklappern. Nach der Paarbildung laufen beide Altvögel paradeartig zum Nistplatz.

Brillenpelikane brüten auf Inseln, bauen ihr Nest in Büsche und können zu jeder Jahreszeit mit der Brut beginnen. Im Alter von zwei Wochen können die Jungen selbst in den Kehlsack klettern, um vorverdaute Fischnahrung zu fressen. Pelikane ernähren sich vorwiegend von Fischen, fressen aber auch Schalentiere und andere Meerestiere.

Nashornpelikan 5

Pelecanus erythrorhynchos

Verbreitung: Nordamerika
Lebensraum: Süßwasserseen und flache Küstengewässer
Grösse: 127-178 cm

Nashornpelikane tauchen zu jeder Jahreszeit in großen Trupps auf. Ihre Brutplätze, die oft weit von den Nahrungsgründen entfernt liegen, erreichen sie im April oder Mai. Zur Balzzeit tragen sie einen hornartigen Schnabelhöcker, der nach der Brut wieder verschwindet. Die Balz findet in Gruppen statt. Nach der Paarbildung führt das Weibchen das Männchen in einem auffälligen Paraderitual fort.

Das Nest aus Steinen, Stöckchen und Pflanzen liegt auf dem Boden. Nashornpelikane meiden zu allen Jahreszeiten Bäume und rasten bevorzugt am Boden, häufig auf sandigen Landzungen und schlafen direkt am Wasser.

Braunpelikan 6

Pelecanus occidentalis

Verbreitung: Pazifische und atlantische Küsten Nord- und Südamerikas, Galapagos
Lebensraum: Flache Küstengewässer und Inseln
Grösse: 110-137 cm

Im Gegensatz zu den anderen Pelikan-Arten jagt der Braunpelikan in spektakulärem Sturztauchen aus 3-10 Meter Höhe in das Wasser nach Fischen. Der Schnabel wird beim Eintauchen geöffnet, um die überwiegend aus Fischen bestehende Beute aufzunehmen.

Braunpelikane brüten in Kolonien am Boden oder in Bäumen. Das Männchen wählt einen Nistplatz und beginnt dort mit der Balz, die er nur für kurze Zwischenflüge unterbricht, bis sich ein Weibchen gefunden hat. Nach der Paarung am Nistplatz bringt das Männchen dem Weibchen Zweige und anderes Nistmaterial. Das Weibchen legt 2-3 Eier, die von beiden Altvögeln 30 Tage bebrütet werden. In der ersten Lebenswoche erhalten die Jungen vorverdaute Fischnahrung, die die Altvögel im Nest auswürgen. Im Alter von 11-12 Wochen werden die Jungen flügge.

Altvögel äußern unter anderem grunzende und puffende Laute, die Rufe der Jungvögel klingen schreiend und stöhnend.

FAMILIE SULIDAE
TÖLPEL

Tauchende Seevögel mit langem, stromlinienförmigem Körper, langem, kräftigem Schnabel mit gezahnten Schneidekanten und verschlossenen Nasenlöchern, langen, spitzen Flügeln und kurzen Beinen. Gefieder unterseits weiß, oberseits je nach Art verschieden, Füße und Gesicht oft leuchtend gefärbt und je nach Geschlecht variierend. Sie nisten am Boden, auf Klippen oder in Bäumen und legen 1-4 Eier, die 42-55 Tage bebrütet werden. Die Jungen bleiben 14-22 Wochen im oder am Nest. 9 Arten.

Baßtölpel 7

Sula bassana

VERBREITUNG: Ost- und Westküste des Nordatlantik
LEBENSRAUM: Küstengewässer
GRÖSSE: 90 cm

Baßtölpel sind vor allem wegen ihres spektakulären Sturztauchens bekannt, wobei sie sich aus bis zu 40 Meter Höhe mit angewinkelten Flügeln senkrecht ins Wasser stürzen. Durch Makrelen- oder Heringsschwärme können große Trupps angelockt werden. Wie in Trance jagen Baßtölpel dann pausenlos und stürzen sich nach jedem Aufsteigen erneut hinab.

Baßtölpel brüten in riesigen Kolonien, von denen es weltweit etwa 40 mit insgesamt über 200000 Brutpaaren gibt. Sie zeigen eine enge Partner- und Nistplatztreue und vollziehen ausgeprägte Balzrituale, um die Bindung zum Partner und zum Nistplatz zu stärken. In einer Baßtölpelkolonie geht es ausgesprochen lebhaft und laut zu. Da das Vorkommen von Fischen keiner zeitlichen Schwankung unterliegt, findet die Eiablage in jedem Jahr zum selben Zeitpunkt statt. Das ausreichende Angebot an Fischen sorgt dafür, daß die Jungen ohne große Gefahren heranwachsen. Bis sie geschlechtsreif sind und keine braunen Federn im weißen Gefieder mehr tragen, vergehen allerdings vier Jahre. Viele von ihnen sterben auf dem Zug nach Süden.

Guanotölpel 8

Sula variegata

VERBREITUNG: Küsten Perus und N-Chiles
LEBENSRAUM: Küstengewässer
GRÖSSE: 74 cm

Der Guanotölpel gehört (neben Guanokormoran und Braunpelikan) zu den drei häufigen Seevogel-Arten der berühmten Guanoinseln Perus. Seine Hauptnahrung bilden Anchovis, die im kalten Humboldtstrom in großen Schwärmen auftreten und von denen das Überleben der großen Kolonien abhängt. Die Population besteht aus Millionen von Vögeln, die in riesigen Ansammlungen sturztauchend einen unvergeßlichen Anblick bieten. Guano besteht aus steinhart getrocknetem Vogelkot, der sich im Laufe von vielen Jahren ansammelt und eine bis zu 90 Meter dicke Schicht bildet.

Industrielle Überfischung der Sardellenschwärme hat zu einem katastrophalen Rückgang der Peruanischen Seevögel geführt. Hinzu kommt, daß in manchen Jahren mit dem Auftreten des sogenannten El-Niño-Phänomens warme Meeresströmungen in den Humboldtstrom vordringen, die zum Absterben eines Großteils der Meeresfauna führen und unzählige Seevögel verhungern lassen. Früher wuchs die Population nach solchen Jahren schnell wieder an, doch seit der Überfischung erholt sie sich nur noch langsam von solchen Rückschlägen.

Abbott-Tölpel 9

Sula abbotti {B}

VERBREITUNG: O Indischer Ozean
LEBENSRAUM: Offenes Meer
GRÖSSE: 79 cm

Der Abbott-Tölpel ist ein ebenso hübscher wie ungewöhnlicher Vertreter seiner Familie, und noch dazu der seltenste. Er brütet ausschließlich auf Christmas Island, wo er sein Nest auf Bäume unter dem dichten Laubdach des Regenwaldes baut. Die Population zählt weniger als 2000 Brutpaare. Etwa 30 % des Regenwaldes, darunter ein erheblicher Teil des Brutgebiets, wurden durch Phosphatminen zerstört. Heute ist die Insel zum größten Teil als Nationalpark ausgewiesen.

Dem Überleben der Art steht auch ein sehr langwieriger Brutzyklus entgegen. Der Jungvogel wächst in 22 Wochen extrem langsam heran und wird danach noch weitere 33 Wochen im Nistbaum gefüttert. Er ist dadurch auch während der Monsunzeit (von November bis März) an die Insel gebunden und Gefahren wie Stürmen und Hunger ausgesetzt. Wegen der langen Aufzuchtdauer brüten die meisten Altvögel nur alle zwei Jahre, doch legen sie auch Brutpausen ein, was die Reproduktion noch weiter verzögert. Das Jugendkleid des Abbott-Tölpels ähnelt im Gegensatz zu allen anderen Tölpel-Arten dem des adulten Männchens.

Maskentölpel 10

Sula dactylatra

VERBREITUNG: Alle tropischen Ozeane
LEBENSRAUM: Offenes Meer
GRÖSSE: 76-84 cm

Der strahlend weiß gefärbte Maskentölpel jagt auf dem offenen Meer nach Fischen und brütet bevorzugt auf trockenen Inseln. Obwohl er auf hoher See nur stellenweise genügend Nahrung findet, können seine Kolonien aus Tausenden von Brutpaaren bestehen.

Zu den vielfältigen Balzritualen des Maskentölpels gehört das symbolische Bauen eines mit wenigen Zweigen angedeuteten Nests, das ausschließlich der Paarbindung dient. Meist werden zwei Eier gelegt, doch dient das zweite Ei lediglich als Sicherheit für den Fall, daß das erste steril, oder das geschlüpfte Küken nicht lebensfähig sein sollte. Das ältere Küken tötet daher frühzeitig das jüngere, so daß bei Nahrungsmangel keine Konkurrenz besteht.

Rotfußtölpel 11

Sula sula

VERBREITUNG: Alle tropischen Ozeane
LEBENSRAUM: Offenes Meer
GRÖSSE: 71-79 cm

Der Rotfußtölpel ist wahrscheinlich der häufigste Vertreter seiner Familie. Innerhalb seines riesigen Verbreitungsgebiets kommt er in verschiedenen Farbmorphen vor, doch besitzen alle rote Füße. Im Gegensatz zu den meisten anderen Tölpel-Arten nistet er in Bäumen, was ihn möglicherweise vor Störungen durch den Menschen geschützt und zu seinem heutigen vergleichsweise großen Bestand beigetragen hat.

In ihrem tropischen Lebensraum ohne ausgeprägte Jahreszeiten können die Vögel jederzeit brüten, sobald genügend Nahrung vorhanden ist. Nicht selten aber entsteht zu einem späteren Zeitpunkt der Brut Nahrungsmangel, dem dann viele Junge zum Opfer fallen. Sobald die Jungen flugfähig sind, verlassen sie das Brutgebiet und ziehen weit umher, wobei sie Tausende von Kilometern zurücklegen können. Von den Altvögeln sind sie durch den schwarzbraunen Schnabel, purpurfarbene Gesichtshaut und gelbe Beine zu unterscheiden.

Weißbauchtölpel 12

Sula leucogaster

VERBREITUNG: Alle tropischen Ozeane
LEBENSRAUM: Offenes Meer
GRÖSSE: 75-80 cm

Weißbauchtölpel brüten vorwiegend auf Inseln, oft auf Klippen oder an steilen Hängen. Sofern vorhanden, benutzen sie gerne Bäume als Sitzwarte. Häufig brüten sie neben Rotfuß- oder Maskentölpeln, zu denen keinerlei Nahrungskonkurrenz besteht, da sie Fische und Tintenschnecken direkt vor der Küste jagen. Dabei stürzen sie sich nicht senkrecht, sondern in schrägem Winkel ins Wasser. Sie verbringen viel Zeit in der Luft und und balzen teilweise auch im Flug.

Die Brutkolonien sind kleiner und zerstreuter als die der Rotfuß- und Maskentölpel. Während Weißbauchtölpel auf vielen Inseln einmal im Jahr brüten, ist der Brutzyklus der im Atlantik auf Ascension Island brütenden Vögel durch das vermehrte Nahrungsangebot meist kürzer. Zwei Unterarten sind abgebildet: *S. l. plotus* brütet rund um den Indischen Ozean, in Australien und auf einigen pazifischen Inseln, *S. l. brewsteri* im östlichen Pazifik und entlang der Westküste Mexikos.

KORMORANE, SCHLANGENHALSVÖGEL, FREGATTVÖGEL

P. a. albiventor
Falkland-Inseln
Schlichtkleid
P. a. atriceps
Festland
Blauaugenscharbe
Amerikanischer
Schlangenhalsvogel
♂
♀
Galapagosscharbe
Zwergscharbe
Schlichtkleid
juv.
Bindenfregattvogel
♂
♂
♀
Küken im Nest
Weißbauch-Fregattvogel

KORMORANE, SCHLANGENHALSVÖGEL, FREGATTVÖGEL

FAMILIE PHALACROCORACIDAE KORMORANE

Mittelgroße bis große Vögel mit langem Hals, langem, hakenförmigem Schnabel und großen, am Körperende ansetzenden Schwimmfüßen. Tauchen unter Wasser nach Fischen. Gefieder schwarz, bei einigen Arten Kopf und Unterseite weiß. Geschlechter gleich gefärbt. Gelege mit 1-6 hellblauen Eiern im Nest auf Klippen, am Boden oder in Bäumen wird 22-26 Tage bebrütet. 32 Arten.

Ohrenscharbe 1

Phalacrocorax auritus

VERBREITUNG: Nordamerika
LEBENSRAUM: Meeres- und Binnengewässer
GRÖSSE: 74-91 cm

Die Ohrenscharbe brütet in Kolonien von bis zu 3000 Brutpaaren an der Küste und im Binnenland nahe fischreichen Gewässern. Während der Balz führen die Männchen Schwimmtänze vor, bringen den Weibchen Nistmaterial und umwerben sie am Nistplatz. Nach der Verpaarung fallen die Schmuckfedern der doppelten Haube aus. Vögel der östlichen Unterart *P. a. auritus* zeigen einen dunklen, der westlichen Unterart *P. a. albociliatus* einen vorwiegend weißen Scheitel.

Die Jungen werden durchschnittlich sechsmal am Tag gefüttert. Nach vier Wochen verlassen sie das Nest und bleiben in Gruppen zusammen, bis sie im Alter von 5-6 Wochen flugfähig sind.

Kormoran 2

Phalacrocorax carbo

VERBREITUNG: Nordatlantik, Afrika, Eurasien, Australien
LEBENSRAUM: Küsten- und Binnengewässer
GRÖSSE: 80-100 cm

Die Unterarten des Kormorans unterscheiden sich vor allem durch einen unterschiedlichen Weißanteil im Gefieder. *P. c. carbo* brütet im nordatlantischen Raum, *P. c. sinensis* von Südeuropa bis Mittelasien und *P. c. lucidus* südlich der Sahara.

Weil der Kormoran sich von Fischen ernährt, wird er in vielen Regionen bejagt. Seine Tagesration beträgt mit 400-700 Gramm etwa 15 % seines Körpergewichts. Zur Jagd kann er über eine Minute unter Wasser bleiben.

Die an der Küste oder im Binnenland gelegenen Kolonien können bis zu 2000 Brutpaare zählen, meist sind sie jedoch kleiner und liegen oft zerstreut. Das Nest wird an Klippen, am Boden oder in Bäumen gebaut. Balzrituale bestehen aus Flügelzittern, dem Auf- und Zudecken des weißen Flankenflecks und Zurückwerfen des Kopfes.

Kapscharbe 3

Phalacrocorax capensis

VERBREITUNG: Südafrika, Namibia
LEBENSRAUM: Küsten
GRÖSSE: 61-64 cm

Die Kapscharbe ist ein häufiger Brutvogel der Küsten SW-Afrikas, wo sie vom reichen Nahrungsangebot des Benguelastroms profitiert. Ihr Bestand wird auf über eine Million Vögel geschätzt. Sie ist sehr gesellig und jagt auch in größerer Entfernung vor der Küste, häufig in Gesellschaft anderer Vogelarten. Man schätzt sie vor allem wegen ihres Guanos, des als Düngemittel verwendeten steinharten Vogelkots, und stellt sogar zusätzliche künstliche «Guano-Nistplätze» zur Verfügung.

Die Nester der riesigen, bis zu 100000 Vögel zählenden Kolonien, die an Klippen, am Boden oder in Büschen liegen, enthalten in der Regel 2-3 Eier. Obwohl die Brut zeitlich mit einem vermehrten Vorkommen von Sardinen zusammenfällt, kann es wie bei der Guanoscharbe Perus gelegentlich zu Nahrungsengpässen kommen. In solchen Fällen verlassen die Vögel scharenweise ihre Nester. Außerhalb der Brutzeit leben Kapscharben weit über die Küstenregionen verteilt.

Krähenscharbe 4

Phalacrocorax aristotelis

VERBREITUNG: Küsten W- und S-Europas und N-Afrikas
LEBENSRAUM: Meeresküsten
GRÖSSE: 65-80 cm

Im Prachtkleid zeigen Krähenscharben ein schwarzes, grün schillerndes Gefieder, smaragdgrüne Augen und eine lange, nach vorne gerichtete Stirnhaube. Wie alle Kormorane sind Krähenscharben meist stumm, äußern aber gelegentlich grunzende, von Schnalzen begleitete Laute. Sie bevorzugen klare, kalte Küstengewässer und meiden Flußmündungen und Binnengewässer. Zur Nahrungssuche fliegen sie bis zu elf Kilometer weit.

Die Brutkolonien sind kleiner und dünner besiedelt als die anderer Scharben, einige bestehen jedoch aus über 1000 Brutpaaren. Nach der Brut verteilen sich die Vögel entlang der Küsten, nördliche Populationen, wie jene aus N-Norwegen, ziehen mehr als 1000 Kilometer weit nach Süden. Einige Kolonien scheinen sogar immer dieselben Überwinterungsplätze aufzusuchen.

Guanoscharbe 5

Phalacrocorax bougainvillei

VERBREITUNG: Küsten Perus und Chiles
LEBENSRAUM: Meeresküsten
GRÖSSE: 76 cm

Die Guanoscharbe, die wegen ihres wertvollen Guanos als einträglichster Vogel der Welt galt, brütet vor den Küsten Perus in riesigen Kolonien, die pro Insel einst Hunderttausende oder gar Millionen Vögel zählten. Noch heute kommen auf einen Quadratmeter etwa drei Nester, und wenn die zwei bis drei Jungen geschlüpft sind, herrscht ein dichtes Gedränge in den Vogelbergen.

Guanoscharben ernähren sich von Anchovis, die im kalten Humboldtstrom in riesigen Schwärmen vorkommen. Seit der Überfischung der Anchovis hat der Bestand der Vögel dramatisch abgenommen. Schon früher hatte die Art in gewissen Abständen unter erheblichen Brutverlusten zu leiden, wenn hereinbrechende warme Meeresströmungen, das El-Niño-Phänomen, zum Absterben der Fischbestände führten.

Während die Vögel früher die Verluste in den folgenden Brutperioden wieder ausgleichen konnten, sind die Anchovibestände heute so stark zurückgegangen, daß periodische Bruteinbrüche nicht mehr aufgeholt werden können.

Elsterscharbe 6

Phalacrocorax varius

VERBREITUNG: Australien und Neuseeland
LEBENSRAUM: Küsten, Flußmündungen und Binnengewässer
GRÖSSE: 66-84 cm

Obwohl die kontrastreich gefärbte Elsterscharbe nur lückenhaft auf Inseln verbreitet ist, kann sie zuweilen in Trupps von mehreren tausend Vögeln auftreten. Sie brütet am Boden oder in niedrigen Büschen und Bäumen, oft zusammen mit anderen Vogelarten. Die Eiablage kann im Herbst oder Frühjahr stattfinden, doch brüten die Vögel wahrscheinlich nur einmal im Jahr.

Zur Balz gehört das Zurückwerfen des Kopfes, das dessen leuchtende Färbung zur Geltung kommen läßt. Zwei Unterarten sind abgebildet: *P. v. hypoleucos* brütet entlang der W-australischen Küsten und stellenweise im Binnenland, während *P. v. varius* in Neuseeland vorkommt. Altvögel der Unterart *varius* haben statt der orangefarbenen eine gelbe Gesichtshaut.

Buntscharbe 7

Phalacrocorax gaimardi

VERBREITUNG: SW Südamerikas
LEBENSRAUM: Meeresküsten
GRÖSSE: 71-76 cm

Die Buntscharbe ist ein Außenseiter unter den Kormoranen, denn sie bildet keine ausgeprägten Kolonien, kommt nur an der Pazifikküste Südamerikas vor und hat zudem eine zirpende Stimme. Sie ist praktisch auf allen Guanoinseln vertreten, wo sie einzeln oder in mehreren Paaren in Felsenhöhlen brütet. Nur ausnahmsweise nisten die Vögel so zahlreich nebeneinander, daß man von Kolonien sprechen könnte.

Zur Nahrungssuche legen sie weite Strecken zurück, wobei sie meist einzeln oder zu zweit und nur gelegentlich truppweise auftreten. Buntscharben bauen große Nester, für die sie neben Gehäusen von Bohrwürmern auch Seetang verwenden, der das Nest mit dem Boden wie ein Klebstoff fest verbindet.

Blauaugenscharbe 8

Phalacrocorax atriceps

VERBREITUNG: S Südamerikas, subantarktische Inseln, antarktische Halbinsel
LEBENSRAUM: Meeresküsten
GRÖSSE: 72 cm

Die Blauaugenscharbe kommt auf der südlichen Halbkugel in mehreren Unterarten vor, die sich im Weißanteil des Gefieders und in der Färbung des Schnabelhöckers unterscheiden. Allen gemeinsam ist ein blauer Lidring und im Prachtkleid eine nach vorne gerichtete, strähnige Haube. Die Abbildung zeigt die Königsscharbe *P. a. albiventer* und die an den Küsten des südamerikanischen Festlandes brütende Unterart *P. a. atriceps*.

Die Königsscharbe lebt als einziger Vertreter der Kormorane isoliert auf Inseln des Südatlantik. Sie brütet in riesigen Kolonien auf flachen Felsen, nicht selten auch zwischen Pinguinen und Albatrossen. Die Blauaugenscharbe ist dagegen entlang der Küsten Südchiles und Südargentiniens weit verbreitet.

Zwergscharbe 9

Phalacrocorax pygmeus {B}

VERBREITUNG: Eurasien
LEBENSRAUM: Binnengewässer
GRÖSSE: 45-55 cm

Diese kleinste Komroran-Art bevorzugt im Gegensatz zu ihren Verwandten dicht bewachsene Süßgewässer warmer Klimazonen. Sie brütet in Bäumen oder im Schilf und bildet Kolonien, die aus meheren zehn oder hundert Vögeln bestehen können. Nistbäume, die direkt am Wasser stehen, teilt sie häufig mit Reihern und Sichlern. Die Jungvögel verlassen das Nest bereits, bevor sie im Alter von etwa 10 Wochen die Flugfähigkeit erlangen.

Viele Zwergscharben ziehen nach der Brutzeit nach Süden, wo sie auch an Brackwasser- oder Salzseen rasten. In den Winterquartieren können sie in großen Trupps auftreten.

Galapagosscharbe 10

Nannopterum harrisi {B}

VERBREITUNG: Galapagos
LEBENSRAUM: Meeresgewässer nahe der Brutinseln
GRÖSSE: 89 cm

Die Galapagosscharbe kommt nur auf den Inseln Fernandina und Isabela des Galapagos-Archipels mit ingsgesamt etwa 800 Brutpaaren vor. Mit ihren stummelartig zurückgebildeten Flügeln kann sie sich nur laufend und im Wasser fortbewegen. Ihre Nahrung besteht vorwiegend aus Seepolypen, die sie tauchend erbeutet.

In diesem tropischen Lebensraum ist die Brut zu jeder Jahreszeit möglich, doch liegt der Höhepunkt des Brutgeschehens zwischen März und September. Einige der Vögel, die mehrmals im Jahr brüten, wechseln nach der ersten Brut Partner und Nistplatz. Zur Brutablösung wird dem Partner Seetang gebracht, um die Paarbindung aufrechtzuerhalten.

FAMILIE ANHINGIDAE SCHLANGENHALSVÖGEL

Große, süßwasserbewohnende, fischfressende Vögel mit sehr langem, dünnem Hals, kleinem, langem Kopf und dünnem, dolchförmigem Schnabel mit gezahnten Schneidekanten. Schwanz lang mit gewellten äußeren Steuerfedern. Gefieder schwarz, braun, grau und weiß, Weibchen heller gefärbt als Männchen. Baum- oder Schilfnest in Wassernähe mit 2-6 hellgrünen Eiern, die 26-30 Tage bebrütet werden. Die Jungen verlassen nach etwa 5 Wochen das Nest. 4 Arten.

Amerikanischer Schlangenhalsvogel 11

Anhinga anhinga

VERBREITUNG: SO USA bis N Südamerikas
LEBENSRAUM: Brack- und Binnengewässer, gelegentlich an Küsten
GRÖSSE: 86 cm

Alle Schlangenhalsvögel sind wesentlich schlanker als Kormorane und haben einen langen, dünnen Hals und einen dünnen, geraden Schnabel. Beim Schwimmen ragen oft nur der Kopf und der an eine Schlange erinnernde S-förmig geschwungene Hals aus dem Wasser. Sie bewohnen Flüsse, Seen und Lagunen und ernähren sich von Fischen, die sie blitzschnell mit ihren spitzen Schnäbeln durchbohren. Ein spezielles Halsgelenk ermöglicht es ihnen, mit dem Kopf blitzartig auf die Beute zuzustoßen.

Dank ihrer großen, breiten Flügel können sie ausdauernd segeln, und im Streckenflug legen sie regelmäßig Gleitstrecken ein. Während spezieller Balzflüge gleiten sie aus großer Höhe zum Brutplatz hinab. Sie leben zu allen Jahreszeiten gesellig und brüten in Kolonien von manchmal mehreren hundert Vögeln zusammen mit Kormoranen und Reihern.

FAMILIE FREGATIDAE FREGATTVÖGEL

Große Seevögel mit langen Flügeln, tief gegabeltem Schwanz und langem, hakenförmigem Schnabel. Luftbewohner. Männchen im Prachtkleid schwarz mit unterschiedlichem Weißanteil auf der Unterseite und mit leuchtend rotem Kehlsack. Weibchen und Jungvögel vorwiegend dunkelbraun, unterseits stellenweise weiß. Das einzige weiße Ei wird in einem Boden- oder Baumnest 44-55 Tage bebrütet. Die Jungen bleiben 5-6 Monate im Nest und werden bis zu zwölf Monate gefüttert. 5 Arten.

Weißbauch-Fregattvogel 12

Fregata andrewsi {B}

VERBREITUNG: Christmas Island und umgebende Meere
LEBENSRAUM: Ozean
GRÖSSE: 89-102 cm

Der seltene Weißbauch-Fregattvogel brütet ausschließlich auf Christmas Island im östlichen Indischen Ozean. Nach jahrelanger Verfolgung durch den Menschen steht die inzwischen weniger als 1000 Brutpaare zählende Population nun unter strengem Schutz. Weißbauch-Fregattvögel sind Schmarotzer einer anderen endemischen Vogelart, des Abbott-Tölpels. Diese verfolgen sie, um ihnen Fische abzujagen, wobei die Jagd für den Tölpel gelegentlich mit dem Sturz durch das Laubdach des Dschungels und damit tödlich endet.

Wie bei anderen Fregattvögel flanieren die Männchen gruppenweise mit aufgeblähtem rotem Kehlsack an den Weibchen vorbei, zittern dabei mit ausgebreiteten Flügeln und stoßen einen bebenden Balzruf aus. Sobald ein Weibchen Interesse zeigt, läßt es sich neben dem Männchen nieder. Nach der Paarung wird am Balzplatz ein dürftiges Nest aus dünnen Zweigen gebaut.

Bindenfregattvogel 13

Fregata minor

VERBREITUNG: Tropische und subtropische Zonen des Indischen und Pazifischen Ozeans und vor der brasilianischen Küste
LEBENSRAUM: Offenes Meer
GRÖSSE: 86-100 cm

Mit einer maximalen Flügelspanne von über 2 Metern und einem Körpergewicht von höchstens 1,2 Kilogramm besitzen Fregattvögel die größte Flügeloberfläche aller Seevögel von vergleichbarem Gewicht. Sie verbringen die meiste Zeit ihres Lebens in der Luft, lassen sich nur selten auf dem Wasser nieder und picken stattdessen im Flug Nahrung von der Wasseroberfläche auf. Einige, vor allem jüngere Altvögel, jagen anderen Seevögeln die Beute ab. Obwohl ihr Gefieder nicht wasserdicht ist und sie nicht schwimmen können, leben Fregattvögel auf offener See, oft viele hundert Kilometer von der Küste entfernt.

Der Bindenfregattvogel ist wahrscheinlich der häufigste Vertreter seiner Familie. Er brütet auf ozeanischen Inseln in Kolonien von Tausenden von Brutpaaren, oft zusammen mit dem Arielfregattvogel, und baut sein Nest in Bäumen und Büschen.

Die Brutperiode des Bindenfregattvogels gehört zu den längsten unter den Seevögeln. Die Jungen werden erst mit 6 Monaten flügge und sind noch mindestens ein weiteres halbes Jahr auf die Fürsorge der Altvögel angewiesen. Altvögel können daher nur alle zwei Jahre brüten und legen zudem Brutpausen ein. Diese geringe Reproduktionsrate wird durch nichtbrütende Männchen, die Eier, Küken und Nistmaterial rauben, noch weiter verschärft.

REIHER

Nachtreiher
juv.
Weißschopf-
reiher
Nordamerikanische Rohrdommel
♂
Zwergdommel
Kahnschnabel
Rallenreiher
juv.
B. s. rogersi
B. s. virescens
Kuhreiher
B. s. sundevalli
Schlichtkleid
Mangrovereiher

Seidenreiher
Schlichtkleid
Glockenreiher
juv.
Purpurreiher
Schlicht-kleid
Silberreiher
Graureiher
juv.
Goliathreiher
weiße Morphe
Kanadareiher

REIHER

FAMILIE ARDEIDAE
REIHER

Kleine bis große Vögel mit langen Beinen, meist langem Hals und kräftigem, dolchförmigem Schnabel. Männchen bei einigen Arten größer und farbenprächtiger als Weibchen. Nester in Bäumen, Büschen oder im Schilf mit 1-7 Eiern unterschiedlicher Färbung, die 28-55 Tage bebrütet werden. 60 Arten.

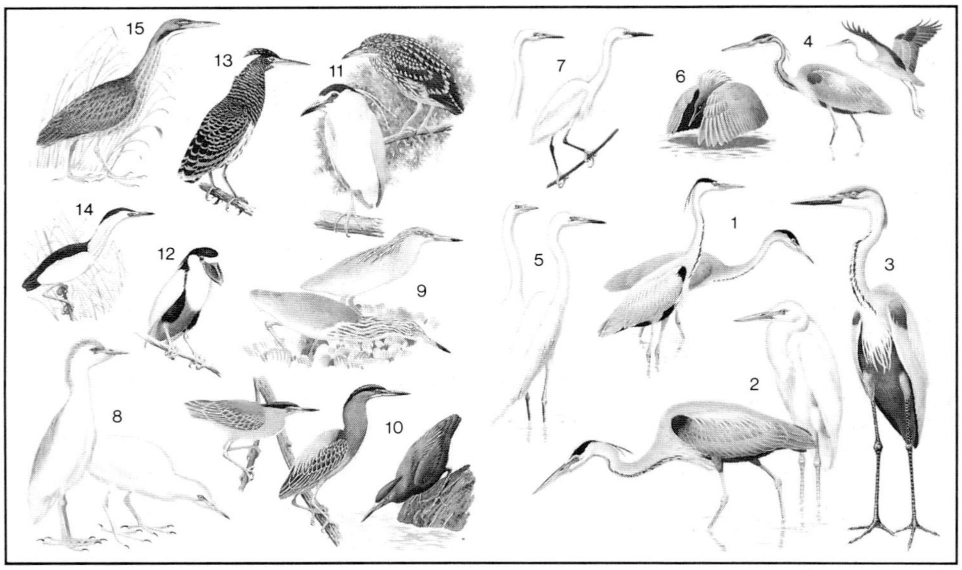

Graureiher 1

Ardea cinerea

VERBREITUNG: In Eurasien und Afrika weit verbreitet
LEBENSRAUM: Flache Süßgewässer, vor allem im Winter auch an Küsten
GRÖSSE: 90-98 cm

Der Graureiher bewohnt Süßgewässer aller Art und ernährt sich von Fischen, Fröschen und kleinen Säugetieren, die er mit seinem dolchförmigen Schnabel erbeutet. Seine Verbreitung reicht wesentlich weiter nach Norden als die aller anderen Reiher-Arten. In strengen Wintern erleiden nördliche Populationen große Verluste, die allerdings recht schnell ausgeglichen werden können.

Graureiher-Kolonien bestehen im Durchschnitt aus maximal 200 Brutpaaren, doch wurden auch Kolonien mit über 1000 Paaren festgestellt. Sie bauen ihr Nest meist in Bäumen bis in 25 Meter Höhe. Gehen die Eier verloren, können Graureiher zwei- bis dreimal ein Nachgelege produzieren.

Kanadareiher 2

Ardea herodias

VERBREITUNG: S-Kanada bis Mittelamerika, Karibik, Galapagos; überwintert vom S der USA bis zum N Südamerikas
LEBENSRAUM: Flußufer, Sümpfe, Moore, Schlammflächen
GRÖSSE: 102-127 cm

Der Kanadareiher ist der größte Reiher Nordamerikas. Vögel der selteneren weißen Morphe kommen an Meeresgewässern Südfloridas und Kubas vor.

Kanadareiher jagen bevorzugt im Wasser nach Fischen, Wirbellosen, Fröschen und kleinen Säugetieren, indem sie ihrer Beute regungslos auflauern oder in gemäßigten Schritten nachstellen, gelegentlich auch rennend, hüpfend und flügelschlagend folgen. Zur Balz gehören das Aufplustern der Schmuckfedern, Zweigschütteln und Schauflüge. Sie brüten kolonieweise meist an entlegenen Stellen und bauen ihre Baumnester bis in 40 Meter Höhe.

Goliathreiher 3

Ardea goliath

VERBREITUNG: S- und O-Afrika, Madagaskar, S-Irak
LEBENSRAUM: Ausgedehnte Flachwasserzonen an Küsten und im Binnenland
GRÖSSE: 135-150 cm

Dieser größte Reiher der Welt kann in tieferen Gewässern jagen als die verwandten Arten. Er ernährt sich vorwiegend von Fischen, die 2-3 kg wiegen können, und frißt gelegentlich auch Lurche. Meist ist er einzeln oder paarweise zu sehen.

Goliathreiher bauen ein Bodennest von bis zu 1 Meter Durchmesser aus Schilfhalmen und Zweigen in Schilf oder niedrigen, im Wasser stehenden Büschen. Sie legen 2-3 hellblaue Eier, die von beiden Altvögeln etwa 4 Wochen bebrütet werden. Die Jungen werden im Alter von 6 Wochen flügge.

Purpurreiher 4

Ardea purpurea

VERBREITUNG: Südliches Eurasien, Afrika
LEBENSRAUM: Süßgewässer mit dichtem Altschilfbestand
GRÖSSE: 78-90 cm

Mit seinen langen Zehen kann der Purpurreiher über Schwimmpflanzen laufen, ohne einzusinken, und auf dichten Büschen sitzen, ohne einzelne Zweige greifen zu müssen. Die langen Zehen unterscheiden ihn von allen anderen Reiher-Arten und dienen im Flug als gutes Bestimmungsmerkmal.

Purpurreiher brüten meist in kleinen Kolonien von bis zu 20 Paaren in dichten Schilf- oder Binsengürteln, selten in kleinen Bäumen der Flachwasserzonen. Aus Schilf und Zweigen errichten sie häufig mehrere Nester, die dem nichtbrütenden Partner und später den halbwüchsigen Jungen als Rastplatz dienen.

Silberreiher 5

Egretta alba

VERBREITUNG: Weltweit, vor allem auf der südlichen Halbkugel
LEBENSRAUM: Süßgewässer aller Art, im Winter auch Küsten
GRÖSSE: 85-102 cm

In der zweiten Hälfte des letzten Jahrhunderts wurde der Silberreiher wegen des steigenden Bedarfs an Federn für die Hutmode stark bejagt. Man schätzt, daß pro Jahr über 200000 Vögel dieser weit verbreiteten Art getötet wurden. Weltweite Empörung gegen das massenhafte Abschlachten der Vögel führte zur Gründung der Royal Society for the Protection of Birds (RSPB) in England und der Audubon Society in Amerika. Heute ist der Silberreiher vor allem durch Entwässerung und Zerstörung der Feuchtgebiete bedroht.

Er brütet in meist kleinen Kolonien und baut sein Nest in kleinen Bäumen oder im Schilf. Das Männchen wählt den Nistplatz aus, grenzt ein Territorium ab und beginnt mit dem Anlegen einer Nestgrundlage aus Zweigen und Halmen, die es als Balzplatz benutzt. Das Nest wird von beiden Altvögeln für die Eiablage fertiggestellt und später weiter ergänzt, bis die Jungen flügge sind.

Glockenreiher 6

Egretta ardesiaca

VERBREITUNG: Afrika S der Sahara und Madagaskar
LEBENSRAUM: Flache Süßgewässer und küstennahe Brackgewässer
GRÖSSE: 44-47 cm

Beim Glockenreiher sind Männchen wie Weibchen einfarbig schiefergrau gefärbt. Er ist im tropischen Afrika an flachen Gewässern weit verbreitet und nistet verstreut in großen Kolonien anderer Reiher.

Der Glockenreiher ist vor allem wegen seiner besonderen Jagdtechnik bekannt. Während er mit gesenktem Kopf und Hals langsam durch das Flachwasser schreitet und die leicht angehobenen, weit geöffneten Flügel nach vorne bis über seinen Kopf streckt, sieht es so aus, als triebe ein kleiner schwarzer Regenschirm auf dem Wasser. Im Schatten der ausgebreiteten Flügel kann er Fische und andere Beutetiere unter Wasser besser wahrnehmen.

Seidenreiher 7

Egretta garzetta

VERBREITUNG: Südliches Eurasien, Afrika und Australasien
LEBENSRAUM: Flache Süßgewässer und Brackwasserlagunen, Flußmündungen und Küsten
GRÖSSE: 55-65 cm

Vor hundert Jahren stand der Seidenreiher in vielen Regionen seines Verbreitungsgebiets vor dem Aussterben. Er wurde wegen seiner 25 cm langen, seidig schimmernden und samtweichen Schmuckfedern des Prachtkleids gejagt, die in der Hutbranche reißenden Absatz fanden. Erst nachdem die Mode sich geändert hatte und Organisationen wie RSPB und Audubon Society öffentlich gegen die Jagd protestiert hatten, konnte sich der Bestand des Seidenreihers erholen.

Er brütet in Kolonien, die aus Hunderten oder Tausenden von Brutpaaren bestehen können, und baut sein Nest in Bäumen. Er kann geschickt über dünnes Geäst klettern, und schon bevor die Jungen flügge werden, verlassen sie das Nest und klettern auf benachbarte Äste.

Kuhreiher 8

Bubulcus ibis

VERBREITUNG: S Eurasiens, Afrika, Australasien, S USA und N Südamerikas
LEBENSRAUM: Süßgewässer, Felder und offene Landschaften
GRÖSSE: 48-53 cm

Das riesige Verbreitungsgebiet des Kuhreihers reicht über sechs Kontinente. In den vergangenen 50 Jahren hat er N- und S-Amerika, Australien und Neuseeland erfolgreich besiedelt, auch wurden einige Vögel in Australien ausgesetzt.

Kuhreiher halten sich bevorzugt in der Nähe von Haus- und Wildtierherden auf, wo sie Heuschrecken, Käfer und Eidechsen erbeuten, die durch die grasende Herde aufgescheucht werden. Daneben fressen sie auch Zecken, Stechmücken und andere Parasiten, die eine Plage für Weidetiere darstellen.

Im Prachtkleid zeigen Kuhreiher lange Schmuckfedern an Kopf, Hals und Rücken und leuchtend rosarote Beine und Schnäbel. Sie brüten in Kolonien, häufig in Gesellschaft anderer Arten und so dicht nebeneinander, daß man in einem Baum über 100 Nester findet.

Rallenreiher 9

Ardeola ralloides

VERBREITUNG: S-Europa, SW-Asien, Afrika
LEBENSRAUM: Sumpfige Süßgewässer, Marschen und Seen
GRÖSSE: 44-47 cm

Der Rallenreiher fällt wegen seiner Tarnfärbung und seiner scheuen Lebensweise in dichter Vegetation kaum auf, denn die weiße Färbung von Flügel, Bürzel und Schwanz wird erst im Flug sichtbar.

Im Prachtkleid trägt er wie viele Reiher-Arten elegante Schmuckfedern an Kopf und Rücken, der im Winter gelblich-grüne Schnabel verfärbt sich zur Brutzeit blau, und die Beine werden rosa. Er brütet in gemischten Kolonien und legt sein Nest aus Zweigen und Schilf in kleinen Bäumen, Büschen oder im Schilf an. Das Gelege umfaßt 3-6 Eier.

Mangrovereiher 10

Butorides striatus

VERBREITUNG: Weltweit Tropen und Subtropen
LEBENSRAUM: Süßgewässer und küstennahe Feuchtgebiete
GRÖSSE: 40-48 cm

Die Färbung des Mangrovereihers unterliegt einer starken geographischen Variation, wie die abgebildeten Unterarten *B. s. sundervalli* von Galapagos, *B. s. rogersi* aus NW-Australien und *B. s. virescens* aus Amerika zeigen. Er lebt sehr versteckt in dichter Vegetation und wird vor allem nachts aktiv. Gelegentlich sucht er jedoch auch tagsüber an Dorfweihern nach Nahrung oder ist auf Booten rastend zu sehen.

Er brütet meist einzeln und baut sein Nest in kleinen Büschen oder Bäumen, deren Äste oft über dem Wasser hängen. Das Nest aus Zweigen ist so dürftig gefertigt, daß man die 2-4 Eier von unten sehen kann.

Nachtreiher 11

Nycticorax nycticorax

VERBREITUNG: Weltweit außer nördliche gemäßigte Klimazonen und Australien
LEBENSRAUM: Salz-, Brack- und Süßgewässer
GRÖSSE: 58-65 cm

Nachtreiher gehen, wie ihr Name bereits andeutet, vor allem abends und nachts auf Nahrungssuche und ernähren sich von Fröschen, Kröten, kleinen Fischen und Krebstieren.

Sie brüten kolonieweise mit bis zu 30 Nestern in einem Baum, gelegentlich auch in gemischten Kolonien, wo sie dennoch unter sich bleiben. Das Männchen beginnt mit dem Bau der dürftigen Zweigunterlage und trägt weitere Ästchen herbei, die das Weibchen einflechtet. Zur Fütterung der Jungen jagen Nachtreiher häufiger auch tagsüber.

Kahnschnabel 12

Cochlearius cochlearius

VERBREITUNG: Mexiko bis Bolivien, N-Argentinien
LEBENSRAUM: See- und Flußufer, Mangroven- und andere Sümpfe mit Gehölzen
GRÖSSE: 45-50 cm

Mit seinem breiten, flachen Schnabel ist der Kahnschnabel vielleicht der ungewöhnlichste Vertreter dieser Familie. Männchen und Weibchen sind gleich gefärbt, Jungvögel unterseits isabell-bräunlich und zeigen noch keinen ausgeprägten Schopf.

Kahnschnäbel sind seßhaft und leben gesellig. Tagsüber rasten sie meist in Mangroven oder anderen schattigen Bäumen, während sie bevorzugt nachts im Flachwasser lauernd oder langsam gehend nach Beute jagen. Gelegentlich schöpfen sie mit ihren Schnäbeln stationär lebende Beutetiere einfach aus dem Wasser. Ihre Nahrung besteht vorwiegend aus Fischen, Garnelen und anderen wirbellosen Wassertieren. Bei der Nahrungssuche geben sie oft ein froschähnliches Quaken von sich.

Weißschopfreiher 13

Tigriornis leucolophus

VERBREITUNG: Tropisches W-Afrika
LEBENSRAUM: Bewaldete Flußufer
GRÖSSE: 60-80 cm

Über diesen äußerst scheuen Vogel ist nur wenig bekannt. Er bewohnt dichte tropische Wälder, brütet wahrscheinlich zu einzelnen Paaren und geht meist nachts auf Nahrungssuche. Sein dumpf hallender Ruf und seine aufrechte Haltung erinnern etwas an eine Rohrdommel.

Die wenigen Nester, die bislang gefunden wurden, befanden sich in Bäumen an Flußufern. Der Zeitpunkt der Eiablage dürfte von den Niederschlägen und vom Wasserstand abhängen. Das Gelege scheint 1-2 weißliche, rotgefleckte Eier zu umfassen.

Zwergdommel 14

Ixobrychus minutus

VERBREITUNG: Teile Europas, W-Asien, Afrika S der Sahara, Australien; europäische Vögel überwintern im tropischen Afrika
LEBENSRAUM: Süßwassersümpfe, Torfmoore, verlassene Tongruben und ähnliche Habitate mit dichter Vegetation und hohem Schilf
GRÖSSE: 27-36 cm

Dieser scheue Vogel fliegt nur ungern auf. Statt dessen erstarrt er bei Störung oft in einer Pfahlstellung, in der die Tarnung der schilfgelb und braun gestrichelten Brust zum Tragen kommt. Im Flug dagegen kontrastieren die grünlichschwarze Färbung von Kopf, Rücken, Schwanz und Schwungfedern zum Cremeweiß von Hals und Flügeldecken.

Zwergdommeln sind vor allem nachts aktiv. Sie klettern bedächtig durch das Schilf oder warten bewegungslos darauf, daß eine Beute sich zeigt. Ihre Nahrung besteht hauptsächlich aus kleinen Fischen, Fröschen, Insekten, Spinnen und Garnelen.

Amerikanische Rohrdommel 15

Botaurus lentiginosus

VERBREITUNG: Zentralkanada bis mittlere USA; überwintert im S der USA, in der Karibik, in Mexiko und Mittelamerika
LEBENSRAUM: Sumpfige Süß- und Salzgewässer, Moore
GRÖSSE: 64 cm

Amerikanische Rohrdommeln zeigen im Flug ein schwarz-braunes Flügelmuster, die ähnlich gefärbten Jungvögel sind an Rücken und Brust kräftiger gestrichelt. Bei Gefahr nehmen sie die für Dommeln typische Pfahlstellung ein, wobei sie sogar wie Schilf im Wind hin und her schwanken.

Der dreisilbige dumpfe Ruf des Männchens dient zur Reviermarkierung und zum Anlocken eines Weibchens. Das flache Nest wird aus Pflanzen gewoben und liegt meist auf einer Bülte oder am Boden zwischen Rohrkolben oder anderen Pflanzen. Durch Entwässerungsmaßnahmen und andere Zerstörungen des Lebensraums geht der Bestand dieser Art im gesamten Verbreitungsgebiet zurück.

SCHATTENVÖGEL, SCHUHSCHNÄBEL, STÖRCHE, IBISSE, FLAMINGOS

Heiliger Ibis
Waldrapp
Schlichtkleid
Sichler
juv.
Scharlachsichler
Rosalöffler
juv.
P. r. roseus
juv.
Löffler
Andenflamingo
Rosaflamingo
Küken wird im Nest gefüttert

SCHATTENVÖGEL, SCHUHSCHNÄBEL, STÖRCHE, IBISSE, FLAMINGOS

FAMILIE SCOPIDAE SCHATTENVÖGEL

Zu dieser Familie gehört nur eine Art.

Hammerkopf 1

Scopus umbretta

VERBREITUNG: S- und Zentralafrika, Madagaskar
LEBENSRAUM: Flache Süßgewässer
GRÖSSE: 50 cm

Die verlängerten Federn am Hinterkopf und der derbe Schnabel verleihen dem Hammerkopf eine merkwürdige Kopfform, die ihm zu seinem Namen verhalf. Hammerköpfe ernähren sich von Fröschen, Fischen und Wirbellosen und bauen ein riesiges, kuppelförmiges Nest, das in der Vogelwelt seinesgleichen sucht. Das 2 m hohe, ebenso breite und 25-60 kg schwere Bauwerk wird aus Ästen, Schilf, Gras und abgestorbenen Pflanzenstengeln in einer Astgabel, auf Klippen oder am Boden errichtet. Abschließend wird das Nest bis auf einen kleinen Eingang mit Schlamm verschlossen und innen mit Wasserpflanzen und trockenem Gras ausgepolstert. Der Nestbau kann sechs Wochen dauern.

Die 3-7 weißlichen Eier werden etwa 30 Tage bebrütet. Die Jungen werden im Alter von etwa 7 Wochen flügge, kehren aber noch weitere 4 Wochen zum Schlafen ins Nest zurück.

FAMILIE BALAENICIPITIDAE SCHUHSCHNÄBEL

Zu dieser Familie gehört nur eine Art.

Schuhschnabel 2

Balaeniceps rex {B}

VERBREITUNG: Sudan, Uganda, Zaire bis Sambia
LEBENSRAUM: Sümpfe
GRÖSSE: 100-120 cm

Der Schuhschnabel erhielt seinen Namen wegen des riesigen, pantinenförmigen Schnabels, den er nach unten hält und sogar auf dem Hals ruhen läßt. Mit den verhältnismäßig großen, weit vorne liegenden Augen besitzt er ein gutes binokulares Sehvermögen.

Der ungewöhnliche Schnabel ist wahrscheinlich eine Anpassung an den großen, schlüpfrigen Lungenfisch, von dem er sich vorwiegend ernährt, doch frißt er auch junge Krokodile, Schildkröten und kleinere Fische. Zur Balz und als Drohgebärde klappert er wie Störche laut und hohlklingend mit dem Schnabel. Die 1-3 weißen Eier werden meist auf Schwimmpflanzen gelegt und etwa 30 Tage bebrütet. Im Alter von 13-14 Tagen verlassen die Jungen das Nest, kehren aber noch eine weitere Woche zur Rast dorthin zurück.

FAMILIE CICONIIDAE STÖRCHE

Große Vögel mit langen Beinen, langem Hals und langem, kräftigem Schnabel. Gefieder vorwiegend schwarz, grau und weiß, Geschlechter gleich gefärbt. Nest mit 3-5 weißen Eiern (1 Ei beim Sattelstorch) auf Bäumen, Klippen oder Gebäuden (Weißstorch). Die Bebrütung dauert 30-50 Tage, im Alter von 7-18 Wochen verlassen die Jungen das Nest. 19 Arten.

Waldstorch 3

Mycteria americana

VERBREITUNG: SO USA, Mexiko, Mittelamerika, W Südamerikas bis N-Argentinien
LEBENSRAUM: Teiche, Sümpfe, Moore, Lagunen
GRÖSSE: 86-102 cm

Waldstörche ernähren sich vorwiegend von Fischen, fressen aber auch Reptilien, Frösche und wirbellose Wassertiere. Mit geöffnetem Schnabel durchkämmen sie seitwärts das Wasser und schnappen zu, sobald sie eine Beute berühren. In den Kolonien können bis zu 25 Nester maximal 30 m hoch in einem Baum stehen. Zuweilen kann man hundert oder mehr Vögel in großer Höhe kreisen sehen, wobei sie wie europäische Störche mit ausgestrecktem Hals fliegen und die Thermik zum Segeln nutzen.

Mohrenklaffschnabel 4

Anastomus lamelligerus

VERBREITUNG: Afrika S der Sahara, Madagaskar
LEBENSRAUM: Sümpfe, Moore, Uferbereiche großer Flüsse und überflutete Flächen
GRÖSSE: 90 cm

Die breite Lücke, die dieser Vogel bei geschlossenem Schnabel zwischen den Schneidekanten zeigt, stellt eine Anpassung an seine Hauptnahrung dar, die aus großen Wasserschnecken besteht. Mit der Schnabelspitze durchtrennt er zunächst die Muskeln der Schnecke, um sie dann aus der Schale zu ziehen. Meist geht er im Flachwasser auf Nahrungssuche, doch nutzt er gelegentlich auch den Rükken schwimmenden Flußpferde als Sitzwarte.

Schwarzstorch 5

Ciconia nigra

VERBREITUNG: Gemäßigte und S Zonen Europas, Südafrika
LEBENSRAUM: Waldsümpfe, auch offene, trockenere Landschaften
GRÖSSE: 95-100 cm

Die meisten Schwarzstörche bewohnen dichte, feuchte Wälder mit vielen Bächen und Teichen. Sie bauen ihre Nester aus Zweigen, Erde und Gras in großen Bäumen. Andere Populationen brüten dagegen in offenen und wesentlich trockeneren Landschaften bis in 2000 m Höhe und bauen ihre Nester auf Felsvorsprüngen oder gar in Höhlen. Unabhängig vom Bruthabitat vermeiden Schwarzstörche ganz im Gegensatz zum Weißstorch jeglichen Kontakt mit Menschen.

Weißstorch 6

Ciconia ciconia

VERBREITUNG: Gemäßigtes und S Europa, N-Afrika, S- und O-Asien; überwintert in Afrika, Indien und Südasien
LEBENSRAUM: Offene Niederungen und Feuchtflächen, meist in der Nähe von Häusern
GRÖSSE: 100-115 cm

Trotz vieler Schutzmaßnahmen geht der Bestand des Weißstorchs in Europa durch Entwässerung von Feuchtflächen und Pestizideinsatz auf Feldern drastisch zurück.

Während Weißstörche eigentlich auf Bäumen und Felsklippen brüten, bauen sie in vielen Regionen, vor allem in Europa, ihre Nester auf Hausdächern. Ausgiebiges Schnabelklappern gehört ebenso zur Balz wie zur Begrüßung des Partners bei der Brutablösung.

Marabu 7

Leptoptilos crumeniferus

VERBREITUNG: Tropen und Subtropen Afrikas
LEBENSRAUM: Große Feuchtgebiete und offene Landschaften
GRÖSSE: 150 cm

Adulte Marabus besitzen einen großen, aus mehreren Luftsäcken bestehenden Kehlsack, der mit den Nasenlöchern in Verbindung steht und über sie aufgebläht werden kann. Entgegen früheren Annahmen dient er nicht als Nahrungsdepot, sondern als Balzsignal.

Marabus ernähren sich hauptsächlich von Aas und erscheinen häufig an von Löwen hinterlassenen Kadavern oder an Müllplätzen. Regelmäßig besuchen sie auch Flamingo-Kolonien, wo sie Eier und Jungvögel rauben.

FAMILIE THRESKIORNITHIDAE IBISSE

Große Vögel mit langen Beinen, langem, dünnem, abwärts gebogenem (Ibisse), oder spatelförmigem (Löffler) Schnabel. Gefieder vorwiegend schwarz, braun oder weiß, auch rot oder rosa. Geschlechter gleich gefärbt. Nest aus Zweigen in Bäumen, Schilf oder auf Klippen mit 2-5 weißen oder blauen Eiern, die etwa 21 Tage bebrütet werden. Die Jungen verlassen im Alter von 14-21 Tagen das Nest und werden bis zum Alter von 5-11 Wochen gefüttert. 31 Arten.

Heiliger Ibis 8

Threskiornis aethiopica

VERBREITUNG: Afrika S der Sahara, Madagaskar, Irak
LEBENSRAUM: Flache Binnen- und Küstengewässer
GRÖSSE: 65-75 cm

In Ägypten, wo man den Heiligen Ibis einst verehrte, auf zahlreichen Waldgemälden und in Hieroglyphen verewigte und mumifiziert bestattete, ist diese Art inzwischen ausgestorben. In einem einzigen Grabmal hat man über 1,5 Millionen Vögel gefunden.

Im Flug zeigt der Heilige Ibis an den Brustseiten und auf dem Unterflügel leuchtend rote nackte Hautstellen, die zum schwarzweißen Gefieder kontrastieren. Kopf und Hals sind bis zum Alter von zwei Jahren weiß befiedert und schwarz gefleckt, bei Altvögeln dagegen schwarz und völlig unbefiedert.

Waldrapp 9

Geronticus eremita {B}

VERBREITUNG: NW-Afrika und Arabien
LEBENSRAUM: Berg- und Halbwüsten, auch feuchtes Hochland und Felder
GRÖSSE: 71-79 cm

Der einst auch in Südeuropa und im Mittleren Osten verbreitete Waldrapp ist heute vom Aussterben bedroht und brütet nur noch in Marokko. Die Ursachen für seinen Rückgang sind noch ungeklärt, doch scheint er sich an Veränderungen des Nahrungsangebots wie auch möglicherweise des Klimas nicht anpassen zu können. So sterben während der Trokkenzeiten zahlreiche Jungvögel. Die wenigen noch existierenden Kolonien liegen auf Felsklippen steiler Talhänge. Das Nest wird aus Zweigen, Gras und Stroh gebaut und oft mit Papierfetzen geschmückt.

Scharlachsichler 10

Eudocimus ruber

VERBREITUNG: Venezuela, Kolumbien, Küsten Guyanas und Brasiliens, Trinidad
LEBENSRAUM: Küstennahe Feuchtgebiete, Mangrovensümpfe, Lagunen, Flußmündungen, Schlammflächen
GRÖSSE: 61 cm

Scharlachsichler leben sehr gesellig und halten sich häufig zusammen mit verschiedenen Reihern auf. In eindrucksvollen Trupps fliegen sie in der Dämmerung zu ihrem Schlafplatz in Mangrovendickichten. In einigen Regionen, wo neben Scharlachsichlern auch Schneesichler *E. albus* brüten, kommt es zu Hybridisierungen.

Scharlachsichler ernähren sich von Krabben, Mollusken und anderen Wirbellosen, doch fressen sie auch Fische, Frösche und Insekten. Sie brüten in Kolonien und bauen ihre Nester aus Zweigen und Ästen.

Sichler 11

Plegadis falcinellus

VERBREITUNG: Weit, aber zerstreut verbreitet in Amerika, Afrika, S-Eurasien und Australasien
LEBENSRAUM: Flache Süßgewässer und küstennahe Feuchtgebiete
GRÖSSE: 56-66 cm

Das kastanienbraun und schwarz gefärbte Gefieder des Sichlers schillert in der Sonne purpurfarben und grün. Er brütet in Kolonien von zuweilen Tausenden von Brutpaaren, meist zusammen mit Reihern. Auf Störungen reagieren Sichler wesentlich empfindlicher als Reiher, weshalb ihr Bestand in vielen Regionen zurückgegangen ist. Außerhalb der Brutzeit suchen sie truppweise im Flachwasser und auf Feldern nach Nahrung, oft rasten sie auf Bäumen der Uferzonen in Gesellschaft von Reihern.

Löffler 12

Platalea leucorodia

VERBREITUNG: Gemäßigtes und S Eurasien, Indien, tropisches W- und NO-Afrika
LEBENSRAUM: Flache Süß-, Brack- Salzgewässer
GRÖSSE: 79-89 cm

Mit dem löffelartig verbreiterten Schnabel durchseihen diese Vögel in seitwärts gerichteten Bewegungen Flachwasser nach Krebsen und anderen Wassertierchen. Häufig bilden sie Nahrungstrupps, die in einer Reihe das Wasser durchkämmen und so aufgeschreckte Kleinlebewesen jeweils dem Nachbarn zutreiben.

Löffler reagieren empfindsam auf Störungen, was, zusammen mit Entwässerung und Verschmutzung der Feuchtgebiete, in vielen Regionen zu einem Rückgang des Bestands geführt hat

Rosalöffler 13

Ajaja ajaja

VERBREITUNG: SO USA, Mittelamerika, Kolumbien, Ecuador, O-Peru, Bolivien, N-Argentinien
LEBENSRAUM: Sümpfe, Lagunen, Mangroven, Schlammflächen
GRÖSSE: 81 cm

Die apart rosa und weiß gefärbten Rosalöffler leben gesellig und treten meist in kleinen Trupps auf Wie der Löffler durchseihen sie Flachwasser nach kleinen Wassertieren. Sie ernähren sich von kleinen Fischen, Krebstieren und anderen Wirbellosen, fressen aber auch Pflanzen. In den USA wurden sie vor allem wegen ihrer Federn verfolgt, die in der Hutbranche Verwendung fanden. Obwohl der Bestand des Rosalöfflers durch Zerstörung der Feuchtgebiete lokal zurückgeht, hat sich seine Verbreitung in südlich-zentralen Regionen der USA in den letzten Jahren ausgedehnt.

Rosalöffler leben monogam. Sie brüten in kleinen Kolonien, oft mit verschiedenen Reiher-Arten zusammen, und bauen ihr Nest aus Zweigen in Büschen, Bäumen oder im Schilf, gelegentlich auch am Boden. Zur Balz gehören das Übergeben von Zweigen, Schnabelklappern und Balzflüge.

FAMILIE PHOENICOPTERIDAE FLAMINGOS

Große Wasservögel mit sehr langen Beinen, langem Hals und rot, rosa und weiß gefärbtem Gefieder. Geschlechter gleich gefärbt. Als Nest dient ein kleiner Schlammkegel, auf dem 1-2 weiße Eier etwa 28 Tage bebrütet werden. Die Jungen verlassen nach 5-8 Tagen das Nest und werden noch weitere 4 Wochen gefüttert. 5 Arten.

Rosaflamingo 14

Phoenicopterus ruber

VERBREITUNG: S-Europa, SW-Asien, O-, W- und N-Afrika, Westindische Inseln, Mittelamerika, Galapagos
LEBENSRAUM: Salz- oder Alkaliseen, Lagunen und Flußdeltas
GRÖSSE: 125-145 cm

Mit extrem langen Beinen und einer ungewöhnlichen Schnabelform hat sich der Flamingo an seine Nahrung besonders angepaßt. In hin- und herschwenkenden Bewegungen durchkämmt er den Schlammboden nach Krebstieren, die an den lamellenbesetzten Schneidekanten des Schnabels durch Herauspressen des Wassers mit Hilfe der Zunge hängenbleiben. Durch die langen Beine und den langen Hals kann er in tieferem Wasser nach Nahrung suchen und so Konkurrenz mit anderen Arten vermeiden.

Von den zwei Unterarten brütet *P. r. ruber*, am tiefroten Gefieder und dem orange-rot und schwarz gefärbten Schnabel erkennbar, auf den Karibischen Inseln, an den Küsten des umliegendes Festlands und isoliert davon auf Galapagos, während *P. r. roseus* nur in der Alten Welt vorkommt und sich durch ein helleres Gefieder und den rosa und schwarz gezeichneten Schnabel unterscheidet.

Andenflamingo 15

Pheonicopterus andinus {B}

VERBREITUNG: Anden Perus, Bolivien, Chile und Argentinien oberhalb 2500 m Höhe
LEBENSRAUM: Salzseen
GRÖSSE: 102 cm

Der Bestand des Andenflamingos hat in den letzten Jahren abgenommen. Heute gehört er mit wahrscheinlich weniger als 50000 Vögeln zu den seltenen Flamingo-Arten. Wie alle Vertreter dieser Familie fliegt er mit ausgestrecktem Hals und äußert ein gänseähnliches Trompeten.

Während des Brütens bessern die Altvögel regelmäßig das aus einem Erdhügel bestehende Nest aus. Das einzige Junge, mit weißem Dunenkleid und noch geradem Schnabel, wird von den Altvögeln mit einer Kropfmilch gefüttert, die Fett, Protein, Kohlehydrate, Blutzellen und rote Pigmente enthält. Dieser rote Farbstoff, der die rosa Färbung des Gefieders hervorruft, wird von den Vögeln über die Nahrung aufgenommen. Sobald die Jungen laufen können, bilden sie «Kindergruppen» und werden von den Altvögeln abwechselnd betreut.

WEHRVÖGEL, SCHWÄNE, GÄNSE UND VERWANDTE

Magellangans
C. p. leucoptera
♂
♀
C. p. picta
weiße Morphe
C. p. picta
♂ gebänderte
Morphe
Spaltfußgans ♀ ein Küken fütternd
A. c. atlanticus
weiße Morphe
A. c. caerulescens
blaue Morphe
Schneegans
Hawaigans
Rothalsgans
B. c. minima
Nilgans
B. c. canadensis
Kanadagans

WEHRVÖGEL, SCHWÄNE, GÄNSE UND VERWANDTE

FAMILIE ANHIMIDAE WEHRVÖGEL

Große, gänseähnliche Wasservögel mit kurzem Hakenschnabel und langen Zehen mit partiellen Spannhäuten. Gefieder vorwiegend schwarz, grau und braun, Geschlechter gleich gefärbt. Die trompetenden Rufe sind bis 3 km weit zu hören. 2-7 weißliche Eier werden in wassernahem Bodennest 40-45 Tage bebrütet. Bald nach dem Schlüpfen verlassen die Jungen das Nest und suchen selbständig nach Nahrung. 3 Arten.

Halsbandtschaja 1

Chauna torquata

Verbreitung: S-Brasilien, Uruguay und N-Argentinien
Lebensraum: Feuchtgebiete in offenem Gras- und Waldland
Grösse: 85-95 cm

Der Halsbantschaja besitzt einen kurzen, abwärts gebogenen Schnabel, lange, kräftige Beine und lange Zehen mit schwach entwickelten Schwimmhäuten. Aus dem Flügelbug ragen jeweils zwei scharfe, knochige Sporne, die bei Rivalenkämpfen oder zur Vertreibung von Feinden, darunter auch Jagdhunden, eingesetzt werden. Wehrvögel segeln oft in großer Höhe fast außer Sichtweite.

Das große Nest wird nahe am Flachwasser aus Pflanzenmaterial gebaut. Die Jungen werden im Alter von 60-75 Tagen flugfähig.

FAMILIE ANATIDAE SCHWÄNE, GÄNSE UND ENTEN

Mittelgroße bis große Wasservögel mit meist plumpem Körper, Schwimmfüßen und abgeflachtem Schnabel. Gefieder sehr unterschiedlich, oft farbenprächtig, bei vielen Arten Männchen bunter als Weibchen. Als Nest dient meist eine Pflanzengrundlage, einige Arten brüten in Halb- oder Erdhöhlen. 4-14 einfarbig helle Eier werden 18-39 Tage bebrütet. Bald nach dem Schlüpfen verlassen die Jungen das Nest und suchen selbständig nach Nahrung. 147 Arten.

Spaltfußgans 2

Anseranas semipalmata

Verbreitung: N-Australien und S-Neuguinea
Lebensraum: Überwachsene Sümpfe und Lagunen und angrenzende Äcker
Grösse: 75-85 cm

Mit ihrem langen Hals, den langen Beinen und dem leuchtend schwarzweißen Gefieder gehört die Spaltfußgans zu den auffälligsten Wasservögeln. Ihre Zehen sind nur teilweise mit Spannhäuten verbunden. Männchen sind an verlängerten Scheitelfedern zu erkennen.

Spaltfußgänse ernähren sich von Wasserpflanzen und Samen. Schäden, die sie in Nordaustralien durch Abfressen und Zertrampeln von Reisfeldern anrichteten, konnten durch sorgfältige Regulierung des Wasserstands verringert werden.

Als Nest dient eine Pflanzengrundlage, die im Flachwasser festgestampft und hügelförmig erweitert wird. Im Gegensatz zu anderen Wasservögeln werden die Jungen gefüttert.

Witwenpfeifgans 3

Dendrocygna viduata

Verbreitung: Tropisches S-Amerika, Afrika S der Sahara, Madagaskar und Komoren
Lebensraum: Flüsse, Seen, Sümpfe, Moore
Grösse: 43-48 cm

Wie alle Pfeifgänse zeigt die Witwenpfeifgans einen langen Hals, lange Beinen und eine aufrechte Körperhaltung. Sie besitzt breite Flügel, fliegt mit kräftigen Flügelschlägen, ist ein guter Schwimmer und ernährt sich von Samen und wirbellosen Tieren, die sie gründelnd frißt.

Beide Partner betreiben ausgiebige gegenseitige Gefiederpflege, wobei sie sanft an Kopf und Hals des anderen knabbern. Damit stärken sie nicht nur die Paarbindung, sondern befreien solche unzugänglichen Gefiederpartien möglicherweise auch von Parasiten. Sie nisten zumeist in hoher Vegetation, gelegentlich auch auf Astgabeln kleiner Bäume.

Höckerschwan 4

Cygnus olor

Verbreitung: Gemäßigte Zonen Eurasiens; gebietsweise in N- und S-Amerika und in Australien eingeführt
Lebensraum: Süßwasserseen und Moorgewässer des Flachlands, Küstenlagunen und Flußmündungen
Grösse: 125-155 cm

Von unseren Parkgewässern ist der Höckerschwan jedermann vertraut. Wildlebende Populationen sind in Mitteleuropa und Asien in großen Trupps an Küsten und Flußmündungen zu finden. Er gibt schnarchende und zischende Laute von sich und erzeugt im Flug ein lautes Flügelgeräusch.

Vor allem zur Brutzeit zeigen Männchen einen größeren Schnabelhöcker als Weibchen. Das aus Pflanzen errichtete Nest und das Territorium werden vom Brutpaar vehement verteidigt. In einigen Gebieten brüten sie jedoch kolonieweise mit einem Nestabstand von nur einem Meter.

Schwarzschwan 5

Cygnus atratus

Verbreitung: Australien; in Neuseeland eingeführt
Lebensraum: Große Süßgewässer, Brackwasserseen und Lagunen, auch Flußmündungen und Meeresbuchten
Grösse: 115-140 cm

Der Schwarzschwan lebt sehr gesellig und kann Trupps von bis zu 50000 Vögeln bilden. In den aus mehreren hundert Brutpaaren bestehenden Kolonien liegen die Nester gerade außerhalb des Pickabstands. Wie viele Wasservögel Australiens kann er bei Trockenheit eine Brut auslassen, oder bei plötzlichen Regenfällen und Überschwemmungen schnell mit der Eiablage beginnen. Bei solchen Klimaschwankungen wurden auch weite Wanderungen des Schwarzschwans beobachtet.

Das Nest wird aus Pflanzen im Flachwasser gebaut und kann an der Basis einen Meter Durchmesser betragen. Die 5-6 hellgrünen Eier werden bis zu 40 Tage von beiden Altvögeln bebrütet, bei den meisten anderen Wasservögeln dagegen ausschließlich vom Weibchen.

Zwergschwan 6

Cygnus columbianus

Verbreitung: Brütet in arktischen Zonen N-Amerikas und der Sowjetunion; überwintert in gemäßigten Klimazonen
Lebensraum: Brütet in feuchten Tundrazonen; überwintert in Feuchtgebieten und an Flußmündungen
Grösse: 120-150 cm

Von den drei Unterarten des Zwergschwans sind die nordamerikanische Form *C. c. columbianus* und die eurasische *C. c. bewickii* abgebildet. Die Ausdehnung der gelben Schnabelpartie verläuft unterschiedlich und ermöglicht sogar das Wiedererkennen von Individuen.

Die meisten Zwergschwäne suchen jeden Winter dasselbe Überwinterungsgebiet auf und zeigen eine starke Partnertreue. Das auf feuchtem Tundraboden gebaute Nest enthält 3-5 Eier. Die Jungen ziehen mit den Altvögeln in das Überwinterungsgebiet und bleiben mit ihnen den ersten Winter über zusammen.

Bläßgans 7

Anser albifrons

VERBREITUNG: Zirkumpolar in der Arktis; überwintert in gemäßigten Klimazonen
LEBENSRAUM: Brütet in der Tundra; überwintert in offenen Feuchtgebieten und auf Ackerland
GRÖSSE: 66-86 cm

Wegen ihrer hohen Rufe wird die Bläßgans in einigen europäischen Sprachen «Lachgans» genannt. Sie lebt gesellig und bildet im Überwinterungsgebiet Trupps von mehreren tausend Vögeln, in der Tundra brütet sie jedoch weit zerstreut. Von den vier oder fünf Unterarten, die sich anhand der Färbung von Schnabel und Gefieder unterscheiden lassen, sind die im arktischen Sibirien brütende Unterart A. a. albifrons und die im westlichen Grönland beheimatete *A. a. flavirostris* abgebildet.

Als Nest dient eine flache Bodenmulde, die zur Tarnung und Wärmeisolierung der 4-7 Eier mit Dunenfedern aus der Brust des Weibchens ausgekleidet wird. Die Jungen lernen bald nach dem Schlüpfen, Gras und andere Tundrapflanzen zu fressen, die zusammen mit diversen Feldfrüchten ihre Hauptnahrung ausmachen.

Graugans 8

Anser anser

VERBREITUNG: Vorwiegend gemäßigte Zonen Eurasiens
LEBENSRAUM: Feuchtgebiete und offene Süßgewässer; überwintert gern auf Ackerland
GRÖSSE: 75-90 cm

Die früher in ganz Westeuropa weit verbreitete Graugans ist durch Entwässerung und Bejagung in ihrem Bestand stark zurückgegangen. Einige der Populationen erholen sich inzwischen wieder, und an manchen Überwinterungsplätzen finden sich Zehntausende von Vögeln ein. Man unterscheidet zwei Unterarten, die an der Schnabelfärbung zu erkennen sind und deren Verbreitungsgebiete sich in Osteuropa und der westlichen Sowjetunion überschneiden: die europäische Unterart *A. a. anser* mit orangefarbenem und die asiatische *A. a. rubrirostris* mit rosafarbenem Schnabel.

Schneegans 9

Anser caerulescens

VERBREITUNG: Arktische Zonen N-Amerikas; überwintert an beiden N-amerikanischen Küsten S bis zum Golf von Mexiko
LEBENSRAUM: Brütet in arktischer Tundra; überwintert auf Süßgewässern, Salzwiesen und auf Ackerland
GRÖSSE: 65-84 cm

Fliegende Schneegänse, in Trupps von Zehntausenden einem glitzernden Schneegestöber gleich und mit beim Landen aufblitzenden schwarzen Flügelspitzen, bieten einen Anblick, der in der Vogelwelt seinesgleichen sucht. Die zwei Unterarten *A. c. atlanticus* und *A. c. caerulescens* unterscheiden sich hauptsächlich in der Größe, doch kommt die letztere in einer weißen und einer dunkelgrauen, der sogenannten blauen Farbmorphe vor.

Schneegänse brüten in großen Kolonien in der arktischen Tundra. Im Winter ziehen sie nach Süden, wobei einige bis zu 3500 km oder mehr im Non-Stop-Flug zurücklegen, um den Golf von Mexiko zu erreichen, wo abgeerntete Reisfelder ein reiches Nahrungsangebot bieten.

Hawaiigans 10

Branta sandvicensis {B}

VERBREITUNG: Nur auf den Hawaii-Inseln
LEBENSRAUM: Spärlich bewachsene Vulkanhänge
GRÖSSE: 56-71 cm

Von der einst großen Population der Hawaiigans, auch als «Nene» bekannt, die Ende des vergangenen Jahrhunderts noch schätzungsweise 25000 Vögel zählte, waren 1952 gerade noch 30 Vögel übriggeblieben. Durch Aufzuchtprogramme auf Hawaii und in England konnten inzwischen über 1000 Vögel wieder ausgesetzt werden. 1976 zählte die wildlebende Population etwa 750 Individuen.

Da es auf Hawaii nur wenige Stillgewässer gibt und die Hawaiigans sich vorwiegend auf festem Boden aufhält, sind ihre Zehen nur mit Spannhäuten versehen. Als Nest dient eine einfache Bodenmulde, die meist im Schutz von Felsen oder Pflanzenbüscheln liegt.

Kanadagans 11

Branta canadensis

VERBREITUNG: Arktische und gemäßigte Zonen N-Amerikas; in Europa und Neuseeland eingeführt
LEBENSRAUM: Feuchtgebiete des Flachlands
GRÖSSE: 55-110 cm

Von der Kanadagans werden 10-12 Unterarten nach geographischer Verbreitung, Größe und Färbung unterschieden. Die kleinsten Unterarten, darunter die in Westalaska beheimatete *B. c. minima*, brüten in der arktischen Zone, während die größeren Unterarten, wie die im östlichen Kanada vorkommende *B. c. canadensis*, weiter südlich brüten. In den letzten Jahrzehnten haben große Kanadagänse erfolgreich Stadtteiche besiedelt und ihre Scheu vor dem Menschen verloren. In England und Skandinavien eingeführte Vögel der Unterart *B. c. canadensis* brüten dort inzwischen an Kiesgruben und anderen Gewässern.

Rothalsgans 12

Branta ruficollis {B}

VERBREITUNG: Brütet in der sibirischen Arktis; überwintert am Schwarzen und Kaspischen Meer und am Aralsee
LEBENSRAUM: Brütet in der Tundra; überwintert auf offenem, an große Feuchtgebiete grenzendem Ackerland
GRÖSSE: 53-55 cm

Die sehr seltene und relativ auffällig gezeichnete Rothalsgans lebt in bemerkenswerter Gemeinschaft mit verschiedenen Greifvögeln. Sie brütet in der arktischen Tundra in kleinen Gruppen von bis zu fünf Paaren in direkter Umgebung der Nistplätze von Wanderfalken, Rauhfußbussarden und gelegentlich Großmöwen. Indem diese wehrhaften Vögel ihr Territorium gegen Eindringlinge wie andere Großmöwen und Eisfüchse verteidigen, bieten sie gleichzeitig Schutz für die in ihrer Umgebung brütenden Gänse.

Affengans 13

Stictonetta naevosa {B}

VERBREITUNG: Australien
LEBENSRAUM: Offene Süßgewässer, Brackwasserseen und Sümpfe
GRÖSSE: 50-55 cm

Wie viele Wasservögel Australiens sind auch Affengänse an starke klimatische Schwankungen angepaßt. Wenn im Südosten und Südwesten, ihrem Hauptverbreitungsgebiet, starke Trockenheit herrscht, unternehmen sie weite Wanderungen und lassen sich an einem beliebigen Gewässer nieder, um unverzüglich mit der Brut zu beginnen. Sobald die Bedingungen in ihrem angestammten Brutgebiet besser werden, kehren sie dorthin zurück, bis erneute Dürre sie zur Wanderschaft zwingt. Das Nest wird nahe am Wasser gebaut und oft an Zweigen und Ästen überfluteter Büsche befestigt.

Magellangans 14

Chloephaga picta

VERBREITUNG: S Südamerika und Falklandinseln
LEBENSRAUM: Grasland und Feuchtgebiete
GRÖSSE: 60-65 cm

Wie grasende Gänse bei uns, so ist auch die Magellangans bei südamerikanischen Schafzüchtern ausgesprochen unbeliebt. Auf Vögel und Eier wurden Prämien ausgesetzt, doch obwohl zahlreiche Vögel getötet werden, ist die Art bislang wegen ihres ausgedehnten Lebensraums und der dünnen menschlichen Besiedlung nicht ernsthaft bedroht. Einige Populationen stehen unter starkem Jagddruck, während andere völlig unbehelligt bleiben.

Das weiß und grau gezeichnete Männchen äußert während der Balz pfeifende Rufe, auf die das rostrot und graubraun gefärbte Weibchen mit einem tieferen Schnattern antwortet. Die Abbildung zeigt die beiden Unterarten *C. p. picta*, die etwas kleiner ist und in einer unterseits weißen und einer gebänderten Farbmophe vorkommt, und *C. p. leucoptera.*

Nilgans 15

Alopochon aegyptiacus

VERBREITUNG: Niltal und Afrika S der Sahara
LEBENSRAUM: Tropische und subtropische Feuchtgebiete
GRÖSSE: 63-73 cm

Die große, sehr aufrecht gehende Nilgans kommt in zwei Morphen vor, die sich durch eine graubraune und eine rotbraune Oberseite unterscheiden. Ihre Nistplätze sind ausgesprochen vielfältig: Einige Vögel brüten am Boden, oft im Schutz von Büschen oder Grasbülten, andere unter Felsvorsprüngen oder alten Gebäuden, und auch verlassene, hoch angelegte Baumnester anderer Arten werden von ihr belegt.

Das aus 5-8 Eiern bestehende Gelege wird vom Weibchen etwa 28 Tage bebrütet. Die Dunenjungen, die in hoch angelegten Nestern schlüpfen, müssen aus großer Höhe herabspringen. Dabei werden sie von den am Boden wartenden Altvögeln mit Rufen gelockt, bis sie den Sturz in die Tiefe wagen.

HALBGÄNSE, DAMPFSCHIFFENTEN, SPORNGÄNSE, GRÜNDELENTEN

Nordamerikanische Pfeifente
♀
♂
Afrikanische Zwergente
♂
♀
Dunkelente
♂
Spießente
♂
♀
Brandgans
juv.
♀
♂
P. g. gambensis
♀
Sporngans
Magellan-
Dampfschiffente
juv.

HALBGÄNSE, DAMPFSCHIFFENTEN, SPORNGÄNSE, GRÜNDELENTEN

Brandgans 1

Tadorna tadorna

VERBREITUNG: Gemäßigte Zonen Eurasiens; überwintert S bis Nordafrika, Indien, China und Japan
LEBENSRAUM: Flache Küstengewässer, Flußmündungen
GRÖSSE: 58-67 cm

Die fast gänsegroßen Brandgänse ernähren sich von Mollusken, Krebstierchen und anderen Wirbellosen, die sie im Flachwasser aus weichem Schlamm- und Sandboden filtern. Im Frühjahr bilden sie Trupps, in denen die Männchen hochgereckt und den Kopf zurückwerfend mit melodischen Pfeifrufen Weibchen umwerben. Streitigkeiten mit Nachbarn enden oft in wütenden Verfolgungsflügen.

Brandgänse nisten meist in Erd- oder Baumhöhlen, aber auch unter Gebäuden oder in Strohgebinden. Oft bilden die Jungen mehrerer Paare «Kindergruppen», die von wenigen Altvögeln betreut werden, während die anderen bereits in die Mausergebiete ziehen. Ein Großteil der Population Nordwest-Europas mausert vor der deutschen Nordseeküste im Wattenmeer.

Magellan-Dampfschiffente 2

Tachyeres pteneres

VERBREITUNG: Südspitze Südamerikas
LEBENSRAUM: Fels- und Steinküsten mit vorgelagertem Riementangvorkommen
GRÖSSE: 61-84 cm

Die plumpe Gestalt der Magellan-Dampfschiffente wird durch den großen Kopf und Schnabel noch betont. Sie ist flugunfähig und entkommt ihren Angreifern, indem sie heftig mit den stummelartigen Flügeln schlagend über das Wasser planscht, was ihr den ungewöhnlichen Namen eintrug. Vor allem die Männchen setzen die Flügel, die am Bug mit einem Knochenwulst verstärkt sind, auch bei Rivalenkämpfen ein.

Dampfschiffenten ernähren sich ausschließlich von wirbellosen Wassertieren, vor allem Muscheln und Krebsen, die sie zwischen Riementangteppichen tauchend oder im Kiesboden des Flachwassers erbeuten.

Das Nest bauen sie nahe am Wasser, meist zwischen Grasbüscheln, gelegentlich auch in einer verlassenen Pinguinhöhle, doch wurden auch Nester 1 km von der Küste entfernt gefunden.

Sporngans 3

Plectropterus gambensis

Verbreitung: Afrika S der Sahara
Lebensraum: Süßgewässer im offenen Grasland
Größe: 75-100 cm

Die Sporngans wirkt durch ihren langen Hals und ihre langen Beinen etwas ungelenk. Sie ernährt sich von Wasserpflanzen, die sie mit ihrem langen Schnabel abgrast oder aus dem Boden zieht, und von auf dem Wasser treibenden Samen.

Der Flügelbug ist mit einem 2,5 cm langen Sporn bewehrt, der bei Rivalenkämpfen eingesetzt wird. Das aus Pflanzen zwischen hoher Vegetation gebaute Nest enthält bis zu 14 Eier.

Schon im Alter von wenigen Wochen entwickelt sich bei den Jungvögeln der Flügelsporn. Von den zwei Unterarten kommt *P. g. gambensis* (abgebildet) fast im gesamten Verbreitungsgebiet vor, *P. g. niger* dagegen nur südlich des 15. Breitengrads und ist unterseits nur auf Brust- und vorderer Bauchmitte weiß.

Moschusente 4

Cairina moschata

VERBREITUNG: Mittel- und Südamerika
LEBENSRAUM: Feuchtgebiete und Seen in Waldregionen, Brackwasserlagunen der Küsten
GRÖSSE: 66-84 cm

Moschusenten wurden in vielen Regionen außerhalb ihres Verbreitungsgebiets als Hausgeflügel eingeführt. Das schillernde, grünschwarze Gefieder kann bei gezähmten Vögeln auch graue oder weiße Partien zeigen, oder eine Mischung von alledem. Der Schnabelhöcker des Männchens ist bei Zuchtvögeln rot und von nackter roter Haut umgeben. Moschusenten sind Allesfresser und ernähren sich von Blättern und Samen feuchtigkeitsliebender Pflanzen, wie auch von kleinen Reptilien, Fischen, Krebsen und Insekten.

Wildlebende Vögel sind scheu und rasten in kleinen Gruppen auf Bäumen, die ihnen Schutz vor Bodenfeinden bieten. Den schützenden Wald verlassen sie nur, wenn die Savannen überschwemmt sind. Wildlebende und zahme Moschusenten brüten bevorzugt in Baumhöhlen und nehmen gern Nistkästen an.

Glanzente 5

Sarkidiornis melanotos

VERBREITUNG: Afrika S der Sahara, Indien, SO-Asien und tropisches Südamerika
LEBENSRAUM: Flüsse, Sümpfe, Seen
GRÖSSE: 56-76 cm

Glanzenten sind wanderfreudige Tiere, die in Trupps von 50 oder mehr Vögeln überflutete Flächen verschiedener Regionen aufsuchen. Männchen tragen einen fleischigen, schwarzen Wulst mit kammartiger Kante auf dem Schnabel. Außerhalb der Brutzeit bilden sich Trupps, die oft nur aus Männchen oder Weibchen bestehen. Männchen verpaaren sich oft mit zwei Weibchen, und manchmal werden kleine Brutkolonien gebildet. Als Nest dienen meist Höhlen in Bäumen oder alten Steinwänden, doch brüten sie auch in hoher Vegetation am Boden.

Afrikanische Zwergente 6

Nettapus auritus

VERBREITUNG: Afrika S der Sahara, Madagaskar
LEBENSRAUM: Süßwasserteiche, große Seen, seltener Küstenlagunen und Flußmündungen
GRÖSSE: 30-33 cm

Die Afrikanische Zwergente wurde früher wegen ihres rundlichen Kopfes und des kurzen, gänseartigen Schnabels Rotbrust-Zwerggans genannt. Das leuchtend bunte Gefieder der Männchen gehört zu den farbenprächtigsten Kleidern kleiner Wasservögel.

Afrikanische Zwergenten rasten oft lange Zeit auf über Wasser hängenden Ästen, gelegentlich kommen über 200 Vögel zusammen. Sie picken kleine Blätter und Samen von der Wasseroberfläche, oder tauchen nach Wasserpflanzen, von denen sie Blätter und Samen abfressen. Zu ihren Lieblingsspeisen gehören Seerosensamen. Als Nest dient meist eine Baum-, Fels- oder Termitenhöhle, doch brüten sie auch in Strohdächern.

Brautente 7

Aix sponsa

VERBREITUNG: Nordamerika; östliche Population von S-Kanada bis Florida, westliche von British Columbia bis Kalifornien; überwintert im S des Verbreitungsgebiets
LEBENSRAUM: Süßgewässer in Waldregionen, im Winter offene, überschwemmte Flächen
GRÖSSE: 43-51 cm

Das Männchen der Brautente ist im Gegensatz zum braunen Weibchen außergewöhnlich bunt gezeichnet. Wegen seiner Prachtkleidfedern, die als Schmuck und Angelfliegen Verwendung fanden, wurde die Art im letzten Jahrhundert fast ausgerottet.

Trotz weiterer Bedrohung durch extensive Abholzung und Entwässerung konnte die Art in vielen östlichen Regionen Nordamerikas wieder angesiedelt werden, zumal Brautenten in Baumhöhlen brüten und daher gerne Nistkästen annehmen.

Sturzbachente 8

Merganetta armata

VERBREITUNG: Anden
LEBENSRAUM: Wildbäche
GRÖSSE: 43-46 cm

Die Sturzbachente ist mit ihrer stromlinienförmigen Gestalt, den kräftigen Beinen, den breiten, steifen Steuerfedern und den scharfen Krallen, die das Abrutschen auf glitschigen Steinen verhindern, an das Leben in reißendem Wasser besonders angepaßt. Von einem Flußstein aus taucht sie ins Wasser, um Köcherfliegenlarven und kleine Fische zu erbeuten oder kleine Lebewesen von der Wasseroberfläche zu picken. Die wenigen bislang gefundenen Nester befanden sich jeweils nahe am Wasser in Spalten, Löchern, zwischen Steinen oder unter Vorsprüngen. Bereits kurz nach dem Schlüpfen können sich die Jungen in reißender Strömung problemlos bewegen.

Entlang des 8000 km langen Verbreitungsgebiets in den Anden wurden mehrere Unterarten beschrieben, darunter die in Zentralchile und Westargentinien beheimatete und hier abgebildete *M. a. armata*.

Nordamerikanische Pfeifente 9

Anas americana

VERBREITUNG: Brütet im N und Zentrum Nordamerikas; überwintert S bis zum Golf von Mexiko
LEBENSRAUM: Feuchtgebiete und Süßwasserteiche; überwintert in Feuchtgebieten und auf Küstenlagunen
GRÖSSE: 45-56 cm

Nordamerikanische Pfeifenten bilden im Winter Trupps von mehreren Zehntausend Vögeln. Ihr Brutgebiet reicht von den nordamerikanischen Prärien nördlich bis in die Waldtundren Kanadas und Alaskas.

Wie europäische Pfeifenten ernähren sie sich nur teilweise durch Gründeln und grasen gerne auf Wiesen und Weiden. Das aus Gras gebaute Nest liegt in Wassernähe in dichter Vegetation versteckt.

Krickente 10

Anas crecca

VERBREITUNG: Brütet in Nordamerika und im N Eurasiens; überwintert im S der USA, Mittelamerika, in der Karibik, in gemäßigten Zonen Eurasiens und im tropische Asien
LEBENSRAUM: Süßwasserseen, Feuchtgebiete; im Winter auch an Küstenlagunen und Flußmündungen
GRÖSSE: 34-38 cm

Von dieser häufigen Gründelente gibt es zwei Unterarten. Männchen der europäischen Krickente *A. c. crecca* zeigen einen waagerechten weißen Flankenstreifen, während die nordamerikanischen *A. c. carolinensis* am senkrechten weißen Brustseitenstreifen zu erkennen sind. Die Weibchen gelten dagegen als im Freiland nicht unterscheidbar.

Bei Störung fliegen Krickenten fast senkrecht vom Wasser auf, und Trupps fliegen häufig in starenähnlichen simultanen Wendemanövern, wobei Männchen durch ihren typischen, weit vernehmbaren Ruf *krick kräck* auffallen. Sie ernähren sich von kleinen wirbellosen Tieren und Samen, die sie im Flachwasser gründelnd aufnehmen.

Aucklandente 11

Anas aucklandica {B}

VERBREITUNG: Isolierte Brutplätze in Neuseeland
LEBENSRAUM: Süßwassersümpfe und Flüsse mit Baumbestand, Flußmündungen und Meeresbuchten
GRÖSSE: 34-46 cm

Die gesamte Population der scheuen und vorwiegend nachtaktiven Aucklandente wird heute auf weniger als 2000 Vögel geschätzt. Von der einst in ganz Neuseeland verbreiteten Unterart *A. a. chlorotis* leben nur noch kleine Restpopulationen von insgesamt etwa 1000 Vögeln vor allem auf Great Barrier Island. Etwa 500 Vögel der Unterart *A. a. aucklandica* haben auf einigen Inseln nahe Auckland Island überlebt, und etwa 30 Vögel der Unterart *A. a. nesiotis* gibt es noch auf Dent Island, einer kleinen Campbell Island vorgelagerten Insel.

Zerstörung des Lebensraums und die Einführung räuberischer Säugetiere haben zu diesem dramatischen Rückgang geführt, denn die zwei inselbewohnenden Unterarten hatten sich durch den Verlust der Flugfähigkeit an die speziellen Bedingungen der Inseln ohne Landsäuger angepaßt. Aus Aufzuchtprogrammen konnten in den letzten Jahren einige hundert Vögel ausgesetzt werden.

Stockente 12

Anas platyrhynchos

VERBREITUNG: Nördliche Halbkugel, N der Tropen; in Australien und Neuseeland eingeführt
LEBENSRAUM: Süß- und Küstengewässer
GRÖSSE: 50-65 cm

Die weite Verbreitung der Stockente, von der die meisten Hausenten abstammen, zeugt von ihrer großen Anpassungsfähigkeit. In Städten lebende Populationen haben jede Scheu vor Menschen verloren und bleiben selbst im Winter an zugefrorenen Weihern, wo sie auf Fütterungen angewiesen sind.

Stockenten sind Allesfresser und gründeln bevorzugt im Flachwasser nach Wasserpflanzen und wirbellosen Tieren. Das Nest wird meist in dichter Ufervegetation gebaut, doch brüten sie in Städten auch in Baumhöhlen, auf Gebäuden und sogar auf Fenstersimsen.

Dunkelente 13

Anas rubripes

VERBREITUNG: NO Nordamerikas; überwintert S bis zum Golf von Mexiko
LEBENSRAUM: Feuchtgebiete in Wäldern; überwintert an Flußmündungen und auf küstennahen Feuchtwiesen
GRÖSSE: 53-61 cm

Dunkelenten ernähren sich von Pflanzen und wirbellosen Tieren und brüten nahe am Wasser in dichter Vegetation. Die Männchen besitzen, wie einige wenige mit der Stockente nah verwandte Arten, kein buntes Prachtkleid. Infolge der Ausbreitung der Stockente in Nordamerika und der zunehmenden Hybridisierung mit der Dunkelente nimmt der Bestand der Dunkelente stark ab. Eine weitere Bedrohung geht von der Zerstörung des Lebensraums und der Jagd aus.

Spießente 14

Anas acuta

VERBREITUNG: Eurasien und Nordamerika; überwintert S bis Panama, Zentralafrika, Indien und Philippinen
LEBENSRAUM: Offene Feuchtgebiete; überwintert auf Flußmündungen und Küstenlagunen
GRÖSSE: Männchen 63-74 cm einschließlich 10 cm langer Schwanzspieße; Weibchen 43-63 cm

Die langen Schwanzspieße des apart gezeichneten Spießenten-Männchens ragen beim schwimmenden Vogel auffällig aus dem Wasser. In Amerika sucht sie im Herbst gerne Getreidefelder auf, wo sich Trupps von bis zu 500000 Vögeln versammeln können. Um sie von landwirtschaftlich wertvollen Anbauflächen fernzuhalten, werden daher in einigen Gebieten spezielle Weizen- und Maisfelder für die Vögel angelegt.

In der Regel aber suchen Spießenten im Flachwasser nach Nahrung, wobei sie durch den langen Hals in tieferen Bereichen gründeln können als andere Entenarten und bevorzugt Wurzeln, Blätter und wirbellose Tiere vom Gewässerboden aufnehmen.

Löffelente 15

Anas clypeata

VERBREITUNG: Eurasien und Nordamerika S des Polarkreises; überwintert S bis zu den Subtropen
LEBENSRAUM: Süßgewässer und Feuchtgebiete; im Winter auch auf Flußmündungen und Küstenlagunen
GRÖSSE: 44-52 cm

Der ungewöhnlich lange und an der Spitze verbreiterte Schnabel der Löffelente ist auf das Filtern von Wasser spezialisiert. Das durch den leicht geöffneten Schnabel aufgesogene Oberflächenwasser wird mit der Zunge durch die lamellenbesetzten Schneidekanten des Ober- und Unterschnabels gepreßt, so daß Kleinlebewesen herausgefiltert werden.

Nahrungssuchende Trupps schwimmen oft langsam paddelnd im Kreis, wodurch Samen und wirbellose Kleintiere an die Oberfläche getrieben werden. Gelegentlich nehmen sie auch größere Nahrung im Flachwasser auf, doch meiden sie in der Regel die dort entstehende Konkurrenz mit anderen Gründelenten.

TAUCHENTEN, MEERESENTEN, SÄGER UND VERWANDTE

Lappenente

Kappensäger

TAUCHENTEN, MEERESENTEN, SÄGER UND VERWANDTE

Marmelente 1

Marmaronetta angustirostris {B}

VERBREITUNG: Mittelmeer, O bis Pakistan und NW-Indien
LEBENSRAUM: Flache Süßgewässer und Brackwasserseen, Lagunen und andere Feuchtgebiete
GRÖSSE: 39-42 cm

Das sandgraue, wie Marmor hell gesprenkelte Gefieder gab der Marmelente ihren Namen. Obwohl sie der Krickente ähnelt, wird sie heute als Verwandte der Tauchenten angesehen, mit denen sie viele Gemeinsamkeiten in der Balz und anderen Verhaltensmustern zeigt.

Marmelenten brüten meist in kleinen Kolonien, oft nur einen Meter voneinander entfernt. Das Nest bauen sie in der Regel am Boden unter niedrigen Büschen oder in dichter Vegetation in Wassernähe, doch nutzen sie in Südspanien gelegentlich auch in Strohdächern vorhandene Hohlräume.

Durch die Entwässerung von Feuchtgebieten hat der Bestand der Marmelente in den meisten Regionen ihrer Verbreitung abgenommen, dagegen wurde in Spanien und Nordafrika eine erneute Zunahme der Populationen festgestellt.

Kolbenente 2

Netta rufina

VERBREITUNG: O-Europa und Südzentral-Asien
LEBENSRAUM: Süßwasserseen, Flüsse, Flußdeltas und Küstenlagunen
GRÖSSE: 53-57 cm

In den vergangenen 50 Jahren hat sich die Kolbenente, die in Europa früher vor allem am Mittelmeer vorkam, langsam nach Norden ausgebreitet und brütet inzwischen in geringer Zahl auch in Nordfrankreich, den Niederlanden, Deutschland und Dänemark. Wegen der prächtigen Färbung der Männchen wird sie häufig von Wasservogelzüchtern gehalten.

Kolbenenten legen bis zu 10 hell- oder olivgrüne Eier in ein gut getarntes Nest aus Wasserpflanzen, das oft eine Zweigunterlage besitzt. Das Gelege wird ausschließlich vom Weibchen bebrütet, während sich die Männchen in Trupps zur Mauser zurückziehen.

Riesentafelente 3

Aythya valisineria

VERBREITUNG: S-Kanada bis Mexiko
LEBENSRAUM: Brütet an Präriegewässern; überwintert auf Seen, Lagunen und Flußmündungen
GRÖSSE: 48-61 cm

Die Riesentafelente, die größte unter den Tauchenten, zeigt mit langer, flach ansteigender Stirn, hohem, spitzem Scheitel, langem Schnabel und langem Hals eine unverwechselbare Silhouette. Sie ist ein typischer Brutvogel der zahlreichen Seen und Feuchtgebiete in den ausgedehnten Prärien Südkanadas und der nördlichen USA.

Sie ernährt sich vor allem von Wasserpflanzen, für die sie bis in 9 m Tiefe taucht. Häufig halten sich Amerikanische Bläßhühner und Nordamerikanischen Pfeifenten in ihrer Nähe auf, um ihr die an die Oberfläche gebrachte Nahrung abzujagen.

Reiherente 4

Aythya fuligula

VERBREITUNG: Eurasien
LEBENSRAUM: Seen und Teiche, gelegentlich in Städten; überwintert auf größeren Gewässern, Flußmündungen und Lagunen
GRÖSSE: 40-47 cm

Reiherenten haben vielerorts erfolgreich Seen und Teichanlagen der Städte besiedelt, wo sie sich auch füttern lassen. Sie leben gesellig und brüten oft kolonieartig in nur wenigen Metern Abstand zueinander.

Als hervorragende Taucher erreichen sie 5-6 Meter Tiefe und können 20-30 Sekunden unter Wasser bleiben. Zu ihrer Nahrung gehören Muscheln, Schnecken und andere wirbellose Wassertiere. Das Nest liegt in Grasbülten oder unter Büschen gut versteckt und nur selten weit vom Wasser entfernt. Das Gelege aus 7-12 Eiern wird vom Weibchen etwa 24 Tage bebrütet.

Eiderente 5

Somateria mollissima

VERBREITUNG: Arktische und N gemäßigte Zonen Eurasiens und Nordamerikas
LEBENSRAUM: Küstengewässer, Flußmündungen
GRÖSSE: 50-71 cm

Die Brustfedern des Eiderenten-Weibchens, mit denen es das Nest auspolstert, werden seit langem als kostbares Füllmaterial geschätzt, und ihre Isolierfähigkeit gilt noch heute als anderen Ersatzstoffen überlegen. In Island und Norwegen, wo Eiderenten-Kolonien unter besonderem Schutz stehen, versucht man, ihre «Produktivität» durch künstliche Nisthilfen, Fernhalten jeglicher Störungen und Kontrolle räuberischer Tiere zu steigern. Unter diesen besonderen Bedingungen entstanden Kolonien von bis zu 10000 Brutpaaren. Nach der Brut werden die Federn eingesammelt, gereinigt und als kostbares Füllmaterial für Kissen, Decken und Schlafsäcke verkauft.

Die 4-6 olivgrünen Eier werden vom Weibchen 28 Tage bebrütet. Häufig schließen sich die Jungen mehrerer Paare in «Kindergärten» zusammen.

Kragenente 6

Histrionicus histrionicus

VERBREITUNG: Island, Grönland, Labrador, NW Nordamerika, NO-Sibirien und Japan
LEBENSRAUM: Schnelle Fließgewässer und Küstengewässer
GRÖSSE: 34-45 cm

Die auffällig gezeichnete Kragenente hält sich bevorzugt in schnellen Fließgewässern auf. Sie ist ein exzellenter Schwimmer und weiß beim Flußaufwärtsschwimmen Strudel und stille Wasserstellen geschickt zu nutzen, auch stürmt sie zuweilen halb fliegend und halb schwimmend über das Wasser. Flußabwärts meistert sie mühelos Stromschnellen und Strudel. Auch auf dem Meer, wo sie vor allem im Winter zu finden ist, scheint sie sich gern in der stärksten Brandung aufzuhalten.

Die Kragenente fliegt mit schnellen Flügelschlägen niedrig über Flüsse und folgt dabei exakt jeder Biegung. Das Nest liegt in dichter, oft überhängender Ufervegetation gut verborgen.

Eisente 7

Clangula hyemalis

VERBREITUNG: Arktische Zonen Eurasiens und Nordamerikas; überwintert S bis in kühle gemäßigte Zonen
LEBENSRAUM: Brütet an Tundragewässern und an der Küste, überwintert in Meeresbuchten
GRÖSSE: 36-47 cm

Männchen und Weibchen besitzen nicht nur ausgeprägte Pracht- und Schlichtkleider, sondern zwei weitere, durch die komplizierte Mauser bedingte Kleider. Als Meeresenten halten sie sich fast immer auf Salzgewässern auf, doch können sie auch an Süßgewässern brüten. Während der Balz äußert das Männchen einen weit vernehmbaren, jodelnden Ruf.

Eisenten gehören zu den besten Tauchern in der Vogelwelt. Sie können bis zu einer Minute unter Wasser bleiben und bis zu 55 Meter tief tauchen, wie in Fischernetzen gefangene Vögel belegen. Sie ernähren sich von Fischen, die sie tauchend jagen und nehmen im Flachwasser Wirbellose und Krebstiere vom Boden auf.

Trauerente 8

Melanitta nigra

VERBREITUNG: Arktische und N gemäßigte Zonen Eurasiens und Nordamerikas; im Winter weiter südlich
LEBENSRAUM: Brütet in Feuchtgebieten und auf Süßwasserseen, überwintert in Meeresbuchten und Flußmündungen
GRÖSSE: 44-54 cm

Das Männchen der Trauerente ist bis auf einen gelben Schnabelfleck vollkommen schwarz gefärbt. Während das Gelb bei der eurasischen Unterart *M. n. nigra* auf einen Fleck an der Oberschnabelbasis beschränkt ist, sind bei der nordamerikanischen Unterart *M. n. americana*, die zuweilen als eigene Art betrachtet wird, der Schnabelhöcker und der größte Teil des Oberschnabels gelb.

Während der Balz tragen die Männchen Rivalenkämpfe aus, indem sie auf dem Wasser einander entgegenstürmen und kurz vor dem Zusammenstoß in aufschäumender Gischt abrupt zum Stillstand kommen. Auch die Weibchen beteiligen sich an kurzen Verfolgungsjagden, die meist einem abgewiesenen Männchen gelten. Balzende Männchen recken ferner Kopf und Schwanz aus dem Wasser und äußern dabei ein überraschend reines, melodisches Pfeifen, das an ruhigen Tagen über viele hundert Meter weit zu hören ist.

Trauerenten nisten an großen Seen wie auch an kleinen Moorteichen. Sofern möglich, führen sie die Jungen bald nach dem Schlüpfen auf das offene Meer hinaus.

Schellente 9

Bucephala clangula

VERBREITUNG: N Eurasien und Nordamerika; im Winter weiter südlich
LEBENSRAUM: Brütet in Wäldern an Seen und Teichen, überwintert auf Seen, Flußmündungen und Meeresbuchten
GRÖSSE: 42-50 cm

Die Schellente ist an ihrem typischen Kopfprofil mit steiler Stirn und kurzem Schnabel schon aus großer Entfernung zu erkennen. Sie brütet in Baumhöhlen, die sie mit Holzspänen und Brustfedern des Weibchens spärlich auskleidet, und legt 8-12 Eier.

In vielen Regionen führten Abholzungen und in der Folge ein Mangel an geeigneten Baumhöhlen zu einem Bestandsrückgang. Glücklicherweise nehmen Schellenten gern künstliche Ersatzhöhlen an, so daß seit einigen Jahren vielerorts Wiederansiedlungs-Maßnahmen mit Hunderten oder gar Tausenden von Nistkästen durchgeführt werden.

Kappensäger 10

Mergus cucullatus

VERBREITUNG: 2 Populationen; westliche brütet von S-Alaska bis NW USA und überwintert von S-Alaska bis Kalifornien, östliche brütet in S-Kanada und im N und Zentrum der USA und überwintert in Florida und N-Mexiko
LEBENSRAUM: Brütet und überwintert an Flüssen und Seen in Wäldern, im Winter auch auf Flußmündungen und an Küsten
GRÖSSE: 42-50 cm

Das Männchen des Kappensägers besitzt verlängerte schwarze und weiße Schopffedern, die gesträubt einen weißen, schwarz umrahmten Viertelkreis formen und den Kopf sehr groß erscheinen lassen. Der lange, dünne Schnabel ist zum Fischfang mit gezähnten Schneidekanten versehen.

Kappensäger brüten in Baumhöhlen, die bis zu 16 m hoch liegen können und in die das Weibchen 6-12 weiße Eier legt. Einst nahm man an, daß die frisch geschlüpften Jungen vom Weibchen im Schnabel zur Erde getragen würden. Statt dessen lockt das Weibchen die Jungen durch Rufe vom Boden aus, bis diese vom Nestrand in die Tiefe springen. Die kleinen, federleichten Dunenjungen erleiden bei diesen Sprüngen kaum einmal Schaden.

Mittelsäger 11

Mergus serrator

VERBREITUNG: N Eurasien und Nordamerika; im Winter S bis Mittelmeer, O-China und Golf von Mexiko
LEBENSRAUM: Brütet an Flüssen, Flußmündungen und der Küste, überwintert auf Flußmündungen und Meeresbuchten
GRÖSSE: 52-58 cm

Der Mittelsäger ist auf dem Meer ebenso zu Hause wie auf Süßgewässern. Er hat einen langgestreckten Körper, einen langen Hals und einen langen Schnabel mit gezahnten Schneidekanten und einer Hakenspitze, der sich zum Festhalten von Fischen eignet.

Wie vielen anderen fischfressenden Vogelarten wird dem Mittelsäger nachgesagt, besonders an forellen- und lachsreichen Flüssen großen wirtschaftlichen Schaden anzurichten. Die tatsächliche Entnahmemenge an Fischen ist dagegen meist recht gering, dennoch wird die Art in vielen Regionen rücksichtslos bejagt.

Schwarzkopf-Ruderente 12

Oxyura jamaicensis

VERBREITUNG: Nord- und Südamerika; in England eingeführt
LEBENSRAUM: Brütet und überwintert auf Seen mit dichter Vegetation, im Winter auch auf Küstenlagunen und Meeresbuchten
GRÖSSE: 35-43 cm

Männchen zeigen weiße Wangen, eine schwarze Kappe und einen leuchtend blauen Schnabel, der wie frisch angemalt wirkt. Die Steuerfedern sind sehr steif und fest und werden im Schwimmen oft gestelzt, was zur untersetzten Gestalt beiträgt. Die Unterart *O. j. jamaicensis* kommt auf den Westindischen Inseln vor, die Unterart *O. j. ferruginea* in Peru und Bolivien.

Balzende Männchen stürmen, Schwanz und Körperende unter Wasser getaucht, mit herausgestreckter Brust und auf die Brust gedrücktem Kopf und Schnabel kräftig paddelnd über das Wasser. Auch trommeln sie mit dem Schnabel auf die Brust, bevor sie mit vorgestrecktem Kopf einen Balzruf ausstoßen. Die Bebrütung der Eier wird ausschließlich vom Weibchen übernommen, doch bleibt das Männchen oft während Brut und Aufzucht der Jungen in dessen Nähe.

Lappenente 13

Biziura lobata

VERBREITUNG: S-Australien und Tasmanien
LEBENSRAUM: Brütet auf Süßwasser- und Brackwasserseen und in Feuchtgebieten, überwintert auf Seen, Flußmündungen und Meeresbuchten
GRÖSSE: M 61-73 cm, W 47-60 cm

Die Lappenente zeigt ein düster und ölig wirkendes Gefieder. Das Männchen unterscheidet sich durch einen vom Unterschnabel herabhängenden Hautlappen und ist etwa ein Drittel größer als das Weibchen - ein für Vögel ungewöhnlicher Größenunterschied.

Bei der heftig vorgetragenen Balz wirft das Männchen den Kopf auf den Rücken, dreht seinen gespreizten Schwanz nach vorne, bis er fast den Kopf berührt, und paddelt dabei geräuschvoll mit beiden Füßen. Dabei äußert es ein lautes Grunzen, gefolgt von einem durchdringenden Pfeifen.

Das Männchen verteidigt entschlossen sein Revier, in das es mehrere Weibchen zu locken versucht. Das Nest liegt am Gewässerrand in dichter Vegetation, gelegentlich auch in einem hohlen Baumstumpf oder Wurzelgeflecht verborgen.

Weißrücken-Pfeifgans 14

Thalassornis leuconotos

VERBREITUNG: Afrika S der Sahara
LEBENSRAUM: Süßwasserseen, Teiche und Feuchtgebiete
GRÖSSE: 38-40 cm

In der Gestalt erinnert die Weißrücken-Pfeifgans mit dem schräg abfallenden Rücken, dem langen Hals und dem nur rudimentär vorhandenen Schwanz eher an einen Taucher als an eine Ente. Die auf Madagaskar beheimatete Unterart *T. l. insularis* ist etwas kleiner und dunkler als die häufigere afrikanische Unterart.

Die Weißrücken-Pfeifgans bewohnt ausschließlich Süßgewässer, vor allem solche mit dichtem Wasserpflanzenbewuchs. Mit ihren weit hinten ansetzenden Beinen ist sie an das Leben im Wasser und an das Tauchen perfekt angepaßt, an Land kann sie sich jedoch nur mit Mühe bewegen. Das Nest baut sie entweder direkt am Ufer, oder sie übernimmt ein Schwimmnest von einem Bläßhuhn oder einem Lappentaucher. Die 4-6 glänzend braunen und im Verhältnis zur Körpergröße sehr großen Eier bilden eine Ausnahme unter den Gelegen der Wasservögel.

NEUWELTGEIER, FISCHADLER UND HABICHTARTIGE

Brahminenweih
juv.
juv.
Weißkopf-
Seeadler
juv.
Schneckenweih
♂
Schwarzmilan
M. m. migrans
♀
juv.
Seeadler
Fledermausaar
M. a. alcinus
Schreiseeadler

NEUWELTGEIER, FISCHADLER UND HABICHTARTIGE

FAMILIE CATHARTIDAE NEUWELTGEIER

Große Aasfresser mit breiten Flügeln und kräftigem Hakenschnabel. Gefieder meist braun bis schwarz, Kopf oder Gesicht unbefiedert. Geschlechter gleich gefärbt. 1-2 weiße, cremefarbene, hellgrüne oder braun gefleckte Eier werden in Baum- oder Felshöhlen 32-41 Tage bebrütet (bei Königsgeier und Kondor 54-58 Tage). Die Jungen bleiben 10-25 Wochen im Nest. 7 Arten.

Truthahngeier 1

Cathartes aura

VERBREITUNG: S-Kanada bis Feuerland, Karibik und Falklandinseln
LEBENSRAUM: Vielfältig, darunter Wüsten, Grasland, Ackerland und Wald
GRÖSSE: 65-80 cm

Der auffällige Truthahngeier kommt in seinem Verbreitungsgebiet vielerorts häufig vor. Als Restevertilger und Aasfresser hat er sich an die verschiedensten Lebensräume und Klimazonen angepaßt, von den kalten Wüsten Patagoniens bis zu den Tropenwäldern des Amazonas. Während die meisten Populationen den Winter über im selben Gebiet bleiben, überwintern die im Westen der USA beheimateten Vögel in Südamerika.

Truthahngeier sind im Gleitflug an ihren typisch angewinkelten Flügeln leicht zu erkennen und fallen durch ihre von einer zur anderen Seite taumelnde Flugweise auf.

Königsgeier 2

Sarcorhamphus papa

VERBREITUNG: Zentralmexiko bis N-Argentinien, Trinidad
LEBENSRAUM: Tropenwälder
GRÖSSE: 76 cm

Der Königsgeier gehört mit seinem kontrastreichen Gefieder und den schmückenden Hautlappen am Kopf zu den farbenprächtigsten Greifvögeln. Jungvögel sind zunächst fast schwarz gefärbt und werden, bis sie das Alterskleid anlegen, zunehmend weißer.

Königsgeier kommen in Regenwäldern recht häufig vor, doch sind sie hoch über den Bäumen segelnd oft schwer zu sehen. Im Gegensatz zu anderen Neuweltgeiern treten sie nur selten in Gruppen auf. Mit ihren kräftigen Schnäbeln können sie praktisch jede Art von Aas fressen, und ihr scharfer Geruchssinn läßt sie auch verdeckte Kadaverreste entdecken. Häufig fressen sie an Flußufer angeschwemmte Fische.

Andenkondor 3

Vultur gryphus

VERBREITUNG: Anden, von W-Venezuela bis Feuerland
LEBENSRAUM: Hochgebirge, in Peru und Südchile bis zur Küste
GRÖSSE: 110 cm

Mit einem Körpergewicht von bis zu 12 kg und einer Flügelspannweite von über 3 m gehört dieser riesige Gebirgsbewohner zu den größten Greifvögeln der Welt. Auf seinen breiten Schwingen kann er ausdauernd segeln und den Stürmen trotzen, die entlang der Andengipfel und der Südspitze Südamerikas auftreten.

In vielen Regionen ist der Bestand des Kondors dramatisch zurückgegangen, während er in anderen noch so zahlreich vorkommt, daß sich an einem großen Kadaver viele Vögel einfinden können. Der Kondor ernährt sich vor allem von Aas, erlegt aber zuweilen auch kranke oder verendende Tiere. Häufig besucht er die riesigen Seevogelkolonien entlang der Peruanischen Küste, wo er Vogeleier raubt.

FAMILIE PANDIONIDAE FISCHADLER

Zu dieser Familie gehört nur eine Art.

Fischadler 4

Pandion haliaetus

VERBREITUNG: Brütet in Nordamerika, Eurasien (meist Zugvögel), NO-Afrika, Australien; in anderen Regionen als Wintergast oder Durchzügler
LEBENSRAUM: Küsten, Flüsse, Seen, Feuchtgebiete
GRÖSSE: 55-58 cm

Der Fischadler ist fast auf der ganzen Welt in mehreren Unterarten verbreitet, die sich in Größe und Brustfärbung geringfügig unterscheiden. Abgebildet ist die nordamerikanische Unterart *P. h. carolinensis*, die ein helles Brustband und einen dunklen Scheitel besitzt. Auch die Geschlechter lassen sich zuweilen anhand des mehr oder weniger dunklen Brustbandes und Scheitels unterscheiden. Wie bei den meisten Greifvögeln sind Weibchen größer als Männchen. Viele Fischadler sind ausgeprägte Küstenbewohner, andere brüten an Seen und Flüssen.

Sie ernähren sich fast ausschließlich von Fischen. Aus bis zu 30 m Höhe halten sie nach Beute Ausschau und stürzen sich nach kurzem Rütteln in einem spektakulären Sturzflug mit vorangestreckten Zehen ins Wasser. Die Sohlen sind zum Ergreifen des Fisches stark angerauht.

Fischadler bauen ein großes Nest auf Felsen oder in Bäumen, in einigen Gegenden sogar am Boden. Die 2-4 cremeweißen und rot gefleckten Eier werden etwa 38 Tage bebrütet. In den USA hatte der Bestand wegen des Pestizids DDT stark abgenommen, doch steigt die Zahl der Brutpaare inzwischen wieder an.

FAMILIE ACCIPITRIDAE 1 GREIFVÖGEL: WESPENBUSSARDE UND MILANE

Mittelgroße bis große Greifvögel. Gefieder sehr variabel, oberseits meist dunkler als unterseits. Geschlechter gleich gefärbt. Gelege mit 1-3 (Wespenbussarde) bzw. 2-7 (Milane) weißlichen, rötlich gepunkteten Eiern im aus Zweigen gebautem Baumnest wird 30-35 Tage bebrütet. Die Jungen bleiben 40-45 Tage (Wespenbussarde) bzw. 25-60 Tage (Milane) im Nest. 32 Arten.

Papuaweih 5

Aviceda subcristata

VERBREITUNG: N- und O-Australien, Neuguinea, Molukken, Bismarck-Archipel, Salomoninseln
LEBENSRAUM: Wälder und Waldland, vor allem Regenwaldränder; auch Lichtungen und Gärten
GRÖSSE: 35-46 cm

Der mittelgroße Papuaweih besitzt verlängerte Schopffedern und erinnert mit den hervorstechenden Augen, dem gebändertem Gefieder und den kurzen Beinen etwas an eine Taube oder einen Kuckuck. Neben der abgebildeten nordöstlichen und östlichen Unterart Australiens *A. s. subcristata* gibt es 15 weitere Unterarten, die im Osten tendentiell dunkler und im Westen heller gefärbt sind.

Der Papuaweih jagt Großinsekten und Baumfrösche von Sitzwarten aus oder im langsamen Suchflug unterhalb der Baumkronen und erbeutet sie in blitzschnellen Tauchflügen oder ins Laubwerk rüttelnd, durch die Zweige kletternd oder sogar von Zweigen flügelschlagend herabhängend. Gelegentlich erbeutet er auch Eidechsen und Kleinvögel oder frißt Früchte wie z.B. Feigen.

Brutpaare führen wellenförmige Balzflüge vor, wobei sie mit tiefen, schwerfälligen Flügelschlägen aufsteigen und mit einem piepsenden, zweisilbigen Ruf herabtauchen. In großer Höhe legen sie ein dürftiges Baumnest an, in dem beide Partner abwechselnd die 2-3 (selten bis zu 5) Eier bebrüten.

Wespenbussard 6

Pernis apivorus

VERBREITUNG: Europa O bis Zentralasien, im Winter in Afrika S der Sahara
LEBENSRAUM: Wälder mit altem Baumbestand
GRÖSSE: 52-60 cm

Wespenbussarde sind unterseits sehr variabel von fast weiß bis fast schwarz gefärbt, doch zeigen alle Formen eine charakteristische Bänderung von Flügel- und Schwanzunterseite. Weitere Kennzeichen sind der kleine, kuckuckähnliche Kopf, der lange, schmale Schwanz und die flache Flügelhaltung beim Gleiten.

In der Wahl seiner Nahrung hat sich der Wespenbussard ausschließlich auf Bienen, Wespen und Hornissen spezialisiert. Er frißt die Larven, die Puppen, die Nester und die ausgewachsenen Insekten, deren Stachel er vorsichtig entfernt, bevor er sie verschlingt. Vögel der nördlichen Verbreitungszone überwintern in Afrika.

Schwalbenweih 7

Elanoides forficatus

VERBREITUNG: SO USA, Mexiko S bis N-Argentinien
LEBENSRAUM: Waldland und Wälder
GRÖSSE: 60 cm

Der Schwalbenweih zeichnet sich durch ein leuchtend schwarzweißes Gefieder, einen langen, tief gegabelten Schwanz und eine besonders grazile Flugweise aus.

Er jagt und frißt ausschließlich im Flug. Zur Nahrung gehören Fluginsekten, aber auch kleine Eidechsen und Schlangen, die er von Bäumen und Büschen aufliest, oder Eier und Nestlinge kleiner Vögel, die er ebenfalls im Flug erbeutet. Einer riesigen Rauchschwalbe gleich, kann er sogar von einem Gewässer im Schwenkflug Wasser aufnehmen.

Fledermausaar 8

Machaerhamphus alcinus

VERBREITUNG: SO-Asien, tropisches Afrika
LEBENSRAUM: Wälder und bewaldete Landschaften, auch baumreiche Städte
GRÖSSE: 47 cm

In der Gestalt erinnert der Fledermausaar an einen großen Falken. Er fliegt mit milanartig langsamen Flügelschlägen, doch bei der Jagd zeigt er einen rasanten Verfolgungsflug.

Er jagt vor allem in der Dämmerung über offenen Flächen und vor Eingängen von Fledermaushöhlen. Neben kleinen Fledermäusen, die er im Flug erbeutet, frißt er auch Schwalben und Segler. Jungvögel sind oberseits brauner und zeigen unterseits mehr Weiß als Altvögel. Von den drei Unterarten ist die größte und dunkelste, in Malaysia, Sumatra und Borneo verbreitete *M. a. alcinus* abgebildet. Im tropischen Afrika kommt bei Altvögeln eine dunkle Farbmorphe vor.

Schneckenweih 9

Rostrhamus sociabilis

VERBREITUNG: Florida, Kuba, O-Mexiko S bis Argentinien
LEBENSRAUM: Feuchtgebiete mit offenen Süßgewässern
GRÖSSE: 43 cm

Die im Verhältnis zum Körper recht großen, breiten Flügel des Schneckenweihs lassen zwar keine elegante Flugweise zu, eignen sich jedoch sehr gut für den langsamen Suchflug über offenen Feuchtflächen, wo er vor allem Wasserschnecken der Gattung *Pomacea* erbeutet.

Sobald er eine Schnecke entdeckt hat, schwenkt er herab, ergreift die Schnecke mit den Zehen und trägt sie zu einer Sitzwarte, wo er das Fleisch mit seinem langen, schlanken Hakenschnabel aus der Schale löst. Nachdem die in Florida beheimatete Population dieser Art, der sogenannte «Everglade Kite», fast ausgerottet war, haben Schutzmaßnahmen und Biotopmanagement inzwischen wieder zu einem starken Anstieg des Bestandes geführt.

Schwarzmilan 10

Milvus migrans

VERBREITUNG: S-Europa, weite Regionen Afrikas und Asiens, Australien
LEBENSRAUM: Offene oder halboffene Niederungen, häufig Feuchtgebiete; Siedlungen
GRÖSSE: 55-60 cm

Der Name dieser weit verbreiteten und häufigen Vogelart ist etwas irreführend, da sie nicht schwarz, sondern dunkelbraun gefärbt ist. Vögel der westlichen Unterart *M. m. migrans*, die in Europa, im Mittleren Osten und in NW-Afrika vorkommt, zeigen einen helleren Kopf, während östliche Unterarten insgesamt dunkler sind und an der Basis der äußeren Handschwingen ein helles Feld zeigen. Schwarzmilane lieben Wassernähe und fressen häufig Aas.

Brahminenweih 11

Haliastur indus

VERBREITUNG: S- und SO-Asien, N-Australien
LEBENSRAUM: Küsten- und Binnengewässer
GRÖSSE: 48 cm

Der Brahminenweih jagt nach Weihenart, indem er im niedrigen Suchflug nach Beute Ausschau hält. Er ernährt sich von lebenden Fröschen, kleinen Reptilien und Insekten, die er am Boden erbeutet, und von Fischen, die er von der Wasseroberfläche aufnimmt. Daneben frißt er Aas und Abfälle in der Umgebung menschlicher Siedlungen und Häfen, z.B. in Indien.

Das Nest wird meist in Bäumen oder in Mangroven aus Zweigen gebaut und mit Blättern ausgelegt. Das Weibchen bebrütet die vier Eier und wird währenddessen vom Männchen mit Nahrung versorgt.

FAMILIE ACCIPITRIDAE 2
GREIFVÖGEL: SEEADLER

Große Greifvögel mit breiten Flügeln und massigem Hakenschnabel. Gefieder meist braun und weiß, Geschlechter gleich gefärbt. Segelflieger. 1-2 weiße Eier werden im Nest aus Zweigen an Felsen oder in Bäumen 40-45 Tage bebrütet. Die Jungen bleiben etwa 10 Wochen im Nest. 10 Arten.

Schreiseeadler 12

Haliaeetus vocifer

VERBREITUNG: Afrika S der Sahara
LEBENSRAUM: Küsten- und Binnengewässer
GRÖSSE: 74-84 cm

Mit seinem weißen, kastanienbraunen und schwarzen Gefieder ist der Schreiseeadler unverkennbar. Er lebt meist nahe an Gewässern und kommt in vielen Regionen seines Verbreitungsgebiets häufig vor. Als gewandter Flieger kann er Fische direkt von der Wasseroberfläche ergreifen, doch taucht er gewöhnlich in einem spektakulären Sturzflug mit vorangestreckten Füßen ins Wasser.

Die meiste Zeit verbringt er in aufrechter Haltung auf einer bevorzugten Sitzwarte. Sein weit vernehmbarer, fast schon möwenähnlicher Ruf, den er ebenso häufig von der Sitzwarte wie im Flug äußert, gehört zu den bekanntesten Tierstimmen Afrikas.

Weißkopf-Seeadler 13

Haliaeetus leucocephalus

VERBREITUNG: Nordamerika
LEBENSRAUM: Meist an Seen, Flüssen, Küsten
GRÖSSE: 79-94 cm

Der Nationalvogel der USA kommt heute nur noch in Alaska und Teilen der nordwestlichen amerikanischen Bundesstaaten häufiger vor. Ursache seines starken Rückgangs im Osten des Landes waren Bejagung und Vergiftung durch Pestizide. Durch Schutzmaßnahmen und Langzeitprogramme hat sich die Population inzwischen wieder leicht erholt.

Zur Nahrung dieses vielseitigen Greifvogels gehören Vögel, kleine Säugetiere und vor allem Fische, daneben jagt er anderen Vögeln, z.B. Fischadlern die Beute ab. In Alaska finden sich Gruppen an Laichplätzen der Lachse ein, wo die erschöpften Fische eine leichte Beute darstellen. Die Paare gehen eine dauerhafte Bindung ein, die jedes Jahr in spektakulären Balzflügen gefestigt wird, wobei die Vögel mit den Füßen ineinander greifen und gemeinsam durch die Luft taumeln.

Seeadler 14

Haliaeetus albicilla {B}

VERBREITUNG: W-Grönland, Island, N-, Mittel- und SO-Europa, N-Asien
LEBENSRAUM: Küsten, Seen, Flüsse, Feuchtgebiete
GRÖSSE: 70-90 cm

Seeadler sind wesentlich größer und schwerer und haben größere Schnäbel als die meisten anderen Adler ihres Verbreitungsgebiets. Sie sind ausdauernde Segler, doch können sie ebenso wendige Flugmanöver vollziehen. Geschickt jagen sie Wasservögel, Seevögel und kleine Säugetiere, vor allem aber Fische, die sie im Tiefflug meist dicht unter der Wasseroberfläche mit ihren Zehen ergreifen. Das riesige Nest wird aus Zweigen auf Baumspitzen oder Felsen errichtet, auf Inseln ohne Landsäuger auch am Boden.

HABICHTARTIGE

Rohrweihe
C. a. aeruginosus
♂
♀
Höhlenweihe
C. c. cyaneus
Kornweihe
♀
♂
G. c.
caerulescens
Sperberweihe
♂
♀
Elster-
weihe
dunkle
Morphe
helle Morphe
Schlangenadler
♀
Gaukler
juv.

FAMILIE ACCIPITRIDAE 3 GREIFVÖGEL: ALTWELTGEIER

Große, segelnde Aasfresser mit breiten Flügeln und unbefiedertem Kopf oder Gesicht. Gefieder unterschiedlich, meist dunkel, Geschlechter gleich gefärbt. 1-2 weiße oder hellbraune, manchmal dunkel markierte Eier werden im Nest aus Zweigen in Bäumen oder an Klippen 42-60 Tage bebrütet. Die Jungen bleiben 10-18 Wochen im Nest. 15 Arten.

Mönchsgeier 1

Aegypius monachus {B}

VERBREITUNG: S-Europa, Türkei O bis China
LEBENSRAUM: Meist offenes Gelände, auch Gebirge
GRÖSSE: 100-110 cm

Mit einem maximalen Körpergewicht von 12 kg und einer Flügelspannweite von bis zu 2,75 m ist der Mönchsgeier der größte Vertreter der Altweltgeier. Altvögel haben ein dunkel schieferbraunes Gefieder, das aus der Entfernung schwarz wirkt, Jungvögel sind etwas heller. Im Flug sind die hellen Zehen auffällig.

In Europa ist der Mönchsgeier fast überall ausgestorben, nur in den Sierras Südzentral-Spaniens leben noch etwa 400 Brutpaare. Im Gegensatz zum Gänsegeier, dem er an Aasplätzen meist überlegen ist, frißt er auch in dichter Vegetation liegende Kadaver. Die Brutpaare kehren jedes Jahr zum selben Nest zurück, das sie durch neue Äste immer weiter vergrößern.

Ohrengeier 2

Aegypius tracheliotus

VERBREITUNG: Afrika S der Sahara, Mittlerer Osten, S-Arabien
LEBENSRAUM: Trockenes, offenes, in Gebirge und Halbwüsten übergehendes Gelände
GRÖSSE: 100-105 cm

Der große, dunkle Ohrengeier ist der größte der afrikanischen Geier. Häufig trifft er als letzter an einem Kadaver ein, doch ist er anderen Geierarten meistens überlegen und jagt ihnen Lekkerbissen ab. Mit seinem riesigen Schnabel kann er große Fleischstücke herausreißen und, da sein Hals unbefiedert ist, tief im Kadaver fressen, ohne sein Gefieder mit Blut zu beschmutzen.

Der Ohrengeier lebt in der Regel als Einzelgänger, nur gelegentlich tritt er in kleinen Gruppen auf. Die Paare brüten einzeln und bauen ein bis zu 3 m breites und 1 m hohes Nest aus Zweigen auf einem dornigen Baum. Das Ei wird in der mit Gras gepolsterten Nestmulde von beiden Altvögeln 7 Wochen bebrütet.

Sperbergeier 3

Gyps rueppellii

VERBREITUNG: Senegal bis N-Nigeria, Sudan, W-Äthiopien, Uganda, Kenia, N-Tansania
LEBENSRAUM: Offenes Gelände in Gebirge und Niederungen
GRÖSSE: 89-94 cm

Adulte Sperbergeier haben ein dunkles und vor allem unterseits stark hell geschupptes Gefieder. Kennzeichenend ist der Unterflügel mit einem auffälligen weißen Band am inneren Flügelbug und zwei Reihen heller Flecke, die sich über die ganze Flügelbreite ziehen.

Am Kadaver ist der kräftige Sperbergeier allen anderen Arten, mit Ausnahme des Ohrengeiers, überlegen. In Zentralafrika vertritt er die kleine Gattung *Gyps*, zu der ausnahmlos große Arten gehören, die gesellig leben und weite Entfernungen zurücklegen, um sich in großen Trupps an Kadavern zusammenzufinden.

Schmutzgeier 4

Neophron percnopterus

VERBREITUNG: N-, Zentral- und O-Afrika, S-Europa, Mittlerer Osten, SW-Asien, Indien
LEBENSRAUM: Offenes Gelände; brütet vor allem auf Klippen und zerklüfteten Felsen
GRÖSSE: 53-66 cm

Dieser kleine Geier mit eher schmächtigem Schnabel und überwiegend weißem Gefieder ist in Afrika und in warmen, trockenen Regionen Europas weit verbreitet. Er ernährt sich bevorzugt von Aas, doch ist er anderen Arten unterlegen und muß sich mit den Kadaverresten größerer Geier begnügen. Daneben vertilgt er auch alle Arten von Abfällen. Der Schmutzgeier gehört zu den wenigen Vogelarten der Welt, die Werkzeuge einsetzen. Wie in einigen Regionen Afrikas beobachtet wurde, kann er einen Stein in den Schnabel nehmen und mit ihm ein Straußenei aufschlagen.

Schmutzgeier brüten bevorzugt in felsigem Gelände, wo sie ihr Nest auf Klippen und in Höhlen bauen. Während der Balz zeigen sie wendige Flugmanöver, wobei sie sich auch um die eigene Achse drehen und sich gegenseitig die Füße entgegenstrecken.

Bartgeier 5

Gypaetus barbatus

VERBREITUNG: Afrika, S-Europa O bis Zentralasien
LEBENSRAUM: Vor allem Gebirge und Hochplateaus
GRÖSSE: 100-115 cm

Der riesige Bartgeier ist ein in den meisten Regionen seiner Verbreitung seltener Brutvogel einsamer und abgelegener Gebirgslandschaften. Die schwarzen Borsten an der Schnabelbasis gaben ihm seinen Namen. Jungvögel sind eher einfarbig braun gefärbt.

Seine Flugsilhouette mit langen, schmalen Flügeln und einem langen, keilförmigen Schwanz ist unverwechselbar. Die meiste Zeit des Tages verbringen Bartgeier segelnd in der Luft. An Kadavern haben sie sich auf feste Haut spezialisiert und auf Knochen, die sie aus großer Höhe auf Felsen herabfallen lassen, um an das Mark zu gelangen. Dies tun sie jahrelang an denselben Stellen, so daß dort regelrechte «Beinhäuser» entstehen.

Palmgeier 6

Gypohierax angolensis

VERBREITUNG: Tropisches Afrika
LEBENSRAUM: Vorwiegend Wald- und Agrarland; auch Mangroven, Häfen
GRÖSSE: 56-62 cm

Die jungen Palmgeier sind zunächst wie die meisten adulten Altweltgeier braun gefärbt und später stark gefleckt, bis sie schließlich das leuchtend weiße Alterskleid anlegen.

Bemerkenswert für einen Greifvogel ist ihre Nahrung, die neben Krabben, kleinen Fischen, Amphibien und Wirbellosen vor allem aus vegetarischer Kost besteht. Palmgeier fressen bevorzugt die Schale der Ölpalmenfrucht und sind in Gebieten, wo dieser Baum nicht wächst, selten anzutreffen. Sie leben oft in Wassernähe und verbringen die meiste Zeit des Jahres im selben Gebiet.

FAMILIE ACCIPITRIDAE 4 GREIFVÖGEL: SCHLANGENADLER

Große, auf Schlangen spezialisierte Greifvögel mit kurzen, kräftigen Zehen. Gefieder meist grau oder braun, Geschlechter gleich gefärbt. Das einzelne weiße Ei wird in einem kleinen Baumnest aus Zweigen 35-55 Tage bebrütet. Die Jungen verlassen das Nest nach 10-15 Wochen. 12 Arten.

Schlangenadler 7
Circaetus gallicus

Verbreitung: S- und O-Europa, NW-Afrika, Mittlerer Osten, SW-Asien, Indien
Lebensraum: Abwechslungsreiches offenes Gelände, auch Gebirge
Grösse: 62-67 cm

Schlangenadler sind in der Regel am Kopf dunkel, oberseits braun und unterseits weiß gefärbt. Sie zeigen eine mehr oder weniger starke dunkle Bänderung und Sprenkelung der hellen Unterseite und Unterflügel, allerdings treten in der Färbung starke Variationen auf.

Sie sind vollendete Flieger, die ihre Nahrung oft in niedrigem Suchflug ausfindig machen und häufig rütteln. Ihre kurzen, kräftigen Zehen sind darauf spezialisiert, Schlangen und Eidechsen, die ihre Hauptnahrung bilden, im offenen Gelände zu greifen und festzuhalten. In Südeuropa lebende Vögel folgen auch dem Pflug, um aufgeschreckte Beute zu erhaschen. Große Schlangen zerteilen und fressen sie am Boden, während sie mit kleinen Schlangen davonfliegen und sie ganz verschlucken.

Gaukler 8
Terathopius ecaudatus

Verbreitung: Afrika S der Sahara, SW-Arabien
Lebensraum: Savannen, offenes Waldland, Ebenen, Halbwüsten
Grösse: 56-61 cm

Der langflügelige, fast schwanzlose und farbenprächtige Gaukler ist ein eher untypischer Vertreter der Greifvögel. Seinen Namen erhielt er wegen seines von einer Seite zu anderen torkelnden Gleitflugs. Die meiste Zeit des Tages verbringt er in der Luft. Während der Balz vollführt er spektakuläre Jagd- und Sturzflüge und gelegentlich sogar eindrucksvolle Seitenrollen um 360°.

Gaukler sind typische Bewohner afrikanischer Savannen. Zu ihrer vielfältigen Nahrung gehören kleine Säugetiere, Schlangen, Eidechsen und einige Wirbellose, viele jagen aber bevorzugt Kleinvögel. Daneben fressen sie Aas und schmarotzen bei anderen Greifvögeln und Aasfressern.

Schlangenweihe 9
Spilornis cheela

Verbreitung: Indien, China, SO-Asien, Indonesien, Philippinen
Lebensraum: Vorwiegend Wald oder Waldland; einige Unterarten in offenen Savannen
Grösse: 28-53 cm

Von dieser vor allem in der Größe, aber auch in der Färbung extrem variablen Art gibt es mehr als 20 geographische Unterarten, von denen viele auf Inseln vorkommen. Altvögel der meisten Unterarten zeigen ein dunkelbraunes Gefieder und einen auffälligen schwarzen Schopf. Die Abbildung zeigt die Unterart *S. c. melanotis* des südlichen Indischen Subkontinents.

Wenn sie nicht gerade hoch über den Baumwipfeln segeln, sind Schlangenweihen im Wald oft schwer zu entdecken. Meist jagen sie aus der Deckung heraus und halten von einer Sitzwarte nach Beute Ausschau, um sich auf eine erspähte Schlange zu stürzen. Sie fressen auch tote Schlangen und verschmähen gelegentlich auch kleine Säugetiere und Vögel nicht.

FAMILIE ACCIPITRIDAE 5 GREIFVÖGEL: HÖHLENWEIHE UND SPERBERWEIHE

Mittelgroße Greifvögel, Beine und Schwanz lang. Gefieder vorwiegend grau, Geschlechter gleich gefärbt. 1-3 weiße Eier. 3 Arten.

Höhlenweihe 10
Polyboroides typus

Verbreitung: Afrika S der Sahara
Lebensraum: Wald, Waldland, Savannen, Busch, Agrarland
Grösse: 61-68 cm

Die Höhlenweihe jagt weit mehr in Büschen und Bäumen als im Flug. Mit ihrem kleinen Kopf und den dünnen Beinen mit sehr flexiblen Gelenken kann sie in Höhlen und Spalten jeglicher Art nach Beute suchen. Sie ernährt sich vorwiegend von Kleintieren wie Insekten und anderen Wirbellosen, Säugetieren, Vögeln und Eiern. Häufig plündert sie die Nester der in Kolonien brütenden Webervögel. In Westafrika frißt sie gern die Früchte der Ölpalme.

Das Nest aus Zweigen wird in einem Baumwipfel oder niedrig in einer Felsspalte oder unter einem Überhang gebaut und mit Blättern ausgepolstert. Das Weibchen legt 1-2 Eier und übernimmt hauptsächlich die Bebrütung, doch beteiligt sich auch das Männchen an der Brut und Aufzucht der Jungen. Das Gefieder der Jungvögel ist vorwiegend braun, am Bauch heller, der Schwanz ist gebändert.

Sperberweihe 11
Geranospiza caerulescens

Verbreitung: Mexiko S bis Argentinien
Lebensraum: Tropisches Flachland, meist mit Bäumen, oft in Wassernähe
Grösse: 41-51 cm

Die Färbung der 6 Unterarten variiert beträchtlich und reicht von der in Mexiko beheimateten schwarzen Unterart *G. c. nigra* bis zu der oberseits hellgrauen, unterseits dunkler grauen und meist fein gebänderten südamerikanischen Unterart *G. c. caerulescens*, die in O-Ecuador und Kolumbien bis Guyana und N-Brasilien vorkommt. Alle Vögel zeigen jedoch den charakteristischen schwarz und weiß gebänderten Schwanz. Jungvögel sind in der Regel unterseits stärker gelblichbraun getönt.

Noch ist ungeklärt, ob diese Art mit den beiden Höhlenweihen nah verwandt ist, mit denen sie die bedächtige und methodische Nahrungssuche teilt. Ebenso wie diese besitzt sie stark bewegliche Fersengelenke.

FAMILIE ACCIPITRIDAE 6 GREIFVÖGEL: WEIHEN

Schlanke, langflügelige und langbeinige Greifvögel. Gefieder bei Männchen meist grau oder schwarz und weiß, bei Weibchen bräunlich, häufig mit weißen Oberschwanzdecken. 3-6 meist weiße Eier, gelegentlich bis zu 8 oder mehr, werden im Nest am Boden oder in einem Busch 28-31 Tage bebrütet. Die Jungen verlassen das Nest nach 36-60 Tagen. 10 Arten.

Kornweihe 12
Circus cyaneus

Verbreitung: Nord- und Südamerika, N-Europa, N-Asien; überwintert weiter südlich
Lebensraum: Vorwiegend offenes (trockenes oder nasses) Gelände
Grösse: 44-52 cm

Die Kornweihe ist wie die Rohrweihe weit verbreitet. Männchen der europäischen Unterart *C. c. cyaneus* sind unterseits einfarbig weißlich, Vögel der amerikanischen Unterart *C. c. hudsonius* dagegen rötlich-braun gepunktet. Jungvögel sind wie Weibchen brauner, unterseits dunkel gestrichelt und zeigen einen weißen Bürzel und einen klar gebänderten Schwanz.

In vielen Regionen ist das Schicksal der Kornweihe eng mit dem Vorkommen von Kleinsäugern verknüpft, die sie in niedrigem Suchflug und mit für alle Weihen typisch V-förmig angewinkelten Flügeln jagt. Sie rasten in der Regel einzeln am Boden, bilden im Winter aber auch Schlafgemeinschaften.

Elsterweihe 13
Circus melanoleucos

Verbreitung: O-Sibirien S bis Mongolei, N-Korea, N-Burma; überwintert weiter südlich
Lebensraum: Offene Landschaften, auch Steppen und Feuchtgebiete
Grösse: 46-51 cm

Während das Männchen unverwechselbar gefärbt ist, ähnelt das Weibchen sehr dem von Steppen- und Wiesenweihe, ist aber deutlich heller und unterseits nur dünn gestrichelt. Jungvögel sind oberseits braun und unterseits dunkel kastanienbraun.

Im Winterquartier suchen Elsterweihen häufig auf Reisfeldern nach Fröschen. Zur Brutzeit bewohnen sie wie andere Weihen offenes Gelände, darunter auch Steppe und mooriges Gelände mit vereinzelten Birken und Wiesen in den Niederungen. Hier jagen sie vor allem kleine Säugetiere und Vögel, aber auch Frösche, Eidechsen und verschiedene Wirbellose.

Rohrweihe 14
Circus aeruginosus

Verbreitung: W-Europa O bis Asien, Madagaskar, Borneo, Australien
Lebensraum: Meist Feuchtgebiete des Flachlands, besonders mit Schilfzonen
Grösse: 48-58 cm

Wie bei allen Weihen sind auch Männchen und Weibchen der Rohrweihe sehr unterschiedlich gefärbt. Die Abbildung zeigt die Unterart *C. a. aeruginosus*, die in Europa, Israel und Mittelasien beheimatet ist.

Rohrweihen nisten meist in dichter Vegetation der Feuchtgebiete und jagen in weitem Umkreis nach Nahrung. Dazu gehören kleine Säugetiere und Vögel, Amphibien, kleine Fische und große Wirbellose, zuweilen fressen sie auch Aas. Während das Weibchen Brut und Aufzucht der Jungen übernimmt, wird es vom Männchen mit Nahrung versorgt. Das Männchen nähert sich rufend dem Nest, bis das Weibchen auffliegt und die Beute in der Luft auffängt.

HABICHTARTIGE

Rundschwanzsperber
juv.
Sperberbussard
Schieferbussard
Heuschrecken-
teesa
juv.
Krabbenbussard
Savannenbussard
Zaunadler

FAMILIE ACCIPITRIDAE 7 GREIFVÖGEL: SPERBER UND VERWANDTE

Kleine bis große Greifvögel mit breiten Flügeln und langem Schwanz. Fressen vor allem Vögel. Gefieder meist grau, braun oder schwärzlich, oft unterseits gebändert. Weibchen größer als Männchen, Gefieder zuweilen verschieden. Nistplatz meist Baumnest aus Zweigen. 1-6 weiße, oft braun gefleckte Eier werden 28-50 Tage bebrütet. Die Jungen bleiben 25-110 Tage im Nest. 53 Arten.

Graubürzel-Singhabicht 1

Melierax metabates

VERBREITUNG: Afrika S der Sahara, SW-Marokko, SW-Arabien
LEBENSRAUM: Offenes Waldland, Busch, Savannen
GRÖSSE: 41-48 cm

Dieser mittelgroße, recht langbeinige Singhabicht kann eigentlich nur mit dem etwas größeren Weißbürzel-Singhabicht verwechselt werden, von dem er sich in Verbreitung und Lebensraum stark unterscheidet. Den Namen erhielten sie wegen des melodischen Pfeiftons, den das Männchen zu Beginn der Brutzeit von Baumspitzen aus hören läßt.

Graubürzel-Singhabichte halten von Büschen, Bäumen und Termitenhügel oder anderen Warten nach Beute Ausschau, um sich auf Eidechsen, kleine Säugetiere, Kleinvögel und Insekten herabzustürzen. Ebenso jagen sie im Verfolgungsflug oder am Boden.

Gabarhabicht 2

Micronisus gabar

VERBREITUNG: Afrika S der Sahara, SW-Arabien
LEBENSRAUM: Waldland und Gebüsch
GRÖSSE: 28-36 cm

Gabarhabichte sind Sperbern sehr ähnlich, doch gibt es auch melanistische, schwarze Formen. Jungvögel sind oberseits brauner und an Kehle und Brust gestrichelt.

Sie sind kühne und ausdauernde Jäger, die sowohl Vögel in der Luft, als auch Eidechsen am Boden jagen. Zu Beginn der Brutzeit äußern die Männchen von Baumspitzen aus pfeifende Balzrufe, und die Partner jagen sich gegenseitig durch die Bäume. Meist baut das Weibchen das Nest und legt es in der Mitte mit Erde, Spinnweben oder auch Lumpen aus. Die Bebrütung der Eier und die Fütterung der Jungen werden ebenfalls vom Weibchen übernommen.

Sperberbussard 3

Kaupifalco monogrammicus

VERBREITUNG: Afrika S der Sahara
LEBENSRAUM: Savannen und Busch
GRÖSSE: 35-38 cm

Die recht kleinen, langbeinigen und verhältnismäßig schweren Sperberbussarde bewohnen Grasland und bewaldete Savannen des tropischen Afrika. Jungvögel sind insgesamt düsterer und brauner gefärbt als Altvögel.

Im Gegensatz zu den meisten Greifvögeln jagen sie hauptsächlich am Boden in hohem Gras oder anderer dichter Vegetation. Sie halten von verdeckten oder freien Warten nach Großinsekten, Eidechsen oder kleinen Schlangen Ausschau, fressen aber auch Frösche und kleine Nagetiere. Größere Beute wird am Boden gefressen, kleinere zur Warte getragen.

Neuhollandhabicht 4

Accipiter novaehollandiae

VERBREITUNG: Küsten N- und O-Australiens, Tasmanien, Neuguinea, O-Indonesien, Salomoninseln
LEBENSRAUM: Wald und Waldränder, bewaldete Flußläufe
GRÖSSE: 33-55 cm

Der Neuhollandhabicht kommt in etwa 20 Unterarten vor, die in der Färbung stark variieren. Die Australien und Tasmanien bewohnende Form *A. n. novaehollandiae* ist größer, oberseits grau und unterseits weiß oder ganz weiß. Vögel der in Neuguinea und umliegenden Inseln verbreiteten Unterart *A. n. leucosomus* sind oberseits grau und unterseits rostrot, dunkelgrau oder kastanienbraun oder ganz weiß. Viele der anderen auf Inseln vorkommenden Unterarten sind klein und leuchtend gefärbt.

Sie ernähren sich vorwiegend von Vögeln, Reptilien und Säugetieren bis zur Größe eines Kaninchens, aber auch von Insekten und Aas. Meist halten sie von einer Warte Ausschau, und selbst weiße Vögel fallen in Baumkronen überraschend wenig auf. In der Regel greifen sie ihre Beute nach einem verstohlenen Gleitflug an und verfolgen sie sehr geschickt durch das Laubwerk der Bäume.

Besrasperber 5

Accipiter virgatus

VERBREITUNG: W-Himalaya O bis S-China, SO-Asien, Indonesien, Philippinen
LEBENSRAUM: Immergrüner Wald oder andere bewaldete Regionen
GRÖSSE: 28-36 cm

Die Bänderung der Unterseite ist je nach Intensität der kastanienbraunen Färbung nicht immer auffällig, am stärksten aber bei der auf Sumatra verbreiteten Unterart *A. v. vanbemmeli*. Die Abbildung zeigt die Unterart *A. v. besra*, die in Indien südlich von Bombay und auf Sri Lanka und den Andamaninseln vorkommt. Jungvögel sind oberseits brauner als Altvögel. Der Besrasperber ist ein häufiger Brutvogel der Wälder Südasiens bis Indonesiens. Wie die meisten Sperber ernährt er sich vor allem von Vögeln, die er im Flug und am Boden erbeutet. Daneben frißt er auch Großinsekten und Eidechsen. Zur Balz gehören Segel- und Verfolgungsflüge, wobei die Vögel häufig rufen. Das aus Zweigen gebaute Baumnest wird oft auf ein altes Krähennest oder einen Eichhörnchen-Kobel gesetzt.

Sperber 6

Accipiter nisus

VERBREITUNG: Europa und NW-Afrika O bis Beringmeer und Himalaya
LEBENSRAUM: Vor allem Waldland oder Wald
GRÖSSE: 28-38 cm

Die Nahrung des Sperbers besteht fast ausschließlich aus Vögeln, weniger als 3 % machen andere Beutetiere aus. Meist wechselt er systematisch von einer Warte zur nächsten, um seine Beute aus der Deckung heraus im kurzen Angriffsflug zu überraschen, doch greift er auch im offenen Gelände an. Als extrem wendiger Flieger meistert er sehr kurvenreiche Strecken und nutzt Hindernisse zur Deckung. Die Größe der Beutevögel reicht von der Kohlmeise *Parus major* bis zum Fasan *Phasanius colchicus*, wobei Weibchen größere Beute erlegen als Männchen.

Das Nest wird von beiden Partnern meist nahe am Baumstamm in 6-15 m Höhe gebaut. Das Weibchen legt im Abstand von 2 oder mehr Tagen 4-5 Eier und brütet sie allein aus. Neben der abgebildeten europäischen Unterart *A. n. nisus* gibt es 5 weitere Unterarten, von denen sich die auf Korsika und Sardinien beheimatete *A. n. wolterstorffi* durch geringere Größe und viel dunklere Färbung am stärksten unterscheidet.

Eckschwanzsperber 7

Accipiter striatus

VERBREITUNG: Nord-, Mittel- und Südamerika, Karibik
LEBENSRAUM: Wälder, Gehölze, dichte Baumbestände
GRÖSSE: 25-33 cm

Der Eckschwanzsperber zeigt eine beträchtliche geographische Variation. In Nordamerika sind Männchen der dort weit verbreiteten Unterart *A. s. velox* oberseits schiefergrau und unterseits dicht rostrot gebändert, Weibchen oberseits braun und unterseits braun gebändert. Dagegen sind Vögel der in Guatemala, auf Honduras, El Salvador und Nicaragua verbreiteten Unterart *A. s. chionogaster* oberseits sehr dunkel und unterseits weiß. Auch die Größe variiert. So sind Vögel der Unterarten der Westindischen Inseln recht klein.

In seinem Verhalten ähnelt der Eckschwanzsperber seinen kleinen Verwandten dieser Gattung. Er jagt bevorzugt Vögel, die er aus der Deckung heraus überrascht. Nordamerikanische Populationen verbringen den Winter vom Zentrum der Staaten südlich bis Costa Rica.

Rundschwanzsperber 8

Accipiter cooperii

VERBREITUNG: S-Kanada S bis NW-Mexiko
LEBENSRAUM: Waldland, baumbestandene Flußufer
GRÖSSE: 36-51 cm

In der Größe liegt der Rundschwanzsperber zwischen dem Eckschwanzsperber und unserem Sperber. Als Waldbewohner verläßt er nur zur Jagd seine Deckung, um Vögel im Verfolgungs- und Überraschungsflug zu erbeuten. Daneben jagt er auch Säugetiere wie z.B. Grau- und Streifenhörnchen und Fledermäuse. Weibchen sind wesentlich größer als Männchen und können Tiere bis zur Größe eines Kragenhuhns *Bonasa umbellus* erlegen.

Das Männchen baut das Nest aus Zweigen, die es im Flug mit den Zehen ergreift und von Bäumen abknickt, meist in 10 m Höhe in einem Nadelbaum.

Habicht 9

Accipiter gentilis

VERBREITUNG: Zirkumpolar auf der nördlichen Halbkugel
LEBENSRAUM: Wälder und Waldland gemäßigter und borealer Zonen
GRÖSSE: 48-66 cm

Der Habicht kommt in Eurasien und Nordamerika in einer beträchtlichen geographischen Variation vor. Sibirische Unterarten sind wesentlich heller als die in Europa, SW-Asien und Marokko beheimatete *A. g. gentilis*, während Vögel der drei nordamerikanischen Unterarten einen dunklen Scheitel und einen deutlichen hellen Überaugenstreif zeigen. Jungvögel sind oberseits braun und unterseits dunkel getropft. Weibchen sind bis zu 50 % schwerer als Männchen.

Habichte sind kräftige, schnell fliegende Jäger und ernähren sich von Vögeln und Säugetieren, wobei Weibchen Tiere bis zur Größe eines Fasanenmännchens oder eines Hasen erbeuten können. Nach einigen Beobachtungen wird angenommen, daß sie Vorräte aus Beuteresten anlegen, die sie nicht auf einmal verzehren können.

FAMILIE ACCIPITRIDAE 8 GREIFVÖGEL: BUSSARDE UND VERWANDTE

Große Greifvögel mit langen, breiten, zum Segeln geeigneten Flügeln. Weibchen wenig größer als Männchen, Geschlechter meist gleich gefärbt. Gefieder mit unterschiedlichen Anteilen von Braun, Rostbraun, Schwarz und Weiß. 1-4 weiße oder cremeweiße, oft braun oder rötlich markierte Eier werden in Baumnest aus Zweigen 21-60 Tage bebrütet. Die Jungen bleiben 45-100 Tage im Nest. 55 Arten.

Heuschreckenteesa 10

Butastur rufipennis

VERBREITUNG: W-, Zentral- und O-Afrika
LEBENSRAUM: Vor allem Savannen, Busch und Halbwüsten
GRÖSSE: 40.43 cm

Nur von weitem könnte man ihn im Sitzen für einen Turmfalken und im Flug gar für eine Weihe halten. Er ernährt sich hauptsächlich von Insekten, darunter großen Heuschrecken und Gottesanbeterinnen, frißt aber auch kleine Vögel, Säugetiere und Schlangen. Gerne jagt er in der Umgebung von brennenden und abgebrannten Flächen, um aufgeschreckte und ungedeckte Beute zu ergreifen.

Heuschreckenteesas ziehen von den trockeneren Brutgebieten, wo sie auch die Regenzeit verbringen, in stärker bewaldete Regionen, in denen sie sich während der Trockenzeit aufhalten. In meist niedrigen Bäumen bauen sie ein tiefes Nest aus Zweigen, das mit Blättern ausgelegt wird.

Schieferbussard 11

Leucopternis schistacea

VERBREITUNG: Amazonas, S-Venezuela, O-Kolumbien, Ecuador, Peru und Bolivien
LEBENSRAUM: Wälder
GRÖSSE: 43-46 cm

Vögel der mittel- und südamerikanischen Gattung *Leucopternis* sind kleine bis mittelgroße Greifvögel. Von den ähnlichen Bussarden unterscheiden sie sich vor allem durch kurze, runde Flügel, die eine typische Anpassung an das kurvenreiche Jagen im Wald darstellen. Bei Jungvögeln sind Bauch und Unterschenkelbefiederung unregelmäßig weiß gebändert.

Schieferbussarde bewohnen bevorzugt bewaldete Flußläufe, überschwemmte Waldflächen und Waldsümpfe. Von wechselnden Warten halten sie nach Beute Ausschau, um sie am Rand des Gewässers zu ergreifen. Zu ihrer Nahrung gehören Frösche und Schlangen. Das Verhalten des Schieferbussards ist noch weitgehend unbekannt.

Krabbenbussard 12

Buteogallus anthracinus

VERBREITUNG: S USA bis südamerikanische Küsten, Karibik
LEBENSRAUM: Flache Küsten, auch Feuchtgebiete; Flüsse im Binnenland
GRÖSSE: 46-58 cm

Der auffällig breitflügelige und kurzschwänzige Krabbenbussard bewohnt vor allem flache, küstennahe Savannen, kommt aber auch weiter im Binnenland an bewaldeten Flußläufen vor. Er jagt eher träge von niedrigen Warten aus oder im niedrigen Suchflug und ist außerhalb der Brutzeit nur selten segelnd zu sehen.

Küstenbewohnende Populationen ernähren sich hauptsächlich von Krabben, nehmen aber auch andere wirbellose Strandtiere und angeschwemmte Fische. Um an das Krabbenfleisch zu gelangen, setzen sie den Hakenschnabel unter den Vorderrand des Panzers und ziehen diesen nach hinten ab. Zu weiteren Beutetieren gehören Insekten, Frösche, Schlangen und kleine Nagetiere, doch nur selten Vögel.

Savannenbussard 13

Buteogallus meridionalis

VERBREITUNG: O-Panama bis Zentralargentinien
LEBENSRAUM: Offenes Grasland, auch Feuchtgebiete
GRÖSSE: 51-61 cm

Der auffällig rostrot gefärbte Savannenbussard ist vor allem im Flug anhand der dunklen Flügelumrandung und des schwarzen Schwanzes mit breitem weißem Band und weißer Spitze zu erkennen. Jungvögel sind matter gefärbt, oberseits dunkelbraun, unterseits hell und an den Brustseiten kräftig dunkel gestrichelt.

Die meiste Zeit verbringen die recht langbeinigen Vögel in typisch aufrechter Haltung auf freien Sitzwarten, von denen aus sie sich auf Insekten, Amphibien, Schlangen, Fische, kleine Säugetiere und Kleinvögel stürzen, und nur gelegentlich jagen sie im Verfolgungsflug. An brennenden Grasflächen oder gepflügten Feldern finden sich zuweilen mehrere Vögel ein, um aufgeschreckte Kleintiere zu erbeuten.

Zaunadler 14

Harpyhaliaetus coronatus {B}

VERBREITUNG: O-Bolivien bis N-Patagonien
LEBENSRAUM: Dünne bewaldete Flächen und Savannen
GRÖSSE: 74-81 cm

Dieser große und robuste Greifvogel Südamerikas besitzt recht lange Beine und zeigt im Flug eine typisch kurzschwänzige Silhouette. Jungvögel haben eine braunere Oberseite und eine helle Unterseite mit dunkler Strichelung. Der Zaunadler bewohnt hauptsächlich trockene, offene Flächen mit vereinzelten Bäumen.

Er gilt als schwerfällig und träge und ist häufig auf Sitzwarten wie Zaunpfosten, Telegrafenmasten und toten Bäumen zu sehen. Meist jagt er von der Warte aus oder im niedrigen Segelflug, um kleine bis mittelgroße Säugetiere und Vögel, wahrscheinlich aber auch Schlangen zu erbeuten.

HABICHTARTIGE, AFFENADLER

Adlerbussard
B. r. augur
B. r. rufofuscus
Felsenbussard
dunkle Morphe
typische Färbung
Würgadler
Papuaadler
juv.
Harpyie
Affenadler

HABICHTARTIGE, AFFENADLER

Fischbussard 1

Busarellus nigricollis

VERBREITUNG: Mexiko S bis Argentinien
LEBENSRAUM: Tropisches Flachland, offenes oder halboffenes Gelände in Wassernähe
GRÖSSE: 48-51 cm

Der auffällig gefärbte Fischbussard hat einen recht kleinen Kopf, wirkt im Sitzen eher plump und zeigt im Flug breite, stumpfe Flügel und einen sehr kurzen Schwanz. Jungvögel sind matter gefärbt und dunkel gestrichelt. Er ernährt sich vorwiegend von Fischen, die er im Flug von der Wasseroberfläche greift oder von einer Sitzwarte aus stoßtauchend im Flachwasser erbeutet. Hornplatten an den Sohlen dienen zum besseren Greifen und Festhalten der Beute.

Der Fischbussard ist in einigen Teilen seines Verbreitungsgebiets recht häufig. Er brütet in der Nähe von Sümpfen und Feuchtgebieten, gelegentlich auch in Plantagen. Als Nest dient eine große Plattform aus Zweigen, die er bis in 15 m Höhe in einer Mangrove oder einem anderen Baum baut und zuweilen mit Blättern auslegt.

Wüstenbussard 2

Parabuteo unicinctus

VERBREITUNG: SW USA, Mittel- und Südamerika
LEBENSRAUM: Flachland mit geringem oder ohne Baumbestand, Halbwüsten
GRÖSSE: 48-56 cm

Der Wüstenbussard bewohnt hauptsächlich trockene, offene Regionen und ernährt sich von kleinen bis mittelgroßen Vögeln, darunter auch Enten, kleinen Nagetieren und anderen Säugern bis zur Größe eines Kaninchens, sowie von Eidechsen. Er jagt geschickt im niedrigen Suchflug oder von niedrigen Warten, gelegentlich auch am Boden.

Das Nest wird aus Ästen, Zweigen und Wurzeln bis in 10 m Höhe in einem Baum oder Kaktus sorgfältig angelegt und mit Gras, Blättern und Borkenstücken gepolstert. Die Bebrütung der 2-4 Eier dauert etwa 30 Tage, und im Alter von etwa 6 Wochen verlassen die Jungen das Nest.

Zweibindenbussard 3

Buteo nitidus

VERBREITUNG: SW USA, Mittel- und Südamerika
LEBENSRAUM: Tropisches und subtropisches Waldland und Wälder
GRÖSSE: 38-43 cm

Der Zweibindenbussard ist ein kleiner Vertreter der Gattung *Buteo*. Er ist ein typischer Waldbewohner mit breiten Flügeln und langem Schwanz, was ihm wendige Jagdmanöver zwischen den Bäumen ermöglicht. Zu seiner Nahrung gehören vorwiegend Eidechsen, die er von einer Warte aus im Gleitflug ergreift, gelegentlich frißt er auch Vögel.

Er ruft hoch *krii-ii-ii*, doch zumindest während der Balz äußert er im Flug auch flötende Rufe. Sein Nest ist im Laubwerk eines großen Baumes bis in 10-12 m Höhe oft gut versteckt. Im Südwesten der USA und in Nordmexiko beheimatete Vögel ziehen in südliche Winterquartiere.

Rotschulterbussard 4

Buteo lineatus

VERBREITUNG: Nordamerika S bis Zentralmexiko
LEBENSRAUM: Misch- oder Laubwald und angrenzende offene Flächen
GRÖSSE: 41-51 cm

Der weit verbreitete Rotschulterbussard bewohnt häufig feuchtes Waldland. Er lebt sehr heimlich, erscheint aber im Winter gelegentlich auch auf offenen Flächen. Zu seiner Nahrung gehören Vögel, kleine Säugetiere, Eidechsen, Schlangen, Frösche und Kröten. Er fliegt mit schnellen, von Gleitstrecken unterbrochenen Flügelschlägen. Häufig ruft er im Flug.

Von den 5 Unterarten sind die im Südwesten der USA und in Mexiko verbreiteten *B. l. texanus* und *B. l. elegans* unterseits wesentlich dunkler und rötlicher als Vögel der östlichen Unterart *B. l. lineatus*. In Florida kommen zwei isolierte Unterarten vor, die an Kopf und Unterseite heller sind und unterseits wenig oder keinerlei rostbraune Bänderung zeigen.

Mohrenbussard 5

Buteo albonotatus

VERBREITUNG: SW USA, Mittel- und Südamerika
LEBENSRAUM: Bewaldete und halboffene Flächen
GRÖSSE: 46-53 cm

Der Mohrenbussard ist ein schlanker, verwegener Bewohner unterschiedlichster halboffener Landschaften mit geringem Baumbestand, zerklüfteter niederer Berghänge, in einigen Regionen, besonders im tropischen Amerika, aber auch bewaldeter Gebiete. Weibchen sind deutlich größer als Männchen, Jungvögel unterseits kräftig weiß gefleckt.

Er jagt vor allem im Flug und häufig in Gesellschaft von Truthahngeiern, deren Silhouette seiner ähnelt. Man nimmt an, daß Beutetiere durch sein geierähnliches Flugbild getäuscht werden. Zu seiner Nahrung gehören Nagetiere, Eidechsen, Amphibien und Vögel, die er im schnellen Anflug greift. Das Nest wird gegen Eindringlinge, auch Menschen, vehement verteidigt.

Hawaiibussard 6

Buteo solitarius {B}

VERBREITUNG: Hawaii-Insel; in Maui und Oahu eingewandert
LEBENSRAUM: Verschiedenartig; vor allem lichtes Waldland und Feldränder mit Baumbestand, meist in 600-1500 m Höhe
GRÖSSE: 41-46 cm

Auf der an endemischen Arten reichen Insel Hawaii ist dieser anpassungsfähige Bussard der kleinste seiner Gattung. Während er sich heute hauptsächlich von Ratten ernährt, die von Siedlern eingeführt wurden, bestand seine Nahrung früher wahrscheinlich aus Großinsekten und Vögeln. Meist ist er einzeln oder paarweise zu sehen.

Der Hawaiibussard kommt in zwei Farbmorphen vor. Vögel der hellen Morphe sind oberseits dunkel braun, am Kopf heller und unterseits weißlich und rostrot markiert. Jungvögel sind mit Ausnahme der Flügel heller gefärbt. Vögel der dunklen Morphe sind unterseits schwärzlich braun und zeigen an der Kehle einige weiße Federn. Jungvögel sind unterseits unregelmäßig gefleckt und gebändert.

Rotschwanzbussard 7

Buteo jamaicensis

VERBREITUNG: Nord- und Mittelamerika, Karibik
LEBENSRAUM: Extrem unterschiedlich, doch meist mit Baumbestand
GRÖSSE: 51-63 cm

Der große Rotschwanzbussard ist ein weit verbreiteter Bewohner unterschiedlichster Lebensräume, die von Waldland über Prärien bis zu Gebirgswiesen reichen. Er ernährt sich von Säugetieren, Vögeln, Reptilien und Insekten, die er von einer Warte aus, im niedrigen Suchflug oder auch im Rüttelflug erspäht.

Es gibt etwa 14 Unterarten, die sich vor allem in der Färbung, in gewissem Maße aber auch in der Größe unterscheiden. Die meisten Vögel, wie die der östlichen nordamerikanischen Unterart *B. j. borealis,* sind oberseits dunkel braun, unterseits hell und zeigen dunkle Markierungen am Bauch und einen rostbraunen Schwanz. Einige in Alaska und Kanada beheimatete Vögel sind ober- und unterseits einfarbig dunkel und zeigen einen dunklen Schwanz. Der sogenannte «Krider's Hawk» *B. j. kriderii* ist vor allem in den Great Plains verbreitet.

Mäusebussard 8

Buteo buteo

VERBREITUNG: Europa O über Asien bis zum Beringmeer
LEBENSRAUM: Unterschiedlich, meist mit Baumbestand
GRÖSSE: 51-57 cm

Der Mäusebussard ist ein recht schwerer, mittelgroßer bis großer, breitflügeliger und kurzschwänziger Vogel und zeigt eine Farbvariation, die unter den europäischen Greifvögeln einmalig ist. Helle Vögel kommen in allen Populationen vor, und in einigen sind sie regelrecht häufig, was zu extrem unterschiedlichen Gefiedermusterungen führt. Viele dieser Vögel zeigen eine weiße Färbung von Kopf, Unterseite und Unterflügeln. Der im Norden und Osten verbreitete Falkenbussard *B. b. vulpinus* ist unterseits dunkel rot- bis graubraun und hat einen orange-grauen Schwanz.

Häufig sieht man den Mäusebussard über offenem Gelände und Waldrändern segeln, wobei die Flügel leicht V-förmig angehoben werden. Er ernährt sich vorwiegend von Nagetieren und anderen kleinen Säugern, im Winter aber auch von Aas. Sein weit hörbarer, klagender Ruf ist im Flug häufig zu hören. In vielen Regionen ist er der häufigste Greifvogel, dennoch hat sein Bestand gebietsweise dramatisch abgenommen.

Rauhfußbusard 9

Buteo lagopus

VERBREITUNG: N-Europa O bis Asien, Nordamerika
LEBENSRAUM: Vorwiegend arktisches oder subarktisches offenes Gelände
GRÖSSE: 51-61 cm

Der Rauhfußbussard ist etwas größer als der Mäusebussard und hat längere Flügel und einen längeren Schwanz. Er kommt in mehreren Unterarten vor und zeigt ebenfalls starke Variationen in der Färbung. Die Abbildung zeigt die in N-Europa und der nordwestlichen UdSSR verbreitete Unterart *B. l. lagopus* und die nordamerikanische *B. l. sancti-johannis*, die beide in einer hellen und einer dunklen Morphe wie auch in zahlreichen Übergangsstadien vorkommen.

Rauhfußbussarde rütteln häufig bei der Jagd. Ihre Anzahl ist eng an das Vorkommen von kleinen Nagetieren gebunden, die ihre Hauptnahrung ausmachen. Im arktischen Skandinavien sind es vor allem Lemminge, deren Populationszyklus den Bruterfolg der Rauhfußbussarde bestimmt. Wie auch die weit im Norden brütenden Mäusebussarde sind sie Zugvögel, die den Winter in südlicheren Regionen verbringen, z.B. in Mitteleuropa.

Adlerbussard 10

Buteo rufinus

VERBREITUNG: SO-Europa O bis Mittelasien, N-Afrika
LEBENSRAUM: Hauptsächlich Flachland, offenes, vielfach trockenes oder halbtrockenes Gelände
GRÖSSE: 51-66 cm

Der dem Rauhfußbussard ähnliche Adlerbussard erinnert im Flug etwas an einen Adler. Er kommt in dunklen, hellen und intermediären Morphen vor und zeigt entsprechend variable Gefiedertönungen. Jungvögel lassen von nahem helle Federränder der dunklen Oberseite erkennen und sind insgesamt weniger einfarbig als Altvögel.

Adlerbussarde bewohnen Steppen, Halbwüsten und Gebirge bis in 4000 m Höhe, wo sie sich hauptsächlich von Eidechsen und kleinen Säugetieren ernähren. Vögel der nördlichen Verbreitungsgebiete ziehen in südliche Winterquartiere, die von Nordafrika ostwärts bis Nordindien reichen.

Felsenbussard 11

Buteo rufofuscus

VERBREITUNG: O- und S-Afrika
LEBENSRAUM: Vor allem Hügelland
GRÖSSE: 46-53 cm

Der Felsenbussard ist in Afrika häufig und weit verbreitet. Man unterscheidet zwei Unterarten, die anhand der Färbung der Unterseite zu erkennen sind. Die Unterart *B. r. rufofuscus* kommt in Südafrika vor, *B. r. augur* dagegen von Simbabwe bis ins äthiopische Hochland.

Felsenbussarde fliegen von einer Seite zur anderen schaukelnd und mit deutlich angehobenen Flügeln. Zu ihrer Nahrung gehören Nagetiere, Eidechsen, Schlangen, Vögel und auch Insekten, die sie von einer Warte aus oder im Suchflug erspähen, doch fressen sie auch Aas. Häufig sitzen sie auf Telegrafenmasten oder Pfosten entlang der Straßen, wo sie sich trotz vorbeifahrender Autos an Kadaver heranwagen. Sie brüten auf Felsklippen oder in Bäumen und benutzen das große, aus Ästen gebaute Nest mehrere Jahre hintereinander.

Würgadler 12

Morphnus guianensis {B}

VERBREITUNG: Von Honduras S bis N-Argentinien
LEBENSRAUM: Tropische Wälder des Flachlands
GRÖSSE: 79-89 cm

Von den zwei Farbmorphen des großen Würgadlers wurde die dunkle früher als eigene Art betrachtet. Mit seinen breiten, runden Flügeln und dem langen Schwanz ist er auf die Jagd im Wald spezialisiert. Zuweilen sieht man ihn über dem Kronendach segeln, doch sitzt er meist auf hohen Bäumen und hält nach Beute wie kleinen Affen, Opossums, Vögeln und Reptilien Ausschau.

Würgadler sind in ihrem ganzen Verbreitungsgebiet selten und wie viele andere Bewohner des Regenwalds niederer Lagen durch Abholzung bedroht. Sie bauen ein großes, hoch liegendes Baumnest, doch ist darüber hinaus nur wenig über ihre Brutbiologie bekannt.

Harpyie 13

Harpia harpyja {B}

VERBREITUNG: S-Mexiko S bis N-Argentinien
LEBENSRAUM: Tropenwälder tieferer Lagen
GRÖSSE: 91-110 cm

Mit ihren mächtigen Zehen und Krallen gehört die riesige Harpyie zu den kräftigsten Greifvögeln der Welt. Sie kann große Affen, Faultiere und Stachelschweine erlegen, frißt aber auch Vögel und Reptilien.

Die Harpyie fängt den größten Teil ihrer Beute auf Bäumen, indem sie sich mit großem Geschick durch das Laubwerk bewegt. Das Nest ist etwa 1,5 m breit und wird aus kräftigen Ästen bis in 50 m Höhe oft in die Krone riesiger Bäume gebaut.

Papuaadler 14

Harpyopsis novaeguineae {B}

VERBREITUNG: Neuguinea
LEBENSRAUM: Regenwald und Galeriewälder; Lichtungen und Gärten
GRÖSSE: 75-90 cm

Der Papuaadler ist ein sehr großer Greifvogel mit kurzen Flügeln, langem Schwanz und unbefiederten Beinen und an der aufstellbaren Scheitelhaube und Gesichtskrause gut zu erkennen. Hochlandbewohner Neuguineas, inzwischen auch mit Feuerwaffen ausgerüstet, jagen ihn wegen seiner Flügel- und Schwanzfedern und haben ihn in einigen Regionen bereits ausgerottet. Seine von Natur aus geringe Populationsdichte und Reproduktionsrate machen ihn für Jagddruck und die Zerstörung seines Lebensraums extrem anfällig.

Er jagt nach Art eines Habichts von verdeckten Warten aus, die er durch dichtes Laubwerk fliegend wechselt. Zu seiner Nahrung gehören Säugetiere bis zur Größe eines Ferkels, aber auch Vögel und Reptilien, die er von einer Warte aus akustisch lokalisiert. Während er sich in dichten Unterwuchs stürzt, hilft die aufgestellte Gesichtskrause ähnlich wie bei Eulen zur besseren Ortung der Beute. Daneben jagt er auch zu Fuß am Boden. In der Morgen- und Abenddämmerung äußern die Paare laute Revier- und Kontaktrufe.

Affenadler 15

Pithecophaga jefferyi {B}

VERBREITUNG: Philippinen
LEBENSRAUM: Regenwald
GRÖSSE: 86-102 cm

Der eindrucksvolle Affenadler gehört heute zu den seltensten und vom Aussterben bedrohten Greifvögeln der Welt. Er brütet nur noch zerstreut auf einigen philippinischen Inseln, wo seine Population auf etwa 200 Vögel geschätzt wird. Ursache seines dramatischen Rückgangs ist in erster Linie die großflächige Abholzung des Regenwaldes.

Der Affenadler ist ein unverkennbarer, riesiger und kräftiger Greifvogel mit kurzen Flügeln, langem Schwanz und einem sehr hohen, schlanken Schnabel. Er jagt Affen und Lemuren und kann sogar kleine Hirsche und Nashornvögel erlegen. Meist jagt er von einer Baumwarte aus oder im Suchflug dicht über den Baumkronen.

HABICHTARTIGE

S. c. limnaetus
dunkle Morphe
Haubenadler
S. c. cirrhatus
Schopfadler
juv.
Prachtadler
juv.
Kronenadler
juv.
Isidoradler
Kampfadler

HABICHTARTIGE (ADLER)

FAMILIE ACCIPITRIDAE 9
GREIFVÖGEL: ECHTE ADLER

Große, zumeist beuteschlagende Greifvögel mit befiederten Beinen. Geschlechter gleich gefärbt, Weibchen meist größer. Gefieder überwiegend braun, bei einigen Waldbewohnern mit schwarzen und weißen oder kastanienbraunen Partien, eine Art ganz schwarz. Bauen großes Nest aus Zweigen meist in Bäumen oder auf Felsklippen, übernehmen zuweilen verlassenes Greifvogelnest. 1-2 weiße, braun oder rötlich markierte Eier werden 40-50 Tage bebrütet. Die Jungen bleiben 50-120 Tage im Nest. 31 Arten.

Malaienadler 1

Ictinaetus malayensis

VERBREITUNG: Indien, Sri Lanka, Burma, Malaysia SO bis Sulawesi, Molukken
LEBENSRAUM: Vor allem bewaldete Hügel
GRÖSSE: 69-81 cm

Der leichtgewichtige Malaienadler kann mit seinen langen Flügeln mit langen, tief gefingerten Handschwingen auf der Suche nach Beute ungewöhnlich langsam über oder durch Baumkronen fliegen.

Neben Eidechsen, kleinen Säugetieren und Vögeln hat er sich vor allem auf das Ausrauben von Nestern spezialisiert. Er frißt Eier und Jungvögel und nimmt manchmal das ganze Nest mit, um den Inhalt auf einer Warte in Ruhe zu verzehren. Als Anpassung an diese Jagdtechnik sind Außenzehen und Krallen sehr kurz, während die anderen Zehen sehr lang und mit langen, geraden Krallen ausgestattet sind.

In offenerem Gelände sucht er nach Weihenart den Boden nach kleinen Säugetieren ab, auch fliegt er wendig und schnell genug, um vor Höhleneingängen Fledermäuse und Schwalben zu jagen.

Schelladler 2

Aquila clanga

VERBREITUNG: Brutgebiet von O-Europa O bis ganz N-Asien; einige sind Standvögel, andere überwintern weiter südlich, viele ziehen bis NO-Afrika, den Mittleren Osten, N-Indien und China
LEBENSRAUM: Vorwiegend Waldland oder Wald, meist nahe Gewässern oder Feuchtgebieten
GRÖSSE: 66-74 cm

Der recht schwere Schelladler wirkt im Flug meist ausgesprochen breit- und stumpfflügelig. Altvögel sind dunkelbraun und tragen auf dem Bürzel einen weißlichen Halbmond, Vögel der seltenen hellen Morphe sind hell gelblichbraun. Juvenile Schelladler lassen sich an den typischen weißen Flecken gut erkennen, Jungvögel der hellen Morphe zeigen dagegen ein sandfarbenes Gefieder mit schwärzlichen Schwungfedern.

Schelladler jagen kleine Säugetiere, Vögel, Reptilien, Amphibien und Insekten, gehen aber auch gern an Aas. An Vögeln erbeuten sie Wasservögel wie z.B. junge Reiher, die sie vom Nest rauben, oder Enten und Bläßhühner. Letztere werden von Artgenossen isoliert und so häufig angegriffen, bis sie vom vielen Tauchen erschöpft und an der Wasseroberfläche leicht zu greifen sind.

Kaiseradler 3

Aquila heliaca {B}

VERBREITUNG: Brütet von O-Europa bis Mittelasien, Spanien; einige Populationen sind Zugvögel, vor allem Vögel Mittelasiens überwintern S bis N-Indien
LEBENSRAUM: Hauptsächlich Flachland, meist mit Baumbestand
GRÖSSE: 79-84 cm

Der majestätische Kaiseradler ist nur wenig kleiner als der Steinadler und auf dem Scheitel und Nacken statt goldgelb leuchtend gelblichweiß gefärbt. Während er in einigen Regionen Mittelasiens noch verbreitet ist, hat sein Bestand in Europa drastisch abgenommen.

Die in Spanien isoliert vorkommende Unterart *A. h. adalberti* unterscheidet sich von der europäischen und asiatischen *A. h. heliaca* vor allem durch ausgedehnteres Weiß am Flügelvorderrand und wird häufig als eigene Art betrachtet. Inzwischen ist der Spanische Kaiseradler sehr selten und vom Aussterben bedroht.

Steinadler 4

Aquila chrysaetos

VERBREITUNG: Europa, N-Asien, Nordamerika, Teile N-Afrikas und Mittlerer Osten
LEBENSRAUM: Gebirge, Ebenen, Meeresküsten
GRÖSSE: 76-99 cm

Der Steinadler ist für seinen majestätischen Flug bekannt und gilt vielen als eindrucksvollster Vertreter seiner Gattung. Im Gegensatz zur vorherrschenden Meinung ist er kein ausdauernder Jäger, sondern hält in niedrigem Suchflug nach Beute Ausschau, um sie im kurzen Angriffsflug zu erlegen. Seine Nahrung besteht vor allem aus mittelgroßen Säugetieren und Vögeln, doch frißt er auch Aas.

Der Bestand dieses auf der nördlichen Halbkugel am weitesten verbreiteten und häufigsten Adlers ist in einigen Regionen stark zurückgegangen. Ursache sind menschliche Störungen und Eingriffe in seinen Lebensraum, aber auch das Abschießen und Vergiften der Adler, was mit dem Schutz von Jagdwild und Lämmern begründet wird.

Steinadler bauen ihr Nest aus Zweigen meist auf Felsklippen oder in Bäumen. Die meisten Paare haben mehrere Nester, die sie wechselnd benutzen. Ein viele Jahre lang benutztes Nest kann bis zu 2 m hoch und 1,5 m breit werden.

Keilschwanzadler 5

Aquila audax

VERBREITUNG: Australien, Tasmanien, S Neuguinea
LEBENSRAUM: Verschieden, meidet aber dicht besiedelte und kultivierte Regionen
GRÖSSE: 86-104 cm

Dieser Adler ist sehr groß, dunkel und besitzt einen keilförmigen Schwanz. Jungvögel sind braun, an Nacken und Schultern hell und erreichen erst im siebten Lebensjahr das schwärzliche Alterskleid. Die kleine Population von Tasmanien ist durch Zerstörung des Lebensraums und Verfolgung bedroht.

Keilschwanzadler halten segelnd, im niedrigen Suchflug oder von einer Warte nach Beute Ausschau. Sie erlegen Säugetiere, Vögel und Reptilien bis zur Größe eines jungen Känguruhs oder Ibisses. Auf Weiden jagen sie vor allem Kaninchen und Hasen, gelegentlich aber auch Lämmer und junge Ziegen. Jungvögel treffen sich ähnlich wie Geier häufig an Aas. Brutpaare zeigen Balzflüge mit Seitenrollen und Entgegenstrecken der Zehen. Das riesige Nest bauen sie aus Zweigen in einer stabilen Astgabel, gelegentlich aber auch an Felsklippen. Die 1-2 (selten 3) Eier werden hauptsächlich vom Weibchen bebrütet.

Kaffernadler 6

Aquila verreauxii

VERBREITUNG: Afrika S der Sahara, Sinai, S-Arabien
LEBENSRAUM: Felsgebirge, Klippen und Schluchten, auch trockene Savannen
GRÖSSE: 81-96 cm

Der Kaffernadler ist die afrikanische Entsprechung zum Steinadler. Er jagt bevorzugt mittelgroße Säugetiere, in vielen Regionen vor allem Klippschliefer. Seine typische Flugsilhouette ist an der schmalen Basis der Armflügel und den breiten Handschwingen gut zu erkennen.

Kaffernadler zeigen während der Balz eindrucksvolle Flugmanöver, wobei atemberaubende Sturzflüge und steile Aufstiege sich abwechseln, oft gefolgt von einer Seitenrolle oder einem Purzelbaum. Männchen vollziehen zudem eindrucksvolle, kreiselnde Flugspiralen. Kaffernadler legen zwei Eier, doch wird das jüngere und schwächere Geschwister vom älteren in aller Regel getötet. Diese als «Kainismus» unter Greifvögeln verbreitete Überlebensstrategie ist beim Kaffernadler besonders ausgeprägt.

Zwergadler 7

Hieraaetus pennatus

Verbreitung: Brütet in NW-Afrika, SW-Europa, SO-Europa O bis Asien; die meisten europäischen Vögel überwintern in Afrika S der Sahara, die meisten asiatischen in Indien
Lebensraum: Wald, Waldland und angrenzende offene Flächen, vor allem in Hügel- und Gebirgsregionen
Grösse: 46-53 cm

Der Zwergadler ernährt sich von Vögeln und kleinen Säugetieren, die er von einer hohen Baumwarte oder aus 100-250 m Höhe im rasanten Sturzflug erbeutet.

Er kommt in einer hellen und einer dunklen Morphe vor. Während in Europa helle Vögel meist häufiger sind als dunkle (Verhältnis etwa 7:3), scheinen in Asien beide Morphen etwa gleich vertreten zu sein. Jungvögel der hellen Morphe sind unterseits ingwerfarben gefleckt und gestrichelt, die der dunklen Morphe wie Altvögel gefärbt.

Elsteradler 8

Spizastur melanoleucus

Verbreitung: Mittel- und Südamerika
Lebensraum: Wälder und angrenzendes offenes Gelände
Grösse: 53-61 cm

Der Elsteradler dürfte sich vorwiegend von kleinen bis mittelgroßen Säugetieren und Vögeln ernähren. In einigen Teilen Südamerikas kommt er an Flußläufen vor, die häufig die einzigen offenen Flächen darstellen, und jagt dort Vögel bis zur Größe eines Kormorans oder eines Sägers.

Da er trotz seiner auffälligen Färbung kaum einmal beobachtet wird, gilt er als seltene und nur lokal verbreitete Art. Jungvögel sind Altvögeln ähnlich, zeigen aber weißliche Ränder der Flügeldecken.

Schopfadler 9

Spizaetus occipitalis

Verbreitung: Afrika S der Sahara
Lebensraum: Waldland, Agrarland, offenes Gelände mit Baumbestand
Grösse: 51-56 cm

Schopfadler ernähren sich vor allem von kleinen Nagetieren, die sie von einer Warte aus jagen. In weiten Teilen Afrikas sieht man sie am Straßenrand auf Zaunpfählen oder Bäumen sitzen und nach Beute Ausschau halten. Sie jagen bevorzugt frühmorgens und frühabends und verbringen die heißen Mittagsstunden gern im Schatten eines großen Baumes.

Sie sind sehr ruffreudig und äußern besonders zu Beginn der Brutzeit von Warten aus oder im Flug laute, hohe und rauhe Rufe *kik-kik-kik-kik-kee-eh*. Jungvögel sind etwas brauner als Altvögel und zeigen weiße Spitzen der Halsfedern und Oberflügeldecken.

Haubenadler 10

Spizaetus cirrhatus

Verbreitung: Indien, Sri Lanka, SO-Asien
Lebensraum: Savannen, offenes Gelände, in einigen Regionen Wälder
Grösse: 56-81 cm

Die Unterarten des Haubenadlers variieren in Größe, Färbung wie auch in der Ausprägung der Haube beträchtlich, die bei einigen ganz fehlen kann. Altvögel sind meist wie die in Indien südlich der Gangesebene und in Bangladesch verbreitete Unterart *S. c. cirrhatus* gefärbt. Vögel der vom Himalaya bis zu den Philippinen, auf Borneo und Java beheimateten Unterart *S. c. limnaetus* kommen als einzige in einer hellen und dunklen Morphe vor und haben keine Haube.

Haubenadler jagen meist von einer Warte aus kleine Säugetiere, Eidechsen und seltener Vögel, die sie am Boden erbeuten. Das Nest wird aus Ästen in großer Höhe in einen Baum gebaut und mit Blättern ausgelegt.

Prachtadler 11

Spizaetus ornatus

Verbreitung: Mittel- und Südamerika, Trinidad und Tobago
Lebensraum: Tropenwälder und angrenzende offene Flächen
Grösse: 61-66 cm

Wie die meisten waldbewohnenden Greifvögel jagt der Prachtadler von Warten aus. Zu seiner Nahrung gehören kleine Säugetiere und Vögel bis zur Größe kleiner Reiher, Rallen und Papageien. Meist sieht man ihn, wenn er niedrig über den Baumkronen segelt, wobei er die Flügel waagerecht, aber leicht nach vorne gewinkelt hält. Zur Brutzeit segeln die Paare gemeinsam, und die Männchen führen Loopings und Wellenflüge vor. In dieser Zeit äußern Prachtadler häufig laute, hohe Schreie und Pfeiftöne.

Kronenadler 12

Spizaetus coronatus

Verbreitung: Afrika S der Sahara
Lebensraum: Vorwiegend Wälder, manchmal Hügelland und offenere Flächen
Grösse: 81-91 cm

Dieser nach seiner kurzen Haube benannte eindrucksvolle, große und kräftige Adler ernährt sich fast ausschließlich von Säugetieren. In dichten Wäldern, wo die kurzen, breiten Flügel und der lange Schwanz wendige Jagdmanöver ermöglichen, erbeutet er vor allem Affen. In offenerem Gelände jagt er kleine Antilopen, Klippschliefer, Mungos und Ratten, gelegentlich sogar Hauskatzen. Weibchen sind größer als Männchen, unterseits kräftig gebändert und zeigen eine kürzere Haube.

Im Gegensatz zu vielen anderen Adlern benutzen Kronenadler in der Regel dasselbe Nest viele Jahre lang. Es wird aus Zweigen in einer Höhe von 12-45 m in einen Baum gebaut und mit grünen Zweigen ausgelegt. Kurz vor der Kopulation umwirbt das Männchen das Weibchen, indem es mit angehobenen, unterseits rotbraun leuchtenden Flügeln vor ihm hin und her läuft. Bebrütung der Eier und Aufzucht der Jungen werden in der Regel von beiden Partnern übernommen.

Isidoradler 13

Spizaetus isidori

Verbreitung: Anden von Venezuela bis Argentinien
Lebensraum: Vor allem Bergwälder, meist in 1600-2800 m Höhe
Grösse: 63-74 cm

Isidoradler sind kräftig und von untersetzter Gestalt. Sie ernähren sich vor allem von mittelgroßen, baumbewohnenden Säugetieren wie Affen, Faultieren, Eichhörnchen und großen Vögeln wie Guan- und Hokkohühnern, die sie im Segelflug erspähen und wahrscheinlich im kurzen Jagdflug, einige aber auch am Boden erbeuten.

Für das große Nest, das mehr als 1 m hoch und 2 m breit sein kann, verwenden sie ausschließlich frische Zweige, die sie mit Schwung im Steilflug von den Bäumen brechen.

Wie viele andere Adler ist auch der Isidoradler selbst in den geeignetsten Lebensräumen nur spärlich verbreitet und durch Abholzung bedroht.

Kampfadler 14

Polemaetus bellicosus

Verbreitung: Afrika S der Sahara
Lebensraum: Vorwiegend Savannen, auch Kulturland
Grösse: 81-96 cm

Dies ist der größte und kräftigste Adler Afrikas. Mit Ausnahme des Gauklers verbringt er wesentlich mehr Zeit segelnd als andere Verwandte, wobei er oft sehr hoch aufsteigt. Er ernährt sich von Vögeln, kleinen bis mittelgroßen Säugetieren und Eidechsen, die er aus erstaunlich großer Entfernung erspäht und im langen, rasanten Sturzflug erbeutet, doch jagt er auch von Warten aus.

Weibchen sind größer und meist kräftiger gefleckt als Männchen, und ihre Flügelspannweite kann bis zu 2,6 m betragen. Jungvögel sind oberseits heller als Altvögel und unterseits von der Kehle bis zu den Unterschwanzdecken rein weiß.

Der Bruterfolg unterliegt starken Schwankungen, wobei manche Paare nur ein Junges in drei Jahren aufziehen. Sie leiden stark unter der Verfolgung durch Farmer, die sie oft zu unrecht bezichtigen, Weidetiere zu erlegen.

SEKRETÄRE, GEIERFALKEN, FALKEN

Mauritiusfalke
♀
Turmfalke
♂
Graubartfalke
♂
♀
dunkle Morphe
helle Morphe
Eleonorenfalke
Baumfalke
♂
Aplomadofalke
weiße Morphe
dunkle Morphe
graue Morphe
juv.
Gerfalke
♂
Wanderfalke

SEKRETÄRE, GEIERFALKEN, FALKEN

FAMILIE SAGITTARIIDAE SEKRETÄRE

Zu dieser Familie gehört nur eine Art.

Sekretär 1

Sagittarius serpentarius

VERBREITUNG: Afrika S der Sahara
LEBENSRAUM: Offene Savannen und Grasland
GRÖSSE: 125-150 cm

Seinen Namen erhielt er wegen der schmückenden Federbüschel, die etwas an einen altmodischen Sekretär mit Schreibfeder am Ohr erinnern. Sekretäre suchen in bedächtigen Schritten den Boden nach Beute ab und sind bekannt für ihr Geschick, mit dem sie Schlangen lähmen und töten. Sie ernähren sich vor allem von Reptilien, kleinen Säugetieren, Eiern, Jungvögeln in Bodennestern und Großinsekten.

Während der Balz segeln sie in großer Höhe, wobei sie an den langen Beinen und dem langen Schwanz zu erkennen sind, und äußern grunzende Rufe. Als Nest dient eine bis zu 2,4 m breite Zweigunterlage. Die 2-4 grünlich-weißen Eier werden vom Weibchen etwa 45 Tage bebrütet, und im Alter von 10-11 Wochen verlassen die Jungen das Nest.

FAMILIE FALCONIDAE 1 GEIERFALKEN

Große Vögel mit unbefiedertem Gesicht und hohem, kräftigem Schnabel. Vorwiegend Aasfresser mit langen Beinen und flachen Krallen. Gefieder dunkel, an Hals oder Kopf helle oder weißliche Partien, einige fein gebändert. Geschlechter gleich gefärbt. 2-3 weißliche, gelbbraune oder rosafarbene, rotbraun markierte Eier werden im Nest aus Zweigen in Bäumen oder auf Klippen etwa 32 Tage bebrütet. Die Jungen bleiben etwa 42 Tage im Nest. 9 Arten.

Schopfkarakara 2

Polyborus plancus

VERBREITUNG: Florida und SW USA, Mittel- und Südamerika
LEBENSRAUM: Offenes oder halboffenes Gelände
GRÖSSE: 51-61 cm

Zur artenreichen Liste der Beutetiere des Schopfkarakaras gehören kleine Säugetiere, junge oder verletzte Vögel, Fische, Frösche, Insekten und andere Wirbellose, doch frißt er auch Aas. Im Gegensatz zu Geiern, mit denen er sich oft an Kadavern versammelt, fliegt er nicht im Segelflug, sondern mit aktiven, kräftigen und geräuschvollen Flügelschlägen. Frühmorgens sucht er Schnellstraßen nach überfahrenen Tieren ab und findet sie oft früher als Geier, die als Segelflieger auf warme Aufwinde der späteren Morgenstunden angewiesen sind.

Gelbkopfkarakara 3

Milvago chimachima

VERBREITUNG: Panama S bis N-Argentinien
LEBENSRAUM: Savannen, Gebüsch, halboffene Flächen
GRÖSSE: 39-46 cm

Der Gelbkopfkarakara ist kleiner und leichter als die verwandten Karakaras und ernährt sich wie diese von Aas, Insekten und kleinen Vögeln und Säugetieren. Häufig pickt er auf dem Rükken von Weidetieren Zecken.

Chimachimas halten sich gern in kleinen Gruppen auf und rasten oft hoch in Bäumen. Sie fliegen schwungvoll mit gleichmäßigen, von gelegentlichen Gleitstrecken unterbrochenen Flügelschlägen. Das große Nest aus Zweigen bauen sie meist in Bäumen.

FAMILIE FALCONIDAE 2 FALKEN

Kleine bis mittelgroße Vögel von kompakter Gestalt mit meist langen, spitzen Flügeln. Hochentwickelte Flieger, die oft in der Luft Beute schlagen. Schnabel mit Hakenspitze versehen, um Beute durch Nackenbiß zu töten. Geschlechter meist gleich gefärbt (mit Ausnahme der meisten Turmfalken), Weibchen größer. Gefieder verschieden, oberseits meist dunkler als unterseits, oft mit braunen, rostroten oder blaugrauen Tönen. Bauen kein Nest. 2-6 meist isabellbraune, kräftig rotbraun gefleckte Eier werden auf nackter Felsklippe oder in Baumhöhle 28-36 Tage bebrütet, manchmal wird Nest anderer Vogelart übernommen. Die Jungen bleiben 25-49 Tage im Nest. 48 Arten.

Lachfalke 4

Herpetotheres cachinnans

VERBREITUNG: Mittel- und Südamerika
LEBENSRAUM: Tropisches Flachland mit halboffenem und bewaldetem Gelände
GRÖSSE: 43-51 cm

Der Lachfalke wurde nach seinem gackernden Alarmruf benannt. Vor allem in der Morgen- und Abenddämmerung hört man allerdings viel häufiger das typische, auf der ersten Silbe höhere *gua-ko*, das unaufhörlich wiederholt wird. Lachfalken sitzen bevorzugt auf hochgelegenen freien Ästen, wo sie unbemerkt nach Beute, vor allem Schlangen, Ausschau halten. Auf eine erspähte Schlangen stürzen sie wie ein Stein herab und töten sie mit einem kräftigen Biß hinter den Kopf, wodurch dieser abgetrennt werden kann. Kleine Schlangen werden im Schnabel zu einer Sitzwarte getragen und dort ganz verschluckt, größere mit den Zehen zur Warte gebracht und in Stücke zerteilt.

Sperberwaldfalke 5

Micrastur ruficollis

VERBREITUNG: Mittel- und Südamerika
LEBENSRAUM: Tropische und subtropische Wälder
GRÖSSE: 31-38 cm

Waldfalken sind mit kurzen, runden Flügeln und langem Schwanz auf die Jagd im Wald spezialisiert. Der Sperberwaldfalke jagt im Verfolgungsflug oder von einer Warte aus. Zu seiner Nahrung gehören Kleinvögel, einige Eidechsen und kleine Nagetiere. Vögel, die Wanderameisen folgen, erbeutet er aus der Deckung im überraschenden Angriffsflug.

Die Gefiederfärbung variiert je nach Verbreitung beträchtlich. Die Abbildung zeigt die von Mexiko bis Nicaragua verbreitete Unterart *M. r. guerilla* und die in Brasilien und Paraguay beheimatete *M. r. ruficollis*.

Halsband-Zwergfalke 6

Polihierax semitorquatus

VERBREITUNG: Ost- und Südafrika
LEBENSRAUM: Trockene Dornenbüsche und Gestrüpp
GRÖSSE: 19-24 cm

Dieser kleine Falke jagt in Würgerart von exponierten Warten aus kleine Eidechsen, Vögel und Nagetiere, die er am Boden erbeutet, während er Großinsekten auch in der Luft fängt. Meist trifft man ihn paarweise an, zuweilen sind es bis zu vier Vögel, die tagaus, tagein und Jahr für Jahr im selben Gebiet bleiben. Als Rastplatz, Schutz vor Regenstürmen und Nistplatz dienen ihm verlassene Nester vor allem von Webervögeln und Staren.

Rotkehlfälkchen 7

Microhierax caerulescens

VERBREITUNG: Indien SO bis Malaysia
LEBENSRAUM: Wälder mit Lichtungen
GRÖSSE: 14-19 cm

Dieser extrem kleine Falke jagt von freien Sitzwarten aus vor allem Insekten, die er nach Würgerart in der Luft fängt und auf der Warte verspeist. Zuweilen frißt er auch kleine Vögel.

Buntfalke 8

Falco sparverius

VERBREITUNG: Brütet von SO-Alaska und Kanada bis zur Südspitze Südamerikas; nördliche Brutvögel überwintern S bis Panama
LEBENSRAUM: Offenes Gelände: Bergwiesen, Grasland, Wüsten, offenes Waldland, Agrarland und Siedlungen
GRÖSSE: 23-31 cm

Der Buntfalke ernährt sich von Insekten und anderen Wirbellosen, kleinen Schlangen, Eidechsen, Vögeln und Säugetieren, darunter auch Fledermäusen, die er von einer Warte aus oder im Rüttelflug erspäht und im Sturzflug erbeutet.

Er ist einer der farbenprächtigsten Falken. Ungewöhnlich ist die unterschiedliche Färbung von Männchen und Weibchen, die bereits im Jugendkleid erkennbar ist. Auch die geographische Variation ist besonders bei Männchen beträchtlich. Die Abbildung zeigt die in Nordamerika weit verbreitete Unterart *F. s. sparverius* und die in Kuba und auf der Isle of Pines beheimatete *F. s. sparveroides* mit roter Brust.

Turmfalke 9

Falco tinnunculus

VERBREITUNG: In Europa, Afrika und Asien weit verbreitet; nördliche Brutvögel überwintern von England S bis Südafrika, N-Indien und Sri Lanka
LEBENSRAUM: Vielfältig, von Mooren über tropische Savannen bis zu Städten; meidet Tundra, dichte Wälder und Wüsten
GRÖSSE: 31-35 cm

Der Turmfalke gehört zu den häufigsten Falken der Welt, ist weit verbreitet und paßt sich auch künstlich geschaffenen Lebensräumen an.

Turmfalken ernähren sich von Vögeln, Insekten und anderen Wirbellosen, sind aber vor allem als geschickte Jäger kleiner Säugetiere bekannt, nach denen sie rüttelnd Ausschau halten. Haben sie eine Beute erspäht, steigen sie in abwechselnden Sturz- und Rüttelflügen herab, um sie schließlich am Boden mit den Zehen zu ergreifen. Sie jagen auch von Warten aus und können gelegentlich Vögel in der Luft erbeuten. Die meisten der 10 oder 11 Unterarten sind wie die abgebildete *F. t. tinnunculus* gefärbt, die in Europa, NW-Afrika und Asien südlich bis Arabien, Tibet und die SO UdSSR vorkommt.

Mauritiusfalke 10

Falco punctatus {B}

VERBREITUNG: SW Mauritius
LEBENSRAUM: Zerstreut im dichten immergrünen Wald in zerklüftetem Felsgelände und in Schluchten
GRÖSSE: 28-33 cm

Trotz seiner geringen Verbreitung war der Mauritiusfalke einst ein häufiger Brutvogel der dichten Wälder, die einen Großteil der Insel bedeckten und heute nur noch in Restbeständen vorhanden sind. Von den sechs Vögeln, die 1974 noch existierten, stieg der Bestand mit Hilfe von Zucht- und Aussetzungsprogrammen in den 1980er Jahren wieder leicht an. Doch heute dürften es gerade 50 Vögel sein, die noch immer akut vom Aussterben bedroht sind.

Seine kurzen, runden Flügel sind weniger zum Rütteln als zu wendigen Jagdmanövern im Wald geeignet. Hier scheint er sich hauptsächlich von Eidechsen, besonders leuchtend grünen Baumgeckos, kleinen Vögeln und Großinsekten zu ernähren.

Graubartfalke 11

Falco cenchroides

VERBREITUNG: Australien, Tasmanien, Neuguinea
LEBENSRAUM: Offenes, dünn bewaldetes Gelände, Ackerland, Siedlungen
GRÖSSE: 30-35 cm

Wie einige verwandte Arten hat sich auch der Graubartfalke an den Lebensraum des Menschen angepaßt. Er jagt nach Art des Turmfalken häufig im Rüttelflug und ernährt sich vor allem von Großinsekten, kleinen Säugetieren und Reptilien. In Gebieten, wo sich Mäuse und Heuschrecken explosionsartig vermehrt haben, kann er in großen Trupps auftreten.

Zur Balz gehören Flugmanöver mit Scheinangriffen, und vor der Kopulation übergibt das Männchen häufig dem Weibchen Nahrung. Wie alle Falken bauen sie kein Nest, sondern legen 3-7 Eier in eine Baumhöhle, auf Vorsprünge von Felsen oder Häusern oder in verlassene Zweignester anderer Arten.

Baumfalke 12

Falco subbuteo

VERBREITUNG: Brütet in Europa, NW-Afrika, Asien; überwintert in O- und Südafrika, S bis Kapprovinz, N-Indien und S-China
LEBENSRAUM: Hauptsächlich halboffenes Gelände mit geringem Baumbestand
GRÖSSE: 31-36 cm

Der Baumfalke ist mit seinen langen Flügeln auf schnelle Verfolgungsjagd spezialisiert. Er ernährt sich hauptsächlich von Großinsekten wie z.B. Libellen und Vögeln, die er im Flug jagt, und ist schnell genug, sogar Segler und Schwalben, darunter wahrscheinlich in der Mehrzahl Jungvögel, zu erbeuten. Insekten frißt er häufig im Flug, während er Vögel zu einer Sitzwarte trägt. Abends jagt er bevorzugt rastende Schwalben, gelegentlich Fledermäuse.

Eleonorenfalke 13

Falco eleonorae

VERBREITUNG: Brütet auf den Kanaren, in Marokko und auf Mittelmeerinseln; überwintert vor allem in Madagaskar
LEBENSRAUM: Brütet an Küstenklippen und angrenzendem Felsgelände, außerhalb der Brutzeit in verschiedenen Lebensräumen
GRÖSSE: 36-40 cm

Der nach einer mittelalterlichen Prinzessin Sardiniens benannte Falke ist noch langflügeliger als der Baumfalke. Er kommt in einer hellen und einer dunklen Morphe vor und brütet in Kolonien, die aus 5-20, gelegentlich bis 200 Paaren bestehen können. Er brütet so spät, daß die Aufzucht der Jungen in die Zugzeit von Millionen kleiner Zugvögel fällt, die über den Mittelmeerraum in ihre Winterquartiere ziehen und seine Hauptnahrung bilden. Im Winter erbeutet er vor allem Fluginsekten.

Aplomadofalke 14

Falco femoralis

VERBREITUNG: Brütet von Mexiko bis zur Südspitze Südamerikas; nördliche Populationen überwintern im Süden, südliche im Norden
LEBENSRAUM: Offenes oder wenig bewaldetes Gelände
GRÖSSE: 37-45 cm

Aplomadofalken ernähren sich vor allem von Vögeln, darunter Tauben und Papageien, und Insekten, die sie im Flug erbeuten. Bis zu Beginn des 20. Jahrhundert waren sie im Südwesten der USA regelmäßig anzutreffen, bis sie in Texas und Neumexiko in den 1950er Jahren letztmalig brüteten. Seitdem wurden dort nur Einzelvögel beobachtet. Die Ursache für den Rückgang ist nicht bekannt, doch wird angenommen, daß sie in der Ausbreitung der Landwirtschaft liegt. Auch in Nordmexiko sind sie selten geworden und durch Pestizideinsatz akut bedroht.

Gerfalke 15

Falco rusticolus

VERBREITUNG: Grönland, Island, arktische Zonen Europas, Asiens und Nordamerikas
LEBENSRAUM: Felsküsten, Hochland und andere offene Flächen
GRÖSSE: 51-58 cm

Dieser größte und kräftigste Falke der Welt kann Vögel bis zur Größe eines Schneehuhns oder einer Ente schlagen, gelegentlich erbeutet er sogar Bussarde und Eulen. Daneben ernährt er sich von kleinen Nagetieren und anderen Säugern bis zur Größe eines Hasen. In der Regel jagt er im kraftvollen Streckenflug niedrig über dem Boden und beweist dabei seine Schnelligkeit und Ausdauer.

Wanderfalke 16

Falco peregrinus

VERBREITUNG: Fast weltweit; außer Sahara, Mittelasien und größtenteils Südamerika
LEBENSRAUM: Gebirge, Hochland, Felsküsten
GRÖSSE: 36-48 cm

Der Wanderfalke ist ein robuster, rasanter Flieger und vor allem dafür bekannt, daß er aus großer Höhe im senkrechten Sturzflug auf seine Beute herabstößt. Er ernährt sich vorwiegend von mittelgroßen Vögeln, die er im Flug erbeutet, wobei er Tauben stark bevorzugt.

Nachdem er lange Zeit von Eierräubern, Jägern und Taubenzüchtern verfolgt wurde, ist er heute vor allem durch die Folgen des Pestizideinsatzes während der 1950er und 1960er Jahre bedroht. Viele Populationen Europas und Nordamerikas sind dramatisch zurückgegangen. In Europa hat sich sein Bestand auch durch Aussetzungsmaßnahmen mancherorts erholt, in vielen Regionen ist er jedoch weiterhin selten.

GROSSFUSS-, HOKKO-, TRUT-, RAUHFUSS-, GLATTFUSSHÜHNER

L. m. scoticus
"Schottisches Moorschneehuhn"
♂ Sommer
♂ Winter
♀ Sommer
Moorschneehuhn
♂
♀
Truthuhn
♂
♀
Auerhuhn
graue Morphe
Kragenhuhn
♀
Präriehuhn
♂
C. v. virginianus
♂
♀
♂
graue Morphe
♀
Schopfwachtel
♂
♀
Montezumawachtel
C. v. ridgwayi
♂
Virginawachtel

FAMILIE MEGAPODIIDAE GROSSFUSSHÜHNER

Große, robuste, bodenbewohnende Vögel mit kräftigen Beinen. Geschlechter sind einander in der Färbung ähnlich. Eier weiß bis braun mit kalkigem Überzug, Gelegegröße einzelner Weibchen nur für Thermometerhuhn (5-33, meist 15-24 Eier) und Reinwardthuhn (3-13 Eier) bekannt. Eier werden in Sandkegeln von der Sonne oder in Kegeln aus verfaulenden Pflanzen durch die bei der Verrottung entstehende Wärme ausgebrütet (bei Busch- und Thermometerhuhn etwa 50 Tage). Küken gleich nach dem Schlüpfen selbständig. 19 Arten.

Buschhuhn 1

Alectura lathami

VERBREITUNG: Küstennah in O-Australien von Kap York bis Neusüdwales
LEBENSRAUM: Regenwald, Dickicht
GRÖSSE: 70 cm

Die kräftigen Beine des Buschhuhns sind typisch für alle Großfußhühner und werden benutzt, um die aus Insekten, anderen Wirbellosen, Früchten und Samen zusammengesetzte Nahrung aus dem Boden zu scharren. Als kraftvolle Läufer fliegen sie nur bei großer Gefahr oder um in ihre Schlafbäume zu gelangen.

Wie die meisten Großfußhühner legt das Buschhuhn seine Eier in einen vom Männchen zusammengescharrten und als Brutschrank dienenden Haufen aus Erde und Blättern, bei deren Verrottung Wärme entsteht. Durch Zugabe weiterer Pflanzen oder Öffnung des Haufens zur Ventilation hält das Männchen die Temperatur bei etwa 33 °C. Durch laute, tiefe Rufe lockt es Weibchen zu seinem Bauwerk, die zusammen 18-24 Eier in verschiedene Löcher des Hügels legen. Nach dem Schlüpfen graben sich die Küken ihren Weg nach draußen, rennen sofort davon und wachsen einzeln und unabhängig von den Altvögeln auf. Schon nach wenigen Stunden sind sie flugfähig.

Thermometerhuhn 2

Leipoa ocellata {B}

VERBREITUNG: Australisches Inland, stellenweise bis zur Küste
LEBENSRAUM: Eukalyptusdickicht und Waldland
GRÖSSE: 60 cm

Das Themometerhuhn bewohnt niedriges, dichtes, als «Mallee» bezeichnetes Eukalyptus-Waldland, das durch Kultivierung in den letzten Jahren weitgehend verlorengegangen ist. Die wenigen Reservate sind wahrscheinlich zu klein, um das Überleben der Art zu sichern.

Im Spätwinter und Frühjahr türmen Männchen und Weibchen einen Hügel aus Sand und Blättern mit einer Brutkammer aus feuchtem, verfaulendem Laub auf. Das Männchen überprüft mit dem wärmeempfindlichen Innenschnabel die Temperatur und hält sie konstant auf 33 °C. Durch Öffnen und Schließen des Hügels läßt es die durch den Fäulnisprozeß entstehende Wärme aus der Brutkammer entweichen oder hält sie zurück, später im Jahr wird so auch die kräftige Sonneneinstrahlung reguliert. Das Weibchen legt die Eier in der Zeit zwischen Frühjahr und Herbst.

FAMILIE CRACIDAE HOKKOHÜHNER

Große, oft baumbewohnende Waldvögel mit stumpfen Flügeln und langen, breiten Schwänzen. Gefieder meist dunkel mit weißen Flecken, viele Arten mit Federhauben. Männchen oft größer. Das Nest wird aus Zweigen und verfaulenden Blättern am Boden oder niedrig in Bäumen angelegt und enthält 2-4 weiße oder cremefarbene Eier. Brutzeit 22-34 Tage. Die Küken verlassen das Nest nach einem Tag, können bei einigen Arten nach 3-4 Tagen fliegen, werden aber vom Weibchen oder beiden Eltern noch einige Zeit betreut. 45 Arten.

Braunflügelguan 3

Ortalis vetula

VERBREITUNG: S-Texas bis W-Nicaragua und NW-Costa Rica; auf Inseln vor Georgia eingeführt
LEBENSRAUM: Halbtrockene Buschwälder im Flachland, Dickichte, Wälder
GRÖSSE: 46 cm

Als scheuer Vogel verrät sich der Braunflügelguan meist nur durch seine Stimme, eine rauchige Wiederholung seines englischen und spanischen Namens «Chachalaca», in die meist weitere Artgenossen einfallen und so in der Morgen- und Abenddämmerung einen rauhen, rhythmischen Chor bilden. Wie andere Hokkohühner ernährt er sich auf Ästen laufend von Beeren, Knospen und zarten Blättern. Zur Brutzeit, in Texas zwischen Anfang März und September, verfärbt sich die graurosa Kinnhaut des Männchens zu leuchtendem Rot.

Rostbauchguan 4

Penelope purpurascens

VERBREITUNG: Mexiko bis W-Ecuador und N-Venezuela
LEBENSRAUM: Feuchte Wälder, Dickicht, Hügelland bis 1000 m
GRÖSSE: 91 cm

Waldrodung und unkontrollierte Bejagung haben zu einer heute nur noch lückenhaften Verbreitung dieser Art geführt. Rostbauchguane leben meist paarweise und fressen in der Dämmerung Feigen, Beeren und dicke, feuchte Blätter, während sie auf Zweigen entlanglaufen. Vom Boden nehmen sie herabgefallene Früchte auf. Während der Trockenzeit zeigen die Männchen einen langsamen Balzflug mit durch schnellen Flügelschlag erzeugten Trommellauten.

Rothokko 5

Nothocrax urumutum

VERBREITUNG: NW-Südamerika bis O-Peru
LEBENSRAUM: Wälder
GRÖSSE: 66 cm

Der überwiegend nachtaktive Rothokko singt in dunklen und mondhellen Nächten aus hohen Bäumen mit taubenartigem Gurren, dem nach einer Pause ein gutturales Tuten folgt. Die wissenschaftliche Bezeichnung *urumutum* ist vom den Ruf imitierenden Namen abgeleitet, den die brasilianischen Indianer dem Vogel gaben.

Man sagt dem heimlichen Vogel nach, daß er den Tag in Baumhöhlen oder Erdlöchern verbringt. Nachts sammelt er auf den Boden gefallene reife Früchte, flieht bei Gefahr aber in einen Baum. Das mit Pflanzen gut getarnte große Baumnest aus Ästen enthält zwei weiße Eier.

Tuberkelhokko 6

Crax rubra

VERBREITUNG: Mexiko bis W-Ecuador und W-Kolumbien
LEBENSRAUM: Feuchte bis halbtrockene, ruhige Hochwälder, auch Dickichte
GRÖSSE: 97 cm

Tuberkelhokkos sind extrem störungsanfällig und gehören zu den ersten Arten, die bei menschlichen Eingriffen in einen Wald verschwinden. Da sie zudem überall bejagt werden, ist das Verbreitungsgebiet inzwischen sehr zerrissen.

Tuberkelhokkos werden meist paarweise angetroffen, nach der Brutzeit in Familienverbänden, fressen am Waldboden Blätter und Früchte, verstecken sich aber sonst in Baumwipfeln. Der Gesang des Männchens besteht aus einem tiefen, langen, bauchrednerischen Dröhnen. Weibchen treten in einer roten oder dunklen und selten auch in einer gebänderten Morphe auf.

FAMILIE MELEAGRIDIDAE TRUTHÜHNER

Große Bodenvögel mit kräftigen Beinen und nackter Haut an Kopf und Hals. Dunkles Gefieder mit Metallglanz, Männchen leuchtender und meist bedeutend größer als Weibchen. Bodennest mit 8-15 beigen, braun gefleckten Eiern, die 28 Tage bebrütet werden. Küken verlassen das Nest nach einer Nacht, werden vom Weibchen aber 2 Wochen betreut. 2 Arten.

Truthuhn 7

Meleagris gallopavo

VERBREITUNG: USA, Mexiko
LEBENSRAUM: Wälder, Lichtungen, Gestrüpp
GRÖSSE: Männchen 122 cm, Weibchen 86 cm

Bei der Nahrungssuche am Boden sind Truthühner nicht wählerisch und fressen Samen, Nüsse, Beeren, Blätter, Kleintiere wie Heuschrecken und andere Wirbellose, sogar Eidechsen und Salamander. Über kurze Strecken können sie kraftvoll fliegen und übernachten in Bäumen.

Die polygamen Männchen werben kollernd und mit gespreiztem Schwanz und geschwollener Kehlhaut stolzierend um Weibchen, die Bebrütung der Eier und Jungenaufzucht allein übernehmen.

FAMILIE TETRAONIDAE RAUHFUSSHÜHNER

Mittelgroße bis große, recht plumpe Vögel mit runden Flügeln. Männchen meist größer mit dunklerem Schmuckgefieder, Weibchen tarnfarbig. 5-12 weiße bis braune, dunkel gefleckte Eier werden im Bodennest 21-27 Tage bebrütet. Küken verlassen das Nest bald nach dem Schlüpfen und können bei einigen Arten nach 5-8 Tagen kurze Strecken fliegen. 17 Arten.

Tannenhuhn 8

Dendragapus canadensis

VERBREITUNG: W-Alaska bis O-Kanada und N USA
LEBENSRAUM: Feuchte Nadelwälder mit Moosteppichen
GRÖSSE: 38-43 cm

Als typischer Waldbewohner ernährt sich das Tannenhuhn im Winter von den Knospen, Nadeln und Zweigen von Nadelbäumen, wechselt im Sommer aber zu Beeren und anderen Früchten.

Während der meisten Zeit des Jahres lebt es ruhig und einzeln, doch zur Balzzeit schwillt dem Männchen der rote Kamm über dem Auge, es pfeift tief und schwirrt auf einer Lichtung mit den Flügeln, um ein Weibchen anzulocken.

Moorschneehuhn 9

Lagopus lagopus

VERBREITUNG: Nördliche Halbkugel oberhalb von 50° N Breite
LEBENSRAUM: Tundra, Moore, Heide
GRÖSSE: 37-42 cm

Die Populationen des Moorschneehuhns unterliegen, je nach Region, zyklischen Schwankungen von 3-10 Jahren. Die Ursachen liegen wahrscheinlich in der Verfügbarkeit von Nahrungspflanzen. Küken fressen Insekten und Pflanzen, Altvögel aber hauptsächlich Kätzchen, Knospen und Zweige von Birken und Weiden sowie Schößlinge und Beeren kleiner Sträucher. Die in Irland und Schottland lebende Unterart *L. l. scoticus*, früher als eigene Art betrachtet, bekommt als einzige im Winter kein weißes Gefieder.

Auerhuhn 10

Tetrao urogallus

VERBREITUNG: N-Europa, Gebirge Mitteleuropas, NW-Asien
LEBENSRAUM: Alte Nadelwälder
GRÖSSE: Männchen 87 cm, Weibchen 60 cm

Das imposante Auerhuhn ist das größte Rauhfußhuhn und frißt im Winter vorwiegend Nadeln und Samen von Nadelbäumen, im Sommer aber Blätter, Triebe und Früchte verschiedener Beerenarten und anderer Pflanzen. Küken ernähren sich jedoch anfangs von Insekten.

Im Frühjahr ist die Balz der Männchen ein aufregendes Schauspiel. Am Boden oder von einer Baumspitze aus geben sie mit gefächertem Schwanz und gesträubten Kehlfedern eine sich beschleunigende Serie dumpf tropfender, hölzerner Laute von sich, die mit einem an das Entkorken einer Sektflasche erinnernden Geräusch endet.

Kragenhuhn 11

Bonasa umbellus

VERBREITUNG: Alaska, Kanada, N USA
LEBENSRAUM: Laub- und Nadelwald
GRÖSSE: 43 cm

Neben einer rötlichen gibt es beim Kragenhuhn auch eine graue Farbmorphe. Bei der Balz im Frühjahr spreizt das Männchen seine Halskrause, richtet die Scheitelfedern auf, fächert den Schwanz und erzeugt durch schnelles Flügelschlagen einen hohlen, trommelnden Laut. Das Weibchen wählt den Nistplatz oft unter Espen, deren Blütenkätzchen sie während der Bebrütung ihrer 11-12 Eier frißt.

Präriehuhn 12

Tympanuchus cupido

VERBREITUNG: Mittlere USA
LEBENSRAUM: Grasland
GRÖSSE: 43-48 cm

Einst häufig in Amerikas Prärien, ist das Verbreitungsgebiet dieses großen Huhns durch Lebensraumzerstörung stark zusammengeschmolzen. Es ernährt sich von Blättern, Knospen, Samen und Früchten, im Sommer auch von Insekten. Im Frühjahr treffen sich die Männchen an traditionellen Balzplätzen, blasen ihre orangefarbenen Halssäcke auf, trampeln mit den Füßen und stoßen tiefe, dumpfe Laute aus.

FAMILIE PHASIANIDAE 1 ZAHNWACHTELN

Kleine bis mittelgroße, rundliche Hühner mit gesägten Schnabelkanten. Gefieder bunter als bei Wachteln der Alten Welt, Männchen mit auffallenden Markierungen. 6-16 weiße, manchmal gesprenkelte Eier werden im Bodennest 18-23 Tage bebrütet, Küken verlassen Nest meist nach dem Schlüpfen und können nach einer Woche fliegen. 31 Arten.

Schopfwachtel 13

Lophortyx californica

VERBREITUNG: W Nordamerika von British Columbia S bis Baja California
LEBENSRAUM: Gebüsch, Grasland
GRÖSSE: 24-28 cm

Die hübsche Schopfwachtel ist sehr gesellig und bildet im Winter Trupps von 200-300 Vögeln, die am Boden nach Samen von Wicken und anderen Leguminosen suchen. Sie fliegt nur bei Gefahr, schläft aber im Gegensatz zu vielen anderen Wachteln lieber in dichten Bäumen oder Büschen als am Boden. Die flache, mit Blättern und Grashalmen ausgelegte Nestmulde ist unter dichten Kräutern versteckt.

Virginiawachtel 14

Colinus virginianus

VERBREITUNG: O USA S bis Mexiko
LEBENSRAUM: Offenes Waldland, Gebüsch
GRÖSSE: 20-28 cm

Die Virginiawachtel, früher auch Baumwachtel genannt, wird in Amerika nach dem Balzruf des Männchens «Bobwhite» genannt. Im Herbst bildet sie Trupps von 15-30 Vögeln, die Grassamen, Früchte, Mais und Soja fressen. Sie rasten mit hochgereckten Hälsen dicht zusammengedrängt am Boden und fliegen bei Gefahr fast explosionsartig auf.

In den östlichen und mittleren USA lebt die Unterart *C. v. virginianus*. Die «Schwarzkehl-Virginiawachtel» *C. v. ridgwayi* ist eine gefährdete südliche Unterart, die aus Mexiko wieder in ihr ursprüngliches Verbreitungsgebiet in Südost-Arizona eingeführt wurde.

Montezumawachtel 15

Cyrtonyx montezumae

VERBREITUNG: S-Arizona, Neumexiko, Texas, N-Mexiko
LEBENSRAUM: Offenes Waldland mit Wacholder, Kiefern und Eichen
GRÖSSE: 18 cm

Bergige, trockene Regionen im Südwesten Amerikas sind der Lebensraum der Montezumawachtel, die lange Perioden ohne Regen gut übersteht. Mit ihren Kräftigen Beinen kann sie feuchte Knollen und Zwiebeln aus dem Boden scharren, frißt sonst aber verschiedene Samen und Insekten.

Der Ruf ist ein laut trillerndes, abfallendes Wiehern. Meist wird während der Regenzeit im Spätsommer gebrütet, danach bilden sich Trupps von 8-10 Vögeln, die bei Gefahr eher erstarren, als daß sie fortlaufen oder auffliegen.

GLATTFUSSHÜHNER

Perlwachtel
Langschnabelwachtel
Hügelhuhn
Felsenhenne
Straußwachtel
Weißkehl-
Spornhuhn
Zwergwachtel
Wachtel

GLATTFUSSHÜHNER

FAMILIE PHASIANIDAE 2 FELDHÜHNER, FELSENHENNEN, ZWERGFASANE

Untersetzte, rundliche, mittelgroße Hühnervögel mit kurzen, kräftigen Flügeln, derben Beinen. Männchen auffälliger gefärbt als Weibchen. Fressen meist Samen am Boden. In Bodenmulde werden 2-19 weißliche bis dunkel olivgrüne Eier 16-25 Tage bebrütet, Küken verlassen Nest bald nach dem Schlüpfen. 98 Arten.

Persisches Wüstenhuhn 1

Ammoperdix griseogularis

VERBREITUNG: S-Sowjetunion, Iran bis NW-Indien
LEBENSRAUM: Trockene Vorberge und Halbwüsten
GRÖSSE: 24 cm

Im rauhen, steinigen, baumlosen Bergland des südlichen Mittelasien ist das Persische Wüstenhuhn ein typischer Vogel, der in Trupps von bis zu 20 Vögeln zwischen den Felsen nach Sämereien sucht. Nur zur Brutzeit, wenn jedes Männchen ein eigenes Territorium verteidigt, sieht man auch Einzelvögel. Obwohl das Wüstenhuhn eigentlich monogam ist, legen manchmal mehrere Weibchen ihre Eier in ein Nest, das meist durch eine Grasbülte getarnt ist.

Himalayakönigshuhn 2

Tetraogallus himalayensis

VERBREITUNG: Von O-Afghanistan bis W-Nepal und NW-China
LEBENSRAUM: Gebirgshänge in großer Höhe
GRÖSSE: 51-56 cm

Da es in den höchsten Bergregionen der Erde lebt, ist das Himalayakönigshuhn hervorragend an eine rauhe Umwelt angepaßt. Das überwiegend grau und weiß gefärbte Gefieder bietet zwischen Schnee und Felsen eine gute Tarnung. Pflanzen und ihre Samen bilden die Hauptnahrung, und um sie in der kargen Umgebung zu finden, muß das Königshuhn manchmal eine Fläche von einem Quadratkilometer pro Tag absuchen.

Im Herbst und Winter schließen sich Trupps von 15-20 Vögeln zusammen. Zur Brutzeit läßt das Männchen ein fünfsilbiges, brachvogelähnliches Flöten hören. Das einfache, mit Gras und Federn gepolsterte Nest liegt oft in kleinen Felshöhlen.

Steinhuhn 3

Alectoris graeca

VERBREITUNG: Von den Alpen bis Griechenland und Bulgarien
LEBENSRAUM: Felshänge, Bergwiesen
GRÖSSE: 34-38 cm

In den Alpen ist das Steinhuhn heute sehr selten geworden, öfter findet man es noch oberhalb 1200 m in den Gebirgen des Balkan auf südexponierten Felshängen mit Wiesenstücken. Außerhalb der Brutzeit schließen sich die Vögel zu kleinen Gruppen zusammen und fliehen bei Gefahr meist bergauf laufend.

Die Männchen balzen mit einem hölzernen, sich beschleunigenden *Chicorée, Chicorée*. Steinhühner ernähren sich vegetarisch, Küken und Weibchen in der Brutzeit nehmen aber auch Insekten auf. Wie bei anderen *Alectoris*-Arten legen Weibchen in einer Saison manchmal zwei Gelege mit bis zu 14 Eiern, von denen eines von ihnen selbst, das andere vom Männchen bebrütet wird.

Rotkehlfrankolin 4

Francolinus afer

VERBREITUNG: Zentral- und S-Afrika
LEBENSRAUM: Verkrautete Waldlichtungen
GRÖSSE: 30-41 cm

Frankoline bilden eine Gruppe recht großer, kräftiger Glattfußhühner mit manchmal nackten Hautstellen an Kopf oder Hals. Der Rotkehlfrankolin ist mit 18 Unterarten sehr variantenreich. Abgebildet sind *F. a. cranchii* aus Nordangola, Nordsambia und Westtansania, *F. a. melanogaster* aus Mosambik und Osttansania und *F. a. castaneiventer* von der südlichen und östlichen Kapprovinz bis Nordtransvaal.

Rotkehlfrankoline suchen oft gemeinsam mit anderen Frankolinarten an Waldrändern und auf Lichtungen nach Nahrung, die aus Knollen, Wurzeln, Trieben, Knospen, Beeren, Samen und kleinen wirbellosen Tieren besteht. Paare bleiben oft das ganze Jahr über in ihrem Territorium, woraus gefolgert wird, daß sie eine lebenslange Bindung eingehen. Das Gelege aus 3-9 Eiern wird in einer flachen Mulde unter einem Strauch vom Weibchen allein ausgebrütet. Wie bei vielen Hühnervögeln entwickeln sich die Küken, die Nestflüchter sind, sehr schnell und fliegen schon nach 10 Tagen.

Wachtelfrankolin 5

Francolinus pondicerianus

VERBREITUNG: O-Iran, Indien, Sri Lanka
LEBENSRAUM: Trockene Ebenen, Dornengestrüpp
GRÖSSE: 33 cm

Durch seine Fähigkeit, auch Trockenheit gut zu vertragen, ist der Wachtelfrankolin einer der häufigsten Hühnervögel Indiens. Der unscheinbare Vogel lebt recht versteckt und verrät sich meist nur durch seine Rufe, obwohl er auch in Grasland und auf Feldern direkt bei menschlichen Siedlungen vorkommt. Meist tritt der Wachtelfrankolin im Familienverband auf, ernährt sich von Grassamen, Getreideresten und besonders im Sommer auch von Insekten. Zum Schlafen werden Bäume oder Sträucher aufgesucht.

Durch die klimatisch günstigen Bedingungen ist die Brutzeit stark verlängert, und in Indien hat man in jedem Monat des Jahres Gelege gefunden. Die 6-9 Küken werden in der Regel von beiden Eltern betreut.

Rebhuhn 6

Perdix perdix

VERBREITUNG: Europa, W-Asien
LEBENSRAUM: Offenes Gelände, Brachflächen, Felder
GRÖSSE: 30 cm

Ursprünglich war das Rebhuhn ein Vogel der Steppen und offenen Grasländereien, hat sich aber an die Kulturlandschaft angepaßt und kommt heute überwiegend auf Feldern vor. Diese Umstellung wurde ihm fast zum Verhängnis, denn große Felder bieten heute kaum noch Deckung und wenig Wildkräuter, und der Einsatz von giftigen Insekten- und Pflanzenschutzmitteln hat dem Rebhuhn die Nahrungsgrundlage geraubt. Besonders die Küken sind in den ersten 2 Wochen auf Insektennahrung angewiesen. In vielen Teilen Mitteleuropas ist das Rebhuhn sehr selten geworden.

Außerhalb der Brutzeit finden sich die Rebhühner zu kleinen Trupps, «Ketten» genannt, zusammen, doch im Spätwinter bilden sich Paare heraus. Die Männchen zeigen mit lauten *Kirr-rrek*-Rufen ihre Territorien an, zu denen auf landwirtschaftlichen Flächen meist auch Hecken als Schutz für den Nistplatz gehören. Von allen Vogelarten legen die Rebhuhn-Weibchen die meisten Eier, nämlich bis zu 25 oder gar mehr, in einigen Regionen durchschnittlich 19.

Neben der abgebildeten Varietät *«montana»* mit rostbraunem Bauch gibt es im norddeutschen Flachland und in den Niederlanden auch die seltene und kleinere Unterart *P. p. sphagnetorum* mit großem dunklem Bauchschild.

Langschnabelwachtel 7

Rhizothera longirostris

VERBREITUNG: Malaysia, Sumatra, W-Borneo
LEBENSRAUM: Trockener Wald, gerne in Bambus
GRÖSSE: 36 cm

Diese große, tropische Art lebt in Höhen von bis zu 1200 m in dichten Bergwäldern, besonders gerne in Bambusdickicht. Da sie abgelegene, kaum zugängliche Regionen besiedelt und sehr aufmerksam ist, wird sie selten einmal gesehen. Nur Nachts verrät sie sich gelegentlich durch ihre lauten Rufe.

In Malaysia soll die einheimische Bevölkerung die Langschnabelwachteln durch Imitation der Rufe in Fallen locken, woraus sich folgern ließe, daß dieser Hühnervogel feste Territorien besitzt. Sonst weiß man kaum etwas über die Brutbiologie. Bisher wurde erst ein Nest in einem Bambusdickicht gefunden. In Gefangenschaft legen Weibchen 2-5 Eier, die sie 18-19 Tage bebrüten.

Perlwachtel 8

Margaroperdix madagarensis

VERBREITUNG: Madagaskar; eingebürgert auf Réunion
LEBENSRAUM: Gebüsch und Grasland
GRÖSSE: 30 cm

Viele der kleineren Glattfußhuhn-Arten leben in monogamen Paaren, bei denen die Weibchen ähnlich wie die Männchen gefärbt sind. Bei der Perlwachtel ist das Männchen dagegen viel prächtiger als das Weibchen. Dies ist ein Hinweis darauf, daß die Männchen ausgeprägt balzen, viele Weibchen anlocken und polygam sind. Die Brutzeit liegt zwischen März und Juni, und es wurde von Gelegen berichtet, die bis zu 20 Eier enthielten.

Die Perlwachtel ist ein mittelgroßer Bewohner von Grasland und Heiden in hügeligen Regionen. Zur Nahrungssuche geht sie oft in Kulturland, besonders wenn sich dort Wildkräuter und Büsche finden. Daneben taucht sie in Reisfeldern auf, wo sie neben Reis auch Grassamen und Insekten frißt.

Hügelhuhn 9

Arborophila torqueola

VERBREITUNG: N und O-Indien, S-Tibet
LEBENSRAUM: Immergrüner Wald und Gebüsch
GRÖSSE: 25 cm

Das Hügelhuhn ist ein Bewohner dichten Unterwuchses in den Bergwäldern Indiens und Südchinas. Meist findet man es in Paaren oder Gruppen von bis zu zehn Vögeln in Höhenlagen zwischen 1500 und 2700 m.

Das Männchen zeigt ein auffallendes schwarzes Kehlmuster, das in schwächerer Ausprägung auch beim Weibchen vorhanden ist. In weiten Teilen des Verbreitungsgebietes verpaaren sich die Vögel von April bis Juli und legen 4-5 Eier in eine Bodenmulde unter einem Busch oder nahe an einem Baumstamm.

Straußwachtel 10

Rollulus roulroul

VERBREITUNG: S-Burma, Thailand, Malaysia, Sumatra und Borneo
LEBENSRAUM: Tropischer Wald
GRÖSSE: 25 cm

Viele der Glattfußhuhn-Arten bewohnen eher offenes Gelände, doch lebt die Straußwachtel mit einigen ihr nahe verwandten Arten in dichtem tropischem Regenwald, wo sie nur schwer zu beobachten und zu studieren ist. Die Straußwachtel ist durch ihr bunt schillerndes Gefieder und den bürstenähnlichen roten Schopf des Männchens besonders spektakulär. Sie ernährt sich von Samen, Früchten, Insekten und kleinen Weichtieren und scheint insgesamt mehr tierische Nahrung aufzunehmen als andere Hühnervögel.

Auch ihre Nistgewohnheiten sind untypisch. Statt der üblichen Bodenmulde baut die Straußwachtel ein großes, überdachtes Nest mit einem kleinen Eingang. Bei einem Weibchen in Gefangenschaft wurde beobachtet, daß sie ihre Küken jeden Abend in das Nest zurückbrachte und den Eingang mit Zweigen verschloß. Der Vorgang wiederholte sich täglich, bis die Küken 25 Tage alt waren.

Felsenhenne 11

Ptilopachus petrosus

VERBREITUNG: In Afrika vom Senegal bis Kenia
LEBENSRAUM: Felsige Hügel
GRÖSSE: 25 cm

Die afrikanische Felsenhenne wird oft in eine eigene Unterfamilie gestellt. Der zwerghuhnähnliche Vogel ist gut an Trockenheit angepaßt und kommt auch in der Sahelzone vor, wo Paare oder kleine Familienverbände die Sandlandschaft nach Samen, Insekten oder den wenigen Grünpflanzen absuchen. Dicht bewachsene Geröllhänge werden aber als Lebensraum bevorzugt.

Die Brutperiode hängt von der verfügbaren Nahrung ab, ist also variabel. Anscheinend gehen Felsenhennen lebenslange Paarbindungen ein, doch können sich die Familienverbände nach der Brutzeit zu größeren Trupps zusammenfinden.

Weißkehl-Spornhuhn 12

Galloperdix bicalcarata

VERBREITUNG: Sri Lanka
LEBENSRAUM: Feuchte Bergwälder bis in 1500 m Höhe
GRÖSSE: 33-36 cm

Gemeinsam mit zwei weiteren in Indien lebenden Arten wird das Weißkehl-Spornhuhn oft in die Unterfamilie der Zwergfasane gestellt. Es bewohnt die dichten Tropenwälder der Hügel und Berge Sri Lankas, wo es sich von Samen, Knollen und Beeren ernährt. Bevorzugter Lebensraum sind dschungelbestandene Hänge an Flüssen, die heftig gegen Eindringlinge verteidigt werden. So sind sie durch die Einheimischen unter Verwendung von Lockvögeln leicht in Fallen zu locken.

Die Altvögel gehen offenbar eine ständige Paarbindung ein. Während der Monsunzeit von November bis März werden 2 Eier gelegt. Wie bei anderen Hühnervögeln bilden die Jungen zusammen mit den Eltern kleine Familienverbände und lernen schnell, ihre Nahrung selbst zu finden.

FAMILIE PHASIANIDAE 3 WACHTELN

Kleine, kompakte Vögel, die an winzige Rebhühner erinnern und bodenbewohnend in Grasland und Sümpfen leben. Altvögel fressen überwiegend Sämereien, Küken Insekten. Häufig monogam, aber Männchen oft bunter gefärbt. Einige Arten brüten auch während des Zuges. Nest eine Bodenmulde mit 4-15 weißlichen bis olivfarbenen Eiern, die 14-22 Tage bebrütet werden. Küken verlassen das Nest bald nach dem Schlüpfen. 9 Arten

Wachtel 13

Coturnix coturnix

VERBREITUNG: Eurasien
LEBENSRAUM: Offenes Grasland
GRÖSSE: 18 cm

Zwar sieht man die Wachtel nur selten, doch ist im Sommer in geeigneten Lebensräumen ihr typischer dreisilbiger Ruf *pick-per-wick*, oft auch als *Bück-den-Rück* umschrieben, zu hören. Sie geht in dichter Vegetation der Nahrungssuche nach und flieht lieber zu Fuß, als daß sie auffliegt. Um in ihre europäischen Brutgebiete zu gelangen, unternimmt sie aber von Afrika aus weite Flüge. Zuerst kommen die Männchen an und rufen laut, um die ziehenden Weibchen auf sich aufmerksam zu machen. Das Gelege umfaßt normalerweise 7-12 Eier und wird wie später die Küken allein vom Weibchen betreut.

Zwar kommt die Wachtel in Europa auch auf Feldern vor, doch ist ihr Bruterfolg wie beim Rebhuhn durch die moderne Landwirtschaft sehr gering. Durch den Einsatz von Giften fehlen die als Nahrung dienenden Wildkrautsamen und Insekten.

Zwergwachtel 14

Coturnix chinensis

VERBREITUNG: W-Indien, SO-Asien, Philippinen, Indonesien, Neuguinea, NO-Australien
LEBENSRAUM: Offenes Grasland
GRÖSSE: 14 cm

Als einer der kleinsten unter den Hühnervögeln ist die auffallend gemusterte Zwergwachtel in großen Teilen Ostasiens und der Australasis verbreitet. Sie bevorzugt dichtes Grasland, Ränder von Sümpfen und Kulturland, wo sie sich hauptsächlich von Grassamen und einigen Insekten ernährt.

Die Zwergwachtel lebt in vielen Gebieten nomadisch und wandert nach Regenfällen in geeignete Lebensräume ein. Die 4-7 Eier werden vom Weibchen allein ausgebrütet. Mit nur 16 Tagen hat die Zwergwachtel die kürzeste Bebrütungszeit unter den Hühnervögeln.

GLATTFUSSHÜHNER, PERLHÜHNER

♂
Argusfasan
♂
Pfau
♀
♀
♂
Kongopfau
Geierperlhuhn
Helmperlhuhn

GLATTFUSSHÜHNER, PERLHÜHNER

FAMILIE PHASIANIDAE 4 FASANENARTIGE

Mittelgroße bis große Hühnervögel mit langen Schwänzen. Männchen besonders bei polygamen Arten sehr farbenprächtig. Ernähren sich meist vegetarisch am Boden und bewohnen vorwiegend tropische und subtropische Wälder. In einer Bodenmulde werden 2-12 weißliche bis olivgrüne Eier 18-28 Tage bebrütet, die Küken verlassen das Nest gleich nach dem Schlüpfen. 48 Arten.

Blutfasan 1

Ithaginis cruentus

VERBREITUNG: Himalaya, Nepal, Tibet, China, Burma
LEBENSRAUM: Nadelwälder im Gebirge
GRÖSSE: 45 cm

Wie viele Fasane ist auch der Blutfasan durch Lebensraumzerstörung und Bejagung bedroht, scheint aber doch weniger betroffen zu sein, da er sehr abgelegene Gebiete besiedelt. Im Gefieder zeigt er eine große geographische Variation mit zwei hauptsächlichen Färbungstypen, wovon der abgebildete bei den Unterarten im Norden des Verbreitungsgebietes dominiert.

Blutfasane sind gesellig und bilden Trupps von 10-30 Vögeln, die sich auf der Suche nach Tannen- und Wacholdersprossen, Beeren, Moosen und Bambusschößlingen durch den Wald arbeiten. Zur Brutzeit im April und Mai fressen sie auch Insekten.

Graubauchtragopan 2

Tragopan blythii {B}

VERBREITUNG: Assam, Burma, Tibet
LEBENSRAUM: Dicht bewaldete Täler in großer Höhe
GRÖSSE: 63-69 cm

Dies ist einer der fünf auch als Satyrhühner bezeichneten Tragopane aus den asiatischen Wäldern. Bei allen Arten dient das bunte Gefieder der Männchen zur Balz. Im Gegensatz zu anderen Fasanenartigen brüten sie auf Bäumen und benutzen dabei oft alte Nester anderer Arten.

Graubauchtragopane leben im dichten Unterwuchs immergrüner Bergwälder von Samen, Beeren, Knollen und gelegentlich Kleintieren, begeben sich in harten Wintern aber in niedrigere Lagen, wenngleich nicht so tief wie viele andere bergbewohnende Fasane. Sie schlafen nachts in Bäumen, die oft weit von den Nahrungsgründen entfernt liegen.

Rostschwanzmonal 3

Lophophorus impejanus

VERBREITUNG: Himalaya von O-Afghanistan bis N-Assam
LEBENSRAUM: Offene Mischwälder und Rhododendron an Felshängen
GRÖSSE: 56-64 cm

Seinem wundervoll schillernden Gefieder, einem der spektakulärsten Anblicke in den hoch gelegenen Bergwäldern des Himalaya, verdankt es dieser «Vogel der neun Farben», daß er zum Nationalvogel Nepals wurde. Besonders schön kommt es bei den über die Felsklippen führenden Balzflügen des Männchens zum Ausdruck. Das Weibchen ist dagegen tarnfarbig, damit es bei der Bebrütung der 4-5 Eier besser geschützt ist.

Diese große Glanzfasanen-Art lebt von Knollen und Insekten am Boden offener Eichenwälder im Gebirge, steigt im Sommer aber über die Baumgrenze, um auf Bergwiesen nach Insektenlarven zu suchen. Im Winter graben die Vögel mit ihren kräftigen Schnäbeln bis zu 30 cm tiefe Löcher in den Schnee, um an ihre Nahrung zu gelangen. Leider sind sie wie viele andere Hühnervögel im gesamten Verbreitungsgebiet durch die Jagd gefährdet.

Bankivahuhn 4

Gallus gallus

VERBREITUNG: SO-Asien
LEBENSRAUM: Wälder und offenes Gelände
GRÖSSE: Männchen 60-80 cm, Weibchen 43-46 cm

Das Bankivahuhn ist die Stammform unseres Haushuhns, zwar kleiner, aber ähnlich gefärbt und im dichten Dschungel sofort an seinem typischen *Kickericki* zu erkennen. Es frißt nahezu alles und erscheint manchmal in Gruppen von bis zu 50 Vögeln auf Waldlichtungen oder auf Brachflächen am Waldrand.

Bankivahühner scheinen sich das ganze Jahr über im selben Territorium aufzuhalten. Sie brüten in der trockenen Jahreszeit von März bis Mai, wobei die polygamen Männchen mit ihrem prächtigen Gefieder mehrere Weibchen anlocken. Die 5-6 Eier werden in eine Bodenmulde unter einem Busch gelegt.

Silberfasan 5

Lophura nycthemera

VERBREITUNG: S-China, O-Burma, Indochina, Hainan
LEBENSRAUM: An Wälder grenzendes Grasland
GRÖSSE: Männchen 90-127 cm, Weibchen 55-68 cm

Der Silberfasan bevorzugt offenes Grasland und dringt nur selten in den Dschungel ein. Wie das Bankivahuhn hat er einen großen Speisezettel, der Käfer, Blütenblätter, Gras und Blätter einschließt. Er kommt in ungefähr 14 Unterarten mit variablem Gefieder vor, von denen die abgebildete *L. n. nycthemera* aus Südchina und Nordost-Vietnam die größte und hellste ist.

Wie die meisten Fasane offenen Geländes ist er polygam, wobei die dominanten Männchen sich mit mehreren Weibchen paaren und ihre Territorien durch laut pfeifende Rufe anzeigen.

Schopffasan 6

Catreus wallichii {B}

VERBREITUNG: Mittel- und W-Himalaya
LEBENSRAUM: Steile Grashänge
GRÖSSE: Männchen 90-118 cm, Weibchen 61-76 cm

Viele asiatische Hühnervögel sind durch Zerstörung ihrer Lebensräume und teilweise illegale Bejagung in ihrem Fortbestand gefährdet, und leider macht der Schopffasan hier keine Ausnahme. Aus Pakistan ist er schon weitgehend verschwunden. Wiedereinbürgerungsversuche mit in Gefangenschaft erbrüteten Vögeln schlugen fehl. Aus Nepal liegen kaum Informationen vor, in Indien gibt es einen abnehmenden Bestand von vielleicht noch 1000 Paaren.

Schopffasane bevorzugen grasbewachsene Hügel mit einzelnen Bäumen und suchen auch in der Nähe menschlicher Siedlungen nach überwiegend pflanzlicher Nahrung. Nur die Küken nehmen in den ersten zwei Lebenswochen Insekten auf.

Zwar ist die Art territorial, doch scheinen die Reviere sehr klein zu sein, denn auf einem Quadratkilometer wurden bis zu 6 Paare gezählt. Die 9-10 Eier werden in ein Bodennest gelegt, gerne im Windschatten eines Felsblocks.

Fasan 7

Phasianus colchicus

VERBREITUNG: Asien; ausgesetzt in Europa, Australien, Nordamerika
LEBENSRAUM: Felder, Wiesen, offene Wälder, Gebüsch
GRÖSSE: Männchen 75-90 cm, Weibchen 52-64 cm

Seine nahezu weltweite Verbreitung verdankt dieser Fasan der Tatsache, daß er als leicht zu schießendes Jagdwild sehr geschätzt ist und daher häufig ausgesetzt wird. In seinem natürlichen Verbreitungsgebiet, das vom Kaukasus quer durch Asien bis nach Japan reicht, bewohnt er Grasland und offene Wälder, wo er sich von einem breiten Spektrum von Pflanzen und Kleintieren ernährt. Dieser Opportunismus hilft ihm, auch bei uns zu überleben. Die Männchen sind polygam, verteidigen ein Territorium gegen andere Männchen und sammeln einen Harem von Weibchen um sich. Im Herbst sind Jagdfasane gesellig, doch im Winter trennen sich die Geschlechter wieder. Sie schlafen auf Bäumen.

Innerhalb des natürlichen Verbreitungsgebietes gibt es viele Unterarten, darunter *P.c. torquatus* in Ostchina, *P. c. colchicus* in Transkaukasien und am östlichen Schwarzen Meer und den manchmal als eigene Art betrachteten Buntfasan *P. (c.) versicolor* in Japan. Die in Mitteleuropa alljährlich zu Jagdzwecken ausgesetzten «Jagdfasane» sind meist Mischformen verschiedener Unterarten. Tragen sie einen weißen Halsring, werden sie auch «Ringfasan» genannt.

Diamantfasan 8

Chrysolophus amherstiae

VERBREITUNG: China, NO-Burma; in England ausgesetzt
LEBENSRAUM: Hohe, bambusbestandene Berghänge
GRÖSSE: Männchen 115-150 cm, Weibchen 58-68 cm

Als einer der am auffälligsten gefärbten echten Fasane ist der Diamantfasan aber auch gleichzeitig einer der heimlichsten, der selten einmal aus dem Bambusdickicht und Dornengestrüpp seiner entlegenen Bergheimat auftaucht. Selbst die in England ausgesetzten Vögel werden kaum einmal beobachtet, da sie in dichten Wäldern mit undurchdringlichem Unterholz leben. So ist über ihre Brutbiologie wenig bekannt.

Bambusschößlinge stellen im ursprünglichen Verbreitungsgebiet sicher die Hauptnahrung dar, zu der aber auch Spinnen, Ohrwürmer und Käfer gehören. Man hat sogar gesehen, wie Diamantfasane in flachem Wasser Steine umdrehen, um an kleine Wassertiere zu gelangen.

Argusfasan 9

Argusianus argus

VERBREITUNG: Thailand bis Borneo und Sumatra
LEBENSRAUM: Wälder in Flach- und Hügelland
GRÖSSE: Männchen bis 203 cm, Weibchen bis 76 cm

Männchen der polygamen Fasanenarten sind zwar meist auffallender gefärbt als Weibchen, doch findet diese Regel beim südost-asiatischen Argusfasan ihr Extrem. Die Armschwingen sind bei ihm sehr stark verlängert und mit goldenen Augenflecken geziert, die er bei der Balz sehr effektvoll einsetzt.

Jedes Männchen räumt sich einen kleinen Balzplatz auf dem Waldboden frei, weit genug von den Rivalen entfernt. Nachdem der Argusfasan durch lautes Rufen ein Weibchen angelockt hat, beginnt er vor ihm zu tanzen und spreizt als Höhepunkt die Flügel zu zwei großen, glitzernden Fächern. Ist das Weibchen genügend beeindruckt, stimmt es der Paarung zu, bebrütet die meist 2 Eier aber alleine und zieht die Küken auf, während das Männchen weiter um andere Weibchen balzt.

Beide Geschlechter leben sonst einzelgängerisch und ernähren sich von herabgefallenen Früchten, Ameisen und Schnecken. Der Argusfasan wird mit 7 weiteren Arten oft zur Unterfamilie der Pfaufasane zusammengefaßt.

Pfau 10

Pavo cristatus

VERBREITUNG: Indischer Subkontinent; weltweit eingebürgert
LEBENSRAUM: Wälder und halboffenes Gelände mit Flüssen
GRÖSSE: Männchen 200-229 cm, Weibchen 86 cm

Die beeindruckende Balz des männlichen Pfaus ist in den Zoos und Parks der ganzen Erde ein häufiger Anblick, da die Art gerne als Ziervogel gehalten wird. In seiner asiatischen Heimat besiedelt der Pfau hügelige Laubwälder in der Nähe von Flüssen mit dichtem und oft dornigem Unterholz. Er besucht aber auch Farmland, besonders gerne Zuckerrohrfelder, denn sein Nahrungsspektrum ist mit Getreide, Beeren, Früchten, Insekten und sogar kleinen Säugetieren und Reptilien weit gespannt.

Der lange Schwanz des Männchens besteht aus stark verlängerten Oberschwanzdecken, die aufgeworfen und zu einem breiten Fächer gespreizt werden, indem die darunter liegenden eigentlichen Steuerfedern aufgestellt werden. So nähert sich das Männchen rückwärts dem Weibchen, bevor es sich umdreht und seine ganze Pracht vorführt. Mehrere Weibchen werden zu einem Harem gesammelt und eifersüchtig bewacht.

Kongopfau 11

Afropavo congensis {B}

VERBREITUNG: Kongo und umliegende Flußsysteme
LEBENSRAUM: Tropischer Regenwald
GRÖSSE: 58-71 cm

Die 48 fasanenartigen Hühnervögel leben alle in Asien, nur der Kongopfau bildet eine Ausnahme. In den dichten tropischen Regenwäldern des mittleren Afrika konnte er sich bis 1936 verstecken, bevor er von Wissenschaftlern entdeckt wurde.

Körperbau und die aus Früchten, Insekten und aus ihren Bauen gegrabenen Termiten bestehende Nahrung erinnern zwar an den Pfau, doch ist das Paarungssystem ein anderes. Beide Geschlechter tragen ein metallisch glänzendes Gefieder und bilden wahrscheinlich monogame Paare. In Gefangenschaft legte ein Weibchen 3 Eier, die von beiden Eltern ausgebrütet wurden. In Freiheit wurde bisher noch kein Nest gefunden, doch nimmt man an, daß die Art auf Bäumen brütet.

FAMILIE NUMIDIDAE PERLHÜHNER

Große, gesellige, am Boden nach Nahrung suchende Hühnervögel mit kräftigen Schnäbeln und langen Beinen, die auf Bäumen schlafen. Geschlechter einander ähnlich mit meist schwärzlichem, weiß gepunktetem Gefieder. 6-22 beige bis hellbraune Eier werden in einer einfachen Bodenmulde 23-30 Tage bebrütet; die Küken verlassen das Nest 1-2 Tage nach dem Schlüpfen. 6 Arten.

Helmperlhuhn 12

Numida meleagris

VERBREITUNG: O-Tschad bis Äthiopien, im O bis zum Rift Valley, im S bis N-Zaire, N-Kenia und Uganda
LEBENSRAUM: Offenes Grasland
GRÖSSE: 53-58 cm

Das Helmperlhuhn, an dem auffallenden Horngebilde auf dem unbefiederten, bunt pigmentierten Kopf leicht zu erkennen, wird in vielen Regionen der Erde auch als Haustier für die menschliche Ernährung gehalten. In Afrika ist es im gesamten Verbreitungsgebiet ein häufiger Standvogel.

Außerhalb der Brutzeit schließen sich Helmperlhühner zu Trupps von manchmal mehreren hundert Vögeln zusammen, um in Savannen, auf Feldern oder an Gebüschrändern nach Knollen, Wurzeln, Zwiebeln, Beeren, Insekten und Schnecken zu suchen. Diese Zusammenarbeit hilft vielleicht, die weit verstreuten Nahrungsressourcen zu finden, dient aber sicher auch dem Schutz vor Feinden. Während der Brutzeit trennen sich die Gruppen in Einzelpaare. Die 6-19 Eier werden allein vom Weibchen in einer Bodenmulde ausgebrütet.

Geierperlhuhn 13

Acryllium vulturinum

VERBREITUNG: Afrika S der Sahara
LEBENSRAUM: Ränder immergrüner Wälder
GRÖSSE: 50 cm

Dieses eindrucksvolle Perlhuhn blickt aus roten Augen und trägt eine flammende Halskrause aus verlängerten, metallisch glänzenden Federn mit schwarzen, weißen und blauen Streifen. Stellenweise ist das Geierperlhuhn häufig und lebt in undurchdringlichen Dickichten am Rand von Wäldern im Flachland. Dort folgen Trupps von 20-30 Vögeln oft den Affenhorden, um herabfallende Früchte aufzusammeln.

Zur Brutzeit bilden die Altvögel Paare, und die Weibchen legen 4-6 Eier in eine Bodenmulde, die sie in 24-30 Tagen alleine ausbrüten.

STELZENRALLEN, WACHTEL-, TRAPPENLAUFHÜHNCHEN, KRANICHE

Brolgakranich
Schreikranich
Saruskranich
G. a. antigone
juv.
juv.
juv.
juv.
juv.
Schneekranich
Kranich
Küken

STELZENRALLEN, LAUFHÜHNCHEN, KRANICHE, TROMPETERVÖGEL

FAMILIE MESITORNITHIDAE STELZENRALLEN

Mittelgroße Bodenbewohner, die selten fliegen. Gefieder oberseits braun oder grau, unterseits blasser oder gefleckt, Geschlechter ähnlich oder verschieden gefärbt. Zweignest in Büschen mit 1-2 weißlichen, braun gepunkteten Eiern, Bebrütungszeit unbekannt. Küken verlassen Nest bald nach dem Schlüpfen. 3 Arten.

Kurzfuß-Stelzenralle 1

Mesitornis variegata {B}

VERBREITUNG: N und W-Madagaskar
LEBENSRAUM: Ungestörter Trockenwald
GRÖSSE: 25 cm

Alle drei Stelzenrallen-Arten kommen nur auf Madagaskar vor und sind vom Aussterben bedroht. Die drosselgroßen Vögel suchen auf dem Waldboden nach Insekten und Samen, die sie zwischen herabgefallenem Laub suchen. Die Kurzfuß-Stelzenralle ist nur aus vier kleinen Gebieten Madagaskars bekannt: In Ankarana wurde sie zuletzt 1931 gesehen und 1986 wiederentdeckt, in Analamera fand man sie erst 1987. Neben der Zerstörung des Lebensraumes gefährden auch wildernde Hunde und Ratten den Fortbestand der Stelzenrallen.

FAMILIE TURNICIDAE WACHTELLAUFHÜHNCHEN

Kleine bis mittelgroße, an Wachteln erinnernde Bodenvögel mit nur 3 Zehen. Gefieder gelblich mit braunen, weißlichen und grauen Abzeichen, Weibchen bunter gefärbt. 3-7 gräuliche bis gelbliche, kräftig kastanienbraun oder grau markierte Eier werden in Bodenmulde 12-14 Tage vom Männchen bebrütet. Küken Nestflüchter. 15 Arten.

Laufhühnchen 2

Turnix sylvatica

VERBREITUNG: Afrika, S-Spanien, S-Asien vom Iran bis Bali
LEBENSRAUM: Trockenes Grasland, Gebüsch, auch Felder
GRÖSSE: 13-15 cm

Laufhühnchen erinnern zwar an Wachteln (S. 114-117), sind aber nicht mit ihnen verwandt. Scheu und heimlich schleichen sie auf der Suche nach Insekten und Samen durch dichte Vegetation.

Die größeren Weibchen balzen mit muhender Stimme und paaren sich nacheinander mit mehreren Männchen, die dann alle ihr eigenes Gelege bekommen und selbst ausbrüten müssen.

Lerchenlaufhühnchen 3

Ortyxelos meiffrenii

VERBREITUNG: Schmales Band S der Sahara
LEBENSRAUM: Sehr trockenes, sandiges Buschland
GRÖSSE: 15 cm

Das Lerchenlaufhühnchen bewohnt trockene Gebiete, in denen es aber immerhin noch genug Gras geben muß, in dem es sich verbergen kann. Sein Verbreitungsgebiet ist sehr lückenhaft, doch kommt es in Gebieten mit dem Gras *Cenchurus catharticus* recht häufig vor.

Scheucht man es auf, zeigt es ein schwarzweißes Flügelmuster und fliegt unstet wie ein Schmetterling oder eine Buschlerche flatternd davon - daher der deutsche Name.

Als Nest dient eine mit Gras ausgelegte und oft mit Steinchen umrahmte Mulde, in der das Männchen die beiden Eier alleine ausbrütet.

FAMILIE PEDIONOMIDAE TRAPPENLAUFHÜHNCHEN

Zu dieser Familie gehört nur eine Art.

Trappenlaufhühnchen 4

Pedionomus torquatus {B}

VERBREITUNG: SO-Australien
LEBENSRAUM: Ursprüngliches Grasland
GRÖSSE: 15-17 cm

Das Trappenlaufhühnchen sucht tagsüber (nicht nachts, wie man früher annahm) im Gras nach Samen und Insekten, hält gelegentlich inne, um wie ein Watvogel mit dem Kopf zu nicken oder auf Zehenspitzen nach Feinden Ausschau zu halten. Bei Gefahr verharrt es lieber ruhig auf den Boden gepreßt, als daß es auffliegt.

Das Weibchen balzt mit dumpf klagenden Lauten und kann sich mit mehreren Männchen verpaaren. Die 2-5 Eier werden in einer Mulde unter einem Grasbüschel 23 Tage hauptsächlich vom Männchen bebrütet, das später auch die nestflüchtenden Küken betreut. Trappenlaufhühnchen sind gefährdet, da ihr Lebensraum durch Umwandlung in Felder oder Weideland zerstört wird. Als ausgeprägter Standvogel verläßt es ein Gebiet nur, wenn Feuer, Kultivierung oder Überweidung dazu zwingen.

FAMILIE GRUIDAE KRANICHE

Große, langbeinige und langhalsige Vögel mit überwiegend grauem oder weißem Gefieder und kontrastreich gefärbten nackten Hautpartien oder Schmuckfedern. Geschlechter gleich gefärbt, Männchen meist größer. Große Nestplattform aus Pflanzenmaterial am Boden oder im Flachwasser enthält 1-4 weißliche oder verschieden gefärbte Eier, die 28-36 Tage bebrütet werden. Küken sind Nestflüchter, können nach 2-4 Monaten fliegen, bleiben aber oft bis in den Winter bei den Eltern. 15 Arten.

Kranich 5

Grus grus

VERBREITUNG: N-Eurasien; überwintert in S-Europa, N-Afrika, Indien, SO-Asien
LEBENSRAUM: Offene Auwälder, Moore; im Winter Felder und Flachwasserzonen
GRÖSSE: 110-120 cm

Für alle Kraniche ist der Balztanz typisch, den auch die europäische Art zeigt. Die Vögel umkreisen einander, verbeugen sich, wippen, nehmen vom Boden Gegenstände auf, die sie über den Rücken werfen und springen zwischendurch immer wieder anmutig in die Luft. Dann stehen sich die Paare mit ausgebreiteten Flügeln und himmelwärts gestreckten Schnäbeln gegenüber und trompeten laut.

In Norddeutschland ist der Kranich ein seltener Brutvogel. Zu den Zugzeiten überqueren aber viele skandinavische Kraniche in typischer V-Formation mit lautem Trompeten das mittlere Deutschland.

Kanadakranich 6

Grus canadensis

VERBREITUNG: NO-Sibirien, Alaska, Kanada, N USA; überwintert S USA bis Mexiko
LEBENSRAUM: Tundra, Sümpfe, Grasland, Felder
GRÖSSE: 107 cm

An den Zwischenrastplätzen und im Überwinterungsgebiet finden sich die Kanadakraniche oft zu Hunderten zusammen, schaffen mit ihren lauten Trompetenrufen eine eigenartige Atmosphäre und suchen den Boden nach Pflanzen, Kartoffeln, Insekten, Würmern, Fröschen und kleinen Säugetieren ab.

Die 5 Unterarten variieren vor allem in der Größe, und die abgebildete *G. c. tabida* aus Britisch Kolumbien, Nordkalifornien und Nevada ist die größte. Die rostbraune Gefiedertönung der Altvögel ist auf eisenoxidhaltigen Schlamm zurückzuführen, in dem die Vögel tief mit den Schnäbeln bohren und der beim Putzen dann ins Gefieder gelangt. Zur Brutzeit dient diese Färbung aber sicher auch der Tarnung des hellgrauen Vogels.

Schreikranich 7

Grus americana {B}

VERBREITUNG: Mittleres Kanada; überwintert in Texas
LEBENSRAUM: Feuchtgebiete in Prärien
GRÖSSE: 130 cm

Im Flug, wie bei allen Kranichen mit ganz ausgestrecktem Hals, kontrastieren die schwarzen Handschwingen zum sonst rein weißen Gefieder des Schreikranichs. Mit weniger als 200 in Freiheit lebenden Individuen ist er einer der seltensten Vögel der Erde. Derzeit wird in Idaho versucht, eine zweite Population zu schaffen, indem man Kanadakraniche als Zieheltern benutzt und ihnen in Gefangenschaft gelegte Schreikranicheier unterschiebt. Neben der Störung und Zerstörung der Lebensräume wird auch die Jagd für den starken Rückgang verantwortlich gemacht.

Saruskranich 8

Grus antigone

VERBREITUNG: Indien, SO-Asien, N-Australien
LEBENSRAUM: Sümpfe, Kulturlandschaft, Flußufer
GRÖSSE: 120-140 cm

Der Saruskranich gehört zu den größten Vertretern seiner Familie und hat sein Verbreitungsgebiet seit 1964 über eine Strecke von fast 5000 km von Südost-Asien bis nach Australien ausgedehnt, wo er zuerst in Queensland entdeckt wurde. Seitdem hat er sich in Australien weiter ausgebreitet und gut gegen den dort einheimischen kleineren Brolgakranich behauptet.

Brolgakranich 9

Grus rubicunda

VERBREITUNG: N und O-Australien S bis Victoria
LEBENSRAUM: Flache, offene Sümpfe und Feuchtwiesen
GRÖSSE: 95-125 cm

Der Brolgakranich ist eine große und graue Art der australischen Feuchtgebiete und hat, da solche Lebensräume im Südwesten seines Verbreitungsgebietes trockengelegt wurden, in letzter Zeit abgenommen. Er ernährt sich hauptsächlich von Knollen, die er mit dem Schnabel aus dem Schlamm gräbt, verschmäht aber auch Getreide, Insekten, Mollusken und kleine Wirbeltiere nicht.

Auch Brolgakraniche führen ausgeprägte Balztänze mit Beugen, Strecken, Flügelschlagen, Luftsprüngen und Trompeten vor, von denen sich Elemente in den Tänzen der Aborigines wiederfinden.

Schneekranich 10

Grus leucogeranus {B}

VERBREITUNG: 2 Gebiete in N-Sibirien; im Winter Iran, Indien und China
LEBENSRAUM: Tundra; im Winter Flachwasserzonen
GRÖSSE: 120-140 cm

Früher war der Schneekranich weiter verbreitet, gehört heute aber zu den seltensten Arten. Von der winzig kleinen westlichen Population wurden 1981 nur acht Brutreviere gefunden. Von den 10 Vögeln, die 1991 noch im Irak überwinterten, wurden 1-3 geschossen und 4 für einen Zoo gefangen. Der Rest der Population überwintert bei Bharatpur in Nordindien, wo seit einigen Jahren nach der langen Reise über den Himalaya und an vielen Jägern vorbei nicht einmal mehr ein Dutzend Vögel mit nur 1-2 Jungen eintrifft.

Die Population in Nordost-Sibirien scheint noch größer zu sein, denn in einem 1987 entdeckten Überwinterungsgebiet am Poyang-See in China wurden immerhin 1784 Schneekraniche gezählt. Um den Bestand zu retten, hat man in Sibirien Eier von Schneekranichen aus den Nestern geholt und in die USA gebracht, um die Jungvögel dort von Hand aufzuziehen und die von ihnen im Alter von etwa 6 Jahren gelegten Eier dann normalen grauen Kranichen im europäischen Teil Rußlands unterzuschieben, damit hier eine zwar künstliche, aber überlebensfähige Population entsteht.

Jungfernkranich 11

Anthropoides virgo

VERBREITUNG: SO-Europa bis Mittelasien; überwintert selten in N-Afrika, hauptsächlich in Indien
LEBENSRAUM: Feuchte und trockene Steppen; im Winter Feuchtgebiete und Felder
GRÖSSE: 90-100 cm

Der Jungfernkranich ist ein Charaktervogel mittelasiatischer Steppen und Hochländer. Zur Zugzeit überfliegt er selbst hohe Gebirge wie den Himalaya. An einem einzigen Paß wurden im Herbst innerhalb von 12 Tagen 60000 Jungfernkraniche in 5-8000 m Höhe ziehend beobachtet.
Seine Stimme klingt hölzerner als die des europäischen Kranichs. Kleine Restvorkommen gibt es in der Türkei und vielleicht in Nordwest-Afrika, doch auch in Asien nimmt sein Bestand durch den Umbruch von Steppen ab.

Kronenkranich 12

Balearica pavonina

VERBREITUNG: Afrika vom Senegal bis Äthiopien, N-Uganda und NW-Kenia
LEBENSRAUM: Offene Feuchtgebiete, Grasland
GRÖSSE: 110-130 cm

In weiten Teilen seines Verbreitungsgebiets ist der Kronenkranich ein bekannter und beliebter Vogel. Die Unterart *B. (p.) regulorum*, der «Graukronenkranich» aus dem südlichen Afrika, wird oft als eigene Art betrachtet. Beim Balztanz springen Kronenkraniche 1-2 m hoch in die Luft und landen sanft auf ihren herabhängenden Füßen.

FAMILIE ARAMIDAE RALLENKRANICHE

Zu dieser Familie gehört nur eine Art.

Rallenkranich 13

Aramus guarauna

VERBREITUNG: SO USA, Antillen, S-Mexiko O der Anden bis N-Argentinien
LEBENSRAUM: Sümpfe, Mangroven
GRÖSSE: 58-71 cm

Rallenkraniche waten auf langen Beinen durch flaches Wasser und wirken dabei, als würden sie humpeln. Auf ihren runden Flügeln fliegen sie nur niedrig über kurze Distanzen, dabei Kopf und Hals ausgestreckt haltend. Besonders nachts hört man ihre kreischenden, schreienden oder melancholisch klagenden und weinenden Rufe.

Der seitlich zusammengedrückte Schnabel wird zum Stochern benutzt und ist besonders geeignet, Wasserschnecken aus ihren Gehäusen zu holen. Rallenkraniche fressen aber auch Muscheln, gelegentlich Samen, kleine Reptilien und Frösche, Insekten, Würmer und Krebse. Meist einzelgängerisch, jagen sie gelegentlich doch in kleinen Gruppen. Das Nest aus Schilf und Zweigen wird in oder unter Büschen und Bäumen am Wasser angelegt und enthält 6-7 gelbliche, braun gepunktete Eier, die etwa 20 Tage bebrütet werden. Die nestflüchtenden Küken werden von beiden Eltern betreut.

FAMILIE PSOPHIIDAE TROMPETERVÖGEL

Bodenbewohner mit untersetztem Körper, kleinem Kopf, schwachen, runden Flügeln und überwiegend schwarzem Gefieder. Geschlechter einander ähnlich gefärbt. 6-10 weiße oder grüne Eier werden im Nest in Baumhöhlen oder auf Palmen für unbekannte Zeit bebrütet, Küken sind Nestflüchter. 3 Arten.

Grauflügel-Trompetervogel 14

Psophia crepitans

VERBREITUNG: Von S-Kolumbien und dem Orinoco bis zum Amazonas
LEBENSRAUM: Tropischer Regenwald
GRÖSSE: 46-53 cm

Die geselligen Trompetervögel suchen oft in Trupps von 20 Vögeln den Waldboden nach Früchten, Nüssen und Insekten ab und folgen dabei gerne baumbewohnenden Tieren, deren Abfälle sie aufsammeln. Sie können zwar schlecht fliegen, rasten aber bis zu 10 m hoch in Bäumen. Alle drei südamerikanischen Trompetervögel geben dröhnende und trompetende Töne von sich, woher ihr Name rührt.

Auch ihre Balz, oft in der Gruppe ausgeführt, ist eine lautstarke Affäre, bei der die Vögel stolzieren, tanzen und sogar Purzelbäume schlagen.

RALLEN

Ypecaharalle
Wasserralle
Okinawaralle
R. l. crepitans
Klapperralle
R. l. levipes
Atlantisralle
G. a. greyi
Nordinsel
G. a. australis
Südinsel
Wekaralle
Kubaralle
L. j. murivagans
Schieferralle
L. j. jamaicensis
♂ singend
Wachtelkönig
Gelbralle

juv.
Carolinasumpfhuhn
Braunralle
♂
Wasserhahn
♀
G. c. chloropus
Balz
Teichhuhn
P. p. porphyrio
P. p. melanotus
Purpurhuhn

RALLEN

FAMILIE RALLIDAE
RALLEN

Kleine bis mittelgroße, in Schilf oder Gras laufende, teilweise auch schwimmende Vögel mit langen Beinen und kurzen, runden Flügeln. Gefieder überwiegend braun oder grau mit weißlichen Markierungen, bei einigen Arten auch bunter. Geschlechter meist gleich gefärbt. Nest in Bodenvegetation oder Büschen mit 2-16 weißlichen, gelblichen oder bräunlichen, oft rötlich, braun, grau oder schwarz gefleckten oder gepunkteten Eiern, die 20-30 Tage bebrütet werden. Küken sind Nestflüchter und werden bis zu maximal 8 Wochen meist von beiden Eltern betreut. 124 Arten.

Ypecaharalle 1

Eulabeornis ypecaha

VERBREITUNG: Brasilien, Paraguay, Uruguay, Argentinien
LEBENSRAUM: Feuchte, verwachsene Flußtäler
GRÖSSE: 53 cm

Wie die meisten Rallen lebt auch diese Art versteckt und vorsichtig, zeigt sich aber sehr neugierig, wenn keine Gefahr droht. Tagsüber frißt die Ypecaharalle allein, indem sie mit ihrem langen Schnabel im weichen Boden nach Kleintieren sucht, abends finden sich die Vögel zu kleinen Gruppen am Schlafplatz zusammen und stimmen einen klagenden Chor an.

Das Nest dieser in Einzelpaaren brütenden Ralle steht in Büschen oder kleinen Bäumen etwa 1 m über dem Boden und enthält etwa 5 glänzende, weiße, pastellgelbe oder gar rosafarbene Eier.

Okinawaralle 2

Rallus okinawae {B}

VERBREITUNG: N der japanischen Insel Okinawa
LEBENSRAUM: Dichte, immergrüne Wälder
GRÖSSE: 28 cm

Kurzflügelig und praktisch flugunfähig, ist die Okinawaralle typisch für viele inselbewohnende Formen, die ihre Flugfähigkeit wegen fehlender Bodenfeinde aufgegeben haben, um Energie zu sparen.

Die Okinawaralle wurde erst 1981 für die Wissenschaft beschrieben, als ein überfahrener Vogel an einer neu gebauten Straße gefunden wurde. Die Population wird auf etwa 1500 Vögel geschätzt und ist durch fortschreitende Waldrodung gefährdet.

Die Okinawaralle ist mit der auf Inseln im westlichen Pazifik weiter verbreiteten Zebraralle *R. torquatus* verwandt, rastet wie diese auf Bäumen, legt 4 Eier und ernährt sich von großen Insekten und Wirbellosen.

Wasserralle 3

Rallus aquaticus

VERBREITUNG: Eurasien von Island bis Japan, N-Afrika
LEBENSRAUM: Schilfgebiete, Sümpfe
GRÖSSE: 28 cm

Mit ihrem schlanken Körper schlüpft die Wasserralle lautlos durch dichtes Schilf, wo sie mit ihrem langen Schnabel Würmer, Insekten, Amphibien und sogar Jungvögel erbeutet und bis zu

1 m hoch springt, um Libellen zu erhaschen. Wie fast alle Rallen kann sie kleine Wasserflächen auch durchschwimmen. Zwar ist sie noch weit verbreitet und recht häufig, im Schilf aber kaum einmal zu sehen, sondern nur an ihrer vielfältigen Stimme zu erkennen: Sie grunzt, quiekt, knurrt, tickt und trillert.

Das zwischen Halmen gut versteckte Nest wird von den 5 oder mehr im Dunenkleid pechschwarzen Küken gleich nach dem Schlüpfen verlassen, zum Schlafen aber immer wieder aufgesucht.

Klapperralle 4

Rallus longirostris

VERBREITUNG: S-Kanada bis N-Peru, Karibische Inseln
LEBENSRAUM: Salz- und Brackwassersümpfe der Küsten
GRÖSSE: 32-46 cm

Ihre aus mindestens zehn aneinander gereihten, sich beschleunigenden und dann wieder langsamer werdenden *kek-kek-kek*-Lauten gebildeten Rufe gaben der Klapperralle den Namen. Sie wird auch durch Donnerschlag oder Händeklatschen zum Rufen provoziert. Früher war sie in nordamerikanischen Salzsümpfen häufig, hat in den vergangenen 50 Jahren aber stark unter Jagd und Lebensraumzerstörung gelitten. Doch auch ohne diesen Druck lebt sie gefährlich: Durch eine einzige Springflut können sämtliche Gelege verlorengehen. Die Küken können jedoch, wie die Altvögel, schwimmen, bei Gefahr sogar tauchen und sich unter Wasser an Pflanzen festhalten.

Klapperrallen ernähren sich vorwiegend von kleinen Krebstieren, ergänzt durch Samen und Wurzelknollen. In strengen Wintern weichen nördliche Brutvögel nach Süden aus, doch sind die meisten eher seßhaft.

Atlantisralle 5

Atlantisia rogersi {B}

VERBREITUNG: Inaccessible Island (S-Atlantik)
LEBENSRAUM: Dichtes Gras
GRÖSSE: 12,5 cm

Mit nur 34,7 g ist die Atlantisralle der kleinste flugunfähige Vogel der Erde. Sie lebt nur auf der 16 qkm großen unbewohnten Insel Inaccessible Island, die zur Inselgruppe Tristan da Cunha gehört, fast 3200 km vom Festland entfernt. Die Atlantisralle wurde erst 1923 entdeckt, bewegt sich in selbst angelegten Laufgängen und Röhren durch dichtes Gras und Wurzeln der windexponierten Wiesen und erinnert eher an ein kleines Säugetier. Der Bestand wird zwar auf etwa 10000 Vögel geschätzt, die aber schnell verschwinden würden, wenn Ratten oder Katzen auf die bisher von Raubtieren freie Insel eingeschleppt würden.

Wekaralle 6

Gallirallus australis

VERBREITUNG: Neuseeland
LEBENSRAUM: Gebüsch, Waldränder
GRÖSSE: 53 cm

Die flugunfähige Wekaralle ist sehr groß, hat einen mächtigen Schnabel und kraftvolle Beine und einen umfangreichen Speisezettel: Gras, Samen, Früchte, Mäuse, Vögel, Eier, Käfer, Schnecken, menschliche Abfälle und sogar aus Hühnerfarmen geraubte Küken. Sie wurde auf einigen Inseln ausgesetzt und dort zu einer Bedrohung für andere bodenbewohnende Vogelarten. Andererseits tötet sie aber auch viele Ratten.

Man unterscheidet nach Färbung und Größe 4 Unterarten. *G. a. greyi* mit grauer Unterseite war auf der Nordinsel einst weit verbreitet, kommt jetzt aber nur noch im Raum Gisborne in ländlichen und städtischen Bereichen vor, doch wird teilweise mit Erfolg versucht, sie in anderen Gebieten wieder anzusiedeln. Die blassere Unterart *G. a. hectori* bewohnte früher die Südinsel, wurde dort aber Anfang der Zwanziger Jahre ausgerottet. Glücklicherweise hatte man diese Unterart 1905 auf Chatham Island ausgesetzt, wo eine Population fortbesteht. In der westlichen Hälfte der Südinsel ist *G. a. australis* mit rotbrauner Unterseite und gestrichelter Brust recht häufig und kommt im Südwesten auch in einer dunklen Morphe vor, wie es sie auch bei *G. a. scotti* auf Stewart Island gibt.

Kubaralle 7

Cyanolimnas cerverai {B}

VERBREITUNG: Kuba
LEBENSRAUM: Dicht bewachsene Sümpfe
GRÖSSE: 30 cm

Diese wenig bekannte Ralle lebt nur im Bereich der Zapata-Sümpfe auf Kuba. Durch ihren lauten, krächzenden Alarmruf ist die zutrauliche und neugierige Art leicht zu entdecken. Mit ihren sehr kurzen Flügeln kann sie nur schlecht fliegen, was sie für Angriffe empfindlich macht. Durch die Abgeschiedenheit ihres Lebensraumes ist sie, sofern keine langen Trockenperioden, Feuersbrünste oder andere Katastrophen eintreten, recht gut geschützt, denn Bestand und Verbreitungsgebiet sind größer, als man früher annahm.

Gelbralle 8

Coturnicops noveboracensis

VERBREITUNG: O-Kanada bis Mexiko
LEBENSRAUM: Feuchtwiesen mit Fließgewässern
GRÖSSE: 18 cm

Durch kompakten Körper und kurzen Schnabel weist sich dieser kleine Vogel, trotz des Namens, eher als Sumpfhuhn aus. Im Flug sind die weißen Armschwingen kennzeichnend. Die klickende Stimme klingt, wie wenn zwei Kieselsteine rhythmisch aneinander geschlagen werden.

Gelbrallen leben in feuchten, aber nicht zu nassen Wiesen, die oft von Bächen durchzogen sind, und ernähren sich bevorzugt von Schnecken. Das Nest ist im Gras hervorragend getarnt und die anfangs von den Eltern gefütterten Küken werden nach 3 Wochen unabhängig.

Ostchina und Ussurien werden von der manchmal als Unterart der Gelbralle betrachteten Mandschurenralle *C. (n.) exquisitus* bewohnt, die wenig erforscht und so selten ist, daß sie in die Liste der bedrohten Arten aufgenommen wurde.

Schieferralle 9

Laterallus jamaicensis

VERBREITUNG: S-Nordamerika, Karibik, Mittel- und Südamerika bis N-Chile
LEBENSRAUM: Schilf- und Seggensümpfe
GRÖSSE: 17 cm

Die kleine Schieferralle ist furchtsam und schwer zu beobachten, denn bei der geringsten Gefahr verschwindet sie geräuschlos in dichter Vegetation, läuft nie über offene Flächen und huscht blitzschnell von einer Seggenbülte zur nächsten.

Von den 4 Unterarten sind *L. j. murivagans* von der Küste Perus und *L. j. jamaicensis* aus den mittleren und östlichen USA, Kuba und Jamaika abgebildet. Das halb überdachte Nest aus feinen Grashalmen könnte leicht für das einer Ammer gehalten werden, enthält aber 4-7 cremefarbene Eier mit rötlichen Punkten, wie sie für viele Rallen typisch sind.

Wachtelkönig 10

Crex crex {B}

VERBREITUNG: Europa, W-Asien, N-Afrika; überwintert S der Sahara
LEBENSRAUM: Wiesenflächen, auch Felder
GRÖSSE: 25 cm

Der Bestand des Wachtelkönigs in Europa hat in den letzten Jahren dramatisch abgenommen. Die Ursachen liegen in der veränderten Landwirtschaft mit hohem Gifteinsatz und dem jetzt sehr frühen Mähen von Wiesen, seinem bevorzugten Lebensraum.

Man sieht den Wachtelkönig fast nie im hohen Gras, doch zeigen die Männchen bei Tag und Nacht ihre Reviere durch ein rhythmisches *Rrrp-rrrrp* an, das klingt, wie wenn man mit einem Streichholz über einen Kamm streicht. Im flatternden Flug mit herabhängenden Beinen ist der Wachtelkönig an den rostbraun leuchtenden Flügeldecken zu erkennen. Im Spätsommer ziehen Wachtelkönige jedoch nachts über große Entfernungen in ihr Winterquartier, das bis nach Südafrika reicht.

Carolinasumpfhuhn 11

Porzana carolina

VERBREITUNG: Von Kanada bis Venezuela und Peru, einschließlich Karibik
LEBENSRAUM: Süßwassersümpfe, Feuchtwiesen; im Winter an Brackwasser
GRÖSSE: 23 cm

Früher war das Carolinasumpfhuhn so häufig, daß es zur Zugzeit in gewaltigen Mengen an Küstenlagunen, auf Inseln und sogar auf küstennah fahrenden Schiffen einfiel und alljährlich zu Tausenden ein Opfer der Jäger wurde. Heute leidet es vor allem unter der Zerstörung seiner Lebensräume, ist aber noch weit verbreitet.

Auch diese Ralle ist kaum einmal zu sehen, verrät sich aber durch ihre Rufe, zu denen neben einem abfallenden Winseln auch ein klagendes *Ker-wii* gehört. Das große Gelege mit 8-12 Eiern wird von beiden Geschlechtern bebrütet.

Baumralle 12

Amaurornis ineptus

VERBREITUNG: N und S Neuguinea
LEBENSRAUM: Mangrovensümpfe und Bambusdickichte an Flüssen
GRÖSSE: 36-38 cm

Diese wenig bekannte flugunfähige Ralle ist so groß und kräftig, daß sie fast schon an einen kleinen Kasuar (S. 42-45) erinnert. Mit seinem fast wie ein Kriegsbeil geformten Schnabel und den kräftigen Beinen kann sie sich gut gegen Feinde verteidigen, selbst gegen die in Neuguinea eingeführten Hunde. Sogar Ratten werden mit dem mächtigen Schnabel getötet und verschlungen. Der aufmerksame Vogel kann schnell rennen und klettert bei Gefahr auch in die Zweige von Büschen und Bäumen, wo er auch mindestens 60 cm über dem Boden übernachtet. Der Ruf, ein rauhes *Aaah-aaah*, erinnert an das Quieken eines Schweins.

Wasserhahn 13

Gallicrex cinerea

VERBREITUNG: Von Indien bis Japan, Java, Borneo, Philippinen
LEBENSRAUM: Verschilfte Sümpfe, Reisfelder, Zuckerrohr, Brackwasserlagunen
GRÖSSE: 43 cm

Der Wasserhahn ernährt sich in der Dämmerung vorwiegend vegetarisch von Pflanzenkeimen, Knollen, Samen und gelegentlich auch Insekten. Er lebt sehr versteckt und vorsichtig und zieht sich bei den ersten Anzeichen einer Gefahr in die Deckung zurück.

Nur zur Brutzeit sind die Männchen sehr territorial und aggressiv und vom Weibchen dann am fast ganz schwarzen Gefieder und dem leuchtend blutroten Stirnschild zu unterscheiden. Im Winter sind sie den Weibchen ähnlich gefärbt. Die Paare bauen ein Nest aus Wasserpflanzen und ziehen jedes Jahr zwei Bruten mit je 3-6 Küken auf.

Teichhuhn 14

Gallinula chloropus

VERBREITUNG: Im gemäßigten Eurasien, Afrika, N- und S-Amerika; fehlt in der Australasis
LEBENSRAUM: Seen, Flüsse, Feuchtgebiete
GRÖSSE: 35 cm

Auf Parkteichen ist das Teichhuhn ein gewöhnlicher Anblick, wenn es mit nickendem Kopf und zuckendem Schwanz auf dem Wasser schwimmt oder hochbeinig auf dem Rasen nach Nahrung sucht. Dabei wirkt es immer nervös, aufmerksam und fluchtbereit. Bei Gefahr versteckt es sich in der Vegetation und fliegt nur selten einmal auf seinen kurzen, runden Flügeln davon.

Männchen kämpfen unter Einsatz ihrer großen Füße vehement um die Territorien und verletzen sich dabei manchmal gegenseitig. Die Jungvögel werden sehr schnell selbständig und Helfen den Eltern oft bei der Aufzucht der zweiten Jahresbrut.

Purpurhuhn 15

Porphyrio porphyrio

VERBREITUNG: S-Europa, Afrika, S-Asien bis Australasis
LEBENSRAUM: Feuchtgebiete mit Schilf und dichter Vegetation
GRÖSSE: 45 cm

In Südeuropa ist das große Purpurhuhn extrem selten geworden, kommt aber in anderen Teilen seines großen Verbreitungsgebiets noch häufig vor. In Asien ist es nicht sehr beliebt, da es als reiner Vegetarier gerne an den keimenden Reis geht. Wenn die Morgensonne den Frühnebel durchbricht, sieht man in Asien oft große Trupps auf der Sumpfvegetation sitzend ein erstes Sonnenbad nehmen. Sonst sind die scheuen Purpurhühner meist in dichter Vegetation versteckt und verraten ihre Anwesenheit nur durch ein schrilles Trompeten. Manchmal legt ein zweites Weibchen seine Eier in das Nest eines Paares.

RALLEN, BINSENRALLEN, KAGUS, SONNENRALLEN, SERIEMAS, TRAPPEN

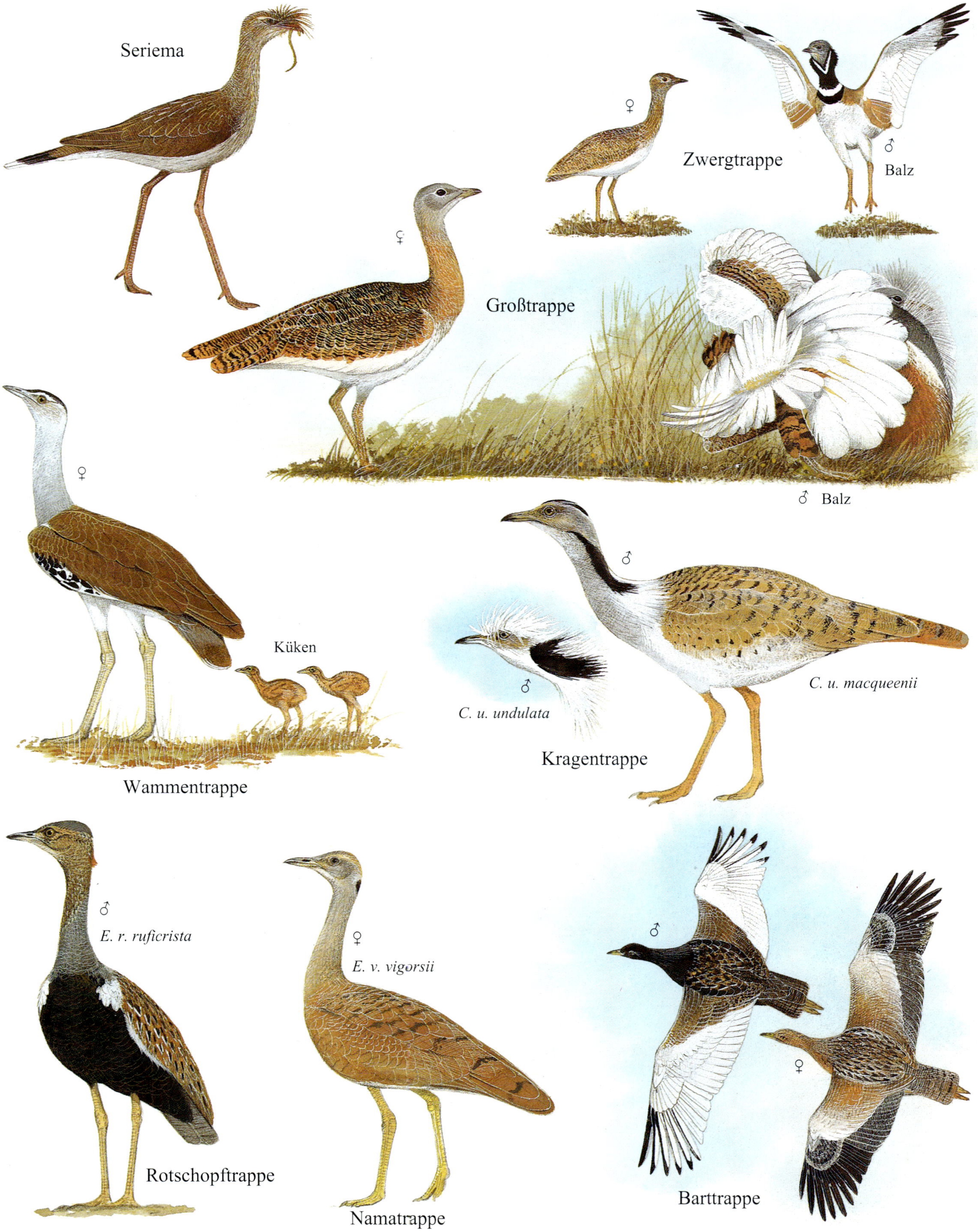
Seriema
♀
Zwergtrappe
♂
Balz
♀
Großtrappe
♂ Balz
♀
Küken
Wammentrappe
♂
♂
C. u. undulata
C. u. macqueenii
Kragentrappe
♂
E. r. ruficrista
♀
E. v. vigorsii
Rotschopftrappe
Namatrappe
♂
♀
Barttrappe

Takahe 1

Porphyrio mantelli {B}

VERBREITUNG: Neuseeland, nur noch bei Murchinson und Kepler im SW der Südinsel; auf Maud Island eingeführt
LEBENSRAUM: Bergiges Grasland, selten in angrenzendem Wald
GRÖSSE: 63 cm

Wie viele andere flugunfähige Inselvögel erfuhr auch diese große Rallenart einen katastrophalen Rückgang, als fremde Tierarten eingeführt wurden, mit denen sie in Konkurrenz treten mußte oder von denen sie gefressen wurde. Die Takahe wurde erst 1849 entdeckt, und ihr Bestand nahm darauf so schnell ab, daß man sie um 1900 bereits für ausgestorben hielt. 1948 wurde sie auf abgelegenen Bergwiesen im Gebiet von Murchinson wiederentdeckt.

Sie frißt Samen und zarte Triebe von Hartgräsern und steht dabei mit den eingeführten Hirschen in einem Wettbewerb, den sie meist verliert. Der Abschuß von ausgesetzten Hirschen hat zwar zu einer leichten Bestandserholung geführt, doch sind es wohl nicht mehr als 180 Vögel, die dort noch in Freiheit leben. Zuchtversuche in Gefangenschaft verliefen erfolgreich, so daß nun auf der Insel Maud eine kleine Population ausgewildert werden konnte.

Takahes gehen eine lebenslange Paarbindung ein und nisten am Boden. Doch ist der Bruterfolg gering, da auf Neuseeland eingeführte Raubtiere wie z.B. Hermeline oft die Eier und Jungvögel rauben.

Riesenbläßhuhn 2

Fulica gigantea

VERBREITUNG: Anden von S-Peru und Brasilien bis N-Chile
LEBENSRAUM: Bergseen, meist über 3500 m
GRÖSSE: 60 cm

Obwohl das Überleben in großen Höhen besonders im Winter schwierig ist, zieht das Riesenbläßhuhn nicht in tiefere Lagen. Vielmehr sammelt es sich in kleinen Trupps an den verstreut liegenden vulkanischen Quellen der Anden, wo es eisfreie Tümpel und genügend Nahrung gibt. Die Schwimmnester der Riesenbläßhühner messen bis zu 3 m im Durchmesser und werden an aus dem Flachwasser ragenden Pflanzen befestigt.

Bläßhuhn 3

Fulica atra

VERBREITUNG: Von Europa durch Asien bis in die Australasis
LEBENSRAUM: Seen, Teiche, Feuchtgebiete, meist im Flachland
GRÖSSE: 43 cm

Das weit verbreitete und häufige Bläßhuhn ist unter den europäischen Rallenarten am besten an das Leben im Wasser angepaßt, schwimmt viel und taucht sogar wie eine Tauchente nach Nahrung. Es ernährt sich von Wasserpflanzen, Wasserinsekten und Muscheln, grast aber auch auf gewässernahen Wiesen. Im Winter sind oft mehrere hundert oder tausend Vögel auf eisfreien Gewässern und sogar Parkteichen versammelt.

Bläßhühner sind sehr streitsüchtig, was sich besonders zur Brutzeit bemerkbar macht, wenn es an den Reviergrenzen zu heftigen, mit Füßen und Schnäbeln ausgetragenen Kämpfen kommt. Die Jungvögel sind anfangs noch bräunlich mit weißlichem Vorderhals, und auch das kennzeichnende Stirnschild bildet sich erst im Winter voll aus.

FAMILIE HELIORNITHIDAE BINSENRALLEN

Mittelgroße bis große, langgestreckte, an Lappentaucher erinnernde Wasservögel mit langem Hals, langem, gestuftem, steifem Schwanz und großen Schwimmlappen an den Zehen. Gefieder braun und grau mit schwarzen Abzeichen, Weibchen kleiner. Flaches Nest aus Zweigen und Blättern auf niedrigen Ästen oder Treibgut mit 2-4 gelblichen, rötlich gepunkteten Eiern. 3 Arten.

Zwergbinsenralle 4

Heliornis fulica

VERBREITUNG: Mexiko bis Bolivien, Argentinien
LEBENSRAUM: Bewachsene Flußufer, Teiche, Lagunen
GRÖSSE: 28-30 cm

Binsenrallen sind mit je einer Art in Südamerika, Afrika und Ostasien vertreten. Sie stellen vielleicht ein Bindeglied zwischen den Rallen und Lappentauchern dar.

Die Zwergbinsenralle bevorzugt die Ufervegetation langsam fließender Ströme, wo sie oft halb untergetaucht schwimmt und Mollusken, Insekten, andere Kleintiere und Sämereien frißt. Nach 11 Tagen Bebrütungszeit werden die 2 Küken gleich aus dem Nest entfernt und vom Männchen in Taschen unter dem Flügel beim Schwimmen und Fliegen transportiert.

FAMILIE RHYNCHOCHETIDAE KAGUS

Zu dieser Familie gehört nur eine Art.

Kagu 5

Rhynochetos jubatus {B}

VERBREITUNG: Neukaledonien
LEBENSRAUM: Dichter Wald
GRÖSSE: 60 cm

Mit einem Bestand von 500-1000 Vögeln sind die nur auf der Insel Neukaledonien lebenden Kagus ein weiteres Beispiel für eine durch Lebensraumzerstörung und das Aussetzen fremder Tierarten fast ausgerottete Vogelart. In aufrechter Haltung stelzen sie, praktisch flugunfähig, über den Waldboden und stochern nach Larven, Würmern und Schnecken.

Beide Geschlechter tragen die zerzauste Haube, tanzen bei der Balz umeinander und präsentieren mit gespreizten Flügeln die schwarzen, roten und weißen Streifen des schiefergrauen Gefieders. Das einzige cremefarbene Ei mit rotbraunen und grauen Flecken wird im Bodennest von beiden Eltern 36 Tage bebrütet, der Jungvogel wird erst nach 14 Wochen selbständig.

FAMILIE EURYPYGIDAE SONNENRALLEN

Auch diese Familie wird nur von einer Art gebildet.

Sonnenralle 6

Eurypyga helias

VERBREITUNG: S-Mexiko bis Bolivien und Mittelbrasilien
LEBENSRAUM: Bewaldete Flüsse und Seen
GRÖSSE: 46 cm

Mit langsamen, gemessenen Schritten geht die Sonnenralle der Nahrungssuche nach, watet manchmal auch durch Flachwasser, überfliegt aber tiefere Tümpel und ergreift Insekten, Spinnen, Frösche, kleine Fische und Krebse aus dem Wasser, im Schlamm oder zwischen Laub durch blitzartiges Zustoßen mit dem reiherähnlichen Schnabel. Die meiste Zeit verbringt sie im Schatten, balzt aber auf sonnenbeschienenen

Flecken mit gesenktem Kopf, gespreizten Flügeln und gefächertem Schwanz, der rhythmisch gehoben und gesenkt wird. Dann kommen die an einen Sonnenuntergang erinnernden kastanienbraunen und orangefarbenen Flügelfelder zur Geltung.

Die 2 weißlichen, dunkel gefleckten Eier werden in einem Baum in 3-6 m Höhe in ein großes Kugelnest aus Ästen und Laub gelegt und von beiden Geschlechtern 27 Tage bebrütet. Die Jungen bleiben 21 Tage im Nest.

FAMILIE CARIAMIDAE SERIEMAS

Große Bodenbewohner, Hälse, Beine und Körper lang, Gefieder graubraun, Schwanz und Flügel mit schwarzweißer Zeichnung. Zweignest in Büschen oder niedrigen Bäumen mit 2 beigen Eiern mit braungrauen oder rötlichen Markierungen. Brutzeit 25-26 Tage, Dunenjunge bleiben bis zur vollen Befiederung im Nest. 2 Arten.

Seriema 7

Cariama cristata

VERBREITUNG: Von O-Brasilien bis Argentinien
LEBENSRAUM: Grasland und offenes Gebüsch
GRÖSSE: 70 cm

Seriemas werden wegen ihres Fleisches gejagt, sind daher sehr scheu, fliegen aber selten, sondern rennen bei Gefahr mit gesenktem Kopf schnell davon. Sie nehmen ihre vielfältige Nahrung, zu der auch kleine Schlangen gehören, am Boden auf und sitzen nur zum Schlafen oder Brüten in Büschen. Jungvögel werden von den Bauern oft aus dem Nest geraubt und zwischen Hausgeflügel aufgezogen, da sie hervorragende «Wachhunde» sind und mit ihrem lauten Kläffen und Schreien vor Raubtieren und anderen Eindringlingen warnen.

FAMILIE OTIDIDAE TRAPPEN

Mittelgroße bis sehr große Bodenvögel mit kräftigen Körpern, langen Beinen und Hälsen, Füße mit 3 Zehen. Geschlechter unterscheiden sich in Größe oder Färbung, Gefieder tarnfarbig. 1-6 olivbraune oder rötliche Eier werden in einfacher Bodenmulde 20-25 Tage bebrütet. Küken sind Nestflüchter, fliegen nach etwa 5 Wochen. 22 Arten.

Zwergtrappe 8

Tetrax tetrax {B}

VERBREITUNG: SW-Europa, Marokko, Mittelasien
LEBENSRAUM: Offenes Grasland, Steppen, Felder
GRÖSSE: 40-45 cm

Zwergtrappen gehören mit einem Körpergewicht von weniger als 1 kg zu den leichteren Vertretern dieser Familie. Im Schlichtkleid verliert das Männchen die kontrastreiche Halsfärbung und ähnelt dem Weibchen. Außerhalb der Brutzeit sind Zwergtrappen gesellig und schließen sich an bevorzugten Nahrungsplätzen zu großen Trupps zusammen. Im gesamten, sehr lückenhaften Verbreitungsgebiet ist ihr Bestand dramatisch zurückgegangen.

Während der Balz trampelt das Männchen mit den Füßen, wirft den Kopf bei gespreiztem Halsgefieder zurück, ruft dabei hölzern *prrrt* und springt flatternd 1-2 m in die Luft. Seine siebente Handschwinge ist als Schallschwinge ausgebildet und erzeugt im Flug ein pfeifendes Geräusch.

Kragentrappe 9

Chlamydotis undulata {B}

VERBREITUNG: Kanaren, N-Afrika, Mittlerer Osten, Mittelasien bis China
LEBENSRAUM: Halbwüsten, Wermutsteppen
GRÖSSE: 55-65 cm

Neben der Zerstörung ihrer Lebensräume ist besonders die Bejagung für den katastrophalen Rückgang der Kragentrappe in ihrem lückenhaften Verbreitungsgebiet verantwortlich. Noch heute ist sie ein Opfer der Beizjagd arabischer Falkner. Kragentrappen sind sehr scheu und so gut getarnt, daß man sie selbst in offener Landschaft kaum entdecken kann. Außer der größeren, helleren asiatischen Unterart *C. u. macqueenii* ist die fast ausgerottete *C. u. undulata* aus Nordafrika abgebildet.

Wammentrappe 10

Choriotis australis

VERBREITUNG: Australien, S-Neuguinea
LEBENSRAUM: Offenes Waldland, Grasland, verbuschte Steppe
GRÖSSE: 80-120 cm

Einst war die Wammentrappe in Australien häufig, hat aber seit der Besiedlung durch Europäer durch Umwandlung der Lebensräume in landwirtschaftliche Nutzflächen, starke Bejagung und eingeführte Säugetiere stark abgenommen.

Das balzende Männchen bläst seinen Hals mit Luft auf, bis die Federn wie ein Fächer abstehen, läßt die Flügel hängen, stelzt den Schwanz und stolziert mit zurückgeworfenem Kopf laut brummend und röhrend umher, um sich mit jedem Weibchen zu paaren, das er so auf seinen Balzplatz locken kann.

Großtrappe 11

Otis tarda {B}

VERBREITUNG: Marokko, SW- und O-Europa, Mittelasien bis China
LEBENSRAUM: Ausgedehnte Wiesenflächen, Steppen, auch Felder
GRÖSSE: 75-105 cm

Die Großtrappe ist der schwerste flugfähige Vogel der Erde. Männchen können 16, manchmal über 20 kg schwer werden, die bedeutend kleineren Weibchen nur 5 kg. Das einstmals große Verbreitungsgebiet schrumpft immer weiter, und die Art nimmt stetig ab. Außerhalb der Brutzeit bilden Trappen meist große Trupps, oft nach Geschlechtern getrennt.

Die alten Männchen finden sich zu Beginn der Brutzeit an traditionellen Balzplätzen ein. Sie legen Schwanz und Kopf auf den Rücken, blasen den Hals auf und drehen die halb geöffneten Flügel, so daß sie zu großen weißen Kugeln werden. Die Weibchen werden begattet, ohne daß eine Paarbindung eingegangen wird.

Rotschopftrappe 12

Eupodotis ruficrista

VERBREITUNG: S der Sahara vom N-Senegal bis O-Sudan; O-Afrika von Äthiopien bis O-Tansania, S bis Namibia und Transvaal
LEBENSRAUM: Trockene bis halbtrockene Savanne
GRÖSSE: 50 cm

Man trifft die Rotschopftrappe meist einzeln oder in Paaren an. Sie lebt versteckt und verbirgt sich oft bewegungslos in dichter Vegetation. Männchen vollführen dramatische «Raketenflüge», rufen dabei mit zunehmender Lautstärke, rennen ein Stück, um 30 m senkrecht in die Luft zu fliegen, sich mit gesträubten Brustfedern auf den Rücken zu drehen, wie ein Stein herabzufallen und im letzten Moment durch Flügelflattern den Sturz abzufangen und zu Boden zu gleiten.

Diese kleine Trappe kommt in drei Unterarten vor, von denen die südliche abgebildet ist.

Namatrappe 13

Eupodotis vigorsii

VERBREITUNG: W-Südafrika, Namibia
LEBENSRAUM: Halbwüste, Wüstenränder mit Gras und Gebüsch
GRÖSSE: 56-60 cm

Die Nama- oder Knarrtrappe zeigt in den Rottönen auf der Ober- und den Grautönen auf der Unterseite eine große Variation in der Gefiederfärbung. Bis zu 8 Vögel leben zusammen in einer Gruppe und verteidigen zur Brutzeit gemeinsam ein Territorium von wenigen 100 m Radius. Sie äußern besonders morgens und manchmal nachts weit tragende Rufe. Paare liefern sich krächzende Duette, bei denen das Weibchen mit *kok* auf das *squark* des Männchens antwortet.

Barttrappe 14

Houbaropsis bengalensis {B}

VERBREITUNG: S-Nepal, NO-Indien, Kambodscha, Vietnam
LEBENSRAUM: Ebenen mit hohem Gras
GRÖSSE: 66-68 cm

Alle Trappen sind durch die Zerstörung ihrer Lebensräume und durch die Jagd bedroht, doch gibt es von der inzwischen sehr lückenhaft verbreiteten Barttrappe wohl nur noch wenige hundert Vögel in Indien und Nepal. Die Größe der winzigen Restpopulation in Indochina ist unbekannt.

Anders als bei anderen Trappen ist hier das Weibchen größer als das auffallend schwarz und weiß gemusterte Männchen. Nur zur Brutzeit treffen die Geschlechter aufeinander. Dann balzt das Männchen, indem es 8-10 m hoch in die Luft springt und neben einem tiefen, seltsam summenden Ton auch krächzende Laute äußert.

WATVÖGEL: BLATTHÜHNCHEN BIS TRIELE

Ibisschnabel
Säbelschnäbler
Rotkopf-Säbelschnäbler
Küken
Hawaiistelzenläufer
H. knudseni
Schwarznacken-
Stelzenläufer
H. mexicanus
H. h. himantopus
juv.
H. h. himantopus
Stelzenläufer
Triel
Kaptriel
Schlammstelzer
Rifftriel

WATVÖGEL: BLATTHÜHNCHEN BIS TRIELE

FAMILIE JACANIDAE BLATTHÜHNCHEN

Mittelgroße, langbeinige Watvögel, Zehen und Krallen stark verlängert, damit sie besser auf schwimmenden Wasserpflanzen laufen können. Gefieder überwiegend dunkel mit helleren Abzeichen, Weibchen größer. Schwimmnest auf Wasserpflanzen mit 4 glänzenden, kräftig gefleckten Eiern. Küken sind Nestflüchter, schlüpfen nach 22-24 Tagen, können sofort laufen, schwimmen und tauchen, werden aber vom Männchen einige Zeit betreut. 8 Arten.

Wasserfasan 1

Hydrophasianus chirurgus

VERBREITUNG: Indien bis S-China, Indonesien; Vögel aus N überwintern in S-Asien
LEBENSRAUM: Wasserflächen mit Schwimmblattpflanzen
GRÖSSE: 31 cm, im Prachtkleid bis 58 cm

Der namengebende lange Schwanz des Wasserfasans im Prachtkleid ist unter Watvögeln einzigartig. Jedes Weibchen paart sich pro Saison mit 7-10 Männchen, die jeweils eine Brut aufziehen. Bei Störungen transportiert das Männchen die zwischen Kinn und Brust eingeklemmten Eier rückwärts an eine geschütztere Stelle. Küken können bei Gefahr nach einem Warnruf des Männchens fast völlig unter Wasserpflanzen untertauchen.

Rotstirn-Blatthühnchen 2

Jacana jacana

VERBREITUNG: Panama bis Argentinien; Trinidad
LEBENSRAUM: Dicht bewachsene tropische Teiche, Sümpfe und Flüsse
GRÖSSE: 20-23 cm

Auf Schwimmblättern von Wasserpflanzen läuft das Rotstirn-Blatthühnchen auf der Suche nach Schnecken, anderen Wirbellosen und auch vegetarischer Nahrung geschickt umher. Der gerade, flinke, niedrig über das Wasser führende Flug ist von Gleitstrecken unterbrochen. Im größten Teil des südamerikanischen Verbreitungsgebietes lebt *J. j. jacana*, die dunklere Unterart *J. j. hypomelaena* bewohnt Westpanama bis Nordkolumbien.

Untersuchungen in Panama ergaben, daß sich Territorien von Weibchen mit denen von bis zu 3 Männchen überlappen, mit denen sie sich paaren und um die sie mit anderen Weibchen heftig kämpfen. Sie zerstören sogar von anderen Weibchen stammende Gelege, um sich selbst mit dem Männchen zu paaren.

FAMILIE ROSTRATULIDAE GOLDSCHNEPFEN

Etwas plumpe, kleinere Watvögel mit breiten, runden Flügeln, Gefieder oberseits düster mit Metallglanz und schwarzen, weißen und gelben Markierungen, Weibchen bunter. Nest aus Pflanzen im Flachwasser mit 2-4 beigen, schwarz und rötlich gefleckten Eiern wird vom Männchen 20-22 Tage bebrütet; Küken Nestflüchter, die vom Männchen betreut werden. 2 Arten.

Goldschnepfe 3

Rostratula benghalensis

VERBREITUNG: Afrika, S-Asien, Australien
LEBENSRAUM: Dicht bewachsene Gewässer
GRÖSSE: 17-23 cm

Bei Gefahr verharrt die Goldschnepfe unbeweglich und ist trotz der scheinbar auffälligen Färbung nicht mehr zu entdecken. Die größeren und bunteren Weibchen rufen, oft im Balzflug bei Nacht und in der Dämmerung, sanft *koot-koot-koot*.

Bei der Balz stehen sich Weibchen und Männchen mit gefächertem Schwanz gegenüber und strecken die Flügelspitzen bis vor den Kopf. Weibchen können mehrere Gelege produzieren, die dann von den entsprechenden Männchen betreut werden. Das Nest wird in flachem Wasser im Schutz der Vegetation aus Wasserpflanzen aufgehäuft.

FAMILIE DROMADIDAE REIHERLÄUFER

Zu dieser Familie gehört nur eine Art.

Reiherläufer 4

Dromas ardeola

VERBREITUNG: Küsten des Indischen Ozeans, Golf von Aden und Oman, Rotes Meer
LEBENSRAUM: Sandstrände, Küstendünen
GRÖSSE: 38-41 cm

Bei dem oft zwischen die Schultern gezogenen Kopf wirkt der Reiherläufer auf den ersten Blick wie eine Möwe, ist aber an den langen Beinen als Watvogel zu erkennen. Beide Geschlechter tragen das grob weiß und schwarz gemusterte Gefieder. Mit dem kräftigen Schnabel werden die Panzer von Krebsen, der Hauptnahrung, geknackt.

Reiherläufer brüten in dichten Kolonien und graben anders als die übrigen Watvögel bis zu 1,5 m lange Niströhren mit einer am Ende gelegenen Brutkammer dicht nebeneinander wie Bienenwaben in den Sand. Das aus dem einzigen großen, weißen Ei schlüpfende Küken wird in der Niströhre von den Eltern mit lebenden Krebschen gefüttert.

FAMILIE HAEMATOPODIDAE AUSTERNFISCHER

Große Watvögel mit langen, kräftigen, orangeroten Schnäbeln, rosa Beinen und schwarzem oder schwarzweißem Gefieder, Geschlechter gleich gefärbt. 3-4 bräunliche, dunkel gepunktete und gestrichelte Eier werden im Bodennest, manchmal in Kolonien, 24-29 Tage bebrütet. Küken sind Nestflüchter, werden aber mindestens 6 Wochen gefüttert. 11 Arten.

Austernfischer 5

Haematopus ostralegus

VERBREITUNG: Eurasien, vorwiegend Küsten; im Winter S bis Afrika, Indischer Ozean
LEBENSRAUM: Küsten, stellenweise Binnenland
GRÖSSE: 40-46 cm

Austernfischer haben einen kräftigen, seitlich zusammengedrückten und verstärkten Schnabel, den sie dolchartig benutzen, um Muscheln aufzuhämmern oder zu sprengen und den Schließmuskel zu durchtrennen. Einige Individuen sind jedoch mehr darauf spezialisiert, Wattwürmer und andere Kleintiere aus dem Boden zu ziehen und tragen daher einen spitzeren Stocherschnabel.

Die Territorien werden mit durchdringenden Rufen verteidigt, oft sieht man die Vögel mit gesenkten Köpfen bei der lauten Gruppenbalz. Die nestflüchtenden Küken suchen nicht sofort selbst nach Nahrung, sondern werden abweichend von den meisten anderen Watvögeln von den Eltern lange gefüttert. Erfahrene Vögel können Muscheln oder Krebse in weniger als einer Minute öffnen, doch müssen die Jungen diese Technik erst von den Eltern erlernen.

Klippenausternfischer 6

Haematopus bachmani

VERBREITUNG: Pazifikküste Nordamerikas von Alaska bis Baja California
LEBENSRAUM: Felsige Küsten und Inseln, auch Sandstrand
GRÖSSE: 38 cm

An der Ostküste Nordamerikas lebt der dem eurasischen Austernfischer sehr ähnliche

Braunmantel-Austernfischer *H. palliatus*. Der Klippenausternfischer der Westküste ist dagegen ganz schwarz, als Jungvogel braunschwarz. Er wird aber manchmal als Unterart des Braunmantel-Austernfischers betrachtet.

Alle Austernfischer sind sehr lärmend, und ihre schrillen Rufe durchdringen das Rauschen des Meeres und das Donnern der Brandung. Oft sind sie auch nachts zu hören.

FAMILIE IBIDORHYNCHIDAE IBISSCHNÄBEL

Die Familie wird nur von einer Art gebildet.

Ibisschnabel 7

Ibidorhyncha struthersii

VERBREITUNG: Südliches Mittelasien
LEBENSRAUM: Breite, steinige Gebirgsflüsse
GRÖSSE: 38-41 cm

Als einer der merkwürdigsten und seltensten Watvögel brütet der Ibisschnabel nur an Flüssen mit großen Kiesbänken und Schotterstreifen in Teilen des Himalaya und seiner Randgebirge, nordwärts bis zum Pamir und Tienschan. Seinen Namen verdankt er dem langen, roten, abwärtsgebogenen und an einen Ibis erinnernden Schnabel. Damit stochert er zwischen Steinen im Flußbett nach Wirbellosen und kleinen Fischen. Im Winter weicht er in tiefere Lagen aus.

Das Männchen ist nur etwas kontrastreicher als das Weibchen gefärbt. Während der Balz werden die Federn am hinteren Scheitel leicht gesträubt. Als Nest für die bis zu 4 beigen, dunkel gefleckten Eier dient eine einfache Bodenmulde auf einer Kiesinsel.

FAMILIE RECURVIROSTRIDAE STELZENLÄUFER

Große Watvögel mit langen Beinen und Schnäbeln. Gefieder überwiegend schwarz und weiß, Weibchen ähnlich Männchen gefärbt. Im Nest am Boden werden 3-4 bräunliche, dunkel markierte Eier 22-26 Tage bebrütet. Küken sind Nestflüchter und werden von Eltern mehrere Wochen betreut. 7 Arten.

Stelzenläufer 8

Himantopus himantopus

VERBREITUNG: Weltweit in tropischen und gemäßigt warmen Gebieten
LEBENSRAUM: Meereslagunen und Feuchtgebiete im Binnenland
GRÖSSE: 35-40 cm

Die ungewöhnlich langen roten Beine überragen den Schwanz des Stelzenläufers im Flug um 18 cm und erlauben es ihm, in viel tieferem Wasser als andere Watvögel nach Nahrung zu suchen. Auf trockenem Untergrund muß er sie aber stark anwinkeln, um mit dem Schnabel an den Boden gelangen zu können.

Stelzenläufer brüten gerne in lockeren Kolonien in sumpfigen Wiesen oder auf dem trockenen Schlamm von Salinen. Während sie auf dem Nest sitzen, ragen die zusammengelegten Beine wie ein umgekehrtes V am Hinterkörper nach oben.

H. h. himantopus bewohnt Eurasien und Afrika. Der amerikanische Schwarznacken-Stelzenläufer *H. h. mexicanus* und der auf Hawaii beschränkte Hawaiistelzenläufer *H. h. knudseni* werden oft lediglich als Unterarten des Stelzenläufers betrachtet.

Schlammstelzer 9

Cladorhynchus leucocephalus

VERBREITUNG: S-Australien
LEBENSRAUM: Binnenländische Salzseen, Flußmündungen, Lagunen
GRÖSSE: 38-41 cm

Der Schlammstelzer ernährt sich vorwiegend von Krebstieren, die er watend und manchmal schwimmend aus dem Wasser pickt. Dies geschieht zuweilen in Gruppen, wobei die Vögel aufeinander zulaufen und die Beutetiere zusammentreiben.

Obwohl Schlammstelzer in Trupps von mehreren tausend Individuen auftreten können, hat man sie selten einmal nistend gefunden. Die Art brütet nur unregelmäßig, besonders gerne aber, wenn heftige Regenfälle Salzpfannen in der Wüste gefüllt haben. Dann bilden sie dichte Kolonien auf den kleinen Inseln, die aus dem verdunstenden Wasser schauen. Die nestflüchtenden Küken müssen manchmal gemeinsam mit den Altvögeln mehrere Kilometer bis ans Ufer schwimmen.

Säbelschnäbler 10

Recurvirostra avosetta

VERBREITUNG: Stellenweise in Eurasien und Afrika
LEBENSRAUM: Schlammige Küsten, Salinen, Brackwasser, Salzseen im Binnenland
GRÖSSE: 42-45 cm

Der schwarzweiße Säbelschnäbler trägt einen hochspezialisierten, schlanken, spitzen und aufwärts gebogenen Schnabel. Indem er langsam vorwärts schreitet und den Kopf seitwärts pendeln läßt, durchseiht er damit Flachwasser oder sehr feinen Schlamm. Kleine Wirbellose oder größere Würmer ertastet er mit Hilfe der Nervenenden an der Schnabelspitze. In tieferem Wasser gründelt er auch. Manchmal werden Wasser und Schlamm aufgewirbelt, um kleine Nahrungstiere freizulegen.

Säbelschnäbler nisten gerne in kleinen Kolonien von 10-200 Paaren. Jedes Paar verteidigt nur ein Territorium von wenigen Metern um das Nest herum gegen Artgenossen, aber alle Paare vertreiben gemeinsam fremde Eindringlinge aus der Kolonie.

Rotkopf-Säbelschnäbler 11

Recurvirostra novaehollandiae

VERBREITUNG: Australische Südküste und Binnenland
LEBENSRAUM: Lagunen, Flußmündungen, Seen, Sümpfe
GRÖSSE: 40-45 cm

Rotkopf-Säbelschnäbler bewohnen Flachwasserzonen von Seen und an der Küste. Sie sind gesellig, jagen und schlafen in Gruppen und brüten in lockeren Kolonien. Ihre Nahrung besteht aus kleinen Krebstieren, Wasserinsekten, Würmern, Mollusken und vereinzelten Samen. Sie wird genauso wie beim europäischen Säbelschnäbler gefangen. Wie dieser hat er auch ausgeprägte Schwimmhäute zwischen den Zehen, die fast allen Watvögeln fehlen und das Schwimmen im Flachwasser erleichtern.

FAMILIE BURHINIDAE TRIELE

Große, untersetzte, meist auf trockenem Untergrund lebende Watvögel mit kräftigen Schnäbeln und sehr großen Augen. Gefieder überwiegend braun, Geschlechter fast gleich gefärbt. 2-3 hell bräunliche, gefleckte und gepunktete Eier werden in Bodenmulde 25-27 Tage bebrütet. Küken können am zweiten Tag laufen, werden aber anfangs von Eltern gefüttert. 9 Arten.

Triel 12

Burhinus oedicnemus

VERBREITUNG: W- und S-Europa, N-Afrika, SW-Asien, Indien, Indochina
LEBENSRAUM: Halbwüsten, Steppen, Heideflächen, Brachland, offene Agrarlandschaft
GRÖSSE: 40-44 cm

Der Triel bevorzugt offenes, trockenes Gelände mit lückenhafter Vegetation. Er läuft schnell über den Boden, hält plötzlich inne und schaut mit großen, gelben Augen um sich. Teilweise ist er auch nachts aktiv, und besonders zur Balzzeit hört man dann seine Stimme. Sie erinnert etwas an die des Brachvogels und besteht aus Variationen seines Namens: *Trriel, türriihl.*

Das Nest ist eine flache Bodenmulde, am Rand oft mit kleinen Steinchen oder gar Kaninchenlosung dekoriert und so plaziert, daß der Vogel eine gute Rundumsicht hat. Er ist hervorragend getarnt und schleicht sich unbemerkt vom Nest, bevor ein Mensch auch nur in seine Nähe kommt. Auch in Mitteleuropa war der Triel noch in diesem Jahrhundert weit verbreitet, ist inzwischen aber als Folge der modernen Landwirtschaft fast völlig verschwunden.

Kaptriel 13

Burhinus capensis

VERBREITUNG: Afrika S der Sahara
LEBENSRAUM: Offenes oder verbuschtes Gelände
GRÖSSE: 43 cm

Im Gegensatz zu anderen Trielen ist der Kaptriel wenig scheu und brütet oft sogar bei Dörfern oder in Vorstadtgärten. Er ist dämmerungs- und nachtaktiv und verschläft den Tag im Schatten eines Busches. Nachts erscheint er gerne an Straßen, wo er Schnecken und andere Wirbellose besser entdecken kann, aber leider häufig zum Verkehrsopfer wird.

Rifftriel 14

Esacus magnirostris

VERBREITUNG: N- und O-Australien, Neuguinea, Neukaledonien, Philippinen, Salomon-Inseln, Indonesien, Andamanen
LEBENSRAUM: Sandstrände und Riffs
GRÖSSE: 53-58 cm

Krabben und andere hartschalige Meerestiere bilden die Hauptnahrung des Rifftriels und werden ergriffen, während er mit seinem charakteristischen trödelnden Gang den Spülsaum absucht. Mit dem kräftigen Schnabel können harte Panzer und Schalen zerschmettert werden. Die Nestmulde wird knapp über der Hochwasserlinie in den Sand oder Kies gedreht, häufig zwischen Strandgut oder unter einem schützenden Busch.

WATVÖGEL: BRACHSCHWALBENARTIGE, REGENPFEIFER

Amerikanischer Goldregenpfeifer
♂
Schlichtkleid
♂
Keilschwanz-
Regenpfeifer
♂
C. a. alexandrinus
Kiebitz-
regenpfeifer
Schlichtkleid
♂
Seeregenpfeifer
juv.
♂
Schiefschnabel
♀
Sandregenpfeifer
Mornellregenpfeifer
Magellanregenpfeifer

WATVÖGEL: BRACHSCHWALBENARTIGE, REGENPFEIFER

FAMILIE GLAREOLIDAE BRACHSCHWALBENARTIGE

Mittelgroße Watvögel mit langen (Rennvögel) oder sehr kurzen Beinen (Brachschwalben). Gefieder überwiegend braun, sandfarben und weiß, Geschlechter einander ähnlich. 2-4 gelbliche bis bräunliche, variabel gezeichnete Eier werden in Bodenmulde 17-31 Tage bebrütet. Küken sind Nestflüchter, die anfangs gefüttert werden. 17 Arten.

Krokodilwächter 1

Pluvianus aegyptius

VERBREITUNG: Mittel-, W- und NO-Afrika
LEBENSRAUM: Flüsse und Sümpfe
GRÖSSE: 19-21 cm

Durch seine Brutbiologie nimmt der Krokodilwächter unter den Watvögeln eine einzigartige Stellung ein. Die Altvögel vergraben die 2-3 Eier unter einer etwa 3 mm dicken Sandschicht und lassen so die heiße Sonne beim Brüten helfen. Nachts und bei kühlem Wetter wird das Gelege aber in der herkömmlichen Weise bebrütet. Klettern die Tagestemperaturen sehr hoch, spenden die Eltern mit ihrem Körper Schatten oder befeuchten den Sand, indem sie im vollgesogenen Bauchgefieder Wasser herbeitragen. Der Grund für diese merkwürdigen Anpassungen liegt darin, daß sie Krokodilwächtern das Brüten in Gegenden ermöglichen, in denen die Eier anderer Vögel durch Überhitzung oder Austrocknung absterben würden.

Die Küken schlüpfen unter dem Sand und verlassen den Brutplatz sofort. Bis zum Alter von etwa 3 Wochen legen sie sich bei Gefahr in eine Bodenmulde, wo sie von den Altvögeln mit den Schnäbeln von einer Sandschicht bedeckt werden.

Rennvogel 2

Cursorius cursor

VERBREITUNG: Kanaren, N-Afrika, Arabien bis W-Pakistan; überwintert S der Sahara, in Arabien und NW-Indien
LEBENSRAUM: Halbwüsten und trockene Ebenen mit wenig Vegetation
GRÖSSE: 21-24 cm

Durch das sandfarbene Gefieder ist der Rennvogel in seinem wüstenartigen Lebensraum perfekt getarnt. Im Flug zeigt er tiefschwarze Unterflügel. Während der Nahrungssuche läuft er schnell über den Sand und sammelt Käfer und Heuschrecken, gräbt aber auch mit dem Schnabel nach versteckten Wirbellosen. Bei Störung rennt er davon, stellt sich auf die Zehenspitzen und hält mit gerecktem Hals Ausschau nach der Gefahrenquelle. Die nördlichen und nordöstlichen Populationen ziehen am weitesten, während die Inselbewohner Standvögel sind.

Stelzenbrachschwalbe 3

Stiltia isabella

VERBREITUNG: Im N und Binnenland Australiens; überwintert von N-Australien bis Neuguinea und Indonesien
LEBENSRAUM: Kahle Ebenen, Felder, Gewässerränder
GRÖSSE: 20-23 cm

Die anmutige Stelzenbrachschwalbe fängt mit ihrem breiten Schnabel im Flug und am Boden rennend Insekten. In ihrem heißen, trockenen Lebensraum muß sie oft trinken und verträgt auch Brackwasser, da sie das Salz durch Nasendrüsen ausscheiden kann.

Sie brütet in lockeren Kolonien meist in Wassernähe auf steinigen Ebenen. Bei der Balz laufen Männchen und Weibchen mit gesenkten Köpfen nebeneinander her und aufeinander zu, nicken und berühren sich bei abwärts weisendem Schnabel mit den Köpfen und strecken ihre Flügel nach oben. Die 2 Eier werden auf den nackten Boden gelegt und von beiden Eltern bebrütet. Bald nach dem Schlüpfen werden die Küken in den Schatten von Pflanzen oder Erdlöchern geführt.

Rotflügel-Brachschwalbe 4

Glareola pratincola

VERBREITUNG: S-Europa, SW-Asien, Afrika; überwintert S der Sahara
LEBENSRAUM: Steppen, überschwemmte Ebenen, Flußmündungen
GRÖSSE: 23,5-26,5 cm

Wie fast alle Brachschwalben erinnert auch diese Art im Flug durch ihre langen, zugespitzten Flügel und den tief gegabelten Schwanz an eine Seeschwalbe oder große Schwalbe. Sie jagt in oft großen Trupps im Flug nach Insekten.

Auch das Brutverhalten erinnert an Seeschwalben. Rotflügel-Brachschwalben bilden oft große Kolonien auf ausgetrockneten Schlammflächen oder spärlich bewachsenem Boden und legen ihre 2-3 Eier in eine flache Bodenmulde. Nähert sich der Kolonie ein Raubtier, wird es von allen Altvögeln gemeinsam angegriffen und unter lauten *kirrik*-Rufen vertrieben. In Mittelasien wird die Art durch die ähnliche Schwarzflügel-Brachschwalbe *G. nordmanni* vertreten.

FAMILIE CHARADRIIDAE REGENPFEIFER

Kleine bis mittelgroße, kurzschnäbelige Watvögel. Gefieder überwiegend braun oder schwarz und weiß, Geschlechter meist ähnlich gefärbt. Bodennest mit 2 bis meist 4 tarnfarbigen Eiern, Bebrütungszeit 18-38 Tage. Nestflüchtende Küken fressen gleich nach dem Schlüpfen selbständig. 65 Arten

Kiebitz 5

Vanellus vanellus

VERBREITUNG: Europa, gemäßigtes Asien; im Winter Mittelmeer-Raum, N-Indien, China
LEBENSRAUM: Feuchtgebiete, Wiesen, Felder
GRÖSSE: 28-31 cm

Noch ist der Kiebitz in weiten Teilen Europas ein häufiger Vogel, doch nimmt er durch Intensivierung der Landwirtschaft und Trockenlegung von Feuchtgebieten mittlerweile stark ab. Auch strenge Winter reduzieren den Bestand.

Während der Balz erzeugen die breiten, runden Flügel des Männchens ein wummerndes Geräusch, begleitet vom typischen *kiewitt*-Ruf. Die 4 Eier werden überwiegend vom Weibchen bebrütet. Die perfekt getarnten Küken verharren bei den Alarmrufen regungslos und kaum auffindbar dicht an den Boden gedrückt.

Bronzekiebitz 6

Vanellus chilensis

VERBREITUNG: Südamerika, hauptsächlich O der Anden
LEBENSRAUM: Savanne, feuchte Wiesen, Felder
GRÖSSE: 37-38 cm

Der Bronzekiebitz hat sich gut an den Nahrungserwerb im Kulturland angepaßt, wo er nach Würmern, Insekten und deren Larven sucht. Bei Tag und Nacht äußert er bei der geringsten Störung seinen durchdringenden Alarmruf. Als geselliger Vogel ist er ganzjährig in kleinen Trupps anzutreffen.

Ein brütender Vogel schleicht sich bei Gefahr erst ein Stück vom Nest weg, bevor er auffliegt und den Eindringling in rasanten Kurvenflügen unter lautem Protestgeschrei zu vertreiben sucht.

Schmiedekiebitz 7
Antibyx armatus

VERBREITUNG: Kenia bis S-Afrika
LEBENSRAUM: Offene Flächen, meist an Rändern von Feuchtgebieten
GRÖSSE: 28-31 cm

Der Name dieses Vogels rührt von seinem harten, metallischen *tschink-tschink*-Ruf her, der wie Hammerschläge auf einen Amboß klingt. Sein kontrastreich schwarz, grau und weiß gefärbtes Gefieder kommt erst im Flug zur vollen Geltung. Die Eier werden in eine kleine Bodenvertiefung gelegt, oft in den Hufabdruck eines Säugetieres.

Amerikanischer Goldregenpfeifer 8
Pluvialis dominica

VERBREITUNG: N-Alaska, N-Kanada; im Winter mittleres Südamerika
LEBENSRAUM: Tundra; auf dem Zug und im Winter Schlammflächen, Wiesen, Feuchtgebiete
GRÖSSE: 24-28 cm

Der Amerikanische Goldregenpfeifer ist für seinen spektakulären Langstreckenzug bekannt, der ihn von den arktischen Brutgebieten Tausende von Kilometern direkt über das Meer nach Südamerika führt. Der nah verwandte Pazifische Goldregenpfeifer *P. fulva* aus Nordsibirien überwintert dagegen an den Küsten Australiens und des südlichen Asien.

Kiebitzregenpfeifer 9
Pluvialis squatarola

VERBREITUNG: Brütet zirkumpolar an arktischen Küsten; überwintert weltweit an südlichen Küsten
LEBENSRAUM: Niedrige Tundra; im Winter schlammige Küsten
GRÖSSE: 27-30 cm

Die nur im Flug sichtbaren schwarzen Achselfedern unterscheiden den Kiebitzregenpfeifer von den anderen großen Regenpfeifern, die im Schlichtkleid ähnlich einfarbig sind und im Prachtkleid auch alle eine schwarze Unterseite zeigen. Kiebitzregenpfeifer ziehen aus ihren hocharktischen Brutgebieten bis an die Südküsten Afrikas und Australiens. Beide Altvögel bebrüten die 4 Eier, doch scheint die Hauptverantwortung für die Jungenaufzucht beim Männchen zu liegen.

Sandregenpfeifer 10
Charadrius hiaticula

VERBREITUNG: Vom arktischen O-Kanada über N-Europa bis N-Asien; überwintert vorwiegend in Afrika
LEBENSRAUM: Tundra, Kiesstrände; im Winter Schlammflächen an Küsten und im Binnenland
GRÖSSE: 18-20 cm

Um räuberische Feinde vom Nest oder von den Küken abzulenken, haben viele Watvögel ein Verhalten entwickelt, das bei den kleinen Regenpfeifern besonders ausgeprägt ist. Sie simulieren eine Verletzung und laufen mit hängendem Flügel und klagenden Rufen als scheinbar leichte Beute vor dem Feind her, immer einen gewissen Sicherheitsabstand wahrend. Haben sie ihn weit genug vom Nest fortgelockt, fliegen sie plötzlich unversehrt auf und kehren an den Brutplatz zurück.

Keilschwanz-Regenpfeifer 11
Charadrius vociferus

VERBREITUNG: S-Alaska bis N-Chile; überwintert S USA bis N-Südamerika
LEBENSRAUM: Wiesenflächen, Teiche
GRÖSSE: 21-25 cm

Neben dem keilförmigen und für einen Regenpfeifer langen Schwanz ist das doppelte schwarze Brustband kennzeichnend für diese Art. Er ruft *kill-dii* und wird daher in ihrer amerikanischen Heimat Killdeer genannt.

Die Nestmulde wird auf kahlen Stellen oder im Kies angelegt und oft mit Steinchen ausgekeidet, die in einem ritualisierten Verhaltensablauf über die Schulter nach hinten geworfen werden. Oft brüten Keilschwanz-Regenpfeifer an Schotterstraßen, wo sie leicht zu Verkehrsopfern werden. Man hat auch Nester auf kiesbedeckten Flachdächern gefunden, wo die Küken später den Absprung aus einer Höhe von 3-4 Stockwerken überlebt haben.

Seeregenpfeifer 12
Charadrius alexandrinus

VERBREITUNG: Gemäßigtes und südliches Eurasien, N- und S-Amerika, Afrika
LEBENSRAUM: Offene Salzwiesen an Küsten, in der S-Paläarktis auch im Binnenland
GRÖSSE: 15-17,5 cm

Der Brutbestand des Seeregenpfeifers hat in den letzten Jahren in fast ganz Europa sehr stark abgenommen. Im Gegensatz zum Sand- und dem diesem ähnlichen Flußregenpfeifer *C. dubius* aus dem Binnenland Eurasiens ist das schwarze Brustband nicht geschlossen und das Weibchen bedeutend matter gefärbt als das Männchen. Auch legt der Seeregenpfeifer abweichend von den meisten Watvögeln nur 3 Eier. Diese sind in einer mit Muschelschalen ausgelegten Bodenmulde im Sand so gut getarnt, daß sie von Strandwanderern oft zertreten werden.

Schiefschnabel 13
Anarhynchus frontalis

VERBREITUNG: Neuseeland
LEBENSRAUM: Steinige Flußbetten; im Winter Küsten der Nordinsel
GRÖSSE: 20 cm

Dieser kleine Regenpfeifer weicht von allen anderen Watvögeln durch seinen sichelförmig zur rechten Seite gebogenen Schnabel ab. Damit sucht er auf Schlamm und unter Kieselsteinen seine Nahrung, indem er im Uhrzeigersinn im Kreis läuft. Die Vögel ziehen im Januar von ihren Brutplätzen auf der Südinsel zum Überwintern auf die Nordinsel und kehren im August zurück.

Schiefschnäbel brüten in einer kleinen Bodenmulde im Kies an Flüssen mit steinigen Ufern und Schotterbänken. Auf Neuseeland eingeführte fremde Pflanzenarten haben inzwischen viele der verzweigten Flüsse besiedelt, Kiesbänke überwuchert und durch das Festhalten von Sand und Kies mit ihren Wurzeln die Flußsysteme so beeinflußt, daß der Schiefschnabel oft auf weniger günstige Brutplätze ausweichen muß. Durch Frühjahrshochwasser werden viele Nester auch fortgespült. Der Brutbestand beträgt nur noch 4-5000 Vögel.

Mornellregenpfeifer 14
Eudromias morinellus

VERBREITUNG: N-Eurasien, im S stellenweise in Hochgebirgen; überwintert in N-Afrika und Arabien
LEBENSRAUM: Tundra und Bergwiesen; im Winter offene, steinige Ebenen
GRÖSSE: 20-22 cm

Obwohl das Gefieder des Mornellregenpfeifers scheinbar sehr bunt ist, dient es ihm an seinem Brutplatz in der Tundra doch als hervorragende Tarnung. Die Last des Brutgeschäfts liegt überwiegend auf dem etwas matter gefärbten Männchen, während sich die Weibchen gelegentlich nacheinander mit 2-3 Männchen verpaaren und jedem ein Gelege von meist 3 Eiern hinterlassen.

Mornellregenpfeifer sind zu jeder Jahreszeit dem Menschen gegenüber wenig scheu. Sie schließen sich außerhalb der Brutzeit zu Trupps zusammen, rasten während des Zuges an traditionellen Plätzen auf Feldern und Steppen und überwintern in halbwüstenartigem Gelände.

Magellanregenpfeifer 15
Pluvianellus socialis

VERBREITUNG: Feuerland, S-Patagonien; im Winter argentinische Küste N bis Santa Cruz
LEBENSRAUM: Süßwasserteiche und Brackwasserlagunen; überwintert an Buchten und Flußmündungen
GRÖSSE: 20 cm

Die verwandtschaftlichen Beziehungen des Magellanregenpfeifers sind unklar, und wahrscheinlich gehört er gar nicht zu den Regenpfeifern, sondern ist näher mit den Scheidenschnäbeln (S. 146-148) verwandt. Von einigen Systematikern wird ihm daher eine eigene Familie, die Pluvianellidae, zugebilligt.

Von dieser wenig erforschten, hübsch hellgrau und weiß gefärbten Limikole mit leuchtend roten Beinen gibt es wahrscheinlich weniger als 1000 Vögel. Zur Brutzeit verteidigt jedes Paar einen Uferstreifen von 300-500 m Länge. Beide Geschlechter bebrüten die zwei großen, gräulich gefärbten und dunkel gestrichelten Eier, doch wird meist nur ein Jungvogel flügge. Dieser wird, was unter Watvögeln einzigartig ist, von den Eltern teilweise durch das Herauswürgen von Nahrung gefüttert, und zwar über das Erreichen der Flugfähigkeit nach 28 Tagen hinaus noch 2 weitere Wochen. Bei der Nahrungssuche werden nicht nur Steinchen mit dem starken Schnabel umgedreht, sondern Magellanregenpfeifer scharren und graben im Gegensatz zu den anderen Watvögeln mit ihren kräftigen Beinen auch im Boden.

WATVÖGEL: SCHNEPFEN

Odinshühnchen
♂
Schlichtkleid
♀
Schlichtkleid
Knutt
♂
Schlichtkleid
Alpenstrandläufer
Küken
Waldschnepfe
Löffel-
strandläufer
♂
Variationen
♂
Bekassine
♂
♀
Kleiner Schlammläufer
Kampfläufer

WATVÖGEL: SCHNEPFEN

FAMILIE SCOLOPACIDAE SCHNEPFEN

Kleine bis große, meist langschnäbelige und oft hochbeinige Watvögel mit überwiegend braunem, oft schwarz, weiß, grau oder rötlich gemustertem Gefieder. Pracht-, Schlicht- und Jugendkleid oft deutlich unterscheidbar, Geschlechter gleich oder einander ähnlich gefärbt. Nest mit 2 bis meist 4 tarnfarbigen Eiern am Boden, Brutzeit 18-30 Tage. Küken sind Nestflüchter, die von einem oder beiden Elternteilen bis zur Flugfähigkeit betreut, aber nicht gefüttert und manchmal nach dem Schlüpfen bis zu 2 km in geeignete Nahrungsreviere geführt werden. 86 Arten.

Pfuhlschnepfe 1

Limosa lapponica

Verbreitung: Arktische Gebiete von N-Europa über N-Sibirien bis W-Alaska; überwintert bis S-Afrika und Australasis
Lebensraum: Tundra; im Winter Meeresküsten
Grösse: 37-41 cm

Im Prachtkleid ist das Männchen durch ein schönes, mahagonibraunes Gefieder geschmückt, das beim Weibchen bedeutend blasser ist. In der mit bunten Moosen und Zwergsträuchern bewachsenen Tundra erfüllt es eine tarnende Funktion. Der schlanke, leicht aufgeworfene Schnabel ist beim Weibchen etwa 20% länger, und innerhalb nahrungssuchender Trupps waten und stochern diese meist in etwas tieferem Wasser als die Männchen.

Die 4 Eier und später die Küken werden von beiden Eltern auf einer trockeneren Bülte innerhalb feuchter Tundraflächen betreut, wobei der nicht brütende Vogel meist auf der Spitze eines kleinen Busches oder Baumes stehend Wache hält.

Eskimobrachvogel 2

Numenius borealis {B}

Verbreitung: NW-Kanada, Alaska; im Winter Uruguay bis Argentinien
Lebensraum: Arktische Tundra; im Winter Prärie und Pampa
Grösse: 29-34 cm

Dieser kleine Brachvogel brütete einst sehr häufig in Kanada und Alaska und zog in gewaltigen Massen in sein südamerikanisches Winterquartier. Während des Zuges durch Nordamerika wurde er besonders von 1850 bis 1890 wegen seines Fleisches zu Tausenden abgeschossen, und als Folge dieses rücksichtslosen Massakers hielt man die Art seit 1929 für ausgerottet. In den letzten Jahren wurden jedoch gelegentlich einzelne Individuen und im Mai 1981 sogar ein Trupp von 23 Eskimobrachvögeln zur Zugzeit gesehen. Der derzeitige Bestand liegt wohl unter 20 Überlebenden, und obwohl die Art heute streng geschützt ist, kann sie wahrscheinlich nicht mehr gerettet werden. Die Zerstörung von Lebensräumen und eventuell sogar Klimaveränderungen dürften zu einem weiteren Bestandsrückgang geführt haben. Von den letzten Eskimobrachvögeln sind weder die Brut-, noch die Überwinterungsplätze bekannt.

Großer Brachvogel 3

Numenius arquata

Verbreitung: Eurasien; überwintert von W-Europa bis S-Afrika und SO-Asien
Lebensraum: Moore, Sumpfwiesen, Feuchtgebiete; im Winter meist an Küsten
Grösse: 50-60 cm

Der lange, abwärts gebogene Schnabel des Großen Brachvogels ist eine hervorragende Anpassung an den Nahrungserwerb, der durch tiefes Stochern in weichem Untergrund erfolgt und bei dem Würmer durch sensible Nervenenden an der Schnabelspitze ertastet werden. Daneben werden auch Tiere und sogar Beeren von der Oberfläche aufgenommen.

Das über offenen Flächen im Gleitflug vorgetragene Trillern des Großen Brachvogels gehört zu den schönsten Vogelstimmen des zeitigen Frühjahrs und ist manchmal auch von ziehenden Vögeln zu hören. Das Bodennest wird mit Grashalmen ausgelegt. In Mitteleuropa ist der Brachvogel durch die Umwandlung von feuchten Wiesen in Felder bedroht.

Großer Gelbschenkel 4

Tringa melanoleuca

Verbreitung: S-Kanada; überwintert vom S der USA bis Südamerika
Lebensraum: Tundra; zur Zugzeit und im Winter Meeresküsten und schlammige Ufer von Binnengewässern
Größe: 36 cm

Der Große Gelbschenkel ist ein typischer Vertreter aus der Gattung der Wasserläufer, die sich durch ihre Hochbeinigkeit und die langen, schlanken Schnäbel auszeichnen, im Flachwasser watend oder hurtig laufend nach Mollusken, Insekten und deren Larven suchen und mehr oder weniger ausgeprägt mit dem Körper wippen. Die meisten Arten brüten im Norden Europas oder Amerikas und ziehen im Winter in Trupps weit nach Süden.

Der Große Gelbschenkel bewohnt am Nordrand der amerikanischen Nadelwaldzone und in der Tundra sumpfige Bereiche mit kleinen Tümpeln. Besonders zur Zugzeit ist er oft mit dem zierlicheren und langschnäbligeren Kleinen Gelbschenkel *T. flavipes* vergesellschaftet.

Drosseluferläufer 5

Actitis macularia

Verbreitung: Nordamerika; im Winter vom S der USA bis S-Brasilien
Lebensraum: Am Wasser in offenen und bewaldeten Gebieten
Grösse: 19 cm

In Amerika gehört der Drosseluferläufer zu den am weitesten verbreiteten Limikolen, da er in den verschiedensten Lebensräumen vom Meer bis zur Baumgrenze vorkommt und auch noch weit im Süden lebt. Mit ständig wippendem Körper läuft er auf der Suche nach Insekten an Gewässerrändern entlang und fliegt mit von kurzen Gleitstrecken unterbrochenem steifem Flügelschlag durchdringend *pii-wii* rufend niedrig über das Wasser davon. Darin gleicht er dem europäischen Flußuferläufer *A. hypoleucos*, der sich im Prachtkleid durch die fehlenden schwarzen Drosselflecken auf der Unterseite unterscheidet, sonst aber fast genauso gefärbt ist.

Weibliche Drosseluferläufer verpaaren sich oft mit mehreren Männchen, denen sie die Betreuung der Gelege und Jungen dann meist allein überlassen. Bei der europäischen Art ist Polygamie dagegen eine Ausnahme.

Wanderwasserläufer 6

Heteroscelus incanus

Verbreitung: S-Alaska, NW-Kanada; überwintert auf kleinen Pazifikinseln, in O-Australien, von Kalifornien bis Ecuador
Lebensraum: Gebirgsflüsse; im Winter Felsküsten
Grösse: 26-29 cm

Der Name dieser Vogelart ist gut gewählt, denn sie unternimmt von Alaska aus einen weiten Zug über den Pazifik bis zum Großen Barriereriff vor Australiens Küste.

Die von beiden Eltern bebrüteten 4 Eier werden oft in eine ausgescharrte Bodenmulde auf einer Schotterbank am Fluß gelegt, manchmal aber auch in ein aus Wurzeln und kleinen Zweigen gebautes Nest. Im Nordosten Sibiriens brütet der nahe verwandte Grauschwanz-Wasserläufer *H. brevipes*, der im Winter bis Australien zieht.

Steinwälzer 7

Arenaria interpres

VERBREITUNG: Zirkumpolar an arktischen Küsten, in Skandinavien auch bis in den S; im Winter S bis Südamerika, Afrika, Neuseeland
LEBENSRAUM: Tundra und küstennahe Ebenen; im Winter Küsten
GRÖSSE: 21-26 cm

Im Prachtkleid ist der Steinwälzer wie ein Harlekin gefärbt, und zu allen Zeiten wirkt er wie der Schwerathlet unter den Watvögeln. Er ist kräftig und untersetzt, hat stämmige Beine und einen derben Schnabel. Außerhalb der Brutzeit bevorzugt er felsige Küsten. Hier dreht er mit dem Schnabel kleine Steine um oder wirft angespülten Seetang zur Seite, um darunter verborgene Insekten, Larven, Würmer, Mollusken und Krebschen zu suchen. Zur Brutzeit wird ein kleines Territorium verteidigt, in dem beide Altvögel die 3-4 Küken aufziehen.

Odinshühnchen 8

Phalaropus lobatus

VERBREITUNG: Zirkumpolar in arktischer Tundra; im Winter tropische Meere
LEBENSRAUM: Süßwasserteiche; im Winter auf dem Meer
GRÖSSE: 18-19 cm

Da Odinshühnchen die meiste Zeit auf dem Wasser schwimmend verbringen, wo sie Insekten von der Oberfläche aufpicken, haben sie wie die beiden anderen Wassertreter-Arten an ihren Zehen gut ausgebildete Schwimmlappen. Bei allen Wassertretern sind die Weibchen bunter gefärbt als die Männchen und kümmern sich nach der Eiablage nicht mehr um das Brutgeschehen, sondern ziehen oft schon ab, um gemeinsam mit anderen Weibchen zu mausern.

Waldschnepfe 9

Scolopax rusticola

VERBREITUNG: Gemäßigtes Eurasien; im Winter S bis Mittelmeer, Indien, SO-Asien
LEBENSRAUM: Alte, meist feuchte Wälder
GRÖSSE: 33-35 cm

Im Gegensatz zu den meisten anderen Limikolen brütet die Waldschnepfe in Wäldern mit Lichtungen, feuchten und trockenen Bereichen, wo sie sich stochernd von Regenwürmern ernährt. Ihr Gefieder bietet auf dem Waldboden eine perfekte Tarnung. In der Dämmerung zeigen die Männchen im Frühjahr über Schneisen und Lichtungen einen gaukelnden Balzflug, bei dem sie tiefe, gutturale Laute äußern, die von einem scharfen Ton gefolgt werden, etwa *quorr -quorr-quor-quo pitz*.

Die Männchen bleiben zwar im Brutrevier, kümmern sich aber nicht um Bebrütung und Aufzucht der Jungen. Weibchen können die Küken bei Gefahr im Flug an eine sichere Stelle bringen und klemmen sie dabei zwischen Beinen und gesenktem Schwanz ein.

Bekassine 10

Gallinago gallinago

VERBREITUNG: Nordamerika und Eurasien; im Winter S bis Äquator
LEBENSRAUM: Moore, Sümpfe, Feuchtgebiete
GRÖSSE: 25-27 cm

Der lange Stocherschnabel der Bekassine ist an der Spitze biegsam und mit sensiblen Nervenenden versehen. Auf der Suche nach Wirbellosen wird er nähmaschinenartig senkrecht tief in weichen Schlamm gestoßen.

Über dem Brutrevier zeigt das Männchen einen kreisförmigen Balzflug, bei dem es sich aus großer Höhe hinabstürzt und den Schwanz spreizt. Die äußeren Steuerfedern sind besonders geformt und werden dabei in Vibration versetzt, was ein wummerndes oder meckerndes Geräusch erzeugt und der Bekassine den Volksnamen «Himmelsziege» eingetragen hat. Während ein Partner auf dem in dichter Bodenvegetation verborgenen Nest brütet, wacht der andere auf einem erhöhten Punkt.

Kleiner Schlammläufer 11

Limnodromus griseus

VERBREITUNG: Kanada, S-Alaska; im Winter S USA bis N-Südamerika
LEBENSRAUM: Offene Feuchtgebiete, Sümpfe; überwintert an Küsten
GRÖSSE: 27-31 cm

Schlammläufer sind mittelgroße Watvögel mit relativ kurzen Beinen, aber sehr langen Schnäbeln, mit denen sie nähmaschinenartig im Flachwasser an der Küste stochern. Dabei wird oft der gesamte Kopf eingetaucht.

Neben dem Kleinen Schlammläufer gibt es von Nordwest-Kanada bis Nordost-Sibirien noch den sehr ähnlichen Großen Schlammläufer *L. scolopaceus*, der im Winter eher Süß- und Brackwasserteiche bevorzugt. Zur Zugzeit stehen beide Arten aber oft in großen, gemischten Trupps in Lagunen und auf Wattflächen am Meer und sind nur sehr schwer voneinander zu unterscheiden.

Knutt 12

Calidris canutus

VERBREITUNG: Arktische Küsten Nordamerikas und Sibiriens; überwintert in W-Europa, Südamerika, Südafrika und Australien
LEBENSRAUM: Tundra; im Winter Küsten
GRÖSSE: 23-25 cm

Im Prachtkleid fällt dieser große Strandläufer durch seine rostrote Färbung auf, ist im Jugend- und Schlichtkleid aber unscheinbar steingrau. Im Herbst und Winter finden sich oft zehntausend und mehr Vögel zu riesigen, dicht gedrängten Trupps zusammen, die im Wattenmeer und an anderen flachen Küsten nach Würmern und anderen Wirbellosen suchen.

Das blassere und hellbäuchige Weibchen hilft zwar noch bei der Bebrütung der 4 Eier, zieht aber nach dem Schlüpfen der Küken ab und überläßt deren Betreuung dem Männchen. Der Vorteil dieser Strategie liegt wahrscheinlich darin, daß es als Nahrungskonkurrent ausscheidet und den Küken somit mehr Nahrung zur Verfügung steht.

Alpenstrandläufer 13

Calidris alpina

VERBREITUNG: Alaska, Kanada, N-Eurasien; im Winter bis in die Subtropen
LEBENSRAUM: Tundra, Moore, Sümpfe; im Winter Küsten und Schlammflächen im Binnenland
GRÖSSE: 16-22 cm

Als häufigster Watvogel der nördlichen Halbkugel bevölkert der Alpenstrandläufer zur Zugzeit in gewaltigen Trupps das Wattenmeer. Zehntausende führen oft koordinierte Flugmanöver aus, die aus der Ferne wie Wolken oder Rauchschwaden aussehen. Durch Beringung wurde nachgewiesen, daß die Vögel alljährlich an dieselben Rastplätze zurückkehren und sich selbst innerhalb eines kleinen Wattengebietes nicht mischen.

Die verschiedenen Unterarten unterscheiden sich beträchtlich in Größe und Schnabellänge. Alpenstrandläufer nisten zwischen niedriger Vegetation am Boden und legen 4 Eier.

Löffelstrandläufer 14

Eurynorhynchus pygmeus {B}

VERBREITUNG: NO-Sibirien; überwintert an Küsten von SO-Indien bis Burma
LEBENSRAUM: Küstennahe, feuchte Tundra; im Winter Schlickflächen
GRÖSSE: 14-16 cm

Der unter Watvögeln einmalige Löffelschnabel dieses Strandläufers ist eine Anpassung an den Nahrungserwerb. Er wird im flachen Wasser und feinen Schlick auf der Suche nach kleinen Wirbellosen von einer Seite zur anderen geschwenkt.

Der Löffelstrandläufer brütet nur an den Küsten der Tschuktschen-Halbinsel und ist bisher kaum erforscht. Sein Bestand liegt wahrscheinlich unter 2000 Paaren.

Kampfläufer 15

Philomachus pugnax

VERBREITUNG: Nördliches Eurasien; im Winter bis Südafrika, Indien, Australien
LEBENSRAUM: Feuchtgebiete, nasse Wiesen, Tundra
GRÖSSE: 20-32 cm

Die männlichen Kampfläufer tragen im Prachtkleid eine bemerkenswerte Halskrause in den verschiedensten Farben. Sie treffen sich auf Turnierplätzen und führen, wie mittelalterliche Ritter aufeinander zulaufend, regelrechte Scheinkämpfe aus. Dominante Männchen zeigen schwarze, am Ende der Rangordnung stehende meist weiße Federkrausen.

Die bedeutend kleineren Weibchen schauen zu und können sich mit verschiedenen Männchen paaren, ohne daß jemals eine feste Bindung eingegangen wird. Sie bebrüten die 4 Eier in einer Bodenmulde alleine.

HÖHENLÄUFER, SCHEIDENSCHNÄBEL, RAUBMÖWEN, MÖWEN

Schlichtkleid
Präriemöwe
Mantelmöwe
erstes Winterkleid
L. n. scopulinus
L. n. hartlaubii
juv.
Silberkopfmöwe
Schlichtkleid
Rosenmöwe
Dreizehenmöwe
erstes Winterkleid
Schlichtkleid
juv.
Schlichtkleid
Schwalbenmöwe
Gabelschwanzmöwe

HÖHENLÄUFER, SCHEIDENSCHNÄBEL, RAUBMÖWEN, MÖWEN

FAMILIE THINOCORIDAE HÖHENLÄUFER

Eine ungewöhnliche Watvogel-Familie: klein, plump und rebhuhnähnlich, Beine kurz, Schnabel kurz und breit. Gefieder tarnfarbig braun, Männchen etwas kontrastreicher. 4 gelblich-weiße, gefleckte Eier werden in Bodenmulde 25 Tage bebrütet, nestflüchtende Küken nach 49-55 Tagen flügge. 4 Arten.

Weißbauch-Höhenläufer 1

Attagis malouinus

VERBREITUNG: S-Chile, S-Argentinien, Feuerland
LEBENSRAUM: Felsige Hochplateaus und wenig bewachsenes Gelände über der Baumgrenze
GRÖSSE: 26-29 cm

Die 4 Höhenläufer bewohnen gebirgige und kalte Regionen Südamerikas, kommen also im Gegensatz zu fast allen anderen Watvögeln nie mit Wasserflächen in Berührung. Sie ernähren sich hauptsächlich von Samen, daneben grünen Blättern und Kaktusknospen. Man hat sie noch nie trinken sehen und nimmt an, daß sie ihren Wasserbedarf durch den Verzehr von sukkulenten Pflanzen decken.

Die in eine mit Pflanzenteilen ausgekleidete Bodenmulde gelegten Eier werden vom Weibchen ausgebrütet, während das Männchen in der Nähe Wache hält.

FAMILIE CHIONIDIDAE SCHEIDENSCHNÄBEL

Weiße, taubenähnliche Möwenvögel mit Hornscheiden am Schnabel. Geschlechter gleich gefärbt. 2 (manchmal 3-4) weißliche, gefleckte Eier werden in Nischen oder Höhlen gelegt und 28-32 Tage bebrütet, Junge werden nach 50-60 Tagen flügge. 2 Arten.

Weißgesicht-Scheidenschnabel 2

Chionis alba

VERBREITUNG: Antarktis und vorgelagerte Inseln; im Winter N bis Patagonien und Falklandinseln
LEBENSRAUM: Meeresküsten
GRÖSSE: 40 cm

Der schneeweiße Scheidenschnabel ist ein vielseitiger Allesfresser, der gerne die Pinguinkolonien heimsucht und Müllplätze wissenschaftlicher Stationen in der Antarktis nach verwertbaren Abfällen durchsucht. Er nimmt Aas und Kot, stiehlt Eier und Küken von Pinguinen und frißt jeden erdenklichen Abfall, außerhalb der Brutzeit aber auch Algen und Kleintiere am Strand.

Als Brutplatz wird eine kleine Höhle zwischen Felsen gewählt. Beide Eltern bebrüten die 2-4 Eier, aber selten werden mehr als 2 Jungvögel aufgezogen, die erst nach 9 Wochen flügge sind.

FAMILIE STERCORARIIDAE RAUBMÖWEN

Große Möwenvögel mit oberseits braunem, unterseits manchmal weißlichem Gefieder und oft stark verlängerten mittleren Steuerfedern. Geschlechter gleich gefärbt. Nestmulde mit meist 2 olivfarbenen, braun gefleckten Eiern am Boden. Bebrütungszeit 23-30 Tage, Küken nach 24-55 Tagen flügge. 7 Arten.

Skua 3

Catharacta skua

VERBREITUNG: Arktische und gemäßigte Küsten des Nordatlantik
LEBENSRAUM: Offene Flächen an Küsten; überwintert in Küstennähe auf dem Meer
GRÖSSE: 51-66 cm

Skuas ernähren sich wie alle Raubmöwen vorwiegend, indem sie bei anderen Meeresvögeln schmarotzen. Diese werden so lange in reißendem Flug verfolgt, bis sie ihre Nahrung wieder auswürgen. Sie wird dann in der Luft von den Raubmöwen aufgefangen. Skuas attackieren sogar die viel größeren Baßtölpel, verbeißen sich in Schwanz oder Flügelspitzen und zwingen sie so zur Landung auf dem Wasser. Sie lassen erst los, wenn die Tölpel ihren Mageninhalt erbrechen.

Zur Brutzeit werden oft lockere Kolonien gebildet. Dort verteidigt jedes Paar heftig ein kleines Territorium. Eindringende Tiere oder Menschen werden mit gezielten Angriffen auf den Kopf vertrieben. Die auf der Südhalbkugel lebenden Skuas wurden früher als Unterarten betrachtet, doch sieht man in ihnen heute oft 3 eigene Arten.

Falkenraubmöwe 4

Stercorarius longicaudus

VERBREITUNG: Zirkumpolar in der Arktis; im Winter auf der Südhalbkugel
LEBENSRAUM: Tundra; überwintert auf hoher See
GRÖSSE: 50-58 cm

Bei der kleinsten und elegantesten Raubmöwe sind die mittleren Steuerfedern extrem verlängert und können den übrigen Schwanz um 26 cm überragen. Zur Brutzeit parasitiert sie weniger bei anderen Vogelarten, sondern ist auf die Jagd von Lemmingen spezialisiert. Daher kommt es auch, daß sie in Jahren mit wenigen Lemmingen ganz mit der Brut aussetzt oder kaum Junge hervorbringt, sich in guten Lemmingjahren aber stark vermehrt. Beide Eltern bebrüten die 2 in eine flache Bodenmulde gelegten Eier. Bei Nahrungsknappheit tötet das zuerst geschlüpfte Küken manchmal das jüngere, damit wenigstens ein Jungvogel flügge wird.

FAMILIE LARIDAE MÖWEN

Mittelgroße bis große, kräftige, langflügelige Seevögel. Gefieder bei Altvögeln überwiegend weiß, grau und schwarz, bei unausgefärbten Vögeln braun. Geschlechter gleich gefärbt. Nistplatz variabel. Meist 2-3 grünliche oder bräunliche, gefleckte Eier werden 21-35 Tage bebrütet, die Jungen nach 21-49 Tagen flügge. 48 Arten.

Elfenbeinmöwe 5

Pagophila eburnea

VERBREITUNG: Hocharktische Inseln und Küsten
LEBENSRAUM: Brütet auf Klippen; überwintert an der Packeisgrenze
GRÖSSE: 40-46 cm

Die hocharktische Elfenbeinmöwe, untersetzt und durch ihre kurzen Beine mit rollendem Gang, ist kaum einmal südlich der Packeisgrenze zu sehen. Altvögel sind ganz weiß, die Jungvögel sehen durch ihre dunklen Flecken etwas schmutzig aus. Sie ernähren sich hauptsächlich von Abfällen, z.B. Nahrungsresten und Kot von Eisbären und Robben.

Die Kolonien an Klippen und auf den aus Eiskappen Grönlands und Spitzbergens hervorragenden Felsnasen bestehen aus wenigen bis mehreren hundert Paaren.

Graumöwe 6

Larus modestus

VERBREITUNG: N-Chile; im Winter Pazifikküste Südamerikas
LEBENSRAUM: Küstennahe Wüsten, Küsten
GRÖSSE: 46 cm

Die an der südamerikanischen Pazifikküste häufige Graumöwe brütet in lockeren Kolonien von mehreren tausend Paaren in steinigen Wüsten, die sich an der Küste Nordchiles bis zu 80 km ins Binnenland erstrecken. Frische Brisen vom Meer sorgen hier ebenso für nicht zu hohe Temperaturen, wie die in der Mittagshitze beschattend über den 1-2 Eiern stehenden Altvögel. Zur Nahrungssuche müssen die Graumöwen allerdings zur Küste fliegen, wo sie den Strand absuchen oder Fischerbooten folgen.

Sturmmöwe 7

Larus canus

VERBREITUNG: N-Eurasien, NW-Nordamerika
LEBENSRAUM: Seen, Sumpfgebiete, Küsten; überwintert am Meer und auf Binnenseen
GRÖSSE: 40-46 cm

Sturmmöwen bilden große Kolonien und legen die Nester am Boden oder auch in Gestrüpp und niedrigen Büschen an. Ein Gelege umfaßt meist 3 Eier und wird etwa 25 Tage bebrütet, die Jungen sind mit 30 Tagen flugfähig.

Im Winterhalbjahr sieht man sie in großen Trupps am Meer, aber auch auf frisch gepflügten Feldern und großen Binnengewässern. Tagsüber verteilen sie sich zur Nahrungssuche oft über ein großes Gebiet, kehren abends aber zu einem gemeinsamen Schlafplatz zurück.

Silbermöwe 8

Larus argentatus

VERBREITUNG: Küsten Mittel- und N-Europas, Nordamerika
LEBENSRAUM: Meeresküsten; im Winter auch Binnengewässer
GRÖSSE: 56-66 cm

Die Silbermöwe gehört zu den erfolgreichsten Seevögeln, denn sie hat sich dem Menschen angepaßt. In Küstenstädten brütet sie an Gebäuden, überall profitiert sie von unseren Abfällen und kommt im Winter sogar tief ins Binnenland, wo sie an Mülldeponien einen reich gedeckten Tisch vorfindet.

Neben gewaltigen Kolonien findet man auch einzeln oder in kleinen Gruppen brütende Paare. Die Küken picken an den roten Fleck auf dem Unterschnabel der Altvögel, worauf diese dann das Futter auswürgen.

Mit der Silbermöwe nah verwandt ist die Weißkopfmöwe *L. cachinnans*, die u.a. am Mittelmeer und in Asien vor allem im Binnenland brütet und sich durch meist gelbe Beine unterscheidet. Sie wurde erst kürzlich als selbständige Art von der Silbermöwe abgetrennt.

Mantelmöwe 9

Larus marinus

VERBREITUNG: Küsten NO-Nordamerikas, SW-Grönlands und NW-Europas
LEBENSRAUM: Küsten, lokal auch Binnengewässer und Moore
GRÖSSE: 71-79 cm

Diese große Möwe verdankt ihren Namen der wie ein Mantel wirkenden grauschwarzen Oberseite. Besonders zur Brutzeit lebt sie räuberisch von anderen Seevögeln und schlägt auch Kaninchen. Sonst sucht sie aber in Fischereihäfen, am Spülsaum oder auf küstennahen Müllplätzen nach Futter.

Mantelmöwen brüten in Einzelpaaren oder lockeren Kolonien und bauen meist auf Felsvorsprüngen und Klippen, die ihnen eine gute Rundumsicht gewähren, ihr Nest aus einem großen Pflanzenhaufen.

Präriemöwe 10

Larus pipixcan

VERBREITUNG: Prärien Nordamerikas; im Winter Küsten Mittel- und Südamerikas
LEBENSRAUM: Süßwassersümpfe; überwintert am Meer
GRÖSSE: 33-38 cm

Das Verbreitungsgebiet der Präriemöwe ist relativ begrenzt, und die Standorte der mehrere tausend Paare umfassenden Kolonien werden gelegentlich gewechselt. Die Nester werden im Flachwasser aus Pflanzenmaterial aufgehäuft. Die aus den meist 3 Eiern schlüpfenden Küken tragen entweder ein braunes oder ein graues Dunenkleid, doch sobald das Großgefieder gewachsen ist, lassen sich keine Färbungsvarianten mehr unterscheiden. Zu Beginn der Brutzeit werden vorwiegend Insekten im eleganten Flug gefangen, später dann gepflügte Felder nach Regenwürmern abgesucht.

Die Präriemöwe gehört zu den wenigen Vogelarten, die zweimal jährlich ihr gesamtes Gefieder, also auch die Schwungfedern, mausern.

Silberkopfmöwe 11

Larus novaehollandiae

VERBREITUNG: S-Afrika, Australien, Neuseeland
LEBENSRAUM: Küsten, Binnenseen, Flüsse
GRÖSSE: 38-43 cm

Von der Silberkopfmöwe wurden mehrere Unterarten beschrieben, darunter *L. n. novaehollandiae* aus Südaustralien und Tasmanien, *L. n. forsteri* aus Nordaustralien und Neukaledonien, *L. n. scopulinus* aus Neuseeland und *L. n. hartlaubii* aus Südafrika. Alle haben sich gut an den Menschen angepaßt, städtische Lebensräume erobert und Häfen, Mülldeponien und Felder als Nahrungsquellen erschlossen.

In Neuseeland finden sich auf vorgelagerten Inseln Kolonien von 100000 Vögeln, doch gibt es auch im Binnenland einen Brutplatz in einem Gebiet mit warmen Quellen.

Rosenmöwe 12

Rhodostethia rosea

VERBREITUNG: Arktisches Sibirien, Kanada und Grönland
LEBENSRAUM: Tundra; im Winter auf dem Meer
GRÖSSE: 30-32 cm

Mit der im Prachtkleid rosa überhauchten Unterseite ist die kleine Rosenmöwe vielleicht die hübscheste aller Möwenarten. Ihre Brutplätze waren lange Zeit unbekannt, bis man 1905 im nördlichen Sibirien die ersten Kolonien in Flußmündungsgebieten fand. Später wurden auch Nester in Kanada und Grönland gefunden. Sie werden aus Pflanzen gebaut und können die sumpfige Umgebung um 20 cm überragen.

Den Winter verbringt die zierliche Rosenmöwe an der Packeisgrenze und verfliegt sich nur ausnahmsweise einmal weiter nach Süden.

Dreizehenmöwe 13

Rissa tridactyla

VERBREITUNG: Arktische und gemäßigte Küsten der Nordhalbkugel
LEBENSRAUM: Küsten und offenes Meer
GRÖSSE: 39-46 cm

Die Dreizehenmöwe ist ein häufiger Brutvogel der nördlichen Küsten. Die gewaltigen Kolonien befinden sich an steilen Meeresklippen und Felsen, in Deutschland z.B. auf Helgoland. Hier werden die Nester aus feuchtem Seetang gebaut, der an kleine Felsvorsprünge geklebt wird und beim Trocknen hart wie Zement wird. Die 2-3 Eier werden von beiden Eltern etwa 27 Tage ausgebrütet, die Küken bleiben etwa 42 Tage im Nest, obwohl sie schon nach etwa 32 Tagen fliegen können. Schon beim Schlüpfen haben sie sehr kräftige Krallen, damit sie sich in schwindelnder Höhe festhalten können.

In vielen Küstenstädten und Fischereihäfen brüten Dreizehenmöwen schon seit längerer Zeit auf Mauersimsen von Gebäuden. Sie überwintern auf dem offenen Nordatlantik.

Gabelschwanzmöwe 14

Creagrus furcatus

VERBREITUNG: Galapagos-Inseln und Kolumbien; überwintert vor NW-Küste Südamerikas
LEBENSRAUM: Brut an Küsten; im Winter offenes Meer
GRÖSSE: 55-60 cm

Der dunkelgraue Kopf, die markant gemusterten Flügel und der tief gegabelte Schwanz verleihen dieser Möwe ein ganz besonderes Erscheinungsbild. Ihre Augen sind größer und zum besseren binokularen Sehen stärker nach vorne gerichtet als bei anderen Möwen. Die Gabelschwanzmöwe jagt nämlich bei Dunkelheit vorwiegend Tintenschnecken und andere nur nachts an die Oberfläche kommende Meerestiere, oft mehrere 100 km von ihren Brutplätzen entfernt.

Zwischen Felsen wird aus kleinen Steinen ein Nest errichtet, in dem das einzige Ei 34 Tage bebrütet wird. Das Küken wird tagsüber von einem Altvogel bewacht.

Schwalbenmöwe 15

Xema sabini

VERBREITUNG: Zirkumpolar arktisch
LEBENSRAUM: Arktische Küsten und Inseln; im Winter offenes Meer
GRÖSSE: 33-36 cm

Die Schwalbenmöwe ist eine weitere hocharktische Art, verbringt den Winter aber nicht im Norden, sondern zieht über den Äquator hinweg in südliche Meere. Sie frißt hauptsächlich kleine Wirbellose, die sie im eleganten Flug von der Wasseroberfläche aufnimmt, wie ein Wassertreter im kreiselnden Schwimmen aufpickt oder wie ein Watvogel über den Schlamm laufend sucht.

Die Altvögel führen die Küken gleich nach dem Schlüpfen vom Nest fort, wahrscheinlich um sie vor Räubern zu schützen. Bei Gefahr stellen sie sich verletzt, um Beutegreifer von den Jungen abzulenken. Beide Verhaltensweisen sind eher für Watvögel als für Möwen charakteristisch.

SEESCHWALBEN, SCHERENSCHNÄBEL, ALKE

Varietät
«Ringellumme»
Amerikanischer Scherenschnabel
Trottellumme
Schlichtkleid
Schlichtkleid
Krabbentaucher
Gryllteiste
Schlichtkleid
Papageitaucher
Küken
Silberalk
Marmelalk

SEESCHWALBEN, SCHERENSCHNÄBEL, ALKE

FAMILIE STERNIDAE SEESCHWALBEN

Schlanke, möwenartige Vögel mit langen, spitzen Flügeln und gegabelten Schwänzen. Gefieder überwiegend weiß, grau, braun und schwarz, Geschlechter gleich gefärbt. Nistplätze verschiedenartig, 1-3 beige, grünliche oder bräunliche, gefleckte Eier werden 13-30 Tage bebrütet. Dunenjunge verlassen das Nest oft bald nach dem Schlüpfen. 43 Arten.

Trauerseeschwalbe 1

Chlidonias niger

Verbreitung: Mittleres Eurasien und Nordamerika; überwintert in den Tropen, meist N des Äquator
Lebensraum: Seen, Feuchtgebiete; im Winter Küsten
Grösse: 22-24 cm

Trauerseeschwalben ernähren sich hauptsächlich von Wasserinsekten und ihren Larven, die sie aus dem niedrigen Suchflug heraus elegant von der Wasseroberfläche aufpicken. Dieses Verhalten ist für die meist dunkel gefärbten Angehörigen der Gattung *Chlidonias*, die sogenannten Sumpfseeschwalben, charakteristisch.

Das Nest ist eine aus Wasserpflanzen errichtete schwimmende Plattform, die in der Vegetation eines Sees verankert wird. Die 3 Eier werden von beiden Eltern 21 Tage bebrütet, die Küken verlassen nach 2-3 Wochen das Nest und sind nach 4 Wochen flugfähig.

Raubseeschwalbe 2

Hydroprogne caspia

Verbreitung: Fast weltweit
Lebensraum: Küsten und große Binnengewässer; im Winter an Küsten
Grösse: 48-59 cm

Die Raubseeschwalbe ist mit ihrem dolchartigen, orangeroten Schnabel und möwenartigen Flug die größte Art der Familie. Sie kann in Einzelpaaren, aber auch in gewaltigen Kolonien brüten, wobei in den Sandboden gedrehte Mulden als Nester dienen.

Bemerkenswert ist die sich über 5 Kontinente erstreckende Brutverbreitung. Die isolierten Vorkommen sind aber durch teilweise gewaltige Entfernungen voneinander getrennt. Der Grund dafür liegt möglicherweise darin, daß Raubseeschwalben ruhige Brutplätze mit benachbarten reichhaltigen Fischgewässern benötigen, die ohnehin selten sind und oft durch menschliche Einflüsse entwertet wurden.

Küstenseeschwalbe 3

Sterna paradisaea

Verbreitung: Zirkumpolar von der Arktis S bis Nord- und Ostsee; überwintert in der Antarktis
Lebensraum: Küsten; im Winter Meeresküsten
Grösse: 33-38 cm

Die Küstenseeschwalbe ist für ihre lange Wanderung bekannt, die sie jedes Jahr über 32000 km von der Arktis in die Antarktis führt. Dadurch sieht sie so viel Tageslicht wie kein anderes Tier.

Kolonien von Küstenseeschwalben finden sich auf Inseln, an Sandstränden oder in kargem Grünland. Sie werden durch heftige Angriffe und gezielte Schnabelhiebe gegen Menschen und andere Eindringlinge verteidigt.

Rußseeschwalbe 4

Sterna fuscata

Verbreitung: Tropische und subtropische Meere
Lebensraum: Brütet an Küsten und auf Inseln; im Winter offenes Meer
Grösse: 43-45 cm

Die hübsche Rußseeschwalbe, der häufigste Seevogel tropischer Meere, ist kontrastreich oberseits schwarz und unterseits weiß gefärbt und trägt einen langen, tief gegabelten Schwanz. Sie brütet in gewaltigen Kolonien aus manchmal mehreren hunderttausend Paaren. Eiersammler und Schwankungen in der Häufigkeit der Nahrungstiere ziehen aber gelegentlich einen schlechten Bruterfolg nach sich.

Die Rußseeschwalbe scheint nie auf dem Wasser zu landen, ist auch nachts aktiv und pickt Fische und Tintenschnecken von der Wasseroberfläche auf. Außerhalb der Brutzeit ist sie als einzige Seeschwalbe ein reiner Hochseevogel, der die Küsten meidet.

Königsseeschwalbe 5

Thalasseus maximus

Verbreitung: Küsten der S USA, Mittelamerikas und W-Afrikas; im Winter an südlichen Küsten
Lebensraum: Meer und Küste
Grösse: 46-53 cm

Als man früher Königsseeschwalben an der Westküste Afrikas beobachtete, ging man davon aus, daß es sich um Wintergäste aus dem amerikanischen Brutgebiet handelte. Erst vor etwa 30 Jahren wurde in Mauretanien eine große Kolonie entdeckt, schließlich weitere kleine im Senegal und in Gambia. Noch immer ist jedoch unbekannt, ob diese Seeschwalbe nun über den Atlantik zieht oder die Populationen völlig voneinander getrennt sind.

Die Brutkolonien werden oft von mehreren tausend Paaren gebildet. Die Jungvögel werden sehr lange betreut und oft noch nach 5 Monaten gefüttert.

Inkaseeschwalbe 6

Larosterna inca

Verbreitung: Ecuador bis Chile
Lebensraum: Küste und Inseln
Grösse: 40-42 cm

Das hübsche, blaugraue Gefieder der Inkaseeschwalbe ist durch weiße Bartfedern geschmückt, die sich vom Schnabel unter dem Auge entlang ziehen und dann nach vorne kringeln. Oft rasten mehrere Tausend der geselligen Vögel zusammen mit Möwen an Sandstränden.

Inkaseeschwalben sind graziöse Flieger, rütteln oft in der Luft, bevor sie im Sturzflug Nahrungspartikel von der Wasseroberfläche aufnehmen, und folgen gerne Walen und Robben.

Noddi 7

Anous stolidus

Verbreitung: Tropische und subtropische Meere
Lebensraum: Klippen und bewaldete Inseln; überwintert auf dem Meer
Grösse: 40-45 cm

Vom insgesamt dunkelbraunen Gefieder der Noddiseeschwalbe hebt sich ein aus der Entfernung weiß wirkender lavendelgrauer Scheitel ab. Bei der Balz nickt sie ausgeprägt mit dem Kopf, und das Männchen überreicht dem Weibchen Fische als Geschenk, wie es bei vielen Seeschwalben üblich ist.

Innerhalb des großen Verbreitungsgebietes werden verschiedene Neststandorte gewählt. Einige Kolonien finden sich auf blankem Boden, andere benutzen breite Klippenvorsprünge, doch werden auch Nester aus Zweigen und Pflanzenstengeln in Bäume und Büsche gebaut. Von der Ablage des einzigen Eis bis zum Flüggewerden des Jungvogels vergehen 11 Wochen.

Feenseeschwalbe 8

Gygis alba

Verbreitung: Tropische Inseln
Lebensraum: Brütet auf bewaldeten Inseln; im Winter auf dem Meer
Grösse: 28-33 cm

Rein weißes Gefieder mit großen, schwarzen Augen geben dieser zierlichen Seeschwalbe ein märchenhaftes Aussehen. Im Flug wirken die Flügel fast durchscheinend.

Sie brütet nicht in Kolonien wie die meisten anderen Seeschwalben, sondern in einzelnen Paaren. Das einzige Ei wird ohne Nest auf einen winzigen Felsvorsprung, häufiger auf einen waagrechten Ast oder Palmwedel gelegt. Das Küken schlüpft nach etwa 5 Wochen und hat bereits kräftige Zehen und Krallen, mit denen es sich an seinem gefährlichen Sitzplatz festhalten kann.

FAMILIE RYNCHOPIDAE SCHERENSCHNÄBEL

Mittelgroße möwenartige Vögel, oberseits dunkel, unterseits weißlich gefärbt, Geschlechter gleich. Unterschnabel verlängert und verbreitert. 2-5 beige, gefleckte Eier werden in Bodenmulde 22-24 Tage bebrütet, Junge nach 25-30 Tagen flügge. 3 Arten.

Amerikanischer Scherenschnabel 9

Rynchops niger

Verbreitung: S-Nordamerika, Karibik, Südamerika
Lebensraum: Küsten und große Flüsse
Grösse: 40-50 cm

Von den einander sehr ähnlichen 3 Scherenschnabel-Arten der Erde lebt je eine in Amerika, Afrika und Indien. Ihre abgeflachten Unterschnäbel überragen die gerundeten Oberschnäbel um ein Drittel. Scherenschnäbel fliegen sehr niedrig über das Wasser und durchpflügen seine Oberfläche mit dem Unterschnabel, um nach kleinen Fischen und Krebsen zu suchen, die sie bei Berührung mit hastig senkrecht eingetauchtem Kopf erhaschen.

Sie jagen vorwiegend nachts und in der Dämmerung, und daher zeigen ihre Augen eine einzigartige Anpassung: Die Iris ist senkrecht und kann bei starkem Sonnenlicht zu einem Schlitz verengt, bei Dunkelheit aber kreisrund geöffnet werden.

FAMILIE ALCIDAE ALKENVÖGEL

Kleine bis mittelgroße, kurzschwänzige und oft kurzhalsige Tauchvögel des Meeres. Oberseite schwarz, dunkel braun oder grau, Unterseite meist weiß, Geschlechter gleich gefärbt. Während der Mauser flugunfähig. Brüten an der Küste auf Klippen oder in Höhlen. 1-2 Eier werden 29-42 Tage bebrütet, Nestlingszeit 2-50 Tage. 22 Arten.

Krabbentaucher 10

Alle alle

Verbreitung: Arktische Küsten des Nordatlantik
Lebensraum: Brütet in Geröllhalden und Felsnischen; überwintert auf offenem Meer
Grösse: 20-25 cm

Krabbentaucher sind kleine, fast halslose Meeresvögel mit winzigen Schnäbeln und kurzen Flügeln. Sie ernähren sich tauchend von Plankton und Kleinkrebsen, die sie zur Brutzeit in ihrem dann stark ausgebeulten Kropf zu den Jungvögeln bringen.

Eine Kolonie kann mehrere Millionen Paare beherbergen, die ihre Nester tief zwischen herabgestürzten Felsen und Geröll anlegen. Hier sind die ständig patrouillierenden Eismöwen *Larus hyperboreus* die größten Feinde, die darauf warten, einen unvorsichtigen Altvogel vor der Höhle zu schnappen.

Trottellumme 11

Uria aalge

Verbreitung: Zirkumpolar arktisch S bis Kalifornien, Korea, N-Portugal
Lebensraum: Brütet an Felsküsten; im Winter auf dem Meer
Grösse: 40-43 cm

An Land stehende Trottellummen wirken wie kleine Pinguine, sind aber nicht mit ihnen verwandt. Die als «Ringellumme» bezeichnete Variation ist keine eigene Art, sondern kommt in den atlantischen Kolonien mit von Süden nach Norden zunehmender Häufigkeit vor.

Die großen Kolonien der Trottellumme finden sich auf schmalen Simsen steiler Felswände am Meer, sogenannten Vogelfelsen, wie es sie in Deutschland nur auf Helgoland gibt. Jedes Paar legt nur ein Ei, das insgesamt birnenförmig ist, so daß es sich bei starken Windböen oder unvorsichtigem Anstoßen um seinen stark zugespitzten Pol dreht und nicht vom schmalen Felsvorsprung hinabfällt. Nach etwa 3 Wochen springen die noch flugunfähigen Küken alle gleichzeitig aus dem Felsen und folgen ihren Eltern in fischreiche Nahrungsgründe auf das offene Meer hinaus. Dies hat den Vorteil, daß die Altvögel die Fische nicht mehr aus bis zu 80 km Entfernung in die Kolonie bringen müssen.

Gryllteiste 12

Cepphus grylle

Verbreitung: Arktis, Nordatlantik und N Ostsee
Lebensraum: Brütet an Küsten; im Winter in Küstengewässern
Grösse: 30-36 cm

Im Winter unscheinbar weiß und grau mit dunklen Flecken, zeigt sich die Gryllteiste im Prachtkleid ganz schwarz mit leuchtend weißen Flügeldecken und lackroten Beinen. Während der Balz ist neben einem sehr hohen Piepen auch ein grillenähnliches Zirpen zu hören. Dabei wird der innen leuchtend rot gefärbte Schnabel weit geöffnet.

Gryllteisten brüten einzeln oder in kleinen, lockeren Kolonien, oft am Rand der mit anderen Alken und Dreizehenmöwen besetzten Seevogelfelsen. Die 2 Eier werden in Nischen, kleine Höhlen oder unter Felsen gelegt.

Marmelalk 13

Brachyramphus marmoratus

Verbreitung: Nordpazifik S bis N-Kalifornien und Japan
Lebensraum: Küsten
Grösse: 24-25 cm

Die hellen Federränder verleihen dem sonst braunen Vogel ein marmoriertes Aussehen und gaben ihm seinen Namen. Der Marmelalk ist nicht selten, denn vor Alaskas Küste ist er zu Hunderttausenden zu sehen. Doch über seine Brutbiologie ist nur wenig bekannt. Er nistet im Küstennahen Binnenland, oft mehrere Kilometer vom Meer entfernt, in bewaldetem Gelände. Nester wurden in Astgabeln, aber auch in Baumhöhlen in 30 m Höhe gefunden. Man hat sie aber auch in Bodenlöchern in der offenen Tundra arktischer Inseln entdeckt.

Silberalk 14

Synthliboramphus antiquus

Verbreitung: Beringsee und N-Pazifik S bis NW USA und Sachalin
Lebensraum: Küsten und offenes Meer
Grösse: 24-27 cm

Die Brutkolonien des Silberalks liegen in Küstenwäldern und können 40000 Paare umfassen. Sie graben bis 1 m lange Niströhren unter Felsen, Gras oder Baumwurzeln. Beide Altvögel bebrüten abwechselnd die Eier, und der gerade brütende Vogel weist dem zurückkehrenden Partner durch laute Rufe den Weg zur richtigen Höhle. Schon nach 2-3 Tagen verlassen die Küken das Nest und stolpern über Steine und die Berghänge hinab, um mit ihren Eltern auf das offene Meer zu gelangen.

Deutscher und wissenschaftlicher Name des Silberalks rühren von den haarähnlichen weißen Federn her, die im Prachtkleid auf dem Kopf erscheinen und an die silbergrauen Haare älterer Menschen erinnern.

Papageitaucher 15

Fratercula arctica

Verbreitung: Arktis und Nordatlantik
Lebensraum: Küsten, offenes Meer
Grösse: 28-30 cm

Auffallendstes Merkmal des Papageitauchers ist sein großer, dreieckiger, bunt rot, gelb und graublau gefärbter und an einen Papagei erinnernder Schnabel. Zur Brutzeit ist er besonders intensiv gefärbt und wird danach wie das Gefieder gemausert, indem die Hornscheiden abfallen.

Doch dient der Schnabel auch zum Fangen und Festhalten von Fischen. Mehr als ein Dutzend Sandaale können gleichzeitig quer im Schnabel liegen und den Vogel regelrecht bärtig erscheinen lassen. Gefangene Fische werden so zwischen Zunge und Oberschnabel eingeklemmt, daß mit dem Unterschnabel noch weitere Beute gefangen werden kann. Papageitaucher beziehen gerne verlassene Höhlen von Kaninchen oder Schwarzschnabel-Sturmtauchern, graben mit ihren Schnäbeln aber auch selbst 1 m lange Brutröhren in weichen Boden am oberen Klippenrand von Seevogelkolonien.

FLUGHÜHNER, TAUBEN

S. t. rufescens
S. t. turtur
Turteltaube
♀
♂
Kuckuckstaube
♀
♂
Kaptäubchen
♀
♂
Harlekintaube
Rotschopftaube
juv.
Carolinataube
Diamanttäubchen
Galapagostaube

FLUGHÜHNER, TAUBEN

FAMILIE PTEROCLIDIDAE FLUGHÜHNER

Untersetzte, mittelgroße, samenfressende Bodenvögel mit meist verlängerten Schwänzen. Gefieder tarnfarbig, Geschlechter verschieden gefärbt. 3 rosafarbene, grünliche oder beige Eier mit braunen oder olivgrünen Flecken oder Punkten werden in Bodenmulde 21-31 Tage bebrütet, Küken Nestflüchter. 16 Arten.

Steppenflughuhn 1

Syrrhaptes paradoxus

Verbreitung: Mittelasien bis China und Mongolei
Lebensraum: Trockene Ebenen, weite Täler, Steppen
Größe: 30-41 cm

Die systematische Stellung der Flughühner ist schon seit langer Zeit umstritten. Die Vögel erinnern äußerlich an Hühnervögel, sind mit ihnen aber überhaupt nicht verwandt. Sie werden oft in eine Ordnung mit den Tauben gestellt, mit denen sie die fast allen anderen Vögeln fehlende Fähigkeit teilen, saugend trinken zu können. Tatsächlich sind sie offenbar sehr nah mit den Watvögeln verwandt. So gesteht man ihnen vorläufig eine eigene Ordnung zu, die zwischen die beiden ähnlichen Ordnungen geschoben wird.

Bei männlichen Steppenflughühnern sind, als einzigen Vertretern in dieser Ordnung, die äußeren Handschwingen stark verlängert. Flughühner laufen trippelnd über den Boden von Steppen, Halbwüsten und Wüsten und ernähren sich rein pflanzlich, vorwiegend von Samen. Im vorigen Jahrhundert gab es regelmäßige Irruptionen des Steppenflughuhns aus den Halbwüsten Asiens nach Europa, zuletzt 1863, 1888 und abgeschwächt 1908. Von den sicher weit über 10000 Vögeln haben einzelne sogar hier gebrütet. Seitdem sind die Vögel nur noch ganz vereinzelt in Europa erschienen, wahrscheinlich weil die Intensivierung der Landwirtschaft sie zur Räumung ihrer Brutgebiete im westlichen Mittelasien gezwungen hat.

Sandflughuhn 2

Pterocles orientalis

Verbreitung: Spanien, N-Afrika, SW-Asien
Lebensraum: Steppen und Halbwüsten
Grösse: 33-35 cm

Alle 16 Flughuhnarten bewohnen Trockengebiete in Afrika und im südlichen Eurasien. Das dort seltene Wasser spielt daher für sie eine lebenswichtige Rolle. Bei Sonnenaufgang (manche Arten auch in der Abenddämmerung) unternehmen sie weite Flüge zu den wenigen Wasserstellen, an denen sich dann mehrere hundert oder gar tausend Vögel aus den verschiedenen Himmelsrichtungen treffen. Um auch die noch nicht flugfähigen Küken zu versorgen, haben Flughühner eine besondere Anpassung entwickelt. Die Männchen haben ein sehr saugfähiges Bauchgefieder, das sie mit Wasser tränken, um dann zu den Küken zurückzufliegen. Durch Muskelanspannung entsteht beim gereckt stehenden Männchen dann eine Rinne in der Bauchmitte, in die das Wasser aus den Federn gepresst wird und aus der die Jungvögel es aufsaugen können.

Zur Brutzeit trifft man Sandflughühner meist paarweise in den weiten Steppen an, aber später schließen sie sich zu Trupps zusammen. Während des schnellen Flugs sind dem Zusammenhalt dienende gurgelnde und schnaubende Rufe zu hören.

FAMILIE COLUMBIDAE TAUBEN

Kleine bis große, untersetzte, hauptsächlich baumbewohnende Vögel. Gefieder sehr vielfältig, Geschlechter meist gleich oder einander ähnlich gefärbt. Einfaches Zweignest, einige Arten brüten in Höhlen oder am Boden. Beide Geschlechter produzieren «Kropfmilch» zur Fütterung der Jungvögel. 1-2 weiße Eier werden 13-28 Tage bebrütet, Nestlingszeit 12-36 Tage. 300 Arten.

Felsen- und Straßentaube 3

Columba livia

Verbreitung: Südliches Eurasien, Nordafrika; weltweit domestiziert
Lebensraum: Felsen in der Nähe offenen Geländes; Straßentauben meist in Städten
Grösse: 31-34 cm

Die Felsentaube ist ursprünglich ein Vogel felsigen Geländes. Sie ist die Stammform der inzwischen weltweit vom Menschen eingeführten Straßentaube *C. livia* f. *domestica* und zahlreicher Zuchtformen mit zum Teil merkwürdigem Aussehen. Ursprünglich wurden Tauben gezüchtet, um sie zu essen, später dann, um ihnen bestimmte Formen, Farben oder Federstrukturen aufzuzwingen. Viele der später wieder verwilderten und nun zahlreich die Städte bevölkernden Straßentauben tragen noch die Färbung der Felsentaube, andere zeigen die verschiedensten Farbgebungen von weiß über rotbraun bis schwarz oder gescheckt.

Die aus den Felsentauben gezüchteten Brieftauben besitzen die bemerkenswerte Fähigkeit, über Hunderte von Kilometern in ihren Schlag zurückzufinden. Dies ist erstaunlich, da wilde Felsentauben kaum ziehen. Viele wissenschaftliche Untersuchungen über das Orientierungsvermögen von Vögeln wurden an Brieftauben durchgeführt.

Schneetaube 4

Columba leuconota

Verbreitung: Himalaya von W-Afghanistan bis SW-Turkestan, NW-Burma und W-China
Lebensraum: Regenreiche Gebirge oberhalb 2-3000 m
Grösse: 31-34 cm

Die Schneetaube hat nicht nur viel Weiß im Gefieder, sondern bewohnt tatsächlich Regionen nahe der Schneegrenze. Hier brütet sie, manchmal in kleinen Kolonien, in Felsspalten.

Außerhalb der Brutzeit rastet sie in Felsklippen und fliegt nach Sonnenaufgang zur Suche von Sämereien in die Täler hinab. Besonders zwischen schmelzendem Schnee bietet ihr Gefieder eine perfekte Tarnung.

Ringeltaube 5

Columba palumbus

Verbreitung: Europa, Nordafrika, Azoren, Asien bis W-Sibirien und NW-Indien
Lebensraum: Wälder, Gehölze, Parks
Grösse: 40-42 cm

Ringeltauben zeigen einen auffallenden Balzflug, bei dem sie schräg in die Höhe steigen, mit den Flügeln klatschen und dann mit gespreizten Flügeln abwärts gleiten, um wieder aufzusteigen.

Sie haben ihre Scheu vor Menschen weitgehend verloren und brüten auch in Parks und Gärten. Im Herbst und Winter sieht man oft große Trupps auf Kohlfeldern.

Lorbeertaube 6

Columba junoniae {B}

Verbreitung: Kanarische Inseln (Palma, Gomera, Teneriffa)
Lebensraum: Bergwälder mit Lorbeer und Gebüsch, angrenzende Felder
Grösse: 37-38 cm

Auf den Kanarischen Inseln und Madeira leben 3 endemische Taubenarten, die alle durch Bejagung und Zerstörung der Lebensräume bedroht sind. Lorbeer stellt einen wesentlichen Bestandteil ihrer Nahrung dar.

Daneben frißt die Lorbeertaube in den Bergregionen auch Früchte, Beeren und Samen, tiefer an den Berghängen auch auf Feldern angebaute Früchte.

Turteltaube 7

Streptopelia turtur

VERBREITUNG: Europa, Nordafrika, O bis Turkestan und Mongolei; überwintert zwischen Sahara und Äquator
LEBENSRAUM: Offene Wälder
GRÖSSE: 26-28 cm

Das sanft gurrende *turr-turr* gab der Turteltaube ihren Namen und ist im Frühsommer aus Auwäldern und Feldgehölzen zu hören. Obwohl sie in ihrem Brutgebiet fast überall geschützt ist, wird sie noch immer während des Zuges nach Afrika in den Mittelmeer-Ländern mehr aus sportlichen Gründen als zur menschlichen Ernährung in großer Zahl geschossen und gefangen.

Die Abbildung zeigt neben der europäischen Nominatform auch die Unterart *S. t. rufescens* aus Ägypten und dem Nordsudan.

Kuckuckstaube 8

Macropygia amboinensis

VERBREITUNG: O-Australien, Neuguinea, Indonesien, Philippinen
LEBENSRAUM: Gebüsch in Regenwald, Waldränder
GRÖSSE: 30-45 cm

Die Kuckuckstaube verbringt viel Zeit in den Wipfeln von Bäumen und Büschen, wo sie sich von Früchten ernährt. Sie kann gut klettern und erreicht Beeren an den Spitzen dünner Zweige. Am Waldrand geht sie auch in Unterholz und Kräuter, um Samen aufzunehmen. Gelegentlich aufgepickte Steinchen helfen bei der Verdauung.

Das durchdringende, hohe *Kuu* ist im Regenwald weit zu hören. Auf einer Nistplattform aus Zweigen in einer niedrigen Astgabel oder auf der Spitze eines Baumfarns bebrüten beide Geschlechter das einzige weiße Ei.

Kaptäubchen 9

Oena capensis

VERBREITUNG: Afrika S der Sahara, Arabien, S-Israel
LEBENSRAUM: Offene Halbwüsten, trockenes Gebüsch
GRÖSSE: 26-28 cm

Der außergewöhnlich lange, zugespitzte Schwanz macht fast die halbe Gesamtlänge dieser kleinen Taube aus. Beim Landen wird er gefächert. Das Männchen spreizt den Schwanz aber auch beim Balzflug, wenn es schmetterlingsartig rüttelnd neben dem Weibchen landet.

Trotz der eigentlich bunten Färbung heben sich Kaptäubchen kaum vom Hintergrund trockenen Bodens oder grauer Steine ab. Ihr Gang wirkt etwas geziert, wenngleich manchmal bucklig, wenn sie am Boden laufend hier und da kleine Samen oder auch gelegentlich einmal ein Insekt aufpicken.

Harlekintaube 10

Phaps histrionica

VERBREITUNG: Inneres N-Australien
LEBENSRAUM: Ursprüngliches Grasland
GRÖSSE: 27-29 cm

Als Anpassung an ihren trockenen Lebensraum hat die Harlekintaube recht lange Flügel, denn sie muß jeden Morgen und Abend oft große Entfernungen zurücklegen, um an Wasserstellen zu gelangen. Einst kam sie in großen Trupps vor, doch hat die Überweidung ihrer Lebensräume durch Haustiere zu einer Abnahme geführt.

Harlekintauben suchen in Gruppen am Boden nach Samen von Gras und anderen Pflanzen. Sie picken auch unverdaute Sämereien aus dem Dung von Viehherden. Balzende Männchen bücken sich und öffnen dabei ihre Flügel etwas, um die bronzefarben schillernden Felder zu zeigen. Als Brutplatz dienen mit Gras ausgelegte Bodenmulden unter Büschen. Oft brüten die Vögel in lockeren Kolonien, und die Männchen sitzen tagsüber, die Weibchen nachts auf dem Nest mit 2 weißen Eiern.

Rotschopftaube 11

Petrophassa plumifera

VERBREITUNG: Inland von NW-Australien
LEBENSRAUM: Felsiges oder sandiges, hügeliges Gelände mit Dorngras
GRÖSSE: 19-23

In kleinen Gruppen läuft diese Taube in halbwüstenartigem Gelände über den Boden, oft über größere Strecken, um Samen von Gras und anderen Pflanzen zu suchen. Dabei muß sie häufig trinken und bevorzugt daher die Nähe von Wasser. Sie fliegt meist niedrig und nur über geringe Distanzen und läßt auf flatternde Flügelschläge kurze Gleitstrecken folgen.

Während der Balz verbeugen sich die Männchen, und Rivalen jagen und umrunden einander und berühren sich dabei mit den Flügeln. Rotschopftauben können das ganze Jahr über brüten, doch werden die Bodennester mit 2 weißen Eiern meist im Frühjahr oder nach heftigen Regenfällen unter Dorngrasbüscheln gefunden.

Diamanttäubchen 12

Geopelia cuneata

VERBREITUNG: Australien mit Ausnahme des S
LEBENSRAUM: Trockene Wälder und Gebüsche
GRÖSSE: 19-22 cm

Das zierliche Diamanttäubchen ist in den trockeneren Regionen Australiens weit verbreitet und erscheint im äußersten Süden und Westen nur unregelmäßig während extremer Trockenperioden. Diamanttäubchen suchen am Boden nach Samen von Gras, Kräutern und anderen Pflanzen, fressen Grünpflanzen und Insekten. Sie schreiten dabei langsam vorwärts, können aber mit erhobenem Schwanz auch schnell rennen. Morgens und nachmittags fliegen sie zum Trinken, und auf der Suche nach Nahrung und Wasser unternehmen sie nomadische Wanderungen.

Bei der Balz verbeugt sich das Männchen mit aufgestelltem und gespreiztem Schwanz. Das zerbrechliche Zweignest in einem Busch oder niedrigen Baum enthält 2 weiße Eier, die von beiden Eltern bebrütet werden.

Carolinataube 13

Zenaida macroura

VERBREITUNG: Von SO-Alaska bis Panama, Karibik
LEBENSRAUM: Felder, Wiesen, Wälder, Gärten, Städte
GRÖSSE: 30 cm

In Nordamerika ist die Carolinataube die häufigste und am weitesten verbreitete Taubenart, die von der Umwandlung der Wälder in landwirtschaftliche Nutzflächen sehr profitiert hat. Der lange, zugespitzte Schwanz ist außen weiß. Die Geschlechter sind gleich gefärbt, Jungvögel lassen sich an der starken dunklen Fleckung auf den Flügeldecken erkennen. Die Suche nach Sämereien und gelegentlich kleinen Wirbellosen findet am Boden statt, oft in kleinen Gruppen. Zum Schlafen finden sich die Vögel zu größeren Trupps zusammen.

Carolinatauben leben monogam. Während der Balz stolziert das Männchen vor dem Weibchen, jagt es, sträubt seine Federn und gurrt klagend *ouwuu-wuu-wuu-wuu*. In den Balzflug werden Gleitstrecken und lautes Flügelklatschen eingebaut. Das etwas liederliche Nest wird in Büschen oder bis zu 15 m hoch in Bäumen gebaut. Jedes Jahr werden 2-3 erfolgreiche Bruten durchgeführt. Im Süden, z.B. in Mississippi, beginnt die Brutzeit im Februar und dauert bis Oktober, so daß einzelne Paare bis zu 6 Brutversuche unternehmen.

Galapagostaube 14

Zenaida galapagoensis

VERBREITUNG: Galapagos-Inseln
LEBENSRAUM: Niedrige, trockene Gebiete mit Gebüsch oder Kakteen
GRÖSSE: 20 cm

Wie viele Vögel auf Galapagos ist auch diese Taube sehr zahm. Sie verbringt als hervorragender Läufer viel Zeit am Boden, frißt dort Sämereien und gelegentlich Kaktusknospen und scharrt im Sand nach Eßbarem.

Das balzende Männchen stolziert vor dem Weibchen, fächert den Schwanz, läßt die Flügel hängen und plustert sein Gefieder auf. Oft rennen die Vögel auch umeinander herum. Das einfache Bodennest aus Gras wird oft im Schutz eines Felsblocks angelegt. Als Grundlage kann ein altes Nest der Galapagosspottdrossel *Nesomimus trifasciatus* dienen. Um Feinde vom Nest fortzulocken, kann sich ein Altvogel verletzt stellen, ein als «Verleiten» bezeichnetes Verhalten, das einige Taubenarten zeigen.

TAUBEN

Sperlingstäubchen
♂
♀
Inkatäubchen
♀
Bergtaube
♂
Blauringtaube
Krontaube
juv.
Kragentaube
Fasantaube
Fächertaube

Zahntaube
juv.
Rotnasen-Grüntaube
Bronzefruchttaube
P. m. magnificus
P. m. puella
Purpurbrust-Fruchttaube
Madagaskarfruchttaube
juv.
Hauben-
fruchttaube
Dolchstichtaube
Maorifruchttaube

TAUBEN

Sperlingstäubchen 1

Columbina passerina

VERBREITUNG: S USA und Karibik bis Ecuador; Bahamas
LEBENSRAUM: Offenes Gelände, Straßenränder, Felder
GRÖSSE: 16,5 cm

Die winzigen Sperlingstauben sind kaum größer als Sperlinge. Meist treten sie paarweise auf, schließen sich im Winter aber auch zu Trupps zusammen. Sie suchen am Boden nach Samen und Beeren, dabei während des Laufens ständig mit dem Kopf nickend. Ihr häufigster Ruf ist ein sanft gurrendes, ansteigendes *Waa-up*. Kopf und Brust wirken geschuppt, im Flug ist die kastanienbraune Flügelfärbung kennzeichnend. Weibchen sind etwas blasser gefärbt.

Bei der Balz stolziert das Männchen vor dem Weibchen, plustert sich auf, jagt es und ruft dabei. Das dünne Nest aus Gras und Pflanzenfasern liegt meist am Boden, aber auch in Büschen, Palmwedeln, Weinstöcken oder niedrigem Gestrüpp. Gelegentlich wird es für die zweite Brut noch einmal benutzt, manchmal wird das Nest einer anderen Vogelart als Grundlage für das eigene verwertet.

Inkatäubchen 2

Scardafella inca

VERBREITUNG: SW USA bis Costa Rica
LEBENSRAUM: Parks, Gärten, offenes Gelände mit Büffelgras oder Kakteen
GRÖSSE: 20 cm

Erst im Flug zeigt diese zierliche und insgesamt geschuppt wirkende Taube ihr kastanienbraunes Feld auf den Handschwingen. Meist ruft sie doppelt *kuuu-kuu*, hat aber auch einige sanfte oder kehlige Balz-, Angst- und Alarmrufe. Im Winter bilden Inkatauben Trupps und schlafen gemeinsam. Während sehr kalter Winternächte bilden sie sogar Pyramiden, bei denen einige Vögel auf den Rücken der anderen stehen, um sich gegenseitig zu wärmen.

Die Suche nach Samen und Getreidekörnern erfolgt am Boden. Inkatauben leben monogam und legen ihr Nest in Büschen oder schattigen Bäumen in bis zu 7 m Höhe an. Wie bei Tauben üblich, werden die Jungvögel mit einer Kropfmilch gefüttert, die aus abgestoßenen Epithelzellen des Kropfes besteht.

Blauringtaube 3

Leptotila verreauxi

VERBREITUNG: S-Texas und Mexiko S bis Peru, zentrales Venezuela und Uruguay; Trinidad, Tobago, Aruba
LEBENSRAUM: Trockene bis halbtrockene Gebiete, offenes Waldland, Plantagen
GRÖSSE: 28 cm

Diese Taube fällt weniger durch ihren das Auge umgebenden blauen Lidring auf, den sie mit vielen Arten teilt, als durch ihre weißliche Stirn und Kehle und die im Flug aufleuchtende weiße Schwanzspitze. Sie ist meist einzeln anzutreffen, wenn sie am Boden nach Sämereien und einigen Insekten als Zusatzkost sucht. Dabei entfernt sie sich selten weit von Bäumen, in denen sie oft in großer Höhe rastet. Ihre Stimme klingt, wie wenn man über die Öffnung einer leeren Flasche bläst.

2 weiße Eier werden in ein lockeres Zweignest gelegt. In großen Teilen des Verbreitungsgebietes brütet die Blauringtaube das ganze Jahr über, in einigen Regionen aber nur zu bestimmten Zeiten.

Bergtaube 4

Geotrygon montana

VERBREITUNG: Mexiko, Mittelamerika S bis Bolivien und Brasilien; Karibik
LEBENSRAUM: Feuchte Wälder im Flachland
GRÖSSE: 23 cm

Der Name dieser rötlichen Taube ist gleichfalls unglücklich gewählt, denn sie läuft gut getarnt am Boden tropischer Wälder in Niederungen umher, wo sie Samen und Früchte sucht. Gestalt und kurzer Schwanz erinnern an einen kleinen Hühnervogel, was durch den englischen Namen Rotwachteltaube gut wiedergegeben wird.

Sie ruft tief *buuu*, ähnlich dem Ton einer Nebelboje. Das lockere Zweignest wird mit Blättern ausgekleidet und auf einem Baumstumpf, niedrigen Ast oder im Pflanzengewirr nicht mehr als 2 m über dem Waldboden angelegt. Die Altvögel wechseln sich beim Brüten ab, und der zurückkehrende Partner bringt oft ein Blatt mit, das ins Nest eingebaut wird.

Kragentaube 5

Caloenas nicobarica {B}

VERBREITUNG: Von den Inselgruppen der Nikobaren und Andamanen O über Indonesien und die Philippinen bis Neuguinea und Salomoninseln
LEBENSRAUM: Bewaldete Inseln
GRÖSSE: 33 cm

Die bodenbewohnende Kragentaube zeichnet sich durch einen Schnabelhöcker, die schillernde Halskrause und den weißen Schwanz aus. In ihrem ausgedehnten Verbreitungsgebiet bewohnt sie nur kleine Inseln. Auf größeren Inseln oder dem Festland kann sie sich wahrscheinlich nicht gegen Konkurrenten und Räuber behaupten. Ihre Zahl hat durch starke Bejagung und Abholzung ihres Lebensraumes Wald deutlich abgenommen.

Kragentauben suchen einzeln den Waldboden nach herabgefallenen Früchten, Samen und Nüssen ab. Ihr muskulärer Magen ermöglicht ihnen sogar die Verdauung von Nüssen, die Menschen nur mit einem Hammer öffnen können.

Dolchstichtaube 6

Gallicolumba luzonica

VERBREITUNG: Inseln Luzon und Polillo (Philippinen)
LEBENSRAUM: Wald
GRÖSSE: 28-30 cm

Der ovale Fleck auf der Brustmitte dieser Taube bildet eine rote Furche, die von rosafarbenen und wie mit Blut verschmierten Federn umgeben ist und den Betrachter zu der Annahme verleitet, der Vogel sei ernstlich verletzt. Diese Färbung spielt eine wesentliche Rolle bei der Balz.

Die Dolchstichtaube bewohnt zwar ausschließlich Wälder, hält sich dort aber nur am Boden auf, um herabgefallene Samen und Beeren zu suchen. Sie frißt auch Raupen und andere Wirbellose, was für Tauben ungewöhnlich ist. Bei Gefahr fliegt sie nur ein kurzes Stück, um bald wieder zu landen und sich in dichter Vegetation zu verdrücken.

Fasantaube 7

Otidiphaps nobilis

VERBREITUNG: Neuguinea und vorgelagerte Inseln, Aru-Inseln
LEBENSRAUM: Regenwälder an und in Bergen
GRÖSSE: 46 cm

Die Fasanentaube ist ein großer, hühnervogelartiger Bodenbewohner, der im Unterholz nach Früchten, Beeren, Samen, Insekten und Mollusken sucht. Beim Schreiten wippt der Schwanz wie bei einem Zwerghuhn, doch kann die Fasantaube sehr schnell laufen und fliegt bei Gefahr mit lautem Getöse auf.

Das balzende Männchen verbeugt sich, reckt den Schwanz und äußert ein lautes Brummen, worauf das Weibchen ihm den Kopf krault. Ein Nest aus Stöckchen wird in einem Baum, im Unterholz oder am Boden zwischen Baumwurzeln angelegt. Das Männchen schafft das Baumaterial heran, das vom Weibchen zu einer

Plattform zusammengefügt wird. Beide Eltern sind an der Bebrütung des einzigen weißen Eis und der Aufzucht des Jungvogels beteiligt.

Fächertaube 8

Goura victoria {B}

VERBREITUNG: N Neuguinea, Inseln Biak und Yapen
LEBENSRAUM: Regenwald in Niederungen
GRÖSSE: 66 cm

Auf Neuguinea leben 3 Taubenarten mit Federkrönchen, neben der Fächertaube noch die Krontaube *G. cristata* und die Maronenbrust-Krontaube *G. scheepmakeri*. Es sind die größten Taubenarten der Erde, doch haben sie leider durch heftige Bejagung stark abgenommen.

Kleine Gruppen der Fächertaube suchen den Waldboden nach Früchten, Beeren und Samen ab. Bei Beunruhigung entschwinden sie mit klatschendem Flügelschlag in die Baumspitzen. Um ihr Revier zu verteidigen, öffnen die Männchen einen Flügel, mit dem sie Eindringlinge schlagen, und senken den gefächerten Schwanz. Bei der Balz wird mit dem gesenkten Kopf genickt, dem gefächerten Schwanz gewippt und ein tiefer Ruf geäußert. Dann kraulen Männchen und Weibchen einander.

Zahntaube 9

Didunculus strigirostris {B}

VERBREITUNG: Upolu und Savaii (Samoainseln)
LEBENSRAUM: Bewaldete Berghänge in 300-1400 m Höhe
GRÖSSE: 33 cm

Mit ihrem Hakenschnabel erinnert die Zahntaube etwas an das klassische Beispiel einer ausgerotteten Vogelart, die gleichfalls zu den Tauben gehörende Dronte *Raphus cucullatus*. Seit ihrer Entdeckung 1845 hat sie selbst stark abgenommen, und heute wird die Population auf 4800 bis 7200 Vögel geschätzt. Ursachen sind Jagd und Forstwirtschaft.

Früher dachte man, auch die Zahntaube würde am Boden nach Nahrung suchen. Kürzlich entdeckte ein deutscher Forscher, daß sie sich vorwiegend in Bäumen aufhält und von Früchten der Gattung *Dysoxylum* ernährt. Sie ist ein guter Flieger und rastet in Bäumen, wo sie wahrscheinlich auch brütet, doch wurde bisher kein Nest gefunden.

Zahntauben weichen von den anderen Tauben so sehr ab, daß sie manchmal in eine eigene Familie Didunculidae gestellt werden.

Rotnasen-Grüntaube 10

Treron calva

VERBREITUNG: Afrika S der Sahara
LEBENSRAUM: Wälder, flußbegleitende Gehölze, Savanne
GRÖSSE: 28 cm

Durch das dunkel olivgrüne Gefieder ist diese kleine Taube so gut getarnt, daß ein nahrungssuchender Trupp in den Baumwipfeln kaum zu entdecken ist, denn er verharrt bei Beunruhigung bewegungslos zwischen den Blättern. Die Vögel sind sehr agil, klettern durch das Laub, hüpfen auf Zweigen und können sogar mit dem Kopf nach unten hängen, wenn sie Früchte und Samen fressen.

Es gibt etwa 18 Unterarten der Rotnasen-Grüntaube, deren Gefieder von dunkelgrün in den bewaldeten bis zu heller gelbgrün in trockeneren Regionen variiert. Die abgebildete Nominatform *T. c. calva* bewohnt Guinea, Nordangola und den westlichen Kongo.

Die 23 Arten der Gattung *Treron* werden manchmal als eigene Familie der Grün- oder Papageitauben Treronidae von den anderen Tauben abgetrennt.

Purpurbrust-Fruchttaube 11

Ptilinopus magnificus

VERBREITUNG: Ostküste Australiens von Kap York bis N Neusüdwales, Flachland Neuguineas und benachbarter Inseln
LEBENSRAUM: Regenwald
GRÖSSE: 35-45 cm

Trotz der auffallend schönen Färbung ist die Purpurbrust-Fruchttaube in den Baumkronen meist nur durch ihren wie *wom-puu* klingenden Ruf zu entdecken. Manchmal verrät sie ihre Anwesenheit durch das Geräusch herabfallender Früchte.

Im Süden ihres Verbreitungsgebietes hat sie durch Zerstörung der Lebensräume und starke Bejagung abgenommen. Die Nester werden aus Stöckchen auf belaubten Zweigen gebaut und enthalten ein einziges weißes Ei. Keine anderen Tauben und überhaupt nur sehr wenige Vogelarten zeigen zwischen den Unterarten so beträchtliche Größenunterschiede. Die Unterart *P. m. puella* aus Neuguinea ist kaum größer als eine Turteltaube, während *P. m. magnificus* in Südost-Australien die Größe einer Ringeltaube erreicht.

Zusammen mit den folgenden 4 Arten wird die Purpurbrust-Fruchttaube innerhalb der Ordnung der Tauben oft in eine eigene, etwa 100 Arten umfassende Familie gestellt, die Fruchttauben Duculidae genannt wird.

Madagaskarfruchttaube 12

Alectroenas madagascariensis

VERBREITUNG: Madagaskar
LEBENSRAUM: Immergrüner Wald
GRÖSSE: 26 cm

Auf der Suche nach Früchten bewegt sich die Madagaskarfruchttaube in Gruppen von etwa einem Dutzend Vögeln durch die Baumkronen. Hätte sie nicht die Angewohnheit, sich auf das Laubdach überragende oder am Waldrand stehende kahle, abgestorbene Bäume zu setzen, wäre sie kaum einmal zu sehen. Wahrscheinlich führen die Vögel in Beziehung zur trockenen und feuchten Jahreszeit stehende Wanderungen innerhalb Madagaskars durch.

Die locker gebauten Zweignester befinden sich in Gabeln waagerechter Äste in 6-20 m Höhe und enthalten ein weißes Ei. Sie wurden zwischen Oktober und Dezember gefunden.

Bronzefruchttaube 13

Ducula aenea

VERBREITUNG: Indien, Südostasien, Philippinen, Indonesien, Neuguinea
LEBENSRAUM: Immergrüner Wald, Mangroven, auch offeneres Gelände mit Baumgruppen
GRÖSSE: 43-46 cm

Diese Taube ernährt sich hauptsächlich von weichen Früchten, oft mit harten Kernen. Ihr fehlen der für viele andere Tauben typische muskulöse Magen und lange Darm, so daß Fruchtsamen unverdaut passieren und später keimen können.

Bronzefruchttauben durchsuchen in Trupps die Wälder nach fruchtenden Bäumen und fliegen abends zu Gemeinschaftsschlafplätzen. Wurde ein Baum noch nicht ganz abgeerntet, besuchen sie ihn am folgenden Tag erneut.

Haubenfruchttaube 14

Lopholaimus antarcticus

VERBREITUNG: Ostküste Australiens
LEBENSRAUM: Regenwald
GRÖSSE: 42-45 cm

Auffallendstes Merkmal dieser Taube ist ihre doppelte Haube. Neben den Früchten des Regenwaldes, darunter denen von Palmen, frißt sie auch den angepflanzten Kampfer. Obwohl sie noch in großen Trupps zu sehen ist, hat die Zerstörung ihrer Lebensräume zu einer merklichen Abnahme geführt.

Die Balz des Männchens weicht von der anderer Taubenarten ab. Es richtet die Haube auf und preßt den Schnabel bei hochgerecktem Körper auf die Brust. Dann macht es eine tiefe Verbeugung, quiekt bei Erreichen des niedrigsten Punktes und richtet sich wieder auf. Das einzige weiße Ei wird von beiden Geschlechtern in einem lockeren Zweignest hoch in den äußeren Ästen eines Baumes bebrütet.

Maorifruchttaube 15

Hemiphaga novaeseelandiae

VERBREITUNG: Neuseeland
LEBENSRAUM: Wälder; auch Waldreste in Agrarland
GRÖSSE: 51 cm

Nacken und Mantel dieser großen, schweren, bunten Taube können je nach Lichteinfall grau, bronzefarben oder grün wirken. Sie landet mit Getöse zwischen Zweigen und bewegt sich bei der Suche nach Früchten, Blüten und Blättern sehr lautstark. Wenn Menschen kommen bleibt sie still sitzen und erlaubt eine Annäherung auf 1-2 m.

Im Frühjahr ist ein Balzflug mit Loopings und Gleitstrecken zu sehen. Die Brutzeit fällt meist in den Sommer, und das Nest wird in einer Baumkrone gebaut. Die große Unterart *H. n. chathamensis* auf Chatham Island ist mit einer Population von unter 40 Individuen stark gefährdet.

PAPAGEIEN, KAKADUS, LORIS

Kahlkopfpapagei
♀
Rabenkakadu
♂
Arakakadu
Braunstirn-
Spechtpapagei
♂
C. a. insignis
♀
♂
Schwarzlori
Nymphensittich
C. a. atra
Einsiedlerlori
Blauscheitellori

PAPAGEIEN, KAKADUS, LORIS

FAMILIEN PSITTACIDAE, CACATUIDAE, LORIIDAE
LORIS, KAKADUS, PAPAGEIEN
Kleine bis große, oft bunte Vögel, die sich am Boden, in Gebüsch oder in Bäumen von Früchten, Samen oder Nektar ernähren und charakteristische, auf dem First stark gebogene Schnäbel tragen. Meist werden 3 Familien unterschieden: Die sich hauptsächlich von Pollen und Nektar ernährenden Loris mit pinselartiger Zungenspitze, die Kakadus mit aufrichtbarer Haube und schmaler Stummelzunge und die eigentlichen Papageien mit an der Spitze löffelförmigen, fleischigen Zungen. Zusätzlich werden einige etwas abweichende Gruppen oder Arten manchmal in eigene Familien gestellt, z.B. Nestorpapageien, Eulenpapageien, Erdsittiche, Wellensittiche, Plattschweifsittiche, Edelpapapageien und Kleinpapageien. Gefieder sehr variabel, oft überwiegend grün, aber auch in den verschiedensten Farben gemustert; Geschlechter meist einander ähnlich gefärbt. 1-8 weiße Eier werden meist in Baumhöhlen 17-35 Tage bebrütet, die Jungen werden nach 21-70 Tagen flügge. 340 Arten.

Kea 1

Nestor notabilis

Verbreitung: Südinsel Neuseelands
Lebensraum: Bergwälder, oft oberhalb der Schneegrenze; im Winter Küstenwälder
Grösse: 46 cm

Von den 6 neuseeländischen Papageienarten sind der Kea, der nah verwandte Kaka *N. meridionalis* und der Kakapo sehr ungewöhnlich. Mit seinem (beim Männchen noch stärker) verlängerten Oberschnabel reißt der Kea Aas und Früchte auf, frißt aber auch Blätter und Insekten. Man warf ihm zu Unrecht vor, daß er sogar Schafe tötet und schoß darauf viele Vögel ab. Heute steht der Kea aber unter Schutz.

Sein Name ist eine Umschreibung der Stimme, die unvergeßlich bleibt, wenn man Schall und Echo einmal zwischen den nebelverhangenen Bergipfeln gehört hat. Die Männchen sind polygam und brüten oft mit mehreren Weibchen gleichzeitig. Das Nest wird auf dem Boden, oft in kleinen Höhlen zwischen Felsbrocken angelegt.

Kakapo 2

Strigops habroptilus {B}

Verbreitung: Neuseeland; früher weit verbreitet, dann nur noch Südinsel (Fiordland) und Stewart Island; ausgesetzte Populationen auf den Inseln Little Barrier und Codfish
Lebensraum: Wald und Gebüsch
Grösse: 63 cm

Der Kakapo oder Eulenpapagei weicht in mancherlei Hinsicht von den übrigen Papageien ab: Er ist die schwerste Art, bodenbewohnend, nachtaktiv und als einziger völlig flugunfähig. Als er sich entwickelte, hatte er keine Bodenfeinde, und die von europäischen Siedlern ausgesetzten Hermeline und Ratten führten zu seiner Ausrottung auf dem gesamten Festland. Die letzte Population auf Stewart Island wurde auf die raubtierfreie Insel Codfish umgesiedelt.

Auch das Paarungssystem ist ungewöhnlich. Kakapos sind Einzelgänger, doch treffen sich die Männchen im Spätsommer zur Gruppenbalz. Durch über 1 km weit zu hörende Rufe werden die Weibchen angelockt und erwählen ein Männchen. In einer bis zu 3 m langen Röhre zwischen Baumwurzeln bebrütet das Weibchen ab Dezember 2-4 weiße Eier.

Kahlkopfpapagei 3

Gypopsitta vulturina

Verbreitung: NO-Brasilien
Lebensraum: Trockene und periodisch überflutete Wälder
Grösse: 23 cm

Der seltsam aussehende Papagei verdankt seinen Namen dem unbefiederten Vorderkopf. So steckt er wie ein Geier seinen Kopf tief in die Nahrung, ohne das Gefieder dabei zu verschmutzen - allerdings nicht in blutiges Aas, sondern in saftiges Fruchtfleisch.

Der Kahlkopfpapagei hält sich hoch in Baumkronen auf, doch sonst ist über seine Lebensweise kaum etwas bekannt. Das wird sich möglicherweise nicht ändern, denn sein Bestand nimmt rasch ab, da der Lebensraum den Kettensägen zum Opfer fällt.

Arakakadu 4

Probosciger aterrimus

Verbreitung: Neuguinea und kleinere Inseln, NO-Australien
Lebensraum: Regenwaldränder, Flachland bis 750 m
Grösse: 50-63 cm

Dies ist der größte Kakadu und gleichzeitig der größte Papagei Australiens. Vor der Brutzeit von August bis Februar balzt das Männchen, indem es mit einem Stock auf einem Baumstamm trommelt. Wie bei allen Papageien weisen je 2 Zehen nach vorne und hinten, um ein kräftiges Zugreifen zu ermöglichen.

Das einzige Ei wird vom etwas kleineren Weibchen in einer oft mehrere Jahre hintereinander benutzten tiefen Baumhöhle in offenem Waldland oder am Waldrand bebrütet. Außerhalb der Brutzeit gehen die Vögel oft in kleinen Gruppen der Nahrungssuche nach. Obwohl der Arakakadu noch nicht gefährdet ist, ist er durch illegalen Fang für den Vogelhandel, Jagd und Lebensraumzerstörung bedroht.

Rabenkakadu 5

Calyptorhynchus magnificus

Verbreitung: Australien
Lebensraum: Wald, baumbestandene Wasserläufe
Grösse: 50-61 cm

Eine Gruppe Rabenkakadus fällt oft durch ihr Schnabelklappern auf, das beim Knacken von Nüssen und Samen entsteht. Die helmartige Haube wird bei Erregung aufgerichtet. In der Savanne trifft man manchmal bis zu 100 Vögel gemeinsam an, in bewaldetem Gelände dagegen in Paaren oder Familienverbänden. In einigen Gebieten kam es zu einer Bestandsabnahme, seit durch forstwirtschaftliche Eingriffe alte Bäume mit Nisthöhlen verschwanden.

Rosakakadu 6

Eolophus roseicapillus

Verbreitung: Australien
Lebensraum: Waldland, Eukalyptus, baumbestandenes Grasland
Grösse: 35 cm

Der Rosakakadu ist in Australien der häufigste Kakadu und einer der häufigsten Papageien. Er gehört zu den wenigen Arten, die vom Wirken des Menschen profitiert haben: Waldrodungen, Anbau von Getreide und Feldfrüchten und Anlage von Wasserstellen haben ihn so zahlreich werden lassen, daß er von den Farmern schon als Plage empfunden wird.

Die Paare gehen eine lebenslange Bindung ein, verteidigen die Nisthöhle in einem Baum gegen Eindringlinge und versorgen gemeinsam die 3-4 Jungvögel. Bis zu 100 gerade flügge Junge sammeln sich dann für 6-8 Wochen in Baumspitzen und warten darauf, von ihren Eltern gefüttert zu werden. Während ihrer ersten 2-3 Lebensjahre ziehen sie in großen Trupps umher, bevor sie erstmals brüten.

Gelbhaubenkakadu 7

Cacatua galerita

VERBREITUNG: Melanesien, Neuguinea, N- und O-Australien
LEBENSRAUM: Niederungswälder, Savannen, gelichtete Wälder bis in 1500 m Höhe
GRÖSSE: 38-50 cm

Der im gesamten Verbreitungsgebiet häufige Gelbhaubenkakadu sammelt sich außerhalb der Brutzeit in großen, lauten Trupps, die in Bäumen, Feldern und sogar Städten einfallen, um nach Samen, Früchten, Palmenmark und Insekten zu suchen. Mancherorts können sie zur Plage und daraufhin geschossen werden, worunter der Bestand in Neuguinea leidet. Während der Trupp am Boden frißt, halten einige Vögel in den Bäumen Wache und warnen bei Gefahr mit rauchiger Stimme. Abends fliegen die Vögel zu großen Gemeinschaftsschlafplätzen.

Zur Brutzeit lösen sich die Trupps auf. Beide Eltern bebrüten 2-3 weiße Eier in der Höhle eines meist in Wassernähe stehenden Eukalyptusbaums.

Nymphensittich 8

Nymphicus hollandicus

VERBREITUNG: Australien
LEBENSRAUM: Offenes Gebüsch, Waldland
GRÖSSE: 32 cm

Nymphensittiche leben meist in Paaren oder kleinen Gruppen, die sich aber manchmal zu großen Trupps zusammenschließen und dann landwirtschaftliche Schäden an Sonnenblumen und Hirse anrichten können. Brutvögel des Nordens leben nomadisch, im Süden führen sie saisonale Wanderungen durch.

Beide Geschlechter tragen die Haube, doch sind Männchen am Kopf bunter gefärbt. Nymphensittiche brüten zu jeder Jahreszeit nach Regenfällen. Die 5 Eier werden auf Holzspäne in eine Baumhöhle gelegt und von beiden Altvögeln ausgebrütet.

Braunstirn-Spechtpapagei 9

Micropsitta pusio

VERBREITUNG: N- und O-Neuguinea und vorgelagerte Inseln, Bismarckarchipel
LEBENSRAUM: Wald im Flachland
GRÖSSE: 8 cm

Dies ist eine der 6 Spechtpapageien-Arten Neuguineas und benachbarter Inseln, die alle sehr klein sind und kurze, steife, stachelige Steuerfedern wie Spechte tragen. Sie dienen den an Baumstämmen nach Nahrung suchenden Vögeln als Stütze.

Sie fressen Flechten und Pilze, was für Vögel ungewöhnlich ist, aber auch Früchte, Samen und Insekten, die sie aus der Rinde klauben, während sie akrobatisch an Stämmen und Ästen klettern. Braunstirn-Spechtpapageien ziehen in Trupps durch den Wald und schlafen in Nestern baumbewohnender Termiten. Auch die Nisthöhlen werden in solche oft noch bewohnten Termitennester gegraben.

Schwarzlori 10

Chalcopsitta atra

VERBREITUNG: W-Neuguinea und angrenzende Inseln
LEBENSRAUM: Waldränder, Baumgruppen in der Savanne, küstennahe Plantagen
GRÖSSE: 30 cm

Schwarzloris sind mittelgroße Papageien mit langen, gerundeten Schwänzen. Die nordwestliche Unterart *C. a. atra* ist mit Ausnahme des purpurfarbenen Bürzels schwarz und für westliche Unterarten typisch, während die östliche Form *C. a. insignis* rote Abzeichen am Kopf, unter den Flügeln und auf dem Bauch trägt.

Manchmal können große Trupps von Schwarzloris an Waldrändern gesehen werden, deren schrilles Kreischen klingt, als würde es von viel kleineren Vögeln stammen. Einzelheiten über ihre Lebensweise sind nicht bekannt.

Rotlori 11

Eos bornea

VERBREITUNG: Molukken
LEBENSRAUM: Wälder an der Küste und im Bergland bis in 1250 m Höhe, Mangroven
GRÖSSE: 31 cm

In mondhellen Nächten fliegen Gruppen von 20 und mehr Rotloris laut kreischend über den Küstenwäldern der Insel Seram umher. An nahrungsreichen Plätzen mit vielen blühenden Bäumen der Gattung *Eugenia* können es noch viel mehr sein. Dort lecken sie mit ihrer für Loris typischen Pinselzunge Nektar auf, fressen aber auch Pollen und Insekten.

Wahrscheinlich brüten Rotloris in Höhlen hoher, alter Bäume. In Gefangenschaft legte ein Paar 2 Eier, die Jungen verließen das Nest erst 7 bzw. 9 Wochen nach dem Schlüpfen und hatten nach 7 Monaten noch nicht ins Alterskleid gemausert.

Allfarblori 12

Trichoglossus haematodus

VERBREITUNG: SW-pazifische Inseln einschließlich Indonesien, Neuguinea, N- und O-Australien
LEBENSRAUM: Regenwald, Eukalyptus, Kokoshaine bis in 2000 m Höhe
GRÖSSE: 28-32 cm

Der Allfarblori zeigt ein sehr variables Gefieder und ist in 21 Unterarten in der südwest-pazifischen Region weit verbreitet. Abgebildet sind *T. h. weberi* von der Insel Flores, *T. h. haematodus* von den südlichen Molukken und Westneuguinea, *T. h. moluccanus* aus Ostaustralien und Tasmanien und *T. h. rubritorquis* aus Nordaustralien.

Allfarbloris suchen in Gruppen von 5-20 Vögeln in Baumkronen kreischend und plaudernd nach Früchten, Insekten, Pollen und Nektar. Sie haben großen Anteil an der Bestäubung von Kokospflanzen. An den gemeinschaftlichen Schlafplätzen sammeln sich manchmal mehrere tausend Vögel.

Frauenlori 13

Lorius lory

VERBREITUNG: Flachland Neuguineas und vorgelagerter Inseln
LEBENSRAUM: Ungestörter Regenwald, Sumpfwald
GRÖSSE: 28 cm

Der untersetzte und recht scheue Frauenlori hat einen melodisch klingelnden Ruf, anders als das bei Papageien sonst übliche Kreischen. Meist wird er in Paaren oder kleinen Gruppen beobachtet, doch können sich in blühenden oder fruchtenden Bäumen größere Trupps versammeln, um Nektar, Pollen, Blüten, Früchte und Insekten zu fressen.

Während der Balz sitzt das Männchen in aufrechter Haltung vor dem Weibchen, öffnet die Flügel, dreht den Kopf zur Seite und wippt auf und ab. Die 1-2 weißen Eier werden vom Weibchen 24 Tage bebrütet, doch übernachtet das Männchen mit in der Höhle.

Es wurden 7 Unterarten beschrieben, zu denen *L. l. lory* aus dem Nordwesten Neuguineas einschließlich der nahen Inseln und *L. l. somu* aus dem südlichen Neuguinea gehören.

Einsiedlerlori 14

Phigys solitarius

VERBREITUNG: Fidschiinseln
LEBENSRAUM: Regenwald, gestörte Wälder, Plantagen, Kokoshaine, Gärten
GRÖSSE: 20 cm

Nahrungssuchende Trupps dieser kleinen Loris werden von Kokospalmen magisch angezogen, landen auf den Wedeln und arbeiten sich in kurzen, flatternden Sprüngen zu den nektarreichen Blüten hinunter, dabei andere Vogelarten vertreibend. Das Nest wird oft in einer noch am Baum hängenden, verfaulenden Kokosnuß angelegt, meist aber in einer Höhle im Stamm oder einem Baumstumpf. Die 2 Jungvögel werden von beiden Eltern etwa 8 Wochen gefüttert.

Blauscheitellori 15

Glossopsitta porphyreocephala

VERBREITUNG: SW- und S-Australien (ohne Tasmanien)
LEBENSRAUM: Trockener, offener Wald, Eukalyptusgebüsch
GRÖSSE: 16 cm

Kleine, nomadisierende Gruppen von Blauscheitelloris sind von Dezember bis August, also außerhalb der Brutzeit, in den trockenen Eukalyptuswäldern Australiens ein häufiger Anblick. Sie besuchen blühende und fruchtende Bäume, um neben Früchten auch Nektar und Pollen zu fressen, wobei ihnen die kammähnlichen Zungenränder sehr nützlich sind. An reichen Nahrungsquellen können mehrere Trupps aufeinander treffen, die sich später aber wieder teilen.

Zur Brut werden in ausfaulenden Astlöchern entstehende Höhlen in Eukalyptusbäumen benutzt. Oft brüten mehrere Paare beieinander. Beide Geschlechter können in der Höhle schlafen, doch bebrütet alleine das Weibchen die 2-3 Eier.

LORIS, PAPAGEIEN

Rotkopf-
papagei
♂
♀
imm.
imm.
P. d. platenae
♂
♀
P. d. discurus
Spatelschwanzpapagei
Pennantsittich
Ziegensittich
Vasapapagei
Graupapagei
Höhlensittich

LORIS, PAPAGEIEN

Josefinenlori 1

Charmosyna josefinae

VERBREITUNG: Mittel- und W-Neuguinea
LEBENSRAUM: Bergwälder von 800-2000 m Höhe
GRÖSSE: 24 cm

Der schlanke, langschwänzige Josefinenlori lebt eher still und unauffällig und ist leicht zu übersehen, wenn er in den Bergwäldern Neuguineas in den Baumkronen sitzt. Er tritt in Paaren oder kleinen Verbänden auf, manchmal mit dem Goldstrichellori *C. pulchella* vergesellschaftet. Er sammelt in blühenden Bäumen Nektar und Pollen oder klettert langsam durch die Ranken von kletterndem Wein, um an die großen, weißen Blüten zu gelangen. Manchmal ist ein sanft quiekender Ruf zu hören, doch meist spielt sich die Nahrungssuche lautlos ab.

Arfaklori 2

Oreopsittacus arfaki

VERBREITUNG: Zentral-, W- und NO-Neuguinea
LEBENSRAUM: Gebirgswälder in 2000-3750 m Höhe
GRÖSSE: 15 cm

In den nebelverhangenen Wäldern der Gebirge Neuguineas ist dieser schlanke, sehr aktive Lori kaum einmal zu sehen, wenn er in gemischten Trupps mit Honig- und Mistelfressern und anderen Loris in blühenden Bäumen sitzt. Er sucht emsig nach Nektar, Pollen, Früchten und Blüten, klettert in die äußeren Zweige und hängt oft kopfüber, um Blüten zu erreichen.

Bei der Balz stolziert das Männchen auf einem Ast hin und her, ruft erregt, nickt mit dem Kopf und streckt ihn immer wieder dem Weibchen entgegen. Einzelheiten zur Brutbiologie sind nicht erforscht.

Rotwangen-Zwergpapagei 3

Opopsitta diophthalma

VERBREITUNG: Neuguinea, W Papuainseln, NO-Australien
LEBENSRAUM: Subtropischer und tropischer Regenwald bis in 1600 m Höhe
GRÖSSE: 15 cm

Ein Hagel durchgekauter Früchte, der aus einem Feigenbaum herabprasselt, verrät oft einen in der Krone fressenden Trupp von Rotwangen-Zwergpapageien. Diese kleinen, grünen Vögel ernähren sich vorwiegend von Feigensamen, nehmen aber auch andere Früchte, Nektar und Insekten. Dabei verhalten sie sich meist still und rufen erst lautstark, wenn sie von einem Baum zum nächsten wechseln oder abends ihre Gemeinschaftsschlafplätze ansteuern. Beide Geschlechter bauen das Nest, indem sie einen kurzen Tunnel in weiches Holz graben, meist nahe am Waldrand. Das Gelege besteht aus 2 Eiern.

Männchen sind farbenfroher als die Weibchen gezeichnet, und ihr Kopfmuster variiert zwischen den 8 Unterarten. Von diesen ist *O. d. coxeni* aus dem südlichen Queensland und nordöstlichen Neusüdwales inzwischen durch den Verlust des Lebensraums bedroht. Die gleichfalls abgebildete Unterart *O. d. marshalli* lebt im nördlichen Queensland auf der Halbinsel Kap York.

Rotkopfpapagei 4

Geoffroyus geoffroyi

VERBREITUNG: Kleine Sundainseln, Molukken, Neuguinea, NO-Australien
LEBENSRAUM: Verschiedene Waldtypen im Flachland, angepflanzte Wälder, Regenwald bis in 800 m Höhe, Mangroven, Savanne
GRÖSSE: 20-25 cm

Rotkopfpapageien sind öfter zu hören als zu sehen, wenn sie hoch in Baumkronen nach Früchten, Samen, Nektar und Blütenknospen suchen. Meist trifft man sie in Paaren oder Gruppen von bis zu 30 Individuen an, doch können sie sich in reichen Nahrungsgründen, beispielsweise einer gerade fruchtenden Baumgruppe, in großen Schwärmen einfinden. Diese zerfallen abends wieder, wenn die Vögel den ganzen Tag gefressen haben und in kleineren Trupps ihren Schlafplätzen zustreben.

Das an Kopf und Schnabel bunter gefärbte Männchen und das Weibchen bohren zusammen die Nesthöhle in einen toten Baum am Waldrand, doch brütet alleine das Weibchen die 2-4 Eier aus.

Spatelschwanzpapagei 5

Prioniturus discurus

VERBREITUNG: Philippinen, Insel Jolo (Suluinseln)
LEBENSRAUM: Wald, Lichtungen, Bananenanpflanzungen
GRÖSSE: 27 cm

Die 9 Arten der Gattung *Prioniturus* tragen stark verlängerte mittlere Steuerfedern, die an der Spitze des kahlen Schafts eine löffelartige Verbreiterung zeigen. Auf den Philippinen ist der Spatelschwanzpapagei mit 5 verschieden gefärbten Unterarten vertreten. Leicht erkennbar sind die weit verbreitete Unterart *P. d. discurus* mit überwiegend grünem Gefieder und blauem Scheitel und *P. d. platenae* auf Palawan und den umliegenden Inseln mit ganz blauem Kopf und blaugrüner Unterseite.

Meist halten sich die Vögel in ungestörten Wäldern auf, wo sie in kleinen, lauten Trupps hoch über die Baumwipfel fliegen. Unter schrillem Schreien landen sie dann in einem fruchttragenden Baum, um ihn zu plündern. Manchmal richten sie auch Schäden in waldnahen Bananenplantagen an, wo sie die noch grünen, reifenden Früchte fressen. Oft sind sie mit anderen früchte-, nüsse- oder samenfressenden Arten wie Kakadus, Tauben oder Kahlkopfatzeln *Sarcops calvus* vergesellschaftet. Ihre Brutbiologie wurde noch nicht untersucht, aber offenbar brüten sie in Kolonien in hohen, abgestorbenen Bäumen.

Edelpapagei 6

Eclectus roratus

VERBREITUNG: Kleine Sundainseln, Salomonen, Molukken, Neuguinea, NO-Australien
LEBENSRAUM: Regenwald im Flachland und dichte Savannen bis in 1000 m Höhe
GRÖSSE: 38-45 cm

Bei Papageien treten zwischen den Geschlechtern häufig Farbunterschiede auf, doch selten so deutlich wie beim Edelpapagei. Beide sind bunt und leuchtend, während das Männchen aber überwiegend grün ist und rote und blaue Abzeichen trägt, ist das Weibchen karminrot mit einem blauen Bauch. Wenn die Vögel im dichten Laub nach Nahrung suchen, ist das Weibchen viel auffallender, was unter Papageien einmalig ist.

Laut schreiend ziehen Paare oder kleine Gruppen auf der Suche nach Früchten, Nüssen, Nektar und Blütenknospen durch die Baumkronen. Bevor die Vögel abends zu den von bis zu 80 Individuen besetzten Schlafplätzen fliegen, ist oft ein Balzflug zu sehen. Das Nest wird in großen, senkrechten Höhlen in einem oft nahe am Fluß stehenden Baum im Regenwald gebaut. Möglicherweise brüten Edelpapageien in Gruppen, in denen weitere Altvögel dem eigentlichen Brutpaar bei der Aufzucht der 2 Küken helfen.

Königssittich 7
Alisterus scapularis

VERBREITUNG: O-Australien außer Tasmanien
LEBENSRAUM: Dichter Wald; besucht außerhalb der Brutzeit Parks und offene Wälder
GRÖSSE: 43 cm

Trotz seiner lebhaften Färbung ist der Königssittich ein eher unauffälliger Vogel. Leise und heimlich sucht er in Baumkronen nach Samen, besonders gern von Eukalyptus und Akazien, Früchten, Nüssen und Nektar. Wenn sich die Familienverbände nach der Brutzeit auflösen, schließen sich die immaturen Vögel in großen Trupps zusammen und können Schäden in Obstgärten anrichten.

Während Männchen leuchtend scharlachrot gefärbt sind, sind Weibchen überwiegend grün. Königssittiche brüten in dichten Wäldern in sehr tiefen Baumhöhlen. Der Höhleneingang kann mehr als 10 m hoch liegen, die 3-6 Eier dagegen fast auf Bodenniveau.

Pennantsittich 8
Platycercus elegans

VERBREITUNG: O-Australien außer Tasmanien
LEBENSRAUM: Eukalyptuswald, Wälder und Gärten bis in 1900 m Höhe; im N nur in Bergwäldern oberhalb 450 m
GRÖSSE: 36 cm

Zwei mit dem Pennantsittich sehr nahe verwandte Formen werden manchmal als seine Unterarten betrachtet, oft aber auch als selbständige Arten, nämlich den Strohsittich *P. flaveolus* und den Adelaidesittich *P. adelaidae*. Sie sind sehr verschieden gefärbt, aber von den 3 Formen ist der Pennantsittich mit seinem in beiden Geschlechtern kräftig rot und blau gefärbten Gefieder am auffallendsten. Bei immaturen Vögeln ist das Rot teilweise durch grüne Töne ersetzt.

Altvögel treten paarweise oder in kleinen Gruppen auf und bleiben das ganze Jahr über im selben Gebiet. Unausgefärbte Pennantsittiche nomadisieren in Trupps von bis zu 30 Individuen. Die Nahrung besteht hauptsächlich aus Samen von Gräsern, Kräutern und Bäumen, besonders Eukalyptus und Akazien, doch nehmen sie auch Früchte, Nektar und Insekten.

Ziegensittich 9
Cyanoramphus novaezelandiae

VERBREITUNG: Neuseeland, Neukaledonien
LEBENSRAUM: Alte Wälder, auf baumlosen Inseln auch hohes Gebüsch
GRÖSSE: 25-28 cm

Einst war der langschwänzige Ziegensittich auf Neuseeland und den benachbarten Inseln weit verbreitet, doch inzwischen sind 2 Unterarten ausgestorben, und eine weitere steht kurz davor. Glücklicherweise brütet er selbst in Gefangenschaft, so daß Jungvögel aus Nachzuchten inzwischen auf mehreren Inseln und dem Festland ausgesetzt werden konnten.

Die auch Laufsittiche genannten Vögel fressen Früchte, Samen, Blätter und Knospen in den unteren und mittleren Ästen von Bäumen und kommen oft sogar auf den Boden, um herabgefallene Nahrung oder keimendes Gras zu fressen. Die Paare brüten in Höhlen zwischen Felsen, in Bäumen oder in Nischen unter Grasbüscheln. Das Weibchen bebrütet die Eier alleine, doch hilft das Männchen beim Füttern der 5-9 Jungvögel.

Schwalbensittich 10
Lathamus discolor

VERBREITUNG: Tasmanien; außerhalb der Brutzeit SO-Australien
LEBENSRAUM: Eukalyptuswälder und Parklandschaft
GRÖSSE: 25 cm

Der Schwalbensittich ist nach seiner schnellen, direkten Flugweise benannt, die für den alljährlich recht weit ziehenden Papagei sehr nützlich ist. Er brütet nur in Tasmanien und auf den umliegenden Inseln und überquert im März die etwa 200 km breite Bass-Straße, um den Südwinter auf dem australischen Festland zu verbringen.

In Tasmanien brüten die Paare oft in lockeren Kolonien. Die 3-5 Eier werden in einer Baumhöhle ohne Nistmaterial wie bei den meisten Papageien vom Weibchen alleine bebrütet.

Wellensittich 11
Melopsittacus undulatus

VERBREITUNG: Binnenland Australiens
LEBENSRAUM: Dorngras, trockenes und halbtrockenes Gebüsch und Gestrüpp, Waldland, meist in Wassernähe
GRÖSSE: 17 cm

Der Wellensittich ist in Europa als ein einzeln in kleinen Käfigen sitzender Vogel bekannt, der durch Zucht in den verschiedensten Farben auftreten kann. In Freiheit ist er dagegen ein grüner, sehr gesellig lebender kleiner Papagei, der in großen Trupps weit durch Australien nomadisiert.

Wellensittiche sind sehr beweglich, fliegen schnell, und die Trupps bleiben selten längere Zeit an einem Ort. Um die heißesten Tagesstunden zu meiden, suchen sie meist morgens und am Spätnachmittag am Boden nach Samen von Gras und Kräutern. Sofern ausreichendes Futter vorhanden ist, können sie zu jeder Jahreszeit brüten, meist nach Regenfällen. Die Paare brüten in Kolonien in kleinen Baumhöhlen, oft ausgefaulten Astlöchern von Eukalyptus, und können in einer Saison mehrere Bruten aufziehen.

Höhlensittich 12
Geopsittacus occidentalis {B}

VERBREITUNG: Trockene und halbtrockene Regionen Inneraustraliens
LEBENSRAUM: Niedrige sukkulente Vegetation an Salzseen; samentragendes Dorngras
GRÖSSE: 23 cm

Lange Zeit dachte man, der Höhlensittich sei bereits ausgestorben, doch wurden in letzter Zeit wieder einzelne Vögel gesehen. Sein Rückgang ist möglicherweise auf Überweidung seines Lebensraums durch Schafe und Kaninchen und seine Bedrohung als Bodenbrüter durch Katzen und Füchse zurückzuführen.

Über seine Lebensweise ist kaum etwas bekannt. Möglicherweise ist er überwiegend nachts aktiv. Die meiste Zeit verbringt er einzeln oder in Paaren auf der Suche nach Samen am Boden. Die 2-4 Eier werden in ein grobes Zweignest unter ein Dorngrasbüschel oder einen niedrigen Busch gelegt. Ein Tunnel durch die Vegetation führt zu dem Nest.

Vasapapagei 13
Coracopsis vasa

VERBREITUNG: Madagaskar, Komoren
LEBENSRAUM: Wald und Savanne unterhalb 1000 m
GRÖSSE: 50 cm

Dieser lautstarke, auffallende Papagei wird meist in kleinen Gruppen beobachtet, die in Baumkronen nach Früchten, Nüssen, Beeren und Samen suchen, auf abgestorbenen Bäumen rasten oder mit charakteristischen krähenartigen, langsamen Flügelschlägen hoch über den Wald fliegen. Zur Brutbiologie ist nur bekannt, daß sie offenbar von Oktober bis Dezember in hohlen Ästen nisten.

Wie sein einziger naher Verwandter, der Rabenpapagei *C. nigra* auf Madagaskar, den Komoren und der Seychellen-Insel Praslin, wird auch der Vasapapagei zu Speisezwecken gejagt, leidet aber noch mehr unter der Lebensraumzerstörung.

Graupapagei 14
Psittacus erithacus

VERBREITUNG: Zentralafrika, Sierra Leone O bis Kenia und NW-Tansania
LEBENSRAUM: Wälder im Flachland, baumbestandene Savanne, Mangroven
GRÖSSE: 33 cm

Im östlichen Gabun versammeln sich allabendlich Schwärme von 5000-10000 Graupapageien an 2 traditionellen Rastplätzen auf den Wedeln von Ölpalmen. Andere Schlafplätze sind zwar kleiner, weisen aber oft mehr als 100 Individuen in einem einzigen Baum auf. Morgens fliegen die Papageien in kleinen Gruppen in den Regenwald oder in Palmenplantagen, um am Abend mit lauten, rhythmischen Pfiffen und rauhem Kreischen zurückzukehren.

Graupapageien brüten in lockeren Kolonien, jedes Paar in einem eigenen Baum. Die 2-4 Eier werden in einer Höhle vom Weibchen bebrütet, doch beteiligt sich das Männchen auch an der Fütterung der Jungvögel. Auf der ganzen Erde wird der Graupapagei in Käfigen gehalten, zumal er besonders gut Stimmen imitieren kann. In der Nähe von Städten hat er als Folge des Fanges für den unersättlichen Vogelmarkt zwar schon abgenommen, ist aber sonst noch häufig anzutreffen.

PAPAGEIEN

Rosenköpfchen
♂
Hyazinthara
Halsbandsittich
M. m. luchsi
Mönchsittich
Sonnensittich
M. m.monachus
♀
A. o. ochrocephala
A. o. tresmariae
♂
Gelbscheitelamazone
Brillensperlingspapagei

Arakanga
Ararauna
Fächerpapagei
Königsamazone
♂
♀
Blaukrönchen

PAPAGEIEN

Rosenköpfchen 1

Agapornis roseicollis

VERBREITUNG: SW-Angola, Namibia (außer NO), N Kapprovinz
LEBENSRAUM: Baumbestandene Trockensavanne, oft in Bäumen entlang Wasserläufen
GRÖSSE: 15 cm

In trockenen Steppen des südwestlichen Afrika können Flächen mit reifenden Samen Trupps von bis zu 200 Rosenköpfchen anziehen. Klein, laut und agil klettern sie durch die Vegetation, den Schnabel als zusätzliche Hilfe einsetzend, und suchen Samen von Gräsern und Bäumen, aber auch Getreide und Sonnenblumenkerne.

Das Rosenköpfchen und die ihm nahe verwandten Arten werden unter der Bezeichnung «Unzertrennliche» zusammengefaßt. Die Paare halten nämlich eng zusammen und kraulen sich gegenseitig. Sie brüten in Kolonien in Felshöhlen, unter Vorsprüngen, oder sie beziehen die in viele Kammern unterteilten Gemeinschaftsnester von Webervögeln. Während der Brutzeit wird das Weibchen vom Männchen gefüttert.

Blaukrönchen 2

Loriculus galgulus

VERBREITUNG: Malaysia, Singapur, Sumatra, Borneo und einige benachbarte Inseln
LEBENSRAUM: Lichte Wälder im Flachland, Plantagen, Gärten
GRÖSSE: 12 cm

Zusammen mit 10 weiteren Arten der Gattung *Loriculus* hat das Blaukrönchen die Angewohnheit, kopfüber von einem Zweig herabhängend zu rasten und zu schlafen. Dabei werden die Füße dicht zusammen gehalten, und der Körper wird bei zurückgeworfenem Kopf stark durchgebogen.

Man sieht diese kleinen Papageien meist im schnell schwirrenden Flug über den Baumkronen oder bei der Nahrungssuche in blühenden Büschen und Bäumen. Sie fressen Nektar, Blüten, Früchte, Samen und wohl auch kleine Insekten. Wenn sie mit Nektar oder anderer klebriger Nahrung in Berührung kommen, putzen sie ständig ihre kleinen Schnäbel an Blättern und Zweigen. Sie klettern mit großen Schritten und drehen den ganzen Körper, wenn sie ein Bein ausstrecken. Wie Spechte drücken sie auch ihre Schwänze als Stütze an Äste oder benutzen ihren Schnabel, um sich an Zweigen festzuhalten. Blaukrönchen brüten zwischen Januar und Juli in mit einer dicken Blätterschicht ausgelegten Baumhöhlen. Wie ihre Verwandten sind sie in Südost-Asien beliebte Käfigvögel.

Halsbandsittich 3

Psittacula krameri

VERBREITUNG: Zentalafrika O bis Uganda, Indien, Sri Lanka; eingebürgert in verschiedenen Regionen Asiens und Afrikas, in Nordamerika, England und Mitteleuropa
LEBENSRAUM: Waldland, Parks
GRÖSSE: 41 cm

Halsbandsittiche sind furchtlose, gesellige Opportunisten, die oft in Trupps von 1000 und mehr Vögeln über reifendes Getreide oder Früchte herfallen, mit ihren Hakenschnäbeln in Getreidelagern sogar die Säcke aufreißen und sich auf die herausquellenden Samen stürzen. Während der Brutzeit sondern sich die Paare ab und brüten in Baumhöhlen oder Mauernischen. Bei der Balz schaut das zwitschernde Weibchen mit rollenden Augen dem stolzierenden Männchen zu, nimmt Nahrung als Geschenk an und schnäbelt mit ihm.

Ausgesetzte und entflogene Halsbandsittiche siedeln sich in zunehmendem Maße in europäischen Parks an, brüten in Freiheit und überstehen auch kalte Winter.

Hyazinthara 4

Anodorhynchus hyacinthinus {B}

VERBREITUNG: Zentralbrasilien, O-Bolivien, NO-Paraguay
LEBENSRAUM: Trockener Wald an Wasserläufen, feuchte Waldränder mit Palmen
GRÖSSE: 95-100 cm

Der Hyazinthara ist der größte Papagei der Erde und an seinem kobaltblauen Gefieder mit dem schwarzgrauen Schnabel leicht zu erkennen. Er ernährt sich hauptsächlich von Nüssen und Palmenfrüchten, die er in kleinen Gruppen von 3-6 Vögeln sucht. Bei Gefahr erheben sich die majestätischen Vögel kreischend, kreisen mit flatterndem Schwanz und setzen sich auf hohe Baumspitzen.

Über ihr Brutverhalten ist wenig bekannt. Man hat einige Nester in hohlen Stämmen von Palmen und Laubbäumen gefunden, aus denen die Jungen etwa 4 Monate nach Ablage der 2-3 Eier ausflogen. Wie viele Papageien ist auch der Hyazinthara durch Bejagung und Fang für den Tierhandel bedroht. Nur noch 2500-5000 Vögel leben in Freiheit, die meisten in Brasilien.

Ararauna 5

Ara ararauna

VERBREITUNG: O-Panama bis N-Bolivien und SO-Brasilien
LEBENSRAUM: Wälder an Wasserläufen und in feuchten Regionen bis in 5000 m Höhe
GRÖSSE: 86 cm

Obwohl dieser auch Gelbbrustara genannte Papagei durch Lebensraumzerstörung und Fang für den Tierhandel gleichfalls bedroht ist, kommt er in den entlegeneren Bereichen seines Verbreitungsgebiets noch zahlreich vor. Meist wird er in Paaren angetroffen und ernährt sich von Blättern, Samen, Früchten und Nüssen. Die 2 weißen Eier werden in eine Baumhöhle gelegt.

Im Manu-Nationalpark in Peru wurde festgestellt, daß Ararauna mindestens 20 verschiedene Pflanzenarten fressen, von denen einige für Menschen giftig sind oder zumindest übel schmecken. Es wird oft beobachtet, daß Aras Mineralien aufnehmen. Wahrscheinlich helfen sie, die schädlichen Nahrungsbestandteile zu entgiften.

Arakanga 6

Ara macao

VERBREITUNG: S-Mexiko, Mittelamerika bis N-Bolivien und Zentralbrasilien
LEBENSRAUM: Wälder im Flachland bis in 400 m Höhe
GRÖSSE: 85 cm

Von den südamerikanischen Papageien ist der Arakanga oder Hellrote Ara vielleicht die bekannteste Art. Man sieht ihn meist in Paaren, Familienverbänden oder Gruppen von bis zu 20 Vögeln. Bei Sonnenaufgang fliegen sie von den Gemeinschaftsschlafplätzen in die Wälder, um hoch in Bäumen lautlos nach Blättern, Früchten und Samen zu suchen. Nur im Flug äußern sie metallische Schreie. In der Dämmerung kehren sie in dichten Pulks an die Schlafplätze zurück.

Zum Nisten benötigen sie Höhlen in großen Bäumen, deren Verfügbarkeit die Anzahl der Brutpaare innerhalb einer Population begrenzt.

Die Jungvögel sind nach etwa 3 Monaten flugfähig, bleiben aber noch einige Zeit mit den Eltern zusammen. Arakangas sind recht anpassungsfähig, kommen in verschiedenen Lebensräumen vor und haben ein größeres Verbreitungsgebiet als andere Aras. Dennoch sind auch sie mittlerweile bedroht, und einige lokale Populationen sind durch Waldrodung und Fang für den Handel mit Käfigvögeln bereits ausgerottet.

Sonnensittich 7

Aratinga solstitialis

Verbreitung: NO Südamerika
Lebensraum: Savanne
Grösse: 30 cm

Die leuchtend gefärbten Sonnensittiche machen oft durch Serien schriller, zweisilbiger Schreie auf sich aufmerksam, wenn sie in großen, lauten Trupps die Baumkronen nach Blüten, Früchten, Samen und Nüssen durchsuchen. Als Nistplatz wählen sie Baumhöhlen in Palmen, doch sonst ist über ihr Brutverhalten in Freiheit wenig bekannt. In Gefangenschaft bebrütet allein das Weibchen einen Monat lang die 4 Eier, und die Jungen sind etwa 8 Wochen nach dem Schlüpfen flügge.

Dem Sonnensittich sind Jendajasittich *A. jandaya* und Goldscheitelsittich *A. auricapilla* so ähnlich, daß sie oft als seine Unterarten betrachtet werden.

Mönchsittich 8

Myiopsitta monachus

Verbreitung: O-Bolivien, Paraguay, S-Brasilien bis Zentralargentinien; in Puerto Rico und USA eingeführt
Lebensraum: Offene Wälder, Savanne, trockenes Akaziengebüsch, Agrarland
Grösse: 29 cm

Dieser häufige und besonders gesellige Papagei lebt in gut organisierten Trupps von 100 und mehr Individuen, die Samen, Früchte, Blüten und Insekten fressen, während gleichzeitig einige Wächter auf Aussichtsposten nach eventuellen Feinden Ausschau halten. In Getreidefeldern und Zitrusplantagen können sie zur Plage werden.

Als einzige Papageienart bauen Mönchsittiche in den oberen Ästen eines Baumes große Nester aus trockenen, oft dornigen Zweigen. Einige Paare brüten einzeln, andere bauen ihre Nester nebeneinander oder über schon bestehende Nester, so daß oft eine massive Struktur aus bis zu 20 separaten Einzelnestern zusammenwächst. Jedes Paar bebrütet 5-8 Eier. Die Nester werden auch außerhalb der Brutzeit zum Schlafen benutzt.

Mönchsittiche bewohnen hauptsächlich das Flachland und kommen in weiten Teilen ihres Verbreitungsgebiets häufig vor. Meist werden 4 Unterarten unterschieden, von denen 2 der Nominatform *M. m. monachus* aus Südbrasilien, Uruguay und Nordost-Argentinien ähneln, während die deutlich anders gefärbte *M. m. luchsi* nur aus einem Gebiet in Mittelbrasilien bekannt ist.

Brillensperlingspapagei 9

Forpus conspicillatus

Verbreitung: O-Panama, Kolumbien, W-Venezuela
Lebensraum: Offene Wälder, Waldränder, Lichtungen, Savanne
Grösse: 12 cm

Während die meisten südamerikanischen Papageien stark unter der Abholzung von Wäldern leiden, nimmt der kleine Brillensperlingspapagei sogar zu und dehnt sein Verbreitungsgebiet aus. Oft ist er in kleinen Trupps über den Kahlschlägen zu sehen und sucht im Gebüsch und Gestrüpp nach Knospen, Früchten, Beeren und den Samen von Gräsern und Kräutern. Während der Nahrungssuche ist ein ständiges Schwatzen und Zwitschern aus weichen, finkenähnlichen Rufen zu hören, ganz anders als das rauhe Kreischen der großen Papageien. Der Flug ist zwar schnell, aber sehr unstet.

Männchen sind mit blauen Abzeichen auf Flügeln, Bürzel, Rücken und hinter den Augen bunter als weibliche und unausgefärbte Vögel gefärbt. Die 4 weißen Eier werden in eine Höhle in einen Baum, Zaunpfahl oder gar Termitenhügel gelegt. Die aus 7 Arten gebildete Gattung *Forpus* gehört zu den südamerikanischen Sperlingspapageien.

Gelbscheitelamazone 10

Amazona ochrocephala

Verbreitung: Zentralmexiko, Trinidad, S bis zum Amazonasbecken und O-Peru; ausgesetzt in S-Kalifornien und S-Florida
Lebensraum: Laubwald und feuchte Wälder im Flachland, offene Wälder, Savanne
Grösse: 35 cm

In einigen Gebieten hat die Gelbscheitelamazone stark unter der Waldrodung gelitten und, wegen ihrer Begabung, die menschliche Sprache gut zu imitieren, besonders unter Vogelfängern, die den Heimtiermarkt versorgen. Trotz dieser Fähigkeit scheint sie in Freiheit nie die Stimmen anderer Vögel oder Tiere nachzuahmen, sondern äußert nur metallische Schreie, pfeifende Kontaktrufe und ein wiederholtes, kreischendes *kurr-ook*.

Es gibt 9 Unterarten, darunter *A. o. ochrocephala* aus Westkolumbien, Nordbrasilien und Trinidad. *A. o. tresmariae* lebt auf den Tres-Marias-Inseln vor der Westküste Mexikos. In Mexiko selbst kommt *A. o. oratrix* mit ganz gelbem Kopf vor, die als Käfigvogel so beliebt ist, daß sie als selten eingestuft wird und dringenden Schutzes bedarf. Wie *A. o. auropalliata* von der pazifischen Seite Mittelamerikas wird sie manchmal als eigene Art betrachtet.

Gelbscheitelamazonen ernähren sich in kleinen Gruppen in den Baumkronen opportunistisch von Samen, Beeren, Früchten und Blüten. In der Dämmerung kehren sie zu ihren angestammten Schlafplätzen zurück und fliegen dabei mit charakteristischen flachen Flügelschlägen, die etwas an Enten erinnern.

Königsamazone 11

Amazona guildingii {B}

Verbreitung: Insel St. Vincent (Kleine Antillen)
Lebensraum: Feuchte Wälder in 350-600 m Höhe
Grösse: 40-46 cm

Diese große und farbenfrohe Amazone lebt nur in den Wäldern der Insel St. Vincent, wo sie durch Bejagung, Fang und Umwandlung ihres Lebensraums in landwirtschaftliche Nutzfläche fast ausgerottet wurde. Inzwischen ist sie gesetzlich geschützt, und durch ein 1988 begonnenes Zuchtprogramm beträgt der Bestand derzeit 450-500 Individuen.

Das Gefieder der Altvögel ist so variabel, daß kaum einmal 2 Vögel identisch aussehen. Vom Grundtyp her lassen sich 2 Farbmorphen unterscheiden: Die abgebildete gelbbraune Morphe und die grüne Morphe, bei der Oberseite, Handschwingenbasen, Unterflügeldecken und Unterseiten der Schwungfedern grün sind. Früher hielt man die grünlichen Tiere für unausgefärbte Jungvögel.

Königsamazonen sind laut und gesellig und durchstreifen in Gruppen von bis zu 20 Vögeln auf der Suche nach Früchten, Samen und Blüten die Baumkronen. Zu Beginn der trockenen Jahreszeit im Januar und Februar verlassen die Brutpaare den Trupp, doch ist ihre Anzahl durch die Verfügbarkeit von Nisthöhlen in alten Bäumen begrenzt. Die 2 Eier werden vom Weibchen ausgebrütet. Die Jungvögel sehen wie eine blassere Version ihrer Eltern aus.

Fächerpapagei 12

Deroptyus accipitrinus

Verbreitung: Südamerika N des Amazonas, W bis SO-Kolumbien und NO-Peru
Lebensraum: Mischwälder und Savanne
Grösse: 35 cm

Der Fächerpapagei kann die langen roten und blauen Nackenfedern zu einer Krause sträuben, was ihn an einen Greifvogel erinnern läßt. Auch die Flugweise ist charakteristisch: Er fliegt niedrig durch den Wald, läßt auf ein paar flache Flügelschläge eine kurze Gleitstrecke folgen, bei der die Flügel leicht nach unten gewinkelt werden, der gerundete Schwanz gespreizt und der Kopf angehoben ist. Manchmal sind verschiedene schwatzende Laute und sanfte Pfiffe zu hören.

Die Vögel wurden in Paaren oder kleinen Gruppen von 10 Vögeln beobachtet und verbringen die meiste Zeit des Tages rastend oder nach Samen, Früchten und Nüssen verschiedener Palmen und anderer Pflanzen suchend in den Baumspitzen. Sie nisten in alten Spechthöhlen, doch sonst ist wenig über ihre Brutbiologie bekannt. Waldrodungen haben dazu geführt, daß der Fächerpapagei im südlichen Verbreitungsgebiet bereits stark abgenommen hat.

TURAKOS, HOATZINE, KUCKUCKE

♂
E. s. scolopacea
♀
♀
Australischer Koel
Indischer Koel
Fasanspornkuckuck
Fratzenkuckuck
Riefenschnabelani
♂
imm. braunrückiger Typ
Goldkuckuck
Küken
Hoatzin
Wegekuckuck

TURAKOS, HOATZINE, KUCKUCKE

FAMILIE MUSOPHAGIDAE TURAKOS

Mittelgroße bis große Waldvögel mit grauem, grünem, blauem oder purpurfarbenem Gefieder, viele Arten mit seidigen, haarähnlichen Federn auf Kopf und Brust, einzigartige rote und grüne Federpigmente bei *Musophaga* und *Turaco*. Geschlechter ähnlich gefärbt. 2 weißliche Eier werden im lockeren Zweignest in Bäumen 21-24 Tage bebrütet. Seidige Dunenjunge krabbeln nach 10-12 Tagen mit Krallen am Flügelbug zum Nestrand, verlassen das Nest kurz vor Erreichen der Flugfähigkeit nach etwa 4 Wochen. 20 Arten.

Riesenturako 1

Corythaeola cristata

VERBREITUNG: W-Afrika von Guinea bis Nigeria, Kongobecken bis Kenia und Tansania
LEBENSRAUM: Regenwald im Flachland, Waldstücke in Savanne, Bergwälder
GRÖSSE: 75 cm

Dieser schöne und mit Abstand größte Turako läuft hervorragend auf Ästen entlang, ist aber ein so schlechter Flieger, daß seine Gleitflüge von hohen Bäumen meist abrupt in der niedrigen Vegetation enden. Dann klettert er sofort wieder geschickt in die Baumkronen.

Mit Ausnahme der heißesten Stunden fressen Riesenturakos den ganzen Tag in fruchttragenden Bäumen. In der Dämmerung suchen sie traditionelle Schlafbäume auf.

Graulärmvogel 2

Corythaixoides concolor

VERBREITUNG: Von S-Afrika N bis Angola und Zaire
LEBENSRAUM: Trockene, offene Wälder, Parks, Gärten
GRÖSSE: 48 cm

Ein lautes, nasales, abfallendes *g'wä-äj g'wä-äj* zeigt oft die Anwesenheit dieser in Trupps auf der Suche nach Früchten, Hülsen und Blüten geschäftig durch die Bäume hüpfenden Art an. Die 3, selten 4 Eier werden meist in einer dornigen Akazie in ein lockeres Zweignest gelegt.

Schildturako 3

Musophaga violacea

VERBREITUNG: W-Afrika, Senegal bis Kamerun
LEBENSRAUM: Hochwald, Galeriewälder
GRÖSSE: 43 cm

Meist bleibt der Schildturako in dichten Baumkronen verborgen, wo er auf Ästen laufend oder zwischen Zweigen hüpfend nach Früchten, besonders gerne Feigen, sucht. Er ruft tief und gurgelnd *ku-ku-wuh*, oft im leicht zeitversetzten Duett mit einem Partner. Bei Beunruhigung verharrt er still, fliegt aber bei zu großer Annäherung mit kraftvollen Flügelschlägen und langen Gleitstrecken ab, wobei die karminroten Flügel aufleuchten. Die rote Gefiederfarbe der Turakos wird durch das kupferhaltige Pigment Turacin hervorgerufen.

Guineaturako 4

Tauraco persa

VERBREITUNG: Lückenhaft vom Senegal O bis Zaire, Tansania und S bis Südafrika
LEBENSRAUM: Immergrüner Wald, bewaldete Savanne, verlassene Plantagen, Gärten
GRÖSSE: 42 cm

Von diesem weit verbreiteten Turako gibt es mehrere Unterarten, von denen die abgebildete *T. p. corythaix* typisch für das südliche Afrika ist. 2 nördliche Unterarten tragen gerundete, ganz grüne, andere zugespitzte und weiß oder blau gerandete Hauben. Das schillernd grüne Gefieder geht nicht, wie bei anderen Vögeln, auf die Federstruktur zurück, sondern auf das nur bei *Tauraco*-Arten vorkommende kupferhaltige Pigment Turacoverdin.

Gruppen von Guineaturakos stopfen sich in Baumkronen gierig mit Früchten voll. Sobald einer zu rufen beginnt, stimmt die ganze Gesellschaft in einen brummenden, gutturalen Chor ein. Zur Brutzeit bilden sich Einzelpaare auf abgegrenzten Territorien. Das Männchen spreizt bei der Balz die Flügel und füttert das Weibchen mit ausgewürgter Nahrung.

Ruspoliturako 5

Tauraco ruspolii {B}

VERBREITUNG: 2 Orte in S-Äthiopien
LEBENSRAUM: Wacholderwald mit dichtem Unterwuchs, Gestrüpp, Akazien
GRÖSSE: 41 cm

Dieser Turako ist nach dem italienischen Forscher Prinz Ruspoli benannt, der 1893 in Äthiopien von einem Elefanten getötet wurde, und kommt nur in 2 kleinen Gebieten vor. Über seine Lebensweise ist wenig bekannt, da er schwer zu beobachten ist. Die Population ist durch Lebensraumzerstörung und Konkurrenz mit dem Weißohrturako *T. leucotis* gefährdet.

FAMILIE OPISTHOCOMIDAE HOATZINE

Zu dieser Familie gehört nur eine Art.

Hoatzin 6

Opisthocomus hoazin

VERBREITUNG: Flußsysteme des Amazonas und Orinoko und Flüsse Guayanas, von Guayana und Brasilien bis Ecuador und Bolivien
LEBENSRAUM: Überschwemmte Wälder an Flüssen
GRÖSSE: 60 cm

Dieser ungewöhnliche Vogel ist ein schlechter Flieger, der von Baum zu Baum gleitet, plump mit den Flügeln flattert, um sein Ziel zu erreichen und seine langen, aber schwachen Flügel vorwiegend benutzt, um sich damit beim Klettern durch das Laubwerk abzustützen. In Gruppen von 10-50 Individuen durchstreifen die Altvögel rauh krächzend den Wald, um nach Blättern von Sumpfpflanzen zu suchen.

Hoatzine brüten kooperativ, und 2-6 Altvögel können an Nestbau, Bebrütung und Jungenaufzucht beteiligt sein. Die 2-3 gelblichweißen Eier sind blau oder braun gefleckt. Die Küken verlassen das Nest bald nach dem Schlüpfen, was für baumbewohnende Vogelarten einzigartig ist. Sie tragen am Flügelbug 2 Krallen, mit denen sie sich an Zweige klammern können. Dies erinnerte Ornithologen so sehr an die 3 Krallen des Urvogels *Archaeopteryx*, daß sie den Hoatzin für ein «lebendes Fossil» hielten. Heute wird er manchmal in die Verwandtschaft der Hühnervögel gestellt, ist aber wahrscheinlich näher mit den Kuckucken verwandt.

FAMILIE CUCULIDAE KUCKUCKE

Mittelgroße bis große Vögel des Waldes und Gebüschs, zwischen den Geschlechtern oft starke Größen- und Gewichtsunterschiede. Je 2 Zehen nach vorne und hinten gerichtet. Gefieder meist braun oder grau, Unterseite oft gebändert oder gestreift, oft helle Schwanzflecken. Bei schmarotzenden Arten 10-15 Eier pro Saison, in der Farbe denen der Wirtsvögel angepaßt, bei selbst brütenden Arten 2-5 meist bläuliche oder weißliche Eier. Brutzeit 11-16

Tage, Nestlingszeit 16-24 Tage. 138 Arten, davon über 50 Brutparasiten.

Häherkuckuck 7

Clamator glandarius

VERBREITUNG: Von SW-Europa bis Kleinasien, Afrika; N Populationen überwintern in N-Afrika und S der Sahara, S Populationen in Zentralafrika
LEBENSRAUM: Offene Wälder, Gebüsch
GRÖSSE: 40 cm

Ein laut ratterndes *Tjerr-tjerr-tje-tje-tje-tje* verrät die Anwesenheit eines Häherkuckucks. Wie viele Kuckucke sucht er oft am Boden und in Büschen nach großen, haarigen Raupen, entfernt aber die Haare teilweise.

Er legt seine Eier in die Nester von Krähenvögeln, bevorzugt von Elstern. Anders als *Cuculus canorus* wirft der Jungvogel die Eier oder Jungen der Wirtsart nicht aus dem Nest.

Kuckuck 8

Cuculus canorus

VERBREITUNG: Europa, N-Afrika, Asien S bis Nepal, Japan; überwintert in Afrika
LEBENSRAUM: Wälder, Gebüsch, offene Landschaft mit Hecken
GRÖSSE: 33 cm

Das namengebende, monotone *Ku-kuk* dieses Vogels gilt in vielen Regionen seines Verbreitungsgebiets als ein Symbol des Frühlings. Die Weibchen rufen glucksend *bübübübübü* und sind meist wie die Männchen gefärbt, kommen aber auch in einer rostbraunen Morphe vor, wie sie bei Jungvögeln recht häufig ist.

Kuckucke legen ihre Eier in die Nester anderer Vögel, und in Europa wurden über 107 Wirtsarten festgestellt. Die meist auf eine bestimmte Vogelart spezialisierten Weibchen entfernen ein Ei aus dem Nest und legen ihr eigenes, meist sehr ähnlich gefärbtes Ei hinzu. Das nach 12 Tagen schlüpfende Küken wirft sofort die anderen Eier oder Jungen aus dem Nest, um allein gefüttert zu werden, und ist nach 17 Tagen flügge.

Goldkuckuck 9

Chrysococcyx caprius

VERBREITUNG: Afrika S der Sahara
LEBENSRAUM: Baumbestandene Savanne, Farmland, Plantagen
GRÖSSE: 18-20 cm

Obwohl der kleine, farbenprächtige Goldkuckuck ganzjährig in Äquatornähe anzutreffen ist, sind seine nördlichen und südlichen Populationen Zugvögel. Männchen sind bunter als Weibchen und sitzen gerne auf hohen, offenen Sitzwarten, von wo aus sie sich auf Insekten stürzen.

Die Eier werden in die Nester vieler Vogelarten gelegt, meist Webervögel, aber auch Stelzen und Fliegenschnäpper. Manchmal entfernt das Weibchen ein Ei des Wirtsvogels, und das Küken wirft gewöhnlich nach dem Schlüpfen die Eier oder Jungen der Wirtsart hinaus. Nach etwa 21 Tagen ist der Jungkuckuck flügge. Unausgefärbte Goldkuckucke treten in einer braun- und einer grünrückigen Form auf.

Indischer Koel 10

Eudynamys scolopacea

VERBREITUNG: Indien, SO-Asien bis Neuguinea und Salomonen
LEBENSRAUM: Wald mit fruchttragenden Bäumen, Parks
GRÖSSE: 39-46 cm

Zur Brutzeit hört man vom männlichen Koel laute, schrille Pfiffe und das typische *Ko-el*, während das Weibchen mit kurzen, durchdringenden Pfiffen antwortet. Koels fressen Früchte und besuchen auch Gärten mit Obstbäumen. Wie die meisten Kuckucke legen sie ihre Eier in fremde Nester, in Indien meist bei Krähen, in Australien bei großen Honigfressern und Pirolen. Der Jungvogel läßt die Küken der Wirtseltern verhungern oder wirft sie aus dem Nest.

Es gibt 15 oder mehr Unterarten, darunter *E. s. scolopacea* aus Indien, Sri Lanka und den Nikobaren. Der Australische Koel *E. cyanocephala* wird heute meist als eigene Art betrachtet.

Fratzenkuckuck 11

Scythrops novaehollandiae

VERBREITUNG: N- und O-Australien; überwintert von Neuguinea bis Sulawesi
LEBENSRAUM: Offener Wald, Sumpfwald
GRÖSSE: 58-65 cm

Durch den kräftigen, abwärts gebogenen Schnabel sieht der Fratzenkuckuck eher einem Tukan als einem Kuckuck ähnlich. Einzeln oder in kleinen Gruppen sucht er besonders in der Dämmerung, aber auch nachts, wenn er sich durch seine wiederholten rauhen Rufe verrät, in Baumkronen nach reifen Feigen und anderen Früchten.

Er legt seine Eier meist in die Nester von Rabenvögeln oder Würgerkrähen, oft 2 oder mehr in ein Nest. Die Küken werfen die Jungen der Wirtsvögel nicht hinaus, sondern nehmen ihnen nur das meiste Futter weg.

Gelbschnabelkuckuck 12

Coccyzus americanus

VERBREITUNG: S-Kanada, USA S bis Mittelamerika; überwintert in Südamerika
LEBENSRAUM: Offene Wälder, Dickichte an Flüssen
GRÖSSE: 31 cm

Überraschend agil bewegt sich der Gelbschnabelkuckuck auf der Suche nach Früchten, Insekten und Raupen durch das Gehölz. Anders als europäische Kuckucke baut er sein eigenes kleines, lockeres Nest. Nur selten werden Eier in fremde Nester gelegt, aber gelegentlich in die anderer Gelbschnabelkuckucke.

Riefenschnabelani 13

Crotophaga sulcirostris

VERBREITUNG: SW USA bis N-Südamerika
LEBENSRAUM: Offenes Buschland, Weideland, Obstgärten, Sekundärwald, Dickichte
GRÖSSE: 34 cm

Dieser etwas ungepflegt wirkende Vogel mit dem Papageienschnabel und dem schlappen Schwanz ist meist in kleinen, lockeren Gruppen zu sehen, wenn er im Gefolge von Weidevieh (oder in den Tropen von Riesenameisen) Heuschrecken und andere Insekten am Boden sucht.

Riefenschnabelanis sind gesellig und schlafen in Gruppen von 30-40 Vögeln. Sie brüten auch gemeinsam, und bis zu 4 Paare bauen ein sperriges Gemeinschaftsnest in einem dornigen Busch oder Baum. Alle Altvögel teilen sich die Pflichten der Bebrütung und Jungenaufzucht, oft noch unterstützt von Jungvögeln aus früheren Bruten.

Wegekuckuck 14

Geococcyx californianus

VERBREITUNG: W USA O bis Louisiana, S bis S-Mexiko
LEBENSRAUM: Halbwüste, Chaparral, Gras- und Farmland, gelegentlich feuchter Wald
GRÖSSE: 51-61 cm

Der schlanke, bodenbewohnende Wegekuckuck ist auch bei uns unter seiner amerikanischen Bezeichnung «Roadrunner» besser bekannt als unter seinem deutschen Namen. Er kann mit einer Geschwindigkeit von 20 Stundenkilometern rennen und frißt gelegentlich sogar kleine Klapperschlangen. Meist nimmt er jedoch weniger gefährliche Beute, z.B. Erdhörnchen, Mäuse, Eidechsen, Skorpione, Taranteln, Tausendfüßler, große Insekten und Früchte zu sich.

Um in seiner ungastlichen Umwelt überleben zu können, hat der Wegekuckuck ungewöhnliche Anpassungen entwickelt. In kalten Wüstennächten senkt er seine Körpertemperatur, um Energie zu sparen, und verfällt in eine Art Kältestarre. Morgens setzt er nackte, dunkle Hautflecken auf dem Rücken den Sonnenstrahlen aus, um sich aufzuwärmen. Wegekuckucke leben in Dauerehe und bleiben das ganze Jahr über in ihrem Revier. Das kompakte Napfnest wird in einen Busch, niedrigen Baum oder eine Kakteengruppe gebaut und die Jungen werden von beiden Eltern betreut.

Fasanspornkuckuck 15

Centropus phasianinus

VERBREITUNG: N- und O-Australien, Neuguinea, Timor
LEBENSRAUM: Hohe, dichte Bodenvegetation, hohes Gras, Sumpfvegetation, Rohr
GRÖSSE: 50-70 cm

Fasanspornkuckucke sind gewaltige, unbeholfene Bodenbewohner mit langen Schwänzen, die auf der Suche nach Kleintieren wie Insekten, Krabben, Fröschen, Eidechsen, Mäusen und Vogelküken durch die Vegetation pirschen. Mit ihrem gefleckten und gebänderten braunen Gefieder sind sie gut getarnt, verraten sich aber durch ihre schnell tutenden Rufe. Der Flug auf den kurzen, runden Flügeln wirkt schwerfällig. Weibchen sind größer als Männchen.

Als Nest dient eine Plattform aus Stöcken in einem niedrigen Busch oder auf ausgetretenem Boden, überdacht durch darübergezogene umstehende Pflanzen. Beide Altvögel bebrüten die 2-5 Eier.

SCHLEIER- UND MASKENEULEN, EULEN

Virginiauhu
juv.
B. v. pallescens
Fischeule
Sperbereule
B. v. virginianus
Schnee-Eule
♂
♀
B. b. bubo
Uhu

SCHLEIER- UND MASKENEULEN, EULEN

FAMILIE TYTONIDAE
SCHLEIER- UND MASKENEULEN

Mittelgroße, nachtaktive Beutegreifer mit weichem, dichtem Gefieder, herzförmiger Gesichtsmaske, relativ kleinen Augen und langen, schlanken, einschließlich der Zehen befiederten Beinen. Große Ohren mit gutem Hörvermögen. Geschlechter gleich gefärbt, aber Weibchen meist etwas größer. Oberseite orangegelb bis schwarzbraun, Unterseite weiß, rötlich oder schwarzbraun. 2-6 (manchmal bis 15) weiße Eier werden in Gebäudenischen, Baumhöhlen, zwischen Felsen oder am Boden (Graseule *Tyto capensis*) 27-35 Tage bebrütet, Junge nach 49-60 Tagen flügge. 14 Arten.

Schleiereule 1

Tyto alba

VERBREITUNG: Amerika, Europa, S-Asien, Australien
LEBENSRAUM: Offene Niederungsgebiete, Felder, Dörfer
GRÖSSE: 33-35 cm

In weiten Teilen Europas brütet die Schleiereule in Scheunen oder Kirchtürmen, anderswo bevorzugt sie Baumhöhlen. Nachts jagt sie im lautlosen, leichten, wendigen Flug nach Mäusen, die sie mit Hilfe ihres phänomenalen Gehörs ortet. Ihr Bruterfolg hängt stark von den jährlich fluktuierenden Kleinsäugerbeständen ab. In strengen Wintern kann es zu sehr starken Verlusten kommen.

In ihrem großen Verbreitungsgebiet hat die Schleiereule etwa 34 Unterarten ausgebildet, von denen viele wie die abgebildete *T. a. alba* aus West- und Südeuropa unterseits leuchtend weiß sind, während *T. a. guttata* aus Mittel- und Osteuropa eine gelbliche Unterseite hat.

Maskeneule 2

Phodilus badius

VERBREITUNG: N-Indien, Südostasien
LEBENSRAUM: Hauptsächlich tropische Wälder
GRÖSSE: 23-33 cm

Obwohl es sich offenbar um eine recht weit verbreitete und häufige Art handelt, ist über ihre Lebensweise fast nichts bekannt. Kurze Flügel und langer Schwanz sind für eine zwischen Bäumen jagende Eule typisch, und als Beutetiere wurden Kleinsäuger, Vögel, Eidechsen, Amphibien und Insekten festgestellt. Da Maskeneulen oft am Wasser beobachtet wurden, fressen sie eventuell auch Fische. Als Brut- und Rastplätze dienen Baumhöhlen.

Dies war die einzige Maskeneulen-Art, bis 1951 im Itombwe-Gebirge in Zaire das erste und bisher einzige Exemplar der Kongomaskeneule *P. prigoginei* entdeckt wurde.

FAMILIE STRIGIDAE
EULEN

Kleine bis große, überwiegend nachtaktive Beutegreifer mit weichem, dichtem Gefieder, großem Kopf, sehr großen Augen, die von einem als Schalltrichter wirkenden Federschleier umgeben sind, und einschließlich der Zehen (außer bei Fischuhus und Fischeulen) befiederten Beinen. Sehr gutes Hör- und Sehvermögen. Kopf kann um bis zu 270° gedreht werden. Flug lautlos, da Federfahnen weich und Handschwingen mit geräuschdämmenden Sägekanten. Meist tarnfarbig braun oder grau gefärbt, Gefieder der Geschlechter meist gleich, aber Weibchen oft größer. Beute wird weitgehend unzerteilt gefressen, Knochen, Haare und Federn werden als Gewölle wieder ausgewürgt. Brüten meist in Höhlen oder verlassenen Nestern anderer Arten, einige auf dem Boden oder in Erdlöchern. 1-14 (meist 2-7) weiße, fast runde Eier werden 15-35 Tage bebrütet, Junge sind nach 24-52 Tagen flügge, verlassen das Nest aber meist schon vorher nach 15-35 Tagen. 160 Arten.

Zwergohreule 3

Otus scops

VERBREITUNG: S-Europa, N-Afrika, O bis SW-Sibirien; Populationen aus N und teilweise aus S überwintern im tropischen Afrika
LEBENSRAUM: Offenes Waldland, Parks, Gärten, Alleen
GRÖSSE: 19-20 cm

Diese kleine, rindenfarbige Eule mit brauner oder grauer Grundtönung ist an ihren Tagesrastplätzen besonders schwer zu entdecken, doch ist ihr monotones, klagendes, wie ein Morsezeichen klingendes, einsilbiges Pfeifen eine charakteristische Stimme mediterraner Nächte. Große Insekten stellen die wichtigste Beute dar, und vom Licht angelockte Nachtfalter werden in Flug ergriffen. Es ist für eine europäische Eulenart bemerkenswert, daß die Zwergohreule ein echter Zugvogel ist.

Ostkreischeule 4

Otus asio

VERBREITUNG: O-Nordamerika von S-Quebec und Ontario bis O-Montana und Mitteltexas und von S-Kanada bis Florida und NO-Mexiko
LEBENSRAUM: Wälder, Parks, alte Gärten
GRÖSSE: 19-23 cm

Von dieser kleinen Eule gibt es eine rostrote und eine graue Morphe. Die Ohrbüschel werden bei Erregung abgespreizt, sind aber sonst unsichtbar. Wie für die meisten Eulen typisch, hört man auch die Ostkreischeule öfter, als daß man sie sieht. Neben einem aus zitternden Pfeiftönen bestehenden abfallenden Gesang äußern sie auch einen langen, auf einer Tonhöhe bleibenden Triller. Zwitschernde und bellende Laute werden bei Erregung oder Anwesenheit von Feinden in Nestnähe geäußert. Die abwechslungsreiche Nahrung wird von großen Wirbellosen, Fischen, Amphibien, Reptilien, Vögeln und kleinen Säugetieren gebildet. Manchmal werden Vögel überwältigt, die größer sind als die Ostkreischeule.

Die nah verwandte (und früher nicht als eigene Art getrennte) Westkreischeule *O. kennicottii* von der Westseite der Rocky Mountains sieht genauso aus, hat aber statt des hellen einen dunklen Schnabel und einen anderen Gesang: Eine sich beschleunigende Serie kurzer Pfeiftöne und einen kurzen Triller, dem ein langer folgt.

Haubenkauz 5

Lophostrix cristata

VERBREITUNG: S-Mexiko bis Bolivien, O-Ecuador, Amazonasgebiet Brasiliens O der Anden
LEBENSRAUM: Wälder, Waldstücke an Flüssen, hauptsächlich im tropischen Flachland
GRÖSSE: 38-40 cm

Tagsüber rastet diese auffallende Eule in nur 3-9 m Höhe oft an Flüssen in dichter Vegetation. Neben der einfarbig dunkelbraunen gibt es auch eine heller gelbliche Farbmorphe. Zur Nahrung gehören große Schaben, Käfer, Raupen und andere Insekten, wahrscheinlich aber auch weitere Kleintiere.

Die Stimme des seltenen und nur lokal vorkommenden Haubenkauzes wurde erst kürzlich entdeckt. Die Rufe sind kurz und setzen mit 3-4 stotternden Tönen ein, dem ein kehliges, resonantes Brummen folgt.

Brillenkauz 6

Pulsatrix perspicillata

VERBREITUNG: S-Mexiko bis NW-Argentinien und S-Brasilien
LEBENSRAUM: Wald im Flachland, Savanne, Plantagen
GRÖSSE: 43-46 cm

Tagsüber versteckt sich der Brillenkauz hoch in Baumkronen, jagt nur ausnahmsweise an bedeckten oder nebeligen Tagen, sonst aber nur nachts nach kleinen Nagetieren, Fledermäusen, Vögeln, Eidechsen, Krebsen und Großinsekten. Zum Stimminventar gehören ein schroffes *Bu-hu-hu*, ein abfallendes Pfeifen und eine Serie von 6-8 leicht klopfenden, sanften Huptönen, die an einen entfernt trommelnden Specht erinnern. Oft rufen 2 Vögel in leicht unterschiedlicher Tonlage im Duett.

Die 2 Eier werden in eine Baumhöhle gelegt, die von den Jungvögeln schon vor Erreichen der Flugfähigkeit verlassen wird. Diese sind noch überwiegend weiß gefärbt.

Virginiauhu 7

Bubo virginianus

VERBREITUNG: Ganz Amerika von Alaska bis Feuerland
LEBENSRAUM: Vom Flachland bis zur Baumgrenze in allen Lebensräumen vom Wald bis in Wüsten und Städte
GRÖSSE: 43-56 cm

Durch seine Größe und das riesige Verbreitungsgebiet ist der Virginiauhu in Amerika die am häufigsten zu beobachtende Eulenart. Er hat viele in Größe und Färbung voneinander abweichende Unterarten ausgebildet. Die größten Uhus leben in großen Höhen und im Norden, die kleinsten in Wüsten und tropischen Wäldern. Es gibt Vögel mit weißer und orangegelber Brust. Die Unterart *B. v. virginianus* aus dem östlichen Nordamerika ist dunkel, *B. v. pallescens* in den Wüsten Arizonas und Mexikos dagegen sehr blaß. Der Gesang besteht aus einer Serie von 3-8 lauten, tiefen, dröhnenden Tönen, daneben werden bellende, heulende und kreischende Laute geäußert.

Als Brutplatz werden verlassene Nistplattformen von Greifvögeln oder Krähen, Baumhöhlen, Felsvorsprünge, manchmal Gebäude oder sogar der Boden gewählt. Das Weibchen bebrütet die 2-3 weißen Eier etwa 32 Tage. Nach 5-6 Wochen verlassen die Jungvögel den Brutplatz, fliegen aber erst nach 9-10 Wochen.

Als Nahrung dienen hauptsächlich kleine Säugetiere und Vögel, doch werden auch große Insekten, Amphibien, Fische und Beutetiere bis zur Größe von Rauhfußhühnern, Kaninchen und Stinktieren genommen.

Uhu 8

Bubo bubo

VERBREITUNG: Nordafrika, Eurasien
LEBENSRAUM: Sehr vielfältig, von zerklüfteten Gebirgen über große Wälder bis in Städte
GRÖSSE: 60-75 cm

Uhus sind so gewaltig und kraftvoll, daß sie Beute bis zur Größe eines Auerhahns oder jungen Rehs schlagen können. Sie fressen aber auch Greifvögel bis zur Größe eines Bussards und kleinere Eulen. Hauptsächlich ernähren sie sich aber von kleinerer Beute, gerne von Igeln. Der Gesang des Männchens ist ein tiefes, stöhnendes *Uu-hu*, das im Abstand von 8 Sekunden wiederholt wird und dessen erste Silbe bis zu 5 km weit zu hören ist. Die Antwort des Weibchens klingt etwas höher und rauher, ferner kann es langgezogen und harsch kläffen.

Die größten und dunkelsten Formen leben im Norden und Osten, die kleinsten und hellsten in den Wüsten Nordafrikas und des Mittleren Ostens. In Mitteleuropa wurden in den letzten Jahren an vielen Stellen Uhus ausgesetzt. Bevorzugte Brutplätze sind Felswände.

Fischuhu 9

Bubo zeylonensis

VERBREITUNG: Mittlerer Osten (selten), Indien, Südostasien
LEBENSRAUM: Flüsse und Seen in Wäldern
GRÖSSE: 54-57 cm

Es gibt 4 Fischuhu-Arten, die meist zusammen in die Gattung *Ketupa* gestellt werden. Sie sind alle sehr groß und ernähren sich vorwiegend von Fischen, nehmen aber auch Flußkrebse, Amphibien, kleine Säugetiere und Vögel. Sie jagen von über das Wasser hängenden Ästen aus, waten im Flachwasser oder ergreifen ihre Beute niedrig über das Wasser fliegend. Als Anpassung an das Wasser sind ihre Füße unbefiedert, und die Zehensohlen haben viele kleine, scharfe Spikes, mit denen schlüpfrige Beute besser festgehalten werden kann. Nur beim Riesenfischuhu *B. blakistoni* sind die Beine befiedert, da er in den kalten Regionen Ussuriens, Nordost-Chinas und Hokkaidos lebt.

Der Fischuhu, auch Wellenbrust-Fischuhu genannt, hat das größte Verbreitungsgebiet, ist aber wie die anderen Arten bisher wenig erforscht. Er legt 1-2 Eier auf einen Klippenvorsprung, in eine Kluft, eine Baumhöhle oder ein altes Greifvogelnest, in Indien auch in verlassene Gebäude. Riesenfischuhus brüten in großen Höhlen hoch in gewaltigen Bäumen.

Bindenfischeule 10

Scotopelia peli

VERBREITUNG: Afrika S der Sahara, nicht im SW
LEBENSRAUM: Bewaldete Flußufer, Feuchtgebiete
GRÖSSE: 51-61 cm

Von den 3 afrikanischen Fischeulen mit unbefiederten Beinen und Zehen ist diese die bekannteste, größte und am weitesten verbreitete. Kurz nach Sonnenuntergang und vor Sonnenaufgang sind von ihr bis zu 3 km weit tragende, im Abstand von etwa 10 Sekunden mehrere Minuten lang geäußerte, tiefe *Huu*-Laute zu hören.

Die Bindenfischeule fängt gelegentlich Frösche, Krebse und Muscheln, hauptsächlich aber 100-250 g schwere Fische. Dabei stürzt sie sich von einer Sitzwarte über dem Wasser flach hinab, um die Beute mit den Zehen zu ergreifen. Auch Sandbänke werden als Jagdplätze genutzt.

Schnee-Eule 11

Nyctea scandiaca

VERBREITUNG: Zirkumpolar in der Arktis
LEBENSRAUM: Hauptsächlich Tundra, auch Inseln und Moore
GRÖSSE: 53-66 cm

Durch den runden Kopf und die leicht schlitzförmigen Augen hat die große Schnee-Eule einen etwas katzenähnlichen Gesichtsausdruck. Das Männchen ist fast rein weiß, das um 20 % größere Weibchen dagegen braun gefleckt und gewellt.

Schnee-Eulen sind sehr geschickte Flieger, jagen in der Dämmerung und bei Tageslicht und können mittelgroße Vögel und Säugetiere erbeuten. Lemminge bilden jedoch ihre hauptsächliche Nahrung, und so hängt es auch von der zyklisch über mehrere Jahre schwankenden Populationsdichte der Lemminge ab, ob Schnee-Eulen viele oder nur wenige Eier legen. Im Winter weichen sie etwas nach Süden aus, doch nur ausnahmsweise gelangen Einzelvögel nach Mitteleuropa.

Sperbereule 12

Surnia ulula

VERBREITUNG: Subarktis Nordeurasiens und Nordamerikas
LEBENSRAUM: Taigawälder mit Lichtungen
GRÖSSE: 36-39 cm

Die Sperbereule gehört zu den wenigen Eulen, die tagsüber aktiv sind. Durch den langen Schwanz und die für eine Eule relativ spitzen Flügel erinnert sie an einen großen Sperber. Meist jagt sie von einer erhöhten, offenen Sitzwarte aus, aber auch im schnellen Flug zwischen den Bäumen.

Wühlmäuse, von denen ihre Populationsdichte stark abhängt, bilden im Sommer die vorwiegende Nahrung. Im Winter werden dagegen sehr viele Vögel erbeutet, und in Jahren mit Nahrungsknappheit verläßt die Sperbereule die Taiga und weicht nach Süden aus.

EULEN

Gnomenkauz
rötliche Morphe
graue Morphe
Perlkauz
Rundflügelkauz
N. n. ocellata
Elfenkauz
mit Küken in der
Höhle
N. n. leucopsis
Kuckuckskauz
A. n. vidalii
Steinkauz
A. c. hypugaea
A. n. lilith
Küken am Eingang
der Nisthöhle
Kaninchenkauz

Küken
S. a. sylvatica
rötliche Morphe
S. a. aluco
graue Morphe
Bartkauz
Waldkauz
Waldohreule
A. o. otus
Erregungshaltung
S. n. nebulosa
Afrikanischer Waldkauz
Sägekauz
Sumpfohreule
juv.
Jamaikaeule

EULEN

Afrikanischer Waldkauz 1

Strix woodfordii

Verbreitung: Afrika S der Sahara
Lebensraum: Wälder, Plantagen
Grösse: 30-35 cm

Dieser Kauz ist großköpfig, tarnfarbig und ausschließlich nachts aktiv. Er jagt meist von einer niedrigen Sitzwarte aus und nimmt die Beute vom Boden auf. Er sammelt aber auch im Flug Insekten aus der Vegetation und ist erstaunlich geschickt darin, fliegende Insekten zu erhaschen. Obwohl Afrikakäuze sich hauptsächlich von Insekten ernähren, fangen sie gelegentlich auch Frösche, kleine Schlangen, Vögel und Kleinsäuger.

Der Afrikanische Waldkauz ist mit dem europäischen Waldkauz wohl nur entfernt verwandt und unterscheidet sich anatomisch u.a. durch eine einfachere Struktur des Innenohrs.

Waldkauz 2

Strix aluco

Verbreitung: Europa, N-Afrika, W-Asien, Himalaya, China, Korea, Taiwan
Lebensraum: Wälder und baumbestandene Gebiete, Parks
Grösse: 37-39 cm

Der Gesang des Waldkauzes gehört, nicht zuletzt wegen seines regelmäßigen Auftretens in Kriminalfilmen, zu den bekanntesten Eulenstimmen Europas. Das Männchen singt von Herbst bis Frühjahr hohl, tief und etwas rollend *huu hu-huuuhuu*, während das Weibchen meist mit *ku-wit* antwortet.

Als Nistplatz dient eine Baumhöhle, in die 3-5 rundliche, weiße Eier gelegt und allein vom Weibchen bebrütet werden. Das Männchen bringt dem Weibchen und später auch den Jungvögeln das Futter. Die Liste der Beutetiere ist sehr umfangreich, wobei Kleinsäuger an erster Stelle stehen, aber auch viele Vögel bis zur Größe einer Krähe, Amphibien, Regenwürmer und Eichhörnchen geschlagen werden. Eine solche Vielseitigkeit ist erforderlich, da sich Waldkäuze ganzjährig in ihrem Revier aufhalten, hat es ihnen aber sicher auch ermöglicht, sehr erfolgreich die verschiedensten Lebensräume zu besiedeln.

Beim Waldkauz werden etwa 13 Unterarten unterschieden, bei denen es meist eine rotbraune und eine graue Farbmorphe gibt. Rotbraune Vögel sind bei der westeuropäischen Unterart *S. a. sylvatica* häufiger, graue bei der nord- und osteuropäischen *S.a. aluco*.

Bartkauz 3

Strix nebulosa

Verbreitung: N-Europa, N-Asien, N-Amerika
Lebensraum: Taiga
Grösse: 65-70 cm

Trotz seiner Größe und der Flügelspannweite von über 1,5 m ernährt sich der gewaltige Bartkauz fast ausschließlich von Wühlmäusen. Er ist zwar fast so groß wie ein Uhu, aber nur halb so schwer. Oft jagt er auch tagsüber und ist in der Lage, seine Beute allein mit Hilfe des Gehörs unter hohem Schnee genau zu lokalisieren. Als Brutplatz werden verlassene Greifvogelnester oder Baumstümpfe benutzt. Dort sind die

Vögel sehr furchtlos und können Menschen und andere Feinde durch heftige Angriffe vertreiben und ihnen gezielt Verletzungen zufügen.

Nordamerikanische Vögel mit deutlich gebänderter und gefleckter Unterseite gehören zur Nominatform *S. n. nebulosa*, die unterseits gestrichelten Bartkäuze Nordeuropas und Nordasiens zu *S. n. lapponica*, Vögel der Nordmongolei werden als *S. n. elisabethae* abgetrennt.

Perlkauz 4

Glaucidium perlatum

Verbreitung: Afrika S der Sahara
Lebensraum: Savanne und Waldland
Grösse: 17-18 cm

Da der Perlkauz auch tagsüber aktiv ist, kann man ihn in Afrikas Savannen häufiger als andere Eulen sehen. An den augenähnlichen Flecken auf dem Hinterkopf, die der Abschreckung von Feinden dienen, ist er leicht zu erkennen. Er bevorzugt offene Buschsavannen und meidet Gebiete mit zu starkem Bodenbewuchs.

Der kleine, unerschrockene und aktive Jäger lauert auf einer Sitzwarte, um im kurzen Sturzflug Insekten, kleine Reptilien und Kleinsäuger zu erbeuten. Er fängt auch im Flug Insekten, Fledermäuse und Vögel. Besonders zur Brutzeit jagt er tagsüber, ist aber auch nachts aktiv. Zum Nisten bezieht er die verlassene Baumhöhle eines Spechts oder Bartvogels, nimmt aber auch natürliche Höhlen oder Nistkästen an.

Gnomenkauz 5

Glaucidium gnoma

Verbreitung: W Nordamerika von SO-Alaska W der Rocky Mountains S bis Niederkalifornien und Guatemala
Lebensraum: Dichte Wälder in Gebirgen und Vorbergen
Grösse: 17 cm

Der Gnomenkauz und der ganz ähnlich gefärbte Strichelkauz *G. brasilianum*, der von Südarizona und Südost-Texas bis Uruguay vorkommt, unterscheiden sich vor allem dadurch, daß der Strichelkauz niedrige Lagen bevorzugt. Beide tragen, wie viele ihrer verwandten Arten, auf dem Hinterkopf weiß umrandete Augenflekken, um Feinde und Beutetiere zu verwirren. Beide sind, wie auch der ähnliche europäische Sperlingskauz *G. passerinum*, sehr klein, haben keine Federohren, dafür aber recht lange Schwänze, sind auch tagsüber und in der Dämmerung aktiv und äußern sanfte Flötenrufe.

Obwohl der Gnomenkauz winzig ist, ist er dennoch ein mutiger Jäger, der Vögel schlägt, die größer als er selbst sind. Daneben erbeutet er große Insekten, Mäuse und Erdhörnchen. Auch beim Sperlingskauz stellen Singvögel einen hohen Anteil der Beutetiere.

Als Brutplatz dienen verlassene Spechthöhlen in Wäldern mit hohem Nadelholzanteil. Auch bei diesen kleinen Eulen gibt es braune und graue Farbmorphen.

Elfenkauz 6

Micrathene whitneyi

Verbreitung: SW USA bis Niederkalifornien und Zentralmexiko; überwintert in Mexiko
Lebensraum: Wüsten, Canyons, Eichen- und Nadelwälder von Vorbergen
Grösse: 13,5-14,5 cm

Der Elfen- oder Kaktuskauz ist die kleinste Eulenart der Erde. Innerhalb seines Verbreitungsgebiets ist er von den beiden anderen kleinen Eulen ohne Federohren, dem Gnomen- und Strichelkauz, am sehr kurzen Schwanz zu unterscheiden. Im Gegensatz zu diesen ist er aber ausschließlich nachts aktiv und bestenfalls in der Dämmerung zu sehen. Er ernährt sich von den verschiedensten Insektenarten, die er über dem Boden, über Blumen oder vor Bäumen rüttelnd erbeutet, aber auch wie ein Fliegenschnäpper von einer Sitzwarte aus erhascht. Manchmal ist er an Lagerfeuern oder Straßenlaternen zu entdecken. Neben einem in unregelmäßiger Serie vorgetragenen hohen *Tschurps* sind auch schwatzende Laute zu hören.

Zum Schlafen und Brüten benutzt der Elfenkauz Spechthöhlen in Bäumen oder Kakteen, um die er sich oft mit den Eigentümern oder anderen höhlenbrütenden Vögeln streiten muß.

Steinkauz 7

Athene noctua

VERBREITUNG: Europa, N-Afrika, Arabien, Vorder- und Mittelasien bis China; ausgesetzt in Großbritannien und Neuseeland
LEBENSRAUM: Offenes und halboffenes Gelände
GRÖSSE: 21-23 cm

Der Steinkauz ist relativ leicht zu beobachten, da er mitunter auch tagsüber aktiv ist und gerne frei auf Sitzwarten ruht. Er ernährt sich von Kleinsäugern, besonders Feldmäusen, Vögeln, Insekten und sogar Regenwürmern, die er zu Fuß am Boden laufend fängt. Als Nistplatz wählt er ausgefaulte Baumhöhlen in Kopfweiden, Nischen in Gebäuden und Ställen und gelegentlich sogar Bodenhöhlen, z.B. Kaninchenbauten. Bei Erregung knickst der Vogel mit dem ganzen Körper. Steinkäuze gehören in Europa zu den wenigen ausgeprägten Standvögeln und werden kaum einmal in mehr als 50 km Entfernung von ihrem Geburtsort angetroffen. In vielen Gebieten Mitteleuropas hat der Bestand durch das Verschwinden alter Kopfweiden, den Gifteinsatz in der Landwirtschaft und die Umwandlung der Landschaft in Agrarsteppen dramatisch abgenommen.

Die Gefiederfärbung der Steinkäuze variiert zwischen den Unterarten sehr stark, wobei die dunklen, stark gemusterten westeuropäischen *A. n. vidalii* das eine, die sehr blassen Wüstenformen wie *A. n. lilith* aus Syrien und Israel das andere Extrem darstellen.

Kaninchenkauz 8

Athene cunicularia

VERBREITUNG: SW-Kanada, W USA, Florida, Mittel- und Südamerika außer Amazonasgebiet
LEBENSRAUM: Offenes Gelände, Grasland, Prärien, Wüsten, Farmen
GRÖSSE: 18-25 cm

Die Kanincheneule hält sich vorwiegend auf dem Boden auf und ist an ihren langen, nur spärlich befiederten Beinen leicht zu erkennen. Sie brütet in Erdhöhlen, die sie mit Schnabel und Beinen im sandigen Boden aushebt, benutzt aber meist die Bauten von Säugetieren, z.B. Präriehunden. Tagsüber sitzt sie am Boden oder auf einer Erhebung vor der Höhle und wippt bei Erregung kräftig mit dem Körper. Meist brüten mehrere Paare in enger Nachbarschaft. Nachts gehen die Käuze auf die Jagd nach Insekten und Kleinsäugern.

Die typische Stimme ist ein sanftes *kuu-kuuuu*, doch bei Bedrohung in der Höhle ist ein ratternder, das Geräusch einer Klapperschlange imitierender Ruf zu hören.

Sägekauz 9

Aegolius acadicus

VERBREITUNG: S-Kanada, O und Mitte der USA von Neuschottland bis zum N Mittelwesten, W USA von SW-Alaska bis Kalifornien, ferner Gebirge Mexikos
LEBENSRAUM: Dichte Nadel- und Mischwälder, bewaldete Sümpfe
GRÖSSE: 17-19 cm

Der Sägekauz wirkt wie eine kleinere Ausgabe des in Nord- und Mitteleuropa, Nordasien und Nordamerika beheimateten Rauhfußkauzes *A. funereus*, mit dem sich sein Verbreitungsgebiet in Südkanada überlappt.

Sein Gesang ist ein monoton wiederholter Pfeifton, doch verdankt er seinen Namen einer raspelnden Tonfolge, die an das beim Schärfen eines Sägeblatts entstehende Geräusch erinnert. Er ernährt sich hauptsächlich von Mäusen und Kleinvögeln und brütet in verlassenen Spechthöhlen.

Rundflügelkauz 10

Uroglaux dimorpha

VERBREITUNG: Spärlich in Neuguinea; Insel Japen
LEBENSRAUM: Regenwald im Flachland, selten bis in 1500 m Höhe
GRÖSSE: 30-33 cm

Der Rundflügelkauz ist durch seinen schlanken Körper, kleinen Kopf und fast die Hälfte der Gesamtlänge ausmachenden Schwanz einem Greifvogel ähnlicher als die anderen Eulenarten. Er frißt Insekten, Nagetiere und Vögel bis zur Größe einer Taube.

Über die Brutbiologie und die Stimme dieser seltenen Eule ist noch nichts bekannt.

Kuckuckskauz 11

Ninox novaeseelandiae

VERBREITUNG: Australien, Tasmanien, Neuseeland, Kleine Sundainseln, Molukken, S-Neuguinea, Norfolk-Insel
LEBENSRAUM: Waldland, Gebüsch, Bäume in Städten
GRÖSSE: 25-35 cm

Den Namen verdankt dieser Kauz seiner Stimme, die stark an die des europäischen Kuckucks erinnert. Er ernährt sich hauptsächlich von Insekten, die er mitunter im Schein von Straßenlaternen fängt, aber auch von kleinen Säuge- und Beuteltieren, Vögeln und Geckos. Den Tag verschläft er in dichtem Laub, manchmal auch in Baumhöhlen oder Gebäudenischen.

Einige der etwa 15 Unterarten werden gelegentlich als eigene Arten betrachtet. In Australien leben 4 Unterarten, darunter die blaß rötlich- oder sandbraune *N. n. ocellata* im Norden, Inland und weiten Teilen des Westens und die dunklere, stark gefleckte *N. n. leucopsis* in Tasmanien.

Waldohreule 12

Asio otus

VERBREITUNG: Europa, N-Afrika, N-Asien, N-Amerika; nördliche Populationen ziehen teilweise weit nach S und W
LEBENSRAUM: Wälder, Feldgehölze, Parks
GRÖSSE: 35-37 cm

Die Waldohreule gehört zu den häufigeren europäischen Eulen. Mit ihren langen und bei Erregung hochgestellten Federohren sieht sie wie ein kleiner Uhu aus. Bei Bedrohung verharrt sie still und vertraut auf ihr rindenfarbiges Tarngefieder, das sie wie einen abgebrochenen Ast aussehen läßt. Im Winter finden sich oft größere Schlafgemeinschaften in Parks und Gärten ein. Auf ihren langen Flügeln jagen sie über offenem Gelände vorwiegend nach Mäusen. Zur Brutzeit sind Waldohreulen aber kaum einmal zu sehen und verraten sich nur durch das dumpfe, im Atemrhythmus vorgetragene *Huu huu* der Männchen oder durch das babyartige Schreien der hungrigen Jungvögel. Die 4-5, in Jahren mit vielen Mäusen auch bis zu 10 Eier werden in alte Krähen- oder Greifvogelnester gelegt.

Im Vergleich zur europäischen Unterart *A. o. otus* ist die nordamerikanische *A. o. wilsonianus* unterseits eher quer gebändert als längs gestrichelt, hat eine rötlichere Gesichtsmaske und eher gelbliche als orangefarbene Augen.

Sumpfohreule 13

Asio flammeus

VERBREITUNG: Mittel- und N-Europa, N-Asien, Nord- und Südamerika; Nördliche Populationen ziehen im Winter nach S, W oder O
LEBENSRAUM: Moore, Heide, Sümpfe, offenes Gelände
GRÖSSE: 37-39 cm

Im Gegensatz zur Waldohreule hat die Sumpfohreule nur kurze, kaum sichtbare Federohren und gelbe Augen. Sie bewohnt offenes, meist feuchtes Gelände und brütet am Boden. Im Winter finden sich manchmal Trupps auf mäusereichen Wiesen in Küstennähe ein. Sumpfohreulen jagen gerne in der Dämmerung und auch tagsüber.

Das Männchen ruft im Balzflug dumpf *dudududu*. Wie die Waldohreule klatscht es dabei auch mit den Flügeln, was erstaunlich weit zu hören ist.

Jamaikaeule 14

Pseudoscops grammicus

VERBREITUNG: Jamaika (Große Antillen)
LEBENSRAUM: Waldland, parkähnliches Gelände
GRÖSSE: 30-36 cm

Über die Biologie der Jamaikaeule ist nur wenig bekannt. Sie ist nur nachts aktiv und jagt in Wald und offenem Gelände. Ihre Stimme wird als gutturales Knurren bezeichnet und mit *wau* umschrieben, gelegentlich ist ein hohes, zitterndes *wuuuu* zu hören. Sie brütet in einer Baumhöhle oder in einer geschützten Astgabel, verdeckt durch Zweige und Laub.

Die systematische Stellung dieser nur auf Jamaika lebenden Eule ist ungeklärt, doch ist sie wohl mit den *Asio*-Arten verwandt.

FETT-, EULEN-. HÖHLENSCHWALME, TAGSCHLÄFER BIS SEGLER

Schwarzkehl-Nachtschwalbe
♂
♀
♂
Ziegenmelker
Balzflug
♂
Fahnennachtschwalbe
Scherenschwanz-
Nachtschwalbe
♂
Balzflug
♀
Nistpla:z
Weißnestsalangane
Schwarzsegler
Eilsegler
Schornsteinsegler
Nest
Weißbrustsegler

FETT-, EULEN-, HÖHLENSCHWALME, TAGSCHLÄFER BIS SEGLER

FAMILIE STEATORNITHIDAE FETTSCHWALME

Zu dieser Familie gehört nur eine Art.

Fettschwalm 1

Steatornis caripensis

VERBREITUNG: Von Panama bis N-Südamerika, Trinidad
LEBENSRAUM: Feuchter Wald, Höhlen
GRÖSSE: 48 cm

Diese großen, sozialen Vögel fressen nachts in Trupps die öligen Früchte von Lorbeeren, Palmen und Weihrauchbäumen. Sie finden die stark duftende Nahrung mit Hilfe ihres exzellenten Geruchssinns, oft weit von den großen Höhlen entfernt, in denen sie gemeinsam brüten und rasten. Die Früchte werden im Flug mit den kräftigen Hakenschnäbeln abgerissen, im Magen gesammelt und erst tagsüber in der Höhle verdaut.

In den finsteren Höhlen orientieren sich die Fettschwalme durch Echolot. Die 2-4 Eier werden in einem Nest aus ausgewürgten Früchten, Samen und Kot von beiden Altvögeln 32-35 Tage bebrütet. Die Küken bleiben 90-120 Tage im Nest, werden mit Ölfrüchten gefüttert und setzen so viel Fett an, daß sie gegen Ende der Nestlingsperiode eineinhalbmal soviel wie die Altvögel wiegen. Von Einheimischen werden sie wegen ihres Öls oft getötet, stehen heute aber weitgehend unter Schutz.

FAMILIE PODARGIDAE EULENSCHWALME

Mittelgroße bis große, nachtaktive Vögel mit kurzen, gerundeten Flügeln, großen Augen, tarnfarbigem Gefieder und flachem Schnabel mit breitem Rachen. Geschlechter einander ähnlich gefärbt. 1-3 weiße Eier werden im Nest aus Zweigen, Dunen, Flechten und Spinnweben 30 Tage bebrütet, Junge bleiben weitere 30 Tage im Nest. 13 Arten.

Eulenschwalm 2

Podargus strigoides

VERBREITUNG: Australien einschließlich Tasmanien
LEBENSRAUM: Offener Wald, bewaldete Wasserläufe
GRÖSSE: 35-53 cm

Perfekt getarnt rastet der rindenfarbige Eulenschwalm tagsüber auf einem Ast. Nachts fängt er am Boden große Insekten, Frösche und kleine Wirbeltiere, auf die er sich von einer Warte aus hinabstürzt.

In Färbung und Größe gibt es eine beträchtliche geographische Variation. Die nördliche Unterart *P. s. phalaenoides* ist kleiner und heller als die südliche *P. s. brachypterus*. Weibchen treten auch in einer rostbraunen Morphe auf.

FAMILIE NYCTIBIIDAE TAGSCHLÄFER

Mittelgroße bis große nächtliche Insektenjäger mit weichem, tarnfarbigem Gefieder, großen Augen und kleinen Schnäbeln mit breitem Rachen. Geschlechter gleich gefärbt. 1-2 weiße, gefleckte Eier werden in nackte Mulde auf Ast oder Baumstumpf mindestens 33 Tage bebrütet, Junge fliegen nach 44-50 Tagen. 5 Arten.

Urutau-Tagschläfer 3

Nyctibius griseus

VERBREITUNG: W-Mexiko bis N-Uruguay, Westindische Inseln
LEBENSRAUM: Tropische Wälder im Flachland, offener Wald, Mangroven
GRÖSSE: 36-41 cm

Tagsüber schläft dieser Vogel, durch sein gräuliches oder braunes Gefieder als abgebrochener Ast getarnt, in einem Baum. Auch das einzige Ei wird in einer kleinen Vertiefung auf einem Ast ausgebrütet. Nachts startet der Vogel von einer bevorzugten Sitzwarte aus immer wieder zu Jagdflügen, um große Insekten mit seinem breiten Schnabel zu erhaschen. Dann ist auch ein melancholisches, zweisilbiges *Pu-tuu* zu hören.

FAMILIE AEGOTHELIDAE HÖHLENSCHWALME

Kleine, untersetzte, insektenfressende Vögel mit tarnfarbigem Gefieder, kurzen Flügeln, langen Schwänzen, großen Augen, eulenähnlichem Gesicht, kurzem, breitem Schnabel und relativ kräftigen Beinen. Geschlechter einander ähnlich gefärbt. 2-5 weiße Eier werden in Baum- oder Felshöhle gelegt. Bebrütungs- und Nestlingszeit bei den meisten Arten unbekannt. 8 Arten.

Baumschwalm 4

Aegotheles cristatus

VERBREITUNG: Australien, Tasmanien, S-Neuguinea
LEBENSRAUM: Waldland
GRÖSSE: 21-25 cm

Baumschwalme jagen nachts Insekten, indem sie sich von einer Warte hinabstürzen oder sie am Boden laufend aufscheuchen. Tagsüber rasten sie in einer Baumhöhle oder zwischen Steinen, kommen aber gelegentlich zum Eingang, um sich zu sonnen. Dann ist auch ein angenehm glucksender Ruf zu hören. Männchen und Weibchen bauen aus Akazien- und Eukalyptusblättern ein Nest in der Höhle und teilen sich wahrscheinlich auch die 26-tägige Bebrütung der 3-4 weißen Eier. Die Jungen verlassen das Nest nach 20-30 Tagen, bleiben aber noch mehrere Monate bei den Eltern.

Die mittel- und südaustralische Unterart *A. c. cristatus* hat einen grauen Bauch, die nordaustralische *A. c. leucogaster* einen weißen. Neben der grauen gibt es auch eine rötliche Morphe.

FAMILIE CAPRIMULGIDAE NACHTSCHWALBEN

Kurzbeinige, langschwänzige, falkenähnliche nächtliche Insektenjäger mit großen Augen und sehr kurzen, aber extrem breiten Schnäbeln. Gefieder tarnfarbig grau bis rot- oder schwarzbraun, besonders Männchen mit weißen Abzeichen. 1-2 weißliche oder hellbraune gefleckte Eier werden in Bodenmulde 16-21 Tage bebrütet, Junge nach 16-20 Tagen flügge. 82 Arten.

Nachtfalke 5

Chordeiles minor

VERBREITUNG: Von Nordamerika (ohne extremen N) bis Panama, Antillen; überwintert in Südamerika S bis Argentinien
LEBENSRAUM: Von offenem Waldland, Brachflächen, Grasland bis in Städte
GRÖSSE: 24 cm

Die weißen Binden auf den spitzen Flügeln sind oft das auffallendste Merkmal, wenn ein Nachtfalke in der Dämmerung fliegend Insekten fängt. Zu seiner Nahrung gehören Nachtfalter, Heuschrecken, Käfer, Mücken, Fliegen und Ameisen. Im Magen eines Vogels fand man die Reste von 2175 Ameisen.

Wenn das Männchen beim Balzflug vor einem Weibchen landet, erzeugen die Flügel ein wummerndes Geräusch. Östliche Vögel der Unterart *C. m. minor* sind dunkel braun, während *C. m. sennetti* aus den nördlichen Great Plains besonders im Jugendkleid blaß grau ist.

Winternachtschwalbe 6

Phalaenoptilus nuttallii

VERBREITUNG: Von SW-Kanada durch W USA bis Mexiko
LEBENSRAUM: Prärie, Gebüsch, Chaparral
GRÖSSE: 20 cm

Diese kleinste nordamerikanische Nachtschwalbe ist meist nachts an Straßenrändern zu sehen, wo sie im Flug Insekten fängt, manchmal aber auch vom Boden aufnimmt. Mit ihrem kurzen Schwanz und den kurzen Flügeln erinnert sie dabei an eine große Motte. Über die Kehle zieht sich ein weißes Band, das Männchen zeigt eine ausgedehntere weiße Schwanzspitze als das Weibchen. In Amerika heißt der Vogel nach seinem einfachen zweisilbigen Pfeifgesang «Poorwill».

Im Winter verfallen die Vögel teilweise in eine an den Winterschlaf erinnernde Kältestarre, was für Vögel sehr ungewöhnlich ist.

Schwarzkehl-Nachtschwalbe 7

Caprimulgus vociferus

VERBREITUNG: S-Kanada und O USA, auch von SW USA bis Honduras; überwintert von Mexiko bis Panama
LEBENSRAUM: Offene Nadel- und Mischwälder, Bergwälder
GRÖSSE: 25 cm

Bei der Balz wiederholt das Männchen immer wieder einen Ruf, der wie *whip-poor-will* klingt und der Art den amerikanischen Namen gegeben hat. Wie ihre Verwandten jagt auch die Schwarzkehl-Nachtschwalbe in der Dämmerung und bei Nacht im Flug nach Insekten, meist dicht über dem Boden und mit weit geöffnetem Schnabel. Das Männchen zeigt neben der anderen nordamerikanischen Arten fehlenden ausgedehnt schwarzen Kehle auch sehr viel Weiß im Schwanz.

Schwarzkehl-Nachtschwalben stimmen oft ihr Brutgeschäft auf den Vollmond ab, wahrscheinlich um die Jagd während der Periode der Jungenfütterung zu erleichtern. Die Eier werden direkt auf den nackten Boden gelegt.

Ziegenmelker 8

Caprimulgus europaeus

VERBREITUNG: Europa, N-Afrika, W- und Mittelasien; überwintert in Afrika
LEBENSRAUM: Heide, Moore, Waldränder
GRÖSSE: 28 cm

Wie die anderen Mitglieder der Familie verrät sich auch der Ziegenmelker am ehesten durch seinen Gesang. Das Männchen sitzt an einer exponierten Stelle und läßt minutenlang ein monotones, hölzernes Schnurren hören und wirft sich flügelklatschend in die Luft. Das Männchen unterscheidet sich vom Weibchen durch weiße Flecken auf den Handschwingen und an der Schwanzspitze.

Der winzige Schnabel der Nachtschwalben läßt den breiten Rachen nicht einmal erahnen. Der Schnabelwinkel ist zusätzlich mit breiten Borsten besetzt, die wie ein Käscher wirken, wenn im geschickten, wendigen Flug nachts fliegende Insekten erbeutet werden. Tagsüber sitzt der Ziegenmelker auf dem Boden oder in Längsrichtung flach auf einem Ast, von dem er sich farblich kaum abhebt.

Fahnennachtschwalbe 9

Macrodipteryx longipennis

VERBREITUNG: Tropisches Afrika
LEBENSRAUM: Offener Wald
GRÖSSE: 28 cm

Die zweite Handschwinge dieser Nachtschwalbe ist beim Männchen im Prachtkleid um 45-53 cm verlängert und trägt eine Fahne, die der Balz dient. Im langsamen, flatternden Balzflug stehen die Fahnen fast senkrecht hoch. Die Männchen sind polygam und kümmern sich nicht um die Bebrütung der Eier. Meist brechen die Fahnen bald ab, so daß die Männchen weniger auffällig sind. Auch die nah verwandte afrikanische Flaggennachtschwalbe *S. vexillarius* trägt stark verlängerte zweite Handschwingen, die aber gleichmäßig breit sind.

Scherenschwanz-Nachtschwalbe 10

Hydropsalis brasiliana

VERBREITUNG: O-Peru, Brasilien S des Amazonas, Uruguay, N- und Zentralargentinien
LEBENSRAUM: Wald im Flachland, trockener Wald, Lichtungen
GRÖSSE: Männchen 51 cm, Weibchen 30 cm

Bei der Scherenschwanz-Nachtschwalbe sind die mittleren und äußeren Steuerfedern beim Weibchen leicht, beim Männchen aber ganz extrem verlängert. Wahrscheinlich spielen diese Spieße bei der Balz eine Rolle, doch ist über die Lebensweise dieser Art nichts bekannt. Sie jagt nachts niedrig über dem Boden nach Insekten.

FAMILIE APODIDAE SEGLER

Kleine bis mittelgroße, langflügelige, an den Insektenfang und das Luftleben extrem angepaßte Vögel mit kurzen, aber breiten Schnäbeln und kurzen Beinen mit kräftigen Zehen, die das Festklammern an senkrechten Oberflächen erlauben. Gefieder braun oder schwarz mit weißen Abzeichen, Geschlechter gleich gefärbt. Nest entweder napfförmig aus mit Speichel zusammengeklebtem Material an Felswänden, Ästen oder Blättern oder in Felsspalten, Baumhöhlen oder Gebäudenischen. 1-6 weiße Eier werden 17-28 Tage bebrütet, Nestlingszeit 34-72 Tage. 92 Arten.

Schwarzsegler 11

Nephoecetes niger

VERBREITUNG: W Nordamerika von Alaska bis Kalifornien und Mittelamerika S bis Costa Rica, Westindische Inseln; Überwintert im tropischen Amerika
LEBENSRAUM: Berge
GRÖSSE: 18 cm

Von den in Nordamerika brütenden Seglern ist der einfarbige Schwarzsegler der größte und seltenste. Wie alle Segler jagt er im Flug nach Insekten, bei schlechtem Wetter dicht über dem Boden, bei gutem Wetter oft außerhalb der Sichtweite in großer Höhe. Er brütet an Felsen und in Schluchten und wählt als Schutz vor Räubern oft Nistplätze hinter einem Wasserfall, die er nur erreichen kann, wenn er durch das herabstürzende Wasser fliegt.

Weißnestsalangane 12

Aerodramus fuciphagus

VERBREITUNG: Malaysia, Indonesien
LEBENSRAUM: Tropischer Wald mit Höhlen, Kalksteingebiete, Sandsteinklippen am Meer
GRÖSSE: 10 cm

Weißnestsalanganen brüten in gewaltigen Kolonien in großen, dunklen Felshöhlen, in denen sie sich durch Echolot orientieren. An die Wände kleben sie ihre fast nur aus getrocknetem Speichel gebildeten Napfnester. Diese werden in großen Mengen gesammelt und in chinesischen Restaurants als Spezialität verkauft (Schwalbennestersuppe).

Eilsegler 13

Hirundapus gigantea

VERBREITUNG: W-Indien, Südostasien, Indonesien
LEBENSRAUM: Bewaldete Täler, Lichtungen
GRÖSSE: 21 cm

Trotz seines massigen Körpers gehört der Eilsegler zu den schnellsten Vögeln der Erde und verbringt die meiste Zeit seines Lebens in der Luft, wo er Insekten fängt und sich sogar im Flug paart.

Das Nest wird in einer Felshöhle oder in einem hohlen Baum aus mit Speichel zusammengeklebten Blättern, Federn und anderem im Flug gesammeltem Material angelegt.

Schornsteinsegler 14

Chaetura pelagica

VERBREITUNG: S-Kanada, O USA; überwintert in NO-Peru
LEBENSRAUM: Offene und bewaldete Regionen, Städte
GRÖSSE: 13 cm

Als besonders geselliger Vogel nistet und rastet der Schornsteinsegler oft in großen Kolonien von mehreren 1000 Vögeln, die sich wie Dachziegel überlappen können, früher in hohlen Bäumen, heute mehr in Belüftungsschächten und Schornsteinen.

Das Nest wird aus dünnen Zweiglein gebaut, die von den Vögeln im Flug aufgeschnappt werden. Bei der Balz werfen sich die Vögel mit angehobenen Flügeln in der Luft hin und her.

Weißbrustsegler 15

Aeronautes saxatilis

VERBREITUNG: Von SW-Kanada über W USA bis Guatemala, El Salvador
LEBENSRAUM: Berge, Canyons, Meeresklippen
GRÖSSE: 17 cm

Weißbrustsegler sind in Regionen mit Felsen, wo sie in den Spalten nisten können, sehr häufig und wurden schon in 4000 m Höhe brütend gefunden. Mit bis zu 6 Eiern sind die Gelege für Segler sehr groß. Aus dem nördlichen Teil des Verbreitungsgebietes ziehen die Vögel im Winter nach Mexiko.

Während der reißenden Flugjagd an Felswänden, Klippen oder hoch in der Luft stoßen sie wie die meisten Segler durchdringende, schrille Schreie aus.

SEGLER, BAUMSEGLER, KOLIBRIS

♂
♀
Balzflug
Moskitokolibri
♂
Prachtelfe
♀
♂
♀
T. c. townsendi
Kronennymphe
♂
♀
T. p. polytmus
Wimpelschwanz
♂
Glitzeramazilie
A. f. fimbriata
Topaskolibri
♀

SEGLER, BAUMSEGLER, KOLIBRIS

Kleiner Schwalbensegler 1

Panyptila cayennensis

VERBREITUNG: S-Mexiko bis Peru und Brasilien
LEBENSRAUM: In der Luft über verschiedenen Geländetypen
GRÖSSE: 13 cm

Durch den tief gegabelten Schwanz ist der Kleine Schwalbensegler unter den eigentlichen Seglern diejenige Art, die den Schwalben am ähnlichsten ist. Doch ist der Schwanz im hohen, schnellen, agilen, wenig zielgerichteten Flug meist geschlossen. Oft sieht man Einzelvögel oder Paare, aber manchmal gesellen sie sich zu Trupps anderer Seglerarten.

Als Nest dient eine lange, konische Röhre aus verfilzten Pflanzenfasern und Federn, mit Speichel zusammengeklebt und an einem Baumstamm oder einer Felswand befestigt. Daher wird die Art auch Fallrohrsegler genannt. Das Nest wird zum Brüten und Übernachten benutzt.

Palmensegler 2

Cypsiurus parvus

VERBREITUNG: Afrika S der Sahara, fehlt teilweise in Äthiopien, Somalia, S-Afrika
LEBENSRAUM: Luftraum nahe Palmen
GRÖSSE: 15 cm

Dieser schlanke, blaß braune Segler ist immer in der Nähe von Palmen zu finden, oft in großen Trupps und sogar mitten in Städten. Die Gruppen jagen auf langen, schmalen Flügeln in Baumwipfelhöhe kreisend nach Insekten und spreizen bei steilen Wendemanövern auch den tief gegabelten Schwanz.

Das Nest ist nicht viel mehr als ein kleines Polster aus Federn und Pflanzenfasern, die mit Speichel an die fast senkrechte Unterseite eines Palmwedels geklebt sind. Auch die beiden Eier werden angeklebt und von den senkrecht davor hängenden Altvögeln abwechselnd bebrütet. Die Jungvögel haben lange, gebogene Krallen, mit denen sie sich an den Palmwedeln festhalten können, wenn diese vom Wind heftig geschüttelt werden.

Alpensegler 3

Tachymarptis melba

VERBREITUNG: Mittelmeerraum (N bis Alpen), S- und O-Afrika, Mittel- und S-Asien bis Indien; überwintert in Afrika und Indien
LEBENSRAUM: Felsen, Gebirge, auch Städte
GRÖSSE: 22 cm

Der große, kraftvolle Alpensegler erinnert im reißenden Flug an einen Falken. Er brütet nicht nur in Felsspalten im Gebirge, sondern stellenweise auch an hohen Gebäuden in Städten, in Deutschland z.B. in Freiburg im Breisgau. Das Nest wird aus im Flug gesammelten Blättern, Samen und Federn mit Speichel zusammengeklebt und enthält 2-3 Eier. Durch die starke Bindung der Altvögel an den einmal gewählten Nistplatz kann es zu langer Gattentreue kommen. Der älteste beringte Alpensegler lebte noch nach 26 Jahren.

Mauersegler 4

Apus apus

VERBREITUNG: Europa, N-Afrika, Asien O bis N-China; überwintert in Afrika und Indien
LEBENSRAUM: Luftraum über verschiedenen Landschaften
GRÖSSE: 17 cm

Wohl kein Landvogel verbringt mehr Zeit in der Luft als der Mauersegler. Er frißt, trinkt, schläft und paart sich im Flug und setzt sich nur, um zu brüten und die Jungvögel zu füttern. Wenn die Segler reißend schnell durch Häuserschluchten fliegen, ist oft ihr schrilles *Srrieh* zu hören.

Sie brüten gerne kolonieartig in Mauernischen und unter Dächern. Die Eltern bringen den Jungvögeln täglich etwa 20000 Insekten und Spinnen (ca. 50 g), doch können diese längere Schlechtwetterperioden ohne Nahrung durch Herabsetzen ihrer Körpertemperatur überstehen. Mauersegler kehren erst Anfang Mai nach Mitteleuropa zurück und ziehen Anfang August bereits wieder nach Afrika.

FAMILIE HEMIPROCNIDAE BAUMSEGLER

Mittelgroße Segler mit tief gegabelten Schwänzen, die im Gegensatz zu eigentlichen Seglern gut sitzen können und ein helleres Gefieder haben. Männchen mit rostroten Wangen. Nest ein winziger, aus Pflanzenteilen mit Speichel an die Seite eines Zweigs geklebter Korb mit 1 weißen Ei. Bebrütungs- und Nestlingszeit unbekannt. 4 Arten.

Kronenbaumsegler 5

Hemiprocne coronata

VERBREITUNG: Indien bis Indochina
LEBENSRAUM: Offene Wälder, Lichtungen, Gärten
GRÖSSE: 15 cm

Während die eigentlichen Segler die meiste Zeit ihres Lebens in der Luft verbringen, sieht man Baumsegler öfter aufrecht auf kahlen Zweigen sitzen und sich putzen. In mancherlei Hinsicht ähneln sie den überhaupt nicht mit ihnen verwandten Schwalben. So haben sie neben dem langen, tief gegabelten Schwanz auch einen schwalbenähnlichen Flug und die Angewohnheit, von einer Warte aus vorbeifliegende Insekten zu erhaschen.

Kronenbaumsegler brüten nicht in Kolonien, sondern in Einzelpaaren. Das winzige Nest wird vom einzigen Ei ganz ausgefüllt, und die Altvögel sitzen beim abwechselnden Brüten nicht auf dem Nest, sondern auf dem Zweig, an das es geheftet ist.

Gelegentlich werden der Kronenbaumsegler und der Haubenbaumsegler *H. longipennis* aus Südostasien als eine Art betrachtet, doch hat letzterer einen grün schillernden Kopf und Mantel und kürzere Schwanzspieße.

FAMILIE TROCHILIDAE KOLIBRIS

Sehr kleine, schlankschnäbelige Nektarfresser, die in der Luft auf der Stelle rütteln und rückwärts fliegen können. Brillantes, oft bunt schillerndes Gefieder, Männchen meist leuchtender, manchmal mit verlängerten Steuerfedern. 1-2 weiße Eier werden in napfförmigem Nest meist an waagerechtem Zweig 14-23 Tage bebrütet, Küken bleiben 18-38 Tage im Nest. Oft als eigene Ordnung Trochiliformes behandelt. Etwa 335 Arten.

Langschwanzeremit 6

Phaethornis superciliosus

VERBREITUNG: O-Mexiko bis Bolivien und Mittelbrasilien
LEBENSRAUM: Unterholz von Wäldern im Flachland, hoher Sekundärbewuchs
GRÖSSE: 15 cm

Einige Kolibris heißen Eremiten, da sie sich im dunklen Unterwuchs tropischer Wälder versteckt halten, wo sie an Wasserläufen entlang regelmäßige Routen abfliegen. Der sehr lange, abwärts gebogene Schnabel ermöglicht es dem Langschwanzeremit, Nektar aus sehr großen Blüten wie z.B. von Passionsblumen zu holen, doch sammelt er damit auch Insekten und Spinnen von Blättern und Spinnweben ab.

Die Männchen sammeln sich an Balzplätzen und singen um die Wette, um Weibchen anzulocken. Meist paaren sich die besten Sänger mit allen verfügbaren Weibchen. Diese bauen aus

Pflanzenfasern und Spinnweben ein tiefes, napfförmiges Nest unter die herabhängende Spitze eines großen Blattes oder Palmwedels.

Rotbaucheremit 7

Phaethornis ruber

VERBREITUNG: SO-Kolumbien und S-Venezuela bis N-Bolivien und S-Brasilien
LEBENSRAUM: Unterwuchs feuchter Wälder, Waldränder, Sekundärwald, Gebüsch
GRÖSSE: 9 cm

Wie andere Eremiten fliegt auch dieser kleine Kolibri lieber eine Route mit Nahrungsquellen ab, als daß er ein festes Nahrungsrevier besetzt. Auf der Unterseite großer Blätter pickt er nach Insekten und besucht nektarhaltige Blüten. Er hat einen insektenähnlich schnellen Flügelschlag, bei dem ein für alle Kolibris typisches summendes Geräusch erzeugt wird. Daher heißen die Kolibris in Amerika «Hummingbirds», was übersetzt Summvögel bedeutet.

Mehrere Männchen tragen ihren Gesang gleichzeitig an einem Balzplatz vor. Die schrillen, ständig wiederholten Rufe locken die Weibchen an, die sich mit den Männchen ihrer Wahl paaren und dann nahe am Boden keulenförmige Nester an die Spitzen von Palmwedeln bauen.

Adlerschnabel 8

Eutoxeres aquila

VERBREITUNG: Costa Rica bis W-Ecuador und NO-Peru
LEBENSRAUM: Waldunterwuchs, Waldrand, Sekundärvegetation
GRÖSSE: 13 cm

Mit seinem stark abwärts gekrümmten Schnabel ist dieser Kolibri darauf spezialisiert, in die gebogenen Blütenkelche nektarhaltiger Pflanzen einzudringen. Meist frißt er an herabhängenden Blüten und klammert sich mit seinen kräftigen Zehen an ihnen fest, während er den Nektar saugt. Dabei kommt er zwangsläufig mit Pollen in Berührung, den er dann zu anderen Blüten trägt und so zur Bestäubung beiträgt.

Viele tropische Pflanzen vertrauen bei der Bestäubung auf Kolibris. Im Falle des Adlerschnabels erweckt die genaue Paßform des Schnabels in die gebogenen Blüten den Anschein, daß Vogel und Pflanze sich gemeinsam entwickelt und aneinander angepaßt haben. So ist für die Pflanze eine Bestäubung garantiert, und der Adlerschnabel hat eine exklusive Nektarquelle, die anderen Kolibris verschlossen bleibt.

Purpurdegenflügel 9

Campylopterus hemileucurus

VERBREITUNG: S-Mexiko bis W-Panama
LEBENSRAUM: Im Unterwuchs und am Rand von Bergwäldern, besonders an Wasserläufen
GRÖSSE: 15 cm

Das glitzernd violette Gefieder des Männchens und die verdickten, abgeflachten Schäfte der beiden äußeren Handschwingen gaben diesem großen, eleganten Kolibri den Namen. Das Weibchen ist überwiegend grau und, für Kolibris ungewöhnlich, kleiner. Trotz seines Namens ist der Purpurdegenflügel weniger aggressiv als andere Kolibris und besetzt selten Nahrungsreviere. Besonders häufig ist er in Bananenplantagen, da er den Nektar von Bananenblüten sehr schätzt. Durch sein explosives Zwitschern ist er leicht zu orten.

Während der 6 Monate dauernden Brutsaison treffen sich die Männchen an Balzplätzen und singen um die Weibchen. Jedes sitzt auf der Spitze eines jungen Baums und äußert in gleichmäßigem Abstand durchdringende Töne. Das Weibchen baut das napfförmige Nest allein.

Moskitokolibri 10

Chrysolampis mosquitus

VERBREITUNG: Trinidad, Tobago, N und mittleres Südamerika
LEBENSRAUM: Trockenes, offenes Gelände, Gärten, Flachland bis in 1750 m Höhe
GRÖSSE: 9 cm

Der auf Trinidad und Tobago häufige und hübsche Moskitokolibri wurde im vorigen Jahrhundert zu Tausenden getötet, als viele Kolibris zur Verzierung von Damenhüten oder als Zimmerschmuck gesammelt wurden. Die unscheinbaren Weibchen entgingen diesem Schicksal.

Während des spektakulären Balzflugs umkreist das glitzernde Männchen mit gespreiztem Schwanz und gesträubten Scheitelfedern sein Weibchen. Zu dieser Zeit ist es so aggressiv, daß es sogar Greifvögel attackiert. Das Nest ist ein winziger, mit Flechten getarnter Napf.

Prachtelfe 11

Lophornis magnifica

VERBREITUNG: Mittel- und S-Brasilien
LEBENSRAUM: Wald, Gebüsch, Parklandschaft
GRÖSSE: 7 cm

Alle Kolibris der Gattung *Lophornis* sind durch Hauben geziert, doch ist die männliche Prachtelfe besonders hübsch. Während der Balz tanzen beide Partner rüttelnd in der Luft auf und ab. Das Weibchen baut in niedriger Vegetation ein einfaches Napfnest und wickelt die Fasern des Bodens und einer Seite zur Befestigung um einen Zweig.

Kronennymphe 12

Thalurania colombica

VERBREITUNG: Mexiko bis Kolumbien, W-Venezuela
LEBENSRAUM: Feuchter Wald und Waldrand der Ebenen und Vorberge
GRÖSSE: Männchen 10 cm, Weibchen 8 cm

Die einzelgängerische Kronennymphe ist so neugierig und furchtlos, daß sie bei Annäherung eines Beobachters oft direkt vor ihm in der Luft rüttelt. Von den 6 Unterarten ist die von Ostguatemala bis ins südöstliche Honduras lebende *T. c. townsendi* abgebildet. Früher wurden die Kronennymphen als Unterarten der von Südkolumbien bis Ostbolivien und Paraguay in 17 Unterarten vorkommenden Schwalbennymphe *T. furcata* betrachtet.

Weibchen sind kleiner als Männchen, was für Kolibris ungewöhnlich ist. Geringe Größe hat den Nachteil, daß zur Aufrechterhaltung der Körpertemperatur so viel Energie nötig ist, daß die Vögel täglich eine Nahrungsmenge bis zur Hälfte ihres eigenen Körpergewichts aufnehmen müssen. Nachts senken Kolibris daher oft die Körpertemperatur und erstarren (Torpidität), um erst beim Ansteigen der Lufttemperatur am folgenden Morgen wieder warm zu werden.

Wimpelschwanz 13

Trochilus polytmus

VERBREITUNG: Subtropisches Jamaika
LEBENSRAUM: Halbtrockenes Flachland und Berge, Gärten
GRÖSSE: 25 cm

Mit seinem grün schillernden Gefieder und den 15 cm langen Schwanzspießen ist der männliche Wimpelschwanz der spektakulärste Kolibri Jamaikas. Während der Balz fliegt er rhythmisch zirpend vor dem Weibchen auf und ab oder schwenkt in seiner Nähe sitzend den Schwanz seitwärts. Während andere Kolibris durch Waldzerstörung bedroht sind, hat der Wimpelschwanz seit der Waldrodung auf Jamaika zugenommen.

Im tropischen Ostteil der Insel lebt der nahe verwandte Schwarzschnabel-Wimpelschwanz *T. scitulus*, der sich bei ähnlicher Färbung durch andere Habitatansprüche und einen ganz schwarzen Schnabel unterscheidet.

Glitzeramazilie 14

Amazilia fimbriata

VERBREITUNG: N-Südamerika O der Anden S bis Bolivien und S-Brasilien
LEBENSRAUM: Sekundärgebüsch, Waldränder bis in 500 m Höhe
GRÖSSE: 8 cm

Von der gerne auf kahlen Zweigen sitzenden Glitzeramazilie hört man einen sanften Ruf, der wie das beim Zusammenschlagen zweier Kieselsteine entstehende Geräusch klingt. Das Nest steht meist niedrig, oft weniger als 1 m über dem Boden, in einer Astgabel. In Surinam scheinen die Vögel das ganze Jahr über zu brüten. Die abgebildete Unterart *A. f. fimbriata* lebt in Französisch Guyana, Südvenezuela und Ostbrasilien.

Topaskolibri 15

Topaza pella

VERBREITUNG: Guyana, SO-Venezuela, NO-Brasilien, O-Ecuador
LEBENSRAUM: Regenwald
GRÖSSE: Männchen 20 cm, Weibchen 18 cm

Bei dieser relativ großen Art machen 2 lange, nach innen gebogene Steuerfedern mehr als ein Drittel der Gesamtlänge des atemberaubend bunten Männchens aus. Mit ihren relativ kurzen Schnäbeln sind Topaskolibris weniger spezialisiert als die langschnäbeligen Arten und suchen bei den verschiedensten Blüten nach Nektar, fangen aber auch Insekten. Ihre Rufe sollen an ein Küken erinnernd wie *piep piep* klingen.

KOLIBRIS

♂
♀
Andenkolibri
O. e. estella
♂
Riesenkolibri
♂
C. t. torquata
Schwertschnabel
Krawattenmusketier
♂
♀
♂
♀
Chilekolibri
♂
♀
♂
Bronzeschneehöschen
Schwarzschwanzlesbia

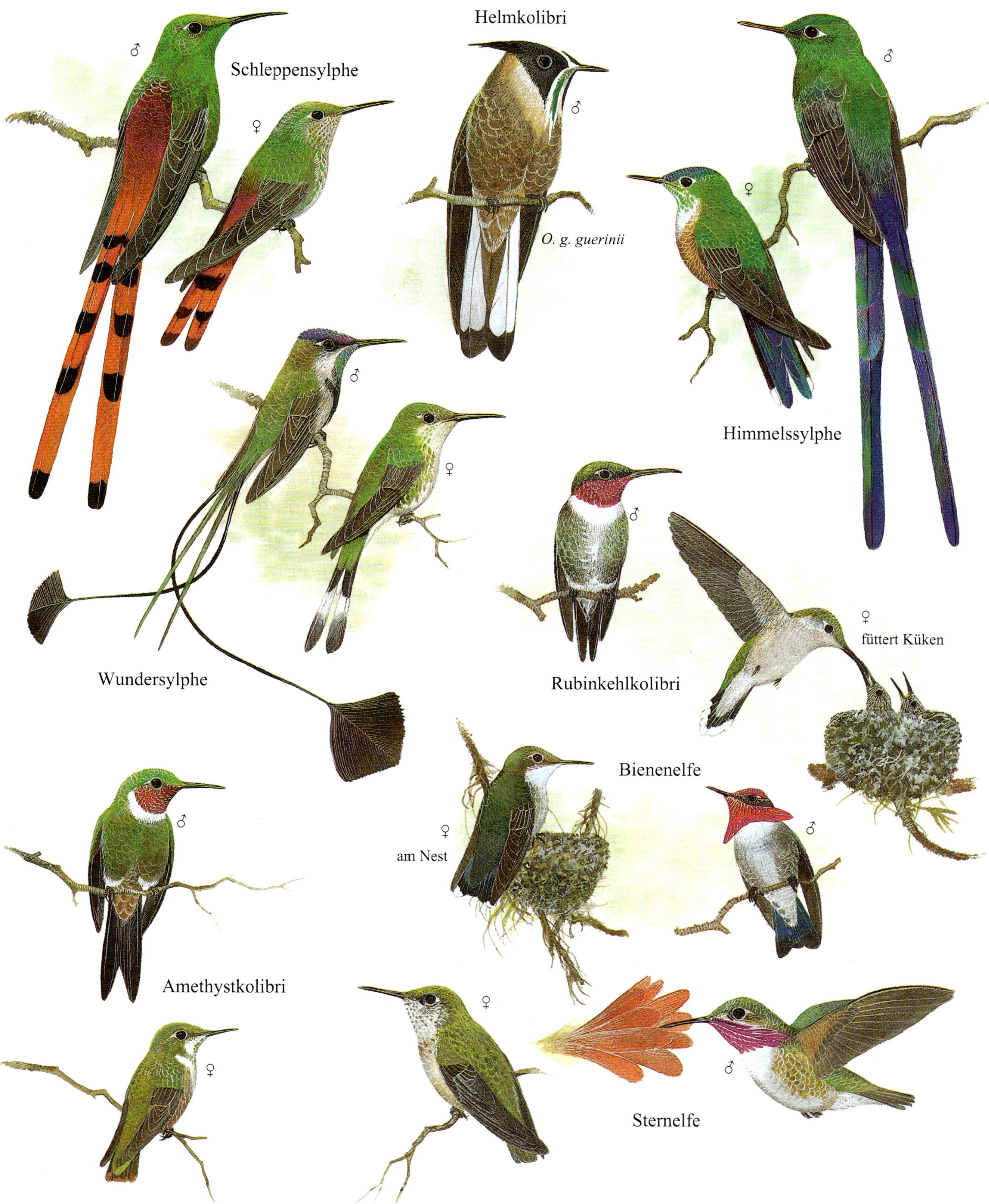
Helmkolibri
♂
O. g. guerinii
♂
Schleppensylphe
♀
♂
♀
Himmelssylphe
♂
♀
Wundersylphe
♂
Rubinkehlkolibri
♀
füttert Küken
Bienenelfe
♀
am Nest
♂
♂
Amethystkolibri
♀
♀
♂
Sternelfe

KOLIBRIS

Andenkolibri 1

Oreotrochilus estella

VERBREITUNG: Anden von Ecuador bis Argentinien, Chile und N-Peru
LEBENSRAUM: Felsschluchten, Hochflächen, niedriges Gebüsch mit Gras
GRÖSSE: 13 cm

In rauhem Klima mit spärlicher Vegetation lebt in über 4000 m Höhe der kleine Andenkolibri. Die abgebildete Unterart *O. e. estella* kommt von Südperu bis Nordchile und Nordwest-Argentinien vor. Die Männchen einiger anderer Unterarten, z.B. *O. e. chimborazo* vom Mount Chimborazo in Ecuador, zeigen ein anderes Kopfmuster. Wie einige andere Arten kann auch der Andenkolibri in eine Torpor genannte Kältestarre verfallen, um im kalten Klima seiner unfreundlichen Umwelt zu überleben.

Andenkolibris rütteln weniger vor Blüten, sondern halten sich vielmehr mit ihren unverhältnismäßig großen Füßen an ihnen fest. Weibchen fressen nahe den Brutplätzen in den Schluchten mit vielen Blüten, während Männchen eher in offenem Gelände nach Nahrung suchen, wo die Blumen weniger konzentriert stehen. Zur Balz müssen sie also in Umkehrung des für die meisten Kolibris geltenden Prinzips in die von den Weibchen bewohnten Gebiete fliegen.

Die Nester sind zum Schutz vor dem Wetter von hängemattenähnlicher Struktur und mit Moosen, Flechten und Pflanzenfasern dicht isoliert. Die 2 weißen Eier werden 20 Tage bebrütet, und die Jungvögel verlassen das Nest nach 22-38 Tagen, kehren aber zum Schlafen noch einige Zeit dorthin zurück.

Riesenkolibri 2

Patagona gigas

VERBREITUNG: Anden von Ecuador bis Chile und Argentinien
LEBENSRAUM: Gebüsch und flußbegleitender Wald im Gebirge, kultivierte Flächen
GRÖSSE: 19-20 cm

Der Riesenkolibri ist der größte aller Kolibris. Im Flug erinnert er tatsächlich an einen großen Segler mit langem Schnabel. Beim Rütteln vor Blüten sind seine Flügelschläge langsamer als bei anderen Kolibris, und gelegentlich gleitet er ein kurzes Stück.

Die 2 Eier werden in einem winzigen Nest auf einem breiten Ast bebrütet, die Jungvögel mit herausgewürgtem Nektar und Insekten gefüttert.

Krawattenmusketier 3

Coeligena torquata

VERBREITUNG: NW-Venezuela bis N-Bolivien
LEBENSRAUM: Feuchte bis nasse Bergwälder, gebüschreicher Waldrand
GRÖSSE: 15 cm

Niedrig im Unterwuchs und am Waldrand rüttelt der Krawattenmusketier lange vor herabhängenden Blüten an Kletterpflanzen und jagt Insekten, die von gemischten Waldvogeltrupps aufgescheucht worden sind. Die abgebildete Unterart *C. t. torquata* bewohnt Kolumbien und Ostecuador, andere Unterarten weichen in der Scheitel-, Rücken- und Unterseitenfärbung ab.

Bei der Nahrungssuche fliegen die Vögel stumm bestimmte Routen ab, statt ein Territorium zu verteidigen. Die Brutzeit fällt in das Frühjahr und den Sommer, doch wurde auch im November ein Nest gefunden.

Schwertschnabel 4

Ensifera ensifera

VERBREITUNG: Venezuela bis N-Bolivien
LEBENSRAUM: Feuchte Bergwälder, Waldrand, verbuschte Berghänge
GRÖSSE: 25 cm

Das bevorzugte Jagdgebiet des Schwertschnabels liegt in der mittleren und oberen Baumregion. Sein außergewöhnlicher Schnabel, fast so lang wie der gesamte Körper, verschafft ihm Zugang zu langen Blütenkelchen, z.B. von *Datura* und *Passiflora*.

Im Sitzen wird der Schnabel steil nach oben gehalten, wohl weil Hals und Körper das Gewicht sonst nicht tragen könnten. Als Ruf ist ein tiefes, gutturales *Trrr* zu hören. Das Moosnest des Schwertschnabels wird hoch in Bäumen zwischen den Wurzeln von Epiphyten, z.B. Bromelien, errichtet.

Chilekolibri 5

Sephanoides sephanoides

VERBREITUNG: Chile und W-Argentinien; überwintert bis O-Argentinien
LEBENSRAUM: Gebüsch und Gärten
GRÖSSE: 11 cm

Der Nektar von *Escallonia serrata* und die wachsweißen Blüten von *Pernettya mucronota* ziehen diesen häufigen Kolibri besonders an, doch sucht er auch die Köpfe von Yuccapalmen nach Insekten ab und ergreift winzige Insekten im Flug. Das Männchen äußert einen zwitschernden Gesang und ein hohes *Tsii*, oft von einem metallischen Klingeln gefolgt.

Der Flug des Chilekolibris ist relativ langsam, und manchmal faltet er die Flügel zusammen, um sich etwa 30 cm fallen zu lassen, bevor er wieder zu schwirren beginnt.

Bronzeschneehöschen 6

Eriocnemis vestitus

VERBREITUNG: NW-Venezuela und Kolumbien bis O-Ecuador und N-Peru
LEBENSRAUM: Rand von hohen Gebirgswäldern, Gebüsch
GRÖSSE: 9 cm

Sieht man diesen Vogel unter guten Lichtverhältnissen, scheint sein Gefieder besonders auf den Oberschwanzdecken regelrecht zu glühen. Die Beine sehen aus, als wären sie mit weißer Watte umwickelt. Auch die verwandten Arten tragen diese Hosen, teilweise in anderen Farben.

Das Bronzeschneehöschen lebt einzelgängerisch und ist so unduldsam, daß es potentielle Konkurrenten von den Blüten vertreibt, aus denen es selbst rüttelnd oder sich kurz anhängend Nektar saugen möchte.

Schwarzschwanzlesbia 7

Lesbia victoriae

VERBREITUNG: Kolumbien und Ecuador bis S-Peru
LEBENSRAUM: Grashänge und Gebüsch, obere subtropische und gemäßigte Andenregion
GRÖSSE: Männchen bis 25 cm, Weibchen bis 14 cm

Im trockeneren Hochland lebt die Schwarzschwanzlesbia, in niedrigeren Lagen wird sie durch die Grünschwanzlesbia *L. nuna* ersetzt. Sie sucht den Blütennektar von Blumen, Büschen und Bäumen, also vertikal in verschiedenen Höhenstufen. Während der Nahrungssuche sind hohe *Tzip*-Laute zu hören, der Gesang ist ein abfallender Triller.

Der tief gegabelte Schwanz ist beim Männchen sehr viel länger als beim Weibchen und macht manchmal mehr als die Hälfte der Gesamtlänge aus. Während der Balz wird das Weibchen vom Männchen mit weit gespreiztem Schwanz verfolgt. Dabei ist ein Geräusch zu hören, daß wie das Aufreißen von Stoff klingt. Das Nest ist ein breiter, offener Napf.

Schleppensylphe 8
Sappho sparganura

VERBREITUNG: Anden in Bolivien, Chile und W-Argentinien
LEBENSRAUM: Gebüsch und Gestrüpp auf Hochflächen
GRÖSSE: 20 cm

Schleppensylphen suchen oft gemeinsam mit anderen Kolibris nach Nektar. Die roten Blüten des Buschparasiten *Psitacanthus cuneifolius* ziehen sie besonders an. Zwischen den Nahrungsflügen rasten sie in der Sonne, um Energie zu sparen. Wenn ein anderes Männchen auftaucht, wird es mit *Tschit-it*-Rufen verfolgt. Im Flug spreizen beide Geschlechter den langen, tief gegabelten, rot schillernden Schwanz, sitzend schlagen sie ihn nervös auf und ab.

Das aus Pflanzenfasern und Moos gewebte, oft mit Haaren ausgelegte Nest wird an einer geschützten Stelle an einem Baum, Felsen oder einer Wand angelegt.

Helmkolibri 9
Oxypogon guerinii

VERBREITUNG: NW-Venezuela, Mittel- und N-Kolumbien
LEBENSRAUM: Verbuschte oder grasbestandene Hänge oberhalb von 3000 m Höhe
GRÖSSE: 11 cm

Dem weiblichen Helmkolibri fehlen die einzigartige Haube und der weiße Bartstreif des Männchens. Beide Geschlechter sind gut getarnt und heben sich kaum von ihrem offenen Lebensraum ab. Bei der abgebildeten Unterart *O. g. guerinii* aus Ostkolumbien trägt das Männchen einen weißen Bart mit schwarzem, grün begrenztem Mittelstreif.

Helmkolibris rütteln oder landen kurz vor niedrigen Blütenpflanzen, um Nektar zu saugen oder Insekten aufzupicken. Außerhalb der Blütezeit sind sie manchmal auf Grasmatten laufend oder mit kurzen Rüttelflügen hüpfend zu sehen, um dort Insekten zu suchen.

Die dicken, tiefen Napfnester werden an Felsklippen, Steilkanten oder Ästen des Strauchs *Espeletia* befestigt und wurden im Juli und September gefunden, ein gerade flügger Jungvogel einmal im Dezember.

Himmelssylphe 10
Aglaiocercus kingi

VERBREITUNG: Venezuela, Kolumbien, Ecuador, Peru und Bolivien
LEBENSRAUM: Von 900-3000 m Höhe in tropischem und subtropischem, feuchtem Wald und in Gebüsch, Gärten und Plantagen
GRÖSSE: Männchen 18 cm, Weibchen 10 cm

Die Himmelssylphe sucht am Waldrand in nahezu jeder Höhe und in offenem Gelände nach Nahrung. Dabei fliegt sie regelmäßig eine bestimmte Route innerhalb ihres Reviers ab und schließt sich in den Baumkronen manchmal anderen Kolibris an. Sie sammelt Nektar und Insekten, indem sie vor den Blüten rüttelt oder sich kurz setzt. Manchmal fliegt sie blitzartig hinter einem Insekt her und kann dabei eine Geschwindigkeit von 50-75 Stundenkilometern erreichen.

Das überdachte Nest aus Moos und Pflanzenfasern hat einen seitlichen Eingang und wird an einem belaubten Zweig befestigt. Die Brutzeit erstreckt sich von Februar bis Oktober.

Wundersylphe 11
Loddigesia mirabilis {B}

VERBREITUNG: Anden in N-Peru
LEBENSRAUM: Subtropischer Wald und Gebüsch
GRÖSSE: Männchen 29 cm, Weibchen 10 cm

Während die meisten Kolibris 10 Steuerfedern haben, sind bei der Wundersylphe nur 4 Steuerfedern voll entwickelt. Das äußere Paar ist beim Männchen mit spatelförmigen Verbreiterungen an den Spitzen der langen, kahlen, sich überkreuzenden Schäfte phantastisch ausgebildet.

Bei der Balz fliegt das Männchen vor dem Weibchen vorwärts und rückwärts, wobei die schillernde Kehle dann von den dekorativen Steuerfedern eingerahmt wird.

Sonst ist über diese Art nur wenig bekannt. Sie kommt nur sehr lokal in der Chachapoyas-Region Perus östlich des Rio Utcubamba zwischen 2300 und 2600 m Höhe vor.

Rubinkehlkolibri 12
Archilochus colubris

VERBREITUNG: O-Nordamerika von S-Kanada bis Florida und Texas; im Winter Mexiko bis NW-Costa Rica
LEBENSRAUM: Waldland, Gärten
GRÖSSE: 9 cm

Um sein Winterquartier in Mittelamerika zu erreichen, vollbringt der winzige Rubinkehlkolibri alljährlich die Leistung, quer über den Golf von Mexiko zu fliegen. Wie bei allen nordamerikanischen Kolibris ziehen die Männchen schon gegen Ende der Brutzeit fort, die Weibchen erst, sobald die Jungvögel flügge sind, die dann als letzte allein abziehen.

Männchen verteidigen mit stark ritualisierten, pendelnden Balzflügen nektarreiche Brutreviere, Weibchen den engeren Nistplatz. Auch außerhalb der Brutzeit werden Nektarquellen von beiden Geschlechtern vehement verteidigt. Rubinkehlkolibris sind das ganze Jahr über ungesellig und bilden auch keine festen Paare. Das Weibchen ist für den Bau des winzigen, gern in Wassernähe gelegenen Nests aus Spinnweben und Pflanzenwolle, die Bebrütung der 2 weißen Eier und die Aufzucht der Jungen allein zuständig.

Amethystkolibri 13
Calliphlox amethystina

VERBREITUNG: Südamerika O der Anden bis S-Peru, N-Bolivien, Paraguay, NO-Argentinien
LEBENSRAUM: Tropischer Wald, Gebüsch, Savanne, Grasland
GRÖSSE: 6-8 cm

Der Amethystkolibri gehört zu den kleinsten Arten, und Weibchen sind noch kleiner als Männchen. Innerhalb seines Verbreitungsgebiets besiedelt er nahezu alle Lebensräume, meidet aber den Regenwald.

Auch diese Art lebt einzelgängerisch, sucht Blüten von Büschen und Bäumen nach Nektar und Insekten ab, steigt dabei in die Baumwipfel hinauf und rastet oft in großer Höhe. Der Amethystkolibri führt bis zu 80 Flügelschläge pro Sekunde aus, wodurch ein typisches insektenähnliches Summen erzeugt wird. Bei der Balz schwingt das Männchen in der Luft wie ein Pendel vor dem Weibchen vor und zurück. Das kleine Napfnest aus Pflanzenfasern und Daunen wird meist auf einen kleinen Ast gesetzt.

Bienenelfe 14
Calypte helenae {B}

VERBREITUNG: Kuba und Isla de Pinos
LEBENSRAUM: Wald und Waldrand, Gärten, gelegentlich in offenerem Gelände
GRÖSSE: 6 cm

Von allen Vögeln der Erde ist die Bienenelfe die kleinste. Das Männchen ist sogar noch etwas kleiner als das Weibchen. Der Körper selbst ist nur 1,25 cm lang, der Rest der Gesamtlänge entfällt auf Schnabel und Schwanz. Der ganze Vogel wiegt nur 2 g - selbst einige große Käfer sind um das Zwanzigfache schwerer! Auch die Eier sind nur 6,35-11,4 mm lang.

Obwohl die Bienenelfe in den verschiedensten Gebieten von der Küste bis in die Berge zu finden ist und vom Boden bis in die Baumkronen die Blüten nach Nektar absucht, ist sie dennoch selten und nur lokal anzutreffen. Sie rastet gerne auf kleinen, kahlen Ästen hoch über dem Boden. Die winzigen Flügel werden im Rüttelflug mit einer Frequenz von 50-80 Schlägen pro Sekunde bewegt. Beim Rütteln vor einer Blüte wird der Körper waagerecht gehalten, bei den meisten anderen Kolibris dagegen senkrecht, wie auch bei der häufigsten Art Kubas, dem Kubakolibri *Chlorostilbon ricordii*. Die winzige Bienenelfe ist manchmal kaum von Insekten zu unterscheiden, zumal auch ihre Stimme insektenartig hoch ist.

Sternelfe 15
Stellula calliope

VERBREITUNG: W-Nordamerika von SW-Kanada bis N-Niederkalifornien; überwintert in SW-Mexiko
LEBENSRAUM: Bergwiesen, Ränder von Nadelwäldern
GRÖSSE: 8 cm

Die Sternelfe ist der kleinste Vogel Nordamerikas. Im zeitigen Frühjahr heimziehende Vögel folgen der Pazifikküste, da die hohen Berge noch schneebedeckt sind. Während des Wegzugs im Spätsommer ziehen die Vögel aber an den Gebirgskämmen entlang und ernähren sich vom Nektar der späten Bergblumen.

Männchen bilden Territorien um ihre bevorzugten Nahrungsquellen und verteidigen diese gegen Konkurrenten mit weiten, U-förmigen Flugspielen, wobei die purpurfarbenen Kehlfedern im Sonnenlicht metallisch glänzen. Die Territorien der Weibchen haben das meist in einem Baum am Waldrand gebaute kleine Nest aus Pflanzenwolle und Spinnweben zum Mittelpunkt. Nach 15 Tagen schlüpfen die Jungen aus den 2 Eiern und werden 20 Tage allein vom Weibchen gefüttert, bis sie flügge sind. Sobald sie sich selbständig ernähren können, verscheucht das Weibchen sie von den eigenen Nektarquellen.

MAUSVÖGEL, TROGONE, EISVÖGEL

♂
♀
Jungferntrogon
♀
Bergtrogon
♂
♂
Orangenbrust-
trogon
♀
Gürtelfischer
♂
♀
A. a. ispida
♂
A. a. hispidoides
in Nisthöhle
Eisvogel
Natalzwergfischer
♂
Nest in
Termitenkolonie
Götzenliest
T. g. doris
Zügelliest
Spatelliest
T. g. galatea

MAUSVÖGEL, TROGONE, EISVÖGEL

FAMILIE COLIIDAE MAUSVÖGEL

Kleine, gesellige Vögel mit langen, zugespitzten, stachelig wirkenden Schwänzen und kurzen, runden Flügeln. Weiches Gefieder braun oder grau mit lockerer Haube, manche Arten mit roten oder blauen Abzeichen am Kopf. Geschlechter einander ähnlich gefärbt. Außenzehen sehr beweglich. 1-6 weißliche oder gefleckte Eier werden im lockeren Napfnest in Büschen 11-14 Tage bebrütet, Nestlingszeit etwa 17 Tage. 6 Arten.

Braunflügel-Mausvogel 1

Colinus striatus

VERBREITUNG: Mittel-, O- und S-Afrika
LEBENSRAUM: Waldland, Gebüsch, Gärten, Hecken
GRÖSSE: 30-36 cm

Wenn Mausvögel durch die Vegetation laufen und klettern, erinnern sie an kleine Säugetiere und tragen daher ihren Namen. Die Vögel leben in Kleingruppen und Familienverbänden und fressen mit ihren robusten, gebogenen Hakenschnäbeln die verschiedensten Pflanzen und Früchte. Im Flug wechseln sich schwirrende Flügelschläge und Gleitstrecken ab, während der bis zu 22 cm lange Schwanz steif nachgezogen wird. Manchmal rasten mehr als 20 Vögel dicht zusammengedrängt in einem Busch.

Von den etwa 17 Unterarten ist *C. s. striatus* aus dem südwestlichen Südafrika abgebildet.

FAMILIE TROGONIDAE TROGONE

Mittelgroße Waldvögel mit breiten, gebogenen Schnäbeln und steifen Schnabelborsten, kleinen und schwachen Füßen und langen, oft breiten und gerade abgeschnittenen Schwänzen. Gefieder weich, dicht und farbenprächtig, Oberseite der Männchen oft metallisch grün, Unterseite leuchtend rot, rosa, orange oder gelb. Weibchen blasser. 2-4 gelbliche Eier werden in Höhle 17-19 Tage bebrütet (nur bei amerikanischen Arten bekannt), Nestlingszeit etwa 17-18 Tage. 39 Arten.

Quetzal 2

Pharomachrus mocinno {B}

VERBREITUNG: S-Mexiko bis W-Panama
LEBENSRAUM: Feuchte Nebelwälder, meist in 1200-3000 m Höhe
GRÖSSE: 35-38 cm

Beim männlichen Quetzal sind die Mittleren Armdecken stark verlängert, und die Oberschwanzdecken bilden eine bis zu 1 m lange Schlappe, die im Flug heftig flattert. In ungestörten Nebelwäldern können Quetzals noch einigermaßen häufig sein, aber durch Waldrodung hat ihre Zahl schon stark abgenommen. Außerdem leidet der Bestand unter dem trotz des Verbots andauernden Fang für den Vogelhandel.

Quetzals ernähren sich vorwiegend von Früchten, verschmähen aber auch Wirbellose und sogar kleine Wirbeltiere nicht, besonders während der Jungenaufzucht. Sie halten sich meist in den Baumkronen auf, wo sie durch ihr überwiegend grünes Gefieder hervorragend getarnt sind.

Jungferntrogon 3

Trogon collaris

VERBREITUNG: Tropisches Mexiko S bis W-Ecuador, N-Bolivien und O-Brasilien; Trinidad
LEBENSRAUM: Feuchte und nasse Wälder und Waldränder, in Amazonien auch Galeriewald
GRÖSSE: 25 cm

In der Neuen Welt ist der Jungferntrogon die am weitesten verbreitete Art der Familie und zeigt das charakteristische Färbungsmuster der Trogone. Meist zieht er einzeln oder in Paaren umher, sitzt lange bewegungslos und verläßt plötzlich seine Warte, um ein Insekt oder eine herabhängende Frucht zu erhaschen.

Jungferntrogone brüten ohne Nistmaterial im verfaulenden Holz von Baumhöhlen, die sie oft noch etwas vergrößern, oder brechen in Nester baumbewohnender Termiten ein. Beide Geschlechter teilen sich die Bebrütung und Jungenaufzucht.

Bergtrogon 4

Apaloderma vittatum

VERBREITUNG: Bergregionen Zentralafrikas von Nigeria bis Mosambik
LEBENSRAUM: Wälder
GRÖSSE: 28 cm

Der einzeln oder in Paaren anzutreffende afrikanische Bergtrogon ist ein etwas fauler Vogel, der oft lange Zeit bewegungslos und unauffällig auf seiner bevorzugten Warte in mittlerer Höhe verharrt, bis er sich überraschend auf ein vorbeifliegendes Insekt stürzt. Meist ist diese seßhafte, territoriale Art ruhig, läßt aber gelegentlich ein charakteristisches, scharfes *Wup* hören, das er mit anschwellender Lautstärke etwa zwölffach wiederholt.

Orangebrusttrogon 5

Harpactes oreskios

VERBREITUNG: Burma bis Vietnam, Java, Borneo
LEBENSRAUM: Immergrüner Wald, Bambus, auch in offenerem Waldland
GRÖSSE: 30 cm

Trägt der Orangebrusttrogon auch kein so glänzendes Gefieder wie seine Verwandten, zeigt er doch eine gewisse dezente Schönheit. Er sammelt Insekten am Waldboden, flatternd von Zweigen oder fängt sie im Flug. Seine Bindung an feuchte, immergrüne Wälder ist schwächer als bei den anderen südostasiatischen Trogonen.

FAMILIE ALCEDINIDAE EISVÖGEL

Kleine bis mittelgroße, langschnäbelige, großköpfige Vögel mit farbenprächtigem Gefieder, Geschlechter gleich oder leicht verschieden gefärbt. Nest in selbstgegrabener Höhle in Steilwänden, verfaulenden Bäumen, Termitenbauten oder vorhandenen Baumhöhlen. In den Tropen 2-3, in nördlicheren Breiten bis zu 10 weiße Eier werden 17-27 Tage bebrütet, Nestlingszeit 22-37 Tage. 92 Arten.

Gürtelfischer 6

Megaceryle alcyon

VERBREITUNG: Nordamerika; im Winter eisfreie Regionen S bis Westindische Inseln und N-Kolumbien
LEBENSRAUM: Flüsse, Teiche, Feuchtgebiete
GRÖSSE: 30 cm

Der einzelgängerische Gürtelfischer lebt an klaren Gewässern mit als Sitzwarten dienenden überhängenden Zweigen oder Drähten. Meist jagt er aus dem Rüttelflug heraus ins Wasser stürzend nach Fischen, fängt aber auch Insekten, Krebse, Frösche, Schlangen und gelegentlich Mäuse. Ein lauter, trocken ratternder Ruf verrät oft seine Anwesenheit.

Innerhalb Nordamerikas scheint die Brutverbreitung nur durch die Verfügbarkeit von geeigneten Nahrungsgewässern und Steilwänden, in die er seine Bruthöhle graben kann, beschränkt zu sein. Die Nisthöhle liegt am Ende eines 1-5 m langen, etwas aufwärts führenden Ganges.

Graufischer 7

Ceryle rudis

VERBREITUNG: Afrika, Mittlerer Osten, S-Asien
LEBENSRAUM: Seen, breite Flüsse, Flußmündungen
GRÖSSE: 25 cm

Der Graufischer jagt lieber aus dem Rüttelflug heraus nach Fischen, statt wie die meisten Eisvögel von einer Sitzwarte. Daher ist er die einzige Art, die regelmäßig auch weit vom Ufer entfernt auf Nahrungssuche geht.

Untersuchungen in Uganda haben gezeigt, daß Graufischer ein sehr komplexes Sozialleben zeigen. Wie bei vielen Arten bekommt das Brutpaar Unterstützung durch sogenannte «Helfer am Nest», beim Graufischer durch bis zu 4 Vögel. Oft handelt es sich dabei um eigene Jungvögel aus dem Vorjahr, manchmal aber um nicht näher verwandte Artgenossen. Das System erlaubt es, in einer Kolonie unter den jeweils vorherrschenden Bedingungen die größtmögliche Anzahl von Jungvögeln aufzuziehen.

Grünfischer 8

Chloroceryle americana

VERBREITUNG: Von S-Texas bis W-Peru, Mittelargentinien und Uruguay; Trinidad, Tobago
LEBENSRAUM: Baum- und buschbestandene Flüsse
GRÖSSE: 19 cm

Der einzelgängerische Grünfischer wäre leicht auf seiner Sitzwarte in der Ufervegetation zu übersehen, hätte er nicht die Angewohnheit, häufig seinen Kopf zu heben und mit dem Schwanz zu wippen. Er taucht in klarem Wasser nach 3-5 cm langen Fischen. Beim direkten, niedrigen Flug über das Wasser heben sich die weißen Flecken auf Flügeln und Schwanzkanten von der grünen Oberseite ab.

Grünfischer rufen tief *tschu*, abfallend *tju-tju-tju* und bei Alarm scharf *tick tick*.

Eisvogel 9

Alcedo atthis

VERBREITUNG: Europa, N-Afrika, Asien bis Salomonen; überwintert im S der Verbreitungsgebiets
LEBENSRAUM: Klare Bäche, Flüsse, Seen, Kanäle; im Winter auch Flußmündungen und Küsten
GRÖSSE: 16 cm

Eisvögel sind sehr territorial und verteidigen auch im Winter einen 1-5 km langen Gewässerabschnitt gegen Artgenossen und selbst den eigenen Partner. Die etwa 45-90 cm lange Brutröhre wird in eine Steilwand am Wasser oder in einer Kiesgrube gegraben. In strengen Wintern erleidet die Art große Verluste, die aber durch 2-3 Bruten pro Jahr wieder ausgeglichen werden können, sofern die Gewässer sauber und reich an Kleinfischen sind. Meist sieht man den «fliegenden Edelstein» nur schnell über das Wasser fliegen und hört dabei seinen durchdringenden *Tiit*-Ruf.

Neben der europäischen Unterart *A. a. ispida* ist *A. a. hispidoides* aus Sulawesi, Neuguinea und dem Bismarckarchipel abgebildet.

Natalzwergfischer 10

Ceyx picta

VERBREITUNG: Tropisches Afrika
LEBENSRAUM: Grasbewachsene Lichtungen am Waldrand, offener Wald, Flüsse, Seeufer
GRÖSSE: 15 cm

Als einer der kleinsten Eisvögel ernährt sich der Natalzwergfischer weniger am Wasser, sondern fängt auf trockenem Untergrund Insekten, Tausendfüßler, Spinnen und gelegentlich kleine Frösche. In den Höhenlagen vom Senegal bis Eritrea und von Sambia bis Natal erscheint er nur zum Brüten während der Regenzeit im Sommer. Er zieht nachts, so daß viele Vögel durch Zusammenstöße mit erleuchteten Fensterscheiben und Gebäuden sterben.

Jägerliest 11

Dacelo novaeguineae

VERBREITUNG: O- und SO-Australien; eingebürgert in Tasmanien und SW-Australien
LEBENSRAUM: Offener Wald, baumbestandene Gewässerläufe
GRÖSSE: 40-45 cm

Nach seinem lauten, rollenden Ruf wird dieser Eisvogel auch «Lachender Hans» genannt. Die Unterart *D. n. novaeguineae* ist in Ostaustralien häufig, *D. n. minor* kommt nur auf der Halbinsel Kap York vor.

Jägerlieste stürzen sich auf die verschiedensten bodenbewohnenden Wirbellosen, auf Reptilien, kleine Säugetiere und Vögel und können sogar 1 m lange Schlangen verschlingen. Obwohl sie nicht ans Wasser gebunden sind, fangen sie gelegentlich auch stoßtauchend Fische oder rauben Goldfischteiche in Vorstädten aus. Sie leben in Familienverbänden und verteidigen ihr Territorium das ganze Jahr über.

Froschschnabel 12

Clytoceyx rex

VERBREITUNG: Neuguinea
LEBENSRAUM: Wald
GRÖSSE: 32 cm

Die Wälder Neuguineas zeigen auf der Erde die größte Vielfalt an Eisvogelarten. Der große, braune Froschschnabel gehört mit seinem massiven Schnabel zu den eher ungewöhnlichen Arten. Er gräbt damit im Boden nach Insekten, Schnecken, Regenwürmern und kleinen Wirbeltieren und sucht zwischen Mangroven nach Krabben. Der beim Weibchen braune und beim Männchen blaue Schwanz wird oft gestelzt.

Storchschnabelliest 13

Halcyon capensis

VERBREITUNG: S-Asien von Indien bis Philippinen
LEBENSRAUM: Flüsse in bewaldetem Flachland, Reisfelder, manchmal Waldseen, Küste, Mangroven
GRÖSSE: 33-36 cm

Dieser auch Gurial genannte Vogel ist ein Vertreter von 3 Storchschnabel-Arten in Südostasien, die zu den größten Eisvögeln der Erde gehören. Alle sind sehr stimmfreudig, aber scheu. Sie jagen von einem Sitzplatz über dem Wasser stoßtauchend nach Fischen, Fröschen und Krebstieren, fangen aber auch im offenen Wald Insekten und kleine Wirbeltiere wie Eidechsen und Jungvögel.

Zügelliest 14

Halcyon malimbica

VERBREITUNG: Tropisches W-Afrika
LEBENSRAUM: Regenwald, Galeriewald, Mangroven
GRÖSSE: 25 cm

Dieser große Eisvogel ist das waldbewohnende Gegenstück zum besser bekannten Senegalliest *H. senegalensis* der baumbestandenen Savannen. Dieser hat einen laut trillernden, lachenden, etwa 3 Sekunden andauernden Gesang, während er beim Zügelliest zwar ähnlich, aber mit 7-10 anhaltend klagenden Pfeiftönen verlangsamt ist. Dabei bleibt der Vogel im dichten Unterholz versteckt.

Zügellieste brüten in Höhlen, die sie in etwa 10 m Höhe in die Nester von baumbewohnenden Termiten graben.

Götzenliest 15

Halcyon sancta

VERBREITUNG: Australien, Neuseeland, Indonesien, Neukaledonien, einige SW-pazifische Inseln
LEBENSRAUM: Waldland, offener Wald
GRÖSSE: 19-23 cm

Als landbewohnender Eisvogel kommt der Götzenliest oft weit entfernt vom Wasser vor. Dort erbeutet er von einer Sitzwarte aus Insekten und kleine Reptilien, am Wasser aber auch Kleinfische und Krebstiere. Im Frühjahr in Südaustralien brütende Vögel überwintern auf den Inseln Indonesiens. Die Nisthöhle wird in verfaulende Bäume oder Termitennester gegraben. Die ersten Löcher werden aus dem Anflug heraus mit dem Schnabel geschlagen.

Obwohl das Verbreitungsgebiet sehr groß ist, sind sich die 6 Unterarten recht ähnlich. Je nach Jahreszeit variiert die Brustfärbung aber sehr. Beim Weibchen sind Scheitel, Mantel, Flügel und Schwanz blasser und grünlicher, die Unterseite ist heller als beim Männchen.

Spatelliest 16

Tanysiptera galatea

VERBREITUNG: Neuguinea und vorgelagerte Inseln, Molukken
LEBENSRAUM: Regenwald im Flachland, Sumpf- und Galeriewälder, Plantagen
GRÖSSE: 33-43 cm

Unauffällig verbirgt sich der Spatelliest niedrig im Unterholz, wo er im Sturzflug Insekten, Würmer und Eidechsen erbeutet. Dabei bewegt er langsam den Schwanz auf und ab, der zwei Drittel seiner Gesamtlänge ausmacht. Die 3-5 Eier werden in eine von beiden Geschlechtern in ein Termitennest gegrabene Röhre gelegt.

Von den 15 Unterarten sind *T. g. galatea* aus Nordwest-Neuguinea, den westlichen Papuainseln und Morotai und *T. g. doris* von den nördlichen Molukken abgebildet.

TODIS, SÄGERACKEN, SPINTE, RACKEN, KUROLE BIS NASHORNVÖGEL

♀
♂
Baumhopf
Gelbschnabeltoko
B. b. bicornis
Doppelhornvogel
♂
♀
A. c. coronatus
Malabarhornvogel
Kaffernhornrabe

TODIS, SÄGERACKEN, SPINTE, RACKEN, KUROLE BIS NASHORNVÖGEL

FAMILIE TODIDAE
TODIS

Kleine, großköpfige und langschnäbelige Vögel mit oberseits leuchtend grünem Gefieder, roter Kehle und pastellfarbener Unterseite. Geschlechter gleich gefärbt. 2-5 weiße Eier werden in ausgegrabenen Erdnestern 21-22 Tage bebrütet, Nestlingsperiode 19-20 Tage. 5 Arten.

Vielfarbentodi 1

Todus multicolor

VERBREITUNG: Kuba und Isla de Pinos
LEBENSRAUM: Verbuchte Hohlwege, Dickichte an Berghängen, beweidete Wälder
GRÖSSE: 11 cm

Von einem bevorzugten Aussichtspunkt stürzt sich der Vielfarbenlori auf vorbeifliegende Insekten und ergreift sie mit deutlich hörbaren Schnabelklappen. Die seßhaften, einzeln oder paarweise auftretenden Todis verteidigen ihr Revier gegen Artgenossen. Ihr Ruf ist ein schnelles Rattern, besonders während der Brutzeit ist auch ein Flügelschwirren zu hören. Alle Todis sind für ihre Gefräßigkeit und die schnelle Fütterungsfolge am Nest bekannt.

FAMILIE MOMOTIDAE
SÄGERACKEN

Kleine bis mittelgroße Vögel mit kräftigen Schnäbeln und langen Schwänzen, meist mit verlängerten, spatelspitzigen Steuerfedern. Gefieder bei beiden Geschlechtern meist braun oder rötlich mit Blau- und Grüntönen und auffallenden Kopfmarkierungen. 3-4 weiße Eier werden in Höhlen oder Bauten 15-22 Tage bebrütet, Nestlingszeit 24-38 Tage. 9 Arten.

Blauscheitelmotmot 2

Momotus momota

VERBREITUNG: O-Mexiko bis NW-Peru, NW-Argentinien und SO-Brasilien; Trinidad, Tobago
LEBENSRAUM: Regen- und Laubwald, Kaffee- und Kakaoplantagen, halboffenes Gelände
GRÖSSE: 41 cm

Allein oder in Paaren sitzt diese Sägeracke aufrecht auf einem Posten und läßt den Schwanz von einer Seite zur anderen pendeln. Die spatelförmigen Spitzen der verlängerten Steuerfedern entstehen, indem die darüber liegenden weicheren Federfahnen durch Putzen verschwinden. Beutetiere werden meist zwischen den gesägten Schneidekanten des Schnabels festgehalten und gegen einen Zweig geschlagen, bevor sie verschluckt werden. Blauscheitelmotmots rufen ziemlich laut, recht tief und manchmal zu einer langen Folge gereiht *hudu...hudu du du du.*

FAMILIE MEROPIDAE
SPINTE

Kleine, elegante, großköpfige Insektenfresser mit langen, abwärts gebogenen Schnäbeln und meist verlängerten mittleren Steuerfedern. Gefieder meist grün mit rötlichen, gelben, roten, schwarzen oder blauen Tönen. In Niströhren werden 2-8 weiße Eier 18-22 Tage bebrütet, Nestlingszeit 22-31 Tage. 23 Arten.

Regenbogenspint 3

Merops ornatus

VERBREITUNG: Australien, Neuguinea, Kleine Sundainseln
LEBENSRAUM: Offenes Waldland, Gebüsch, Grasland, Felder
GRÖSSE: 21-28 cm

In Australien ist der Regenbogenspint der einzige Vertreter dieser Familie. Im Winter ziehen einige Populationen bis zu 4000 km nach Norden. Sie fangen meist in Gruppen im Flug Insekten und brüten in kleinen Kolonien.

Bienenfresser 4

Merops apiaster

VERBREITUNG: S-Europa, N-Afrika bis Mittelasien, lokal S-Afrika; überwintert in W- und SO-Afrika
LEBENSRAUM: Warmes, offenes Gelände mit Bäumen und Steilwänden
GRÖSSE: 25-27 cm

Der farbenprächtige Bienenfresser gehört zu den südlichen Vogelarten, die regelmäßig Brutvorstöße bis weit in den Norden Mitteleuropas machen. Sie graben in Einzelpaaren oder großen Kolonien waagerechte Niströhren in Steilwände von Kiesgruben oder natürlichen Abbruchkanten. Im Flug fangen sie, begleitet von weich rollenden *Prrüt*-Rufen, die verschiedensten Insekten von Libellen bis zu Bienen.

Karminspint 5

Merops nubicus

VERBREITUNG: N und S Tropen Afrikas; überwintert in Äquatornähe
LEBENSRAUM: Offene, verbuschte Savanne, Flußebenen, Felder, Wiesen, Mangroven
GRÖSSE: 36-39 cm

Karminspinte brüten gesellig in Kolonien von 100-1000, manchmal 10000 Paaren. Ihre mittleren Steuerfedern sind um bis zu 12 cm verlängert. Nördliche Vögel der Unterart *M. n. nubicus* haben blaugrüne Kehlen, ihre südlichen Vertreter *M. n. nubicoides* rosafarbene. Die beiden Unterarten brüten zu entgegengesetzten Jahreszeiten etwa 2000 km voneinander entfernt und werden manchmal als verschiedene Arten betrachtet.

Sie jagen wie alle Spinte im Flug nach Insekten und werden von Buschfeuern magisch angezogen, da die dann fliehenden Heuschrecken eine leichte Beute sind. Auch auf dem Rücken von Vieh, Antilopen, Straußen oder Trappen sitzen sie gerne, um die von diesen Tieren aufgescheuchten Insekten zu erhaschen.

FAMILIEN CORACIIDAE UND BRACHYPTERACIIDAE
RACKEN UND ERDRACKEN

Mittelgroße, kompakte, kurzhalsige, großköpfige Vögel mit überwiegend blauem und rotbraunem Gefieder mit violetten, olivgrünen und azurblauen Partien. Geschlechter einander ähnlich gefärbt. 2-6 weiße Eier werden in Höhlen 17-19 Tage bebrütet, Nestlingszeit 25-30 Tage. 12 Arten Racken; 5 Erdracken auf Madagaskar.

Blauracke 6

Coracias garrulus

VERBREITUNG: N-Afrika, S- und O-Europa bis Mittelasien; überwintert im tropischen Afrika
LEBENSRAUM: Offene Landschaft mit altem Baumbestand
GRÖSSE: 30-32 cm

Die Blauracke hat in diesem Jahrhundert im nordwestlichen Europa stark abgenommen und ist als Brutvogel fast völlig aus Deutschland verschwunden. Die Ursachen liegen wahrscheinlich in einem Faktorengefüge aus moderner Land- und Forstwirtschaft, Klimaveränderung und Verfolgung.

Blauracken ernähren sich von Insekten und kleinen Wirbeltieren, die sie von einer freien Sitzwarte aus am Boden erbeuten. Der Balzflug ist von imposanten Luftrollen begleitet.

Dollarvogel 7

Eurystomus orientalis

VERBREITUNG: Von O-Indien bis China, Ussurien, Japan, SO-Asien, Neuguinea, N- und O-Australien
LEBENSRAUM: Waldland
GRÖSSE: 29 cm

Der Dollarvogel verdankt seinen Namen den im Flug sichtbaren hellen, runden, an eine Münze erinnernden Flecken auf jedem Flügel. Manchmal wird er auch Ostroller genannt.

Er jagt von Baumkronen aus in eleganten Flugmanövern nach vorbeifliegenden Großinsekten. Meist sieht man ihn einzeln oder in Paaren. Ruf und der im akrobatischen Balzflug vorgetragene Gesang klingen laut und hölzern krächzend. Wie die Blauracke brütet auch der Dollarvogel in Baumhöhlen.

Schuppenerdracke 8

Brachypteracias squamiger {B}

VERBREITUNG: NO-Madagaskar
LEBENSRAUM: Tiefer Regenwald mit spärlichem Unterwuchs
GRÖSSE: 30 cm

Im Schatten des Waldbodens sucht die Schuppenerdracke nach Insekten und kleinen Eidechsen. Sie ist recht behäbig und langsam, macht zwischen wenigen Schritten längere Pausen oder fliegt auf ihren kurzen, runden Flügeln schwerfällig auf einen niedrigen Ast. Vielleicht ist sie nicht ganz so selten, wie bislang angenommen wurde, da sie still und heimlich lebt und nur schwer aufzuspüren ist. Doch wird ihr Lebensraum immer weiter zerstört, so daß sie gemeinsam mit 3 weiteren Erdracken und anderen madagassischen Vögeln bedroht ist.

FAMILIE LEPTOSOMATIDAE KUROLE

Zu dieser Familie gehört nur eine Art.

Kurol 9

Leptosomus discolor

VERBREITUNG: Madagaskar, Komoren
LEBENSRAUM: Wald und Gebüsch
GRÖSSE: 42 cm

Kurole sind meist paarweise im Wald, aber auch in offenerem Gelände mit einigen großen Bäumen oder in Parks vom Meeresspiegel bis in 2000 m Höhe zu sehen. Sie suchen die Baumkronen nach großen Insekten ab. Das Männchen führt einen wellenförmigen Balzflug vor. Im Flug, aber auch von sitzenden Vögeln und sogar nachts ist ein charakteristisches, flüssiges, in der Lautstärke abnehmendes *Dri-oo dri-oo dri-oo* zu hören.

FAMILIE UPUPIDAE WIEDEHOPFE

Diese Familie wird nur von einer Art gebildet.

Wiedehopf 10

Upupa epops

VERBREITUNG: Europa, Asien, Afrika, Madagaskar; N Populationen überwintern in den Tropen
LEBENSRAUM: Waldland, Savanne, Parks, Plantagen, offenes Gelände mit Baumbestand
GRÖSSE: 28 cm

Das auffallend gemusterte Gefieder, die aufstellbare Haube und der weithin hörbare, dumpfe *Hup-hup-hup*-Ruf machen den Wiedehopf unverkennbar. Einst war er auch in Mitteleuropa ein gewöhnlicher Anblick, zumal er die Nähe des Menschen nicht scheut und gerne bei Viehherden nach Insekten und ihren Larven sucht. Inzwischen ist er aus Mitteleuropa weitgehend verschwunden, aber im Süden noch häufig.

Das Nest wird in einer Baumhöhle, Mauernische oder einem Erdloch angelegt und enthält 5-8 gräuliche Eier, die später durch abfärbendes Nistmaterial bräunlich werden. Die Jungvögel schlüpfen nach 15-16 Tagen und verlassen nach weiteren 23-25 Tagen das Nest.

FAMILIE PHOENICULIDAE BAUMHOPFE

Langschwänzige, kurzbeinige Vögel mit langen, abwärtsgebogenen Schnäbeln und schwarzem, blau oder grün glänzendem Gefieder mit weißen Flecken in Schwanz und Flügeln. Geschlechter einander ähnlich gefärbt. 2-5 blaß bläuliche Eier werden in Baumhöhle 16-18 Tage bebrütet, Nestlingszeit 27-30 Tage. 8 Arten.

Baumhopf 11

Phoeniculus purpureus

VERBREITUNG: Afrika S der Sahara
LEBENSRAUM: Waldland, Dornengebüsch
GRÖSSE: 38-41 cm

Von den 8 afrikanischen Baumhopfen ist diese Art am bekanntesten und am besten erforscht. Der Baumhopf sammelt Raupen, Insekteneier und -larven, Spinnen und andere Kleintiere von Baumstämmen, Ästen und Blättern ab.

Baumhopfe sind laut, gesellig und zeigen ein bemerkenswertes Sozialverhalten. Mehrmals stündlich fangen alle Vögel eines Territoriums laut an zu gackern, wippen erregt vor- und rückwärts und reichen Rindenstücke von einem Vogel zum nächsten. Jedes Brutpaar hat am Nest in einer Baumhöhle bis zu 10 Helfer.

FAMILIE BUCEROTIDAE NASHORNVÖGEL

Mittelgroße bis große Vögel mit langem Schnabel und oft großem Schnabelaufsatz, langem Schwanz und breiten Flügeln. Gefieder schwarz, weiß, braun oder grau, bei den Geschlechtern gleich oder verschieden. Nest in Baum- oder Felshöhlen, Eingang meist versiegelt. 1-7 weiße Eier werden 25-40 Tage bebrütet, Nestlingszeit 45-86 Tage. 48 Arten.

Gelbschnabeltoko 12

Tockus flavirostris

VERBREITUNG: NO-Afrika
LEBENSRAUM: Baumbestandene Savanne
GRÖSSE: 50-60 cm

Der Gelbschnabeltoko ist eine merkwürdige Gemeinschaft mit der Zwergmanguste eingegangen, in der sich Vogel und Säugetier bei der Suche nach Nahrungsquellen und der Warnung vor Feinden gegenseitig helfen. Gelbschnabeltoko-Paare balzen, indem sie ihre Flügel fächern, den Kopf beugen und rauhe, glucksende Rufe äußern.

Die Eier werden in eine natürliche Baumhöhle gelegt, deren Eingang dann vom Weibchen mit Lehm und Exkrementen bis auf einen schmalen, senkrechten Schlitz verschlossen wird. Auf diese Weise gut geschützt bebrütet sie die Eier und wird vom Männchen mit Insekten und Früchten gefüttert, die durch den Schlitz gereicht werden. Die Fütterung erfolgt auf diese Weise, bis die Küken halberwachsen sind. Dann durchbricht das Weibchen den Verschluß und verläßt die Höhle, die von den Jungvögeln dann erneut versiegelt wird. Erst wenn sie flügge sind, verlassen sie die Höhle.

Malabarhornvogel 13

Anthracoceros coronatus

VERBREITUNG: S-Indien, Sri Lanka, Malaysia, Sumatra, Java, Borneo
LEBENSRAUM: Monsunwälder
GRÖSSE: 75-80 cm

In kleinen Trupps durchstreift der Malabarhornvogel auf der Suche nach Früchten und Kleinlebewesen die Baumkronen. Die abgebildete Unterart *A. c. coronatus* bewohnt Südindien und Sri Lanka.

Abends treffen sich die Vögel an gemeinsamen Schlafplätzen, an denen die Paare aber eng zusammenhalten. Im Sommer sondern sie sich ab, um alleine zu brüten. Das Weibchen sitzt alleine auf den Eiern in einer natürlichen Baumhöhle. Das Männchen bringt seinem eingemauerten Weibchen die im Kehlsack gesammelten Früchte und spuckt sie alle auf einmal durch den schmalen Schlitz.

Doppelhornvogel 14

Buceros bicornis

VERBREITUNG: Von W-Indien O bis Thailand, S bis Sumatra
LEBENSRAUM: Tropischer Regenwald
GRÖSSE: 100-120 cm

Diese gewaltigen Hornvögel suchen hoch in Baumkronen nach Feigen und anderen Früchten und auch Kleintieren. Ihr pfeifendes Flügelgeräusch ist 1 km weit zu hören, und auch die lauten, trompetenden Rufe sind auffallend. Die Unterart *B. b. bicornis* lebt von Westindien und dem Himalaya über Indochina bis Malaysia.

Doppelhornvögel brüten in Baumhöhlen, deren Eingang von beiden Geschlechtern verschlossen wird. Nach dem 4-5 Monate dauernden Brutzyklus steifen die Familientrupps auf der Suche nach Nahrung weit umher. Da große Teile des Regenwalds in Westindien und Asien gefällt werden, gerät dieser eindrucksvolle Vogel zunehmend in Bedrängnis.

Kaffernhornrabe 15

Bucorvus cafer

VERBREITUNG: Afrika S des Äquators
LEBENSRAUM: Offene Savanne und Grasland
GRÖSSE: 90-130 cm

Dieser größte Hornvogel unterscheidet sich von den meisten anderen Arten, indem er überwiegend am Boden lebt, hauptsächlich Tiere frißt und den Eingang der Nisthöhle nicht verschließt. Gruppen von bis zu 11 Vögeln bewohnen ein Territorium von etwa 100 Quadratkilometern und verkünden ihre Anwesenheit durch dumpfe Rufe in der Dämmerung.

Nur das dominante Paar brütet, und die anderen Gruppenmitglieder helfen bei der Auskleidung der Nisthöhle mit trockenen Blättern, der Fütterung des Weibchens und des einzigen Jungvogels.

GLANZVÖGEL, FAULVÖGEL, BARTVÖGEL

M. m. morphoeus
Halsband-Faulvogel
Rotkehl-Faulvogel
Weißstirntrappist
Schwalbenfaulvogel
M. a. davisoni
Blauwangen-Bartvogel
♀
C. o. woodwardi
♂
Olivbartvogel
Flammenkopf-Bartvogel
C. o. olivacea
T. e. erythrocephalus

GLANZVÖGEL, FAULVÖGEL, BARTVÖGEL

FAMILIE GALBULIDAE GLANZVÖGEL

Kleine bis mittelgroße Vögel mit langem, spitzem Schnabel. Gefieder glänzend, oberseits goldgrün und purpur und unterseits vorwiegend kastanienbraun und weiß, auch dunkel kastanienbraun, braun oder schwarz mit weiß. Geschlechter leicht verschieden gefärbt. 2-4 weiße Eier werden in einer Höhle 20-23 Tage bebrütet. Die Jungen bleiben 19-26 Tage im Nest (Rotschwanz-Glanzvogel *Galbula ruficauda*). 17 Arten.

Paradiesglanzvogel 1

Galbula dea

VERBREITUNG: S-Venezuela und Guyana S bis N-Bolivien
LEBENSRAUM: Feuchte Tropenwälder und Waldränder, Savannen, Flußufer
GRÖSSE: 30 cm

Paradiesglanzvögel haben bis zu 18 cm lange mittlere Steuerfedern, die damit die Länge ihres Körpers übertreffen, und ein kupfer-, bronzefarben und blau schillerndes Gefieder. Männchen und Weibchen sind gleich gefärbt. Sie brüten in Höhlen, die sie in Termitenbauten in Bäumen graben. Ihr Gesang besteht aus gereihten, pfeifenden Tönen.

Sie halten sich allein, paarweise oder in kleinen Gruppen auf, schließen sich häufig gemischten Trupps an und ernähren sich von Insekten. Auf einer Warte ruhig sitzend, schwenken sie den Kopf von einer Seite zur anderen und halten so nach Beute Ausschau. Haben sie ein Insekt entdeckt, tauchen sie in der Regel zunächst nach unten fliegend ab, um es mit plötzlichen Dreh- und Schwenkmanövern zu überraschen und zu fangen. Im wellenförmigen Flug tragen sie die Beute im Schnabel zur Warte und töten sie mit einem Schlag auf den Ast, bevor sie sie verschlucken.

Breitmaul-Glanzvogel 2

Jacamerops aurea

VERBREITUNG: Costa Rica S über N Südamerika bis N-Bolivien
LEBENSRAUM: Feuchte Tropenwälder, Sekundärbewuchs, Flußufer
GRÖSSE: 30 cm

Breitmaul-Glanzvögel sind die größten Vertreter dieser Familie und haben einen fast 5 cm langen Schnabel. Das Gefieder der Jungvögel ist dem der Altvögel ähnlich, aber nicht so glänzend.

Sie leben meist einzeln oder in Paaren. Im Vergleich zu kleineren Glanzvögeln wirken sie eher schwerfällig, während sie auf einem freien Ast unterhalb der Baumkrone nach Insekten Ausschau halten. Ihre Beute, darunter Schmetterlinge, Käfer und Libellen, fangen sie meist im Flug, doch picken sie auch Spinnen, Eidechsen und andere kleine Wirbellose von den Zweigen und Blättern. Zu ihren Lautäußerungen gehören laute Pfeiftöne und vielfältige weiche Rufe. Sie brüten in Termitenbauten, die bis zu 15 m hoch in den Bäumen liegen.

FAMILIE BUCCONIDAE FAULVÖGEL

Kleine bis mittelgroße, untersetzt wirkende Vögel mit großem Kopf. Gefieder schwarz, braun, rotbraun und weiß. Geschlechter leicht verschieden gefärbt. Die 2-3 (gelegentlich 4) weißen Eier werden in eine Höhle gelegt. Bebrütungsdauer unbekannt. Die Jungen bleiben 20-30 Tage in der Höhle. 32 Arten.

Weißhals-Faulvogel 3

Notharchus macrorhynchos

VERBREITUNG: S-Mexiko bis N Südamerika, N-Bolivien, SO-Brasilien, Paraguay, N-Argentinien
LEBENSRAUM: Feuchte Tropenwälder, offener Sekundärbewuchs, Savannen
GRÖSSE: 25 cm

Männchen und Weibchen des Weißhals-Faulvogels sind kontrastreich schwarzweiß gefärbt, während Jungvögel an der rötlichgrauen Färbung von Stirn und Unterseite zu erkennen sind. Ihr Kopf wirkt durch den schweren Schnabel mit hakenförmiger Spitze und die aufgeplusterten Federn sehr groß. Die Abbildung zeigt die in Mexiko beheimatete Unterart *N. m. hyperrhynchus*.

Weißhals-Faulvögel halten oft lange Zeit auf einer Warte sitzend nach Großinsekten Ausschau, die sie im Flug jagen oder von den Blättern picken. Gelegentlich erscheinen sie auch in der Nähe von Wanderameisenschwärmen am Boden und fressen Eidechsen und kleine Wirbeltiere. Sie sind recht schweigsam und äußern nur manchmal eine Reihe schwacher, zwitschernder und surrender Töne. Beide Altvögel sind am Bau der Bruthöhle in einem Termitennest beteiligt.

Halsband-Faulvogel 4

Bucco capensis

VERBREITUNG: N Südamerika S bis N-Peru
LEBENSRAUM: Feuchte Tropenwälder
GRÖSSE: 20 cm

Auch dieser Faulvogel zeichnet sich durch einen großen Kopf und einen kräftigen Schnabel aus, der zum Fang von Großinsekten geeignet ist. Sein Gesang, ein gereihtes *Ke-uill*, erinnert an den der Winternachtschwalbe *Phalaenoptilus nuttallii*. Wahrscheinlich brütet er wie seine Verwandten in Höhlen, doch ist sein Brutverhalten bislang noch unbekannt.

Halsband-Faulvögel halten sich meist allein oder paarweise in den mittleren und oberen Baumzonen auf, wo sie schwer zu entdecken sind, jagen im Flug Insekten und picken Beute von den Blättern, doch fressen sie wahrscheinlich auch kleine wirbellose Tiere. Gelegentlich schließen sie sich gemischten Trupps an.

Rotkehl-Faulvogel 5

Nonnula rubecula

VERBREITUNG: S-Venezuela, N-Peru, N-Brasilien S bis Paraguay und N-Argentinien
LEBENSRAUM: Feuchte Tropenwälder, vor allem regelmäßig überschwemmte Waldbereiche
GRÖSSE: 15 cm

Rotkehl-Faulvögel sind kleiner und schlanker als ihre Verwandten. Wie diese ernähren sie sich von Insekten, die sie im Flug fangen oder von der Vegetation picken, und von kleinen Eidechsen. Oft sitzen sie aufrecht zwischen den mittleren und unteren Baumzonen und lassen Beobachter recht nahe an sich herankommen.

Im Gegensatz zu den nah verwandten Trappisten sind sie wenig ruffreudig. Über ihr Brutverhalten weiß man nur wenig, doch dürften sie wie andere Faulvögel Bruthöhlen in Termitenbauten oder in den Boden graben.

Weißstirntrappist 6

Monasa morphoeus

VERBREITUNG: Mittelamerika, W-Venezuela S bis N-Bolivien, Amazonasgebiet in Brasilien
LEBENSRAUM: Feuchte Tropenwälder, Flußufer, Feuchtgebiete, Sekundärbewuchs
GRÖSSE: 30 cm

Weißstirntrappisten wechseln ihre Warten häufiger als andere Faulvögel. Sie fangen Insekten im Flug oder picken ihre Beute von der Bodenvegetation und fliegen direkt, mit schnellen Flügelschlägen und kurzen Gleitstrecken. Gelegentlich schließen sich bis zu 6 Vögel gemischten Trupps an. Die Abbildung zeigt die Unterart *M. m. morphoeus* aus Süd- und Ostbrasilien.

Die stimmfreudigen Weißstirntrappisten machen durch ihre verschiedenen rollenden, schnurrenden und pfeifenden Rufe, die auch im Chor geäußert werden, auf sich aufmerksam. Einigen Nestfunden zufolge legen sie im Boden einen etwa 1 m langen, abwärts führenden Gang an, an dessen Ende sich die Bruthöhle befindet. An der Aufzucht der Jungen können bis zu 6 Vögel beteiligt sein.

Schwalbenfaulvogel 7

Chelidoptera tenebrosa

VERBREITUNG: N Südamerika O der Anden, S bis N-Bolivien und S-Brasilien
LEBENSRAUM: Waldränder, Savannen, Gebüsch
GRÖSSE: 15 cm

Schwalbenfaulvögel sind häufige Bewohner bewachsener Flußufer von Meereshöhe bis zumindest in 1000 m Höhe. Sie erscheinen allein, paarweise oder in kleinen Gruppen von 3-6 Vögeln und jagen nicht im Wald wie ihre Verwandten, sondern über den Baumkronen nach Insekten, die sie dann auf einer Warte sitzend fressen.

Ihre Rufe klingen wie ein schwaches Pfeifen *pi-piu* und *pit-wit-wit*. In Sandbänke von Flußläufen und Straßen graben sie 1-2 m lange, abwärts führende Brutröhren, in die sie 12 Eier auf die nackte Erde oder auf ein Graspolster legen. Die Küken sind nach dem Schlüpfen noch nackt und schwarz. Wenn das Federkleid zu wachsen beginnt, kommen sie in die Nähe des Eingangs, verschwinden aber bei Störung sofort wieder im Innern der Höhle.

FAMILIE CAPITONIDAE BARTVÖGEL

Kleine bis mittelgroße, untersetzt wirkende Vögel mit großem Kopf, gedrungenem, oft eingekerbtem Schnabel und Borsten an der Schnabelbasis. Gefieder bunt mit grünen, blauen, roten, gelben und schwarzen Partien. Geschlechter meist gleich gefärbt. 2-4 weiße Eier werden in einer Baumhöhle 12-19 Tage bebrütet. Die Jungen bleiben 20-35 Tage im Nest. 81 Arten.

Andenbartvogel 8

Eubucco bourcierii

VERBREITUNG: Costa Rica, Panama, Kolumbien, Ecuador, W-Venezuela, N-Peru
LEBENSRAUM: Feuchte Bergwälder
GRÖSSE: 15 cm

Andenbartvögel leben in der Regel in Höhenlagen von 1200-2400 m, können aber an den Westhängen der Anden bis in 400 m Höhe erscheinen. Einzelne Vögel oder Paare sieht man häufig in gemischten Trupps. Sie fressen wirbellose Tiere, die sie im Bodenlaub finden, Früchte und gelegentlich auch kleine Wirbeltiere. Trotz ihrer geringen Größe bewegen sie sich recht behäbig und halten oft inne, um eine Beere abzuzupfen, in Rinde zu storchern oder Zweige abzusuchen. Oft wird man erst durch ihr Rascheln im Laub auf sie aufmerksam.

Andenbartvögel sind in der Regel schweigsam, doch hat man von ihnen tiefe, zikadenähnliche, scharrende Rufe und murmelnde Laute gehört, die an Eichhörnchen erinnern. Von den Männchen wurde ein Gesang beschrieben, der wie ein lang anhaltender, krötenähnlicher Triller klingt.

Tukanbartvogel 9

Semnornis ramphastinus {B}

VERBREITUNG: W-Kolumbien, W-Ecuador
LEBENSRAUM: Feuchte Bergwälder und Waldränder von 1000-2400 m Höhe
GRÖSSE: 20 cm

Dies ist der größte und schwerste der amerikanischen Bartvögel. Er lebt meist einzeln oder paarweise, schließt sich aber auch gemischten Trupps an. Er hüpft mit flinken Bewegungen und häufig den Schwanz stelzend durch die Zweige, verharrt aber auch zuweilen ruhig an einer Stelle. Zu seiner Nahrung gehören vor allem Früchte und Wirbellose, gelegentlich auch kleine Eidechsen und andere Wirbeltiere.

Männchen und Weibchen äußern synchron oder zeitlich versetzt einen rhythmischen Gesang aus lauten, gereihten, fast hupenden Tönen, der mehrere Minuten andauern kann. Bei Störung schnappen sie laut mit dem Schnabel. Tukanbartvögel werden gern als Käfigvögel gehalten, was neben der Zerstörung ihres Lebensraums zum starken Rückgang ihres Bestandes beigetragen hat.

Blauwangen-Bartvogel 10

Megalaima asiatica

VERBREITUNG: N-Indien, SO-Asien
LEBENSRAUM: Lichte Mischwälder, Gärten
GRÖSSE: 23 cm

Blauwangen-Bartvögel sind von den Vorbergen des Himalaya bis zum flachen Tiefland häufig anzutreffen. Meist erscheinen sie in Siedlungsnähe in Feigenbäumen oder suchen an bewaldeten Hängen nach Früchten. Daneben fressen sie auch Großinsekten, die sie vor dem Verschlucken durch einen Schlag auf einen Ast töten. Die abgebildete Unterart *M. a. davisoni* ist von Südburma bis Südchina und Nordindochina verbreitet.

Sie sind sehr stimmfreudig und rufen oft mit anderen Bartvögeln im Chor. Die Paare können ihre Rufe so schnell aufeinanderfolgend äußern, daß die Laute von einem Vogel zu kommen scheinen. Die Nisthöhle wird in einen Ast gegraben und oft mehrere Jahre benutzt, das Einflugloch jedoch oft erneuert.

Olivbartvogel 11

Cryptolybia olivacea

VERBREITUNG: O-Kenia, Tansania, Malawi, S-Afrika
LEBENSRAUM: Bergwälder bis küstennahe Wälder
GRÖSSE: 20 cm

Der Olivbartvogel kommt nur in wenigen abgelegenen Regionen mit isolierten Populationen vor. Er lebt gesellig in Gruppen oder gemischten Trupps und sucht unentwegt nach Früchten, darunter auch Feigen, Termiten und Käfern. Manche Baumhöhlen dienen 4-5 Vögeln als Schlafplatz, und beim Bau der Nisthöhle können neben dem Brutpaar auch andere Altvögel beteiligt sein.

Der Gesang besteht aus bis zu 29 Tönen, die vom Männchen und Weibchen im selben Tempo oder von einem der beiden doppelt so schnell vorgetragen werden. Zu den 5 Unterarten gehören *C. o. olivacea* aus Kenia und Tansania und *C. o. woodwardi* aus der Provinz Natal.

Goldbürzel-Bartvogel 12

Pogoniulus bilineatus

VERBREITUNG: Afrika S der Sahara
LEBENSRAUM: Dickicht immergrüner Wälder
GRÖSSE: 10 cm

Dieser weit verbreitete, ungesellig lebende Bartvogel kommt im tropischen Afrika mit 6 Unterarten vor, darunter *P. b. jacksoni* in Ostafrika und *P. b. leucolaima* vom südlichen Sudan bis zum südlichen Nordangola. Er bevorzugt Dickichte in Wäldern und an Flußläufen, wo er durch Ranken und Zweige flatternd nach Beeren und Samen sucht.

Er trägt einen aus 3-5 gereihten Tönen bestehenden Gesang vor, der mehrere Minuten andauern kann. Dabei sträubt er die Kehlfedern, läßt die Flügel hängen, zuckt bei jedem Laut mit dem Schwanz und dreht den Kopf hin und her. Der Gesang dient zur Verteidigung der Nisthöhle und Abgrenzung des Territoriums.

Doppelzahn-Bartvogel 13

Lybius bidentatus

VERBREITUNG: W-Afrika O bis Äthiopien und Kenia, S bis N-Angola
LEBENSRAUM: Lichtungen, Waldränder, Parklandschaften
GRÖSSE: 23 cm

Doppelzahn-Bartvögel halten sich bevorzugt in Bäumen und Büschen auf, wo sie trotz ihres bunten Gefieders schwer zu sehen sind, aber durch ihre häufigen, kurzen, scharfen Rufe auffallen. Sie jagen im Flug Termiten und suchen in den Zweigen kletternd nach Feigen, anderen Früchten und Nüssen. Die mit zwei Zacken ausgestatteten Schneidekanten des Oberschnabels gaben ihnen ihren Namen.

Kommen mehrere Vögel zuammen, so zukken und wippen sie mit dem Schwanz und äußern verschiedene tiefe, kratzende Laute. Sie haben einen langgezogenen, surrender Trillergesang und besetzen große Territorien.

Flammenkopf-Bartvogel 14

Trachyphonus erythrocephalus

VERBREITUNG: O-Äthiopien, Kenia, N-Tansania
LEBENSRAUM: Wälder, buschreiche Flächen, Grasland mit einzelnen Bäumen
GRÖSSE: 23 cm

Flammenkopf-Bartvögel suchen meist an Termitenhügeln und Erdwällen nach Nahrung. Sie zeigen keine Scheu vor Menschen und kommen sogar in Häuser. Von den 3 Unterarten ist *T. e. erythrocephalus* aus Südkenia und Nordtansania mit mehr Rot am Kopf abgebildet.

Sie leben gesellig in Gruppen von bis zu 10 Vögeln, die in den in Erdwälle gegrabenen Höhlen übernachten und gemeinsam Schlangen oder andere räuberische Tiere vertreiben. Kleinen Vogelarten gegenüber sind sie recht aggressiv, und häufig tragen sie Rivalenkämpfe aus. Bei der Verteidigung des Reviers und der Aufzucht der Jungen sind oft bis zu 4 Altvögel und 5 jüngere Vögel beteiligt.

Das Brutpaar singt häufig auf einer Buschspitze sitzend ein schwatzend klingendes Duett, das im Englischen mit *red 'n' yellow, red 'n' yellow* umschrieben wird.

HONIGANZEIGER, TUKANE

Blauzügelarassari
♂
♀
Grünarassari
♂
Pfefferfresser
♀
Fischertukan
Riesentukan

HONIGANZEIGER, TUKANE

FAMILIE INDICATORIDAE HONIGANZEIGER

Kleine, graugrüne Vögel mit weißer Schwanzzeichnung. Geschlechter meist gleich gefärbt. Bei allen Arten ist Wachs ein Bestandteil der Nahrung, und 2 Arten führen Säugetiere zu Bienenvölkern, um mit ihrer Hilfe an das Wachs zu gelangen. Die meisten Arten sind wie Kuckucke Brutschmarotzer. Sie legen 2-8 weißliche, dickschalige Eier, die von den Wirtsvögeln 12-14 Tage bebrütet werden. Die Jungen bleiben bis zu 30 Tage im Nest. 17 Arten.

Schwarzkehl-Honiganzeiger 1

Indicator indicator

VERBREITUNG: Senegal bis Äthiopien, S bis Südafrika
LEBENSRAUM: Waldland, offene Flächen mit einzelnen Bäumen, selten in dichten Wäldern
GRÖSSE: 20 cm

Wie die meisten Honiganzeiger lebt auch diese Art einzeln und unauffällig in Wäldern, wo sie von einer Warte aus nach Beute Ausschau hält, gelegentlich nach Schnäpperart ein Fluginsekt schnappt und sich auch gemischten Trupps anschließt. Die Weibchen sind heller und brauner als die Männchen.

Um an Bienenwachs zu gelangen, bedient sich der Schwarzkehl-Honiganzeiger der Hilfe von Menschen oder Honigdachsen, die er mit dem Schwanz zuckend und aufgeregt schnatternd zu den Waben führt. Dort wartet er ruhig, während die «Helfer» die Waben öffnen und den Honig entnehmen, um sich dann selbst über die Bienenlarven und das Wachs herzumachen, das er wahrscheinlich mit Hilfe spezieller Bakterien verdauen kann. Neben Honigdachsen werden wahrscheinlich auch Paviane, Ginsterkatzen und Mungos als Helfer benutzt. Auch der Strichelstirn-Honiganzeiger *I. variegatus* setzt gelegentlich solche Helfer ein.

Die Männchen verkünden ihre Paarungsbereitschaft durch ständiges Rufen von einer Warte aus, die sie zuweilen mehrere Jahre lang als Balzplatz nutzen. Die Eier werden einzeln in die Nester von Bartvögeln, Bienenfressern und Spechten gelegt. Das nackte und blinde Küken ist mit einem Hakenschnabel ausgestattet, mit dem es die anderen Nestlinge tötet und so als Nahrungskonkurrenten ausschaltet.

Gelbbürzel-Honiganzeiger 2

Indicator xanthonotus

VERBREITUNG: Himalaya von Pakistan bis N-Burma
LEBENSRAUM: Wälder, vor allem in der Nähe von Klippen und Felshängen
GRÖSSE: 15 cm

Dieser kleine, olivbraune Honiganzeiger lebt recht versteckt im dichten Wald und fällt nur auf, wenn er im Sitzen die Flügel hängen und den gelben Bürzel sichtbar werden läßt. Weibchen sind etwas kleiner und matter gefärbt als Männchen.

Über die Lebensweise ist bislang nur wenig bekannt. Untersuchungen in Nepal haben ergeben, daß die Männchen Territorien besitzen, in deren Mittelpunkt sich das Nest einer Riesenhonigbiene befindet. Wachs ist ein wichtiger Bestandteil ihrer Nahrung, doch ist unbekannt, ob sie Säugetiere als Helfer einsetzen. Die Männchen leben polygam und paaren sich mit bis zu 18 Weibchen. Ob Gelbbürzel-Honiganzeiger ihre Eier in fremde Nester legen, ist ebenfalls noch unbekannt.

FAMILIE RAMPHASTIDAE TUKANE

Mittelgroße Bewohner amerikanischer Tropenwälder mit sehr großem, leichtgewichtigem, buntem Schnabel, der innen durch knochenartige Verstrebungen verstärkt ist. Gefieder vorwiegend schwarz mit roten, gelben und weißen oder olivegrünen und blauen Partien oder vorwiegend grün. Männchen durch längeren Schnabel unterschieden. Sie fressen vor allem Früchte und Insekten und brüten in Baumhöhlen, die mit Holzspänen und ausgewürgten Samen ausgelegt werden. 2-4 weiße Eier werden 15-16 Tage bebrütet, die Jungen bleiben 43-51 Tage im Nest. 35 Arten.

Laucharassari 3

Aulacorhynchus prasinus

VERBREITUNG: Zentralmexiko über SO-Peru bis NW-Venezuela
LEBENSRAUM: Bergwälder, Waldränder der Hochlagen und Niederungen, Lichtungen
GRÖSSE: 30-33 cm

In den Zweigen sitzende Laucharassaris sind wegen ihres grünen Gefieders kaum zu erkennen, doch bieten sie auf offenen Flächen einen herrlichen Anblick. Sie fressen Früchte, Insekten, gelegentlich auch Eidechsen, Eier und Nestlinge und erscheinen meist paarweise oder in Gruppen von 5-10 Vögeln.

Sie sind sehr lebhaft und ruffreudig, stelzen häufig den Schwanz, strecken den Hals und äußern laut krächzende, bellende und ratternde Kontaktrufe. Der durchdringende «Gesang» des Männchens soll wie eine Kreissäge klingen.

Anders als die abgebildete Unterart *A. p. prasinus* aus dem Südosten Mexikos zeigen zahlreiche Formen einen dunkelroten statt schwarzen Unterschnabel.

Blauzügelarassari 4

Aulacorhynchus sulcatus

VERBREITUNG: N-Kolumbien, N-Venezuela
LEBENSRAUM: Feuchte Wälder, Waldränder, Sekundärwaldland
GRÖSSE: 36 cm

Der dem Laucharassari im Erscheinungsbild und in der Lebensweise ähnliche Blauzügelarassari kommt wie dieser in Höhenlagen von 1600-2000 m vor. Im Verbreitungsgebiet des Blauzügelarassaris, der nur selten in den warmen Niederungen erscheint, leben beide Arten.

Er lebt paarweise oder in kleinen Gruppen, die lebhaft und lautstark in allen Baumzonen nach Früchten und Insekten suchen und auch Nestlinge rauben. Die Eier legt er wie sein Verwandter in eine Baumhöhle, oft in die eines Spechtes.

Grünarassari 5

Pteroglossus viridis

VERBREITUNG: Kolumbien, N-Bolivien, Venezuela, Guyana, Brasilien
LEBENSRAUM: Regenwald der Niederungen
GRÖSSE: 30 cm

Arassaris sind in der Regel kleiner und leichter als Tukane, haben einen roten Bürzel, grüne Flügel und einen grünen Rücken. In Mittelamerika und im Amazonasgebiet leben 9 Arten, von denen kaum einmal mehr als 2 in einem Gebiet nebeneinander vorkommen. Die Weibchen des Grünarassaris sind an Kopf und Kehle kastanienbraun, die Männchen dagegen schwarz gefärbt.

Sie bewohnen tiefere Höhenlagen, sind nur selten einmal oberhalb 600 m, häufig aber in einzelnen Bäumen und Büschen der Waldränder zu sehen. In kleinen Gruppen suchen sie von Ast zu Ast springend in den Baumkronen nach Früchten und äußern dabei laute, rasselnde Rufe. Als Nistplatz wählen sie Spechthöhlen, die auch von mehreren Vögeln als Schlafplatz genutzt werden.

Rotnackenarassari 6

Pteroglossus bitorquatus

VERBREITUNG: Unteres Amazonasgebiet S des Amazonas in Brasilien
LEBENSRAUM: Regenwald, Waldränder, Gebüsch
GRÖSSE: 38 cm

Rotnackenarassaris sind am leuchtend gelben Brustband leicht zu erkennen, das dem ähnlichen und wahrscheinlich vom selben Vorfahren abstammenden Rotkropfarassari *P. flavirostris* fehlt. Das Verbreitungsgebiet beider Arten endet am Amazonas, wobei Rotnackenarassaris nördlich und Rotkropfarassaris südlich des Flusses vorkommen. Von den 3 Unterarten, die sich in der Färbung von Kopf, Kehle und Schnabel unterscheiden, ist *P. b. bitorquatus* aus Nordost-Brasilien abgebildet.

Wie andere Tukane suchen sie in kleinen Gruppen von 2-5 Vögeln in den Bäumen nach Früchten und verschmähen auch Kleintiere, Eier und Nestlinge nicht. Die Nacht verbringen sie in Baumhöhlen.

Reinwardtarassari 7

Selenidera reinwardtii

VERBREITUNG: NW Südamerika O der Anden
LEBENSRAUM: Regenwald der Niederungen, Waldränder
GRÖSSE: 33 cm

Während die Arten der Gattung *Aulacorhynchus* Hochlandbewohner sind, kommen die 6 Arten der Gattung *Selenidera* ausschließlich in tiefgelegenen Wäldern vor.

Reinwardtarassaris sind nirgendwo häufig anzutreffen. Meist halten sie sich im Innern des Regenwaldes auf, wo sie allein oder paarweise in den Baumkronen nach Nahrung suchen. Im Gegensatz zu den meisten Tukanen sind bei ihnen Männchen und Weibchen deutlich verschieden gefärbt. Ihre Rufe klingen wie ein tiefes, gutturales und froschähnliches *Kroak*, doch sollen Vögel einer Unterart ein bellendes Knurren äußern.

Sie ernähren sich vor allem von Beeren und Früchten, die sie meist unzerkleinert schlucken und deren Kerne und Steine sie später an anderer Stelle auswürgen. Damit tragen sie dazu bei, daß früchtetragende Pflanzen im Wald weite Verbreitung finden.

Pfefferfresser 8

Selenidera culik

VERBREITUNG: NO Amazonasgebiet, Guyana und N-Brasilien S bis zum unteren Amazonas
LEBENSRAUM: Regenwald der Niederungen, Waldränder
GRÖSSE: 35 cm

Pfefferfresser unterscheiden sich von anderen Arten der Gattung *Selenidera* durch einen längeren Schnabel, kürzere Flügel und einen kürzeren Schwanz. Wie ihre Verwandten zeigen sie hinter den Augen gelbe Federn, die möglicherweise bei der Balz eine wichtige Rolle spielen, und eine unterscheidbare Gefiederfärbung von Männchen und Weibchen.

Sie ernähren sich von Beeren und kleinen Insekten, die sie allein, paarweise oder in kleinen Gruppen in allen Baumzonen suchen. Da sie abgelegene Regionen bevorzugen, ist über ihre Lebensweise nur wenig bekannt, was auch für die anderen *Selenidera*-Arten gilt.

Leistenschnabeltukan 9

Andigena laminirostris

VERBREITUNG: NW Südamerika von SW-Kolumbien bis W-Ecuador
LEBENSRAUM: Feuchte und nasse Bergwälder und Waldränder
GRÖSSE: 51 cm

Dies ist eine der 4 Tukanarten, die in den Wäldern der Anden vorkommen. Leistenschnabeltukane sind an gelben Hornplatten an den Oberschnabelseiten zu erkennen, die sie von allen anderen Arten unterscheiden, deren Funktion jedoch nicht bekannt ist.

Sie leben in Bergwäldern zwischen 300 m und 3200 m Höhe, sind aber nirgendwo häufig. Meist erscheinen sie in kleinen Gruppen, die sich zur Nahrungssuche gemischten Trupps anschließen. Wie alle Tukane ernähren sie sich von Früchten, Insekten, aber auch von Kleintieren.

Schwarzschnabeltukan 10

Andigena nigrirostris

VERBREITUNG: N Südamerika, Kolumbien bis NO-Ecuador
LEBENSRAUM: Bergwälder, Nebelwälder, Waldränder, offene Flächen mit einzelnen Bäumen
GRÖSSE: 51 cm

Schwarzschnabeltukane haben die nördlichste Verbreitung dieser Familie. Sie gelten als vergleichsweise häufig, was damit zusammenhängen mag, daß sie durch das kontrastreiche, bunte Gefieder stärker auffallen, während sie sich auf der Suche nach Früchten und Kleintieren durch den Wald bewegen. Meist werden sie in feuchten Bergwäldern zwischen 2000 m und 3000 m Höhe gesehen. Oberhalb dieser Höhenlage erscheinen sie nur selten und werden von dem sehr ähnlichen Blautukan *A. hypoglauca* vertreten.

Sie leben paarweise oder in kleinen Gruppen und halten durch nasale, gellende und hohl rasselnde Rufe miteinander Kontakt. Wie andere Tukane sind sie Höhlenbrüter, doch wurde ihre Lebensweise bislang noch nicht genauer untersucht.

Fischertukan 11

Ramphastos sulfuratus

VERBREITUNG: Tropische Regionen Mexikos bis N-Kolumbien und NW-Venezuela
LEBENSRAUM: Tropenwälder der Niederungen, Waldränder, offene Flächen mit einzelnen Bäumen, Plantagen
GRÖSSE: 45-56 cm

Die 8 Arten der Gattung *Ramphastos* sind die größten Tukane und von allen am besten erforscht. Der Fischertukan gehört mit seiner gelben Brust und dem vielfarbenen Schnabel zu den buntesten unter ihnen. Die Jungvögel unterscheiden sich durch ein matteres Gefieder und einen kleineren Schnabel, der nach dem Flüggewerden noch einige Wochen wächst, bis er seine volle Größe erreicht.

Sie leben meist paarweise oder in Gruppen von 6-12 Vögeln und ernähren sich von Weidenkätzchen, Beeren und Früchten, die mit der Schnabelspitze ergriffen und mit zurückgelegtem Kopf verschluckt werden. Daneben fressen sie auch Insekten, Spinnen, gelegentlich Schlangen, Eidechsen, Eier und Nestlinge.

Ihre Flugweise ist stark wellenförmig und von flatternden Flügelschlägen und kurzen Gleitphasen geprägt. Sie äußern gereihte, klickende Rufe, die an einen Laubfrosch erinnern, und rauhe, rasselnde Laute, die wie Kastagnetten klingen.

Riesentukan 12

Ramphastos toco

VERBREITUNG: O Südamerika, Guyana über Brasilien bis N-Argentinien
LEBENSRAUM: Offenes Waldland, bewaldete Flußufer, Waldränder, Plantagen, Palmenhaine; meidet ausgedehnte Wälder der Niederungen
GRÖSSE: 61 cm

Der Riesentukan ist nicht nur der bekannteste Vertreter seiner Familie, sondern auch der größte. Sein mächtiger Schnabel, der bis zu 19 cm lang sein kann, besteht wie bei allen Tukanen aus leichtem Horn. Er ist mit knochenartigen Verstrebungen verstärkt und wesentlich leichter, als er äußerlich erscheint.

Riesentukane kommen im ganzen Verbreitungsgebiet recht häufig und vor allem in offeneren Lebensräumen vor, meiden dichte Regenwälder und erscheinen oft in der Nähe von Siedlungen. Sie zeigen eine wellenförmige, leicht taumelnde, flatternde Flugweise, die für alle Tukane charakteristisch ist, suchen in lokkeren Gruppen nach Nahrung und halten mit krötenähnlichen, quakenden Rufen untereinander Kontakt.

Als Nistplatz wählen sie Baumhöhlen, deren Öffnung so klein ist, daß sie nur mit Mühe hindurchschlüpfen können. Die Höhle wird mit Holzspänen und häufig auch ausgewürgten Samen gepolstert und oft viele Jahre lang vom selben Paar besetzt.

Wendehals
♀
Däumlingsspecht
♂
Malaienmausspecht
♀
♂
Erdspecht
juv.
S. r. ruber
Feuerkopf-Saftlecker
Nubierspecht
♀
♂
D. f. lepidus
Kardinalspecht
D. f. hemprichii

♂
Weißspecht
in Baumhöhlen
geklemmte Eicheln
Eichelspecht
♂
M. f. flavigula
♀
♂
M. f. formicivorus
juv.
Rotkopfspecht
♂
P. m. numidus
♀
P. m. pinetorum
Buntspecht
juv.
♂
♂
P. v. septentrionalis
P. v. sanctorum
♂
Haarspecht

SPECHTE

FAMILIE PICIDAE SPECHTE

Kleine bis große Vögel mit kräftigem, geradem, spitzem bis meißelförmigem Schnabel, schlankem, aber kräftigem Hals und steifen Schwanzfedern (außer bei Wendehälsen der Unterfamilie Junginae und Weichschwanzspechten der Unterfamilie Picumninae), die beim Klettern als Stütze dienen. Die meisten Arten hämmern an Baumstämmen und «trommeln», um ihr Revier zu markieren. Meist Einzelgänger und Baumbewohner. Wendehälse braun gefleckt und gesprenkelt, Geschlechter gleich gefärbt. Mausspechte bräunlich mit rotem, orangefarbenem oder gelbem Muster und 3 weißen Schwanzstreifen, Weibchen durch schwarzen, weiß gepunkteten Scheitel unterschieden. Spechte (Unterfamilie Picinae) oft schwarzweiß, einige Arten rot, braun oder grün, am Kopf meist rote oder gelbe Partien. Weibchen im Gegensatz zu Männchen ohne bunte Kopfzeichnung. 2-14 weiße Eier werden in eine ungepolsterte Höhle in Bäumen, gelegentlich in Termitennestern, selten im Boden gelegt und 11-21 Tage bebrütet. Die Jungen bleiben 18-35 Tage im Nest. 199 Arten.

Wendehals 1

Jynx torquilla

VERBREITUNG: Eurasien und N-Afrika; im Winter Zentralafrika und S-Asien
LEBENSRAUM: Offene Wälder, Parklandschaften
GRÖSSE: 16-17 cm

Der Wendehals kann seinen Kopf um 180° drehen und wie eine Schlange hin und her wenden, was zusammen mit zischenden Lauten auf kleine räuberische Tiere abschreckend wirkt.

Er ernährt sich vorwiegend von Ameisen und anderen Insekten, die er am Boden oder aus der Baumrinde pickt. Obwohl er keine steifen Steuerfedern besitzt, die ihm als Stütze dienen, kann er wie Spechte an Stämmen klettern. Anstatt wie andere Spechte zu klopfen, äußert er ein nasales *Kiää*, einen ratternden Ruf und ein kurzes *Tack*. Er brütet in Baumhöhlen anderer Vogelarten und besetzt oft bereits belegte Nistplätze, aus denen er vorhandene Eier und Küken entfernt.

Diese ungewöhnlichen, wie Ziegenmelker tarnfarbenen Vögel werden in eine eigene Unterfamilie gestellt, die sie mit dem einzigen Verwandten, dem Rotkehl-Wendehals *J. ruficollis* aus Afrika, teilen.

Däumlingsspecht 2

Picumnus minutissimus

VERBREITUNG: Guyana
LEBENSRAUM: Waldränder der Niederungen, Savannen, Kaffeeplantagen
GRÖSSE: 9 cm

Die 27 Weichschwanzspecht-Arten werden wie die Wendehälse einer eigenen Unterfamilie zugeordnet. Sie sind sehr klein, sehen sich alle sehr ähnlich und haben keine steifen Schwanzfedern. Däumlingsspechte ernähren sich von kleinen Insekten, die sie paarweise auf Ästen und Zweigen kleiner Bäume und Büsche suchen.

Die Nisthöhle wird von beiden Altvögeln in weiches Holz gehämmert und dient ihnen während der Brutzeit auch als Schlafplatz. Die Bruthöhle wird vehement verteidigt. Einer Beobachtung zufolge vertrieb ein fütterndes Weibchen verschiedene Vogelarten, die der Höhle zu nahe gekommen waren.

Maleienmausspecht 3

Sasia abnormis

VERBREITUNG: Burma, Thailand S über Malaysia bis Sumatra, Borneo, W-Java und andere Indonesische Inseln
LEBENSRAUM: Wälder der Niederungen, dichter Sekundärbewuchs, Bambusdickicht, Flußuferbewuchs
GRÖSSE: 9 cm

Maleienmausspechte treten paarweise oder in Familienverbänden auf und suchen rastlos über Schößlinge, Zweige, Kletterpflanzen, Grasbüschel und Bambusdickichte hüpfend, im Laub des Waldbodens und in Spalten nach Ameisen, ihren Eiern und Larven anderer Insekten. Sie bevorzugen Lebensräume in Wassernähe und weisen an den Zehensohlen Striemen auf, die ihnen auf nassen Zweigen wahrscheinlich besseren Halt verleihen. Im Gegensatz zu den meisten Spechten haben sie statt 4 nur 3 Zehen. Ihre Nisthöhle wird in morsche Bambusstengel oder Baumstämme gebohrt und mißt nur etwa 2,5 cm im Durchmesser.

Weißspecht 4

Melanerpes candidus

VERBREITUNG: S-Surinam und Brasilien bis O-Bolivien, Paraguay, W-Uruguay, N-Argentinien
LEBENSRAUM: Offene Wälder, Palmenhaine, Savannen, Chaco-Waldland
GRÖSSE: 27 cm

Weißspechte leben gesellig und gehen oft in kleinen Gruppen auf Nahrungssuche. Ihr Flug ist nicht so ausgeprägt wellenförmig wie der anderer Spechte, und oft legen sie weite Strecken zurück, um geeignete Nahrungsgründe zu erreichen.

Sie fressen Ameisen, bevorzugen jedoch vegetarische Kost, darunter auch Honig und Körner. Wegen ihrer Vorliebe für Orangen und andere Anbaufrüchte sind sie bei Obstplantagenbesitzern in Verruf geraten.

Während der Brutzeit führen sie gemeinsame hüpfende und verbeugende Balzrituale vor. Sie nisten in hohlen Aststümpfen und legen 3-4 Eier, die wahrscheinlich von beiden Altvögeln bebrütet werden.

Rotkopfspecht 5

Melanerpes erythrocephalus

VERBREITUNG: O USA und S-Kanada
LEBENSRAUM: Offene Wälder, Parks einzelne Bäume
GRÖSSE: 19 cm

Beide Altvögel dieses Vogels zeigen eine rote Kopffärbung, die die Jungvögel erst im folgenden Frühjahr erhalten. Rotkopfspechte sind höchst aggressiv und erobern bereits besetzte Nisthöhlen anderer Spechte, vor allem des Carolinaspechts *M. carolinus*, wobei ihre rote Kopffärbung auf andere Arten abschreckend wirken mag.

Ungewöhnlich für Spechte ist ihr Nahrungserwerb, denn sie fangen im Flug Insekten und picken im Vorbeiflug Heuschrecken und andere Insekten vom Boden. Viele von ihnen verenden deshalb auf Straßen.

Im Winten ziehen Rotkopfspechte in Eichenwaldgebiete, wo sie sich von Eicheln ernähren. Sie nisten in einzeln stehenden Bäumen, übernehmen aber auch Höhlen in Pfosten und Häusern. Eigene Höhlen werden in morsche Holzstellen gehämmert. Sie legen in der Regel 3-5 Eier, und die Jungvögel werden von beiden Altvögeln mit Insekten und Früchten gefüttert.

Eichelspecht 6

Melanerpes formicivorus

VERBREITUNG: NW-Oregon S bis Kalifornien, SW USA S bis W-Panama und N-Kolumbien
LEBENSRAUM: Eichensavannen, Parklandschaften, Kiefern- und Eichenmischwälder
GRÖSSE: 20 cm

Das Vorkommen des Eichelspechts läßt sich recht einfach an seinen zahlreichen Eichelvorräten erkennen, die er auf Bäumen, Pfosten aller Art und an Gebäuden in ausgehöhlten Vertiefungen anlegt. Daneben frißt er andere

Nüsse, Insekten und Früchte, die er ebenfalls lagert. Die Abbildung zeigt die Unterart *M. f. formicivorus* aus dem Südwesten der USA und Nordwest-Mexiko und die isolierte Form *M. f. flavigula* aus Kolumbien. Eichelspechte leben in Gruppen von 3-12 Vögeln, die ein gemeinsames Territorium von 4-6 ha Fläche bewohnen, zu dem die Vorratslager, Nahrungsgründe und Brutplätze gehören.

Feuerkopf-Saftlecker 7

Sphyrapicus ruber

VERBREITUNG: NW Nordamerika
LEBENSRAUM: Küstennahe immergrüne Wälder, Nadelwälder der Gebirge, Espen- und Kiefernwälder
GRÖSSE: 19 cm

Im Gegensatz zu anderen Saftleckern sind bei dieser Art Männchen und Weibchen gleich gefärbt. Von den 2 Unterarten zeigt die Abbildung die von Südost-Alaska bis Westoregon verbreitete Form *S. r. ruber*. *S. r. daggetti* kommt an der Nordküste Kaliforniens vor, ist kleiner, zeigt einen helleren Kopf, einen längeren weißen Bartstreifen, einen helleren Bauch und eine auffallendere weiße Rückenzeichnung. Im Gegensatz zum Gelbbauch-Saftlecker *S. varius*, der über weite Strecken zieht, sind Feuerkopf-Saftlecker Standvögel.

Sie ernähren sich vom Baumsaft zuckerhaltiger Bäume, in die sie winzige Löcher hämmern. Die Löcher werden in waagerechten Reihen angelegt, doch können in Bäumen mit starker Zuckerkonzentration auch senkrechte Reihen oder regelrechte Gittermuster entstehen. Daneben fressen sie Insekten, die, vom süßen Saft angelockt, an den Bäumen oder in der Luft erbeutet werden.

Die Nisthöhlen befinden sich in von Rotfäule befallenen Bäumen und sind meist mit einem sehr kleinen Einflugloch versehen, um räuberische Tiere fernzuhalten. Feuerkopf-Saftlecker legen 4-7 Eier und füttern die Jungen mit Insekten.

Nubierspecht 8

Campethera nubica

VERBREITUNG: Östliches Zentralafrika
LEBENSRAUM: Savannen
GRÖSSE: 18 cm

Nubierspechte äußern weithin hörbare, metallisch klingende Rufe, die sich beschleunigen und mit einem quietschenden Triller enden. Beginnt ein Vogel zu rufen, fallen oft der Partner und andere Paare in der Nachbarschaft mit lautem Getöse ein.

Sie ernähren sich von Insekten, die sie von der Rinde, seltener aus den Rindenspalten oder vom Boden picken. Beobachtungen aus Kenia zufolge sollen sie die Früchte des Baobabbaumes anpicken, um die dadurch angelockten Ameisen mit ihrer langen, klebrigen Zunge zu erbeuten.

Sie brüten vor und während der Regenzeit und nisten in natürlichen und gegrabenen Baumhöhlen. Von den 2-5 Eiern werden höchstens 2 Jungvögel flügge. Die Jungvögel scheinen schnell das Alterskleid anzulegen.

Erdspecht 9

Geocolaptes olivaceus

VERBREITUNG: Südafrika
LEBENSRAUM: Grasland in felsigen Hochlagen
GRÖSSE: 28 cm

Erdspechte leben nicht auf Bäumen, sondern suchen allein oder in kleinen Gruppen am Boden und in Felsspalten nach Ameisen, ihren Larven und Puppen. Sie fliegen ungern, schwerfällig und nur kurze Strecken, so daß der rote Bürzel selten zu sehen ist.

Sie sind recht ruffreudig und äußern bis zu fünfmal ein lautes *Rii-tschick, rii-tschick*, das als Verteidigung des Territoriums und als Kontaktruf dient, am Nest ein dreifaches *Tschiu-kii* und harte Alarmrufe *piir*. Bodenbewohnende räuberische Tiere werden von ihnen angegriffen, während sie sich vor Greifvögeln verstekken. Da sie regelmäßig trinken, dürfte ihr Vorkommen an Wasser gebunden sein.

Die Brut findet zwischen August und Januar statt. Die Höhle liegt am Ende eines langen Tunnels und wird vorwiegend vom Männchen in einen Erdwall oder eine Straßenböschung in der Nähe eines Flusses gegraben. Das Gelege besteht aus 4-5 Eiern. Oft leben die Jungen zusammen mit den Altvögeln eine Zeit lang im Familienverband.

Kardinalspecht 10

Dendropicos fuscescens

VERBREITUNG: Afrika S der Sahara
LEBENSRAUM: Offene Wälder, Lichtungen, Waldränder, Savannen, Gebüsch
GRÖSSE: 13-15 cm

Dies ist der häufigste Specht südlich der Sahara. Er kommt in 9 Unterarten vor, zu denen *D. f. lepidus* aus West- und Zentralafrika und *D. f. hemprichii* aus Äthiopien, Somalia und Nord- und Ostkenia gehören.

Kardinalspechte ernähren sich von Insekten, die unter der Baumrinde leben, und von Faltern, Spinnen und anderen Insekten, die sie von der Rindenoberfläche picken. Sie reißen kleine Zweige ab, um an Käferlarven zu gelangen, fressen aber auch Früchte. Bei der Nahrungssuche bewegen sie sich flink durch die Zweige, hängen oft flügelflatternd kopfüber, um jede Spalte zu untersuchen. Sie rufen gelegentlich, um mit dem Partner oder dem Familienverband Kontakt zu halten, und schließen sich zur Nahrungssuche auch gemischten Trupps an.

Zur Verteidigung des Territoriums äußern sie ein scharfes, blechern klingendes Rattern, und von beiden Altvögeln ist zuweilen ein weiches Trommeln zu hören, das mit einem scharfen Ruf endet.

Buntspecht 11

Picoides major

VERBREITUNG: Eurasien, N-Afrika
LEBENSRAUM: Laub- und Nadelwälder von der arktischen Taiga bis zum Mittelmeer
GRÖSSE: 22-23 cm

Der Buntspecht ist weit verbreitet und zeigt wie sein amerikanischer Vertreter, der Haarspecht, viele geographische Variationen. Vögel Nordafrikas, wie die Unterart *P. m. numidus* aus Nordalgerien und Tunesien, haben eine rot und schwarz gefleckte Brust, während Vögel im Nordiran, Kaukasus und in angrenzenden Regionen dort rauchgrau und die der europäischen Unterart *P. m. pinetorum* weiß gefärbt sind.

Die meisten Buntspechte sind Standvögel, doch können nördliche Populationen bei Nahrungsmangel nach Süden wandern. Sie sind sehr anpassungsfähig und besiedeln jede Art von bewaldeten Flächen, dennoch ist ihr Bestand durch Abholzung weitgehend zurückgegangen, während ihre Zahl in Schottland durch Aufforstung wieder leicht angestiegen ist.

Buntspechte sind am scharfen Ruf *kick* und an warmen Frühlingstagen am typischen, lauten Trommeln, das zur Balz und Revierverteidigung dient, leicht zu erkennen. Sie ernähren sich von Insekten aller Art und fressen im Winter auch Samen, die sie in Holzspalten klemmen, um sie aufzuhämmern. Selbst Kiefernzapfen können sie in Baumstümpfen verankern, um an die Samen zu gelangen.

Haarspecht 12

Picoides villosus

VERBREITUNG: Alaska und Kanada S bis Mittelamerika, W-Panama und Bahamas
LEBENSRAUM: Nadel- und Laubwälder
GRÖSSE: 18-24 cm

Der Haarspecht gehört zu den am weitesten verbreiteten und formenreichsten Spechten. So hat die Unterart *P. v. septentrionalis* aus Alaska, Kanada und Teilen der zentralen und westlichen USA ein kontrastreiches, schwarzweißes Gefieder und kann bis zu 135 g wiegen, während die in Südmexiko und Mittelamerika beheimatete Form *P. v. sanctorum* mit schwarzem, weißem und braunem Gefieder kleiner ist und nur etwa 38 g wiegt. Die meisten Vögel leben seßhaft, während nördliche im Winter gelegentlich nach Süden wandern.

Haarspechte suchen auf und unter der Rinde der Bäume nach Insekten, fressen aber auch Beeren und Samen. Zu ihren Lautäußerungen gehören ein lautes *Piik* und ein ratternder Ruf.

SPECHTE

♂
Kokardenspecht
♂
P. t. crissoleucus
♂
P. f. funebris
Dreizehenspecht
♂
Scharlachrücken-
specht
♂
Olivmantel-
specht
Helmspecht
♂
Schwarzspecht
♂
♂
Elfenbeinspecht
♀

Feldspecht
Wiesenspecht
C. campestroides
♂
C. a. cafer
♀
♂
♂
Goldspecht
♂
C. c. campestris
♂
C. a. auratus
Kastanien-
specht
♂
♂
C. l. guttacristatus
Puderspecht
Sultanspecht
♂
Olivbaum-
specht
Reinwardtspecht
♂
Grünspecht
♂
P. v. viridis

Kokardenspecht 1
Picoides borealis {B}

VERBREITUNG: SO USA
LEBENSRAUM: Alte, offene Kiefernwälder
GRÖSSE: 18 cm

Vom Kokardenspecht gibt es nur noch isolierte Restpoluationen, die heute als bedroht gelten. Ursache dafür sind die Kontrolle natürlicher Waldbrände und die Abholzung der Wälder in einem frühen Wachstumsstadium, denn durch Feuer, das vor allem Hartholzbäume, nicht jedoch Kiefern vernichtet, wurde der Wald früher offen gehalten.

Kokardenspechte leben in Sozialverbänden, sogenannten «Clans», die aus einem Brutpaar, den Nestlingen und den jungen Männchen aus den vorangegangenen Jahren bestehen. Die jungen Weibchen verlassen im ersten Winter das Territorium, das etwa 80 ha Fläche mißt. Die Vögel brüten und schlafen in Kiefernhöhlen, für deren Bau sie, auch wenn der Baum mit Rotfäule befallen ist, mehrere Monate benötigen. Ober- und unterhalb der Höhle hämmern sie kleine Löcher in den Stamm, durch deren Harzfluß auf Bäume kletternde Schlangen ferngehalten werden.

Dreizehenspecht 2
Picoides tridactylus

VERBREITUNG: Alaska, Kanada, N-Eurasien S bis S-Skandinavien, S-Sibirien, W-China, N-Japan; isolierte Gebirgspopulationen weiter südlich
LEBENSRAUM: Dichte, feuchte Nadelwälder
GRÖSSE: 22 cm

Wie der nah verwandte Schwarzrückenspecht *P. arcticus* zeichnet sich diese Art durch 3 statt 4 Zehen, stark gebänderte Flanken und beim Männchen einen gelben statt roten Scheitel aus. Dreizehenspechte kommen vor allem in Fichtenwäldern vor und ernähren sich bevorzugt von Borkenkäfern, die diese Bäume befallen. Sorgfältig suchen sie jeden Baum nach Insekten ab, die sie auf und unter der Rinde finden oder aus weichen Holzstellen graben. Von den 8 Unterarten zeigt die Abbildung die helle Form *P. t. crissoleucus* aus Nordsibirien und die dunkelste *P. t. funebris* aus Südwest-China und Tibet.

Scharlachrückenspecht 3
Veniliornis callonotus

Verbreitung: SW-Kolumbien, NW-Peru, W-Ecuador
Lebensraum: Trockengebüsch, trockener Wald
Größe: 14 cm

Trotz seines beschränkten Verbreitungsgebiets zeigt dieser Specht in der Bänderung der Brust erstaunliche geographische Variationen. Die Weibchen unterscheiden sich von den Männchen durch das Fehlen der roten Scheitelfederspitzen. Scharlachrückenspechte kommen bis in 1000 m Höhe vor, doch ist nur wenig über ihre Lebensweise bekannt. Die Brutzeit scheint zwischen Mai und Oktober zu liegen.

Olivmantelspecht 4
Piculus rubiginosus

VERBREITUNG: Mexiko bis Argentinien; Trinidad, Tobago
LEBENSRAUM: Wälder, Waldränder, Sekundärbewuchs
GRÖSSE: 19-23 cm

Dieser Specht ist weit verbreitet und in einigen Regionen recht häufig. Im Norden des Verbreitungsgebiets bewohnt er Kiefern- und Eichenmischwälder oder Eichenwälder, im Süden Eichenwälder und tropische Laubwälder, zuweilen auch tropische immergrüne Wälder. Von den etwa 20 Unterarten kommt *P. r. aeruginosus* im Nordosten Mexikos vor.

Olivmantelspechte leben recht versteckt und ernähren sich von Wirbellosen, die sie auf und unter der Baumrinde stochernd finden, von Brombeeren und anderen Früchten. Gelegentlich nehmen sie auch am Boden Nahrung auf. Beobachtungen aus Kolumbien zufolge sollen sie sich bei der Nahrungssuche auch gemischten Trupps anschließen.

Goldspecht 5
Colaptes auratus

VERBREITUNG: Nordamerika S bis Nicaragua
LEBENSRAUM: Offene Wälder, Savannen, offenes Gelände mit einzelnen Bäumen
GRÖSSE: 25,5-36 cm

Bis vor kurzem noch wurden die Unterarten *C. a. cafer* und ähnliche Formen aus dem Westen Nordamerikas, *C. a. auratus* und *C. a. luteus* aus dem Osten Nordamerikas sowie *C. a. chrysoides* und ähnliche aus dem Südwesten der USA und Mexiko als eigene Arten betrachtet. Nachdem Hybridisierungen zwischen diesen und weiteren Formen bewiesen wurden, gelten sie nun als eine Art.

Goldspechte suchen meist am Boden, gelegentlich aber auch auf Bäumen nach Nahrung und fressen bevorzugt Ameisen. Sie äußern verschiedene Rufe, und von beiden Altvögeln ist das charakteristische Schnabeltrommeln zu hören. Sind keine geeigneten Bäume vorhanden, trommeln sie auch an Gebäuden, Stromleitungspfosten und ähnlichen künstlichen Objekten. Sie können ihre Bruthöhle in weiches Holz oder einen Kaktus graben, besetzen aber häufig natürliche Höhlen oder erneuern alte Brutplätze.

Feldspecht 6
Colaptes campestris

VERBREITUNG: Surinam und unteres Amazonasbecken bis O-Bolivien, S-Brasilien, Paraguay, Uruguay, Argentinien
LEBENSRAUM: Grasland, Savannen, Waldränder
GRÖSSE: 30 cm

Feldspechte ernähren sich ausschließlich von Ameisen, die sie auf unebenem Boden hüpfend oder auf ebenem Gelände laufend erbeuten. Sie suchen oft in kleinen Gruppen nach Nahrung, zuweilen in Gesellschaft des Grünbindenspechts *C. melanochloros*, und erscheinen häufig auf frisch abgebrannten Flächen. Die südliche Form *C. campestroides*, der Wiesenspecht, wurde oft als Unterart des Feldspechts betrachtet, gilt neuerdings aber als selbständige Art.

Daß gelegentlich zwei oder mehr Paare in enger Nachbarschaft brüten, mag am Mangel geeigneter Brutplätze liegen. Nichtbrütende Altvögel sind zuweilen als Helfer am Nest tätig. Die Familienverbände bleiben nach der Brutzeit manchmal noch eine Zeit lang erhalten.

Kastanienspecht 7
Celeus castaneus

VERBREITUNG: Mexiko bis Panama
VERBREITUNG: Dichte tropische immergrüne Wälder und Sekundärbewuchs
GRÖSSE: 23-25 cm

Kastanienspechte sind in einigen Regionen recht häufig, aber wegen ihres dunklen Gefieders in der dichten Vegetation nur schwer zu sehen. Stattdessen machen sie bei der Nahrungssuche in den mittleren Baumzonen durch Klopfen auf Ästen und Stämmen auf sich aufmerksam. Sie erscheinen häufig paarweise und in einigen Regionen auch in Kakaoplantagen, wo sie als Schädlinge betrachtet werden.

Sie äußern tiefe Rufe *Quar* oder *Kiijark*, zuweilen gefolgt von einem tieferen, schwächeren *Hih-hih-hih*, einem scharfen, zweifachen quietschenden Laut und ein *Woaup*.

Helmspecht 8

Dryocopus pileatus

VERBREITUNG: S-Kanada, O und NW USA
LEBENSRAUM: Wälder, vor allem feuchte Wälder
GRÖSSE: 38-48 cm

Im Gegensatz zu anderen großen Spechtarten ist der Helmspecht in vielen Regionen noch häufig zu finden, was zum Teil an seiner Nahrung liegen mag. Er ernährt sich vor allem von Ameisen und Termiten, die er am Boden und in Bäumen sucht, aber auch von Früchten. Das Weibchen unterscheidet sich vom Männchen durch eine schwarze Stirn und das Fehlen des roten Bartstreifs.

Helmspechte äußern laute, gereihte Töne *kiu-kiu-kiu* und wählen zum Trommeln Bäume aus, die sich als Resonanzkörper eignen und den Schall möglichst weit tragen.

Schwarzspecht 9

Dryocopus martius

VERBREITUNG: Eurasien außer SW-China
LEBENSRAUM: Hartholz- und Nadelwälder nördlicher bis gemäßigter warmer Zonen
GRÖSSE: 45 cm

Der Schwarzspecht benötigt wie der Helmspecht ein Territorium, das je nach Qualität des Lebensraums 150-3000 ha Fläche mißt und sich aufgrund der Größe mit dem anderer Artgenossen überschneiden kann.

Schwarzspechte leben als Einzelgänger. Männchen und Weibchen können eigene Reviere bewohnen und sind nur zur Brutzeit paarweise zu sehen. Sie ernähren sich vor allem von Ameisen, Termiten und den Larven holzbohrender Käfer, nehmen aber auch Samen und Früchte.

Elfenbeinspecht 10

Campephilus principalis {B}

VERBREITUNG: Bergland O-Kubas (wahrscheinlich auch SO USA)
LEBENSRAUM: Ausgedehnte, abgelegene, alte Wälder
GRÖSSE: 50 cm

Nach dem nah verwandten und wahrscheinlich bereits ausgestorbenen Kaiserspecht *C. imperialis* aus Mexiko und dem Puderspecht ist dies die drittgrößte Spechtart der Welt und zugleich eine der seltensten aller Vogelarten. Der Elfenbeinspecht bewohnt unberührte Wälder, ernährt sich hauptsächlich von großen Käferlarven und ist durch Abholzung alter Bäume, die ihm auch die Nahrungsgrundlage entzieht, und direkte Verfolgung durch den Menschen bedroht. Seit den 1940er Jahren gibt es Meldungen der Art aus den USA, die zwar skeptisch betrachtet wurden, aber die geringe Hoffnung nähren, daß einzelne Individuen des Elfenbeinspechts in Louisiana, Mississippi oder Florida überlebt haben könnten.

Die Populationen gingen in Kuba und in den USA zur selben Zeit stark zurück. In den letzten Jahren wurden einige Vögel in den zerklüfteten Bergwäldern Ostkubas entdeckt. Das Gebiet wurde als Naturreservat ausgewiesen.

Grünspecht 11

Picus viridis

VERBREITUNG: W-Eurasien von S-Skandinavien, Europa bis Bergregionen N-Afrikas, Türkei, Iran, W-Rußland
LEBENSRAUM: Laub- und Mischwaldränder, Sekundärbewuchs, Parklandschaften
GRÖSSE: 30 cm

Grünspechte suchen am Boden nach Ameisen und Insektenlarven und stochern mit heftigen Kopfdrehungen in Termitenhügeln. Ebenso picken sie Insekten und Spinnen von den Bäumen und fressen Früchte und Samen. Die Weibchen sind am schwarzen Bartstreifen zu erkennen, der bei den unterseits gebänderten Jungvögeln nur schwach entwickelt ist. Von den verschiedenen Unterarten ist *P. v. viridis* in Europa und *P. v. vaillantii* in Nordafrika verbreitet. Letztere Form zeigt eine stark gebänderte Unterseite und beim Weibchen weniger Rot am Kopf und einen wie beim Männchen rot ausgefüllten schwarzen Bartstreifen. Sie wird unter dem Namen Vaillantspecht häufig als eigene Art betrachtet.

Außerhalb der Brutzeit leben Grünspechte meist einzeln. Beide Altvögel äußern ein lautes, abfallendes Lachen und gereihte Laute *Kiük-kjük*, trommeln aber selten.

Olivbauchspecht 12

Dinopium rafflesii

VERBREITUNG: SO-Asien von Tenasserim über die Malaysische Halbinsel bis Sumatra, Borneo
LEBENSRAUM: Dichte Wälder in den Niederungen
GRÖSSE: 28 cm

Olivbauchspechte besitzen wie der Dreizehenspecht nur 3 Zehen. Sie fressen Insekten und Spinnen, die sie allein oder paarweise im Unterwuchs des Waldes auf Zweigen und unter der Rinde finden, und erscheinen zuweilen auch am Boden, um Bruchholz zu untersuchen.

Sie äußern schnell gereihte Töne *Quii* und ein langsames Klopfen, mit dem Paare am Brutplatz kommunizieren, trommeln jedoch nicht.

Sultanspecht 13

Chrysocolaptes lucidus

VERBREITUNG: S-Asien von Indien bis SW-China, Große Sundainseln und Philippinen
LEBENSRAUM: Wälder, Waldränder, Mangroven
GRÖSSE: 33 cm

Sultanspechte fressen bevorzugt Insekten, die sie durch Abklopfen der Äste lokalisieren und dann aus dem Holz graben. Gelegentlich erbeuten sie auch am Boden Termiten und schnappen sogar nach fliegenden Insekten.

Zu Beginn der Brutzeit lassen sie typische, laute und lang andauernde Trommelreihen ertönen, die zum Ende hin schwächer werden. Zu ihren Rufen gehören ein *Kiik* und eine Reihe lauter, langgezogener, rauher Töne, die den Lauten einer Riesenzikade ähnlich sein sollen. Die meisten der zahlreichen Unterarten leben isoliert voneinander. Die abgebildete Form *C. l. guttacristatus* ist von NW-Indien bis Nordvietnam verbreitet.

Reinwardtspecht 14

Reinwardtipicus validus

VERBREITUNG: S-Burma, S-Thailand, Malaysia, Sumatra, Java, Borneo
LEBENSRAUM: Wälder in den Niederungen, Sekundärbewuchs, teilweise abgeholzte Flächen mit großen Bäumen
GRÖSSE: 30 cm

Reinwardtspechte machen durch lautes Klopfen und häufiges Rufen auf sich aufmerksam, während sie in Bäumen von den Kronen bis in Bodennähe nach Nahrung suchen. Sie fressen Insekten, die sie durch Abklopfen unter der Baumrinde finden, und schälen gelegentlich Rinde ab, um die darunter lebende Beute freizulegen. Sie äußern verschiedene Laute, die alle aus einem metallischen *Pit* bestehen und einzeln, zweifach oder bis zu neunfach gereiht werden.

Die Bruthöhlen werden in abgestorbene Baumstämme gehämmert. Die Jungen werden nach dem Flüggewerden noch einige Zeit mit Larven gefüttert und lassen sich von den Altvögeln an aufgeschlagene Holzstellen führen, um sich die Beute selbst zu holen.

Puderspecht 15

Muelleripicus pulverulentus

VERBREITUNG: N-Indien bis SW-China, Thailand, Vietnam, Malaysia, Indonesien
LEBENSRAUM: Wälder in den Niederungen und sumpfige Wälder
GRÖSSE: 51 cm

Puderspechte sind Bewohner unberührter alter Wälder, kommen aber auch in teilweise abgeholzte Waldgebiete mit nahegelegenem, störungsfreiem, altem Baumbestand. Sie wandern paarweise oder in Familienverbänden zur Nahrungssuche umher, wobei sie alle spechttypischen Methoden anwenden, um Beute auf den Bäumen, unter der Rinde und am Boden zu finden. Sie scheinen Ameisen zu bevorzugen, fressen aber auch Termiten und Käferlarven.

Zu ihren Rufen gehört ein charakteristisches, lautes, schrilles Gackern, ein *Dit*, ein gereihtes, ratterndes *Dit-dit-dit* und ein Flugruf *duot*. Beide Altvögel sind am Brutgeschäft beteiligt, und oft bleibt die Familie noch lange Zeit, möglicherweise bis zum Beginn der nächsten Brutsaison, zusammen.

BREITRACHEN, BAUMSTEIGER, TÖPFERVÖGEL

Temminckschlüpfer
Sechsfedernschlüpfer
Wyattschlüpfer
Schuppenkehl-Erdhacker
Nest
Anumbi
Goldstirn-
Blattspäher
Nest
Rosttöpfer
Sparrman-
steigschnabel

BREITRACHEN, BAUMSTEIGER, TÖPFERVÖGEL

FAMILIE EURYLAIMIDAE BREITRACHEN

Kleine bis mittelgroße, stämmige Vögel mit großen Augen, breitem Kopf und abgeflachtem Schnabel mit breitem Rachen. Gefieder locker, vor allem bei asiatischen Arten oft farbenprächtig. Geschlechter bei der Hälfte der Arten verschieden gefärbt. Gelege aus 2-8 weißen oder rosafarbenen, manchmal gefleckten Eiern in ovalem oder beutelförmigem Hängenest. Bebrütungsdauer und Nestlingsperiode unbekannt. 14 Arten.

Kapbreitrachen 1

Smithornis capensis

VERBREITUNG: Afrika von Elfenbeinküste und Kenia S bis Natal und Angola
LEBENSRAUM: Wald, Sekundärwald, Dickicht
GRÖSSE: 13 cm

Der untersetzt und etwas lethargisch wirkende Kapbreitrachen ist ein unauffälliger, einsamer Bewohner dichten Gebüschs. Er ernährt sich von Fluginsekten, die er von niedrigen, dunkel gelegenen Warten aus erspäht und im Flug erbeutet, wobei der weiße Bürzelfleck kurz zu erkennen ist.

Meist hört man ihn, ohne ihn zu sehen. Wenn er während der kurzen, aber eindrucksvollen Balz mit vibrierendem Flügelschlag seine Sitzwarte umkreist, erzeugen die Flügel ein typisches Rasseln, das mehrere Meter weit zu hören ist. Oft wiederholt der Vogel den Balzflug viele Male, jedoch meist an einer freien Stelle inmitten des Dickichts, wo er nicht zu sehen ist.

Smaragdbreitrachen 2

Calyptomena viridis

VERBREITUNG: Tieflagen Burmas und thailändische Halbinsel bis Sumatra und Borneo
LEBENSRAUM: Wald und Sekundärwaldland, in Borneo bis 1700 m Höhe
GRÖSSE: 20 cm

Der Schnabel dieses asiatischen Breitrachens ist höher und stärker gebogen als bei verwandten Arten, doch von langen Federn der Schnabelbasis weitgehend bedeckt, so daß der Kopf sehr rund und fast froschähnlich wirkt.

Das leuchtend grüne Männchen ist keineswegs so auffällig, wie man erwarten könnte, sondern im intensiven Grün des Tropenwaldes manchmal schwer zu entdecken. Smaragdbreitrachen bewegen sich recht bedächtig, sind bei der Nahrungssuche in Trupps aber oft lebhafter und lauter, wobei sie ein tiefes Pfeifen und sprudelnde Töne äußern, die für diese Familie charakteristisch sind.

Das Weibchen ist oft größer als das Männchen und matter grün. Es legt zwei Eier in ein birnenförmiges Nest, das aus Pflanzenfasern gewebt ist und direkt über dem Boden an einem Ast hängt.

FAMILIE DENDROCOLAPTIDAE BAUMSTEIGER

Mittelgroße, schlanke, in Bäumen kletternde Insektenfresser mit steifem, stachelartigem Schwanz. Schnabel vielfältig, von kurz und kräftig bis lang, dünn und abwärts gebogen. Gefieder braun bis rostrot, oft gestrichelt, Geschlechter gleich gefärbt. 2-3 weiße oder grünlich-weiße Eier werden in Baumhöhle 15-20 Tage bebrütet. Nestlingsperiode unbekannt. 52 Arten.

Rindenpicker 3

Glyphorhynchus spirurus

VERBREITUNG: S-Mexiko bis N-Bolivien, Amazonasgebiet
LEBENSRAUM: Feuchte Tropenwälder, Sekundärwaldland
GRÖSSE: 14 cm

Dank seiner Tarnfärbung ist der Rindenpicker kaum zu erkennen, wenn er bewegungslos an einem Baumstamm verharrt. In ruckartigen Bewegungen sucht er Stamm und Äste nach kleinen Insekten und Spinnen ab, wobei er die steifen Steuerfedern wie Spechte als Stütze einsetzt und mit seinem kurzen, leicht aufgeworfenen Schnabel die Rinde abklopft. Er ist ein weit verbreiteter, häufiger Vogel, der meist einzeln oder paarweise auftritt und sich gern in gemischten Trupps aufhält.

Langschnabel-Baumsteiger 4

Nasia longirostris

VERBREITUNG: Venezuela bis N-Bolivien, Amazonasgebiet
LEBENSRAUM: Feuchte Tropenwälder, saisonal überschwemmte Wälder, Sümpfe
GRÖSSE: 36 cm

Mit seinem langen Schnabel kann dieser flinke Baumsteiger dichtes Blattwerk von Bromelien und ähnlichen auf tropischen Bäumen wachsenden Pflanzen nach Insekten, Spinnen und anderen Tieren absuchen, die dort oft in großer Vielfalt zu finden sind. Daneben sucht er wie die kurzschnäbligeren Verwandten auch in Baumrinde nach Nahrung. Meist tritt er einzeln oder paarweise auf und äußert als Kontaktruf ein unheimliches Pfeifen.

Bindenbaumsteiger 5

Dendrocolaptes certhia

VERBREITUNG: Mexiko bis N-Bolivien, Amazonasgebiet
LEBENSRAUM: Feuchte Tropenwälder, Sekundärwaldland
GRÖSSE: 28 cm

Der kräftige Bindenbaumsteiger ist für seine Vorliebe, Wanderameisenschwärmen zu folgen, bekannt. Dabei jagt er nicht die Ameisen selbst, sondern erbeutet die vor ihnen flüchtenden Insekten am Boden oder in der Luft. Daneben klettert er wie andere Baumsteiger bei der Nahrungssuche am Stamm empor und fliegt dann zur nächsten Stammbasis, um sich wieder nach oben zu arbeiten.

Die Unterart *D. c. nigrirostris* von Costa Rica ist am schwarzen Schnabel, die am oberen Amazonas verbreitete *D. c. radiolatus* am roten zu erkennen. Über 10 weitere Unterarten zeigen feine Unterschiede in der Schnabel- und Gefiederfärbung, und einige mexikanische Populationen haben gelblich-weiße Schnäbel.

Rotrücken-Sensenschnabel 6

Campylorhamphus trochilirostris

VERBREITUNG: Panama, N Südamerika bis Bolivien, Paraguay, N-Argentinien
LEBENSRAUM: Feuchte Tropenwälder, Sümpfe
GRÖSSE: 30 cm

Der auffällige abwärts gebogene Schnabel dieses Baumsteigers ist speziell dazu ausgebildet, im dichten Blattwerk von Farnen, Bromelien und anderen auf Bäumen wachsenden Pflanzenarten nach Nahrung zu suchen. Er ernährt sich von Spinnen, Insekten und erbeutet sogar kleine Frösche, die in Pfützen der Blattvertiefungen leben. Mit seinem langen Schnabel holt er Insekten aus schmalsten Rindenspalten, in denen sie für andere Vögel unerreichbar sind. Wie andere Baumsteiger und Spechte setzt er die steifen Steuerfedern beim Klettern an Baumstämmen als Stütze ein.

FAMILIE FURNARIIDAE TÖPFERVOGELARTIGE

Mittelgroße, lebhafte, oft bodenbewohnende Vögel von extrem variabler Gestalt und Lebensweise. Echte Töpfer bauen kuppelförmige Nester aus Schlamm, andere aus Zweigen oder sie nisten in Höhlen. 2-5 weiße oder blaue Eier werden ca. 15 Tage bebrütet, Nestlingsperiode 13-18 Tage (jedoch nur bei 6 Arten bekannt). 227 Arten.

Kaninchenerdhacker 7

Geositta cunicularia

VERBREITUNG: S Südamerika, von Peru und Brasilien bis Feuerland
LEBENSRAUM: Trockene Sandflächen, Dünen und Grasland aller Höhenlagen
GRÖSSE: 17-19 cm

Kaninchenerdhacker wurden nach der langen Neströhre benannt, die sie in Berghänge, Steilwände, Erdwälle oder Sanddünen graben. Die bis zu 3 m lange Röhre mündet in eine Höhle, die außerhalb der Brutzeit als Rastplatz genutzt wird.

Sie suchen am Boden nach Insekten und Samen, wobei sie kurze Strecken rennen, plötzlich anhalten, laut rufen, aufmerksam um sich blicken und häufig mit Schwanz und Flügelspitzen zucken. Nachdem sie ein Insekt gefressen haben, reinigen sie den Schnabel oft durch Wetzen an einem Stein.

Schuppenkehl-Erdhacker 8

Upucerthia dumetaria

VERBREITUNG: S Südamerika
LEBENSRAUM: Trockene Hänge und Dornengebüsch
GRÖSSE: 25 cm

Zu dieser Gattung gehören große, braune, bodenbewohnende Vögel mit abwärts gebogenem Schnabel. Der Schuppenkehl-Erdhacker ist ein stiller und unauffälliger Bewohner trockenen Geländes, auf dem er zwischen Steinen und Felsblöcken oder in Grasbülten nach Insekten sucht. Bei Störung flüchtet er meist laufend oder sucht am Boden Deckung, nur selten fliegt er weitere Strecken.

Beide Altvögel graben eine bis zu 1,5 m lange Neströhre in einen Abhang oder Erdwall und legen die Bruthöhle mit Gras und Wurzeln aus.

Rosttöpfer 9

Furnarius rufus

VERBREITUNG: O Südamerika von Brasilien bis Argentinien
LEBENSRAUM: Baumgruppen, offenes Gelände
GRÖSSE: 20 cm

Rosttöpfer bauen ein außergewöhnliches, stabiles Nest aus Schlamm, das mit Stroh verstärkt wird und wie ein Backofen geformt ist. Das oft auf einem breiten Zaunpfahl oder einem Hausdach gelegene komplexe Gebilde besitzt eine niedrige Öffnung und einen spiralförmig zur Bruthöhle aufwärts führenden Gang. Obwohl der Bau des Nestes möglicherweise Monate dauert, wird jedes Jahr ein neues angefertigt, während verlassene Nester oft von anderen Vogelarten besetzt werden.

Mit ihrem kräftigen Schnabel graben sie im Boden nach Würmern und Insektenlarven. Charakteristisch ist ihre bedächtige, stolzierende Bewegungsweise. Die Paare äußern oft im Duett laute, klingelartige Rufe.

Sechsfedernschlüpfer 10

Sylviorthorhynchus desmursii

VERBREITUNG: Chile und Argentinien
LEBENSRAUM: Feuchte Wälder mit dichtem Unterwuchs, vor allem Bambusdickicht
GRÖSSE: 24 cm

Dieser heimlich lebende, wenig bekannte Bewohner dichter Wälder ist vor allem wegen seiner seltsamen Schwanzfedern bemerkenswert, von denen er nur sechs besitzt: Das äußere Steuerfederpaar ist kurz und wird von den Oberschwanzdecken überlagert, während die beiden inneren Paare fast dreimal so lang wie der Vogel sind und kaum mehr als strähnige Schäfte darstellen. Oft wirken sie stark abgenutzt, weshalb anzunehmen ist, daß sie einem verschleißenden Balzritual dienen.

Der Sechsfedernschlüpfer zeigt wenig Scheu vor Menschen, verläßt aber nur selten die dichte Vegetation und ist stattdessen an seinen ständigen Rufen zu erkennen. Das kugelförmige Nest aus Pflanzenfasern baut er in trockener Vegetation nahe am Boden.

Temminckschlüpfer 11

Synallaxis albescens

VERBREITUNG: SW Costa Rica bis Argentinien, O der Anden; Trinidad, Margarita Island
LEBENSRAUM: Waldrand, Plantagen, Mangroven, Dickichte, Röhricht, Savannen, trockenes Gelände
GRÖSSE: 16 cm

Meist sieht man sie allein oder paarweise am Boden, wo sie, begleitet von rauhen, schnatternden Rufen und den Schwanz heftig auf und ab schlagend, nach Insekten suchen.

Temminckschlüpfer kommen von der Küste bis in 2100 m Höhe vor. Sie nisten in Bäumen oder Büschen und bauen ein kugelförmiges Nest aus Zweigen mit schmaler seitlicher Einflugröhre. Die zahlreichen Unterarten des weiten Verbreitungsgebiets unterscheiden sich geringfügig in der Färbung. Südliche Populationen ziehen außerhalb der Brutzeit nach Norden.

Wyattschlüpfer 12

Thripophaga wyatti

VERBREITUNG: NW-Venezuela, NO-Kolumbien, Ecuador bis S-Peru
LEBENSRAUM: Grasland der Anden mit vereinzelten Büschen von der Baum- bis zur Schneegrenze
GRÖSSE: 15 cm

Der Wyattschlüpfer ist nur lokal häufig und zwar weit, aber ungleichmäßig im offenen Felsgelände der Anden direkt unterhalb der Schneegrenze verbreitet, erscheint aber gelegentlich auch unterhalb der Baumgrenze. Er ernährt sich von Insekten, die er am Boden rennend oder hüpfend zwischen Steinen und im Gras erbeutet, wobei er häufig den leicht gestelzten Schwanz auf und ab schlägt. Bei Störung verschwindet er in dichter Vegetation.

Wie weitere 21 Arten dieser Gattung baut er ein großes, korbartiges, kuppelförmiges Nest aus kleinen Zweigen und Gras.

Anumbi 13

Anumbius anumbi

VERBREITUNG: Brasilien, Uruguay, Paraguay, Argentinien
LEBENSRAUM: Offenes Gelände mit Büschen und Gekräut
GRÖSSE: 21 cm

Das Nest dieses häufigen Vogels ähnelt einem großen Reisighaufen. Es wird oft gut sichtbar auf einzelnen Bäumen oder Pfählen errichtet und kann Jahre überdauern. Für den Bau bevorzugen Anumbis dornige Zweige, die sie mit Pflanzenfasern und Gras auslegen, und häufig bauen sie leuchtende Fetzen, Knochen, Metallstücke und ähnliches mit ein. Zum Nestinneren führt eine gewölbte Röhre, die mit Schlangenhaut, Krabbenschalen, Schneckenhäusern und Rindenstücken ausgelegt sein kann.

Meist suchen sie am Boden in Grasbülten oder Gekräut nach Insekten und anderen Kleintieren. Ihren Gesang, ein schnelles *tschick-tschick-tschii*, tragen sie inbrünstig und am ganzen Körper zitternd vor.

Goldstirn-Blattspäher 14

Philydor rufus

VERBREITUNG: Costa Rica S bis N-Argentinien
LEBENSRAUM: Feuchte und nasse Bergwälder
GRÖSSE: 19 cm

Goldstirn-Blattspäher trifft man allein oder in gemischten Trupps anderer Arten an. Sie suchen an Baumstämmen rankende Kletterpflanzen nach Insekten und Spinnen ab, oder hüpfen über waagerechte Äste, um das Laub der Zweigspitzen zu durchforsten. Dabei drehen sie häufig den Körper und schwenken den Schwanz, womit sie möglicherweise ihre Beute aufschrecken und aus der Deckung locken. Ihre Rufe wurden als ein froschähnliches Quaken und ein schnarchendes *tschörr* beschrieben. Sie brüten in Höhlen, die sie in Erdwälle graben.

Sparrmansteigschnabel 15

Xenops minutus

VERBREITUNG: SO-Mexiko bis W-Ecuador, O der Anden S bis N-Argentinien, Paraguay, S-Brasilien
LEBENSRAUM: Feuchte Wälder und Waldränder
GRÖSSE: 12 cm

Bis auf eine Ausnahme zeigen alle Arten dieser Gattung einen weißen Wangenstreif. Mit charakteristischen hüpfenden und schlängelnden Bewegungen suchen sie von einer Seite zur anderen spähend auf Ästen nach Insekten, Spinnen und anderen Kleintieren. Manchmal klettern sie nach Art der Spechte an Stämmen empor, um morsche Äste nach Beute zu untersuchen.

Sie nisten in Höhlen, die sie in morsche Baumstümpfe schlagen, oder übernehmen die Höhlen von Maus- und Zwergspechten. Auch als Schlafplatz nutzen sie meist alte Spechthöhlen, die sie einzeln beziehen.

AMEISENVÖGEL, BÜRZELSTELZER

♂
Weißbart-Ameisenvogel
♂ F. a. crissalis
Schwarzkehl-Ameisendrossel
Schuppenkopf-
Ameisenpitta
G. g. guatimalensis
♂
♂
Grauscheitelstelzling
♂
Rotkehl-Mückenfresser
Schwarzkehl-
Huethuet
♂
♀
Bürstentapaculo
juv.
♂
Einfarbtapaculo

AMEISENVÖGEL, BÜRZELSTELZER

FAMILIE FORMICARIIDAE AMEISENVÖGEL UND VERWANDTE

Sehr formenreich. Kleine bis mittelgroße, meist langbeinige Vögel mit für kurze Flugstrecken in dichter Vegetation geeigneten runden Flügeln, viele (einschließlich Mückenfresser, die zuweilen als eigene Familie gelten) mit kurzem Hals, rundem Körper und extrem kurzem Schwanz. Geschlechter meist verschieden gefärbt, Männchen oft dunkel grau oder schwarz, mit weißer Fleckung und Bänderung, manchmal mit rötlich braun, Weibchen oft braun. Mückenfresser sind oberseits hell braun, unterseits noch heller, mit deutlicher Kopfzeichnung. Bei den meisten Arten zeigen Männchen lange silbrig-weiße Federn hinter dem Auge, bei einigen auch die Weibchen. Napfförmiges Nest wird meist in Astgabel hängend, seltener auf Baumstumpf oder in hohlen Palmenstamm, bei einigen Arten am Boden gebaut. Zwei meist weiße oder cremefarbene (bei einigen hell blaue oder braune), sehr dunkel (meist braun) gezeichnete Eier werden 14-16 Tage bebrütet, die Jungen bleiben 9-12 Tage im Nest. 246 Arten.

Bindenwollrücken 1

Thamnophilus doliatus

VERBREITUNG: Mexiko bis Nordrand Argentiniens
LEBENSRAUM: Dickichte in Niederungen
GRÖSSE: 14-17 cm

Dieser typische Bewohner halboffener Flächen wie trockener Wälder oder buschbestandener Savannen ist in Regionen mit wenigen Konkurrenzarten häufig, im Herzen des Amazonasgebiets, wo viele Ameisenvögel vorkommen, jedoch auf dicht bewachsene Flußufer und Inseln beschränkt.

Seltener zu sehen als zu hören, sucht er vor allem im Halbdunkel der Dickichte nach Insekten. Die Paare halten durch vielfältige Rufe und Gesänge Kontakt. Der rollend ratternde Gesang, mit gestrecktem Hals, gesträubter Haube und zitterndem, leicht gefächertem Schwanz vorgetragen, endet mit nasaler Betonung. Die schwarz gebänderte Unterseite der Männchen variiert innerhalb der Unterarten.

Blauwürgerling 2

Thamnomanes schistogynus

VERBREITUNG: SW des Amazonasgebiets
LEBENSRAUM: Wälder der Niederungen
GRÖSSE: 14 cm

Der Blauwürgerling hält sich in gemischten Kleinvogeltrupps der unteren Waldzone auf, wo er Insekten in der Luft oder im Laubwerk erbeutet, die vom Schwarm aufgeschreckt werden. Als Gegenleistung übernimmt er die Aufgabe, den Schwarm vor Greifvögeln und anderen Feinden zu warnen. Um sich einen Vorteil bei der Insektenjagd zu verschaffen, gibt er manchmal falschen Alarm, der die anderen Vögel innehalten läßt. Gelegentlich jagt er auch einem Kleinvogel die Beute ab. Sein Nest besteht aus totem Laub, das er auf einem waagerechten Ast zu einem riesigen Blätterball anhäuft.

Weißflanken-Ameisenschlüpfer 3

Myrmotherula axillaris

VERBREITUNG: Mittelamerika bis SO-Brasilien
LEBENSRAUM: Feuchte Wälder der Niederungen
GRÖSSE: 10 cm

Dieser unermüdliche Insektenjäger sucht fast immer in Gesellschaft anderer Kleinvögel im Wald nach Nahrung. Oft flügelzuckend und dabei die weißen Flanken zeigend, arbeitet er sich schnell durch frisches Laubwerk in 2-20 m Höhe, pickt Insekten von den Blättern, bewegt sich auch an Baumstämme umrankenden Kletterpflanzen auf und ab, zeigt aber nur gelegentlich akrobatischere Fähigkeiten.

Bertoniameisenfänger 4

Drymophila rubricollis

VERBREITUNG: SW-Brasilien, angrenzende Gebiete Paraguays und Argentiniens
LEBENSRAUM: Bambusdickicht
GRÖSSE: 14 cm

Dieser Vogel kommt ausschließlich in Bambusdickichten vor, die in Südamerika ein wichtiges landschaftliches Element darstellen. Flatternd und hüpfend bewegt er sich durch das Röhricht, wobei der lange Schwanz der Balance dient, schnappt von schwankenden Sitzwarten aus in allen Richtungen nach Insekten und dreht oft hereingewehte Blätter auf der Suche nach Beute um. Die Paare besetzen ein kleines Territorium, in dem sie allein oder in gemischten Trupps auf Nahrungssuche gehen. Der Bertoniameisenfänger wurde erst vor kurzem vom nah verwandten Weißbrauen-Ameisenfänger *D. ferruginea* als eigene Art abgetrennt.

Aschkopf-Ameisenfänger 5

Cercomacra cinerascens

VERBREITUNG: Amazonasgebiet
LEBENSRAUM: Wald
GRÖSSE: 15 cm

Der Aschkopf-Ameisenfänger sucht auf den Blättern von in der oberen Hälfte hoher Bäume wachsenden Kletterpflanzen und Lianen nach Nahrung. Dort ist er schwer zu sehen, doch macht er mit seinem wiederholten rauhen Gesang *krüick-schenk* auf sich aufmerksam. Bei der Jagd dreht er den Schwanz oft auf-, ab- oder seitwärts. Zur Balz wippt er mit dem langen Schwanz auf und ab, während sich der Kopf in die jeweils entgegengesetzte Richtung bewegt, wodurch seine Gestalt eine groteske Z-Form annimmt.

Mehrere Unterarten wurden beschrieben, darunter die am oberen Amazonas verbreitete *C. c. cinerascens*, die zwischen den Schultern einen kleinen weißen Fleck und schmale weiße Ränder der Großen Flügeldecken zeigt.

Mangroveameisenvogel 6

Sclateria naevia

VERBREITUNG: Amazonasgebiet
LEBENSRAUM: Bewaldete Gebiete in Wassernähe
GRÖSSE: 14-15 cm

Diese Ameisenvögel sind in sumpfigen Auwäldern besonders häufig. Hier suchen sie in über dem Wasser hängenden Zweigen nach Insekten oder picken diese von der Wasseroberfläche, von schwimmenden Blättern und Zweigen auf. Selten und nur im Schutz dichter Vegetation durchstöbern sie in Ufernähe auch Laub, Wurzelwerk und Gras. Der charakteristische Gesang besteht aus einer betonten Einführungssilbe und einer langen, schnell vorgetragenen, leicht ansteigenden Tonreihe, die am Ende oft sanft verhallt.

Es gibt mehrere Unterarten: Männchen der im NO Venezuelas, in Guyana und N-Brasilien verbreiteten Unterart *S. n. naevia* sind unterseits grau und weiß, die Weibchen auf weißem Grund braun gefleckt. Männchen der am Oberlauf des Amazonas vorkommenden Unterart *S. n. argentata* zeigen unterseits nur wenige graue Federränder, die Weibchen dagegen leuchtend kastanienbraune Hals- und Körperseiten.

Rotmantel-Ameisenvogel 7
Myrmeciza hemimelaena

Verbreitung: Amazonasgebiet, meist S des Flusses
Lebensraum: Waldunterwuchs
Grösse: 12 cm

Dieser Ameisenvogel bewegt sich flink durch bodennahen Unterwuchs, wo er auf Zweigen und Stämmen sitzt und Insekten von Blättern, Pflanzenstengeln und Bruchholz pickt. Nur gelegentlich sitzt er am Boden, um in Laub oder unter herabhängenden Blättern nach Beute zu suchen. Das Männchen äußert kurz gereihte, sich beschleunigende und abfallende Pfeiftöne, auf die das Weibchen mit einer langsameren, gleichmäßiger abfallenden Tonfolge antwortet.

Weißbart-Ameisenvogel 8
Pithys albifrons

Verbreitung: Amazonasgebiet, meist N des Flusses
Lebensraum: Waldunterwuchs
Grösse: 11 cm

Der Weißbart-Ameisenvogel ernährt sich fast ausschließlich von Schaben und anderen Insekten, die von Wanderameisenkolonnen aufgeschreckt werden. Wie andere Ameisenfolger wechselt er zwischen senkrechten Sitzwarten inmitten möglichst dichter Ameisenpulks, wobei er bemüht ist, sowohl den Ameisen als auch konkurrierenden Vogelarten aus dem Weg zu gehen. Im heftigen Kampf um die besten Sitzplätze wird dieser kleine Vogel oft auf die unbeliebtesten Randzonen der Ameisenkolonne verwiesen.

Schwarzkehl-Ameisendrossel 9
Formicarius analis

Verbreitung: S-Mexiko bis Amazonasgebiet
Lebensraum: Wald und Waldboden
Grösse: 17-19 cm

Die Paare suchen getrennt, aber in Rufweite meist am Boden nach Nahrung. In der Regel staksen sie mit gestelztem Schwanz und leichtem Wippen von Kopf und Schwanz durch herabgefallenes Laub, gelegentlich fegen sie Blätter mit dem Schnabel zur Seite.

Der kurze, typische, aber variable Gesang wird mit hochgestrecktem Hals und leicht gesenktem Schwanz vorgetragen. Stellvertretend für die meisten der zahlreichen Unterarten ist *F. a. crissalis*, die SO-Venezuela, Guyana und N-Brasilien bewohnt, während der ostkolumbianischen Unterart *F. a. connectus* die zimtfarbene Tönung der Halsseiten fehlt.

Schuppenkopf-Ameisenpitta 10
Grallaria guatimalensis

Verbreitung: Mexiko bis Peru und Trinidad
Lebensraum: Gebirge, auf feuchtem Boden in oder nahe dichten Waldunterwuchses
Grösse: 16-19 cm

Dieser scheue Vogel lebt ungesellig und ist schwer zu entdecken. Er ernährt sich von Käfern, anderen Insekten, Tausendfüßlern und anderen Wirbellosen, die er am Boden hüpfend aufpickt. Spielt man ihm seinen eigenen Gesang vom Tonband vor, hüpft er auf einen Baumstumpf, bei Störung flüchtet er mit schnellem Flügelschlag über kurze Distanz. Sein flaches Nest wurde meist auf umgebrochenen Stämmen gefunden, aber auch in dichten, gegen Baumstämme wachsenden Pflanzen oder in dichtem Gebüsch.

Mehrere Unterarten wurden beschrieben, darunter die von S-Mexiko bis N-Nicaragua verbreitete *G. g. guatimalensis* und die in W-Kolumbien, Ecuador und Peru beheimatete *G. g. regulus*, die sich durch einen mittleren weißen Kehlstrich und einen weißen halbmondförmigen, unterseits schwarz begrenzten Kehlfleck unterscheidet.

Grauscheitelstelzling 11
Grallaricula nana

Verbreitung: Anden und Gebirge Kolumbiens und Venezuelas
Lebensraum: Dickichte und Unterwuchs
Grösse: 11 cm

Der sehr heimlich lebende Grauscheitelstelzling sucht hüpfend und flügelzuckend in Bodennähe auf umgestürzten Stämmen und Zweigen nach kleinen Insekten. Diese pickt er direkt vom Gehölz auf, schnappt sie zuweilen auch kurz auffliegend von Zweigen, liest sie aber nur selten am Boden vom Laub auf. Vernimmt er den Gesang eines Rivalen, so duckt er sich, plustert das Gefieder auf und sucht stumm mit seinen riesigen Augen nach dem Eindringling.

Rotkehl-Mückenfresser 12
Conopophaga lineata

Verbreitung: O- und S-Brasilien, angrenzende Gebiete Paraguays und Argentiniens
Lebensraum: Waldunterwuchs
Grösse: 13 cm

Mückenfresser zeigen eine besondere Scheu vor Menschen. Von den acht Arten ist der Rotkehl-Mückenfresser vielleicht die häufigste und am leichtesten zu beobachten. Das charakteristische weiße Federbüschel hinter dem Auge bildet meist eine Linie oder ist ganz verdeckt, bei Weibchen ist es eher grau als weiß.

Diese Vögel bewegen sich flink über Stämme, Zweige und Bruchholz in weniger als 1 m über dem Boden, von wo aus sie in kurzen Beuteflügen kleine Insekten vom Boden, von Zweigen und herabhängenden Blättern picken. Außerhalb der Brutzeit leben sie meist ungesellig und äußern einen typischen, wie ein leises Niesen klingenden Ruf, der möglicherweise zur Abgrenzung des Territoriums dient.

FAMILIE RHINOCRYPTIDAE BÜRZELSTELZER

Kleine bis mittelgroße Bodenbewohner mit kurzen, runden Flügeln und oft sehr langen, kräftigen Zehen. Nasenlöcher durch große, bewegliche Klappen verdeckt. Gefieder meist grau oder braun, schwarz oder rotbraun gemustert. Langer Schwanz oft aufgestellt, Geschlechter meist gleich gefärbt. 2-3 meist weiße Eier werden in Nest aus Gras, Zweigen und Moos in Erdröhren, Felsspalten, Baumhöhlen, dichten Pflanzen am Boden oder in Büschen (dann kuppelförmiges Nest) gelegt. Bebrütungs- und Nestlingsperiode unbekannt. 30 Arten.

Schwarzkehl-Huethuet 13
Pteroptochos tarnii

Verbreitung: S-Chile und angrenzendes Argentinien
Lebensraum: Waldboden
Grösse: 24 cm

Bürzelstelzer der Gattung *Pteroptochos* sind die größten Vertreter dieser Familie und besitzen die kräftigsten Beine und Zehen. Der Schwarzkehl-Huethuet, der nach seinem Ruf benannt wurde, bewohnt Walddickichte und Unterwuchs, kommt aber gelegentlich auch in abgeholzten Gebieten vor. Außerhalb der Brutzeit lebt er ungesellig.

Er ernährt sich von Insekten, vor allem Käfern und ihren Larven, die er am Boden, auf Bambuslagen oder umgestürzten Bäumen in schnellen Bewegungen sammelt, indem er Blätter mit dem Schnabel umdreht. Bei Störung flüchtet er meist rennend, fliegt aber gelegentlich auch kurz auf, um sich in niedrigem Laubwerk zu verstecken.

Bürstentapaculo 14
Merulaxis ater

Verbreitung: SO-Brasilien
Lebensraum: Walddickicht
Grösse: 19 cm

Der Bürstentapaculo bewohnt dicht bewachsene Berghänge, die oft Bambus, Epiphyten oder mit großen Kletterpflanzen bewachsene Bülten aufweisen. Hier klettert er steile Böschungen auf und ab und sucht in Laub und in oder unter Pflanzenbüscheln nach Insekten. Er läuft mit waagerecht gehaltenem Körper und stelzt den Schwanz nicht so ausgeprägt wie andere Tapaculos.

Der lange, vibrierende Gesang besteht aus einer schnellen, klaren, metallischen, in Höhe und Lautstärke abfallenden Tonreihe und endet mit schnellen, weichen, gutturalen Tönen. Der Ruf ist ein metallisches Klingeln.

Einfarbtapaculo 15
Scytalopus unicolor

Verbreitung: Anden S bis N-Bolivien
Lebensraum: Dickichte und Unterwuchs von Gebirgswäldern
Grösse: 13 cm

Der Einfarbtapaculo bewohnt feuchte und nasse Wälder der Hochgebirge mit niedrigem Unterwuchs, in dem in Peru oft auch Bambus vertreten ist. Auf der Suche nach Insekten hüpft er über den Boden, über moosbewachsenes Bruchholz oder durch Gebüsch, wobei er oft den Schwanz stelzt. Vertreter der Gattung *Scytalopus* sind sehr schwer zu beobachten. Oft verschwinden sie im Unterwuchs und verstekken sich wie Nagetiere unter Laub. Schon viele enttäuschte Beobachter standen direkt vor einem aus der Vegetation heraus singenden Vogel, ohne ihn zu Gesicht zu bekommen.

SCHMUCKVÖGEL, SCHNURRVÖGEL

Hämmerling
♀
♂
♂
Cayenneklippenvogel
♀
Gruppenbalz
♂
♂
Säbelpipra
♂
Bronzeschiffornis
♂
Langschwanzpipra
M. c. chrysopterus
♂
♀
Goldschwingenpipra
Gelbhosenpipra
♂
Balz

SCHMUCKVÖGEL, SCHNURRVÖGEL

FAMILIE COTINGIDAE SCHMUCKVÖGEL
Kleine bis große Waldvögel unterschiedlicher Färbung. Männchen oft bunt und prächtig geschmückt, Weibchen matter gefärbt. 1-3 meist isabell- oder olivfarbene, dunkelbraun und grau gepunktete oder gefleckte Eier werden zumeist im Baumnest 19-28 Tage bebrütet, die Jungen bleiben 21-44 Tage im Nest. 65 Arten.

Bindenschmuckvogel 1

Pipreola arcuata

VERBREITUNG: O- und W-Hänge der Anden, von W-Venezuela und N-Kolumbien bis Zentralbolivien
LEBENSRAUM: Nebelwälder, meist oberhalb 2000 m Höhe
GRÖSSE: 22 cm

Schmuckvögel leben einzeln oder paarweise in mittleren und oberen Lagen feuchter Nebelwälder. Sie ernähren sich von vielfältigen kleinen Früchten, daneben auch von Insekten, die sie von einer Warte aus in kurzen Flügen erbeuten. Früchte picken sie im Sitzen oder aufgrund des recht schweren Körpers unbeholfen rüttelnd.

Der Bindenschmuckvogel ist der größte Vertreter seiner Gattung und bewohnt die höchsten Gebirgszonen, meist zwischen 2000 und 3000-3500 m Höhe. Sein Gesang besteht aus einem extrem hohen, dünnen, fast zischenden *si-i-i-i-i-i-i-e-e-e-e.*

Rubinkrönchen 2

Calyptura cristata {B}

VERBREITUNG: Nahe Rio de Janeiro, Brasilien
LEBENSRAUM: Urwald, dichter Sekundärbewuchs
GRÖSSE: 7,5 cm

Dieser mit Abstand kleinste Schmuckvogel ähnelt zwar äußerlich einem Schnurrvogel, einige anatomischen Merkmale weisen ihn aber als echten Schmuckvogel aus. Sein Verbreitungsgebiet ist sehr begrenzt, und in diesem Jahrhundert wurde er noch nicht beobachtet.

Frühen Beschreibungen zufolge lebt der kleine Vogel opportunistisch, sucht in Spalten nach Gliederfüßlern und pickt hier und da eine reife Beere auf. Seine Stimme wurde als im Verhältnis zur Größe laut angegeben und mit kurz, heiser und unangenehm beschrieben.

Schreipiha 3

Lipaugus vociferans

VERBREITUNG: Amazonasgebiet, S-Venezuela, Guyana, SO-Küste Brasiliens
LEBENSRAUM: Wälder der Niederungen
GRÖSSE: 25-28 cm

Der Schreipiha lebt in Bäumen, wo er sich vorwiegend von Früchten, zum geringen Teil auch von Insekten und Gliederfüßlern ernährt. Dieser unauffällige Vogel ist schwer zu sehen, doch gehört der explosive, pfeifende Gesang des Männchens zu den charakteristischsten Klängen des südamerikanischen Regenwaldes.

Die Männchen besetzen große Territorien, die sie mit ihrer lauten Stimme verteidigen. Territorien mehrerer Männchen können aneinandergrenzen. Der Territorialgesang beginnt mit 3-5 ansteigenden und sich beschleunigenden Pfeiftönen *wiiu* und endet mit einem doppelten, am Ende abfallenden scharfen *wiit wiiu.* Die Männchen rufen den ganzen Tag über häufig und verbringen nur wenig Zeit mit der Nahrungssuche.

Azurkotinga 4

Cotinga amabilis

VERBREITUNG: S-Mexiko bis N-Costa Rica
LEBENSRAUM: Tropenwälder
GRÖSSE: 20 cm

Der Azurkotinga, nördlichster Vertreter der sieben *Cotinga*-Arten, gehört zu den auffälligsten Vögeln Mittelamerikas. Er lebt allein oder paarweise hoch oben in den Baumkronen, wo er sich vor allem von Früchten ernährt. Wie viele mittelamerikanische Waldvögel wechselt er zur Brutzeit in höhere Lagen. Das intensive Blau seines Gefieders entsteht wie bei den anderen Männchen dieser Gattung durch Lichtbrechung und nicht durch Pigmente wie bei Schmuckvögeln anderer Gattungen.

Azurkotingas zeigen einen kräftigen, wellenförmigen Flug, wobei die äußeren Schwungfedern des Männchens ein schwirrendes Geräusch erzeugen, das beim Balzflug hoch über den Baumkronen zu hören ist. Das Weibchen baut ein flaches, napfförmiges Baumnest aus Pflanzen in mindestens 30 m Höhe. Wie bei einigen anderen Schmuckvögeln zerstört es häufig das Nest nach dem Ausfliegen der Jungen. Möglicherweise soll die Niststätte, die über Jahre benutzt werden kann, so vor Beutegreifern geheim gehalten werden.

Schneeschmuckvogel 5

Carpodectes nitidus

VERBREITUNG: Hänge entlang der karibischen Küste von Honduras, Nicaragua, Costa Rica, W-Panama
LEBENSRAUM: Immergrüner Tropenwald
GRÖSSE: 19-21 cm

Der Schneeschmuckvogel ist selten scheu und läßt Menschen zuweilen nahe an sich heran kommen. Die meiste Zeit verbringt er in den Baumkronen, doch sucht er auch Waldränder und Lichtungen mit dünnem Baumbestand auf. Wegen seiner weißen Färbung und seines taubenähnlichen Flugs wird er von den Einheimischen «Taube des Heiligen Geistes» genannt.

Er ernährt sich vor allem von Früchten, doch ist nur wenig über seine Ökologie bekannt. Den wenigen Berichten zufolge bildet er Trupps von 15 oder mehr Vögeln und pickt auch Insekten und Spinnen von Blättern.

Kurzlappen-Schirmvogel 6

Cephalopterus ornatus

VERBREITUNG: Amazonasgebiet, S-Venezuela
LEBENSRAUM: Offene Lichtungen, Flußufer oder Inseln im Regenwald der Niederungen
GRÖSSE: 51 cm

Dies ist nicht nur der größte Schmuckvogel, sondern auch einer der größten Sperlingsvögel. Die drei Schirmvogel-Arten erhielten ihren Namen wegen der schirmartig verlängerten Haube. Der Kurzlappen-Schirmvogel ist ganz schwarz und zeigt einen kräftigen, krähenartigen Schnabel und einen langen, befiederten Hautlappen an der Kehle. Beim etwas kleineren Weibchen sind Haube und Hautlappen schwächer ausgebildet.

Dieser verbreitetste Schirmvogel geht auf Lichtungen des Regenwaldes auf Nahrungssuche, und gelegentlich sieht man ihn in betont wellenartigem Flug in etwa 50 m Höhe breite Flüsse kreuzen. Das balzende Männchen äußert ein langes, dröhnendes *buuuu*, wobei es sich mit gespreizter Haube und baumelndem Kehllappen vornüberbeugt.

Hämmerling 7

Procnias tricarunculata

VERBREITUNG: Honduras bis W-Panama
LEBENSRAUM: Brütet in Wäldern oberhalb 1500 m, zieht danach in Tropenwälder der Niederungen
GRÖSSE: Männchen 30 cm, Weibchen 25 cm

Der Hämmerling ist eine der vier *Procnias*-Arten, die sich durch ihre extrem lauten, explosiven Rufe, den ausgeprägten Geschlechtsdimorphismus und die bizarren Hautlappen auszeichnen, die den Kopf der Männchen zieren. Beim Hämmerling hängt ein Lappen von der Oberschnabelbasis herab, während die anderen beiden jeweils am Schnabelwinkel ansetzen. Hämmerlinge sind schwer zu beobachten, da sie nur in den Kronen früchtetragender Bäume auf Nahrungssuche gehen. Sie können den Schnabel weit aufsperren und so große Früchte verschlucken, um die Samen später auszuwürgen.

Das Männchen versucht, sich mit mehreren Weibchen zu paaren, und ist am Nestbau nicht beteiligt. Sein großes Territorium verteidigt es mit Rufen, die zu den lautesten Vogelstimmen gehören: Auf ein ohrenbetäubendes *back*, das wie der Schlag eines Hammers auf einen Amboß klingt, folgt ein scharfes Qietschen. Das Weibchen baut ein flaches, napfförmiges Nest aus dünnen Zweigen und legt ein Ei. 30 Tage muß es den Jungvogel umsorgen, bis er flügge ist - eine der längsten Nestlingsperioden unter den Sperlingsvögeln.

Cayenneklippenvogel 8

Rupicola rupicola

VERBREITUNG: S-Venezuela, Guyana, N-Brasilien, O-Kolumbien
LEBENSRAUM: Tropenwälder der Niederungen mit zerklüfteten Felsen und Steinen
GRÖSSE: 32 cm

Das leuchtend orange gefärbte Männchen des Cayenneklippenvogels gehört, zusammen mit dem ebenso schönen blut- oder orangeroten Männchen des Andenklippenvogels *R. peruviana*, zu den farbenprächtigsten Vögeln der amerikanischen Tropen. Bemerkenswert ist auch die Gruppenbalz, die auf traditionellen Arenen stattfindet, wo jedes Männchen einen eigenen «Hof» besitzt.

Eine Arena des Cayenneklippenvogels wird von 5-25 Männchen besetzt, deren «Höfe» von jeweils 1-2 m Durchmesser nebeneinander oder bis zu 10 m voneinander entfernt liegen können. Hier werben sie um die matter gefärbten Weibchen. Die untereinander höchst aggressiven Männchen führen rituelle Drohgebärden vor, wobei sie z.B. mit gespreizten Flügel- und Schwanzfedern an senkrechten Zweigen sitzen. Beim Einfliegen in die Arena rufen sie oft heiser *ka-rauh*, und während der Drohgebärden äußern sie verschiedene kreischende und krächzende Töne und erzeugen ein leises Pfeifgeräusch mit den Flügeln.

Sobald ein Weibchen die Arena betritt, fliegen die Männchen auf ihren «Hof», eine kahle Bodenstelle, hinunter und «erstarren» in geduckter Haltung. Das Weibchen wählt ein Männchen aus und verpaart sich mit ihm, wobei die Kopulation häufig durch einen balzenden Konkurrenten unterbrochen wird. Das große napfförmige Nest aus Schlamm und Pflanzenmaterial wird ausschließlich vom Weibchen auf nacktem Fels in einer Höhle oder Spalte angelegt. Derselbe Nistplatz kann über viele Jahre benutzt werden. Der Cayenneklippenvogel wird auch Roter Felsenhahn genannt.

FAMILIE PIPRIDAE SCHNURRVÖGEL

Kleine Waldvögel mit großem Kopf und kurzem Schnabel. Männchen farbenprächtig, meist mit viel Schwarz, Weibchen olivgrün. 2 weißliche oder isabellfarbene Eier werden in niedrig verstecktem, napfförmigem Nest 17-21 Tage bebrütet. Die Jungen bleiben 13-15 Tage im Nest. 51 Arten.

Bronzeschiffornis 9

Schiffornis turdinus

VERBREITUNG: S-Mexiko bis W-Ecuador, Amazonasgebiet, Venezuela, Guyana
LEBENSRAUM: Tropenwald
GRÖSSE: 17 cm

Das Männchen ist im Gegensatz zu den anderen Arten dieser Familie wie das Weibchen unauffällig braun gefärbt. Die Klassifizierung der drei Schiffornis-Arten ist heute umstritten.

Der Gesang besteht aus einer klaren Pfeifsequenz von 3-4 Strophen und variiert deutlich innerhalb des Verbreitungsgebiets. Wie bei den echten Schnurrvögeln verpaart sich das Männchen mit mehreren Weibchen. Anstelle ausgeprägter Balzrituale verteidigt es sein Territorium durch pausenloses Singen. Das Weibchen baut ein großes napfförmiges Nest aus Blättern, Moos und Zweigen versteckt in eine Astgabel oder nahe am Stamm. Die Nestjungen tragen bemerkenswert lange schwarze Dunenfedern.

Säbelpipra 10

Manacus manacus

VERBREITUNG: Tropen Südamerikas, NO-Argentinien; Trinidad
LEBENSRAUM: Sekundärwald, bewaldete Flußufer, Waldränder
GRÖSSE: 10 cm

Der Säbelpipra gehört zu den am besten erforschten Vertretern seiner Familie und bewohnt vielfältige bewaldete Lebensräume der Niederungen meist unterhalb 1000 m Höhe. Die Männchen sind kontrastreich weiß, schwarz und grau, die Weibchen dagegen matt olivgrün gefärbt.

Säbelpipras gehören zu den wenigen Schnurrvögeln, die in sehr dicht besetzten Arenen mit zuweilen mehr als 50 aneinandergrenzenden «Höfen» balzen. Jedes Männchen besetzt einen «Hof» von etwa 1 Meter Durchmesser Waldboden, den es von Blättern und Pflanzen reinigt. Hier machen die Männchen durch helle Rufe und feuerwerksähnliches Knallen, das durch die Schwungfedern erzeugt wird, schon von weitem auf sich aufmerksam. Zur Balz gehören vielfältige Haltungen, Bewegungen und Flügelgeräusche, die am Boden und an senkrechten und waagerechten Sitzwarten vorgeführt werden. Die Weibchen besuchen eine oder mehr Arenen, wählen ein Männchen aus und besorgen Brut und Jungenaufzucht allein.

Goldschwingenpipra 11

Masius chrysopterus

VERBREITUNG: Anden von W-Venezuela bis Ecuador, O-Anden N-Perus
LEBENSRAUM: Feuchte Nebelwälder von 1200-2300 m Höhe; in W-Kolumbien und Ecuador bis minimal 600 m Höhe
GRÖSSE: 10 cm

Noch vor kurzem war der Goldschwingenpipra so gut wie unerforscht. Einzigartig in dieser Familie ist das samtschwarze und kanariengelbe Gefieder des Männchens, das eine nach vorne gerichtetet Haube und an den Scheitelseiten schwarze, wachsartige, strahlenlose Federbüschel zeigt, die in der Färbung je nach Unterart variieren. Die an den Osthängen der Anden lebende Unterart *M. c. chrysopterus* ist abgebildet.

Goldschwingenpipras suchen allein oder mit Tangaren und anderen Beerenfressern nach kleinen Früchten. Die Männchen verteidigen ihre großen Territorien durch froschähnliche *nörrt*-Rufe und führen komplizierte Balzrituale vor. Dabei fliegt ein Männchen z.B. auf einen umgestürzten, bemoosten Stamm, steigt sogleich wieder auf und vollführt im Flug eine Umdrehung. Auf dem Stamm verharrt es bewegungslos mit gesenktem Kopf und gestelztem Schwanz, oder macht mit aufgeplustertem Gefieder und angewinkeltem Schwanz seitliche Verbeugungen.

Langschwanzpipra 12

Chiroxiphia linearis

VERBREITUNG: W Mittelamerika, von S-Mexiko bis N-Costa Rica
LEBENSRAUM: Trockenes Waldland, offener Sekundärbewuchs
GRÖSSE: Männchen 20-22 cm, Weibchen 11 cm

Die Männchen zeichnen sich durch ihre schnurartigen 10-12 cm langen mittleren Steuerfedern aus, die den Schwanz weit überragen und bei den matt olivgrünen Weibchen nur wenig verlängert sind. Wie bei den meisten anderen Schnurrvögeln sind junge Männchen wie Weibchen gefärbt und erhalten erst im Laufe von 3-4 Jahren das leuchtende Prachtkleid.

Die bemerkenswerte Balz, zu der das «Radschlagen» gehört, wird von jeweils zwei oder drei Männchen gemeinsam veranstaltet. Dabei hüpfen sie hintereinander auf einem dünnen Zweig bis an eine zum Absprung geeignete Stelle, wo das vordere Männchen aufspringt und über die Artgenossen hinweg nach hinten flattert, gefolgt vom zweiten Männchen usw. Bei dieser Zeremonie bildet sich eine Hierarchie heraus, und sobald ein Weibchen zur Paarung erscheint, verläßt das untergeordnete Männchen den Balzplatz.

Gelbhosenpipra 13

Pipra mentalis

VERBREITUNG: S-Mexiko bis W-Kolumbien und W-Ecuador
LEBENSRAUM: Tropenwälder der Niederungen und Sekundärwald
GRÖSSE: 10 cm

Das Männchen verteidigt ein Terrirorium in den Bäumen, wo es durch wiederholte kurze *psit*-Rufe und ein längeres *ptswiii* den ganzen Tag über auf sich aufmerksam macht. Im Flug erzeugt es mit den Schwungfedern ferner ein schnappendes Geräusch. Die Balz findet vorwiegend auf einem Ast in mindestens 4 m Höhe statt, zu dem das Männchen aus 5-10 Meter Entfernung fliegt. Beim Landen äußert es eine Reihe aufgeregter ansteigender Rufe.

Zu den Balzritualen gehört das «Rückwärtstrippeln». Dabei senkt das Männchen den vorderen Körper, spreizt leicht die Flügel, streckt die Beine, so daß die gelben Hosen aufleuchten, und trippelt schnell auf dem Ast nach hinten. Wie bei anderen Schnurrvögeln werden Brut und Aufzucht der Jungen ausschließlich vom olivgrün gefärbten Weibchen übernommen.

TYRANNEN

Witwenmonjita
Klippentyrann
Phoebe
♂
♀
♀
P. r. nanus
F. p. pica
Elstertyrann
Purpurtyrann
P. r. mexicanus
Scherentyrann
juv.
Königstyrann

Bauchschnabeltyrann
Bentevi
Schnäppertyrann
Dickkopfbekarde
♂
P. a. albiventris
♀
♀
♂
Maskentityra
Buchentyrann
♂
O. c. coronatus
Weißkehl-
Breitschnabel
Kronentyrann

FAMILIE TYRANNIDAE TYRANNEN

Kleine bis mittelgroße Singvögel. Gefieder oberseits meist matt oliv, unterseits gelblich oder weißlich, bei einigen Arten mit schwarzen, grauen, braunen, rotbraunen oder weißen Partien, einige mit rotem, orangefarbenem, gelbem oder weißem Scheitelstreif, viele mit Haube (bei 1 Art leuchtend und groß). Geschlechter in der Regel gleich gefärbt. Sie bauen napfförmige Baumnester, Kugelnester mit Seiteneingang, Hängenester oder graben Bruthöhlen. 2-8 weißliche, manchmal braun gesprenkelte Eier werden 14-20 Tage bebrütet, die Jungen bleiben 14-23 Tage im Nest. 397 Arten.

Weißkehl-Breitschnabel 1

Platyrinchus mystaceus

Verbreitung: S-Mexiko bis Argentinien und Bolivien; Trinidad und Tobago
Lebensraum: Feuchter Waldunterwuchs, Waldränder, Sekundärbewuchs, offene Buschflächen
Grösse: 10 cm

Dieser winzige, kurzschwänzige und unauffällige Vogel sucht allein oder paarweise im niederen Geäst des Waldes geruhsam nach Insekten. Oft sitzt er lange Zeit still und gelegentlich mit den Flügeln zuckend auf einer Warte. Hat er unterseits eines Blattes ein Insekt erspäht, fliegt er nach Schnäpperart auf, um es mit seinem breiten schaufelförmigen Schnabel aufzunehmen. Er ruft kurz und scharf *squiip*, und sein Gesang klingt wie ein dünnes, hohes Schwirren. Männchen haben meist einen kaum auffallenden gelben Scheitelstreif, der bei Weibchen noch kleiner ist oder ganz fehlt.

In Mexiko kommt diese Art fast bis auf Meereshöhe vor, während sie in Bolivien am weitesten zwischen 900 und 2000 m Höhe verbreitet ist. Das kompakte napfförmige Nest wird aus Pflanzenfasern in Bäumen gebaut.

Kronentyrann 2

Onychorhynchus coronatus

Verbreitung: S-Mexiko bis Guyana, Bolivien, Brasilien
Lebensraum: Schattige Niederungen feuchter Waldränder, oft in Flußnähe
Grösse: 16,5 cm

Der Kronentyrann ist ein eher matt gefärbter Vogel, der nur bei Erregung seine spektakuläre Haube aufstellt. Männchen tragen zinnoberrote Haubenfedern mit schwarzen Spitzen, bei Weibchen ist das Rot je nach Unterart durch Orange oder Gelb ersetzt. Die normalerweise zusammengefaltete, hinten überstehende Haube und der lange breite Schnabel geben dem Kopf eine merkwürdige Hammerform.

Meist halten die Vögel sich allein oder paarweise in schattigen Waldzonen der Niederungen auf, wo sie von einem niedrigen Ast aus Fluginsekten jagen. Dabei dient der breite Schnabel als ideale Insektenfalle, unterstützt durch die langen Barthaare, die vielleicht auch die Augen schützen sollen.

Das Nest ist ein bis zu 1,8 m langes, beutelförmiges loses Gebilde, das an einem dünnen Ast oder einer Kletterpflanze über einem Fluß hängend gebaut wird.

Buchentyrann 3

Empidonax virescens

Verbreitung: Brütet in den USA von den Great Lakes S bis O-Texas, Golfküste und Zentralflorida; überwintert in Mittel- und Südamerika
Lebensraum: Feuchte Altwälder
Grösse: 14-16,5 cm

Die Tyrannen der Gattung *Empidonax* sind sich in der geringen Körpergröße, im Schwanzwippen und vielen Verhaltensweisen sehr ähnlich und am besten am Gesang zu unterscheiden. Besonders einprägsam ist der Gesang des Buchentyrannen, ein explosives, auf der ersten Silbe betontes *pii-tsa*, das wie eine Pizzabestellung klingt.

Er bewohnt vorwiegend feuchtes Waldland, wo er zwischen hohen Baumkronen im Flug Insekten erbeutet. Als Nest baut er ein dünnes, an einer Astgabel hängendes, tellerförmiges Geflecht, das er mit Gras, Planzenflaum und Spinnenweben auskleidet und unterseits mit Wedeln tarnt.

Phoebe 4

Sayornis phoebe

Verbreitung: Brütet im N und O Nordamerikas; überwintert im SO und zentralen S der USA bis Mexiko
Lebensraum: Wälder, Farmland, meist in Wassernähe
Grösse: 18 cm

Dieser nach seinem kratzenden und zur Brutzeit pausenlos vorgetragenen *fii-bii*-Gesang benannte Vogel ist in weiten Teilen Nordamerikas auf Farmland und an Waldstraßen häufig zu sehen. Von Warten aus jagt er nach Schnäpperart Insekten, und wenn er sich niederläßt, schwenkt er den Schwanz seitwärts hin und her. Über einem Teich jagt er kurz rüttelnd oder wie ein Schmetterling flatternd nach Insekten, die er mit hörbarem Schnabelklappen aufnimmt.

Als Nistplatz wählt er gern von Menschen geschaffene Bauten, vor allem wettergeschützte Nischen an Dachbalken von Scheunen, an Terrassen oder Brückenpfeilern. Wegen seines permanenten Gesangs wird er auch Haustyrann genannt.

Purpurtyrann 5

Pyrocephalus rubinus

Verbreitung: SW der USA bis S-Argentinien; wenige Vögel ziehen im Winter nach Kalifornien und zur Golfküste
Lebensraum: Halbtrockenes Waldland nahe Flüssen oder Teichen
Grösse: 14-16,5 cm

Der Purpurtyrann ist der farbenprächtigste Vertreter dieser Familie. Wenn das Männchen über einem Teich oder einem Fluß Insekten jagt, leuchtet es wie ein Juwel, während das unscheinbare Weibchen nur am unteren Bauch lachsfarben überhaucht ist. Zwei der zwölf Unterarten sind abgebildet: *P. r. mexicanus* ist im SW der USA und Mexiko beheimatet, *P. r. nanus* kommt nur auf Galapagos (mit Ausnahme von San Cristobal) vor. Die Männchen der Unterart *nanus* sind heller und matter rot, die Weibchen unterseits einfarbig gelb. Ferner unterscheiden sie sich durch kürzere Flügel und Steuerfedern, längere Beine und den Gesang.

Wie es sich für einen so prächtigen Vogel gehört, verteidigt das Männchen kühn und vehement das Nest. Zur Balz steigt es mit vibrierenden Flügelschlägen, aufgestellter Haube und erhobenem Schwanz steil in die Luft, singt inbrünstig sein weiches, helles Lied, rüttelt und flattert langsam zum Weibchen herab.

Klippentyrann 6

Muscisaxicola albifrons

Verbreitung: Peru bis NW-Bolivien und N-Chile
Lebensraum: Steinige Hänge mit Büschen in 4000-5000 m Höhe
Grösse: 23 cm

Vögel dieser Gattung sind langbeinige Gebirgsbewohner, die am Boden ähnlich einem Pieper nach Nahrung suchen. Der Klippentyrann ist der größte Vertreter und bewohnt die höchsten Gebirgszonen. Von Felsen und vereinzelten Büschen aus späht er nach Wirbellosen aus, die er im Sturzflug oder am Boden jagend erbeutet. Die meisten seiner Verwandten bauen ein offenes Napfnest, das am Boden zwischen Felsen angelegt wird, beim Klippentyrann ist jedoch Näheres nicht bekannt.

Witwenmonjita 7

Xolmis irupero

VERBREITUNG: O-Brasilien, Uruguay, Paraguay, O-Bolivien, N-Argentinien
LEBENSRAUM: Offene Flächen, Buschland, Savannen
GRÖSSE: 17 cm

Dieser recht stille, markant weiß und schwarz gezeichnete Vogel jagt meist von einer Warte, einem Ast oder Zaunpfahl aus Insekten, die er am Boden entdeckt. Ist keine geeignete Warte vorhanden, kann er auch kurz rüttelnd nach Nahrung suchen. Sein Flug ist schnell und wellenförmig, doch scheint er nie weit zu fliegen. Er brütet in Baumhöhlen und benutzt verlassene Nester anderer Vogelarten. Oft ist er Wirtsvogel des schmarotzenden Seidenkuhstärlings *Molothrus bonariensis*.

Elstertyrann 8

Fluvicola pica

VERBREITUNG: Panama, N und zentrales Südamerika O der Anden; Trinidad
LEBENSRAUM: Flußufer, Teiche und Feuchtgebiete
GRÖSSE: 12-14 cm

Den recht zutraulichen Elstertyrannen trifft man häufig paarweise in Niederungen an Teichen und Flüssen an. Er ernährt sich von Insekten, die er in Bodennähe oder am Boden von Blättern pickt oder über dem Wasser erbeutet. Im Sitzen wippt er häufig mit dem Schwanz nach unten und ruft gelegentlich nasal summend *tzriio*.

In Trinidad brütet er das ganze Jahr über. Sein Nest ist eine Kugel aus trockenem Gras und Blättern, die er am Ende eines Zweiges oder in einem Busch und oft über dem Wasser anlegt und mit Federn auspolstert.

Es gibt zwei Unterarten: *F. p. pica* ist in Kolumbien, Venezuela, Guyana, Nordbrasilien und Trinidad beheimatet, während *F. p. albiventer*, gelegentlich als eigene Art geführt, in S-Brasilien, O-Bolivien, Paraguay, Uruguay und N-Argentinien vorkommt.

Schnäppertyrann 9

Myiarchus crinitus

VERBREITUNG: Brütet im O Nordamerikas von Südzentral- und O-Kanada bis Texas und Golfküste; überwintert von S-Florida bis Mexiko und in Südamerika
LEBENSRAUM: Offene Wälder, Waldränder
GRÖSSE: 18-20 cm

Der laute Schnäppertyrann ist in Siedlungen, wo für ihn eigens Nistkästen aufgehängt werden, weit verbreitet. Sind keine Kästen vorhanden, besetzt er Spechthöhlen, hohle Pfähle und andere natürliche und künstliche Hohlräume in offenen Landschaften, wo er ein ausreichendes Angebot an Fluginsekten findet.

Wie einige andere höhlenbewohnende Verwandte benutzt er abgestreifte Schlangenhäute als Nistmaterial. Früher nahm man an, daß die Haut räuberischen Schlangen zur Abschrekkung dienen soll, doch deuten diverse Plastikteile in seinem Nest darauf hin, daß er einfach eine Vorliebe für solches Material hat.

Bentevi 10

Pitangus sulphuratus

VERBREITUNG: S-Texas bis Argentinien
LEBENSRAUM: Halboffene Flächen, Flußuferdickichte, Waldränder, Obstgärten
GRÖSSE: 23-25 cm

Der Bentevi gehört zu den größten und buntesten Schnäppertyrannen, ist laut und auffällig und ernährt sich opportunistisch. Nach Art der Eisvögel jagt er sturztauchend kleine Fische und Kaulquappen, muß jedoch nach 3-4 Tauchgängen sein Gefieder in der Sonne trocknen. Daneben fängt er in der Luft Käfer, Wespen und andere Fluginsekten, pickt aber auch Beeren und Samen, sofern nur wenige Insekten vorhanden sind, und frißt sogar zuweilen einen Kleinsäuger, Frosch oder eine Eidechse.

Er wurde nach seinem Ruf benannt, den er meist morgens oder abends schreiend ertönen läßt. Sein dickes Nest baut er kuppelförmig aus Stroh und Krautstengeln, und manchmal verarbeitet er darin sogar das kleinere Nest eines Verwandten.

Bauchschnabeltyrann 11

Megarhynchus pitangua

VERBREITUNG: Zentralmexiko bis NW-Peru, S-Brasilien und N-Argentinien
LEBENSRAUM: Savannen, Waldränder, Lichtungen, Plantagen, meist in Wassernähe
GRÖSSE: 23 cm

Mit seinem kräftigen und massigen Schnabel kann dieser große Tyrannenschnäpper nicht nur Insekten, sondern auch Beeren, Weidenkätzchen und gelegentlich sogar Frösche und andere kleine Wirbeltiere fressen. Er ist fast an jedem Waldrand, häufiger jedoch entlang der Flußufer vertreten, wo er durch sein streitsüchtiges Verhalten und die Angewohnheit, vorbeifliegende Greifvögel zu attackieren, auffällt.

Das napfförmige Nest wird in großer Höhe nahe einem Astende aus Zweigen gebaut. Das Gelege wird ausschließlich vom Weibchen bebrütet, bei dessen Abwesenheit aber vom Männchen bewacht.

Scherentyrann 12

Tyrannus forficata

VERBREITUNG: Brütet im SW der USA, selten O bis zum Mississippi; wandert auf dem Zug N bis Kanada, überwintert vom S der USA bis Mexiko und Mittelamerika
LEBENSRAUM: Offenes Gelände mit einzelnen Bäumen und Büschen
GRÖSSE: 30-38 cm

Der Scherentyrann ist vor allem wegen seiner spektakulären Balzflüge bekannt. Zu diesen kunstvollen «Himmelstänzen» gehören senkrecht und im Zickzack herabführende Tauchflüge, Purzelbäume und Saltos, wobei die extrem langen, flatternden Schwanzfedern wie seidene Bänder wehen und rollende, wie Applaus klingende Gackerlaute geäußert werden.

Nach Tyrannenart jagt er von einer Warte aus Fluginsekten oder stürzt sich auf Heuschrecken und Grillen am Boden. Zwischen den Jagdflügen kann er zuweilen stundenlang auf einem Zaunpfahl, einem kahlen Ast oder einer Baumspitze ruhen.

Königstyrann 13

Tyrannus tyrannus

VERBREITUNG: Brütet von S-Kanada S bis zur Golfküste; überwintert in Mittel- und Südamerika
LEBENSRAUM: Offenes Gelände, Waldränder, Flußläufe, Obstgärten
GRÖSSE: 21-23 cm

Der Königstyrann ist für seine furchtlosen Attacken bekannt, mit denen er sein Brutareal verteidigt und jeden Vogel, der in seinen Luftraum eintritt, verfolgt. Vor allem größere Arten wie Krähen und Greifvögel werden unablässig mit Schlägen bedacht, wobei er gelegentlich sogar auf seinem Opfer zu landen versucht, um wirkungsvoller darauf einzuhacken. Auch in seinen lärmenden Rufen spiegelt sich sein Temperament wider.

Außerhalb der Brutzeit schließen sich Königstyrannen in kleinen lockeren Trupps zusammen. Sie jagen vor allem im Flug Insekten, picken aber auch im Rüttelflug Beeren von Büschen. In der Abenddämmerung versammeln sie sich zu Hunderten oder gar Tausenden an einem Schlafplatz.

Dickkopfbekarde 14

Pachyramphus aglaiae

VERBREITUNG: S-Texas und S-Arizona bis Costa Rica
LEBENSRAUM: Offenes Waldland und trockenes Gebüsch
GRÖSSE: 15 cm

Die ehemals als Schmuckvögel eingestuften Bekarden werden heute zu den Tyrannenschnäppern gestellt. Die Dickkopfbekarde ist der nördlichste Vertreter dieser Gattung. Oft sieht man die Paare an Lichtungsrändern auf Baumspitzen sitzen, von wo aus sie in kurzen Flügen Insekten und Spinnen erbeuten und Beeren aufpicken.

Als Nest dient ein aus Zweigen und anderem Pflanzenmaterial gebautes kugelförmiges Gebilde, das an einem Ast in 6-20 m Höhe über einer lichten Stelle hängt. Das Gelege ist mit 5-6 Eiern für einen tropischen Vogel recht groß, was mit der geschützt angelegten Niststätte zusammenhängen mag.

Maskentityra 15

Tityra semifasciata

VERBREITUNG: S-Mexiko bis W-Ecuador, Guyana und Amazonasgebiet
LEBENSRAUM: Lichtungen in feuchten Tropenwäldern, offenes Waldland und Sekundärbewuchs
GRÖSSE: 20 cm

Tityras sind häufige Bewohner der Waldrandzonen amerikanischer Tropenwälder. Am weitesten verbreitet ist der Maskentityra, ein Vogel mit derbem Schnabel und kräftiger Flugweise, der oft nahe einer Lichtung auf einer Baumspitze sitzend durch lautes Krächzen und tiefes Grunzen auf sich aufmerksam macht. Die Vögel gehen monogame Paarbindungen ein und bleiben das ganze Jahr über zusammen. Auf der Suche nach einer Bruthöhle vertreiben sie gelegentlich einen Specht von seinem Nistplatz. Das Weibchen bebrütet die Eier allein, doch werden die Jungen von beiden Eltern gefüttert.

TYRANNEN, FLAMMENKÖPFE, PITTAS BIS DICKICHTVÖGEL

♀
♂
Rotschwanz-
Pflanzenmäher
P. g. granatina
Granatpitta
P. g. ussheri
♂
Goldkehlpitta
Angolapitta
A. c. chloris
♂
♀
Grenadier
Langschnabel-Nektarjala
Regenbogenpitta

TYRANNEN, FLAMMENKÖPFE, PITTAS BIS DICKICHTVÖGEL

Schlankfuß-Fliegenstecher 1

Zimmerius gracilipes

VERBREITUNG: Guyana, S-Venezuela, O-Kolumbien, S- bis N-Bolivien und O-Brasilien
LEBENSRAUM: Wald, Savannen, Sekundärbewuchs
GRÖSSE: 11,5 cm

Dieser Vogel hält sich meist in den äußeren hohen Baumkronen auf, wo er dank seines olivgrünen und gelben Gefieders und seiner geringen Größe im Laubwerk nur schwer zu entdekken ist. Er ernährt sich von Insekten, die er von den Blättern pickt, und von Beeren. Oft tritt er einzeln oder paarweise auf, doch schließt er sich auch gemischten Trupps an. Sein Ruf ist ein scharfes, unmelodisches *hwuat*.

Sturzbachtachuri 2

Serpophaga cinerea

VERBREITUNG: Costa Rica, W-Panama, NW-Venezuela, Kolumbien, N-Bolivien
LEBENSRAUM: Steinige Flußläufe der Berge und Gebirgsausläufer
GRÖSSE: 10 cm

Der Sturzbachtachuri sitzt meist auf einem Stein inmitten eines Flusses oder auf einem kahlen, über dem Wasser hängenden Ast, wo er mit dem Schwanz auf und ab wippend nach Beute Ausschau hält. In kurzen Jagdflügen erbeutet er Fluginsekten oder pickt andere Insekten vom Kies auf. In der Regel trifft man ihn paarweise an. Der weiche Ruf *tsip*, der oft wiederholt zwitschernd klingt, ist so hoch, daß er das Rauschen eines Gebirgsbachs übertönt.

Vielfarbentachuri 3

Tachuris rubrigastra

VERBREITUNG: Gebietsweise in Peru, Bolivien, Paraguay, S-Brasilien, Uruguay, O-Argentinien
LEBENSRAUM: Hohe Rohrkolben- und Binsenbestände flacher Küsten- und Süßgewässer
GRÖSSE: 11 cm

Der Vielfarbentachuri kommt nur lokal und in kleinen, weit zerstreuten Populationen vor, wo ausgedehnte Rohrkolben- und Binsenbestände vorhanden sind. Viele geeignet erscheinende Regionen sind nicht besiedelt. Während des Zuges rastet er zuweilen auch in anderen Lebensräumen. Mit seinen relativ langen Beinen klettert er geschickt an den Pflanzenstengeln auf und ab, um Insekten nach Zaunkönig-Art aufzupicken, daneben erbeutet er im kurzen Auffliegen auch Fluginsekten.

Stummelschwanz-Zwergtyrann 4

Myiornis ecaudatus

VERBREITUNG: Costa Rica S bis N-Bolivien, Amazonasgebiet Brasiliens, Guyana, Trinidad
LEBENSRAUM: Feuchte Wälder und Waldränder
GRÖSSE: 7 cm

Dieser fast schwanzlose, unscheinbare Vogel ist der kleinste aller Tyrannenschnäpper, der offene, nasse und feuchte Tropenwälder bewohnt. Von Sitzwarten aus jagt er Fluginsekten oder pickt von Blättern Insekten auf. Da er oft lange unbeweglich sitzt, wird er leicht übersehen. Er äußert ein hohes *iik*, das stark an einen Baumfrosch oder eine Grille erinnert.

Gelbbauch-Spateltyrann 5

Todirostrum cinereum

VERBREITUNG: S-Mexiko bis NW-Peru, Bolivien, SO-Brasilien
LEBENSRAUM: Buschbestandene Flächen, Sekundärbewuchs, Dickichte, Gärten, überwachsene Lichtungen
GRÖSSE: 9-10 cm

Diesen winzigen, aber häufigen Fliegenschnäpper trifft man meist in Paaren an. Auf der Suche nach Insekten flattert und hüpft er, den Schwanz leicht gestelzt und seitwärts schwenkend, flink durch das Laub, daneben erbeutet er in kurzen Flügen gelegentlich auch Fluginsekten. Seine Bewegungsweise erinnert häufig eher an einen Zaunkönig als an einen Schnäppertyrannen. Zu seinen Rufen gehören tiefe, scharfe und abgehackte Töne und ein melodischer Triller, der den Paaren als Kontaktruf dient.

FAMILIE OXYRUNCIDAE FLAMMENKÖPFE

Zu dieser Familie gehört nur eine Art.

Flammenkopf 6

Oxyruncus cristatus

VERBREITUNG: Costa Rica, Panama, SO-Venezuela, Guyana, Surinam, O-Peru, O- und SO-Brasilien, Paraguay
LEBENSRAUM: Regen- und Nebelwald von 400 bis 1800 m Höhe, Waldränder, Sekundärbewuchs
GRÖSSE: 15 cm

Der Flammenkopf ist von kurzer, kräftiger Gestalt und besitzt einen kegelförmigen, spitzen Schnabel. Allein oder in gemischten Trupps bewegt er sich flink durch die Baumkronen, wo er Insekten und Spinnen von Blättern der Zweigspitzen oder der Borke dicker Äste pickt, doch frißt er auch reife Beeren. Oft hängt er bei der Nahrungssuche nach Meisenart kopfüber an einem Zweig. Sein Gesang besteht aus einem rauhen, leicht abfallenden Triller.

FAMILIE PHYTOTOMIDAE PFLANZENMÄHER

Kleine, langschwänzige Vögel. Kegelförmiger Schnabel mit gezahnten Schneidekanten, Gefieder bei Männchen oberseits graubraun gestrichelt, unterseits rostrot, bei Weibchen oberseits graubraun, unterseits hell ockerfarben. Nest mit 2-4 grünlich-blauen, dunkel gefleckten Eiern in Büschen und Bäumen. Bebrütungs- und Nestlingsperiode unbekannt. 3 Arten.

Rotschwanz-Pflanzenmäher 7

Phytotoma rara

VERBREITUNG: Zentral- und Südzentral-Chile, äußerster Westen Argentiniens
LEBENSRAUM: Offenes Gelände mit einzelnen Büschen und Dornenbäumen, bewaldete Flußläufe, Gärten, Obstgärten
GRÖSSE: 19-20 cm

Die drei Pflanzenmäher-Arten erscheinen hier noch als eigene Familie, obwohl neueste Untersuchungen darauf hindeuten, daß sie eher zur Familie der Schmuckvögel gehören (S. 230-233). Wie ihr Name bereits nahelegt, beißen und zerkleinern sie mit ihren gezahnten Schnäbeln Blätter, Knospen und Früchte, weshalb sie zuweilen als Schädlinge gelten.

Während der Brutzeit trifft man sie in Paaren, zu anderen Zeiten in Trupps von bis zu 6 Vögeln an. Ihr Gesang klingt wie ein kratzendes, metallisches Pfeifen.

FAMILIE PITTIDAE PITTAS

Kleine, sehr kurzschwänzige, drosselartige Waldbodenbewohner mit buntem Gefieder. Geschlechter gleich oder verschieden gefärbt. Großes ovales oder kuppelförmiges Nest in herabgefallenen Ästen oder in Büschen enthält 2-7 (meist 3-5) glänzend weiße oder hell isabellfarbene Eier mit rötlichen oder purpurfarbenen Sprenkeln oder Punkten und feinen lila oder grauen Markierungen. Bebrütungs- und Nestlingsperiode nicht genau bekannt, wohl 15-17 bzw. 14-21 Tage. 29 Arten.

Granatpitta 8
Pitta granatina

Verbreitung: S-Burma, Sumatra, Borneo
Lebensraum: Sumpfige Wälder
Grösse: 15 cm

Trotz seines leuchtenden Gefieders fällt der Granatpitta auf dem kontrastreich gefärbten Waldboden kaum auf. Die Unterart *P. g. ussheri* ist im Norden Borneos verbreitet, die Unterart *P. g. granatina* im Südteil der Insel.

Der Granatpitta ernährt sich von Früchten, Samen und Insekten, die er im Bodenlaub findet. Er äußert ein langgezogenes, in Höhe und Intensität anschwellendes, abrupt endendes Pfeifen. Der Status dieses seltenen Vogels ist ungeklärt, doch geht sein Bestand durch Waldrodung mit Sicherheit zurück.

Goldkehlpitta 9
Pitta gurneyi {B}

Verbreitung: S-Thailand und Burma
Lebensraum: Wald in niederen Lagen
Grösse: 21 cm

Dieser farbenprächtige Pitta, einst als nicht seltener Brutvogel der Wälder Thailands bezeichnet, gehört durch die Zerstörung seines Lebensraums heute zu den am stärksten bedrohten Vogelarten der Welt. Er wurde nach 34 Jahren erst wieder 1986 beobachtet. Dennoch wurde ein Nest von Vogelfängern für den Handel mit Käfigvögeln ausgeraubt. Er ist morgens und abends am ruffreudigsten und äußert einen scharfen Doppelruf, begleitet von Flügelschlagen und Schwanzwippen.

Angolapitta 10
Pitta angolensis

Verbreitung: W-Afrika von Sierra Leone bis Kamerun, S bis N-Angola; auch Uganda, O-Zaire, Tansania, O-Zimbabwe und Mozambique; Nichtbrüter gelegentlich S bis zur Kapprovinz
Lebensraum: Dichter immergrüner Wald
Grösse: 20 cm

Dies ist der einzige in Afrika vorkommende Pitta. Er bevorzugt dichten Unterwuchs, wo er nach Schnecken und Insekten, vor allem Termiten, sucht. Während er Laub beiseite scharrt und einen Ameisenhügel freilegt, wippt er ständig mit dem Schwanz auf und ab. Bei Störung äußert er einen kurzen, weichen Alarmruf und flüchtet meist rennend, doch sucht er zuweilen auch in einem Baum Deckung. Beim Drohbalzverhalten kauert er sich mit aufgestellten Federn und gespreizten Flügeln auf den Boden und richtet den Schnabel himmelwärts.

Regenbogenpitta 11
Pitta iris

Verbreitung: NO-Australien
Lebensraum: Dichtes Gebüsch, Monsunwälder
Grösse: 18 cm

Dieser Standvogel ist ein seltener Bewohner dichter Monsunwälder, Mangrovesümpfe und Bambusdickichte. Er sucht am Boden nach Insekten und fliegt nur selten auf, da ihm sein Gefieder trotz der bunten Färbung eine gute Tarnung verleiht. Manchmal verrät ein lauter, klarer Pfeifruf (oft umschrieben mit *want a whip*), der häufig von einem Schlafbaum aus geäußert wird, seine Anwesenheit.

FAMILIE XENICIDAE MAORISCHLÜPFER

Kleine, gedrungene Vögel mit schlechtem Flugvermögen, die nur in Neuseeland vorkommen. Gefieder grünlich und weißlich mit wenig Gelb, Weibchen meist matter gefärbt. 2-5 weiße Eier werden in Nisthöhle 19-21 Tage bebrütet. Nestlingsperiode beim Grenadier 23-25 Tage, bei den anderen Arten unbekannt. 3 Arten.

Grenadier 12
Acanthisitta chloris

Verbreitung: Neuseeland
Lebensraum: Wald, von Altbeständen bis zu Sekundärgestrüpp
Grösse: 8 cm

Von den auf der Nord-, Süd- und Stewart-Insel vorkommenden drei Unterarten ist die südliche *A. c. chloris* abgebildet. Mit seinem leicht aufgeworfenen Schnabel pickt er Insekten aus der Baumrinde, während er am Stamm in Spiralen emporklettert, doch sucht er auch in Baumkronen nach Nahrung. Er ist Standvogel und verbringt die meiste Zeit des Jahres im Familienverband, wobei unverpaarte Männchen sich gelegentlich am Brutgeschäft beteiligen. Die Brutzeit dauert von Oktober bis Januar.

FAMILIE PHILEPITTIDAE JALAS

Nur auf Madagaskar verbreitet. Baumbewohner von gedrungener Gestalt. Gefieder schwarz mit beim Männchen gelben, beim Weibchen grünlichen Federrändern; oder Männchen metallisch-blau und gelb, Weibchen dunkelgrün und gelblich. Nur vom Seidenjala *Philepitta castanea* sind wenige Details der Brutbiologie bekannt: Das birnenförmige Nest, mit einem Dach nahe dem Seiteneingang im oberen Nestteil ausgestattet, hängt an einem Ast, mit dem es oben verwoben ist. Das Gelege besteht aus 3 weißen Eiern. 4 Arten.

Langschnabel-Nektarjala 13
Neodrepanis coruscans

Verbreitung: Madagaskar
Lebensraum: Dichter Wald
Grösse: 10 cm

Dieser einst häufige Bewohner des östlichen Madagaskar ist heute durch die Zerstörung seines Lebensraums bedroht. Er kommt von Meereshöhe bis in 1800 m vor, wobei er in den Höhenlagen zahlreicher wird. Er hält sich in allen Vegetationsstufen des Waldes, vom Boden bis zu den Baumkronen, auf und kann sich sogar im Unterwuchs und zwischen Schößlingen zerstörter Waldflächen behaupten, was vielleicht zu seinem Überleben trotz der rapiden Umweltveränderung beiträgt.

Er lebt einzeln oder in kleinen Familienverbänden. Bei der Nahrungssuche bewegt er sich leise durch das Laubwerk und äußert weiche, zischende Kontakrufe. Zwar sucht er auch lange, prächtige Blüten zum Nektartrinken auf, doch ernährt er sich im Gegensatz zu den echten Nektarvögeln vorwiegend von Insekten. Die blaue Augenregion fehlt beim matter und oberseits grüner gefärbten Weibchen.

FAMILIE MENURIDAE LEIERSCHWÄNZE

Große Vögel mit langen Beinen und kräftigen Zehen. Gefieder oberseits braun, unterseits isabellfarben oder graubraun. Männchen besitzen sehr lange, geschwungene Schwanzfedern. Das meist einzige hellgraue bis purpur-braune Ei wird in massigem, kuppelförmigem Nest etwa 50 Tage bebrütet, die Jungen verlassen das Nest nach etwa 47 Tagen. 2 Arten.

Graurücken-Leierschwanz 14
Menura novaehollandiae

Verbreitung: SO-Australien, in Tasmanien eingeführt
Lebensraum: Eukalyptus- und Regenwälder
Grösse: Männchen 80-98 cm, Weibchen 74-84 cm

Dieser Leierschwanz, dessen Steuerfedern bei Männchen 50-60 cm lang werden können, gehört zu den größten und bemerkenswertesten Sperlingsvögeln. Meist scharrt er am Boden nach Insekten und anderen großen Wirbellosen.

Vom Mittwinter an legen die Männchen Balzhügel an, auf denen sie ihren Gesang vortragen. Sobald ein Weibchen erscheint, wedeln sie mit den Schwanzfedern und schlagen sie über den Rücken und Kopf nach vorne.

FAMILIE ATRICHORNITHIDAE DICKICHTVÖGEL

Kleine kräftige Vögel mit langem Schwanz, langen Beinen und kurzen Flügeln. Gefieder oberseits braun, unterseits weiß und rotbraun, bei Männchen mit schwarz gezeichneter Brust. 1-2 isabellfarbene Eier mit braunen Flecken werden in kuppelförmigem Nest 36-38 Tage bebrütet, die Nestlingsperiode beträgt 21-28 Tage (nur von *A. clamosus* bekannt). 2 Arten.

Rostbauch-Dickichtvogel 15
Atrichornis rufescens {B}

Verbreitung: Mittlerer O Australiens
Lebensraum: Waldrandbereiche
Grösse: 16,5-18 cm

Die Verbreitung dieses Vogel beschränkt sich auf fünf Hochlandregionen im NO Neusüdwales und im SO Queenslands. Er bewohnt Regenwälder kühler gemäßigter Zonen, die an Eukalyptuswälder grenzen, oder subtropischen Regenwald mit relativ lichten Baumkronen - beides feuchte Lebensräume mit dichtem Unterwuchs. Rostbauch-Dickichtvögel sind schwer zu entdecken und verraten sich meist nur durch den laut schwatzenden Gesang der Männchen. Die meisten Vögel leben heute in Schutzgebieten, wo die Populationsentwicklung genau überwacht wird.

LERCHEN, SCHWALBEN

Weißwangen-
Trugschwalbe
Sumpfschwalbe
juv.
Weißbauchschwalbe
♀
Purpurschwalbe
♂
Uferschwalbe
Weißrückenschwalbe

FAMILIE ALAUDIDAE LERCHEN

Kleine Bodenbewohner mit langer Hinterzehenkralle. Gefieder vorwiegend braun, bei einigen Arten mit schwarzen und weißen Abzeichen, Männchen bei einer Art schwarz. Geschlechter bei den meisten Arten gleich gefärbt. 2-6 meist gesprenkelte Eier werden im Bodennest 10-16 Tage bebrütet, im Alter von 10 Tagen verlassen die Jungen das Nest. 81 Arten.

Horsfieldlerche 1

Mirafra javanica

VERBREITUNG: Australien, SO-Asien, Borneo, Neuguinea, Philippinen
LEBENSRAUM: Grasland, auch Getreidefelder
GRÖSSE: 12,5-14 cm

Diese Lerche kommt in ihrem riesigen Verbreitungsgebiet in mehr als 20 Unterarten vor. Die Gefiederfärbung variiert selbst innerhalb einer Unterart stark und ist im allgemeinen den Farben des jeweiligen Lebensraums angepaßt. Tendentiell bewohnen die hellsten Vögel Gebiete mit hellsandigem Untergrund. Man nimmt an, daß das nach der Mauser zunächst dunklere Gefieder auf den zur Regenzeit dunkelsten Boden abgestimmt ist.

Horsfieldlerchen picken am Boden Wirbellose und Samen auf. Ihren variationsreichen, melodischen Gesang, der oft Imitationen enthält, tragen sie im Flug vor. Das partiell überdachte Nest liegt unter einem Grasbüschel versteckt.

Grasklapperlerche 2

Mirafra apiata

VERBREITUNG: S Afrika
LEBENSRAUM: Grasland
GRÖSSE: 15 cm

Diese mittelgroße, meist einzeln auftretende Lerche ist, sofern sie nicht ruft oder balzt, am Boden, wo sie nach Insekten und Samen sucht, leicht zu übersehen. Ihr Gesang enthält viele Imitationen von Regenpfeifern bis Prachtfinken. Der Balzflug besteht aus steilem Aufsteigen, geräuschvollem Flügelschlagen und anschließendem Herabtauchen, das von einem klaren Pfeifen begleitet wird, und kann alle 15-30 Sekunden wiederholt werden.

Das Brutgeschehen zwischen Oktober und Februar fällt in die Samenreife nach der Regenzeit. Das kuppelförmige Nest aus Gras und kleinen Wurzeln hat einen Seiteneingang und liegt meist unter Grasbüscheln versteckt.

Weißstirnlerche 3

Eremopterix nigriceps

VERBREITUNG: Kapverdische Inseln, S Sahara, O-Afrika, S-Arabien, W-Pakistan, NW-Indien
LEBENSRAUM: Grasbewachsene Halbwüsten
GRÖSSE: 10,5 cm

Diese kleine Lerche lebt außerhalb der Brutzeit gesellig und schließt sich zur Nahrungssuche gemischten Lerchentrupps an. Sie ernährt sich von Samen und Insekten, die sie vom Boden oder von niedrigen Pflanzen aufpickt. Sie läuft schnell über das trockene, offene Gelände und drückt sich bei jedem Halt dicht an den Boden, sie bleibt jedoch gelegentlich auch aufrecht stehen.

Wie einige andere Wüstenlerchen kann sie zum Schutz des napfförmigen Bodennests vor Wind einen Kieselwall bauen.

Wüstenläuferlerche 4

Alaemon alaudipes

VERBREITUNG: N-Afrika, Sahara, Arabien bis Iran, Afghanistan
LEBENSRAUM: Wüsten
GRÖSSE: 20 cm

Diese am Boden perfekt getarnte Lerche fällt im Flug durch das schwarzweiße Flügelmuster auf. Sie bewegt sich rennend über den Boden, um plötzlich anzuhalten und mit dem langen Schnabel im Sand vor allem nach Insektenlarven zu graben. Daneben frißt sie auch ausgewachsene Insekten, Schnecken und sogar kleine Eidechsen. Um an das Schneckenfleisch zu gelangen, schlägt sie das Gehäuse gegen einen Stein.

Die Wüstenläuferlerche lebt meist ungesellig, doch tritt sie an Müllhalden zuweilen in lockeren Trupps auf. In den heißesten Regionen baut sie das Nest nicht am Boden, sondern leicht erhöht in die Vegetation.

Mohrenlerche 5

Melanocorypha yeltoniensis

VERBREITUNG: Mittelasien, Kasachstan
LEBENSRAUM: Grassteppen
GRÖSSE: 19 cm

Das Prachtkleid des Männchens ist rein schwarz, im Herbst jedoch mit hellen Federrändern versehen. Mohrenlerchen haben kleine, kegelförmige Schnäbel und ernähren sich fast das ganze Jahr über von Samen, im Spätsommer auch von Wirbellosen. Den Winter über bleiben sie in den Steppen, wo ihre Nahrung oft von Schnee bedeckt ist und freigelegt werden muß.

Der Gesang besteht aus kurzen Strophen und wird von einer Warte aus vorgetragen. Charakteristisch ist ferner ein Balzflug mit im Zeitlupentempo ausgeführten Flügelschlägen. Als Nest dient eine zwischen Pflanzen geschützte Bodenmulde.

Stummellerche 6

Calandrella rufescens

VERBREITUNG: Kanarische Inseln, N-Afrika O bis Mittlerer Osten, Mittelasien bis N-China
LEBENSRAUM: Offenes Grasland, Halbwüsten, trockene Anbauflächen
GRÖSSE: 13 cm

Die Färbung der Stummellerche variiert stark und ist jeweils an den Lebensraum angepaßt. Von der nah verwandten Kurzzehenlerche *C. brachydactyla*, deren Verbreitungsgebiet sich mit dem der Stummellerche überschneidet, ist sie auch in gemischten Trupps nur schwer zu unterscheiden. Das beste Bestimmungsmerkmal ist ein oft als Kontaktruf geäußertes *prritt*, während die kaum größere Kurzzehenlerche einen deutlich anderen zweisilbigen Ruf hat.

Stummellerchen leben außerhalb der Brutzeit gesellig. Im Winter ernähren sie sich von Insekten. Nördliche Populationen ziehen in südlichere Überwinterungsgebiete.

Haubenlerche 7

Galerida cristata

VERBREITUNG: N-Afrika, Europa, Mittlerer Osten O bis Indien, N-China, Korea
LEBENSRAUM: Ödlandflächen, Ackerland, Grasland, Halbwüsten
GRÖSSE: 19 cm

Die Haubenlerche ist der nah verwandten Theklalerche sehr ähnlich und von dieser am besten durch den Ruf *whii whii whii, whii-uu* zu unterscheiden. Zudem brütet sie in tieferen Lagen.

Sie hält sich bevorzugt am Boden auf und sitzt oft auf größeren Steinen oder Pflanzen. Künstlichen Lebensräumen hat sie sich so gut angepaßt, daß sie ihre Brutgebiete von den Steppen und Halbwüsten immer weiter in Regionen ausdehnt, wo Besiedlung und Abholzung offene Flächen entstehen lassen. In Deutschland ist sie sogar in die Städte eingewandert und brütet an Großparkplätzen von Supermärkten. Seit einigen Jahren nimmt der Bestand hier aber wieder stark ab.

Feldlerche 8
Alauda arvensis

Verbreitung: Europa, N-Afrika, Mittlerer Osten, N Mittelasien und O-Asien, Japan; auf der kanadischen Insel Vancouver, Hawaii, in Australien und Neuseeland eingeführt
Lebensraum: Offene Flächen, Ackerland
Grösse: 18 cm

Die Feldlerche gehört zu den bekanntesten Vogelarten. Der variationsreiche, lang andauernde Gesang wird fast ausschließlich im Flug vorgetragen, wobei der Vogel aufsteigt, rüttelnd in der Luft steht und allmählich wieder absteigt.

Als Kulturfolger ist die Feldlerche zum Charaktervogel landwirtschaftlicher Flächen in Europa geworden. Sie ernährt sich von Samen, Getreidekörnern und Insekten, die sie vom Boden und niedrigen Pflanzen pickt. Nördliche Populationen ziehen in südlichere Winterquartiere.

Ohrenlerche 9
Eremophila alpestris

Verbreitung: Brütet in der arktischen Zone und in Gebirgen Europas, SW- und Mittelasiens, im Atlas und in den meisten Regionen Nordamerikas; nördliche Populationen überwintern weiter südlich; isolierte, nicht ziehende Population in den Anden
Lebensraum: Brütet in arktischen, Steppen- und Gebirgsregionen der Alten Welt, in Nordamerika in diversen Lebensräumen; überwintert an Stränden, Dünen, Salzlacken und auf Ackerland der Niederungen
Grösse: 15 cm

Die Verbreitungsgebiete der Ohrenlerche liegen in Eurasien durch vielfältige Lebensräume, in denen andere Lerchenarten dominieren, weit voneinander entfernt. In Nordamerika besiedelt sie dagegen vielerlei offene Flächen, darunter Prärien, Weiden, Felder und Wüsten, da keine Konkurrenz durch andere Lerchen besteht. Von den 41 Unterarten ist die im NO Nordamerikas vorkommende Unterart *E. a. alpestris* abgebildet.

Nördliche Populationen ziehen in südliche Winterquartiere, wo sie in großen Trupps auftreten. Ohrenlerchen suchen am Boden nach Nahrung und sind ständig in Bewegung. Im Winter ernähren sie sich vorwiegend von Samen, während der Brutzeit vor allem von Insekten.

FAMILIE HINRUNDINIDAE SCHWALBEN
Kleine, luftbewohnende Vögel von stromlinienförmiger Gestalt, mit langen, spitzen Flügeln und meist eingekerbtem Schwanz. Gefieder oberseits vorwiegend metallisch blau-schwarz, grünlich-schwarz oder braun, unterseits hell oder kastanienbraun. Geschlechter gleich gefärbt. 1-8 weiße, bei einigen Arten rotbraun gefleckte Eier werden in Schlammnestern, Löchern oder Höhlen 13-16 Tage bebrütet. Die Jungen bleiben 16-24 Tage (bei Schwalben der Neuen Welt 24-28 Tage) im Nest. 81 Arten.

Weißaugen-Trugschwalbe 10
Pseudochelidon sirintarae {B}

Verbreitung: Im Winter Thailand
Lebensraum: Im Winter überschwemmte Flußniederungen; im Sommer unbekannt
Grösse: 15 cm

Diese Art wurde erst 1968 am 25000 ha großen See Boraphet in der mittelthailändischen Provinz Nakhon Sawan entdeckt. Hier überwintert sie zusammen mit Tausenden Schwalben anderer Arten im Schilf. Zunächst wurden 10 und 1972 zwei weitere Vögel gefunden. Über die Ökologie dieser Art ist bislang nichts bekannt.

Die einzige andere Art dieser Gattung ist die Afrikanische Trugschwalbe *P. eurystomina*, die in Gabun und entlang des Unterlaufs des Kongo und des Ubangi vorkommt. Beide Arten unterscheiden sich stark von allen anderen Schwalben und dürften sich in einem frühen Evolutionsstadium von diesen getrennt haben.

Sumpfschwalbe 11
Tachycineta bicolor

Verbreitung: Brütet in Zentralalaska und Kanada bis zum mittleren Osten der USA; überwintert im S der USA, auf Karibischen Inseln und in Mittelamerika
Lebensraum: Offenes Gelände in Wassernähe, besonders überschwemmte Flächen mit abgestorbenen Bäumen
Grösse: 12,5-15 cm

Während des Zuges bilden Sumpfschwalben riesige Schlafgemeinschaften, die sich an Küstengewässern in niedriger Vegetation zusammenfinden. Sie ernähren sich fast ausschließlich von Fluginsekten, doch picken sie bei extremer Kälte auch Lorbeerfrüchte.

Sie bauen ein napfförmiges Nest aus trockenem Gras oder Kiefernnadeln in Spechthöhlen, Spalten und Nistkästen und legen es mit weißen Federn aus. Es wurde beobachtet, daß sie weiße Federn sogar aus dem Rücken von Hausenten zupfen. Das Gelege enthält in der Regel 4-6 Eier, und gelegentlich hilft ein weiterer Vogel den Eltern bei der Aufzucht der Jungen.

Purpurschwalbe 12
Progne subis

Verbreitung: Brütet in Nordamerika; überwintert im Amazonasbecken, gelegentlich N bis Florida
Lebensraum: Offene Flächen, oft am Wasser
Grösse: 18 cm

Im Osten Nordamerikas hat sich die Purpurschwalbe seit der Besiedlung durch den Menschen zum Kulturfolger entwickelt. Schon die im Südosten lebenden Indianer boten ihr Kürbisflaschen als Nisthilfen an, da die Schwalben im Gegenzug Krähen und andere Arten vertrieben, die sich an Feldfrüchten und zum Trocknen aufgehängtem Fleisch gütlich taten. Frühe europäische Siedler übernahmen die Tradition, Nisthilfen aufzuhängen. Im Westen Nordamerikas nisten die Purpurschwalben noch in natürlichen Unterkünften, meist in verfaulten Bäumen mit Spechthöhlen.

Die Jungen werden von beiden Altvögeln gefüttert, nach etwa 4 Wochen flügge und fangen bereits 5 Tage später Fluginsekten.

Weißbandschwalbe 13
Atticora fasciata

Verbreitung: S-Venezuela, Guayana, Amazonasgebiet, Brasilien, NW-Bolivien
Lebensraum: Flüsse und kleine Lichtungen, Waldränder
Grösse: 15 cm

Die Weißbandschwalbe kommt an klaren Flüssen lokal häufig, an großen, schlammigen Flüssen seltener vor und scheint Gebiete mit steinigen, schnellfließenden Waldbächen zu bevorzugen. Sie tritt meist in kleinen Trupps auf und ist im Flug trotz des meist zusammengelegten Gabelschwanzes leicht zu erkennen.

Sie ernährt sich von Insekten, die sie in erratischem, Pflanzen und Felsen dicht passierendem Flug erbeutet. Oft ruht sie auf Felsen oder aus dem Wasser ragendem Treibgut. Große Trupps ruhender Vögel bleiben oft bis zum Auffliegen unbemerkt.

Weißrückenschwalbe 14
Cheramoeca leucosterna

Verbreitung: S-, O- und W-Australien
Lebensraum: Trockene und sandige Flächen, Waldränder
Grösse: 15 cm

Die recht nomadisch lebende Weißrückenschwalbe dehnt gegenwärtig ihre Verbreitung nach Süden in Richtung auf die Küste aus. Sie bevorzugt die Nähe klarer Gewässer und ist meist paarweise oder in kleinen Trupps zu sehen. Wie andere Schwalbenarten ernährt sie sich von Fluginsekten, wobei ihre Flugweise vergleichsweise flatternder erscheint.

Weißrückenschwalben sind relativ schweigsam. Ihr Gesang besteht aus einem Zwitschern, und im Flug rufen sie einzeln *tchip* oder *tcheck*. Sie nisten und schlafen in Tunnelröhren, die sie etwa 75 cm tief in sandige Flußufer und Sanddünen graben. Bei Kälteeinbrüchen suchen sie oft zu mehreren eine Erdröhre auf und verfallen in anhaltenden Kälteperioden zur Reduktion ihres Energieverbrauchs in Torporstarre.

Uferschwalbe 15
Riparia riparia

Verbreitung: Brütet in Nordamerika und Eurasien; überwintert in Südamerika, Afrika, Mittelmeerraum, im Nahen Osten, in N-Indien, O-China und SO-Asien
Lebensraum: Offene und halboffene Flächen in Wassernähe
Grösse: 12-14 cm

Die Uferschwalbe ist dafür bekannt, daß sie ihre Niströhren in steile Uferbänke gräbt, daneben besiedelt sie auch spaltenreiche Felsklippen, Kiesgruben, Sägemehl- und Kohlestaubhalden. Als Nistplatz wird mit Schnabel und Zehen eine neue Erdröhre gegraben oder eine alte ausgebaut. Uferschwalben leben gesellig und bilden oft Kolonien von mehreren hundert Paaren. Die 30-120 cm langen Niströhren liegen in der Regel im oberen Steilwandbereich dicht beieinander. Gelegentlich werden sie so eng zueinander gegraben, daß sie sich im Innern kreuzen.

Nach der Brutzeit ziehen Uferschwalben, oft mit anderen Schwalben vergesellschaftet, nach Süden, wobei sie riesige Trupps von zuweilen bis zu 250000 Vögeln bilden können.

SCHWALBEN, STELZEN UND PIEPER, STACHELBÜRZLER

Bergpieper
♂
♂
Strandpieper
Pazifischer
Wasserpieper
Großspornpieper
♂
Schlichtkleid
Weißflügel-
lalage
♂
Australspornpieper
♀
Langschwanz-
Mennigvogel
Azurraupenfänger
Schwarzgesicht-
Raupenfänger

SCHWALBEN, STELZEN UND PIEPER, STACHELBÜRZLER

Rauchschwalbe 1

Hirundo rustica

Verbreitung: Brütet in Europa und Asien, N-Afrika, Nordamerika; überwintert auf der südlichen Halbkugel
Lebensraum: Offenes Gelände, oft in Wassernähe
Grösse: 18 cm

Obwohl fast weltweit verbreitet, gibt es von der Rauchschwalbe nur 6 Unterarten, darunter die in großen Teilen Eurasiens beheimatete Unterart *H. r. rustica* und die in Nordamerika vorkommende *H. r. erythrogaster*.

Von der Zerstörung großflächiger Waldzonen hat sie ebenso profitiert, wie vom Bau von Gebäuden, Brücken, Überleitungen und Zäunen. In einem Großteil ihres Verbreitungsgebiets baut sie ihr Nest aus Schlamm an rauhe Stallwände oder andere Gebäude und benutzt Stromleitungen als Sitzwarte. Sie ernährt sich von kleinen Insekten, die sie vorwiegend über Gewässern oder feuchter Vegetation im niedrigen Flug erbeutet.

Stahlschwalbe 2

Hirundo atrocaerulea

Verbreitung: Teile Ost- und Südafrikas
Lebensraum: Bergwiesen in Flußnähe
Grösse: 20 cm

Die Stahlschwalbe ist als einziger Vertreter dieser Familie in der Afrikanischen Roten Liste aufgeführt. Infolge vielfacher Störungen ihres Lebensraums gilt ihre Population in Zimbabwe als anfällig und in Südafrika als bedroht.

Stahlschwalben sind in mehrfacher Hinsicht bemerkenswert. Sie sind Zugvögel, verlassen jedoch die Tropen nicht, da sie im Südteil ihres Verbreitungsgebiets brüten und in Uganda überwintern. Zudem brüten sie eher einzeln als in Gruppen oder Kolonien. Die Männchen unterscheiden sich durch den langen, gegabelten Schwanz deutlich von den kurzschwänzigen Weibchen.

Mehlschwalbe 3

Delichon urbica

Verbreitung: Brütet in Europa, Asien (außer weit im N oder S), N-Afrika, unregelmäßig in S-Afrika; überwintert S der Sahara und in SO-Asien
Lebensraum: Offene Flächen, vor allem nahe Gewässern und Siedlungen
Grösse: 13 cm

Mehlschwalben gehören zum vertrauten Bild vieler ländlicher Regionen und haben sich an den Menschen gut angepaßt. Sie ernähren sich vorwiegend von Insekten, vor allem Fliegen und Blattläusen. Außerhalb der Brutzeit bilden sie große Trupps zu Nahrungssuche und Rast. Sie äußern einen weichen, zwitschernden Gesang und schrille hohe Kontakt- und Alarmrufe.

Sie brüten häufig in Kolonien, wobei die Nester zuweilen direkt aneinander gebaut werden. Zu ihren natürlichen Nistplätzen gehören geschützte Steilklippen und Felsen der Küste und des Binnenlands, doch haben sie diese in vielen Regionen ihres Verbreitungsgebietes, vor allem in Europa, gegen Nistmöglichkeiten unter Hausdächern, Brücken und in Abwasserkanälen eingetauscht.

Scherenschwanzschwalbe 4

Psalidoprocne obscura

Verbreitung: Sierra Leone bis Kamerun
Lebensraum: Savannen, Waldränder, Grasland, überschwemmte Flächen
Grösse: 17 cm

Diese Schwalbe bewohnt vielfältige offene Lebensräume und tritt meist in kleinen Trupps auf. Im niedrigen Suchflug erbeutet sie Fluginsekten wie z.B. kleine Käfer. Die Außenfahne der äußeren Handschwingen ist mit kleinen Stacheln besetzt, deren Funktion bislang ungeklärt blieb. Möglicherweise erzeugen sie das bei der Balz zu hörende laute Fluggeräusch. Scherenschwanzschwalben brüten in Niströhren, die sie waagerecht in Erdwälle graben.

FAMILIE MOTACILLIDAE
STELZEN UND PIEPER

Kleine, weitgehend territorial lebende, recht schlanke Vögel mit langem Schwanz und langen Zehen. Gefieder bei Stelzen oberseits entweder schwarz und weiß, oder grau, braun, bläulich oder grünlich durchsetzt, unterseits weißlich, gelblich oder gelb. Goldpieper und *Macronyx*-Pieper oberseits meist braun gestreift, unterseits gelb oder rötlich; Pieper meist braun gestreift, unterseits heller. Geschlechter gering unterschiedlich, bei Piepern meist gleich gefärbt. 2-7 weiße, graue oder braune, in der Regel braun gesprenkelte Eier werden im Nest am Boden (bei Stelzen auch in Felsspalten) 12-20 Tage bebrütet. Die Jungen bleiben 12-18 Tage im Nest. 58 Arten.

Baumstelze 5

Dendronanthus indicus

Verbreitung: Brütet in der Mandschurei, Korea, SO UdSSR; überwintert in SO-Asien, Indonesien
Lebensraum: Offene Flächen in feuchtem, oft immergrünem Wald
Grösse: 15 cm

Baumstelzen gehören nicht zur Gattung *Motacilla* und bewegen den ganzen Körper beim Schwanzwippen seitwärts anstatt auf und ab, wie von anderen Stelzen bekannt. Zudem bevorzugen sie im Gegensatz zu den meisten Stelzen Bäume, nicht offenes Gelände und sind im Wald an Fließgewässern zu finden. Ihre Nahrung suchen sie meist am Boden, doch laufen sie auch auf Zweigen, um Insekten zu erbeuten.

Schafstelze 6

Motacilla flava

Verbreitung: Brütet von Europa ostwärts durch Asien bis zur Küste Alaskas; überwintert in Afrika und S-Asien
Lebensraum: Feuchtgebiete, Grasland in Niederungen, auch Äcker
Grösse: 17 cm

Von der Schafstelze wurden etwa 18 Unterarten beschrieben, die sich in der Kopffärbung der Männchen unterscheiden. *M. f. flava* ist in Mitteleuropa, *M. f. flavissima* in Großbritannien und *M. f. feldegg* in Südost-Europa verbreitet. Die Weibchen der verschiedenen Unterarten sind in der Regel nicht unterscheidbar.

Schafstelzen treten häufig in Trupps auf und suchen grazil am Boden laufend oft zwischen Viehherden nach Wirbellosen.

Bachstelze 7

Motacilla alba

Verbreitung: Brütet in den meisten Teilen Eurasiens, mit Ausnahme der Tropen; nördliche Brutvögel überwintern S bis Afrika N des Äquators, in Arabien, Indien und SO-Asien.
Lebensraum: Offene Flächen, oft in Wassernähe
Grösse: 18 cm

Bachstelzen sind markant schwarz, grau und weiß gefärbt, wobei der jeweilige Farbanteil innerhalb des riesigen Verbreitungsgebiets je nach Unterart stark variiert. Die in England verbreitete Trauerbachstelze *M. a. yarrellii* unterscheidet sich von der in Mitteleuropa brütenden *M. a. alba* durch einen schwarzen Rükken.

Bachstelzen halten sich gern an Gewässern auf und laufen auf der Suche nach Insekten oft durch Flachwasserzonen, wobei sie unaufhörlich mit dem Schwanz wippen. Ebenso sind sie entfernt vom Wasser auf offenen Flächen, in der

Umgebung von Bauernhöfen, Parks und Häusern zu finden. Außerhalb der Brutzeit bilden sie häufig große Schlafgemeinschaften, die in einigen Regionen beheizte Plätze wie Türme von Kraftwerken und Treibhäuser aufsuchen.

Goldpieper 8

Tmetothylacus tenellus

VERBREITUNG: Afrikanisches Horn S bis Tansania
LEBENSRAUM: Trockene, offene Flächen
GRÖSSE: 14 cm

Goldpieper zeigen Merkmale, die sowohl an Stelzen, als auch an Pieper erinnern. Sie sind Standvögel, häufig auch in geeigneten Lebensräumen nur lokal verbreitet und treten in kleinen Trupps oder Familienverbänden auf. Männchen sind leuchtend gelb und schwarz gefärbt. Den einfachen Gesang tragen sie im Balzflug vor, während sie mit V-förmig gehaltenen Flügeln fallschirmartig herabgleiten.

Großspornpieper 9

Macronyx capensis

VERBREITUNG: Südafrika, Zentralzimbabwe
LEBENSRAUM: Offenes, nasses Grasland
GRÖSSE: 19 cm

Diesen kräftigen Pieper sieht man meist auf kurzgrasigen Flächen, wo er in kleinen Trupps emsig nach Nahrung sucht und nach jedem Insekt schnappt, das sich bewegt. Große Insekten schlägt er oft auf den Boden, bevor er sie verschlingt. Von Zeit zu Zeit kontrolliert er von einer kleinen Erhebung aus die Umgebung.

Großspornpieper äußern pfeifende und flötende Rufe und einen katzenähnlich maunzenden Alarmruf. Häufig rufen sie, wenn sie auf einem Zaun oder einer Erhebung sitzen, aber auch während des bis in 10 m Höhe steigenden, flatternden Balzflugs.

Australspornpieper 10

Anthus novaeseelandiae

VERBREITUNG: Australien, Neuseeland
LEBENSRAUM: Offenes Gelände
GRÖSSE: 18 cm

Australspornpieper zeigen eine sehr aufrechte Haltung und wippen mit dem langen Schwanz meist auf und ab. Die Unterarten variieren in der Färbung beträchtlich, und viele sind oberseits recht dunkel gezeichnet. Die Abbildung zeigt die auf der Südinsel Neuseelands verbreitete Unterart *A. n. novaeseelandiae*. Früher wurden sämtliche Spornpieper als zu einer Art gehörig betrachtet. Heute werden die Unterarten Nord- und Südasiens meist als jeweils eigene Arten abgetrennt. Der ostpaläarktische Spornpieper *A. richardi* erscheint während seines langen Zuges gelegentlich auch in Mitteleuropa.

Spornpieper suchen am Boden nach Insekten. Sie rufen rauh *srii* und tragen den trillernden Gesang im Flug vor. Das Nest wird in einer flachen Bodenmulde angelegt. Populationen wärmerer Regionen haben eine längere Brutperiode und können daher mehrere Gelege produzieren.

Pazifischer Wasserpieper 11

Anthus rubescens

VERBREITUNG: NO-Sibirien, N Nordamerika, W-Grönland; überwintert S bis SO-Asien und Mittelamerika
LEBENSRAUM: Gebirge und Tundra; im Winter Strände, Felder
GRÖSSE: 17 cm

Im Norden des Verbreitungsgebiets brütet dieser Wasserpieper in der Tundra, während er im Süden Gebirgsbewohner ist. In Nordamerika ist er ebenso weit verbreitet wie häufig. In Sibirien, wo seine Verbreitung an die des Bergpiepers grenzt, wählt er eher felsiges Gelände, während der Bergpieper offenes Gelände bevorzugt.

Bergpieper 12

Anthus spinoletta

VERBREITUNG: Gebirge S-Europas O über Asien bis Baikalsee; Vögel Mittel- und O-Asiens überwintern S bis SO-Asien und Japan
LEBENSRAUM: Gebirge; im Winter offenes Gelände niederer Lagen
GRÖSSE: 17 cm

Die früher unter dem Namen «Wasserpieper» zusammengefaßten Arten Bergpieper, Strandpieper und Pazifischer Wasserpieper, die sich in der geographischen Verbreitung und in der Habitatwahl unterscheiden, wurden vor nicht langer Zeit nach eingehenden Untersuchungen in eigene Arten getrennt.

Bergpieper brüten im Hochgebirge oberhalb der Baumgrenze, wo sie ihr Nest meist nahe eines Wildbachs bauen. In einigen Regionen brüten sie sogar in Gletschernähe oder oberhalb der Schneegrenze. Im Winter zwingen die harten Klimabedingungen sie in tiefere Lagen, wo sie überschwemmte oder feuchte Wiesen und sogar küstennahe Feuchtgebieten aufsuchen.

Strandpieper 13

Anthus petrosus

VERBREITUNG: NW-Frankreich, Britische Inseln, Skandinavien, Faröer Inseln; einige N Populationen überwintern in Mitteleuropa
LEBENSRAUM: Küste
GRÖSSE: 17 cm

Strandpieper ernähren sich von Insekten und deren Larven, Mollusken und kleinen Krebstierchen. Nichtziehende Vögel leben in einigen Regionen das ganze Jahr über territorial.

Sie bauen ein napfförmiges Nest, in das oft Tang eingeflochten wird, an Felsklippen, Böschungen oder in dichter Vegetation. Das Gelege besteht meist aus 4-5 Eiern, doch wurden bis zu 9 Eier in einem Nest gefunden.

FAMILIE CAMPEPHAGIDAE STACHELBÜRZLER

Kleine bis mittelgroße Baumbewohner. Gefieder meist gräulich, schwarz oder schwarzweiß, bei Mennigvögeln aber leuchtend rot und gelb. Geschlechter meist ungleich gefärbt. 2-5 weiße oder grünliche, manchmal gesprenkelte Eier werden in flachem Napfnest 14-23 Tage bebrütet. Die Jungen bleiben 12-25 Tage im Nest. 70 Arten.

Schwarzgesicht-Raupenfänger 14

Coracina novaehollandiae

VERBREITUNG: Indien, SO-Asien, Neuguinea, Australien; viele Vögel aus SO-Australien und Tasmanien überwintern in N-Australien und Neuguinea
LEBENSRAUM: Waldland und Wälder
GRÖSSE: 33 cm

Diese Raupenfänger zeigen einen wellenartigen Flug und lassen beim Landen die Flügel in typischer Weise hängen. Sie ernähren sich von Larven, Käfern und anderen Großinsekten, die sie von der Blattunterseite ablesen. Zu den metallen klingenden Lautäußerungen gehören ein rollender Kontaktruf *tschörrrink* und ein höherer Triller *tscherrir-tscherrir-tscherrir*, den sie oft während des Balzflugs äußern.

Azurraupenfänger 15

Coracina azurea

VERBREITUNG: Sierra Leone bis Zaire
LEBENSRAUM: Primär- und Sekundärwald
GRÖSSE: 22 cm

Azurraupenfänger sind unauffällige Bewohner hoher Baumwipfel. Oft sind sie einzeln zu sehen, doch suchen sie auch in kleinen Trupps das Laubwerk nach Käfern, Heuschrecken und Raupen ab. Sie äußern kratzende und melodische Laute.

Weißflügellalage 16

Lalage sueurii

VERBREITUNG: Sulawesi, Kleine Sundainseln, Java, SO-Neuguinea, Australien
LEBENSRAUM: Offenes Waldland und Buschgelände
GRÖSSE: 18 cm

Außerhalb der Brutzeit sind die Männchen wie die schlichteren Weibchen gelblich- und graubraun gefärbt. Sie ernähren sich von Larven, die sie von Blättern ablesen, manchmal aber auch von Nektar und Früchten.

Weißflügellalagen sind Zugvögel und erreichen ihre Winterquartiere im südlichen Australien erst im November. Die Männchen tragen ihren durchdringend trillernden Gesang von Baumspitzen aus vor.

Langschwanz-Mennigvogel 17

Pericrocotus ethologus

VERBREITUNG: Von O-Afghanistan über Himalaya bis SO-Asien und China, N bis Mandschurei
LEBENSRAUM: Offener Wald meist in 1000-2500 m Höhe
GRÖSSE: 18 cm

Unvergeßlich ist der Anblick eines Schwarms dieser leuchtend scharlachrot und schwarz gefärbten Vögel, der vor dem Hintergrund schneebedeckter Himalayagipfel über den Baumwipfeln fliegt. Mennigvögel leben gesellig, sind ständig in Bewegung und suchen rüttelnd und flatternd nach Insekten, Knospen und Früchten. Die Vögel einer Gruppe halten untereinander durch weiche, zwitschernde Rufe Kontakt. Viele Vögel wechseln im Winter in niedere Lagen, während die Populationen einiger Regionen Zugvögel sind.

BÜLBÜLS

Finkenbülbül
Streifenbülbül
Rotohrbülbül
P. j. monticola
Fleckenbülbül
Gelbkehlbülbül
C. f. flavicollis
Haarbülbül
C. b. chloronotus
C. b. barbatus
Langschnabelbülbül
Orpheusbülbül

Weißschwanzbülbül
P. b. barbatus
Graubülbül
P. l. leucogenys
P. b. tricolor
P. l. leucotis
Weißohrbülbül
P. f. flavostriatus
B. e. notata
Gelbstreifen-
bülbül
B. e. eximia
H. m. sinensis
Graukehlnicator
Rotschnabelbülbül
Grünschwanzbleda
H. m. psaroides
H. m.
leucothorax
Rüttelbülbül

FAMILIE PYCNONOTIDAE
BÜLBÜLS

Mittelgroße, eher düster gefärbte, gesellige Baum- und Buschbewohner, oft mit Haube oder hellem Lidring, kurzem, leicht gebogenem Schnabel und kräftigen Beinen. Stimme meist melodisch, Geschlechter gleich gefärbt. 2-5 purpur-rosafarbene Eier werden in napfförmigem Baumnest 12-14 Tage bebrütet. Die Jungen bleiben 14-18 Tage im Nest. 124 Arten.

Finkenbülbül 1

Spizixos canifrons

VERBREITUNG: Assam, W-Burma
LEBENSRAUM: Wald, Lichtungen, buschbestandenes Bergland bis 2500 m Höhe
GRÖSSE: 20 cm

Im Gegensatz zu den meisten Bülbüls mit schlankem, mittellangem Schnabel besitzt dieser Vogel einen kurzen, kräftigen Schnabel, der an Finken erinnert und wie bei diesen zum Knacken von Samen dient. Bei Altvögeln ist der Schnabel gelb, leuchtet im Freiland aber weißlich und fällt daher sehr auf.

Finkenbülbüls leben sehr gesellig in Trupps von 50 oder mehr Vögeln, die in Bambusbeständen, niedrigem Buschwerk und auf brachliegenden Feldern nach Nahrung suchen. Sie ernähren sich vorwiegend von Beeren und Samen, doch sieht man auch ab und zu einen Vogel, der von einer Warte aus Insekten fängt.

Der zweisilbige Alarmruf ist melodisch, aber schrill und wird bei starker Erregung zu einem fünfsilbigen und für Bülbüls typischen, volltönigen Flöten gesteigert.

Streifenbülbül 2

Pycnonotus striatus

VERBREITUNG: O Himalaya, W-Burma
LEBENSRAUM: Immergrüner Wald, Rhododendron-Wald, Gebüsch, bis 3000 m Höhe
GRÖSSE: 20 cm

Streifenbülbüls bewohnen bewaldete Berghänge und wechseln im Winter in niedere Lagen. Sie bevorzugen dschungel- und buschartigen Wald, der nicht zu dicht oder zu hoch gewachsen ist. Hier suchen sie in Trupps von bis zu 15 Vögeln von Busch zu Busch fliegend nach Früchten und äußern dabei fast pausenlos ein scharfes *tüiwät*. Gelegentlich unterbrechen sie ihre emsige Nahrungssuche für eine Ruhepause und stimmen dann gemeinsam einen volltönenden, aber abgehackt klingenden Gesang an.

Rotohrbülbül 3

Pycnonotus jocosus

VERBREITUNG: China, Assam, Nepal, Indien
LEBENSRAUM: Offener feuchter Dschungel, Gärten
GRÖSSE: 20 cm

Dieser weit verbreitete und häufige Bülbül kommt in 6 Unterarten vor, die sich anhand der Ausdehnung von Weiß auf den Steuerfedern, des dunklen Halsbandes, der Länge der Haube und des Schnabels und der Rückenfärbung unterscheiden. Die Abbildung zeigt die in China und Assam vorkommende Unterart *P. j. monticola* mit weißen Schwanzspitzen und der dunkelsten Rückenfärbung.

Rotohrbülbüls sind in Gärten, selbst in den lautesten Städten, häufig anzutreffen, wo sie paarweise oder in lockeren Trupps auftreten. Sie ernähren sich von Früchten und Knospen (weshalb sie in Gärten oft Schäden anrichten), oder suchen am Boden nach Ameisen. Die Paare bleiben in der Regel das ganze Jahr über in ihrem Territorium. Sie äußern typische laute, volltönende und fröhliche Rufe.

Weißohrbülbül 4

Pycnonotus leucogenys

VERBREITUNG: Himalaya, NW-Indien bis S-Iran
LEBENSRAUM: Buschiger Dschungel, buschbestandene Berghänge, Dörfer
GRÖSSE: 20 cm

Diese munteren und lebhaften Vögel kommen in trockenen Regionen des Himalaya bis in 2100 m Höhe vor, während sie in feuchteren Teilen Ostnepals nur tiefer gelegene, trockenere Täler bewohnen. Sie bevorzugen Himbeer-, Berberizen- und Rosenbüsche und fliegen oft in kleinen Trupps geschwätzig entlang der Hekkenreihen von einem Dorf zum nächsten. In Kaschmir sind sie häufig, zeigen keine Furcht vor dem Menschen und kommen sogar in Häuser, um Reste von den Tischen zu picken. Gern sitzen sie auf Buschspitzen, knicksen und zukken mit Flügeln und Schwanz und rufen dabei unablässig.

Die im Himalaya vorkommende Unterart *P. l. leucogenys* hat eine lange Haube, während die weiter westlich verbreitete Unterart *P. l. leucotis* keine Haube besitzt.

Graubülbül 5

Pycnonotus barbatus

VERBREITUNG: N-Afrika S bis Tansania
LEBENSRAUM: Offener Wald, Gärten, Stadtparks
GRÖSSE: 18 cm

In ihrem großen Verbreitungsgebiet machen Graubülbüls überall durch ihre hohen, vollen, flötenden Rufe auf sich aufmerksam, die für diese Familie typisch sind. Sie sind äußerst anpassungsfähig und ziehen überall hin, wo Früchte, Knospen und Beeren zu finden sind, nur dichten Wald mögen sie nicht. In einigen Regionen, wie z.B. Ägypten, konnten sie ihre Verbreitung aufgrund künstlich bewässerter Obstplantagen ausdehnen. Oft sieht man sie in unmittelbarer Nähe von Häusern, wo sie sehr zahm sind, während sie in entlegeneren Gebieten sehr scheu sein können.

Die nördliche Unterart *P. b. barbatus* hat weiße Unterschwanzdecken, die südliche *P. b. tricolor* zeigt dort einen gelben Fleck.

Weißschwanzbülbül 6

Baeopogon indicator

VERBREITUNG: W-Afrika von Sierra Leone bis Kongo
LEBENSRAUM: Waldlichtungen und Sekundärbewuchs
GRÖSSE: 20 cm

Dieser recht große und kräftig gebaute Vogel hat weiße äußere Steuerfedern wie ein Honiganzeiger (S. 210-213) und hält sich ebenfalls wie dieser in hohen Baumwipfeln auf. Kennzeichnend sind seine Rufe, während sein flötender Gesang an eine Drossel erinnert.

Der Weißschwanzbülbül ist nur wenig erforscht. Nester wurden im Wald im äußeren Bereich dünner Zweige nahe der Baumspitze gefunden, doch wurde das Brutverhalten noch nicht genauer untersucht.

Fleckenbülbül 7

Ixonotus guttatus

VERBREITUNG: Ghana und Gabun bis Zentralzaire
LEBENSRAUM: Tropischer Primär- und Sekundärwald
GRÖSSE: 15 cm

Der Fleckenbülbül ist ein häufiger, recht auffälliger Vogel und am großen Weißanteil im Gefieder leicht zu erkennen. Er lebt in lockeren Trupps, die durch ihre lieblichen Rufe und rastlosen Bewegungen in den Baumwipfeln auf sich aufmerksam machen. Im Sitzen hebt er oft, wie auch einige andere Bülbüls, einen Flügel über den Rücken.

Er baut ein flaches schalenförmiges Nest aus dünnen Würzelchen und Blattstengeln im Schutz hoher Wipfel in einen niedrigen Baum.

Gelbkehlbülbül 8

Chlorocichla flavicollis

VERBREITUNG: W-Afrika von Senegal bis Kamerun, Zentralafrikanische Republik und Kongo
LEBENSRAUM: Waldränder und Dornengestrüpp
GRÖSSE: 18 cm

Gelbkehlbülbüls bewohnen dichtes Gebüsch der Übergangszone von Savanne und Wald und sind kaum einmal zwischen hohen Bäumen zu sehen. In einigen Regionen sind sie häufig und treten in Paaren oder kleinen Trupps auf, die sich, vom dichten Gestrüpp verdeckt, an ihren lauten, guttural sprudelnden Rufen zu erkennen geben.

Einige Unterarten, wie *C. f. flavicollis,* zeigen die namengebende gelbe Kehle, während andere, wie die in der Zentralafrikanischen Republik, im Kongo und Sudan verbreitete Unterart *C. f. soror,* matter und weißkehlig sind.

Gelbstreifenbülbül 9

Phyllastrephus flavostriatus

VERBREITUNG: Nigeria und Kamerun O und S bis Südafrika
LEBENSRAUM: Bergwälder
GRÖSSE: 20 cm

Dieser große Bülbül ist an seiner Färbung und seiner Vorliebe für dichte Wälder des Hochgebirges, wo er sich oft auf den höchsten Zweigen von Bäumen und Büschen aufhält, leicht zu erkennen.

Auf der Suche nach Insekten durchsucht er totes Laub in Stammnähe oder zwischen verschlungenen Kletterpflanzen, wobei er sich trotz einer gewissen Schwerfälligkeit dreht und streckt und sogar kopfüber hängen kann. Auch dieser Vogel streckt gern einen Flügel über den Rücken und senkt ihn wieder, um sodann den anderen anzuheben.

Verschiedene Unterarten werden anhand der Färbung der Unterseite und des Grautons des Kopfes unterschieden. Die Abbildung zeigt die im östlichen Südafrika verbreitete *P. f. flavostriatus.*

Grünschwanzbleda 10

Bleda eximia

VERBREITUNG: W-Afrika, von Sierra Leone bis Zentralafrikanische Republik und Kongo
LEBENSRAUM: Hoher Tropenwald
GRÖSSE: 20 cm

Obwohl dieser Vogel oft zwischen hohen Bäumen zu sehen ist, hält er sich doch meist am Boden oder in Bodennähe in gemischten Vogeltrupps auf, die für den afrikanischen Wald so charakteristisch sind. Häufig pickt er Ameisen aus den riesigen Kolonnen, die unterhalb der Baumkronen über das tote Laub marschieren.

Sein Ruf klingt laut und explodierend, sein Gesang dagegen weich, variationsreich und drosselähnlich. Die westliche Unterart *B. e. notata* zeigt im Gesicht einen auffälligen gelben Fleck, der der östlichen *B. e. eximia* fehlt.

Graukehlnicator 11

Nicator chloris

VERBREITUNG: Senegal bis Gabun und Kongo, Zaire und Uganda
LEBENSRAUM: Dichter Wald
GRÖSSE: 22 cm

Dieser auf der Abbildung recht auffällig wirkende Vogel ist im Wald oft schwer zu sehen, da er nur selten das dichte Laubwerk hoher Bäume verläßt. Der Graukehlnicator hält sich in den Spitzen kleiner Bäume oder im unteren Laubbereich hoher Bäume auf und macht nur durch rauhe, keuchende oder pfeifende Rufe und seinen schönen, volltönenden Gesang auf sich aufmerksam. Nur zur Brutzeit kommt er in Bodennähe, da er sein zerbrechliches, flaches Nest 1-2 m über der Erde in eine Astgabel baut.

Der Nicator ist einigen Würgern sehr ähnlich und wurde daher früher in die Familie Laniidae (S. 254-257) eingeordnet.

Haarbülbül 12

Criniger barbatus

VERBREITUNG: Sierra Leone bis Gabun und Zentralafrikanische Republik
LEBENSRAUM: Regenwald
GRÖSSE: 20 cm

Das bemerkenswerteste am Haarbülbül ist sein wunderschönes, fesselndes Pfeifen, daneben äußert er auch manchmal ein lautes, rauhes Schwatzen. Er lebt gesellig und schließt sich oft gemischten Trupps an, die sich durch die unteren Schichten des Regenwalddachs bewegen.

Die östliche Unterart *C. b. chloronotus* hat eine leuchtend weiße Kehle, die von Sierra Leone bis Togo verbreitete *C. b. barbatus* dagegen gelbe Kehlfedern.

Das Nest wird aus toten Blättern, kleinen verfaulten Holzstückchen und Pflanzenfasern auf einer Strauchspitze gebaut und mit wenigen grünen Trieben geschmückt.

Langschnabelbülbül 13

Setornis criniger

VERBREITUNG: Borneo, Sumatra, Bangka Islands
LEBENSRAUM: Primärwald niederer Lagen
GRÖSSE: 18 cm

Obwohl der Langschnabelbülbül in den Niederungen von Borneo ein häufiger Brutvogel ist, weiß man bislang nur sehr wenig über sein Verhalten und seine Brutbiologie.

Im dichten Wald, den er als Lebensraum bevorzugt, sind die weißen Spitzen der äußeren Steuerfedern ein hilfreiches Bestimmungskennzeichen. Zu der für Bülbüls typischen vielfältigen Nahrung gehören Libellenlarven, Käfer und andere Insekten und viele verschiedene Früchte und Beeren.

Orpheusbülbül 14

Hypsipetes amaurotis

VERBREITUNG: Japan, Taiwan, S-China
LEBENSRAUM: Bewaldete Hänge, Gärten, Parks
GRÖSSE: 27 cm

Dieser gesellige und lärmende Vogel besucht Futterhäuser japanischer Gärten und ist in Parks und bewaldeten Stadtteilen ein häufiger Anblick. Nördliche Brutvögel ziehen im Winter in südlichere Regionen, wo sie oft in beträchtlicher Anzahl auftauchen und ununterbrochen laute, flötende, rhythmische Rufe von sich geben.

Für einen Bülbül ist er recht schlank, langschwänzig und dünnschnäbelig, ohne die untersetzte Gestalt vieler seiner afrikanischen Verwandten. Die Unterart *H. a. amaurotis* ist in Japan verbreitet, während *H. a. nagamichii* in Taiwan vorkommt.

Rotschnabelbülbül 15

Hypsipetes madagascariensis

VERBREITUNG: SW-Indien, Nepal O bis Vietnam, Thailand, China
LEBENSRAUM: Eichen-, Kiefern-, Rhododendronwald
GRÖSSE: 23 cm

Von diesem weit verbreiteten und häufigen Vogel wurden mehrere Unterarten beschrieben. Während die in SW-China, Thailand und Laos vorkommende Unterart *H. m. sinensis* dunkel und die im Himalaya beheimatete *H. m. psaroides* heller gefärbt ist, zeigt *H. m. leucothorax* von W-China und N-Vietnam einen weißen Kopf. Auch auf Madagaskar, den Seychellen, Komoren und Maskarenen brütende Formen werden oft zu dieser Art gestellt.

Rotschnabelbülbüls kommen im Sommer in den höheren Lagen des Himalaya bis in 3000 m vor, sind aber in anderen Regionen vorwiegend Standvögel. Sie bilden lautstarke Trupps von 100 oder mehr Vögeln, die eine Weile in einem Baum bleiben, dann auffliegen, um Insekten zu fangen oder Beeren von den Zweigen zu picken und im nächsten Baum wieder einzufallen.

Ihr Gesang besteht aus eine Reihe einzelner, abgehackter, mit einem Klingeln durchsetzter Töne, andere Lautäußerungen wurden mit dem Quieken eines Schweins oder dem Quietschen einer Tür umschrieben.

Rüttelbülbül 16

Neolestes torquatus

VERBREITUNG: Gabun, Kongo, Zaire, Angola
LEBENSRAUM: Grasiges Waldland, Savanne
GRÖSSE: 15 cm

In verschiedener Hinsicht stellt der Rüttelbülbül für diese Familie eine Ausnahme dar. Aufgrund seiner kontrastreichen Färbung, seiner aufrechten Haltung und des gebogenen Schnabels wurde er früher irrtümlich für einen Würger gehalten. Er bewohnt offenere Flächen als die meisten seiner Verwandten und führt einen einzigartigen Balzflug vor, während dessen er 30 Meter oder noch höher aufsteigt, 2-3 Minuten an einer Stelle rüttelt und dabei pausenlos zwitschernd singt.

BLATTVÖGEL, FEENVÖGEL, WÜRGER, WARZENKÖPFE

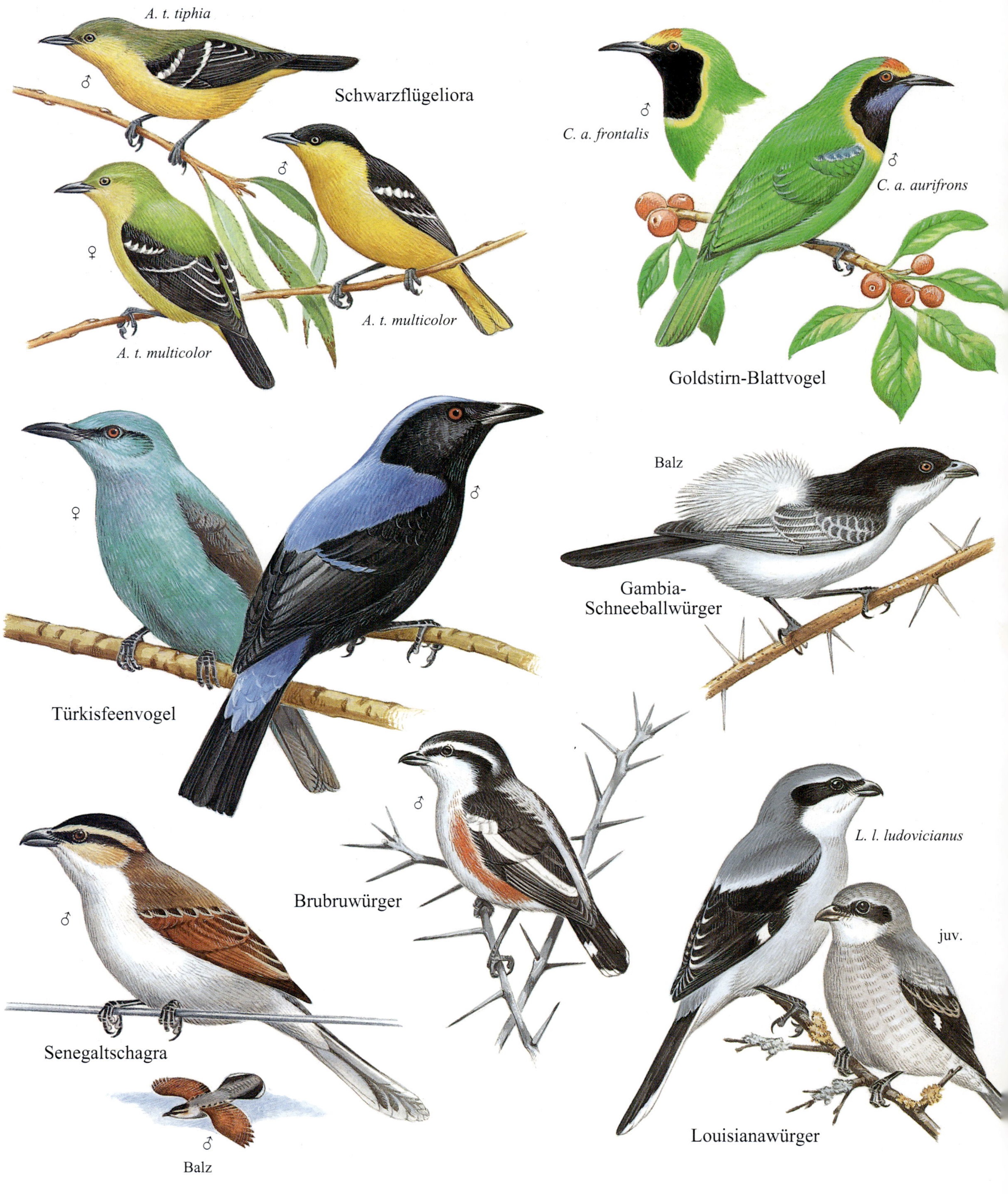

Blutbrustwürger
Goldscheitelwürger
Fiskalwürger
L. c. collaris
L. c. subcoronatus
Neuntöter
Gelbschnabelwürger
L. s. tricolor
L. s. erythronotus
Warzenkopf
Schachwürger
Vielfarbenwürger

BLATTVÖGEL, FEENVÖGEL, WÜRGER, WARZENKÖPFE

FAMILIE CHLOROPSEIDAE BLATTVÖGEL

Kleine bis mittelgroße Baumbewohner mit meist grünem und gelbem Gefieder, bei Männchen mit Schwarz im Gesicht. Geschlechter verschieden gefärbt. 2-3 rosa oder weiße, braun gefleckte Eier werden in napfförmigem Nest etwa 14 Tage bebrütet. Nestlingsperiode unbekannt. 12 Arten.

Schwarzflügeliora 1

Aegithina tiphia

VERBREITUNG: Indien, Sri Lanka bis SO-Asien, Java, Borneo
LEBENSRAUM: Wald, Gehölze, Ackerland
GRÖSSE: 14 cm

Bemerkenswert ist vor allem die Balz dieses kleinen, lebhaften Insektenfressers. Dabei sträubt das Männchen die Bürzel- und langen, weißen Flankenfedern, springt in die Luft und gleitet wie ein Federball wieder zur Sitzwarte herab. Ioras sind meist paarweise zu sehen und äußern ständig verschiedenartige weiche, zuweilen klagende Pfeiftöne.

Das Gefieder wird zweimal im Jahr gemausert. Männchen im Schlichtkleid ähneln bis auf den schwarzen Schwanz den matter gefärbten Weibchen. Von den abgebildeten Unterarten ist *A. t. tiphia* vom Himalaya bis Burma und *A. t. multicolor* im südlichen Indien und Sri Lanka verbreitet.

Goldstirn-Blattvogel 2

Chloropsis aurifrons

VERBREITUNG: Sri Lanka, Indien, Himalaya bis SO-Asien, Sumatra
LEBENSRAUM: Wald, offenes Waldland, Buschland
GRÖSSE: 19 cm

Dieser weit verbreitete Vogel hat mehrere Unterarten ausgebildet, die sich in der Größe und der Färbung von Kinn und Kehle unterscheiden. Dazu gehören die in Bangladesch und Indien vorkommende blaukehlige Unterart *C. a. aurifrons* und die in Zentral- und Südindien brütende schwarzkehlige *C. a. frontalis*. Der bei allen Formen vorhandene blaue Schulterfleck ist beim sitzenden Vogel oft nicht zu sehen.

Goldstirn-Blattvögel sind hervorragende Imitatoren und klettern oft mit meisenähnlichem Geschick durch blühende oder früchtetragende Bäume. Feigen und Misteln mögen sie besonders gern. Auf der Suche nach Nektar und Insekten übernehmen sie einen bedeutenden Anteil an der Bestäubung der Blüten. In den meisten Regionen sind sie Standvögel, im Himalaya ziehen sie jedoch im Winter in tiefere Lagen.

FAMILIE IRENIDAE FEENVÖGEL

Mittelgroße Baumbewohner mit sehr langen Ober- und Unterschwanzdecken und glänzend blauem und schwarzem Gefieder. Weibchen matter und grüner gefärbt, Iris tiefrot. Nest aus flacher Zweigunterlage in einer Astgabel mit 2-3 glänzend olivfarbenen, braun gefleckten Eiern. Bebrütungs- und Nestlingsperiode unbekannt. 2 Arten.

Türkisfeenvogel 3

Irena puella

VERBREITUNG: W-Indien, Nepal bis SO-Asien, Philippinen
LEBENSRAUM: Dichter Laub- oder Immergrüner Wald
GRÖSSE: 27 cm

Türkisfeenvögel sind dank ihres lebhaften Verhaltens und der ständig geäußerten, scharfen Rufe eine liebenswerte Bereicherung der Waldfauna. Von reifen Feigenbäumen werden sie unwiderstehlich angezogen. Sie sind pausenlos in Bewegung, klettern die meiste Zeit durch die Baumkronen oder die mittleren Vegetationszonen und kommen nur selten auf den Boden.

Im dichten Laub wirken sie oft düster schwarz, in der Sonne aber glänzt der Mantel der Männchen saphirblau. Bei einigen Unterarten erreichen die langen Oberschwanzdecken fast die Schwanzspitze.

FAMILIE LANIIDAE WÜRGER

Kleine bis mittelgroße Vögel mit Hakenschnabel und oft buntem Gefieder. Geschlechter meist gleich gefärbt. 2-7 Eier unterschiedlicher Färbung mit Strichen oder Flecken werden in Baum- oder Strauchnest 12-18 Tage bebrütet. Die Jungen bleiben 12-20 Tage im Nest. 69 Arten.

Brubruwürger 4

Nilaus afer

VERBREITUNG: Afrikanische Tropen
LEBENSRAUM: Savannenartiges Waldland, gelegentlich Waldränder
GRÖSSE: 15 cm

Meist hört man den Brubruwürger, bevor man ihn entdeckt. Er wurde nach seinem Ruf *bruuubruuu* benannt, mit dem er sein Territorium anzeigt und Kontakt zum Weibchen hält. Wie auch bei anderen Würgern singen Paare oft im Duett, indem das Weibchen auf die Rufe des Männchens antwortet.

Brubrus halten sich meist in den Baumkronen auf, wo sie Insekten von den Blättern pikken, fangen aber zuweilen auch im Flug Beute.

Gambia-Schneeballwürger 5

Dryoscopus gambensis

VERBREITUNG: W-, O- und Zentralafrika
LEBENSRAUM: Savannenartiges Waldland, auch Dickichte, Waldlichtungen, Mangroven und Gärten
GRÖSSE: 18 cm

Dieser Vogel stellt die langen, grauweißen Rükkenfedern während der Balz zu einem Ball auf, weshalb er den Namen Schneeballwürger bekam. Meist sieht man ihn einzeln oder paarweise in den Baumkronen und nur selten einmal in Bodennähe. Er ernährt sich vorwiegend von Insekten, frißt aber gelegentlich auch kleine Eidechsen.

Er ist sehr ruffreudig und äußert verschiedenartige Laute, darunter einen klappernden Alarmruf. Die Männchen tragen zur Brutzeit einen melodischen, zwitschernden Gesang vor, in den die Weibchen bei Revierstreitigkeiten häufig einstimmen.

Senegaltschagra 6

Tchagra senegala

VERBREITUNG: Afrika S der Sahara, NW-Afrika und SW-Arabien
LEBENSRAUM: Offenes, savannenartiges Waldland mit Büschen und hohem Gras, Ackerraine
GRÖSSE: 22 cm

Bei der Nahrungssuche hüpfen, rennen und kriechen Senegaltschagras wie Drosseln durch die Bodenvegetation, fangen aber auch im Laubwerk oder im Flug Beute. Sie ernähren sich vorwiegend von Insekten und ihren Larven, aber auch von Kaulquappen, ausgewachsenen Laubfröschen und weichen Früchten.

Mit Ausnahme des auffälligen Gesangsflugs leben sie recht heimlich. Die Männchen verteidigen ein Revier, in dem sie das ganze Jahr über von einer Warte aus gereihte, klagende Pfeiftöne singen. Bei der Balz steigen sie geräuschvoll in die Luft und gleiten pirolartig flötend wieder herab und gehen in Deckung. Häufig singen die Paare im Duett, wobei das Weibchen mit einem langgezogenen Triller antwortet, doch folgt es dem Männchen häufig im Gesangsflug.

Goldscheitelwürger 7

Laniarius barbarus

VERBREITUNG: W-Afrika
LEBENSRAUM: Dornige Akazien, dichtes Gestrüpp und Waldland in Savannen, auch Mangroven und dichter Flußuferbewuchs
GRÖSSE: 22 cm

Goldscheitelwürger sind sehr scheu und häufiger zu hören als zu sehen. Sie schlüpfen geschickt durch dichtes Gestrüpp und fliegen mit flachen, schnellen Flügelschlägen, gefolgt von langen Gleitstrecken, in die nächste Deckung. Sie ernähren sich von Insekten und anderen Wirbellosen, die sie meist am Boden, aber auch an Baumstämmen, auf Zweigen und im Laubwerk erbeuten.

Zu den verschiedenen Rufen des Männchens gehört ein häufig zu hörendes *wuii-u*. Die Paare singen regelmäßig im Duett, wobei das Weibchen hell klickende Töne so schnell einflicht, daß man sie von der Strophe des Männchens kaum unterscheiden kann und den ganzen Gesang einem einzelnen Vogel zuordnet. Auf Störungen reagieren sie empfindlich, verlassen frühzeitig das Nest, oder zerstören es sogar.

Vierfarbenwürger 8

Telophorus quadricolor

VERBREITUNG: Küstenregionen O- und S-Afrikas
LEBENSRAUM: Dichtes Buschgestrüpp, auch Waldränder
GRÖSSE: 20,5 cm

Trotz ihres farbenfrohen Gefieders sind Vierfarbenwürger im Freiland schwer zu beobachten. Meist wird man durch den glockenartigen Ruf des Männchens auf sie aufmerksam. Weibchen unterscheiden sich durch einen heller grünen Schwanz, eine orange-gelbliche Kehle und das Fehlen von Rot auf der Unterseite.

Das flache, dürftige Nest wird aus Zweigen, Gras und Würzelchen in der Astgabel eines Busches etwa 1 Meter über dem Boden gebaut und mit Blattstengeln ausgelegt. Brut und Jungenaufzucht werden hauptsächlich vom Weibchen übernommen.

Blutbrustwürger 9

Malaconotus cruentus

VERBREITUNG: W- und Zentralafrika
LEBENSRAUM: Regenwald der Niederungen
GRÖSSE: 25 cm

Dieser hübsche Würger lebt paarweise oder in kleinen Verbänden von bis zu 6 Vögeln im dichten Laubwerk der Kronen und mittleren Zonen des Regenwaldes, wo er nach Käfern, Heuschrecken, Raupen und anderen Wirbellosen sucht. Daneben hat man in seinem Magen auch Samen und Reste von Fröschen gefunden.

Das große, napfförmige Nest aus Kletterpflanzenstämmen, Blattstengeln und kleinen Zweigen, mit schwarzen Würzelchen ausgelegt, wird an Zweigen locker befestigt. Blutbrustwürger legen 3 rosa-weiße Eier mit kastanienbraunen und purpurnen Punkten und Flekken. Wie viele Bewohner des Regenwaldes ist auch dieser Vogel durch die Zerstörung seines Lebensraums bedroht.

Gelbschnabelwürger 10

Corvinella corvina

VERBREITUNG: W- und Zentralafrika, O bis W-Kenia
LEBENSRAUM: Savannenartiges Waldland, Gärten der Vorstädte
GRÖSSE: 30 cm

Trotz seines recht dunklen Gefieders fällt der Gelbschnabelwürger durch sein lautes Verhalten, seine Größe und den 18 cm langen Schwanz auf. Die mittleren Flankenfedern, die bei der Gefiederpflege oder bei der Balz sichtbar werden, sind beim Männchen rostrot gefärbt, beim Weibchen zimtfarben oder kastanienbraun.

Gelbschnabelwürger leben gesellig in Verbänden von 6-15 Vögeln. Alle Vögel einer Gruppe beteiligen sich an der Verteidigung des gemeinsamen Reviers und an der Fütterung des brütenden Weibchens, der Nestlinge und der noch unselbständigen Jungen. Sie ernähren sich von Insekten, Spinnen, Schnecken und Eidechsen, die sie von einer Warte aus anfliegen.

Neuntöter 11

Lanius collurio

VERBREITUNG: Europa; im Winter vor allem O- und S-Afrika
LEBENSRAUM: Büsche, Dickichte und Hecken; im Winter savannenartiges Waldland
GRÖSSE: 17 cm

Neuntöter jagen meist von einer Warte aus Insekten und kleine Wirbeltiere. Wie viele nördliche Würger legen sie Vorratslager an, indem sie ihre Beute auf Dornen aufspießen.

Neuntöter sind in Westeuropa weit verbreitet und brüten bevorzugt in dünn bewaldeten Regionen mit dichtem dornigem Unterwuchs. Ihre afrikanischen Winterquartiere erreichen sie über eine Route, die mehrere hundert Kilometer weiter westlich als die Heimzugsroute liegt. Sie sind standorttreu und kehren jedes Jahr zum selben Brut- und Überwinterungsplatz zurück. Das tiefe, napfförmige Nest wird niedrig in einen Dornenbusch gebaut und mit kleinen Wurzeln und Wolle ausgelegt.

Schachwürger 12

Lanius schach

VERBREITUNG: Iran und Mittelasien bis China, SO-Asien, Philippinen, Indonesien, Neuguinea
LEBENSRAUM: Offene Flächen, Büsche, Felder
GRÖSSE: 25 cm

Der Schachwürger zeigt innerhalb seines großen Verbreitungsgebiets beträchtliche Unterschiede in der Gefiederfärbung. Zum Beispiel haben Vögel der in Mittelasien und W-Indien brütenden Unterart *L. s. erythronotus* einen grauen Kopf, Vögel der im Himalaya, in Burma und N-Indochina vorkommenden Unterart *L. s. tricolor* einen schwarzen Kopf.

Nur nördliche Populationen ziehen nach der Brutzeit in niedere Lagen, die anderen sind Standvögel. Schachwürger ernähren sich von Insekten und kleinen Wirbeltieren, die sie gelegentlich als Vorrat aufspießen. Ihre Rufe klingen rauh und eher mißtönig, während der melodische Gesang viele Imitationen enthält.

Louisianawürger 13

Lanius ludovicianus

VERBREITUNG: S-Kanada bis Mexiko und Florida
LEBENSRAUM: Offene Flächen mit Dickichten, Hecken und Feldern
GRÖSSE: 21-23 cm

Der Louisianawürger kommt in den meisten Teilen Nordamerikas vor, wobei nördliche Populationen in südlicheren Landesteilen überwintern. Er bevorzugt offenes, dünn bewaldetes Gelände und ernährt sich hauptsächlich von Insekten. Durch Zerstörung des Lebensraums und Pestizideinsatz geht sein Bestand stetig zurück.

Im Norden brütende Vögel legen in der Regel mehr Eier als ihre südlichen Artgenossen. Südliche Unterarten wie die im Südosten der USA verbreitete *L. l. ludovicianus* sind in der Regel etwas heller gefärbt.

Fiskalwürger 14

Lanius collaris

Verbreitung: Afrika S der Sahara
Lebensraum: Offenes, savannenartiges Waldland, auch Parks und Waldlichtungen
Größe: 22 cm

Dieser weit verbreitete Würger kommt in mehreren Unterarten vor. Einige, wie *L. c. subcoronatus* von SW-Afrika, haben einen weißen Überaugenstreif, der anderen, wie z.B. *L. c. collaris* von S-Afrika, fehlt. Bis auf eine Unterart unterscheiden sich alle Weibchen von den Männchen durch kastanienbraune Flanken.

Fiskalwürger sind recht aggressive Einzelgänger, die auch andere Vögel angreifen oder töten können. In ihren Vorratslagern wurden Heuschrecken, Käfer, Motten, Schmetterlinge, Frösche und Eidechsen gefunden. Die Reviergrenzen werden durch optische und stimmliche Präsenz aufrechterhalten, doch der klangvolle, mit Imitationen gespickte Gesang dient nur zur Partnersuche. Das tiefe, napfförmige Nest aus Gras und Zweigen wird von beiden Altvögeln gebaut und liegt oft bis in 6 Meter Höhe in der Astgabel eines Dornenbaumes.

FAMILIE PITYRIASIDAE WARZENKÖPFE

Zu dieser Familie gehört nur eine Art.

Warzenkopf 15

Pityriasis gymnocephala

VERBREITUNG: Borneo
LEBENSRAUM: Wald der niederen Lagen
GRÖSSE: 25 cm

Dieser seltene Bewohner des Regenwaldes zeichnet sich durch eine kräftige Gestalt, einen massigen Hakenschnabel und kurze, borstenartige Federn am Scheitel und an den Kopfseiten aus. Weibchen zeigen im Gegensatz zu Männchen rote Flecken an den Flanken.

Warzenköpfe halten sich die meiste Zeit in Baumkronen auf, wo sie nach Insekten und ihren Larven suchen. Sie leben gesellig und schließen sich gern gemischten Trupps an. Sie äußern harsche, krähenartige Rufe und ein hohes, auch im Chor vorgetragenes Wimmern. Von ihrer Brutbiologie ist nur wenig bekannt.

BRILLEN- UND VANGAWÜRGER BIS ZAUNKÖNIGE

juv.
juv.
Grauwasseramsel
Wasseramsel
C. a. gularis
Seggen-
zaunkönig
T. t.
zetlandicus
Zaun-
könig
Brauen-
zaunkönig
Felsen-
zaunkönig
T. t.
indigenus
Flötenzaunkönig
Rohrspottdrossel
Kuba-
zaunkönig

FAMILIE PRIONOPIDAE
BRILLENWÜRGER

Mittelgroße, sehr gesellig lebende, insektenfressende Baumbewohner, die bei der Nahrungssuche an Meisen erinnern. Geschlechter gleich gefärbt. Gefieder nach Art unterschiedlich schwarz, braun und weiß gefärbt, bei einigen Arten mit gelben, grauen oder kastanienbraunen Flecken, Schnabel und Iris bei vielen Arten bunt. Arten der Gattung *Prionops* mit farbigem Lidring. Das kompakte Nest wird in großer Höhe in einer Astgabel oder auf einem waagerechten Zweig angelegt und enthält 2-6 weiße, hellblaue, olivgrüne oder andersfarbige Eier mit kastanienbraunen, braunen oder violettbraunen Flecken oder Punkten. Bebrütungs- und Nestlingsperiode unbekannt. 9 Arten.

Brillenwürger 1

Prionops plumata

VERBREITUNG: Afrika S der Sahara (außer trockenen Regionen, S-Südafrika, Namibia)
LEBENSRAUM: Offene Laubwälder, Obstbüsche und Ackerland mit Bäumen
GRÖSSE: 21 cm

Der auffällige, lebhafte Brillenwürger lebt wie die anderen Vertreter dieser Familie außerhalb der Brutzeit in Verbänden von bis zu 10 oder mehr Vögeln, zur Brutzeit in Gruppen von durchschnittlich 7 Vögeln. Innerhalb ihres Reviers fliegen sie laut schwatzend jeden Tag dieselbe Nahrungsroute ab. Mit vielfältigen lauten, rollenden und klingelnden Tönen halten sie Kontakt und Zusammengehörigkeit zueinander aufrecht, während der Duettgesang wahrscheinlich die Paarbindung stärkt.

FAMILIE VANGIDAE
VANGAWÜRGER

Kleine bis mittelgroße, vorwiegend insektenfressende Baumbewohner. Schnabelform und Gefiederfärbung variieren stark. Geschlechter bei einigen Arten ungleich gefärbt. Viele oberseits metallisch schwarz, unterseits weiß, einige auch grau und kastanienbraun, 2 Arten vorwiegend blau. Details der Brutbiologie nur bei 8 Arten bekannt. Baumnest aus Zweigen enthält 3-4 weiße, cremeweiße, rosa, grünlich-blaue Eier mit starker grauer oder brauner Fleckung. Bebrütungs- und Nestlingsperiode unbekannt. 13 Arten.

Helmvanga 2

Euryceros prevostii

VERBREITUNG: NO-Madagaskar
LEBENSRAUM: Dichter immergrüner Primärwald von Meereshöhe bis 1800 m
GRÖSSE: 27-31 cm

Der riesige, schwere Schnabel unterscheidet den Helmvanga von allen anderen Arten dieser Familie. Er lebt in Verbänden von 5-10 Vögeln, die sich meist in gemischten Trupps in der mittleren Waldzone aufhalten, wo sie sich auf der Suche nach Insekten durch das Laubwerk bewegen. Daneben fressen Helmvangas auch Frösche und kleine Reptilien. Sie sind sehr schwer zu beobachten, doch erkennt man sie leicht an ihrem bebenden, langgezogenen Pfeifen, das sie vor allem in der Dämmerung ausstoßen.

Kleibervanga 3

Hypositta corallirostris

VERBREITUNG: O-Madagaskar
LEBENSRAUM: Immergrüner Wald von Meereshöhe bis 1800 m
GRÖSSE: 13-15 m

Viel kleiner und von ganz anderer Gestalt als der Helmvanga, lebt auch der Kleibervanga in gemischten Trupps in der mittleren Waldzone. Er klettern nicht kopfüber wie echte Kleiber (S. 302-305), sondern krallt sich am oberen Baumstamm fest, um dort nach Insekten zu suchen. Weibchen und Jungvögel haben im Gegensatz zu den Männchen eine dunkel schiefergraue Unterseite und einen dunkelbraunen Scheitel.

FAMILIE BOMBYCILLIDAE
SEIDENSCHWÄNZE

Mittelgroße, starenähnliche, meist gesellig lebende Baumbewohner, die sich im Sommer von Insekten, im Winter von Früchten ernähren. Gefieder weich, dicht und seidig, vorwiegend braun, rosa, grau und schwarz, bei einigen Arten mit Rot und Gelb. Geschlechter mit Ausnahme von *Phainopepla* gleich gefärbt. In der Regel nomadisch lebend. 2-7 blaue oder grünlichweiße Eier werden in aus Zweigen gebautem Baumnest 12-16 Tage bebrütet. Die Jungen bleiben 16-25 Tage im Nest. 8 Arten.

Seidenschwanz 4

Bombycilla garrulus

VERBREITUNG: N-Eurasien und Nordamerika; unregelmäßiger Wintergast gemäßigter Zonen S bis 35°N
LEBENSRAUM: Dichter Nadel- oder Mischwald; im Winter gelegentlich in Stadtparks und Gärten
GRÖSSE: 20 cm

Das zart rosa-braune Gefieder des Seidenschwanzes ist mit einer gelben Schwanzendbinde und roten, wachsähnlichen Plättchen an den Spitzen der Armschwingen geschmückt. Während der Balz bringt das Männchen dem Weibchen eine Beere oder Ameisenpuppe, die sich beide wechselseitig reichen, ohne sie jedoch zu verschlucken.

Trauerseidenschnäpper 5

Phainopepla nitens

VERBREITUNG: SW-USA S bis Kalifornien und Zentralmexiko; überwintert im Süden
LEBENSRAUM: Buschland, Flußufer und Chaparrals feuchterer Regionen
GRÖSSE: 20 cm

Trauerseidenschnäpper fliegen mit schwungvollen, flatternden Flügelschlägen, direkt und oft in großer Höhe. Ihr Ruf klingt wie ein nörgelndes *wuoap*, und der kurze Gesang ist nur selten zu hören. Sie fressen besonders gerne Mistelbeeren und erbeuten Fluginsekten nach Schnäpperart. Das gut getarnte, napfförmige Nest wird vom Männchen gebaut. Meist folgt auf die erste Brut im Frühjahr eine zweite in einem kühleren, feuchteren Lebensraum.

Seidenwürger 6

Hypocolius ampelinus

VERBREITUNG: SW-Asien und Mittlerer Osten; gelegentlich als Gast am Fuß des Himalaya, in N-Indien und Pakistan
LEBENSRAUM: Felder, Gebüsch und Gärten in halbtrockenen Klimazonen
GRÖSSE: 22 cm

Seidenwürger leben gesellig und halten mit quietschenden Rufen untereinander Kontakt. Außerhalb der Brutzeit bilden sie kleine Trupps, die nach Früchten, Beeren und gelegentlich Insekten suchen. Das unförmige Nest wird von beiden Altvögeln meist zwischen Palmenblättern versteckt angelegt. Bei Störung verlassen und zerstören sie das Nest.

FAMILIE DULIDAE
PALMENSCHWÄTZER

Zu dieser Familie gehört nur eine Art.

Palmenschwätzer 7

Dulus dominicus

VERBREITUNG: Hispaniola und Gonave (Antillen)
LEBENSRAUM: Offenes Waldland, Palmen, Kiefern
GRÖSSE: 18 cm

Diese Art wird gelegentlich zu den Seidenschwänzen gestellt, doch unterscheidet sie sich durch einen kräftigeren Schnabel und ein rauheres Gefieder. Palmschwätzer leben gesellig in Verbänden und bewohnen ein gemeinsames Nest, das um den Stamm und die Blattwedel einer Königspalme gewoben wird. Man hat Nester gefunden, die von 30 Paaren bewohnt waren, wobei jedes Paar einen eigenen Nestabschnitt mit separatem Seiteneingang besaß.

Zur Rast sitzen sie sehr eng beieinander und sind dabei oft sehr laut und aggressiv, stoßen plötzlich heisere Schreie aus, um im nächsten Moment wieder in Schweigen zu fallen. Sie verbringen fast ihr ganzes Leben in Bäumen, wo sie sich von Beeren und Blüten ernähren.

FAMILIE CINCLIDAE WASSERAMSELN

Kleine, plumpe, kurzschwänzige Vögel mit langen, kräftigen Beinen und Zehen. Geschlechter gleich gefärbt. Einzige Vertreter der Singvögel, die schwimmen, tauchen und unter Wasser laufen können. Nasenlöcher mit beweglicher Membrane unter Wasser verschlossen. Wippen charakteristisch mit dem ganzen Körper auf und ab. Gefieder weich, lang und dicht, vorwiegend schwarz, braun oder grau, bei einigen Arten mit Weiß an Kopf, Rücken oder Brust. 4-5 weiße Eier werden in großem, kuppelförmigem, über einem Fließgewässer angelegtem Nest 12-18 Tage bebrütet. Die Jungen bleiben 19-24 Tage im Nest. 5 Arten.

Wasseramsel 8

Cinclus cinclus

VERBREITUNG: Europa und Mittelasien
LEBENSRAUM: Schnell fließende Bäche im Bergland
GRÖSSE: 18-21 cm

Die Nahrung der Wasseramsel ist vielfältig und besteht aus Insektenlarven, Fischrogen und -eiern, Flußkrebsen und Mollusken. Beide Altvögel bauen das kuppelförmige Nest aus Moos, Gras und Blättern, dessen Eingang direkt über dem Wasser liegt. Im Winter bilden die Vögel zumeist Schlafgemeinschaften. Die Abbildung zeigt die in W- und N-England verbreitete Unterart *C. c. gularis*, von der sich die nordeuopäische *C. c. cinclus* durch einen schwarzen Bauch und die mittelasiatische *C. c. leucogaster* durch einen weißen Bauch unterscheiden.

Grauwasseramsel 9

Cinclus mexicanus

VERBREITUNG: Alaska bis S-Mexiko
LEBENSRAUM: Schnellfließende Bergbäche von 600 m bis zur Baumgrenze
GRÖSSE: 18-21 cm

Grauwasseramseln leben ganzjährig territorial, bis sie durch zugefrorene Gewässer gezwungen werden, in niedere Lagen auszuweichen. Wie andere Wasseramseln besitzen sie eine weiße Nickhaut, die die Augen vor Spritzwasser und beim Tauchen schützt. Daneben dient sie durch Blinzeln auch als Signal für Erregung oder Aggression, wobei der Vogel gleichzeitig mit dem Körper wippt.

FAMILIE TROGLODYTIDAE ZAUNKÖNIGE

Kleine, lebhafte Insektenfresser mit kurzen Flügeln und plumpem Körper. Schwanz bei vielen Arten gestelzt. Gefieder braun, kastanienbraun, grau oder schwarz, oft gebändert oder gestreift, bei einigen Arten mit Weiß an Scheitel, Rücken oder Brust. Geschlechter gleich gefärbt. 2-10 weiße, bei einigen Arten rötlich gesprenkelte Eier werden in einer Höhle in überdachtem Nest mit Seiteneingang, bei einigen mit Eingangsröhre, 12-20 Tage bebrütet. Die Jungen bleiben 12-18 Tage im Nest. 69 Arten.

Rohrspottdrossel 10

Donacobius atricapillus

VERBREITUNG: O-Panama bis Bolivien, N-Argentinien
LEBENSRAUM: Sumpfvegetation, sumpfige Flußufer, Ufergebüsch, Feuchtwiesen
GRÖSSE: 23 cm

Die Rohrspottdrossel ist der größte Vertreter der Zaunkönige. Bei Störung fliegt sie aus der Deckung auf eine Erhöhung im feuchten Gras und bricht in Schimpftiraden aus. Während der Balz sitzen beide Vögel mit Kopf und Schwanz wippend auf einer Warte nebeneinander und rufen wechselseitig, wobei oft ein orangefarbener Halsfleck gezeigt wird.

Brauenzaunkönig 11

Campylorhynchus griseus

VERBREITUNG: Kolumbien, Venezuela, N-Brasilien, Guyana
LEBENSRAUM: Halbtrockene bis trockene Savannen, Kakteengestrüpp, offener Wald
GRÖSSE: 22 cm

Dieser große und auffällig gezeichnete Zaunkönig hält sich meist am Boden oder in Bodennähe auf, wo er in Spalten nach Insekten und ihren Eiern sucht. Sein Gesang klingt nicht so guttural und rauh wie der seiner nahen Verwandten.

In Färbung, Verhalten und Gesang ähnelt er dem in SO-Mexiko vorkommenden Riesenzaunkönig *C. chiapensis*, der zuweilen als Unterart des Brauenzaunkönigs gilt.

Felsenzaunkönig 12

Salpinctes obsoletus

VERBREITUNG: W-Kanada und NW USA bis Costa Rica; im Winter in N Brutgebieten
LEBENSRAUM: Trockenes und halbtrockenes Felsgelände
GRÖSSE: 15 cm

Der Felsenzaunkönig unterscheidet sich von seinen Verwandten durch den zimtfarbenen Bürzel und helle Spitzen der äußeren Steuerfedern. Er bewohnt unwirtliches Gelände mit wenig oder ohne jegliche Vegetation und ernährt sich von kleinen Insekten und Würmern.

Sein harter Gesang erinnert an den der Spottdrossel *Mimus polyglottus* oder der Rotrücken-Spottdrossel *Toxostoma rufum*. Beide Altvögel sind am Bau des napfförmigen Nests unter einem Felsen oder in einer Felsspalte beteiligt, für das jegliches verfügbare Nistmaterial verwendet wird. Häufig legen sie aus Felssplittern oder kleinen Knochen und ähnlichem einen Pfad an, der zum Nesteingang führt.

Seggenzaunkönig 13

Cistothorus platensis

VERBREITUNG: S-Kanada bis O und Zentrum der USA, Zentralmexiko S bis W-Panama; im Winter in SO USA, O-Mexiko
LEBENSRAUM: Seggenbestandene Feuchtgebiete
GRÖSSE: 11 cm

Der Seggenzaunkönig ist kaum kleiner als der verwandte Sumpfzaunkönig, aber durch den typischen Gesang, einen schwachen, klappernden, oft nachts vorgetragenen Stakkatotriller deutlich unterschieden. Der Ruf, ein kräftiges *tschip*, wird oft doppelt geäußert. Wie bei anderen Zaunkönigen baut das Männchen Spielnester, von denen das Weibchen eines für die Eiablage auswählt.

Kubazaunkönig 14

Ferminia cerverai {B}

VERBREITUNG: Zapatasümpfe (Kuba)
LEBENSRAUM: Riedgras und bewaldete Hügel trockenerer Sumpfzonen
GRÖSSE: 16 cm

Dieser fast flugunfähige Vogel ist der einzige auf den Antillen vorkommende Zaunkönig. Erst 1926 entdeckt, war sein Bestand bis 1974 bereits dramatisch zurückgegangen. Jegliche Maßnahmen zur Trockenlegung dieses Sumpfgebiets würden neben dieser Art auch zwei weitere endemische Vögel der Insel, die Kubaralle *Cyanolimnas cerverai* und die Zapataammer *Torreornis inexpectata*, ernsthaft bedrohen.

Zaunkönig 15

Troglodytes troglodytes

VERBREITUNG: Zentral- und S-Kanada, Alaska, Westküsten der USA, partiell O USA, Europa, Asien
LEBENSRAUM: Waldland, Gärten, Ackerland, Moore, Heide, Felsinseln
GRÖSSE: 8 cm

Der winzige Zaunkönig ist der einzige Vertreter dieser Familie in der Alten Welt. In feuchten Laubwäldern ist er ebenso zuhause wie auf Stechginster- und farnbewachsenen Flächen von Hochmooren oder an den windgepeitschten Klippen einer Atlantik- oder Pazifikinsel.

Von den fast 40 Unterarten sind *T. t. indigenus* auf dem britischen Festland, *T. t. zetlandicus* auf den Shetlands und *T. t. helleri* auf den Kodiak-Inseln vor Alaska verbreitet. Vögel heißer Wüstenzonen sind heller, Vögel feuchter Regionen dunkler gefärbt.

Flötenzaunkönig 16

Microcerculus ustulatus

VERBREITUNG: S-Venezuela, Guyana, N-Brasilien
LEBENSRAUM: Feuchte Bergwälder
GRÖSSE: 12 cm

Wie der Name schon andeutet, hat dieser Zaunkönig einen flötenden Gesang. Er beginnt mit 3-4 Silben und endet mit einem lang ansteigenden Pfeifen, oder besteht aus einem abfallenden hohen Flöten und kann bis zu 30 Sekunden andauern.

SPOTTDROSSELN, BRAUNELLEN, DROSSELN

Bergkurzflügel
♂
B. m. cruralis
♀
Heckensänger
C. g. galactotes
Nachtigall
juv.
Rotkehlchen
juv.
♂
C. s. svecica
♂
L. s. cyanecula
Blaukehlchen
juv.
Natalrötel

SPOTTDROSSELN, BRAUNELLEN, DROSSELN

FAMILIE MIMIDAE SPOTTDROSSELN

Kleine bis mittelgroße Vögel mit langem Schwanz. Gefieder oberseits braun oder grau, unterseits heller und gemustert, bei einigen Arten insgesamt heller. Geschlechter gleich gefärbt. 2-5 weißliche bis grünlich-blaue, oft dunkel markierte Eier werden in napfförmigem Nest 12-13 Tage bebrütet. Die Jungen bleiben 12-13 Tage im Nest. 30 Arten.

Katzenvogel 1

Dumetella carolinensis

VERBREITUNG: S-Kanada, USA; im Winter Mittelamerika, Westindische Inseln
LEBENSRAUM: Dichte Vegetation von Waldrändern, auch in Gärten
GRÖSSE: 20 cm

Katzenvögel suchen häufig am Boden nach Nahrung und wirbeln dabei Blätter auf. Sie ernähren sich von Früchten und Wirbellosen, kommen aber auch nur mit Früchten aus und können deshalb in einigen nördlichen Regionen überwintern. Sie sind hervorragende Imitatoren und wurden nach ihrem katzenähnlichen Ruf benannt.

Katzenvögel ziehen nachts und kommen im Frühjahr im Süden der USA häufig in großen, aufeinanderfolgenden Schwärmen an. Bald nach ihrer Ankunft beginnen sie mit dem Nestbau. Das Weibchen legt ein niedriges, gut getarntes Nest in einem Dickicht, Busch, kleinen Baum oder in Schlingpflanzen an, während das Männchen Zweige, Borkenstreifen, Blätter, Gras und sogar Papier und Schnüre herbeiträgt. Pro Saison ziehen sie gewöhnlich zwei Bruten auf, wobei sie die Jungen der ersten Brut vorwiegend mit Insekten und die der zweiten vor allem mit Früchten füttern. Nest und Jungvögel werden aggressiv verteidigt.

Spottdrossel 2

Mimus polyglottos

VERBREITUNG: S-Kanada, USA, Mexiko, Karibische Inseln; auf den Bermudas und den Hawaii-Inseln eingeführt
LEBENSRAUM: Offenes Gelände in Städten und Vorstädten, offene Landschaften, Wüsten
GRÖSSE: 23-28 cm

Die recht blaß grau und weiß gefärbte Spottdrossel ist in den USA ein vertrauter und beliebter Vogel und wurde in 5 Staaten als Wahrzeichen ausgewählt. Als vollendeter Imitator baut sie neu gelernte Strophen in ihren Gesang ein. Da sie gern in mondhellen Nächten singt, wird sie auch Amerikanische Nachtigall genannt. Sie ernährt sich von Früchten, Beeren und Wirbellosen und verteidigt reiche Nahrungsquellen vehement gegen konkurrierende Arten.

Das für sie typische Verhalten, die Flügel hochzustrecken, unterbrochen von Laufstrecken am Boden und kurzzeitigem Flügelzucken, wurde bislang noch nicht hinreichend erklärt. Einige Ornithologen halten es für eine Methode, Beutetiere aus der Deckung zu schrecken.

Spottdrosseln beginnen bereits Mitte Februar mit der Brut. Das napfförmige Nest wird aus Zweigen gebaut, mit dünnem Gras, kleinen Wurzeln, Blättern und Pflanzenwolle ausgelegt und enthält häufig auch Schnur-, Baumwoll- und Plastikteile und Haare. Es befindet sich oft in der Nähe von Siedlungen, meist gut getarnt in einem Busch oder auf einem niedrigen Ast eines Baumes.

Rote Spottdrossel 3

Toxostoma rufum

VERBREITUNG: O USA und S-Kanada bis zum Fuß der Rocky Mountains
LEBENSRAUM: Waldland, Waldränder, Hecken, Buschland, Weiden, Gärten
GRÖSSE: 25 cm

Diese Spottdrossel hält sich bevorzugt am Boden in Deckung auf. Dort sucht sie mit dem Schnabel in der Bodendecke stöbernd nach Insekten, zwischendurch Blätter aufnehmend und zur Seite werfend. Neben Insekten frißt sie auch andere Wirbellose und kleine Wirbeltiere, vor allem im Winter auch Früchte und Eicheln.

Im Südteil des Verbreitungsgebiets beginnt die Brutzeit bereits Anfang März und dauert bis Ende Juli. Mit hochgestrecktem Kopf und gesenktem Schwanz tragen die Männchen von einer Baumspitze oder einem hohen Busch aus ihren Gesang vor, der aus einer Reihe schneller, kurzer, melodischer, meist wiederholter Strophen besteht, an den der Spottdrossel erinnert, aber ungestümer ist. Das breite, napfförmige Nest, oft in einem schützenden Dornenbusch gelegen, wird aus Zweigen gebaut und mit toten Blättern, Gras und dünnen Wurzeln ausgelegt.

Zitterdrossel 4

Cinclocerthia ruficauda

VERBREITUNG: Kleine Antillen
LEBENSRAUM: Regenwald, auch Sekundärwald
GRÖSSE: 23-25 cm

Diese seltene Vogelart, die nach ihrem merkwürdigen und bislang noch ungeklärten Zittern benannt wurde, ist in großen Teilen ihres ehemaligen Verbreitungsgebiets durch Bejagung, Zerstörung des Lebensraums und die Einführung räuberischer Säugetiere inzwischen ausgestorben. Sie ernährt sich von Samen, Früchten, großen Wirbellosen und kleinen Wirbeltieren wie Fröschen und Eidechsen.

Zitterdrosseln bewegen sich meist hüpfend am Boden und über kurze Distanzen direkt fliegend. Auch wurde beobachtet, daß sie in Baumkronen hinaufflattern, kopfüberhängen oder nach Spechtart senkrecht an einem Stamm sitzen. Sie nisten in Baumhöhlen, hohlen Baumfarnstümpfen und seltener an der Basis von Palmwedeln.

FAMILIE PRUNELLIDAE BRAUNELLEN

Kleine Vögel mit oberseits rostbraun oder braungrau gestreiftem, unterseits grauem und rostbraun markiertem Gefieder. Geschlechter gleich gefärbt. 3-6 hell bläulich-grüne bis blaue Eier werden in Bodennest in niedriger Vegetation oder in Felsspalte 11-15 Tage bebrütet. Die Jungen bleiben 12-14 Tage im Nest. 12 Arten.

Alpenbraunelle 5

Prunella collaris

VERBREITUNG: Iberische Halbinsel und NW-Afrika O durch S- und O-Asien bis Japan
LEBENSRAUM: Felsgelände und Bergwiesen in 1500-3300 m Höhe; im Winter meist in niederen Lagen
GRÖSSE: 18 cm

Braunellen bilden die einzige fast ausschließlich in der Paläarktis verbreitete Familie. Die Alpenbraunelle besitzt ein riesiges Verbreitungsgebiet, kommt in der Regel jedoch nur im Hochgebirge vor, an dessen harte Lebensbedingungen sie gut angepaßt ist.

Alpenbraunellen sind größer und von kräftigerer Gestalt als ihre Verwandten und haben ein recht farbenfrohes Gefieder. Ihre reibenden, lerchenartigen Rufe und den lerchenartigen Gesang tragen sie entweder vom Boden, von einer Warte aus oder oft auch im kurzen, lerchenähnlichen Singflug vor.

In Mittelasien brüten Alpenbraunellen regelmäßig bis in 5000 m, im Himalaya wurden sie sogar auf dem Mount Everest in 8000 m Höhe beobachtet. Im Winter kommen sie in Familienverbänden oder kleinen Trupps in niedere Lagen, bleiben jedoch meist oberhalb 1500 m. In Skizentren sieht man sie gelegentlich auch an Futterhäusern. Die Isolation vieler Gebirgsregionen führte zur Ausbildung von etwa 9 Unterarten, die sich geringfügig in der Färbung unterscheiden.

Heckenbraunelle 6
Prunella modularis

VERBREITUNG: Europa S bis Mittelspanien und Italien, O bis Ural, Libanon, Türkei, N-Iran, Kaukasus
LEBENSRAUM: Gebüsch, Heide, Mischwald, junger Nadelwald, Feldhecken, Parks, Gärten, städtische Brachflächen, Büsche an Küstenklippen und Dünen
GRÖSSE: 14 cm

Die recht unauffällige Heckenbraunelle hält sich meist in der Deckung von Büschen und Hecken auf, sucht aber auch im Freien nach Nahrung. Charakteristisch ist ihre mausartig schlüpfende Bewegungsweise, doch bewegt sie sich auch hüpfend forwärts. Sie ernährt sich vor allem von Insekten und ihren Larven, im Winter vorwiegend von Samen.

Heckenbraunellen zeigen ein sehr komplexes Brutverhalten. Weibchen und Männchen besitzen eigene Reviere, wobei sich das Revier des Männchens mit dem von einem oder auch mehreren Weibchen überschneidet. Oft lebt ein zweites Männchen im Revier eines Brutpaares, das sich zuweilen ebenfalls mit dem Weibchen verpaart und bei der Revierverteidigung und der Aufzucht der Jungen beteiligt ist. Daneben kommen regelmäßig kompliziertere Konstellationen zwischen 2-3 Männchen und 2-4 Weibchen vor.

FAMILIE TURDIDAE
DROSSELN

Kleine bis mittelgroße Vögel mit braunem, grauem oder leuchtend gefärbtem Gefieder. Geschlechter bei einigen gleich, bei anderen verschieden gefärbt. Neststandorte unterschiedlich. 1-10 helle, oft gesprenkelte Eier werden 12-15 Tage bebrütet. Die Jungen bleiben 12-15 Tage im Nest. 329 Arten.

Bergkurzflügel 7
Brachypteryx montana

VERBREITUNG: O-Nepal bis W- und S-China, Taiwan, Philippinen, Borneo, Sumatra, Java
LEBENSRAUM: Rhododendron- und Eichendickichte des Hochlands
GRÖSSE: 15 cm

Bei den sechs Kurzflügelarten handelt es sich um zaunkönigähnliche Insektenfresser mit kurzen, runden Flügeln und kurzem Schwanz, die vor allem in SO-Asien und Indonesien vorkommen. Bergkurzflügel bevorzugen wie ihre Verwandten dichten Unterwuchs immergrüner Wälder und kommen in den Wäldern N-Burmas bis in 2600 m Höhe vor.

Es gibt 13 Unterarten, die sich vor allem in der Gefiederfärbung unterscheiden. Weibchen der im Himalaya, N-Burma und W-China verbreiteten Unterart *B. m. cruralis* sind braun, andere, wie die der Nord- und Zentralregionen von Luzon und Mindoro auf den Philippinen wie Männchen, an Kopf und Hals aber kastanienbraun gefärbt. Bei einigen Unterarten sind die Männchen braun wie Weibchen.

Das Weibchen legt 3 weiße Eier in das kuppelförmige, an einen Moosballen eines Stammes oder eines Felsens gebaute Nest. Es besitzt einen Seiteneingang, der zur Stamm- oder Felsseite ausgerichtet und von außen nicht sichtbar ist. Dennoch findet sich gelegentlich das Ei des Gackelkuckucks *Cuculus poliocephalus* darin.

Heckensänger 8
Cercotrichas galactotes

VERBREITUNG: Mittelmeerraum, SW-Asien O bis Pakistan, Mittelasien
LEBENSRAUM: Offenes Grasland, Gebüsch, steiniges Gelände, Oasen, Parks, Gärten
GRÖSSE: 15 cm

Der Heckensänger ist als Art zwischen den Drosseln und den Grasmücken angesiedelt. Am Boden stehend fallen seine langen rosa-grauen Beine und der lange rostrote Schwanz auf, den er bis über den Rücken stelzen kann. Oft verhält er sich recht heimlich, ist aber nicht besonders scheu. Der klangvoll flötende Gesang wird häufig im Balzflug vorgetragen.

Heckensänger ernähren sich von Würmern, Ameisen und Käfern, aber auch von Früchten. Als Nest dient ein loses Gebilde aus Gras und Zweigen, das in einem Gebüsch etwa 2 Meter über dem Boden angelegt und mit Pflanzenfasern, gelegentlich auch Teilen von Schlangenhaut gepolstert wird. Südlich der Sahara verbreitete Populationen sind Standvögel, während Brutvögel Nordafrikas und Eurasiens in südliche Winterquartiere ziehen.

Rotkehlchen 9
Erithacus rubecula

VERBREITUNG: Europa und N-Afrika O bis W-Sibirien und N-Iran
LEBENSRAUM: Waldland und Wald, auch Gärten, Parks
GRÖSSE: 14 cm

Rotkehlchen sind in Europa sehr bekannt und beliebt und kommen im Winter regelmäßig an Futterhäuser. Typisch ist ihre aufrechte Haltung und das ständige Knicksen, wobei sie mit den Flügeln und dem Schwanz zucken. Bei der Balz wird die orangerote Brust auffällig gezeigt. Die meisten Populationen sind Standvögel. Rotkehlchen leben vorwiegend monogam, und im Winter verteidigen Männchen und Weibchen eigene Reviere. Trotz ihres recht aggressiven Verhaltens kommt es bei Auseinandersetzungen nur selten zu Körperkontakt, doch kann in einem solchen Fall ein Vogel den anderen zu Tode picken.

Ihre Nahrung besteht vorwiegend aus Wirbellosen und wird im Winter durch Samen und Früchte ergänzt. Als Nistplatz dienen Löcher in Erdwällen, Bäumen und Mauern, aber auch künstliche Objekte wie Kannen, Kessel bis hin zu ungemachten Betten. Das napfförmige Nest wird auf einer Blätterlage aus Moos, Federn und gelegentlich Plastikstreifen gebaut.

Nachtigall 10
Luscinia megarhynchos

VERBREITUNG: NW-Afrika, Eurasien S bis Kaukasus, O bis Altaigebirge; im Winter Nigeria O bis Kenia, Tansania
LEBENSRAUM: Waldland, dichte Hecken, Dickichte am Wasser, Buschland
GRÖSSE: 16,5 cm

Der Bestand der Nachtigall ist in vielen Teilen Europas stark zurückgegangen. Sie ist wegen ihres wohlklingenden Gesangs, der aus vollen, tiefen, flötenden und schlagenden Tönen und Trillern besteht und tagsüber wie nachts vorgetragen wird, bekannt und beliebt.

Die Nachtigall sucht in Dickichten am Boden nach Insekten wie Ameisen und Käfern, im Spätsommer frißt sie auch Beeren und weiche Früchte. Das Nest ist in Nesseln oder Efeuranken an einem dunklen Platz meist am Boden oder in Bodennähe gut versteckt und enthält im Durchschnitt 4-5 olivgrüne Eier.

Blaukehlchen 11
Luscinia svecica

VERBREITUNG: Eurasien, W-Alaska
LEBENSRAUM: Waldtundra, Bergwiesen, trockene, steinige Hänge, buschbestandene Feuchtgebiete
GRÖSSE: 14 cm

Das wunderschön gezeichnete Blaukehlchen ist in dem großen Verbreitungsgebiet mit etwa 10 Unterarten vertreten. Bei Vögeln der nördlichen Unterart *L. s. svecica* ist das Zentrum der blauen Kehle rot, bei anderen, wie z.B. der in Spanien, Mitteleuropa und Teilen der westlichen UdSSR vorkommenden *L. s. cyanecula* dagegen weiß.

Blaukehlchen fliegen mit flatternden Flügelschlägen niedrig über den Boden und verschwinden gleitend oder mit einem Schwenk in der Deckung. Am Boden stehen sie aufrechter als Rotkehlchen und zucken wie diese häufig mit dem Schwanz. Der Gesang, heller als der der Nachtigall, wird in der Luft oder von einer Warte aus vorgetragen und gehört zu den vorherrschenden Klängen der arktischen Tundra.

Sie ernähren sich vorwiegend von Insekten, die sie im Laub finden oder gelegentlich in der Luft fangen. Das napfförmige Nest wird am Boden in dichter Vegetation, in eine Grasbülte, unter einen Busch, gelegentlich auch in der Vertiefung eines Erdwalls gebaut.

Natalrötel 12
Cossypha natalensis

VERBREITUNG: Südafrika N bis Somalia, SW-Äthiopien, W bis Kamerun
LEBENSRAUM: Dichter Immergrüner Wald und Unterwuchs
GRÖSSE: 20 cm

Vögel der Gattung *Cossypha* gehören zu den buntesten Vertreten der sogenannten Afrikanischen Rötel. Natalrötel sind scheu und machen vor allem durch ihren lauten Gesang, der häufig Imitationen anderer Arten enthält, auf sich aufmerksam.

Sie ernähren sich vor allem von Insekten und Früchten. Das Nest wird von beiden Altvögeln zwischen Zweigen, Schlingpflanzen oder Moosballen angelegt.

DROSSELN

Orangescheitelalethe
♂
♀
Gartenrotschwanz
♂
Weißkehlsänger
♀
Dajaldrossel
♂
♀
Luzonrötel
♂
♀
Grandala
juv.
♂
Rotkehl-Hüttensänger

Weißscheitel-Scherenschwanz
♂
Schwarzkehlchen
♂
♀
S. t.
hibernans
Smaragd-
schnäpperdrossel
Arnotschmätzer
♂
♀
♂
♀
Steinrötel
♀
Wüstensteinschmätzer
♂
O. d. homochroa

DROSSELN

Orangescheitelalethe 1

Alethe castanea

VERBREITUNG: Zentralafrika
LEBENSRAUM: Tropenwald
GRÖSSE: 16-17 cm

Zur Gattung *Alethe* gehören sechs Arten. Orangescheitelalethen haben lange Beine und erinnern ein wenig an Drosseln. Von lebhafter und streitsüchtiger Natur, sträuben sie bei Erregung oder Gefahr die rostbraunen Scheitelfedern und spreizen den Schwanz.

Sie ernähren sich von Insekten, die sie im schattigen Unterwuchs des Tropenwaldes finden. Oft begleiten sie Wanderameisen, um Insekten, die von den vorrückenden Ameisenkolonnen aufgeschreckt werden, aufzupicken.

Das napfförmige Nest aus Moos und Wurzeln wird in einem Baumstumpf oder auf einem Laubhaufen am Boden angelegt. Das Gelege besteht aus 2-3 rosafarbenen und lila oder kastanienbraun gefleckten Eiern.

Dajaldrossel 2

Copsychus saularis

VERBREITUNG: Indien, S-China, SO-Asien, Indonesien, Philippinen
LEBENSRAUM: Dickichte, Gärten und Umgebung von Ackerland bis in 2000 m Höhe, an der Küste auch Mangroven
GRÖSSE: 20 cm

Dajaldrosseln sind bläulich bis schwarz gefärbte Vögel der afrikanischen und asiatischen Tropen. Ihr Gesang klingt kräftig, variationsreich und melodisch, durchsetzt mit einigen dissonanten Tönen und Imitationen anderer Vogelarten. Im Sitzen stelzen sie häufig den Schwanz.

In den Gärten von Borneo und vielen Städten der Malayischen Halbinsel sind sie häufig vertreten. Sie nisten in Höhlen, oft an Gebäuden und unter Hausdächern. Das Gelege besteht aus 3-6 hell blau-grünen, rötlichbraun gefleckten Eiern, die von beiden Altvögeln 12-13 Tage bebrütet werden.

Weißkehlsänger 3

Irania gutturalis

VERBREITUNG: Türkei bis Afghanistan; im Winter S von Arabien und Iran bis Kenia, Tansania und Zimbabwe
LEBENSRAUM: Steinhänge mit Gestrüpp, Eichensteppen bis in 2850 m Höhe; im Winter Dickichte entlang trockener Wadis
GRÖSSE: 17,5 cm

Im Brutgebiet sind Männchen leicht zu erkennen, während sie im Winterquartier mit Röteln verwechselt werden können. Am Boden hüpfend, erinnern Weißkehlsänger durch die leicht hängenden Flügel an eine Nachtigall, im Flug fallen dagegen die langen Flügel und der lange Schwanz auf. Oft sitzen sie auf Krautstengeln, Büschen oder Steinen. Ihr Gesang klingt kräftig, fließend und melodisch.

Weißkehlsänger leben monogam. Das Nest aus trockenen Zweigen, Rinde oder Blättern wird vom Weibchen etwa 15-125 cm über dem Boden in einen Busch oder Baum gebaut und mit Wolle, Haaren, Federn oder auch Stoffetzen ausgelegt. Die 4-5 grünlich-blauen, gelb oder braun gepunkteten Eier werden 13 Tage bebrütet.

Gartenrotschwanz 4

Phoenicurus phoenicurus

VERBREITUNG: Europa, Asien S bis Iran und O bis Baikalsee; im Winter S bis Arabien, W- und O-Afrika
LEBENSRAUM: Wald mit Lichtungen, Heide, Moore mit einzelnen Bäumen, Parks, Obstgärten; im Winter Savannen und Waldland
GRÖSSE: 14 cm

Der Gartenrotschwanz ist ein kleiner, farbenfroher Vogel mit langen Flügeln und rostrotem Schwanz, mit dem er ständig auf und ab wippt. Er ernährt sich vorwiegend von Insekten, daneben von Schnecken, Beeren und Früchten. Die Männchen benötigen sowohl für ihre Jagdtechnik, als auch für den auffälligen Balzflug offene Flächen in bewaldeten Regionen, während die Weibchen viel am Boden nach Nahrung suchen.

Als Nistplatz dienen oft Baumhöhlen, verlassene Spechthöhlen, Hohlräume in Steinwällen hügeliger Landschaften, gelegentlich sogar Erdlöcher. Die 5-7 hellblauen Eier werden vom Weibchen bebrütet, und manchmal werden in einer Saison zwei Bruten aufgezogen.

Luzonrötel 5

Rhyacornis bicolor {B}

VERBREITUNG: Luzon-Insel (Philippinen)
LEBENSRAUM: Gebirgsbäche
GRÖSSE: 14 cm

Der Luzonrötel bewohnt klare Fließgewässer des Gebirges und erscheint oft in Felsschluchten und anderem unzugänglichem Gelände. Er frißt vor allem Insekten, die er von im Wasser liegenden Steinen pickt, doch ist sonst nur wenig von seiner Lebensweise bekannt.

Das Brutverhalten ähnelt wahrscheinlich dem des Wasserrötels *Phoenicurus fuliginosus*, der in Mittel-, O- und SO-Asien vorkommt. Dieser brütet an Flußbänken und legt weißliche, kräftig braun gemusterte Eier.

Grandala 6

Grandala coelicolor

VERBREITUNG: Himalaya, Gebirgsregionen in SO-Tibet und W-China
LEBENSRAUM: Steinige Bergwiesen, Steinhänge, Geröll- und Felsgelände oberhalb der Strauchzone
GRÖSSE: 22 cm

Grandalas bewohnen Hochgebirge Asiens bis in 4500 m Höhe, wo sie in Sträuchern und auf offenen Hängen nach Nahrung suchen. Sie ernähren sich vorwiegend von Insekten, vor allem Raupen und anderen Larven, aber auch von Samen und Beeren. Gelegentlich fressen sie auch Feldfrüchte. Sie sind die einzige Art ihrer Gattung und zeichnen sich durch lange Beine und Flügel aus. Im Sitzen erinnern sie an einen Steinrötel, im Flug jedoch eher an einen Star. Sie verbringen viel Zeit in der Luft und treten meist in Trupps auf.

Das napfförmige Nest, aus trockenem Gras gebaut und mit Moos und Federn ausgelegt, liegt auf einer Felskante, oft an einer steilen Klippe. Das Gelege enthält 2 grünlich-weiße, braun markierte Eier.

Rotkehl-Hüttensänger 7

Sialia sialis

VERBREITUNG: O-Nordamerika, Mittelamerika
LEBENSRAUM: Offenes Waldland, Straßenränder, Farmen, Obstgärten, Parks
GRÖSSE: 14-19 cm

Im Herbst und Winter leben Rotkehl-Hüttensänger oft in Trupps und beziehen gelegentlich zu mehreren eine Schlafhöhle. Im Sitzen zeigen sie eine typisch bucklige Gestalt. Sie ernähren sich von Insekten, die sie oft von einer Warte aus am Boden fangen, in den kälteren Monaten aber vor allem von Beeren. Als Nistplatz dient in der Regel eine Baum- oder verlassene Spechthöhle. Häufig werden pro Saison mehrere Gelege produziert, aus denen im Norden oft 2 und im Südosten der USA bis zu 4 Küken schlüpfen. Obwohl die Eier dieser Art blau sind, legen manche Weibchen weiße Eier.

In vielen Regionen ist der Bestand des Rotkehl-Hüttensängers durch Nistplatzkonkurrenz mit anderen Arten zurückgegangen. Das Aufhängen von Nistkästen durch Naturschutzorganisationen führte in letzter Zeit zu einer Erholung des Bestandes.

Weißscheitel-Scherenschwanz 8

Enicurus leschenaulti

Verbreitung: Himalaya, S bis Malaysia, Indochina, Sumatra, Java und Borneo
Lebensraum: Steinige Fließgewässer, Waldbäche, Feuchtgebiete
Grösse: 20-28 cm

Dies ist der größte und dunkelste der 7 Scherenschwanz-Arten, die alle schwarz-weiß gezeichnet sind. Er kommt an reißenden Bergbächen vor, wo er Insekten auf dem Wasser oder am steinigen Ufer aufpickt. Sein durchdringender Alarmruf klingt wie ein hoher Schrei.

Er nistet in Höhlen steiler, farnbewachsener Flußufer oder in Baum- oder Felshöhlen, in denen das Nest oft naß wird. Das Nest wird aus grünem Moos, Wurzeln, Pflanzenfasern und toten Blättern angelegt. Beide Altvögel sind an der Bebrütung der 3-4 cremeweißen oder gelblich-braunen, kräftig ziegelrot oder bräunlich gemusterten Eier beteiligt.

Smaragdschnäpperdrossel 9

Cochoa viridis

Verbreitung: Himalaya und Gebirge im N SO-Asiens
Lebensraum: Unterwuchs, oft in Flußnähe in dichtem immergrünem Wald
Grösse: 28-30 cm

Zur Gattung *Cochoa* gehören drei Arten. Die Smaragdschnäpperdrossel bewohnt bewaldete Berghänge, meist in 1000-1500 m Höhe. Sie lebt einzeln oder paarweise, sehr versteckt und heimlich und sucht im Unterwuchs nach Insekten, anderen Wirbellosen und Beeren.

Das napfförmige Nest wird aus grünem Moos, Blättern und Pflanzenfasern in einen Baum gebaut. Meist befindet sich ein weißer, fadenartiger Schwamm darin, der für diese Gattung ein typisches Nestmerkmal zu sein scheint. Das Gelege besteht aus 2-4 meergrünen, rötlich-braun gefleckten Eiern.

Schwarzkehlchen 10

Saxicola torquata

Verbreitung: Große Teile Eurasiens und Afrikas
Lebensraum: Grasland, Heide, Plantagen, an Küsten Ginsterbüsche
Grösse: 12,5 cm

Das Schwarzkehlchen kommt in einem großen Verbreitungsgebiet mit etwa 24 Unterarten vor, darunter *S. t. hibernans* auf den Britischen Inseln, in Westfrankreich und an der Westküste der Iberischen Halbinsel. Westliche Populationen sind Stand- oder Strichvögel, während die östlichen Zugvögel sind und in NO-Afrika, Arabien, Indien und SO-Asien überwintern. Durch Veränderungen des Lebensraums und harte Winter ist der Bestand in Teilen Westeuropas zurückgegangen.

Schwarzkehlchen jagen von einer niedrigen Warte aus herabgleitend oder kurz am Boden hüpfend. Im Frühjahr wählen sie etwa 1 m hohe, im sommerlichen hohen Gras dagegen 1,6 m hohe Ansitze. Zu ihrer Nahrung gehören neben Wirbellosen ausnahmsweise auch kleine Fische, Eidechsen, Samen und Beeren, und gelegentlich fangen sie im Flug oder vor Blättern rüttelnd Fliegen, Schmetterlinge und Falter.

Sie leben vorwiegend monogam und nisten am Boden oder ganz in Bodennähe. Das Nest, ein loses Gebilde aus unverwobenen Grashalmen oder Blättern, wird mit etwas Wolle oder Haar ausgelegt. Das Weibchen legt 4-6 hell bläuliche, rötlich-braun markierte Eier.

Arnotschmätzer 11

Myrmecocichla arnoti

Verbreitung: Zentral-, O- und S-Afrika
Lebensraum: Offenes Waldland, Acker- und Feldränder
Grösse: 18 cm

Der Arnotschmätzer ist durch die Zerstörung seines Lebensraums heute nur noch lokal verbreitet. Er ist kontrastreich gezeichnet und von kräftiger, drosselähnlicher Gestalt. Sein Gesang ist ein lautes, zunächst ansteigendes und dann abfallendes Pfeifen und enthält oft Imitationen anderer Vogelarten. Im Flug ist zudem ein Flügelgeräusch zu hören. Er ernährt sich von Spinnen und Insekten, vor allem Ameisen, die er von knorrigen Baumstämmen und vom Boden aufpickt.

Arnotschmätzer sind meist paarweise oder in Familienverbänden zu sehen und recht einfach zu beobachten. Das Nest wird aus groben Pflanzenteilen in eine Vertiefung oder Höhle gebaut und enthält 2-4 bläuliche oder grünliche Eier, die rostrot oder malvenfarben gesprenkelt sind.

Wüstensteinschmätzer 12

Oenanthe deserti

Verbreitung: N-Afrika, Mittlerer Osten, Mittelasien, Mongolei
Lebensraum: Wüsten, Heide, Küsten, Dünen, felsige Bergpässe; N oder in hohen Lagen brütende Vögel wandern im Winter in niedere Lagen oder nach S
Grösse: 14-15 cm

Von den zahlreichen Steinschmätzerarten bewohnt der Wüstensteinschmätzer verschiedene trockene, offene und sandige oder felsige Lebensräume. Die meisten Populationen sind Zugvögel, einige aber Teilzieher. Die Abbildung zeigt die in N-Afrika verbreitete Unterart *O. d. homochroa*. Die Unterart *atrogularis* aus Mittelasien wurde auch schon in Deutschland beobachtet.

Wüstensteinschmätzer halten von niedrigen Büschen, Erhebungen oder Steinen Ausschau nach Ameisen, Käfern und ihren Larven, Spinnen, Würmern und kleinen Eidechsen. Sie fressen daneben aber auch Samen.

Während der Brutzeit führt das Männchen einen 8-10 Meter ansteigenden und von einigen klagenden Tönen begleiteten Balzflug vor. Das Weibchen baut ein recht breites Nest aus Gras und welken Blättern zwischen Steinen, in eine Bodenvertiefung oder in einen Kaninchenbau. Es legt 4-5 hell blaue, rötlich-braun gefleckte Eier, die es 13-14 Tage bebrütet.

Steinrötel 13

Monticola saxatilis

Verbreitung: NW-Afrika, S- und Mitteleuropa E bis Baikalsee und China; im Winter W-Afrika
Lebensraum: Felsiges, buschiges Gelände, Weinberge; im Winter Savannen, steinige Wasserläufe, Gärten
Grösse: 18,5 cm

Steinrötel bewohnen felsiges Gelände und halten sich meist am Boden auf, sitzen aber gelegentlich auch auf einem Baum, Gebäude oder auf Stromleitungen. Im Brutgebiet leben sie einzeln, sehr zurückgezogen und flüchten bei Störung sofort hinter Felsen oder tauchen an einer Felswand ab.

Das Männchen beginnt seinen Gesang, ein weittragendes, weiches Flöten oder Pfeifen, auf einer Warte sitzend, steigt dann mit langsamen, kräftigen Flügelschlägen steil in die Luft, wo der Gesang seinen Höhepunkt erreicht, gleitet ein Stück, flattert schnell mit den Flügeln und bringt Imitationsstrophen anderer Vogelarten, bevor es mit ausgebreiteten Flügeln stumm auf den Boden gleitet.

Die Hauptnahrung besteht aus Großinsekten, die sie von einer Warte aus erspähen und am Boden erbeuten oder seltener im Flug jagen. Daneben fressen sie auch viele Beeren. Als Nistplatz dient eine waagerechte Spalte in einem Felsen, einer Mauer oder unter einem Felsblock. Das Weibchen baut ein Nest aus Gras und Moos und legt 4-5 hell blaue, am stumpfen Ende leicht gesprenkelte Eier.

Früher brütete dieser farbenprächtige Vogel auch in den deutschen Alpen. Heute erscheint er hier nur noch selten, da er sich in südlichere, wärmere Regionen zurückgezogen hat.

Purpurpfeifdrossel
♂
Halsbanddrossel
♀
Erddrossel
Z. d. dauma
Bartklarino
Goldschnabel-
Musendrossel
Einsiedlerdrossel
♂
Walddrossel
♀
Amsel

Südseedrossel
T. p. layardi
T. p. papuensis
T. p. niveiceps
juv.
Wacholderdrossel
Rotfußdrossel
juv.
Gilbdrossel
Wanderdrossel
Magellandrossel

DROSSELN

Bartklarino 1

Myadestes genibarbis

VERBREITUNG: Westindische Inseln
LEBENSRAUM: Bergwälder
GRÖSSE: 19 cm

Bartklarinos sind typische Waldbewohner, die sich vor allem von Früchte ernähren, aber auch Insekten und andere Wirbellose fressen. Häufig nehmen sie ihre Nahrung im Sitzen zu sich, gelegentlich aber auch im Rüttelflug, und regelmäßig jagen sie Käfer und Falter nach Schnäpperart von einer Warte aus. Ihr Gesang besteht aus einer Reihe flötender Töne.

Das napfförmige Nest wird aus Moos und anderen Pflanzenteilen in einen Erdwall, eine Baumhöhle, auf eine Astgabel oder in einen Baumfarn oder eine Bromelie gebaut. Jedes Paar zieht in der Regel zwei Junge auf, die in einem schwärzlichen Dunenkleid schlüpfen und von beiden Altvögeln gefüttert werden.

Purpurpfeifdrossel 2

Myiophoneus caeruleus

VERBREITUNG: Mittelasien, Indien, W-China, SO-Asien, Java, Sumatra
LEBENSRAUM: Uferbereiche von Berg- und Waldbächen, auch Kalksteinwände
GRÖSSE: 30-32 cm

Dieser Vogel hat ein dunkelblaues Gefieder mit glänzend blauen Flecken und ist einer von 6 halb-aquatisch lebenden Arten der Drosselfamilie. Sein kräftiger, voller Gesang übertönt das Rauschen der Bergbäche, wo er an Steinen, in feuchtem Moos und an der Wasseroberfläche nach Insekten, Schnecken und Krebstieren sucht.

Männchen und Weibchen sind gleich gefärbt und leben in der Regel paarweise. Beide Altvögel beteiligen sich am Nestbau, an der Bebrütung der Eier und an der Aufzucht der Jungen. Das napfförmige Nest wird aus Moos oft auf einem Vorsprung in einer kleinen Höhle gebaut und enthält 3-5 grau-grünliche, braun gefleckte Eier.

Erddrossel 3

Zoothera dauma

VERBREITUNG: O-Europa O bis China und Japan, SO-Asien, Indonesien, Neuguinea, O- und S-Australien; N Populationen ziehen in S Winterquartiere
LEBENSRAUM: Waldland und Wald
GRÖSSE: 26-28 cm

Diese große Drossel lebt sehr versteckt in Wäldern und sucht am Boden im Laub nach Würmern, Schnecken und Insekten. Um Insekten aus der Deckung zu locken, spreizt sie blitzartig Flügel und Schwanz, auch wippt sie auf langgestreckten Beinen mit dem ganzen Körper, um Würmer an die Oberfläche zu bringen.

Außerhalb der Brutzeit leben Erddrosseln meist einzeln, können jedoch während des Zuges in kleinen Trupps auftreten. Der Gesang unterliegt starken geographischen Variationen. Unter anderem führten Analysen von Sonagrammen zur Abtrennung zweier australischer Unterarten als eigenständige Arten *Z. lunulata* und *Z. heinei*. Die in Sibirien, der Mandschurei und Japan lebenden Unterarten äußern ein melancholisches, langgezogenes, hohes Pfeifen,

das stundenlang wiederholt werden kann, während die im Himalaya, in SW-China und Teilen Burmas und SO-Asiens vorkommenden wie eine typische Drossel singen.

Halsbanddrossel 4

Ixoreus naevius

VERBREITUNG: Westküste Nordamerikas, von Nordmittel-Kanada S bis N-Kalifornien
LEBENSRAUM: Feuchte Nadelwälder
GRÖSSE: 20-25 cm

Halsbanddrosseln suchen vorwiegend am Boden nach Insekten, Schnecken, Würmern, Samen und Früchten. Im Winter wechseln sie von den Bergen in niedere Täler. Ihr Gesang ist ein langes, vibrierendes Pfeifen, gefolgt von einer Pause und dann einer Reihe schneller Triller unterschiedlicher Tonhöhe.

Die Brutzeit beginnt Ende April. Das Weibchen legt ein breites, napfförmiges Nest aus Zweigen, Moos und Schlamm auf einem waagrechten Ast eines kleinen Baumes an und polstert es mit dünnem Gras. Es legt 2-5 hell blaue, spärlich braun gesprenkelte Eier, die es etwa 14 Tage bebrütet. Beide Altvögel füttern die Jungen. Im Jugendkleid ähneln die Jungen den Weibchen, zeigen aber eine gesprenkelte Brust und ein noch offenes Brustband.

Goldschnabel-Musendrossel 5

Catharus aurantiirostris

VERBREITUNG: Mexiko, Mittelamerika, Venezuela, Kolumbien
LEBENSRAUM: Regen- und Nebelwälder der Niederungen, Waldränder, Dickichte, Kaffeeplantagen
GRÖSSE: 17 cm

Dieser scheue Vogel lebt sehr versteckt und sucht am Boden, in bodennahen Dickichten oder in der unteren Baumzone nach Wirbellosen. Sein Gesang klingt im Vergleich zu anderen Drosselartigen recht dünn und besteht aus einem kurzen, eher qietschenden Pfeifgemisch. Er wird oft lange und ununterbrochen von einer versteckten Warte aus vorgetragen, wo der Vogel nur schwer zu beobachten ist. Daneben ist auch ein nasaler Ruf *waa-a-a-a* zu hören.

Das ausladende, napfförmige Nest aus Moos und Gras wird meist niedrig in einen dichten Strauch oder in Gestrüpp gebaut und enthält zwei hellblaue, braun gefleckte Eier. Diese Art ist Wirtsvogel des Rotaugen-Kuhstärlings *Molothrus aeneus*.

Einsiedlerdrossel 6

Catharus guttatus

VERBREITUNG: Nord- und Mittelamerika
LEBENSRAUM: Nadel-, Laub- und Mischwaldgebiete, Waldränder, Dickichte
GRÖSSE: 15-20 cm

Der Gesang der Einsiedlerdrossel gehört zu den schönsten der Vogelwelt. Er beginnt mit einem klaren Flötenton, gefolgt von einer Reihe ansteigender und fallender Strophen unterschiedlicher Tonlagen. Im Sitzen hebt und senkt sie mehrmals in der Minute langsam den Schwanz und äußert dabei ein leises *tschack*.

Einsiedlerdrosseln suchen vorwiegend am Boden nach Insekten, Spinnen, Schnecken, Würmern und sogar Salamandern, während im Winter Früchte und Samen den Großteil ihrer Nahrung ausmachen. Das napfförmige Nest wird vom Weibchen aus Zweigen, trockenem Gras, Moos und zuweilen Schlamm gebaut. Im östlichen Teil des Verbreitungsgebiets liegt es meist in einer Bodenvertiefung, im Westen dagegen in einem niedrigen Baum.

Walddrossel 7

Hylocichla mustelina

VERBREITUNG: O Nord- und Mittelamerikas, von S-Kanada bis Panama
LEBENSRAUM: Waldland, bewaldete Hänge, Parks, oft in Flußnähe
GRÖSSE: 19-22 cm

Walddrosseln sind Zugvögel, die im Süden ihres Verbreitungsgebiets überwintern. Meist suchen sie am Boden nach Nahrung, fangen aber auch im Laubwerk Insekten. Bei Alarm rufen sie mit gesträubten Scheitelfedern ein schnelles *pit-pit-pit*.

Die Männchen erreichen den Süden der USA im März oder April. Von dort aus ziehen sie in die nördlichen Brutgebiete, wo sie zu singen beginnen. Der Gesang besteht aus lauten, flötenden Strophen aus jeweils 3-5 Tönen unterschiedlicher Höhe, die mit einem weichen, gutturalen Triller enden. Das Weibchen baut ein breites, napfförmiges Nest aus welken Blättern, Moos und Würzelchen. Im Gegensatz zum Nest der Wanderdrossel enthält es kein Gras, oft wird aber im Boden ein Stück weißes Papier oder Stoff eingeflochten.

Amsel 8

Turdus merula

VERBREITUNG: **NW-Afrika, Europa O bis Indien, S-China; N und einige O Populationen überwintern in Ägypten, SW-Asien, SO-Asien; in Australien und Neuseeland eingeführt**
LEBENSRAUM: **Unter anderem Wald, Farmen, Moore, Gebüsch, Gärten, Parks, Städte**
GRÖSSE: **24-25 cm**

Die Amsel ist in Westeuropa durch ihren melodischen, flötenden Gesang weithin bekannt. Ursprünglich ein typischer Waldvogel, hat sie im Laufe der Zeit Gärten, Siedlungen und Städte erobert. Heute ist sie in Gärten, gefolgt von Parks und Ackerland, am häufigsten zu finden, während sie im Wald die geringste Siedlungsdichte erreicht und sich dort wesentlich scheuer verhält.

Amseln fressen bevorzugt Regenwürmer, Insekten und andere Wirbellose, die sie am Boden finden, je nach Jahreszeit auch viele Beeren von Weißdorn, Stechpalme, Holunder und Eibe. Sie bauen ein robustes, napfförmiges Nest aus Gras oder Wurzeln, das mit nassen Blättern oder Schlamm stabilisiert wird. Das Gelege enthält im Durchschnitt 3-5 hell grünliche, rot-braun gefleckte Eier.

Südseedrossel 9

Turdus poliocephalus

VERBREITUNG: **Christmas Island, Taiwan, Indonesien über Melanesien bis Samoa und Fidschiinseln**
LEBENSRAUM: **Dichter Regenwald und Lichtungen**
Größe: 24-25 cm

In Größe, Verhalten und Rufen erinnert die Südseedrossel an die Amsel und die Wanderdrossel. Sie ist weit verbreitet und kommt in etwa 50 Unterarten vor, von denen viele auf einzelne Inseln oder Inselgruppen beschränkt sind, z.B. *T. p. niveiceps* auf Taiwan, *T. p. layardi* auf Viti Levu Island, beide auf den Fidschiinseln, *T. p. papuensis* im Südosten Neuguineas.

Die Höhenlage, in der inselbewohnende Südseedrosseln leben, ist jeweils unterschiedlich. In Neuguinea kommen sie oberhalb der Baumgrenze in 2300-4100 m vor, auf Viti Levu von Meeresspiegelhöhe bis zu den höchsten Berggipfeln oberhalb 1000 m. Daneben sind sie auch auf niedrigen Koralleninseln zu finden. Sie ernähren sich unter anderem von Würmern und Schnecken, die sie am Boden finden, und bauen ihr Nest auf Felsvorsprüngen.

Wacholderdrossel 10

Turdus pilaris

VERBREITUNG: **N Eurasien O bis Mittelsibirien, Grönland; im Winter Europa, SW-Asien**
LEBENSRAUM: **Subarktische Strauchzonen, lichte Nadel- und Birkenwälder, Parks Gärten, Städte; im Winter offene Flächen, Waldland-Randzonen, Felder**
GRÖSSE: **26 cm**

Die lebhafte, laute Wacholderdrossel hat in den letzten Jahren ihre Verbreitung nach Westeuropa und auf die Britischen Inseln ausgedehnt. Sie ist ein Zugvogel, der vorwiegend in nördlichen Klimazonen brütet und nur im Süden des Verbreitungsgebiets überwintert.

Wacholderdrosseln ernähren sich von Wirbellosen, besonders im Winter aber auch von Samen und Früchten, vor allem von Äpfeln und Mehlbeeren Das dicke, napfförmige Nest wird aus Gras, verstärkt mit Wurzeln und Schlamm, meist in einer Astgabel gebaut. Oft brüten mehrere Paare gemeinsam in einer lockeren Kolonie. Das Gelege besteht in der Regel aus 5-6 hellblauen, braun markierten Eiern. Zur Verteidigung der Jungen «bombardieren» sie den Angreifer gezielt mit Kot.

Rotfußdrossel 11

Turdus plumbeus

VERBREITUNG: **Westindische Inseln**
LEBENSRAUM: **Waldregionen der Gebirge und Niederungen, Gärten, Stadtrasen**
GRÖSSE: **25-28 cm**

Auf den Westindischen Inseln ist diese Art von allen Drosseln am weitesten verbreitet. Sie kommt in verschiedenen Unterarten vor, deren Kehlfärbung von weiß bis schwarz und deren Bauchfärbung von rötlich-gelb bis grau und weiß variiert. Ihr Gesang klingt matt und melancholisch, und bei Störung äußert sie ein lautes, manchmal wiederholtes *wet-wet*.

Rotfußdrosseln bewohnen sehr unterschiedliche Lebensräume. In einigen Regionen sind sie sehr scheu und schwer zu beobachten, in anderen eher auffällig und leicht zu entdecken. Meist suchen sie am Boden, laut im Laub raschelnd, nach Insekten, doch verschmähen sie auch Reptilien und Früchte nicht.

Das napfförmige Nest bauen sie in einen Busch, eine Astgabel oder zwischen Palmwedeln.

Magellandrossel 12

Turdus falcklandii

VERBREITUNG: **Chile, Argentinien, Falklandinseln, Juan Fernandez Inseln**
LEBENSRAUM: **Anbauflächen mit einzelnen Bäumen, Weidenhaine, Waldränder**
GRÖSSE: **25-27 cm**

Magellandrosseln sind meist am Boden zu sehen, wo sie, den Kopf mal zur einen, mal zur anderen Seite haltend, nach Wurmlöchern suchen. Daneben ernähren sie sich von Insekten und anderen Gliederfüßern, die sie von Pflanzen ablesen, und von Früchten. Der Gesang, wiederholte Pfeifstrophen *tii-uu*, *tschorr* und *tii*, wird zur Reviermarkierung von freien Sitzwarten aus vorgetragen. Der Alarmruf *kriip* wird in schneller Folge geäußert.

Während der Brutsaison von September bis Januar ziehen die Paare jeweils bis zu drei Bruten auf. Das rundliche Nest wird aus Gras gebaut und besitzt oft einen Schlammboden. Die Eier werden ausschließlich vom Weibchen bebrütet, doch sind beide Altvögel an der Fütterung der Jungen beteiligt.

Gilbdrossel 13

Turdus grayi

VERBREITUNG: **SO-Mexiko, Mittelamerika, Küsten Kolumbiens**
LEBENSRAUM: **Offenes Waldland, Waldränder und Lichtungen, meist in Flußnähe**
GRÖSSE: **23-24 cm**

Die Gilbdrossel gehört mit ihrem melodischen, jubilierenden Gesang zu den bekanntesten Sperlingsvögeln der amerikanischen Tropen. Sie hält sich häufig am Boden auf, wo sie nach Insekten, Würmern, Schnecken und Eidechsen sucht, frißt auch Früchte und läßt sich von Bananen an Futterhäuser locken. Sie lebt zwar einzeln und recht versteckt, kommt jedoch oft in die Nähe von Siedlungen.

Die Brutzeit dauert von März bis Juni, variiert allerdings je nach Region. So brüten die Vögel in Zentralpanama z.B. vorwiegend während der Trockenzeit von Dezember bis April. Sie bauen ein rundliches Napfnest aus Schlamm, Moos, Zweigen, Blättern und anderen Pflanzenteilen niedrig in einen Busch oder in dichter Vegetation versteckt. 2-4 Eier werden 12-13 Tage bebrütet.

Wanderdrossel 14

Turdus migratorius

VERBREITUNG: **Nordamerika**
LEBENSRAUM: **Waldränder, Waldland, Parks, Rasen, Vorstädte**
GRÖSSE: **23-28 cm**

Die Wanderdrossel ist die größte Drossel Nordamerikas und dort ebenso weit verbreitet wie bekannt. Sie kommt fast überall vor, wo Pflanzen Deckung bieten, von den Vorstädten bis zu den Bergen im Westen in 3600 m Höhe.

Meist sucht sie auf grasbewachsenen Flächen, den Kopf von einer Seite zur anderen schwenkend, nach Wurmlöchern. Entgegen früheren Annahmen spielt das Sehvermögen neuesten Untersuchungen zufolge dabei eine größere Rolle als das Hörvermögen. Neben Würmern fressen Wanderdrosseln auch Insekten, Schnecken und vor allem im Winter viele Früchte.

Im Südteil des Verbreitungsgebiets leben sowohl ziehende als auch nichtziehende Populationen. Der Heimzug wird von den Männchen im Februar eingeleitet, und die Weibchen erreichen die nördlichen Brutgebiete im April, wenn die Männchen bereits singen. Der Gesang wird oft als ein ansteigendes und abfallendes Jubilieren *tschirili schiir-ap tschirio* beschrieben. Beide Altvögel sind am Bau des runden, napfförmigen Nests aus vorstehenden Zweigen, Gras und Schlamm beteiligt. Als Nistplatz wird jegliche geschützte Stelle, vom Boden bis zur Baumspitze, an Häusern und Zäunen, angenommen. Pro Jahr ziehen die Paare jeweils zwei, manchmal auch drei Bruten auf. Während das Weibchen das zweite Gelege bebrütet, versorgt das Männchen die Jungen der ersten Brut.

LAUFFLÖTER, TIMALIEN

Sonnenvogel
G. l. leucolophus
Weißhaubenhäherling
G. l. bicolor
M. s. strigula
Bändersiva
M. s. malayana
Kastanienalcippe
Küken im Nest
T. c. caudatus
Langschwanzdrossling
Gelbkopf-Felshüpfer

LAUFFLÖTER, TIMALIEN

FAMILIE ORTHONYCHIDAE LAUFFLÖTER

Kleine bis mittelgroße, versteckt lebende Vögel. Gefieder vorwiegend braun, schwarz oder weiß, bei einigen Arten bunter mit Blau, Kastanienbraun oder Olivgrün. Geschlechter gleich oder verschieden gefärbt. 1-3 weiße oder hellblaue Eier werden in Napf- oder Kuppelnest meist in dichtem Gestrüpp 17-21 Tage bebrütet. Die Jungen verlassen nach 12-14 Tagen das Nest. 19 Arten.

Schwarzschopf-Wippflöter 1

Psophodes olivaceus

VERBREITUNG: Ostküsten Australiens von N-Queensland bis Victoria
LEBENSRUM: Dichtes Strauchwerk in feuchten Wäldern, dichte Heide
GRÖSSE: 25-30 cm

Wippflöter wurden nach dem Ruf benannt, mit dem Paare Kontakt miteinander halten, während sie in dichter Vegetation nach Nahrung suchen. Das Männchen gibt einen langen Pfeifton von sich, der in einem scharfen *wipp* endet, worauf das Weibchen mit zwei oder drei Zwitschersilben antwortet.

Schwarzkopf-Wippflöter haben kurze Flügel und einen langen Schwanz, den sie während kurzer, niedriger Flüge fächern. Meist suchen sie am Boden in Sträuchern nach Nahrung und sträuben dabei gelegentlich die kurze Haube. Sie ernähren sich von Insekten und ihren Larven, die sie im Laub mit Schnabel und Zehen kratzend und in Spalten stochernd finden. Das napfförmige Nest wird aus Zweigen in dichtes Buschlaubwerk gebaut. Die Jungen verlassen das Nest, bevor sie fliegen können, und bleiben im dichten Unterwuchs, wo sie von den Altvögeln versorgt werden.

Buntflöter 2

Ptilorrhoa castanonota

VERBREITUNG: Neuguinea, Batanta Island, Yapen Island
LEBENSRAUM: Bergwälder niederer Lagen
GRÖSSE: 23 cm

Die drei Flöterarten Neuguineas bewohnen unterschiedliche Höhenlagen. Der Buntflöter kommt wie seine Verwandten in mehreren Unterarten vor, die sich im Gefieder unterscheiden. Abgebildet sind die im Südosten brütende Unterart *P. c. pulcher* und die in der Vogelkop-Region verbreitete *P. c. castanonota*.

Buntflöter tragen ihr klares, schellenähnliches Pfeifen vom Boden oder einem umgestürzten Baumstamm aus vor. Oft sieht man sie paarweise oder in kleinen Trupps im Boden oder im Laub nach Nahrung stochern.

FAMILIE TIMALIIDAE TIMALIEN

Kleine bis mittelgroße, drosselähnliche Vögel unterschiedlicher Färbung. Gefieder bei vielen Arten braun und grau, bei Arten dichter Wälder bunt rot, blau und gelb. Geschlechter gleich gefärbt, mit Ausnahme einiger bunter Artengruppen. 2-7 Eier unterschiedlicher Färbung werden in offenem oder kuppelförmigem Nest meist in Büschen oder Bäumen 13-16 Tage bebrütet. Die Jungen bleiben 24 Tage im Nest (bei Felshüpfern Bebrütungsperiode 24 Tage, Nestlingsperiode 26 Tage). 256 Arten.

Grauwangen-Buschdrossling 3

Illadopsis rufipennis

VERBREITUNG: W-Afrika O bis Kenia und Tansania
LEBENSRAUM: Wald
GRÖSSE: 14 cm

Nur wenige Artengruppen tragen ein solch matt gefärbtes Tarnkleid wie dieser afrikanische Buschdrossling und seine Verwandten. Er ist Standvogel und bewohnt dichte Wälder, wo er sich meist am Boden oder in Bodennähe aufhält. Man kann durchaus Wochen in Wäldern, in denen er relativ häufig vorkommt, verbringen, ohne ihn jemals zu Gesicht zu bekommen.

Er ernährt sich von Insekten und kleinen Mollusken und scheint vorwiegend in der Morgen- und Abenddämmerung auf Nahrungssuche zu gehen, denn gelegentlich erscheint er im Dämmerlicht auf Pfaden und Lichtungen. Eine Reihe ansteigender Pfeiftöne, die in seiner Gegenwart oft zuhören sind, werden für seinen Ruf gehalten. Sein Brutverhalten ist bislang noch unbekannt.

Grauscheitelsäbler 4

Pomatostomus temporalis

VERBREITUNG: N- und O-Australien
LEBENSRAUM: Offenes Waldland
GRÖSSE: 25 cm

Grauscheitelsäbler sind muntere, lebhafte Vögel mit schlankem, abwärts gebogenem Schnabel. Sie leben in Familienverbänden von bis zu 12 Individuen, die das gemeinsame Territorium verteidigen. In der Regel besteht ein Verband aus einem Paar oder Trio und den Jungen vom vergangenen Jahr. Die meiste Zeit verbringen sie gemeinsam am Boden, auf Zweigen kletternd oder kurze, flatternde Flüge oder Gleitstrecken zurücklegend. Sie ernähren sich von Wirbellosen und Eidechsen, die sie im Boden, zwischen welken Blättern, im frischen Laub der Bäume und in Rindenspalten stochernd oder Steine, Stöcke und Kuhfladen umdrehend entdecken.

Jeder Verband baut mehrere dicke, kugelförmige Zweignester mit einem Seiteneingang, von denen einige nur zum Schlafen benutzt werden. Das Gelege besteht normalerweise aus 2-3 hell braunen, dünn gestrichelten Eiern, die von einem Weibchen bebrütet werden, aber von zwei Weibchen stammen können. Alle Vögel des Verbandes sind an der Fütterung des brütenden Weibchens und der Jungen beteiligt. Die Abbildung zeigt die im SO von Queensland und O von Neusüdwales verbreitete Unterart *P. t. temporalis* und die im N und NW Australiens vorkommende Unterart *P. t. rubeculus*.

Graubauchtimalie 5

Napothera macrodactyla

VERBREITUNG: Malaiische Halbinsel, Java, Sumatra
LEBENSRAUM: Wälder
GRÖSSE: 19 cm

Graubauchtimalien sind untersetzte, kurzschwänzige Waldbewohner, die sich im dichten Unterwuchs aufhalten. Da sie eher in Niederungen als in höheren Lagen vorkommen, sind sie durch Abholzungen sicherlich stärker bedroht als einige ihrer in den Bergen lebenden Verwandten.

Ihr Gesang besteht aus einer Reihe wiederholter Pfeiftöne. Selbst singende Männchen sind zwischen den Lichtreflexen des halbschattigen Waldbodens nur schwer zu beobachten. Das Nest ist ein großes, napfförmiges, in Dikkicht gebautes Gebilde und enthält 2 helle, gelblich-braune, rot gesprenkelte Eier. In W-Java wurden Bruten im März und im September nachgewiesen, doch ist sonst nur wenig über die Lebensweise dieser Art bekannt.

Perlhals-Buschtimalie 6

Stachyris leucotis

VERBREITUNG: S-Thailand bis Sumatra, Borneo
LEBENSRAUM: Wälder
GRÖSSE: 15 cm

Diese Buschtimalie bewohnt hochgewachsene Primärwälder der Niederungen und Vorberge, wo sie sich in Bodennähe aufhält. Sie ist Standvogel und vor allem im Süden des Verbreitungsgebiets keineswegs selten, doch weiß man nur wenig über ihre Lebensweise.

Sie besitzt einen kräftigen Schnabel und kräftige Zehen und scheint sich von Käfern und

Raupen zu ernähren. Ein in dichtem Strauchwerk gefundenes Nest war napfförmig, aus Gras, Wurzeln und Pflanzenteilen gebaut und enthielt 3 weiße Eier.

Chaparraltimalie 7

Chamaea fasciata

VERBREITUNG: USA von W-Oregon S bis N-Baja California
LEBENSRAUM: Chaparrals, Buschzonen mit Nadelgehölzen
GRÖSSE: 15 cm

Dies ist die einzige in Amerika vorkommende Timalienart. Sie mag auf den ersten Blick an einen Zaunkönig erinnern, ist jedoch näher mit den Drosseln verwandt und an der hellen Iris, der gestrichelten Brust und dem langen, ungebänderten Schwanz zu erkennen. Das Gefieder ist bei nördlichen Unterarten rötlichbraun und bei südlichen, z.B. *C. f. fasciata,* graubraun.

Chaparraltimalien bewohnen dichte Busch- und Strauchzonen, wo sie Ameisen, Wespen, Käfer, Raupen, Wanzen, Fliegen und Spinnen von der Rinde ablesen. Daneben fressen sie auch Beeren und kommen gelegentlich an Futterhäuser, um Brotkrümel zu picken. Meist sieht man sie nur kurz mit schwachen Flügelschlägen und wippendem Schwanz von einem Busch zum nächsten fliegen.

Ihre Stimme ist unverkennbar. Die Männchen tragen das ganze Jahr über einen lauten Gesang vor, der mit gereihten, ansteigenden Stakkatotönen beginnt und in einem abfallenden Triller *pit-pit-pit-r-r-r* endet. Das Weibchen äußert eine ähnliche, aber schwächer trillernde Melodie.

Die Paare gehen lebenslange Bindungen ein. Beide Altvögel sind am Bau des kompakten Napfnests beteiligt, das aus Pflanzenfasern, Rinde und Gras angelegt, mit Spinnenweben verwoben und kleinen Flechten geschmückt wird und sich meist niedrig in einem Busch oder Baum befindet. Sie wechseln sich bei der Bebrütung der 3-5 hell grünlich-blauen Eier ab und ziehen die Jungen gemeinsam auf. Die Jungen verlassen das Nest im Alter von 15-16 Tagen.

Langschwanzdrossling 8

Turdoides caudatus

VERBREITUNG: S-Irak und Indische Halbinsel O bis Bangladesch
LEBENSRAUM: Offene, trockene Strauch- und Buschflächen
GRÖSSE: 23 cm

Langschwanzdrosslinge sind lebhafte, gesellige Vögel mit schmuddelig wirkendem Gefieder, die zur Nahrungssuche unter Büschen hüpfen, fast rattenartig an Hecken entlangschlüpfen und dabei den langen Schwanz ruckartig bewegen. Sie fliegen nur ungern auf und flattern und gleiten dann recht kraftlos bis zu nächsten Dekkungsmöglichkeit. Sie ernähren sich von Insekten, Körnern und Beeren und ergänzen ihre Nahrung zur Blütezeit mit Nektar. Von den 4 Unterarten ist die in Indien und Teilen W-Pakistans verbreitete *T. c. caudatus* abgebildet.

Besonders bei Gefahr lärmen sie viel und halten auch sonst im dichten Gestrüpp mit melodischen Rufen untereinander Kontakt. Sie leben im Verband, wobei nichtbrütende Vögel bei der Aufzucht der Jungen helfen. Das Nest ist ein kleines, tiefes, napfförmiges Gebilde mit auffallend dicken Wänden.und enthält im Durchschnitt 3-5 türkisfarbene Eier.

Weißhaubenhäherling 9

Garrulax leucolophus

VERBREITUNG: Himalaya über SO-Asien bis Sumatra
LEBENSRAUM: Unterwuchs, Büsche und Bambusdickichte
GRÖSSE: 28 cm

Weißhaubenhäherlinge sind lebhafte, im Verband lebende Vögel. Sie haben kräftige Zehen, halten sich meist am Boden auf und überqueren schmale Schluchten und Wasserläufe hintereinander im kurzen Gleitflug. Im Gras, in Büschen oder niedrigem Laubwerk nach Nahrung suchende Trupps äußern ein pausenloses Glucksen und Zirpen und brechen ab und zu in ungestüm gackerndes Lachen aus.

Sie sind Standvögel und bewohnen überwiegend Vorgebirge. Brutvögel höherer Lagen ziehen im Winter an niedere Hänge. Die Abbildung zeigt die im Himalaya verbreitete Unterart *G. l. leucolophus* und die in Sumatra beheimatete *G. l. bicolor.*

Sonnenvogel 10

Leiothrix lutea

VERBREITUNG: Himalaya, Burma, S-China
LEBENSRAUM: Waldunterwuchs
GRÖSSE: 13 cm

Seit langem wird der Sonnenvogel, auch Chinesische Nachtigall genannt, vor allem in China wegen seines lauten, melodischen Gesangs und seines bunten Gefieders als Käfigvogel gehalten. Im Freiland singt er oft in einer schattigen Schlucht aus dichtem Unterwuchs heraus, wo er nur schwer zu beobachten ist.

Außerhalb der Brutzeit ist er oft in kleinen Trupps zu sehen, die im Bambus, im Gras oder Gebüsch nach Nahrung suchen. Oft sind Sonnenvögel mit anderen kleinen Timalien vergesellschaftet und halten mit unablässigen, leisen Flötentönen untereinander Kontakt. Sie sind Standvögel, kommen aber wie viele andere Himalaya-Arten im Winter in tiefere Lagen. Die Zahl der Brutvögel nimmt zur Westgrenze ihres Verbreitungsgebiets hin ab.

Bändersiva 11

Minla strigula

VERBREITUNG: Himalaya und SO-Asien
LEBENSRAUM Laubwälder, Immergrüne Wälder und Rhododendronhaine
GRÖSSE: 16 cm

Bändersivas sind häufige, farbenprächtige Bewohner der mittleren Waldzone, wo sie oft in Trupps leben. Man sieht sie akrobatisch in den Zweigen turnen, von einer Baumspitze zur nächsten wechseln und Lichtungen überqueren, wobei ein ständiges Zirpen zu hören ist. Neben Insekten fressen sie auch Samen und Beeren.

Im ganzen Verbreitungsgebiet sind sie Standvögel. Von den zwei abgebildeten Unterarten kommt *M. s. strigula* im O des Himalaya und *M. s. malayana* in Malaysia vor. Auf den höchsten Gipfeln Malaysias gehören Bändersivas zu den häufigsten Kleinvögeln.

Kastanienalcippe 12

Alcippe castaneceps

VERBREITUNG: Himalaya und SO-Asien
LEBENSRAUM: Dichter Unterwuchs und Gebüsch, Waldränder und Lichtungen
GRÖSSE: 10 cm

Dieser winzige Vogel bewohnt Hochgebirge bis in 4000 m Höhe. Er lebt oft in Trupps von bis zu 30 Vögeln, schließt sich aber auch gemischten Vogelgesellschaften der Bergwälder an. Sein Nest baut er in niedrigen Bambusbeständen, Rhododendron- oder Wacholderbüschen.

Kastanienalcippen klettern lebhaft und lautstark an Stämmen und Zweigen entlang und untersuchen dabei, oft kopfüber hängend, jeden Zweig, Moos- oder Farnbüschel nach Nahrung. Zuweilen fangen sie auch nach Schnäpperart Insekten. Sie äußern piepsende Kontaktrufe und einen ansteigenden, dreisilbigen Gesang.

Gelbnackenyuhina 13

Yuhina flavicollis

VERBREITUNG: Himalaya O bis Burma und Laos
LEBENSRAUM: Sekundärwald, Gebüsch, Lichtungen und Waldränder
GRÖSSE: 13 cm

Die aufgestellte Haube, die auch einige nah verwandte Arten zeigen, gibt dem Gelbnackenyuhina ein keckes Äußeres, während er meisenartig durch die Zweige turnt, sich kurz an Baumstämme klammert und die Rinde nach Insekten oder Maden absucht. Daneben frißt er Beeren und Samen. Er ist ein lebhafter Vogel, schließt sich häufig gemischten Trupps an und läßt pausenlos einen kurzen Ruf hören.

Von den zwei abgebildeten Unterarten lebt *Y. f. flavicollis* im östlichen und *Y. f. albicollis* im westlichen Himalaya.

Gelbkopf-Felshüpfer 14

Picathartes gymnocephalus {B}

VERBREITUNG: W-Afrika von Guinea und Sierra Leone bis Togo
LEBENSRAUM: Felsen mit Höhlen in Primärwäldern
GRÖSSE: 40 cm

Die beiden Felshüpferarten sind Vögel von ungewöhnlicher Gestalt und Lebensweise. Ihre verwandtschaftlichen Beziehungen sind ebenso ungeklärt wie die Funktion der nackten, farbigen Kopfpartie, da die Vögel die meiste Zeit in einer dunklen Höhle oder im Schatten des dichten Waldes verbringen. Auf der Jagd nach Insekten, Fröschen und Krebstierchen bewegen sie sich am Boden mit weiten, federnden Sprüngen und untersuchen moosbewachsene Steine, oft in der Nähe von Waldbächen.

Felshüpfer sind auf Felshöhlen als Nistplatz angewiesen, was bei Vögeln selten ist. An die Höhlendecke bauen sie ein Nest aus Schlamm, für das sie möglicherweise ein Wespennest als Gerüst benutzen. Gelbkopf-Felshüpfer leben gesellig und brüten in Kolonien. Sie äußern einen zweifachen gutturalen Alarmruf, daneben ein ungewöhnliches, tiefes, gedämpftes Stöhnen.

Heute werden die beiden Felshüpfer von den Systematikern meist in eine eigene Familie, die Picathartidae, gestellt.

PAPAGEIMEISEN, ZWEIGSÄNGER

Feldschwirl
A. s australis
A. s. stentoreus
Stentorrohrsänger
Schilfrohrsänger
Seychellenrohrsänger
erstes Winterkleid
Gelbspötter
Sperbergrasmücke
erstes Winterkleid

PAPAGEIMEISEN, ZWEIGSÄNGER

FAMILIE PARADOXORNITHIDAE PAPAGEIMEISEN

Kleine bis mittelgroße, meisenähnliche Vögel mit meist braunem und grauem, weichem, losen Gefieder und stark abwärts gebogenem Schnabel. Geschlechter mit Ausnahme der Bartmeise gleich gefärbt. 2-7 weißliche oder bläuliche, rötlich getupfte Eier werden in kompaktem, napfförmigem Nest in Bambus, Gras oder Schilf 12-13 Tage bebrütet. Die Jungen bleiben 9-12 Tage im Nest. 19 Arten.

Bartmeise 1

Panurus biarmicus

VERBREITUNG: W-Europa, Türkei, Iran über Asien bis O-Mandschurei
LEBENSRAUM: Schilf
GRÖSSE: 15 cm

Diesem hellen, sandfarbenen Vogel mit langem Schwanz, runden Flügeln und hohen, metallischen Rufen begegnet man in Westeuropa immer häufiger. Bartmeisen kommen ausschließlich in Schilf- und Röhrichtbeständen vor. Sie sind vorwiegend Standvögel, wandern aber im Herbst oft in großen Trupps weit von ihren Brutgebieten entfernt umher. Diese Wanderbewegungen, in deren Verlauf die Vögel immer neue Gebiete besiedeln, treten seit etwa 30 Jahren regelmäßig und inzwischen alljährlich auf.

Bartmeisen sind faszinierende, lebhafte Akrobaten, die mit ihren Zehen zwei Schilfhalme gleichzeitig umgreifen können. Im Sommer ernähren sie sich vorwiegend von Insekten wie z.B. Eintagsfliegen, im Winter dagegen von Schilfsamen, darunter vor allem *Phragmites*-Arten. Häufig bilden sie im Schilf Schlafgemeinschaften. Männchen sind am blaugrauen Kopf und den neckischen schwarzen Bartstreifen zu erkennen.

Braunkopf-Papageimeise 2

Paradoxornis webbianus

VERBREITUNG: Mandschurei, S über China und Korea bis Burma
LEBENSRAUM: Bambusdickichte, Sträucher, Teeplantagen, Schilfflächen
GRÖSSE: 12 cm

Papageimeisen sind in einigen Teilen Chinas sehr häufig. Außerhalb der Brutzeit treten sie oft in großen Trupps auf, die in Dickichten nach Samen und Insekten suchen und dabei mit scharfen Rufen Kontakt zueinander halten.

Das Gefieder variiert je nach Unterart. *P. w. webbianus*, in einigen Küstenregionen O-Chinas brütend, ist an Scheitel und Nacken kastanienbraun, *P. w. bulomachus* von Taiwan dagegen rost-rosa. Alle Unterarten haben einen kräftigen Schnabel, mit dem sie Bambus- und Schilfhalme aufbrechen, um an die darin lebenden Insekten zu gelangen. Einige Arten besitzen einen noch kräftigeren Schnabel, doch erreicht er nur bei wenigen Arten dieser Familie tatsächlich papageiähnliche Ausmaße.

FAMILIE SYLVIIDAE ZWEIGSÄNGER

Die Familie der Zweigsänger ist auch unter der Bezeichnung «Grasmücken und Verwandte» bekannt. Kleine, auf Bäumen oder in Grasland lebende Vögel mit meist unauffälligem Gefieder, einige tropische Arten sind bunter. Geschlechter meist gleich, Männchen aber oft intensiver gefärbt. 2-7 helle, fein gesprenkelte Eier werden in offenem, kuppel- oder beutelförmigem Nest in Büschen oder am Boden 10-17 Tage bebrütet. Die Jungen verlassen das Nest nach 9-20 (bei einigen nach 40) Tagen. 376 Arten.

Graubauch-Degenschnäbler 3

Microbates cinereiventris

VERBREITUNG: Mittel- und S-Amerika von Nicaragua bis Kolumbien, Ecuador und Peru
LEBENSRAUM: Wälder der Niederungen
GRÖSSE: 11,5 cm

Dieser zierliche, schlanke Vogel gehört zu etwa einem Dutzend Degenschnäbler- und Mückenfängerarten Amerikas. Eine eigene Unterfamilie (Polioptilinae) bildend, sind sie die einzigen Vertreter dieser Familie in der Neuen Welt. Sie ähneln den Grasmücken der Alten Welt, von denen sie wahrscheinlich auch abstammen. Degenschnäbler sind vorwiegend braun und zeigen einen langen Schnabel und einen gestelzten Schwanz. Sie halten sich in der unteren Wald- und Waldlandzone auf, während Mückenfänger bis auf eine Ausnahme in den Baumkronen leben.

Graubauch-Degenschnäbler sind lebhaft und wippen ausgiebig mit dem Schwanz. Sie fressen bevorzugt Insekten, die sie von einer Warte aus am Boden oder im Laub der Bäume erbeuten oder im Rüttelflug von den Blättern picken. Ihr Nest wird kunstvoll aus Pflanzenflaum, Blättern oder Blütenblättern gebaut, mit Spinnenweben verstärkt und liegt in Flechten oder Moos versteckt. Es enthält 2-3 weißliche, dunkel gefleckte Eier.

Blaumückenfänger 4

Polioptila caerulea

VERBREITUNG: Nordamerika von S-Kanada bis Guatemala und Kuba; im Winter Atlantikküste S von South Carolina, S des S-Mississippi und S-Texas
LEBENSRAUM: Wald, gehölzreiche Feuchtgebiete, Chaparrals mit Dornenbüschen, bewaldete Stadtgebiete
GRÖSSE: 11,5-13 cm

Der Blaumückenfänger ist ein typischer Vertreter dieser Artengruppe: schlank, mit blau-grauem Gefieder, langem, oft gestelztem Schwanz und langem, spitzem Schnabel. Er ist ein kleiner, rastloser, oft streitsüchtiger Vogel, der im Laub der Bäume nach Insekten sucht. Zuweilen jagt er sie im Flug oder pickt sie rüttelnd wie ein Goldhähnchen von den Blättern. Sein Gesang ist ein pfeifendes Wispern.

Das schöne, napfförmige Nest wird sorgfältig aus Pflanzenflaum geformt, mit Spinnenweben und Seidenfäden verbunden und mit Flechten bedeckt. Meist liegt es in einer Astgabel oder auf einem Zweig. Beide Altvögel sind am Bau des Nests und der Bebrütung der 4-5 winzigen, hellblauen, braun gefleckten Eier beteiligt.

Seidensänger 5

Cettia cetti

VERBREITUNG: Mittelmeerraum O bis Iran und Turkestan; breitet sich nach N aus
LEBENSRAUM: Feuchtgebiete, Dickichte entlang Schilfzonen, dichtes Gebüsch und Hecken mit Brombeeren und Tamarisken, Getreidefeldränder
GRÖSSE: 14 cm

Der Seidensänger, um 1900 noch hauptsächlich im Mittelmeerraum beheimatet, breitet sich seit einigen Jahren nach Norden aus und hat schon in Deutschland gebrütet. Er gehört zu elf Arten dieser Gattung und ist ein kleiner, pummeliger Vogel mit einem kurzen, geraden Schwanz. Männchen sind kräftiger und langflügeliger als Weibchen. Die mittelasiatische Unterart *C. c. albiventris* ist größer und, da sie im Gegensatz zur westlichen *C. c. cetti* im Frühjahr nicht mausert, deutlich heller.

Seidensänger leben sehr versteckt, bleiben meist in dichter Vegetation und sind nur gelegentlich auf einem Busch oder einer Hecke zu sehen. Männchen geben sich durch ihren kurzen, explosiven Gesang zu erkennen. Sie können sich mit zwei oder mehr Weibchen verpaaren und sind am Brutgeschäft kaum beteiligt. Das Weibchen baut ein Nest in dichter Vegetation, z.B. einer Hecke, im Schilf oder Brombeerstrauch, und brütet die 3-5 ziegelroten Eier allein aus.

Sumpfbuschsänger 6

Bradypterus baboecalus

VERBREITUNG: S-Afrika (außer trockener W) N bis Tschad und Äthiopien
LEBENSRAUM: Schilf, Feuchtgebiete, Rieselfelder
GRÖSSE: 15-19 cm

In den tropischen und subtropischen Feuchtgebieten und Buschzonen Afrikas und Asiens leben elf *Bradypterus*-Arten. Der Sumpfbuschsänger gehört in einigen Regionen Afrikas zu den häufigsten Vertretern, vor allem an Lagunen und Sümpfen. In extrem trockenen Jahren zieht er auf der Suche nach wasserreichen Gebieten weiter.

Er lebt sehr versteckt in Seggen- und Schilfzonen, wo er in Bodennähe nach Insekten sucht, doch macht er sich durch seinen Gesang, einer Reihe scharfer Stakkatotöne, bemerkbar. Sein rundliches Nest aus Seggenhalmen wird mit Wurzeln ausgelegt und enthält 2-4 Eier.

Feldschwirl 7

Locustella naevia

VERBREITUNG: Europa S bis N-Spanien und Balkan, Baltische und W UdSSR, Mittelasien O bis Tienschan; im Winter NW-Afrika, Iran, Indien, Afghanistan
LEBENSRAUM: Feuchtgebiete, feuchte Wiesen mit Büschen, feuchte Wälder, Weidendickichte, Heide, Dünen, Fichtenschonungen
GRÖSSE: 12,5 cm

Der Feldschwirl, selten zu sehen und optisch schwer zu bestimmen, ist für seinen ungewöhnlichen Gesang bekannt, ein hohes, anhaltend vibrierendes Surren, das wie das Abspulen einer Angelleine klingt. Tatsächlich aber besteht er aus zwei oder drei Silben, die bis zu 1400 mal in der Minute wiederholt werden.

Selbst anhand des Gesangs ist der Feldschwirl schwer zu lokalisieren, da sich die Stimme kaum orten läßt, und nur selten einmal singt er im Freien. Meist sucht er in dichter Vegetation nach Insekten und flüchtet bei Störung durch das Gras schlüpfend, anstatt aufzufliegen. Das Nest ist ebenso schwer zu finden wie der Vogel selbst. Es liegt meist gut versteckt in niedriger Vegetation und hat einen verdeckten Eingang.

Schilfrohrsänger 8

Acrocephalus schoenobaenus

VERBREITUNG: Europa (außer Spanien, Portugal und einigen Mittelmeerküsten) O bis Sibirien und SO bis Iran; im Winter Afrika S der Sahara und O von Nigeria
LEBENSRAUM: Schilf, Weiden, bewachsene Wassergräben, Seen, Rieselfelder, Kiesgruben, Nadelbaumplantagen, Getreide- und Rapsfelder
GRÖSSE: 12,5 cm

Der Schilfrohrsänger, eine der bekanntesten Arten dieser Gattung, bewohnt vor allem Feuchtgebiete und ist in vielen Teilen der Alten Welt verbreitet. Wie die meisten seiner Verwandten hält er sich die meiste Zeit in dichter Vegetation auf, doch machen die Männchen zu Beginn der Brutzeit durch ihren stotternden und imitationsreichen Gesang auf sich aufmerksam.

Schilfrohrsänger fressen vor allem träge Insekten, in Afrika häufig Büschelmücken, die sie von niedrigen Pflanzen picken. Sie nisten in Hecken, Weiden, Schilf oder hohem Gras, sogar in Bohnen-, Raps oder Getreidefeldern, wo das napfförmige Nest an Halmen befestigt wird.

Stentorrohrsänger 9

Acrocephalus stentoreus

VERBREITUNG: Von NO-Afrika über S-Asien bis Australien
LEBENSRAUM: Feuchte, bewachsene Flächen, besonders Schilf
GRÖSSE: 16 cm

Stentorrohrsänger bewohnen wie die meisten Rohrsängerarten dichte Schilfzonen, weichen aber oft in andere Feuchthabitate und in trokkenen Jahren in Buschland und sogar Gärten aus. Zu den zahlreichen Unterarten gehören *A. s. australis* von SO-Australien und Tasmanien und *A. s. stentoreus* aus dem Mittleren Osten. Brutvögel S-Australiens ziehen im Herbst ab, doch ist ihr Winterquartier nicht bekannt.

Sie ernähren sich von Insekten, die sie von Pflanzen picken oder gelegentlich im Flug fangen. Ihr Gesang ist kräftig, variationsreich und enthält harte, kratzende Laute und melodische Strophen. Das Nest wird aus Schilfblättern und vermoderten Wasserpflanzen kunstvoll an mehrere Schilfhalme geflochten.

Seychellenrohrsänger 10

Bebrornis sechellensis {B}

VERBREITUNG: Cousin und Aride Islands, Seychellen
LEBENSRAUM: Dickichte und bewachsene Feuchtgebiete
GRÖSSE: 13 cm

Von den zwei Vertretern dieser Gattung kommen der Rodriguezrohrsänger auf der Insel Rodriguez und der Seychellenrohrsänger in geringer Anzahl auf der Cousin Insel vor. Die 1968 nur noch 30 Vögel zählende Population konnte unter Einsatz des ICBP durch Unterschutzstellung und Umsiedlung einiger Vögel von Cousin Island auf Aride Island gerettet werden und zählte 1987 bereits 450 Individuen.

Seychellenrohrsänger fliegen mit schwachen, flatternden Flügelschlägen und bevorzugen dichtes Gebüsch entlang alter Kokospalmenplantagen, Mangroven und dichte Küstenvegetation. Sie jagen im Flug Insekten und suchen in kleinen Bäumen und Büschen nach Raupen.

Das ovale, napfförmige Nest wird aus Gras und Fasern der Kokospalme in Bambusdikkichte, Mangroven und andere Strauchgewächse bis in 5 Meter Höhe gebaut und mit Baumwolle und Holzspänen ausgekleidet.

Gelbspötter 11

Hippolais icterina

VERBREITUNG: N- und O-Europa S bis Alpen, Kleinasien und Kaukasus, Asien O bis Altaigebirge; im Winter O- und tropisches Afrika
LEBENSRAUM: Offene Laubwälder, Parks Flußufer, Felder, Obstplantagen und große Gärten
GRÖSSE: 13 cm

Spötter sind recht große, in Bäumen lebende Vögel, die sich durch kräftige Beine und Zehen auszeichnen und häufig den Schwanz auf und ab schlagen.

Der Gelbspötter gehört mit seinem unterseits leuchtend gelben Gefieder und kräftigem, imitationsreichem Gesang zu den auffälligeren Arten. Die meiste Zeit hüpft er durch die Baumkronen, wo er sich von Insekten und ihren Larven ernährt. Im Herbst ist er matter gefärbt und frißt zusätzlich Beeren und andere Früchte.

Sein Nest ist ein kunstvolles Gebilde aus Zweiglein oder Gras, das mit Pflanzenflaum oder Spinnenseide verbunden und oft mit Rinde, Papier oder Stoffetzen geschmückt wird. Das Gelege enthält 4-5 Eier variierender Größe.

Sperbergrasmücke 12

Sylvia nisoria

VERBREITUNG: Mittel- und O-Europa, Asien O bis Tienschan
LEBENSRAUM: Dornenbüsche, feuchte Felder mit Baumbestand, Laubwälder, Parks, Moore; im Winter Savannen mit Dornengehölzen
GRÖSSE: 15 cm

Die Sperbergrasmücke, ein kleiner untersetzter Vogel mit kennzeichnender gebänderter Unterseite und gelber Iris, ist eine von 17 Arten der Gattung *Sylvia*. Bei Erregung kann sie die Scheitelfedern zu einer kleinen Haube aufstellen.

Sperbergrasmücken leben scheu und versteckt in dichten Büschen, wo sie nach Ameisen, jungen Heuschrecken, Käfern und Wanzen suchen. Bei Störung oder Gefahr äußern sie einen harten, scharrenden Ruf, doch ihr Gesang ist variationsreich, melodisch und erinnert an den der Nachtigall.

In Europa bauen Sperbergrasmücken ihr Nest in Bodennähe und gern in Nachbarschaft des Neuntöters, durch dessen Anwesenheit der Nistplatz wahrscheinlich erhöhten Schutz erhält.

ZWEIGSÄNGER

Rubingoldhähnchen
♀
♂
♂
Wintergoldhähnchen
♀
♂
♀
Purpurhähnchen
S. i. saharae
S. i. buryi
Wüstenprinie
♂
♂
Schlichtkleid
Pinkpink-Cistensänger
♂
Singflug
Cistensänger
Fleckenprinie

ZWEIGSÄNGER

Mönchsgrasmücke 1

Sylvia atricapilla

VERBREITUNG: Eurasien O bis zum Irtysch in Sibirien und N bis Iran, NW-Afrika und Atlantische Inseln; im Winter Mittelmeerraum und Afrika S bis Tansania
LEBENSRAUM: Laub- und Nadelwälder, Gebüsch, Buschland mit hohen Bäumen
GRÖSSE: 14 cm

Mönchsgrasmücken lassen sich in Bäumen, wo sie im Laub nach Insekten suchen, oft leicht beobachten. Männchen sind an der schwarzen, Weibchen an der rostbraunen Kopfplatte zu erkennen. Ihr Gesang besteht aus schwungvollen, flötenden, klaren Tönen.

Vor der Ankunft der Weibchen bauen die Männchen oft mehrere rudimentäre Spielnester aus trockenem Gras oder Wurzeln in bis zu 3 m Höhe über dem Boden. Das Weibchen wählt eines davon und baut es, oft mit Unterstützung des Männchens, zum fertigen Nest aus, oder es nimmt keines der Spielnester an, sondern baut ein neues Nest. Beide Altvögel sind an der Bebrütung der 4-6 Eier unterschiedlicher Tönung und Musterung beteiligt.

Die auf Madeira und den Kanaren vorkommende Unterart *S. a. heineken* ist dunkler als die europäische *S. a. atricapilla*. Eine früher häufige und noch dunklere Form von *S. a. heineken* scheint heute seltener geworden zu sein.

Schuppengrasmücke 2

Sylvia melanothorax

VERBREITUNG: Zypern; gelegentlich an den O-Küsten des Mittelmeers
LEBENSRAUM: Buschbestandene Hügel und Orangenhaine bis in 2000 m Höhe
GRÖSSE: 13,5 cm

Die Schuppengrasmücke unterscheidet sich von der sehr ähnlichen Sardengrasmücke durch die kräftig gebänderte Unterseite, wird aber gelegentlich als zu dieser Art gehörig betrachtet. Sie lebt versteckt in Orangenhainen und auf strauchbewachsenen Flächen, wo sie meist schwer zu sehen ist, sich aber durch einen harschen Alarmruf zu erkennen gibt.

Oft hält sie den Schwanz senkrecht gestelzt. Auf Zypern wird sie wie viele andere Vogelarten in großen Zahlen gefangen, eingelegt und als Delikatesse exportiert.

Das napfförmige Nest wird aus Blättern und Gras in einen Busch gebaut, mit Haar gepolstert und enthält 3-5 Eier.

Provencegrasmücke 3

Sylvia undata

VERBREITUNG: S- England, W-Frankreich, S-Europa O bis Italien und Sizilien, N-Afrika O bis Tunesien
LEBENSRAUM: Im Norden Heide- und Ginstergestrüpp, im Süden Dornenbüsche und Macchie
GRÖSSE: 12,5 cm

Die nördlichen Populationen der Provencegrasmücke erleiden in harten Wintern große Verluste, da sie trotz ihrer geringen Widerstandskraft nicht in südliche Winterquartiere ziehen. Ferner sind sie durch den Verlust großer Heideflächen bedroht, die für Ackerbau, Aufforstung, Bergbau oder Bebauung umgewandelt werden oder Bränden zum Opfer fallen. Die Population im Süden Englands ist daher sehr klein.

Provencegrasmücken leben sehr scheu und versteckt in Büschen, doch in sonnigen Morgenstunden kann man die Männchen bei ihren etwa 2 m hoch aufsteigenden Singflügen beobachten. Sie ernähren sich fast ausschließlich von Insekten, fressen im Winter aber auch Beeren.

Das Nest wird aus Gras und Moos, Pflanzenflaum, Dunen und Spinnenkokons geflochten und liegt nahe am Boden in Zistrosen, Heidekraut oder Ginster versteckt.

Fitis 4

Phylloscopus trochilus

VERBREITUNG: Skandinavien und NW-Europa bis O-Sibirien und Alaska; im Winter tropisches und S Afrika
LEBENSRAUM: Offener Wald, Gebüsch, Nadelbaumplantagen, buschiges Moorland, Hecken, Gärten
GRÖSSE: 10,5 cm

Der Fitis gehört zu etwa 45 Laubsängerarten dieser Gattung. Er ist ein kleiner, zierlicher Vogel mit grünlichem, gelblichem oder bräunlichem Gefieder. Vom sehr ähnlichen Zilpzalp *P. collybita* ist er am besten durch den Gesang zu unterscheiden. Er singt eine Reihe abfallender, fließend verbundener, heller Töne, während der Zilpzalp nur zweisilbig seinen Namen äußert.

Fitisse sind sehr anpassungsfähig und in offenem Waldland in vielen Regionen häufig zu finden. Sie fressen Insekten, die sie im Flug jagen oder von den Blättern picken, und verbringen den Winter in Afrika.

Das kuppelförmige Nest wird vom Weibchen am Boden oder in Bodennähe gebaut und mit einem Seiteneingang versehen. Wird es am Nest gestört, täuscht es am Boden flatternd eine Verletzung vor, um den Eindringling von den Eiern oder den Jungen wegzulocken. Unter den europäischen Singvögeln bildet der Fitis eine Ausnahme, da er als einziger zweimal jährlich sein gesamtes Gefieder mausert.

Goldhähnchen-Laubsänger 5

Phylloscopus proregulus

VERBREITUNG: Himalaya, vom Altaigebirge bis Sachalin; im Winter N-Indien und S-China; gelegentlich im Herbst in Europa nachgewiesen
LEBENSRAUM: Fichten- oder Birkenwald; im Winter lichtes Waldland, Mischwälder oder Gebüsch
GRÖSSE: 9 cm

Dieser winzige Laubsänger ist am gelben Scheitelstreif, der doppelten gelben Flügelbinde und dem gelben Bürzel zu erkennen. Scheitelstreif und Flügelbinden sind bei der Unterart *P. p. chloronotus* aus W-China matter ockerfarben.

Goldhähnchen-Laubsänger sind extrem flinke Vögel, die oft zwischen den Zweigen rüttelnd oder nach Schnäpperart Insekten fangen. In den Winterquartieren und im Brutgebiet halten sie sich meist in den Baumkronen auf. Für einen so kleinen Vogel ist der Gesang auffallend laut, schön und abwechslungsreich.

Das kuppelförmige, auf einem Zweig eines moosbewachsenen Baumes liegende Nest wird mit Haar oder Federn ausgelegt.

Gelbbauch-Laubsänger 6

Seicercus montis

VERBREITUNG: Malaysia, Sumatra bis Borneo, Palawan und Timor, meist oberhalb 2000 m Höhe
LEBENSRAUM: Bergwälder
GRÖSSE: 10 cm

Zur Gattung *Seicercus* gehören mehrere Arten, die vom Himalaya bis SO-Asien vorkommen. Gelbbauch-Laubsänger bewohnen vorwiegend tiefe Bergschluchten, Gebüsch und Unterholz auf Lichtungen und treten einzeln, paarweise oder in kleinen Trupps auf. Die Männchen tragen einen wohltönenden trillernden Gesang vor.

Wie alle Arten dieser Gattung bauen sie ein kuppelförmiges Nest, das in einem Spalt unterhalb eines Vorsprungs liegt. Sie legen nur zwei weiße Eier.

Rubingoldhähnchen 7
Regulus calendula

VERBREITUNG: Nordamerika, von NW-Alaska S bis Arizona, auch O-Kanada bis Nova Scotia; im Winter S bis N-Mexiko
LEBENSRAUM: Mischwald, feuchte Nadelwälder, Tannenwald
GRÖSSE: 9,5-11,5 cm

Wie die in Europa verbreiteten Wintergoldhähnchen turnen Rubingoldhähnchen schnell und nervös mit den Flügeln zuckend im Geäst. Dieses Verhalten ist oft ein hilfreiches Kennzeichen, wenn der scharlachrote Scheitelfleck nicht zu sehen ist.

Sie jagen zwischen den Ästen unablässig nach Insekten, schnappen auch hier und da vorbeifliegende Beute und fressen daneben Früchte und Samen. Im Gegensatz zum Wintergoldhähnchen ist ihr Gesang erstaunlich vielfältig.

Das kuppelförmige Nest wird aus Pflanzenflaum unterhalb eines Fichtenasts angelegt, mit Flechten gepolstert und mit Federn geschmückt.

Wintergoldhähnchen 8
Regulus regulus

VERBREITUNG: Lückenhaft, von den Azoren und NW-Europa und Skandinavien bis O-Asien
LEBENSRAUM: Nadelwald bis 4500 m Höhe, zuweilen auch Laubwald
GRÖSSE: 9 cm

Der schwarz eingefaßte Scheitelstreif dieses lieblichen, kleinen Vogels ist beim Männchen orange, beim Weibchen gelb gefärbt.

Oft sieht man Wintergoldhähnchen in kleinen Trupps von Baum zu Baum fliegen, wobei sie ihre weichen, extrem hohen Rufe *sii* erklingen lassen. Sie ernähren sich bevorzugt von Insekten, die sie von den Zweigen picken oder vor der Zweigspitze rüttelnd schnappen, doch wurde auch beobachtet, daß sie Baumsaft saugten.

In harten Wintern überleben viele Vögel nicht, doch werden solche Verluste in milden Jahren durch eine hohe Nachwuchsrate ausgeglichen. Wintergoldhähnchen legen bis zu 13 Eier, die, für einen Singvogel ungewöhnlich lang, 14-17 Tage bebrütet werden.

Purpurhähnchen 9
Leptopoecile sophiae

VERBREITUNG: Pakistan, NW-Indien, Nepal, Sikkim und China, vom Tienschan bis Sichuan
LEBENSRAUM: Rhododendron- und Wacholderbüsche oberhalb der Baumgrenze
GRÖSSE: 11 cm

Purpurhähnchen sind Goldhähnchen sehr ähnlich und bewohnen Hochgebirge von 2500-4000 m Höhe. Sie ernähren sich von Insekten, die sie in Büschen und Sträuchern finden.

Früher wurden die beiden Purpurhähnchen zusammen mit den Goldhähnchen als untypische Vertreter der Meisenfamilie Paridae eingestuft, und noch heute ist die Verwandtschaft strittig. Purpurhähnchen sind schwer zu beobachten, da sie im dichten Gebüsch rastlos und flink umherturnen. Nur für kurze Momente erscheinen sie mit gestelztem Schwanz auf einer Strauchspitze und geben einen lauten, hohen Ruf von sich, um sogleich wieder in der Dekkung zu verschwinden.

Ihre Lebensweise ist noch weitgehend unbekannt, doch scheinen sie in kalten Jahreszeiten in tiefere Lagen zu wandern. Zumindest im Norden des Verbreitungsgebiets gibt es starke Bestandsschwankungen. Sie bauen ein ovales, kuppelförmiges Nest, das, oben mit einem Eingang versehen, etwa 2 m über dem Boden in einem dichten Rhododendronbusch versteckt liegt. Außerhalb der Brutzeit bilden sie gelegentlich kleine Trupps oder schließen sich anderen kleinen Insektenfressern an.

Wüstenprinie 10
Scotocerca inquieta

VERBREITUNG: N-Afrika von Marokko bis zum Roten Meer, Arabien, Iran und Afghanistan
LEBENSRAUM: Steinwüste und Halbwüste mit wenigen Büschen, trockene Hügelhänge, Wadis
GRÖSSE: 10 cm

Wüstenprinien sind helle, rastlose Vögel, die sich gern in der Deckung aufhalten, bei Störung aber herauskommen und wie eine aufgeschreckte Maus hektisch hin und her jagen. Oft hüpfen sie auch am Boden oder zwischen niedrigen Sträuchern und schwenken dabei den gestelzten Schwanz von einer Seite zur anderen. Sie ernähren sich von Insekten, kleinen Schnekken und Samen. Im Osten des Verbeitungsgebiets kommen sie bis in 3000 m Höhe vor und wandern im Winter in tiefere Lagen. Im Frühjahr und Sommer leben sie in der Regel in Familienverbänden.

Von den farblich unterscheidbaren Unterarten kommt eine helle Form *S. i. saharae* in SO-Marokko und Algerien und eine dunkle *S. i. buryi* in S-Arabien vor.

Pinkpink-Cistensänger 11
Cisticola textrix

VERBREITUNG: Zaire, S-Angola, Sambia und S Südafrika, Transvaal
LEBENSRAUM: Kurzgrasige Flächen mit kahlen Bodenstellen; am Kap flache Feuchtgebiete
GRÖSSE: 9-10 cm

Vögel der Gattung Halmsänger *Cisticola* sind kleine, scheue Vögel mit braunem, meist kräftig gestreiftem Gefieder, die sich grob nach den Lebensräumen Grasland, Savanne und Feuchtgebiete trennen lassen.

Der kleine Pinkpink-Cistensänger ist Graslandbewohner, Einzelgänger, zeigt einen kurzen Schwanz und ernährt sich von Insekten, vor allem von Heuschrecken. Er baut ein kugelförmiges Nest aus trockenem Gras unter einer Grasbülte und legt in der Regel 4 rosa, grünliche oder türkisfarbene, braun gefleckte Eier.

Er lebt sehr unauffällig, doch tragen die Männchen während des Balzflugs, der sie in große, für das menschliche Auge außer Sichtweite liegende Höhen trägt, einen rasselnden Gesang vor.

Cistensänger 12
Cisticola juncidis

VERBREITUNG: Lückenhaft im Mittelmeerraum, W-Frankreich, Afrika S der Sahara, Indien, Sri Lanka, SO-Asien, Indonesien, N-Australien
LEBENSRAUM: Grasland, feuchte Savannen, Reisfelder, Dickichte auf offenen Flächen
GRÖSSE: 10 cm

Cistensänger sind kleine, braune Vögel mit kurzem, abgerundetem Schwanz, den sie oft gestelzt halten. Sie sind sehr scheu und bleiben meist in der Deckung. Am besten lassen sie sich am Gesang erkennen, einem hohen, in Intervallen geäußertem *sipp*, das die Männchen während des wellenförmigen Balzflugs vortragen. Dabei steigen sie gelegentlich bis in 35 m Höhe und kreisen über ihrem Territorium, das mehrere hundert Meter Durchmesser aufweisen kann. Manchmal singt das Männchen auch auf einem Zaun oder einer anderen Warte sitzend.

Cistensänger sind Flachlandbewohner, kommen aber in SO-Asien bis in 1300 m Höhe vor. Meist suchen sie im Gras nach Insekten und ihren Larven, vor allem Laubheuschrecken, und fliegen erst bei Störung auf.

Das Nest ist ein nach oben geöffnetes, birnenförmiges Gebilde, das aus Spinnenweben um Gras- und Simsenhalme geflochten und mit Pflanzenflaum gepolstert wird. Viele Männchen leben polygam und bauen mehrere Spielnester, um Weibchen anzulocken.

Fleckenprinie 13
Prinia maculosa

VERBREITUNG: S-Namibia, S und O Südafrika
LEBENSRAUM: Buschland, Täler und Berghänge, Felder, Strauchzonen der Küsten
GRÖSSE: 13-15 cm

In Afrika und Asien leben etwa 26 Prinienarten, von denen einige an die Halmsänger erinnern. Prinien haben einen kurzen Schnabel, einen langen Schwanz und bewohnen Grasland oder Büsche. Einige Arten bleiben bevorzugt am Boden oder in niedrigem Strauchwerk und fliegen nur ungern auf. Außerhalb der Brutzeit leben sie meist in kleinen Trupps.

Die Fleckenprinie kann auch bei extremer Trockenheit überleben und kommt in einigen Teilen S-Afrikas häufig vor. Bei der Nahrungssuche in hohem Gras oder Büschen ist sie oft schwer zu sehen, doch kann sie sich bei Störung auf eine Strauchspitze setzen, wo sie, nervös mit den Flügeln zuckend, harte Zirplaute von sich gibt. Sobald man sich nähert, verschwindet sie oft in der Deckung, doch verhält sie sich in Gärten zuweilen recht vertraut.

Das kleine, birnenförmige Nest wird zwischen Zweigen oder Pflanzenstengeln kunstvoll geflochten und so gut getarnt, daß es extrem schwer zu finden ist. Es enthält 3-5 leuchtend blaue, rötlich-braun gefleckte Eier.

ZWEIGSÄNGER

Einfarb-
Bülbülgrasmücke
Zwergschilfsteiger
M. p. punctatus
Farnsteiger
♂
Schwarzbauch-Lerchensänger
♀
Spinifexsänger
C. r. badiceps
C. r. ruficapilla
Laubhuscher
Grünhylia

ZWEIGSÄNGER

Rostbauchprinie 1

Prinia socialis

VERBREITUNG: Indischer Subkontinent und W-Burma
LEBENSRAUM: Gebüsch, Grasland, Getreidefelder, offener Wald, Schilf, Flußufer, Mangroven
GRÖSSE: 12,5 cm

Rostbauchprinien sind in deckungsreichen Lebensräumen SO-Asiens häufig und kommen bis in 1200 m Höhe vor. Sie hüpfen meist nervös und rastlos mit gestelztem Schwanz durch das Laubwerk, picken Insekten von den Blättern oder nehmen aus Blüten Nektar auf.

Vögel der nördlichen Unterart *P. s. stewarti* haben ein stark unterschiedliches Pracht- und Schlichtkleid und zeigen im Winter einen längeren Schwanz.

Das taschenförmige Nest wird in einem Busch angelegt und enthält 3-5 Eier, die von beiden Altvögeln 12 Tage bebrütet werden.

Schmuckfeinsänger 2

Apalis pulchra

VERBREITUNG: Afrika, von Kamerun bis Sudan und Kenia
LEBENSRAUM: Unterwuchs in Hochgebirgswäldern
GRÖSSE: 12,5 cm

Vögel der Gattung *Apalis* sind bevorzugt Waldbewohner von schlanker Gestalt, mit langem, dünnem, geradem Schwanz und grauem, grünem oder braunem Gefieder.

Die lebhaften, stimmfreudigen Schmuckfeinsänger sind Standvögel der Gebirge und Bergwälder Zentralafrikas. Hier sieht man sie oft an Pflanzenhalmen auf und ab klettern und dabei den gestelzten Schwanz von einer Seite zur anderen schwenken. Sie ernähren sich vor allem von Insekten, die sie in der Bodenvegetation finden. Der Gesang der Männchen besteht aus einem kurzen Zwitschern.

Sie bauen ein taschenförmiges Nest aus Moos und Flechten, das sie mit weichen Federn auslegen, übernehmen aber gerne Nester anderer Arten.

Bartgrassänger 3

Melocichla mentalis

VERBREITUNG: Im N von W-Afrika bis Äthiopien, S bis Angola und zum Sambesi
LEBENSRAUM: Ränder Immergrüner Wälder mit Hartgräsern und einzelnen Bäumen, sumpfige Flächen an Flüssen
GRÖSSE: 18-20 cm

Bartgrassänger sind von kräftiger Gestalt und erinnern eher an einen Bülbül als an einen Zweigsänger. Die Art wurde nach dem schwarzen Bartstreifen benannt, den nur die Männchen tragen.

Sie äußern einen schnarrenden Alarmruf, doch der Gesang der Männchen klingt melodisch und drosselähnlich und wird von einer Grasbülte aus vorgetragen, wo die Vögel auch gern ein Sonnenbad nehmen. Sie leben ungesellig und halten sich oft in der Vegetation versteckt. Zu ihrer Nahrung gehören Insekten, vor allem Heuschrecken und Käfer. Das schalenförmige Nest wird in einer Grasbülte gebaut und enthält 2 rosa-weiße, rot gemaserte Eier.

Rotstirn-Schneidervogel 4

Orthotomus sutorius

VERBREITUNG: Indischer Subkontinent, SO-Asien bis Java, S-China; in SO-Asien bis in 1600 m Höhe
LEBENSRAUM: Dickichte, Gebüsch, Bambus, Gärten
GRÖSSE: 12 cm; Männchen im Prachtkleid 15,5 cm

Dieser Vogel ist in SO-Asien weit verbreitet, wo er in Büschen und vor Verandas auf Insekten- und Spinnenjagd geht. Den Schwanz, der bei prächtigen Männchen am längsten ist, stelzt er und wippt mit ihm auf und ab.

Seinen Namen erhielt er wegen seiner außergewöhnlichen Nestbauweise. Dafür wählt er ein oder zwei Blätter eines niedrige Busches oder Zweiges, perforiert die Blattränder mit seinem Schnabel und näht sie mit Baumwollfasern oder Fäden von Spinnenweben oder Insektenkokons zusammen. In der so entstandenen Tasche wird das eigentliche Nest aus weichen Pflanzenfasern angelegt. Die 2-3 Eier werden von beiden Altvögeln bebrütet.

Meckergrasmücke 5

Camaroptera brachyura

VERBREITUNG: Afrika S der Sahara
LEBENSRAUM: Dickichte in Waldland, Waldrändern, an Flüssen, in Parks und Gärten
GRÖSSE: 12,5 cm

Von den etwa sechs afrikanischen Arten dieser Gattung ist die Meckergrasmücke die häufigste. Sie kommt in zwei Formen vor: Unterarten mit grünem Rücken, wie z.B. *C. b. brachyura*, sind vor allem im Osten Afrikas von Kenia bis S-Afrika verbreitet, Vögel mit grauem Rücken, z.B. *C. b. brevicaudata*, in den übrigen Regionen. Letztere Unterart wird oftmals als eigene Art betrachtet. Während die grünrückigen Vögel feuchte Immergrüne Wälder bevorzugen, kommen graurückige vorwiegend in trockenen Dornendickichten und offenen Laubwäldern vor.

Meckergrasmücken leben versteckt in dichtem Buschwerk, wo sie durch ihre charakteristischen Alarmrufe auf sich aufmerksam machen. Ein Ruf klingt wie das Blöken eines Lamms, ein anderer wie das Aneinanderschlagen zweier Steine.

Das weiche, daunige Nest wird in einem Gerüst aus den Blättern eines Zweiges oder aus Reisig angelegt und mit weiteren Blättern überdacht.

Gelbbaucheremomela 6

Eremomela icteropygialis

VERBREITUNG: Afrika von Sudan, Äthiopien und Somalia S über Kenia und Tansania bis Simbabwe und Transvaal
LEBENSRAUM: Wald- und Buschland, Dickichte
GRÖSSE: 10-11 cm

Dieser kecke, kleine Vogel lebt in trockenen Regionen nomadisch, ist aber in vielen Gebieten ein häufiger Brutvogel. Meist hält er sich in Paaren oder Familienverbänden im Laubwerk vor allem von Akazien auf, um nach Insekten zu suchen.

Sein Nest ist ein dünnwandiges Napfgebilde aus trockenem Gras, das mit Spinnenweben zusammengehalten wird und in einem Busch liegt. Das Weibchen legt 2-3 weiße, schokoladenbraun gefleckte Eier.

Braunbauchsylvietta 7

Sylvietta brachyura

VERBREITUNG: Im S der Sahelzone von Senegal im W bis Somalia im O häufig, von dort über Uganda und Kenia bis Tansania
LEBENSRAUM: Akazienwälder, trockenes Buschland, küstennahe Buschregionen
GRÖSSE: 9 cm

Dies ist ein kleiner, plumper Vogel mit sehr kurzem Schwanz, der auf der Suche nach Insekten auf Ästen und durch das Laub von Dornenbäumen kletternd an einen Kleiber erinnern kann.

Er lebt in Paaren und ist in vielen Teilen Afrikas häufig. Braunbauchsylviettas gehören zu insgesamt 9 Arten dieser Gattung und kommen in etwa 6 Unterarten vor. *S. b. carnapi*, in Kamerun und der zentralafrikanischen Republik verbreitet, zeigt im Gegensatz zu allen anderen Unterarten, wie z.B. *S. b. brachyura* von Senegal bis Äthiopien, eine kastanienbraune Unterseite.

Meisensänger 8

Parisoma subcaeruleum

VERBREITUNG: S-Afrika N bis Angola und S-Sambia
LEBENSRAUM: Dornenbüsche, buschbestandene Halbwüsten, trockene Hänge, Savannen, Dickichte, Büsche an Flußufern
GRÖSSE: 14-16 cm

Der Meisensänger gehört zu 5 Arten dieser in Afrika und Arabien verbreiteten Gattung. Er ist, wie der Name schon nahelegt, ein meisenähnlicher Vogel, der einzeln oder in Paaren im Laubwerk nach Insekten und Früchten sucht und in kurzem, niedrigem Flug von einem Baum zum nächsten wechselt. Der übersprudelnde, flötende Gesang der Männchen enthält oft Imitationen anderer Arten.

Das napfförmige, dünnwandige Nest wird aus Gras, Wurzeln und Spinnenweben in einen Baum gebaut und enthält 2-3 weiße, grün-braun gepunktete Eier.

Einfarb-Bülbülgrasmücke 9

Macrosphenus concolor

VERBREITUNG: W- und Zentralafrika von Sierra Leone bis Uganda
LEBENSRAUM: Unterwuchs, Schling- und Kletterpflanzen, Baumkronen dichter Wälder
GRÖSSE: 13 cm

Dies ist ein typischer Vertreter dieser noch weitgehend unerforschten Gattung, zu der 5 afrikanische Arten gehören. Er zeigt einen langen, dünnen Schnabel mit hakenförmiger Spitze, lockere Flankenfedern und lebt versteckt in dichtem Pflanzenwuchs, wo er sich bevorzugt von Insekten ernährt.

Über die Brutbiologie der Bülbülgrasmükken gibt es bislang nur Vermutungen, selbst Nest, Anzahl, Größe und Färbung der Eier sind bis heute unbekannt.

Zwergschilfsteiger 10

Megalurus gramineus

VERBREITUNG: O- und SW-Australien, Tasmanien
LEBENSRAUM: Grasbewachsene Sumpf- und Feuchtflächen
GRÖSSE: 13 cm

Zwergschilfsteiger leben versteckt in sumpfigen Feuchtgebieten, wo sie sich von kleinen Insekten und Spinnen ernähren. Sie sind scheu und fliegen nur selten einmal auf. Im Flug bewegen sie sich niedrig, langsam, mit flatterndem Flügelschlag und herabhängendem Schwanz. Am besten sind sie an ihrem dreisilbigen Gesang zu erkennen, der aus einer einleitenden kurzen und zwei viel längeren Silben besteht. Die erste kurze Silbe wird gelegentlich ausgelassen.

Meist sind sie in küstennahen Feuchtgebieten zu finden, erscheinen in regenreichen Jahren oft auch weit im Binnenland, was trotz ihrer schwachen Flugkünste auf eine nomadische Lebensweise hindeutet.

Zwergschilfsteiger besetzen gern alte Nester von Rohrsängern. Sind keine vorhanden, bauen sie ein tiefes, napfförmiges Nest aus Gras und anderen Pflanzenteilen, in das die Weibchen 3-5 Eier legen.

Farnsteiger 11

Megalurus punctatus

VERBREITUNG: Neuseeland
LEBENSRAUM: Rohrkolben, sumpfige Dickichte mit Farnbewuchs
GRÖSSE: 18 cm

Der Bestand des Farnsteigers, in Neuseeland einst häufiger und weit verbreiteter Brutvogel, ist durch den Verlust vieler farnbewachsener Feuchtgebiete, die in Anbauflächen umgewandelt wurden, stark zurückgegangen und in isolierte Populationen zerteilt worden. Die abgebildete Unterart *M. p. punctatus* kommt auf den Hauptinseln (Nord- und Südinsel) vor, andere Unterarten mit abweichender Gefiederfärbung auf kleinen Inseln vor der Küste.

Farnsteiger suchen am Boden oder in Bodennähe nach Nahrung, fliegen nur selten und dann nur kurze Strecken recht unbeholfen mit hängendem Schwanz. Ihr metallischer Ruf besteht aus einer tieferen und einer hell klickenden Silbe. Die Paare halten mit einsilbigen Duettrufen zueinander Kontakt, gelegentlich äußern die Männchen einen einfachen Gesang.

Das tiefe, napfförmige Nest wird von beiden Altvögeln aus trockenen Binsen und Gräsern gewoben und liegt in dichter Sumpfvegetation versteckt.

Schwarzbauch-Lerchensänger 12

Cinclorhamphus cruralis

VERBREITUNG: Zentral- und S-Australien (außer Tasmanien)
LEBENSRAUM: Grasland, Buschland mit Salzgewächsen
GRÖSSE: M 24 cm, W 19 cm

Diese Art wurde nach ihrem laut schwatzenden, etwas mißtönig klingenden Gesang benannt, der im lerchenartigen Rüttelflug mit hängenden Beinen vorgetragen wird. Beim Herabgleiten mit hochgehaltenen Flügeln äußert das Männchen einen schnalzenden Ton. Oft landet es auf einer Warte und singt dort mit gestelztem Schwanz weiter.

Schwarzbauch-Lerchensänger bewohnen offenes Gelände und gehören zu den häufigsten Vögeln landwirtschaftlicher Nutzflächen, wo sie am Boden nach Samen und Insekten suchen. Die Männchen sitzen häufig auf Pfosten und Überleitungen Vögel der südlichen Verbreitungsgebiete sind Zugvögel.

Männchen sind doppelt so schwer wie Weibchen, was darauf hindeutet, daß sie polygam leben. Denn Polygamie bedeutet grundsätzlich eine größere Konkurrenz bei der Partnerwahl, die zu einer Selektion größerer, kräftigerer und daher anderen überlegener Männchen führt.

Spinifexsänger 13

Eremiornis carteri

VERBREITUNG: N und W des australischen Binnenlands
LEBENSRAUM: Trockenes Grasland und Halbwüste mit Spinifex-Gras
GRÖSSE: 14 cm

Dieser Vogel verbringt die meiste Zeit in dichtem Spinifexbewuchs (*Triodia* spec.), einer häufigen Pflanze trockener australischer Grassteppen. Dort ernährt er sich von Käfern, anderen Insekten und Samen. Bei Gefahr klettert er an einem Spinifexbüschel empor, um sich einen Überblick zu verschaffen. Er fliegt nur ungern auf und hält sich dann mit flatterndem Flügelschlag und auf und ab wippendem Schwanz niedrig über dem Boden.

Er äußert einen hohen Ruf, der zwischen den einzelnen Individuen zu variieren scheint, und einen hoch pfeifenden Gesang. Das Nest wird in Bodennähe in einem Spinifexbüschel gebaut und enthält nur 2 rosa-weiße, lila und rotbraun gesprenkelte Eier.

Fidschibuschsänger 14

Cettia ruficapilla

VERBREITUNG: Fidschi-Inseln
LEBENSRAUM: Bergwälder und Dickichte
GRÖSSE: 13-16 cm

Der Fidschibuschsänger ist ein düster gefärbter, scheuer Vogel mit langen Beinen, der im dichten Unterwuchs hüpfend und kletternd unablässig Farne und andere Pflanzen nach Insekten und ihren Larven, Spinnen, Weberknechten und Milben absucht. Er wird gelegentlich auch der Gattung *Vitia* zugeordnet.

Fidschibuschsänger sind ausschließlich auf den vier größeren Fidschiinseln verbreitet. Auf Taveuni sind sie nur in feuchtem Wald zu finden, auf den anderen dagegen in dichtem Strauchwerk häufig. Einige Inselunterarten, wie z.B. *C. r. badiceps* auf Viti Levu und *C. r. ruficapilla* auf Kandavu, sind deutlich unterschieden.

Sie bauen ein unordentliches, überdachtes Nest mit einem Seiteneingang und legen zwei schokoladenbraune Eier. Häufig dienen sie Kuckucken als Wirtsvogel.

Grünhylia 15

Hylia prasina

VERBREITUNG: W- und Zentralafrika von Guinea bis W-Kenia, S bis N-Angola
LEBENSRAUM: Waldunterwuchs
GRÖSSE: 11,5 cm

Grünhylias werden oft den Nektarvögeln zugeordnet. Ihre Nahrung ist spezialisierter als die der meisten Zweigsänger, denn mit ihrem kurzen, leicht abwärts gebogenem Schnabel sammeln sie nektarsaugende Insekten und Wachs. Sie sind keineswegs selten, aber oft schwer zu entdecken. Häufig halten sie sich in gemischten Trupps in Baumkronen auf.

Sie bauen ein flaches, kuppelförmiges Nest an die meist recht niedrige Zweigspitze eines Baumes und legen 1-2 Eier.

FLIEGENSCHNÄPPER, MONARCHEN

Graubrust-Paradiesschnäpper
rotbraune Morphe
♂
♀
♂
weiße Morphe
imm.
Maskenmonarch
♀
♂
H. a. azurea
Schwarzgenick-schnäpper
♂
♀
Gelbbauch-Flachschnabel
♂
C. s. sclateri
C. s. sandwichensis
Elepaio

FLIEGENSCHNÄPPER, MONARCHEN

FAMILIE MUSCICAPIDAE FLIEGENSCHNÄPPER

Kleine bis mittelgroße Insektenfresser mit recht breitem Schnabel und Borsten im Schnabelwinkel. Gefieder düster oder leuchtend gefärbt, einige Arten mit bunten Hautlappen. Geschlechter oft ungleich gefärbt. Brüten in offen napfförmigen oder kuppelförmigen, auch verlassenen Nestern oder in Aushöhlungen. 1-11 einfarbig grüne oder bläuliche Eier mit rötlicher oder weißer Fleckung werden 12-17 Tage bebrütet. Die Jungen bleiben 13-19 Tage im Nest. 147 Arten.

Grauschnäpper 1

Muscicapa striata

VERBREITUNG: Eurasien N bis N-Rußland und W-Sibirien, O bis N-Mongolei, S bis NW-Afrika und Himalaya; im Winter Zentral- und S-Afrika, Arabien, NW-Indien
LEBENSRAUM: Offener Wald und Dickichte, Parks, Gärten; im Winter Akazienwälder und Dornenbüsche
GRÖSSE: 14 cm

Dieser unauffällige, mausgrau gefärbte Vogel sitzt gern auf exponierten Zweigen oder einer anderen Warte, schnellt nach vorbeifliegenden Insekten in die Luft und kehrt oft an dieselbe Stelle zurück. Er fliegt erratisch mit vielen Wendungen und Drehungen und zuckt im Sitzen häufig mit Schwanz und Flügeln. Er frißt fast ausschließlich Insekten, pickt im Herbst aber gelegentlich auch Beeren.

Sein Nest baut er in Halbhöhlen und ähnlichen Vertiefungen aus Moos, Wolle oder Haar und befestigt es mit Spinnenweben. Das Gelege besteht aus 4-5 (selten 2-7) hellblauen oder grünen, oft am stumpfen Ende braun gefleckten Eiern und wird vorwiegend vom Weibchen 12-14 Tage bebrütet. Die Jungen werden im Alter von 11-15 Tagen flugfähig.

Trauerschnäpper 2

Ficedula hypoleuca

VERBREITUNG: Große Teile Europas, W-Asien bis Jenissei, NW-Afrika; im Winter im tropischen Afrika S bis Tansania
LEBENSRAUM: Alte Laubbaumbestände, (vor allem im Hochland) Nadelwald, Parks, Obstgärten, Gärten
GRÖSSE: 13 cm

Trauerschnäpper halten mit den Flügeln zukkend und den Schwanz auf und ab wippend auf einer Warte nach Insekten Ausschau und kehren nach dem Jagdflug meist an eine andere Stelle zurück. Neben Insekten fressen sie im Herbst auch Regenwürmer und Beeren.

Die kontrastreich schwarz und weiß gefärbten Männchen paaren sich gelegentlich mit mehreren Weibchen oder leben monogam. Sie nisten in Baum- und Mauerhöhlen bis in 7 m Höhe und nehmen gerne Nistkästen an. Das Nest wird vom Weibchen aus Halmen, Wurzeln und Rindenstreifen gebaut und mit Federn ausgelegt und enthält 1-11 hellblaue, rötlich gesprenkelte Eier.

Blauschnäpper 3

Cyanoptila cyanomelana

VERBREITUNG: NO- und O-Asien, einschließlich Mandschurei, W-China und Japan; zieht durch O- und S-China nach SO-Asien, S bis Große Sundainseln
LEBENSRAUM: Bergwälder und bewaldete Regionen
GRÖSSE: 18 cm

Der Blauschnäpper bewohnt bewaldete Regionen und kommt während des Zuges und im Winterquartier bis in 2000 m Höhe vor. Kopfseiten, Kehle und Vorderbrust sind bei der Unterart *C. c. cyanomelana* schwarz, während Vögel der Unterart *C. c. cumatilis* dort und oberseits grünlich-blau und auf dem Scheitel glänzend blau gefärbt sind. Unausgefärbte Männchen sind an Kopf, Rücken und Brust olivbraun, auf Flügeln und Schwanz bläulich und zeigen einen weißlichen Kehlfleck.

Das Nest wird aus Flechten, Moos und Wurzeln in einer Vertiefung, auf Klippenrändern oder in Mauerlöchern angelegt und enthält 4-5 weiße oder hellbraune Eier, die am stumpfen Ende helle Markierungen tragen.

Rotbauch-Blauschnäpper 4

Niltava sundara

VERBREITUNG: Himalaya bis W-China, Burma
LEBENSRAUM: Walduntewuchs und Gebüsch
GRÖSSE: 18 cm

Von den 24 *Niltava*-Arten ist das Männchen des Rotbauch-Blauschnäppers durch einen (nicht immer sichtbaren) glänzend blauen Halsfleck und eine schwarze (nur leicht bläulich überhauchte), gerade endende Kehle gekennzeichnet. Weibchen sind am weißen Kehlfleck zu erkennen, während unausgefärbte Vögel eine braune, hell rostbräunlich gefleckte Oberseite und eine hellbraune, schwarz geschuppte Unterseite zeigen.

Im Himalaya brüten Rotbauch-Blauschnäpper in Höhenlagen von 1800-2300 m. Sie halten sich in niedrigem Strauchwerk auf, wo sie nach Ameisen, Käfern und anderen Insekten suchen. Außer einigen Zugzeitbeobachtungen aus N-Laos und Thailand gibt es keine näheren Informationen über Wanderungen und Zugwege.

Das Nest wird in Bodennähe in einem Hohlraum eines Erdwalls, Damms, hohlen Baumstumpfs oder in einer Felsspalte gebaut und mit Moos und Wurzeln ausgelegt.

Weißschwanzschnäpper 5

Microeca leucophaea

VERBREITUNG: Australien (außer Wüsten, Tasmanien und extremer NO); auch S-Neuguinea
LEBENSRAUM: Offener Wald, Waldland und Eukalyptusbüsche
GRÖSSE: 13 cm

Weißschwanzschnäpper haben ein graubraunes Gefieder, weiße äußere Steuerfedern und weiße Überaugenstreifen. Männchen und Weibchen sind nicht zu unterscheiden, Vögel im Jugendkleid dagegen braun und weiß gefleckt.

Sie sitzen auf niedrigen Warten, oft einem Zaunpfahl, und jagen von dort Fluginsekten oder stürzen sich auf am Boden erspähte Beutetiere. Am häufigsten halten sie sich auf Flächen mit lichtem Baumbewuchs, an Wald- und Feldrändern auf. Ihr Gesang besteht aus einem lauten *piter piter*, das auch als «Jacky Winter» umschrieben wird.

Das kleine, flache Nest aus Gras, Wurzeln, Rinde und Flechten wird auf einen waagerechten Ast gebaut und enthält 2-3 Eier. Die Brutzeit dauert von Juli bis Dezember.

Flammenbrustschnäpper 6

Petroica phoenicea

VERBREITUNG: SO-Australien und Tasmanien
LEBENSRAUM: Eukalyptuswälder der Hochlagen, Waldland; im Winter offenere Lebensräume
GRÖSSE: 14 cm

Die Männchen des Flammenbrustschnäppers sind wesentlich leuchtender gefärbt als die Weibchen und Jungvögel. Wie die meisten Arten dieser Gattung stürzen sie sich von niedrigen Ästen, einem Felsblock oder Baumstumpf aus auf ihre Beute und jagen nur gelegentlich in der Luft Insekten.

Am häufigsten sind sie im Great Dividing Range im lichten Wald nahe der Baumgrenze verbreitet. Im Herbst ziehen sie in tiefere Lagen, häufig auch westwärts in trockenere, offenere Lebensräume. Das Nest wird auf einem Zweig oder in der Aushöhlung eines Baumstumpfs, Pfostens oder zwischen Wurzeln angelegt.

FAMILIE MONARCHIDAE MONARCHEN

Kleine bis mittelgroße Insektenfresser, bei einigen Arten mit langen Steuerfedern. Gefieder bei Monarchen oft metallisch schwarz oder grau, oder kastanienbraun mit weißer Unterseite, Geschlechter bei einigen ungleich gefärbt; bei Fächerschwänzen schwarz, grau, gelb, rostbraun oder weiß, Geschlechter gleich gefärbt. Das napfförmige (bei einigen Fächerschwänzen kugelförmige) Nest enthält 2-5 weißliche (oder bei einigen Fächerschwänzen cremefarbene) Eier mit braunen Punkten oder Flecken. Bebrütungs- und Nestlingsperiode bei Monarchen 13-17 bzw. 12-18 Tage, bei der Gattung *Rhipidura* 12-14 bzw. 13-15 Tage. 164 Arten.

Weißflankenschnäpper 7

Batis molitor

VERBREITUNG: S-Sudan, Kenia (außer Küste), SW-Afrika, Mosambik und O-Kap-Provinz
LEBENSRAUM: Offener Akazienwald, Wald und Waldränder, Anbauflächen, Gärten
GRÖSSE: 11,5 cm

Weißflankenschnäpper jagen nach Schnäpperart Insekten in der Luft, suchen im Rüttelflug Blätter nach Beute ab und klettern auch meisenähnlich durch untere Zweige. Ihre Flügel erzeugen im Flug ein rasselndes Geräusch.

Das napfförmige Nest, aus Fasern und Flechten gebaut und mit Spinnenweben verbunden, liegt meist in einer Astgabel und enthält 2 gräulich- oder grünlich-weiße, mit einer Reihe dunkler Punkte versehene Eier.

Braunkehl-Lappenschnäpper 8

Platysteira cyanea

VERBREITUNG: W-, Zentral- und O-Afrika einschließlich Sudan, Uganda und Kenia
LEBENSRAUM: Waldstreifen und Sekundärbewuchs
GRÖSSE: 13 cm

Herausragendes Kennzeichen der 10 ausschließlich in Afrika vorkommenden Lappenschnäpper-Arten ist ein schmückender Hautlappen. Braunkehl-Lappenschnäpper sind kontrastreich schwarzweiß gefärbt und zeigen leuchtend scharlachrote Augenlappen. Sie leben in Paaren oder lärmenden kleinen Trupps, bewohnen ähnliche Lebensräume wie Meisen, Laubsänger oder Goldhähnchen und suchen pausenlos im Laubwerk nach Nahrung. Im Flug ist der Flügelschlag zu hören.

Das Nest wird in einer Astgabel eines Busches oder Baums aus dünnem Gras, Fasern und Flechten gebaut und mit Spinnenweben verbunden. Es enthält in der Regel 2 cremeweiße oder olivfarbene, braun gefleckte Eier.

Türkiselminie 9

Elminia longicauda

VERBREITUNG: W-Afrika, O bis Kenia, S bis Angola
LEBENSRAUM: Waldland und Wald, Gärten, Farmland
GRÖSSE: 14 cm

Dieser wunderschöne, hellblau gefärbte Vogel gehört zu den attraktivsten Fliegenschnäppern Afrikas. Er sitzt aufrecht, fächert häufig den langen, geraden Schwanz und hält stets wachsam nach Insekten Ausschau. Trotz seiner Lebhaftigkeit verhält er sich oft sehr zahm und zutraulich. Sein kurzer, zwitschernder Gesang ist nicht besonders einprägsam, erinnert jedoch an den einiger Nektarvögel.

Schwarzgenickschnäpper 10

Hypothymis azurea

VERBREITUNG: Indonesien, Philippinen, China, W bis Indien
LEBENSRAUM: Gemischte Primär- und Sekundärwälder, Felder, Plantagen, Bambusdickichte
GRÖSSE: 16 cm

Vom Schwarzgenickschnäpper wurden mehrere Unterarten beschrieben, zu denen *H. a. ceylonensis* ohne schwarzen Kehlstreif, die indische, unterseits weiße Festlandsform *H. a. styani* und die auf den Andamanen vorkommende, unterseits blaue Form *H. a. tytleri* gehören. Die Abbildung zeigt die philippinische Unterart *H. a. azurea*.

Schwarzgenickschnäpper leben gesellig, sind stets in Bewegung, zucken häufig mit den Flügeln und wippen mit dem gestelzten, gefächerten Schwanz. Von Warten aus starten sie kurvenreiche Jagdmanöver nach Insekten. Ihre Beute tragen sie zum Ansitz und halten sie wie Würger mit den Zehen fest, um sie zu zerteilen. Einen richtigen Gesang haben sie nicht.

In einer Astgabel eines Baumes oder Busches bauen sie ein Nest aus Grasstengeln und Rindenstückchen, das oft mit weißen Spinnenweben und -eihüllen dick gepolstert und mit Spinnenweben an einem Ast befestigt ist.

Graubrust-Paradiesschnäpper 11

Terpsiphone viridis

VERBREITUNG: Afrika S der Sahara
LEBENSRAUM: Wald und bewaldete Flußufer mit altem Baumbestand
GRÖSSE: 40 cm

Dieser prächtige Vogel erscheint in schattigen Mischwäldern oder an Fluß- und Seeufern, wo dichte Baumkronen durch Lichtungen und niedrige Büsche abgelöst werden. Dort fliegt er von einer versteckten Warte auf, um in der Luft Insekten zu fangen, wobei für kurze Momente sein leuchtendes Gefieder und sein langer Schwanz zu erkennen sind. Er äußert einen einprägsamen zwei- oder dreisilbigen Ruf.

Die Steuerfedern können bei Männchen bis zu 20 cm lang sein, während Weibchen meist einen kurzen Schwanz haben, doch ist die Schwanzlänge kein geeignetes Merkmal für die Geschlechtsbestimmung.

Das Nest ist überraschend klein, aus Pflanzenfasern und feinen Wurzeln säuberlich geflochten und mit Spinnenweben und Flechten gefestigt und getarnt. Es liegt immer an einer schattigen Stelle eines dünnen, offenen, kahlen Zweigs, oft über dem Wasser. Der Schwanz des brütenden Vogels hängt vom Nestrand herab.

Elepaio 12

Chasiempis sandwichensis

VERBREITUNG: Hawaii-Inseln
LEBENSRAUM: Naturwälder und Vulkangebiete der Hochlagen
GRÖSSE: 14 cm

Dieser Vogel kommt ausschließlich auf den Hawaii-Inseln vor. Von den 5 Unterarten sind *C. s. sandwichensis*, *C. s. ridgwayi* und *C. s. bryani* auf die Hauptinsel Hawaii beschränkt, während *C. s. sclateri* auf Kauai verbreitet und *C. s. gayi* ein seltener Brutvogel auf der dicht besiedelten Insel Oahu ist. Abgesehen vom Verhalten läßt sich die Art am besten an den zwei weißen Flügelbinden, dem weißen Bürzel und den weißen Spitzen der Steuerfedern bestimmen, die alle Altvögel zeigen. Jungvögel der Insel Hawaii sind düster braun, die der Inseln Kauai und Oahu rostbraun gefärbt.

Elepaios sind lebhaft und neugierig und sitzen häufig mit gestelztem Schwanz auf einer Warte. Sie fressen Insekten, die sie von Blättern und Stämmen picken oder im Flug unterhalb der Baumkronen erbeuten. Neben verschiedenen pfeifenden und schwatzenden Rufen äußern sie einen lauten Pfeifgesang *e-le-pai-o*.

Maskenmonarch 13

Monarcha melanopsis

VERBREITUNG: O-Australien und Neuguinea
LEBENSRAUM: Regenwald und feuchter Eukalyptuswald
GRÖSSE: 18 cm

Die schwarze Färbung von Gesicht und Kehle gab dem Maskenmonarchen seinen Namen. Weibchen ähneln den Männchen, während Jungvögeln schwarze Gefiederpartien fehlen.

Maskenmonarchen ernähren sich von Insekten, die sie von Blättern und Rinde picken, während sie einen Ast entlang laufen, dann zum nächst höheren hüpfen und diesen absuchen. Auf diese Weise arbeiten sie sich bis in 8 m Höhe einen Baum hinauf, um danach erneut unten zu beginnen. Daneben erbeuten sie Insekten in der Luft oder am Boden. Sie äußern verschiedene rauhe Rufe und einen pfeifenden Gesang. Das Nest wird aus Zweigen gebaut und mit grünem Moos geschmückt.

Gelbbauch-Flachschnabel 14

Machaerirhynchus flaviventer

VERBREITUNG: NO-Australien, Neuguinea
LEBENSRAUM: Regenwald
GRÖSSE: 11-12 cm

Das herausragende Kennzeichen dieses Vogels ist der breite, flache Hakenschnabel. Flachschnäbel fressen kleine, weiche Insekten, die sie im Flug fangen oder von Blättern picken. Meist halten sie sich im Kronendach des Regenwaldes auf. Während der Nahrungssuche halten sie mit weichen, pfeifenden Trillern untereinander Kontakt. Das Nest wird vor allem vom Männchen gebaut und hängt über eine Kletterpflanzenranke von einer kleinen Astgabel. Es enthält 2 weiße, rötlich-braun gepunktete Eier.

MONARCHEN, STAFFELSCHWÄNZE, SÜDSEE-GRASMÜCKEN

Weißkehlgerigone
Stutzschnabel
Rotkopf-Lackvogel
D. b. broadbenti
Stelzschwanz-
Dornschnabel
A. a. apicalis
Farnhuscher
S. f. laevigaster
S. f. maculatus
♂
♂
Steinhuscher
S. f. humilis ♂
♂
S. f. frontalis
Weißbrauensericornis
Finschia

MONARCHEN, STAFFELSCHWÄNZE, SÜDSEEGRASMÜCKEN

Lamprolia 1

Lamprolia victoriae

Verbreitung: Fidschi-Inseln
Lebensraum: Regenwald
Grösse: 13 cm

Lamprolias besitzen große, runde Flügel und ein seidiges, samtschwarzes Gefieder mit weißem Bürzel und weißen Oberschwanzdecken, die bei fliegenden Vögeln im Dämmerlicht des Regenwaldes auffallen. Die Unterart *L. v. victoriae* ist auf der Insel Taveuni verbreitet, während *L. v. kleinschmidti* ein seltener Brutvogel auf Vanua Levu ist.

Lamprolias leben gesellig und halten sich unterhalb der Baumkronen oder am Boden auf, wo sie mit heftig wippendem Schwanz im Laub nach Insekten suchen. Sie picken ihre Beute auch von niedrigen Zweigen und Blättern, zuweilen im Rüttelflug oder fangen sie in der Luft.

Zum Balzverhalten gehören Verbeugungen und Schwanzstelzen oder Flügelzucken und Schwanzfächern. Beide Verhaltensweisen lassen die weißen Gefiederpartien aufleuchten. Lamprolias legen nur ein hell rosafarbenes, gepunktetes Ei. Das Nest wird napfförmig und an einem niedrigen Zweig hängend gebaut und oft von großen überhängenden Blättern verdeckt.

Weißstirn-Fächerschwanz 2

Rhipidura aureola

Verbreitung: Sri Lanka, Indien, Pakistan, Bangladesch
Lebensraum: Wälder, Gärten, Gebüsch
Grösse: 17 cm

Von den 3 Unterarten ist *R. a. burmanica* mit gleicher Färbung von Scheitel und Rücken im Osten, *R. a. aureola* mit dunklerem Scheitel in Indien und *R. a. compressirostris* mit weniger Weiß im Schwanz im Süden und in Sri Lanka verbreitet. Weibchen sind am Kopf meist etwas heller als Männchen.

Weißstirn-Fächerschwänze halten sich in niedrigem Unterwuchs auf. Sie ernähren sich von Insekten, die sie in eleganten Flugmanövern in der Luft erbeuten. Häufig stelzen sie den gefächerten Schwanz und lassen dabei die Flügel hängen, oder sie zucken mit Schwanz und Flügeln, womit sie möglicherweise Insekten aus Rindenspalten aufschrecken.

Ihr Gesang besteht aus kurzen, aufsteigenden und abfallenden, dünnen, klaren Pfeiftönen. Sie bauen ein kompaktes Nest aus Pflanzenfasern und Gras auf einen hohen Zweig, bedecken es mit Spinnenweben und legen 3 Eier.

Gartenfächerschwanz 3

Rhipidura leucophrys

Verbreitung: Australien; in Tasmanien, Neuguinea, auf Salomonen, Bismarckarchipel und Molukken selten
Lebensraum: Offener Wald, Gebüsch
Grösse: 20 cm

Der Gartenfächerschwanz gehört nicht nur zu den häufigsten Vögeln Australiens, sondern wegen seines schwarzweißen Gefieders, seiner Zutraulichkeit, Nahrungsgewohnheiten und Wehrhaftigkeit anderen Vogelarten gegenüber auch zu den beliebtesten. Er verbringt etwa die Hälfte seiner Zeit am Boden, wo er nach Fliegen, Käfern und Ameisen sucht. Dabei dreht und schwenkt er den Schwanz von einer Seite zur anderen, schaukelt mit dem ganzen Körper oder zuckt mit den Flügeln. Zuweilen jagt er von niedrigen Zweigen, Baumstümpfen oder Schafrücken aus Insekten in der Luft.

Während der Brutzeit sind Gartenfächerschwänze besonders aggressiv. Jeder Eindringling bis zur Größe eines Adlers wird mit heftigen Flugattacken und pausenlosem Krächzen angegriffen. Dank dieser Wehrhaftigkeit und trotz der offenen Lage des Nestes auf einem waagerechten Zweig überleben etwa 65 Prozent der Jungvögel.

Rotstirn-Fächerschwanz 4

Rhipidura rufifrons

Verbreitung: Neuguinea, Pazifische und Indonesische Inseln, N- und O-Australien
Lebensraum: Eukalyptuswald, Regenwald und Mangroven
Grösse: 15-16,5 cm

Dieser Fächerschwanz kommt in mehreren Unterarten vor, die sich in der Rosttönung und der Ausdehnung von Schwarz an der Kehle unterscheiden. Die auf Guam beheimatete Unterart *R. r. mariae* ist fast ausgestorben, andere sind dagegen relativ häufig. Die Abbildung zeigt die ostaustralische Form *R. r. rufifrons*.

Rotstirn-Fächerschwänze jagen in der unteren Waldzone auf bis in 5 m Höhe in der Luft Insekten, wobei die rostroten Gefiederpartien leuchten. Ihre Flugkünste reichen jedoch nicht an die des dunkler gefärbten verwandten Graufächerschwanzes *R. fuliginosa* heran.

FAMILIE MALURIDAE STAFFELSCHWÄNZE

Kleine Boden- und Buschbewohner mit kurzem Schnabel, langen, dicken Beinen und langem, meist gestelztem Schwanz. Männchen im Prachtkleid bei Staffelschwänzen mit leuchtend blauen, purpurnen, kastanienbraunen, schwarzen, roten und weißen Partien, bei einigen Grasschlüpfern braun-schwarz und weiß, bei den meisten anderen Arten braun. Mit Ausnahme der Grasschlüpfer Geschlechter verschieden gefärbt. 2-4 weißliche, rotbraun gesprenkelte Eier werden in meist kuppelförmigem Nest mit Seiteneingang 12-15 Tage bebrütet. Die Jungen bleiben 10-12 Tage im Nest. 24 Arten.

Prachtstaffelschwanz 5

Malurus cyaneus

Verbreitung: SO-Australien einschließlich Tasmanien
Lebensraum: Eukalyptuswald und Wälder mit stellenweise dichtem Unterholz
Grösse: 13 cm

Prachtstaffelschwänze gehören zu den bekanntesten und am meisten erforschten Vögeln Australiens. Sie ernähren sich von Hundertfüßern und anderen Gliederfüßern, die sie auf offenen Grasflächen am Boden finden, bleiben aber in der Nähe dichter Vegetation, in die sich sich bei Gefahr zurückziehen.

Bei der Aufzucht der Jungen werden die Brutpaare oft von einem oder mehreren Helfern unterstützt. Meist handelt es sich um junge, matt gefärbte Männchen, die mit einem oder beiden der Altvögel verwandt sind. Während der Paarungszeit wird das Weibchen vom Männchen streng überwacht. Oft benutzt das Männchen zur Balz ein leuchtend gelbes Blütenblatt. Das kuppelförmige Nest ist nahe der Spitze mit einem Seiteneingang versehen. Ein Paar mit Helfern kann pro Saison 3-4 Bruten aufziehen, doch ist der Verlust an Eiern und Nestlingen durch Nesträuber, vor allem Schlangen, groß.

Rotscheitel-Borstenschwanz 6

Stipiturus ruficeps

Verbreitung: Zentralaustralien
Lebensraum: Grasland, Wüste, Gebüsch
Grösse: 14 cm

Borstenschwänze haben verlängerte mittlere Steuerfedern, die fast doppelt so lang wie der Körper sind und keine Hakenstrahlen aufweisen. Dadurch wirken sie fadenartig und erinnern an die Federn des Emus, nach dem die Vögel im Englischen benannt wurden (Emu Wren).

Rotscheitel-Borstenschwänze bewohnen entlegene, vorwiegend mit dichten *Triodia*-Grasbüscheln und niedrigen Sträuchern bewachsene Halbwüsten und sind noch weitgehend unerforscht. Sie suchen unauffällig im

Gras und Strauchwerk nach Insekten und halten dabei mit leisen, hohen Trillern zueinander Kontakt. Männchen äußern kürzere schwirrende Alarmrufe und zuweilen kurze Pfeifgesänge.

Streifengrasschlüpfer 7

Amytornis striatus

VERBREITUNG: Australisches Binnenland
LEBENSRAUM: Sandwüsten und Gestrüpp
GRÖSSE: 14-16,5 cm

Streifengrasschlüpfer bevorzugen ebene Sandregionen mit dornigen *Triodia*-Gräsern und kommen in 3 verschieden gefärbten Unterarten vor. Die abgebildete Unterart *A. s. striatus* ist in zentralen Regionen von Neusüdwales, in NW-Victoria und SO-Australien auf Grasflächen zwischen Gestrüpp verbreitet.

Sie fressen Hundertfüßer und andere Wirbellose, gelegentlich auch kleine Samen, die sie am Boden finden. Dabei bewegen sie sich mausartig schlüpfend und hüpfend durch Sträucher und fliegen nur selten einmal auf. Das halb überdachte, in einem Grasbüschel gelegene Nest wird aus dornigen Gräsern und manchmal einigen Rindenstücken gebaut und mit Samen, Pflanzenflaum und Fell ausgelegt.

FAMILIE ACANTHIZIDAE SÜDSEEGRASMÜCKEN

Kleine bis mittelgroße Vögel mit dünnem Schnabel, kurzem Schwanz und kurzen Flügeln. Gefieder meist braun, oliv oder gelb, Geschlechter gleich gefärbt. 2-3 (gelegentlich 4) weiße, manchmal dunkelbraune oder gepunktete Eier werden in kuppelförmigem, oft mit einem Dach versehenem Nest 15-20 Tage bebrütet. Die Jungen bleiben 15-20 Tage im Nest. 65 Arten.

Rotkopf-Lackvogel 8

Dasyornis broadbenti

VERBREITUNG: Auf kleine Region im SO Australiens beschränkt; in SW-Australien wahrscheinlich ausgestorben
LEBENSRAUM: Dickichte
GRÖSSE: 27 cm

Zur Gattung *Dasyornis* gehören nur 3 spärlich verbreitete und noch weitgehend unbekannte Vogelarten. Rotkopf-Lackvögel suchen am Boden nach Samen, Insekten und anderen Wirbellosen. Sie sind sehr scheu und daher häufiger zu hören als zu sehen. Ihr Gesang klingt rauh und quietschend.

Die Brutzeit dauert von September bis Dezember. Die Vögel bauen ein ovales Bodennest mit einem Seiteneingang und legen 2 weiße, kräftig rot und purpurfarben gefleckte Eier. Von den 3 Unterarten ist die südwestliche *D. b. littoralis* wahrscheinlich ausgestorben, *D. b. whitei* in S-Australien und *D. b. broadbenti* in S-Australien und Victoria sind aber noch relativ häufig.

Steinhuscher 9

Origma solitaria

VERBREITUNG: Zentrale Küsten von Neusüdwales
LEBENSRAUM: Wald und felsige Heideflächen
GRÖSSE: 14 cm

Steinhuscher kommen ausschließlich in den spärlich bewachsenen Sand- und Kalksteinregionen in der Umgebung von Sydney vor. Dort suchen sie vorwiegend auf nacktem Fels nach Insekten und Spinnen und können dabei fast senkrecht am Gestein emporklettern. Die Männchen tragen einen sich wiederholenden, schrillen Gesang vor.

Als Nistplatz wählen Steinhuscher ausschließlich dunkle Plätze in einer Höhle, einer tiefen Felsspalte oder hinter einem Wasserfall, manchmal auch in Bergwerksschächten oder Gebäuden. Das kugelförmige Hängenest wird mit Spinnenweben an der Decke befestigt.

Farnhuscher 10

Crateroscelis gutturalis

VERBREITUNG: NO-Australien
LEBENSRAUM: Regenwälder in Bergen oberhalb 650 m Höhe
GRÖSSE: 12-14 cm

Farnhuscher sind unauffällige, ruhige Vögel, die fast ausschließlich am Boden leben. Allein oder in Paaren durchwühlen sie Blätter aufwirbelnd das Laub nach kleinen Wirbellosen wie Schnecken, fressen aber auch Insekten, die durch größere Vögel aufgeschreckt werden.

Die Brutzeit dauert in der Regel von August bis Oktober. Das große, rundliche Nest wird aus grünem Moos, Farnfasern, Wurzeln und trokkenen Blättern gebaut und liegt in dichtem Bewuchs, oft an steilen Böschungen zwischen Farnen versteckt.

Weißbrauen-Sericornis 11

Sericornis frontalis

VERBREITUNG: W-, S- und O-Australien, Tasmanien
LEBENSRAUM: Waldunterwuchs, Heide
GRÖSSE: 12 cm

Die etwa 9 Unterarten dieser Art lassen sich in 4 Gruppen unterteilen, für die *S. f. laevigaster* in O-Queensland und NO-Neusüdwales, *S. f. frontalis* in SO-Queensland und Neusüdwales, *S. f. humilis* in Tasmanien und *S. f. maculatus* in O- und SW-Australien stellvertretend genannt seien. Einige dieser klar unterscheidbaren Unterarten galten früher als eigene Arten.

Die Vögel äußern einen melodischen, aber sprunghaften Gesang und verschiedene rauhe Rufe. Sie halten sich am Boden in Dickichten oder niedrigen Büschen auf, wo sie nach Insekten und Samen suchen. Vögel am NW der Verbreitungsgrenze müssen mit extrem hohen Temperaturen leben, die ihre Nahrungssuche einschränken. Sie können schwache Salzlösungen trinken und den Urin konzentrieren, um Körperflüssigkeit zu sparen.

Stelzschwanz-Dornschnabel 12

Acanthiza apicalis

VERBREITUNG: S- und Zentralaustralien
LEBENSRAUM: Trockenes Waldland und Eukalyptusgebüsch; im SW Wald, Küstensträucher, Heide; auch Mangroven
GRÖSSE: 10 cm

Dieser kleine Vogel mit vorwiegend graubraunem Gefieder und rötlichem Bürzel, der nicht zuletzt durch seine verschiedenen Rufen und Imitationen verwirrt, dürfte Bestimmungsexperten gefallen. Er kommt, wie auch der Rotstirn-Dornschnabel *A. pusilla*, als dessen Unterart er gelegentlich betrachtet wird, in mehr als 5 Unterarten vor.

Stelzschwanz-Dornschnäbel sind lebhafte und auffällige Vögel, die im Gebüsch Insekten oder Samen fressen und mit ruckartigem Flügelschlag von einem Busch zum nächsten fliegen. Daneben suchen sie auch in Blüten nach Nahrung. Das Weibchen baut ein kuppelförmiges Nest aus Rinde und Gras und bebrütet die Eier allein.

Stutzschnabel 13

Smicrornis brevirostris

VERBREITUNG: Fast ganz Australien
LEBENSRAUM: Wälder und Waldland mit Eukalyptus und Akazien
GRÖSSE: 8-9 cm

Dieser kleinste Vogel Australiens hat eine helle Iris, einen hellen Überaugenstreifen und einen sehr kurzen Schnabel. Sein Gesang ist für seine Größe recht laut und wird in Anlehnung an den englischen Namen mit *I'm a weebill* umschrieben.

Stutzschnäbel fressen vor allem Insekten, die sie von den äußeren Blättern der Bäume oft im Rüttelflug picken. Die Brutzeit dauert von Juli bis Februar. Das runde oder birnenförmige Nest hat einen Seiteneingang.

Weißkehlgerigone 14

Gerygone olivacea

VERBREITUNG: N- und O-Australien; zieht bis SO-Australien; auch SO-Neuguinea
LEBENSRAUM: Eukalyptus-Waldland
GRÖSSE: 11 cm

Weißkehlgerigonen hüpfen geschwind durch Baumkronen, picken Kleininsekten von Blättern und äußern einen hohen, munteren Gesang.

Sie erreichen ihre südlichen Brutgebiete im September und ziehen im April ab. Das Nest, aus Rinde und Spinnenweben gebaut und mit Federn ausgepolstert, hängt an einem niedrigen Eukalyptuszweig und ist vor dem Seiteneingang mit einer kleinen Sitzfläche ausgestattet. Häufig ist es von Ameisen und Wespen bevölkert, die es möglicherweise vor Nesträubern schützen.

Finschia 15

Finschia novaeseelandiae

VERBREITUNG: Südinsel, Stewart Insel und benachbarte Inseln (Neuseeland)
LEBENSRAUM: Alter Waldbestand und Buschland
GRÖSSE: 13 cm

Finschias leben das ganze Jahr über in Familienverbänden und bilden im Winter oft größere Schwärme. Nichtbrüter können mehrere Jahre bei ihren Familien bleiben. Sie halten sich in den Baumkronen auf, sind aber an ihrem Gesang und ihren Rufen leicht zu erkennen. Nach dem Ruf nannten die Maoris sie Pipipi.

Sie fressen Insekten, die sie von kleinen Zweigen und Blättern picken, und besetzen im Frühjahr Territorien. Nestbau und Bebrütung der Eier werden vom Weibchen allein übernommen, doch wurden auch Helfer am Nest beobachtet.

DICKKÖPFE, MEISEN, SCHWANZMEISEN, BEUTELMEISEN

P. m. major
Kohlmeise
Königsmeise
P. m. cinereus
M. s. sultanea
M. s. gayeti
Sultansmeise
Blaumeise
P. b. bicolor
R. p. pendulinus
P. b. atricristatus
Indianermeise
R. p. macronyx
Beutelmeise
A. c. caudatus
A. c. rosaceus
Schwanzmeise
P. m. minimus
P. m. melanotis
Buschmeise
Goldköpfchen

DICKKÖPFE, MEISEN, SCHWANZMEISEN, BEUTELMEISEN

FAMILIE PACHYCEPHALIDAE DICKKÖPFE

Kleine bis mittelgroße, robuste Vögel mit kräftigem, oft hakenförmigem Schnabel. Gefieder meist dunkel braun oder grau, bei einigen bunt. 1-4 weiße bis olivfarbene, gefleckte Eier werden im napfförmigen Nest in Bäumen oder Spalten 16-18 Tage bebrütet. Die Jungen bleiben 13-16 Tage im Nest. 52 Arten.

Meisendickkopf 1

Falcunculus frontatus

VERBREITUNG: SO-, SW- und NW-Australien
LEBENSRAUM: Wald, Eukalyptuswälder
GRÖSSE: 18 cm

Meisendickköpfe ähneln in der Färbung Kohlmeisen und zeigen einen kräftigen Hakenschnabel, der an einen Würger erinnert, aber zum geräuschvollen Abbrechen loser Rinde von Eukalyptusbäumen dient, um Larven und Käfer freizulegen. Auch picken sie Schuppeninsekten von Zweigen und reißen Raupenkokons und Wucherungen auf, um an die darin lebenden Kleintiere zu gelangen.

Die Abbildung zeigt die östliche Unterart *F. f. frontatus*. Männchen der südwestlichen Form *F. f. leucogaster* sind unterseits weiß, die nördliche Form *F. f. whitei* ist kleiner und intensiver gelb. Sie brüten in kleinen Gruppen, wobei Nichtbrüter bei der Aufzucht helfen. Das Nest wird säuberlich aus Rinde und Spinnweben in Baumkronennähe gebaut.

Gelbbauch-Dickkopf 2

Pachycephala pectoralis

VERBREITUNG: O- und S-Australien, Tasmanien, Neuguinea, Indonesien und Pazifische Inseln
LEBENSRAUM: Regenwald, Eukalyptuswald
GRÖSSE: 16 cm

Von den australischen Singvögeln ist das Männchen dieser Art einer der farbenprächtigsten und melodischsten Sänger. Zudem ist der Gelbbauch-Dickkopf mit mindesten 73 in Gefiederfärbung und Schnabelform unterscheidbaren Inselunterarten die variationsreichste Vogelart der Welt. Von den 3 abgebildeten Unterarten zeigt *P. p. torquata* von der Insel Taveuni einen kurzen, *P. p. pectoralis* von Neusüdwales einen mittellangen und *P. p. littayei* von den Loyalty Islands einen besonders langen Schnabel und eine etwas andere Färbung. Bei allen Unterarten sind die Weibchen, wie auch die Männchen einiger Inselformen, düster olivfarben.

Gelbbauch-Dickköpfe fressen vor allem Großinsekten, die sie von Akazien- oder Eukalyptusblättern picken. Männchen halten sich meist in höheren Baumlagen auf als Weibchen.

Ockerpitohui 3

Pitohui kirhocephalus

VERBREITUNG: Neuguinea und W angrenzende Inseln
LEBENSRAUM: Wald und Waldränder in den Niederungen
GRÖSSE: 23 cm

Die 7 Arten dieser Gattung sind alle auf die Region Neuguinea beschränkt. Ockerpitohuis

zeigen eine bemerkenswerte geographische Variation in der Gefiederfärbung, deren extreme Formen die weitgehend schwarze Unterart *P. k. aruensis* auf den Aru Islands und die grauköpfige *P. k. pallidus* des westlichen Binnenlands und der Inseln Waigeo und Batana darstellen.

Sie suchen in kleinen Gruppen in Büschen und Bäumen nach Insekten. Dabei sind sie selten zu sehen, machen aber durch ihre lauten, glucksenden wie auch heiseren katzenähnlichen Rufe und ein klangvolles Flügelgeräusch auf sich aufmerksam.

FAMILIE PARIDAE MEISEN

Kleine, lebhafte Vögel mit meist braunem oder grauem, bei einigen Arten buntem Gefieder, Geschlechter gleich gefärbt. Höhlenbrüter. 4-12 weiße, rot-braun gepunktete Eier werden 13-14 Tage bebrütet. Die Jungen bleiben 17-20 Tage im Nest. 50 Arten.

Schwarzkopfmeise 4

Parus atricapillus

VERBREITUNG: Alaska, Kanada, S bis Zentral-USA
LEBENSRAUM: Nadel- und Laubwald
GRÖSSE: 13 cm

Von allen Meisen Nordamerikas sind die Schwarzkopfmeisen am weitesten verbreitet. Sie sind Waldbewohner, brüten paarweise und bilden im Winter kleine Trupps, die in Gärten häufig an Futterhäuser kommen.

Die Brutpaare ziehen es in der Regel vor, selbst eine Nisthöhle in morsches Holz abgestorbener Bäume zu graben, anstatt eine vorhandene Höhle zu übernehmen. Auch Nistkästen nehmen sie nur an, wenn diese zuvor mit Füllmaterial verstopft wurden, so daß die Vögel sich einen Zugang graben müssen.

Tannenmeise 5

Parus ater

VERBREITUNG: Eurasien von England bis Japan, N-Afrika
LEBENSRAUM: Wald, vor allem Nadelwald
GRÖSSE: 11,5 cm

Die Tannenmeise kommt in ihrem großen Verbreitungsgebiet in nahezu 20 Unterarten vor. Während die meisten Vögel der bei uns lebenden Unterart *P. a. ater* ähneln, zeigt die im Himalaya brütende Form *P. a. aemodius* eine schwarze Haube.

Tannenmeisen bevorzugen in der Regel Nadelwälder, in einigen Regionen, wie z.B. Irland, sind sie jedoch in Laubwäldern zu finden. Außerhalb der Brutzeit schließen sie sich gemischten Meisentrupps an, die in Baumkronen und Büschen nach Insekten und Samen suchen.

Sie besetzen bevorzugt verlassene Baumhöhlen, brüten aber gelegentlich auch in von Nagetieren verlassenen Erdhöhlen.

Haubenmeise 6

Parus cristatus

VERBREITUNG: Europa und Skandinavien O bis Ural
LEBENSRAUM: Alter Nadelwald und Mischwald
GRÖSSE: 11,5 cm

Haubenmeisen sind an der gefleckten Haube leicht zu erkennen. Sie bewohnen fast ausschließlich Nadelwald mit altem Fichten- und Kiefernbestand und kommen daher im ganzen Verbreitungsgebiet nur lückenhaft vor. Zu ihrer Nahrung gehören vor allem Insekten, die sie mit dem kurzen Schnabel aus der Rinde picken, und Kiefernsamen.

Sie beziehen alljährlich eine neue Nisthöhle, die vorwiegend vom Weibchen meist in morsche Baumstümpfe gegraben wird.

Mohrenmeise 7

Parus niger

VERBREITUNG: SO-Afrika, N bis Tansania
LEBENSRAUM: Wälder , Waldränder, offenes Waldland
GRÖSSE: 16 cm

Mohrenmeisen bewohnen dichte Immergrüne Wälder und einzelne Baumgruppen. Sie brüten in Verbänden von 3-4 Vögeln, und obwohl die männlichen Jungen des Vorjahres bei der Fütterung helfen, werden durchschnittlich nur 3-4 Küken pro Saison aufgezogen.

Diese Art kommt nur im Osten S-Afrikas vor und ähnelt stark der kürzlich als eigene Art abgetrennten *P. carpi*, die in einigen Teilen W-Afrikas brütet.

Kohlmeise 8

Parus major

VERBREITUNG: Eurasien, von England über Rußland und S-Asien bis Japan
LEBENSRAUM: Wälder, Gebirgs-Buschzonen, Parks, Gärten, Mangroven
GRÖSSE: 14 cm

Die Kohlmeise ist ein weit verbreiteter und äußerst anpassungsfähiger Vogel. Von den etwa 30 Unterarten sind die meisten wie die europäische und mittelasiatische Form *P. m. major* unterseits gelb und oberseits grün gefärbt. Einige östliche Unterarten, wie *P. m. cinereus* auf Java und den Kleinen Sundainseln, sind dagegen oberseits grau und unterseits weißlich. In Mittelasien und Ostchina kommen grün/gelbe und grau/weiße Formen nebeneinander vor, scheinen aber nicht zu hybridisieren.

Kohlmeisen sind akrobatische Kletterer und äußern vielfältige metallische Rufe. Sie sind in Gärten häufig, nehmen gerne Nistkästen an und brüten sogar an so ungewöhnlichen Stellen wie Abflußrohren und Briefkästen.

Königsmeise 9

Parus spilonotus

VERBREITUNG: Von Nepal bis S-China
LEBENSRAUM: Bergwälder
GRÖSSE: 14 cm

Diese Art wird häufig mit der Kronenmeise *P. xanthogenys* verwechselt, die ebenfalls eine Haube und eine kräftig gestrichelte Oberseite zeigt.

Königsmeisen brüten in jeder Art von Wald, vom subtropischen Dschungel bis hin zu Kiefernwäldern der Hochgebirge. Sie suchen in hohen Baumkronen nach Nahrung und kommen nur selten an den Boden. Meist nisten sie in Baumhöhlen, gelegentlich aber auch im Hohlraum einer Mauer oder Felsböschung.

Blaumeise 10

Parus caeruleus

VERBREITUNG: Europa O bis zur Wolga, Kleinasien, N-Afrika
LEBENSRAUM: Wälder, Parks, Gärten
GRÖSSE: 11 cm

Blaumeisen sind vor allem im Winter in städtischen Vorgärten zahlreich, wo sie an Meisenknödeln ihre akrobatische Wendigkeit vorführen und größeren Arten überlegen sind. Im Wald suchen sie oft mit Kohl- und Tannenmeise gemeinsam in Bäumen nach Nahrung.

Sie sind eifrige Bezieher von Nistkästen und legen von allen Vögeln der Welt die meisten Eier (mit Ausnahme einiger Enten und Hühnervögel, die ihre Jungen nicht füttern). In nahrungsreichen Lebensräumen enthält ein Gelege 11, nicht selten sogar 14-15 Eier.

Indianermeise 11

Parus bicolor

VERBREITUNG: O Nordamerika, S bis Texas und neuerdings N bis Ontario
LEBENSRAUM: Laubwälder, offene Wälder
GRÖSSE: 17 cm

Viele Meisen überleben in strengen Wintern nur dank der von Vogelfreunden aufgestellten Futterhäuser. So auch die Indianermeise, die sich wahrscheinlich aus diesem Grund gegenwärtig nach Norden ausbreitet. Zudem kann sie mit ihrem kräftigen Schnabel Winternahrung wie z.B. harte Nüsse aufhämmern, die für die meisten anderen Meisen zu hart ist.

Die im O, SO und Zentrum der USA verbreitete Unterart *P. b. bicolor* ist typisch gefärbt, während die heute als Unterart betrachtete texanische Form *P. b. atricristatus* eine längere, schwarze Haube zeigt.

Sultansmeise 12

Melanochlora sultanea

VERBREITUNG: O-Nepal bis S-China und SO-Asien
LEBENSRAUM: Hauptsächlich Wälder der Niederungen
GRÖSSE: 22 cm

Dieser Riese unter den Meisen wurde wegen verschiedener Abweichungen einer eigenen Gattung zugeordnet. Die meisten Unterarten zeigen wie die im östlichen Himalaya verbreitete *M. s. sultanea* eine leuchtend gelbe Haube, die indo-chinesische Form *M. s. gayeti* dagegen eine schwarze.

Sultansmeisen bewohnen die verschiedensten Waldgebiete, wo sie auf hohen Zweigen meisenartig turnend nach Nahrung suchen und in Baumhöhlen brüten.

FAMILIE AEGITHALIDAE SCHWANZMEISEN

Kleine Vögel mit oft mehr als körperlangem Schwanz. Gefieder meist braun, schwarz, weiß oder grau, Geschlechter gleich gefärbt. 6-10 weiße, rot-braun gepunktete Eier werden im kuppelförmig geflochtenen Baumnest 13-14 Tage bebrütet. Die Jungen bleiben etwa 18 Tage im Nest. 7 Arten.

Schwanzmeise 13

Aegithalos caudatus

VERBREITUNG: Durchgehend von Europa über Mittelasien bis Japan
LEBENSRAUM: Wälder, Waldränder, Gebüsch
GRÖSSE: 14 cm

Diese winzigen Vögel, deren Schwanz mehr als die Hälfte der Gesamtlänge ausmacht, drängen sich in kalten Winternächten in Höhlen und Spalten zu mehreren dicht aneinander, um sich gegenseitig zu wärmen. Tagsüber suchen sie oft in gemischten Trupps in Baumkronen nach Nahrung.

Im Frühjahr weben die Brutpaare formschöne, kuppelartige Nester aus Flechten, Spinnweben und Federn. Geht eine Brut verloren, beteiligen sich die Altvögel häufig an der Jungenfütterung eines anderen zum Familienverband gehörenden Paares.

Von den etwa 20 Unterarten zeigt die englische Form *A. c. rosaceus* einen breiten schwarzen Streifen über dem Auge, die nördliche Form *A. c. caudatus* dagegen einen weißen Kopf. Das Nest wird auf einem Zweig aufliegend geflochten.

Buschmeise 14

Psaltriparus minimus

VERBREITUNG: W Nordamerikas, von British Columbia bis Guatemala
LEBENSRAUM: Offene Wälder, Chaparrals
GRÖSSE: 11 cm

Die Buschmeise ist die einzige Schwanzmeise Nordamerikas. Die im Süden der USA, in Mexiko und Guatemala verbreitete Unterart *P. m. melanotis* wurde wegen der schwarzen Maske des Männchens früher als eigene Art betrachtet und gilt heute wie *P. m. minimus*, eine der westlichen Formen, als Unterart.

Buschmeisen sind häufige und vertraute Besucher in Gärten. Sie brüten in kunstvollen, an Zweigen befestigten Hängenestern.

FAMILIE REMIZIDAE BEUTELMEISEN

Kleine Vögel mit spitzem Schnabel. Gefieder grau, weiß oder gelb, einige Arten mit Gelb und Rot, eine mit Kastanienbraun und Schwarz. Geschlechter gleich gefärbt. 3-10 meist weiße, rot gepunktete Eier werden im kunstvollen, kuppelförmig geflochtenen Hängenest mit Einflugröhre in Büschen oder Dickichten 13-14 Tage bebrütet. Die Jungen bleiben 18 Tage im Nest. 10 Arten.

Beutelmeise 15

Remiz pendulinus

VERBREITUNG: S- und O-Europa, W-Sibirien, Kleinasien, Mittelasien, O bis NW-Indien, N-China und Korea
LEBENSRAUM: Schilf
GRÖSSE: 11 cm

Die Beutelmeise ist für ihre kunstvollen, beutelförmigen Hängenester berühmt, die sie aus wolligen Pflanzensamen flicht und mit einer Einflugröhre versieht.

Sie ist die einzige außerhalb Afrikas verbreitete Art dieser Familie und kommt in mehreren Unterarten vor. Die in Europa brütende Form *R. p. pendulinus* zeigt die typische schwarze Maske, während die iranische Unterart *R. p. macronyx* einen schwarzen Kopf hat. Sie kommen an schilfbewachsenen Gewässern vor, wo sie in Weiden, Tamarisken oder im Schilf brüten und sich von Rohrkolbensamen ernähren.

Goldköpfchen 16

Auriparus flaviceps

VERBREITUNG: SW der USA und N-Mexiko
LEBENSRAUM: Gebüsch in Halbwüsten
GRÖSSE: 11 cm

Goldköpfchen sind die einzigen in Amerika vorkommenden Vertreter dieser Familie. Sie bauen ein eher formloses Nest aus dornigen Zweigen, das in Dornenbüschen und Kakteen vor Nesträubern so gut geschützt liegt, daß es von den Vögeln außerhalb der Brutzeit häufig als Schlafplatz genutzt wird.

KLEIBER, BAUMLÄUFER, TRUGBAUMLÄUFER BIS MISTELFRESSER

Rostbrauen-Baumrutscher
Fächerschwanz-Beerenpicker
Mennigbrust-Mistelfresser
Rotsteiß-Mistelfresser
P. m. olivaceum
P. m. montium
Schopfbeerenfresser
Scharlachmistelfresser
P. s. ornatus
P. s. melanocephalus
Streifenpanthervogel

KLEIBER, BAUMLÄUFER, TRUGBAUMLÄUFER BIS MISTELFRESSER

FAMILIE SITTIDAE
KLEIBER

Kleine, kompakte, kletterfreudige Vögel ohne stützende steife Steuerfedern. Oberseits meist blaugrau, unterseits hell bis rostorange, Geschlechter gleich gefärbt. 4-10 weiße, rot gepunktete Eier werden meist in Baum- oder Felshöhlen 15-19 Tage bebrütet. Die Jungen bleiben 23-29 Tage im Nest. 25 Arten.

Kleiber 1

Sitta europaea

VERBREITUNG: W-Europa O bis Japan und Kamtschatka
LEBENSRAUM: Waldland mit großen Bäumen
GRÖSSE: 11-13 cm

Dieser weit verbreitete Vogel ist auf große Bäume angewiesen, in denen er Nahrung und geeignete Nisthöhlen findet. Er ernährt sich von Wirbellosen, Samen und Nüssen, die er an Ästen und Stämmen auf und ab kletternd sammelt und oft in eine Spalte klemmt, um sie mit kräftigen Schnabelhieben aufzubrechen.

Die in Skandinavien, O-Europa und Mittelrußland vorkommende Unterart *S. e. europaea* hat eine hellere Unterseite als die in W-Europa und England brütende *S. e. caesia*. Nach einer langen Periode der Isolation haben sich beide Unterarten getroffen und bilden Mischformen.

Als Nisthöhle dient meist eine verlassene Spechthöhle, die mit Rindenschnetzeln und Flechten ausgepolstert wird. Der Eingang wird mit Schlamm schließlich verkleinert.

Kanadakleiber 2

Sitta canadensis

VERBREITUNG: S-Kanada bis Mexiko
LEBENSRAUM: Nadelwälder
GRÖSSE: 11-13 cm

Kanadakleiber sind auf Nadelbäume angewiesen, in deren Rinde sie Insekten suchen und deren Samen sie in großen Mengen als Vorrat für den Winter sammeln. Nördliche Brutvögel unternehmen weite Wanderungen, wenn die Bäume nicht genügend Zapfen tragen oder die Population zu groß geworden ist.

Warum Kanadakleiber den Eingang der Nisthöhle mit Harz bestreichen, ist unklar. Zwar mag das Harz Ameisen und größere Schädlinge von der Höhle fernhalten, doch müssen die Vögel geschickte Flugmanöver vollbringen, um selbst unbeschadet in die Höhle zu gelangen.

Kabylenkleiber 3

Sitta ledanti {B}

VERBREITUNG: O-Algerien
LEBENSRAUM: Mischwälder oberhalb 1500 m Höhe
GRÖSSE: 12 cm

Der Kabylenkleiber wurde erst 1975 entdeckt und gehört zu den seltensten Vögeln der Welt. Während man ihn zunächst nur im Babor Forest, einem Tannen-, Zedern- und Eichenwald auf einem Berg des Atlas, verbreitet glaubte, wurde 1989 im Taza Nationalpark eine zweite Population entdeckt. Dennoch ist die Gesamtpopulation extrem klein (im Babor Forest 80-100 Vögel) und ihre Zukunft ungewiß.

Kabylenkleiber graben sich ihre Nisthöhle selbst in weiches, morsches Holz. Im Sommer suchen sie vorwiegend in insektenreichen Eichenbäumen nach Nahrung, doch füttern sie die Jungen auch mit auf Vorrat gesammelten Samen, die im Winter den Hauptteil ihrer Nahrung ausmachen.

Mauerläufer 4

Tichodroma muraria

VERBREITUNG: N-Spanien O bis Himalaya
LEBENSRAUM: Felsschluchten, Klippen, Berghänge
GRÖSSE: 15 cm

Der Mauerläufer, in der systematischen Einordnung lange umstritten, wird heute in der Regel den Kleibern zugeordnet. Wer auch immer seine Vorfahren gewesen sein mögen, seinen heutigen Lebensraum muß er vor langer Zeit erobert haben, da er sich auf das Klettern an Steilwänden spezialisiert hat. Er setzt die Flügel als Stütze ein und kann sogar unterseits an Vorsprüngen laufen und Spalten überspringen.

In den Alpen kommt er bis in 2500 m, im Himalaya bis in 5000 m Höhe vor. Häufig spreizt er die Flügel, um sich in der Sonne zu wärmen, wobei die roten Flügeldecken aufleuchten. Seine Flugweise ist schwungvoll und grazil. Im Winter zeigen die Männchen keine schwarze Kehle und ähneln damit den Weibchen.

Spiegelkleiber 5

Neositta chrysoptera

VERBREITUNG: Australien
LEBENSRAUM: Eukalyptuswälder, Wald; in trockeneren Regionen Gebüsch
GRÖSSE: 11 cm

Spiegelkleiber suchen wie echte Kleiber in der Rinde großer Bäume nach Insekten, zeigen aber ein anderes Brutverhalten. Sie brüten nicht in Baumhöhlen, sondern bauen ein napfförmiges Nest in einer Astgabel. Wie viele australische Vögel leben sie das ganze Jahr über in Verbänden und ziehen die Jungen mit Helfern am Nest auf.

Von den 5 Unterarten ist *N. c. pileata* im Westen und Süden, *N. c. striata* im Norden und Nordosten und *N. c. leucocephala* in den zentralen Ostregionen verbreitet.

FAMILIE CERTHIIDAE
BAUMLÄUFER

Kleine, an Bäumen kletternde Vögel mit steifen Steuerfedern *(Certhia)*, dünnem, leicht abwärts gebogenem Schnabel, brauner Ober- und heller Unterseite. Geschlechter gleich gefärbt. 3-9 weiße, rot-braun gepunktete Eier *(Certhia)* oder 2-3 hell blau-grüne, schwarz und lila markierte Eier *(Salpornis)* werden im napfförmigen Nest 14-15 Tage bebrütet. Die Jungen bleiben 15-16 Tage im Nest. 7 Arten.

Waldbaumläufer 6

Certhia familiaris

VERBREITUNG: W-Europa bis Japan
LEBENSRAUM: Waldland, vor allem Nadelwald
GRÖSSE: 12,5 cm

Das Nahrungsverhalten der Baumläufer ähnelt nur oberflächlich betrachtet den Kleibern, denn Baumläufer können am Baumstamm nicht abwärts laufen und benötigen beim spiralförmigen Hochklettern die steifen Steuerfedern als Stütze. Sie ernähren sich ausschließlich von Insekten und fressen durchschnittlich kleinere Beutetiere, auch Insekteneier.

Waldbaumläufer brüten und schlafen an Baumstämmen hinter losen Rindenplatten. Wenn die Jungen das Nest verlassen haben, verweilen sie oft noch mehrere Tage in unmittelbarer Nähe am Stamm.

Stammsteiger 7

Salpornis spilonotus

VERBREITUNG: Afrika S der Sahara, Indien
LEBENSRAUM: Offenes Buschland und Savannen
GRÖSSE: 13 cm

Vögel dieser Gattung unterscheiden sich in mehrfacher Hinsicht von anderen Baumläufer-Arten. Sie haben keine steifen Steuerfedern, bewegen sich nicht so ruckartig wie Baumläufer und können wie Kleiber am Stamm abwärts laufen.

Das napfförmige Nest wird aus Blättern, Rinde und Spinnweben oft auf einer Astgabel, aber im Gegensatz zu anderen Baumläufern nie hinter loser Rinde gebaut.

FAMILIE RHABDORNITHIDAE TRUGBAUMLÄUFER

Kleine, an Bäumen kletternde Vögel mit abwärts gebogenem Schnabel. Oberseits braun, unterseits weiß mit dunklen Stricheln, Weibchen heller braun. Baumhöhlenbrüter. Gelegegröße, Bebrütungs- und Nestlingsperiode unbekannt. 2 Arten.

Braunkopf-Trugbaumläufer 8

Rhabdornis inornatus

VERBREITUNG: Samar Island (Philippinen)
LEBENSRAUM: Im Inneren von Wäldern zwischen großen Bäumen
GRÖSSE: 15 cm

Dieser Vogel sucht zwar auch in der Baumrinde nach Insekteneiern und -puppen, pickt aber häufiger in den äußeren Baumkronen Insekten von Blättern und Zweigen. Daneben frißt er gelegentlich kleine Früchte und kann dank seiner bürstenartigen Zungenspitze Blütennektar aufnehmen, der das ganze Jahr über vorhanden ist. Beide Arten dieser Familie kommen nur auf den Philippinen vor.

FAMILIE CLIMACTERIDAE BAUMRUTSCHER

Kleine, an Bäumen kletternde, am Boden Nahrung suchende Vögel mit abwärts gebogenem Schnabel. Gefieder oberseits braun, grau oder schwärzlich, unterseits gestreift oder rostrot. Geschlechter leicht verschieden gefärbt. 2-3 weiße oder rosa, braun oder grau markierte Eier werden in Baumhöhle 16-23 Tage bebrütet. Die Jungen bleiben 25-26 Tage im Nest. 7 Arten.

Rostbrauen-Baumrutscher 9

Climacteris erythrops

VERBREITUNG: SO-Australien
LEBENSRAUM: Hohe Eukalyptuswälder in den Bergen, seltener in Küstennähe
GRÖSSE:14-16 cm

Rostbrauen-Baumrutscher fressen bevorzugt Ameisen, die sie an Bäumen mit weicher Rinde und dort besonders zahlreich hinter abblätternder Borke finden. Sie leben in Familienverbänden, in denen die Jungen des Vorjahres beim Nestbau und bei der Jungenaufzucht helfen.

Weibchen sind von Männchen durch eine rostrote Strichelung der Vorderbrust leicht unterschieden, Vögel im Jugendkleid haben ein eher graues als rötliches Gesicht und sind unterseits nur schwach gestreift.

FAMILIE DICAEIDAE MISTELFRESSER

Kleine, untersetzte Vögel mit glänzender dunkler Oberseite und heller Unterseite. Geschlechter gleich gefärbt oder Männchen durch helle Flecken unterschieden. 1-3 weiße, bei einigen Arten gefleckte Eier werden im offenen, napfförmigen oder im Hängenest mit Seiteneingang 12 Tage bebrütet. Die Jungen bleiben etwa 15 Tage im Nest. 50 Arten.

Fächerschwanz-Beerenpicker 10

Melanocharis versteri

VERBREITUNG: Neuguinea
LEBENSRAUM: Busch- und baumartiger Niederwuchs in Regenwäldern oberhalb 1200 m Höhe
GRÖSSE: 10 cm

Dieser häufige Vogel lebt einzeln und zurückgezogen im Regenwald, wo er sich von kleinen Früchten vieler verschiedener Baumarten ernährt. Vor allem während der Brutzeit frißt er auch Insekten. Das Nest ist mit 10-12 cm Durchmesser für seine Größe recht breit und wird aus Zweigen, Rinde und Spinnweben auf einen großen Ast gebaut. Das Weibchen ist größer als das Männchen - für einen Singvogel ungewöhnlich.

Mennigbrust-Mistelfresser 11

Prionochilus percussus

VERBREITUNG: Malayische Halbinsel, Sumatra, Java, Borneo, Philippinen
LEBENSRAUM: Regenwald der Niederungen; auch Mangroven und überwachsene Plantagen
GRÖSSE: 8-9 cm

Die lebhaften und lauten Mennigbrust-Mistelfresser verhalten sich anderen Arten gegenüber oft aggressiv, gehören aber zu den kleinsten Vögeln dieser Region. Wie viele ihrer Verwandten sitzen sie häufig an Blüten, wo sie Spinnen fangen oder mit ihrer langen, röhrenförmigen Zunge Nektar saugen. Ihre Hauptnahrung besteht jedoch aus Beeren, vor allem Mistelbeeren, die die Vögel dank ihres Zuckergehalts mit viel Energie versorgen. Nachdem die klebrigen Beeren verdaut und ausgeschieden wurden, reiben die Vögel das Steißgefieder an einem Zweig, um es zu säubern. Dabei bleiben Mistelsamen an der Rinde hängen, wo sie keimen können.

Rotsteiß-Mistelfresser 12

Dicaeum hirundinaceum

VERBREITUNG: Australien, Aru Islands
LEBENSRAUM: Verschieden, von trockenem Gebüsch bis feuchten Wäldern
GRÖSSE: 10 cm

Diese Art hat sich in extremer Abhängigkeit von den etwa 60 Mistelarten Australasiens entwickelt. Während alle Mistelfresser einen stark reduzierten Magen haben, dessen Funktion vom Darm weitgehend übernommen wird, ist er bei Rotsteiß-Mistelfressern fast völlig zurückentwickelt. So passieren die Mistelbeeren sehr rasch die Eingeweide, wo das Beerenfleisch von der Haut gelöst wird, die Samen jedoch unbeschadet bleiben und schon nach 30 Minuten ausgeschieden werden können.

Der Restmagen ist Insekten vorbehalten, deren Verdauung mehr Zeit benötigt. Die Nestlinge werden in der ersten Woche fast ausschließlich mit Insekten gefüttert und danach auf Beeren, ihre Hauptnahrung, umgestellt.

Scharlach-Mistelfresser 13

Dicaeum cruentatum

VERBREITUNG: Indien bis S-China, SO-Asien, Indonesien
LEBENSRAUM: Küstennahe Ebenen, offener Wald, Gebüsch, Gärten
GRÖSSE: 10 cm

Dieser kleine, untersetzte Vogel ist in SO-Asien in Baumkronen häufig zu sehen. Schon von weitem ist er am typischen Zwitschern während der Nahrungssuche, an seinen häufigen Stakkato-Rufen und seiner ruckartigen, wellenförmigen Flugweise zu erkennen.

Er brütet zwischen März und April und baut ein beutelförmiges, an einem Ast hängendes Nest aus Baumwollfasern und Spinnweben. Der Seiteneingang ist für die meisten Nesträuber, wohl mit Ausnahme von Schlangen, unpassierbar. Das Weibchen brütet die Eier allein aus, doch hilft das Männchen bei der Fütterung der Jungen.

Schopfbeerenfresser 14

Paramythia montium

VERBREITUNG: Zentral- und SO-Neuguinea
LEBENSRAUM: Mooswald von 2000 m bis zur Baumgrenze
GRÖSSE: 20 cm

Schopfbeerenfresser sind mit Abstand die größten Vertreter dieser Familie. Sie bewohnen Wälder der Hochgebirge, ernähren sich von Beeren und Insekten und haben die Angewohnheit, ihr Gefieder mit speziellen großen, zerdrückten Blütenblättern einzureiben.

Ihr Ruf *suisch* klingt wie das Aneinanderreiben trockener Zweige. Die Unterart *P. m. olivaceum*, mit größerer Haube und weniger Weiß am Kopf, kommt in den Snow Mountains vor, *P. m. montium* in Zentral- und SO-Neuguinea.

FAMILIE PARDALOTIDAE PANTHERVÖGEL

Kleine, untersetzte Vögel. Gefieder grau bis oliv, mit schwarzen, gelben oder orangefarbenen Markierungen. Weibchen bei einigen Arten dunkler gefärbt. 3-5 weiße Eier werden in Baum- oder Erdhöhle 14-16 Tage bebrütet. Die Jungen bleiben etwa 25 Tage im Nest. 4 Arten.

Streifenpanthervogel 15

Pardalotus striatus

VERBREITUNG: Australien
LEBENSRAUM: Wald, Waldland, Parks mit Eukalyptusbäumen
GRÖSSE: 10 cm

Panthervögel suchen in Bäumen nach Insekten, die sie von den Blättern picken. Besonders gern fressen sie ein zuckerhaltiges Sekret, das von bestimmten Insektenlarven abgesondert wird. Auf der Suche nach von diesen Insekten befallenen Bäumen ziehen sie nomadisch umher.

Der Streifenpanthervogel ist von allen am weitesten verbreitet und kommt in in mehreren Unterarten vor. Dazu gehören Formen mit schwarzem Scheitel, wie z.B. die nordöstliche Unterart *P. s. melanocephalus* mit zimtfarbenem Bürzel und gestreiftem Scheitel, wie z.B. die südöstliche Unterart *P. s. ornatus*.

NEKTARVÖGEL

Rotbrust-Glanzköpfchen
♂
♀
♂
♀
Ceylonnektarvogel
♂
♀
Grünrücken-
Nektarvogel
♂
♀
Lobelien-
nektarvogel
♂
♀
Pracht-
nektarvogel
♀
Scharlachnektarvogel
♂
Langschnabel-Spinnenjäger

NEKTARVÖGEL

FAMILIE NECTARINIIDAE NEKTARVÖGEL
Kleine, schlanke Vögel mit langem, abwärts gebogenem Schnabel. Männchen mit glänzend buntem Gefieder (mit Ausnahme einiger Waldbewohner und aller Spinnenjäger). Geschlechter sehr verschieden gefärbt. Beutelförmiges Hängenest wird aus Gras, Flechten und anderen Pflanzenteilen gebaut, oft mit Spinnweben verstärkt. Seiteneingang oft unter einem «Vordach» versteckt; Nest bei Spinnenjägern napfförmig. 2-3 weiße, gepunktete oder gestrichelte Eier werden 13-15 Tage bebrütet. Die Jungen bleiben 14-19 Tage im Nest. 120 Arten.

Erznektarvogel 1
Anthreptes platurus

VERBREITUNG: Senegal bis Ägypten, Äthiopien, NW-Kenia
LEBENSRAUM: Savannen, Parks, Gärten
GRÖSSE: 16-18 cm

Der kleine, kurzschnäblige Erznektarvogel ist in Dornenbüschen, aber auch in bewaldeten Vorstadtgebieten mit blühenden Akazien und Mimosen dank seiner Lebhaftigkeit und Zutraulichkeit leicht zu beobachten. Er turnt meisenähnlich an Zweigen und sammelt Insekten und Nektar aus den Blüten. Sein Ruf klingt dünn und durchdringend.

Im Sommer zeigen die Männchen lange Schwanzspieße und oberseits ein metallisch glänzendes Gefieder, während sie im Winter mit kurzem Schwanz und matter Färbung den Weibchen ähneln. Ein eher düsteres Schlichtkleid ist für viele Nektarvögel charakteristisch.

Die östliche und die westliche Unterart werden manchmal als eigene Arten *A. metallica* und *A. platura* behandelt.

Riesennektarvogel 2
Nectarinia thomensis {B}

VERBREITUNG: Insel Sao Thomé (W-Afrika)
LEBENSRAUM: Dichter Wald an W-Hängen
GRÖSSE: 23 cm

Der Riesennektarvogel ist der größte Vogel dieser Familie. Im Gegensatz zu seinen Verwandten sucht er, ähnlich wie Kleiber (S. 302-305), mit seinem kräftigen, stark gebogenen Schnabel in der Baumrinde nach Insekten. Er äußert einen einsilbigen, piepsenden Ruf und einen schrillen, dreisilbigen Gesang.

Sein Gefieder wirkt aus der Entfernung schwarz, und nur von nahem sind die stahlblauen Federränder zu sehen. Die Weibchen sind etwas kleiner als die Männchen und wie diese gefärbt. Das an einem Zweig hängende Nest wird aus Moos, welken Blättern und Wurzeln gebaut und mit trockenem Gras gepolstert.

Rotbrust-Glanzköpfchen 3
Nectarinia senegalensis

VERBREITUNG: W- und O-Afrika von Senegal bis Kenia und S bis Simbabwe
LEBENSRAUM: Waldland, Parks, buschbestandene Flußufer
GRÖSSE: 15 cm

Dieser große Nektarvogel ist je nach Alter, Geschlecht und Jahreszeit sehr unterschiedlich gefärbt. Männchen haben ein tiefschwarzes Prachtkleid mit leuchtend roter Brust, während sie im Schlichtkleid wie Weibchen und Vögel im Jugendkleid ein mattes, geflecktes Gefieder zeigen.

Rotbrust- Glanzköpfchen sind in vielen Regionen Standvögel, während sie nahe der Verbreitungsgrenzen auf der Suche nach nektarreichen Blüten wie z.B. *Leonotis* kurze Wanderungen unternehmen. In Ziergärten sind sie oft in kleinen Trupps zu sehen. Sie äußern einen abfallenden, dreisilbigen Ruf und einen lauten Trillergesang.

Ceylonnektarvogel 4
Nectarinia zeylonica

VERBREITUNG: Indische Halbinsel, Bangladesch, Sri Lanka
LEBENSRAUM: Dschungel und trockene Kulturflächen mit Laubbäumen
GRÖSSE: 10 cm

Viele Nektarvögel haben einen langen Schnabel entwickelt, mit dem sie Nektar aus länglichen Blüten saugen können. Ceylonnektarvögel haben stattdessen einen kurzen Schnabel, mit dem sie die Basis großer Blütenblätter durchbohren, um so an den Nektar zu gelangen.

Männchen und Weibchen sind verschieden gefärbt. Junge Männchen sehen wie gelbliche Weibchen aus, während adulte Männchen das ganze Jahr über ein metallisch glänzendes Gefieder zeigen. Sie leben meist in Paaren und suchen akrobatisch in dichten Blütenzweigen kletternd nach Nektar oder rütteln gelegentlich vor Blüten, um eine Fliege zu schnappen. Das Brutrevier und der Nahrungsbaum werden gegen eindringende Nektarvögel vehement verteidigt. Der Gesang, ein scharfes Zwitschern oder Quietschen, wird unter Flügel- und Schwanzzucken vorgetragen.

Grünrücken-Nektarvogel 5
Nectarinia jugularis

VERBREITUNG: SO-Asien, von Indonesien bis Salomonen, NO-Australien
LEBENSRAUM: Küstennahe Regenwälder, Mangroven und Gärten
GRÖSSE: 10-12 cm

Dieser einzige Nektarvogel Australiens ist im Nordosten von Queensland ein häufiger Bewohner von Wäldern und Gärten und streift bei der Nahrungssuche umher.

Er sucht an vielen einheimischen und exotischen Blüten nach Nektar und Insekten, wobei er meist auf einem Zweig sitzt und nur gelegentlich im kurzen Rüttelflug Nektar saugt oder eine Spinne aus ihrem Netz pickt. Wie die meisten Nektarvögel ist auch er nicht imstande, über längere Zeit zu rütteln, wie es Kolibris (S. 190-197) tun, die dieselbe ökologische Nische in der Neuen Welt besetzt haben.

Männchen und Weibchen sind ähnlich gefärbt, doch zeigen Weibchen eine einfarbig gelbe Unterseite, Männchen dagegen eine metallisch purpur-blaue Kehle und Vorderbrust. Das Brutrevier wird vom Männchen verteidigt, während das Weibchen das Nest baut, von dem unterseits loses Pflanzenmaterial herabhängt.

Purpurnektarvogel 6
Nectarinia asiatica

VERBREITUNG: Iran, Indien, Sri Lanka, Indochina
LEBENSRAUM: Flußbetten mit Dornensträuchern, Waldränder, Gebüsch
GRÖSSE: 10 cm

In vielen Teilen des Verbreitungsgebiets sind Purpurnektarvögel Sommergäste, die in den kalten Monaten von den Bergen in die Täler wandern. Sie halten sich immer in blühenden Bäumen auf, um Nektar zu sammeln, und übernehmen eine wichtige Rolle bei der Bestäubung vieler Blüten, vor allem der *Loranthus*-Arten.

Einzelne Vögel jagen oft im Flug Insekten, wobei ihnen ein extrem wendiges Flug- und exzellentes Sehvermögen zugute kommen, doch wurden auch große Mückenschwärme jagende Trupps beobachtet. Balzende und singende Männchen lassen bei leicht geöffneten

Flügeln bunte Brustseitenfedern erkennen, die wie bei den meisten Nektarvögeln vom geschlossenen Flügel verdeckt werden. Außerhalb der Brutzeit tragen die Männchen ein weniger farbenfrohes Schlichtkleid.

Von den 3 Unterarten kommt die abgebildete *N. a. asiatica* in weiten Teilen Indiens, Sri Lankas und N bis Nepal vor, während *N. a. brevirostris*, mit kürzerem Schnabel und mehr purpurfarbenem als grünem Prachtkleid der Männchen, westlich zum Iran hin und *N. a. intermedia*, mit längerem Schnabel und purpurfarbenem Gefieder, in Bangladesch und weiter westlich verbreitet sind.

Königsnektarvogel 7

Nectarinia regia

VERBREITUNG: W-Uganda, W-Tansania
LEBENSRAUM: Bergwälder bis in 3650 m Höhe
GRÖSSE: 11 cm

Königsnektarvögel gehören zu den zahlreichen afrikanischen Nektarvogel-Arten, die sich mit grünen, gelben, purpurnen, blauen und roten Gefiederpartien oberflächlich betrachtet recht ähnlich sehen. Wie für diese Familie typisch, sind die Männchen metallisch bunt, die Weibchen eher matt und düster gefärbt und Vögel im Jugendkleid noch etwas dunkler als Weibchen.

Oft in Gemeinschaft mit Purpurbauch-Nektarvögeln *Nectarinia purpureiventris*, suchen sie in blühenden *Symphonia*-Bäumen der entlegenen Bergwälder des Ruwenzori-Gebirges in Uganda nach Nahrung und sind im dichten Nebel zwischen tropfnassen Zweigen kletternd häufiger zu hören als zu sehen. Ihr Gesang, wie bei verwandten Arten ein schnelles Trillern oder Pfeifen ohne klares Muster, wird mit großem Einsatz vorgetragen.

Jerichonektarvogel 8

Nectarinia osea

VERBREITUNG: Syrien, Israel, West- und Südrand der arabischen Halbinsel
LEBENSRAUM: Wälder, Obstplantagen, Gärten
GRÖSSE: 11 cm

Jerichonektarvögel bevorzugen Eukalyptus-, Akazien- und Mimosenbüsche oder -haine, sind aber sehr anpassungsfähig und tauchen - von nackten Felswadis bis zu gepflegten Gärten - überall dort auf, wo es genügend kleine Insekten und nektarhaltige Blüten gibt. Sie sind meist Standvögel, in einigen Gebieten jedoch Teilzieher.

Der schrille Trillergesang ohne klares Muster ist einzigartig in dieser Region und wird von den Männchen bei der Nahrungssuche, auf einem Baum sitzend oder im dichten Laubwerk versteckt vorgetragen. Daneben äußern sie charakteristische scharfe Rufe.

Von Juli bis November sind die Männchen wie die Weibchen matt gefärbt, zeigen aber oft auf den Flügeln oder an der Kehle noch einige Federn des Prachtkleides, was bei Nektarvögeln im Schlichtkleid häufig vorkommt. Die kleinen orangefarbenen Brustseitenflecken sind nur während der Balz zu sehen.

Lobeliennektarvogel 9

Nectarinia johnstoni

VERBREITUNG: Kenia und Uganda, S bis Tansania
LEBENSRAUM: Bergmoore mit Riesenlobelien
GRÖSSE: 25-30 cm

Lobeliennektarvögel sind nicht nur wegen ihrer Größe, sondern vor allem wegen der langen Schwanzspieße der Männchen bemerkenswert, die meist auch im Schlichtkleid erhalten bleiben.

Sie kommen nur an hohen Berghängen entlegener, kahler Gebirgszüge wie Mount Kenya, Aberdare- und Ruwenzori-Gebirge und dem Kilimandscharo vor, die eine spezielle Pflanzengesellschaft aufweisen. Dort suchen sie in den auffälligen Blüten der Riesenlobelien nach Nektar, fressen aber auch viele von den Pflanzen angelockte Insekten.

Prachtnektarvogel 10

Nectarinia superba

VERBREITUNG: Sierra Leone O bis Zentralafrikanische Republik, S bis Kongo
LEBENSRAUM: Waldränder und Lichtungen
GRÖSSE: 15 cm

Während das Gefieder der Männchen bei schlechtem Licht fast schwarz wirkt, leuchtet es in der Sonne in atemberaubend herrlichen, metallisch glänzenden Farben. Prachtnektarvögel sind meist an sonnigen Waldrändern zu finden, suchen aber auch Bäume und Büsche in Savannen auf, sofern sie genügend nektarhaltige Blüten tragen.

Sie sind von untersetzter, recht großer Gestalt, fliegen geschwind von Baum zu Baum und hüpfen im Zickzack, wobei sie nur schwer zu beobachten sind. Auch anhand ihrer tschirpenden Rufe und des klirrenden Gesangs sind sie kaum zu lokalisieren. Prachtnektarvögel sind weit verbreitet, aber nirgendwo häufig.

Goldschwingen-Nektarvogel 11

Nektarinia reichenowi

VERBREITUNG: Uganda, Kenia, W-Tansania
LEBENSRAUM: Bergmoore, Gebüsch, Waldränder oberhalb 1500 m Höhe
GRÖSSE: 23 cm

Diese Art hat sich auf Moore und Büsche des Hochlands spezialisiert, einen für Nektarvögel recht ungewöhnlichen Lebensraum. Doch auch hier entfalten viele Bergblumen, wie z.B. *Leonotis nepetifolia*, in der warmen Sonne eine herrliche Blütenpracht, an deren Nektar Goldschwingen-Nektarvögel mit ihren kräftigen, stark gebogenen Schnäbeln gelangen. Die Vögel verteidigen blütenreiche Territorien, es sei denn, daß Nektar im Überfluß oder nur in so geringen Mengen vorhanden ist, daß sich der Energieaufwand für die Vertreibung eines Artgenossen nicht lohnt.

Männliche Goldschwingen-Nektarvögel sind im Schlichtkleid fast schwarz, zeigen im Prachtkleid jedoch leuchtend gelbe Gefiederpartien. Sie führen einen seltsamen Balzflug vor, bei dem sie recht langsam im Zickzack zwischen Büschen hin und her fliegen, die leuchtend gelben Flügel- und Schwanzfedern zeigen und klare, fließende Rufe und einen pfeifenden Gesang äußern.

Gouldnektarvogel 12

Aethopyga gouldiae

VERBREITUNG: Indochina W bis Nepal
LEBENSRAUM: Laubwälder
GRÖSSE: 10 cm

Trotz ihrer geringen Körpergröße bewohnen Gouldnektarvögel erstaunlich harte Klimazonen: In Nepal brüten sie bis in 3600 m Höhe, kommen im Winter sogar noch in 2700 m Höhe vor, wandern aber meist in tiefere Lagen. Sie sind ständig in Bewegung und suchen in den Blüten niedriger Büsche und parasitärer Pflanzen hoher Waldbäume nach Nektar.

Die im Osten des Verbreitungsgebiets vorkommende Unterart *A. g. dabryii* zeigt eine scharlachrote Brust, während andere Formen, wie die in den Hochgebirgen Nepals brütende *A. g. gouldiae*, an der Brust tiefgelb gefärbt sind.

Scharlachnektarvogel 13

Aethopyga siparaja

VERBREITUNG: Sumatra, Borneo, Malaysia, W bis Indien
LEBENSRAUM: Gärten, Obstplantagen, Kiefernwälder
GRÖSSE: 10 cm

Scharlachnektarvögel sind im ganzen Verbreitungsgebiet Standvögel, wandern aber in Nepal im Winter in tiefere Lagen, wo sie oft in Gärten zu finden sind. Im Gegensatz zu vielen anderen Nektarvogel-Arten tragen die Männchen das ganze Jahr über ein leuchtend buntes Gefieder.

Sie sind oft einzeln anzutreffen und suchen in vielen Blüten von Bäumen und Zierpflanzen nach Nektar, wobei sie ihre Technik des Nahrungserwerbs der jeweiligen Blütenform anpassen. So durchstechen sie z.B. große Hibiskusblütenblätter an der Basis, um an den Nektar zu gelangen, rütteln aber vor schlauchförmigen Blüten wie Kolibris, um den Nektar mit ihrer röhrenförmigen Zunge aufzusaugen. Leuchtend rote Blüten scheinen sie zu bevorzugen.

Langschnabel-Spinnenjäger 14

Arachnothera robusta

VERBREITUNG: Malaysia, Sumatra, Borneo
LEBENSRAUM: Feuchte, dichte Wälder
GRÖSSE: 15 cm

Spinnenjäger bilden innerhalb der Nektarvögel eine eigene Unterfamilie. Sie besitzen einen sehr langen Schnabel und lange Flügel. Zu ihrer Nahrung gehören Spinnen, die sie im Rüttelflug aus den Weben picken, doch nehmen sie auch Nektar auf. Wie einige Nektarvögel spielen sie eine wichtige Rolle bei der Bestäubung verschiedener Baumarten.

Sie leben einzeln oder in Paaren, halten sich oft in Gesellschaft von Drosslingen und Laubsängern in hohen Baumkronen auf und sind auch aufgrund ihrer schnellen Bewegungsweise nur schwer zu entdecken und zu beobachten. Ihre kurzen Rufe klingen scharf und metallisch.

Äußerlich ähneln sie großen, langschnäbligen, weiblichen Nektarvögeln. Die Männchen sind wie die Weibchen gefärbt, zeigen aber an den Flanken ein kleines orange-gelbes Federbüschel.

BRILLENVÖGEL

Trukbrillenvogel
Orangekehl-Brillenvogel
L. d. dohertyi
Schopfbrillenvogel
L. d. subcristatus
Zwergbrillenvogel
C. e. emiliae
Schwarzring-
Brillenvogel
S. l. lugubris
Trauerbrillenvogel
Zimtvogel
S. l. melanocephalus

BRILLENVÖGEL

FAMILIE ZOSTEROPIDAE BRILLENVÖGEL

Kleine Zweigbewohner mit bürstenartiger Zungenspitze, runden Flügeln und kurzen Beinen. Gefieder grünlich mit gelber, grauer oder brauner Unterseite, die meisten Arten mit weißem Augenring. Männchen einiger Arten größer und bunter gefärbt. 2-4 weißliche oder hellblaue Eier werden im napfförmigen Baumnest 10-12 Tage bebrütet. Die Jungen bleiben 11-14 Tage im Nest. 85 Arten.

Rotflanken-Brillenvogel 1

Zosterops erythropleura

Verbreitung: Mandschurei, N-Korea, China, Ussurien
Lebensraum: Wald, offenes Waldland
Grösse: 11 cm

Die meisten Brillenvögel sind eintönig grün gefärbt und damit im Laubwerk gut getarnt. Ein etwas kontrastreicheres Gefieder zeigen Rotflanken-Brillenvögel mit Rotbraun an den Flanken und einer grau, weiß und gelb gefärbten Unterseite, doch in anderer Hinsicht sind sie typische Vertreter dieser vielseitigen Familie.

Sie suchen meist in Trupps im Laubwerk nach Insekten und ihren Larven und fressen gelegentlich auch Früchte. Männchen und Weibchen gehen eine feste, oft lebenslange Paarbindung ein und bauen ihr Baumnest an einer geschützten Stelle auf einer Astgabel.

In einigen asiatischen Ländern werden Brillenvögel, darunter auch diese Art, wegen ihrer schönen Gesänge in Gefangenschaft gehalten, wo sie jedoch nicht erfolgreich brüten bzw. die Jungen in der Regel frühzeitig sterben.

Japanbrillenvogel 2

Zosterops japonica

Verbreitung: China, Indochina, Japan
Lebensraum: Niedrige, bewaldete Hänge, Parks und Gärten
Grösse: 11 cm

Im Fernen Osten ist der Japanbrillenvogel ein häufiger Wintergast, der sich in Gärten von Samen und weichen Früchten ernährt. In kleinen Gruppen fliegt er von Baum zu Baum, ähnlich den Meisentrupps, die bei uns im Winter im Wald nach Nahrung suchen, und macht dabei durch leise, klingelnde Rufe, die an den Erlenzeisig erinnern, auf sich aufmerksam.

Im Sommer ernährt er sich von Nektar, den er mit seiner bürstenartigen Zungenspitze aus großen Blüten saugt, vor allem aber von Insekten und Spinnen, die er mit seinem kurzen, spitzen Schnabel vom Laub der Bäume und aus Rindenspalten pickt. Bei Obstplantagenbesitzern gelten sie als große Schädlinge, doch wird der Schaden, den sie anrichten, durch die Menge der Schadinsekten, die sie vertilgen, bei weitem ausgeglichen.

Auf der Insel Honshu kommt die Unterart *Z. j. japonica* vor, auf Hainan vor der südchinesischen Küste die kleine, leuchtender und stärker gelblich gefärbte Form *Z. j. hainana*.

Gangesbrillenvogel 3

Zosterops palpebrosa

Verbreitung: Afghanistan O bis China, Malaysia, Indonesien
Lebensraum: Bewaldete Hügel, Mangroven, Gärten
Grösse: 10 cm

Gangesbrillenvögel sind von kleiner, untersetzter Gestalt, mit gelber, weißer und grüner Gefiederfärbung und vielen Unterarten in ihrem großen Verbreitungsgebiet. Sie verbringen die meiste Zeit in kleinen Trupps in Bäumen, wo sie nach Rüsselkäfern, Ameisen, anderen Insekten und deren Eiern suchen. Dabei geben sie unablässig hohe, quengelnde Rufe von sich. In Wäldern und auf Kulturflächen schließen sie sich zur Nahrungssuche häufig gemischten Vogelgesellschaften an.

Das Nest wird von beiden Altvögeln aus Gras und Spinnenweben sorgfältig und in einer Baum- oder Buschastgabel hängend gebaut. Die hellblauen Eier werden 12 Tage bebrütet, und nachdem die Jungen das Nest im Alter von 12 Tagen verlassen haben, können die Altvögel mit einer zweiten Brut beginnen.

Mantelbrillenvogel 4

Zosterops lateralis

Verbreitung: Australien, Tasmanien, SW Pazifische Inseln
Lebensraum: Jede Art von Vegetation, darunter Regenwald, Mangroven, Wälder, Heide, Stadtparks, Gärten
Grösse: 11-13 cm

Mantelbrillenvögel sind mit 14 verschieden gefärbten Unterarten auf den Inseln des SW Pazifik verbreitet. Die abgebildeten Unterarten *Z. l. lateralis* von Tasmanien, *Z. l. gouldii* von SW-Australien und *Z. l. chlorocephala* der Inseln des Großen Barriereriffs vermitteln einen Eindruck von der Variationsbreite der Gefiederfärbung. Weibchen sind meist blasser als Männchen, können aber bunter als Weibchen anderer Unterarten sein.

Sie sind ständig in Bewegung und suchen im Laubwerk nach Insekten, die sie von den Blättern picken, nehmen aber auch Früchte und Nektar zu sich. Im Winter bilden sie große Trupps, und einige Populationen Australiens unternehmen weite Wanderungen.

Während der Brutzeit zwischen August und Januar verteidigen beide Altvögel das Brutrevier und bauen ein sorgfältig geformtes Napfnest, das 1-12 m über dem Boden hängt. Beide sind an der14 Tage dauernden Bebrütung der drei Eier und der Fütterung der Jungen beteiligt. Die Jungen werden im Alter von 12-14 Tagen flugfähig.

Zitronenbrillenvogel 5

Zosterops citrinella

Verbreitung: Kleine Sundainseln und Inseln der Torres-Straße; isolierte Inseln vor N-Australien
Lebensraum: Wald, Mangroven, Grasland mit niedrigem Gebüsch
Grösse: 10-12 cm

Zitronenbrillenvögel können mit der nordaustralischen Unterart des Mantelbrillenvogels verwechselt werden, sind aber oberseits eher grünlich-gelb und kommen nur auf entlegenen australasiatischen Inseln vor. Daher ist auch nur wenig über ihre Lebensweise bekannt. Sie halten sich in allen Waldzonen auf, picken Insekten von Blättern und Blüten und nehmen auch Beeren und Nektar zu sich.

Sie brüten während der Regenzeit, die von Dezember bis Juni dauert, und bauen ein tiefes, napfförmiges Nest aus trockenen Blättern und Spinnweben, in das 2-4 Eier gelegt werden. Wahrscheinlich sind beide Altvögel an der Bebrütung der Eier und der Fütterung der Jungen beteiligt.

Senegalbrillenvogel 6

Zosterops senegalensis

Verbreitung: Afrika S der Sahara
Lebensraum: Offenes Dornengebüsch, trockene Wälder, Gärten
Grösse: 10 cm

Diese typischen Vertreter der afrikanischen Brillenvögel sind weit verbreitet und kommen in offenem Waldland oder einzelnen Bäumen, nur selten aber in dichtem Wald vor. Sie leben in Gruppen und suchen, oft mit Nektarvögeln und anderen Arten zusammen, in Baumkronen und niedrigen Büschen nach Insekten, die ihre Hauptnahrung bilden. Dabei halten sie mit schwachen, zwitschernden und flötenden Rufen zueinander Kontakt.

Das Nest wird von beiden Altvögeln aus feinen Pflanzenfasern in einer Astgabel oder an einem Zweig hängend gebaut und mit Flechten gepolstert.

Woodford-Brillenvogel 7

Woodfordia superciliosa

Verbreitung: Rennell Island (Salomonen)
Lebensraum: Waldland, Büsche
Grösse: 14 cm

Dieser große Vogel ist mit den Arten der Gattung *Zosterops* nah verwandt und sucht ähnlich wie diese in kleinen Trupps im Laubwerk nach kleinen Insekten und Samen. Sein Schnabel ist für einen Brillenvogel recht lang, und der weiße Lidring ist im Gegensatz zum Augenring der meisten Arten dieser Familie unbefiedert. Das Gelege besteht aus 2 Eiern.

Neben ihm kommt auf Rennell Island noch der Rennellbrillenvogel vor, der kleiner ist und einen dünnen weißen Augenring besitzt.

Trukbrillenvogel 8

Rukia ruki {B}

Verbreitung: Insel Truk (Mikronesien, tropischer Pazifik)
Lebensraum: Dichte Bergwälder
Grösse: 14 cm

Viele Vogelarten der tropischen Inseln nördlich von Neuguinea kommen nur auf einem einzigen Eiland vor. Der seltene Trukbrillenvogel lebt am Gipfel von Tol Island, soll aber auch auf einigen anderen Inseln dieser Gruppe zu finden sein. Er wurde zu Beginn dieses Jahrhunderts entdeckt und danach erst wieder 1975 im heute nur noch 12 ha großen Bergwald dieser Insel gefunden. Er hält sich in den äußeren Baumkronen auf, wo er zwischen Kletterpflanzen nach Insekten sucht.

Er ist etwas größer und kräftiger als seine Verwandten der Gattung *Zosterops*, zeigt keine grünen Gefiedertöne und nur einen weißen Halbring unter dem Auge. Sein Gesang besteht aus lautem Pfeifen und musikalischem Trillern.

Orangekehl-Brillenvogel 9

Madanga ruficollis {B}

Verbreitung: Gebirge der Insel Burn (Molukken)
Lebensraum: Wälder
Grösse: 13-14 cm

Der Orangekehl-Brillenvogel wurde 1923 anhand von 4 Bälgen, die aus den Bergwäldern der Insel Buru stammen, erstmals beschrieben. Seitdem wurde er niemals wieder beobachtet und ist möglicherweise bereits ausgestorben.

Dieser große Vogel ist (oder war) mit keinem der anderen Brillenvögel nah verwandt. Über seine Lebensweise ist nichts bekannt, außer daß die als Bälge vorliegenden Vögel in 840 und 1550 m Höhe gesammelt wurden.

Schopfbrillenvogel 10

Lophozosterops dohertyi

Verbreitung: Sumbawa und Flores (Kleine Sunda-Inseln, Indonesien)
Lebensraum: Wälder
Grösse: 12 cm

Vom Schopfbrillenvogel gibt es zwei recht deutlich verschiedene Unterarten. *L. d. subcristatus* lebt auf Flores in lichtem Regenwald zwischen 300 und 1100 m Höhe und zeigt einen hell grauen Scheitel und eine kleine Haube, während *L. d. dohertyi* auf Sumbawa vorkommt und dunklere, braunere Scheitelfedern mit scharf abgesetzten weißen Spitzen und eine auffälligere Haube besitzt.

Wie andere Brillenvögel leben sie gesellig und sind ständig in Bewegung, doch fallen sie im Laubwerk und zwischen Kletterpflanzen, wo sie bevorzugt nach Nahrung suchen, kaum auf.

Zwergbrillenvogel 11

Oculocincta squamifrons

Verbreitung: Borneo
Lebensraum: Feuchte Mooswälder, Lichtungen
Grösse: 10 cm

Diese kleinen Brillenvögel kommen entlang der Bergkette, die sich durch Borneo zieht, zwischen 180 und 1200 m Höhe vor. Sie sind Bewohner warmer, feuchter Wälder und oft im nachwachsenden Gebüsch abgeholzter Flächen und auf Lichtungen in der Umgebung von Siedlungen zu finden.

Sie halten sich immer in niedriger Vegetation auf und nähern sich in Dickichten Menschen und Weidetieren, wahrscheinlich um Insekten zu erbeuten, die von diesen aufgescheucht werden. Daneben ernähren sie sich vor allem von Beeren und Samen. Weder ein Nest noch ein Gelege konnte bisher dieser Art eindeutig zugeordnet werden.

Schwarzring-Brillenvogel 12

Chlorocharis emiliae

Verbreitung: Borneo
Lebensraum: Niedrige Bergheide, moosreiche Flächen, Rhododendrondickicht
Grösse: 11,5 cm

Viele inselbewohnende Brillenvögel haben eine eigene typische Gefiederfärbung entwikkelt, doch blieb bei fast allen zumindest ein Teil des weißen Augenrings erhalten, der für diese Familie typisch ist. Der Schwarzring-Brillenvogel bildet die einzige Ausnahme. Er kommt in 4 Unterarten vor, darunter die abgebildete Form *C. e. emiliae*, die nur am Mount Kinabalu im nördlichen Borneo lebt.

Schwarzring-Brillenvögel sind die häufigsten Vögel der hohen Bergregionen Borneos. Sie leben oberhalb der Baumgrenze, wo Koniferen, Rhododendron und Heide allmählich in zwergwüchsiges Strauchwerk und nacktes, glattes Felsgestein übergehen. Das flache, schalenförmige Nest wird in dichter Heide aus welkem Gras und Flechten gebaut und manchmal mit leuchtend orangefarbenem Moos ausgelegt.

Schwarzring-Brillenvögel ernähren sich vorwiegend von Insekten und Samen und äußern bei der Nahrungssuche zwitschernde, finkenähnliche Rufe, die von morgens bis in die Abenddämmerung, wenn feuchte, graue Wolken bereits die Gipfel umhüllen, zu hören sind.

Zimtvogel 13

Hypocryptadius cinnamomeus

Verbreitung: Mindanao Island (Philippinen)
Lebensraum: Bergwälder in 900 bis 1800 m Höhe
Grösse: 13 cm

Zimtvögel kommen ausschließlich in den Bergwäldern des Mount Apo auf der philippinischen Insel Mindanao vor. In der Gefiederfärbung unterscheiden sie sich stark von anderen Brillenvögeln, weshalb einige Ornithologen vorschlagen, sie als einzige Art einer eigenen Familie zuzuordnen, den Zimtvögeln Hypocryptadiidae.

Sie ernähren sich vor allem von Insekten, die sie mit ihren spitzen Schnäbeln von Blättern und Kletterpflanzen picken. Über ihre Lebensweise und Brutbiologie ist kaum etwas bekannt.

Trauerbrillenvogel 14

Speirops lugubris

Verbreitung: Kamerun, Sao Tomé Island (Golf von Guinea)
Lebensraum: Bergwaldlichtungen
Grösse: 13 cm

Im Hochland der Insel Sao Tomé kommen Trauerbrillenvögel häufig vor. In kleinen Trupps sind sie unablässig auf Nahrungssuche, fliegen ähnlich wie untersetzte, kurzschwänzige Meisen von Baum zu Baum, zucken häufig mit den Flügeln und äußern kurze, musikalische, tschirpende Rufe.

Die auf Sao Tomé verbreitete Unterart *S. l. lugubris* sucht wie die meisten Brillenvögel in Bäumen nach Nahrung, während die in den Wäldern Kameruns lebende Unterart *S. l. melanocephalus* buschbestandene Flächen und Lichtungen bevorzugt. Über das Brutverhalten der Vögel ist nur wenig bekannt.

HONIGFRESSER, TRUGSCHMÄTZER, PROTEAVÖGEL

Langbart-
Honigfresser
Schuppenkehlmoho
Weißaugen-Honigfresser
♂
Weißstirn-
Schwatzvogel
♀
Buntkopf-Honigfresser
imm.
♂
Tui
♂
♂
♀
♀
Kaphonigfresser
Scharlach-
trugschmätzer

HONIGFRESSER, TRUGSCHMÄTZER, PROTEAVÖGEL

FAMILIE MELIPHAGIDAE HONIGFRESSER

Kleine bis mittelgroße, meist baumbewohnende Vögel mit zum Aufnehmen von Nektar bürstenartig geformter Zungenspitze. Gefieder meist matt grün oder braun. Geschlechter gleich gefärbt, Männchen bei einigen Arten aber leuchtender und meist größer. 2-4 weiße bis isabellfarbene, braun gepunktete Eier werden in napfförmigem Busch- oder Baumnest 13-17 Tage bebrütet. Die Jungen bleiben 10-16 Tage im Nest. 170 Arten.

Kardinalhonigfresser 1

Myzomela cardinalis

VERBREITUNG: Inseln Vanuatu, Samoa, Santa Cruz und Salomonen
LEBENSRAUM: Küstennahes Buschwerk, Sekundärwald, Waldland, Gärten
GRÖSSE: 13 cm

Bei den meisten Honigfressern sind Männchen und Weibchen gleich gefärbt. Beim Kardinalhonigfresser hingegen tragen die Weibchen ein matt oliv-graues Gefieder mit kleinen roten Flecken, während die Männchen ein leuchtend scharlachrotes und schwarzes Kleid besitzen und ein ebenso auffälliges lautes und aggressives Territorialverhalten zeigen.

Meist suchen sie in den Baumkronen nach Nahrung, kommen aber in Waldrandnähe auch in tiefere Vegetationszonen, wo sie Nektar aus Blüten saugen und Insekten von den Blättern picken. Sie können zu jeder Jahreszeit brüten, bauen ein loses, an einem Ast hängendes Nestgebilde aus Pflanzenfasern und legen 2-3 Eier, die von beiden Altvögeln bebrütet werden.

Papuahonigfresser 2

Meliphaga analoga

VERBREITUNG: Neuguinea, Inseln Aru und Geelvink
LEBENSRAUM: Regenwald, Waldränder, Gebüsch
GRÖSSE: 15-17 cm

Papuahonigfresser gehören zu 6 sehr ähnlichen Arten, die auf Neuguinea und angrenzenden Inseln oft zusammen an Waldrändern zu finden sind. Die meiste Zeit verbringen sie in kleineren Bäumen, suchen aber auch in nahegelegenen Büschen und in Gärten nach Früchten, Insekten und nektarhaltigen Blüten. Wie viele Honigfresser tauchen sie zum Baden fliegend in Wasser ein, um sich anschließend auf einer Warte sitzend zu putzen.

Mondstreif-Honigschmecker 3

Milethreptus lunatus

VERBREITUNG: O- und SO-Australien (nicht Tasmanien)
LEBENSRAUM: Eukalyptuswälder und Waldland
GRÖSSE: 13-15 cm

Dies ist eine von mehreren kurzschnäbligen Arten mit meist oliv-grüner Oberseite und schwarzem Kopf. Der nackte Halbring über dem Auge ist bei der östlichen Unterart *M. l. lunatus* rot, bei der westlichen *M. l. chloropsis* dagegen kalkweiß.

Mondstreif-Honigschmecker suchen in Paaren oder kleinen Gruppen im Laubwerk und in der Baumrinde nach Insekten und nehmen Nektar auf. Die meisten leben als Standvögel, während einige in Trupps von 30-60 Vögeln in nördliche Winterquartiere ziehen.

Sie brüten paarweise oder in kleinen Sozialverbänden, die das Brutrevier gemeinsam verteidigen. Das Nest wird aus Rindenstückchen, trockenem Gras und Spinnweben gebaut und hängt hoch in einem Baum oder Gebüsch an einer Astgabel.

Blauohr-Honigfresser 4

Entomyzon cyanotis

VERBREITUNG: S-Neuguinea, N- und O-Australien
LEBENSRAUM: Waldland mit Eukalyptusbäumen, Plantagen, Parks, Gärten; gelegentlich Mangroven
GRÖSSE: 24-30 cm

Dieser als neugierig und streitsüchtig bekannte Honigfresser ist auch als Schädling von Bananenplantagen, wo er die reifen Früchte verzehrt, in schlechten Ruf gekommen. Meist lebt er in kleinen Gruppen, die in oberen Zweigzonen nach Früchten, Nektar und Insekten suchen.

Bei der Brut sind 2-10 Altvögel beteiligt, die sich die Bebrütung und Fütterung der 1-2 Jungen teilen. Als Nest dient meist ein tiefer Napf aus Rindenstückchen, doch übernehmen sie zuweilen auch verlassene Nester anderer Arten. Die nordwestliche Unterart *E. c. albipennis* zeigt im Flug auffällige weiße Flügelflecken, die östliche *E. c. cyanotis* dagegen nur einen kleinen isabellfarbenen Fleck auf dem Flügel.

Hihi 5

Notiomystis cincta {B}

VERBREITUNG: Little Barrier Island (Neuseeland); auf den Inseln Hen und Kapiti eingeführt
LEBENSRAUM: Alte Wälder
GRÖSSE: 18-19 cm

Der ehemals auf den nördlichen Inseln Neuseelands wesentlich weiter verbreitete Hihi kommt heute nur noch auf drei kleinen Inseln vor der Nordostküste vor. Mit gestelztem Schwanz geschwind durch das Laubwerk hüpfend, sucht er nach Früchten, Nektar und Insekten und macht meist durch seine scharfen, hohen Rufe auf sich aufmerksam. Im Gegensatz zu den meisten Honigfressern finden sich nur selten viele Vögel an nahrungsreichen Plätzen ein. Er brütet ab Spätfrühling und nistet im Gegensatz zu seinen Verwandten in Löchern von Baumstämmen und Ästen 3-18 m über dem Boden.

Lärmlederkopf 6

Philemon corniculatus

VERBREITUNG: S-Neuguinea, O-Australien
LEBENSRAUM: Offener Wald, Waldland und Savannen der Niederungen
GRÖSSE: 30-34 cm

Dieser große Honigfresser zeigt am Kopf eine nackte, schwarze, lederartige Haut, nach der er benannt wurde, und einen kleinen Höcker an der Basis des Oberschnabels. Er ernährt sich von Früchten und Blütennektar, aber auch von Insekten, die seine zuckerreiche Nahrung um wertvolles Protein ergänzen. Häufig finden sich Trupps in blühenden Bäumen ein, wo die Vögel sich die Nahrung gegenseitig streitig machen.

Während der Brutzeit (Juli bis Januar) lebt er paarweise und verteidigt sein Nahrungs- und Brutrevier mit mißtönendem Krächzen. Die 2-3 Eier werden ausschließlich vom Weibchen bebrütet, doch beide Altvögel füttern später die Jungen.

Langbart-Honigfresser 7

Melidectes princeps {B}

VERBREITUNG: Neuguinea, im O Hochland des Central Range
LEBENSRAUM: Moosreiches Waldland, Strauch- und Grasland oberhalb der Baumzone
GRÖSSE: 27 cm

Innerhalb ihres engen Verbreitungsgebiets sind Langbart-Honigfresser recht häufig, doch über ihre Lebensweise ist nur wenig bekannt. Allem Anschein nach suchen sie, wie die besser erforschten und nah verwandten Kurzbart-Honigfresser *M. nouhuysi* und im Gegensatz zu den meisten anderen Honigfressern, vielfach im Laub am Boden nach Früchten, Beeren, Seggensamen und Insekten. Auch über ihr Brutverhalten ist wenig bekannt. Das große, napfförmige Nest wird in einen isoliert stehenden Busch gebaut. Nach einer Beobachtung fütterte ein Brutpaar im Juli einen einzelnen flüggen Jungvogel, so daß man ein Gelege von möglicherweise nur einem Ei annimmt.

Nach den 9 anderen Arten dieser Gattung scheinen die nächsten Verwandten des Langbart-Honigfressers die Arten der Gattung *Anthochaera*, darunter der Gelblappen-Honigfresser, zu sein.

Schuppenkehlmoho 8

Moho braccatus {B}

VERBREITUNG: Insel Kauaii (Hawaii)
LEBENSRAUM: Dichter Regenwald
GRÖSSE: 20 cm

Vor hundert Jahren war der Schuppenkehlmoho noch ein häufiger Brutvogel dieser Insel. Seitdem wurde er immer seltener und galt bereits als ausgestorben, bis er 1960 in einem kleinen sumpfigen Waldgebiet wieder entdeckt wurde. Wahrscheinlich war sein düsteres Gefieder seine vorläufige Rettung. Es erschien Hawaiibewohnern, die seine bunteren (und heute ausgestorbenen) Verwandten in großer Zahl einfingen, nicht attraktiv genug.

Er bewegt sich geschwind und lärmend von Baum zu Baum und sucht in der Rinde nach Insekten und Spinnen. Heute steht die Art durch die Zerstörung ihres Lebensraums und die Einführung von räuberischen Tieren vor dem Aussterben. Man befürchtet sogar, daß nur noch ein einziges Männchen am Leben ist.

Weißaugen-Honigfresser 9

Phylidonyris novaehollandiae

VERBREITUNG: SW- und O-Australien, Tasmanien
LEBENSRAUM: Heide, Wälder und Waldland mit Gebüsch
GRÖSSE: 17-19 cm

Weißaugen-Honigfresser verhalten sich bei Mangel an Nektar und Brutplätzen sehr aggressiv. Ihren Proteinbedarf decken sie durch Insektennahrung, doch benötigen sie Honigtau und Nektar als Energiespender. Da sie beim Sammeln von Nektar Pollen zu den nächsten Blüten tragen, spielen sie bei der Befruchtung vieler Pflanzen Australiens eine bedeutende Rolle.

Sie brüten in losen Kolonien, in denen die Männchen jeweils ihr Brutrevier verteidigen, und können in einem Jahr bis zu drei Bruten aufziehen, sofern genügend Nektar vorhanden ist. Das Nest liegt meist 1-2 m über dem Boden in einem Gebüsch. Nestbau und die Bebrütung der 2-3 Eier werden vom Weibchen übernommen, doch beide Altvögel füttern die Jungen.

Buntkopf-Honigfresser 10

Acanthorhynchus superciliosus

VERBREITUNG: SW-Zipfel Australiens
LEBENSRAUM: Heide, Eukalyptus-Waldland mit Gebüsch
GRÖSSE: 15 cm

Buntkopf-Honigfresser haben einen langen, abwärts gebogenen Schnabel. Da sie klein sind, werden sie von nektarreichen Stellen meist durch größere Honigfresser vertrieben, doch können sie wegen ihrer geringen Körpergröße auch von vielen Blüten profitieren, deren geringer Nektargehalt größere Vögel nicht ernähren könnte. Sie rütteln häufig vor Blüten und jagen im Flug Insekten.

Während der Brutzeit führt das Männchen Balzflüge vor und verteidigt aggressiv den Brutplatz. Das Weibchen übernimmt den Nestbau und die Bebrütung der 1-2 Eier, und die Jungen werden von beiden Altvögeln 11 Tage lang gefüttert.

Weißstirn-Schwatzvogel 11

Manorina melanocephala

VERBREITUNG: O-Australien, Tasmanien
LEBENSRAUM: Offene Wälder, Waldland und Flächen mit Einschlägen
GRÖSSE: 25-29 cm

Weißstirn-Schwatzvögel leben in komplexen Sozialverbänden, die aus territorialen Gruppen von 6 bis 30 Vögeln bestehen und große Kolonien bilden. Räuberische Tiere und andere in die Kolonie eindringende Vogelarten werden von der Gruppe gemeinsam vertrieben.

Sie brüten gemeinschaftlich, wobei bis zu 12 Männchen an der Aufzucht der Jungen eines Weibchens beteiligt sind (Polyandrie). Das lose, schalenförmige Nest wird vom Weibchen aus Zweigen und Gras in der Astgabel eines Baumes oder Busches gebaut.

Gelblappen-Honigfresser 12

Anthochaera paradoxa

VERBREITUNG: O-Tasmanien und King Island
LEBENSRAUM: Trockene Eukalyptuswälder und Waldland, gelegentlich Obstplantagen und Gärten
GRÖSSE: 44-48 cm

Der nach den gelben, an den Kopfseiten herabhängenden Hautlappen benannte Vogel ist der größte Vertreter der Honigfresser und wurde früher als Jagdwild geschossen. Außerhalb der Brutzeit lebt er als Standvogel oder nomadisch oft in Gruppen von 10 bis 12 Vögeln, die in Bäumen Insekten von den Blättern oder aus der Rinde picken, daneben aber auch Nektar aufnehmen und Früchte fressen.

Gelblappen-Honigfresser brüten paarweise, verteidigen ab August ein Revier und legen 2-3 Eier in das lose, aus Zweigen und Gras gebaute, in dichtem Gezweig versteckt liegende Nest.

Tui 13

Prosthemadura novaeseelandiae

VERBREITUNG: Neuseeland
LEBENSRAUM: Wälder, Vorstadtgebiete
GRÖSSE: 31 cm

Dieser große, dunkle Honigfresser zeigt an der Kehle weiße, gebogene Federn, die wie eine Krause hervorstehen, beim Balzgesang auf und ab wippen und ihm auch den Namen Pastorvogel eintrugen. Sein Gesang ist reich an rauhen und klangvollen Elementen und enthält einige für das menschliche Ohr nicht hörbare Laute.

Tuis sind weiter verbreitet als die beiden anderen Honigfresser-Arten Neuseelands (Hihi und Makomako *Anthornis melanura*) und an nahrungsreichen Stellen oft zahlreich anzutreffen. Sie ernähren sich vorwiegend von Nektar und fressen daneben auch Früchte und Insekten.

Sie brüten ab Spätfrühling und bauen ein großes, offenes Nest aus Zweigen, das hoch über dem Boden in einer stabilen Astgabel liegt.

FAMILIE EPHTHIANURIDAE TRUGSCHMÄTZER

Kleine Zweigvögel offener Landschaften mit rotem, gelbem oder schwarz-weißem Gefieder. Männchen bunter als Weibchen. 3-4 weiße oder rosafarbene, braun gepunktete Eier werden im Nest am Boden oder in Bodennähe 12 Tage bebrütet. Die Jungen bleiben 14 Tage im Nest. 5 Arten.

Scharlachtrugschmätzer 14

Ephthianura tricolor

VERBREITUNG: Binnenland und W Australiens
LEBENSRAUM: Akaziengebüsch, Savannen, Sukkulenten-Buschsteppe, oft in der Nähe von Salzseen
GRÖSSE: 11-12 cm

Scharlachtrugschmätzer sind mit den Honigfressern nah verwandt und leben nomadisch in trockenen Landzonen. Nach dem Flüggewerden der Jungvögel ziehen sie in großen Trupps, manchmal mit mehreren hundert Vögeln, umher. Sie ernähren sich von Insekten, die sie vom Boden picken, und Nektar.

Sie brüten häufig in losen Kolonien und bauen ein napfförmiges Nest aus Zweigen und Gras, das in einem Gebüsch oder einer Grasbülte in Bodennähe versteckt liegt. Das Weibchen und der Nestbereich werden vom Männchen verteidigt, das sich auch an der Bebrütung der Eier und der Fütterung der Jungen beteiligt.

FAMILIE PROMEROPIDAE PROTEAVÖGEL

Langschnäblige Zweigvögel, die großen Honigfressern ähneln. Geschlechter gleich gefärbt, Schwanzfedern aber beim Männchen bedeutend länger. 2 creme-, isabell- oder hellrosafarbene Eier mit grauen, braunen oder purpurschwarzen Punkten und Kritzeln werden im Buschnest etwa 17 Tage bebrütet. Die Jungen bleiben 17-21 Tage im Nest. 2 Arten.

Kaphonigfresser 15

Promerops cafer

VERBREITUNG: Südspitze Südafrikas
LEBENSRAUM: Berghänge mit Proteablüten
GRÖSSE: Männchen 37-44 cm, Weibchen 24-29 cm

Während die Proteavögel Südafrikas früher als nahe Verwandte der australischen Honigfresser galten, werden sie heute vielfach als mit den Staren nah verwandt betrachtet. Gleichwohl zeigen sie viele Gemeinsamkeiten mit den Honigfressern, insbesondere bei der Nahrung.

Sie fressen vor allem Insekten, die sie im Flug fangen, suchen aber auch in Trupps nach großen Proteablüten, deren Nektar sie mit den langen Schnäbeln aufnehmen.

Während der Brutzeit leben sie territorial. Bei der Balz stelzen die Männchen den extrem langen Schwanz, klatschen mit den Flügeln und äußern auf Buschspitzen sitzend laute metallische Töne. Der Schwanz ist beim Männchen 22-32 cm, beim Weibchen dagegen nur 11-15,5 cm lang.

AMMERN: ALTWELTAMMERN, NEUWELTAMMERN, PLÜSCHKOPFTANGAREN

Schwirrammer
Zapataammer
T. i. inexpectata
S. a. americana
♂
♀
Wechselpfäffchen
♂
S. a. corvina
♀
♂
Goldbraue
♂
♀
Großgrundfink
Plüschkopftangare
C. p. pallidus
Spechtfink
P. e. erythrophthalmus
♀
♂
P. e. eregonus
♂
Rötelgrundammer

AMMERN: ALTWELTAMMERN, NEUWELTAMMERN, PLÜSCHKOPFTANGAREN

FAMILIE EMBERIZIDAE 1 UNTERFAMILIE EMBERIZINAE ALTWELTAMMERN UND NEUWELTAMMERN

Kleine, fast weltweit verbreitete, am Boden lebende Samenfresser offener Landschaften mit kegelförmigem Schnabel und kräftigen Zehen. Geschlechter oft verschieden gefärbt. Gefieder bei vielen Arten grau und dunkelbraun, bei einigen gelbrot, blaugrün, rotbraun, schwarz, weiß und schwarzweiß. 2-7 (meist 4-6) weißliche, hellbraune oder blaue Eier mit rötlichen, bräunlichen oder schwärzlichen Markierungen werden im Napfnest am Boden oder in niedrigem Busch 10-14 Tage bebrütet. Die Jungen bleiben 8-15 Tage im Nest. 284 Arten.

Rohrammer 1

Emberiza schoeniclus

VERBREITUNG: Eurasien S bis Spanien und Mittelasien, O bis NO-Asien und Mandschurei; N und O Populationen überwintern S bis N-Afrika, Iran und Japan
LEBENSRAUM: Feuchtgebiete der Niederungen, Schilfzonen, zunehmend auch trockenere Habitate
GRÖSSE: 15,5-16,5 cm

Rohrammern zucken häufig mit dem leicht gespreizten Schwanz, wobei die weißen äußeren Steuerfedern ihren Artgenossen im Schilfdikkicht als Signal dienen. Während die Art durch Entwässerungen in vielen Regionen stark zurückgegangen ist, besiedelt sie zunehmend auch trockenere Habitate wie Gebüsch, bewachsene Gräben und Hecken.

Die Schnabelform variiert geographisch stark von der kleinen, spitzen Form z.B. der Unterart *E. s. parvirostris* Mittelsibiriens bis zur kräftigen, fast schon papageiähnlichen Ausbildung der Unterart *E. s. pyrrhuloides* aus W- und Mittelasien, W-Mongolei und NW-China. Der Schnabel der in NW-Europa und Zentralrußland verbreiteten Unterart *E. s. schoeniclus* gehört zu den kleineren Variationen, ist aber kräftiger als bei *E. s. parvirostris*. Die verschiedenen Schnabelformen haben sich je nach Lebensraum und Winternahrung herausgebildet.

Spornammer 2

Calcarius lapponicus

VERBREITUNG: Zirkumpolare arktische Regionen; überwintert in Eurasien S bis NO-Frankreich und Mittelasien, in den USA S bis Neumexiko und Texas
LEBENSRAUM: Arktische Tundra und Hochgebirge; im Winter Moore, Grasflächen, Stoppelfelder und Küsten
GRÖSSE: 15,5-16,5 cm

Spornammern brüten bevorzugt in Tundren mit geringem Strauch- und Zwergbaumbestand, häufig in kleinen Kolonien. Die im Prachtkleid kontrastreich bunten Männchen tragen im Balzflug oder von einer niedrigen Warte wie einem Felsen oder einem Baumstumpf einen kurzen, klingelnden, lerchenartigen Gesang vor.

Ende der 1970er Jahre hatten einige Spornammern in Nordschottland, also weit westlich und südlich ihres normalen Verbreitungsgebiets, gebrütet, waren aber bis 1981 wieder verschwunden.

Im Winter bilden Spornammern oft mit anderen Ammern, Finken und Ohrenlerchen *Eremophila alpestris* große Trupps und suchen geduckt laufend und hüpfend auf Stoppelfeldern oder an weiten Stränden nach Nahrung.

Schneeammer 3

Plectrophenax nivalis

VERBREITUNG: Zircumpolare arktische Regionen; im Winter in Eurasien S bis N-Frankreich und Mittelasien, in den USA S bis NW-Kalifornien, Zentralkansas und Virginia
LEBENSRAUM: Arktische Steintundra und Felsküsten, Felserhebungen auf Gletschern und Schneefeldern, einige wenige hohe Bergregionen; im Winter an Sandstränden, in Salzmarschen, auf Feldern und Brachflächen
GRÖSSE: 16,5 cm

Schneeammern brüten bis zur Nordspitze Grönlands und haben damit von allen Landvögeln die nördlichste Verbreitung. Zum Schutz vor der eisigen Kälte graben sie sich gelegentlich in Schnee ein. Das Nest liegt in einer Spalte, unterhalb eines großen Steins oder zwischen Felsen versteckt. Während der Brutzeit tragen sie im Flug oder von niedrigen Warten aus einen kurzen, musikalischen und für ihre Größe recht lauten Gesang vor, daneben äußern sie pfeifende, klingelnde und rauhe Rufe.

Außerhalb der Brutzeit erscheinen sie in kleinen Trupps oder größeren Gruppen von mehreren hundert Vögeln und ernähren sich vor allem von Samen, während sie zur Brutzeit auch Insekten, Knospen und Gräser fressen.

Singammer 4

Melospiza melodia

VERBREITUNG: Von S-Alaska und Zentralkanada S bis N-Mexiko
LEBENSRAUM: Buschreiche Grasflächen, oft in Wassernähe, Hecken, Dickichte, Gärten
GRÖSSE: 14 cm

Die Singammer ist ein weit verbreiteter und gut erforschter Brutvogel Nordamerikas, der sich in neuester Zeit im SO der USA weiter ausbreitet und bereits die nördlichen Teile der Golfstaaten besiedelt hat. Einige Populationen leben als Standvögel, andere sind Zugvögel. Die verschiedenen Unterarten variieren in Größe und Färbung beträchtlich. Die Abbildung zeigt die auf den Aleuten beheimatete und größte Unterart *M. m. maxima* und die helle, in den Wüstenregionen im SW der USA lebende *M. m. saltonis*. Auch die Gesänge der verschiedenen Populationen unterscheiden sich so stark, daß Forscher die Herkunft eines Vogels an seinem «Dialekt» erkennen können.

Während der Brutzeit singen die Männchen von der Morgen- bis zur Abenddämmerung und zuweilen auch nachts. Der Gesang beginnt mit einer rhythmischen Einleitung, gefolgt von einem Triller, und endet mit einer Reihe unregelmäßiger Töne. Die Männchen verteidigen in optimalen Lebensräumen ein Revier von knapp 0,4 ha Fläche. Singammern fressen bevorzugt Samen, doch machen Insekten und andere Wirbellose bis zu einem Drittel ihrer Nahrung aus.

Morgenammer 5

Zonotrichia capensis

VERBREITUNG: S-Mexiko S bis Feuerland, Hispaniola, Niederländische Antillen
LEBENSRAUM: Offene und halboffene Flächen, auch Städte
GRÖSSE: 14-15 cm

Dieser zahme und auffällige Vogel ist der «Spatz» Lateinamerikas schlechthin. Die meisten Populationen leben als Standvögel, während die südlichsten offenbar in nördliche Winterquartiere ziehen. Der Gesang variiert innerhalb des großen Verbreitungsgebiets zwar beträchtlich, doch ist das einfache Grundmuster aus 1-2 undeutlichen Pfeiftönen mit einem folgenden Triller leicht zu erkennen. Als Singwarten dienen meist freistehende Plätze wie Pfosten und Hausdächer. Die zahlreichen Unterarten variieren vor allem im Dunkelheitsgrad und der Zeichnung des Kopfes. Die Abbildung zeigt die in Costa Rica, Panama, Venezuela und Kolumbien verbreitete Form *Z. c. costaricensis*.

Das napfförmige Nest wird in Bodennähe aus Gras und Wurzeln gebaut und kann für mehrere Bruten benutzt werden. Die Eier sind gräulich bis hell grünlich-blau, grau gefleckt und am stumpfen Ende dicht rostbraun gepunktet.

Junko 6

Junco hyemalis

VERBREITUNG: Kanada, N- und Zentral-USA; N Populationen überwintern S bis Mexiko
LEBENSRAUM: Nadel-, Birken- und Espenwald; auf dem Zug und im Winter unterschiedlich
GRÖSSE: 16 cm

Junkos kommen in 5 Unterarten vor, die sich in der Färbung deutlich unterscheiden und früher als verschiedene Arten betrachtet wurden. Alle Formen zeigen weiße äußere Steuerfedern, einen weißen Bauch und dunkle Augen. In den aneinandergrenzenden Verbreitungsgebieten kommt es zu Mischformen. Von den abgebildeten Unterarten brütet *J. h. hyemalis* in den Wäldern Nordkanadas und im mittleren Norden der USA, *J. h. thurberi* in den Nadelwäldern des fernen Westens und *J. h. coniceps* in den südlichen Rocky Mountains.

Alle Junkos tragen einen musikalischen Trillergesang vor und äußern im Flug ein schnelles Zwitschern. Sie fressen vorwiegend Samen, während der Brutzeit aber auch viele Insekten.

Schwirrammer 7

Spizella passerina

VERBREITUNG: Kanada S bis N-Nicaragua
LEBENSRAUM: Im Osten Gärten, Waldland, Waldränder, im Westen offenes Waldland und Gebirge
GRÖSSE: 12,5-14 cm

Schwirrammern sind sehr zahme, zutrauliche Vögel, die gern an Futterhäuser kommen. Sie fressen große Mengen von Grassamen, Rüsselkäfer und andere Insekten. Gelegentlich fangen sie auch nach Schnäpperart Insekten im Flug. Ihr Gesang, gereihte raspelnde Töne, die zuweilen zu einem schnellen Schwirren verschmelzen, ist manchmal auch nachts zu hören. Im Schlichtkleid zeigen die Männchen einen matt gestreiften, statt kastanienbraunen Scheitel, einen braunen Ohrfleck und lassen den auffallenden weißen Überaugenstreif vermissen. Das Weibchen wird gelegentlich bei der Suche nach Nistmaterial vom Männchen begleitet, baut jedoch das Nest allein.

Zapataammer 8

Torreornis inexpectata {B}

VERBREITUNG: Kuba
LEBENSRAUM: Offene Flächen mit einzelnen Bäumen und Büschen
GRÖSSE: 16,5 cm

Von der Zapataammer gibt es 3 Unterarten, die offene, mit wenigen Bäumen und Büschen bewachsene Lebensräume bewohnen, die sich in der Zusammensetzung ihrer Flora und ihrem Wasserreichtum stark unterscheiden. Die westliche Form *T. i. inexpectata* lebt in höhergelegenen Dickichten der Zapatasümpfe, *T. i. sigmani* in trockenem Buschland im Südosten Kubas und *T. i. varonai* auf der Insel Cayo Coco vor der Nordküste.

Zapataammern besitzen trotz ihrer kurzen Flügel ein gutes Flugvermögen, fliegen aber nur selten einmal auf. Der Lebensraum der in den Zapatasümpfen lebenden Population wurde inzwischen durch die kubanische Regierung unter Schutz gestellt. Auch die trockenen Küstenregionen im SO scheinen nicht gefährdet, da sie für die Landwirtschaft ungeeignet sind, dagegen ist Feuer weiterhin eine ernste Bedrohung.

Wechselpfäffchen 9

Sporophila americana

VERBREITUNG: Mexiko S über Panama bis Kolumbien, Ecuador, Peru, Venezuela, Brasilien und Guyana
LEBENSRAUM: Gras- und buschbewachsene Niederungen, Lichtungen, Gebüsch, Waldränder, Plantagen
GRÖSSE: 11-11,5 cm

Von den 7 Unterarten des Wechselpfäffchens zeigt die Abbildung die von O-Venezuela bis zum unteren Amazonas vorkommende Form *S. a. americana* und die von O-Mexiko bis Panama verbreitete *S. a. corvina*. Meist sieht man kleine Trupps, die vorwiegend aus Weibchen und Jungvögeln bestehen. Sie ernähren sich von Samen, die sie an Grasstengeln sitzend picken und fressen gelegentlich auch Blüten, Knospen und hoch in Bäumen hängende Früchte.

Der Gesang der Männchen besteht aus schnellen, zwitschernden Strophen und wird von freien Warten aus vorgetragen. Männchen und Weibchen äußern weiche *tchiiu*-Rufe. Die Brutzeit liegt in der Reifezeit der Grassamen.

Goldbraue 10

Tiaris olivacea

VERBREITUNG: O-Mexiko bis Kolumbien, Venezuela, Große Antillen
LEBENSRAUM: Grasflächen auf Lichtungen, Weiden mit einzelnen Büschen, Straßenraine
GRÖSSE: 10 cm

Goldbrauen sind oft paarweise oder in kleinen Trupps zu sehen und ernähren sich von Samen, die sie am Boden oder an Grasstengeln sitzend picken. Die Männchen tragen einen dünnen, hohen, insektenartigen Triller von einer niedrigen Warte aus vor. Ihr Ruf ist ein weiches *tek*. In Mittelamerika verhalten sich Goldbrauen sozial, auf Jamaika territorial, was auf die dort größere Populationsdichte zurückgeführt wird.

Großgrundfink 11

Geospiza magnirostris

VERBREITUNG: Galapagosinseln
LEBENSRAUM: Trockene Flächen
GRÖSSE: 16,5 cm

Dies ist einer der 13 Darwinfinken, die nur auf Galapagos vorkommen. Sie wurden von Darwin erstmals beschrieben und bildeten die Grundlage seiner Evolutionstheorie der natürlichen Auslese. Der Großgrundfink ist der größte von ihnen und besitzt den kräftigsten Schnabel, mit dem er harte Samen und gelegentlich auch große Insekten fressen kann.

Das Nest, ein breites, kuppelförmiges Gebilde aus Zweigen, Gras und Flechten, das mit einem Seiteneingang versehen ist, befindet sich oft in einem Kaktus in 1-9 m Höhe. Das Männchen beginnt mit dem Bau mehrerer Nester, bevor es um ein Weibchen balzt. Nach der Paarbildung vollendet das Weibchen eines der vom Männchen begonnenen Nester, oder es baut ein völlig neues Nest.

Spechtfink 12

Camarhynchus pallidus

VERBREITUNG: Galapagosinseln (auf San Cristobal und Floreana ausgestorben)
LEBENSRAUM: Feuchtes Hochland
GRÖSSE: 15 cm

Auch der Spechtfink gehört zu den Darwinfinken und kommt nur auf Galapagos vor. Er ernährt sich von Wirbellosen, die er, einen Kaktusstachel, Blattstengel oder dünnen Zweig als Werkzeug einsetzend, aus morschem Holz und aus Rindenspalten holt. Daneben frißt er gelegentlich auch Früchte. Er besitzt zwei Arten von Gesängen. In Nestnähe wird ein hoher, abfallender Triller vorgetragen, während der Reviergesang aus 7-8 lauten, schnellen Tönen besteht.

Rötelgrundammer 13

Pipilo erythrophthalmus

VERBREITUNG: SW-Kanada, USA S bis Kalifornien
LEBENSRAUM: Dichter Unterwuchs, Flußuferdickichte, offenes Waldland, Waldränder
GRÖSSE: 22 cm

Die zahlreichen Unterarten der Rötelgrundammer lassen sich in 3 Färbungstypen zusammenfassen. Die östliche rotäugige Form *P. e. erythrophthalmus* und die südöstliche weißäugige Form unterscheiden sich lediglich in der Irisfarbe, während westliche Unterarten, wie z.B. *P. e. oregonus*, weiße Flügelbinden und weiß gefleckte Schulterfedern zeigen.

Die Nahrung der Rötelgrundammern ist sehr vielfältig und reicht von Kräutersamen über Beeren bis zu Insekten, die sie im Laub scharrend finden. Gern nehmen sie auch Samen und Talg an Futterhäusern auf. Sie bauen ein festes Napfnest, das in dichtem Unterwuchs oder in einem Busch am Boden oder in Dickichten und Kletterpflanzen in Bodennähe versteckt liegt.

FAMILIE EMBERIZIDAE 2 UNTERFAMILIE CATAMBLYRHYNCHINAE PLÜSCHKOPFTANGAREN

Zu dieser Unterfamilie gehört nur eine Art.

Plüschkopftangare 14

Catamblyrhynchus diadema

VERBREITUNG: Anden von N-Venezuela bis N-Argentinien
LEBENSRAUM: Offenes Waldland und gebüschreiche Hänge des Andenhochlands, meist nahe Bambusbeständen
GRÖSSE: 14 cm

Die Plüschkopftangare wurde nach den steifen, goldbraunen Stirn- und Scheitelfedern benannt. Über ihre Lebensweise ist bislang wenig bekannt, wie auch ihre verwandtschaftliche Beziehung zu den Ammern und Tangaren noch ungeklärt ist. Meist ist sie paarweise oder in gemischten Trupps von Finken, Spitzschnäbeln und Tangaren zu sehen. Ihre Nahrung besteht wahrscheinlich aus Bambusblättern, anderen Pflanzenteilen und Insekten. An Bambusstämmen sitzend preßt sie den Schnabel in die Basis der dichten Blattspiralen oder pickt Insekten von den Stengeln.

AMMERN: KARDINÄLE, TANGAREN

♂
mausernd
♂
♀
Scharlachtangare
R. c. carbo
♀
♂
Purpurtangare
♀
Dickschnabelorganist
♂
E. l. zophlega
Blaurücken-Bergtangare
Siebenfarbentangare
♂
Türkisnaschvogel
♀
D. l. mystacalis
♀
Schwalbentangare
♂
Stahlhakenschnabel

AMMERN: KARDINÄLE, TANGAREN

FAMILIE EMBERIZIDAE 3 UNTERFAMILIE CARDINALINAE KARDINÄLE

Kleine bis mittelgroße Vögel mit kräftigem Schnabel und oft buntem Gefieder. Geschlechter bei einigen verschieden gefärbt. 2-5 einfarbig weiße, bläuliche, blaue oder grünliche, bei einigen gemusterte Eier werden in Baum- oder Buschnest 11-14 Tage bebrütet. Die Jungen bleiben 9-15 Tage im Nest. 47 Arten.

Graukardinal 1

Paroaria coronata

VERBREITUNG: O-Bolivien, Paraguay, Uruguay, S-Brasilien, N-Argentinien; auf Hawaii eingeführt
LEBENSRAUM: Feuchtes Gebüsch der Niederungen, halboffene Flächen, vor allem in Wassernähe
GRÖSSE: 19 cm

Graukardinäle suchen oft am Boden nach Nahrung und können dank ihrer großen Zehen auch auf schwimmenden Wasserpflanzen laufen. Sie leben meist paarweise oder in kleinen Gruppen, bilden außerhalb der Brutzeit aber auch große Trupps. Sie fressen Samen und Wirbellose.

Wegen ihres schönen Gefieders und des reichen, melodischen Gesangs werden sie in vielen Regionen gefangen und in den Handel gebracht, weshalb die Art mancherorts zurückgegangen ist. 1928 auf Hawaii eingeführt, ist sie heute vor allem auf der Insel Oahu zahlreich.

Rosenbrust-Kernknacker 2

Pheucticus ludovicianus

VERBREITUNG: S-Zentralkanada, O-USA; im Winter S bis Mexiko und N-Südamerika
LEBENSRAUM: Sekundärwaldland, Bäume an Flußläufen
GRÖSSE: 20 cm

Rosenbrust-Kernknacker zeigen eine besondere Vorliebe für Blüten und Knospen, fressen aber auch Käfer, Heuschrecken, Raupen, Samen, Früchte und Körner. Besonders während des Zuges kommen sie gern an Futterhäuser. Der flüssige, melodische Gesang wird im Flug vorgetragen, während das Männchen ein Weibchen verfolgt. Das matter gefärbte Weibchen äußert kürzere, weiche Töne. An Brut und Aufzucht der Jungen sind beide Altvögel beteiligt. Später betreut das Männchen die flüggen Jungvögel, während das Weibchen mit der zweiten Brut beginnt.

Rotkardinal 3

Cardinalis cardinalis

VERBREITUNG: SO-Kanada, O-, Zentral- und SW USA, Mexiko bis Belize; auf Hawaii eingeführt
LEBENSRAUM: Waldlandränder, Sümpfe, Dickichte, Vorstadtgärten
GRÖSSE: 22 cm

Rotkardinäle kommen regelmäßig in Familienverbänden oder paarweise an Futterhäuser, um Sonnenblumenkerne und andere Samen zu fressen. Zu ihrer Nahrung gehören Insekten, Früchte, Samen, Blüten und Knospen. Der laute Pfeifgesang von Männchen und Weibchen ist fast ganzjährig zu hören. Während einer Brutsaison können bis zu 4 Bruten aufgezogen werden.

Rotschnabelsaltator 4

Pitylus grossus

VERBREITUNG: Mittelamerika und N-Südamerika S bis N-Bolivien
LEBENSRAUM: Feuchte Wälder der Niederungen
GRÖSSE: 20 cm

Diese Art ist oft paarweise zu sehen. Weibchen sind heller als Männchen und zeigen kein Schwarz an Hals und Brust. Sie sind typische Bewohner der mittleren und oberen Waldzonen, kommen am Waldrand aber gelegentlich auch weiter herunter. Sie ernähren sich vorwiegend von Samen und Früchten und halten sich manchmal in gemischten Trupps anderer Waldvögel auf.

Neben ihren scharfen, metallischen Rufen *spiik* oder *piik* äußern sie einen lauten, melodischen Gesang, der aus gereihten Pfeiftönen besteht und an den des Graukardinals erinnert.

Azurbischof 5

Guiraca caerulea

VERBREITUNG: USA S bis Costa Rica; überwintert im S des Verbreitungsgebiets
LEBENSRAUM: Felder, Hecken, Dickichte, Waldränder, Gebüsch an Straßen
GRÖSSE: 15-19 cm

Der Azurbischof teilt sein Verbreitungsgebiet wie auch seinen Lebensraum weitgehend mit dem Indigofinken *Passerina cyanea*. Männchen beider Arten sind ähnlich gefärbt, doch im Gegensatz zum fast einfarbig tiefblauen Gefieder des Indigofinken ist der Azurbischof matter blau und zeigt zwei breite, rostbraune Flügelbinden. Wie bei vielen anderen Vögeln wird die Gefiederfärbung nicht durch Pigmente, sondern durch die Federstruktur erzeugt, so daß der Azurbischof bei bestimmten Lichtverhältnissen grau oder schwarz erscheinen kann.

Zu seiner Nahrung gehören Insekten, Samen und Früchte, die er am Boden oder in Bäumen sucht. Das Weibchen baut ein napfförmiges Nest aus Pflanzenteilen, in das zuweilen Baumwolle, Papier und sogar Teile von Schlangenhaut eingearbeitet werden. Das Nest liegt zwischen Stämmen oder in einer Astgabel bis in 6 m Höhe.

Papstfink 6

Passerina ciris

VERBREITUNG: SO und S USA; im Winter N der Golfküste S bis Panama, Kuba
LEBENSRAUM: Gebüsch, Hecken, Sträucher, Waldlandränder, feuchte Dickichte, Gärten
GRÖSSE: 12,5-14 cm

Kein Vogel Nordamerikas ist so vielfarbig wie das Männchen des Papstfinken, und auch kein Männchen einer anderen nordamerikanischen Art zeigt so viele Grüntöne wie die Weibchen und Jungvögel. Ihr buntes Gefieder läßt an tropischere Breiten denken. In geeigneten Lebensräumen sind Papstfinken zwar zahlreich, oft aber schwer zu sehen. Die Grüntöne der Weibchen und Unausgefärbten und das optisch auflösende, bunte Mosaik der Männchen läßt sie im Strauchwerk, wo sie nach Samen und Insekten suchen, verschwinden. Nur während der Brutzeit sind die Männchen leicht zu entdecken, wenn sie von einer freien Warte aus ihren klingelnden Gesang vortragen.

FAMILIE EMBERIZIDAE 4 UNTERFAMILIE THRAUPINAE TANGAREN

Kleine bis mittelgroße Vögel mit oft buntem Gefieder. Geschlechter bei einigen Arten verschieden gefärbt. Nisten meist in offenem, napfförmigem Baum- oder Strauchnest, Schwalbentangaren in Erdröhren und Felshöhlen. 2 (bei Organisten und den wenigen nordamerikanischen Arten 4-5) blaue, graue oder weiße Eier mit lila, braunen oder schwarzen Markierungen werden 12-18 Tage bebrütet. Die Jungen bleiben 11-24 Tage im Nest. 246 Arten.

Schwarzkappen-Hemispingus 7

Hemispingus atropileus

VERBREITUNG: Anden
LEBENSRAUM: Feuchte Wälder und Gebüsche der Hochlagen
GRÖSSE: 13-14 cm

In den nebelverhangenen Wäldern bewegt sich dieser Vogel in kleinen Gruppen meist mit anderen Arten gemeinsam durch den Unterwuchs.

Oft sucht er, an Bambusstämmen kletternd, in Spalten und auf der Unterseite der Blätter nach Raupen und anderen Insekten.

Die peruanische Unterart *H. a. auricularis* zeigt eine ausgedehntere und intensiver schwarze Kopffärbung und eine stärker orange-gelbe Kehle als die von W-Venezuela bis Equador verbreitete Unterart *H. a. atropileus*.

Gelbstirn-Würgertangare 8

Lanio versicolor

VERBREITUNG: Zentral-Südamerika, S des Amazonas
LEBENSRAUM: Tropenwald der Niederungen
GRÖSSE: 13-15 cm

Die 4 Würgertangaren-Arten haben sich auf die Jagd nach Insekten spezialisiert. Während große gemischte Vogeltrupps sich bei der Nahrungssuche durch die mittleren Waldzonen bewegen, halten die Würgertangaren still und aufrecht sitzend nach Insekten Ausschau, um die vor den marodierenden Vogelbanden flüchtenden Beutetiere nach Schnäpperart zu fangen. In ihrer Position erspähen sie auch oft als erste andere Räuber, vor denen sie die Vögel mit einem lauten, abfallenden *Tchiu* warnen. Mitunter geben sie falschen Alarm, der den Vogelschwarm innehalten läßt, so daß sie einen Leckerbissen leichter erhaschen können.

Scharlachtangare 9

Piranga olivacea

VERBREITUNG: O-Nordamerika; überwintert vor allem im N Südamerikas O der Anden
LEBENSRAUM: Wälder
GRÖSSE: 16 cm

Scharlachtangaren brüten vorwiegend in Laubwäldern im O der USA, wo sie sich von Bienen, Wespen, Käfern, Nachtfaltern und ihren Larven, aber auch von Früchten ernähren. Nach der Brutzeit mausern die Männchen in ein olivfarbenes Schlichtkleid, das den Weibchen ähnelt. In dieser Jahreszeit lösen sich die Familienverbände auf, und die einzelnen Vögel sitzen still und oft lange bewegungslos im dichten Laubwerk. Auch während des Wegzugs in die tropischen Winterquartiere verhalten sie sich unauffällig, weshalb bislang nur wenig über die genauen Überwinterungsgebiete bekannt ist.

Purpurtangare 10

Ramphocelus carbo

VERBREITUNG: N-Südamerika O der Anden
LEBENSRAUM: Buschwerk und niedrige Bäume an Waldrändern und in Savannen
GRÖSSE: 16-17 cm

Purpurtangaren bewohnen dichte Randvegetation tropischer Wälder, wo vielfältige Pflanzen eine Aufeinanderfolge reifer Früchte garantieren, die sie gierig verschlingen. Da die Früchte die Nahrungsgrundlage vieler Tangaren bilden, haben die Arten verschiedene Methoden der Insektenjagd ausgebildet. Purpurtangaren jagen im Laubwerk hüpfend nach Insekten, indem sie die Blätter untersuchen und nach jedem flüchtenden Beutetier schnappen.

Sie halten sich in kleinen Gruppen auf, tolerieren selten andere Arten in ihrer Nähe und schließen sich kaum einmal gemischten Trupps an. Sie rufen häufig hoch *tsiit* und geben den tieferen Alarmruf *tschek* von sich. Die abgebildete Unterart *R. c. carbo* gehört zu den hellsten der 8 Formen und ist von O-Peru bis Surinam verbreitet.

Blaurücken-Bergtangare 11

Buthraupis montana

VERBREITUNG: Anden
LEBENSRAUM: Bergwälder, Gebüsch in Waldnähe
GRÖSSE: 21 cm

Blaurücken-Tangaren sind oft in Gruppen von 3-10 Vögel zu sehen, wenn sie von einem Nahrungsplatz zum anderen fliegen. Einmal gelandet, sind sie erstaunlich schwer zu entdecken, da sie sich nur langsam bewegen und oft lange bewegungslos verharren. Neben Früchten fressen sie Insekten, die sie in Moos und anderen epiphytischen Pflanzen oder unterseits der Blätter und Zweige suchen. In der Morgendämmerung schallt der Chor ihrer lauten, einzeln oder wiederholt geäußerten Rufe *tuut* und *wuiik* in den Bergtälern.

Dickschnabelorganist 12

Euphonia laniirostris

VERBREITUNG: NW-Südamerika und Mittelamerika
LEBENSRAUM: Offenes Waldland, Waldränder
GRÖSSE: 10 cm

Die 25 Arten der Gattung *Euphonia* gehören zu den kleinsten Tangaren. Obwohl ihr Verdauungssystem auf Mistelbeeren spezialisiert ist, zeigen die Arten erhebliche Unterschiede in der Nahrung. Bei einigen ist der Anteil der Insekten hoch, während der Dickschnabelorganist sich fast ausschließlich von Früchten ernährt, die Jungen jedoch mit Spinnen füttert.

Ihr kuppelförmiges Nest bauen sie in eine geschützte Ecke oder Spalte, gelegentlich auch in einen Blumenkasten in Hausnähe. Im Gegensatz zu der abgebildeten, in Zentralperu verbreiteten Unterart *E. l. zopholea* und 3 weiteren Formen zeigt *E. l. melanura* eine orange-gelbe bis aprikosenfarbene Kehle und keine weißen Flecken auf dem Schwanz.

Die Organisten werden oft als eigene Unterfamilie Euphoniidae abgetrennt oder zusammen mit den Schillertangaren in eine weitere Familie, die Eiteltangaren Dacnididae, gestellt.

Siebenfarbentangare 13

Tangara chilensis

VERBREITUNG: Amazonasgebiet Südamerikas
LEBENSRAUM: Wälder der Niederungen, angrenzende Plantagen
GRÖSSE: 12,5 cm

Dies ist eine von 50 farbenprächtigen Arten der Gattung *Tangara*. Während man bis zu 10 verschiedene Tangarenarten an einer Fruchtart nebeneinander beobachten kann, haben sich alle bei der Insektenjagd hoch spezialisiert. Siebenfarbentangaren sind sehr lebhaft und halten sich in Gruppen von 5-10 Vögeln in den oberen Waldzonen auf. Oft leben sie mit zahlreichen anderen Kleinvögeln zusammen, auf die sie eine große Anziehungskraft auszuüben scheinen.

Türkisnaschvogel 14

Cyanerpes cyaneus

VERBREITUNG: Mittelamerika, N-Südamerika
LEBENSRAUM: Randzonen von Wald und Waldland
GRÖSSE: 12 cm

Der Türkisnaschvogel hat einen langen, abwärts gebogenen Schnabel, mit dem er Nektar aus Blüten saugt, kleine Insekten von der Unterseite der Blätter pickt, zwischen langsam aufbrechende Samenhülsen früher als andere Vögel gelangt und Fruchtfleisch aus von Spechten angepickten Orangen zieht.

Außerhalb der Brutzeit ist er sehr lebhaft und bildet Gruppen von 5-15 Vögeln. An blühenden Hainen erscheinen manchmal bis zu 100 Vögel.

Stahlhakenschnabel 15

Diglossa lafresnayii

VERBREITUNG: Anden S bis Bolivien
LEBENSRAUM: Wälder zwergwüchsiger Bäume und Dickichte oberhalb 2500 m Höhe
GRÖSSE: 14 cm

Hakenschnäbel durchbohren mit ihrem ungewöhnlichen, aufwärts gebogenen Schnabel die Basis röhrenförmiger Blüten, um an den Nektar und wahrscheinlich auch die darin lebenden kleinen Insekten zu gelangen. An blütenreichen Stellen verhalten sie sich Artgenossen und anderen nektarsaugenden Arten wie Kolibris gegenüber stark konkurrierend. Beim Stahlhakenschnabel verteidigen sogar Männchen und Weibchen nach der Brutzeit eigene Territorien, was für tropische Tangaren ungewöhnlich ist.

Die durch tiefe Einschnitte in den Anden voneinander getrennten Populationen sind ein faszinierendes Beispiel des noch andauernden Evolutionsprozesses. So sollte die abgebildete Unterart *D. l. mystacalis* von La Paz und Cochabanta zusammen mit drei weiteren in Bolivien und N-Peru verbreiteten Formen derselben Unterartengruppe vielleicht schon jetzt unter dem Namen Barthakenschnabel Artstatus erhalten. Auch zwei andere Formengruppen, eine in W-Kolumbien lebende mit rötlich-braunem und eine mit ganz schwarzem Bauch, werden vielleicht schon bald als Maronenbauch-Hakenschnabel bzw. Schwarzbauch-Hakenschnabel abgetrennt werden.

Schwalbentangare 16

Tersina viridis

VERBREITUNG: O-Panama, Südamerika S bis N-Argentinien
LEBENSRAUM: Offenes Waldland, Waldränder, Galeriewald, Sekundärwald
GRÖSSE: 14 cm

Schwalbentangaren ernähren sich von Beeren und fangen im Flug Insekten. Sie leben gesellig in Trupps von ca. 12 Vögeln, scheinen jedoch andere Arten davon abzuschrecken, sich ihnen anzuschließen. Außerhalb der Brutzeit ziehen sie auf der Suche nach reifen Früchten umher.

Zu ihren Balzritualen gehört das gegenseitige Verbeugen von Männchen und Weibchen. Das Nest wird, für Tangaren ungewöhnlich, in Löchern und röhrenartigen Vertiefungen von Klippen, Dämmen und sogar Brücken gebaut.

WALDSÄNGER

Kletterwaldsänger
Gelbstirn-Waldsänger
Meisenwaldsänger
Kronwaldsänger
D. c. coronata
«Myrtenwaldsänger»
Herbst
D. c. memorabilis
«Audubonwaldsänger»
Michiganwaldsänger
Schnäpperwaldsänger
Pieperwaldsänger
Zitronenwaldsänger

♂
Weidengelbkehlchen
♀
Schwarzohr-Waldsänger
Goldhähnchen-Waldsänger
♂
♀
Rosenbauchgranatellus
juv.
C. f. flaveola
Zuckervogel
♂
C. s. amazonum
♀
C. f. atrata
dunkle Morphe
C. f. caboti
Rotsteiß-Spitzschnabel

FAMILIE PARULIDAE WALDSÄNGER

Kleine, schlanke Insektenfresser, die im Laubwerk (einige Arten am Boden) nach Nahrung suchen. Gefieder oft bunt, Weibchen matter. 2-8 (meist 4-5) weiße bis grüne, oft braun gefleckte Eier werden im sorgfältig gebauten Baum- oder Bodennest 10-14 Tage bebrütet (2 Arten brüten in Höhlen). Die Jungen bleiben 8-12 Tage im Nest. 126 Arten.

Kletterwaldsänger 1

Mniotilta varia

VERBREITUNG: O Nordamerika, N bis Northwest Territory, W bis Montana, S bis Zentraltexas; im Winter Südspitze der USA bis N Südamerika
LEBENSRAUM: Laub- und Mischwald
GRÖSSE: 11,5-14 cm

Dank seines auffälligen schwarzweißen Gefieders ist der Kletterwaldsänger auf kahlen Zweigen und an Baumstämmen leicht zu entdecken. Während er mit seinem langen Schnabel in Rindenspalten nach Insekten und Spinnen sucht, erinnert er in der Bewegungsweise an einen Kleiber oder Baumläufer (S. 302-305).

Im Frühjahr zieht er früher als die meisten anderen Waldsänger in die nördlichen, bis Nordkanada reichenden Brutgebiete, wo sein metallischer Gesang zu hören ist. Sein napfförmiges Nest baut er in Vertiefungen oder Spalten, meist am Boden zwischen Baumwurzeln oder unter einen Vorsprung.

Gelbstirn-Waldsänger 2

Vermivora bachmanii {B}

VERBREITUNG: SO USA; überwintert in Kuba
LEBENSRAUM: Feuchtgebiete, niedrige Wälder
GRÖSSE: 12 cm

Der Gelbstirn-Waldsänger war früher in vielen Südstaaten der USA verbreitet und überwinterte, über Florida und die Bahamas ziehend, in Kuba. 1937 brütete er fast nur noch im I'On Swamp in S-Carolina, wo seit dieser Zeit jedoch kein Nest mehr gefunden wurde. Beobachtungen von Altvögeln aus den 1970er Jahren scheinen ungesichert, da Verwechslungen mit dem Kapuzenwaldsänger *Wilsonia citrina* und dem Mönchswaldsänger *W. pusilla* nicht ganz auszuschließen sind.

Er baut sein Nest niedrig in dichter Vegetation alter Hartholzwälder. Entwässerungen und Abholzungen dieses Lebensraums sind daher wohl die Ursache seines Rückgangs oder gar seines Aussterbens.

Meisenwaldsänger 3

Parula americana

VERBREITUNG: O Nordamerika, isolierte Vorkommen in Kalifornien, Neumexiko, Mexiko; im Winter Florida, Westindische Inseln, Mittelamerika
LEBENSRAUM: Nadel- und Mischwälder, Feuchtgebiete
GRÖSSE: 11,5 cm

Der weit verbreitete und anpassungsfähige Meisenwaldsänger bewohnt unterschiedlichste Lebensräume, die von den Fichtenwäldern des Nordens bis zu den Feuchtgebieten der Südstaaten reichen. Sein Gesang, ein ansteigender, summender, mit einem *zip* abrupt endender Triller, ist dem des Elfenwaldsängers *P. pitiayumi* zum Verwechseln ähnlich. Er frißt Insekten, die er von den Blättern pickt.

Wann immer möglich, baut er sein napfförmiges Nest in hängende Flechten oder Baummoos, das er auch als Nistmaterial verwendet, oder in dichte Fichtenzweige.

Kronwaldsänger 4

Dendroica coronata

VERBREITUNG: Nordamerika, S bis Zentral- und S-Mexiko und Guatemala; im Winter S bis Mittelamerika
LEBENSRAUM: Nadel- und Laubwälder
GRÖSSE: 13-15 cm

Diese häufige und weit verbreitete Art kommt in 5 Unterarten mit 2 Färbungstypen vor, die früher als eigene Arten betrachtet wurden: Zum Typus «Myrtenwaldsänger» gehört die in Kanada und im Zentrum und Osten der USA verbreitete *D. c. coronata*, zum Typus «Audubonwaldsänger» die in Südwest-Kanada und im Westen der USA vorkommende *D. c. auduboni*. Die abgebildete Unterart *D. c. memorabilis* aus dem Südwesten der USA ist ein kräftig gezeichneter Vertreter der «Audubonwaldsänger».

Auch die Stimmen der verschiedenen Formen lassen sich unterscheiden. Die Rufe der «Audubonwaldsänger» sind weicher als die der östlichen Formen. Beide nisten in Nadel- und hohen Laubbäumen, in Überschneidungsbereichen kommt es zu Mischbruten. Im Sommer fressen sie Insekten, im Winter nehmen sie auch andere Nahrung zu sich.

Michiganwaldsänger 5

Dendroica kirtlandii {B}

VERBREITUNG: Kleine Vorkommen in Zentral-Michigan, USA; im Winter Bahamas
LEBENSRAUM: Strauchkieferdickicht
GRÖSSE: 15 cm

Der Michiganwaldsänger, dessen Bestand heute auf weniger als 200 Brutpaare geschätzt wird, dürfte außerhalb seiner kleinen Brut- und Überwinterungsgebiete kaum einmal zu sehen sein.

Michiganwaldsänger nisten am Boden in Stammnähe, und zwar nur zwischen Strauchkieferbeständen, die 8-22 Jahre alt sind. Ein solcher Baumbestand ist nur in regelmäßig abgebrannten oder abgeholzten Wäldern zu finden.

Er ist häufiger Wirtsvogel des Braunkopf-Kuhstärlings *Molothrus ater*, was neben großflächigen Erosionen seines Lebensraums wohl auch zum Rückgang dieser Art beigetragen hat. Strenge Schutzmaßnahmen, Erhaltung des Lebensraums und Kontrolle des Kuhstärlingbestands können die Art vielleicht vor dem Aussterben bewahren. Allerdings gibt der rätselhafte hohe Verlust vieler Jungvögel während des langen Zugweges zwischen Brutgebiet und den Bahamas Anlaß zur Sorge.

Schnäpperwaldsänger 6

Setophaga ruticilla

VERBREITUNG: SO-Alaska O über Zentralkanada, S über Texas bis O USA; im Winter Südspitze der USA bis Brasilien
LEBENSRAUM: Laub- und Mischwälder
GRÖSSE: 11-13,5 cm

Nur wenige Waldsänger sind so kontrastreich gezeichnet und so lebhaft wie die rotschwänzigen Arten. Im Gegensatz zu den meisten der 11 anderen Arten, die alle zur Gattung *Myioborus* gehören und bei denen die Geschlechter gleich gefärbt sind, ist das Weibchen des Schnäpperwaldsängers durch leuchtend gelbe Gefiederpartien, die beim Männchen orange gefärbt sind, leicht zu erkennen. Sie suchen in den Zweigen nach Raupen oder fangen nach Schnäpperart in der Luft Insekten. Neben dem Gesang aus schrillen, zischenden und schleifenden Lauten äußern sie scharfe, abgehackte Rufe.

Das napfförmige Nest wird vom Weibchen in einer Astgabel eines Baumes oder Busches gebaut und oft mit bunten Federn von Ammern oder Tangaren geschmückt.

Pieperwaldsänger 7

Seiurus aurocapillus

VERBREITUNG: S-Kanada und O USA bis Colorado und Georgia; im Winter SO USA bis Westindische Inseln, Bahamas, Panama, N-Venezuela und Kolumbien
LEBENSRAUM: Wald, Buschdickicht
GRÖSSE: 13 cm

Ohne seinen lauten und unverwechselbaren Gesang, ein gereiht vorgetragenes, sich steigerndes *teacher-teacher-teacher*, bliebe der vorwiegend braun gefärbte Pieperwaldsänger häufig unentdeckt. Er sucht im Laub des Waldbodens nach Insekten, Spinnen und anderen Kleintieren und trägt ab und zu von einem niedrigen Ast aus seinen Gesang vor.

Pieperwaldsänger brüten in der Regel paarweise, doch leben einige Männchen zur Brutzeit polygam. Sie flechten ein kuppelförmiges Nest aus trockenem Gras, Fichtennadeln, Rindenstreifen und Ästchen, das mit Haar ausgepolstert wird und am Boden, oft unter einem Busch im Laub versteckt liegt. Es hat die Form eines traditionellen Backofens, weshalb Pieperwaldsänger auch «Ofenvögel» genannt werden. Die Bebrütung wird vom Weibchen übernommen. Oft zieht es ein Junges des Braunkopf-Kuhstärlings auf, dem die Art als Wirtsvogel dient.

Zitronenwaldsänger 8

Protonotaria citrea

VERBREITUNG: O USA, S bis Ontario; im Winter Mexiko bis N Südamerika
LEBENSRAUM: Feuchtes Waldland in Wassernähe
GRÖSSE: 14 cm

Zitronenwaldsänger erhielten ihren wissenschaftlichen Namen nach den Protonotarias, den in safrangelbe Gewänder gekleideten Dienern des Papstes. Sie ernähren sich vorwiegend von Insekten und wenigen kleinen Samen, die sie in den unteren Zweigzonen suchen, und sind dank ihrer Färbung leicht zu entdecken. Im Winter halten sie sich bevorzugt in Feuchtgebieten auf, kommen aber auch an trockenere Plätze. Sie äußern laute, 7-12fach gereihte Töne und im Rüttelflug einen längeren, flüssigeren Gesang.

Im Gegensatz zu anderen Waldsängern brüten sie in Höhlen, meist in Baumlöchern oder Spechthöhlen in Wassernähe. Das Nest wird vorwiegend vom Weibchen aus Ästchen, Rindenstückchen, Moos, Flechten und Gras angelegt. In südlichen Regionen werden oft zwei Bruten im Jahr aufgezogen.

Weidengelbkehlchen 9

Geothlypis trichas

VERBREITUNG: Nordamerika S bis Mexiko; im Winter Bahamas, Westindische Inseln bis N Südamerika
LEBENSRAUM: Junger Sekundärbewuchs, Krautflächen, meist in Wassernähe
GRÖSSE: 10-13 cm

Weidengelbkehlchen sind weit verbreitet und in jeglicher Art von krautbewachsenen Feuchtgebieten, an Flüssen, Seen und Salzgewässern häufig anzutreffen, sofern der Boden wasserdurchtränkt ist. Sie ernähren sich von Insekten, Spinnen und ihren Eiern, die sie vom Boden oder von niedriger Krautvegetation picken. Das Nest wird am Boden, in Bodennähe, manchmal sogar über dem Wasser gebaut. Die 3-6 weißen Eier tragen braune, graue oder schwarze Flekken, die am stumpfen Ende oft zu einem Ring verschmelzen.

Pro Saison können zwei Bruten aufgezogen werden, doch ist auch dieser Waldsänger häufig Opfer des schmarotzenden Braunkopf-Kuhstärlings, der ihn als Wirtsvogel benutzt.

Schwarzohr-Waldsänger 10

Myioborus ornatus

VERBREITUNG: Anden am Westrand Venezuelas und Kolumbien
LEBENSRAUM: Subtropische und gemäßigte Bergwälder von 1800-3400 m Höhe
GRÖSSE: 14 cm

In gemäßigten Bergwäldern oberhalb 2400 m sind Schwarzohr-Waldsänger häufig in Gruppen von 5 bis 6 Vögeln und oft mit anderen Arten vergesellschaftet anzutreffen. Sie suchen bevorzugt in hohen Baumkronen nach Insekten, Spinnen und ähnlichen Beutetieren und äußern bei der Nahrungssuche oder von Baum zu Baum fliegend kurze Kontaktrufe *tsip*. Der hohe Gesang wird etwa 15 Sekunden lang vorgetragen.

Goldhähnchen-Waldsänger 11

Basileuterus culicivorus

VERBREITUNG: Mittleres Mexiko bis O-Bolivien, Paraguay, Uruguay, N-Argentinien
LEBENSRAUM: Feuchte Wälder, Waldränder, Gebüsch, Lichtungen, Laubwälder, Plantagen
GRÖSSE: 12,5 cm

Die verschiedenen Populationen dieses weit verbreiteten Waldsängers bewohnen 3 unterschiedliche Lebensräume: Tropische Mischwälder, tropische Immergrüne Wälder und Bergwälder. Die Unterarten unterscheiden sich geringfügig in der Färbung, vor allem in der Grautönung der Oberseite und der Ausbildung des Überaugenstreifs, und werden gelegentlich als 3 eigene Arten betrachtet.

Goldhähnchen-Waldsänger leben paarweise oder in kleinen Gruppen und schließen sich gern gemischten Trupps an. Sie suchen auf niedrigen Zweigen und Ranken nach Insekten und Spinnen oder jagen sie nach Schnäpperart. Das kuppelförmige Nest wird aus Gras gebaut.

Rosenbauchgranatellus 12

Granatellus pelzelni

VERBREITUNG: S-Venezuela und Guyana S über den Amazonas Brasiliens bis N-Bolivien
LEBENSRAUM: Regenwald der Niederungen, alter Sekundärbewuchs in Wassernähe
GRÖSSE: 13 cm

Im dichten Unterwuchs nach Insekten suchend und in Baumkronen des Waldesinneren ist der Rosenbauchgranatellus nur schwer zu entdekken. Leichter läßt er sich in Büschen der Waldränder oder der Flußufer beobachten, wo er sich oft mit gestelztem und gefächertem Schwanz zeigt.

Gelegentlich wird er zusammen mit den verwandten Weißkehl- *G. venustus* und Graukehlgranatellus *G. sallaei* als den Tangaren nahestehend betrachtet. Bemerkenswert sind die weit voneinander entfernt liegenden Verbreitungsgebiete in den Niederungen der mexikanischen Pazifikküste, in Mittelamerika und in Südamerika.

Rotsteiß-Spitzschnabel 13

Conirostrum speciosum

VERBREITUNG: O der Anden von O-Kolumbien W bis Guyana und S bis N-Argentinien
LEBENSRAUM: Offene Laubwälder der Niederungen, feuchte Wälder, Sekundärbewuchs, Seeufer
GRÖSSE: 10-11,5 cm

Diese von den eigentlichen Waldsängern abweichende Art wird wie die neun anderen Spitzschnäbel der Gattung *Conirostrum* systematisch gelegentlich auch zu den Tangaren gestellt.

Rotsteiß-Spitzschnäbel leben gesellig und suchen paarweise, in kleinen Gruppen oder gemischten Trupps an den Zweigspitzen der Baumkronen nach Insekten und Spinnen. Häufig schließen sie sich Tangaren an und nehmen aus Blüten Nektar und Insekten auf. Die Unterart *C. c. amazonum* ist dunkler als die anderen Formen und von Guyana westlich bis O-Peru verbreitet.

Zuckervogel 14

Coereba flaveola

VERBREITUNG: Westindische Inseln, Mittel- und Südamerika bis N-Argentinien
LEBENSRAUM: Trockene bis feuchte Wälder, Feuchtgebiete, Parks mit blühenden Bäumen oder Büschen
GRÖSSE: 10 cm

Zuckervögel sind sehr anpassungsfähig und daher weit verbreitet. Mit ihrem abwärts gebogenen Schnabel erreichen sie das Innere kleiner Blüten, durchstechen die Basis schlauchförmiger Blütenkelche, um an Nektar zu gelangen, und saugen ebenso Saft aus Beeren oder picken Spinnen von den Blättern.

In ihrem weiten Verbreitungsgebiet haben sich viele Unterarten herausgebildet, zu denen viele Formen auf den isolierten Karibischen Inseln gehören. Drei Inselformen sind abgebildet: *C. f. flaveola* von Jamaika, *C. f. atrata* von St. Vincent, die meist in der dunklen Morphe zu sehen ist, und *C. f. caboti* von Cozumel Island und Holbox Island vor der Halbinsel Yukatan im Südosten Mexikos.

Die verwandtschaftliche Stellung des Zuckervogels ist noch ungeklärt. Während er in diesem Buch zusammen mit dem Spitzschnabel neben den Waldsängern behandelt wird, wurde er früher mit den Naschvögeln, den Hakenschnäbeln und Spitzschnäbeln in eine eigene Familie Coerebidae gestellt. Naschvögel und Hakenschnäbel gelten heute jedoch als spezialisierte Verwandte der Tangaren. Daher wird der Zuckervogel gelegentlich auch als abweichende Tangare eingeordnet, oder in die kleine Familie Coerebidae gestellt.

VIREOS, STÄRLINGE

I. g. galbula
♂
Rotschulterstärling
♂
I. g. bullocki
♂
♀
Baltimoretrupial
♂
I. g. abeillei
♂
♂
Purpurgrackel
juv.
Lerchenstärling
♂
♂
♀
Rotaugen-Kuhstärling
Bobolink

FAMILIE VIREONIDAE
VIREOS

Kleine Vögel mit vorwiegend grüner Oberseite, grauem oder braunem Rücken und gelber oder weißer Unterseite. Geschlechter gleich gefärbt. Im napf- oder beutelförmigen, am oberen Rand in einer Astgabel hängenden Nest werden 2-5 weiße, braun getupfte Eier 11-13 Tage bebrütet. Die Jungen bleiben 11-13 Tage im Nest. 46 Arten.

Rostbrauenvireo 1

Cyclarhis gujanensis

VERBREITUNG: Mittel- und Südamerika O der Anden bis N Zentralargentinien
LEBENSRAUM: Tropische und subtropische Waldränder, Lichtungen, Sekundärwuchs, Buschwald, Plantagen
GRÖSSE: 16-17 cm

Die zwei Arten der Gattung *Cyclarhis*, früher einer eigenen Familie zugeordnet, werden heute als Unterfamilie zu den Vireos gestellt. Beide haben kräftige Schnäbel mit Hakenspitze und fressen in Bäumen Insekten und Früchte. In Deckung sitzend, äußern sie stundenlang einen monotonen Gesang aus kurzen Pfeifstrophen, die 5-10 Minuten lang wiederholt werden. Sie sind schlechte Flieger und ziehen nicht.

Von den zahlreichen Unterarten des Rostbrauenvireos sind *C. g. gujanensis* von Ost-Kolumbien, Südvenezuela, Guyana und Brasilien und *C. g. virenticeps* von Westecuador und NW-Peru abgebildet.

Smaragdvireo 2

Vireolanius pulchellus

VERBREITUNG: S-Mexiko bis W-Panama
LEBENSRAUM: Regen- und Nebelwälder bis in 1700 m Höhe
GRÖSSE: 14 cm

Über den Smaragdvireo, der sich eher träge in den Baumkronen bewegt und zwischen den Blättern kaum zu sehen ist, weiß man bislang nur wenig. Er lebt meist paarweise und ernährt sich von Insekten, die er mit seinem kräftigen, fast würgerähnlichen Hakenschnabel von Blättern pickt oder im Flug jagt. Außerhalb der Brutzeit schließt er sich anderen Insektenfressern in den unteren Baumzonen an. Sein aus 3-4 Silben bestehender Gesang ähnelt dem *Piter-piter-piter* der Indianermeise *Parus bicolor*.

Die abgebildete Unterart *V. p. eximius* kommt in Nordkolumbien und Westvenezuela vor und gilt oft als eigene Art Gelbbrauenvireo.

Bairdvireo 3

Vireo bairdi

VERBREITUNG: Cozumel Island, Mexiko
LEBENSRAUM: Offener Tropenwald, Waldränder
GRÖSSE: 11-12 cm

Als Ausnahme unter den oberseits grün, gelb oder grau gefärbten Vireos zeigt der Bairdvireo eine braune Oberseite. Er ist ein naher Verwandter der Festlandsart Mangrovevireo *V. pallens*, mit dem er weiße Federpartien und den Gesang gemeinsam hat, von dem mindestens 5 verschiedene Strophentypen beschrieben wurden.

Wie viele andere Vireos sucht er im Gebüsch nach Insekten, Spinnen und Früchten und zeigt dabei ein zaunkönigähnliches Verhalten. Er hält sich streng an seine Reviergrenzen.

Grauvireo 4

Vireo vicinior

VERBREITUNG: SW USA bis NW-Mexiko; im Winter von S-Arizona und W-Texas bis Durango und N-Sinaloa
LEBENSRAUM: Trockene, buschbestandene Hänge, Canyons, Chaparrals, Zwergeichen-Waldland; im Winter Gebüsch in Wüsten
GRÖSSE: 14 cm

Der mit dem waldbewohnenden Graukopfvireo *V. solitarius* nah verwandte Grauvireo bewohnt riesige Brut- und Winterreviere. Er ernährt sich von Insekten, die er von den Blättern und gelegentlich vom Boden pickt oder im Flug fängt.

Als einziger Vireo trägt er seinen aus 3-5 lauten, rauhen und unmelodischen Silben bestehenden Gesang regelmäßig im Flug vor, und auch das Weibchen singt zur Brutzeit.

Gelbkehlvireo 5

Vireo flavifrons

VERBREITUNG: S- und Ostzentral-Kanada, USA bis zu den Golfstaaten; im Winter von S-Florida, Südzentral-Mexiko und Großen Antillen bis Kolumbien und N-Venezuela
LEBENSRAUM: Mischwälder und Waldland; im Winter tropisches Waldland und Regenwald bis in 1800 m Höhe
GRÖSSE: 14 cm

Der Gelbkehlvireo gehört zu den farbenprächtigsten Vireos und zeigt einen auffallenden gelben Augenring. Allein oder paarweise sucht er in Baumkronen nach Insekten, Spinnen und gelegentlich Beeren. Sein Gesang, eine Reihe kurzer, zwei- bis dreisilbiger, durch lange Pausen unterbrochener Strophen erinnert an den des Graukopfvireos *V. solitarius*, klingt aber rauher und wird neben schwatzenden Rufen auch im Winterquartier geäußert.

Rotaugenvireo 6

Vireo olivaceus

VERBREITUNG: Kanada S bis zu den Staaten am Golf; im Winter NW Südamerika bis Amazonasgebiet
LEBENSRAUM: Laub- oder Mischwälder, Waldland an Flußläufen
GRÖSSE: 14 cm

Der Gesang des Rotaugenvireos besteht aus 2-3 recht schnell vorgetragenen, melodischen Silben und ist ausschließlich im Brutgebiet häufig zu hören. Rotaugenvireos leben territorial und suchen in Baumkronen nach Insekten. In den südamerikanischen Winterquartieren ernähren sie sich vorwiegend von Früchten. Während der Balz schaukelt das Männchen mit aufgeplustertem Gefieder und gefächertem Schwanz hin und her, worauf Weibchen zuweilen mit einem Ruf antworten.

Graukappenvireo 7

Hylophilus decurtatus

VERBREITUNG: SO-Mexiko bis Zentralpanama
LEBENSRAUM: Tropenwälder und Sekundärbewuchs unterhalb 1300 m Höhe
GRÖSSE: 9-10 cm

Graukappenvireos sind kleine, zweigsängerähnliche Insektenfresser mit spitzerem Schnabel als bei anderen Vireos und ohne Kerbe an der Schnabelspitze. Der pausenlos geäußerte Ruf ähnelt einer Strophe des Rotaugenvireos, klingt aber höher und leiser. Von den 3 Unterarten ist die in Ostpanama und Nordkolumbien verbreitete *H. d. dariensis* abgebildet.

FAMILIE ICTERIDAE
STÄRLINGE

Klein bis mittelgroß. Gefieder meist schwarz (oft glänzend) mit gelben, orangefarbenen oder roten Flecken; bei Weibchen, aber auch Männchen vieler Arten der Savannen braun. Färbung und Größe der Geschlechter bei Arten gemäßigter Zonen, bei ziehenden und polygynen Arten aller Zonen unterschiedlich. Nestformen reichen von Napf- und Kuppelnestern bodenbewohnender Arten bis zu langen, an Zweigen hängenden Beutelnester. Meist 4-6 (gemäßigte Zonen) bzw. 2-3 Eier (Tropen) sehr unterschiedlicher Färbung und Musterung werden 12-15 Tage bebrütet. Die Jungen bleiben 10 Tage (kleinste Arten) bis etwa 10 Wochen (größte Arten) im Nest. 96 Arten.

Krähenstirnvogel 8

Psarocolius decumanus

VERBREITUNG: Panama bis Zentral-Südamerika
LEBENSRAUM: Feuchte Wälder der Vorberge und Niederungen, Sekundärwuchs, Waldränder, Lichtungen, Plantagen
GRÖSSE: Männchen 43-48 cm, Weibchen 38-41 cm

Krähenstirnvögel zeigen auf dem Scheitel einige verlängerte, haarähnliche Federn. Weibchen sind wie Männchen gefärbt, aber kleiner. Von den 4 Unterarten sind 3 einander sehr ähnlich, darunter *P. d. melanterus* in Panama und Nordkolumbien, während die südlich des Amazonas verbreitete Form *P. d. maculosus* sich durch hellgelbe Federn im sonst schwarzen Körpergefieder unterscheidet.

Sie ernähren sich von Früchten, Samen und Wirbellosen. Während der Balz stelzen die Männchen weit nach vorne gebeugt den Schwanz, flattern geräuschvoll mit den Flügeln und äußern dabei ansteigende laute, gurgelnde und raspelnde Töne.

Sie leben gesellig und brüten in Kolonien mit 7-100 Nestern in einem einzigen Baum. Das über 1 m lange Nest wird aus Pflanzenfasern gewoben und hängt an einer Astspitze. Am frei sichtbaren Nistplatz herrscht ein ständiges Kommen und Gehen dieser großen und lautstarken Vögel.

Gelbbürzelkassike 9

Cacicus cela

VERBREITUNG: Panama bis Zentral-Südamerika
LEBENSRAUM: Feuchte Wälder der Niederungen, Waldränder, Sekundärwaldland, Lichtungen, Plantagen; auch in Dörfern und Städten
GRÖSSE: Männchen 28-32 cm, Weibchen 24-26 cm

Gelbbürzelkassiken sind in vielen Regionen ihres Verbreitungsgebiets zahlreich. Von den 3 Unterarten zeigt die Abbildung *C. c. vitellinus* aus Panama und Nordkolumbien und *C. c. cela* aus dem nördlichen Mittelamerika und Trinidad.

Sie ernähren sich von Beeren, Früchten und Insekten. Zu ihren vielfältigen Rufen gehören lautes Gackern und Kreischen wie auch melodischere Töne. Vögel der Unterart *C. c. cela* imitieren gerne andere Vogelarten, was von den beiden anderen Formen nicht bekannt ist.

Die geselligen Vögel brüten in auffälligen Kolonien. Sie bauen Hängenester, die länglicher, aber kürzer sind als die der Krähenstirnvögel, die oft im selben Baum brüten. Oft liegen die Nester dicht beisammen und zum Schutz in der Nähe von Wespennestern.

Baltimoretrupial 10

Icterus galbula

VERBREITUNG: Nordamerika; im Winter Zentral- und N-Südamerika
LEBENSRAUM: Offenes Waldland an Flußläufen, Waldränder, Bäume in Hausnähe
GRÖSSE: 16-17 cm

Die Männchen des Baltimoretrupial sind auffällig orange und schwarz gefärbt und zeigen innerhalb der Unterarten beträchtliche Farbvariationen. Die Abbildung zeigt die vom Westen Nordamerikas bis Nicaragua verbreitete Form *I. g. bullocki*, die im östlichen Nordamerika lebende *I. g. galbula* und die im südlichen Zentralmexiko vorkommende *I. g. abeillei*.

Das oberseits geöffnete Nest wird aus weichem Pflanzenmaterial gewoben und enthält 4-5 hell blaugraue Eier, die vom Weibchen bebrütet werden. Altvögel ernähren sich von Insekten, Früchten, Nektar und Knospen.

Rotschulterstärling 11

Agelaius phoeniceus

VERBREITUNG: Nord- und Mittelamerika
LEBENSRAUM: Feuchtgebiete, Wasserläufe, Anbauflächen
GRÖSSE: 18-19 cm

Rotschulterstärlinge gehören zu den häufigsten Landvögeln Nordamerikas. Zur Brutzeit singen die Männchen von Sitzwarten aus und verteidigen ihre Brutreviere, indem sie mit den Flügeln flatternd die roten, gelb gerandeten Flügelflekken als Signal einsetzen. Beim sitzenden Vogel sind oft nur die gelben Spitzen der roten Deckfedern sichtbar.

Das napfförmige Nest wird vom Weibchen aus Gras in 0,5-3 m Höhe über dem Wasser oder in Wassernähe gebaut. Nach der Brutzeit schließen sich die Männchen mit anderen Stärlingen zu riesigen Schwärmen von 1 Million oder mehr Vögeln zusammen. Die Abbildung zeigt die für die meisten Unterarten typische Färbung.

Lerchenstärling 12

Sturnella magna

VERBREITUNG: S und O Nordamerikas bis N Südamerikas
LEBENSRAUM: Savannen, Weiden, Anbauflächen
GRÖSSE: 23-25 cm

Diese in Nordamerika häufige Art läuft die meiste Zeit am Boden umher und zuckt häufig mit dem Schwanz. Sie fliegt mit schnellen, flachen Flügelschlägen, unterbrochen von kurzen, mit steifen und abwärts gehaltenen Flügeln eingelegten Gleitstrecken.

Während der Balz zeigt das Männchen mit himmelwärts gerichtetem Schnabel seine gelbe Brust und Kehle und vollführt Luftsprünge. Sein Gesang besteht aus einer Reihe klarer, weicher Pfeiftöne, die es von einer Sitzwarte, vom Boden oder im Singflug vorträgt. Lerchenstärlinge leben monogam. Sie legen 3-7 weiße, braun gepunktete Eier in ein napfförmiges Nest aus Gras und ziehen meist zwei Jahresbruten auf. Nordamerikanische Vögel ziehen im Winter nach Süden, während die Populationen der Westindischen Inseln, Mittel- und Südamerikas Standvögel sind.

Purpurgrackel 13

Quiscalus quiscala

VERBREITUNG: O USA; N Populationen überwintern S bis Florida
LEBENSRAUM: Offenes Waldland, einzelne Bäume, Waldränder, nahe Siedlungen
GRÖSSE: 28-33 cm

Purpurgrackel bilden große, lärmende Schlafgemeinschaften, die aus Tausenden von Vögeln bestehen können. Ihr Ruf ist ein lautes *Tschack*, während der kurze, rauhe Gesang wie das Quietschen eines rostigen Gatters klingt. Sie nisten in kleinen Kolonien. Das große Nest wird vom Weibchen aus Zweigen und Gras in 1-4 m Höhe gebaut und mit trockenem Gras, Federn, oft mit Papier, Schnüren, Lumpen und anderen Abfällen ausgelegt. Die Jungen werden mit Insekten und Spinnen gefüttert, während die Altvögel Regenwürmer und Insekten, aber auch Fische, Frösche, Mäuse oder Eier und Küken anderer Arten fressen. Ebenso mögen sie Samen und können in Feldern Schaden anrichten.

Rotaugen-Kuhstärling 14

Molothrus aeneus

VERBREITUNG: S USA bis Panama
LEBENSRAUM: Savannen, Weiden, Anbauflächen, Siedlungen und trockene Flächen in tropischen und subtropischen Zonen
GRÖSSE: 17-22 cm

Rotaugen-Kuhstärlinge sind Brutschmarotzer und ernähren sich von Insekten und Samen. Sie bilden Trupps von 25-30 Vögeln, die sich gelegentlich mit anderen Gruppen zu Schwärmen von 500 Vögeln zusammenschließen. Balzende Männchen plustern das Gefieder auf, werfen den Kopf zurück und äußern quietschende Töne. Nach der Paarung legt das Weibchen je ein hellblaues Ei in das Nest einer anderen Vogelart und hackt häufig auf bereits vorhandene Eier des Wirtsvogels ein. Das Küken ist größer als die Jungen des Wirtsvogels und kann sich daher bei der Fütterung gegen sie durchsetzen. Wieviele Eier das Weibchen insgesamt legt, ist unbekannt, doch legt das Weibchen des verwandten Braunkopf-Kuhstärlings *M. ater* in zwei Monaten bis zu 40 Eier.

Bobolink 15

Dolichonyx oryzivorus

VERBREITUNG: S-Kanada bis mittlere USA; im Winter Südamerika, meist in N-Argentinien
LEBENSRAUM: Prärien, Wiesen; auf dem Zug und im Winter auch Feuchtgebiete
GRÖSSE: 16-18 cm

Er ist nach seinem Gesang *bob-o-link, bob-o-link, spink, spenk, spink* benannt, den er im Frühjahr und Sommer oft im flatternden Balzflug äußert. Im Flug ist ganzjährig ein wiederholtes, metallisches *Ink* zu hören. Balzende Männchen stellen die Nackenfedern auf, öffnen die Flügel, so daß die weißen «Schulterflecken» sichtbar werden, und zeigen mit dem Schnabel nach unten. Sie leben polygam und paaren sich mit zwei oder mehr Weibchen.

Von allen Arten dieser Familie haben sie die weiteste Zugstrecke. Sie fressen Kräutersamen und Insekten und können auf dem Wegzug an Getreidefeldern Schaden anrichten.

FINKENVÖGEL

♀
Goldzeisig
♂
♂
C. c. britannica
Stieglitz
C. c. paropanisi
♂
♀
C. m. frontalis
Birkenzeisig
Hausgimpel
♂
A. f. cabaret
♀
Rosenbauch-
Schneegimpel
L. a. umbrina
♂
♂
♂
♂
L. a.
australis
L. a. atrata
Berggimpel

FINKENVÖGEL

FAMILIE FRINGILLIDAE UNTERFAMILIE FRINGILLINAE EDELFINKEN

Kleine Vögel mit kegelförmigem Schnabel, recht langem Schwanz und hohem Scheitel. Männchen bunter als Weibchen. Alle Arten zeigen auffällige, charakteristische Flügel- und Schwanzzeichnungen. 3-5 dunkel blaugrüne, purpurbraun gestrichelte und gepunktete Eier werden im aus Gras, Moos und anderen Pflanzenteilen gebauten Busch- oder Baumnest 12-14 Tage bebrütet. Die Jungen bleiben 11-17 Tage im Nest und werden von den Altvögeln in kurzen Zeitabständen mit kleinen Mengen von Insekten gefüttert. 3 Arten.

Buchfink 1

Fringilla coelebs

VERBREITUNG: Europa bis W-Sibirien, Mittlerer Osten, N-Afrika, Atlantische Inseln
LEBENSRAUM: Waldland, Gärten, offene Flächen mit einzelnen Bäumen
GRÖSSE: 15 cm

Der Buchfink ist in den meisten Teilen seines Verbreitungsgebiets ein häufiger Brutvogel, der die Nähe des Menschen nicht scheut. Sein einfacher, weittragender Gesang variiert geringfügig je nach Region und lokalem Dialekt. Von den zahlreichen Unterarten sind die Männchen der nördlichen Formen, darunter *F. c. coelebs*, in der Regel intensiver gefärbt, die der trockeneren, südlicheren Regionen, darunter *F. c. spodiogenys* aus Tunesien, heller und den Weibchen ähnlicher. Auch auf den Atlantischen Inseln haben sich mehrere Unterarten entwickelt. Die 3 Formen der Kanarischen Inseln, darunter *F. c. palmae* von Las Palmas, zeigen einen kräftigen Schnabel und eine schiefergrauer Oberseite.

Im Winter erscheinen Buchfinken auf der Suche nach Samen in großen Trupps auf Feldern und in Gärten, während sie zur Brutzeit in streng abgegrenzten Revieren leben. Das Nest wird in einem Baum oder Busch versteckt angelegt und außen mit Moos und Flechten so gut getarnt, daß es oft sehr schwer zu finden ist.

Teydefink 2

Fringilla teydea {B}

VERBREITUNG: Kanarische Inseln
LEBENSRAUM: Walddickicht
GRÖSSE: 16,5 cm

Neben dem auf den Kanarischen Inseln weit verbreiteten Buchfinken kommt der wesentlich seltenere Teydefink nur auf Teneriffa und auf Gran Canaria vor, wo sein Bestand rückläufig ist.

Während Buchfinken Laubwälder der Niederungen bewohnen, kommen Teydefinken in Hochlagen der Bergwälder bis zur Baumgrenze vor, wo sie als Standvögel leben. Außerhalb der Bergwälder erscheinen sie nur ausnahmsweise. Die Brutzeit beginnt nicht vor Ende Mai oder Juni. Das Nest wird oft in großer Höhe in einer Kiefer oder einem Lorbeerbaum gebaut.

FAMILIE FRINGILLIDAE UNTERFAMILIE CARDUELINAE FINKEN

Kleine Vögel mit unterschiedlich dickem, kegelförmigem Schnabel (Schnabelspitze bei Kreuzschnäbeln gekreuzt). Geschlechter verschieden gefärbt. Gefieder sehr unterschiedlich, bei vielen Arten vor allem Jungvögel gestreift; meist mit auffallendem Flügel- und Schwanzmuster. 3-5 weißliche, braun gepunktete Eier werden im Busch- oder Baumnest aus Gras, Moos und anderen Pflanzen 12-14 Tage bebrütet. Die Jungen bleiben 11-17 Tage im Nest und werden unregelmäßig mit großen Mengen von Samen, die von den Altvögeln ausgewürgt werden, gefüttert (einige Arten mit Kehlsack). 121 Arten.

Kanarengirlitz 3

Serinus canaria

VERBREITUNG: Azoren, Madeira, Kanarische Inseln
LEBENSRAUM: Offenes Waldland, Gebüsch, Gärten
GRÖSSE: 12,5 cm

Von diesem Verwandten des europäischen Girlitz *S. serinus* stammen die bei uns gezüchteten Kanarienvögel ab. Der Kanarengirlitz wurde erstmals im 16. Jahrhundert nach Europa eingeführt und frühzeitig als Käfigvogel gehalten. Männchen und Weibchen haben ein unterschiedliches, eher matt gestreiftes Gefieder, während die meisten Vögel der Zuchtform gleich leuchtend gefärbt sind.

Kanarengirlitze sind in ihrem Verbreitungsgebiet häufig und kommen auf bewaldeten Flächen, in Gärten, Weinbergen, Obstgärten und in Kiefernwäldern von Meeresspiegelhöhe bis in 1500 m Höhe vor. Das Männchen trägt seinen melodischen Gesang oft im Balzflug vor, während es aus großer Höhe mit bebenden Flügeln herabgleitet und auf einer hohen Baumspitze landet.

Der europäische Girlitz ist dem Kanarengirlitz in der Färbung sehr ähnlich. Er ist erst in den letzten 100 Jahren aus dem Süden nach Mitteleuropa eingewandert. Häufig trägt er seinen quietschenden Gesang von Antennen aus vor und ist auch beim schmetterlingsartigen Balzflug zu beobachten.

Dickschnabelgirlitz 4

Serinus burtoni

VERBREITUNG: W- und O-Afrika
LEBENSRAUM: Bergwälder
GRÖSSE: 18 cm

Der große Dickschnabelgirlitz ist mit seinem kräftigen Schnabel ein außergewöhnlicher Vertreter der Gattung *Serinus*. Er bewohnt Waldränder in 1500-2500 m Höhe, wo er sich vorwiegend in den Baumkronen aufhält und, da er zudem selten ruft, schwer zu entdecken ist.

Die meisten Dickschnabelgirlitze kommen in den Bergen Kameruns, im Hochland am Viktoriasee und in Angola vor. Vögel des Hochlands von Südtansania zeigen eine weiße, braun gestreifte Unterseite und nur wenig Grün im Flügel. Weibchen sind wie Männchen gefärbt.

Pirolgimpel 5

Linurgus olivaceus

VERBREITUNG: W- und O-Afrika
LEBENSRAUM: Hochland und Bergwälder
GRÖSSE: 13 cm

Der Pirolgimpel erhielt seinen Namen aufgrund seiner pirolähnlichen Färbung (S. 354-357). Er kommt nur in den Bergwäldern Äquatorialafrikas vor. Damit besitzt er fast dasselbe Verbreitungsgebiet wie der Dickschnabelgirlitz, bewohnt aber in der Regel tiefere Lagen als dieser bis in 550 m Höhe und wurde nur ausnahmsweise bis in 2750 m Höhe beobachtet.

Pirolgimpel zeigen eine Vorliebe für samentragende Nesseln. Sie sind still, äußern aber ab und zu weiche, volle Töne *twii* oder keuchende Laute *tsit tsit* und einen lieblichen, recht dünnen, hohen Gesang. Das flache, napfförmige Nest wird meist in weniger als 1 m Höhe über dem Boden in einen Busch am Waldrand gebaut.

Grünling 6

Carduelis chloris

VERBREITUNG: Europa, N-Afrika, Kleinasien, Mittlerer Osten, Mittelasien
LEBENSRAUM: Offenes Waldland, Büsche, Gärten
GRÖSSE: 14,5 cm

Dieser kräftige Finkenvogel ist im Winter ein häufiger Gast in Gärten und an Futterhäusern, wo er Sonnenblumenkerne und Erdnüsse bevorzugt. Nördliche Populationen ziehen im Winter in südliche Richtung und erscheinen dann auch in anderen Lebensräumen wie z.B. an Meeresküsten.

Grünlinge brüten in Parks, Gärten, Hecken und offenem Waldland. Der charakteristische, nasale Ruf ist ebenso auffällig wie der schmetterlingsartige Balzflug des Männchens, der von einem zwitschernden Gesang begleitet wird. Das Nest wird in kleinen Bäumen oder Büschen in 2-2,5 m Höhe über dem Boden gebaut.

Kapuzenzeisig 7

Carduelis cucullata {B}

VERBREITUNG: N-Kolumbien, N-Venezuela
LEBENSRAUM: Trockenes Gebüsch
GRÖSSE: 10 cm

Der farbenfrohe Kapuzenzeisig lebte einst in halbnomadisch umherziehenden Trupps in vielen Regionen des nördlichen Südamerika und bewohnte zudem neben Trinidad zwei weitere Karibische Inseln, Gasparee und Monos, wo er inzwischen ebenfalls verschwunden ist. Sein Bestand ist durch den intensiven Fang der Vögel für den Käfigvogelhandel so stark zurückgegangen, daß die Art in ihrem ganzen Verbreitungsgebiet als bedroht gilt.

Aber auch bei Züchtern ist der Kapuzenzeisig sehr beliebt, da er in Gefangenschaft leicht mit anderen Arten hybridisiert. Sie setzen ihn z.B. wegen seines roten Gefieders als Zuchtvogel ein, um die Färbung der Kanarienvögel zu variieren. Trotz aller Schutzmaßnahmen werden Kapuzenzeisige noch immer gefangen. 1981 wurde der Gesamtbestand auf nur noch 600-800 Vögel geschätzt.

Goldzeisig 8

Carduelis tristis

VERBREITUNG: S-Kanada, USA;
N Populationen überwintern weiter südlich
LEBENSRAUM: Offenes Waldland, verkrautete Flächen, Straßenränder
GRÖSSE: 11 cm

Goldzeisige sieht man häufig in Trupps an Straßenrändern, wo sie nach Samen von Disteln und anderen Pflanzen suchen. Bei Störung fliegen sie auf und drehen pausenlos zwitschernd noch einige Runden, bevor sie wieder landen. Der Gesang ist dem des Kanarienvogels ähnlich (daher wird die Art im amerikanischen Volksmund auch Wild Canary genannt) und wird im kreisenden Balzflug vorgetragen.

Die Männchen sind nur zur Brutzeit leuchtend bunt gefärbt und die restliche Zeit des Jahres den Weibchen ähnlich. Das napfförmige Nest wird in einen Baum oder Busch gebaut.

Stieglitz 9

Carduelis carduelis

VERBREITUNG: N-Afrika, Europa, Mittlerer Osten bis Mittelasien
LEBENSRAUM: Offenes Waldland mit Laubbäumen, Gebüsch mit angrenzenden Krautflächen, Gärten
GRÖSSE: 12 cm

In vielen Regionen seines Verbreitungsgebiets wurde der Stieglitz wegen seines farbenfrohen Gefieders und seines melodischen Gesangs gefangen und als Käfigvogel gehalten. Einige Populationen sollen durch den Fang sogar ausgerottet worden sein. Die zahlreichen Unterarten lassen sich in 2 Gruppen unterteilen. Westliche Formen wie z.B. *C. c. britannica* haben eine schwarze Kopfpartie, während östliche Formen, darunter die mittelasiatische *C. c. paropanisi*, dort grau gefärbt sind. Wo die Verbreitungszonen beider Gruppen in Mittelasien aneinandergrenzen, kommt es zu Mischformen.

Stieglitze suchen auf Krautflächen nach Samen und finden sich häufig in Trupps an distelbestandenen Straßenrändern ein, wo sie eine Pflanze nach der anderen absuchen. Sie bauen ihre Nester in Büschen oder Bäumen oft in großer Höhe und auf außengelegenen Zweigen.

Birkenzeisig 10

Acanthis flammea

VERBREITUNG: Zirkumpolar in N Breiten, England, Mitteleuropa
LEBENSRAUM: Birkenwald, Strauchtundra, junge Fichtenplantagen
GRÖSSE: 14 cm

Noch vor wenigen Jahrzehnten war der Birkenzeisig in Nordwest- und Mitteleuropa nur mit kleinen, isolierten Populationen im britischen Hochland und in den Alpen vertreten. Seit den 1950er Jahren hat sich die Unterart *A. f. cabaret* aufgrund der größer werdenden Flächen mit jungem Fichtenbestand in Mitteleuropa ausgebreitet, und heute ist sie fast lückenlos von England über Nordost-Frankreich und die Niederlande bis zu den Alpen, die CSFR und nach Norden bis Südskandinavien als Brutvogel anzutreffen. Andere Unterarten des Birkenzeisigs brüten in nördlichen Breiten Eurasiens und Nordamerikas und erscheinen im Winter auch südlich des Verbreitungsgebiets.

Birkenzeisige brüten meist in mittleren Zonen der Bäume oder Büsche, während die nördlichste Unterart *A. f. hornemanni*, die bislang noch meist als eigene Art Polarbirkenzeisig *A. hornemanni* geführt wird, ihr Nest jenseits der arktischen Baumgrenze am Boden oder in Bodennähe baut. Die Männchen sind im Gegensatz zu den Weibchen an der Brust rosa gefärbt, Jungvögel sind am Fehlen der schwarzen Kehle und des roten Stirnflecks zu erkennen sind.

Rosenbauch-Schneegimpel 11

Leucosticte arctoa

VERBREITUNG: Mittel- und O-Sibirien, NW und W Nordamerika
LEBENSRAUM: Gebirge oberhalb der Baumgrenze; im Winter in tieferen Lagen
GRÖSSE: 14,5-17 cm

Der weit verbreitete Rosenbauch-Schneegimpel ist in Größe und Gefiederfärbung extrem variabel. Zu den zahlreichen Unterarten gehören Vögel, die fast die Größe des Stars *Sturnus vulgaris* erreichen, wie auch solche, die so klein wie ein Haussperling *Passer domesticus* sind. Bis vor kurzem galten einige Formen noch als eigene Arten. Zu den nordamerikanischen Unterarten gehören *L. a. atrata* von den Rocky Mountains und dem Great Basin, *L. a. australis* aus dem Südwesten und *L. a. umbrina* von den Pribilof-Inseln vor der Küste Alaskas.

Diese Vögel bewohnen kahle Gipfel, Hänge und Hochebenen entlegener Gebirge und Inseln. Sie ernähren sich vor allem von Samen, aber auch von Insekten, die auf Schneefelder verdriftet werden, in der Kälte bewegungsunfähig und damit eine leichte Beute für die Vögel sind. Im Winter wandern die meisten Populationen in tiefere Lagen und angrenzende Küstenregionen. Sie nisten in lockeren Kolonien auf Geröllfeldern und auf Klippen.

Hausgimpel 12

Carpodacus mexicanus

VERBREITUNG: Nord- und Mittelamerika, S bis Mexiko
LEBENSRAUM: Städte, offenes Waldland, Gebüsch, Wüsten
GRÖSSE: 15 cm

Hausgimpel sind häufige Bewohner trockener, offener Flächen im Westen der USA. In Kalifornien richten sie an Knospen und Früchten oft großen Schaden an. Die Abbildung zeigt mit der Unterart *C. m. frontalis* aus Südwest-Kanada, den westlichen USA und Nordwest-Mexiko die typische Färbung.

Einige der früher häufig in Käfigen gehaltenen Vögel wurden etwa 1940 im Staat New York freigelassen, wo sie 1943 erstmals brüteten. Die Population wuchs rasch an und ist heute im östlichen Nordamerika von Florida bis Kanada weit verbreitet. Auf Hawaii, wo der Hausgimpel bereits im letzten Jahrhundert eingeführt wurde, hat er sich stark vermehrt und gilt heute vielerorts als Schädling. Dagegen war die nur auf Baja California lebende Unterart *C. m. macgregori* bereits um die Jahrhundertwende selten und 1938 ausgestorben.

Berggimpel 13

Carpodacus rubicilla

VERBREITUNG: Kaukasus und Mittelasien
LEBENSRAUM: Steinige Bergwiesen und Felshänge
GRÖSSE: 20 cm

Der Berggimpel ist einer der größten, nah verwandten Finkenarten der Gattung *Carpodacus*, die in Mittelasien vorkommen. Er bewohnt windgepeitschte Bergregionen in 2000-5000 m Höhe. Im Winter wandert er in Trupps in tiefere Lagen, wo er in Felsschluchten und buschreichen Tälern nach Nahrung sucht, doch erscheint er nur selten unterhalb 1000 m Höhe.

Die farbenprächtigen Männchen haben im Gegensatz zu den matt gefärbten Weibchen ein glänzendes Gefieder. Sie brüten paarweise oder in kleinen Kolonien und bauen ihr Nest in Felsspalten oder zwischen Felsblöcken.

FINKENVÖGEL

Akialoa
♂
H. o. procerus
♀
Akiapolaau
♂
♂
Papageischnabel-
gimpel
♂
Palila
imm.
Schopfkleidervogel
Iiwi

FINKENVÖGEL

Hakengimpel 1

Pinicola enucleator

VERBREITUNG: N und W Nordamerika, N-Skandinavien O bis N-Sibirien
LEBENSRAUM: Nadel- und Buschwald
GRÖSSE: 20 cm

Hakengimpel leben recht versteckt und unauffällig in den Wäldern des Nordens und sind auch aufgrund ihrer meist geringen Brutdichte leicht zu übersehen. Im Gegensatz zu den farbenprächtigen Männchen sind Jungvögel wie Weibchen matter gefärbt.

Sie ernähren sich von Beeren und Knospen, die sie am Boden hüpfend oder behäbig durch die Zweige kletternd suchen. Viele Vögel bleiben im Winter in ihrem Brutgebiet, während andere oft in großen Trupps nach Süden und Westen ziehen. Diese Wanderungen finden in Abhängigkeit von ihrer Hauptnahrung statt. So erscheinen Hakengimpel in Europa vor allem dann als Wintergäste, wenn die Ebereschen viele Beeren tragen. Vögel in solchen Trupps sind oft erstaunlich zutraulich.

Fichtenkreuzschnabel 2

Loxia curvirostra

VERBREITUNG: Amerika, von Alaska S bis Guatemala, Eurasien, Algerien, Tunesien, Balearen
LEBENSRAUM: Nadelwald
GRÖSSE: 16 cm

Die 4 Kreuzschnabel-Arten sind zusammen mit dem Akepa *Loxops coccineus* aus Hawaii die einzigen Vögel der Welt, die sich überkreuzende Schnabelspitzen haben. Mit ihrer Hilfe können sie Nadelbaumzapfen, vor allem Kiefern-, Fichten- und Lärchenzapfen aufbrechen, um an die Samen zu gelangen, von denen sie sich fast ausschließlich ernähren. In Jahren, in denen die Bäume wenige Zapfen tragen, kommt es daher zu regelrechten Massenwanderungen der Vögel über ganze Kontinente hinweg. Da ein solcher Ausfall bei Kiefern seltener vorkommt, leben Populationen, die sich von Kiefernsamen ernähren, annähernd seßhaft.

Vögel der in Eurasien verbreiteten Unterart *L. c. curvirostra* ernähren sich vorwiegend von Fichtensamen. Außerhalb des Hauptverbreitungsgebiets kommen in der Alten Welt 11 auf Inseln und in Bergregionen isoliert lebende Unterarten vor, die sich geringfügig in der Größe, Färbung und je nach Nahrung in der Schnabelgröße von der eurasischen Form unterscheiden. Bei einigen Populationen ist der Oberschnabel nach rechts, bei anderen nach links gekreuzt, was davon abhängen mag, ob die Zapfenschuppen im Uhrzeigensinn oder entgegengesetzt ausgerichtet sind.

Der Schottische Kreuzschnabel *L. scoticus*, die einzige endemische Vogelart Großbritanniens, kommt im nordöstlichen Schottland vor und ernährt sich von Kiefernsamen, für die der Schnabel kräftig ausgebildet ist. Er wird manchmal als eigene Art betrachtet, meist aber als Unterart des Fichtenkreuzschnabels.

Fichtenkreuzschnäbel sind oft recht zutraulich, doch sitzen sie meist in den Spitzen hoher Bäume, wo man sie leicht übersieht, wenn man nicht auf ihre klingelnden Rufe achtet.

Gimpel 3

Pyrrhula pyrrhula

VERBREITUNG: Europa O über Asien bis Japan
LEBENSRAUM: Nadel- und Laubwald, Anbauflächen, Gärten
GRÖSSE: 15 cm

Aufgrund seiner Vorliebe für Knospen, vor allem von Birnbäumen, hat sich der anmutig gefärbte Gimpel in Obstanbaugebieten einen schlechten Namen gemacht. Während der Brutzeit sammelt er die Nahrung für die Jungen im Gegensatz zu anderen Finken nicht in der Kehle, sondern in beiderseits der Zunge gelegenen Taschen.

Anders als bei den europäischen Unterarten sind Männchen und Weibchen der auf den Azoren verbreiteten Form *P. p. murina* gleich und matter gefärbt und zeigen keinen weißen Bürzel, was auf eine eigene Art hindeuten könnte. Die Vögel der Azoren bewohnen Bergwälder und Waldränder und kommen in so geringer Zahl vor, daß sie als bedroht gelten. Zwei andere Unterarten aus dem Nordosten Asiens werden neuerdings gleichfalls oft als eigene Arten betrachtet. *P. p. griseiventris*, die in der Amurregion Ussuriens, in der Mandschurei und in Japan vorkommt, unterscheidet sich durch eine graue Brust und rote Kopfpartie, *P. p. cineracea* brütet nördlich davon und ist unterseits ganz grau.

Kernbeißer 4

Coccothraustes coccothraustes

VERBREITUNG: Europa, Nordafrika, Asien
LEBENSRAUM: Laub- und Mischwälder, Parks und Obstplantagen
GRÖSSE: 18 cm

Der Kernbeißer zeichnet sich durch einen großen Kopf, riesigen Schnabel und eine kräftige, kurzschwänzige Gestalt aus. Er ernährt sich vorwiegend von Hainbuchen-, Ulmen-, Birken- und anderen Samen, die er in den Bäumen oder am Boden aufnimmt, doch frißt er im Sommer auch Insekten. Die Jungen werden mit Insekten und Samen gefüttert.

Bekannt ist der Kernbeißer jedoch vor allem für seine namengebende Fähigkeit, harte Kerne, wie z.B. von Kirschen und Oliven, zu knacken. Um dies zu leisten, sind der Schädel und die an ihm befestigten Muskeln besonders kräftig ausgebildet, weshalb die Kopfseiten des Kernbeißers leicht geschwollen wirken. Wülste an den Schnabelinnenseiten sorgen für einen besseren Halt des Kerns. Untersuchungen mit Kernbeißern haben ergeben, daß zum Knacken eines Olivensteins mehr als 45 kg Kraft notwendig sind, die Vögel selbst wiegen hingegen nur 55 g.

Kernbeißer sind recht scheu und verschwinden bei Annäherung meist sofort in den Baumkronen. Die mittleren Schwungfedern weisen Einkerbungen und gebogene Spitzen auf, wie sie kein anderer Finkenvogel zeigt und deren Nutzen noch ungeklärt ist. Möglicherweise spielen sie bei der Balz eine Rolle. Weibchen sind ähnlich den Männchen, aber matter gefärbt.

Abendkernbeißer 5

Coccothraustes vespertinus

VERBREITUNG: W Nordamerika, S bis Mexiko, Kanada
LEBENSRAUM: Nadel- und Mischwälder
GRÖSSE: 20 cm

Der Name dieses Vogels geht auf eine alte, irrtümliche Annahme zurück, er singe nur in den späten Stunden des Tages. Während der Abendkernbeißer früher vor allem in den westlichen Bergen Nordamerikas vorkam, hat er sein Verbreitungsgebiet in diesem Jahrhundert nach Osten über Kanada bis Nova Scotia ausgedehnt , eine Entwicklung, die bis heute anhält.

Im Winter ziehen die Vögel nach Süden und Osten und erscheinen dann häufig an Futterhäusern, wo sie bevorzugt Sonnenblumenkerne fressen. Die Zahl der Wintergäste unterliegt je nach Nahrungsangebot starken Schwankungen. Das flache, napfförmige Nest wird aus Zweigen und Wurzeln bis in 20 m Höhe in einem Baum gebaut.

FAMILIE FRINGILLIDAE
UNTERFAMILIE DREPANIDINAE
KLEIDERVÖGEL

Kleine, nur auf Hawaii vorkommende Vögel mit sehr unterschiedlichen Schnabelformen. Gefieder eher eintönig, oft gelb, rot oder schwarz. Geschlechter entweder verschieden gefärbt, oder aber Männchen größer als Weibchen. 2-4 weiße, gestrichelte oder gepunktete Eier werden im Nest in Bäumen, Büschen oder Grasbülten 13-14 Tage bebrütet. Die Jungen bleiben 15-22 Tage im Nest. 20 Arten, von denen mehr als die Hälfte als bedroht gilt und viele heute bereits extrem selten sind. Häufig werden die Kleidervögel als eigene Familie Drepanididae betrachtet.

Palila 6

Loxioides bailleui {B}

Verbreitung: Hawaii-Insel
Lebensraum: Trockenere Bergwälder der Hochlagen
Grösse: 15 cm

Palilas kommen ausschließlich in den oberen Randlagen der Mamane/Naio-Wälder des Vulkans Mauna, eines der zwei riesigen Vulkane auf Hawaii, vor. Während sie früher recht häufig und bis oberhalb 1200 m Höhe zu sehen waren, haben sie sich inzwischen auf die Hochlagen oberhalb 1800 m Höhe zurückgezogen. Ihre Population wird auf 2000-6000 Vögel geschätzt und gilt als bedroht.

Palilas sind große Kleidervögel, deren Gelbfärbung am Kopf bei Männchen stärker ausgeprägt ist als bei Weibchen. Sie leben oft in kleinen Gruppen und ernähren sich von Samen, Beeren und Insekten (vor allem Raupen). Mit den Zehen halten sie die Samenhülsen des Mamanebaumes fest, um die Schale mit dem kräftigen Schnabel aufzureißen oder zu knacken. Sie äußern klingelähnliche Rufe und einen aus Trillern, Pfeifen und Schwatzen bestehenden Gesang.

Papageischnabelgimpel 7

Pseudonestor xanthophrys {B}

Verbreitung: Insel Maui (Hawaii)
Lebensraum: Regenwald der Hochlagen
Grösse: 14 cm

Papageischnabelgimpel leben in den Wäldern des erloschenen Vulkans Haleakala auf der Insel Maui oberhalb 1500 m Höhe, wo sie Bereiche mit dichtem Unterwuchs und offenem Kronendach bevorzugen. Von den bereits zur Zeit ihrer Endeckung durch westliche Ornithologen in den 1890er Jahren seltenen Vögeln gibt es heute nur noch etwa 500 Individuen.

Sie erhielten ihren Namen wegen des papageiähnlich ausgebildeten kräftigen Schnabels, und auch ihre behäbige Art, sich an Baumstämmen, auf Zweigen und in Büschen zu bewegen und gelegentlich kopfüber zu hängen, erinnert durchaus an Papageien. Mit ihrem starken Schnabel brechen sie die Rinde von Koas und anderen Bäumen auf, um an die Larven holzbohrender Käfer zu gelangen, nehmen aber auch Raupen und andere Insekten. Zu ihren Lautäußerungen gehören laute Rufe *Ksiit* und ein dünnes *Quiit* und ein aus abfallenden Tönen bestehender Gesang.

Akialoa 8

Hemignathus obscurus {B}

Verbreitung: Insel Kauai; auf Oahu, Lanai und der Insel Hawaii ausgestorben
Lebensraum: Regenwald der Hochlagen
Grösse: 19 cm

Von den ehemals 4 Unterarten des Akialoa hat nur *H. o. procerus*, gelegentlich als eigene Art eingestuft, auf der Insel Kauai möglicherweise überlebt. Da die letzte sichere Beobachtung der noch in den 1890er Jahren häufigen Vogelart von 1967 stammt, ist anzunehmen, daß die letzte Population extrem bedroht oder bereits ausgestorben ist. Von den anderen Unterarten wurde *H. o. lanaiensis* letzmalig 1894 gesehen und verschwand wahrscheinlich aufgrund der Zerstörung des Regenwaldes. *H. o. ellisianus* wurde seit 1837 nicht mehr beobachtet, und von *H. o. obscurus* gibt es seit 1894-95, als die Unterart noch relativ häufig im Regenwald vorkam, keine Nachweise mehr.

Akialoas klettern auf der Suche nach Wirbellosen und Nektar an Stämmen und Zweigen und stochern wie Baumläufer mit ihrem Schnabel in Rindenspalten und Moos nach Insekten und Spinnen. Mit ihrer röhrenförmigen Zunge nehmen sie Nektar vor allem aus Ohia- und Lobelienblüten auf. Sie äußern recht laute, tiefe Rufe und einen Trillergesang. Ältere Beschreibungen des Akialoa vergleichen seinen Gesang mit dem des Kanarengirlitz.

Akiapolaau 9

Hemignathus munroi {B}

Verbreitung: Insel Hawaii
Lebensweise: Regenwald der Hochlagen
Grösse: 14 cm

Wie die meisten anderen Kleidervögel der Hawaii-Inseln sind Akiapolaaus Regenwaldbewohner. Sie leben an den oberen Berghängen von 450-2000 m Höhe, wo von der ehemals verbreiteten Population nur noch schätzungsweise 1500 Vögel auf wenigen, kleinen Flächen überlebt haben.

Der Schnabel dieses untersetzten, kurzschwänzigen Vogels, bestehend aus einem langen, schlanken, sichelförmigen Oberschnabel und einem kurzen, kräftigen, geraden Unterschnabel, ist in der Vogelwelt einmalig. Er läßt sich zum spechtartigen Hämmern ebenso einsetzen wie zum baumläuferartigen Stochern in Rindenspalten. So suchen Akiapolaaus an Stämmen und Zweigen hoher Koa- und Mamanebäumen nach Käfern, Larven, anderen Insekten und Spinnen, indem sie mit dem Unterschnabel die Rinde abklopfen und die Beute mit dem feinen, langen Oberschnabel aus ihrem Versteck holen.

Durch das Hämmern machen sie oft auf sich aufmerksam. Daneben äußern die Männchen bei der Nahrungssuche ein lautes *Tschip* und weiches *Squiit*. Der Gesang besteht aus einer Reihe heller Pfeiftöne, die mit einem ansteigenden und dann abfallenden Ton endet.

Iiwi 10

Vestiaria coccinea

Verbreitung: Inseln Kaui, Oahu, Molokai, Maui, Hawaii; auf Lanai ausgestorben
Lebensraum: Bergwälder
Grösse: 15 cm

Iiwis gehören zu den wenigen nicht bedrohten Vogelarten der Hawaii-Inseln. In einigen Bereichen der Inseln Kaui und Hawaii sind sie recht häufig anzutreffen, auf Oahu und Maui jedoch seltener, während sie auf Molokai fast schon verschwunden sind.

Sie ernähren sich vom Nektar der Ohia- und Mamaneblüten, wobei sie sich langsam im Inneren der Bäume bewegen und nur selten offen sitzend zu sehen sind. Auf der Suche nach geeigneten blühenden Bäumen, die nur stellenweise ein reiches Nahrungsangebot bieten, legen sie am Tag oft viele Kilometer zurück. Neben dem Ruf *iiwi*, nach dem sie benannt wurden, äußern sie vielfältige gurgelnde, pfeifende und piepsende Laute, die mit dem Tröten einer von einem Kind gespielten, verrosteten Mundharmonika verglichen wurden.

Früher wurden die farbenprächtigen Federn der Iiwis wie die 5 weiterer Kleidervögel Hawaiis für festliche Gewänder und Schmuck verwendet, deren Pracht man noch heute in Museen bewundern kann. Obwohl die Jagd für diese Zwecke schon vor langer Zeit eingestellt wurde, sieht man in ihr (vielleicht zu unrecht) die Ursache für die Misere vieler Arten.

Zu den vielfältigen Gründen für den starken Rückgang zahlreicher Kleidervögel Hawaiis gehören vor allem die Zerstörung des Lebensraums, die Einführung von Haustieren, Katzen, Ratten und von nicht heimischen Waldvögeln, wie auch die Ausbreitung von Krankheiten durch Moskitos.

Schopfkleidervogel 11

Palmeria dolei {B}

Verbreitung: Insel Maui; auf Molokai ausgestorben
Lebensraum: Regenwald der Hochlagen
Grösse: 18 cm

Unter den meist eintönig gefärbten Kleidervögeln Hawaiis bildet der Schopfkleidervogel mit seinem gepunkteten Gefieder, den Flügelbinden, orangefarbenem Nacken und der weißen Stirntolle eine Ausnahme. Die in den 1890er Jahren noch häufige Art ist heute sehr selten und kommt nur noch an den oberen Nordosthängen des Berges Haleakala auf Maui in 1750-2000 m Höhe vor.

Schopfkleidervögel bewegen sich lebhaft durch die Kronen blühender Bäume, vor allem Ohialehuas, wo sie nach Nektar, Raupen und anderen Insekten suchen. Dabei äußern sie laute, vielfältige Rufe, darunter auch ein menschenähnliches Pfeifen. Männchen und Weibchen sind gleich gefärbt.

PRACHTFINKEN, WITWENVÖGEL

Spitzschwanz-Bronzemännchen
L. c. acuticauda
L. c. striata
juv.
Reisvogel
♂
Dominikanerwitwe
♀
♂
(kleinerer Maßstab)
Schmalschwanz-
Paradieswitwe
♀
D. d. dinemelli
Starweber

FAMILIE ESTRILDIDAE PRACHTFINKEN

Kleine Vögel mit buntem oder matterem, aber auffällig gezeichnetem Gefieder. Geschlechter meist gleich, bei einigen Arten verschieden gefärbt. Nest meist aus Gras und kuppelförmig, einige Arten Höhlenbrüter. Rachen der Nestlinge bei vielen Arten mit Stricheln oder Punkten markant gezeichnet, um Altvögel zum Füttern zu animieren und das Erkennen im dunklen Nestinneren zu erleichtern. 4-8 weiße Eier werden 10-21 Tage bebrütet. Die Jungen bleiben etwa 16 Tage im Nest. 133 Arten.

Buntastrild 1

Pytilia melba

Verbreitung: Afrika S der Sahara
Lebensraum: Savannen und Steppen
Grösse: 13 cm

Während die meisten Prachtfinken in Gruppen leben, bewohnen Buntastrilde paarweise Territorien in Dornenbüschen, die ganzjährig verteidigt werden. Sie ernähren sich von Grassamen und Insekten, vor allem Termiten, die sie am Boden im Laub bzw. in Termitenhügeln finden. Zu den Unterarten gehört die in Zaire, von Tansania bis Namibia und im Norden der Kapprovinz verbreitete *P. m. melba*.

Buntastrilde finden sich gelegentlich an Tränken zusammen. Männchen sind am roten «Gesicht» zu erkennen und verhalten sich anderen Männchen (oder Arten mit rotem Kopf oder Schnabel) gegenüber sehr aggressiv. Balzende Paare umkreisen sich hüpfend, während die Männchen, einen Grasstengel oder eine Feder im Schnabel haltend, ihren Gesang vortragen. Das Nest wird in einen Dornenbusch oder kleinen Baum gebaut. Beide Altvögel brüten die 4-6 Eier aus und füttern die Jungen.

Wie viele andere afrikanischen Prachtfinken, die Wirtsvogel der Witwenvögel sind, ziehen Buntastrilde oft die Jungen der Schmalschwanz-Paradieswitwen und der Sahelparadieswitwe *Vidua orientalis* auf.

Senegalamarant 2

Lagonosticta senegalia

Verbreitung: Afrika S der Sahara
Lebensraum: Trockene Flächen in dichtem Gestrüpp und in der Nähe von Anbauflächen
Grösse: 9 cm

Dies ist eine der häufigsten afrikanischen Vogelarten, die sich an Veränderungen der Umwelt durch menschliche Besiedlung gut angepaßt hat. Außerhalb der Brutzeit ziehen Senegalamarante in kleinen Gruppen umher und suchen am Boden in dichtem Gestrüpp, auf Anbauflächen und in Dörfern nach Samen.

Sie brüten während der zweiten Hälfte der Regensaison, in der viele reifende Samen ausreichend Nahrung für die Jungen bieten. Sie leben monogam und brüten in Büschen, vor allem in Akazien, in besiedelten Regionen aber auch in Strohdächern oder Mauerlöchern. Oft sind sie Wirtsvögel der Rotfuß-Atlaswitwe *Vidua chalybeata*.

Von den etwa 10 Unterarten ist *L. s. rendalli* von Südangola bis Südtansania und in der nördlichen Kapprovinz verbreitet.

Blaukopfastrild 3

Uraeginthus cyanocephala

Verbreitung: Somalia bis Kenia und Tansania
Lebensraum: Trockene Steppen und Halbwüsten mit Büschen oder Bäumen, vor allem Akazien- und Dornengestrüpp
Grösse: 13 cm

Während der Balz verfolgt das Männchen, mit aufgeplustertem Gefieder einem blauen Federball gleich, das matter gefärbte Weibchen und umwirbt es mit Gesang und Verneigungen, wobei es einen Grashalm im Schnabel hält. Dieses Balzritual ist für alle Prachtfinken typisch.

Blaukopfastrilde sind typische Bewohner trockener Landschaften Ostafrikas, wo sie in Paaren oder Gruppen nach Grassamen und Insekten suchen. Oft erbeuten sie Termiten, indem sie in die Tunnel der Bauten einbrechen, die diese Insekten über Akazienkeimlingen anlegen. Die Nestjungen werden ausschließlich mit Termiten und anderen Insekten gefüttert.

Wellenastrild 4

Estrilda astrild

Verbreitung: Afrika S der Sahara; auf vielen tropischen Inseln eingeführt
Lebensraum: Grasland und Anbauflächen
Grösse: 10 cm

Wellenastrilde ernähren sich vorwiegend von Grassamen, die sie von den Blüten oder vom Boden picken, erbeuten aber auch Termiten. Sie leben sehr gesellig, bilden oft große Trupps und finden sich außerhalb der Brutzeit abends an gemeinsamen Schlafplätzen ein. Der Nachwuchs wird während der Regenzeit aufgezogen und mit dann zahlreich vorhandenen Insekten gefüttert.

Über das kunstvoll angelegte, kuppelförmige Nest bauen sie ein kleines Schlafnest. Oft ziehen sie die Jungen der Dominikanerwitwen auf. Doch während die Jungen vieler Brutschmarotzer, wie z.B. des europäischen Kuckucks *Cuculus canorus*, die «rechtmäßigen» Nachkommen aus dem Nest drängen, kann man Wellenastrilde oft bei der Fütterung einer gemischten Brut beobachten. Von den 17 Unterarten ist *E. a. astrild* in Südafrika verbreitet.

Olivastrild 5

Amandava formosa

Verbreitung: Mittleres Indien
Lebensraum: Grasland und Anbauflächen
Grösse: 10 cm

Der Olivastrild ist im Norden der Indischen Halbinsel stellenweise häufig. Vor allem auf Flächen mit hohem Gras, niedrigem Gebüsch oder auf deckungsreichen Anbauflächen tritt er oft in Trupps von bis zu 50 Vögeln auf, die am Boden nach Nahrung, wohl Samen und Insekten, suchen. Einzelheiten des Nahrungserwerbs sind jedoch noch weitgehend unbekannt.

Olivastrilde leben monogam, brüten aber oft nah beieinander. Sie bauen große, runde Nester aus Gras und Blättern in hohem Gras oder Zuckerrohr. Die 4-7 Eier werden von beiden Altvögeln ausgebrütet.

Zebrafink 6

Poephila guttata

Verbreitung: Australien, Kleine Sundainseln
Lebensraum: Trockenes Grasland und andere offene Flächen mit einzelnen Bäumen und Büschen in Wassernähe
Grösse: 10 cm

Der Zebrafink ist im Inneren Australiens eine der häufigsten Vogelarten. Da er als Körnerfresser täglich Wasser benötigt, konnte er sich dank der wachsenden Zahl von Viehtränken seit mehr als 100 Jahren immer weiter ausbreiten. Von den beiden Unterarten ist *P. g. castanotis* in Australien und *P. g. guttata* auf den Sundainseln verbreitet.

Zebrafinken leben das ganze Jahr über gesellig in Trupps von 10-100 Vögeln und brüten gelegentlich kolonieweise mit mehreren Nestern im selben Busch. Sie gehen lebenslange Paarbindungen ein und können in trockenen Regionen zu jeder Jahreszeit nach Regenfall mit der Brut beginnen. Im Süden des Verbreitungsgebiets ist die Brut einem regelmäßigeren jahreszeitlichen Rhythmus unterworfen. Der Brutbeginn hängt nicht nur von den Niederschlägen, sondern auch von der Temperatur, dem Nahrungsangebot und der vorherigen Brut ab. Zebrafinken ernähren sich von Grassamen und

Insekten. Meist fressen sie in den Morgenstunden und suchen am Nachmittag eine Wasserstelle auf.

Dreifarben-Papageiamadine 7

Erythrura trichroa

VERBREITUNG: NO Queensland (Australien), Indonesien, Pazifische Inseln und Neuguinea
LEBENSRAUM: Regenwald
GRÖSSE: 12 cm

Dieser Vogel ist wie alle Prachtfinken-Arten Körnerfresser, sucht jedoch seine Nahrung in Bäumen und Büschen des Regenwaldes. Auf der Suche nach Bambussamen wandert er in kleinen Gruppen nomadisch umher. Manchmal erscheint er in offenen Waldbereichen, um Kasuarina- und Grassamen zu fressen, doch lebt er meist sehr versteckt und ist nur selten zu sehen.

Während der aufwendigen Balzrituale trägt das Männchen den Gesang vor, hüpft hin und her und dreht den Schwanz, worauf das Weibchen mit einem tiefen Triller und Schwanzdrehen reagiert. Nach der Kopulation wird ein birnenförmiges Nest aus Moos und Kletterpflanzen gebaut. Beide Altvögeln bebrüten die 4 weißen Eier und verbringen die Nacht gemeinsam auf dem Nest. Die abgebildete Unterart *E. t. sigillifera* ist in Australien und Neuguinea verbreitet.

Gouldamadine 8

Chloebia gouldiae

VERBREITUNG: N-Australien
LEBENSRAUM: Gras- und offenes Waldland
GRÖSSE: 14 cm

Dieser außergewöhnlich farbenfrohe Vogel kommt hauptsächlich in 2 Farbmorphen vor. Bei den meisten Männchen ist das «Gesicht» schwarz, bei einem Viertel der Männchen dagegen rot mit schwarzer Umrandung und bei Vögeln einer sehr seltenen Variante gelb. Aufgrund des bunten Gefieders wird die Gouldamadine für die Käfighaltung gefangen, was zur Abnahme des Bestandes führte, doch dürfte die Hauptursache für den Rückgang im regelmäßigen Abbrennen der Grasflächen liegen.

Einen Großteil ihrer Nahrung bilden Grassamen, die sie akrobatisch kletternd aus den Blüten pickt. Während des trockenen Winterhalbjahres hält sie sich in Küstennähe auf, um mit dem Einsetzen der Niederschläge ins Innere Australiens zurückzukehren.

Während der Brutzeit ernährt sie sich hauptsächlich von Insekten, die sie oft im Flug erbeutet und die die Nahrung der 4-8 Jungen bilden. Das rudimentäre Nest wird in eine Baumhöhle oder einen Termitenhügel gebaut. Oft liegen mehrere Nester dicht beieinander, gelegentlich sogar in einer Höhle.

Spitzschwanz-Bronzemännchen 9

Lonchura striata

VERBREITUNG: Indien und Sri Lanka bis Sumatra
LEBENSRAUM: Grasland mit einzelnen Bäumen, Anbauflächen
GRÖSSE: 10 cm

Die kleinen Spitzschwanz-Bronzemännchen leben ganzjährig in großen Trupps, die am Boden und in der Vegetation nach Samen, vor allem Bambus, aber auch Reis suchen und daneben Insekten fressen. Die Jungen werden mit grünen Samen gefüttert, doch sollen sie Beobachtungen zufolge auch Insekten fressen, was für die Jungen vieler Prachtfinken typisch ist.

Die Brut findet während der Regenzeit statt. Das kugelförmige oder ovale Nest wird von beiden Altvögeln in einen Busch, Baum oder zwischen rankende Gräser gebaut und dient beiden als Schlafstätte. Die 3-8 Eier werden vom Männchen und Weibchen bebrütet. Zu den Unterarten gehören *L. s. striata* aus Südindien und Sri Lanka und *L. s. acuticauda*, die vom Himalaya bis Thailand verbreitet ist. Die domestizierte Form dieser Art ist unter dem Namen «Japanisches Mövchen» bekannt.

Reisvogel 10

Padda oryzivora

VERBREITUNG: Java und Bali; in Afrika, China, S-Asien und auf Hawaii eingeführt
LEBENSRAUM: Gebüsch, Grasland, Bambusdickicht, Mangroven, Anbauflächen
GRÖSSE: 14 cm

Der Reisvogel, aufgrund seines markanten Gefieders häufig als Käfigvogel gehalten, ist heute auch außerhalb seines natürlichen Verbreitungsgebietes anzutreffen, da zahlreiche Vögel der Gefangenschaft entkommen oder ausgesetzt werden. Er ernährt sich vorwiegend von Samen und zeigt eine besondere Vorliebe für Reis, was auch seinem wissenschaftlichen Namen (*oryzivora* bedeutet Reis fressend) zu entnehmen ist. Während der Reisernte kommen Reisvögel oft in Schwärmen auf die Felder und können dort erheblichen Schaden anrichten.

Reisvögel leben monogam und brüten direkt nach der Regenzeit. Das Nest wird auf Zweigen oder in einer Baumhöhle, einer Mauer- oder Dachlücke gebaut. Die Jungen können sich bald nach dem Flüggewerden selbst ernähren, werden aber oft noch 2-3 Wochen gefüttert.

FAMILIE PLOCEIDAE UNTERFAMILIE VIDUINAE WITWENVÖGEL

Kleine Samenfresser. Gefieder der Männchen schwarz oder stahlblau mit Weiß, Gelb oder Kastanienbraun, das der Weibchen häufig braun und sperlingsähnlich. Männchen der brutschmarotzenden Witwenvögel zur Brutzeit oft mit sehr langem Schwanz. 3-4 weiße Eier werden in Nester von Prachtfinken gelegt. Die meisten Arten sind auf eine Wirtsvogelart spezialisiert. Brutdauer 10 Tage, Nestlingsperiode etwa 20 Tage (Dominikanerwitwe). 10 Arten.

Dominikanerwitwe 11

Vidua macroura

VERBREITUNG: Afrika S der Sahara
LEBENSRAUM: Savannen, Anbauflächen
GRÖSSE: Männchen im Prachtkleid 33 cm, Weibchen 13 cm

Trotz des spektakulären Schwanzes, der fast doppelt so lang wie der Körper ist, fällt das Männchen kaum auf, wenn es am Boden nach Samen sucht. Dieser Vogel lebt oft in kleinen Gruppen, die aus einem prächtigen Männchen und mehreren kurzschwänzigen jungen Männchen und Weibchen bestehen.

Während der Balz jagt das Männchen andere Arten und führt Loopings und Spiralflüge über dem Weibchen aus. Seinen eher zischend oder keuchend klingenden Gesang trägt es mehrere Wochen lang von einer Sitzwarte aus vor. Das Weibchen legt jeweils ein Ei in verschiedene Nester des Wellenastrilds, in denen die Jungen zusammen mit den Nestlingen der Wirtsvögel aufwachsen. Das Schnabelinnere der jungen Dominikanerwitwen stimmt in der Färbung bis hin zur Anzahl der Punkte und der Farbe des Schnabelwinkels mit dem junger Wellenastrilde erstaunlich genau überein.

Schmalschwanz-Paradieswitwe 12

Vidua paradisaea

VERBREITUNG: Zentralafrika S bis Simbabwe
LEBENSRAUM: Trockenes Waldland mit Büschen und Savannenflächen
GRÖSSE: Männchen im Prachtkleid 41 cm, Weibchen 13 cm

Im Prachtkleid zeigt das Männchen beeindruckende, 28 cm lange, schwarze Schwanzfedern. Während des Balzflugs stellt das Männchen die beiden breiten, kurzen Steuerfedern senkrecht zu den langen, spitzen Schwanzfedern und kreist wellenartig mit flatterndem Schwanz über dem Weibchen.

Schmalschwanz-Paradieswitwen legen ihre Eier in die Nester der Buntastrilde, die die Jungen zusammen mit ihren eigenen Nestlingen aufziehen. Wie bei anderen schmarotzenden Witwenvögeln gleicht die Rachenfärbung der Jungen derjenigen der Wirtsvögel.

FAMILIE PLOCEIDAE UNTERFAMILIE BUBALORNITHINAE BÜFFELWEBER

Mittelgroße, bodenbewohnende Samen- und Insektenfresser der Halbwüsten. Geschlechter gleich gefärbt. Die 2 Arten der Gattung *Bubalornis* sind schwarz, *Dinemellia dinemelli* dagegen weiß, braun und rot. 3-4 hellblaue oder gräuliche, oliv gemusterte Eier werden im liederlichen, kuppelförmigen Nest aus Dornenzweigen 11 Tage bebrütet. Die Jungen bleiben 20-23 Tage im Nest. 3 Arten.

Starweber 13

Dinemellia dinemelli

VERBREITUNG: Äthiopien, Sudan S bis Tansania
LEBENSRAUM: Trockenes Dornengebüsch, Akazien-Waldland
GRÖSSE: 23 cm

Beim Auffliegen vom Straßenrand zeigen Starweber als charakteristische Kennzeichen leuchtendes Rot von Bürzel und Oberschwanzdecken und Weiß im Gefieder. Sie erscheinen meist paarweise oder in kleinen Gruppen, oft in Gesellschaft von Dreifarben-Glanzstaren *Spreo superbus*, und suchen am Boden zwischen Akazien oder in Dornenbüschen nach Nahrung.

Sie brüten oft in lockeren Kolonien und bauen große, unordentliche Nester in Dornenbäumen, wo sie vor Nesträubern geschützt sind. Im Gegensatz zur nördlichen Unterart *D. d. dinemelli* sind Vögel der Unterart *D. d. boehmi* oberseits weitgehend schwarz.

EIGENTLICHE WEBER, SPERLINGSWEBER, SPERLINGE

♀
Oryxweber
♂
E. o. orix
♂
Leierschwanz-
wida
Augenbrauenwahali
♂
Siedelweber
Gemeinschaftsnest
♂
Steinsperling
♀
♀
Schneefink
M. n. nivalis
♂
♀
♂
P. d. domesticus
Haussperling
♂
Sudangoldsperling

EIGENTLICHE WEBER, SPERLINGSWEBER, SPERLINGE

FAMILIE PLOCEIDAE
UNTERFAMILIE PLOCEINAE
EIGENTLICHE WEBER

Kleine, vorwiegend samenfressende, vor allem in den afrikanischen Tropen lebende Vögel mit meist derbem Schnabel und kurzem (nur bei männlichen Leierschwänzen sehr langem) Schwanz. Geschlechter oft verschieden gefärbt. Gefieder besonders der Männchen oft leuchtend gelb, rot oder glänzend schwarz; Weibchen der meisten *Ploceus*-Arten sperlingsähnlich braun. Brüten oft in Kolonien. 2-4 weiße, rosa, grünliche oder bläuliche Eier mit unterschiedlichem Muster werden im säuberlich gewebten, kuppelförmigen Hängenest aus Gras, Blättern und manchmal Schlamm 11-17 Tage bebrütet. Die Jungen bleiben 11-20 Tage im Nest. 105 Arten.

Weißstirnweber 1
Amblyospiza albifrons

Verbreitung: Afrika S der Sahara
Lebensraum: Sumpfiges Waldland, feuchte Wälder, Schilfflächen
Grösse: 17-19 cm

Weißstirnweber, auch als Dickschnabelweber bekannt, sind große, gesellige Vögel, die oft in kleinen Kolonien brüten. Im wellenartigen Flug ist das Männchen an den weißen Flügelflecken zu erkennen, während das Weibchen mit brauner Oberseite und weißer, dunkel gestrichelter Unterseite viel matter gefärbt ist. Von den verschiedenen Unterarten ist *A. a. albifrons* aus der Kapprovinz abgebildet.

Das kunstvolle Kugelnest wird vom Männchen aus dünnem Gras geflochten und an 2 oder 3 senkrechten Grashalmen befestigt. Es hat eine seitliche Öffnung und je nach Lage manchmal einen Vorbau.

Palmenweber 2
Ploceus bojeri

Verbreitung: Somalia S bis Tansania
Lebensraum: Kokospalmen, Gebüsch entlang der Küsten
Grösse: 15 cm

Palmenweber kommen stellenweise in einem weiten Verbreitungsgebiet, am häufigsten an der Küste Kenias vor. Sie leben in kleinen Gruppen, erscheinen aber auch einzeln oder paarweise in Kokospalmen oder landeinwärts in Büschen, wo sie Früchte und Beeren fressen.

Ihre Rufe klingen wie ein recht tiefes, zischendes Schwatzen. Sie teilen ihr Verbreitungsgebiet mit dem recht ähnlichen Goldweber *P. subaureus*, der auch auf der Insel Sansibar, nicht jedoch in Somalia vorkommt.

Textorweber 3
Ploceus cucullatus

Verbreitung: Sudan und Äthiopien S bis Angola, Kapprovinz
Lebensraum: Wald, Anbauflächen, Gärten
Grösse: 15-18 cm

Im Gegensatz zum leuchtenden Prachtkleid der Männchen zeigen Weibchen und nichtbrütende Männchen ein grünes, gestricheltes Gefieder. Zu den 9 Unterarten gehören *P. c. collaris* aus Zaire und N-Angola und *P. c. spilonotus* aus Südafrika, die sich in der Ausdehnung des schwarzen Bereichs am Kopf und der Farbintensität der Unterseite unterscheiden.

Textorweber sind lebhafte und lautstarke Koloniebrüter, die ihre nierenförmigen Hängenester aus Gras dicht beieinander bauen. Die Nester hängen oft über dem Wasser an Zweigspitzen und sind manchmal mit einer Eingangsröhre versehen. Meist sieht man die Männchen kopfüber mit flatternden Flügeln am Nestboden hängen, doch zeigen sie für die Eier und Jungvögel nur wenig Interesse.

Bayaweber 4
Ploceus philippinus

Verbreitung: Pakistan O bis Sri Lanka, Indochina, Sumatra
Lebensraum: Gebüsch, Anbauflächen, Palmen, Grasland
Grösse: 14-15 cm

Zu den verschiedenen Unterarten des Bayawebers gehören die abgebildete *P. p. philippinus*, die in ganz Indien häufig ist, und z.B. *P. p. burmanicus* aus Assam, Bangladesch, Bengalen, O-Nepal und Burma, die unterseits dunkler rostbraun gefärbt ist und kein Gelb zeigt.

Die Männchen bauen kunstvolle Nester aus feinem Gras, Reis- und Zuckerrohrblättern, die an Zweigen,Telefonleitungen oder an Hausdächern hängen. Sie balzen geräuschvoll mit den Flügeln flatternd an den Nestern, die erst nach der Paarung ausgepolstert werden. Nach der Eiablage bauen sie bis zu vier weitere Nester für andere Weibchen.

Schildweber 5
Malimbus scutatus

Verbreitung: Sierra Leone O bis Kamerun
Lebensraum: Küstennahe Wälder
Grösse: 12 cm

Schildweber leben in kleinen Gruppen, die im Unterwuchs, oft in der Nähe von Dörfern, nach Nahrung suchen und durch ihre harten Kontaktrufe *sii-sii-sii* oder *tschit-sirr-sirr* auf sich aufmerksam machen. Sie fressen vor allem Insekten, aber auch die Schoten der Ölpalmnüsse.

Das Männchen der Unterart *M. s. scutopartitus* aus Kamerun zeigt einen größeren roten Brustfleck als das der westlicheren Unterart *M. s. scutatus*. Ihre kugelförmigen Nester werden aus Palmblattrippen gewebt, mit einer langen Eingangsröhre versehen und hängen in Palmen dicht beieinander.

Blutschnabelweber 6
Quelea quelea

Verbreitung: Afrika S der Sahara
Lebensraum: Feuchtes Waldland, Feuchtgebiete, Anbauflächen
Grösse: 11-13 cm

Blutschnabelweber treten in riesigen Schwärmen von einer Million oder mehr Vögeln auf, die in synchronen, wolkenbildenden Formationen fliegen und zuweilen Äste unter der Last der landenden Vögel abbrechen lassen. Trotz vielfacher Versuche, ihre Anzahl zu dezimieren, richten sie häufig große Schäden auf Anbauflächen an.

Sie brüten in riesigen Kolonien und bauen ihre kugelförmigen Hängenester aus grünem Gras meist in Dornenbäume. In einem Baum können bis zu 500 Nester hängen. Der liebliche Gesang des einzelnen Männchens ist aufgrund der Geräuschkulisse der großen Kolonie kaum zu hören.

Von den verschiedenen Unterarten ist *Q. q. lathamii* aus Südafrika oberseits heller und grauer als *Q. q. quelea* aus Westafrika, während *Q. q. aethiopica* aus dem Nordosten unterseits rötlicher ist und bei Männchen weniger oder kein Schwarz an der Stirn zeigt.

Madagaskarweber 7
Foudia madagascariensis

Verbreitung: Madagaskar; auf Mauritius und den Seychellen eingeführt
Lebensraum: Waldränder, Savannen, Anbauflächen, Reisfelder
Grösse: 13 cm

Auf Madagaskar gehört dieser Vogel zu den häufigsten Arten. Im Gegensatz zu den roten Männchen zeigen Weibchen eine braune, gestrichelte Oberseite und unterseits keine Musterung. Madagaskarweber kommen mit Ausnahme des Waldesinneren in allen Landesteilen in Dörfern und deren Umgebung vor. Sie suchen in Gruppen oder gemischten Trupps nach Samen, zur Brutzeit aber auch nach Insekten, und richten auf Reisfeldern große Schäden an.

Sie äußern hohe, insektenartige Rufe und einen sehr hohen, zischenden, an eine kleine Dampfmaschine erinnernden Gesang. Bei der Balz lassen sie Flügel und Schwanz hängen und stellen die Bürzelfedern auf.

Oryxweber 8

Euplectes orix

Verbreitung: Afrika S der Sahara
Lebensraum: Grasland
Grösse: 12-14 cm

Von allen graslandbewohnenden Vögeln Afrikas ist der Oryxweber im Prachtkleid vielleicht der auffälligste. Die Abbildung zeigt die südliche Unterart *E. o. orix*. Das Männchen balzt mit aufgestellten Bürzelfedern oder fliegt mit aufgeplustertem Gefieder und laut schwirrenden Flügeln über dem Gras.

Die Männchen leben mit 3-4 Weibchen in klar abgegrenzten Territorien. Die ovalen Nester werden aus Gras geflochten, im oberen Bereich mit einer seitlichen Eingangsröhre versehen und an Schilfhalmen, Grasstengeln oder Palmwedeln befestigt.

Leierschwanzwida 9

Euplectes jacksoni

Verbreitung: Kenia, Tansania
Lebensraum: Grasland der Hochlagen, Anbauflächen
Grösse: 34 cm

Während das Männchen durch seinen 20 cm langen Schwanz auffällt, zeigen Weibchen und junge Männchen ein braunes, gestricheltes Gefieder. Sie leben in abgelegenen Graslandschaften oberhalb 1500 m Höhe im westlichen und zentralen Kenia und nördlichen Tansania und erscheinen nach der Brutzeit in Trupps auf Anbauflächen. Die Männchen scharren grasfreie Bodenstellen, wo sie ihre Balzsprünge vorführen. Bei diesen Luftsprüngen legen sie den Kopf zurück, lassen die Beine hängen und biegen den Schwanz bis auf zwei aufwärts und nach außen gerichtete Steuerfedern bis zum Hals nach vorne. Sie äußern kurze, klickend und pfeifend klingende Gesänge und einen weicheren, keuchenden Ruf.

FAMILIE PLOCEIDAE UNTERFAMILIE PLOCEPASSERINAE SPERLINGSWEBER

Kleine, sehr gesellige, bodenbewohnende Samen- und Insektenfresser mit derbem Schnabel. Geschlechter nur durch Kopf- und Flügelmuster unterschieden. Gefieder unauffällig, oberseits braun, unterseits weiß. Das Nest hat ein Dach aus unverwebten Grasstengeln und zwei Öffnungen und wird bei einigen Arten gemeinschaftlich zur Brut und Aufzucht und auch zum Schlafen benutzt. 2-5 cremefarbene, weiße, rosa oder hellblaue Eier mit braunen oder grauen Kritzeln oder Flecken werden 13-14 Tage bebrütet, und die Jungen bleiben 21-24 Tage im Nest (Siedelweber). Die Sperlingsweber werden heute oft nicht mehr als Unterfamilie der Weber betrachtet, sondern gemeinsam mit Sperlingen in eine Unterfamilie Passerinae gestellt. 8 Arten.

Augenbrauenmahali 10

Plocepasser mahali

Verbreitung: Äthiopien bis Südafrika
Lebensraum: Dünn bewaldete Savannen und Halbwüsten, auch Dörfer
Grösse: 16-18 cm

Dieser Bewohner akazienbestandener Savannen ist meist in lautstarken Gruppen in den Nistbäumen oder am Boden nach Samen und Insekten suchend zu sehen. Die Abbildung zeigt die im Sudan, in Äthiopien, Uganda und Kenia verbreitete Unterart *P. m. melanorhynchus*. Einige andere Formen haben eine braun gezeichnete Brust.

Augenbrauenmahalis bauen ein recht unsauberes, retortenförmiges Nest aus trockenem Gras, das an einer Zweigspitze hängt und mehreren Vögeln auch als Schlafplatz dient. Oft befinden sich mehrere Nester in einem Baum. Sie brüten in Verbänden, zu denen ein Weibchen und mehrere Helfer am Nest gehören.

Siedelweber 11

Philetairus socius

Verbreitung: W- und Zentral-Südafrika
Lebensraum: Trockene Akaziensavannen
Grösse: 14 cm

Siedelweber leben sehr gesellig und zeichnen sich durch ein außergewöhnliches Brutverhalten aus. Jede Kolonie, die aus 6-300 Vögeln bestehen kann, baut ein großes Gemeinschaftsnest in einen Baum oder auf einen Telegrafenmasten, das mit einer Höhe von bis 4 m und einer Länge von bis zu 7,5 m unter den Sperlingsvögeln seinesgleichen sucht. Es ist mit einem Dach versehen, unter dem jedes Paar seine Nisthöhle besetzt. Der Eingang jeder Höhle ist mit diagonal abwärts weisenden Grasstengeln bekleidet, die Schutz vor Nesträubern bieten. Das Gemeinschaftsnest wird das ganze Jahr über auch zum Schlafen benutzt und kann viele Jahre überdauern.

FAMILIE PASSERIDAE SPERLINGE

Kleine, finkenähnliche , meist samenfressende und gesellig lebende Bewohner vorwiegend offenen Geländes. Geschlechter gleich oder verschieden gefärbt. Gefieder braun, rotbraun oder grau, bei einigen Arten mit schwarzen, selten mit gelben, bei Schneefinken mit weißen Partien. In der Regel Koloniebrüter. Nest aus Gras meist breit und kuppelförmig. 2-7 weißliche, cremeweiße oder rosa Eier mit feinem braunem, grauem oder lila Muster werden 12-15 Tage bebrütet. Die Jungen bleiben 15-24 Tage im Nest. 32 Arten.

Haussperling 12

Passer domesticus

Verbreitung: Ursprünglich Eurasien, heute fast weltweit eingeführt
Lebensraum: Dörfer, Städte, Felder, offenes Gelände
Grösse: 14-18 cm

Haussperlinge ernähren sich von Grassamen und Getreidekörnern, können aber auch wirbellose Tiere, Brot und sogar kleine Fleischfasern fressen. In den meisten Teilen Eurasiens kommt die abgebildete Unterart *P. d. domesticus* vor, von der sich andere Formen in der Größe und Gefiederzeichnung unterscheiden. Sie nisten kolonieartig in Höhlen oder bauen ein offenes Nest in Bäumen und können pro Jahr mehrere, in den Tropen sogar bis zu 7 Bruten aufziehen. Mancherorts richten sie auf Feldern Schäden an.

Sudangoldsperling 13

Auripasser luteus

Verbreitung: Trockene Zonen S der Sahara, von Senegal bis Arabien
Lebensraum: Trockene Akaziensavannen
Grösse: 10-13 cm

Vom hübschen Goldsperling gibt es 2 Arten. Männchen des im südwestlichen Arabien brütenden Jemengoldsperlings *A. euchlorus* sind leuchtender gelb, während die des afrikanischen Sudangoldsperlings *A. luteus* einen rotbraunen Rücken zeigen. Die Weibchen beider Unterarten haben ein matteres, braun und gelblich gefärbtes Gefieder.

Sudangoldsperlinge leben sehr gesellig, bilden riesige Schwärme von bis zu 1 Million Vögeln und können auf Feldern große Schäden anrichten. Sie nisten in großen Kolonien in Dornenbäumen und können jederzeit mit der Brut beginnen, sobald Regenfälle geeignete Bedingungen geschaffen haben.

Steinsperling 14

Petronia petronia

Verbreitung: Kanarische Inseln, vom Mittelmeer O bis China
Lebensraum: Kahle, offene Flächen und steinige Hänge
Grösse: 15 cm

Steinsperlinge sehen mit ihrem gestreiften Gefieder den Haussperling-Weibchen ähnlich, zeigen jedoch einen unauffälligen, gelben Kehlfleck. Wie Sperlinge der Gattung *Passer* bewohnen sie offenes Gelände und nisten in Baum- oder Felshöhlen, seltener auch in abgelegenen Dörfern in Mauerlöchern. Sie sind Standvögel und suchen oft in großen Gruppen am Boden nach Nahrung.

Schneefink 15

Montifringilla nivalis

Verbreitung: Spanien bis Mongolei
Lebensraum: Kahles Bergland der Hochlagen
Grösse: 17,5 cm

Der Schneefink ist eine von 7 Arten dieser Gattung, die alle hoch gelegene Berglandschaften bewohnen. Von den 4 Unterarten ist die südeuropäische *M. n. nivalis* abgebildet.

Schneefinken teilen sich mit wenigen Vogelarten die höchsten Bergregionen. Dort sieht man sie in kleinen Gruppen auf Felsen oder am Boden in der Nähe von restlichen Schneeflecken nach Nahrung suchen. Im Winter erscheinen sie in größeren Trupps oft an Berghütten. Sie brüten in Berglagen von bis zu 5000 m Höhe oder noch höher und bauen ein breites Nest in Felspalten oder in Löcher unter Vorsprüngen.

STARE

Prachtglanzstar
♂
imm.
Weberstar
♂
Tristramstar
Pagodenstar
♂
imm.
Rosenstar
Hirtenmaina
Kahlkopfatzel

Amethystglanzstar
♂
♀
Dreifarben-Glanzstar
Schlichtkleid
♂
Lappenstar
♂
Star
♂
juv.
Balistar
Finkenschnabelstar
Beo
Rotschnabel-
Madenhacker

FAMILIE STURNIDAE STARE

Kleine bis mittelgroße, lebhafte und gesellige Vögel mit langem, geradem Schnabel und kräftigen Beinen. Gefieder meist dunkel und schillernd, bei einigen Arten farbenfroh. Geschlechter gleich gefärbt. Höhlenbrüter, nisten meist in Kolonien. 2-7 hellblaue, braun gepunktete Eier werden 11-18 Tage bebrütet. Die Jungen bleiben 18-30 Tage im Nest. 108 Arten.

Weberstar 1

Aplonis metallica

VERBREITUNG: Molukken, Salomonen, Neuguinea, NO-Australien
LEBENSRAUM: Waldkronen, küstennahes Waldland, Mangroven
GRÖSSE: 21-24 cm

Weberstare brüten in Kolonien von bis zu 300 Vögeln, die jeweils einen Baum besetzen. Sie bauen große Hängenester aus Pflanzenstengeln, die im Gegensatz zu denen anderer Stare an die Nester einiger Webervögel (S. 346-349) erinnern. Noch unausgefärbte Jungvögel können bereits im zweiten Kalenderjahr brüten und gemeinsam eine neue Kolonie gründen.

Die im nördlichen Australien brütenden Weberstare ziehen nach der Brutzeit nach Norden und verbringen den Winter (Mai bis Juli) in den Wäldern und Mangrovesümpfen von Neuguinea. Dort suchen sie in großen, lärmenden Trupps zusammen mit den einheimischen Standvögeln in den Bäumen nach Früchten, Nektar und Insekten.

Tristramstar 2

Onychognathus tristramii

VERBREITUNG: Israel, Jordanien, Halbinsel Sinai, W-Arabien
LEBENSRAUM: Felsiges Gelände, ausgetrocknete Wadis; breiten sich in Städten aus
GRÖSSE: 25 cm

Tristramstare brüten in Felsspalten, die sie mit Haaren, Federn, Blättern und anderem weichem Material auskleiden. Wie viele andere Felsbrüter haben sie sich an künstlich geschaffene «Klippen» angepaßt und besiedeln in Israel seit einiger Zeit auch Städte, wo sie an hohen, unbewohnten Gebäuden nisten. Ihr melodischer, ungezähmter Gesang spiegelt ihren natürlichen Lebensraum wider.

Sie leben in Gruppen und suchen in Wadis und in niedriger Vegetation nach Insekten und Früchten. Außerhalb der Brutzeit sieht man größere Trupps, die zuweilen nur aus Jungvögeln bestehen. Weibchen und Jungvögel unterscheiden sich von den Männchen durch einen matter grau gefärbten Kopf.

Prachtglanzstar 3

Lamprotornis splendidus

VERBREITUNG: Senegal W bis Äthiopien, S bis Angola und Tansania; S Populationen ziehen im Winter nach N
LEBENSRAUM: Hohes Waldland, Sekundärwald
GRÖSSE: 30 cm

Diesen großen Vertreter der Glanzstare trifft man häufig in den Galeriewäldern entlang der Flußläufe an. Im Flug ist er an seiner buckligen Silhouette und dem typischen, schwirrenden Flügelgeräusch zu erkennen. Er lebt sehr versteckt in Baumkronen, wo er sich unter anderem von Früchten ernährt und mit seinen vielfältigen gutturalen und nasalen Rufen, besonders einem *Quonk quonk* und einem *Tschak*, und einem Pfeifen auf sich aufmerksam macht. Er brütet in Baumhöhlen, die er mit trockenen Pflanzenteilen auskleidet.

Amethystglanzstar 4

Cinnyricinclus leucogaster

VERBREITUNG: SW-Arabien, Afrika S der Sahara, Gabun, Kongo, Zaire
LEBENSRAUM: Regenwald, bewaldete Savannen, Waldränder, Parks, Gärten
GRÖSSE: 16-18 cm

Während die Geschlechter bei anderen Staren gleich gefärbt sind, unterscheiden sich Weibchen und Jungvögel des Amethystglanzstars vom glänzend violett und weiß gefärbten Männchen durch ein vorwiegend braunes Gefieder. Sie leben sehr gesellig, sind aber weniger lautstark als ihre Verwandten und brüten in Baumhöhlen, die sie mit Federn, weichem Pflanzenmaterial und sogar Kot auspolstern.

In einigen Regionen ihres Verbreitungsgebiets sind sie Standvögel, in anderen Kurzstreckenzieher oder leben nomadisch. Sie ernähren sich bevorzugt von Früchten, fressen aber auch Insekten und jagen häufig im Flug Termiten.

Dreifarben-Glanzstar 5

Spreo superbus

VERBREITUNG: SO-Sudan, O bis Somalia und S bis Tansania
LEBENSRAUM: Offene Akaziensavannen, Wiesen, Farmland
GRÖSSE: 18 cm

Dieser außergewöhnlich bunte Star ist ein häufiger Bewohner Ostafrikas. Er sucht meist am Boden nach Samen, Früchten und Insekten und erscheint oft in Trupps an Campingplätzen und Hotels, wo er in Abfällen reichlich Nahrung findet.

Dreifarben-Glanzstare brüten wie ihre Verwandten in Höhlen, bauen aber häufig auch große, kuppelförmige Nester in niedrigen Dornenbüschen. Gelegentlich sieht man einen oder mehrere Nichtbrüter, die bei der Fütterung der Jungen helfen. Die Jungvögel sind am matteren Gefieder und den braunen Augen zu erkennen.

Lappenstar 6

Creatophora cinerea

VERBREITUNG: Äthiopien bis Kapprovinz, Angola
LEBENSRAUM: Offene Dornenbusch-Savannen
GRÖSSE: 21 cm

Die Männchen dieses kräftigen, kurzschwänzigen Vogels verlieren im Prachtkleid die Kopffedern, so daß nackte, gelbe Haut zum Vorschein kommt, und entwickeln an der Stirn, am Scheitel und an der Kehle lange, schwarze Hautlappen. Aufgrund dieser Verwandlungsfähigkeit wurde der Lappenstar Objekt der medizinische Forschung. Daß er die Hautlappen wieder absorbieren kann, erregte besonders das Interesse der Krebsforscher, während das alljährlich stattfindende, erneute Wachstum der Kopffedern zu Untersuchungen anregte, ein Mittel gegen Haarausfall bei Menschen zu finden.

Lappenstare ernähren sich vorwiegend von Grashüpfern und Heuschrecken, denen sie in großen Schwärmen nomadisch folgen. Sie brüten in Kolonien und bauen große, unordentliche Nester in Dornenbäumen, in die sie hellblaue Eier legen. Die Farbe der Eier wie auch Verhalten und äußeres Erscheinungsbild lassen möglicherweise auf eine nahe Verwandtschaft mit den Arten der Gattung *Sturnus* und damit auf eine asiatische Abstammung dieses afrikanischen Vogels schließen.

Pagodenstar 7

Sturnus pagodarum

VERBREITUNG: Afghanistan, Indien, Sri Lanka
LEBENSRAUM: Waldland, Gebüsch, Farmland, Gärten
GRÖSSE: 22 cm

Pagodenstare nehmen mit ihrer bürstenartig verbreiterten Zungenspitze Nektar aus Blüten auf, weshalb sie als wichtiger Bestäuber vieler Baumarten gelten. Daneben fressen sie Früchte und Samen und spielen möglicherweise eine wichtige Rolle bei der Verbreitung der Samen des Sandelbaumes *Santalum album*. Altvögel sind an der glänzend schwarzen Kappe mit verlängerten Scheitelfedern zu erkennen, die sie zu einer Haube aufstellen können.

Rosenstar 8

Sturnus roseus

VERBREITUNG: SO-Europa und W Mittelasien; im Winter in Indien
LEBENSRAUM: Trockene Niederungen, Steppen, Hügel; im Winter Gras- und Farmland, Dornenbüsche
GRÖSSE: 23 cm

Wegen seiner Vorliebe für Heuschrecken ist der Rosenstar schon seit Jahrhunderten beliebt. Wo immer Heuschrecken massenhaft vorkommen, kann er in großen Trupps erscheinen und mit der Brut beginnen, während er bei Mangel an diesen Insekten den Brutplatz aufgibt und oft jahrelang nicht mehr besetzt. Rosenstare sind jedoch nicht ganz auf diese Nahrung angewiesen, sondern fressen auch andere Insekten, Früchte, Samen und Nektar. Zuweilen richten sie auf Feldern Schaden an. Sie ziehen in vorwiegend ostwestlicher Richtung und erscheinen in manchen Jahren auch in Mitteleuropa.

Star 9

Sturnus vulgaris

VERBREITUNG: Europa und W-Asien; in Nordamerika, Südafrika, Zentralaustralien und Neuseeland eingeführt
LEBENSRAUM: Offene Wälder, Parks, Gärten, Städte
GRÖSSE: 21 cm

Der aus der Ferne einfarbig schwarz wirkende Star offenbart von nahem ein blau, violett, grün und bronzefarben schillerndes Gefieder. Stare mausern im Herbst in das Schlichtkleid, das durch helle Federspitzen mit Punkten übersät ist, die sich bis zur Brutzeit abnutzen, weshalb das durch Abnutzung entstehende Prachtkleid einfarbiger wirkt, aber besonders bei Männchen besonders stark schillert. Die Beine und der Schnabel sind im Schlichtkleid braun, während Stare zur Brutzeit rötliche Beine und einen gelben Schnabel zeigen, der bei Weibchen an der Basis hellrötlich, bei Männchen dagegen stahlblau ist.

Stare sind außergewöhnlich anpassungsfähige Vögel mit einer breiten Nahrungspalette und einem äußerst komplexen Brutverhalten, das Monogamie, Polygamie, Partnertausch und Brutschmarotzertum umfaßt. Dieses vielfältigen Verhaltensmuster ist sicherlich der Grund dafür, daß sich Stare überall erfolgreich ansiedeln. In Nordamerika haben sich 120 Vögel, die vor etwa 100 Jahren in New York ausgesetzt wurden, bis heute millionenfach vermehrt, so daß der Star dort inzwischen zu den häufigsten Arten gehört.

Kahlkopfatzel 10

Sarcops calvus

VERBREITUNG: Philippinen, Suluinseln
LEBENSRAUM: Farmland, Gärten
GRÖSSE: 22 cm

Kahlkopfatzel zeichnen sich durch eine nackte Hautpartie in der Augenregion aus, die durch eine Linie kurzer Federn zum Scheitel hin abgesetzt ist. Solche nackten Hautstellen sind in schwächerer Ausbildung auch bei Staren der Gattung *Basilornis* auf den Philippinen und in Sulawesi zu finden.

Kahlkopfatzel brüten in Baumhöhlen, meist in verlassenen Spechthöhlen, und ernähren sich bevorzugt von Früchten. Sie äußern metallisch klingende Rufe, doch sagt man ihnen auf den Philippinen, wo sie als Käfigvögel gehalten werden, nach, daß sie die menschliche Sprache imitieren können.

Hirtenmaina 11

Acridotheres tristis

VERBREITUNG: Afghanistan, Indien, Sri Lanka bis Burma; dehnt seine Verbreitung zur Zeit nach Malaysia und Mittelasien aus; in Südafrika, Neuseeland und Australien eingeführt
LEBENSRAUM: Farmland, Parks, Städte
GRÖSSE: 23 cm

Hirtenmainas haben sich gut an den Menschen angepaßt und folgen ihm in neu besiedelte Regionen. Aufgrund ihrer Vorliebe für Heuschrecken wurden sie in vielen Gebieten, vor allem auf tropischen Inseln, in der Hoffnung ausgesetzt, die Insektenplage zu dezimieren. Stattdessen haben sich die eingebürgerten Hirtenmainas dort selbst zu Schädlingen entwickelt, da sie auch Früchte nicht verschmähen.

Im Flug geben sie sich durch die weißen Flügelflecken und die lauten, flötenden Rufe zu erkennen. Sie leben in Gruppen, die sich abends auf großen Bäumen in Schwärmen zusammenfinden. Die Schlafplätze sind in der Morgen- und Abenddämmerung vom Chor ihrer Stimmen erfüllt.

Beo 12

Gracula religiosa

VERBREITUNG: Indien und Sri Lanka bis Malaysia und Indonesien
LEBENSRAUM: Bergwälder, vor allem in den Vorbergen
GRÖSSE: 29 cm

Nur wenige Vögel könne menschliche Stimmen so gut nachahmen wie der Beo, weshalb er häufig als Käfigvogel gehalten wird. Wildlebende Beos imitieren die Gesänge ihrer Artgenossen, merkwürdigerweise jedoch nicht die anderer Vogelarten. Sie leben gesellig in kleinen Gruppen und äußern vielfältige laute Rufe.

Beos gehen meist in Bäumen auf Nahrungssuche, wo sie Früchte, bevorzugt Feigen, aber auch Nektar, Insekten und Eidechsen fressen. Sie brüten in Baumhöhlen, besetzen häufig verlassene Spechthöhlen und nehmen auch Nistkästen an. Diese Eigenschaft hat man sich in Assam zunutze gemacht. Dort werden Nistkästen aus Bambus aufgehängt, um die darin aufwachsenden Küken für den Vogelhandel leichter rauben zu können.

Finkenschnabelstar 13

Scissirostrum dubium

VERBREITUNG: Sulawesi (Celebes)
LEBENSRAUM: Offenes Waldland
GRÖSSE: 20 cm

Finkenschnabelstare leben in großen Trupps, die in den Baumkronen nach Früchten und Nektar suchen. Sie brüten in dichten Kolonien und hämmern mit ihren großen Schnäbeln birnenförmige Nisthöhlen in morsche Baumstämme. Ähnlich wie bei Spechten (S. 214-221), mit denen sie nicht verwandt sind, sind die am Schädelknochen ansetzenden Streckmuskel besonders krägftig ausgebildet, um die beim Hämmern entstehende, starke Erschütterung aufzufangen. Eine Kolonie kann aus bis zu 50, nur 30-50 cm voneinander entfernt liegenden Nestern bestehen, und häufig kommt es vor, daß alte Bäume durch die Vielzahl der Löcher zusammenbrechen.

Die recht zahmen Vögel haben seit einiger Zeit das Interesse von Vogelhaltern geweckt, da sie auch in Gefangenschaft brüten. Es wird notwendig sein, den Handel mit ihnen frühzeitig streng zu kontrollieren, um ihr Überleben in der Natur zu sichern.

Balistar 14

Leucopsar rothschildi {B}

VERBREITUNG: NW-Bali
LEBENSRAUM: Bewaldetes Grasland, Waldland
GRÖSSE: 22 cm

Der Balistar ist mit einer Population von weniger als 100 Vögeln der seltenste Vertreter dieser Familie. Bereits zur Zeit seiner Entdeckung 1911 war sein Verbreitungsgebiet auf die Nordküste Balis beschränkt, doch ist sein Lebensraum seitdem vor allem durch landwirtschaftliche Nutzung immer kleiner geworden.

Aufgrund seines auffälligen Gefieders und der langen Scheitelfedern, die er zu einer Haube aufstellen kann, wurde er zudem für den Handel mit Käfigvögeln gefangen, was zu seinem starken Rückgang beigetragen haben mag. Er ernährt sich bevorzugt von großen Insekten, die er vom Boden pickt, frißt aber auch Reptilien und Früchte.

Rotschnabel-Madenhacker 15

Buphagus erythrorhynchus

VERBREITUNG: Eritrea bis Südafrika
LEBENSRAUM: Savannen mit Herdentieren
GRÖSSE: 18-19 cm

Die beiden Madenhacker-Arten werden innerhalb der Stare einer eigenen Unterfamilie zugeordnet. Neben dem Rotschnabel-Madenhakker kommt der Gelbschnabel-Madenhacker ebenfalls in Westafrika vor, ist dort aber weiter verbreitet. Beide Arten ernähren sich vor allem von Zecken, die die Haut von Zebras, Antilopen, Nashörnern und anderen grasenden Tieren befallen. Mit ihren kurzen Beinen und scharfen Krallen können sie sich auf dem Rücken der Tiere festhalten, um die Zecken aus der Haut zu picken. Sie leben gesellig in Gruppen, bilden abends große Schlafgemeinschaften und brüten in Baumhöhlen.

Mit dem zunehmenden Einsatz von chemischen Zeckenvernichtungsmitteln, die zum Schutz von Viehherden versprüht werden, wird den Madenhackern seit einigen Jahren mehr und mehr die Nahrungsgrundlage entzogen. Möglichkeiten, den Bestandsrückgang aufzuhalten, werden gegenwärtig untersucht.

PIROLE, DRONGOS, LAPPENVÖGEL, DROSSELSTELZEN BIS WÜRGERKRÄHEN

S. v. vieilloti
Feigenpirol
♂
♀
S. v. vieilloti
S. v. flaviventris
♂
Flaggendrongo
Haarbusch-
drongo
Maskenschwalbenstar
♀
♂
Gabeldrongo
S. g. hypoleuca
♂
S. g. tibicen ♂
Flötenvogel

PIROLE, DRONGOS, LAPPENVÖGEL, DROSSELSTELZEN BIS WÜRGERKRÄHEN

FAMILIE ORIOLIDAE
PIROLE UND FEIGENPIROL

Mittelgroße, starenähnliche Baumbewohner. Männchen meist mit schwarzem und gelbem Gefieder, Weibchen matter gefärbt. 2-4 weiße, isabellfarbene oder rosa Eier mit dunklen Punkten oder Flecken (bei Feigenpirol 3 grünliche, purpur oder braun gemusterte Eier) werden im tiefen, napfförmigen (Pirole) oder flachen (Feigenpirol) Hängenest in den Baumkronen14-15 Tage (nur bei Pirol bekannt) bebrütet. 26 Arten.

Pirol 1

Oriolus oriolus

VERBREITUNG: Europa, Asien, NW-Afrika; asiatische Populationen Standvögel, andere überwintern im tropischen Afrika
LEBENSRAUM: Brütet in offenen Laubwäldern, Parks, Obstplantagen und Olivenhainen; im Winter offene Wälder
GRÖSSE: 25 cm

Trotz seines gelben Gefieders ist der scheue Pirol in den hohen Baumkronen nur schwer zu sehen, doch macht er durch seine lauten, flötenden Rufe *düdlio düdio* auf sich aufmerksam. Er verbringt die meiste Zeit allein oder paarweise in Bäumen, wo er sich von Insekten und Früchten ernährt, und kommt nur selten einmal in Bodennähe.

Der Bau des aus Gras sorgfältig gewebten Nests, das in einer Astgabel hängt, die Bebrütung der Eier und die Fütterung der Jungen bleiben meist dem Weibchen überlassen.

Mohrenpirol 2

Oriolus hosii

VERBREITUNG: Borneo, Sulawesi (Celebes)
LEBENSRAUM: Bergwälder
GRÖSSE: 22 cm

Mohrenpirole kommen in Bergwäldern bis in etwa 1000 m Höhe vor, während Rotbrustpirole *O. cruentus* oberhalb dieser Höhenlage zu finden sind. Sie suchen in kleinen Gruppen in den Baumkronen nach Früchten und Insekten, fressen aber auch Ameisen und Termiten. Die kastanienbraunen Unterschwanzdecken kontrastieren zum schwarzen Gefieder und sind vom Boden aus gut zu erkennen. Aufgrund ihres abgelegenen Lebensraum ist über ihre Lebensweise nur wenig bekannt.

Blutpirol 3

Oriolus traillii

VERBREITUNG: Vorberge des Himalaya, S-China, SO-Asien
LEBENSRAUM: Wälder bis in 3000 m Höhe
GRÖSSE: 25 cm

Obwohl Blutpirole zuweilen in niedrigen Büschen oder am Waldboden erscheinen, leben sie bevorzugt in den Baumkronen, wo sie sich von kleinen Früchten, Insekten und gelegentlich von Nektar ernähren. Sie sind oft Einzelgänger, bilden aber gelegentlich kleine Gruppen.

Zu ihren verschiedenen Lautäußerungen gehören ein pfeifender Gesang, ein katzenähnlicher, maunzender Ruf und ein ratterndes Lachen. Meist nimmt man nur ihre Stimme wahr. Die rotbraune Unterseite wirkt bei schwachem Licht ebenso dunkel wie der blauschwarze Kopf, während das hellere Rotbraun des Schwanzes beim Landen aufleuchtet. Sie bauen ein tiefes, napfförmiges Nest aus Pflanzenfasern, das mit Spinnweben verbunden wird und an einem waagerechten Ast hängt.

Feigenpirol 4

Sphecotheres viridis

VERBREITUNG: N- und O-Australien, S-Neuguinea
LEBENSRAUM: Regenwald, Eukalyptuswälder, Parks, Gärten
GRÖSSE: 28 cm

Die Gefiederfärbung der Männchen unterliegt geographischen Variationen. So ist die nördliche Unterart *S. v. flaviventris* unterseits gelb, *S. v. vieilloti* aus O-Australien dagegen an Brust und Bauch grün und an der Kehle grau. In Übergangszonen kommen Vögel mit einer gelben, grauen, grünen oder weißen Kehle vor.

Feigenpirole sind ursprünglich Waldbewohner, haben sich jedoch an den Menschen angepaßt und gehören in den Städten ihres Verbreitungsgebiets heute zu den häufigsten Vogelarten. Zu ihrer Nahrung gehören Früchte und Insekten. Sie bauen am Ende eines dünnen Astes ein flaches Nest aus Zweigen, Gras und Ranken, das oft so dürftig geflochten ist, daß von unten betrachtet die Eier durchscheinen.

FAMILIE DICRURIDAE
DRONGOS

Kleine bis mittelgroße Baumbewohner mit kurzen Beinen und langem, oft gegabeltem Schwanz. Viele Arten mit Haube. Gefieder glänzend schwarz oder grau, Geschlechter gleich gefärbt. 2-4 weißliche, oft braun gesprenkelte oder gefleckte Eier werden im flachen, tellerförmigen Baumnest 16 Tage bebrütet (Bebrütungsdauer nur bei wenigen Arten bekannt). Nestlingsperiode unbekannt. 22 Arten.

Gabeldrongo 5

Dicrurus forficatus

VERBREITUNG: Madagaskar und Insel Anjouan (Komoren)
LEBENSRAUM: Wälder, Savannen, Plantagen, dichte Küstenvegetation
GRÖSSE: 33 cm

Der Gabeldrongo ist ein häufiger Bewohner bewaldeter Flächen auf Madagaskar, wo er sich bevorzugt in den oberen und mittleren Baumzonen aufhält. Auf einer Warte sitzend, hält er nach Insekten Ausschau, die er im Flug erbeutet, und verjagt in aggressiver Weise jeden Eindringling, wie es für alle Drongos typisch ist. Wie viele seiner Verwandten hat er einen langen, tief gegabelten Schwanz, der ihm bei der Insektenjagd wendige Flugmanöver erlaubt.

Gabeldrongos leben meist als Einzelgänger und äußern verschiedene Rufe und Pfeiftöne. Sie sind Standvögel, kommen in allen Höhenlagen vom Meeresspiegel bis in 1800 m vor und brüten in der Zeit von September bis Dezember.

Haarbuschdrongo 6

Dicrurus hottentottus

VERBREITUNG: Indien, S-China, SO-Asien, Philippinen, Indonesien
LEBENSRAUM: Wald und Sekundärbewuchs
GRÖSSE: 33 cm

Haarbuschdrongos zeigen im Gegensatz zu ihren Verwandten verschiedenfarbig schillernde und dadurch gesprenkelt wirkende Hals- und Brustfedern, doch ist die Stirnhaube im Freiland nur selten zu sehen. Der nah verwandte Glanzfleckdrongo *D. bracteatus* ist auf den Philippinen, Molukken, in Australien, Neuguinea, Neuengland, auf den Salomonen und den Kleinen Sundainseln verbreitet.

Harrbuschdrongos ernähren sich von Früchten, Nektar und Insekten und erscheinen in nahrungsreichen Bäumen gelegentlich in kleinen Gruppen. Sie sind ruffreudig und äußern vielfältige melodische, flötende Rufe wie auch einige rauhe, durchdringende Laute.

Flaggendrongo 7

Dicrurus paradiseus

VERBREITUNG: Indien, Sri Lanka, S-China, SO-Asien, Borneo
LEBENSRAUM: Offener Wald, Waldränder, Teeplantagen
GRÖSSE: 35 cm

Flaggendrongos sind mit ihren langen, gebogenen Scheitelfedern und den bis zu 35 cm langen, am Ende verbreiterten Schwanzspießen eine außergewöhnliche Erscheinung. Im Flug wirken die beiden «Schwanzflaggen» wie zwei kleine Vögel oder Bienen, die dem Vogel wellenartig folgen. Von den 2 Unterarten Sri Lankas zeigt *D. p. lophorinus* kürzere, auf ganzer Länge mit Federstrahlen versehene, breitere Schwanzspieße ohne «Flaggen».

Flaggendrongos ernähren sich vor allem von Insekten, die sie im Flug, in den Zweigen oder am Boden erbeuten. Oft folgen sie Affenhorden, um von den aufgeschreckten Insekten zu profitieren. Sie machen das ganze Jahr über durch ihre lauten, metallischen, flötenden und klingelnden Rufen auf sich aufmerksam, in die sie häufig sehr gute Imitationen anderer Vögel, Eichhörnchen oder anderer Tiere einflechten.

FAMILIE CALLAEIDAE LAPPENVÖGEL

Mittelgroße Vögel mit kräftigen Beinen und bunten, fleischigen Hautlappen. Gefieder vorwiegend schwarz oder grau. Geschlechter mit Ausnahme des Huia gleich gefärbt (Lappen bei Männchen größer). 2-4 weißliche, purpurbraun gesprenkelte oder gefleckte Eier werden im flachen, offenen Nest in den Zweigen oder in einer Baumhöhle 18-25 Tage bebrütet. Nestlingsperiode beim Kokako *Callaeas cinerea* 27-28 Tage. 3 Arten (1 wohl ausgestorben).

Sattelvogel 8

Creadion carunculatus {B}

VERBREITUNG: Inseln vor der Küste Neuseelands
LEBENSRAUM: Wälder
GRÖSSE: 25 cm

Der Sattelvogel war einst in Neuseeland weit verbreitet. Heute kommt er nur noch auf 10 Inseln vor, auf denen man ihn aussetzte, nachdem sie von eingeführten grasenden und räuberischen Tieren befreit worden waren. Die einst auf der Nordinsel verbreitete Unterart *C. c. rufusater* zeigt ein gelbes Nackenband, das *C. c. carunculatus* von der Südinsel fehlt.

Sattelvögel können mit ihren kleinen Flügeln nur schwerfällig fliegen. Stattdessen bewegen sie sich mit ihren kräftigen Beinen geschickt laufend und hüpfend durch die Zweige. Sie fressen vor allem Insekten, die sie unter der Rinde und in morschem Holz finden, daneben auch Früchte und Nektar.

Der nah verwandte Hopflappenvogel *Heteralocha acutirostris* zeichnet sich durch einen in der Vogelwelt einmaligen Geschlechtsunterschied aus. Das Männchen hat einen geraden Schnabel, mit dem es in morschem Holz hämmernd Raupen und Maden freilegt, während das Weibchen mit seinem dünnen, gebogenen Schnabel in Spalten nach Insekten sucht. Inzwischen ist er wohl bereits ausgestorben. Von den Maoris wurde er wegen seiner Schwanzfedern und von Siedlern für Vogelsammlungen gejagt, doch dürfte die Hauptursache für sein Aussterben in der Abholzung des Waldes liegen. Der letzte Hopflappenvogel wurde 1907 gesehen.

FAMILIE GRALLINIDAE DROSSELSTELZEN

Kleine bis mittelgroße Vögel mit schwarzweißem Gefieder. Geschlechter geringfügig unterschieden. 3-5 weiße bis rosafarbene, rot und braun gefleckte Eier werden im Schlammnest 17-18 Tage bebrütet. Die Jungen bleiben 18-23 Tage (Drosselstelze) im Nest. 2 Arten.

Drosselstelze 9

Grallina cyanoleuca

VERBREITUNG: Australien
LEBENSRAUM: Weiden und offenes Grasland
GRÖSSE: 27 cm

Drosselstelzen kommen am häufigsten auf Weideflächen vor, wo sie am Boden nach Insekten, Schnecken und anderen Wirbellosen suchen. Oft erscheinen sie auch an See- und Teichufern und in Städten und lassen sich auch an stark befahrenen Straßen vom Verkehr nicht stören. Nach ihrem Ruf *pii-wii* erhielten sie ihren volkstümlichen englischen Namen.

Während ihr Bestand in einigen Regionen von der Abholzung und der Bewässerung trokkener Flächen profitiert, geht er in anderen zurück. Die Ursache für den Rückgang könnte in der Versalzung des Wassers oder der Bekämpfung der Leberegel mit Giften liegen, denen auch die Schnecken zum Opfer fallen.

FAMILIE CORCORACIDAE SCHLAMMNESTBAUER

Mittelgroße bis große, bodenbewohnende Vögel mit langen, kräftigen Beinen. Gefieder schwarz mit weißen Flügelflecken oder grau, braun und schwarz. Geschlechter gleich gefärbt. 2-5 cremefarbene oder weiße, braun, schwarz und grau gefleckte Eier werden 18-19 Tage im Schlammnest bebrütet. Die Jungen bleiben 13-25 Tage im Nest. 2 Arten.

Drosselkrähe 10

Corcorax melanorhamphus

VERBREITUNG: Australien
LEBENSRAUM: Offenes Waldland
GRÖSSE: 45 cm

Drosselkrähen haben ein schwarzes Gefieder mit weißen Flecken auf den Schwungfedern und rote Augen, die sich bei Erregung weiten. Sie leben in offenem, grasbewachsenem Eukalyptus-Waldland und suchen im Laub und in Kuhdung nach großen, wirbellosen Tieren, fressen aber auch Körner.

Sie leben in sehr geselligen und sozialen Verbänden von 3-12 Vögeln, die sich während der Wanderungen außerhalb der Brutzeit mit anderen zusammenschließen können. Das Schlammnest wird von mehreren Vögeln gebaut, und bei der Fütterung der Jungen sind alle Gruppenmitglieder beteiligt. Gelegentlich kommt es vor, daß 2 Weibchen bis zu 10 Eier in ein gemeinsames Nest legen.

FAMILIE ARTAMIDAE SCHWALBENSTARE

Kleine bis mittelgroße, vorwiegend in der Luft lebende Vögel mit kurzen Beinen und langen Flügeln. Gefieder schwarz, grau oder braun, bei 1 Art weiß und kastanienbraun. Geschlechter bei einigen Arten verschieden gefärbt. 2-4 weiße oder cremefarbene, rotbraun gepunktete Eier werden im dürftigen Napfnest aus Zweigen 12-16 Tage bebrütet. Die Jungen bleiben 16-20 Tage im Nest. 10 Arten.

Maskenschwalbenstar 11

Artamus personatus

VERBREITUNG: Australien
LEBENSRAUM: Waldland und Gestrüpp
GRÖSSE: 19 cm

Schwalbenstare sind mit den Würgerkrähen verwandt, haben sich jedoch auf das Leben in der Luft spezialisiert. Sie zeigen lange Flügel und einen kurzen Schwanz und erinnern bei der Jagd an Bienenfresser (S. 202-205).

Maskenschwalbenstare kommen im ganzen Binnenland Australiens vor. Im Frühjahr ziehen sie meist nach Süden, wo sie zuweilen weit jenseits ihres normalen Verbreitungsgebiets erscheinen. Sie jagen im Flug Insekten, picken gelegentlich kleine Heuschrecken und Ameisen vom Boden und nehmen sogar Nektar von Eukalyptus- und Mistelblüten auf.

FAMILIE CRACTICIDAE WÜRGERKRÄHEN

Mittelgroße, kräftige Vögel mit starkem, hakenförmigem Schnabel. Gefieder grau, weiß und schwarz. Geschlechter bei einigen Arten verschieden gefärbt. 3-5 blaue oder grüne, braun gefleckte und gestrichelte Eier werden im Baumnest 20 Tage bebrütet. Die Jungen bleiben 28 Tage im Nest. 10 Arten.

Flötenvogel 12

Gymnorhina tibicen

VERBREITUNG: Australien, S-Neuguinea; in Neuseeland eingeführt
LEBENSRAUM: Wald- und Grasland
GRÖSSE: 40 cm

Flötenvögel ernähren sich von Mistkäferlarven, die sie mit dem Gehör im Boden wahrnehmen und dann mit ihrem kräftigen, spitzen Schnabel ausgraben. Sie leben in Sozialverbänden, die je nach Lebensraum variieren. In den geeignetsten Lebensräumen mit Grasflächen und Bäumen bilden sie feste Gruppen, die einen hohen Bruterfolg haben, während lockere Verbände die schlechteren Flächen besiedeln und Gruppen von Nichtbrütern sich auf Grasflächen mit nur wenigen Bäumen zurückziehen.

Bei der Unterart *G. t. tibicen* aus dem Zentrum und Norden Australiens ist der Mantel schwarz, bei *G. t. hypoleuca* aus Südaustralien und Tasmanien dagegen weiß.

Dickschnabel-Würgerkrähe 13

Strepera graculina

VERBREITUNG: O-Australien
LEBENSRAUM: Wald und Waldland
GRÖSSE: 46 cm

Diese Art hält sich vorwiegend in Bäumen auf, wo sie sich von Insekten und großen Gliederfüßern ernährt, und brütet in bewaldeten Regionen. Im Winter erscheint sie zahlreich in Städten, wo sie vor allem Beeren frißt. Der Bestand der Dickschnabel-Würgerkrähe ist durch die Einführung vieler beerentragender Pflanzen angestiegen, für deren weitere Verbreitung die Vögel selbst sorgen.

Zu ihren Lautäußerungen gehören viele laute, oft melodische Töne, darunter auch ein *Currawong*, nach dem sie ihren englischen Namen erhielten.

LAUBENVÖGEL, PARADIESVÖGEL

Grau-
laubenvogel
♀
♂
Balz
C. n. nuchalis
♀
♂
Furchenparadiesvogel
Schmalschwanz-Paradieselster
♂
♀
♂
Balz
♀
Wimpelträger
♀
Balz
Balz
♂
Blauparadiesvogel

LAUBENVÖGEL, PARADIESVÖGEL

FAMILIE PTILONORHYNCHIDAE LAUBENVÖGEL

Mittelgroße, untersetzte Vögel mit kräftigem Schnabel. Männchen bei 9 Arten bunter als Weibchen, bei anderen matt braun, grau oder grün. Die Männchen bauen «Lauben», in die sie die Weibchen zur Paarung locken. Das große Napfnest wird ausschließlich vom Weibchen gebaut. 1-2 weiße bis isabellfarbene, bei einigen Arten am stumpfen Ende gefleckte Eier werden 19-24 Tage bebrütet. Die Jungen bleiben 18-21 Tage im Nest. 18 Arten.

Schwarzohr-Laubenvogel 1

Ailuroedus melanotis

VERBREITUNG: Neuguinea in 900-1800 m Höhe, Misol- und Aru-Inseln; NO-Australien
LEBENSRAUM: Regenwald
GRÖSSE: 29 cm

Die meisten Männchen der Laubenvögel versuchen, mehrere Weibchen in ihre aufwendig gebauten Lauben zu locken, um sich mit ihnen zu paaren. Dagegen leben die Männchen der 3 Arten der Gattung *Ailuroedus* monogam, bauen keine Lauben und sind von den Weibchen nicht zu unterscheiden.

Ein typischer Vertreter ist der Schwarzohr-Laubenvogel, bei dem jedes Paar ein Brutrevier verteidigt. Das Weibchen baut das Nest allein, doch beide Altvögeln füttern die Jungen. Sie äußern katzenähnliche, maunzende Töne und fressen Früchte, Blätter, Insekten, kleine Reptilien und sogar Küken.

Hüttengärtner 2

Amblyornis inornatus

VERBREITUNG: W Irian Jaya (Neuguinea) in 1000-2000 m Höhe
LEBENSRAUM: Regenwald der tieferen Berglagen
GRÖSSE: 25 cm

Unter den Laubenvögeln ist das Männchen des Hüttengärtners am mattesten gefärbt, doch baut es die prächtigste Laube. Sie hat die Form eines Wigwams und wird aus Zweigen über einer eigens dafür zusammengetragenen Mooslage errichtet und mit bunten Früchten und Blüten dekoriert. Mit Imitationen anderer Vogelarten und Geräuschen versucht das Männchen dann, ein Weibchen anzulocken und zugleich andere Männchen zu vertreiben.

Über die Brutbiologie des Hüttengärtners ist nichts bekannt. Bei anderen Arten dieser Gattung übernimmt das Weibchen allein die Bebrütung der Eier und die Fütterung der Jungen.

Seidenlaubenvogel 3

Ptilonorhynchus violaceus

VERBREITUNG: O-Australien
LEBENSRAUM: Regenwald, Regenwaldränder; im Winter angrenzende offene Vegetation
GRÖSSE: 30 cm

Der Seidenlaubenvogel ist der bekannteste Vertreter dieser Familie, der anstatt einer Laube eine Art «Allee» baut. Dafür errichtet er aus senkrecht in ein Zweiggeflecht gesteckten Stöckchen Wände, die er zuweilen mit einer Paste aus zerkauten Früchten oder Holzkohle bestreicht. Zum Auftragen der Paste hält er häufig einen Pflanzenballen im Schnabel. Abschließend schmückt er die Wände mit Blüten, Federn, Flaschendeckeln und anderem, wobei er eine ausgeprägte Vorliebe für blaue Materialien zeigt. Das Männchen trägt ein blauschwarzes Kleid, das erst nach 6 bis 7 Jahren voll entwickelt ist, während das Weibchen mit dem graugrünen Gefieder während der Brutzeit gut getarnt ist.

Graulaubenvogel 4

Chlamydera nuchalis

VERBREITUNG: N-Australien und vorgelagerte Inseln
LEBENSRAUM: Flußufer und offene Savannenwälder, Eukalyptus- und Melaleucawälder, Schlingpflanzendickichte, begrünte Vorstädte
Größe: 36 cm

Dieser größte Laubenvogel bewohnt in der Regel trockenere und offenere Lebensräume als seine Verwandten. Das Männchen zeigt am Hinterkopf verlängerte, violette Federn, die es bei der Balz aufstellt. Selten ist dieser Schopf auch bei Weibchen zu sehen. Die abgebildete Unterart *C. n. nuchalis*, vom Nordosten Westaustraliens bis Queensland verbreitet, ist oberseits einfarbiger und grauer als die anderen Formen.

Wie viele Laubenvögel sind auch Graulaubenvögel begabte Imitatoren. Während die Männchen Vogelstimmen und andere Geräusche nachahmen, imitieren beide Altvögel nahe der Laube und des Nests die Rufe räuberischer Vogelarten. Sie fressen vor allem Früchte und Insekten, bevorzugt Feigen und Heuschrecken, erbeuten aber auch kleine Eidechsen.

FAMILIE PARADISAEIDAE PARADIESVÖGEL

Mittelgroße, kräftige Vögel mit kräftigen Beinen und unterschiedlichen Schnabelformen. Männchen meist prächtig gefärbt, Weibchen matter. Nester in der Regel napf- oder kuppelförmig. 1-2 helle, vor allem am stumpfen Ende gepunktete oder gefleckte Eier werden 17-21 Tage bebrütet. Die Jungen bleiben 17-30 Tage im Nest. 42 Arten.

Furchenparadiesvogel 5

Cnemophilus macgregorii

VERBREITUNG: Zentrales, S und O Hochland von Neuguinea in 2400-3500 m Höhe
LEBENSRAUM: Nebelwälder
GRÖSSE: 25 cm

Während Laubenvögel mittels ihrer Baukunst um die Weibchen werben, setzen viele Paradiesvögel die Pracht ihres Gefieders ein, das oft mit langen Schwanzfedern und Hauben geschmückt ist. Die abgebildete Unterart *C. m. sanguineus* von Mount Hagen ist oberseits orangerot, während eine der 2 anderen Formen eine ziegelgelbe Oberseite zeigt.

Furchenparadiesvögel ernähren sich vorwiegend von Früchten. Die Balz der Männchen wurde nie beschrieben, doch umwerben sie wahrscheinlich von einzelnen Arenen aus vorbeikommende Weibchen. Das breite, kuppelförmige Nest wird vom Weibchen auf einer Zweigunterlage aus Moos und Blättern errichtet und ist wesentlich kunstvoller als das anderer Paradiesvögel.

Trompeterparadieskrähe 6

Manucodia keraudrenii

VERBREITUNG: Neuguinea, O und W liegende Inseln, in 200-2000 m Höhe; Spitze der Halbinsel Cape York, NO-Australien
LEBENSRAUM: Baumkronen des Regenwaldes
GRÖSSE: 28 cm

Die 5 Arten der Gattung *Manucodia* brüten im Gegensatz zu den meisten polygamen Paradiesvögeln paarweise. Männchen und Weibchen sind daher sehr ähnlich gefärbt und zeigen ein einfarbiges, metallisch glänzendes, blauschwarzes Gefieder. Beide Altvögel sind an der Bebrütung der Eier und der Fütterung der Jungen beteiligt, doch verteidigen sie seltsamerweise nicht das Brutrevier.

Paradieskrähen fressen vor allem Früchte, Trompeterparadieskrähen mit besonderer Vorliebe Feigen. Während der Balz verfolgt das Männchen das Weibchen durch die Zweige und stößt dann einen lauten, klagenden, trompetenartigen Ruf aus, nach dem der Vogel seinen Namen erhielt.

Prachtparadiesvogel 7

Ptilornis magnificus

Verbreitung: Tief- und Hügelland Neuguineas bis 700 m Höhe, selten in höheren Lagen; Spitze der Halbinsel Cape York, NO-Australien
Lebensraum: Regenwald, Waldränder
Größe: 33 cm

Von den 3 Arten dieser Gattung ist dies die eindrucksvollste. Die Männchen paaren sich mit mehreren Weibchen. Häufig sitzen sie auf einer erhöhten Warte, von der aus sie ihr Territorium verteidigen und um die Weibchen balzen. Dabei heben sie ihre runden Flügel an, schwenken den Kopf von einer Seite zur anderen und stoßen einen kräftigen Pfeifton aus, der wie eine vorbeifliegende Kugel klingen soll.

Mit ihren kräftigen Zehen können sie sich an Baumstämmen festhalten, um in morschem Holz nach Insekten zu suchen, und auf der Sitzwarte Beute festhalten, um sie zu zerkleinern.

Fadenparadieshopf 8

Seleucidis melanoleuca

Verbreitung: Tiefland Neuguineas; Insel Salawati
Lebensraum: Regelmäßig überflutete Regenwälder mit Sago- und Pandanuspalmen
Grösse: 34 cm

Fadenparadieshopfe zeichnen sich durch einen langen Schnabel und einen kurzen Schwanz aus. Die Männchen tragen ein schillerndes, purpurschwarzes und schwefelgelbes Gefieder, das an den Flanken mit langen, nach oben gebogenen, fadenförmigen Federn geschmückt ist. Wie bei allen polygamen Paradiesvögeln sind die Weibchen vergleichsweise matt gefärbt.

Mit Ausnahme der Brutzeit, wenn sie auf hohen, kahlen Ästen balzen, sind die Männchen kaum einmal zu sehen. Bei der Balz werden die schwarzen Brustfedern zu einem Schild aufgestellt, das unterseits leuchtend smaragdgrün begrenzt ist. Zugleich werden die gelben Flankenfedern gesträubt und die 12 langen Schmuckfedern der Flanken nach vorne gebogen. Die wenigen bislang gefundenen Nester waren in den Baumkronen gebaut und enthielten jeweils nur in Ei.

Schmalschwanz-Paradieselster 9

Astrapia mayeri {B}

Verbreitung: Neuguinea, W zentrales Hochland in 2400-3400 m Höhe
Lebensraum: Regenwälder der Vorberge
Grösse: 135 cm

Diese Paradiesvogel-Art wurde als letzte entdeckt und erst 1939 beschrieben. Die Beschreibung wurde anhand der langen, äußeren Schwanzfedern des Männchens angefertigt, die sich im Kopfschmuck eines Stammeshäuptlings befanden. Diese ungewöhnlichen Federn sind bis zu 1 m lang und werden bei der Balz hin und her geschwenkt, wodurch mehrere Weibchen zur hoch in den Baumkronen gelegenen Sitzwarte des Männchens gelockt werden.

Zur Nahrungspalette der Schmalschwanz-Paradieselstern gehören Früchte, Insekten, Spinnen, kleine Säugetiere und Reptilien.

Kragenparadiesvogel 10

Lophorina superba

Verbreitung: Bergland Neuguineas in 1200-2300 m Höhe
Lebensraum: Regenwald und Waldränder
Grösse: 25 cm

Alle polygamen Paradiesvögel zeigen ausgefallene Balzrituale, doch nur wenige können sich mit der Balz dieses dünnschnäbeligen Vogels messen. Das Männchen ist mit höchst beweglichen Brustfedern ausgestattet, die es flügelartig zur Seite stellen kann. Dazu werden die verlängerten, samtschwarzen Nackenfedern aufgerichtet, so daß sie seitwärts das Brustschild erreichen und eine bizarre Kreisform entstehen lassen.

Häufig balzen die Männchen in den Baumkronen, doch neueren Beobachtungen zufolge sollen Balz und Paarung auch am Boden stattfinden.

Wimpelträger 11

Pteridophora alberti

Verbreitung: Zentrale Gebirge Neuguineas in 1500-2850 m Höhe
Lebensraum: Nebelwälder
Grösse: 22 cm

Männliche Wimpelträger sind mit zwei bis zu 50 cm langen Schmuckfedern ausgestattet, die jeweils hinter dem Auge ansetzen und an den Außenfahnen himmelblaue Lappen zeigen, die wie kleine Plastikwimpel wirken. Während der Balz stellt das Männchen diese Federn auf und hüpft laut zischend auf und ab. Das angeworbene Weibchen wird vor der Paarung zur Begrüßung mit den Schmuckfedern gestreift.

Der Wimpelträger bekam seinen wissenschaftlichen und englischen Namen (King of Saxony Bird of Paradise) nach König Albert oder Albrecht von Sachsen, der von 1873 bis 1902 regierte.

Königsparadiesvogel 12

Cicinnurus regius

Verbreitung: Neuguinea bis in 300 m, selten bis 850 m Höhe
Lebensraum: Regenwald und Waldränder
Grösse: 16 cm

Königsparadiesvögel sind wie die meisten ihrer Verwandten eher Einzelgänger, schließen sich aber häufig gemischten Trupps an, um Insekten und andere Kleintiere von den Blättern und der Rinde unterhalb der Baumkronen zu picken.

Die Weibchen sind olivbraun gefärbt, während die Männchen mit ihrem glänzenden, blutroten und weißen Gefieder auffallen. Es ist für die Balz in den Baumkronen bestens geeignet, zieht jedoch auch die Aufmerksamkeit von räuberischen Tieren auf sich. Bei der Balz sträubt das Männchen die Federn der Unterseite, so daß es fast die Form einer Kugel annimmt. Dann stellt es die langen Schwanzfedern auf, bis die gebogenen, grünen Federflaggen über seinem Kopf schweben, und schwenkt den Kopf von einer Seite zur anderen. In einem anderen Balzritual hängt es kopfüber und mit ausgebreiteten und schwirrenden Flügeln an einem Ast und öffnet den Schnabel, so daß die leuchtend gelbgrüne Schnabelhöhle zu sehen ist.

Raggiparadiesvogel 13

Paradisaea raggiana

Verbreitung: O Neuguinea bis in 1800 m Höhe
Lebensraum: Regenwald, Waldränder, Gärten
Grösse: 33 cm

Diese Paradiesvögel balzen nicht wie die meisten ihrer Verwandten allein, sondern versammeln sich in traditionellen Balzarenen in den Baumkronen. Meist verpaaren sich letzendlich nur ein oder zwei dominante Männchen mit allen Weibchen, während die anderen Männchen bis zur nächsten Brutsaison unverpaart bleiben.

Die am Balzplatz erscheinenden Weibchen werden mit aufgeregten Rufen begrüßt. Dabei hüpfen die Männchen hin und her, flattern mit den Flügeln und schütteln das Gefieder. Darauf folgt eine ruhigere Phase, in der jedes Männchen seine Schmuckfedern zur Schau stellt, einen klingelnden Laut von sich gibt und als Höhepunkt schnell gereihte, hohe, nasale Rufe äußert, die in Tonlage und Lautstärke abwechselnd ansteigen und wieder abfallen. Zu anderen Lautäußerungen gehören gereihte, rauhe und trompetende Rufe einer Tonlage, die zum Ende hin lauter und langsamer vorgetragen werden. Von den 5 Unterarten ist *P. r. raggiana* aus Südost-Neuguinea abgebildet. Der Name erinnert an den im vorigen Jahrhundert auf Neuguinea tätigen Naturforscher und Sammler Francesco Raggi.

Blauparadiesvogel 14

Paradisaea rudolphi

Verbreitung: O zentrales Hochland Neuguineas in 1300-1800 m Höhe
Lebensraum: Regenwald, Waldränder, Gärten
Grösse: 30 cm

Blauparadiesvögel gehören zu den schönsten Vertretern ihrer Familie. Leider sind sie gleichzeitig bedroht, da ihr Lebensraum zunehmend der Abholzung für Anbauflächen und Siedlungen zum Opfer fällt.

Die Männchen führen ihre Balz hoch in den Baumkronen einzeln vor. Dort hängen sie kopfüber an einem Ast, spreizen die Schmuckfedern zu einem opalblau leuchtenden Schirm und wedeln mit den langen Schwanzspießen hin und her. Dabei äußern sie tiefe, mechanische Laute, die teilweise wie Störwellen im Radio klingen. Die Weibchen übernehmen das Brutgeschäft wahrscheinlich allein, doch ist bislang nichts Näheres über die Brutbiologie bekannt.

KRÄHENVÖGEL

Kiefernhäher
Alpenkrähe
juv.
Dohle
juv.
Piapia
C. m. japonensis
Dschungelkrähe
Kolkrabe
Schildrabe
Amerikanerkrähe

KRÄHENVÖGEL

FAMILIE CORVIDAE RABENVÖGEL

Mittelgroße bis große Vögel mit kräftigem Schnabel. Gefieder oft schwarz, bei Hähern bunt. Geschlechter gleich gefärbt. 2-8 weißliche bis hellgrüne, gefleckte Eier werden im Nest aus Zweigen in Bäumen oder Büschen, bei einigen Arten in Höhlen 16-22 Tage bebrütet. Die Jungen bleiben 20-45 Tage im Nest. 113 Arten.

Blauhäher 1

Cyanocitta cristata

VERBREITUNG: O Nordamerika, von S-Kanada bis zum Golf von Mexiko
LEBENSRAUM: Laubwälder, offenes Waldland, Parks, Gärten
GRÖSSE: 30 cm

In Nordamerika erscheinen Blauhäher häufig in Trupps in Gärten, um Samen und Nüsse als Wintervorrat zu sammeln und anschließend an anderen Stellen zu vergraben. Trotz dieser Vorratshaltung ziehen nördliche Populationen im Winter nach Süden, während südliche normalerweise in der Nähe ihres Brutgebiets bleiben.

Neben Samen und Nüssen, die ihre Hauptnahrung bilden, fressen Blauhäher auch Insekten, vor allem Raupen, kleine Säugetiere und rauben Eier und Küken.

Buschhäher 2

Aphelocoma coerulescens

VERBREITUNG: W USA und S bis Zentralmexiko; isoliert in Florida
LEBENSRAUM: Eichengestrüpp, Chaparral
GRÖSSE: 33 cm

Buschhäher leben das ganze Jahr über in Sozialverbänden von bis zu 12 Vögeln, die gemeinschaftlich brüten. Der Verband besteht aus einem Brutpaar, das im Zentrum des Territoriums ein großes Nest aus Zweigen baut. Während das Weibchen die Eier bebrütet, halten die anderen Vögel Wache oder sammeln Nahrung. Die «Helfer am Nest», besonders die Männchen, sind meist Nachkommen vom Vorjahr.

Im Gegensatz zu den westlichen Unterarten, z.B. *A. c. californica,* zeigt *A. c. caerulescens* aus Florida eine weißliche Stirn.

Silberhäher 3

Cyanolyca argentigula

VERBREITUNG: Costa Rica
LEBENSRAUM: Waldland, von den Nebelwäldern bis zu Eichen- und Tannenwäldern
GRÖSSE: 33 cm

Von den 32 Häherarten der Neuen Welt leben 28 in Mittelamerika. Der Silberhäher ist vielen seiner Verwandten sehr ähnlich, was darauf hindeutet, daß die Arten sich erst in jüngerer Zeit aus einem gemeinsamen Vorfahren entwickelt haben.

Silberhäher leben ungeselliger als andere Häher und äußern weniger vielfältige nasale, klickende und kreischende Töne. Beobachtungen zufolge sollen sie gelegentlich auch Wanderameisen folgen, um Insekten zu erbeuten, die durch die Kolonnen aufgeschreckt werden.

Eichelhäher 4

Garrulus glandarius

VERBREITUNG: Europa, Nordafrika, Asien
LEBENSRAUM: Wälder und Parks
GRÖSSE: 33 cm

Der heisere Ruf des Eichelhähers ist in den Wäldern Europas, wo er oft in Gruppen nach Insekten, Bucheckern und Eicheln sucht, häufig zu hören.

Eichelhäher sammeln bevorzugt Eicheln, die sie weit entfernt und bevorzugt in höheren Lagen als lebensnotwendigen Wintervorrat vergraben, weshalb ihnen bei der Ausbreitung der Eichenwälder eine bedeutende Rolle zukommt.

Einige der zahlreichen Unterarten unterscheiden sich vor allem in der Kopffärbung. Die Abbildung zeigt die Formen *G. g. glandarius* aus Europa, *G. g. atricapillus* aus dem Mittleren Osten und *G. g. bispecularis* aus dem westlichen Himalaya.

Jagdelster 5

Cissa chinensis

VERBREITUNG: N-Indien bis S-China, Malaysia, Sumatra, Borneo
LEBENSRAUM: Immergrüne Wälder, Bambusdickicht, Waldlichtungen, Gärten
GRÖSSE: 35 cm

Die lebhafte und bunte Jagdelster kommt in verschiedenen, von leuchtend grün bis blau reichenden Farbmorphen vor. Die Abbildung zeigt die weit verbreitete Unterart *C. c. chinensis* und die nur im südlichen Annam (Vietnam) lebende *C. c. margaritae.*

Jagdelstern schließen sich Drongos (S. 354-357) und Häherlingen (S. 274-77) an, die in Bäumen und am Boden nach Insekten suchen. Daneben fressen sie auch kleine Schlangen, Eidechsen, Frösche, Jungvögel und Aas.

Blauelster 6

Cyanopica cyana

VERBREITUNG: O-Asien, China, Mongolei, Ussurien, Korea, Japan; isolierte Population in S-Spanien und Portugal
LEBENSRAUM: Offenes Waldland, Gärten, landwirtschaftliche Nutzflächen
GRÖSSE: 33 cm

Die mit 8 Unterarten in Ostasien lebende Blauelster kommt merkwürdigerweise auch in Spanien und Portugal, also etwa 5000 km westliches ihres Verbreitungsgebiets, vor. Wahrscheinlich stammt diese isolierte Population von eingeführten Vögeln ab, die Händler und Seeleute aus dem Osten mitbrachten. Es ist unwahrscheinlich, daß die Blauelster einst in ganz Südeurasien vorkam und die Populationen durch Klima- und Lebensraumveränderungen (hervorgerufen durch die Eiszeiten) voneiander getrennt wurden.

Blauelstern leben gesellig, gehen in kleinen Gruppen auf Nahrungssuche und versammeln sich vor allem in kalten Regionen an gemeinsamen Schlafplätzen. Sie brüten in lockeren Kolonien und bauen jeweils ein unordentliches Nest in einen Baum oder Busch.

Elster 7

Pica pica

VERBREITUNG: Eurasien von W-Europa bis Japan; gemäßigte Zonen Nordamerikas
LEBENSRAUM: Offenes Waldland, Gebüsch, Felder, Städte
GRÖSSE: 45 cm

Elstern werden noch heute vor allem in Gebieten, in denen jagdbare Arten vorkommen, geschossen, da sie Nester anderer Vögel plündern. Viele neuere Untersuchungen haben bewiesen, daß selbst hohe Bestandsdichten von Elstern (und anderen Rabenvögeln) keinen nennenswerten Einfluß auf andere Vogelarten haben und ein Abschuß ökologisch unsinnig ist. Elstern sind sehr anpassungsfähig und erscheinen auch in Gärten der Dörfer und Städte. Die meisten Unterarten sind der mitteleuropäischen *P. p. pica* ähnlich, während *P. p. asirensis* aus Westarabien weniger Weiß im Gefieder zeigt und einen größeren Schnabel hat.

Saxaulhäher 8

Podoces panderi

VERBREITUNG: Kasachstan
LEBENSRAUM: Trockene Steppen und Sandwüsten mit Gebüsch; brütet in Saxaulbüschen
GRÖSSE: 33 cm

Der Saxaulhäher gehört zu den bodenbewohnenden Rabenvögeln, die sich bevorzugt laufend fortbewegen. Er hat sich besonders an das Leben in buschreichen Halbwüsten angepaßt und kann seinen Wasserbedarf durch seine Nahrung aus Insekten und Samen decken.

Saxaulhäher brüten in niedrigen Bäumen und Büschen und besetzen wahrscheinlich jedes Jahr dasselbe Nest. Die 3-6 nach dem Schlüpfen nackten, blinden und völlig hilflosen Küken können bereits nach 2 Wochen schnell laufen. Im Herbst wandern sie in Familienverbänden über weite Strecken und halten durch laute, schreiende Rufe und Pfeiftöne miteinander Kontakt.

Kiefernhäher 9

Nucifraga columbiana

VERBREITUNG: W Nordamerika von British Columbia bis N-Mexiko
LEBENSRAUM: Nadelwälder der Gebirge
GRÖSSE: 35 cm

Nur wenige Rabenvögel sind auf ausreichende Wintervorräte so angewiesen, wie der Kiefernhäher. Er verbringt auch den Winter in ungastlichen Berglandschaften, wo er sich fast ausschließlich von Kiefernsamen, vor allem der Ponderosakiefer, ernährt, die er mit seinem kräftigen, leicht abwärts gebogenen Schnabel aus den Zapfen bricht.

Er fliegt bis zu 20 km weit, um Samen zu sammeln, und trägt bis zu 80 Samen in seinem Kehlsack zurück. Die von den einzelnen Vögeln angelegten Vorratslager liegen an steilen, gut durchtränkten Berghängen oft nah beieinander, dennoch findet jeder Vogel seine Stelle unter der Schneedecke wieder.

Alpenkrähe 10

Pyrrhocorax pyrrhocorax

VERBREITUNG: W-Europa und Nordafrika über Mittelasien bis China
LEBENSRAUM: Gebirge bis in 3500 m Höhe, Küstenklippen, Inseln
GRÖSSE: 40 cm

Während Rabenvögel sich in der Regel durch eine breite Nahrungspalette auszeichnen, hat sich die Alpenkrähe auf kleine Insekten und vor allem Ameisen spezialisiert, die sie in kleinen Gruppen mit ihrem spitzen, gebogenen Schnabel auf kurzrasigen Gebirgswiesen und steilen Bergweiden sucht. Erosionen, Störungen und landwirtschaftliche Nutzung dieser Berglandschaften dürften die Ursache dafür sein, daß die Alpenkrähe in den vergangenen 200 Jahren in Europa so selten geworden ist.

Alpenkrähen sind wahre Luftakrobaten, die im Frühjahr paarweise eindrucksvolle Balzflüge vorführen. Sie nisten in Spalten und Höhlen. Die am gelben Schnabel erkennbare Alpendohle *P. graculus* hat sich dagegen an den Menschen gewöhnt und ist in den Alpen ein vertrauter Anblick.

Piapia 11

Ptilostomus afer

VERBREITUNG: Afrika, von Senegal O bis Uganda, Äthiopien, Sudan
LEBENSRAUM: Offene Flächen mit Palmen, landwirtschaftliche Nutzflächen, Städte
GRÖSSE: 40 cm

Piapias haben sich die Lebensweise anderer Tiere zunutze gemacht, indem sie z.B. Weidetiere von Parasiten befreien und ihnen folgen, um aufgeschreckte Kleintiere zu erbeuten. Sie gehören zu den wenigen Tieren, die von Elefanten auf deren Rücken geduldet werden.

Piapias, auch Spitzschwanzelstern genannt, gehen in den Morgenstunden auf Nahrungssuche und verbringen die heißen Mittagsstunden scharenweise in großen Bäumen. Bevorzugt rasten sie in Ölpalmen, deren Früchte sie gerne fressen.

Dohle 12

Corvus monedula

VERBREITUNG: Europa, N-Afrika, Mittelasien
LEBENSRAUM: Wälder, Parks, Gärten, Felder, Meeresklippen, Städte
GRÖSSE: 33 cm

Die Dohle ist die kleinste Krähe Europas. Sie brütet in Fels- und Baumhöhlen steiler Hänge und Klippen des Binnenlands und der Küsten und besiedelt auch künstlich geschaffene Nistplätze wie Steinbrüche, Hochhäuser und Schornsteine. Sie ist ein gewandter Flieger und führt besonders im Aufwind steiler Küstenklippen elegante Flugmanöver vor.

Dohlen fressen von Raupen über Krabben bis zu Abfällen fast alles und rauben auch Nester anderer Vogelarten aus. Im Frühjahr bauen sie ihr Nest aus feinen Pflanzenfasern und Wolle, die sie vom Rücken der Schafe zupfen.

Amerikanerkrähe 13

Corvus brachyrhynchos

VERBREITUNG: Nordamerika von S-Kanada bis Neu-Mexiko
LEBENSRAUM: Wälder, Parks, Felder
GRÖSSE: 55 cm

Wie alle Rabenvögel sind auch Amerikanerkrähen bei Bauern und Farmern höchst unbeliebt. Häufig fallen sie scharenweise auf Mais- oder Sorghum- und Erbsenfeldern ein und richten dort großen Schaden an. Die mit Fallen und Gift verfolgten Vögel sind inzwischen sehr scheu geworden, was die Kontrolle ihres Bestandes erschwert.

Amerikanerkrähen sind auch in der Wahl ihres Nistplatzes sehr vorsichtig. Sie brüten paarweise, und häufig baut das Männchen in den Baumkronen mehrere «Scheinnester», um mögliche Feinde in die Irre zu führen.

Dschungelkrähe 14

Corvus macrorhynchos

VERBREITUNG: Asien von Afghanistan bis Japan, SO bis Philippinen
LEBENSRAUM: Wälder, extensiv genutzte Flächen, seltener offenes Gelände
GRÖSSE: 48 cm

Intelligenz und List der Duschungelkrähen sind Asienreisenden wohl bekannt, da die Vögel häufig Campingplätze aufsuchen und mit ihren kräftigen Schnäbeln wahre Verwüstungen anrichten können. Von den verschiedenen Unterarten ist *C. m. japonensis* aus Japan und der Insel Sachalin die größte und dickschnäbligste.

Dschungelkrähen leben streng territorial. Sie legen Vorratslager an, in denen sie Fleischstücke horten. Als Sammelstellen benutzen sie unter anderem auch Abflußrohre, Dachlücken und Fenstersimse.

Schildrabe 15

Corvus albus

VERBREITUNG: Afrika S der Sahara, Madagaskar
LEBENSRAUM: Offenes und halboffenes Gelände, Waldlichtungen, Städte
GRÖSSE: 45 cm

Obwohl Schildraben sich vorwiegend von Samen und Insekten ernähren, erscheinen sie häufig an Kadavern und Müllplätzen. Sie zeigen weder Scheu vor Menschen, noch vor großen räuberischen Tieren und plündern sogar die Nester afrikanischer Adler und Bussarde.

Die Jungen werden erst im Alter von etwa 40 Tagen flügge. Häufig können die Altvögel nicht genügend Nahrung für die Nestlinge herbeischaffen, so daß nur wenige Paare mehr als 3 von 6 geschlüpften Küken erfolgreich aufziehen. Oft dienen sie dem Häherkuckuck als Wirtsvogel. Der frühzeitiger schlüpfende Kukkuck ist den Schildrabenküken in Stärke und Aggressivität überlegen, dennoch wachsen in der Regel einige junge Schildraben zusammen mit dem Gastvogel erfolgreich auf.

Kolkrabe 16

Corvus corax

VERBREITUNG: Europa, Asien, außer SO und Indien; N-Afrika, Nordamerika, außer SO
LEBENSRAUM: Einsame oder nur dünn besiedelte Landschaften wie Gebirge, Küsten und Tundren, auch Wälder
GRÖSSE: 64 cm

Der Kolkrabe ist der größte unter den Rabenvögeln und besitzt den kräftigsten Schnabel. Im Flug ist er an seinem keilförmigen Schwanz zu erkennen. Er erreicht die Größe eines Bussards und ist in der Lage, ein Kaninchen zu erlegen, doch daß er auch Schafe und Lämmer erbeutet, gehört ins Reich der Legende. Kolkraben ernähren sich bevorzugt von Aas und erscheinen oft zahlreich an großen Kadavern, die sie mit ihren mächtigen Schnäbeln aufreißen.

Für den Winter legen sie wie ihre kleineren Verwandten Vorratslager an, doch sind sie auf diese nicht so angewiesen, da in der Regel ausreichende Mengen an Aas vorhanden sind. Sie brüten bereits im Spätwinter, wenn die Sterblichkeitsrate unter anderen Tieren am höchsten ist.

Liste der Vögel der Erde

Diese Liste enthält alle Vogelarten der Erde in systematischer Reihenfolge (nach Howard & Moore 1991). Die Bezeichnungen der 28 Ordnungen sind unterstrichen, die 173 Familien durchnumeriert und fett, die gelegentlich angegebenen Unterfamilien fett und die Gattungsnamen in Großbuchstaben gedruckt. Auf den kursiv gedruckten wissenschaftlichen Artnamen (mit durch den ersten Buchstaben abgekürzter Gattungsbezeichnung) folgen der deutsche Name und die Verbreitungsangabe durch Kennbuchstaben von A bis Q. Gegebenenfalls wurden Arten, die vom Internationalen Rat für Vogelschutz (ICBP) als bedroht eingestuft wurden, durch {B}, möglicherweise schon ausgestorbene Formen durch {†?} markiert (Collar & Andrew 1988). Bereits seit längerer Zeit ausgestorbene Arten wurden nicht aufgenommen.

Für die Verbreitungsangaben wurden Kennbuchstaben für die in der Landkarte abgegrenzten und nachfolgend aufgelisteten Regionen benutzt. Um die Genauigkeit zu vergrößern, wurden statt der sechs großen tiergeographischen Regionen (siehe S. 22-23) 18 kleinere Einheiten gewählt. A und B werden zusammen auch als Holarktis bezeichnet, C und D bilden die Afrotropis, E, F und G die Neotropis, H, I, J und K die Orientalis, L, M und N die Australasis. Die Europa, Nordafrika und große Teile Asiens umfassende Paläarktis wurde entlang einer über den Ural und das Kaspische Meer zum Persischen Golf verlaufenden Linie in die West- (Europa, Nordafrika, Nahost) und Ostpaläarktis (Asien nördlich des Himalaya) unterteilt. In den grau markierten Flächen überlappen sich die Gebiete.

Während einige Arten in den angegebenen Regionen großflächig verbreitet sind, kommen andere nur in sehr kleinen Bereichen vor. Neben der Brutverbreitung sind auch die Überwinterungsgebiete aufgelistet, in denen z.B. die im Norden der Paläarktis brütenden und sehr weit ziehenden Watvögel den größten Teil des Jahres verbringen. Ausnahmsweise können einzelne Arten auch außerhalb des angegebenen Verbreitungsgebiets vorkommen, besonders Zugvögel.

Weitere Angaben zu dieser Liste finden sich auf den Seiten 411-412.

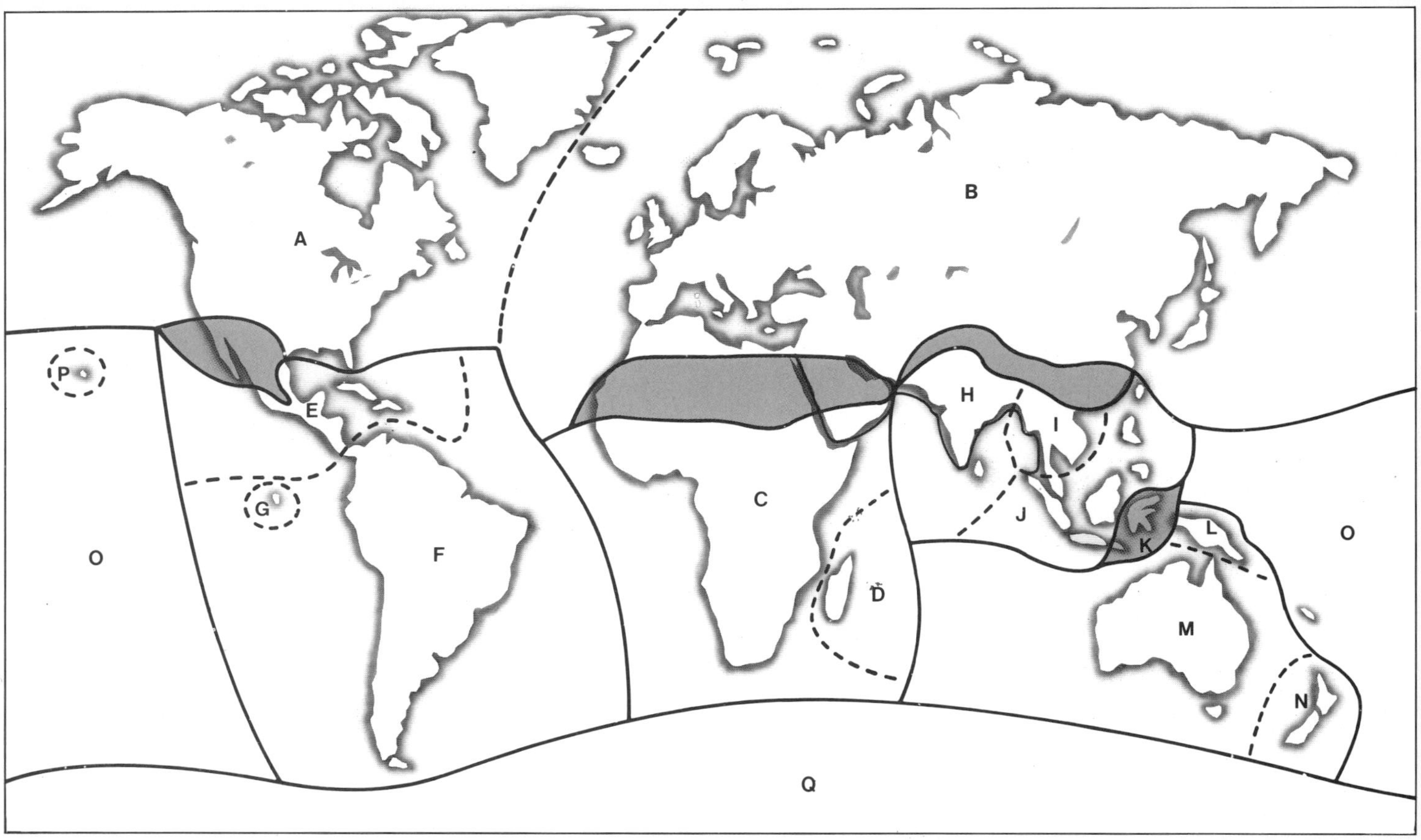

Erläuterung der benutzten Kennbuchstaben

A	Nearktis	I	Indochina
B	Paläarktis	J	Malaysia, Philippinen
wB	nur Westpaläarktis	K	Borneo, Java, Sulawesi
oB	nur Ostpaläarktis	L	Neuguinea
C	Afrotropis (Äthiopis)	M	Australien
D	Madagaskar, Indischer Ozean	N	Neuseeland
E	Mittelamerika	O	Pazifik (Ozeanien)
F	Südamerika	P	Hawaii
G	Galapagos	Q	Antarktis
H	Indischer Subkontinent		

STRUTHIONIFORMES - STRAUSSE

1 STRUTHIONIDAE - STRAUSSE

STRUTHIO
S. camelus Strauß C

RHEIFORMES - NANDUS

2 RHEIDAE - NANDUS

RHEA
R. americana Nandu F
PTEROCNEMIA
P. pennata Darwinnandu F

CASUARIIFORMES - KASUARE, EMUS

3 CASUARIIDAE - KASUARE

CASUARIUS
C. casuarius Helmkasuar L,M
C. bennetti Bennettkasuar L
C. unappendiculatus Einlappenkasuar K,L

4 DROMAIIDAE - EMUS

DROMAIUS
D. novaehollandiae Emu M

APTERYGIFORMES - KIWIS

5 APTERYGIDAE - KIWIS

APTERYX
A. australis Streifenkiwi N
A. owenii Zwergkiwi N {B}
A. haastii Haastkiwi N

TINAMIFORMES - STEISSHÜHNER

6 TINAMIDAE - STEISSHÜHNER

TINAMUS
T. tao Tao F
T. solitarius Grausteißtinamu F {B}
T. osgoodi Schwarztinamu F {B}
T. major Großtinamu E,F
T. guttatus Weißkehltinamu F
NOTHOCERCUS
N. bonapartei Bergtinamu E,F
N. julius Gelbbrusttinamu F
N. nigrocapillus Kapuzentinamu F
CRYPTURELLUS
C. cinereus Grautinamu F
C. berlepschi Berlepschtinamu F
C. soui Brauntinamu E,F
C. ptaritepui Tepuitinamu F
C. obsoletus Kastanientinamu F
C. undulatus Wellentinamu F
C. transfasciatus Brauentinamu F
C. strigulosus Rotkehltinamu F
C. duidae Graufußtinamu F
C. erythropus Rotfußtinamu F
C. noctivagus Gelbfußtinamu F {B}
C. atrocapillus Schwarzkappentinamu F
C. cinnamomeus Buschtinamu E
C. boucardi Graukehltinamu E
C. kerriae Kerrtinamu F
C. variegatus Rotbrusttinamu F
C. brevirostris Rosttinamu F
C. bartletti Bartlett-Tinamu F
C. parvirostris Kleinschnabeltinamu F
C. casiquiare Bindentinamu F
C. tataupa Tataupatinamu F
RHYNCHOTUS
R. rufescens Pampahuhn F
NOTHOPROCTA
N. taczanowskii Taczanowskisteißhuhn F {B}
N. kalinowskii Kalinowskisteißhuhn F {B}
N. ornata Pisaccasteißhuhn F
N. perdicaria Chilesteißhuhn F
N. cinerascens Cordobasteißhuhn F
N. pentlandii Andensteißhuhn F
N. curvirostris Krummschnabel-Steißhuhn F
NOTHURA
N. boraquira Weißbauch-Steißhuhn F
N. minor Wachtelsteißhuhn F {B}
N. darwinii Darwinsteißhuhn F
N. maculosa Fleckensteißhuhn F
TAONISCUS
T. nanus Pfauensteißhuhn F {B}
EUDROMIA
E. elegans Perlsteißhuhn F
E. formosa Schmucksteißhuhn F
TINAMOTIS
T. pentlandii Punasteißhuhn F
T. ingoufi Patagoniensteißhuhn F

SPHENISCIFORMES - PINGUINE

7 SPHENISCIDAE - PINGUINE

APTENODYTES
A. patagonicus Königspinguin F,M,Q
A. forsteri Kaiserpinguin Q
PYGOSCELIS
P. papua Eselspinguin F,M,N,Q
P. adeliae Adeliepinguin Q
P. antarctica Kehlstreifpinguin C,Q
EUDYPTES
E. pachyrhynchus Dickschnabelpinguin N
E. robustus Snaresinselpinguin N
E. sclateri Sclaterpinguin N
E. chrysocome Felsenpinguin C,F,N,M,Q
E. schlegeli Haubenpinguin M
E. chrysolophus Goldschopfpinguin F,Q
MEGADYPTES
M. antipodes Gelbaugenpinguin N {B}
EUDYPTULA
E. minor Zwergpinguin D,M,N
E. albosignata Weißflügelpinguin N
SPHENISCUS
S. demersus Brillenpinguin C {B}
S. humboldti Humboldtpinguin F {B}
S. magellanicus Magellanpinguin F
S. mendiculus Galapagospinguin G

GAVIIFORMES - SEETAUCHER

8 GAVIIDAE - SEETAUCHER

GAVIA
G. stellata Sterntaucher A,B
G. arctica Prachttaucher A,B
G. pacifica Pazifiktaucher A,oB
G. immer Eistaucher A,wB
G. adamsii Gelbschnabeltaucher A,B

PODICIPEDIFORMES - LAPPENTAUCHER

9 PODICIPEDIDAE - LAPPENTAUCHER

TACHYBAPTUS
T. ruficollis Zwergtaucher B,C,H,I,J,K,L
T. novaehollandiae Australischer Zwergtaucher L,M,O
T. pelzelnii Madagaskarzwergtaucher D {B}
T. rufolavatus Delacourzwergtaucher D {B}
PODILYMBUS
P. podiceps Bindentaucher A,E,F
P. gigas Atitlantaucher E {†}
ROLLANDIA
R. rolland Rollandtaucher F
R. micropterum Titikakataucher F
PODICEPS
P. major Magellantaucher F
P. poliocephalus Haarschopftaucher M
P. rufopectus Maoritaucher N
P. dominicus Schwarzkopftaucher A,E,F
P. grisegena Rothalstaucher A,B
P. cristatus Haubentaucher B,C,H,M,N
P. auritus Ohrentaucher A,B
P. nigricollis Schwarzhalstaucher A,B,C,E,F
P. occipitalis Inkataucher F
P. taczanowskii Punataucher F {B}
P. gallardoi Goldscheiteltaucher F {B}
AECHMOPHORUS
A. occidentalis Renntaucher A,E
A. clarkii Clarktaucher A,E

PROCELLARIIFORMES - RÖHRENNASEN

10 DIOMEDEIDAE - ALBATROSSE

DIOMEDEA
D. exulans Wanderalbatros C,D,H,M,Q
D. epomophora Königsalbatros F,M,N
D. irrorata Galapagosalbatros F,G
D. albatrus Kurzschwanzalbatros O,P {B}
D. nigripes Schwarzfußalbatros O,P
D. immutabilis Laysanalbatros P
D. melanophris Schwarzbrauenalbatros F,N
D. bulleri Bulleralbatros N,O
D. amsterdamensis Amsterdamalbatros M {B}
D. cauta Weißkappenalbatros F,M,N
D. chlororhynchos Gelbnasenalbatros C
D. chrysostoma Graukopfalbatros Q
PHOEBETRIA
P. fusca Rußalbatros C,M
P. palpebrata Graumantel-Rußalbatros M,N,Q

11 PROCELLARIIDAE - STURMVÖGEL

MACRONECTES
M. giganteus Riesensturmvogel Q
M. halli Hallsturmvogel Q
FULMARUS
F. glacialis Eissturmvogel A,B
F. glacialoides Silbersturmvogel N,Q
THALASSOICA
T. antarctica Antarktiksturmvogel Q
DAPTION
D. capense Kapsturmvogel N,Q
PAGODROMA
P. nivea Schneesturmvogel Q
LUGENSA
L. brevirostris Kerguelensturmvogel Q
PTERODROMA
P. macroptera Langflügel-Sturmvogel C,M,N,Q
P. aterrima Maskarenensturmvogel D {B}
P. lessonii Weißkopf-Sturmvogel N,Q
P. hasitata Teufelssturmvogel E {B}
P. cahow Bermudasturmvogel E {B}
P. incerta Schlegelsturmvogel C
P. becki Salomonensturmvogel O {B}
P. alba Phönixsturmvogel O
P. inexpectata Regensturmvogel N
P. solandri Solandersturmvogel M
P. ultima Murphysturmvogel M,O
P. neglecta Kermadecsturmvogel F,M
P. magentae Magentasturmvogel N {B}
P. arminjoniana Trinidadsturmvogel O,D
P. heraldica Wappensturmvogel O
P. mollis Weichfeder-Sturmvogel C,M,Q
P. feae Kapverdensturmvogel wB {B}
P. madeira Madeirasturmvogel wB {B}
P. baraui Barausturmvogel D
P. phaeopygia Hawaiisturmvogel G,P {B}
P. externa Salvinsturmvogel C,F
P. cervicalis Weißnacken-Sturmvogel N
P. cookii Cooksturmvogel F,N {B}
P. defilippiana Juan-Fernandez-Sturmvogel F {B}
P. leucoptera Weißflügel-Sturmvogel F,M
P. brevipes Brustband-Sturmvogel O
P. hypoleuca Boninsturmvogel P
P. nigripennis Schwarzflügel-Sturmvogel N
P. axillaris Chathamsturmvogel N {B}
P. longirostris Stejnegersturmvogel F
P. pycrofti Pycroftsturmvogel N {B}
PSEUDOBULWERIA
P. macgillivrayi Macgillivraysturmvogel O {B}
P. rostrata Tahitisturmvogel O
HALOBAENA
H. caerulea Blausturmvogel F,Q
PACHYPTILA
P. vittata Großer Entensturmvogel C,M,N,Q
P. salvini Kleiner Entensturmvogel Q
P. desolata Taubensturmvogel C,M,Q
P. belcheri Dünnschnabel-Sturmvogel F,Q
P. turtur Feensturmvogel F,M,N
P. crassirostris Dickschnabel-Sturmvogel N,Q
BULWERIA
B. bulwerii Bulwersturmvogel C,D,F,M,O
B. fallax Jouaninsturmvogel N,Q
PROCELLARIA
P. cinerea Grausturmvogel C,M,Q
P. aequinoctialis Weißkinn-Sturmvogel C,F,M,N,Q
P. parkinsoni Schwarzsturmvogel N {B}
P. westlandica Westlandsturmvogel N {B}
CALONECTRIS
C. leucomelas Weißgesicht-Sturmtaucher oB,O
C. diomedea Gelbschnabel-Sturmtaucher wB,D,Q
PUFFINUS
P. creatopus Rosafuß-Sturmtaucher F,O {B}
P. carneipes Blaßfuß-Sturmtaucher M,N
P. gravis Großer Sturmtaucher C,F
P. pacificus Keilschwanz-Sturmtaucher M,N,P
P. bulleri Graumantel-Sturmtaucher N

P. griseus Dunkler Sturmtaucher F,N
P. tenuirostris Kurzschwanz-Sturmtaucher M
P. heinrothi Heinrothsturmtaucher L {B}
P. nativitatis Weihnachtssturmtaucher O,P
P. puffinus Schwarzschnabel-Sturmtaucher wB,P
P. gavia Flattersturmtaucher N
P. huttoni Huttonsturmtaucher N
P. opisthomelas Schwarzsteiß-Sturmtaucher A
P. auricularis Townsendsturmtaucher E {B}
P. assimilis Kleiner Sturmtaucher wB,C,M,N
P. lherminieri Audubonsturmtaucher D,E,F,G,H,J,O,P

12 HYDROBATIDAE - STURMSCHWALBEN

OCEANITES
O. oceanicus Buntfuß-Sturmschwalbe Q
O. gracilis Elliotsturmschwalbe F,G
GARRODIA
G. nereis Graurücken-Sturmschwalbe F,N,Q
PELAGODROMA
P. marina Weißgesicht-Sturmschwalbe B,C,M,N
FREGETTA
F. grallaria Weißbauch-Sturmschwalbe F,N
F. tropica Schwarzbauch-Sturmschwalbe C,O,Q
NESOFREGETTA
N. fuliginosa Weißkehl-Sturmschwalbe O
HYDROBATES
H. pelagicus Sturmschwalbe wB
HALOCYPTENA
H. microsoma Zwergsturmschwalbe E,F
OCEANODROMA
O. tethys Galapagoswellenläufer F,G
O. castro Madeirawellenläufer A,wB,C,E,G,O,P
O. leucorhoa Wellenläufer A,B,E
O. markhami Rußwellenläufer F,P {B}
O. matsudairae Matsudairawellenläufer J
O. tristrami Tristramwellenläufer B,J
O. monorhis Swinhoewellenläufer A,oB,E
O. homochroa Kalifornienwellenläufer A
O. hornbyi Kragenwellenläufer F {B}
O. furcata Gabelschwanz-Wellenläufer A,oB,O
O. melania Schwarzwellenläufer A,E

13 PELECANOIDIDAE - LUMMENSTURMVÖGEL

PELECANOIDES
P. garnotii Garnot-Lummensturmvogel F {B}
P. magellani Magellan-Lummensturmvogel F
P. georgicus Breitschnabel-Lummensturmvogel Q
P. urinatrix Lummensturmvogel C,F,M,N,Q

PELECANIFORMES - RUDERFÜSSER

14 PHAETHONTIDAE - TROPIKVÖGEL

PHAETHON
P. aethereus Rotschnabel-Tropikvogel wB,C,E,G
P. rubricauda Rotschwanz-Tropikvogel D,J,M,N,O,P
P. lepturus Weißschwanz-Tropikvogel C,D,E,F,I,J,O

15 PELECANIDAE - PELIKANE

PELECANUS
P. onocrotalus Rosapelikan B,C
P. rufescens Rötelpelikan C
P. philippensis Graupelikan oB,H,I,J {B}
P. crispus Krauskopfpelikan B {B}
P. conspicillatus Brillenpelikan L,M
P. erythrorhynchos Nashornpelikan A,E
P. occidentalis Braunpelikan A,E,F,G

16 SULIDAE - TÖLPEL

MORUS
M. bassanus Baßtölpel A,wB
M. capensis Kaptölpel C
M. serrator Australtölpel M,N
PAPASULA
P. abbotti Abbott-Tölpel J {B}
SULA
S. nebouxii Blaufußtölpel A,E,F,G
S. variegata Guanotölpel F
S. dactylatra Maskentölpel C,D,E,G,J,K,L,M,O
S. sula Rotfußtölpel D,E,F,G,H,J,K,O
S. leucogaster Weißbauchtölpel A,C,D,E,F,H,J,O

17 PHALACROCORACIDAE - KORMORANE

PHALACROCORAX
P. auritus Ohrenscharbe A,E
P. olivaceus Olivenscharbe A,E,F
P. sulcirostris Schwarzscharbe J,K,L,M,N
P. carbo Kormoran A,B,H,M,N
P. lucidus Weißbrustkormoran wB,C
P. fuscicollis Braunwangenscharbe H,I
P. capensis Kapscharbe C
P. nigrogularis Sokotrakormoran wB,C
P. neglectus Küstenscharbe C
P. capillatus Japankormoran oB
P. penicillatus Pinselscharbe A
P. aristotelis Krähenscharbe wB
P. pelagicus Meerscharbe A,oB
P. urile Rotgesichtscharbe A,J,O
P. magellanicus Felsenscharbe F
P. bougainvillei Guanoscharbe F
P. featherstoni Chathamscharbe N
P. varius Elsterscharbe M,N
P. fuscescens Schwarzgesichtscharbe M
P. carunculatus Warzenscharbe N {B}
P. campbelli Campbellscharbe N
P. verrucosus Kerguelenscharbe Q
P. gaimardi Buntscharbe F
P. punctatus Tüpfelscharbe N
P. atriceps Blauaugenscharbe F,Q
P. georgianus Südgeorgienscharbe Q
P. albiventer Königsscharbe F
P. melanoleucos Kräuselscharbe J,K,L,M,N,O
P. africanus Riedscharbe C,D
P. coronatus Kronenscharbe C
P. niger Mohrenscharbe H,J
P. pygmeus Zwergscharbe B {B}
NANNOPTERUM
N. harrisi Galapagosscharbe G {B}

18 ANHINGIDAE - SCHLANGENHALSVOGEL

ANHINGA
A. rufa Afrikanischer Schlangenhalsvogel wB,C,D,L
A. melanogaster Indischer Schlangenhalsvogel H,I,J,K
A. novaehollandiae Australischer Schlangenhalsvogel L,M
A. anhinga Amerikanischer Schlangenhalsvogel A,E,F

19 FREGATIDAE - FREGATTVÖGEL

FREGATA
F. aquila Adlerfregattvogel C {B}
F. andrewsi Weißbauch-Fregattvogel I,J {B}
F. magnificens Prachtfregattvogel A,wB,E,G
F. minor Bindenfregattvogel D,F,G,J,K,L,M,O,P
F. ariel Arielfregattvogel D,F,J,K,L,M,O

CICONIIFORMES - SCHREITVÖGEL

20 ARDEIDAE - REIHER

SYRIGMA
S. sibilatrix Pfeifreiher F
PILHERODIUS
P. pileatus Kappenreiher F
ARDEA
A. cinerea Graureiher B,C,D,J
A. herodias Kanadareiher A,E,G
A. cocoi Cocoireiher F
A. pacifica Weißhalsreiher M
A. melanocephala Schwarzhalsreiher C
A. humbloti Madagaskarreiher D {B}
A. imperialis Kaiserreiher H,I {B}
A. sumatrana Rußreiher I,J,K,L,M
A. goliath Goliathreiher C
A. purpurea Purpurreiher B,C,D,H,K
EGRETTA
E. alba Silberreiher A,B,C,E,F,H,I,J,K,L,M
E. rufescens Rötelreiher A,E
E. picata Elsterreiher K,L,M
E. vinaceigula Braunkehlreiher C {B}
E. ardesiaca Glockenreiher C
E. tricolor Dreifarbenreiher A,E,F
E. intermedia Mittelreiher oB,C,H,I,K,L,M
E. novaehollandiae Weißwangenreiher M,N
E. caerulea Blaureiher A,E,F
E. thula Schmuckreiher A,E,F
E. garzetta Seidenreiher B,C,H,J,K,L,M
E. gularis Küstenreiher B,C,D
E. eulophotes Schneereiher oB,I,J,K {B}
E. sacra Riffreiher J,K,M
BUBULCUS
B. ibis Kuhreiher A,B,C,D,F,H,I,J,K
ARDEOLA
A. ralloides Rallenreiher B,C
A. grayii Paddyreiher B,H,I
A. bacchus Bacchusreiher oB,I,J
A. speciosa Prachtreiher I,J,K
A. idae Dickschnabelreiher C
A. rufiventris Rotbauchreiher C
BUTORIDES
B. striatus Mangrovereiher A,B,C,D,E,F,G,H,I,J,K, L,M,O
AGAMIA
A. agami Speerreiher E,F
NYCTICORAX
N. violaceus Krabbenreiher A,E,F,G
N. nycticorax Nachtreiher A,B,C,E,F,K,P
N. caledonicus Rotrückenreiher J,K,L,M,O
N. leuconotus Weißrückenreiher C
GORSACHIUS
G. magnificus Hainanreiher oB {B}
G. goisagi Rotscheitelreiher oB,J {B}
G. melanolophus Wellenreiher oB,H,I,J,K
COCHLEARIUS
C. cochlearius Kahnschnabel E,F
TIGRISOMA
T. mexicanum Nacktkehlreiher E,F
T. fasciatum Streifenreiher F
T. lineatum Marmorreiher E,F
ZONERODIUS
Z. heliosylus Bindenreiher L
TIGRIORNIS
T. leucolophus Weißschopfreiher C
ZEBRILUS
Z. undulatus Zickzackreiher F {B}
IXOBRYCHUS
I. involucris Streifendommel F
I. exilis Amerikanische Zwergdommel A,E,F
I. minutus Zwergdommel B,C,D,H,M,N
I. sinensis Chinadommel oB,H,J,K
I. eurhythmus Mandschurendommel oB,J,K
I. cinnamomeus Zimtdommel oB,H,J,K
I. sturmii Graurückendommel C
I. flavicollis Schwarzdommel oB,H,J,K,L,M,O
BOTAURUS
B. pinnatus Südamerikanische Rohrdommel E,F
B. lentiginosus Nordamerikanische Rohrdommel A,E
B. stellaris Rohrdommel B,C
B. poiciloptilus Australische Rohrdommel M,N

21 SCOPIDAE - SCHATTENVÖGEL

SCOPUS
S. umbretta Hammerkopf C

22 BALAENICIPITIDAE - SCHUHSCHNÄBEL

BALAENICEPS
B. rex Schuhschnabel C {B}

23 CICONIIDAE - STÖRCHE

MYCTERIA
M. americana Waldstorch A,E,F
M. cinerea Milchstorch J {B}
M. ibis Nimmersatt C
M. leucocephala Buntstorch H,I,J
ANASTOMUS
A. oscitans Silberklaffschnabel H,I
A. lamelligerus Mohrenklaffschnabel C,D
CICONIA
C. nigra Schwarzstorch B,C,H
C. abdimii Abdimstorch C
C. episcopus Wollhalsstorch C,H,I,J,K
C. stormi Höckerstorch J {B}
C. maguari Maguaristorch F
C. ciconia Weißstorch B,C,H
C. boyciana Schwarzschnabelstorch oB {B}
EPHIPPIORHYNCHUS
E. asiaticus Riesenstorch H,I,J,L,M
E. senegalensis Sattelstorch C
E. mycteria Jabiru E,F
LEPTOPTILOS
L. javanicus Kleiner Adjutant oB,H {B}
L. dubius Großer Adjutant H,I,K {B}
L. crumeniferus Marabu C

24 THRESKIORNITHIDAE - IBISSE

THRESKIORNITHINAE - IBISSE
THRESKIORNIS
T. aethiopicus Heiliger Ibis wB,C,D
T. melanocephala Schwarzhalsibis oB,H
T. molucca Australischer Ibis L,M
T. spinicollis Stachelibis M
PSEUDIBIS
P. papillosa Warzenibis H,I
THAUMATIBIS
T. gigantea Riesenibis I {B}
GERONTICUS
G. eremita Waldrapp wB,C {B}
G. calvus Kahlkopfrapp C {B}
NIPPONIA
N. nippon Nipponibis oB {B}
LAMPRIBIS
L. olivacea Olivenibis C
L. rara Fleckenbrustibis C
HAGEDASHIA
H. hagedash Hagedasch C
BOSTRYCHIA
B. carunculata Klunkeribis C
HARPIPRION
H. caerulescens Stirnbandibis F
THERISTICUS
T. caudatus Weißhalsibis E,F
T. melanopis Schwarzzügelibis F
CERCIBIS
C. oxycerca Spitzschwanzibis F
MESEMBRINIBIS
M. cayennensis Grünibis E,F
PHIMOSUS
P. infuscatus Mohrenibis F
EUDOCIMUS
E. albus Schneesichler A,E,F
E. ruber Scharlachsichler E,F
PLEGADIS
P. falcinellus Sichler B,C,E,H,I,J,K,M
P. chihi Brillensichler A,E,F
P. ridgwayi Punaibis F
LOPHOTIBIS
L. cristata Schopfibis D

PLATALEINAE - LÖFFLER
PLATALEA
P. leucorodia Löffler B,C,H,J
P. minor Schwarzgesichtlöffler oB,I,J {B}
P. alba Afrikanischer Löffler C
P. regia Königslöffler K,L,M,N
P. flavipes Gelbschnabellöffler M
AJAIA
A. ajaja Rosalöffler A,E,F

25 PHOENICOPTERIDAE - FLAMINGOS

PHOENICOPTERUS
P. ruber Rosaflamingo B,C,E,F,H
P. chilensis Chileflamingo F
PHOENICONAIAS
P. minor Zwergflamingo C,D
PHOENICOPARRUS
P. andinus Andenflamingo F {B}
P. jamesi Jamesflamingo F {B}

ANSERIFORMES - ENTENVÖGEL

26 ANHIMIDAE - WEHRVÖGEL

ANHIMA
A. cornuta Hornwehrvogel F
CHAUNA
C. torquata Halsband-Wehrvogel F
C. chavaria Weißwangen-Wehrvogel F {B}

27 ANATIDAE - ENTENVÖGEL

ANSERANATINAE - SPATLFUSSGÄNSE
ANSERANAS
A. semipalmata Spaltfußgans L,M

ANSERINAE - GÄNSEARTIGE
DENDROCYGNA
D. guttata Tüpfelpfeifgans J,K,L
D. eytoni Gelbfuß-Pfeifgans M
D. bicolor Gelbbrust-Pfeifgans A,C,E,F,H
D. arcuata Wanderpfeifgans J,K,L,M,O
D. javanica Javapfeifgans H,I,J
D. viduata Witwenpfeifgans C,F
D. arborea Kubapfeifgans E {B}
D. autumnalis Rotschnabel-Pfeifgans A,E,F
CYGNUS
C. olor Höckerschwan B,C,H
C. atratus Schwarzschwan M
C. melanocoryphus Schwarzhalsschwan F
C. cygnus Singschwan B
C. buccinator Trompeterschwan A
C. columbianus Zwergschwan A,B
COSCOROBA
C. coscoroba Coscorobaschwan F
ANSER
A. cygnoides Schwanengans oB
A. fabalis Saatgans B
A. brachyrhynchus Kurzschnabelgans wB
A. albifrons Bläßgans A,B
A. erythropus Zwerggans B {B}
A. anser Graugans B,C,H
A. indicus Streifengans oB,H
A. caerulescens Schneegans A,oB
A. rossi Zwergschneegans A
A. canagicus Kaisergans A,oB
BRANTA
B. sandvicensis Hawaiigans P {B}
B. canadensis Kanadagans A,wB,N
B. leucopsis Weißwangengans wB
B. bernicla Ringelgans A,B
B. ruficollis Rothalsgans B {B}
CEREOPSIS
C. novaehollandiae Hühnergans M
STICTONETTA
S. naevosa Affengans M {B}

ANATINAE - ENTEN
CYANOCHEN
C. cyanopterus Blauflügelgans C
CHLOEPHAGA
C. melanoptera Andengans F
C. picta Magellangans F
C. hybrida Kelpgans F
C. poliocephala Graukopfgans F
C. rubidiceps Rotkopfgans F {B}
NEOCHEN
N. jubatus Orinokogans F
ALOPOCHEN
A. aegyptiacus Nilgans wB,C
TADORNA
T. ferruginea Rostgans B,H
T. cana Graukopfkasarka C
T. variegata Paradieskasarka N
T. tadornoides Halsbandkasarka M
T. tadorna Brandgans B,H
T. radjah Radjahgans K,L,M
T. cristata Schopfkasarka oB {†?}
TACHYERES
T. patachonicus Langflügel-Dampfschiffente F
T. pteneres Magellan-Dampfschiffente F
T. brachypterus Falkland-Dampfschiffente F
T. leucocephalus Weißkopf-Dampfschiffente F
PLECTROPTERUS
P. gambensis Sporngans C
CAIRINA
C. moschata Moschusente E,F
C. scutulata Weißflügel-Moschusente I,J {B}
SARKIDIORNIS
S. melanotos Glanzente C,F,H,I
PTERONETTA
P. hartlaubii Hartlaubente C
NETTAPUS
N. pulchellus Australische Zwergente L,M
N. coromandelianus Koromandelzwergente oB,H,I,J, K,L,M
N. auritus Afrikanische Zwergente C
CALLONETTA
C. leucophrys Rotschulterente F
AIX
A. sponsa Brautente A,E
A. galericulata Mandarinente oB
CHENONETTA
C. jubata Mähnenente M
AMAZONETTA
A. brasiliensis Amazonasente F
HYMENOLAIMUS
H. malacorhynchos Saumschnabelente N
MERGANETTA
M. armata Sturzbachente F
ANAS
A. waigiuensis Salvadoriente K,L
A. sparsa Schwarzente C
A. penelope Pfeifente B,H
A. americana Nordamerikanische Pfeifente A,E
A. sibilatrix Chilepfeifente F
A. falcata Sichelente oB
A. strepera Schnatterente A,B,E,H,I
A. formosa Gluckente oB {B}
A. crecca Krickente A,B,E,H
A. flavirostris Andenente F
A. capensis Fahlente C
A. gibberifrons Weißkehlente I,J,K,L,M,N,O
A. bernieri Bernierente D {B}
A. castanea Kastanienente M
A. aucklandica Aucklandente N {B}
A. platyrhynchos Stockente A,B,E,H,P
A. wyrilliana Hawaiiente P {B}
A. laysanensis Laysanente P {B}
A. rubripes Dunkelente A
A. melleri Madagaskarente D
A. undulata Gelbschnabelente C
A. poecilorhyncha Fleckschnabelente oB,H,I,J,K,L, M,N,O
A. superciliosa Augenbrauenente J,K,L,M,N,O
A. luzonica Philippinenente J
A. specularis Kupferspiegelente F
A. specularioides Schopfente F
A. acuta Spießente A,B,C,E,H,I,Q
A. georgica Spitzschwanzente F,Q
A. bahamensis Bahamaente E,F,G
A. erythrorhyncha Rotschnabelente C
A. versicolor Silberente F
A. punctata Hottentottenente C,D
A. querquedula Knäkente B,C,H,J,K,L
A. discors Blauflügelente A,E,F
A. cyanoptera Zimtente A,E,F
A. platalea Fuchslöffelente F
A. smithii Kaplöffelente C
A. rhynchotis Halbmond-Löffelente M,N
A. clypeata Löffelente A,B,C,E,H,I
MALACORHYNCHUS
M. membranaceus Rosenohrente M
MARMARONETTA
M. angustirostris Marmelente B,H {B}
RHODONESSA
R. caryophyllacea Nelkenente H {†}
NETTA
N. rufina Kolbenente B,H
N. erythrophthalma Rotaugenente C,F
N. peposaca Rosenschnabelente F
AYTHYA
A. valisineria Riesentafelente A,E
A. ferina Tafelente B,H
A. americana Rotkopfente A,E
A. collaris Ringschnabelente A,E
A. australis Tasmanmoorente L,M,N,O
A. baeri Baermoorente oB,I {B}
A. nyroca Moorente B,C,I
A. innotata Madagaskarmoorente D {B}
A. novaeseelandiae Maoriente N
A. fuligula Reiherente B,H,J
A. marila Bergente A,B,E,H
A. affinis Kleine Bergente A,E
SOMATERIA
S. mollissima Eiderente A,B
S. spectabilis Prachteiderente A,B
S. fischeri Plüschkopfente A,oB
POLYSTICTA
P. stelleri Scheckente A,B
HISTRIONICUS
H. histrionicus Kragenente A,B
CLANGULA
C. hyemalis Eisente A,B,H,I
MELANITTA
M. nigra Trauerente A,B
M. perspicillata Brillenente A
M. fusca Samtente A,B
BUCEPHALA
B. albeola Büffelkopfente A
B. islandica Spatelente A,wB
B. clangula Schellente A,B,H
MERGUS
M. cucullatus Kappensäger A
M. albellus Zwergsäger B,H
M. octosetaceus Dunkelsäger F {B}
M. serrator Mittelsäger A,B,E,H,I
M. squamatus Schuppensäger oB {B}
M. merganser Gänsesäger A,B,H
HETERONETTA
H. atricapilla Kuckucksente F
OXYURA
O. dominica Maskenruderente E,F
O. jamaicensis Schwarzkopf-Ruderente A,E,F

O. leucocephala Weißkopf-Ruderente B,C,H {B}
O. maccoa Afrikaruderente C
O. vittata Bindenruderente F
O. australis Schwarzkinn-Ruderente M
BIZIURA
B. lobata Lappenente M
THALASSORNIS
T. leuconotos Weißrücken-Pfeifgans F,D

FALCONIFORMES - GREIFVÖGEL

28 CATHARTIDAE - NEUWELTGEIER

CATHARTES
C. aura Truthahngeier A,E,F
C. burrovianus Kleiner Gelbkopfgeier E,F
C. melambrotus Großer Gelbkopfgeier F
CORAGYPS
C. atratus Rabengeier A,E,F
SARCORHAMPHUS
S. papa Königsgeier E,F
GYMNOGYPS
G. californianus Kalifornischer Kondor A {B}
VULTUR
V. gryphus Andenkondor F

29 PANDIONIDAE - FISCHADLER

PANDION
P. haliaetus Fischadler A,B,C,E,H,I,J,K,M,O

30 ACCIPITRIDAE - HABICHTARTIGE

AVICEDA
A. cuculoides Kuckucksweih C
A. madagascariensis Lemurenweih D
A. jerdoni Hinduweih H,J,K
A. subcristata Papuaweih J,K,L,M,O
A. leuphotes Dreifarbenweih oB,H,I,J
LEPTODON
L. cayanensis Cayenneweih E,F
CHONDROHIERAX
C. uncinatus Langschnabelweih E,F
HENICOPERNIS
H. longicauda Langschwanzweih K,L
H. infuscata Bismarckweih O {B}
PERNIS
P. apivorus Wespenbussard B,C
P. ptilorhynchus Schopfwespenbussard oB,H,I,J
P. celebensis Celebeswespenbussard J,K
ELANOIDES
E. forficatus Schwalbenweih A,E,F
MACHAERHAMPHUS
M. alcinus Fledermausaar C,J,L
GAMPSONYX
G. swainsonii Perlaar E,F
ELANUS
E. leucurus Weißschwanzaar A,E,F
E. caeruleus Gleitaar C,J,K,L
E. notatus Australischer Gleitaar M
E. scriptus Schwarzachselaar M
CHELICTINIA
C. riocourii Schwalbenschwanzaar C
ROSTRHAMUS
R. sociabilis Schneckenweih A,E,F
R. hamatus Hakenweih E,F
HARPAGUS
H. bidentatus Doppelzahnweih E,F
H. diodon Braunschenkelweih F
ICTINIA
I. plumbea Schwebeweih E,F
I. mississippiensis Mississippiweih A,E,F
LOPHOICTINIA
L. isura Schopfmilan M
HAMIROSTRA
H. melanosternon Schwarzbrustmilan M
MILVUS
M. migrans Schwarzmilan B,C,I,J,K,L,M
M. milvus Rotmilan wB {B}
HALIASTUR
H. sphenurus Keilschwanzweih L,M,O
H. indus Brahminenweih H,I,J,K,L,M,O
HALIAEETUS
H. leucogaster Weißbauch-Seeadler oB,H,M
H. sanfordi Salomonenseeadler O {B}
H. vocifer Schreiseeadler C
H. vociferoides Madagaskarseeadler D {B}
H. leucoryphus Bindenseeadler oB,H,I {B}
H. leucocephalus Weißkopf-Seeadler A
H. albicilla Seeadler A,B,H {B}
H. pelagicus Riesenseeadler oB {B}
ICHTHYOPHAGA
I. humilis Braunschwanz-Seeadler H,I,J,K
I. ichthyaetus Graukopf-Seeadler H,J
AEGYPIUS
A. monachus Mönchsgeier B,H {B}
A. tracheliotus Ohrengeier wB,C
A. occipitalis Wollkopfgeier C
A. calvus Kahlkopfgeier H,I
NECROSYRTES
N. monachus Kappengeier C
GYPS
G. fulvus Gänsegeier B,H
G. indicus Dünnschnabelgeier H,I
G. himalayensis Schneegeier oB,H
G. rueppellii Sperbergeier C
G. coprotheres Kapgeier C {B}
G. bengalensis Bengalengeier H,I
G. africanus Weißrückengeier C
NEOPHRON
N. percnopterus Schmutzgeier B,C,H
GYPAETUS
G. barbatus Bartgeier B,C
GYPOHIERAX
G. angolensis Palmgeier C
CIRCAETUS
C. gallicus Schlangenadler B,C,H
C. cinereus Einfarb-Schlangenadler C
C. fasciolatus Graubrust-Schlangenadler C
C. cinerascens Bandschlangenadler C
TERATHOPIUS
T. ecaudatus Gaukler wB,C
SPILORNIS
S. cheela Schlangenweihe oB,H,I,J,K
S. rufipectus Celebesschlangenweihe K
S. kinabaluensis Bergschlangenweihe C {B}
S. minimus Nikobarenschlangenweihe I
S. elgini Andamanenschlangenweihe I {B}
DRYOTRIORCHIS
D. spectabilis Schlangenbussard C
EUTRIORCHIS
E. astur Schlangenhabicht D {B}
MELIERAX
M. metabates Graubürzel-Singhabicht wB,C
M. canorus Großer Singhabicht C
M. poliopterus Weißbürzel-Singhabicht C
MICRONISUS
M. gabar Gabarhabicht C
POLYBOROIDES
P. typus Höhlenweihe C
P. radiatus Madagaskarhöhlenweihe D
KAUPIFALCO
K. monogrammicus Sperberbussard C
BUTASTUR
B. rufipennis Heuschreckenteesa C
B. liventer Malaienteesa I,J,K
B. teesa Weißaugenteesa H,I
B. indicus Kieferneesa oB,J
CIRCUS
C. assimilis Fleckenweihe K,L,M
C. maurus Mohrenweihe C
C. cyaneus Kornweihe A,B,C
C. cinereus Grauweihe F
C. macrourus Steppenweihe B,C,H
C. melanoleucos Elsterweihe oB,H,I
C. pygargus Wiesenweihe B,C
C. aeruginosus Rohrweihe B
C. spilonotus Mangroveweihe oB,I,J,K,L
C. approximans Sumpfweihe L,M,N,O
C. ranivorus Froschweihe C
C. maillardi Madagaskarweihe D
C. buffoni Weißbrauenweihe E,F
ACCIPITER
A. poliogaster Graubauchhabicht F {B}
A. trivirgatus Schopfhabicht H,J,K
A. griseiceps Graukopfhabicht J,K
A. tachiro Afrikahabicht C
A. castanilus Rotflankenhabicht C
A. brevipes Kurzfangsperber B
A. badius Schikra oB,C,H,I,J
A. butleri Nikobarensperber I
A. soloensis Froschsperber oB,I
A. francesii Echsenhabicht D
A. trinotatus Fleckschwanzsperber K
A. fasciatus Bänderhabicht J,K,L,M,O
A. novaehollandiae Grauhabicht J,K,L,M,O
A. melanochlamys Schwarzmantelhabicht L
A. albogularis Elsterhabicht O
A. rufitorques Fidschihabicht O
A. haplochrous Weißbauchhabicht O
A. henicogrammus Halmaherahabicht K
A. luteoschistaceus Rabaulhabicht O
A. imitator Trughabicht O {B}
A. poliocephalus Aschkopfhabicht L
A. princeps Prinzenhabicht O
A. superciliosus Däumlingssperber F
A. collaris Halsbandsperber F {B}
A. erythropus Waldsperber C
A. minullus Zwergsperber C
A. gularis Trillersperber oB,J
A. virgatus Besrasperber oB,H,I,J
A. nanus Archboldsperber K {B}
A. cirrhocephalus Sydneysperber D,K,L,M
A. brachyurus Dreifarbensperber O {B}
A. erythrauchen Rotnackensperber K
A. rhodogaster Schlegelsperber J,K
A. madagascariensis Madagaskarsperber D
A. ovampensis Ovambosperber C
A. nisus Sperber B,H
A. rufiventris Rotbauchsperber C
A. striatus Eckschwanzsperber A,E,F
A. cooperii Rundschwanzsperber A
A. gundlachii Gundlachsperber E {B}
A. bicolor Zweifarbensperber E,F
A. melanoleucus Mohrenhabicht C
A. henstii Madagaskarhabicht D
A. gentilis Habicht A,B,E
A. meyerianus Meyerhabicht K,O
A. buergersi Prachthabicht L
A. radiatus Fuchshabicht M {B}
A. doriae Salvadorihabicht L
UROTRIORCHIS
U. macrourus Langschwanzhabicht C
GERANOSPIZA
G. caerulescens Sperberweihe E,F
LEUCOPTERNIS
L. schistacea Schieferbussard F
L. plumbea Bleibussard E,F {B}
L. princeps Prinzenbussard E,F
L. melanops Zügelbussard F
L. kuhli Weißbrauenbussard F
L. lacernulata Weißhalsbussard F {B}
L. semiplumbea Möwenbussard E,F
L. albicollis Schneebussard E,F
L. occidentalis Graurückenbussard F {B}
L. polionota Mantelbussard F {B}
ASTURINA
A. nitida Zweibindenbussard A,E,F
BUTEOGALLUS
B. anthracinus Krabbenbussard A,E,F
B. subtilis Mangrovebussard E,F
B. aequinoctialis Rotbauchbussard F
B. urubitinga Schwarzbussard E,F
B. meridionalis Savannenbussard E,F
HARPYHALIAETUS
H. solitarius Einsiedleradler E,F {B}
H. coronatus Zaunadler F {B}
BUSARELLUS
B. nigricollis Fischbussard E,F
GERANOAETUS
G. melanoleucus Agula, F
PARABUTEO
P. unicinctus Wüstenbussard A,E,F
BUTEO
B. magnirostris Wegebussard E,F
B. leucorrhous Weißbürzelbussard F
B. ridgwayi Haitibussard E {B}
B. lineatus Rotschulterbussard A,E
B. platypterus Breitflügelbussard A,E,F
B. brachyurus Kurzschwanzbussard A,E,F
B. albigula Weißkehlbussard F
B. swainsonii Präriebussard A,E,F
B. galapagoensis Galapagosbussard G {B}
B. albicaudatus Weißschwanzbussard A,E,F
B. polyosoma Rotrückenbussard F
B. poecilochrous Punabussard F
B. albonotatus Mohrenbussard A,E,F
B. solitarius Hawaiibussard P {B}
B. ventralis Magellanbussard F {B}
B. jamaicensis Rotschwanzbussard A,E,F
B. buteo Mäusebussard B,C,I
B. oreophilus Bergbussard C
B. brachypterus Madagaskarbussard D
B. lagopus Rauhfußbussard A,B
B. rufinus Adlerbussard B,C
B. hemilasius Mongolenbussard oB
B. regalis Königsbussard A
B. auguralis Salvadoribussard C
B. augur Augurbussard C
B. rufofuscus Felsenbussard C

MORPHNUS
M. guianensis Würgadler E,F {B}
HARPIA
H. harpyja Harpyie E,F {B}
HARPYOPSIS
H. novaeguineae Papuaadler L {B}
PITHECOPHAGA
P. jefferyi Affenadler J {B}
ICTINAETUS
I. malayensis Malaienadler H,I,J
AQUILA
A. pomarina Schreiadler wB,H,I
A. clanga Schelladler B,C
A. rapax Raubadler wB,C
A. nipalensis Steppenadler B,C,H,I
A. heliaca Kaiseradler B,C,H {B}
A. gurneyi Molukkenadler K,L
A. chrysaetos Steinadler A,B
A. audax Keilschwanzadler L,M
A. verreauxii Kaffernadler C
HIERAAETUS
H. wahlbergi Silberadler C
H. fasciatus Habichtsadler B,H,K
H. spilogaster Afrikanischer Habichtsadler C
H. pennatus Zwergadler B
H. morphnoides Kaninchenadler L,M
H. ayresii Fleckenadler C
H. kienerii Rotbauchadler H,I,J,K
H. bellicosus Kampfadler C
SPIZASTUR
S. melanoleucus Elsteradler E,F
SPIZAETUS
S. occipitalis Schopfadler C
S. africanus Schwarzachseladler C
S. cirrhatus Haubenadler H,I,J
S. nipalensis Bergadler oB,H,I,J
S. bartelsi Javaadler J {B}
S. lanceolatus Celebesadler K
S. philippensis Philippinenadler J
S. alboniger Traueradler I,J
S. nanus Dschungeladler J,K {B}
S. tyrannus Tyrannenadler E,F
S. ornatus Prachtadler E,F
S. coronatus Kronenadler C
S. isidori Isidoradler F

31 SAGITTARIIDAE - SEKRETÄRE

SAGITTARIUS
S. serpentarius Sekretär C

32 FALCONIDAE - FALKEN

DAPTRIUS
D. ater Gelbkehlkarakara F
D. americanus Rotkehlkarakara E,F
PHALCOBOENUS
P. carunculatus Streifenkarakara F
P. megalopterus Bergkarakara F
P. albogularis Weißkehlkarakara F
P. australis Falklandkarakara F
POLYBORUS
P. plancus Schopfkarakara A,E,F
MILVAGO
M. chimango Chimangokarakara F
M. chimachima Gelbkopfkarakara E,F
HERPETOTHERES
H. cachinnans Lachfalke E,F
MICRASTUR
M. ruficollis Sperberwaldfalke E,F
M. gilvicollis Zweibinden-Waldfalke F
M. mirandollei Graurücken-Waldfalke E,F
M. semitorquatus Kappenwaldfalke E,F
M. buckleyi Traylorwaldfalke F {B}
SPIZIAPTERYX
S. circumcinctus Tropfenfalke F
POLIHIERAX
P. semitorquatus Halsband-Zwergfalke C
P. insignis Langschwanz-Zwergfalke I
MICROHIERAX
M. caerulescens Rotkehlfälkchen H,I
M. fringillarius Finkenfälkchen I,J
M. latifrons Weißscheitelfälkchen J
M. erythrogenys Zweifarbenfälkchen J
M. melanoleucus Elsterfälkchen I
FALCO
F. naumanni Rötelfalke B,C {B}
F. rupicoloides Steppenfalke C
F. alopex Fuchsfalke C
F. sparverius Buntfalke A,E,F
F. tinnunculus Turmfalke B,C,H,J
F. newtoni Madagaskarfalke D
F. punctatus Mauritiusfalke D {B}
F. araea Seychellenfalke D
F. moluccensis Molukkenfalke K
F. cenchroides Graubartfalke L,M
F. ardosiaceus Graufalke C
F. dickinsoni Schwarzrückenfalke C
F. zoniventris Bindenfalke D
F. vespertinus Rotfußfalke B,C
F. amurensis Amurfalke oB,C
F. chicquera Rothalsfalke C,H
F. columbarius Merlin A,B,F,H,I
F. berigora Habichtfalke L,M
F. novaezeelandiae Maorifalke N
F. subbuteo Baumfalke B,C,H,I
F. cuvieri Afrikanischer Baumfalke C
F. severus Malelenbaumfalke I,J,L
F. longipennis Australischer Baumfalke K,L,M
F. eleonorae Eleonorenfalke wB,C,D
F. concolor Schieferfalke wB,C,D
F. rufigularis Fledermausfalke E,F
F. femoralis Aplomadofalke A,E,F
F. hypoleucos Silberfalke M {B}
F. subniger Rußfalke M
F. biarmicus Lannerfalke wB,C
F. mexicanus Präriefalke A,E
F. jugger Laggarfalke H
F. cherrug Würgfalke B,H
F. rusticolus Gerfalke A,B
F. deiroleucus Rotbrustfalke E,F {B}
F. fasciinucha Taitafalke C
F. peregrinus Wanderfalke A,B,C,D,E,F,H,I,J,K,L, M,O
F. pelegrinoides Wüstenfalke wB,C

GALLIFORMES - HÜHNERVÖGEL

33 MEGAPODIIDAE - GROSSFUSSHÜHNER

MEGAPODIUS
M. nicobariensis Nikobarhuhn I {B}
M. cumingii Philippinenhuhn J,K
M. bernsteinii Sulahuhn K {B}
M. affinis Neuguineahuhn L
M. reinwardt Reinwardthuhn K,L,M
M. eremita Bismarckhuhn L,O
M. freycinet Großfußhuhn K,L
M. layardi Layardhuhn O
M. laperouse Lapérousehuhn J {B}
M. pritchardii Pritchardhuhn O {B}
M. wallacei Molukkenhuhn K {B}
LEIPOA
L. ocellata Thermometerhuhn M {B}
ALECTURA
A. lathami Buschhuhn M
TALEGALLA
T. cuvieri Rotschnabeltalegalla K,L
T. fuscirostris Schwarzschnabeltalegalla L
T. jobiensis Halsbandtalegalla L
AEPYPODIUS
A. arfakianus Kammtalegalla K,L
A. bruijnii Braunbrusttalegalla K {B}
MACROCEPHALON
M. maleo Hammerhuhn K {B}

34 CRACIDAE - HOKKOHÜHNER

ORTALIS
O. vetula Blauflügelguan A,E
O. cinereiceps Graukopfguan E,F
O. garrula Rotflügelguan E,F
O. ruficauda Rotschwanzguan E,F
O. erythroptera Rotkopfguan F {B}
O. poliocephala Graubrustguan E
O. canicollis Chacoguan F
O. leucogastra Weißbauchguan E
O. motmot Motmotguan F
PENELOPE
P. argyrotis Bindenschwanzguan F
P. barbata Bartguan F {B}
P. montagnii Andenguan F
P. ortoni Ortonguan F
P. marail Marailguan F
P. superciliaris Weißstirnguan F
P. dabbenei Rotgesichtguan F {B}
P. obscura Bronzeguan F
P. jacquacu Spixguan F
P. albipennis Weißschwingenguan F {B}
P. perspicax Caucaguan F {B}
P. purpurascens Rostbauchguan E,F
P. jacucaca Weißbrauenguan F {B}
P. ochrogaster Rotbrustguan F {B}
P. pileata Weißschopfguan F
ABURRIA
A. pipile Blaukehlguan E,F
A. cujubi Rotkehlguan F
A. jacutinga Schwarzmaskenguan F {B}
A. aburri Lappenguan F
CHAMAEPETES
C. unicolor Mohrenguan E
C. goudotii Sichelguan F
PENELOPINA
P. nigra Schluchtenguan E {B}
OREOPHASIS
O. derbianus Zapfenguan E {B}
NOTHOCRAX
N. urumutum Rothokko F
CRAX
C. tomentosa Samthokko F
C. salvini Salvinhokko F
C. mitu Mituhokko F
C. pauxi Helmhokko F {B}
C. unicornis Hornhokko F {B}
C. rubra Tuberkelhokko E,F
C. alberti Blaulappenhokko F {B}
C. daubentoni Gelblappenhokko F
C. alector Glattschnabelhokko F
C. globulosa Karunkelhokko F {B}
C. fasciolata Nacktgesichthokko F
C. blumenbachii Rotschnabelhokko F {B}

35 PHASIANIDAE - HÜHNER

MELAGRIDINAE - TRUTHÜHNER

MELEAGRIS
M. gallopavo Truthuhn A
AGRIOCHARIS
A. ocellata Pfauentruthuhn E {B}

TETRAONINAE - RAUHFUSSHÜHNER

DENDRAGAPUS
D. falcipennis Sichelhuhn oB
D. canadensis Tannenhuhn A
D. obscurus Felsengebirgshuhn A
LAGOPUS
L. lagopus Moorschneehuhn A,B
L. mutus Alpenschneehuhn A,B
L. leucurus Weißschwanz-Schneehuhn A
TETRAO
T. mlokosiewiczi Kaukasusbirkhuhn wB
T. tetrix Birkhuhn B
T. parvirostris Steinauerhuhn oB
T. urogallus Auerhuhn B
BONASA
B. sewerzowi Schwarzbrust-Haselhuhn oB
B. bonasia Haselhuhn B
B. umbellus Kragenhuhn A
CENTROCERCUS
C. urophasianus Beifußhuhn A
TYMPANUCHUS
T. phasianellus Schweifhuhn A
T. cupido Präriehuhn A
T. pallidicinctus Kleines Präriehuhn A

ODONTOPHORINAE - ZAHNWACHTELN

DENDRORTYX
D. barbatus Bartwachtel E {B}
D. macroura Langschwanzwachtel E
D. leucophrys Guatemalawachtel E
OREORTYX
O. picta Bergwachtel A,E
CALLIPEPLA
C. squamata Schuppenwachtel A
LOPHORTYX
L. californica Schopfwachtel A,E
L. gambelii Helmwachtel A,E
L. douglasii Douglaswachtel E
PHILORTYX
P. fasciatus Bindenwachtel E
COLINUS
C. virginianus Virginiawachtel A,E
C. nigrogularis Schwarzkehlwachtel E
C. cristatus Haubenwachtel E,F
ODONTOPHORUS
O. gujanensis Marmorwachtel E,F
O. capueira Capueirawachtel F
O. erythrops Rotstirnwachtel E,F
O. atrifrons Schwarzstirnwachtel F

O. melanonotus Schwarzrückenwachtel F
O. hyperythrus Kastanienwachtel F {B}
O. speciosus Rotbrustwachtel F
O. strophium Kragenwachtel F {B}
O. dialeucos Tacarcunawachtel E
O. colombianus Venezuelawachtel F
O. leucolaemus Weißkehlwachtel E
O. balliviani Streifengesichtwachtel F
O. stellatus Sternwachtel F
O. guttatus Tropfenwachtel E
DACTYLORTYX
D. thoracicus Singwachtel E
CYRTONYX
C. montezumae Montezumawachtel A,E
C. sallei Sallewachtel E
C. ocellatus Tränenwachtel E
RHYNCHORTYX
R. cinctus Langbeinwachtel E,F

PHASIANINAE - GLATTFUSSHÜHNER
LERWA
L. lerwa Haldenhuhn oB
AMMOPERDIX
A. griseogularis Persisches Wüstenhuhn B,H
A. heyi Arabisches Wüstenhuhn wB,C
TETRAOGALLUS
T. caucasicus Kaukasuskönigshuhn wB
T. caspius Kaspikönigshuhn B
T. tibetanus Tibetkönigshuhn oB
T. altaicus Altaikönigshuhn oB
T. himalayensis Himalayakönigshuhn oB,H
TETRAOPHASIS
T. obscurus Braunkehl-Keilschwanzhuhn oB
T. szechenyii Rostkehl-Keilschwanzhuhn oB
ALECTORIS
A. graeca Steinhuhn wB,H
A. chukar Chukarhuhn B
A. magna Przewalskisteinhuhn oB
A. philbyi Philbysteinhuhn C
A. barbara Felsenhuhn wB
A. rufa Rothuhn wB
A. melanocephala Schwarzkopf-Steinhuhn C
ANUROPHASIS
A. monorthonyx Schneegebirgswachtel L
FRANCOLINUS
F. francolinus Halsbandfrankolin B,H
F. pictus Tropfenfrankolin H
F. pintadeanus Perlfrankolin oB,H,I
F. afer Rotkehlfrankolin C
F. swainsonii Swainsonfrankolin C
F. rufopictus Graubrustfrankolin C
F. leucoscepus Gelbkehlfrankolin C
F. erckelii Erckelfrankolin C
F. ochropectus Wacholderfrankolin C {B}
F. castaneicollis Braunnackenfrankolin C
F. jacksoni Jacksonfrankolin C
F. nobilis Edelfrankolin C
F. camerunensis Kamerunfrankolin C {B}
F. swierstrai Swierstrafrankolin C {B}
F. ahantensis Ahantafrankolin C
F. squamatus Schuppenfrankolin C
F. griseostriatus Graustreifenfrankolin C
F. bicalcaratus Doppelspornfrankolin wB,C
F. icterorhynchus Gelbschnabelfrankolin C
F. clappertoni Clappertonfrankolin C
F. hildebrandti Hildebrandtfrankolin C
F. natalensis Natalfrankolin C
F. hartlaubi Hartlaubfrankolin C
F. harwoodi Harwoodfrankolin C
F. adspersus Rotschnabelfrankolin C
F. capensis Kapfrankolin C
F. sephaena Schopffrankolin C
F. streptophorus Kragenfrankolin C
F. psilolaemus Hochlandfrankolin C
F. rovuma Kirkfrankolin C
F. shelleyi Shelleyfrankolin C
F. africanus Grauflügelfrankolin C
F. levalliantoides Archerfrankolin C
F. levaillantii Rotflügelfrankolin C
F. finschi Finschfrankolin C
F. coqui Coquifrankolin C
F. albogularis Weißkehlfrankolin C
F. schlegelii Schlegelfrankolin C
F. lathami Lathamfrankolin C
F. nahani Nahanfrankolin C {B}
F. pondicerianus Wachtelfrankolin oB,H
F. gularis Sumpffrankolin H {B}

PERDIX
P. perdix Rebhuhn B
P. dauuricae Bartrebhuhn oB
P. hodgsoniae Tibetrebhuhn oB
RHIZOTHERA
R. longirostris Langschnabelwachtel J
MARGAROPERDIX
M. madagarensis Perlwachtel D
MELANOPERDIX
M. nigra Schwarzwachtel J
COTURNIX
C. coturnix Wachtel B,C,D,H
C. japonica Japanwachtel oB,I,J
C. coromandelica Regenwachtel H,I
C. delegorguei Harlekinwachtel C
C. pectoralis Schwarzbrustwachtel M
C. australis Braunwachtel K,L,M
C. ypsilophora Tasmanienwachtel M
C. chinensis Zwergwachtel C,H,I,J,K,L,M
PERDICULA
P. asiatica Dschungelwachtel H
P. argoondah Madraswachtel H
P. erythrorhyncha Buntwachtel H
P. manipurensis Manipurwachtel H {B}
ARBOROPHILA
A. torqueola Hügelhuhn H,I
A. rufogularis Rotkehl-Buschwachtel H,I
A. atrogularis Weißwangen-Buschwachtel H,I
A. crudigularis Taiwanbuschwachtel J
A. mandellii Rotbrust-Buschwachtel H
A. brunneopectus Braunbrust-Buschwachtel H,I
A. rufipectus Boultonbuschwachtel oB {B}
A. gingica Chinabuschwachtel oB {B}
A. davidi Davidbuschwachtel I {B}
A. cambodiana Kambodschabuschwachtel I {B}
A. orientalis Sumatrabuschwachtel J
A. javanica Javabuschwachtel J
A. rubrirostris Rotschnabel-Buschwachtel J
A. hyperythra Borneobuschwachtel J
A. ardens Hainanbuschwachtel I {B}
TROPICOPERDIX
T. charltonii Charltonbuschwachtel I,J {B}
T. chloropus Grünfuß-Buschwachtel I
T. merlini Gelbfuß-Buschwachtel I
CALOPERDIX
C. oculea Augenwachtel I,J
HAEMATORTYX
H. sanguiniceps Rotkopfwachtel J
ROLLULUS
R. roulroul Straußwachtel I,J
PTILOPACHUS
P. petrosus Felsenhenne C
BAMBUSICOLA
B. fytchii Gelbbrauen-Bambushuhn oB,H,I
B. thoracica Graubrauen-Bambushuhn oB,J
GALLOPERDIX
G. spadicea Rotes Spornhuhn H
G. lunulata Perlspornhuhn H
G. bicalcarata Ceylonspornhuhn H
OPHRYSIA
O. superciliosa Himalayawachtel H {†?}
ITHAGINIS
I. cruentus Blutfasan oB,H,I
TRAGOPAN
T. melanocephalus Schwarzkopftragopan H {B}
T. satyra Satyrtragopan H
T. blythii Blythtragopan oB,H,I {B}
T. temminckii Temmincktragopan oB,I
T. caboti Cabottragopan oB {B}
PUCRASIA
P. macrolopha Koklasfasan oB,H
LOPHOPHORUS
L. impejanus Rostschwanzmonal H
L. sclateri Weißschwanzmonal H,I {B}
L. lhuysii Grünschwanzmonal oB {B}
GALLUS
G. gallus Bankivahuhn oB,H,I,J
G. lafayettii Ceylonhuhn H
G. sonneratii Sonnerathuhn H
G. varius Gabelschwanzhuhn J,K
LOPHURA
L. leucomelana Kalifasan H,I
L. nycthemera Silberfasan oB,I
L. imperialis Kaiserfasan I {B}
L. edwardsi Edwardsfasan I {B}
L. haitensis Vietnamfasan I {B}
L. swinhoii Swinhoefasan J {B}
L. inornata Salvadorifasan J {B}
L. erythrophthalma Gabelschwanzfasan I,J
L. ignita Haubenfasan I,J,K {B}

L. diardi Prälatfasan I {B}
L. bulweri Bulwerfasan J {B}
CROSSOPTILON
C. crossoptilon Schmalschwanz-Ohrfasan oB {B}
C. mantchuricum Brauner Ohrfasan oB {B}
C. auritum Blauer Ohrfasan oB
CATREUS
C. wallichii Schopffasan oB {B}
SYRMATICUS
S. ellioti Elliotfasan oB
S. humiae Burmafasan oB,I {B}
S. mikado Mikadofasan J {B}
S. soemmerringi Kupferfasan oB
S. reevesii Königsfasan oB {B}
PHASIANUS
P. colchicus Fasan B,I,J
P. versicolor Buntfasan oB
CHRYSOLOPHUS
C. pictus Goldfasan oB
C. amherstiae Diamantfasan oB,I
POLYPLECTRON
P. chalcurum Bronzeschwanzfasan J
P. inopinatum Rothschildpfaufasan J
P. germaini Brauner Pfaufasan I {B}
P. bicalcaratum Grauer Pfaufasan H,I
P. malacense Malaienpfaufasan I,J {B}
P. emphanum Napoleonfasan J {B}
RHEINARTIA
R. ocellata Perlenfasan I,J {B}
ARGUSIANUS
A. argus Argusfasan I,J
PAVO
P. cristatus Pfau H
P. muticus Ährenträgerpfau H,I,J {B}
AFROPAVO
A. congensis Kongopfau C {B}

NUMIDINAE - PERLHÜHNER
PHASIDUS
P. niger Schwarzperlhuhn C
AGELASTES
A. meleagrides Weißbrust-Perlhuhn C {B}
NUMIDA
N. meleagris Helmperlhuhn wB,C,D
GUTTERA
G. plumifera Schlichthauben-Perlhuhn C
G. edouardi Kräuselhauben-Perlhuhn C
ACRYLLIUM
A. vulturinum Geierperlhuhn C

GRUIFORMES - KRANICHVÖGEL

36 MESITORNITHIDAE - STELZENRALLEN

MESITORNIS
M. variegata Kurzfuß-Stelzenralle D {B}
M. unicolor Einfarb-Stelzenralle D {B}
MONIAS
M. benschi Moniasstelzenralle D {B}

37 TURNICIDAE - WACHTELLAUFHÜHNCHEN

TURNIX
T. sylvatica Laufhühnchen B,C,H,I,J,K
T. maculosa Fleckenlaufhühnchen J,K,L,M,O
T. everetti Sumbalaufhühnchen K {B}
T. worcesteri Worcesterlaufhühnchen J {B}
T. hottentotta Hottentottenlaufhühnchen C
T. tanki Rotnacken-Laufhühnchen oB,H,I
T. suscitator Bindenlaufhühnchen oB,H,I,J,K
T. nigricollis Schwarzkehl-Laufhühnchen D
T. ocellata Riesenlaufhühnchen J
T. melanogaster Schwarzbrust-Laufhühnchen M {B}
T. varia Buntlaufhühnchen M,O
T. castanota Rotrücken-Laufhühnchen M
T. pyrrhothorax Rotbrust-Laufhühnchen M
T. velox Zwerglaufhühnchen M
ORTYXELOS
O. meiffrenii Lerchenlaufhühnchen C

38 PEDIONOMIDAE - TRAPPENLAUFHÜHNCHEN

PEDIONOMUS
P. torquatus Steppenläufer M {B}

39 GRUIDAE - KRANICHE

GRUINAE - KRANICHE
GRUS
G. grus Kranich B,H
G. nigricollis Schwarzhalskranich oB,H {B}
G. monacha Mönchskranich oB {B}
G. canadensis Kanadakranich A,oB,E
G. japonensis Mandschurenkranich oB {B}
G. americana Schreikranich A {B}
G. vipio Weißnackenkranich oB {B}
G. antigone Saruskranich H,I
G. rubicunda Brolgakranich L,M
G. leucogeranus Schneekranich B,H {B}
BUGERANUS
B. carunculatus Klunkerkranich C {B}
ANTHROPOIDES
A. virgo Jungfernkranich B,C,H
A. paradisea Paradieskranich C

BALEARICINAE - KRONENKRANICHE
BALEARICA
B. pavonina Kronenkranich C
B. regulorum Südafrikanischer Kronenkranich C

40 ARAMIDAE - RALLENKRANICHE

ARAMUS
A. guarauna Rallenkranich A,E,F

41 PSOPHIIDAE - TROMPETERVÖGEL

PSOPHIA
P. crepitans Grauflügel-Trompetervogel F
P. leucoptera Weißflügel-Trompetervogel F
P. viridis Grünflügel-Trompetervogel F

42 RALLIDAE - RALLEN

HIMANTORNIS
H. haematopus Rotfußralle C
CANIRALLUS
C. oculeus Augenralle C
C. kioloides Graukehlralle D
C. cuvieri Cuvierralle D
EULABEORNIS
E. castaneoventris Mangroveralle K,M
E. plumbeiventris Rostschwingenralle K,L
E. rosenbergii Rosenbergralle K {B}
E. calopterus Rotflügelralle F
E. saracura Saracuraralle F
E. ypecaha Ypecaharalle F
E. wolfi Esmeraldasralle F
E. mangle Küstenralle F
E. cajaneus Cayenneralle E,F
E. axillaris Braunkappenralle E,F
E. concolor Einfarbralle E,F
RALLUS
R. plateni Schnarchralle K {B}
R. wallacii Trommelralle K {B}
R. insignis Bartralle O
R. lafresnayanus Pelzralle O {B}
R. sylvestris Waldralle M {B}
R. poecilopterus Fidschiralle O {B}
R. sanguinolentus Grauralle F
R. nigricans Trauerralle F
R. maculatus Fleckenralle F
R. philippensis Bindenralle J,K,L,M,N,O
R. striatus Graubrustralle oB,H,I,J,K
R. torquatus Zebraralle J,K,L
R. owstoni Guamralle O {B}
R. pectoralis Krickralle J,L,M,N
R. caerulescens Kapralle C
R. madagascariensis Madagaskarralle D
R. aquaticus Wasserralle B,C,H
R. semiplumbeus Bogotáralle F {B}
R. longirostris Klapperralle A,E,F
R. wetmorei Wetmoreralle F {B}
R. limicola Virginiaralle A,E,F
R. antarcticus Magellanralle F {B}
R. okinawae Okinawaralle oB {B}
ATLANTISIA
A. rogersi Atlantisralle Q {B}
GALLIRALLUS
G. australis Wekaralle N
ROUGETIUS
R. rougetii Rougetralle C
CYANOLIMNAS
C. cerverai Kubaralle E {B}
RALLINA
R. rubra Kastanienralle L
R. leucospila Strichelralle L
R. forbesi Nymphenralle L
R. mayri Zyklopenralle L
R. castaneiceps Rotmaskenralle E,F
R. tricolor Dreifarbenralle J,L,M
R. canningi Andamanenralle I
R. fasciata Malaienralle I,J,K
R. eurizonoides Hinduralle oB,H,I,J
R. paykullii Mandarinsumpfhuhn oB,J
COTURNICOPS
C. rufa Rotbrustralle C
C. pulchra Perlenralle C
C. lugens Ugallaralle C
C. boehmi Boehmralle C
C. elegans Tropfenralle C
C. affinis Streifenralle C
C. insularis Hovaralle D
C. watersi Lemurenralle D {B}
C. ayresi Spiegelralle C {B}
C. schomburgkii Schomburgkralle F
C. notata Darwinralle F
C. noveboracensis Gelbralle A,oB,E
C. exquisitus Mandschurensumpfhuhn oB {B}
LATERALLUS
L. fasciatus Streifenbauchralle F
L. levraudi Venezuelaralle F {B}
L. ruber Rubinralle E
L. viridis Indioralle F
L. exilis Amazonasralle E,F
L. spilonotus Galapagosralle G
L. melanophaius Rothalsralle F
L. albigularis Weißkehlralle E,F
L. leucopyrrhus Weißbrustralle F
L. jamaicensis Schieferralle A,E,F
L. xenopterus Rotgesichtralle F {B}
CREX
C. crex Wachtelkönig B {B}
PORZANA
P. egregia Steppensumpfhuhn C
P. flavirostra Mohrensumpfhuhn C
P. olivieri Malegassensumpfhuhn D {B}
P. flaviventer Gelbbrust-Sumpfhuhn E,F
P. cinerea Weißbrauen-Sumpfhuhn J,K,L,M,O
P. spiloptera Fleckensumpfhuhn F {B}
P. albicollis Wieselsumpfhuhn F
P. marginalis Graukehl-Sumpfhuhn C
P. erythrops Goldschnabel-Sumpfhuhn F
P. columbiana Kolumbiensumpfhuhn E,F
P. tabuensis Südsee-Sumpfhuhn L,M,N,O
P. atra Tuamotusumpfhuhn O {B}
P. parva Kleines Sumpfhuhn B,H
P. pusilla Zwergsumpfhuhn B,C,H,J,L,M,N
P. fluminea Flußsumpfhuhn M
P. porzana Tüpfelsumpfhuhn B,H
P. carolina Carolinasumpfhuhn A,E,F
P. fusca Zimtsumpfhuhn oB,H,J,K
AMAURORNIS
A. olivaceus Philippinenkielralle J,K,L,M,O
A. isabellinus Isabellkielralle K
A. ineptus Baumralle L
A. akool Braunbauch-Kielralle H,I
A. bicolor Zweifarben-Kielralle oB,H,I
A. phoenicurus Weißbrust-Kielralle H,I,J,K
GALLICREX
G. cinerea Wasserhahn oB,H,J,K
GALLINULA
G. ventralis Rotfuß-Pfuhlhuhn M
G. mortierii Grünfuß-Pfuhlhuhn M
G. sylvestris Blaustirn-Pfuhlhuhn O {B}
G. nesiotis Tristanteichhuhn C {B}
G. tenebrosa Papuateichhuhn J,K,L,M
G. chloropus Teichhuhn B,C,D,E,F,H,I,J,P
G. angulata Zwergteichhuhn C
G. melanops Maskenpfuhlhuhn F
G. flavirostris Azursultanshuhn F
G. alleni Bronzesultanshuhn C
G. martinica Zwergsultanshuhn A,E,F
PORPHYRIO
P. porphyrio Purpurhuhn B,C,D,H,I,J,K,L,M,N,O
P. mantelli Takahe N {B}
FULICA
F. armillata Gelbschnabel-Bläßhuhn F
F. leucoptera Weißflügel-Bläßhuhn F
F. rufifrons Rotstirn-Bläßhuhn F
F. gigantea Riesenbläßhuhn F
F. cornuta Rüsselbläßhuhn F {B}
F. caribaea Karibenbläßhuhn E,F
F. americana Amerikanisches Bläßhuhn A,E,F,P
F. atra Bläßhuhn B,J,K,L,M
F. cristata Kammbläßhuhn wB,C,D

43 HELIORNITHIDAE - BINSENRALLEN

PODICA
P. senegalensis Binsenralle C
HELIOPAIS
H. personata Maskenbinsenralle H,J {B}
HELIORNIS
H. fulica Zwergbinsenralle E,F

44 RHYNOCHETIDAE - KAGUS

RHYNOCHETOS
R. jubatus Kagu O {B}

45 EURYPYGIDAE - SONNENRALLEN

EURYPYGA
E. helias Sonnenralle E,F

46 CARIAMIDAE - SERIEMAS

CARIAMA
C. cristata Rotfußseriema F
CHUNGA
C. burmeisteri Schwarzfußseriema F

47 OTIDIDAE - TRAPPEN

TETRAX
T. tetrax Zwergtrappe B,H {B}
NEOTIS
N. denhami Kafferntrappe C
N. ludwigii Ludwigtrappe C
N. nuba Nubiertrappe C
N. heuglinii Heuglintrappe C
CHLAMYDOTIS
C. undulata Kragentrappe B,H {B}
ARDEOTIS
A. arabs Arabertrappe wB,C
A. kori Riesentrappe C
CHORIOTIS
C. nigriceps Hindutrappe H {B}
C. australis Wammentrappe L,M
OTIS
O. tarda Großtrappe B {B}
EUPODOTIS
E. ruficrista Rotschopftrappe C
E. afra Gackeltrappe C
E. vigorsii Knarrtrappe C
E. rueppellii Rüppelltrappe C
E. humilis Somalitrappe C
E. caerulescens Blautrappe C
E. senegalensis Senegaltrappe C
E. melanogaster Schwarzbauchtrappe C
E. hartlaubii Hartlaubtrappe C
HOUBAROPSIS
H. bengalensis Barttrappe H,I {B}
SYPHEOTIDES
S. indica Flaggentrappe H {B}

CHARADRIIFORMES - WAT-, MÖWEN-, ALKENVÖGEL

48 JACANIDAE - BLATTHÜHNCHEN

MICROPARRA
M. capensis Zwergblatthühnchen C
ACTOPHILORNIS
A. africana Blaustirn-Blatthühnchen C
A. albinucha Madagaskarblatthühnchen D
IREDIPARRA
I. gallinacea Kammblatthühnchen J,L,M
HYDROPHASIANUS
H. chirurgus Wasserfasan H,I,L
METOPIDIUS
M. indicus Hindublatthühnchen H,I,J
JACANA
J. spinosa Gelbstirn-Blatthühnchen E
J. jacana Rotstirn-Blatthühnchen E,F

49 ROSTRATULIDAE - GOLDSCHNEPFEN

ROSTRATULA
R. benghalensis Goldschnepfe wB,C,H,I,J,K,M
NYCTICRYPHES
N. semicollaris Weißflecken-Goldschnepfe F

REIHERLÄUFER BIS SCHNEPFENVÖGEL

50 DROMADIDAE - REIHERLÄUFER

DROMAS
D. ardeola Reiherläufer C,D,H,I

51 HAEMATOPODIDAE - AUSTERN-FISCHER

HAEMATOPUS
H. ostralegus Austernfischer B,C,H,I
H. meadewaldoi Kanarischer Austernfischer wB {†?}
H. palliatus Braunmantel-Austernfischer A,E,F,G
H. longirostris Australischer Austernfischer L,M,N
H. bachmani Klippenaustemfischer A
H. moquini Schwarzer Austernfischer C
H. unicolor Neuseeländischer Austernfischer N
H. chathamensis Chathamaustemfischer N {B}
H. leucopodus Magellanaustemfischer F
H. ater Südamerikanischer Austernfischer F
H. fuliginosus Rußausternfischer M

52 IBIDORHYNCHIDAE - IBISSCHNÄBEL

IBIDORHYNCHA
I. struthersii Ibisschnabel oB,H

53 RECURVIROSTRIDAE - STELZEN-LÄUFER

HIMANTOPUS
H. himantopus Stelzenläufer B,C,H
H. leucocephalus Weißgesicht-Stelzenläufer L,M,N
H. melanurus Halsband-Stelzenläufer F
H. mexicanus Schwarznacken-Stelzenläufer A,E,F
H. knudseni Hawaiistelzenläufer P
H. novaezelandiae Schwarzer Stelzenläufer N {B}
CLADORHYNCHUS
C. leucocephalus Schlammstelzer M
RECURVIROSTRA
R. avosetta Säbelschnäbler B,C,D,H
R. americana Braunhals-Säbelschnäbler A,E
R. novaehollandiae Rotkopf-Säbelschnäbler M
R. andina Andensäbelschnäbler F

54 BURHINIDAE - TRIELE

BURHINUS
B. oedicnemus Triel B,C,H,I
B. senegalensis Senegaltriel wB,C
B. vermiculatus Wassertriel C
B. capensis Kaptriel C
B. bistriatus Dominikanertriel E,F
B. superciliaris Peruanertriel F
B. magnirostris Langschwanztriel M
ESACUS
E. recurvirostris Krabbentriel H,I
E. magnirostris Rifftriel J,K,L,M

55 GLAREOLIDAE - BRACH-SCHWALBENARTIGE

CURSORIINAE - RENNVÖGEL

PLUVIANUS
Pluvianus aegyptius Krokodilwächter C
CURSORIUS
C. cursor Rennvogel B,C,H
C. rufus Rostrennvogel C
C. coromandelicus Koromandelrennvogel H
C. temminckii Temminckrennvogel C
RHINOPTILUS
R. africanus Doppelband-Rennvogel C
R. cinctus Bindenrennvogel C
R. chalcopterus Amethystrennvogel C
R. bitorquatus Godavarirennvogel H {B}

GLAREOLINAE - BRACHSCHWALBEN

STILTIA
S. isabella Stelzenbrachschwalbe K,L,M
GLAREOLA
G. pratincola Rotflügel-Brachschwalbe B,C,H
G. maldivarum Orientbrachschwalbe oB,H,I,J,K,L,M
G. nordmanni Schwarzflügel-Brachschwalbe B,C
G. ocularis Madagaskarbrachschwalbe C,D
G. nuchalis Halsband-Brachschwalbe C
G. cinerea Graubrachschwalbe C
G. lactea Sandbrachschwalbe H,I

56 CHARADRIIDAE - REGENPFEIFER

VANELLUS
V. vanellus Kiebitz B,H,I
V. crassirostris Langzehenkiebitz C
V. spinosus Spornkiebitz wB,C
V. duvaucelii Flußkiebitz H,I
V. tectus Schwarzschopfkiebitz C
V. malabaricus Gelblappenkiebitz H
V. albiceps Weißscheitelkiebitz C
V. lugubris Trauerkiebitz C
V. melanopterus Schwarzflügelkiebitz C
V. coronatus Kronenkiebitz C
V. senegallus Senegalkiebitz C
V. melanocephalus Strichelbrustkiebitz C
V. superciliosus Rotbrustkiebitz C
V. gregarius Steppenkiebitz B,C,H {B}
V. leucurus Weißschwanzkiebitz B,C,H
V. cayanus Cayennekiebitz F
V. chilensis Bronzekiebitz F
V. resplendens Andenkiebitz F
V. cinereus Graukopfkiebitz oB,H,I,J
V. indicus Rotlappenkiebitz B,H,I,J
V. macropterus Javakiebitz J {†?}
V. tricolor Schwarzbandkiebitz M
V. miles Maskenkiebitz K,L,M
ANITIBYX
A. armatus Schmiedekiebitz C
PLUVIALIS
P. apricaria Goldregenpfeifer B,H
P. dominica Amerikanischer Goldregenpfeifer A,E,F
P. fulva Pazifischer Goldregenpfeifer A,oB,C,H,I,J,K,L,M,N
P. squatarola Kiebitzregenpfeifer A,B,C,D,E,F,H,I,J,K,L,M
P. obscura Maoriregenpfeifer N
CHARADRIUS
C. hiaticula Sandregenpfeifer A,B,C
C. semipalmatus Amerikanischer Sandregenpfeifer A,E,F
C. placidus Ussuriregenpfeifer oB,H,I
C. dubius Flußregenpfeifer B,C,H,I,J,K,L,O
C. wilsonia Wilsonregenpfeifer A,E,F
C. vociferus Keilschwanz-Regenpfeifer A,E,F
C. melodus Flötenregenpfeifer A,E {B}
C. thoracicus Madagaskarregenpfeifer D {B}
C. pecuarius Hirtenregenpfeifer wB,C,D
C. sanctaehelenae St.-Helena-Regenpfeifer C {B}
C. tricollaris Dreibandregenpfeifer C,D
C. alexandrinus Seeregenpfeifer A,B,C,E,F,H,I,J
C. marginatus Weißstirn-Regenpfeifer C,D
C. ruficapillus Rotkopf-Regenpfeifer L,M
C. peronii Malaienregenpfeifer J,K
C. pallidus Rotband-Regenpfeifer C
C. collaris Schlankschnabel-Regenpfeifer E,F
C. bicinctus Doppelband-Regenpfeifer M,N
C. falklandicus Falkland-Regenpfeifer F
C. alticola Punaregenpfeifer F
C. mongolus Mongolenregenpfeifer oB,C,H,J,K,L,M
C. leschenaultii Wüstenregenpfeifer B,C,H,I,J,K,L,M
C. asiaticus Wermutregenpfeifer B,C
C. veredus Steppenregenpfeifer oB,K,M
C. modestus Rotbrust-Regenpfeifer F
C. montanus Bergregenpfeifer A,E
C. melanops Schwarzstirn-Regenpfeifer M
C. cinctus Schwarzbrust-Regenpfeifer M
C. rubricollis Kappenregenpfeifer M {B}
C. novaeseelandiae Chathamregenpfeifer N {B}
ANARHYNCHUS
A. frontalis Schiefschnabel N
PHEGORNIS
P. mitchellii Diademregenpfeifer F
PELTOHYAS
P. australis Gürtelregenpfeifer M
EUDROMIAS
E. morinellus Mornellregenpfeifer B
E. ruficollis Orangekehl-Regenpfeifer F
PLUVIANELLUS
P. socialis Magellanregenpfeifer F

57 SCOLOPACIDAE - SCHNEPFENVÖGEL

TRINGINAE - BRACHVÖGEL, WASSER-LÄUFER

LIMOSA
L. limosa Uferschnepfe B,H,J,K,M
L. haemastica Hudsonschnepfe A,E,F
L. lapponica Pfuhlschnepfe A,B,C,H,I,J,K,M,O
L. fedoa Marmorschnepfe A,E,F
NUMENIUS
N. minutus Zwergbrachvogel oB,H,I,J,K,M
N. borealis Eskimobrachvogel A,E,F {B}
N. phaeopus Regenbrachvogel A,B,C,D,H,J,K,M,O
N. tahitiensis Borstenbrachvogel A,O,P {B}
N. tenuirostris Dünnschnabel-Brachvogel oB,C {B}
N. arquata Großer Brachvogel B,C,H,I
N. madagascariensis Isabellbrachvogel oB,M
N. americanus Rostbrachvogel A,E
BARTRAMIA
B. longicauda Prärieläufer A,E,F
TRINGA
T. erythropus Dunkler Wasserläufer B,C,H,I,J
T. totanus Rotschenkel B,C,H,I,J,K
T. stagnatilis Teichwasserläufer B,C,H,M
T. nebularia Grünschenkel B,C,H,I,J,N {B}
T. guttifer Tüpfelgrünschenkel oB,H,J
T. melanoleuca Großer Gelbschenkel A,E,F
T. flavipes Kleiner Gelbschenkel A,E,F
T. ochropus Waldwasserläufer B,C,H,I,J
T. solitaria Einsamer Wasserläufer A,E,F
T. glareola Bruchwasserläufer B,C,I,J,M
CATOPTROPHORUS
C. semipalmatus Schlammtreter A,E,F
XENUS
X. cinereus Terekwasserläufer B,C,H,J,M
ACTITIS
A. hypoleucos Flußuferläufer B,C,I,J,K,L,M
A. macularia Drosseluferläufer A,E,F
HETEROSCELUS
H. brevipes Grauschwanz-Wasserläufer oB,J,K,L,M,N
H. incanus Wanderwasserläufer A,O,M
PROSOBONIA
P. cancellata Südseeläufer O {B}

ARENARIINAE - STEINWÄLZER

ARENARIA
A. interpres Steinwälzer A,B,C,E,F,I,J,K,M
A. melanocephala Schwarzkopf-Steinwälzer A

PHALAROPODINAE - WASSERTRETER

PHALAROPUS
P. tricolor Wilsonwassertreter A,E,F
P. lobatus Odinshühnchen A,B,C,F,K,L
P. fulicarius Thorshühnchen A,B,C,F

SCOLOPACINAE - SCHNEPFEN

SCOLOPAX
S. rusticola Waldschnepfe B,H
S. mira Anamischnepfe oB
S. saturata Malaienschnepfe J,L
S. celebensis Celebesschnepfe K {B}
S. rochussenii Obischnepfe K {B}
S. minor Kanadaschnepfe A,E

GALLINAGONINAE - BEKASSINEN

COENOCORYPHA
C. aucklandica Aucklandschnepfe N {B}
GALLINAGO
G. solitaria Einsiedlerbekassine oB,I
G. hardwickii Japanbekassine oB,M
G. nemoricola Nepalbekassine H,I {B}
G. stenura Spießbekassine oB,H,K
G. megala Waldbekassine oB,I,J,M
G. nigripennis Afrikanische Bekassine C
G. macrodactyla Madagaskarbekassine D
G. media Doppelschnepfe B,C
G. gallinago Bekassine A,B,C,E,H
G. paraguaiae Magellanbekassine F
G. nobilis Nobelbekassine F
G. undulata Riesenbekassine F
G. stricklandii Kordillerenbekassine F
G. jamesoni Andenbekassine F
G. imperialis Kaiserbekassine F
LYMNOCRYPTES
L. minimus Zwergschnepfe B,C,H
LIMNODROMUS
L. griseus Kleiner Schlammläufer A,E,F
L. scolopaceus Großer Schlammläufer A,oB,E,F
L. semipalmatus Steppenschlammläufer oB,I {B}

CALIDRIDINAE - STRANDLÄUFER

APHRIZA
A. virgata Gischtläufer A,E,F
CALIDRIS
C. canutus Knutt A,B,C,E,F,I,J,K,L,M
C. tenuirostris Großer Knutt A,oB,H,I,J,K,L,M
C. alba Sanderling A,B,C,D,E,F,G,H,I,J,K,L,M,N
C. pusilla Sandstrandläufer A,E,F
C. mauri Bergstrandläufer A,oB,E,F

C. ruficollis Rotkehl-Strandläufer oB,I,J,K,L,M
C. minuta Zwergstrandläufer B,C,H
C. temminckii Temminckstrandläufer B,C,H,I,J
C. subminuta Langzehen-Strandläufer oB,H,J,K,L,M
C. minutilla Wiesenstrandläufer A,E,F
C. fuscicollis Weißbürzel-Strandläufer A,E,F
C. bairdii Bairdstrandläufer A,oB,E,F
C. melanotos Graubrust-Strandläufer A,oB,E,F
C. acuminata Spitzschwanz-Strandläufer oB,L,M,N,O
C. maritima Meerstrandläufer A,B
C. ptilocnemis Beringstrandläufer A,oB
C. alpina Alpenstrandläufer A,B,C,H,I
C. ferruginea Sichelstrandläufer B,C,D,H,J,K,L,M,N
EURYNORHYNCHUS
E. pygmeus Löffelstrandläufer oB,H,I {B}
LIMICOLA
L. falcinellus Sumpfläufer B,C,H,I,J,K,M
MICROPALAMA
M. himantopus Bindenstrandläufer A,E,F
TRYNGITES
T. subruficollis Grasläufer A,E,F
PHILOMACHUS
P. pugnax Kampfläufer B,C,H,I,M

58 THINOCORIDAE - HÖHENLÄUFER

ATTAGIS
A. gayi Rotbauch-Höhenläufer F
A. malouinus Weißbauch-Höhenläufer F
THINOCORUS
T. orbignyianus Graubrust-Höhenläufer F
T. rumicivorus Zwerghöhenläufer F

59 CHIONIDIDAE - SCHEIDEN-SCHNÄBEL

CHIONIS
C. alba Weißgesicht-Scheidenschnabel F,Q
C. minor Schwarzgesicht-Scheidenschnabel Q

60 STERCORARIIDAE - RAUBMÖWEN

CATHARACTA
C. skua Skua A,B,C,F
C. chilensis Chileskua F
C. maccormicki Antarktikskua O,Q
C. antarctica Subantarktikskua C,D,F,M,N,O
STERCORARIUS
S. pomarinus Spatelraubmöwe A,B,C,D,F,M
S. parasiticus Schmarotzerraubmöwe A,B,C,F,M
S. longicaudus Falkenraubmöwe A,B,C,F

61 LARIDAE - MÖWENVÖGEL

LARINAE - MÖWEN
GABIANUS
G. pacificus Dickschnabelmöwe M
G. scoresbii Blutschnabelmöwe F
PAGOPHILA
P. eburnea Elfenbeinmöwe A,B
LARUS
L. fuliginosus Lavamöwe G
L. modestus Graumöwe F
L. heermanni Heermannmöwe A,E
L. leucophthalmus Weißaugenmöwe wB,C {B}
L. hemprichii Hemprichmöwe wB,C
L. belcheri Schwanzbandmöwe F
L. crassirostris Japanmöwe oB
L. audouinii Korallenmöwe wB {B}
L. delawarensis Ringschnabelmöwe A,E
L. canus Sturmmöwe A,B
L. californicus Kaliforniermöwe A,E
L. dominicanus Dominikanermöwe C,F,N
L. livens Gelbfußmöwe A,E
L. occidentalis Westmöwe A,E
L. glaucescens Beringmöwe A,oB
L. hyperboreus Eismöwe A,B
L. glaucoides Polarmöwe A,B
L. schistisagus Kamtschatkamöwe oB
L. argentatus Silbermöwe A,B,E
L. vegae Ostsibirienmöwe oB
L. cachinnans Weißkopfmöwe B,C,H
L. armenicus Armeniermöwe wB,C
L. fuscus Heringsmöwe B,C
L. marinus Mantelmöwe A,B,E
L. ichthyaetus Fischmöwe B,C,H
L. atricilla Aztekenmöwe A,E,F
L. brunnicephalus Braunkopfmöwe oB,H,I,J,K,L
L. cirrocephalus Graukopfmöwe C,D,F
L. serranus Andenmöwe F
L. pipixcan Präriemöwe A,E,F
L. novaehollandiae Silberkopfmöwe C,M,N,O
L. melanocephalus Schwarzkopfmöwe wB
L. relictus Reliktmöwe oB {B}
L. bulleri Maorimöwe N
L. maculipennis Patagonienmöwe F
L. ridibundus Lachmöwe B,C,H,J
L. genei Dünnschnabelmöwe wB
L. philadelphia Bonapartemöwe A
L. minutus Zwergmöwe B
L. saundersi Saundersmöwe oB {B}
RHODOSTETHIA
R. rosea Rosenmöwe A,B
RISSA
R. tridactyla Dreizehenmöwe A,B,C
R. brevirostris Klippenmöwe A,oB
CREAGRUS
C. furcatus Gabelschwanzmöwe G
XEMA
X. sabini Schwalbenmöwe A,B,C

STERNINAE - SEESCHWALBEN
CHLIDONIAS
C. hybrida Weißbart-Seeschwalbe B,C,D,H,I,J,K,L,M
C. leucoptera Weißflügel-Seeschwalbe B,C,H,J,K,M
C. nigra Trauerseeschwalbe A,B,C,E,F
PHAETUSA
P. simplex Großschnabel-Seeschwalbe F
GELOCHELIDON
G. nilotica Lachseeschwalbe A,B,C,E,F,H,M
HYDROPROGNE
H. caspia Raubseeschwalbe A,B,C,H,I,J,M,N
STERNA
S. aurantia Hinduseeschwalbe oB,J,K
S. hirundinacea Falklandseeschwalbe F
S. hirundo Flußseeschwalbe A,B,C,E,F,H,J,K
S. paradisaea Küstenseeschwalbe A,B,C,F,Q
S. vittata Antarktikseeschwalbe C,N,Q
S. virgata Kerguelenseeschwalbe D,H,M {B}
S. forsteri Forsterseeschwalbe A,E
S. trudeaui Weißscheitel-Seeschwalbe F
S. dougallii Rosenseeschwalbe A,wB,C,D,H,I,J,K,M,O
S. striata Weißstirn-Seeschwalbe M,N
S. repressa Weißwangen-Seeschwalbe wB,C
S. sumatrana Schwarznacken-Seeschwalbe E,H,I,M,O
S. melanogaster Schwarzbauch-Seeschwalbe H,I
S. aleutica Aleutenseeschwalbe oB
S. lunata Brillenseeschwalbe J,K,P
S. anaethetus Zügelseeschwalbe C,D,E,F,H,J,K,L,M
S. fuscata Rußseeschwalbe B,C,E,H,I,J,L,M,O,P,Q
S. nereis Australseeschwalbe M,N,O
S. albostriata Graubauch-Seeschwalbe N {B}
S. superciliaris Amazonasseeschwalbe F
S. balaenarum Damaraseeschwalbe C {B}
S. lorata Peruseeschwalbe F
S. albifrons Zwergseeschwalbe B,C,H,I,J,K,L,M
S. antillarum Amerikanische Zwergseeschwalbe A,E,F
S. saundersii Orientseeschwalbe C,H
THALASSEUS
T. bergii Eilseeschwalbe wB,C,D,H,J,M
T. maximus Königsseeschwalbe A,C,E,F
T. bengalensis Rüppellseeschwalbe wB,C,D,H,I,J,K,M
T. bernsteini Bernsteinseeschwalbe oB,J {B}
T. elegans Schmuckseeschwalbe A,E,F
T. sandvicensis Brandseeschwalbe A,wB,C,E,F,H
LAROSTERNA
L. inca Inkaseeschwalbe F
PROCELSTERNA
P. cerulea Blaunoddi F,J,O,P
ANOUS
A. stolidus Noddi C,D,E,F,G,H,I,J,O,P
A. tenuirostris Schlankschnabelnoddi D,M
A. minutus Weißkopfnoddi C,E,F,J,L,O,P
GYGIS
G. alba Feenseeschwalbe C,D,F,J,O,P

62 RYNCHOPIDAE - SCHEREN-SCHNÄBEL

RYNCHOPS
R. niger Amerikanischer Scherenschnabel A,E,F
R. flavirostris Afrikanischer Scherenschnabel C
R. albicollis Indischer Scherenschnabel H,I

63 ALCIDAE - ALKE

ALLE
A. alle Krabbentaucher A,wB
ALCA
A. torda Tordalk A,wB
URIA
U. lomvia Dickschnabellumme A,B
U. aalge Trottellumme A,B
CEPPHUS
C. grylle Gryllteiste A,wB
C. columba Taubenteiste A,oB
C. carbo Brillenteiste oB
BRACHYRAMPHUS
B. marmoratus Marmelalk A,oB
B. brevirostris Kurzschnabelalk A,oB
B. hypoleucus Lummenalk A
B. craveri Craverialk A,E
SYNTHLIBORAMPHUS
S. antiquus Silberalk A,oB
S. wumizusume Japanalk oB {B}
PTYCHORAMPHUS
P. aleuticus Aleutenalk A,oB
CYCLORRHYNCHUS
C. psittacula Rotschnabelalk A,oB
AETHIA
A. cristatella Schopfalk A,oB
A. pusilla Zwergalk A,oB
A. pygmaea Bartalk oB
CERORHINCA
C. monocerata Nashornalk A,oB
FRATERCULA
F. arctica Papageitaucher A,wB
F. corniculata Hornlund A,oB
LUNDA
L. cirrhata Gelbschopflund A,oB

PTEROCLIDIFORMES - FLUG-HÜHNER

64 PTEROCLIDIDAE - FLUGHÜHNER

SYRRHAPTES
S. tibetanus Tibetflughuhn oB,H
S. paradoxus Steppenflughuhn oB
PTEROCLES
P. alchata Spießflughuhn B,H
P. namaqua Namaflughuhn C
P. exustus Braunbauchflughuhn B,C,H
P. senegallus Tropfenflughuhn B,H
P. orientalis Sandflughuhn B,H
P. coronatus Kronenflughuhn B,H
P. gutturalis Gelbkehl-Flughuhn C
P. burchelli Fleckenflughuhn C
P. personatus Madagaskarflughuhn D
P. decoratus Schmuckflughuhn C
P. lichtensteinii Wellenflughuhn wB,C,H
P. bicinctus Nachtflughuhn C
P. indicus Bindenflughuhn H
P. quadricinctus Buschflughuhn C

COLUMBIFORMES - TAUBEN

65 COLUMBIDAE - TAUBEN

COLUMBA
C. livia Felsentaube B,C,H
C. rupestris Klippentaube oB
C. leuconota Schneetaube oB
C. guinea Guineataube C
C. albitorques Weißringtaube C
C. oenas Hohltaube B
C. eversmanni Gelbaugentaube oB,H
C. oliviae Somalitaube C {B}
C. palumbus Ringeltaube wB,H
C. trocaz Silberhalstaube wB {B}
C. bollii Bolles Lorbeertaube wB {B}
C. unicincta Kongotaube C
C. junoniae Lorbeertaube wB {B}
C. sjostedi Rotschnabel-Oliventaube C
C. arquatrix Oliventaube C
C. thomensis Langschwanz-Oliventaube C {B}
C. pollenii Komorentaube D
C. hodgsonii Schwarzschnabel-Oliventaube oB,H,I
C. albinucha Weißgenicktaube C
C. pulchricollis Himalayataube C,I
C. elphinstonii Nilgiritaube H {B}
C. torringtoni Ceylontaube H {B}
C. punicea Kupfertaube H,I,J {B}
C. argentina Silbertaube J {B}
C. palumboides Andamanentaube I
C. janthina Veilchentaube oB,J
C. vitiensis Weißwangentaube J,K,L,O
C. leucomela Weißbrusttaube M
C. jouyi Silberbandtaube J {+}
C. pallidiceps Gelbfußtaube L,O {B}

TAUBEN

C. leucocephala Weißscheiteltaube A,E
C. squamosa Antillentaube E
C. speciosa Schuppenbauchtaube E,F
C. picazuro Picazurotaube F
C. corensis Nacktaugentaube E,F
C. maculosa Fleckentaube F
C. fasciata Bandtaube E,F
C. araucana Araukanertaube F
C. caribaea Karibentaube E {B}
C. cayennensis Rotrückentaube E,F
C. flavirostris Rotschnabeltaube E,F
C. oenops Perutaube F
C. inornata Rosenschultertaube E
C. plumbea Weintaube F
C. subvinacea Purpurtaube E,F
C. nigrirostris Kurzschnabeltaube E
C. goodsoni Goodsontaube F
C. delegorguei Bronzehalstaube C
C. iriditorques Glanzkopftaube C
C. malherbii Malherbetaube C
C. mayeri Rosentaube D {B}
STREPTOPELIA
S. turtur Turteltaube B,C
S. lugens Trauerturteltaube C
S. hypopyrrha Adamauaturteltaube C
S. orientalis Orientturteltaube oB,H,I
S. bitorquata Kichertaube J,K
S. decaocto Türkentaube B,I
S. roseogrisea Lachtaube wB,C
S. reichenowi Reichenowtaube C
S. decipiens Brillentaube C
S. semitorquata Halbmondtaube C
S. capicola Gurrtaube C
S. vinacea Röteltaube C
S. tranquebarica Zwerglachtaube oB,H,I,J
S. picturata Madagaskarturteltaube D,H
S. chinensis Perlhalstaube oB,H,I,J
S. senegalensis Palmtaube B,C,H
APLOPELIA
A. larvata Zimttaube C
MACROPYGIA
M. unchall Bindenschwanztaube oB,H,I,J
M. amboinensis Kuckuckstaube J,K,L,M
M. phasianella Maronentaube K,L,M
M. cinnamomea Engganotaube J
M. emiliana Indonesiertaube J
M. magna Schweiftaube J,K
M. rufipennis Rotsteißtaube I
M. nigrirostris Kastanientaube L
M. mackinlayi Mackinlaytaube J,L,O
M. ruficeps Rotmanteltaube I,J,K
REINWARDTOENA
R. reinwardtsi Reinwardttaube K,L
R. browni Schwarztaube O
R. crassirostris Helmtaube O
TURACOENA
T. manadensis Manadotaube K
T. modesta Timortaube K
TURTUR
T. chalcospilos Bronzeflecktaube C
T. abyssinicus Erzflecktaube C
T. afer Stahlflecktaube C
T. tympanistria Tamburintaube C
T. brehmeri Blaukopftaube C
OENA
O. capensis Kaptäubchen C,D
CHALCOPHAPS
C. indica Glanzkäfertaube oB,H,I,J,K,L,M,O
C. stephani Stephantaube K,L,O
HENICOPHAPS
H. albifrons Weißstirntaube K,L
H. foersteri Rotscheiteltaube O
PHAPS
P. chalcoptera Bronzeflügeltaube M
P. elegans Buschtaube M
P. histrionica Harlekintaube M
OCYPHAPS
O. lophotes Spitzschopftaube M
PETROPHASSA
P. plumifera Rotschopftaube M
P. ferruginea Sekretärtaube M
P. scripta Buchstabentaube M
P. smithii Schuppenbrusttaube M
P. rufipennis Rotspiegeltaube M
P. albipennis Weißspiegeltaube M
GEOPELIA
G. cuneata Diamanttäubchen M
G. striata Sperbertäubchen I,J,L,M
G. maugei Zebratäubchen J,K,L
G. placida Friedenstäubchen M
G. humeralis Kupfernackentäubchen L,M
LEUCOSARCIA
L. melanoleuca Wongataube M
ZENAIDA
Z. macroura Carolinataube A,E,F
Z. auriculata Ohrflecktaube E,F
Z. aurita Liebestaube E
Z. galapagoensis Galapagostaube G
Z. asiatica Weißflügeltaube A,E,F
COLUMBINA
C. passerina Sperlingstäubchen A,E,F
C. minuta Zwergtäubchen E
C. buckleyi Blaßtäubchen F
C. talpacoti Rosttäubchen E,F
C. picui Picuitäubchen F
C. cruziana Goldschnabeltäubchen F
C. cyanopis Blauaugentäubchen F {B}
CLARAVIS
C. pretiosa Schmucktäubchen E,F
C. godefrida Purpurbindentäubchen F {B}
C. mondetoura Mondetourtäubchen F
METRIOPELIA
M. ceciliae Nacktgesichttäubchen F
M. morenoi Morenotäubchen F
M. melanoptera Weißbugtäubchen F
M. aymara Aymaratäubchen F
SCARDAFELLA
S. inca Inkatäubchen A,E
S. squammata Schuppentäubchen A,E,F
UROPELIA
U. campestris Campostäubchen F
LEPTOTILA
L. verreauxi Blauringtaube E,F
L. megalura Weißgesichttaube F
L. rufaxilla Rotachseltaube E,F
L. plumbeiceps Bonapartetaube E
L. pallida Fahltaube F
L. wellsi Welltaube E {B}
L. jamaicensis Jamaikataube E
L. cassini Cassintaube E,F
L. ochraceiventris Ockerbauchtaube F {B}
L. conoveri Tolimataube F {B}
GEOTRYGON
G. lawrencii Purpurrückentaube E
G. costaricensis Costa-Rica-Taube E
G. goldmani Goldmantaube E
G. saphirina Saphirtaube F
G. caniceps Gundlachtaube E {B}
G. versicolor Kurzschopftaube E
G. veraguensis Verraguataube E,F
G. linearis Streifentaube E,F
G. frenata Zügeltaube F
G. chrysia Bahamataube E
G. mystacea Schnurrbarttaube E
G. violacea Bischofstaube E,F
G. montana Bergtaube E,F
STARNOENAS
S. cyanocephala Kubataube E {B}
CALOENAS
C. nicobarica Kragentaube I,J,L,O {B}
GALLICOLUMBA
G. luzonica Dolchstichtaube J
G. criniger Brandtaube J
G. platenae Platentaube J {B}
G. keayi Negrostaube J {B}
G. menagei Tawitawitaube J {B}
G. rufigula Goldbrusttaube K,L
G. tristigmata Hopftaube K
G. jobiensis Jobitaube L,O
G. kubaryi Karolinentaube O
G. erythroptera Tahititaube O {B}
G. xanthonura Jungferntaube J,O
G. stairi Purpurschultertaube O
G. sanctaecrucis Santa-Cruz-Taube J {B}
G. salamonis San-Cristobal-Taube J {B}
G. rubescens Marquesastaube O {B}
G. beccarii Graubrusttaube L,O
G. canifrons Graustirntaube J
G. hoedtii Wetartaube K {B}
TRUGON
T. terrestris Erdtaube L
MICROGOURA
M. meeki Salomonentaube O {B}
OTIDIPHAPS
O. nobilis Fasantaube K,L
GOURA
G. cristata Krontaube L {B}
G. scheepmakeri Maronenbrust-Krontaube L {B}
G. victoria Fächertaube L {B}
DIDUNCULUS
D. strigirostris Zahntaube O {B}
PHAPITRERON
P. leucotis Ohrstreiftaube J
P. amethystina Amethysttaube J
TRERON
T. fulvicollis Zimtkopf-Grüntaube J,K
T. olax Graukopf-Grüntaube J
T. vernans Frühlingstaube I,J,K,L
T. bicincta Bindengrüntaube H,I,J
T. pompadora Pompadourtaube H,I,J,K
T. curvirostra Papageischnabeltaube H,I,J,K
T. griseicauda Graumaskentaube J,K
T. teysmanni Teysmanntaube K {B}
T. floris Floresgrüntaube J,K
T. psittacea Timorgrüntaube K {B}
T. capellei Dickschnabeltaube J {B}
T. phoenicoptera Rotschultertaube H,I
T. waalia Waaliataube C
T. australis Graunasen-Grüntaube D
T. calva Rotnasen-Grüntaube C
T. pembaensis Pembagrüntaube C
T. sanctithomae Sao-Tomé-Grüntaube C
T. apicauda Spitzschwanz-Grüntaube H,I
T. oxyura Gelbbauch-Grüntaube J
T. seimundi Weißbauch-Grüntaube I,J
T. sphenura Keilschwanz-Grüntaube oB,H,I,J
T. sieboldii Sieboldgrüntaube oB,I,J
T. formosae Formosagrüntaube oB,E,J
PTILINOPUS
P. cincta Weißkopf-Fruchttaube J,K
P. alligator Graubauch-Fruchttaube M
P. dohertyi Rahmkopf-Fruchttaube K {B}
P. porphyrea Rothals-Fruchttaube J
P. marchei Blutschwingen-Fruchttaube J
P. merrilli Merrillfruchttaube J
P. occipitalis Gelbbrust-Fruchttaube J
P. fischeri Rotohr-Fruchttaube K
P. jambu Jambufruchttaube J
P. subgularis Braunkinn-Fruchttaube K
P. leclancheri Schwarzkinn-Fruchttaube J
P. bernsteinii Scharlachbrust-Fruchttaube K
P. magnificus Purpurbrust-Fruchttaube L,M
P. perlatus Perlenfruchttaube L
P. ornatus Schmuckfruchttaube L
P. tannensis Silberfleck-Fruchttaube O
P. aurantiifrons Goldstirn-Fruchttaube L
P. wallacii Weißkehl-Fruchttaube K,L
P. superbus Prachtfruchttaube K,L,M
P. perousii Perousefruchttaube O
P. porphyraceus Purpurscheitel-Fruchttaube O
P. pelewensis Palaufruchttaube J
P. rarotongensis Rarotongafruchttaube N
P. roseicapilla Rosenkopf-Fruchttaube J {B}
P. regina Königsfruchttaube J,K,L,M
P. richardsii Silberkappen-Fruchttaube O
P. purpuratus Tahitifruchttaube O
P. greyii Greyfruchttaube O
P. huttoni Rapafruchttaube O {B}
P. dupetithouarsii Weißkappen-Fruchttaube O
P. mercierii Rotbart-Fruchttaube O {†?}
P. insularis Silberwangen-Fruchttaube O
P. coronulatus Veilchenkappen-Fruchttaube K,L
P. pulchellus Rotkappen-Fruchttaube L
P. monacha Blaukappen-Fruchttaube K
P. rivoli Korallenfruchttaube K,L
P. solomonensis Gelbbauch-Fruchttaube L,O
P. viridis Rotlatz-Fruchttaube K,L,M,O
P. eugeniae Schneekopf-Fruchttaube O
P. iozonus Orangebauch-Fruchttaube K,L
P. insolitus Knopffruchttaube L,O
P. hyogaster Blaukopf-Fruchttaube K
P. granulifrons Karunkelfruchttaube K {B}
P. melanospila Schwarzkappen-Fruchttaube J,K
P. naina Zwergfruchttaube L
P. arcanus Negrosfruchttaube J {B}
P. victor Orangetaube O
P. luteovirens Goldtaube O
P. layardi Smaragdtaube O
DREPANOPTILA
D. holosericea Spaltschwingentaube O {B}
ALECTROENAS
A. madagascariensis Madagaskarfruchttaube D
A. sganzini Komorenfruchttaube D
A. pulcherrima Warzenfruchttaube D
DUCULA
D. poliocephala Graukopf-Fruchttaube J
D. forsteni Weißbauch-Fruchttaube K
D. mindorensis Mindorofruchttaube J {B}
D. radiata Rotflanken-Fruchttaube K

D. carola Hufeisen-Fruchttaube J
D. aenea Bronzefruchttaube H,I,J,K
D. perspicillata Brillenfruchttaube K
D. concinna Blauschwanz-Fruchttaube K,L
D. pacifica Tongafruchttaube L,O
D. oceanica Karolinenfruchttaube J,O
D. aurorae Aurorafruchttaube O {B}
D. galeata Marquesasfruchttaube O {B}
D. rubricera Rothöcker-Fruchttaube L,O
D. myristicivora Schwarzhöcker-Fruchttaube L
D. rufigaster Rostbauch-Fruchttaube L
D. basilica Halmaherafruchttaube K
D. finschii Finschfruchttaube L
D. chalconota Bronzerücken-Fruchttaube L
D. pistrinaria Nelkenfruchttaube L,O
D. rosacea Inselfruchttaube K
D. whartoni Weihnachtsfruchttaube J {B}
D. pickeringii Pickeringfruchttaube J,K {B}
D. latrans Braunschwanz-Fruchttaube O
D. brenchleyi Brenchleyfruchttaube O
D. bakeri Kurzflügel-Fruchttaube O
D. goliath Riesenfruchttaube O {B}
D. pinon Rotaugen-Fruchttaube L
D. melanochroa Mohrenfruchttaube L
D. mullerii Schwarzhals-Fruchttaube K,L
D. zoeae Halsband-Fruchttaube L
D. badia Fahlbauch-Fruchttaube H,I,J
D. lacernulata Schwarzrüchen-Fruchttaube J
D. cineracea Schieferrücken-Fruchttaube K
D. bicolor Zweifarben-Fruchttaube I,J,K
D. luctuosa Elsterfruchttaube J,K
D. spilorrhoa Kaiserfruchttaube K,L,M
LOPHOLAIMUS
L. antarcticus Haubenfruchttaube M
HEMIPHAGA
H. novaeseelandiae Maorifruchttaube N
CRYPTOPHAPS
C. poecilorrhoa Fleckenbauch-Fruchttaube K
GYMNOPHAPS
G. albertisii Albertistaube K,L
G. mada Madataube K
G. solomonensis Malaitataube O

PSITTACIFORMES - PAPAGEIEN

66 LORIIDAE - LORIS

CHALCOPSITTA
C. atra Schwarzlori L
C. duivenbodei Braunlori L
C. sintillata Schimmerlori K,L
C. cardinalis Kardinallori O
EOS
E. cyanogenia Schwarzschulterlori M {B}
E. squamata Kapuzenlori K,L
E. reticulata Strichellori J,L {B}
E. histrio Harlekinlori K {B}
E. bornea Rotlori K
E. semilarvata Halbmaskenlori K
PSEUDEOS
P. fuscata Weißbürzellori L
TRICHOGLOSSUS
T. ornatus Schmucklori K
T. haematodus Allfarblori J,K,L,M,O
T. rubiginosus Kirschlori O
T. johnstoniae Mindanaolori J
T. flavoviridis Celebeslori J,K
T. chlorolepidotus Schuppenlori M
T. euteles Gelbkopflori K
T. versicolor Buntlori M
T. iris Irislori K
T. goldiei Veilchenlori L
LORIUS
L. hypoinochrous Schwarzsteißlori L
L. lory Frauenlori L
L. albidinuchus Weißnackenlori O
L. amabilis Louisiadenlori O
L. chlorocercus Grünschwanzlori O
L. domicellus Erzlori K {B}
L. garrulus Prachtlori K
PHIGYS
P. solitarius Einsiedlerlori O
VINI
V. australis Blaukäppchen O
V. kuhlii Rubinlori O {B}
V. stepheni Hendersonlori O {B}
V. peruviana Saphirlori O {B}
V. ultramarina Ultramarinlori O {B}
GLOSSOPSITTA
G. concinna Moschuslori M
G. pusilla Zwergmoschuslori M
G. porphyreocephala Blauscheitellori M
CHARMOSYNA
C. palmarum Falmenlori O
C. rubrigularis Rotkinnlori L,O
C. meeki Salomonenlori O
C. toxopei Burulori K {B}
C. multistriata Streifenlori L
C. wilhelminae Elfenlori L
C. rubronotata Rotstirnlori L
C. placentis Schönlori K,L,O
C. diadema Diademlori O {B}
C. amabilis Rothöschen O
C. margarethae Margarethenlori O
C. pulchella Goldstrichellori L
C. josefinae Josefinenlori L
C. papou Papualori L
OREOPSITTACUS
O. arfaki Arfaklori L
NEOPSITTACUS
N. musschenbroekii Gelbschnabel-Berglori L
N. pullicauda Orangeschnabel-Berglori L

67 CACATUIDAE - KAKADUS

CACATUINAE - KAKADUS
PROBOSCIGER
P. aterrimus Arakakadu L,M
CALYPTORHYNCHUS
C. funereus Rußkakadu M
C. magnificus Rabenkakadu M
C. lathami Braunkopfkakadu M
CALLOCEPHALON
C. fimbriatum Helmkakadu M
EOLOPHUS
E. roseicapillus Rosakakadu M
CACATUA
C. leadbeateri Inkakakadu M
C. sulphurea Gelbwangenkakadu J,K {B}
C. galerita Gelbhaubenkakadu L,M
C. ophthalmica Brillenkakadu O
C. moluccensis Molukkenkakadu K {B}
C. alba Weißhaubenkakadu K {B}
C. haematuropygia Rotsteißkakadu J {B}
C. goffini Goffinkakadu L {B}
C. sanguinea Nacktaugenkakadu M
C. tenuirostris Nasenkakadu M
C. pastinator Wühlerkakadu M
C. ducorps Salomonenkakadu O

NYMPHICINAE - NYMPHENSITTICHE
NYMPHICUS
N. hollandicus Nymphensittich M

68 PSITTACIDAE -PAPAGEIEN

NESTORINAE - NESTORPAPAGEIEN
NESTOR
N. notabilis Kea N
N. meridionalis Kaka N

MICROPSITTINAE - SPECHTPAPAGEIEN
MICROPSITTA
M. pusio Braunstirn-Spechtpapagei L
M. keiensis Gelbkappen-Spechtpapagei L
M. geelvinkiana Geelvinkspechtpapagei L
M. meeki Meekspechtpapagei L
M. finschii Salomonenspechtpapagei L,O
M. bruijnii Rotbrust-Spechtpapagei K,L,O

PSITTACINAE - PAPAGEIEN
OPOPSITTA
O. gulielmitertii Orangebrust-Zwergpapagei L
O. diophthalma Rotwangen-Zwergpapagei L,M
PSITTACULIROSTRIS
P. desmarestii Buntbrust-Zwergpapagei L
P. edwardsii Edwardszwergpapagei L
P. salvadorii Salvadorizwergpapagei L {B}
BOLBOPSITTACUS
B. lunulatus Stummelschwanzpapagei J
PSITTINUS
P. cyanurus Rotachselpapagei J
PSITTACELLA
P. brehmii Brehmpapagei L
P. picta Braunscheitelpapagei L
P. modesta Olivpapagei L
P. maderaszi Maderaszpapagei L
GEOFFROYUS
G. geoffroyi Rotkopfpapagei J,K,L,M
G. simplex Blauhalspapagei L
G. heteroclitus Bismarckpapagei L,O
PRIONITURUS
P. luconensis Luzon-Spatelschwanzpapagei J {B}
P. discurus Philippinen-Spatelschwanzpapagei J
P. platenae Palawan-Spatelschwanzpapagei J
P. verticalis Sulu-Spatelschwanzpapagei J
P. waterstradti Mindanao-Spatelschwanzpapagei J
P. montanus Motmotpapagei J
P. flavicans Flaggenschwanzpapagei K
P. platurus Goldmantelpapagei K
P. mada Madapapagei K {B}
TANYGNATHUS
T. megalorhynchos Schwarzschulterpapagei J,K,L
T. lucionensis Blaunackenpapagei J
T. sumatranus Everettpapagei J,K
T. gramineus Burupapagei K
ECLECTUS
E. roratus Edelpapagei K,L,M,O
PSITTRICHAS
P. fulgidus Borstenkopf L
PROSOPEIA
P. tabuensis Pompadoursittich O
P. splendens Fidschisittich O
P. personata Maskensittich O
ALISTERUS
A. scapularis Königssittich M
A. chloropterus Papuasittich L
A. amboinensis Amboinasittich K,L
APROSMICTUS
A. erythropterus Rotflügelsittich L,M
A. jonquillaceus Timorsittich K
POLYTELIS
P. swainsonii Schildsittich M
P. anthopeplus Bergsittich M
P. alexandrae Alexandrasittich M {B}
PURPUREICEPHALUS
P. spurius Kappensittich M
BARNARDIUS
B. barnardi Barnardsittich M
B. zonarius Ringsittich M
PLATYCERCUS
P. caledonicus Gelbbauchsittich M
P. elegans Pennantsittich M
P. flaveolus Strohsittich M
P. adelaidae Adelaidesittich M
P. eximius Rosella M
P. adscitus Blaßkopfrosella M
P. venustus Brownsittich M
P. icterotis Gelbwangenrosella M
PSEPHOTUS
P. haematonotus Singsittich M
P. varius Vielfarbensittich M
P. haematogaster Blutbauchsittich M
P. chrysopterygius Goldschultersittich M {B}
P. pulcherrimus Paradiessittich M {B}
CYANORAMPHUS
C. unicolor Einfarbsittich N {B}
C. novaezelandiae Ziegensittich N,O
C. auriceps Springsittich N
C. cornutus Hornsittich N,O
NEOPHEMA
N. bourkii Bourkesittich M
N. chrysostoma Feinsittich M
N. elegans Schmucksittich M
N. petrophila Klippensittich M
N. chrysogaster Goldbauchsittich M {B}
N. pulchella Schönsittich M
N. splendida Glanzsittich M {B}
LATHAMUS
L. discolor Schwalbensittich M
MELOPSITTACUS
M. undulatus Wellensittich M
PEZOPORUS
P. wallicus Erdsittich M {B}
GEOPSITTACUS
G. occidentalis Höhlensittich M {B}
CORACOPSIS
C. vasa Großer Vasa D
C. nigra Rabenpapagei D
PSITTACUS
P. erithacus Graupapagei C
POICEPHALUS
P. robustus Kappapagei C
P. gulielmi Kongopapagei C
P. cryptoxanthus Braunkopfpapagei C
P. crassus Niamniampapagei C
P. senegalus Mohrenkopf C
P. rufiventris Rotbauch-Mohrenkopf C
P. meyeri Goldbugpapagei C
P. rueppellii Rüppellpapagei C

PAPAGEIEN BIS KUCKUCKE

P. flavifrons Schoapapagei C
AGAPORNIS
A. cana Grauköpfchen D
A. pullaria Orangeköpfchen C
A. taranta Tarantapapagei C
A. swinderniana Grünköpfchen C
A. roseicollis Rosenköpfchen C
A. fischeri Pfirsichköpfchen C
A. personata Schwarzköpfchen C
A. lilianae Erdbeerköpfchen C
A. nigrigenis Rußköpfchen C {B}
LORICULUS
L. vernalis Frühlingspapageichen H,I
L. beryllinus Ceylonpapageichen H
L. philippensis Philippinenpapageichen J
L. galgulus Blaukrönchen J
L. stigmatus Rotplättchen K
L. catamene Rotsteißpapageichen K {B}
L. amabilis Zierpapageichen K
L. exilis Däumlingspapageichen K
L. flosculus Florespapageichen K
L. pusillus Elfenpapageichen J
L. aurantiifrons Goldstirnpapageichen K,L
PSITTACULA
P. eupatria Großer Alexandersittich H,I
P. krameri Halsbandsittich C,H,I
P. echo Mauritiussittich D
P. himalayana Himalayasittich H,I
P. cyanocephala Pflaumenkopfsittich H
P. roseata Rosenkopfsittich H,I
P. intermedia Mittelsittich H {B}
P. columboides Taubensittich H
P. calthorpae Blauschwanzsittich H
P. derbiana Chinasittich H,I
P. alexandri Bartsittich H,I,J,K
P. caniceps Graukopfsittich I {B}
P. longicauda Langschwanzsittich I,J
ANODORHYNCHUS
A. hyancinthinus Hyazinthara F {B}
A. glaucus Türkisara F {†?}
A. leari Learara F {B}
CYANOPSITTA
C. spixii Spixara F {B}
ARA
A. ararauna Ararauna E,F
A. glaucogularis Blaukehlara F {B}
A. militaris Soldatenara E,F
A. ambigua Bechsteinara E,F
A. macao Arakanga E,F
A. chloroptera Grünflügelara E,F
A. rubrogenys Rotohrara F {B}
A. auricollis Halsbandara F
A. severa Rotbugara E,F
A. manilata Rotbauchara F
A. maracana Maracana F
A. couloni Blaukopfara F
A. nobilis Zwergara F
ARATINGA
A. acuticaudata Spitzschwanzsittich F
A. guarouba Goldsittich F {B}
A. holochlora Grünsittich E
A. strenua Mexikosittich E
A. finschi Veraguasittich E
A. wagleri Columbiasittich E,F
A. mitrata Rotmaskensittich F
A. erythrogenys Guayaquilsittich F
A. leucophthalmus Pavuasittich F
A. chloroptera Haitisittich E
A. euops Kubasittich E {B}
A. auricapilla Goldkopfsittich F {B}
A. jandaya Jendayasittich F
A. solstitialis Sonnensittich F
A. weddellii Weddellsittich F
A. nana Aztekensittich E
A. canicularis Elfenbeinsittich E
A. pertinax Braunwangensittich E,F,G
A. cactorum Kaktussittich F
A. aurea Goldstirnsittich F
NANDAYUS
N. nenday Nandaysittich F
LEPTOSITTACA
L. branickii Pinselsittich F {B}
OGNORHYNCHUS
O. icterotis Gelbohrsittich F {B}
RHYNCHOPSITTA
R. pachyrhyncha Kiefernsittich E {B}
R. terrisi Maronenstirnsittich E {B}
CYANOLISEUS
C. patagonus Felsensittich F
PYRRHURA
P. cruentata Blaulatzsittich F {B}
P. devillei Devillesittich F
P. frontalis Braunohrsittich F
P. perlata Blausteißsittich F {B}
P. rhodogaster Rotbauchsittich F
P. molinae Molinasittich F
P. leucotis Weißohrsittich F
P. picta Rotzügelsittich E,F
P. viridicata Santa-Marta-Sittich F
P. egregia Feuerbugsittich F
P. melanura Braunschwanzsittich F
P. orcesi Orcessittich F
P. rupicola Schwarzkappensittich F
P. albipectus Weißhalssittich F {B}
P. calliptera Braunbrustsittich F {B}
P. hoematotis Blutohrsittich F
P. rhodocephala Rotkopfsittich F
P. hoffmanni Hoffmannsittich E
ENICOGNATHUS
E. ferrugineus Smaragdsittich F
E. leptorhynchus Langschnabelsittich F
MYIOPSITTA
M. monachus Mönchsittich F
BOLBORHYNCHUS
B. aymara Aymarasittich F
B. aurifrons Zitronensittich F
B. lineola Katharinasittich E,F
B. orbygnesius Andensittich F
B. ferrugineifrons Rotstirnsittich F {B}
FORPUS
F. cyanopygius Blaubürzel-Sperlingspapagei E,F
F. passerinus Grünbürzel-Sperlingspapagei F
F. xanthopterygius Blauflügel-Sperlingspapagei F
F. conspicillatus Brillensperlingspapagei F
F. sclateri Schwarzschnabel-Sperlingspapagei F
F. coelestis Himmelsperlingspapagei F
F. xanthops Gelbmasken-Sperlingspapagei F
BROTOGERIS
B. tirica Tirikasittich F
B. versicolurus Weißflügelsittich F
B. pyrrhopterus Feuerflügelsittich F {B}
B. jugularis Tovisittich F
B. cyanoptera Kobaltflügelsittich F
B. chrysopterus Braunkinnsittich F
B. sanctithomae Tuisittich F
NANNOPSITTACA
N. panychlora Tepuisittich F
TOUIT
T. batavica Siebenfarbenpapagei F
T. huetii Schwarzstirnpapagei F
T. dilectissima Kronenpapagei F
T. purpurata Purpurschwanzpapagei F
T. melanonota Braunrückenpapagei F {B}
T. surda Gelbschwanzpapagei F {B}
T. stictoptera Tüpfelpapagei F {B}
PIONITES
P. melanocephala Grünzügelpapagei F
P. leucogaster Rostkappenpapagei F
PIONOPSITTA
P. pileata Scharlachkopfpapagei F
P. haematotis Grauwangenpapagei E,F
P. pulchra Rosenwangenpapagei F
P. barrabandi Goldwangenpapagei F
P. pyrilia Goldkopfpapagei E,F
P. caica Kappenpapagei F
GYPOPSITTA
G. vulturina Kahlkopfpapagei F
HAPALOPSITTACA
H. melanotis Schwarzflügelpapagei F
H. amazonina Zwergamazone F {B}
GRAYDIDASCALUS
G. brachyurus Kurzschwanzpapagei F
PIONUS
P. menstruus Schwarzohrpapagei F
P. sordidus Dunenkopfpapagei F
P. maximiliani Maximilianpapagei F
P. tumultuosus Purpurstirnpapagei F
P. seniloides Greisenkopfpapagei F
P. senilis Glatzenkopfpapagei E
P. chalcopterus Glanzflügelpapagei F
P. fuscus Veilchenpapagei F
AMAZONA
A. collaria Jamaikaamazone E
A. leucocephala Kubaamazone E
A. ventralis Haitiamazone E
A. albifrons Weißstirnamazone E
A. xantholora Goldzügelamazone E
A. agilis Rotspiegelamazone E
A. vittata Puerto-Rico-Amazone E {B}
A. tucumana Tucumanamazone F
A. pretrei Prachtamazone F {B}
A. viridigenalis Grünwangenamazone E {B}
A. finschi Blaukappenamazone E
A. autumnalis Rotstirnamazone E,F
A. brasiliensis Rotschwanzamazone F {B}
A. rhodocorytha Rotscheitelamazone F {B}
A. dufresniana Goldmaskenamazone F
A. festiva Blaubartamazone F
A. xanthops Goldbauchamazone F {B}
A. barbadensis Gelbflügelamazone E,F {B}
A. aestiva Rotbugamazone F
A. auropalliata Gelbnackenamazone E
A. ochrocephala Gelbscheitelamazone E,F
A. oratrix Gelbkopfamazone E
A. amazonica Venezuelaamazone E,F
A. mercenaria Soldatenamazone F
A. farinosa Mülleramazone E,F
A. vinacea Taubenhalsamazone F {B}
A. versicolor Blaustirnamazone E {B}
A. arausiaca Blaukopfamazone E {B}
A. guildingii Königsamazone E {B}
A. imperialis Kaiseramazone E {B}
DEROPTYUS
D. accipitrinus Fächerpapagei F
TRICLARIA
T. malachitacea Blaubauchpapagei F {B}

STRIGOPINAE - EULENPAPAGEIEN
STRIGOPS
S. habroptilus Kakapo N {B}

CUCULIFORMES - KUCKUCKSVÖGEL

69 MUSOPHAGIDAE - TURAKOS

CORYTHAEOLA
C. cristata Riesenturako C
CRINIFER
C. piscator Schwarzschwanz-Lärmvogel C
C. zonurus Bindenlärmvogel C
CORYTHAIXOIDES
C. concolor Graulärmvogel C
C. personata Nacktkehl-Lärmvogel C
CRINIFEROIDES
C. leucogaster Weißbauch-Lärmvogel C
MUSOPHAGA
M. porphyreolopha Glanzhaubenturako C
M. johnstoni Kammschnabelturako C
M. violacea Schildturako C
M. rossae Rossturako C
TAURACO
T. persa Guineaturako C
T. schuetti Schwarzschnabelturako C
T. fischeri Fischerturako C
T. erythrolophus Rotschopfturako C
T. bannermani Bannermanturako C {B}
T. macrorhynchus Blaurückenturako C
T. hartlaubi Seidenturako C
T. leucotis Weißohrturako C
T. ruspolii Ruspoliturako C {B}
T. leucolophus Weißhaubenturako C

70 OPISTHOCOMIDAE - HOATZINE

OPISTHOCOMUS
O. hoazin Hoatzin C

71 CUCULIDAE - KUCKUCKE

CUCULINAE - KUCKUCKE
CLAMATOR
C. glandarius Häherkuckuck B,C
C. coromandus Koromandelkuckuck oB,H,I,J
OXYLOPHUS
O. jacobinus Jakobinerkuckuck C,H,I
O. levaillantii Kapkuckuck C
PACHYCOCCYX
P. audeberti Dickschnabelkuckuck C,D
CUCULUS
C. crassirostris Minahassakuckuck K
C. sparverioides Sperberkuckuck H,I,J,K
C. varius Wechselkuckuck H
C. vagans Bartkuckuck I,J
C. fugax Fluchtkuckuck oB,H,I,J
C. solitarius Einsiedlerkuckuck C
C. clamosus Schwarzkuckuck C
C. micropterus Kurzflügelkuckuck oB,H,I,J
C. canorus Kuckuck B,C,H,I,J,K,L
C. gularis Afrikanerkuckuck C

C. saturatus Hopfkuckuck oB,H,I,J,K
C. poliocephalus Gackelkuckuck oB,H
C. rochii Madagaskarkuckuck D
C. pallidus Blaßkuckuck M
CERCOCOCCYX
C. mechowi Schweifkuckuck C
C. olivinus Olivkuckuck C
C. montanus Bergkuckuck C
PENTHOCERYX
P. sonneratii Sonneratkuckuck H,I,J
CACOMANTIS
C. merulinus Klagekuckuck H,I,J,K
C. variolosus Buschkuckuck K,L,M,O
C. sepulcralis Friedhofskuckuck J,K
C. castaneiventris Rostbauchkuckuck L,M
C. heinrichi Molukkenkuckuck K
C. pyrrhophanus Fächerschwanzkuckuck L,M,O
RHAMPHOMANTIS
R. megarhynchus Langschnabelkuckuck K,L
MISOCALIUS
M. osculans Schwarzohrkuckuck K,L,M
CHRYSOCOCCYX
C. cupreus Smaragdkuckuck C
C. flavigularis Gelbkehlkuckuck C
C. klaas Klaaskuckuck C
C. caprius Goldkuckuck C
CHALCITES
C. maculatus Prachtkuckuck oB,H,I,J,K
C. xanthorhynchus Amethystkuckuck H,I,J
C. basalis Rotschwanzkuckuck K,M
C. lucidus Bronzekuckuck K,L,M,N,O
C. poecilurus Neuguinea-Bronzekuckuck L
C. russatus Gouldbronzekuckuck J,K,L,M
C. rufomerus Grünwangen-Bronzekuckuck K {B}
C. minutillus Kleiner Bronzekuckuck J,K,M
C. crassirostris Dickschnabel-Bronzekuckuck K,L
C. ruficollis Rothals-Bronzekuckuck L
C. meyeri Rotschwingen-Bronzekuckuck L
CALIECHTHRUS
C. leucolophus Weißscheitelkoel L
SURNICULUS
S. lugubris Drongokuckuck oB,H,I,J,K
MICRODYNAMIS
M. parva Schwarzkappenkuckuck L
EUDYNAMYS
E. scolopacea Indischer Koel oB,H,I,J,K,L,O
E. cyanocephala Australischer Koel M
URODYNAMIS
U. taitensis Langschwanzkoel N
SCYTHROPS
S. novaehollandiae Fratzenkuckuck K,L,M

PHAENICOPHAEINAE - BUNTSCHNABEL-KUCKUCKE
COCCYZUS
C. pumilus Zwergkuckuck F
C. cinereus Graukehlkuckuck F
C. erythrophthalmus Schwarzschnabelkuckuck A,E,F
C. americanus Gelbschnabelkuckuck A,E,F
C. euleri Perlbrustkuckuck F
C. minor Mangrovekuckuck A,E,F
C. ferrugineus Cocoskuckuck E {B}
C. melacoryphus Kleiner Mangrovekuckuck F,G
C. lansbergi Lansbergkuckuck F
HYETORNIS
H. rufigularis Dominikanerkuckuck E
H. pluvialis Regenkuckuck E
PIAYA
P. cayana Cayennekuckuck E,F
P. melanogaster Schwarzbauchkuckuck F
P. minuta Rötelkuckuck E,F
SAUROTHERA
S. merlini Eidechsenkuckuck E
S. vetula Jamaikakuckuck E
S. longirostris Haitikuckuck E
S. vieilloti Puerto-Rico-Kuckuck E
CEUTHMOCHARES
C. aereus Erzkuckuck C
RHOPODYTES
R. diardi Diardkuckuck J
R. sumatranus Rotbauchkuckuck J
R. tristis Großer Grünschnabelkuckuck H,I,J
R. viridirostris Kleiner Grünschnabelkuckuck H
TACCOCUA
T. leschenaultii Sirkihkuckuck H
RHINORTHA
R. chlorophaea Bubukuckuck I,J
ZANCLOSTOMUS
Z. javanicus Kastanienbauchkuckuck I,J
RHAMPHOCOCCYX
R. calyorhynchus Buntschnabelkuckuck K
R. curvirostris Schimmerkuckuck I,J
PHAENICOPHAEUS
P. pyrrhocephalus Nacktstirnkuckuck H {B}
DASYLOPHUS
D. superciliosus Rotbrauenkuckuck J
LEPIDOGRAMMUS
L. cumingi Schuppenhalskuckuck J

CROTOPHAGINAE - MADENKUCKUCKE
CROTOPHAGA
C. major Riesenani E,F
C. ani Glattschnabelani E,F
C. sulcirostris Riefenschnabelani E,F
GUIRA
G. guira Guirakuckuck F

NEOMORPHINAE - ERDKUCKUCKE
TAPERA
T. naevia Streifenkuckuck F
MOROCOCCYX
M. erythropygus Drosselkuckuck E
DROMOCOCCYX
D. phasianellus Fasanenkuckuck E,F
D. pavoninus Pfauenkuckuck F
GEOCOCCYX
G. californianus Wegekuckuck A,E
G. velox Rennkuckuck E
NEOMORPHUS
N. geoffroyi Tajazuirakuckuck E,F
N. squamiger Schuppengrundkuckuck F
N. radiolosus Bindengrundkuckuck F {B}
N. rufipennis Rotschwingen-Grundkuckuck F
N. pucheranii Rotschnabel-Grundkuckuck F
CARPOCOCCYX
C. radiceus Laufkuckuck J {B}
C. renauldi Renauldkuckuck I

COUINAE - SEIDENKUCKUCKE
COUA
C. delalandei Delalandecoua D {†?}
C. gigas Riesencoua D
C. coquereli Coquerelcoua D
C. serriana Rotbrustcoua D
C. reynaudii Rotstirncoua D
C. cursor Gelbkehlcoua D
C. ruficeps Weißkehlcoua D
C. cristata Spitzschopfcoua D
C. verreauxi Breitschopfcoua D
C. caerulea Blaucoua D

CENTROPODINAE - SPORNKUCKUCKE
CENTROPUS
C. milo Blaßkopfkuckuck A,O
C. goliath Goliathkuckuck K
C. violaceus Purpurkuckuck O
C. menbeki Mohrenkuckuck J,K,L
C. ateralbus Weißkopfkuckuck O
C. chalybeus Biakkuckuck L
C. phasianinus Fasanspornkuckuck K,L,M
C. spilopterus Kaikuckuck L
C. bernsteini Bernsteinkuckuck L
C. chlororhynchus Ceylonkuckuck H {B}
C. rectunguis Kurzspornkuckuck J {B}
C. steerii Mindorokuckuck J {B}
C. sinensis Heckenkuckuck H,I,J
C. nigrorufus Sundakuckuck J {B}
C. viridis Philippinenkuckuck J
C. toulou Tulukuckuck D
C. bengalensis Bengalenkuckuck H,I,J,K
C. grillii Grillkuckuck C
C. epomidis Ghanakuckuck C
C. leucogaster Weißbauchkuckuck C
C. neumanni Neumannkuckuck C
C. anselli Ansellkuckuck C
C. monachus Mönchskuckuck C
C. cupreicaudus Kupferschwanzkuckuck C
C. senegalensis Spornkuckuck wB,C
C. superciliosus Weißbrauenkuckuck C
C. melanops Maskenkuckuck J
C. celebensis Celebeskuckuck K
C. unirufus Bambuskuckuck J

STRIGIFORMES - EULEN

72 TYTONIDAE - SCHLEIER- UND MASKENEULEN

TYTONINAE - SCHLEIEREULEN
TYTO
T. soumagnei Malegasseneule D {B}
T. alba Schleiereule A,B,C,D,E,F,G,H,I,J,K,L,M,O
T. glaucops Hispaniolaschleiereule E
T. rosenbergii Sulawesieule K
T. nigrobrunnea Taliabueule J {B}
T. inexspectata Minahassaeule K {B}
T. sororcula Molukkeneule K,L {B}
T. novaehollandiae Neuhollandeule L,M
T. aurantia Goldeule O {B}
T. tenebricosa Rußeule L,M
T. multipunctata Fleckenrußeule M
T. capensis Kapgraseule C
T. longimembris Graseule oB,H,I,J,K,L,M,O
PHODILINAE - MASKENEULEN
PHODILUS
P. badius Maskeneule H,I,J
P. prigoginei Kongomaskeneule C {B}

76 STRIGIDAE - EULEN

OTUS
O. sagittatus Weißstirneule I,J {B}
O. rufescens Röteleule J
O. icterorhynchus Gelbschnabeleule C
O. ireneae Sokokeeule C {B}
O. balli Andamaneneule I
O. spilocephalus Fuchseule H,I,J
O. stresemanni Sumatraeule J {B}
O. mirus Mindanaoeule J
O. flammeolus Ponderosaeule A,E
O. brucei Streifenohreule B,H
O. scops Zwergohreule B,C,H
O. senegalensis Afrika-Zwergohreule C
O. sunia Orient-Zwergohreule H,I
O. manadensis Manadoeule K
O. longicornis Luzoneule J
O. mindorensis Mindoroeule J {B}
O. alfredi Floreseule J {B}
O. angelinae Angelinaeule J {B}
O. umbra Simalureule J
O. hartlaubi Hartlaubeule C {B}
O. elegans Schmuckeule oB,E,J
O. mantananensis Philippinen-Zwergohreule J
O. magicus Molukken-Zwergohreule J,K
O. beccarii Beccarieule L
O. insularis Seychelleneule J {B}
O. rutilus Madagaskar-Zwergohreule D
O. brookii Radschaeule J
O. bakkamoena Hindu-Halsbandeule H
O. lempiji Halsbandeule oB,H,I,J,K
O. mentawi Mentawai-Halsbandeule J,L
O. megalotis Philippinen-Halsbandeule J
O. fuliginosus Palawan-Halsbandeule J
O. silvicola Wallaceeule J
O. leucotis Büscheleule C
O. kennicotti Westkreischeule A,E
O. asio Ostkreischeule A,E
O. seductus Balsaskreischeule E
O. cooperii Mangroveeule E
O. trichopsis Fleckeneule E
O. choliba Cholibaeule E,F
O. koepckeae Koepckekreischeule F
O. roboratus Buscheule F
O. barbarus Tropfeneule E
O. atricapillus Kappeneule F
O. guatemalae Rotgesichteule E,F
O. watsonii Watsoneule F
O. petersoni Zimtkreischeule F
O. marshalli Nebelwald-Kreischeule F
O. ingens Salvineule F
O. clarkii Nacktbeineule E
O. nudipes Nacktfußeule E
O. lawrencii Kubaeule E
O. podarginus Palaueule J
O. albogularis Weißkehleule F
MIMIZUKU
M. gurneyi Rotohreule J
JUBULA
J. lettii Mähneneule C
LOPHOSTRIX
L. cristata Haubenkauz E,F
PULSATRIX
P. perspicillata Brillenkauz E,F

P. koeniswaldiana Gelbbrauenkauz F
P. melanota Bindenkauz F
BUBO
B. virginianus Virginiauhu A,E,F
B. bubo Uhu B
B. capensis Kapuhu C
B. africanus Fleckenuhu E
B. poensis Guineauhu C
B. vosseleri Usambarauhu C {B}
B. nipalensis Nepaluhu H,I
B. sumatrana Malaienuhu I,J
B. shelleyi Bindenuhu C
B. lacteus Blaßuhu C
B. coromandus Koromandeluhu H,I,J
B. leucostictus Schwachschnabeluhu C
B. philippensis Streifenuhu J
B. blakistoni Riesenfischuhu oB {B}
B. zeylonensis Fischuhu B,H,I
B. flavipes Himalayafischuhu oB,H,I
B. ketupu Sundafischuhu H,I,J
SCOTOPELIA
S. peli Bindenfischeule C
S. ussheri Rotrücken-Fischeule C {B}
S. bouvieri Marmorfischeule C
NYCTEA
N. scandiaca Schnee-Eule A,B
CICCABA
C. virgata Sprenkelkauz E,F
C. nigrolineata Bindenhalskauz E,F
C. huhula Zebrakauz F
C. albitarsus Rötelkauz F
STRIX
S. woodfordii Afrikanischer Waldkauz C
S. seloputo Pagodenkauz I,J
S. ocellata Mangokauz H
S. leptogrammica Malaienkauz H,I,J,K
S. aluco Waldkauz B,I,J
S. butleri Fahlkauz wB
S. varia Streifenkauz A,E
S. fulvescens Gelbkauz E
S. occidentalis Fleckenkauz A,E {B}
S. uralensis Habichtskauz B
S. nebulosa Bartkauz A,B
S. hylophila Brasilkauz F
S. rufipes Rotfußkauz F
SURNIA
S. ulula Sperbereule A,B
GLAUCIDIUM
G. brodiei Wachtelkauz H,I,J
G. passerinum Sperlingskauz B
G. perlatum Perlkauz C
G. gnoma Gnomenkauz A,E
G. minutissimum Zwergkauz E,F
G. brasilianum Strichelkauz A,E,F
G. nanum Araukanerkauz F
G. jardinii Andenkauz F
G. siju Kubakauz E,F
G. tephronotum Rotbrustkauz C
G. sjostedti Prachtkauz C
G. radiatum Dschungelkauz H
G. cuculoides Kuckuckstrillerkauz oB,H,I
G. castanopterum Trillerkauz J
G. capense Kapkauz C
G. castaneum Kastanienkauz C
G. albertinum Albertseekauz C {B}
G. scheffleri Schefflerkauz C
XENOGLAUX
X. loweryi Peruanerkauz F
MICRATHENE
M. whitneyi Elfenkauz A,E
ATHENE
A. noctua Steinkauz B,C,H
A. brama Brahmakauz B,H,I
A. blewitti Blewittkauz H {†?}
A. cunicularia Kaninchenkauz A,E,F
AEGOLIUS
A. funereus Rauhfußkauz A,B
A. acadicus Sägekauz A
A. ridgwayi Ridgwaykauz E
A. harrisii Blaßstirnkauz F
UROGLAUX
U. dimorpha Rundflügelkauz L
NINOX
N. rufa Rostkauz K,L,M
N. strenua Riesenkauz M
N. connivens Kläfferkauz K,L,M
N. novaeseelandiae Kuckuckskauz J,K,L,M,N
N. rudolfi Sumbakauz K
N. scutulata Falkenkauz oB,H,I,J,K
N. affinis Andamanenkauz I
N. superciliaris Madagaskarkauz D
N. philippensis Philippinenkauz J
N. ochracea Ockerbauchkauz K
N. squamipila Molokkenkauz J,K,L
N. theomacha Einfarbkauz K,L
N. meeki Manuskauz L
N. punctulata Pünktchenkauz K
N. variegata Bismarckkauz O
N. odiosa Neubritannienkauz O
N. jacquinoti Salomonenkauz A,O
SCELOGLAUX
S. albifacies Lachkauz N {†?}
ASIO
A. clamator Schreieule E,F
A. otus Waldohreule A,B
A. stygius Styxeule E,F
A. flammeus Sumpfohreule A,B,F,G,P
A. capensis Kapohreule wB,C,D
PSEUDOSCOPS
P. grammacus Jamaikaeule E
NESASIO
N. solomonensis Salomonenkauz O

CAPRIMULGIFORMES - SCHWALMVÖGEL

74 STEATORNITHIDAE - FETTSCHWALME

STEATORNIS
S. caripensis Fettschwalm F

75 PODARGIDAE - EULENSCHWALME

PODARGUS
P. strigoides Eulenschwalm M
P. papuensis Papuaschwalm L,M
P. ocellatus Marmorschwalm L,M,O
BATRACHOSTOMUS
B. auritus Riesenfroschmaul J
B. harterti Hartertfroschmaul J {B}
B. septimus Philippinenfroschmaul J
B. stellatus Schuppenfroschmaul J
B. moniliger Ceylonfroschmaul H
B. hodgsoni Langschwanz-Froschmaul H,I
B. poliolophus Graukopf-Froschmaul J
B. mixtus Borneofroschmaul J
B. javensis Javafroschmaul I,J
B. cornutus Sundafroschmaul J

76 NYCTIBIIDAE - TAGSCHLÄFER

NYCTIBIUS
N. grandis Riesentagschläfer E,F
N. aethereus Langschwanz-Tagschläfer F {B}
N. griseus Urutau-Tagschläfer E,F
N. leucopterus Weißflügel-Tagschläfer F {B}
N. bracteatus Tropfentagschläfer F {B}

77 AEGOTHELIDAE - HÖHLENSCHWALME

AEGOTHELES
A. crinifrons Molukkenschwalm K
A. insignis Käuzchenschwalm L
A. cristatus Baumschwalm L,M
A. savesi Schwarzrückenschwalm O {†?}
A. bennettii Bennettschwalm L
A. wallacii Fleckenschwalm L
A. albertisi Bergschwalm L
A. archboldi Archboldbergschwalm L

78 CAPRIMULGIDAE - NACHTSCHWALBEN

CHORDEILINAE - FALKENNACHTSCHWALBEN
LUROCALIS
L. semitorquatus Bändernachtschwalbe E,F
CHORDEILES
C. pusillus Gnomennachtschwalbe F
C. rupestris Sandnachtschwalbe F
C. acutipennis Texasnachtschwalbe A,E,F
C. minor Nachtfalke A,E,F
C. gundlachii Antillennachtschwalbe E
NYCTIPROGNE
N. leucopyga Bindenschwanz-Nachtschwalbe F
PODAGER
P. nacunda Weißbauch-Nachtschwalbe F

CAPRIMULGINAE - NACHTSCHWALBEN
EUROSTOPODUS
E. argus Argusnachtschwalbe K
E. mystacalis Bartnachtschwalbe L,M,O
E. diabolicus Teufelsnachtschwalbe K {B}
E. papuensis Papuanachtschwalbe L
E. archboldi Archboldnachtschwalbe L
E. temminckii Temmincknachtschwalbe J
E. macrotis Riesennachtschwalbe H,I,J,K
VELES
V. binotatus Bootschwanz-Nachtschwalbe C
NYCTIDROMUS
N. albicollis Pauraquenachtschwalbe A,E,F
PHALAENOPTILUS
P. nuttallii Winternachtschwalbe A,E
SIPHONORHIS
S. brewsteri Haitinachtschwalbe E
S. americanus Jamaikanachtschwalbe E {†?}
OTOPHANES
O. mcleodii Ohrennachtschwalbe E
O. yucatanicus Yucatannachtschwalbe E
NYCTIPHRYNUS
N. ocellatus Augennachtschwalbe E,F
CAPRIMULGUS
C. carolinensis Carolinanachtschwalbe A,E
C. rufus Rostnachtschwalbe F
C. cubanensis Kubanachtschwalbe E
C. sericocaudatus Seidennachtschwalbe F
C. salvini Salvinnachtschwalbe E
C. badius Guatemalanachtschwalbe E
C. ridgwayi Braunhals-Nachtschwalbe E
C. vociferus Schwarzkehl-Nachtschwalbe A,E
C. noctitherus Puerto-Rico-Nachtschwalbe E {B}
C. saturatus Bergnachtschwalbe E
C. longirostris Spiegelnachtschwalbe F
C. cayennensis Weißschwanz-Nachtschwalbe E,F
C. candicans Weißflügel-Nachtschwalbe F {B}
C. maculicaudus Fleckschwanz-Nachtschwalbe F
C. parvulus Zwergnachtschwalbe F
C. maculosus Cayennenachtschwalbe F
C. nigrescens Trauernachtschwalbe F
C. whitelyi Roraimanachtschwalbe F
C. hirundinaceus Spixnachtschwalbe F
C. ruficollis Rothals-Ziegenmelker wB,C
C. indicus Dschungelnachtschwalbe oB,H,I,J
C. europaeus Ziegenmelker B,C,H
C. mahrattensis Sykesnachtschwalbe oB,H
C. centralasicus Vaurienachtschwalbe oB {B}
C. nubicus Nubischer Ziegenmelker wB,C
C. aegyptius Pharaonenziegenmelker wB,C
C. eximius Prachtnachtschwalbe C
C. atripennis Maharadschanachtschwalbe H
C. macrurus Langschwanz-Nachtschwalbe H,I,J,K, L,M,O
C. pectoralis Pfeifnachtschwalbe C
C. nigriscapularis Schwarzschulter-Nachtschwalbe C
C. rufigena Rostwangen-Nachtschwalbe C
C. fraenatus Zügelnachtschwalbe C
C. donaldsoni Dornbusch-Nachtschwalbe C
C. poliocephalus Höhennachtschwalbe C
C. ruwenzorii Ruwenzorinachtschwalbe C
C. asiaticus Hindunachtschwalbe D,H,I
C. natalensis Natalnachtschwalbe C
C. inornatus Marmornachtschwalbe C
C. stellatus Sternnachtschwalbe C
C. monticolus Franklinnachtschwalbe H,I,J
C. affinis Savannennachtschwalbe J,K
C. tristigma Fleckennachtschwalbe C
C. concretus Sundanachtschwalbe J
C. pulchellus Salvadorinachtschwalbe J {B}
C. enarratus Halsband-Nachtschwalbe D
C. batesi Waldnachtschwalbe C
C. prigoginei Prigoginenachtschwalbe C
SCOTORNIS
S. fossii Welwitschnachtschwalbe C
S. climacurus Schleppennachtschwalbe C
S. clarus Kurzschleppen-Nachtschwalbe C
MACRODIPTERYX
M. longipennis Fahnennachtschwalbe C
M. vexillarius Flaggennachtschwalbe C
HYDROPSALIS
H. climacocerca Staffelschwanz-Nachtschwalbe F
H. brasiliana Scherenschwanz-Nachtschwalbe F
UROPSALIS
U. segmentata Schwalbenschwanz-Nachtschwalbe F
U. lyra Leierschwanz-Nachtschwalbe F
MACROPSALIS
M. creagra Hakenschwanz-Nachtschwalbe F {B}
ELEOTHREPTUS
E. anomalus Sichelschwingen-Nachtschwalbe F {B}

APODIFORMES - SEGLER UND KOLIBRIS

79 APODIDAE - SEGLER

CYPSELOIDES
C. fumigatus Rauchsegler E,F
C. cherriei Diademsegler F
C. cryptus Weißkinnsegler E,F
C. lemosi Brustflecksegler F {B}
C. rothschildi Rothschildsegler F
C. phelpsi Phelpssegler F
C. rutilus Rothalssegler E,F
NEPHOECETES
N. niger Schwarzsegler A,E,F
AERORNIS
A. senex Rußsegler F
STREPTOPROCNE
S. zonaris Halsbandsegler E,F
S. biscutatus Schildsegler F
S. semicollaris Weißnackensegler E
HYDROCHOUS
H. gigas Riesensalangane J {B}
AERODRAMUS
A. infuscatus Molukkensalangane K
A. spodiopygius Weißbürzelsalangane J,L,M,O
A. hirundinaceus Bergsalangane J,M
A. fuciphagus Weißnestsalangane I,K
A. francica Mauritiussalangane D
A. germani Oustaletsalangane I,J
A. amelis Grausalangane J
A. vanikorensis Einfarbsalangane J,K,L,M,O
A. salangana Moosnestsalangane H,I,J
A. inquietus Karolinensalangane O
A. bartschi Marianensalangane O,J
A. mearnsi Braunbürzelsalangane J
A. orientalis Salomonensalangane O
A. papuensis Papuasalangane L
A. nuditarsus Nacktfußsalangane L
A. whiteheadi Philippinensalangane J,L
A. brevirostris Himalayasalangane oB,H,I,J,K
A. maximus Schwarznestsalangane J,K
A. elaphra Seychellensalangane D
A. unicolor Malabarsalangane H
A. leucophaeus Tahitisalangane O {B}
A. ocista Marquessasalangane O
A. sawtelli Atiusalangane O {B}
COLLOCALIA
C. esculenta Glanzkopfsalangane I,J,K,L,O
C. marginata Graubürzelsalangane J
C. troglodytes Zwergsalangane J
C. linchi Linchisalangane J,K
SCHOUTEDENAPUS
S. myioptilus Maussegler C
S. schoutedeni Schoutedensegler C {B}
MEARNSIA
M. picina Philippinensegler J
M. novaeguineae Papuasegler L
ZOONAVENA
Z. grandidieri Malegassensegler D
Z. thomensis Sao-Tomé-Segler C
Z. sylvatica Hindusegler H,I
TELACANTHURA
T. ussheri Baobabsegler C
T. melanopygia Iturisegler C
RHAPHIDURA
R. leucopygialis Silberbürzelsegler I,J
R. sabini Sumpfsegler C
NEAFRAPUS
N. cassini Cassinsegler C
N. boehmi Fledermaussegler C
HIRUNDAPUS
H. caudacutus Stachelschwanzsegler oB,H,I,J,K,M
H. cochinchinensis Graukehlsegler H,I,J
H. gigantea Eilsegler H,I,J
H. celebensis Purpursegler K
CHAETURA
C. spinicauda Dornensegler E,F
C. martinica Antillensegler E
C. cinereiventris Graubürzelsegler E,F
C. egregia Blaßbürzelsegler F
C. pelagica Schornsteinsegler A,E,F
C. vauxi Graubauchsegler A,E,F
C. chapmani Chapmansegler F
C. andrei Grauschwanzsegler F
C. brachyura Stutzschwanzsegler E,F
AERONAUTES
A. saxatilis Weißbrustsegler A,E
A. montivagus Bergsegler F
A. andecolus Andensegler F
TACHORNIS
T. phoenicobia Kubasegler E
T. furcata Däumlingssegler F
T. squamata Gabelschwanzsegler F
PANYPTILA
P. sanctihieronymi Großer Schwalbensegler E
P. cayennensis Kleiner Schwalbensegler E,F
CYPSIURUS
C. balasiensis Bengalensegler H,I,J
C. parvus Palmensegler C
TACHYMARPTIS
T. melba Alpensegler B,C,D,H
T. aequatorialis Schuppensegler F
APUS
A. alexandri Alexandersegler wB
A. barbatus Kapsegler C,D
A. berliozi Sokotrasegler C
A. bradfieldi Damarasegler C
A. sladeniae Fernando-Po-Segler C {B}
A. niansae Braunsegler C
A. pallidus Fahlsegler B,C,H
A. apus Mauersegler B,C,H
A. unicolor Einfarbsegler wB
A. acuticauda Glanzrückensegler H {B}
A. pacificus Pazifiksegler oB,H,I,J,K,L,M
A. affinis Haussegler B,C,H,I,J
A. horus Horussegler C
A. caffer Kaffernsegler wB,C
A. batesi Mohrensegler C

80 HEMIPROCNIDAE - BAUMSEGLER

HEMIPROCNE
H. longipennis Haubenbaumsegler J,K
H. coronata Kronenbaumsegler H,I
H. mystacea Bartbaumsegler K,L,O
H. comata Ohrenbaumsegler J,L

81 TROCHILIDAE - KOLIBRIS

DORYFERA
D. johannae Blaustirn-Lanzettschnabel F
D. ludoviciae Grünstirn-Lanzettschnabel F
ANDRODON
A. aequatorialis Hakenkolibri F
RAMPHODON
R. naevius Sägeschnabeleremit F
GLAUCIS
G. dohrnii Bronzeschwanzeremit F {B}
G. aenea Erzeremit E,F
G. hirsuta Rotschwanzeremit E,F
THRENETES
T. niger Mohreneremit F
T. grzimeki Grzimekeremit F
T. leucurus Hellschwanzeremit F
T. ruckeri Bindenschwanzeremit F
PHAETHORNIS
P. yaruqui Blauschwanzeremit F
P. guy Graubrusteremit E,F
P. syrmatophorus Braunbaucheremit F
P. superciliosus Langschwanzeremit E,F
P. malaris Langschnabeleremit F
P. eurynome Schuppenkehleremit F
P. nigrirostris Schwarzschnabeleremit F
P. hispidus Weißbarteremit F
P. anthophilus Fahlbaucheremit E,F
P. koepckeae Koepckeeremit F
P. bourcieri Geradschnabeleremit F
P. philippii Dünnschnabeleremit F
P. squalidus Schwarzkehleremit F
P. augusti Kappeneremit F
P. pretrei Planaltoeremit F
P. subochraceus Ockerbaucheremit F
P. nattereri Zimtkehleremit F
P. gounellei Rostbarteremit F
P. ruber Rotbaucheremit E,F
P. stuarti Weißbraueneremit F
P. griseogularis Graukinneremit F
P. longuemareus Zwergeremit E,F
P. idaliae Braunkehleremit F
EUTOXERES
E. aquila Adlerschnabel E,F
E. condamini Rotschwanz-Adlerschnabel F
PHAEOCHROA
P. cuvierii Schuppenbrustkolibri E,F
CAMPYLOPTERUS
C. curvipennis Nachtigallkolibri E
C. excellens Langschwanz-Degenflügel E
C. largipennis Graubrust-Degenflügel F
C. rufus Buntschwanz-Degenflügel E
C. hyperythrus Rostbauch-Degenflügel F
C. duidae Bergdegenflügel F
C. hemileucurus Purpurdegenflügel E
C. ensipennis Weißschwanz-Degenflügel E {B}
C. falcatus Lasurdegenflügel F
C. phainopeplus Türkisdegenflügel F
C. villaviscensio Napodegenflügel F
EUPETOMENA
E. macroura Breitschwingenkolibri F
FLORISUGA
F. mellivora Jakobinerkolibri E,F
MELANOTROCHILUS
M. fuscus Trauerkolibri F
COLIBRI
C. delphinae Telesillakolibri E,F
C. thalassinus Zwergveilchenohr E,F
C. coruscans Veilchenohr F
C. serrirostris Amethystohr F
ANTHRACOTHORAX
A. viridigula Grünkehlmango F
A. prevostii Grünbrustmango E,F
A. nigricollis Schwarzkehlmango E,F
A. veraguensis Veraguamango E
A. dominicus Dominikanermango E
A. viridis Smaragdmango E
A. mango Jamaikamango E
AVOCETTULA
A. recurvirostris Avosettkolibri F
EULAMPIS
E. jugularis Granatkolibri E
SERICOTES
S. holosericeus Doktorvogel E
CHRYSOLAMPIS
C. mosquitus Moskitokolibri F
ORTHORHYNCUS
O. cristatus Haubenkolibri E
KLAIS
K. guimeti Violettkopfkolibri E,F
ABEILLIA
A. abeillei Abeillekolibri E
STEPHANOXIS
S. lalandi Zopfelfe F
LOPHORNIS
L. ornata Schmuckelfe E,F
L. gouldii Gouldelfe F
L. magnifica Prachtelfe F
L. delattrei Rotschopfelfe E,F
L. stictolopha Glanzelfe F
L. chalybea Schmetterlingselfe F
L. pavonina Pfauenelfe F
PAPHOSIA
P. helenae Schwarzschopfelfe E
P. adorabilis Weißschopfelfe E
POPELAIRIA
P. popelairii Fadenschopfelfe F
P. langsdorffi Langsdorffelfe F
P. letitiae Kupferelfe F {B}
P. conversii Dornschwanzelfe E,F
DISCOSURA
D. longicauda Diskuselfe F
CHLORESTES
C. notatus Blaukinnelfe F
CHLOROSTILBON
C. mellisugus Smaragdkolibri E,F
C. aureoventris Goldbauchkolibri F
C. canivetii Gabelschwanzkolibri E,F
C. assimilis Gartenkolibri E
C. ricordii Kubakolibri E
C. swainsonii Swainsonkolibri E
C. maugaeus Puerto-Rico-Kolibri E
C. gibsoni Rotschnabelkolibri F
C. russatus Bronzekolibri F
C. stenura Schmalschwanzkolibri F
C. alice Alicekolibri F
C. poortmani Poortmankolibri F
CYNANTHUS
C. sordidus Braunkopfkolibri E
C. latirostris Breitschnabelkolibri A,E
CYANOPHAIA
C. bicolor Zweifarbenkolibri E
THALURANIA
T. colombica Kronennymphe E,F
T. furcata Schwalbennymphe F
T. watertonii Langschwanznymphe F
T. glaucopis Veilchenkopfnymphe F
PANTERPE
P. insignis Feuerkehlkolibri E
DAMOPHILA
D. julie Juliakolibri E,F

KOLIBRIS

LEPIDOPYGA
L. coeruleogularis Blaukehlkolibri E,F
L. lilliae Lillikolibri F {B}
L. goudoti Goudotkolibri F
HYLOCHARIS
H. xantusii Schwarzstirnsaphir E
H. leucotis Weißohrsaphir A,E
H. eliciae Goldschwanzsaphir E
H. sapphirina Rotkehlsaphir F
H. cyanus Weißkinnsaphir F
H. pyropygia Feuerbürzelsaphir F
H. chrysura Goldsaphir F
H. grayi Blaukopfsaphir F
CHRYSURONIA
C. oenone Bronzeschwanzsaphir F
GOLDMANIA
G. violiceps Goldmankolibri E
GOETHALSIA
G. bella Rotwangenkolibri E
TROCHILUS
T. polytmus Wimpelschwanz E
T. scitulus Schwarzschnabel-Wimpelschwanz E
LEUCOCHLORIS
L. albicollis Weißkehlkolibri F
POLYTMUS
P. guainumbi Weißschwanz-Goldkehlchen F
P. milleri Tepuigoldkehlchen F
P. theresiae Grünschwanz-Goldkehlchen F
LEUCIPPUS
L. fallax Rotbrüstchen E,F
L. baeri Baerkolibri F
L. taczanowskii Taczanowskikolibri F
L. chlorocercus Fleckenkolibri F
TAPHROSPILUS
T. hypostictus Tropfenkolibri F
AMAZILIA
A. chionogaster Weißbauchamazilie F
A. viridicauda Berlepschamazilie F
A. candida Bronzekopfamazilie E
A. chionopectus Schneebrustamazilie E
A. versicolor Glanzamazilie F
A. luciae Hondurasamazilie E {B}
A. fimbriata Glitzeramazilie F
A. distans Táchiraamazilie F {B}
A. lactea Saphiramazilie F
A. decora Schmuckamazilie E
A. amabilis Blaubrustamazilie E,F
A. rosenbergi Purpurbrustamazilie F
A. boucardi Mangroveamazilie E {B}
A. franciae Andenamazilie F
A. leucogaster Gmelinamazilie F
A. cyanocephala Blaukopfamazilie E
A. microrhyncha Elliotamazilie E
A. cyanifrons Indigostirnamazilie E,F
A. beryllina Beryllamazilie E
A. cyanura Blauschwanzamazilie E
A. saucerrottei Stahlamazilie E,F
A. tobaci Tobagoamazilie E,F
A. virdigaster Grünbauchamazilie F
A. edward Edwardamazilie E
A. rutila Rostamazilie E
A. yucatanensis Yucatanamazilie E
A. tzacatl Braunschwanzamazilie E,F
A. castaneiventris Braunbauchamazilie F {B}
A. amazilia Lessonamazilie F
A. viridifrons Grünstirnamazilie E
A. violiceps Veilchenscheitelamazilie E
EUPHERUSA
E. poliocerca Weißschwanzeupherusa E {B}
E. eximia Streifenschwanzeupherusa E
E. cyanophrys Blaustirneupherusa E {B}
E. nigriventris Schwarzbaucheupherusa E
ELVIRA
E. chionura Elvirakolibri E
E. cupreiceps Kupferköpfchen E
MICROCHERA
M. albocoronata Schneekrönchen E
CHALYBURA
C. buffonii Buffonkolibri E,F
C. urochrysia Straußkolibri E
APHANTOCHROA
A. cirrochloris Erzkolibri F
LAMPORNIS
L. clemenciae Blaukehlnymphe E
L. amethystinus Amethystkehlnymphe E
L. viridipallens Grünkehlnymphe E
L. sybillae Sybillennymphe E
L. hemileucus Weißbauchnymphe E
L. castaneoventris Rotbauchnymphe E
L. calolaema Purpurkehlnymphe E
L. cinereicauda Grauschwanznymphe E
LAMPROLAIMA
L. rhami Granatkehlnymphe E
ADELOMYIA
A. melanogenys Schwarzohrnymphe F
ANTHOCEPHALA
A. floriceps Blumenköpfchen F
UROSTICTE
U. benjamini Weißspitzchen F
PHLOGOPHILUS
P. hemileucurus Elsterschwänzchen F
P. harterti Hartertkolibri F
CLYTOLAEMA
C. rubricauda Rubinkolibri F
POLYPLANCTA
P. aurescens Juwelenkrönchen F
HELIODOXA
H. rubinoides Braunbauchbrillant F
H. leadbeateri Violettstirnbrillant F
H. jacula Grünscheitelbrillant F
H. xanthogonys Brauenbrillant F
H. schreibersii Schwarzkehlbrillant F
H. gularis Rotkehlbrillant F
H. branickii Rotschwingenbrillant F
H. imperatrix Kaiserinbrillant F
EUGENES
E. fulgens Dickschnabelkolibri A,E
HYLONYMPHA
H. macrocerca Waldnymphe F {B}
STERNOCLYTA
S. cyanopectus Veilchenbrustkolibri F
TOPAZA
T. pella Topaskolibri F
T. pyra Flammenkolibri F
OREOTROCHILUS
O. melanogaster Samtkolibri F
O. estella Andenkolibri F
O. leucopleurus Weißflankenkolibri F
O. adela Adelakolibri F
UROCHROA
U. bougueri Glanzfleckenkolibri F
PATAGONA
P. gigas Riesenkolibri F
AGLAEACTIS
A. cupripennis Rosenschillerkolibri F
A. aliciae Purpurrückenkolibri F {B}
A. castelnaudii Weißbüschelkolibri F
A. pamela Pamelakolibri F
LAFRESNAYA
L. lafresnayi Fadenschwingenkolibri F
PTEROPHANES
P. cyanopterus Blauflügelkolibri F
COELIGENA
C. coeligena Himmelsmusketier F
C. wilsoni Königsmusketier F
C. prunellei Mohrenmusketier F {B}
C. torquata Krawattenmusketier F
C. phalerata Weißschwanzmusketier F
C. bonapartei Goldbauchmusketier F
C. orina Grünmusketier F
C. helianthea Blaukehlmusketier F
C. lutetiae Braunschwingenmusketier F
C. violifer Veilchenmusketier F
C. iris Auroramusketier F
ENSIFERA
E. ensifera Schwertschnabel F
SEPHANOIDES
S. sephanoides Chilekolibri F
S. fernandensis Juan-Fernandez-Kolibri F {B}
BOISSONNEAUA
B. flavescens Fahlschwanzkolibri F
B. matthewsii Zimtschwanzkolibri F
B. jardini Hyazinthkolibri F
HELIANGELUS
H. mavors Orangekehl-Sonnennymphe F
H. spencei Méridasonnennymphe F
H. amethysticollis Amethystsonnennymphe F
H. strophianus Kragensonnennymphe F
H. regalis Königssonnennymphe F {B}
H. exortis Turmalinsonnennymphe F
H. viola Violettkehl-Sonnennymphe F
H. micraster Zwerg-Turmalinsonnennymphe F
ERIOCNEMIS
E. nigrivestris Schwarzbrust-Schneehöschen F {B}
E. vestitus Bronzeschneehöschen F
E. godini Türkisschneehöschen F {B}
E. cupreoventris Kupferbauch-Schneehöschen F
E. luciani Blaustirn-Schneehöschen F
E. mosquera Goldbrust-Schneehöschen F
E. glaucopoides Blaukappen-Schneehöschen F
E. mirabilis Weißohr-Schneehöschen F {B}
E. alinae Smaragdschneehöschen F
E. derbyi Schwarzhöschen F {B}
HAPLOPHAEDIA
H. aureliae Bunthöschen E,F
H. lugens Schuppenschneehöschen F {B}
OCREATUS
O. underwoodii Flaggensylphe F
LESBIA
L. victoriae Schwarzschwanzlesbia F
L. nuna Grünschwanzlesbia F
SAPPHO
S. sparganura Schleppensylphe F
POLYONYMUS
P. caroli Breitschwanzsylphe F
RAMPHOMICRON
R. microrhynchum Kleinschnabelkolibri F
R. dorsale Schwarzrückenkolibri F
METALLURA
M. phoebe Rußglanzschwänzchen F
M. theresiae Kupferglanzschwänzchen F
M. aeneocauda Schuppenglanzschwänzchen F
M. baroni Purpurkehl-Glanzschwänzchen F {B}
M. eupogon Rotkehl-Glanzschwänzchen F
M. odomae Neblinaglanzschwänzchen F {B}
M. williami Grünglanzschwänzchen F
M. tyrianthina Smaragdkehl-Glanzschwänzchen F
M. iracunda Goldglanzschwänzchen F
CHALCOSTIGMA
C. ruficeps Rotkappen-Glanzschwänzchen F
C. olivaceum Olivglanzschwänzchen F
C. stanleyi Blaurücken-Glanzschwänzchen F
C. heteropogon Dornschnabel-Glanzschwänzchen F
C. herrani Rotbrust-Glanzschwänzchen F
OXYPOGON
O. guerinii Helmkolibri F
OPISTHOPRORA
O. euryptera Degenschnabelkolibri F
TAPHROLESBIA
T. griseiventris Graubauchsylphe F {B}
AGLAIOCERCUS
A. kingi Himmelssylphe F
A. coelestis Langschwanzsylphe F
OREONYMPHA
O. nobilis Bergnymphe F
AUGASTES
A. scutatus Schildkolibri F {B}
A. lumachellus Kapuzenkolibri F
SCHISTES
S. geoffroyi Keilschnabelkolibri F
HELIOTHRYX
H. barroti Purpurkopfelfe E,F
H. aurita Schwarzohrelfe F
HELIACTIN
H. cornuta Sonnenstrahlelfe F
LODDIGESIA
L. mirabilis Wundersylphe F {B}
HELIOMASTER
H. constantii Funkenkehlchen E
H. longirostris Rosenkehlchen E,F
H. squamosus Temminckkolibri F
H. furcifer Rotlatzkolibri F
RHODOPIS
R. vesper Atacamakolibri F
THAUMASTURA
T. cora Corakolibri F
PHILODICE
P. evelynae Bahamakolibri E
P. bryantae Magentakolibri E
P. mitchellii Mitchellkolibri F
DORICHA
D. enicura Scherenschwanzkolibri E
D. eliza Elizakolibri E
TILMATURA
T. dupontii Dupontkolibri E
MICROSTILBON
M. burmeisteri Burmeisterkolibri E
CALOTHORAX
C. lucifer Luziferkolibri E
C. pulcher Schmuckkolibri E
ARCHILOCHUS
A. colubris Rubinkehlkolibri A,E
A. alexandri Schwarzkinnkolibri A,E
CALLIPHLOX
C. amethystina Amethystkolibri F
MELLISUGA
M. minima Zwergelfe E
CALYPTE
C. anna Annakolibri A,E
C. costae Costakolibri A

C. helenae Bienenelfe E {B}
STELLULA
S. calliope Sternelfe A,E
ATTHIS
A. heloisa Heloisaelfe E
A. ellioti Elliotelfe E
MYRTIS
M. fanny Bandelfe F
EULIDIA
E. yarrellii Yarrellelfe F {B}
MYRMIA
M. micrura Kurzschwanzelfe F
ACESTRURA
A. mulsant Spitzschwanzelfe F
A. bombus Hummelelfe F {B}
A. heliodor Heliodorelfe F
A. astreans Sternenelfe F
A. berlepschi Berlepschelfe F {B}
CHAETOCERCUS
C. jourdanii Rosenelfe F
SELASPHORUS
S. platycercus Dreifarbenkolibri A,E
S. rufus Zimtkolibri A,E
S. sasin Allenkolibri A
S. flammula Weinkehlkolibri E
S. ardens Glutkehlkolibri E {B}
S. scintilla Flämmchenkolibri E

COLIIFORMES - MAUSVÖGEL

82 COLIIDAE - MAUSVÖGEL

COLIUS
C. striatus Braunflügel-Mausvogel C
C. castanotus Rotrücken-Mausvogel C
C. colius Weißrücken-Mausvogel C
C. leucocephalus Weißkopf-Mausvogel C
UROCOLIUS
U. indicus Rotzügel-Mausvogel C
U. macrourus Blaunacken-Mausvogel C

TROGONIFORMES - TROGONE

83 TROGONIDAE - TROGONE

PHAROMACHRUS
P. mocinno Quetzal E {B}
P. antisianus Kammtrogon F
P. fulgidus Glanztrogon F
P. auriceps Goldkopftrogon F
P. pavoninus Pfauentrogon F
EUPTILOTIS
E. neoxenus Haarbüscheltrogon E {B}
PRIOTELUS
P. temnurus Kubatrogon E
TEMNOTROGON
T. roseigaster Rosentrogon E
TROGON
T. massena Schieferschwanztrogon E,F
T. clathratus Sperberschwanztrogon E
T. melanurus Schwarzschwanztrogon E,F
T. comptus Blauschwanztrogon F
T. bairdii Bairdtrogon E {B}
T. viridis Weißschwanztrogon E,F
T. citreolus Graukopftrogon E
T. melanocephalus Schwarzkopftrogon E
T. mexicanus Bronzetrogon E
T. elegans Kupfertrogon E
T. collaris Jungferntrogon E,F
T. aurantiiventris Goldbauchtrogon E
T. personatus Maskentrogon F
T. rufus Schwarzkehltrogon F
T. surrucura Surucuatrogon F
T. curucui Blauscheiteltrogon F
T. violaceus Veilchentrogon E,F
APALODERMA
A. narina Narinatrogon C
A. aequatoriale Gelbwangentrogon C
A. vittatum Bergtrogon C
HARPACTES
H. reinwardtii Reinwardttrogon J
H. fasciatus Malabartrogon H
H. kasumba Rotnackentrogon J
H. diardii Diardtrogon J
H. ardens Philippinentrogon J
H. whiteheadi Graubrusttrogon J
H. orrhophaeus Zimtbürzeltrogon J
H. duvaucelii Rotbürzeltrogon J
H. oreskios Orangebrusttrogon I,J
H. erythrocephalus Rotkopftrogon H,I,J
H. wardi Rosenschwanztrogon I

CORACIIFORMES - RACKENVÖGEL

84 ALCEDINIDAE - EISVÖGEL

CERYLINAE - FISCHEREISVÖGEL
MEGACERYLE
M. lugubris Trauerfischer oB,H,I
M. maxima Riesenfischer C
M. torquata Rotbrustfischer E,F
M. alcyon Gürtelfischer A,E,F
CERYLE
C. rudis Graufischer B,C,H,I,J
CHLOROCERYLE
C. amazona Amazonasfischer E,F
C. americana Grünfischer A,E,F
C. inda Zweifarbenfischer E,F
C. aenea Erzfischer E

ALCEDININAE - EISVÖGEL
ALCEDO
A. hercules Herkuleseisvogel H,I {B}
A. atthis Eisvogel A,B,H,J,K,L,O
A. semitorquata Kobalteisvogel C
A. meninting Menintingeisvogel H,I,J
A. quadribrachys Schillereisvogel C
A. euryzona Brustbandeisvogel J
A. coerulescens Türkisfischer J
A. azureus Azurfischer K,L,M
A. pusilla Mangrovefischer K,L,M,O
A. cristata Haubenzwergfischer C
A. vintsioides Madagaskarzwergfischer D
A. leucogaster Weißbauch-Zwergfischer C
CEYX
C. lecontei Braunkopf-Zwergfischer C
C. picta Natalzwergfischer C
C. madagascariensis Madagaskarzwergfischer D
C. cyanopectus Blaubrustfischer J
C. argentatus Silberfischer J
C. goodfellowi Goddfellowfischer J
C. lepidus Waldfischer J,K,L,O
C. websteri Bismarckfischer L
C. erithacus Dschungelfischer H,I,J,K
C. melanurus Goldfischer J
C. fallax Rostfischer K
LACEDO
L. pulchella Wellenliest I,J
DACELO
D. novaeguineae Jägerliest M
D. leachii Haubenliest M
D. tyro Aruliest L
D. gaudichaud Rotbauchliest L
CLYTOCEYX
C. rex Froschschnabelliest L
MELIDORA
M. macrorrhina Hakenliest K,L
CITTURA
C. cyanotis Blauohrliest K
HALCYON
H. amauroptera Braunflügelliest H,I,J
H. capensis Storchschnabelliest H,I,J,K
H. melanorhyncha Schwarzschnabelliest K
H. coromanda Feuerliest oB,I,J,K
H. badia Kastanienliest C
H. smyrnensis Braunliest B,H,I,J
H. pileata Kappenliest oB,H,J,K
H. cyanoventris Javaliest J
H. leucocephala Graukopfliest wB,C
H. senegalensis Senegalliest C
H. senegaloides Mangroveliest C
H. malimbica Zügelliest C
H. albiventris Braunkopfliest C
H. chelicuti Streifenliest C
H. nigrocyanea Dunkelliest J,L
H. winchelli Rotnackenliest J
H. diops Lasurliest K
H. lazuli Lazuliliest K
H. macleayii Spiegelliest L,M
H. albonotata Weißrückenliest O
H. leucopygia Ultramarinliest O
H. farquhari Braunbauchliest O
H. pyrrhopygia Rotbürzelliest M
H. torotoro Gelbschnabelliest L,M
H. megarhyncha Bergliest L
H. australasia Timorliest J,K,L {B}
H. sancta Götzenliest J,M,N,O
H. cinnamomina Zimtkopfliest J,O
H. funebris Molukkenliest K
H. chloris Halsbandliest C,H,I,J,K,L,O
H. enigma Talautliest K
H. saurophaga Echsenliest K,L,O
H. recurvirostris Flachschnabelliest O
H. venerata Tahitiliest O
H. tuta Boraboraliest O
H. mangaia Mangaialiest O
H. gambieri Tuamotuliest O
H. godeffroyi Marquesasliest O {B}
CARIDONAX
C. fulgidus Glitzerliest J
ACTENOIDES
A. bougainvillei Bartliest O
A. concreta Malaienliest I,J
A. lindsayi Tropfenliest J
A. hombroni Mindanaoliest J {B}
A. monacha Einsiedlerliest K
A. princeps Königsliest K
TANYSIPTERA
T. hydrocharis Feenliest L
T. galatea Spatelliest J,K,L
T. riedelii Biakliest L {B}
T. carolinae Numforliest L
T. ellioti Elliotliest L
T. nympha Nymphenliest L
T. danae Braunmantelliest L
T. sylvia Paradiesliest L,M,O

85 TODIDAE - TODIS

TODUS
T. multicolor Vielfarbentodi E
T. angustirostris Schmalschnabeltodi E
T. todus Grüntodi E
T. mexicanus Gelbflankentodi E
T. subulatus Breitschnabeltodi E

86 MOMOTIDAE - SÄGERACKEN

HYLOMANES
H. momotula Zwergmotmot E,F
ASPATHA
A. gularis Blaukehlmotmot E
ELECTRON
E. platyrhynchum Plattschnabelmotmot E,F
E. carinatum Kielschnabelmotmot E {B}
EUMOMOTA
E. superciliosa Brauenmotmot E
BARYPHTHENGUS
B. ruficapillus Rotkopfmotmot E,F
B. martii Zimtbrustmotmot F
MOMOTUS
M. mexicanus Braunscheitelmotmot E
M. momota Blauscheitelmotmot E,F

87 MEROPIDAE - SPINTE

NYCTYORNIS
N. amictus Rotbartspint J
N. athertoni Blaubartspint H,I
MEROPOGON
M. forsteni Celebesspint K
MEROPS
M. gularis Purpurspint C
M. muelleri Saphirspint C
M. bulocki Rotkehlspint C
M. bullockoides Weißstirnspint C
M. pusillus Zwergspint C
M. variegatus Blaubrustspint C
M. oreobates Bergspint C
M. hirundineus Schwalbenschwanzspint C
M. breweri Schwarzkopfspint C
M. revoilii Somalispint C
M. albicollis Weißkehlspint C
M. orientalis Smaragdspint B,C,H,I
M. boehmi Böhmspint C
M. viridis Malaienspint I,J
M. superciliosus Madagaskarspint C,D
M. persicus Blauwangenspint B,C,H
M. philippinus Blauschwanzspint H,I,J,K,L
M. ornatus Regenbogenspint K,M
M. apiaster Bienenfresser B,C,H
M. leschenaulti Braunkopfspint H,I,J
M. malimbicus Rosenspint C
M. nubicus Karminspint C

88 CORACIIDAE - RACKEN

CORACIAS
C. garrulus Blauracke B,C,H
C. abyssinica Senegalracke C

C. caudata Gabelracke C
C. spatulata Spatelracke C
C. naevia Strichelracke C
C. benghalensis Hinduracke C,H,I
C. temminckii Celebesracke K
C. cyanogaster Opalracke C
EURYSTOMUS
E. glaucurus Zimtroller C,D
E. gularis Blaukehlroller C
E. orientalis Dollarvogel oB,H,I,J,K,L,M,O
E. azureus Azurroller K

89 BRACHYPTERACIIDAE - ERDRACKEN

BRACHYPTERACIAS
B. leptosomus Bindenerdracke D {B}
B. squamiger Schuppenerdracke D {B}
ATELORNIS
A. pittoides Blaukopf-Erdracke D
A. crossleyi Lätzchenerdracke D {B}
URATELORNIS
U. chimaera Langschwanz-Erdracke D {B}

90 LEPTOSOMATIDAE - KUROLE

LEPTOSOMUS
L. discolor Kurol D

91 UPUPIDAE - WIEDEHOPFE

UPUPA
U. epops Wiedehopf B,C,D,H,I,J

92 PHOENICULIDAE - BAUMHOPFE

PHOENICULUS
P. purpureus Baumhopf C
P. somaliensis Schwarzschnabel-Baumhopf C
P. damarensis Steppenbaumhopf C
P. bollei Weißmaskenhopf C
P. castaneiceps Waldhopf C
RHINOPOMASTUS
R. aterrimus Mohrensichelhopf C
R. minor Goldschnabelhopf C
R. cyanomelas Sichelhopf C

93 BUCEROTIDAE - NASHORNVÖGEL

TOCKUS
T. birostris Keilschwanztoko H
T. fasciatus Elstertoko C
T. alboterminatus Kronentoko C
T. bradfieldi Felsentoko C
T. pallidirostris Blaßschnabeltoko C
T. nasutus Grautoko C
T. hemprichii Hemprichtoko C
T. monteiri Monteirotoko C
T. griseus Malabartoko H
T. hartlaubi Hartlaubtoko C,D,H,J,K,L
T. camurus Zwergtoko C
T. erythrorhynchus Rotschnabeltoko C
T. flavirostris Östlicher Gelbschnabeltoko C
T. leucomelas Südlicher Gelbschnabeltoko C
T. deckeni Von-der-Decken-Toko C
T. jacksoni Jacksontoko C
BERENICORNIS
B. comatus Langschopf-Hornvogel I,J
B. albocristatus Weißschopf-Hornvogel C
PTILOLAEMUS
P. tickelli Rostbauch-Hornvogel H,I
ANORRHINUS
A. galeritus Kurzschopf-Hornvogel I,J
PENELOPIDES
P. panini Tariktikhornvogel J
P. exarhatus Celebeshornvogel K
ACEROS
A. nipalensis Nepalhornvogel H,I {B}
A. corrugatus Runzelhornvogel J {B}
A. leucocephalus Mindanaohornvogel J
A. cassidix Helmhornvogel K
A. undulatus Furchenhornvogel H,I,J
A. plicatus Papuahornvogel I,J,K,L,O
A. everetti Sumbahornvogel K {B}
A. narcondami Narcondamhornvogel H {B}
ANTHRACOCEROS
A. malayanus Malaienhornvogel J
A. albirostris Orienthornvogel H,I,J
A. coronatus Malabarhornvogel H
A. montani Suluhornvogel J {B}
A. marchei Palawanhornvogel J
CERATOGYMNA
C. fistulator Schreihornvogel C
C. bucinator Trompeterhornvogel C
C. cylindricus Braunwangen-Hornvogel C
C. subcylindricus Grauwangen-Hornvogel C
C. brevis Silberwangen-Hornvogel C
C. atrata Schwarzhelm-Hornvogel C
C. elata Goldhelm-Hornvogel C
BUCEROS
B. rhinoceros Rhinozeroshornvogel J
B. bicornis Doppelhornvogel H,I,J
B. hydrocorax Feuerhornvogel J
RHINOPLAX
R. vigil Schildschnabel J {B}
BUCORVUS
B. abyssinicus Sudanhornrabe C
B. cafer Kaffernhornrabe C

PICIFORMES - SPECHTVÖGEL

94 GALBULIDAE - GLANZVÖGEL

GALBALCYRHYNCHUS
G. leucotis Kurzschwanz-Glanzvogel F
G. purusianus Purúsglanzvogel F
BRACHYGALBA
B. albogularis Weißkehl-Glanzvogel F
B. lugubris Braunkehl-Glanzvogel F
B. goeringi Fahlnacken-Glanzvogel F
B. salmoni Salmonglanzvogel F
JACAMARALCYON
J. tridactyla Dreizehen-Glanzvogel F {B}
GALBULA
G. albirostris Gelbschnabel-Glanzvogel F
G. cyanicollis Blauhals-Glanzvogel F
G. galbula Grünschwanz-Glanzvogel F
G. ruficauda Rotschwanz-Glanzvogel F
G. tombacea Weißkinn-Glanzvogel F
G. cyanescens Blaustirn-Glanzvogel F
G. pastazae Kupferglanzvogel F
G. leucogastra Bronzeglanzvogel F
G. dea Paradiesglanzvogel F
JACAMEROPS
J. aurea Breitmaul-Glanzvogel E,F

95 BUCCONIDAE - FAULVÖGEL

NOTHARCHUS
N. macrorhynchos Weißhals-Faulvogel E,F
N. pectoralis Gürtelfaulvogel E,F
N. ordii Braunbinden-Faulvogel F
N. tectus Elsterfaulvogel E,F
BUCCO
B. macrodactylus Braunkappen-Faulvogel F
B. tamatia Fleckenfaulvogel F
B. noanamae Rußkappen-Faulvogel F
B. capensis Halsband-Faulvogel F
NYSTALUS
N. radiatus Grünschnabel-Faulvogel E,F
N. chacuru Weißohr-Faulvogel F
N. striolatus Strichelfaulvogel F
N. maculatus Fleckmantel-Faulvogel F
HYPNELUS
H. ruficollis Rostkehl-Faulvogel F
MALACOPTILA
M. striata Halbmond-Faulvogel F
M. fusca Weißbrust-Faulvogel F
M. semicincta Halbring-Faulvogel F
M. fulvogularis Ockerkehl-Faulvogel F
M. rufa Goldstirn-Faulvogel F
M. panamensis Weißzügel-Faulvogel E,F
M. mystacalis Schnurrbart-Faulvogel F
MICROMONACHA
M. lanceolata Streifenfaulvogel F
NONNULA
N. rubecula Rotkehl-Faulvogel F
N. sclateri Gelbkinn-Faulvogel F
N. brunnea Einfarb-Faulvogel F
N. ruficapilla Grauwangen-Faulvogel F
N. amaurocephala Rotkopf-Faulvogel F
HAPALOPTILA
H. castanea Diademfaulvogel F
MONASA
M. atra Mohrentrappist F
M. nigrifrons Schwarzstirntrappist F
M. morphoeus Weißstirntrappist E,F
M. flavirostris Gelbschnabeltrappist F
CHELIDOPTERA
C. tenebrosa Schwalbenfaulvogel F

96 CAPITONIDAE - BARTVÖGEL

CAPITO
C. aurovirens Olivrücken-Bartvogel E
C. maculicoronatus Tropfenbartvogel E,F
C. squamatus Weißnacken-Bartvogel F
C. hypoleucus Weißmantel-Bartvogel F {B}
C. dayi Kehlbinden-Bartvogel F
C. quinticolor Fünffarben-Bartvogel F
C. niger Tupfenbartvogel F
EUBUCCO
E. richardsoni Goldbrust-Bartvogel F
E. bourcierii Andenbartvogel E,F
E. tucinkae Scharlachkopf-Bartvogel F
E. versicolor Buntbartvogel F
SEMNORNIS
S. frantzii Aztekenbartvogel E
S. ramphastinus Tukanbartvogel F {B}
PSILOPOGON
P. pyrolophus Rotbüschel-Bartvogel J
MEGALAIMA
M. virens Heulbartvogel oB,H,I,J
M. lagrandieri Rotsteiß-Bartvogel I
M. zeylanica Braunkopf-Bartvogel H
M. lineata Streifenbartvogel H,J
M. viridis Grünbartvogel H
M. faiostricta Grünohr-Bartvogel I
M. corvina Braunkehl-Bartvogel J
M. chrysopogon Goldwangen-Bartvogel I,J
M. rafflesii Vielfarben-Bartvogel I,J
M. mystacophanos Harlekinbartvogel I,J
M. javensis Javabartvogel J {B}
M. flavifrons Goldstirn-Bartvogel H
M. franklinii Goldkehl-Bartvogel H,I,J
M. oorti Schwarzbrauen-Bartvogel oB,I,J
M. asiatica Blauwangen-Bartvogel H,I,J
M. incognita Grünscheitel-Bartvogel I,J
M. henricii Gelbscheitel-Bartvogel I,J
M. armillaris Temminckbartvogel J
M. pulcherrima Prachtbartvogel J
M. australis Blauohr-Bartvogel H,I,J
M. eximia Schwarzkehl-Bartvogel J
M. rubricapilla Malabarschmied H
M. haemacephala Kupferschmied H,I,J
CALORHAMPHUS
C. fuliginosus Braunbartvogel I,J
GYMNOBUCCO
G. calvus Glatzenbartvogel C
G. peli Borstenbartvogel C
G. sladeni Rußbartvogel C
G. bonapartei Trauerbartvogel C
SMILORHIS
S. leucotis Weißohr-Bartvogel C
CRYPTOLYBIA
C. olivacea Olivbartvogel C
STACTOLAEMA
S. anchietae Strohkopf-Bartvogel C
S. whytii Spiegelbartvogel C
BUCCANODON
B. duchaillui Gelbfleck-Bartvogel C
POGONIULUS
P. scolopaceus Schuppenbartvogel C
P. leucomystax Bergbartvogel C
P. simplex Schlichtbartvogel C
P. coryphaeus Gelbrücken-Bartvogel C
P. pusillus Feuerstirn-Bartvogel C
P. chrysoconus Gelbstirn-Bartvogel C
P. bilineatus Goldbürzel-Bartvogel C
P. makawai Makawabartvogel C {B}
P. subsulphureus Gelbkehl-Bartvogel C
P. atroflavus Rotbürzel-Bartvogel C
TRICHOLAEMA
T. lacrymosa Tränenbartvogel C
T. leucomelaina Rotstirn-Bartvogel C
T. diademata Diadembartvogel C
T. frontata Miombobartvogel C
T. melanocephala Schwarzkopf-Bartvogel C
T. hirsuta Fleckenbartvogel C
LYBIUS
L. undatus Wellenbartvogel C
L. vieilloti Blutbrust-Bartvogel C
L. torquatus Halsband-Bartvogel C
L. guifsobalito Purpurmasken-Bartvogel C
L. rubrifacies Rotgesicht-Bartvogel C
L. chaplini Feigenbartvogel C
L. leucocephalus Weißkopf-Bartvogel C
L. minor Rosenbauch-Bartvogel C
L. melanopterus Braunbrust-Bartvogel C
L. bidentatus Doppelzahn-Bartvogel C
L. dubius Furchenschnabel-Bartvogel C

L. rolleti Schwarzbrust-Bartvogel C
TRACHYPHONUS
T. purpuratus Gelbschnabel-Bartvogel C
T. vaillantii Haubenbartvogel C
T. erythrocephalus Flammenkopf-Bartvogel C
T. darnaudii Ohrfleck-Bartvogel C
T. usambiro Usambirobartvogel C
T. margaritatus Perlenbartvogel C

97 INDICATORIDAE - HONIGANZEIGER

PRODOTISCUS
P. insignis Liliputlaubpicker C
P. zambesiae Graubauch-Laubpicker C
P. regulus Wahlberglaubpicker C
MELIGNOMON
M. zenkeri Weißschwanz-Honiganzeiger C
M. eisentrauti Eisentrauthoniganzeiger C {B}
INDICATOR
I. maculatus Tropfenbrust-Honiganzeiger C
I. variegatus Strichelstirn-Honiganzeiger C
I. indicator Schwarzkehl-Honiganzeiger C
I. minor Nasenstreif-Honiganzeiger C
I. conirostris Dickschnabel-Honiganzeiger C
I. exilis Barthoniganzeiger C
I. willcocksi Guineahoniganzeiger C
I. meliphilus Tavetahoniganzeiger C
I. pumilio Kurzschnabel-Honiganzeiger C
I. xanthonotus Gelbbürzel-Honiganzeiger C,H
I. archipelagus Malaienhoniganzeiger J
MELICHNEUTES
M. robustus Leierschwanz-Honiganzeiger C

98 RAMPHASTIDAE - TUKANE

AULACORHYNCHUS
A. prasinus Laucharassari E,F
A. sulcatus Blauzügelarassari F
A. derbianus Derbyarassari F
A. haematopygus Blutbürzelarassari F
A. huallagae Gelbbrauenarassari F {B}
A. coeruleicinctis Grauschnabelarassari F
PTEROGLOSSUS
P. viridis Grünarassari F
P. inscriptus Schriftarassari F
P. bitorquatus Rotnackenarassari F
P. flavirostris Rotkropfarassari F
P. aracari Schwarzkehlarassari F
P. castanotis Braunohrarassari F
P. pluricinctus Doppelbindenarassari F
P. torquatus Halsbandarassari E,F
P. frantzii Feuerschnabelarassari F
P. beauharnaesii Krauskopfarassari F
SELENIDERA
S. maculirostris Fleckenarassari F
S. gouldii Gouldarassari F
S. reinwardtii Reinwardtarassari F
S. nattereri Nattererarassari F
S. culik Pfefferfresser F
S. spectabilis Gelbohrarassari F
BAILLONIUS
B. bailloni Goldtukan F
ANDIGENA
A. hypoglauca Blautukan F
A. laminirostris Leistenschnabeltukan F
A. cucullata Schwarzkopftukan F
A. nigrirostris Schwarzschnabeltukan F
RAMPHASTOS
R. dicolorus Bunttukan F
R. vitellinus Dottertukan F
R. brevis Küstentukan F
R. sulfuratus Fischertukan F
R. toco Riesentukan F
R. tucanus Weißbrusttukan F
R. swainsonii Swainsontukan F
R. ambiguus Goldkehltukan F

99 PICIDAE - SPECHTE

JYNGINAE - WENDEHÄLSE

JYNX
J. torquilla Wendehals B,H
J. ruficollis Rotkehl-Wendehals C

PICUMNINAE - WEICHSCHWANZSPECHTE

PICUMNUS
P. innominatus Tüpfelzwergspecht H,I,J
P. aurifrons Goldstirn-Zwergspecht F
P. lafresnayi Lafresnayezwergspecht F
P. exilis Goldschuppen-Zwergspecht F
P. sclateri Braunohr-Zwergspecht F
P. squamulatus Schuppenzwergspecht F
P. spilogaster Weißbauch-Zwergspecht F
P. minutissimus Däumlingsspecht F
P. pygmaeus Fleckenzwergspecht F
P. steindachneri Perlenbrust-Zwergspecht F
P. varzeae Varzeazwergspecht F
P. cirratus Zebrazwergspecht E,F
P. albosquamatus Weißschuppen-Zwergspecht F
P. fuscus Rostnacken-Zwergspecht F
P. rufiventris Rotbauch-Zwergspecht F
P. fulvescens Fahlzwergspecht F
P. limae Ockerzwergspecht F
P. nebulosus Braunbrust-Zwergspecht F
P. castelnau Gelbbauch-Zwergspecht F
P. subtilis Cuzcozwergspecht F
P. olivaceus Olivrücken-Zwergspecht E,F
P. granadensis Braunrücken-Zwergspecht F
P. cinnamomeus Zimtzwergspecht F
SASIA
S. africana Graubauch-Mausspecht F
S. abnormis Malaienmausspecht I,J
S. ochracea Rötelmausspecht H,I

NESOCTITINAE - HÜPFSPECHTE

NESOCTITES
N. micromegas Hüpfspecht E

PICINAE - STÜTZSCHWANZSPECHTE

MELANERPES
M. candidus Weißspecht F
M. lewis Blutgesichtsspecht A,E
M. herminieri Guadeloupespecht E
M. portoricensis Scharlachbrustspecht E
M. erythrocephalus Rotkopfspecht A
M. formicivorus Eichelspecht A,E,F
M. cruentatus Gelbbrauenspecht F
M. flavifrons Goldmaskenspecht F
M. chrysauchen Buntkopfspecht E,F
M. pucherani Schläfenfleckspecht E,F
M. cactorum Kaktusspecht F
M. striatus Haitispecht E
M. radiolatus Jamaikaspecht E
M. chrysogenys Goldwangenspecht E
M. hypopolius Graukehlspecht E
M. pygmaeus Yucatanspecht E
M. rubricapillus Rotkappenspecht E
M. hoffmanni Hoffmannspecht E
M. uropygialis Gilaspecht A,E
M. aurifrons Goldstirnspecht E
M. carolinus Carolinaspecht A
M. superciliaris Bahamaspecht E
SPHYRAPICUS
S. varius Gelbbauch-Saftlecker A,E
S. nuchalis Rotnacken-Saftlecker A,E
S. ruber Feuerkopf-Saftlecker A
S. thyroideus Kiefernsaftlecker A,E
XIPHIDIOPICUS
X. percussus Blutfleckspecht E
CAMPETHERA
C. punctuligera Pünktchenspecht C
C. bennettii Bennettspecht C
C. nubica Nubierspecht C
C. abingoni Goldschwanzspecht C
C. notata Knysnaspecht C
C. cailliautii Tüpfelspecht C
C. maculosa Goldmantelspecht C
C. tullbergi Kehlbindenspecht C
C. nivosa Termitenspecht C
C. caroli Braunohrspecht C
GEOCOLAPTES
G. olivaceus Erdspecht C
DENDROPICOS
D. elachus Wüstenspecht C
D. poecilolaemus Tropfenspecht C
D. abyssinicus Wacholderspecht C
D. fuscescens Kardinalspecht C
D. gabonensis Gabunspecht C
D. stierlingi Stierlingspecht C
D. namaquus Namaspecht C
D. xantholophus Scheitelfleckspecht C
D. pyrrhogaster Rotbauchspecht C
D. elliotii Elliotspecht C
D. goertae Graubrustspecht C
D. griseocephalus Goldrückenspecht C
PICOIDES
P. temminckii Temminckspecht K
P. maculatus Scopolispecht J
P. moluccensis Braunscheitelspecht H,I,J
P. obsoletus Braunrückenspecht C
P. kizuki Kizukispecht oB,J
P. canicapillus Grauscheitelspecht oB,H,I,J
P. minor Kleinspecht B
P. macei Isabellbrustspecht H,I,J
P. atratus Streifenbrustspecht I
P. auriceps Braunstirnspecht H
P. mahrattensis Gelbscheitelspecht H,I
P. dorae Araberspecht wB
P. hyperythrus Braunkehlspecht oB,H,I
P. cathpharius Rotbrustspecht H,I
P. darjellensis Darjeelingspecht H,I
P. medius Mittelspecht B
P. leucotos Weißrückenspecht B,I
P. himalayensis Himalayaspecht H
P. assimilis Tamariskenspecht oB,H
P. syriacus Blutspecht B
P. leucopterus Weißflügelspecht oB
P. major Buntspecht B,I
P. mixtus Streifenschwanzspecht F
P. lignarius Strichelkopfspecht F
P. scalaris Texasspecht A,E
P. nuttallii Nuttallspecht A
P. pubescens Dunenspecht A
P. borealis Kokardenspecht A {B}
P. stricklandii Stricklandspecht A,E
P. villosus Haarspecht A,E
P. albolarvatus Nonnenspecht A
P. tridactylus Dreizehenspecht A,B,E
P. arcticus Schwarzrückenspecht A
VENILIORNIS
V. callonotus Scharlachrückenspecht F
V. dignus Gelbbauchspecht F
V. nigriceps Bindenbauchspecht F
V. fumigatus Rußspecht E,F
V. passerinus Sperlingsspecht F
V. frontalis Perlstirnspecht F
V. spilogaster Perlbauchspecht F
V. sanguineus Blutrückenspecht F
V. maculifrons Goldohrspecht F
V. affinis Blutflügelspecht F
V. cassini Goldnackenspecht F
V. kirkii Blutbürzelspecht E,F
PICULUS
P. leucolaemus Weißkehlspecht E,F
P. flavigula Gelbkehlspecht F
P. chrysochloros Bronzespecht E,F
P. aurulentus Weißbrauenspecht F
P. rubiginosus Olivmantelspecht E,F
P. auricularis Graukappenspecht E
P. rivolii Rotmantelspecht F
COLAPTES
C. atricollis Graustirnspecht F
C. punctigula Tüpfelbrustspecht E,F
C. melanochloros Grünbindenspecht F
C. auratus Goldspecht A,E
C. fernandinae Kubaspecht E {B}
C. pitius Bänderspecht F
C. rupicola Andenspecht F
C. campestris Feldspecht F
C. campestroides Wiesenspecht F
CELEUS
C. brachyurus Rötelspecht H,I,J
C. loricatus Rotkehlspecht E,F
C. undatus Olivbürzelspecht F
C. grammicus Gelbflankenspecht F
C. castaneus Kastanienspecht E
C. elegans Fahlkopfspecht F
C. lugubris Blaßschopfspecht F
C. flavescens Blondschopfspecht F
C. flavus Strohspecht F
C. spectabilis Zimtkopfspecht F
C. torquatus Schwarzbrustspecht F
DRYOCOPUS
D. galeatus Wellenohrspecht F {B}
D. schulzi Schwarzbauchspecht F
D. lineatus Linienspecht E,F
D. pileatus Helmspecht A
D. javensis Weißbauchspecht H,I,J
D. martius Schwarzspecht B
CAMPEPHILUS
C. pollens Zimtbindenspecht F
C. haematogaster Blutbauchspecht E,F
C. rubricollis Rothalsspecht F
C. robustus Scharlachkopfspecht F
C. guatemalensis Königsspecht E
C. melanoleucos Schwarzkehlspecht F
C. gayaquilensis Guayaquilspecht F
C. leucopogon Weißmantelspecht F
C. magellanicus Magellanspecht F
C. principalis Elfenbeinspecht A,E {B}

C. imperialis Kaiserspecht E {B}
PICUS
P. miniaceus Mennigspecht I,J,K
P. puniceus Rotflügelspecht I,J,K
P. chlorolophus Gelbhaubenspecht H,I,J
P. mentalis Tropfenkehlspecht I,J
P. flavinucha Gelbnackenspecht H,I,J
P. vittatus Netzbauchspecht I,J
P. myrmecophoneus Schuppenbauchspecht H,I,J,K
P. squamatus Schuppengrünspecht oB,H
P. awokera Japangrünspecht oB
P. viridis Grünspecht B
P. vaillantii Vaillantspecht wB
P. rabieri Halsbandspecht I {B}
P. erythropygius Rotbürzelspecht I
P. canus Grauspecht B,H,I,J
DINOPIUM
D. rafflesii Olivrückenspecht I,J
D. shorii Himalaya-Feuerrückenspecht H,I
D. javanense Feuerrückenspecht H,I,J,K
D. benghalense Orangespecht H
CHRYSOCOLAPTES
C. lucidus Sultanspecht H,I,J,K
C. festivus Goldschulterspecht H
GECINULUS
G. grantia Blaßkopf-Bambusspecht H,I
G. viridis Bambusspecht I
SAPHEOPIPO
S. noguchii Okinawaspecht J {B}
BLYTHIPICUS
B. rubiginosus Maronenspecht I,J
B. pyrrhotis Rotohrspecht H,I,J
REINWARDTIPICUS
R. validus Reinwardtspecht J
MEIGLYPTES
M. tristis Braunbürzelspecht I,J
M. jugularis Dommelspecht I
M. tukki Tukkispecht J,K
HEMICIRCUS
H. concretus Kurzschwanzspecht I,J
H. canente Rundschwanzspecht H,I
MUELLERIPICUS
M. fulvus Celebesspecht J,K
M. funebris Philippinenspecht J
M. pulverulentus Puderspecht H,I,J,K

PASSERIFORMES - SPERLINGSVÖGEL

100 EURYLAIMIDAE - BREITRACHEN

SMITHORNIS
S. capensis Kapbreitrachen C
S. rufolateralis Rotflanken-Breitrachen C
S. sharpei Graukopf-Breitrachen C
PSEUDOCALYPTOMENA
P. graueri Blaukehl-Breitrachen C {B}
CORYDON
C. sumatranus Riesenbreitrachen I,J,K
CYMBIRHYNCHUS
C. macrorhynchos Kellenschnabel I,J,K
EURYLAIMUS
E. javanicus Rosenkopf-Breitrachen I,J,K
E. ochromalus Halsband-Breitrachen I,J,K
E. steerii Philippinenbreitrachen J
SERILOPHUS
S. lunatus Würgerbreitrachen H,I,J,K
PSARISOMUS
P. dalhousiae Papageibreitrachen H,I,J,K
CALYPTOMENA
C. viridis Smaragdbreitrachen I,J,K
C. hosii Azurbreitrachen J
C. whiteheadi Schwarzkehl-Breitrachen J

101 DENDROCOLAPTIDAE - BAUMSTEIGER

DENDROCINCLA
D. tyrannina Tyrannenbaumsteiger F
D. macrorhyncha Starkschnabel-Baumsteiger F
D. fuliginosa Grauwangen-Baumsteiger E,F
D. anabatina Lohschwingen-Baumsteiger E
D. merula Weißkinn-Baumsteiger F
D. homochroa Kappenbaumsteiger E,F
DECONYCHURA
D. longicauda Langschwanz-Baumsteiger E,F
D. stictolaema Kehlflecken-Baumsteiger F
SITTASOMUS
S. griseicapillus Olivbaumsteiger E,F
GLYPHORHYNCHUS
G. spirurus Rindenpicker E,F
DRYMORNIS
D. bridgesii Degenschnabel-Baumsteiger F
NASICA
N. longirostris Langschnabel-Baumsteiger F
DENDREXETASTES
D. rufigula Zimtkehl-Baumsteiger F
HYLEXETASTES
H. perrotii Rotschnabel-Baumsteiger F
H. stresemanni Wellenbauch-Baumsteiger F
XIPHOCOLAPTES
X. promeropirhynchus Strichelkopf-Baumsteiger E,F
X. albicollis Weißkehl-Baumsteiger F
X. villanovae Bahiabaumsteiger F
X. falcirostris Bartbaumsteiger F {B}
X. franciscanus Grauschnabel-Baumsteiger F {B}
X. major Riesenbaumsteiger F
DENDROCOLAPTES
D. certhia Bindenbaumsteiger E,F
D. concolor Borbabaumsteiger F
D. hoffmannsi Hoffmannsbaumsteiger F
D. picumnus Blauschnabel-Baumsteiger E,F
D. platyrostris Flachschnabel-Baumsteiger F
XIPHORHYNCHUS
X. picus Geradschnabel-Baumsteiger E,F
X. necopinus Amazonasbaumsteiger F
X. obsoletus Streifenbaumsteiger F
X. ocellatus Augenbaumsteiger F
X. spixii Spixbaumsteiger F
X. elegans Schmuckbaumsteiger F
X. pardalotus Rostkehl-Baumsteiger F
X. guttatus Tropfenstirn-Baumsteiger E,F
X. eytoni Streifenmantel-Baumsteiger F
X. flavigaster Lachbaumsteiger E
X. striatigularis Tamaulipasbaumsteiger E
X. lachrymosus Tränenbaumsteiger E,F
X. erythropygius Sternflecken-Baumsteiger E,F
X. triangularis Schuppenbrust-Baumsteiger E,F
LEPIDOCOLAPTES
L. leucogaster Buntbaumsteiger E
L. souleyetii Souleyetbaumsteiger E,F
L. angustirostris Schmalschnabel-Baumsteiger E,F
L. affinis Fleckscheitel-Baumsteiger E,F
L. squamatus Fleckenbauch-Baumsteiger F
L. fuscus Schlankschnabel-Baumsteiger F
L. albolineatus Layardbaumsteiger F
CAMPYLORHAMPHUS
C. pucheranii Augenstreif-Sensenschnabel F
C. trochilirostris Rotsensenschnabel E,F
C. falcularius Trauersensenschnabel
C. pusillus Braunsensenschnabel E,F
C. procurvoides Dunkelsensenschnabel F

102 FURNARIIDAE - TÖPFERVÖGEL

FURNARIINAE - TÖPFER
GEOSITTA
G. poeciloptera Camposerdhacker F
G. cunicularia Kaninchenerdhacker F
G. maritima Grauerdhacker F
G. peruviana Küstenerdhacker F
G. punensis Punaerdhacker F
G. saxicolina Schwarzflügel-Erdhacker F
G. isabellina Isabellerdhacker F
G. antarctica Feuerlanderdhacker F
G. rufipennis Rotschwanz-Erdhacker F
G. crassirostris Dickschnabel-Erdhacker F
G. tenuirostris Dünnschnabel-Erdhacker F
UPUCERTHIA
U. certhioides Chacoerdhacker F
U. harterti Braunkappen-Erdhacker F
U. ruficauda Geradschnabel-Erdhacker F
U. andaecola Felsenerdhacker F
U. albigula Weißkehl-Erdhacker F
U. serrana Streifenerdhacker F
U. dumetaria Schuppenkehl-Erdhacker F
U. validirostris Braunbauch-Erdhacker F
U. jelskii Buscherdhacker F
CINCLODES
C. fuscus Bindenuferwipper F
C. excelsior Kurzschwanz-Uferwipper F
C. aricomae Aricomauferwipper F {B}
C. olrogi Olroguferwipper F
C. comechingonus Cordobauferwipper F
C. pabsti Langschwanz-Uferwipper F
C. atacamensis Flügelstreif-Uferwipper F
C. palliatus Weißbauch-Uferwipper F {B}
C. oustaleti Grauflanken-Uferwipper F
C. patagonicus Streifenbauch-Uferwipper F
C. nigrofumosus Strandwipper F
C. taczanowskii Küstenwipper F
C. antarcticus Einfarb-Uferwipper F
CHILIA
C. melanura Felsenchilia F
FURNARIUS
F. minor Kleintöpfer F
F. figulus Bindentöpfer F
F. tricolor Dreifarbentöpfer F
F. leucopus Blaßfußtöpfer F
F. torridus Blaßschnabeltöpfer F
F. rufus Rosttöpfer F
F. cristatus Schopftöpfer F

SYNALLAXINAE - SCHLÜPFER
SYLVIORTHORHYNCHUS
S. desmursii Sechsfedernschlüpfer F
APHRASTURA
A. spinicauda Stachelschwanzschlüpfer F
A. masafuerae Masafueraschlüpfer F {B}
LEPTASTHENURA
L. fuliginiceps Rotscheitelschlüpfer F
L. yanacensis Yanacschlüpfer F
L. platensis Schopfschlüpfer F
L. aegithaloides Schwanzmeisenschlüpfer F
L. setaria Araukarienschlüpfer F
L. striata Streifenschlüpfer F
L. striolata Strichelschlüpfer F
L. pileata Peruschlüpfer F
L. xenothorax Weißbrauen-Meisenschlüpfer F {B}
L. andicola Andenschlüpfer F
SCHIZOEACA
S. fuliginosa Distelschwanzschlüpfer F
S. coryi Ockerbrauenschlüpfer F
S. griseomurina Grau-Distelschwanzschlüpfer F
S. palpebralis Brillen-Distelschwanzschlüpfer F
S. moreirae Strohschwanzschlüpfer F
SCHOENIOPHYLAX
S. phryganophila Weißwangenschlüpfer F
SYNALLAXIS
S. ruficapilla Rotkappenschlüpfer F
S. superciliosa Brauenschlüpfer F
S. frontalis Graustirnschlüpfer F
S. azarae Azaraschlüpfer F
S. elegantior Schmuckschlüpfer F
S. albigularis Weißkehlschlüpfer F
S. albescens Temminckschlüpfer E,F
S. spixi Spixschlüpfer F
S. hypospodia Graubrustschlüpfer F
S. infuscata Pintoschlüpfer F {B}
S. brachyura Graukehlschlüpfer E,F
S. courseni Apurimacschlüpfer F {B}
S. moesta Trauerschlüpfer F
S. macconnelli McConnellschlüpfer F
S. subpudica Silberkehlschlüpfer F
S. tithys Taczanowskischlüpfer F
S. cinerascens Graubauchschlüpfer F
S. maranonica Maranonschlüpfer F
S. propinqua Weißbauchschlüpfer F
S. hellmayri Rotschulterschlüpfer F
S. gujanensis Cayenneschlüpfer F
S. albilora Ockerbrustschlüpfer F
S. rutilans Rötelschlüpfer F
S. cherriei Braunkehlschlüpfer F {B}
S. unirufa Rostschlüpfer F
S. castanea Kastanienschlüpfer F
S. fuscorufa Rotkopfschlüpfer F
S. zimmeri Rostbauchschlüpfer F {B}
S. erythrothorax Rotbrustschlüpfer E
S. cinnamomea Zimtschlüpfer E,F
S. stictothorax Fleckenbrustschlüpfer F
S. candei Schwarzohrschlüpfer F
S. kollari Rotohrschlüpfer F
S. scutatus Goldohrschlüpfer F
HELLMAYREA
H. gularis Weißbrauenschlüpfer F
CERTHIAXIS
C. erythrops Rotwangenschlüpfer F
C. demissa Tepuischlüpfer F
C. antisiensis Olivrückenschlüpfer F
C. pallida Fahlschlüpfer F
C. curtata Olivstirnschlüpfer F
C. obsoleta Rotschwanzschlüpfer F
C. hellmayri Strichelkopfschlüpfer F
C. subcristata Haubenschlüpfer F
C. pyrrhophia Streifenkopfschlüpfer F
C. marcapatae Marcapataschlüpfer F
C. albiceps Kronenschlüpfer F
C. semicinerea Graukopfschlüpfer F
C. albicapilla Fahlkappenschlüpfer F

C. vulpina Fuchsschlüpfer F
C. muelleri Schuppenschlüpfer F
C. gutturata Gelbkinnschlüpfer F
C. sulphurifera Schwefelkopfschlüpfer F
C. cinnamomea Gelbkehlschlüpfer F
C. mustelina Wieselschlüpfer F
THRIPOPHAGA
T. pyrrholeuca Ockerkehlschlüpfer F
T. baeri Kurzschnabelschlüpfer F
T. pudibunda Limaschlüpfer F
T. ottonis Garleppschlüpfer F
T. heterura Iquicoschlüpfer F
T. modesta Kordillerenschlüpfer F
T. cactorum Kaktusschlüpfer F
T. dorbignyi Fahlbrustschlüpfer F
T. berlepschi Berlepschschlüpfer F
T. steinbachi Steinbachschlüpfer F
T. humicola Schwarzschwanzschlüpfer F
T. patagonica Stutzschnabelschlüpfer F
T. humilis Kehlstreifenschlüpfer F
T. usheri Weißschwanzschlüpfer F {B}
T. anthoides Kingschlüpfer F {B}
T. wyatti Wyattschlüpfer F
T. sclateri Cordobaschlüpfer F
T. urubambensis Urubambaschlüpfer F {B}
T. virgata Juninschlüpfer F
T. maculicauda Fleckenschwanzschlüpfer F
T. flammulata Jardineschlüpfer F
T. cherriei Orinocoschlüpfer F {B}
T. macroura Breitschwanzschlüpfer F {B}
T. hudsoni Grundschlüpfer F
T. hypochondriacus Salvinschlüpfer F
PHACELLODOMUS
P. rufifrons Rotstirn-Bündelnister F
P. sibilatrix Zwergbündelnister F
P. striaticeps Schuppenkopf-Bündelnister F
P. erythrophthalmus Rotaugen-Bündelnister F
P. striaticollis Fleckenbrust-Bündelnister F
P. dorsalis Rotrücken-Bündelnister F
P. ruber Rotschwingen-Bündelnister F
P. fusciceps Braunkopf-Bündelnister F
P. berlepschi Rostmantel-Bündelnister F
P. dendrocolaptoides Schilfbündelnister F {B}
SPARTONOICA
S. maluroides Staffelschwanzschlüpfer F
PHLEOCRYPTES
P. melanops Rohrschlüpfer F
LIMNORNIS
L. curvirostris Krummschnabel-Riedschlüpfer F
L. rectirostris Geradschnabel-Riedschlüpfer F
ANUMBIUS
A. anumbi Anumbi F
CORYPHISTERA
C. alaudina Buschläufer F
EREMOBIUS
E. phoenicurus Dornschlüpfer F
SIPTORNIS
S. striaticollis Streifenhalsschlüpfer F
METOPOTHRIX
M. aurantiacus Goldschlüpfer F
XENERPESTES
X. minlosi Bindengrauschwanz E,F
X. singularis Streifenkopf-Grauschwanz F

PHILYDORINAE - BLATTSPÄHER

MARGARORNIS
M. adustus Roraimastachelschwanz F
M. guttuligera Rostschwingen-Stachelschwanz F
M. brunnescens Fleckbrust-Stachelschwanz E,F
M. tatei Weißkehl-Stachelschwanz F {B}
M. rubiginosus Bergstachelschwanz E
M. stellatus Tropfenstachelschwanz F
M. bellulus Schmuckstachelschwanz E
M. squamiger Perlenstachelschwanz F
LOCHMIAS
L. nematura Bachstachelschwanz E,F
PSEUDOSEISURA
P. cristata Haubencacholote F
P. lophotes Brauncacholote F
P. gutturalis Weißkehlcacholote F
PSEUDOCOLAPTES
P. lawrencii Panamaschopfohr E,F
P. boissonneautii Andenschopfohr F
BERLEPSCHIA
B. rikeri Palmsteiger F
PHILYDOR
P. strigilatus Hakenschnabel-Blattspäher F
P. subulatus Waldspäher E,F
P. guttulatus Zimtbrauen-Blattspäher F
P. subalaris Streifenblattspäher E,F
P. rufosupercíliatus Ockerbrauen-Blattspäher F
P. striaticollis Bergblattspäher F
P. amaurotis Weißbrauen-Blattspäher F
P. variegaticeps Schuppenkehl-Blattspäher E,F
P. ruficaudatus Rotschwanz-Blattspäher F
P. erythrocercus Rostbürzel-Blattspäher E,F
P. erythropterus Rotschwingen-Blattspäher F
P. lichtensteini Ockerbrust-Blattspäher F
P. erythronotus Rotrücken-Blattspäher E,F
P. novaesi Novaesblattspäher F {B}
P. atricapillus Kappenblattspäher F
P. rufus Goldstirn-Blattspäher E,F
P. pyrrhodes Zimtbürzel-Blattspäher F
P. dimidiatus Rostmantel-Blattspäher F
P. fuscus Halsband-Blattspäher F
P. ucayalae Ucayaliblattspäher F
P. striatus Cochabambablattspäher F
CICHLOCOLAPTES
C. leucophrys Fahlbrauen-Blattspäher F
THRIPADECTES
T. ignobilis Einfarb-Baumspäher F
T. rufobrunneus Streifenbrust-Baumspäher E
T. melanorhynchus Tschudibaumspäher F
T. holostictus Streifenbaumspäher F
T. virgaticeps Streifenkopf-Baumspäher F
T. scrutator Schuppenkehl-Baumspäher F
T. flammulatus Strichelbaumspäher F
AUTOMOLUS
A. ruficollis Rothals-Baumspäher F {B}
A. ochrolaemus Braunkehl-Baumspäher E,F
A. infuscatus Olivrücken-Baumspäher F
A. dorsalis Schopfbaumspäher F
A. leucophthalmus Weißzügel-Baumspäher F
A. melanopezus Braunbürzel-Baumspäher F
A. albigularis Weißkehl-Baumspäher F
A. rubiginosus Zimtkehl-Baumspäher E,F
A. rufipileatus Rotscheitel-Baumspäher F
A. rectirostris Schlankschnabel-Baumspäher F
A. erythrocephalus Rotkopf-Baumspäher F {B}
SCLERURUS
S. mexicanus Rostkehl-Laubwender E,F
S. rufigularis Kurzschnabel-Laubwender F
S. albigularis Graukehl-Laubwender E,F
S. caudacutus Schwarzschwanz-Laubwender F
S. scansor Rostbrust- Laubwender F
S. guatemalensis Schuppenkehl-Laubwender F
XENOPS
X. contaminatus Spitzschnabel-Baumspäher F
X. milleri Rotschwanz-Baumspäher F
X. tenuirostris Streifenschwanz-Baumspäher F
X. minutus Sparrmansteigschnabel E,F
X. rutilans Rötelsteigschnabel E,F
MEGAXENOPS
M. parnaguae Riesensteigschnabel F {B}
PYGARRHICHAS
P. albogularis Spechttöpfer F

103 FORMICARIIDAE - AMEISENVÖGEL

CYMBILAIMUS
C. lineatus Zebraameisenwürger E,F
HYPOEDALEUS
H. guttatus Perlenmantel-Ameisenwürger F
BATARA
B. cinerea Riesenameisenwürger F
MACKENZIAENA
M. leachii Langschwanz-Ameisenwürger F
M. severa Schwarzmasken-Ameisenwürger F
FREDERICKENA
F. viridis Schwarzkehl-Ameisenwürger F
F. unduligera Marmorameisenwürger F
TARABA
T. major Weißbrust-Ameisenwürger E,F
SAKESPHORUS
S. canadensis Schwarzhauben-Ameisenwürger F
S. cristatus Silberwangen-Ameisenwürger F
S. bernardi Weißnacken-Ameisenwürger F
S. melanonotus Schwarzrücken-Ameisenwürger F
S. melanothorax Weißschulter-Ameisenwürger F
S. luctuosus Trauerameisenwürger F
BIATAS
B. nigropectus Weißbart-Ameisenwürger F {B}
THAMNOPHILUS
T. doliatus Bindenwollrücken E,F
T. multistriatus Streifenwollrücken F
T. palliatus Mantelwollrücken F
T. bridgesi Kapuzenwollrücken E
T. nigriceps Mohrenwollrücken E,F
T. praecox Cochawollrücken F {B}
T. nigrocinereus Graubauch-Wollrücken F
T. cryptoleucus Castelnauwollrücken F
T. aethiops Trauerwollrücken F
T. unicolor Einfarb-Wollrücken F
T. schistaceus Kappenwollrücken F
T. murinus Silberwollrücken F
T. aroyae Hochland-Wollrücken F
T. punctatus Tüpfelwollrücken E,F
T. amazonicus Zwillingswollrücken F
T. insignis Roraimawollrücken F
T. caerulescens Grauscheitel-Wollrücken F
T. torquatus Rotschwingen-Wollrücken F
T. ruficapillus Rotscheitel-Wollrücken F
PYGIPTILA
P. stellaris Fleckflügel-Wollrücken F
MEGASTICTUS
M. margaritatus Perlenwollrücken F
NEOCTANTES
N. niger Mohrenwürgerling F
CLYTOCTANTES
C. alixii Verkehrtschnabel F {B}
XENORNIS
X. setifrons Streifenbrustwürgerling E,F {B}
THAMNISTES
T. anabatinus Rostwürgerling E,F
DYSITHAMNUS
D. stictothorax Fleckenbrustwürgerling F
D. mentalis Waldwürgerling E,F
D. striaticeps Streifenkopfwürgerling E
D. puncticeps Perlkappenwürgerling E,F
D. xanthopterus Rotbürzelwürgerling F
D. ardesiacus Grauwürgerling F
THAMNOMANES
T. saturninus Schwarzkehlwürgerling F
T. occidentalis Chapmanwürgerling F
T. plumbeus Bleiwürgerling F {B}
T. caesius Buschwürgerling F
T. schistogynus Blauwürgerling F
MYRMOTHERULA
M. brachyura Zwergameisenschlüpfer E,F
M. obscura Kurzschnabel-Ameisenschlüpfer F
M. sclateri Gelbstreifen-Ameisenschlüpfer F
M. klagesi Klagesameisenschlüpfer F
M. surinamensis Surinamameisenschlüpfer E,F
M. ambigua Gelbkehl-Ameisenschlüpfer F
M. cherriei Kehlstreifen-Ameisenschlüpfer F
M. guttata Rotbauch-Ameisenschlüpfer F
M. longicauda Langschwanz-Ameisenschlüpfer F
M. hauxwelli Graubauch-Ameisenschlüpfer F
M. gularis Perlenkehl-Ameisenschlüpfer F
M. gutturalis Braunbauch-Ameisenschlüpfer F
M. fulviventris Marmorkehl-Ameisenschlüpfer E,F
M. leucophthalma Weißaugen-Ameisenschlüpfer F
M. haematonota Graubrust-Ameisenschlüpfer F
M. ornata Schwarzkehl-Ameisenschlüpfer F
M. erythrura Rotschwanz-Ameisenschlüpfer F
M. erythronotos Rotrücken-Ameisenschlüpfer F {B}
M. axillaris Weißflanken-Ameisenschlüpfer E,F
M. schisticolor Schieferameisenschlüpfer E,F
M. sunensis Sunoameisenschlüpfer F
M. longipennis Silberameisenschlüpfer F
M. minor Salvadoriameisenschlüpfer F {B}
M. iheringi Iheringameisenschlüpfer F
M. fluminensis Rio-de-Janeiro-Ameisenschlüpfer F
M. grisea Grauameisenschlüpfer F {B}
M. unicolor Einfarb-Ameisenschlüpfer F
M. behni Schwarzbrust-Ameisenschlüpfer F
M. urosticta Weißschwanz-Ameisenschlüpfer F
M. menetriesii Buntflügel-Ameisenschlüpfer F
M. assimilis Pelzlnameisenschlüpfer F
DICHROZONA
D. cincta Buntbürzel-Ameisenfänger F
MYRMORCHILUS
M. strigilatus Weißbart-Ameisenfänger F
HERPSILOCHMUS
H. pileatus Schwarzkopf-Ameisenfänger F {B}
H. sticturus Fleckenschwanz-Ameisenfänger F
H. stictocephalus Cayenneameisenfänger F
H. dorsimaculatus Streifenmantel-Ameisenfänger F
H. roraimae Roraimaameisenfänger F
H. pectoralis Brustband-Ameisenfänger F {B}
H. longirostris Tupfenbrust-Ameisenfänger F
H. parkeri Graukehl-Ameisenfänger F {B}
H. axillaris Gelbbrust-Ameisenfänger F
H. rufimarginatus Rotschwingen-Ameisenfänger E,F
MICRORHOPIAS
M. quixensis Tropfenflügel-Ameisenfänger E,F
FORMICIVORA
F. iheringi Dünnschnabel-Ameisenfänger F {B}
F. grisea Seidenameisenfänger E,F
F. serrana Bergameisenfänger F

F. melanogaster Schwarzbauch-Ameisenfänger F
F. rufa Zimtrücken-Ameisenfänger F
DRYMOPHILA
D. ferruginea Weißbrauen-Ameisenfänger F
D. rubricollis Bertoniameisenfänger F
D. genei Rotschwanz-Ameisenfänger F
D. ochropyga Rostbürzel-Ameisenfänger F
D. devillei Strichelkopf-Ameisenfänger F
D. caudata Langschwanz-Ameisenfänger F
D. malura Temminckameisenfänger F
D. squamata Schuppenameisenfänger F
TERENURA
T. maculata Streifenkopf-Ameisenfänger F
T. sicki Orangebauch-Ameisenfänger F {B}
T. callinota Grauwangen-Ameisenfänger F
T. humeralis Rotschulter-Ameisenfänger F
T. sharpei Gelbbürzel-Ameisenfänger F {B}
T. spodioptila Grauschwingen-Ameisenfänger F
CERCOMACRA
C. cinerascens Aschkopf-Ameisenfänger F
C. brasiliana Streifenschwanz-Ameisenfänger F {B}
C. tyrannina Tyrannenameisenfänger E,F
C. nigrescens Sumpfameisenfänger F
C. serva Mohrenameisenfänger F
C. nigricans Trauerameisenfänger E,F
C. carbonaria Schmalschnabel-Ameisenfänger F {B}
C. melanaria Mato-Grosso-Ameisenfänger F
C. ferdinandi Ferdinandameisenfänger F
SIPIA
S. berlepschi Stutzschwanzsipia F
S. rosenbergi Schiefersipia F
PYRIGLENA
P. leuconota Weißrücken-Feuerauge F
P. atra Fleckenmantel-Feuerauge F {B}
P. leucoptera Weißschulter-Feuerauge F
RHOPORNIS
R. ardesiaca Bahiaameisenschlüpfer F {B}
MYRMOBORUS
M. leucophrys Augenbrauen-Ameisenschnäpper F
M. lugubris Fahlstirn-Ameisenschnäpper F
M. myotherinus Schuppenflügel-Ameisenschnäpper F
M. melanurus Schwarzschwanz-Ameisenschnäper F
HYPOCNEMIS
H. cantator Singameisenschnäpper F
H. hypoxantha Gelbbrauen-Ameisenschnäpper F
HYPOCNEMOIDES
H. melanopogon Schwarzkinn-Ameisenschnäpper F
H. maculicauda Uferameisenschnäpper F
MYRMOCHANES
M. hemileucus Weißbauch-Ameisenschnäpper F
GYMNOCICHLA
G. nudiceps Nacktkopf-Ameisenvogel E,F
SCLATERIA
S. naevia Mangroveameisenvogel F
PERCNOSTOLA
P. rufifrons Mohrenkopf-Ameisenvogel F
P. macrolopha Langschopf-Ameisenvogel F
P. schistacea Einfarb-Ameisenvogel F
P. leucostigma Sternflügel-Ameisenvogel F
P. caurensis Cauraameisenvogel F
P. lophotes Rotschopf-Ameisenvogel F
MYRMECIZA
M. longipes Rotsteiß-Ameisenvogel E,F
M. exsul Braunrücken-Ameisenvogel E,F
M. ferruginea Rostrücken-Ameisenvogel F
M. ruficauda Braunscheitel-Ameisenvogel F {B}
M. loricata Schmuckbrust-Ameisenvogel F
M. squamosa Schwarzmantel-Ameisenvogel F
M. laemosticta Grauscheitel-Ameisenvogel E,F
M. disjuncta Yapacanaameisenvogel F
M. pelzelni Weißwangen-Ameisenvogel F
M. hemimelaena Rotmantel-Ameisenvogel F
M. hyperythra Chamicurosameisenvogel F
M. goeldii Goeldiameisenvogel F
M. melanoceps Weißschulter-Ameisenvogel F
M. fortis Dunkelameisenvogel F
M. immaculata Weißbug-Ameisenvogel F
M. griseiceps Graukopf-Ameisenvogel F {B}
M. atrothorax Pechbrust-Ameisenvogel F
M. stictothorax Strichelbrust-Ameisenvogel F {B}
PITHYS
P. albifrons Weißbart-Ameisenvogel F
P. castanea Weißmasken-Ameisenvogel F
GYMNOPITHYS
G. rufigula Rotkehl-Ameisenvogel F
G. salvini Salvinameisenvogel F
G. lunulata Mondfleck-Ameisenvogel F
G. leucaspis Weißohr-Ameisenvogel E,F

RHEGMATORHINA
R. gymnops Nacktaugen-Ameisenvogel F
R. berlepschi Harlekinameisenvogel F
R. cristata Braunschopf-Ameisenvogel F
R. hoffmannsi Hoffmannsameisenvogel F {B}
R. melanosticta Grauschopf-Ameisenvogel F
HYLOPHYLAX
H. naevioides Fleckenbrust-Waldwächter E,F
H. naevia Braunflecken-Waldwächter F
H. punctulata Silberflecken-Waldwächter F
H. poecilonota Schuppenwaldwächter F
PHLEGOPSIS
P. nigromaculata Rotaugen-Ameisenvogel F
P. barringeri Glanzkopf-Ameisenvogel F {B}
P. erythroptera Rotspiegel-Ameisenvogel F
SKUTCHIA
S. borbae Samtbrauen-Ameisenvogel F
PHAENOSTICTUS
P. mcleannani Halsband-Ameisenvogel E,F
FORMICARIUS
F. colma Colmaameisendrossel F
F. analis Schwarzkehl-Ameisendrossel E,F
F. rufifrons Rotstirn-Ameisendrossel F {B}
F. nigricapillus Schwarzkopf-Ameisendrossel E,F
F. rufipectus Rotbrust-Ameisendrossel E,F
CHAMAEZA
C. campanisona Kurzschwanz-Ameisendrossel F
C. nobilis Streifenameisendrossel F
C. ruficauda Rotschwanz-Ameisendrossel F
C. mollissima Bindenameisendrossel F
MYRMORNIS
M. torquata Graubauch-Ameisenpitta E,F
PITTASOMA
P. michleri Schwarzscheitel-Ameisenpitta E,F
P. rufopileatum Rotscheitel-Ameisenpitta F
GRALLARIA
G. squamigera Schuppenbauch-Ameisenpitta F
G. gigantea Riesenameisenpitta F {B}
G. excelsa Großameisenpitta F
G. varia Königsameisenpitta F
G. alleni Bartstreif-Ameisenpitta F {B}
G. carrikeri Blaßschnabel-Ameisenpitta F
G. guatimalensis Schuppenkopf-Ameisenpitta E,F
G. chthonia Tachiraameisenpitta F {B}
G. haplonota Braunrücken-Ameisenpitta F
G. dignissima Rostkehl-Ameisenpitta F
G. eludens Weißkehl-Ameisenpitta F
G. ruficapilla Rostkappen-Ameisenpitta F
G. watkinsi Watkinsameisenpitta F
G. bangsi Olivrücken-Ameisenpitta F
G. andicola Strichelkopf-Ameisenpitta F
G. punensis Punaameisenpitta F
G. rufocinerea Zweifarben-Ameisenpitta F {B}
G. nuchalis Rotkopf-Ameisenpitta F
G. blakei Blakeameisenpitta F
G. albigula Graubrust-Ameisenpitta F
G. erythroleuca Kastanienameisenpitta F
G. hypoleuca Rotrücken-Ameisenpitta F
G. griseonucha Graunacken-Ameisenpitta F
G. rufula Einfarb-Ameisenpitta F
G. erythrotis Rotohr-Ameisenpitta F
G. quitensis Bergameisenpitta F
G. milleri Bandameisenpitta F {B}
HYLOPEZUS
H. perspicillatus Brillenameisenpitta E,F
H. macularius Rostflanken-Ameisenpitta F
H. fulviventris Schwarzkappen-Ameisenpitta F
H. berlepschi Berlepschameisenpitta F
H. ochroleucus Fleckenbrust-Ameisenpitta F
MYRMOTHERA
M. campanisona Fleckenbrust-Ameisenjäger F
M. simplex Braunbrust-Ameisenjäger F
GRALLARICULA
G. flavirostris Ockerbruststelzling E,F
G. ferrugineipectus Rostbruststelzling F
G. nana Grauscheitelstelzling F
G. loricata Schuppenbruststelzling F
G. peruviana Perustelzling F
G. lineifrons Halbmondstelzling F {B}
G. ochraceifrons Ockerkappenstelzling F
G. cucullata Rotkopfstelzling F {B}

104 CONOPOPHAGIDAE - MÜCKENFRESSER

CONOPOPHAGA
C. lineata Rotkehl-Mückenfresser F
C. aurita Cayennemückenfresser F
C. roberti Schwarzkopf-Mückenfresser F {B}
C. peruviana Graukehl-Mückenfresser F
C. ardesiaca Graubrust-Mückenfresser F
C. castaneiceps Rotscheitel-Mückenfresser F
C. melanops Schwarzwangen-Mückenfresser F
C. melanogaster Schwarzbauch-Mückenfresser F

105 RHINOCRYPTIDAE - BÜRZELSTELZER

PTEROPTOCHOS
P. castaneus Braunkehl-Huethuet F
P. tarnii Schwarzkehl-Huethuet F
P. megapodius Bartturko F
SCELORCHILUS
S. albicollis Weißkehltapaculo F
S. rubecula Rotkehltapaculo F
RHINOCRYPTA
R. lanceolata Schopfgallito F
TELEDROMAS
T. fuscus Braungallito F
LIOSCELES
L. thoracicus Brustbandtapaculo F
MELANOPAREIA
M. torquata Zimtbandvogel F
M. maximiliani Olivkappen-Bandvogel F
M. maranonica Maranonbandvogel F
M. elegans Schmuckbandvogel F
PSILORHAMPHUS
P. guttatus Trugzaunkönig F
MERULAXIS
M. ater Bürstentapaculo F
M. stresemanni Stresemanntapaculo F {B}
EUGRALLA
E. paradoxa Rostflankentapaculo F
MYORNIS
M. senilis Grautapaculo F
SCYTALOPUS
S. unicolor Einfarbtapaculo F
S. speluncae Maustapaculo F
S. macropus Großfußtapaculo F
S. femoralis Rotbauchtapaculo F
S. argentifrons Silberstirntapaculo E
S. panamensis Schwarzstirntapaculo E,F
S. vicinior Fleckenkopftapaculo E,F
S. latebricola Braunbürzeltapaculo F
S. novacapitalis Brasiliatapaculo F {B}
S. indigoticus Weißbrusttapaculo F
S. magellanicus Andentapaculo F
S. superciliaris Weißbrauentapaculo F
ACROPTERNIS
A. orthonyx Perlenmanteltapaculo F

106 TYRANNIDAE - TYRANNEN

PHYLLOMYIAS
P. fasciatus Schuppenkopf-Fliegenstecher F
P. burmeisteri Höckerfuß-Fliegenstecher E,F
P. virescens Grünrücken-Fliegenstecher F
P. sclateri Streifenbauch-Fliegenstecher F
P. griseocapilla Graukappen-Fliegenstecher F
P. griseiceps Zwergfliegenstecher E,F
P. plumbeiceps Bleikopf-Fliegenstecher F
P. nigrocapillus Mönchsfliegenstecher F
P. cinereiceps Graukopf-Fliegenstecher F
P. uropygialis Goldbürzel-Fliegenstecher F
ZIMMERIUS
Z. vilissimus Augenring-Fliegenstecher E,F
Z. bolivianus Olivfliegenstecher F
Z. cinereicapillus Rotschnabel-Fliegenstecher F
Z. gracilipes Schlankfuß-Fliegenstecher F
Z. viridiflavus Goldstirn-Fliegenstecher F
ORNITHION
O. inerme Weißzügel-Fliegenstecher F
O. semiflavum Gelbbauch-Fliegenstecher E
O. brunneicapillum Braunkappen-Fliegenstecher E,F
CAMPTOSTOMA
C. obsoletum Gelbkehl-Fliegenstecher E,F
C. imberbe Chaparralfliegenstecher A,E
PHAIOMYIAS
P. murina Brauenfliegenstecher E,F
SUBLEGATUS
S. modestus Südlicher Buschfliegenstecher E,F,G
S. arenarum Nördlicher Buschfliegenstecher F
SUIRIRI
S. suiriri Suiririfliegenstecher F
TYRANNULUS
T. elatus Gelbscheitel-Fliegenstecher E,F
MYIOPAGIS
M. gaimardii Waldelaenie E,F
M. caniceps Graukopfelaenie E,F
M. subplacens Strichelbrustelaenie F

M. flavivertex Goldscheitelelaenie F
M. viridicata Grünelaenie E,F
M. cotta Cottaelaenie E
PSEUDELAENIA
P. leucospodia Graustirnelaenie E
ELAENIA
E. flavogaster Gelbbauchelaenie E,F
E. martinica Weißbauchelaenie E
E. spectabilis Graubrustelaenie F
E. albiceps Buschelaenie F
E. parvirostris Kurzschnabelelaenie F
E. mesoleuca Schlichtelaenie F
E. strepera Schieferelaenie F
E. gigas Schuppenelaenie F
E. pelzelni Braunelaenie F
E. cristata Kappenelaenie F
E. chiriquensis Schlankschnabelelaenie E,F
E. ruficeps Rotscheitelelaenie F
E. frantzii Bergelaenie E,F
E. obscura Olivkopfelaenie F
E. dayi Duidaelaenie F
E. pallatangae Sierraelaenie F
E. fallax Antillenelaenie E
MECOCERCULUS
M. leucophrys Weißkehltachuri F
M. poecilocercus Weißschwanztachuri F
M. hellmayri Braunschwanztachuri F
M. calopterus Rotschwingentachuri F
M. minor Gelbbauchtachuri F
M. stictopterus Weißbindentachuri F
SERPOPHAGA
S. cinerea Sturzbachtachuri E,F
S. hypoleuca Ufertachuri F
S. nigricans Maustachuri F
S. araguayae Olivbürzeltachuri F {B}
S. subcristata Strichelschopftachuri F
INEZIA
I. tenuirostris Dünnschnabeltachuri F
I. inornata Graukopftachuri F
I. subflava Braunkopftachuri F
STIGMATURA
S. napensis Braunrückentachuri F
S. budytoides Stelzentachuri F
ANAIRETES
A. alpinus Graubrusttachuri F {B}
A. agraphia Weißbauchtachuri F
A. agilis Langschwanztachuri F
A. reguloides Streifentachuri F
A. flavirostris Gelbschnabeltachuri F
A. parulus Meisentachuri F
A. fernandezianus Juan-Fernandez-Tachuri F
TACHURIS
T. rubrigastra Vielfarbentachuri F
CULICIVORA
C. caudacuta Spitzschwanztyrann F {B}
POLYSTICTUS
P. superciliaris Silberbrauentyrann F {B}
P. pectoralis Schmalschwanztyrann F {B}
PSEUDOCOLOPTERYX
P. dinellianus Dreibindendoradito F
P. sclateri Schopfdoradito F
P. acutipennis Schmalschwingendoradito F
P. flaviventris Rohrdoradito F
EUSCARTHMUS
E. meloryphus Weißbauch-Todityrann F
E. rufomarginatus Gelbbauch-Todityrann F
MIONECTES
M. striaticollis Spitzschwingen-Stricheltyrann F
M. olivaceus Rundschwingen-Stricheltyrann E,F
M. oleagineus Ockerbauch-Pipratyrann E,F
M. macconnelli Olivschwingen-Pipratyrann F
M. rufiventris Graukopf-Pipratyrann F
LEPTOPOGON
L. rufipectus Rostbrust- Fliegenstecher F
L. taczanowskii Inkafliegenstecher F
L. amaurocephalus Braunkopf-Fliegenstecher E,F
L. superciliaris Schieferkopf-Fliegenstecher E,F
PHYLLOSCARTES
P. nigrifrons Schwarzstirn-Laubtyrann F
P. poecilotis Ohrstreif-Borstentyrann F
P. chapmani Weißbrauen-Laubtyrann F
P. ophthalmicus Schwarzohr-Borstentyrann F
P. eximius Weißaugen-Borstentyrann F
P. gualaquizae Gualaquizaborstentyrann F
P. flaviventris Rostflügel-Borstentyrann F
P. venezuelanus Gelbzügel-Borstentyrann F
P. orbitalis Weißflügel-Borstentyrann F
P. lanyoni Lanyonborstentyrann F
P. flaveolus Zitronentyrann E,F
P. roquettei Roststirn-Laubtyrann F {B}
P. ventralis Streifenbrust-Laubtyrann F
P. paulistus Gelbstirn-Laubtyrann F {B}
P. oustaleti Goldaugen-Laubtyrann F
P. difficilis Weißaugen-Laubtyrann F
P. ceciliae Langschwanz-Laubtyrann F {B}
P. flavovirens Panamalaubtyrann E
P. virescens Surinamlaubtyrann F
P. superciliaris Rostbrauen-Laubtyrann E,F
P. sylviolus Braunzügel-Borstentyrann F
PSEUDOTRICCUS
P. pelzelni Bronzetyrann E,F
P. simplex Braunstirntyrann F
P. ruficeps Rotkopftyrann F
CORYTHOPIS
C. delalandi Lauftyrann F
C. torquata Brustbandtyrann F
MYIORNIS
M. auricularis Ohrfleck-Zwergtyrann F
M. ecaudatus Stummelschwanz-Zwergtyrann F
M. atricapillus Schwarzkappen-Zwergtyrann E,F
M. albiventris Weißbauch-Zwergtyrann F
LOPHOTRICCUS
L. pileatus Schuppenkopftyrann E,F
L. eulophotes Toddtyrann F
L. vitiosus Ährenschopftyrann F
L. galeatus Helmtyrann F
ATALOTRICCUS
A. pilaris Isabellwangentyrann E,F
POECILOTRICCUS
P. ruficeps Rotscheitel-Spateltyrann F
P. capitale Schwarzweiß-Spateltyrann F
P. tricolor Dreifarben-Spateltyrann F
P. andrei Schwarzschopftyrann F
ONCOSTOMA
O. olivaceum Gelbkehl-Krummschnabel E,F
O. cinereigulare Aschkehl-Krummschnabel E
HEMITRICCUS
H. minor Snethlagetyrann F
H. josephinae Kahnschnabeltyrann F
H. diops Zügelflecktyrann F
H. obsoletus Ribeirotyrann F
H. flammulatus Graustreifentyrann F
H. zosterops Vireospateltyrann F
H. aenigma Weißkinn-Spateltyrann F
H. orbitatus Augenring-Spateltyrann F
H. iohannis Johannesspateltyrann F
H. striaticollis Streifenbrust-Spateltyrann F
H. nidipendulus Grünrücken-Spateltyrann F
H. spodiops Grauzügel-Spateltyrann F
H. margaritaceiventer Weißbauch-Spateltyrann F
H. inornatus Pelzelnspateltyrann F
H. granadensis Schwarzkehl-Spateltyrann F
H. mirandae Caatingaspateltyrann F
H. kaempferi Braunrücken-Spateltyrann F {B}
H. cinnamomeipectus Zimtbrust-Spateltyrann F
H. rufigularis Braunbrust-Spateltyrann F
H. furcatus Buchtschwanztyrann F {B}
TODIROSTRUM
T. senex Braunwangen-Spateltyrann F
T. russatum Rostkopf-Spateltyrann F
T. plumbeiceps Zimtkehl-Spateltyrann F
T. fumifrons Graustirn-Spateltyrann F
T. latirostre Rostzügel-Spateltyrann F
T. sylvia Graukehl-Spateltyrann F
T. maculatum Tropfenbrust-Spateltyrann F
T. poliocephalum Graukopf-Spateltyrann F
T. cinereum Gelbbauch-Spateltyrann E,F
T. viridanum Kurzschwanz-Spateltyrann F {B}
T. pictum Weißkehl-Spateltyrann F
T. chrysocrotaphum Goldbrauen-Spateltyrann F
T. nigriceps Schwarzkopf-Spateltyrann E,F
T. calopterum Goldflügel-Spateltyrann F
CNIPODECTES
C. subbrunneus Steifschwingentyrann F
RAMPHOTRIGON
R. megacephala Brauenbreitschnabel F
R. ruficauda Rotschwanz-Breitschnabel F
R. fuscicauda Chapmanbreitschnabel F
RHYNCHOCYCLUS
R. brevirostris Brillenkreisschnabel E,F
R. olivaceus Olivrücken-Kreisschnabel E,F
R. fulvipectus Ockerbrust-Kreisschnabel F
TOLMOMYIAS
T. sulphurescens Olivscheitel-Breitschnabel E,F
T. assimilis Spiegelbreitschnabel E,F
T. poliocephalus Schieferkopf-Breitschnabel F
T. flaviventris Gelbbauch-Breitschnabel F
PLATYRINCHUS
P. saturatus Zimtkopf-Breitschnabel F
P. cancrominus Kurzschwanz-Breitschnabel E
P. mystaceus Weißkehl-Breitschnabel E,F
P. coronatus Goldkopf-Breitschnabel E,F
P. flavigularis Gelbkehl-Breitschnabel F
P. platyrhynchos Silberkopf-Breitschnabel F
P. leucoryphus Rotflügel-Breitschnabel F {B}
ONYCHORHYNCHUS
O. coronatus Kronentyrann E,F
MYIOTRICCUS
M. ornatus Schmucktyrann F
TERENOTRICCUS
T. erythrurus Zimtschwanztyrann E,F
MYIOBIUS
M. villosus Borstentyrann F
M. barbatus Gelbbürzeltyrann E,F
M. atricaudus Schwarzschwanztyrann E,F
MYIOPHOBUS
M. flavicans Gilbtyrann F
M. phoenicomitra Goldscheiteltyrann F
M. inornatus Carricatyrann F
M. roraimae Roraimatyrann F
M. lintoni Orangebandtyrann F
M. pulcher Goldbrusttyrann F
M. cryptoxanthus Olivhaubentyrann F
M. ochraceiventris Goldkehltyrann F
M. fasciatus Rosttyrann E,F
LATHROTRICCUS
L. euleri Eulertyrann E,F
APHANOTRICCUS
A. capitalis Salvintyrann E
A. audax Nelsontyrann E,F
XENOTRICCUS
X. callizonus Gürteltyrann F
X. mexicanus Schopftyrann F
PYRRHOMYIAS
P. cinnamomea Zimttyrann F
MITREPHANES
M. phaeocercus Gelbbauchtyrann E,F
M. olivaceus Yungastyrann F
CONTOPUS
C. borealis Fichtentyrann A,E,F
C. fumigatus Schiefertyrann A,E,F
C. ochraceus Ockerbrusttyrann E
C. sordidulus Westlicher Waldtyrann A,E,F
C. virens Östlicher Waldtyrann A,E,F
C. cinereus Spixtyrann E,F
C. albogularis Silberkehltyrann F
C. nigrescens Einfarbtyrann F
C. caribaeus Braunbauchtyrann E
C. latirostris Rostbauchtyrann E
EMPIDONAX
E. flaviventris Birkentyrann A,E
E. virescens Buchentyrann A,E,F
E. traillii Weidentyrann A,E,F
E. alnorum Erlentyrann A,E,F
E. griseipectus Graubrusttyrann F {B}
E. albigularis Fahlkehltyrann E
E. minimus Gartentyrann A,E,F
E. hammondii Tannentyrann A,E
E. oberholseri Buschtyrann A,E
E. wrightii Beifußtyrann A,E
E. affinis Kieferntyrann E
E. difficilis Ufertyrann A,E
E. flavescens Gilbufertyrann E
E. fulvifrons Braunbrusttyrann A,E
E. atriceps Kapuzentyrann E
NESOTRICCUS
N. ridgwayi Cocostyrann E
CNEMOTRICCUS
C. fuscatus Finkentyrann E,F
SAYORNIS
S. phoebe Phoebe A,E
S. nigricans Schwarzkopfphoebe A,E,F
S. saya Sayphoebe A,E
PYROCEPHALUS
P. rubinus Purpurtyrann A,E,F,G
OCHTHOECA
O. cinnamomeiventris Graumanteltyrann F
O. diadema Diademtyrann F
O. frontalis Braunscheiteltyrann F
O. jelskii Jelskityrann F
O. pulchella Goldbrauentyrann F
O. rufipectoralis Röteltyrann F
O. fumicolor Rauchtyrann F
O. oenanthoides Klufttyrann F
O. parvirostris Darwintyrann F
O. leucophrys Schluchtentyrann F
O. piurae Piuratyrann F
O. littoralis Fahltyrann F

MYIOTHERETES
M. striaticollis Strauchtyrann F
M. erythropygius Rostbürzeltyrann F
M. pernix Bangstyrann F
M. fumigatus Rußtyrann F
M. fuscorufus Rostbindentyrann F
POLIOXOLMIS
P. rufipennis Rostspiegeltyrann F
XOLMIS
X. pyrope Feueraugentyrann F
X. cinerea Bartmonjita F
X. coronata Kronenmonjita F
X. velata Weißbürzelmonjita F
X. dominicana Dominikanermonjita F {B}
X. irupero Witwenmonjita F
NEOXOLMIS
N. rubetra Rotrückenmonjita F
N. rufiventris Weißschultermonjita F
AGRIORNIS
A. montana Bergtyrann F
A. andicola Weißschwanztyrann F {B}
A. livida Würgertyrann F
A. microptera Weißbrauen-Würgertyrann F
A. murina Maustyrann F
MUSCISAXICOLA
M. maculirostris Lerchentyrann F
M. macloviana Maskentyrann F
M. fluviatilis Piepertyrann F
M. capistrata Zügeltyrann F
M. rufivertex Rotnackentyrann F
M. albilora Rotkäppchentyrann F
M. juninensis Punatyrann F
M. alpina Felsentyrann F
M. cinerea Graunackentyrann F
M. albifrons Klippentyrann F
M. flavinucha Gelbnackentyrann F
M. frontalis Schwarzstirntyrann F
LESSONIA
L. rufa Sporntyrann F
L. oreas Oreastyrann F
KNIPOLEGUS
K. striaticeps Schmalschwingentyrann F
K. hudsoni Hudsontyrann F
K. poecilocercus Kohletyrann F
K. signatus Jelskimohrentyrann F
K. cyanirostris Blauschnabeltyrann F
K. poecilurus Rostschwanztyrann F
K. orenocensis Orinokotyrann F
K. aterrimus Weißspiegeltyrann F
K. lophotes Langschopf-Mohrentyrann F
K. nigerrimus Kurzschopf-Mohrentyrann F
HYMENOPS
H. perspicillatus Brillentyrann F
FLUVICOLA
F. pica Elstertyrann E,F
F. nengeta Wassertyrann F
F. leucocephala Sumpftyrann F
COLONIA
C. colonus Langschwanztyrann E,F
ALECTRURUS
A. tricolor Hahnenschwanztyrann F
A. risora Wimpeltyrann F {B}
GUBERNETES
G. yetapa Yetapatyrann F
SATRAPA
S. icterophrys Goldtyrann F
TUMBEZIA
T. salvini Gelbstirntyrann F
MUSCIGRALLA
M. brevicauda Stummeltyrann F
HIRUNDINEA
H. ferruginea Schwalbentyrann F
MACHETORNIS
M. rixosus Stelzentyrann F
MUSCIPIPRA
M. vetula Kerbschwanztyrann F
ATTILA
A. phoenicurus Kurzschnabelattila F
A. cinnamomeus Zimtattila F
A. torridus Ockerattila F
A. citriniventris Gelbbauchattila F
A. bolivianus Rostattila F
A. rufus Graukopfattila F
A. spadiceus Goldbürzelattila E,F
CASIORNIS
C. rufa Zimtkehlcasiornis F
C. fusca Fahlkehlcasiornis F
RHYTIPTERNA
R. simplex Graurhytipterna F
R. immunda Fahlbauchrhytipterna F
R. holerythra Rostrhytipterna E,F
LANIOCERA
L. hypopyrra Rotbüschelaulia F
L. rufescens Gelbbüschelaulia E,F
SIRYSTES
S. sibilator Sirystestyrann E,F
MYIARCHUS
M. semirufus Küstentyrann F
M. yucatanensis Yucatantyrann E
M. barbirostris Jamaikatyrann E
M. tuberculifer Kappentyrann A,E,F
M. swainsoni Swainsontyrann F
M. venezuelensis Venezuelatyrann E,F
M. panamensis Panamatyrann E,F
M. ferox Kurzschopftyrann F
M. apicalis Saumschwanztyrann F
M. cephalotes Taczanowskityrann F
M. phaeocephalus Graustirntyrann F
M. cinerascens Graukehltyrann A,E
M. nuttingi Blaßkehltyrann E
M. crinitus Schnäppertyrann A,E
M. tyrannulus Cayennetyrann A,E,F
M. magnirostris Galapagostyrann G
M. nugator Grenadatyrann E
M. validus Rotschwanztyrann E
M. antillarum Antillentyrann E
M. sagrae Sagratyrann E
M. stolidus Dickkopftyrann E
M. oberi Zimtflügeltyrann E
DELTARHYNCHUS
D. flammulatus Deltaschnabel E
PITANGUS
P. sulphuratus Bentevi E,F
PHILOHYDOR
P. lictor Liktor E,F
MEGARHYNCHUS
M. pitangua Bauchschnabeltyrann E,F
MYIOZETETES
M. cayanensis Rotschwingentyrann E,F
M. similis Rotkrontyrann E,F
M. granadensis Grauscheiteltyrann E,F
M. luteiventris Kurzschnabeltyrann F
PHELPSIA
P. inornatus Weißbarttyrann F
CONOPIAS
C. parva Kopfbindentyrann E,F
C. trivirgata Dreistreifentyrann F
C. cinchoneti Gelbringtyrann F
MYIODYNASTES
M. hemichrysus Goldbauchtyrann E
M. maculatus Streifentyrann E,F
M. luteiventris Weißstirntyrann A,E,F
M. bairdi Samtstirntyrann F
M. chrysocephalus Goldkrontyrann F
LEGATUS
L. leucophaius Legat E,F
EMPIDONOMUS
E. varius Fleckentyrann F
GRISEOTYRANNUS
G. aurantioatrocristatus Inkatyrann F
TYRANNOPSIS
T. sulphurea Schwefeltyrann F
TYRANNUS
T. niveigularis Schneekehltyrann F
T. albogularis Burmeistertyrann F
T. melancholicus Trauertyrann A,E,F
T. couchii Texastyrann A,E
T. vociferans Cassintyrann A,E
T. crassirostris Dickschnabeltyrann A,E
T. verticalis Arkansastyrann A,E
T. forficata Scherentyrann A,E
T. savana Gabeltyrann E,F
T. tyrannus Königstyrann A,E,F
T. dominicensis Grautyrann A,E,F
T. caudifasciatus Bahamatyrann E
T. cubensis Kubatyrann E
XENOPSARIS
X. albinucha Kappentachuri F
PACHYRAMPHUS
P. viridis Grünrückenbekarde F
P. versicolor Wellenbekarde E,F
P. spodiurus Schieferbekarde F
P. rufus Graubekarde F
P. castaneus Kastanienbekarde F
P. cinnamomeus Zimtbekarde E,F
P. polychopterus Weißflügelbekarde E,F
P. marginatus Kappenbekarde F
P. albogriseus Elsterbekarde E,F
P. major Glanzkopfbekarde E
P. surinamus Surinambekarde F
P. aglaiae Dickkopfbekarde E
P. homochrous Einfarbbekarde E
P. minor Rotkehlbekarde F
P. validus Schopfbekarde F
P. niger Jamaikabekarde E
TITYRA
T. cayana Schwarzschwanztityra F
T. semifasciata Maskentityra E,F
T. inquisitor Kappentityra E,F

107 PIPRIDAE - SCHNURRVÖGEL

SCHIFFORNIS
S. major Zimtschiffornis F
S. virescens Einfarbschiffornis F
S. turdinus Bronzeschifornis E,F
SAPAYOA
S. aenigma Breitschnabelpipra E,F
PIPRITES
P. griseiceps Graukopfpiprites E
P. chloris Graunackenpiprites F
P. pileatus Zimtpiprites F {B}
NEOPIPO
N. cinnamomea Zimtpipra F
CHLOROPIPO
C. flavicapilla Olivkehlpipra F
C. holochlora Grünpipra E,F
C. uniformis Roraimapipra F
C. unicolor Atlaspipra F
XENOPIPO
X. atronitens Mohrenpipra F
ANTILOPHIA
A. galeata Helmpipra F
TYRANNEUTES
T. stolzmanni Stolzmannpipra F
T. virescens Zwergpipra F
NEOPELMA
N. pallescens Weißbauchpipra F
N. chrysocephalum Gelbhaubenpipra F
N. aurifrons Schnäpperpipra F
N. sulphureiventer Gelbbauchpipra F
HETEROCERCUS
H. aurantiivertex Orangescheitelpipra F
H. flavivertex Pelzelnpipra F
H. linteatus Feuerscheitelpipra F
MACHAEROPTERUS
M. regulus Streifenpipra F
M. pyrocephalus Buntpipra F
M. deliciosus Keulenpipra F
MANACUS
M. manacus Säbelpipra E,F
CORAPIPO
C. leucorrhoa Weißkragenpipra E,F
C. gutturalis Weißkehlpipra F
ILICURA
I. militaris Graukehlpipra F
MASIUS
M. chrysopterus Goldschwingenpipra F
CHIROXIPHIA
C. linearis Langschwanzpipra E,F
C. lanceolata Lanzettschwanzpipra E,F
C. pareola Prachtpipra E,F
C. caudata Blaubrustpipra F
PIPRA
P. pipra Weißscheitelpipra E,F
P. coronata Blauscheitelpipra E,F
P. isidorei Blaubürzelpipra F
P. caeruleocapilla Blaukappenpipra F
P. nattereri Weißkappenpipra F
P. vilasboasi Gelbscheitelpipra F {B}
P. iris Opalscheitelpipra F
P. serena Weißstirnpipra F
P. aureola Rotbauchpipra F
P. fasciicauda Schwanzbindenpipra F
P. filicauda Fadenpipra F
P. mentalis Gelbhosenpipra E,F
P. erythrocephala Goldkopfpipra E,F
P. rubrocapilla Rotkopfpipra F
P. chloromeros Breitschwanzpipra F
P. cornuta Schopfpipra F

108 COTINGIDAE - SCHMUCKVÖGEL

PHOENICERCUS
P. carnifex Blutkotinga F
P. nigricollis Samtkotinga F
LANIISOMA
L. elegans Schuppenbrustkotinga F {B}

PHIBALURA
P. flavirostris Gabelschwanzkotinga F {B}
TIJUCA
T. atra Tijucakotinga F
T. condita Grauflügelkotinga F {B}
CARPORNIS
C. cucullatus Braunmantel-Beerenfresser F
C. melanocephalus Schwarzkopf-Beerenfresser F {B}
AMPELION
A. rubrocristata Rotschopfkotinga F
A. rufaxilla Braunkopfkotinga F
A. sclateri Rotsteißkotinga F
A. stresemanni Stresemannkotinga F {B}
PIPREOLA
P. riefferii Grünrücken-Schmuckvogel F
P. intermedia Buntschwanz-Schmuckvogel F
P. arcuata Bindenschmuckvogel F
P. aureopectus Goldbauch-Schmuckvogel F
P. frontalis Scharlachbrust-Schmuckvogel F
P. chlorolepidota Feuerkehl-Schmuckvogel F
P. formosa Hartlaubschmuckvogel F
P. whitelyi Goldbrauen-Schmuckvogel F
AMPELIOIDES
A. tschudii Schuppenschmuckvogel F
IODOPLEURA
I. pipra Zwergseidenfleck F {B}
I. fusca Schwarzkopf-Seidenfleck F
I. isabellae Weißgesicht-Seidenfleck F
CALYPTURA
C. cristata Rubinkrönchen F {B}
LIPAUGUS
L. subalaris Grauschwanzpiha F
L. cryptolophus Gelbbauchpiha F
L. fuscocinereus Langschwanzpiha F
L. vociferans Schreipiha F
L. unirufus Rostpiha E,F
L. lanioides Graukopfpiha F {B}
L. streptophorus Halsbandpiha F
CHIROCYLLA
C. uropygialis Rotbürzelpiha F
PORPHYROLAEMA
P. porphyrolaema Purpurkehlkotinga F
COTINGA
C. amabilis Azurkotinga E
C. ridgwayi Ridgwaykotinga E {B}
C. nattererii Schwarzbauchkotinga F
C. maynana Veilchenkehlkotinga F
C. cotinga Purpurbrustkotinga F
C. maculata Prachtkotinga F {B}
C. cayana Halsbandkotinga F
XIPHOLENA
X. punicea Pompadourkotinga F
X. lamellipennis Weißschwanzkotinga F
X. atropurpurea Weißflügelkotinga F {B}
CARPODECTES
C. hopkei Silberschmuckvogel F
C. nitidus Schneeschmuckvogel E
C. antoniae Gelbschnabel-Schmuckvogel E {B}
CONIOPTILON
C. mcilhennyi Schwarzkopf-Schmuckvogel F
GYMNODERUS
G. foetidus Nackthals-Schmuckvogel F
HAEMATODERUS
H. militaris Karminvogel F
QUERULA
Q. purpurata Pioho E,F
PYRODERUS
P. scutatus Pavao F
CEPHALOPTERUS
C. glabricollis Nacktkehl-Schirmvogel E {B}
C. ornatus Kurzlappen-Schirmvogel F
C. penduliger Langlappen-Schirmvogel F {B}
PERISSOCEPHALUS
P. tricolor Kapuzinervogel F
PROCNIAS
P. tricarunculata Hämmerling F
P. alba Weißglöckner F
P. averano Flechtenglöckner F
P. nudicollis Nacktkehlglöckner F
RUPICOLA
R. rupicola Cayenneklippenvogel F
R. peruviana Andenklippenvogel F

109 OXYRUNCIDAE - FLAMMENKÖPFE

OXYRUNCUS
O. cristatus Flammenkopf E,F

110 PHYTOTOMIDAE - PFLANZENMÄHER

PHYTOTOMA
P. rara Rotschwanz-Pflanzenmäher F
P. rutila Bandpflanzenmäher F
P. raimondii Graubrust-Pflanzenmäher F {B}

111 PITTIDAE - PITTAS

PITTA
P. phayrei Sichelpitta I
P. nipalensis Blaunackenpitta H,I
P. soror Blaubürzelpitta I
P. oatesi Braunkopfpitta I,J
P. schneideri Schneiderpitta J {B}
P. caerulea Riesenpitta I,J
P. kochi Luzonpitta J {B}
P. erythrogaster Rotbauchpitta J,K,L,O
P. arcuata Rotkopfpitta J
P. granatina Granatpitta J
P. venusta Schwarzscheitelpitta J
P. cyanea Blaupitta H,I
P. elliotii Elliotpitta I {B}
P. guajana Blauschwanzpitta I,J
P. gurneyi Goldkehlpitta I {B}
P. baudi Rotrückenpitta J
P. sordida Kappenpitta H,I,J,K,L
P. brachyura Neunfarbenpitta H
P. nympha Nymphenpitta oB,I,J {B}
P. angolensis Angolapitta C
P. reichenowi Grünbrustpitta C
P. superba Mohrenpitta L {B}
P. maxima Halmaherapitta K
P. steerei Blaubauchpitta J {B}
P. moluccensis Blauflügelpitta I,J,K
P. megarhyncha Mangrovepitta I,J
P. versicolor Lärmpitta M
P. elegans Schmuckpitta J,K
P. iris Regenbogenpitta M
P. anerythra Salomonenpitta O {B}

112 XENICIDAE - MAORISCHLÜPFER

ACANTHISITTA
A. chloris Grenadier N
XENICUS
X. longipes Neuseelandschlüpfer N {?}
X. gilviventris Felsschlüpfer N

113 PHILEPITTIDAE - JALAS

PHILEPITTA
P. castanea Seidenjala D
P. schlegeli Gelbbauchjala D
NEODREPANIS
N. coruscans Langschnabel-Nektarjala D
N. hypoxantha Kurzschnabel-Nektarjala D {B}

114 MENURIDAE - LEIERSCHWÄNZE

MENURA
M. novaehollandiae Graurücken-Leierschwanz M
M. alberti Braunrücken-Leierschwanz M

115 ATRICHORNITHIDAE - DICKICHT-VÖGEL

ATRICHORNIS
A. clamosus Braunbauch-Dickichtvogel M {B}
A. rufescens Rostbauch-Dickichtvogel M {B}

116 ALAUDIDAE - LERCHEN

MIRAFRA
M. javanica Horsfieldlerche I,J,K,L,M
M. cantillans Buschlerche C,H
M. hova Hovalerche D
M. cordofanica Kordofanlerche C
M. williamsi Williamslerche C
M. cheniana Spottlerche C
M. albicauda Weißschwanzlerche C
M. passerina Sperlingslerche C
M. pulpa Friedmannlerche C
M. ashi Ashlerche C {B}
M. hypermetra Riesenlerche C
M. somalica Somaliriesenlerche C
M. africana Rotnackenlerche C
M. angolensis Angolalerche C
M. rufocinnamomea Baumklapperlerche C
M. apiata Grasklapperlerche C
M. africanoides Steppenlerche C
M. collaris Halsbandlerche C
M. assamica Bengalenlerche H,I
M. rufa Rostlerche C
M. gilletti Gillettlerche C
M. degodiensis Degodilerche C {B}
M. poecilosterna Fahlbrustlerche C
M. sabota Sabotalerche C
M. erythroptera Rotflügellerche H
HETEROMIRAFRA
H. ruddi Spornlerche C {B}
H. archeri Somalispornlerche C {B}
H. sidamoensis Sidamospornlerche C {B}
CERTHILAUDA
C. curvirostris Langschnabellerche C
C. chuana Betschuanalerche C
C. erythrochlamys Rotdünenlerche C
C. albescens Karrulerche C
C. albofasciata Zirplerche C
PINAROCORYS
P. nigricans Drossellerche C
P. erythropygia Rotbürzellerche C
EREMOPTERIX
E. australis Schwarzwangenlerche C
E. leucotis Weißwangenlerche C
E. signata Harlekinlerche C
E. verticalis Graurückenlerche C
E. nigriceps Weißstirnlerche C,H
E. grisea Grauscheitellerche H
E. leucopareia Braunscheitellerche C
AMMOMANES
A. cincturus Sandlerche B,C,H
A. phoenicurus Rotschwanzlerche H
A. deserti Steinlerche B,C,H
A. dunni Einödlerche wB,C
A. grayi Namiblerche C
A. burra Kalaharilerche C
ALAEMON
A. alaudipes Wüstenläuferlerche B,C,H
A. hamertoni Somaliläuferlerche C
RAMPHOCORIS
R. clotbey Knackerlerche wB
MELANOCORYPHA
M. calandra Kalanderlerche B
M. bimaculata Bergkalanderlerche B,H
M. mongolica Mongolenlerche oB
M. maxima Sumpflerche oB,H
M. leucoptera Weißflügellerche B
M. yeltoniensis Mohrenlerche B
CALANDRELLA
C. brachydactyla Kurzzehenlerche B,C,H
C. cinerea Rotkappenlerche C
C. blanfordi Blanfordlerche C
C. acutirostris Tibetlerche oB,H
C. raytal Uferlerche H,I
C. rufescens Stummellerche B,C
C. cheleensis Salzlerche oB
SPIZOCORYS
S. conirostris Rotschnabellerche C
S. starki Falblerche C
S. sclateri Ammernlerche C
S. obbiensis Obbialerche C
S. personata Maskenlerche C
BOTHA
B. fringillaris Finkenlerche C {B}
CHERSOPHILUS
C. duponti Dupontlerche wB
PSEUDALAEMON
P. fremantlii Bartlerche C
GALERIDA
G. cristata Haubenlerche B,C,H
G. theklae Theklalerche wB,C
G. malabarica Malabarlerche H
G. deva Devalerche H
G. modesta Sonnenlerche C
CALENDULA
C. magnirostris Dickschnabellerche C
LULLULA
L. arborea Heidelerche wB
ALAUDA
A. razae Razolerche wB {B}
A. arvensis Feldlerche B,H
A. gulgula Kleine Feldlerche oB,H,I,J
EREMOPHILA
E. alpestris Ohrenlerche A,B,E,F,H
E. bilopha Saharaohrenlerche wB

SCHWALBEN BIS STACHELBÜRZLER

117 HIRUNDINIDAE - SCHWALBEN

PSEUDOCHELIDONINAE - TRUGSCHWALBEN
PSEUDOCHELIDON
P. eurystomina Afrikanische Trugschwalbe C
P. sirintarae Weißaugen-Trugschwalbe I {B}

HIRUNDININAE - SCHWALBEN
TACHYCINETA
T. bicolor Sumpfschwalbe A,E
T. albilinea Mangroveschwalbe E,F
T. albiventer Cayenneschwalbe F
T. leucorrhoa Weißbürzelschwalbe F
T. leucopyga Feuerlandschwalbe F
T. thalassina Veilchenschwalbe A,E
T. cyaneoviridis Bahamaschwalbe E {B}
T. euchrysea Antillenschwalbe E
PHAEOPROGNE
P. tapera Braunbrustschwalbe F
PROGNE
P. subis Purpurschwalbe A,E,F
P. cryptoleuca Kubaschwalbe E
P. dominicensis Dominikanerschwalbe E
P. sinaloae Sinaloaschwalbe E
P. chalybea Graubrustschwalbe A,E,F
P. modesta Blauschwalbe F,G
NOTIOCHELIDON
N. murina Mausschwalbe F
N. cyanoleuca Schwarzsteißschwalbe E,F
N. flavipes Blaßfußschwalbe F
N. pileata Kappenschwalbe E
ATTICORA
A. fasciata Weißbandschwalbe F
A. melanoleuca Halsbandschwalbe F
NEOCHELIDON
N. tibialis Zwergschwalbe E,F
ALOPOCHELIDON
A. fucata Fuchsschwalbe F
STELGIDOPTERYX
S. serripennis Nördliche Rauhflügelschwalbe A,E,F
S. ruficollis Südliche Rauhflügelschwalbe E,F
CHERAMOECA
C. leucosterna Weißrückenschwalbe M
RIPARIA
R. paludicola Braunkehl-Uferschwalbe wB,C,H,J
R. congica Kongouferschwalbe C
R. riparia Uferschwalbe A,B,C,F,H,I,J
R. cincta Weißbrauen-Uferschwalbe C
PHEDINA
P. borbonica Maskarenenschwalbe C,D
PHEDINOPSIS
P. brazzae Brazzaschwalbe C
PSEUDHIRUNDO
P. griseopyga Graubürzelschwalbe C
HIRUNDO
H. rupestris Felsenschwalbe B,H
H. obsoleta Wüstenschwalbe wB,C,H
H. fuligula Steinschwalbe C
H. concolor Einfarbschwalbe H,I
H. rustica Rauchschwalbe A,B,C,E,F,H
H. lucida Singschwalbe C
H. angolensis Angolaschwalbe C
H. tahitica Südseeschwalbe C,J,K,L,M,O
H. albigularis Weißkehlschwalbe C
H. aethiopica Fahlkehlschwalbe C
H. smithii Rotkappenschwalbe C,H,I
H. atrocaerulea Stahlschwalbe C
H. nigrita Mohrenschwalbe C
H. leucosoma Scheckflügelschwalbe C
H. megaensis Weißschwanzschwalbe C {B}
H. nigrorufa Rostbauchschwalbe C
H. dimidiata Perlbrustschwalbe C
H. cucullata Kapschwalbe C
H. abyssinica Maidschwalbe C
H. semirufa Rotbrustschwalbe C
H. senegalensis Senegalschwalbe C
H. daurica Rötelschwalbe B,C,H,I
H. striolata Strichelschwalbe I,J,K,L
H. rufigula Rotkehlschwalbe C
H. preussi Rostschläfenschwalbe C
H. andecola Andenschwalbe F
H. nigricans Baumschwalbe K,M,O
H. perdita Rotmeerschwalbe C {B}
H. spilodera Klippenschwalbe C
H. pyrrhonota Fahlstirnschwalbe A,E,F
H. fulva Höhlenschwalbe A,E
H. fluvicola Braunscheitelschwalbe H
H. ariel Arielschwalbe M
H. fuliginosa Bronzeschwalbe C
DELICHON
D. urbica Mehlschwalbe B,C,H,I
D. dasypus Kaschmirschwalbe oB,H,J
D. nipalensis Nepalschwalbe H,I
PSALIDOPROCNE
P. nitens Grünglanzschwalbe C
P. fuliginosa Kamerunschwalbe C
P. albiceps Weißkopfschwalbe C
P. pristoptera Erzschwalbe C
P. oleaginea Kaffaschwalbe C
P. antinorii Antinorischwalbe C
P. petiti Petitschwalbe C
P. orientalis Ostkammschwalbe C
P. obscura Scherenschwanzschwalbe C

118 MOTACILLIDAE - STELZEN

DENDRONANTHUS
D. indicus Baumstelze oB,H,I,J
MOTACILLA
M. flava Schafstelze B,C,H,I,J,K
M. citreola Zitronenstelze B,H,I
M. cinerea Gebirgsstelze B,H,J
M. alba Bachstelze B,H,I,J
M. grandis Japanstelze oB
M. maderaspatensis Mamulastelze H
M. aguimp Witwenstelze C
M. clara Langschwanzstelze C
M. capensis Kapstelze C
M. flaviventris Madagaskarstelze D
TMETOTHYLACUS
T. tenellus Goldpieper C
MACRONYX
M. capensis Großspornpieper C
M. croceus Gelbkehlpieper C
M. fuelleborni Füllebornpieper C
M. flavicollis Goldhalspieper C
M. aurantiigula Panganipieper C
M. ameliae Rubinkehlpieper C
M. grimwoodi Grimwoodpieper C
HEMIMACRONYX
H. sharpei Zitronenpieper C
H. chloris Gelbbrustpieper C
ANTHUS
A. novaeseelandiae Australspornpieper L,M,N
A. rufulus Orientspornpieper H,I,J,K
A. cinnamomeus Zimtspornpieper C
A. hoeschi Hoeschspornpieper C
A. richardi Spornpieper oB,H
A. godlewskii Steppenpieper oB,H,I
A. campestris Brachpieper B,H
A. similis Langschnabelpieper wB,C,H,I
A. nyassae Waldlandpieper C
A. vaalensis Vaalpieper C
A. leucophrys Braunrückenpieper C
A. pallidiventris Stelzenpieper C
A. pratensis Wiesenpieper wB
A. trivialis Baumpieper B,C,H
A. hodgsoni Waldpieper oB,H,J
A. roseatus Rosenpieper oB,H
A. cervinus Rotkehlpieper B,C,H
A. gustavi Petschorapieper oB,J,K
A. rubescens Pazifischer Wasserpieper A,oB,E,I
A. spinoletta Bergpieper B
A. petrosus Strandpieper wB
A. nilghiriensis Nilghiripieper H
A. sylvanus Mattenpieper oB,H
A. berthelotii Kanarenpieper wB
A. lineiventris Streifenpieper C
A. brachyurus Kurzschwanzpieper C
A. caffer Buschpieper C
A. latistriatus Jacksonpieper C
A. sokokensis Sokokepieper C {B}
A. melindae Malindipieper C
A. crenatus Klippenpieper C
A. gutturalis Papuapieper L
A. spragueii Präriepieper A,E
A. furcatus Weißbauchpieper F
A. lutescens Savannenpieper E,F
A. chacoensis Chacopieper F {B}
A. correndera Correnderapieper F
A. antarcticus Riesenpieper Q
A. nattereri Ockerbrustpieper F {B}
A. hellmayri Hellmayrpieper F
A. bogotensis Paramopieper F

119 CAMPEPHAGIDAE - STACHELBÜRZLER

PTEROPODOCYS
P. maxima Grundraupenfänger M
CORACINA
C. novaehollandiae Schwarzgesicht-Raupenfänger H,I,J,K,L,M
C. personata Wallaceraupenfänger J,K
C. fortis Bururaupenfresser K
C. atriceps Molukkenraupenfresser K
C. schistacea Schieferraupenfresser K {B}
C. caledonica Welchmanraupenfresser O
C. caeruleogrisea Dickschnabel-Raupenfresser K,L
C. temminckii Temminckraupenfänger K
C. larvata Larvenraupenfänger J
C. striata Bindenraupenfänger I,J,K
C. bicolor Zweifarben-Raupenfänger K
C. lineata Gelbaugen-Raupenfänger K,L,M,O
C. boyeri Rostachsel-Raupenfänger J,L
C. leucopygia Weißbürzel-Raupenfänger K
C. papuensis Weißbauch-Raupenfänger K,L,M,O
C. robusta Kleinraupenfänger M
C. longicauda Langschwanz-Raupenfänger L
C. parvula Halmaheraraupenfänger K
C. abbotti Abbottraupenfänger K
C. analis Rotsteiß-Raupenfänger O
C. caesia Waldraupenfänger C
C. pectoralis Weißbrust-Raupenfänger C
C. graueri Silberraupenfänger C
C. cinerea Madagaskarraupenfänger D
C. azurea Azurraupenfänger C
C. typica Mauritiusraupenfänger D {B}
C. newtoni Newtonraupenfänger D {B}
C. coerulescens Glanzraupenfänger J {B}
C. dohertyi Sumbaraupenfänger J,K
C. dispar Keiraupenfänger L
C. tenuirostris Mönchsraupenfänger J,K,L,M,O
C. sula Sularaupenfänger J {B}
C. morio Morioraupenfänger K
C. ceramensis Blaßraupenfänger K
C. incerta Philippinenraupenfänger J,K,L
C. ostentata Spiegelraupenfänger J {B}
C. schisticeps Grayraupenfänger L
C. melaena Stahlraupenfänger K,L
C. montana Bergraupenfänger L
C. holopolia Salomonenraupenfänger O
C. mcgregori Spitzschwanz-Raupenfänger J
C. panayensis Panayraupenfänger J
C. polioptera Gartenraupenfänger I
C. melaschistos Trauerraupenfänger H,I
C. fimbriata Zwergraupenfänger I,J
C. melanoptera Schwarzkopf-Raupenfänger H
CAMPOCHAERA
C. sloetii Goldraupenfänger L
CHLAMYDOCHAERA
C. jefferyi Fruchtpicker J
LALAGE
L. melanoleuca Philippinenlalage J
L. nigra Weißstirnlalage I,J,K
L. sueurii Weißflügellalage J,K,L
L. aurea Rotbauchlalage K
L. atrovirens Papualalage K,L
L. leucomela Weißbrauenlalage J,K,L,M,O
L. maculosa Südseelalage O
L. sharpei Braunrückenlalage O
L. leucopyga Langschwanzlalage O
CAMPEPHAGA
C. flava Mohrenraupenfresser C
C. phoenicea Rotschulter-Raupenfresser C
C. petiti Kongoraupenfresser C
C. quiscalina Purpurraupenfresser C
C. lobata Westlicher Lappenraupenfresser C {B}
C. oriolina Östlicher Lappenraupenfresser C
PERICROCOTUS
P. roseus Rosenmennigvogel oB,H,I
P. divaricatus Graumennigvogel oB,J
P. cinnamomeus Zwergmennigvogel H,I,J,K
P. lansbergei Floresmennigvogel J
P. erythropygius Weißbauch-Mennigvogel H,I
P. solaris Graukehl-Mennigvogel I,J
P. ethologus Langschwanz-Mennigvogel oB,H,I
P. brevirostris Kurzschnabel-Mennigvogel H,I
P. miniatus Sundamennigvogel J
P. flammeus Scharlachmennigvogel H,I,J
HEMIPUS
H. picatus Elsterraupenschmätzer H,I,J
H. hirundinaceus Schwarzflügel-Raupenschmätzer J,K

TEPHRODORNIS
T. gularis Großer Raupenwürger H,I,J
T. pondicerianus Kleiner Raupenwürger H,I

120 PYCNONOTIDAE - BÜLBÜLS

SPIZIXOS
S. canifrons Finkenbülbül H,I
S. semitorques Halsbandbülbül J
PYCNONOTUS
P. zeylanicus Gelbscheitelbülbül J
P. striatus Streifenbülbül H,I
P. leucogrammicus Strichelbülbül J
P. tympanistrigus Goldbürzelbülbül J
P. melanoleucos Trauerbülbül J
P. priocephalus Graukopfbülbül H
P. atriceps Schwarzkopfbülbül H,I,J
P. melanicterus Goldbrustbülbül H,I,J
P. squamatus Schuppenbülbül J
P. cyaniventris Graubauchbülbül J
P. jocosus Rotohrbülbül H,I,J
P. xanthorrhous Braunbrustbülbül I
P. sinensis Chinabülbül oB,I
P. taivanus Taiwanbülbül J
P. leucogenys Weißohrbülbül B,H
P. cafer Rußbülbül H
P. aurigaster Kotilangbülbül oB,I,J
P. xanthopygos Gelbsteißbülbül wB
P. nigricans Maskenbülbül C
P. capensis Kapbülbül C
P. barbatus Graubülbül wB,C
P. eutilotus Wollrückenbülbül C
P. nieuwenhuisii Blaubrillenbülbül J {B}
P. urostictus Gelbbrillenbülbül J
P. bimaculatus Goldzügelbülbül J
P. finlaysoni Streifenkehlbülbül I,J
P. xantholaemus Goldkehlbülbül H
P. penicillatus Schmuckbülbül H
P. flavescens Gelbwangenbülbül H,I,J
P. goiavier Augenstreifbülbül I,J,K
P. luteolus Weißbrauenbülbül H
P. plumosus Malaienbülbül J,K
P. blanfordi Blanfordbülbül I,J
P. simplex Weißaugenbülbül I,J
P. brunneus Rotaugenbülbül J
P. erythrophthalmus Salvadoribülbül J
P. masukuensis Shelleybülbül C
P. montanus Einfarbbülbül C
P. virens Grünbülbül C
P. hallae Hallbülbül C
P. gracilis Zwergbülbül C
P. ansorgei Ansorgebülbül C
P. curvirostris Alexanderbülbül C
P. importunus Schlichtbülbül C
P. latirostris Gelbbartbülbül C
P. gracilirostris Schmalschnabelbülbül C
P. tephrolaemus Bergwaldbülbül C
P. milanjensis Olivbrustbülbül C
CALYPTOCICHLA
C. serina Goldbülbül C
BAEOPOGON
B. indicator Weißschwanzbülbül C
B. clamans Sjöstedtbülbül C
IXONOTUS
I. guttatus Fleckenbülbül C
CHLOROCICHLA
C. falkensteini Falkensteinbülbül C
C. simplex Hartlaubbülbül C
C. flavicollis Gelbkehlbülbül C
C. flaviventris Gelbbauchbülbül C
C. laetissima Dotterbülbül C
C. prigoginei Prigoginebülbül C {B}
THESCELOCICHLA
T. leucopleura Raphiabülbül C
PHYLLASTREPHUS
P. scandens Uferbülbül C
P. terrestris Laubbülbül C
P. strepitans Schillingsbülbül C
P. cerviniventris Fahlbauchbülbül C
P. fulviventris Angolabülbül C
P. poensis Bamendabülbül C
P. baumanni Baumannbülbül C
P. poliocephalus Goldbauchbülbül C
P. flavostriatus Gelbstreifenbülbül C
P. debilis Schlankbülbül C
P. lorenzi Lorenzbülbül C
P. albigularis Schuppenstirnbülbül C
P. fischeri Fischerbülbül C
P. cabanisi Cabanisbülbül C
P. placidus Keniabülbül C
P. icterinus Zeisigbülbül C
P. xavieri Xavierbülbül C
P. leucolepis Fleckflügelbülbül C {B}
P. madagascariensis Gmelinbülbül D
P. zosterops Kurzschnabelbülbül D
P. apperti Appertbülbül D {B}
P. tenebrosus Sianakabülbül D {B}
P. cinereiceps Grauscheitelbülbül C {B}
BLEDA
B. syndactyla Rotschwanzbleda C
B. eximia Grünschwanzbleda C
B. canicapilla Graukopfbleda C
NICATOR
N. chloris Graukehlnicator C
N. gularis Braunkopfnicator C
N. vireo Gelbkehlnicator C
CRINIGER
C. barbatus Haarbülbül C
C. calurus Swainsonbülbül C
C. ndussumensis Weißbartbülbül C
C. olivaceus Olivrückenbülbül C {B}
C. finschii Finschbülbül J
C. flaveolus Weißkehlbülbül H,I
C. pallidus Blaßbauchbülbül I
C. ochraceus Rostbauchbülbül I,J
C. bres Grauwangenbülbül J
C. phaeocephalus Schwefelbülbül J
SETORNIS
S. criniger Langschnabelbülbül J
HYPSIPETES
H. viridescens Burmabülbül H,I
H. propinquus Grauaugenbülbül I,J
H. charlottae Braunbauchbülbül J
H. palawanensis Goldaugenbülbül J
H. criniger Borstenmantelbülbül J
H. philippinus Rotbrustbülbül J
H. siquijorensis Schieferkopfbülbül J {B}
H. everetti Everettbülbül J
H. affinis Goldschwanzbülbül J,K
H. indicus Goldbrauenbülbül H
H. mcclellandii Grünflügelbülbül H,I,J
H. malaccensis Strichelbrustbülbül I,J
H. virescens Sumatrabülbül J
H. flavalus Weißkehlbülbül I,J
H. amaurotis Orpheusbülbül oB,J
H. crassirostris Dickschnabelbülbül D
H. borbonicus Reunionbülbül D
H. olivaceus Mauritiusbülbül D {B}
H. madagascariensis Rotschnabelbülbül D,H,I
H. nicobariensis Nikobarenbülbül I
H. thompsoni Thompsonbülbül I
MALIA
M. grata Malia K
NEOLESTES
N. torquatus Rüttelbülbül C
TYLAS
T. eduardi Kinkimavo D

121 IRENIDAE - BLATT-, FEENVÖGEL

AEGITHININAE - IORAS
AEGITHINA
A. tiphia Schwarzflügeliora H,I,J
A. nigrolutea Schwarzkappeniora H
A. viridissima Smaragdiora I,J
A. lafresnayei Großiora I,J

CHLOROPSEINAE - BLATTVÖGEL
CHLOROPSIS
C. flavipennis Philippinenblattvogel J
C. palawanensis Palawanblattvogel J
C. sonnerati Dickschnabel-Blattvogel I,J
C. cyanopogon Blaubart-Blattvogel I,J
C. cochinchinensis Blauflügel-Blattvogel H,I,J
C. aurifrons Goldstirn-Blattvogel H,I,J
C. hardwickei Orangebauch-Blattvogel I
C. venusta Blaustirn-Blattvogel J

IRENINAE - FEENVÖGEL
IRENA
I. puella Türkisfeenvogel H,I,J
I. cyanogaster Kobaltfeenvogel J

122 LANIIDAE - WÜRGER

PRIONOPINAE - BRILLENWÜRGER
EUROCEPHALUS
E. ruppelli Rüppellwürger C
E. anguitimens Weißscheitelwürger C
PRIONOPS
P. plumatus Brillenwürger C
P. poliolophus Grauschopf-Brillenwürger C
P. caniceps Rostbauchwürger C
P. alberti Gelbschopf-Brillenwürger C
P. retzii Dreifarbenwürger C
P. gabela Gabelawürger C {B}
P. scopifrons Braunstirnwürger C

MALACONOTINAE - BUSCHWÜRGER
LANIOTURDUS
L. torquatus Drosselwürger C
NILAUS
N. afer Brubruwürger C
DRYOSCOPUS
D. pringlii Zwerg-Schneeballwürger C
D. gambensis Gambia-Schneeballwürger C
D. cubla Schneeballwürger C
D. senegalensis Schwarzschulter-Schneeballwürger C
D. angolensis Rotfuß-Schneeballwürger C
D. sabini Dickschnabel-Schneeballwürger C
TCHAGRA
T. minuta Sumpftschagra C
T. anchietae Anchietatschagra C
T. senegala Senegaltschagra B,C
T. tchagra Kaptschagra C
T. australis Dorntschagra C
T. jamesi Somalitschagra C
LANIARIUS
L. ruficeps Rotnackenwürger C
L. luehderi Braunscheitelwürger C
L. turatii Turatiwürger C
L. aethiopicus Boubouwürger C
L. bicolor Sumpfwürger C
L. ferrugineus Flötenwürger C
L. barbarus Goldscheitelwürger C
L. erythrogaster Scharlachwürger C
L. mufumbiri Papyruswürger C
L. atrococcineus Rotbauchwürger C
L. atroflavus Gelbbauchwürger C
L. fuelleborni Füllebornwürger C
L. funebris Trauerwürger C
L. leucorhynchus Schwarzwürger C
TELOPHORUS
T. cruentus Rosenwürger C
T. bocagei Bocagewürger C
T. sulfureopectus Orangebrustwürger C
T. olivaceus Olivwürger C
T. nigrifrons Graustirnwürger C
T. multicolor Vielfarbenwürger C
T. kupeensis Halsbandwürger C
T. zeylonus Bokmakiriwürger C
T. viridis Perreinwürger C
T. quadricolor Vierfarbenwürger C
T. dohertyi Rotstirnwürger C
MALACONOTUS
M. cruentus Blutbrustwürger C
M. lagdeni Lagdenwürger C
M. gladiator Grünbrustwürger C {B}
M. blanchoti Graukopfwürger C
M. monteiri Monteirowürger C {B}
M. alius Schwarzkappenwürger C {B}

LANIINAE - WÜRGER
CORVINELLA
C. corvina Gelbschnabelwürger C
C. melanoleuca Elsterwürger C
LANIUS
L. tigrinus Tigerwürger oB,J,K
L. souzae Rostmantelwürger C
L. bucephalus Büffelkopfwürger oB
L. cristatus Rotschwanzwürger oB,H,I,J,K
L. isabellinus Isabellwürger oB,C,H
L. collurio Neuntöter B,C,H
L. collurioides Burmawürger H,I
L. gubernator Rotbürzelwürger C
L. vittatus Rotschulterwürger oB,H
L. schach Schachwürger oB,H,J,K,L
L. validirostris Philippinenwürger J
L. mackinnoni Mackinnonwürger C
L. minor Schwarzstirnwürger B,C
L. ludovicianus Louisianawürger A,E
L. excubitor Raubwürger A,B,C,H
L. excubitoroides Graumantelwürger C
L. sphenocercus Keilschwanzwürger oB
L. cabanisi Langschwanzwürger C
L. dorsalis Taitawürger C
L. somalicus Antinoriwürger C
L. collaris Fiskalwürger C
L. newtoni Sao-Tomé-Würger C {B}

L. senator Rotkopfwürger wB
L. nubicus Maskenwürger wB

PITYRIASINAE - WARZENKÖPFE
PITYRIASIS
P. gymnocephala Warzenkopf J

123 VANGIDAE - VANGAWÜRGER

CALICALICUS
C. madagascariensis Rotschwanzvanga D
SCHETBA
S. rufa Rotvanga D
VANGA
V. curvirostris Hakenschnabelvanga D
XENOPIROSTRIS
X. xenopirostris Schmalschnabelvanga D
X. damii van-Dam-Vanga D {B}
X. polleni Pollenvanga D {B}
FALCULEA
F. palliata Sichelschnabelvanga D
ARTAMELLA
A. viridis Weißkopfvanga D
LEPTOPTERUS
L. chabert Elstervanga D
L. madagascarinus Blauvanga D
ORIOLIA
O. bernieri Schwarzvanga D
EURYCEROS
E. prevostii Helmvanga D
HYPOSITTA
H. corallirostris Korallenschnabelvanga D

124 BOMBYCILLIDAE - SEIDENSCHWÄNZE

BOMBYCILLINAE - SEIDENSCHWÄNZE
BOMBYCILLA
B. garrulus Seidenschwanz A,B
B. japonica Blutseidenschwanz oB
B. cedrorum Zedernseidenschwanz A,E,F

PTILOGONATINAE - SEIDENSCHNÄPPER
PTILOGONYS
P. cinereus Grauseidenschnäpper E
P. caudatus Langschwanz-Seidenschnäpper E
PHAINOPEPLA
P. nitens Trauerseidenschnäpper A,E
PHAINOPTILA
P. melanoxantha Gelbflanken-Seidenschnäpper E

HYPOCOLIINAE - SEIDENWÜRGER
HYPOCOLIUS
H. ampelinus Seidenwürger B

125 DULIDAE - PALMENSCHWÄTZER

DULUS
D. dominicus Palmenschwätzer E

126 CINCLIDAE - WASSERAMSELN

CINCLUS
C. cinclus Wasseramsel B,H
C. pallasii Flußwasseramsel oB,H,I
C. mexicanus Grauwasseramsel A,E
C. leucocephalus Weißkopf-Wasseramsel F
C. schulzi Rostkehl-Wasseramsel F {B}

127 TROGLODYTIDAE - ZAUNKÖNIGE

DONACOBIUS
D. atricapillus Rohrspottdrossel F
CAMPYLORHYNCHUS
C. jocosus Harlekinzaunkönig E
C. gularis Bartzaunkönig E
C. yucatanicus Yucatanzaunkönig E
C. brunneicapillus Kaktuszaunkönig A,E
C. chiapensis Riesenzaunkönig E
C. griseus Brauenzaunkönig F
C. rufinucha Rotnacken-Zaunkönig E
C. turdinus Drosselzaunkönig F
C. albobrunneus Weißkopf-Zaunkönig E,F
C. nuchalis Pantherzaunkönig F
C. fasciatus Bindenzaunkönig F
C. zonatus Tigerzaunkönig E,F
C. megalopterus Graubinden-Zaunkönig E
ODONTORCHILUS
O. cinereus Zahnschnabel-Zaunkönig F
O. branickii Graumantel-Zaunkönig F
SALPINCTES
S. obsoletus Felsenzaunkönig A,E
CATHERPES
C. mexicanus Schluchtenzaunkönig A
HYLORCHILUS
H. sumichrasti Schmalschnabel-Zaunkönig E {B}
CINNYCERTHIA
C. unirufa Einfarb-Zaunkönig F
C. peruana Sepiazaunkönig F
CISTOTHORUS
C. platensis Seggenzaunkönig A,E,F
C. meridae Meridazaunkönig F
C. apolinari Apolinarzaunkönig F {B}
C. palustris Sumpfzaunkönig A,E
THRYOMANES
T. bewickii Buschzaunkönig A,E
T. sissonii Socorrozaunkönig E {B}
FERMINIA
F. cerverai Kubazaunkönig E {B}
THRYOTHORUS
T. atrogularis Schwarzkehl-Zaunkönig E
T. spadix Rußkopf-Zaunkönig E,F
T. fasciatoventris Bindenbauch-Zaunkönig E,F
T. euophrys Fraserzaunkönig F
T. eisenmanni Inkazaunkönig F
T. genibarbis Wangenstreif-Zaunkönig F
T. coraya Corayazaunkönig F
T. felix Buntwangen-Zaunkönig E
T. maculipectus Fleckenbrust-Zaunkönig E
T. rutilus Rotbrust-Zaunkönig E,F
T. semibadius Uferzaunkönig E
T. nigricapillus Kastanienzaunkönig E,F
T. thoracicus Streifenbrust-Zaunkönig E
T. leucopogon Streifenkehl-Zaunkönig E,F
T. pleurostictus Akazienzaunkönig E
T. ludovicianus Carolinazaunkönig A,E
T. rufalbus Rotrückenzaunkönig E,F
T. nicefori Niceforozaunkönig F {B}
T. sinaloa Sinaloazaunkönig E
T. modestus Cabaniszaunkönig E
T. leucotis Weißohr-Zaunkönig E,F
T. superciliaris Küstenzaunkönig F
T. guarayanus Guatayoszaunkönig F
T. longirostris Langschnabel-Zaunkönig F
T. griseus Grauzaunkönig F
TROGLODYTES
T. troglodytes Zaunkönig A,B,H,I
T. tanneri Clarionzaunkönig E {B}
T. aedon Hauszaunkönig A,E,F
T. solstitialis Rostbrauen-Zaunkönig E,F
T. rufulus Tepuizaunkönig F
THRYORCHILUS
T. browni Bergzaunkönig E
UROPSILA
U. leucogastra Weißbauch-Zaunkönig E
HENICORHINA
H. leucosticta Waldzaunkönig E,F
H. leucophrys Einsiedlerzaunkönig E,F
H. leucoptera Bindenflügel-Zaunkönig F
MICROCERCULUS
M. philomela Nachtigallzaunkönig F
M. marginatus Schuppenbrust-Zaunkönig F
M. ustulatus Flötenzaunkönig F
M. bambla Weißbinden-Zaunkönig F
CYPHORHINUS
C. thoracicus Kastanienbrust-Zaunkönig F
C. aradus Orpheuszaunkönig E,F

128 MIMIDAE - SPOTTDROSSELN

DUMETELLA
D. carolinensis Katzenvogel A,E
MELANOPTILA
M. glabrirostris Glanzkatzenvogel E
MELANOTIS
M. caerulescens Blauspottdrossel E
M. hypoleucus Lasurspottdrossel E
MIMUS
M. polyglottos Spottdrossel A,E
M. gilvus Tropenspottdrossel E,F
M. gundlachii Gundlachspottdrossel E
M. thenca Chilespottdrossel F
M. longicaudatus Langschwanz-Spottdrossel F
M. saturninus Camposspottdrossel F
M. patagonicus Patagonienspottdrossel F
M. triurus Weißbinden-Spottdrossel F
M. dorsalis Braunrücken-Spottdrossel F
NESOMIMUS
N. trifasciatus Galapagosspottdrossel G
MIMODES
M. graysoni Socorrospottdrossel E {B}
OREOSCOPTES
O. montanus Bergspottdrossel A,E
TOXOSTOMA
T. rufum Rote Spottdrossel A
T. longirostre Langschnabel-Spottdrossel E
T. guttatum Cozumelspottdrossel E
T. cinereum Grauspottdrossel E
T. bendirei Kaktusspottdrossel A,E
T. ocellatum Tropfenspottdrossel E
T. curvirostre Krummschnabel-Spottdrossel A,E
T. lecontei Wüstenspottdrossel A,E
T. redivivum Kalifornienspottdrossel A,E
T. dorsale Rotbauch-Spottdrossel A,E
CINCLOCERTHIA
C. ruficauda Zitterdrossel E
RAMPHOCINCLUS
R. brachyurus Weißbrust-Spottdrossel E {B}
ALLENIA
A. fusca Schuppenspottdrossel E
MARGAROPS
M. fuscatus Perlaugen-Spottdrossel E

129 PRUNELLIDAE - BRAUNELLEN

PRUNELLA
P. collaris Alpenbraunelle B,H
P. himalayana Himalayabraunelle oB,H
P. rubeculoides Rostbrustbraunelle oB,H
P. strophiata Strichelbraunelle oB,H,I
P. montanella Bergbraunelle oB
P. fulvescens Fahlbraunelle oB,H
P. fagani Jemenbraunelle C
P. ocularis Steinbraunelle B
P. atrogularis Schwarzkehlbraunelle oB,H
P. koslowi Steppenbraunelle oB
P. modularis Heckenbraunelle wB
P. rubida Rötelbraunelle oB
P. immaculata Waldbraunelle oB,H

130 TURDIDAE - DROSSELN

BRACHYPTERYX
B. stellata Braunrücken-Kurzflügel I
B. hyperythra Rostbauch-Kurzflügel H,I {B}
B. major Weißbauch-Kurzflügel H
B. leucophrys Zwergkurzflügel I,J,K
B. montana Bergkurzflügel oB,I,J
HEINRICHIA
H. calligyna Celebeskurzflügel K
POGONOCICHLA
P. stellata Sternrötel C
SWYNNERTONIA
S. swynnertoni Swynnertonrötel C {B}
STIPHRORNIS
S. erythrothorax Waldrötel C
SHEPPARDIA
S. polioptera Grauflügelrötel C
S. bocagei Bocagerötel C
S. poensis Kurzschwanzrötel C
S. cyornithopsis Schnäpperrötel C
S. aequatorialis Ugandarötel C
S. sharpei Braunbruströtel C
S. gunningi Blauflügelrötel C {B}
S. gabela Gabelarötel C {B}
S. montana Usambararötel C {B}
S. lowei Njomberötel C {B}
ERITHACUS
E. rubecula Rotkehlchen wB
E. akahige Rostkehlnachtigall oB
E. komadori Samtkehlnachtigall oB
LUSCINIA
L. sibilans Schwirrnachtigall oB
L. luscinia Sprosser B,C
L. megarhynchos Nachtigall B,C
L. calliope Rubinkehlchen oB,H
L. pectoralis Bergrubinkehlchen oB,H,I
L. svecica Blaukehlchen B,H
L. ruficeps Rotkopfnachtigall oB {B}
L. obscura Schwarzkehlnachtigall oB {B}
L. pectardens Davidnachtigall oB
L. brunnea Orangenachtigall H,I
L. cyane Blaunachtigall oB,I,J
TARSIGER
T. cyanurus Blauschwanz B,H,I
T. chrysaeus Goldschwanz oB,H,I
T. indicus Weißbrauen-Blauschwanz H,I
T. hyperythrus Rotbrust-Blauschwanz H,I
T. johnstoniae Taiwanblauschwanz J

IRANIA
I. gutturalis Weißkehlsänger B,C
COPSYCHUS
C. saularis Dajaldrossel H,I,J,K
C. sechellarum Seychellendajal D {B}
C. albospecularis Madagaskardajal D
C. malabaricus Schamadrossel H,I,J
C. stricklandii Weißkappenschama J
C. cebuensis Cebuschama J {B}
C. luzoniensis Brauenschama J
C. niger Mohrendajal J
C. pyrrhopygus Feuerschwanzschama J
ALETHE
A. diademata Diademalethe C
A. poliophrys Rotkehlalethe C
A. poliocephala Braunbrustalethe C
A. fuelleborni Weißbrustalethe C
A. choloensis Choloalethe C {B}
COSSYPHA
C. isabellae Kamerunrötel C
C. roberti Weißbauchrötel C
C. archeri Ruwenzorirötel C
C. anomala Olivflankenrötel C
C. caffra Kaprötel C
C. humeralis Weißkehlrötel C
C. cyanocampter Blauschulterrötel C
C. semirufa Braunrückenrötel C
C. heuglini Weißbrauenrötel C
C. natalensis Natalrötel C
C. dichroa Spottrötel C
C. heinrichi Weißkopfrötel C {B}
C. niveicapilla Weißscheitelrötel C
C. albicapilla Schuppenkopfrötel C
XENOCOPSYCHUS
X. ansorgei Höhlenrötel C
NEOCOSSYPHUS
N. rufus Rotschwanz-Fuchsdrossel C
N. poensis Weißschwanz-Fuchsdrossel C
N. fraseri Kurzlaufdrossel C
N. finschii Finschdrossel C
MODULATRIX
M. stictigula Fleckenkehlchen C
ARCANATOR
A. orostruthus Rätselrötel C {B}
PINARORNIS
P. plumosus Steinspringer C
CICHLADUSA
C. arquata Morgenrötel C
C. ruficauda Graubruströtel C
C. guttata Tropfenrötel C
CERCOTRICHAS
C. leucosticta Waldheckensänger C
C. barbata Bartheckensänger C
C. quadrivirgata Streifenkopf-Heckensänger C
C. signata Natalheckensänger C
C. hartlaubi Hartlaubheckensänger C
C. leucophrys Weißbrauen-Heckensänger C
C. galactotes Heckensänger B,C,H
C. paena Kalahariheckensänger C
C. coryphaea Karroheckensänger C
C. podobe Rußheckensänger C
DRYMODES
D. brunneopygia Malleescheindrosel M
D. superciliaris Augenstreif-Scheindrossel J,L,M
NAMIBORNIS
N. herero Hereroheckensänger C
CHAETOPS
C. frenatus Kapfelsenspringer C
C. aurantius Orangebrust-Felsenspringer C
PHOENICURUS
P. alaschanicus Alaschanrotschwanz oB
P. erythronotus Sprosserrotschwanz oB,H
P. caeruleocephalus Blaukopf-Rotschwanz oB
P. ochruros Hausrotschwanz B,H,I
P. phoenicurus Gartenrotschwanz B,C
P. hodgsoni Feldrotschwanz oB,H,I
P. frontalis Himalayarotschwanz oB,H,I
P. fuliginosus Wasserrotschwanz oB,H,I
P. leucocephalus Weißkopf-Rotschwanz oB,H,I
P. schisticeps Weißkehl-Rotschwanz oB,H,I
P. auroreus Spiegelrotschwanz oB,H,I
P. moussieri Diademrotschwanz wB
P. erythrogaster Riesenrotschwanz oB,H
RHYACORNIS
R. bicolor Luzonrötel J {B}
HODGSONIUS
H. phaenicuroides Kurzflügel-Rotschwanz oB,H,I
CINCLIDIUM
C. leucurum Schattenschmätzer H,I,J
C. diana Diademschmätzer J
C. frontale Blauschmätzer H,I
GRANDALA
G. coelicolor Grandala oB,H,I
SIALIA
S. sialis Rotkehl-Hüttensänger A,E
S. mexicana Blaukehl-Hüttensänger A,E
S. currucoides Berghüttensänger A,E
ENICURUS
E. scouleri Stummelscherenschwanz oB,H,J
E. velatus Zwergscherenschwanz J
E. ruficapillus Rotkopf-Scherenschwanz I,J
E. immaculatus Schwarzrücken-Scherenschwanz I,J
E. schistaceus Graurücken-Scherenschwanz I,J
E. leschenaulti Weißscheitel-Scherenschwanz H,I,J
E. maculatus Fleckenscherenschwanz H,I
COCHOA
C. purpurea Purpurschnäpperdrossel H,I
C. viridis Smaragdschnäpperdrossel H,I
C. azurea Sundaschnäpperdrossel J {B}
C. beccarii Sumatraschnäpperdrossel J {B}
MYADESTES
M. obscurus Hawaiiklarino P
M. myadestinus Kauaiklarino P {B}
M. palmeri Palmerklarino P {B}
M. lanaiensis Lanaiklarino P {B}
M. townsendi Townsendklarino A,E
M. occidentalis Braunrückenklarino E
M. elisabeth Kubaklarino E
M. genibarbis Bartklarino E
M. melanops Maskenklarino E
M. coloratus Buntklarino E
M. ralloides Andenklarino F
M. unicolor Schieferklarino E
M. leucogenys Rotrückenklarino F
ENTOMODESTES
E. leucotis Weißohrklarino F
E. coracinus Schwarzklarino F
SAXICOLA
S. rubetra Braunkehlchen B,C
S. macrorhyncha Wüstenbraunkehlchen H {B}
S. insignis Mattenschmätzer oB,H {B}
S. dacotiae Kanarenschmätzer wB {B}
S. torquata Schwarzkehlchen B,C,D,H,I
S. bifasciata Fahlschulterschmätzer C
S. leucura Weißschwanz-Schwarzkehlchen H
S. caprata Mohrenschwarzkehlchen oB,H,I,J,K,L,O
S. jerdoni Jerdonschmätzer H,I
S. ferrea Grauschmätzer H,I
S. gutturalis Timorschmätzer J {B}
OENANTHE
O. leucopyga Saharasteinschmätzer wC
O. monacha Kappensteinschmätzer wB,H
O. leucura Trauersteinschmätzer wB
O. monticola Bergsteinschmätzer C
O. phillipsi Somalisteinschmätzer C
O. oenanthe Steinschmätzer A,B,C
O. lugens Schwarzrücken-Steinschmätzer wB,C
O. finschii Felsensteinschmätzer B,H
O. picata Elstersteinschmätzer oB,H
O. moesta Fahlbürzel-Steinschmätzer wB
O. pleschanka Nonnensteinschmätzer B,H,C
O. cypriaca Zypernsteinschmätzer wB
*O. albonige*r Schwarzkopf-Steinschmätzer oB,C,H
O. hispanica Mittelmeer-Steinschmätzer wB
O. xanthoprymna Rostbürzel-Steinschmätzer B,H
O. deserti Wüstensteinschmätzer B,C,H
O. pileata Erdsteinschmätzer C
O. bottae Braunbrust-Steinschmätzer C
O. isabellina Isabellsteinschmätzer B,C,H
CERCOMELA
C. sinuata Veldschmätzer C
C. schlegelii Bleichschmätzer C
C. fusca Braunschmätzer H
C. tractrac Oranjeschmätzer C
C. familiaris Rostschwanz C
C. scotocerca Braunschwanz C
C. dubia Dunkelschmätzer C
C. melanura Schwarzschwanz wB,C
C. sordida Almenschmätzer C
MYRMECOCICHLA
M. tholloni Kongoschmätzer C
M. aethiops Rußschmätzer C
M. formicivora Termitenschmätzer C
M. nigra Hadesschmätzer C
M. melaena Einfarbschmätzer C
M. albifrons Weißstirnschmätzer C
M. arnoti Arnotschmätzer C
M. cinnamomeiventris Rotbauchschmätzer C
M. semirufa Spiegelschmätzer C
SAXICOLOIDES
S. fulicata Strauchschmätzer H
PSEUDOCOSSYPHUS
P. imerinus Dünenrötel D
P. bensoni Bensonrötel D {B}
MONTICOLA
M. rupestris Klippenrötel C
M. explorator Langzehenrötel C
M. brevipes Kurzzehenrötel C
M. angolensis Miomborötel C
M. saxatilis Steinrötel B,H
M. cinclorhynchus Himalayarötel H,I
M. gularis Amurrötel oB,I
M. rufiventris Rötelmerle oB,H,I
M. rufocinereus Schluchtenrötel C
M. solitarius Blaumerle B,C,H,J,K,L
MYIOPHONEUS
M. blighi Ceylonpfeifdrossel H {B}
M. melanurus Glanzpfeifdrossel J
M. glaucinus Sundapfeifdrossel J
M. robinsoni Malaienpfeifdrossel J
M. horsfieldii Malabarpfeifdrossel H
M. insularis Taiwanpfeifdrossel I
M. caeruleus Purpurpfeifdrossel oB,H,I,J
GEOMALIA
G. heinrichi Celebesdrossel K
ZOOTHERA
Z. schistacea Weißohrdrossel L {B}
Z. dumasi Molukkendrossel K
Z. interpres Rostkappendrossel I,J
Z. erythronota Rotrückendrossel K
Z. dohertyi Sumbawadrossel J
Z. wardii Elsterdrossel H
Z. cinerea Mindorodrossel J
Z. peronii Timordrossel J,K {B}
Z. citrina Damadrossel H,I,J
Z. everetti Everettdrossel J {B}
Z. sibirica Schieferdrossel oB,I,J
Z. piaggiae Orangedrossel C
Z. tanganjicae Tanganjikadrossel C
Z. crossleyi Crossleydrossel C
Z. gurneyi Gurneydrossel C
Z. oberlaenderi Oberländerdrossel C {B}
Z. cameronensis Kamerundrossel C
Z. kibalensis Kibaledrossel C {B}
Z. princei Ghanadrossel C
Z. guttata Nataldrossel C
Z. spiloptera Ceylondrossel H
Z. andromedae Andromedadrossel J
Z. mollissima Himalayadrossel H,I
Z. dixoni Dixondrossel I
Z. dauma Erddrossel oB,H,I,J,O
Z. machiki Tanimbarerddrossel L {B}
Z. heinei Papuaerddrossel M
Z. lunulata Tasmanerddrossel M
Z. talaseae Bismarckerddrossel O
Z. monticola Bergdrossel H,I
Z. marginata Langschnabeldrossel H,I
IXOREUS
I. naevius Halsbanddrossel A
RIDGWAYIA
R. pinicola Aztekendrossel E
AMALOCICHLA
A. sclateriana Weichschwanzdrossel L
A. incerta Pittadrossel L
CATAPONERA
C. turdoides Schwarzbrauendrossel K
NESOCICHLA
N. eremita Tristandrossel C
CICHLHERMINIA
C. lherminieri Antillendrossel E
CATHARUS
C. gracilirostris Graukehl-Musendrossel E
C. aurantiirostris Goldschnabel-Musendrossel E,F
C. fuscater Graurücken-Musendrossel E,F
C. occidentalis Braunkopf-Musendrossel E
C. frantzii Bergmusendrossel E
C. mexicanus Schwarzkopf-Musendrossel E
C. dryas Tropfenbrust-Musendrossel E,F
C. fuscescens Wilsondrossel A,E
C. minimus Grauwangendrossel A,E
C. ustulatus Zwergdrossel A,E
C. guttatus Einsiedlerdrossel A,E
HYLOCICHLA
H. mustelina Walddrossel A,E
PLATYCICHLA
P. flavipes Köhlerdrossel F
P. leucops Taczanowskidrossel F
PSOPHOCICHLA
P. litsipsirupa Akaziendrossel C

TURDUS
T. bewsheri Komorendrossel D
T. olivaceofuscus Sao-Tomé-Drossel C
T. olivaceus Kapdrossel C
T. abyssinicus Gmelindrossel C
T. helleri Taitadrossel C {B}
T. libonyanus Rotschnabeldrossel C
T. tephronotus Brillendrossel C
T. menachensis Jemendrossel C {B}
T. ludoviciae Somalidrossel C
T. dissimilis Schwarzbrustdrossel H,I
T. hortulorum Gartendrossel oB
T. unicolor Einfarbdrossel H
T. cardis Scheckendrossel oB,I
T. albocinctus Weißhalsdrossel I
T. torquatus Ringdrossel wB
T. boulboul Bülbülamsel H,I
T. merula Amsel B,H
T. poliocephalus Südseedrossel J,K,L,O
T. chrysolaus Rotkopfdrossel oB,J
T. celaenops Kurodadrossel oB
T. rubrocanus Kastaniendrossel H,I
T. kessleri Rhododendrondrossel oB
T. feae Rostdrossel oB,I {B}
T. pallidus Fahldrossel oB,I
T. obscurus Weißbrauendrossel oB,I
T. ruficollis Bechsteindrossel oB,H,I
T. naumanni Naumanndrossel oB,I
T. pilaris Wacholderdrossel B
T. iliacus Rotdrossel B
T. philomelos Singdrossel B
T. mupinensis Chinasingdrossel oB
T. viscivorus Misteldrossel B,H
T. aurantius Weißkinndrossel E
T. ravidus Rotaugendrossel E
T. plumbeus Rotfußdrossel E
T. chiguanco Chiguancodrossel F
T. nigrescens Rußdrossel E
T. fuscater Riesendrossel F
T. infuscatus Guatemaladrossel E
T. serranus Samtdrossel E,F
T. nigriceps Weißachseldrossel F
T. reevei Mausdrossel F
T. olivater Kapuzendrossel F
T. maranonicus Maranondrossel F
T. fulviventris Ockerbauchdrossel F
T. rufiventris Rotbauchdrossel F
T. falcklandii Magellandrossel F
T. leucomelas Fahlbrustdrossel F
T. amaurochalinus Rahmbauchdrossel F
T. plebejus Cabanisdrossel F
T. ignobilis Schwarzschnabeldrossel F
T. lawrencii Lawrencedrossel F
T. fumigatus Kakaodrossel F
T. personus Grenadadrossel E
T. obsoletus Blaßsteißdrossel F
T. haplochrous Palmaritodrossel F
T. grayi Gilbdrossel E,F
T. nudigenis Nacktaugendrossel E,F
T. jamaicensis Weißaugendrossel E
T. albicollis Trauerdrossel E,F
T. rufopalliatus Rotmanteldrossel E
T. swalesi Haitidrossel E
T. rufitorques Rotnackendrossel E
T. migratorius Wanderdrossel A,E

131 ORTHONYCHIDAE - LAUFFLÖTER

ORTHONYX
O. temminckii Stachelschwanzflöter L,M
O. spaldingii Schwarzkopfflöter M
ANDROPHOBUS
A. viridis Grünrückenflöter L
PSOPHODES
P. olivaceus Schwarzkopf-Wippflöter M
P. nigrogularis Grauschopf-Wippflöter M {B}
SPHENOSTOMA
S. cristatum Buschflöter M
CINCLOSOMA
C. punctatum Fleckenflöter M
C. castanotum Rotrückenflöter M
C. alisteri Dongaflöter M
C. cinnamomeum Zimtflöter M
C. castaneothorax Kastanienbrustflöter M
C. ajax Ajaxflöter L
PTILORRHOA
P. leucosticta Bergwaldflöter L
P. caerulescens Blauflöter L
P. castanonota Buntflöter K,L

EUPETES
E. macrocerus Rallenflöter J
MELAMPITTA
M. lugubris Glanzflöter L
M. gigantea Rußflöter L
IFRITA
I. kowaldi Blaukappenflöter L

132 TIMALIIDAE - TIMALIEN

TRICHASTOMA
T. rostratum Weißkopf-Maustimalie J
T. celebense Weißkehl-Maustimalie J,K
T. bicolor Weißwangen-Maustimalie J
T. woodi Mindanomaustimalie J {B}
MALACOCINCLA
M. abbotti Rotschwanz-Maustimalie H,I,J
M. sepiaria Horsfieldmaustimalie J
M. perspicillata Schwarzbrauen-Maustimalie J {B}
M. malaccensis Kurzschwanz-Maustimalie J
M. cinereiceps Graukopf-Maustimalie J
PELLORNEUM
P. tickelli Rotbrust-Maustimalie H,I,J
P. albiventre Weißbauch-Erdtimalie H,I
P. palustre Sumpftimalie H {B}
P. ruficeps Streifenbrusttimalie H,I,J
P. fuscocapillum Braunkappen-Erdtimalie H
P. pyrrogenys Rostwangen-Maustimalie J
P. capistratum Schwarzkappen-Erdtimalie J
MALACOPTERON
M. magnirostre Bartstreif-Zweigtimalie I,J
M. affine Schwarzscheitel-Zweigtimalie I,J
M. cinereum Rotstirn-Zweigtimalie I,J
M. magnum Rotscheitel-Zweigtimalie I,J
M. palawanense Palawanzweigtimalie J
M. albogulare Graubrust-Zweigtimalie J
ILLADOPSIS
I. cleaveri Augenbrauen-Buschdrossling C
I. albipectus Schuppenbrust-Buschdrossling C
I. rufescens Rostschwingen-Buschdrossling C
I. puveli Großfuß-Buschdrossling C
I. rufipennis Grauwangen-Buschdrossling C
I. fulvescens Braunbauch-Buschdrossling C
I. pyrrhopterus Bergbuschdrossling C
I. abyssinicus Mönchsbuschdrossling C
I. atriceps Schwarzkopf-Buschdrossling C
KAKAMEGA
K. poliothorax Graubrust-Drosseltimalie C
PTYRTICUS
P. turdinus Weißbauch-Drosseltimalie C
POMATORHINUS
P. hypoleucos Riesensäbler H,I,J
P. erythrogenys Rotwangensäbler H,I
P. horsfieldii Horsfieldsäbler H
P. schisticeps Himalayasäbler H,I,J
P. montanus Rotrückensäbler J
P. ruficollis Rothalssäbler H,I
P. ochraceiceps Rotschnabelsäbler H,I
P. ferruginosus Korallenschnabelsäbler H,I
GARRITORNIS
G. isidorei Beutelsäbler L
POMATOSTOMUS
P. temporalis Grauscheitelsäbler M
P. superciliosus Brauensäbler M
P. halli Rußbauchsäbler M
P. ruficeps Rotscheitelsäbler M
XIPHIRHYNCHUS
X. superciliaris Dünnschnabelsäbler H,I
JABOUILLEIA
J. danjoui Kurzschwanzsäbler I {B}
RIMATOR
R. malacoptilus Zwergsäbler H,I,J
PTILOCICHLA
P. leucogrammica Borneowolltimalie J
P. mindanensis Philippinenwolltimalie J
P. falcata Palawanwolltimalie J
KENOPIA
K. striata Goldzügeltimalie J
NAPOTHERA
N. rufipectus Kastanienbauchtimalie J
N. atrigularis Fahlbauchtimalie J
N. macrodactyla Graubauchtimalie J
N. marmorata Marmortimalie J
N. crispifrons Kalksteintimalie I
N. brevicaudata Stutzschwanztimalie H,I,J
N. crassa Blaßkehltimalie J
N. rabori Raboatimalie J {B}
N. epilepidota Brustfleckentimalie H,I,J

PNOEPYGA
P. albiventer Schuppentimalie H,I
P. pusilla Moostimalie H,I,J
P. immaculata Spitzschuppentimalie H
SPELAEORNIS
S. caudatus Rotkehl-Zaunkönigstimalie H {B}
S. badeigularis Mishmi-Zaunkönigstimalie H {B}
S. troglodytoides Binden-Zaunkönigstimalie H,I
S. formosus Fleckenbrust-Zaunkönigstimalie I
S. chocolatinus Langschwanz-Zaunkönigstimalie H,I
S. longicaudatus Khasi-Zaunkönigstimalie H {B}
SPHENOCICLA
S. humei Keilschnabeltimalie H,I {B}
NEOMIXIS
N. tenella Graunackentimalie D
N. viridis Grüntimalie D
N. striatigula Streifenkehltimalie D
N. flavoviridis Keilschwanztimalie D
STACHYRIS
S. rodolphei Deignantimalie I {B}
S. rufifrons Rotstirntimalie I,J
S. ambigua Haringtontimalie H,I
S. ruficeps Rotkopftimalie H,I
S. pyrrhops Schwarzkinntimalie H
S. chrysaea Goldkopftimalie H,I,J
S. plateni Zwergbuschtimalie J
S. capitalis Gelbkehl-Buschtimalie J
S. speciosa Goldstirn-Buschtimalie J {B}
S. whiteheadi Brillentimalie J
S. striata Streifentimalie J
S. nigrorum Negrostimalie J {B}
S. hypogrammica Palawantimalie J
S. grammiceps Grauwangen-Buschtimalie J {B}
S. herberti Laosbuschtimalie I {B}
S. nigriceps Graukehl-Buschtimalie H,I,J
S. poliocephala Graukopf-Buschtimalie J
S. striolata Fleckenhals-Buschtimalie I,J
S. oglei Weißkehl-Buschtimalie H {B}
S. maculata Rostbürzeltimalie J
S. leucotis Perlhals-Buschtimalie J
S. nigricollis Schwarzkehl-Buschtimalie J
S. thoracica Weißbrust-Buschtimalie J
S. erythroptera Rotflügeltimalie J
S. melanothorax Perlwangentimalie J
S. zantholeuca Grünrückentimalie I,J
DUMETIA
D. hyperythra Rotbauchtimalie H
RHOPOCICHLA
R. atriceps Kapuzentimalie H
MACRONOUS
M. gularis Gelbbrusttimalie H,I,J
M. kelleyi Kelleytimalie I
M. striaticeps Streifenkopftimalie J
M. ptilosus Stachelrückentimalie J
MICROMACRONUS
M. leytensis Laubsängertimalie J
TIMALIA
T. pileata Rotkäppchentimalie H,I,J
CHRYSOMMA
C. sinense Goldaugentimalie H,I
MOUPINIA
M. altirostris Jerdontimalie H,I {B}
M. poecilotis Rotscheiteltimalie oB
CHAMAEA
C. fasciata Chaparraltimalie A
TURDOIDES
T. nipalensis Igeldrossling H
T. altirostris Rieddrossling B
T. caudatus Langschwanzdrossling B,H
T. earlei Streifendrossling H
T. gularis Weißkehldrossling I
T. longirostris Schlankschnabeldrossling H
T. malcolmi Malcolmdrossling H
T. squamiceps Graudrossling C
T. fulvus Akaziendrossling wB,C
T. aylmeri Schuppenbrustdrossling C
T. rubiginosus Heuglindrossling C
T. subrufus Graustirndrossling H
T. striatus Dschungeldrossling H
T. rufescens Ceylondrossling H
T. affinis Gelbschnabeldrossling H
T. melanops Schwarzzügeldrossling C
T. tenebrosus Uferdrossling C
T. reinwardtii Weißaugendrossling C
T. plebejus Sudandrossling C
T. jardineii Braundrossling C
T. squamulatus Schwarzkopfdrossling C
T. leucopygius Weißbürzeldrossling C
T. hindei Hindedrossling C {B}
T. hypoleucus Bronzedrossling C

T. bicolor Elsterdrossling C
T. gymnogenys Nacktwangendrossling C
BABAX
B. lanceolatus Streifenbabax I
B. waddelli Riesenbabax I
B. koslowi Koslowbabax I
GARRULAX
G. cinereifrons Graustirnhäherling H {B}
G. palliatus Schieferhäherling J
G. rufifrons Rotstirnhäherling J
G. perspicillatus Maskenhäherling I
G. albogularis Weißkehlhäherling H,I
G. leucolophus Weißhaubenhäherling H,I,J
G. monileger Lätzchenhäherling H,I
G. pectoralis Brustbandhäherling H,I
G. lugubris Trauerhäherling J
G. striatus Streifenhäherling H,I
G. strepitans Weißhalshäherling I
G. milleti Kapuzenhäherling I {B}
G. maesi Maeshäherling oB,I
G. nuchalis Rotrückenhäherling H,I
G. chinensis Weißohrhäherling H,I
G. vassali Schwarzohrhäherling I
G. galbanus Gelbbauchhäherling H,I
G. delesserti Rostflankenhäherling H,I
G. variegatus Buntflügelhäherling H
G. davidi Davidhäherling oB
G. sukatschewi Kansuhäherling oB {B}
G. cineraceus Grauhäherling H,I
G. rufogularis Rostkinnhäherling H,I
G. lunulatus Wellenhäherling oB
G. bieti Biethäherling oB {B}
G. maximus Riesenhäherling oB
G. ocellatus Waldhäherling H,I
G. caerulatus Grauflankenhäherling H,I
G. poecilorhynchus Rothalshäherling I
G. mitratus Spiegelhäherling J
G. ruficollis Rothalshäherling I
G. merulinus Fleckenhäherling H,I
G. canorus Augenbrauenhäherling I
G. sannio Weißwangenhäherling oB,H,I
G. cachinnans Zimtbrusthäherling H
G. jerdoni Graubrusthäherling H
G. lineatus Borstenhäherling H
G. virgatus Strichelhäherling H,I
G. austeni Braunkappenhäherling H,I
G. squamatus Blauflügelhäherling I
G. subunicolor Goldschwingenhäherling I
G. elliotii Elliothäherling oB
G. henrici Prinzenhäherling oB
G. affinis Schwarzscheitelhäherling H,I
G. erythrocephalus Rotkopfhäherling H,I,J
G. yersini Halsbandhäherling I {B}
G. formosus Prachthäherling I
G. milnei Rotschwanzhäherling I
LIOCICHLA
L. phoenicea Karminflügelhäherling H
L. omeiensis Omeihäherling oB {B}
L. steerii Formosahäherling I
LEIOTHRIX
L. argentauris Silberohr-Sonnenvogel H,I,J
L. lutea Sonnenvogel H,I
CUTIA
C. nipalensis Cutia H,I,J
PTERUTHIUS
P. rufiventer Rotbauch-Würgertimalie I
P. flaviscapis Weißbrauen-Würgertimalie I,J
P. xanthochlorus Vireotimalie H,I
P. melanotis Zimtkehl-Würgertimalie H,I,J
P. aenobarbus Rotstirn-Würgertimalie H,I,J
GAMPSORHYNCHUS
G. rufulus Weißkopftimalie H,I,J
ACTINODURA
A. egertoni Rotstirnsibia H,I
A. ramsayi Brillensibia I
A. nipalensis Nepalsibia H,I
A. waldeni Yünnansibia H,I
A. souliei Tonkinsibia I
A. morrisoniana Taiwansibia J
MINLA
M. cyanouroptera Blauflügelsiva H,I,J
M. strigula Bändersiva H,I,J
M. ignotincta Rotschwanzsiva oB,H,I
M. annectens Rotrückensivia I
ALCIPPE
A. chrysotis Goldalcippe oB,H,I
A. variegaticeps Buntkopfalcippe oB {B}
A. cinerea Gelbkehlalcippe I
A. castaneceps Kastanienalcippe I,J
A. vinipectus Weißbrauenalcippe H,I
A. striaticollis Bergalcippe oB
A. ruficapilla Rotscheitelalcippe oB,I
A. cinereiceps Braunkopfalcippe H,I
A. rufogularis Kropfbandalcippe H,I
A. brunnea Rotkopfalcippe H,I
A. brunneicauda Braunschwanzalcippe J
A. poioicephala Graukopfalcippe H,I
A. pyrrhoptera Rotrückenalcippe J
A. peracensis Malaienalcippe I,J
A. morrisonia Grauwangenalcippe oB,I,J
A. nipalensis Nepalalcippe H,I
LIOPTILUS
L. nigricapillus Buschschwarzkäppchen C
KUPEORNIS
K. gilberti Weißkehltimalie C {B}
K. rufocinctus Rostbandtimalie C
K. chapini Chapintimalie C
PAROPHASMA
P. galinieri Singtimalie C
PHYLLANTHUS
P. atripennis Schwarzflügeltimalie C
CROCIAS
C. langbianis Grauscheitel-Würgertimalie I {B}
C. albonotatus Fleckenwürgertimalie J
HETEROPHASIA
H. capistrata Schwarzkappentimalie H,I
H. gracilis Grautimalie H,I
H. melanoleuca Tickelltimalie I
H. auricularis Weißohrtimalie J
H. pulchella Blaukopftimalie H,I
H. picaoides Schweiftimalie I,J
YUHINA
Y. castaniceps Rotohryuhina H,I
Y. bakeri Rotkopfyuhina H,I
Y. flavicollis Gelbnackenyuhina H,I
Y. gularis Kehlstreifenyuhina H,I
Y. diademata Diademyuhina I
Y. occipitalis Rotsteißyuhina H,I
Y. brunneiceps Braunkopfyuhina I
Y. nigrimenta Meisenyuhina H,I
MYZORNIS
M. pyrrhoura Feuerschwänzchen I
HORIZORHINUS
H. dohrni Prinzendrossling C
OXYLABES
O. cinereiceps Grauscheitelfoditany D
O. madagascariensis Weißkehlfoditany D
O. xanthophrys Gelbbrauenfoditany D {B}
MYSTACORNIS
M. crossleyi Crossleytimalie D

133 PARADOXORNITHIDAE - PAPAGEIMEISEN

PANURUS
P. biarmicus Bartmeise B
CONOSTOMA
C. oemodium Riesenpapageimeise oB,H,I
PARADOXORNIS
P. paradoxus Dreizehen-Papageimeise oB
P. unicolor Einfarb-Papageimeise H,I
P. gularis Graukopf-Papageimeise H,I
P. flavirostris Schwarzkehl-Papageimeise H,I {B}
P. guttaticollis Brustflecken-Papageimeise oB,H,I
P. conspicillatus Brillenpapageimeise oB
P. webbianus Braunkopf-Papageimeise oB,I
P. brunneus Braunflügel-Papageimeise I
P. alphonsianus Graukehl-Papageimeise oB,I
P. zappeyi Grauhauben-Papageimeise oB {B}
P. przewalskii Przewalskipapageimeise oB {B}
P. fulvifrons Gelbstirn-Papageimeise oB,H
P. nipalensis Grauohr-Papageimeise oB,H,I
P. davidianus Kurzschwanz-Papageimeise I {B}
P. atrosuperciliaris Schwarzbrauen-Papageimeise H,I
P. ruficeps Rotkopf-Papageimeise H,I {B}
P. heudei Jangtsepapageimeise oB
P. polivanovi Chankapapageimeise oB

134 PICATHARTIDAE - FELSHÜPFER

PICATHARTES
P. gymnocephalus Gelbkopf-Felshüpfer C {B}
P. oreas Buntkopf-Felshüpfer C {B}

135 PTOLIOPTILIDAE - MÜCKENFÄNGER

MICROBATES
M. collaris Halsband-Degenschnäbler F
M. cinereiventris Graubauch-Degenschnäbler E,F
RAMPHOCAENUS
R. melanurus Schwarzschwanz-Degenschnäbler E,F
POLIOPTILA
P. caerulea Blaumückenfänger A,E
P. melanura Schwarzschwanz-Mückenfänger A,E
P. lembeyei Kubamückenfänger E {B}
P. albiloris Weißzügel-Mückenfänger E
P. nigriceps Schwarzkappen-Mückenfänger E
P. plumbea Amazonasmückenfänger E,F
P. lactea Rahmbauch-Mückenfänger F
P. guianensis Cayennemückenfänger F
P. schistaceigula Graukehl-Mückenfänger F
P. dumicola Maskenmückenfänger F

136 SYLVIIDAE - ZWEIGSÄNGER

OLIGURA
O. castaneocoronata Rotkopftesia H,I
TESIA
T. superciliaris Brauentesia J
T. olivea Goldscheiteltesia I
T. cyaniventer Olivscheiteltesia H,I
T. everetti Rostscheiteltesia J
UROSPHENA
U. subulata Timorstutzschwanz J
U. whiteheadi Borneostutzschwanz J
U. squameiceps Stummelsänger oB,I
CETTIA
C. pallidipes Weißfuß-Buschsänger H,I
C. diphone Japanbuschsänger oB,J
C. annae Palaubuschsänger J
C. parens San-Cristobal-Buschsänger O
C. ruficapilla Fidschibuschsänger O
C. fortipes Bergbuschsänger H
C. vulcania Müllerbuschsänger J,K
C. major Rhododendronbuschsänger I
C. carolinae Tanimberbuschsänger L
C. flavolivacea Olivbuschsänger H,I
C. robustipes Swinhoebuschsänger H,J
C. brunnifrons Rotkopf-Buschsänger H,I
C. cetti Seidensänger B,H
BRADYPTERUS
B. baboecalus Sumpfbuschsänger C
B. graueri Kivubuschsänger C {B}
B. grandis Gabunbuschsänger C {B}
B. carpalis Bindenbuschsänger C
B. alfredi Graubrust-Buschsänger C
B. sylvaticus Kapbuschsänger C
B. lopezi Lopesbuschsänger C
B. mariae Waldbuschsänger C
B. barratti Barrattbuschsänger C
B. victorini Dickichtbuschsänger C
B. cinnamomeus Zimtbuschsänger C
B. brunneus Madagaskarbuschsänger D
B. thoracicus Fleckenbuschsänger oB,I
B. major Kaschmirbuschsänger oB,H {B}
B. tacsanowskius Taczanowskibuschsänger oB,I
B. luteoventris Rostbuschsänger H,I
B. palliseri Ceylonbuschsänger H
B. seebohmi Gebirgsbuschsänger I,J
B. caudatus Langschwanz-Buschsänger J
B. accentor Borneobuschsänger J
B. castaneus Molukkenbuschsänger K
BATHMOCERCUS
B. cerviniventris Rostbauch-Fahlsänger C
B. rufus Graubauch-Fuchssänger C
B. winifredae Rostkopf-Fuchssänger C {B}
AMPHILAIS
A. seebohmi Seebohmbuschsänger D
NESILLAS
N. typica Tsikiritybuschsänger D
N. mariae Komorenbuschsänger D
N. aldabranus Aldabrabuschsänger D {†?}
THAMNORNIS
T. chloropetoides Kiritikabuschsänger D
MELOCICHLA
M. mentalis Bartgrassänger C
ACHAETOPS
A. pycnopygius Klippensänger C
SPHENOEACUS
S. afer Kapgrassänger C
MEGALURUS
M. pryeri Riedsänger oB {B}
M. timoriensis Rostkopf-Schilfsteiger J,K,L,M
M. palustris Strichelkopf-Schilfsteiger H,I
M. albolimbatus Weißflügel-Schilfsteiger L {B}
M. gramineus Zwergschilfsteiger L,M
M. punctatus Farnsteiger N

ZWEIGSÄNGER

CINCLORHAMPHUS
C. mathewsi Rostbürzel-Lerchensänger M
C. cruralis Schwarzbauch-Lerchensänger M
EREMIORNIS
E. carteri Spinifexsänger M
MEGALURULUS
M. bivittatus Timorbuschsänger J
M. mariei Neukaledonien-Buschsänger O
CICHLORNIS
C. whitneyi Whitneybuschsänger O
C. grosvenori Maskenbuschsänger O
C. llaneae Bougainvillebuschsänger O
ORTYGOCICHLA
O. rubiginosa Rotbrust-Buschsänger O
O. rufa Langbein-Buschsänger O {B}
CHAETORNIS
C. striatus Nacktzügelsänger H {B}
GRAMINICOLA
G. bengalensis Katzengrassänger H,I
SCHOENICOLA
S. platyura Rundschwanzsänger C,H
LOCUSTELLA
L. lanceolata Strichelschwirl oB,J,K
L. naevia Feldschwirl B,C,H
L. certhiola Streifenschwirl oB,H,I
L. ochotensis Middendorffschwirl oB,I,J
L. pleskei Pleskeschwirl oB
L. fluviatilis Schlagschwirl B,C
L. luscinioides Rohrschwirl B,C
L. fasciolata Riesenschwirl oB,J,K,L
L. amnicola Sachalinschwirl oB,J
ACROCEPHALUS
A. melanopogon Mariskensänger B
A. paludicola Seggenrohrsänger wB {B}
A. schoenobaenus Schilfrohrsänger B,C
A. sorghophilus Hirserohrsänger oB,I,J {B}
A. bistrigiceps Brauenrohrsänger oB,I
A. agricola Feldrohrsänger B,H
A. concinens Strauchrohrsänger oB,H,I
A. scirpaceus Teichrohrsänger B,C
A. cinnamomeus Zimtrohrsänger C
A. baeticatus Gartenrohrsänger C
A. palustris Sumpfrohrsänger wB,C
A. dumetorum Buschrohrsänger B,H
A. griseldis Basrarohrsänger wB,C
A. arundinaceus Drosselrohrsänger B,C
A. stentoreus Stentorrohrsänger B,C,H,I,J,K,M
A. orientalis Chinarohrsänger oB,J
A. luscinia Sprosserrohrsänger O
A. aequinoctialis Fanningrohrsänger O
A. caffer Langschnabel-Rohrsänger O
A. atyphus Tuamoturohrsänger O
A. vaughanii Pitcairnrohrsänger O
A. kerearako Mangaiarohrsänger O
A. rufescens Papyrusrohrsänger C
A. brevipennis Kapverdenrohrsänger wB
A. gracilirostris Kaprohrsänger C
A. newtoni Madagaskarrohrsänger D
A. aedon Dickschnabel-Rohrsänger oB,H,I
BEBRORNIS
B. rodericanus Rodriguezrohrsänger I {B}
B. sechellensis Seychellenrohrsänger D {B}
HIPPOLAIS
H. caligata Buschspötter B,H
H. pallida Blaßspötter B,C
H. languida Dornspötter B,C
H. olivetorum Olivenspötter wB,C
H. polyglotta Orpheusspötter wB,C
H. icterina Gelbspötter B,C
CHLOROPETA
C. natalensis Schnäpperrohrsänger C
C. similis Bambusrohrsänger C
C. gracilirostris Gelbbauch-Rohrsänger C {B}
CISTICOLA
C. erythrops Rotgesicht-Cistensänger C
C. lepe Blaßbauch-Cistensänger C
C. cantans Weißbrauen-Cistensänger C
C. lateralis Pfeifcistensänger C
C. woosnami Miombocistensänger C
C. anonyma Waldcistensänger C
C. bulliens Angolacistensänger C
C. chubbi Farncistensänger C
C. hunteri Gebirgscistensänger C
C. nigriloris Schwarzbrauen-Cistensänger C
C. aberrans Langschwanz-Cistensänger C
C. bodessa Borancistensänger C
C. chiniana Rotscheitel-Cistensänger C
C. cinereola Graucistensänger C
C. ruficeps Rotkopf-Cistensänger C
C. rufilata Rotschwanz-Cistensänger C
C. subruficapilla Bergcistensänger C
C. lais Trauercistensänger C
C. restricta Tanacistensänger C {B}
C. njombe Njombecistensänger C
C. galactotes Schwarzrücken-Cistensänger C
C. carruthersi Papyruscistensänger C
C. pipiens Sumpfcistensänger C
C. tinniens Vleycistensänger C
C. robusta Amharacistensänger C
C. aberdare Aberdarecistensänger C
C. natalensis Strichelcistensänger C
C. fulvicapilla Braunkopf-Cistensänger C
C. angusticauda Taboracistensänger C
C. melanura Schwarzschwanz-Cistensänger C
C. brachyptera Kurzflügel-Cistensänger C
C. rufa Rostcistensänger C
C. troglodytes Fuchscistensänger C
C. nana Dornbusch-Cistensänger C
C. incana Hartlaubcistensänger C
C. juncidis Cistensänger B,C,H,I,J,K,M
C. haesitata Sokotracistensänger C {B}
C. cherina Madagaskarcistensänger D
C. aridula Kalaharicistensänger C
C. textrix Pinkpink-Cistensänger C
C. eximia Schwarzhals-Cistensänger C
C. dambo Dambocistensänger C
C. brunnescens Blaßkopf-Cistensänger C
C. ayresii Zwergcistensänger C
C. exilis Goldkopf-Cistensänger oB,H,J,K,L,M,O
SCOTOCERCA
S. inquieta Wüstenprinie B,C,H
RHOPOPHILUS
R. pekinensis Pekingsänger oB
PRINIA
P. burnesii Schweifprinie H {B}
P. criniger Bergprinie oB,H,J
P. polychroa Malaienprinie I,J
P. atrogularis Weißbrustprinie H,I,J
P. cinereocapilla Graukopfprinie H
P. buchanani Rotscheitelprinie H
P. rufescens Rostprinie H,I,J
P. hodgsonii Graubrustprinie H,I
P. gracilis Streifenprinie wB,C,H
P. sylvatica Dschungelprinie H
P. familiaris Sundaprinie J
P. flaviventris Gelbbauchprinie H,I,J
P. socialis Rostbauchprinie H
P. subflava Rahmbrustprinie C,H,I
P. somalica Somaliprinie C
P. fluviatilis Tschadprinie C {B}
P. maculosa Fleckenprinie C
P. flavicans Brustbandprinie C
P. substriata Namaprinie C
P. molleri Sao-Tomé-Prinie C
P. robertsi Robertsprinie C
P. leucopogon Weißkehlprinie C
P. leontica Weißaugenprinie C
P. bairdii Zebraprinie C
P. erythroptera Sonnenprinie C
P. pectoralis Rotohrprinie C
DRYMOCICHLA
D. incana Rotschwingensänger C
UROLAIS
U. epichlora Langschwanzprinie C
SPILOPTILA
S. clamans Schuppenkopfprinie C
APALIS
A. thoracica Halsband-Feinsänger C
A. pulchra Schmuckfeinsänger C
A. ruwenzorii Ruwenzorifeinsänger C
A. nigriceps Kappenfeinsänger C
A. jacksoni Schwarzkehl-Feinsänger C
A. chariessa Spiegelfeinsänger C {†?}
A. binotata Maskenfeinsänger C
A. personata Kivufeinsänger C
A. flavida Gelbbauch-Feinsänger C
A. ruddi Flechtenfeinsänger C
A. rufogularis Weißbauch-Feinsänger C
A. sharpii Kurzschwanz-Feinsänger C
A. goslingi Goslingfeinsänger C
A. bamendae Bamendafeinsänger C
A. porphyrolaema Bergfeinsänger C
A. melanocephala Schwarzkopf-Feinsänger C
A. chirindensis Chirindafeinsänger C
A. cinerea Graurücken-Feinsänger C
A. alticola Braunkopf-Feinsänger C
A. karamojae Karamojafeinsänger C {B}
A. rufifrons Rotstirnprinie C
STENOSTIRA
S. scita Elfensänger C
PHYLLOLAIS
P. pulchella Akaziensänger C
ORTHOTOMUS
O. metopias Rotkappensänger C
O. moreaui Langschnabelsänger C {B}
O. cucullatus Bergschneidervogel H,I,J,K
O. sutorius Rotstirn-Schneidervogel H,I,J
O. atrogularis Strichelschneidervogel H,I,J
O. derbianus Luzonschneidervogel J
O. sericeus Rotschwanz-Schneidervogel I,J
O. ruficeps Grauschneidervogel I,J,K
O. sepium Rostwangen-Schneidervogel J
O. cinereiceps Graukopf-Schneidervogel J
O. nigriceps Schwarzkopf-Schneidervogel J
O. samarensis Samaraschneidervogel J
CAMAROPTERA
C. brachyura Blökgrasmücke C
C. brevicaudata Meckergrasmücke C
C. harterti Hartertgrasmücke C
C. superciliaris Gelbbrauen-Grasmücke C
C. chloronota Olivgrasmücke C
CALAMONASTES
C. simplex Somalibindensänger C
C. stierlingi Stierlingbindensänger C
C. fasciolata Damarabindensänger C
EURYPTILA
E. subcinnamomea Zimtbrustsänger C
POLIOLAIS
P. lopezi Weißschwanzsänger C
GRAUERIA
G. vittata Sperberbrustsänger C
EREMOMELA
E. icteropygialis Gelbbaucheremomela C
E. flavicrissalis Somalieremomela C
E. scotops Grünkappeneremomela C
E. pusilla Graukappeneremomela C
E. canescens Grünrückeneremomela C
E. gregalis Langschwanzeremomela C
E. badiceps Rotkopferemomela C
E. turneri Braunstirneremomela C {B}
E. atricollis Schwarzhalseremomela C
E. usticollis Rostbanderemomela C
RANDIA
R. pseudozosterops Randsänger D
NEWTONIA
N. amphichroa Olivbauchnewtonie D
N. brunneicauda Rostbauchnewtonie D
N. archboldi Braunstirnnewtonie D
N. fanovanae Fanovananewtonie D
SYLVIETTA
S. virens Grünmantelsylvietta C
S. denti Gelbsteißsylvietta C
S. leucophrys Weißbrauensylvietta C
S. brachyura Braunbauchsylvietta C
S. philippae Weißbauchsylvietta C
S. whytii Rotzügelsylvietta C
S. ruficapilla Rotohrsylvietta C
S. rufescens Langschnabelsylvietta C
S. isabellina Isabellsylvietta C
HEMITESIA
H. neumanni Trugtesia C
MACROSPHENUS
M. kempi Rostflanken-Bülbülgrasmücke C
M. flavicans Gelbbauch-Bülbülgrasmücke C
M. concolor Einfarb-Bülbülgrasmücke C
M. pulitzeri Angola-Bülbülgrasmücke C {B}
M. kretschmeri Suaheli-Bülbülgrasmücke C
AMAUROCICHLA
A. bocagei Bräunling C {B}
HYPERGERUS
H. atriceps Pirolsänger C
H. lepida Emnie C
HYLIOTA
H. flavigaster Gelbbauchhyliota C
H. australis Maschonahyliota C
H. violacea Violettmantelhyliota C
HYLIA
H. prasina Grünhylia C
PHYLLOSCOPUS
P. ruficapilla Rotscheitel-Laubsänger C
P. laurae Boultonlaubsänger C
P. laetus Braunwangen-Laubsänger C
P. budongoensis Budongolaubsänger C
P. herberti Schwarzscheitel-Laubsänger C
P. umbrovirens Umbralaubsänger C
P. trochilus Fitis B,C
P. collybita Zilpzalp B,H
P. sindianus Bergzilpzalp B,H
P. neglectus Eichenlaubsänger oB,H
P. bonelli Berglaubsänger wB, C

P. sibilatrix Waldlaubsänger wB,C
P. fuscatus Dunkellaubsänger oB,H,I
P. fulgiventer Rußlaubsänger oB,H
P. affinis Himalayalaubsänger oB,H,I
P. griseolus Pamirlaubsänger oB,H
P. armandii Davidlaubsänger oB,I
P. schwarzi Bartlaubsänger oB,I
P. pulcher Goldbinden-Laubsänger oB,H,I
P. maculipennis Graukehl-Laubsänger H,I
P. proregulus Goldhähnchen-Laubsänger oB,H,I,J
P. sichuanensis Sichuanlaubsänger oB
P. subviridis Brookslaubsänger oB,H
P. inornatus Gelbbrauen-Laubsänger oB,H,I
P. humei Tienschanlaubsänger oB,H
P. borealis Wanderlaubsänger A,B,H,I,J,K
P. trochiloides Grünlaubsänger B,H,I
P. nitidus Wacholderlaubsänger B,H
P. plumbeitarsus Middendorfflaubsänger oB,I
P. tenellipes Ussurilaubsänger oB
P. borealoides Portenkolaubsänger oB
P. magnirostris Schluchtenlaubsänger oB,H
P. tytleri Dünnschnabel-Laubsänger H
P. occipitalis Dachskopf-Laubsänger oB,H
P. coronatus Kronenlaubsänger oB,I,J
P. ijimae Ijimalaubsänger oB,J
P. reguloides Streifenkopf-Laubsänger oB,H,I
P. davisoni Weißschwanz-Laubsänger oB,I
P. hainanus Hainanlaubsänger I
P. cantator Gelbbrust-Laubsänger H,I
P. ricketti Goldscheitel-Laubsänger I
P. olivaceus Philippinenlaubsänger J
P. cebuensis Duboislaubsänger J
P. trivirgatus Südsee-Laubsänger J
P. sarasinorum Celebeslaubsänger K
P. presbytes Timorlaubsänger J
P. poliocephalus Papualaubsänger J,K,L,O
P. makirensis San-Cristobal-Laubsänger O
P. amoenus Kulambangralaubsänger O {B}
SEICERCUS
S. burkii Goldbrillen-Laubsänger H,I
S. xanthoschistos Graukopf-Laubsänger H
S. affinis Silberbrillen-Laubsänger I
S. poliogenys Grauwangen-Laubsänger H,I
S. castaniceps Rotkopf-Laubsänger H,I,J
S. montis Gelbbauch-Laubsänger J
S. grammiceps Sundalaubsänger J
TICKELLIA
T. hodgsoni Breitschnabel-Laubsänger H,I
ABROSCOPUS
A. albogularis Rostwangen-Laubsänger H,I
A. schisticeps Schieferkopf-Laubsänger H,I
A. superciliaris Bambuslaubsänger H,I,J
PARISOMA
P. buryi Jemenmeisensänger C
P. lugens Braunmeisensänger C
P. boehmi Bandmeisensänger C
P. layardi Layardmeisensänger C
P. subcaeruleum Meisensänger C
SYLVIA
S. atricapilla Mönchsgrasmücke wB,C
S. borin Gartengrasmücke B,C
S. communis Dorngrasmücke B,C
S. curruca Klappergrasmücke B,C,H
S. nana Wüstengrasmücke B,H
S. nisoria Sperbergrasmücke B,C
S. hortensis Orpheusgrasmücke B,C,H
S. leucomelaena Akaziengrasmücke wB,C
S. rueppelli Maskengrasmücke wB,C
S. melanocephala Samtkopf-Grasmücke wB
S. melanothorax Schuppengrasmücke wB
S. mystacea Tamariskengrasmücke B
S. cantillans Weißbart-Grasmücke wB,C
S. conspicillata Brillengrasmücke wB,C
S. deserticola Atlasgrasmücke wB
S. undata Provencegrasmücke wB
S. sarda Sardengrasmücke wB
REGULUS
R. ignicapillus Sommergoldhähnchen wB
R. goodfellowi Taiwangoldhähnchen J
R. regulus Wintergoldhähnchen B,H
R. satrapa Indianergoldhähnchen A,E
R. calendula Rubingoldhähnchen A,E
LEPTOPOECILE
L. sophiae Purpurhähnchen oB,H
L. elegans Schopfhähnchen oB

137 MUSCICAPIDAE - SCHNÄPPER

MELAENORNIS
M. semipartitus Silberschnäpper C
M. pallidus Fahlschnäpper C
M. infuscatus Drosselschnäpper C
M. mariquensis Maricoschnäpper C
M. microrhynchus Strichelkopfschnäpper C
M. chocolatinus Braundrongoschnäpper C
M. fischeri Bergdrongoschnäpper C
M. brunneus Angoladrongoschnäpper C
M. edolioides Senegaldrongoschnäpper C
M. pammelaina Glanzdrongoschnäpper C
M. ardesiaca Gelbaugen-Drongoschnäpper C
M. annamarulae Liberiaschnäpper C {B}
M. ocreata Waldschnäpper C
M. cinerascens Brauenwaldschnäpper C
M. silens Würgerschnäpper C
RHINOMYIAS
R. addita Burudschungelschnäpper K
R. oscillans Floresdschungelschnäpper J
R. brunneata Weißkehl-Dschungelschnäpper I,J {B}
R. olivacea Olivrücken-Dschungelschnäpper I,J
R. umbratilis Graubrust-Dschugelschnäpper J
R. ruficauda Rotschwanz-Dschungelschnäpper J
R. colonus Suladschungelschnäpper J,K {B}
R. albigularis Negrosdschungelschnäpper J {B}
R. gularis Weißbrauen-Dschungelschnäpper J
R. insignis Rotflanken-Dschungelschnäpper J
R. goodfellowi Graurücken-Dschungelschnäpper J
MUSCICAPA
M. striata Grauschnäpper B,C
M. gambagae Gambagaschnäpper C
M. griseisticta Strichelschnäpper oB,J,K,L
M. sibirica Rußschnäpper oB,H,I,J
M. dauurica Braunschnäpper oB,H,I,J
M. muttui Bambusschnäpper H
M. ruficauda Rotschwanzschnäpper H
M. ferruginea Rostschnäpper H,I,J,K
M. sordida Ceylonschnäpper H
M. thalassina Lazulischnäpper H,I,J
M. panayensis Azurschnäpper J,K
M. albicaudata Nilghirischnäpper H
M. indigo Indigoschnäpper J
M. infuscata Schieferbrustschnäpper C
M. ussheri Schwalbenschnäpper C
M. boehmi Boehmschnäpper C
M. aquatica Sumpfschnäpper C
M. olivascens Olivschnäpper C
M. lendu Lenduschnäpper C {B}
M. adusta Dunkelschnäpper C
M. epulata Fantischnäpper C
M. sethsmithi Gelblaufschnäpper C
M. comitata Stuhlmannschnäpper C
M. tessmanni Tessmannschnäpper C
M. cassini Cassinschnäpper C
M. coerulescens Hartlaubschnäpper C
M. griseigularis Graukehlschnäpper C
MYIOPARUS
M. plumbeus Meisenschnäpper C
HUMBLOTIA
H. flavirostris Humblotschnäpper D {B}
FICEDULA
F. hypoleuca Trauerschnäpper B,C
F. semitorquata Halbringschnäpper wB,C
F. albicollis Halsbandschnäpper wB,C
F. zanthopygia Goldschnäpper oB,J
F. narcissina Narzissenschnäpper oB,J,K
F. mugimaki Mugimakischnäpper oB,J
F. hodgsonii Hodgsonschnäpper oB,H
F. dumetoria Spiegelschnäpper J
F. strophiata Zimtkehlschnäpper H,I
F. parva Zwergschnäpper B,H,I
F. subrubra Kaschmirzwergschnäpper H
F. monileger Diamantschnäpper H,I
F. solitaris Roststirnschnäpper I,J
F. hyperythra Rotbrust-Grundschnäpper H,I,J,K
F. rufigula Celebesgrundschnäpper K
F. basilanica Schiefergrundschnäpper J
F. buruensis Molukkengrundschnäpper J,K
F. henrici Fleckengrundschnäpper J {B}
F. harterti Hartertgrundschnäpper J {B}
F. platenae Palawangrundschnäpper J
F. crypta Philippinengrundschnäpper J
F. bonthaina Bonthaingrundschnäpper K {B}
F. westermanni Elsterschnäpper H,I,J,K
F. superciliaris Weißbrauenschnäpper oB,H
F. tricolor Dreifarbenschnäpper H,I
F. sapphira Saphirschnäpper oB,I
F. nigrorufa Orangeschnäpper H
F. timorensis Brustband-Grundschnäpper J {B}
CYANOPTILA
C. cyanomelana Blauschnäpper oB,I,J
NILTAVA
N. grandis Kobaltblauschnäpper I,J,K
N. macgregoriae Feenblauschnäpper H,I
N. davidi Davidblauschnäpper oB,I
N. sundara Rotbauch-Blauschnäpper H,I
N. sumatrana Sumatrablauschnäpper J
N. vivida Swinhoeblauschnäpper H,J
N. hyacinthina Hyazinthenblauschnäpper J,K
N. hoevelli Celebesblauschnäpper K
N. sanfordi Sanfordschnäpper K {B}
N. concreta Weißschwanz-Blauschnäpper H,I,J
N. ruecki Sumatrablauschnäpper J,K {B}
N. herioti Heriotblauschnäpper J {B}
N. hainana Hainanblauschnäpper I
N. pallipes Keralablauschnäpper H
N. poliogenys Grauwangenschnäpper H,I
N. unicolor Blaubrustschnäpper H,I,J
N. rubeculoides Blaukehlschnäpper H,I,J
N. banyumas Bergblauschnäpper H,I,J
N. superba Prachtblauschnäpper J
N. caerulata Breitschnabelschnäpper J
N. turcosa Malaienblauschnäpper J
N. tickelliae Tickellblauschnäpper H,I,J,K
N. rufigastra Mangroveblauschnäpper J,K
N. hodgsoni Goldhähnchen-Blauschnäpper H,I,J
CULICICAPA
C. ceylonensis Graukopf-Kanarienschnäpper H,I,J
C. helianthea Grünkopf-Kanarienschnäpper J,K

138 PLATYSTEIRIDAE - WÜRGERSCHNÄPPER

BIAS
B. flammulatus Schnäpperwürger C
B. musicus Vangaschnäpper C
PSEUDOBIAS
P. wardi Wardschnäpper D
BATIS
B. diops Ruwenzorischnäpper C
B. margaritae Boultonschnäpper C
B. mixta Kurzschwanzschnäpper C
B. dimorpha Malawischnäpper C
B. capensis Kapschnäpper C
B. fratrum Zuluschnäpper C
B. molitor Weißflankenschnäpper C
B. soror Kinnfleckschnäpper C
B. pirit Piritschnäpper C
B. senegalensis Senegalschnäpper C
B. orientalis Heuglinschnäpper C
B. minor Kongoschnäpper C
B. perkeo Däumlingsschnäpper C
B. minulla Angolaschnäpper C
B. minima Gabunschnäpper C {B}
B. ituriensis Iturischnäpper C
B. poensis Alexanderschnäpper C
B. occulta Lawsonschnäpper C
PLATYSTEIRA
P. cyanea Lappenschnäpper C
P. albifrons Weißstirn-Lappenschnäpper C
P. peltata Schwarzkehl-Lappenschnäpper C
P. laticincta Bamendalappenschnäpper C {B}
P. tonsa Weißbrauen-Lappenschnäpper C
P. castanea Weißbürzel-Lappenschnäpper C
P. blissetti Glanzlappenschnäpper C
P. chalybea Reichenowlappenschnäpper C
P. jamesoni Jamesonlappenschnäpper C
P. concreta Gelbbauch-Lappenschnäpper C

139 MALURIDAE - STAFFELSCHWÄNZE

CLYTOMIAS
C. insignis Rotkopf-Staffelschwanz L
MALURUS
M. wallacii Rostnacken-Staffelschwanz K,L
M. grayi Breitschnabel-Staffelschwanz L
M. alboscapulatus Weißschulter-Staffelschwanz L
M. melanocephalus Rotrücken-Staffelschwanz M
M. leucopterus Weißflügel-Staffelschwanz M
M. cyaneus Prachtstaffelschwanz M
M. splendens Türkisstaffelschwanz M
M. lamberti Weißbauch-Staffelschwanz M
M. pulcherrimus Blaubrust-Staffelschwanz M
M. elegans Silberkopf-Staffelschwanz M
M. coronatus Purpurkopf-Staffelschwanz M {B}
M. cyanocephalus Kaiserstaffelschwanz K,L

STIPITURUS
S. malachurus Rotstirn-Borstenschwanz M
S. mallee Malleeborstenschwanz M {B}
S. ruficeps Rotscheitel-Borstenschwanz M
AMYTORNIS
A. textilis Dickschnabel-Grasschlüpfer M {B}
A. purnelli Zimtgrasschlüpfer M
A. housei Schwarzkehl-Grasschlüpfer M
A. woodwardi Weißkehl-Grasschlüpfer M
A. dorotheae Carpentariagrasschlüpfer M {B}
A. striatus Streifengrasschlüpfer M
A. barbatus Brauengrasschlüpfer M {B}
A. goyderi Eyregrasschlüpfer M {B}

140 ACANTHIZIDAE -SÜDSEE-GRASMÜCKEN

DASYORNIS
D. brachypterus Braunkopf-Lackvogel M {B}
D. longirostris Schwarzkappen-Lackvogel M {B}
D. broadbenti Rotkopf-Lackvogel M
PYCNOPTILUS
P. floccosus Leierschwanzlakai M
ORIGMA
O. solitaria Steinhuscher M
CRATEROSCELIS
C. gutturalis Farnhuscher M
C. murina Braunrücken-Waldhuscher K,L
C. nigrorufa Schwarzrücken-Waldhuscher L
C. robusta Braunbauch-Waldhuscher L
SERICORNIS
S. citreogularis Gelbkehlsericornis M
S. maculatus Fleckensericornis M
S. humilis Tasmansericornis M
S. frontalis Weißbrauensericornis M
S. beccarii Beccarisericornis K,L,M
S. nouhuysi Bergsericornis L
S. magnirostris Fahlstirnsericornis M
S. keri Rotstirnsericornis M
S. spilodera Fahlschnabelsericornis K,L
S. perspicillatus Brillensericornis L
S. rufescens Braunohrsericornis L
S. papuensis Papuasericornis L
S. arfakianus Arfaksericornis L
S. magnus Stammhuscher M
PYRRHOLAEMUS
P. brunneus Dornhuscher M
CHTHONICOLA
C. sagittata Grundhuscher M
CALAMANTHUS
C. fuliginosus Strichelfeldhuscher M
C. campestris Rötelfeldhuscher M
HYLACOLA
H. pyrrhopygius Heidehuscher M
H. cautus Sandhuscher M
ACANTHIZA
A. murina Papuadornschnabel L
A. inornata Walddornschnabel M
A. reguloides Goldhähnchen-Dornschnabel M
A. iredalei Grunddornschnabel M
A. katherina Bergdornschnabel M
A. pusilla Roststirn-Dornschnabel M
A. apicalis Stelzschwanz-Dornschnabel M
A. ewingii Tasmandornschnabel M
A. chrysorrhoa Gelbbürzel-Dornschnabel M
A. uropygialis Braunbürzel-Dornschnabel M
A. robustirostris Graurücken-Dornschnabel M
A. nana Gelbbauch-Dornschnabel M
A. lineata Stricheldornschnabel M
SMICRORNIS
S. brevirostris Stutzschnabel M
GERYGONE
G. cinerea Weißbürzelgerygone L
G. chloronota Grünrückengerygone K,L,M
G. palpebrosa Elfengerygone K,L,M
G. olivacea Weißkehlgerygone L,M
G. dorsalis Rostflankengerygone K,L
G. chrysogaster Gelbbauchgerygone K,L
G. ruficauda Rostschwanzgerygone M
G. magnirostris Sumpfgerygone K,L,M
G. sulphurea Goldbrustgerygone J,K
G. inornata Timorgerygone K
G. ruficollis Baumfarngerygone L
G. fusca Weißschwanzgerygone M
G. tenebrosa Braunrückengerygone M
G. laevigaster Mangrovegerygone L,M
G. flavolateralis Fächerschwanzgerygone O
G. mouki Grauwangengerygone M
G. modesta Norfolkinselgerygone M
G. igata Maorigerygone N
G. albofrontata Langschnabelgerygone N
APHELOCEPHALA
A. leucopsis Fahlrücken-Weißstirnchen M
A. pectoralis Braunbrust-Weißstirnchen M {B}
A. nigricincta Halsband-Weißstirnchen M
MOHOUA
M. ochrocephala Gelbköpfchen N
FINSCHIA
F. novaeseelandiae Finschia N
EPHTHIANURA
E. albifrons Weißgesicht-Trugschmätzer M
E. tricolor Scharlachtrugschmätzer M
E. aurifrons Goldstirn-Trugschmätzer M
E. crocea Safrantrugschmätzer M
ASHBYIA
A. lovensis Wüstentrugschmätzer M

141 MONARCHIDAE - MONARCHEN

ERYTHROCERCUS
E. holochlorus Goldrücken-Spreizschwanz C
E. mccallii Rotkappen-Spreizschwanz C
E. livingstonei Gelbbauch-Spreizschwanz C
ELMINIA
E. longicauda Blauhaubenschnäpper C
E. albicauda Weißschwanz-Haubenschnäpper C
E. nigromitrata Schwarzkopf-Haubenschnäpper C
E. albiventris Weißbauch-Haubenschnäpper C
E. albonotata Berghaubenschnäpper C
PHILENTOMA
P. pyrrhopterum Kastanienflügelschnäpper I,J
P. velatum Kastanienbrustschnäpper J
HYPOTHYMIS
H. azurea Schwarzgenickschnäpper H,I,J,K
H. helenae Helenschnäpper J {B}
H. coelestis Himmelsschnäpper J {B}
EUTRICHOMYIAS
E. rowleyi Silberparadiesschnäpper K {B}
TERPSIPHONE
T. cyanomelas Blaumantel-Haubenschnäpper C
T. nitens Glanzhaubenschnäpper C
T. rufiventer Senegalparadiesschnäpper C
T. bedfordi Bedfordparadiesschnäpper C
T. rufocinerea Roststeiß-Paradiesschnäpper C
T. viridis Graubrust-Paradiesschnäpper C
T. paradisi Hainparadiesschnäpper oB,H,I,J,K
T. atrocaudata Japanparadiesschnäpper oB,J
T. cyanescens Kobaltparadiesschnäpper J
T. cinnamomea Zimtparadiesschnäpper J
T. atrochalybea Stahlparadiesschnäpper C
T. mutata Rotbrust-Paradiesschnäpper D
T. corvina Seychellenparadiesschnäpper D {B}
T. bourbonnensis Maskarenenparadiesschnäpper D
CHASIEMPIS
C. sandwichensis Elepaio P
POMAREA
P. dimidiata Rarotongamonarch O {B}
P. nigra Tahitimonarch O {B}
P. mendozae Marquesasmonarch O {B}
P. iphis Fleckenmonarch O {B}
P. whitneyi Fatuhivamonarch O {B}
MAYRORNIS
M. schistaceus Vanikoromonarch O
M. versicolor Rostbrustmonarch O
M. lessoni Schwarzschwanzmonarch O
NEOLALAGE
N. banksiana Harlekinmonarch O
CLYTORHYNCHUS
C. pachycephaloides Hybridenwürgermonarch O
C. vitiensis Fidschiwürgermonarch O
C. nigrogularis Schwarzkehl-Würgermonarch O
C. hamlini Rennellwürgermonarch O {B}
METABOLUS
M. rugiensis Trukmonarch O {B}
MONARCHA
M. axillaris Fächerschwanzmonarch L
M. rubiensis Fuchsmonarch L
M. cinerascens Graukopfmonarch J,K,L
M. melanopsis Maskenmonarch L,M
M. frater Schwarzflügelmonarch L,M
M. erythrosticta Bougainvillemonarch O
M. castaneiventris Schwarzrückenmonarch O
M. richardsii Richardmonarch O
M. leucotis Weißohrmonarch K,L,M
M. guttula Perlenflügelmonarch K,L
M. mundus Tanimbarmonarch K
M. sacerdotum Floresmonarch J
M. boanensis Boanomonarch K {B}
M. trivirgatus Brillenmonarch J,K,L,M
M. leucurus Weißschwanzmonarch L
M. everetti Everettmonarch L {B}
M. loricatus Burumonarch K
M. julienae Julianamonarch K,L
M. brehmii Biakmonarch L {B}
M. manadensis Zweifarbenmonarch L
M. infelix Silberschwanzmonarch L
M. menckei Weißrückenmonarch O
M. verticalis Stirnschopfmonarch L
M. barbatus Weißbartmonarch O
M. browni Salomonenmonarch O
M. viduus Schuppenmonarch O
M. godeffroyi Yapmonarch O
M. takatsukasae Tinianmonarch O
M. chrysomela Goldmonarch L
ARSES
A. kaupi Elstermonarch M
A. telescophthalmus Krausenmonarch K,L,M
MYIAGRA
M. freycineti Guammonarch O {B}
M. oceanica Carolinenmonarch J,O
M. galeata Molukkenmonarch K
M. atra Geelvinkmonarch L {B}
M. rubecula Silbermonarch L,M
M. ferrocyanea Stahlmonarch O
M. cervinicauda San-Cristobal-Monarch O
M. caledonica Hybridenmonarch O
M. vanikorensis Rotbauchmonarch O
M. albiventris Samoamonarch J
M. azureocapilla Schmuckmonarch O
M. ruficollis Breitschnabelmonarch L,M,O
M. cyanoleuca Seidenmonarch L,M
M. alecto Glanzmonarch K,L,M
M. hebetior Eichhornmonarch L
M. inquieta Weißkehlmonarch M
LAMPROLIA
L. victoriae Lamprolia O
MACHAERIRHYNCHUS
M. flaviventer Gelbbauch-Flachschnabel K,L,M
M. nigripectus Brustfleck-Flachschnabel L
PELTOPS
P. blainvillii Waldpeltops L
P. montanus Bergpeltops L
RHIPIDURA
R. hypoxantha Goldbauch-Fächerschwanz oB,H,I
R. superciliaris Blaurücken-Fächerschwanz J
R. cyaniceps Blaukopf-Fächerschwanz J
R. phoenicura Rotbürzel-Fächerschwanz J
R. nigrocinnamomea Mindanaofächerschwanz J
R. albicollis Weißkehl-Fächerschwanz H,I,J
R. euryura Kurzfuß-Fächerschwanz J
R. aureola Weißstirn-Fächerschwanz H,I
R. javanica Malaienfächerschwanz J
R. perlata Perlbrust-Fächerschwanz J
R. leucophrys Gartenfächerschwanz K,L,M
R. rufiventris Witwenfächerschwanz J,K,L,M,O
R. cockerelli Cockerellfächerschwanz O
R. albolimbata Graubauch-Fächerschwanz L
R. threnothorax Rosenbergfächerschwanz K,L
R. hyperythra Braunbauch-Fächerschwanz K,L
R. maculipectus Sumpffächerschwanz K,L
R. leucothorax Dickichtfächerschwanz L
R. atra Mohrenfächerschwanz L
R. fuliginosa Graufächerschwanz L,M,N,O
R. drownei Bergfächerschwanz O
R. tenebrosa Rußfächerschwanz O
R. rennelliana Rennellfächerschwanz O
R. spilodera Fleckenfächerschwanz O
R. nebulosa Samoafächerschwanz O
R. brachyrhyncha Zweimorphen-Fächerschwanz L
R. personata Kandavufächerschwanz O
R. dedemi Seramfächerschwanz K
R. superflua Burufächerschwanz K
R. teysmanni Celebesfächerschwanz K
R. fuscorufa Zimtfächerschwanz K
R. diluta Braunkappen-Fächerschwanz J
R: opistherythra Tanimbarfächerschwanz L
R. lepida Palaufächerschwanz J
R. rufidorsa Graubrust-Fächerschwanz L
R. dahli Graukehl-Fächerschwanz O
R. matthiae Schwarzbrust-Fächerschwanz O
R. malaitae Malaitafächerschwanz O {B}
R. rufifrons Fuchsfächerschwanz K,L,M,O

142 EOPSALTRIDAE - SÜDSEESCHNÄPPER

MONACHELLA
M. muelleriana Uferschnäpper L,O

MICROECA
M. leucophaea Weißschwanzschnäpper L,M
M. flavigaster Gelbbrustschnäpper L,M
M. hemixantha Tanimbarschnäpper L
M. griseoceps Gelbfußschnäpper L,M
M. flavovirescens Aruschnäpper K,L
M. papuana Papuaschnäpper L
EUGERYGONE
E. rubra Blutrückenschnäpper L
PETROICA
P. bivittata Bergwaldschnäpper L
P. archboldi Felsenschnäpper L
P. multicolor Scharlachschnäpper M,O
P. goodenovii Rotstirnschnäpper M
P. phoenicea Flammenbrustschnäpper M
P. rodinogaster Rosenbrustschnäpper M
P. rosea Rosenschnäpper M
P. cucullata Schwarzkopfschnäpper M
P. macrocephala Maorischnäpper N
P. vittata Tasmanschnäpper M
P. australis Langbeinschnäpper N
P. traversi Chathamschnäpper N {B}
TREGELLASIA
T. leucops Weißgesichtschnäpper L,M
T. capito Fahlgesichtschnäpper M
EOPSALTRIA
E. australis Goldbauchschnäpper M
E. georgiana Weißbrustschnäpper M
E. flaviventris Gelbbauchschnäpper O
PENEOENANTHE
P. pulverulenta Mangroveschnäpper K,L,M
POECILODRYAS
P. brachyura Kurzschwanzschnäpper L
P. hypoleuca Schwarzflankenschnäpper L
P. placens Isabellflankenschnäpper L
P. albonotata Halsfleckenschnäpper L
P. superciliosa Augenstreifschnäpper M
PENEOTHELLO
P. sigillatus Spielegdickichtschnäpper L
P. cryptoleucus Fahlbauch-Dickichtschnäpper L
P. cyanus Graubauch-Dickichtschnäpper L
P. bimaculatus Weißbürzel-Dickichtschnäpper L
HETEROMYIAS
H. albispecularis Farnschnäpper L
H. cinereifrons Graukopf-Dickichtschnäpper L
PACHYCEPHALOPSIS
P. hattamensis Grünrücken-Dickichtschnäpper L
P. poliosoma Weißkehl-Dickichtschnäpper L

143 PACHYCEPHALIDAE - DICKKÖPFE

EULACESTOMA
E. nigropectus Lappendickkopf L
FALCUNCULUS
F. frontatus Meisendickkopf M
OREOICA
O. gutturalis Haubendickkopf M
PACHYCARE
P. flavogrisea Goldstirn-Dickkopf L
RHAGOLOGUS
R. leucostigma Wellendickkopf L
HYLOCITREA
H. bonensis Olivflanken-Dickkopf K
CORACORNIS
C. raveni Rotrücken-Dickkopf K
ALEADRYAS
A. rufinucha Rotnacken-Dickkopf L
PACHYCEPHALA
P. tenebrosa Rußdickkopf L
P. olivacea Buchendickkopf M
P. rufogularis Rotzügel-Dickkopf M {B}
P. inornata Schwarzzügel-Dickkopf M
P. grisola Schnäpperdickkopf H,I,J
P. plateni Palawandickkopf J
P. phaionota Küstendickkopf K,L
P. hyperythra Rostbauch-Dickkopf L
P. modesta Braunrücken-Dickkopf L
P. philippinensis Philippinendickkopf J
P. sulfuriventer Celebesdickkopf K
P. hypoxantha Borneodickkopf J
P. meyeri Braunohr-Dickkopf L {B}
P. soror Grünnacken-Dickkopf L
P. simplex Graudickkopf K,L,M
P. orpheus Orpheusdickkopf K
P. pectoralis Gelbbauch-Dickkopf J,K,L,M,O
P. melanops Tongadickkopf O
P. melanura Mangrovedickkopf L,M
P. flavifrons Diademdickkopf O
P. caledonica Ockerbauch-Dickkopf O
P. implicata Olivbauch-Dickkopf O
P. nudigula Nacktkehl-Dickkopf J
P. lorentzi Lorentzdickkopf L
P. schlegelii Schlegeldickkopf L
P. aurea Gelbrücken-Dickkopf L
P. rufiventris Schlichtmantel-Dickkopf M,O
P. monacha Arudickkopf K
P. leucogastra Weißbauch-Dickkopf L
P. arctitorquis Weißhals-Dickkopf K
P. griseonota Molukkendickkopf K
P. lanioides Weißbrust-Dickkopf M
COLLURICINCLA
C. megarhyncha Walddickkopf K,L,M
C. boweri Graurücken-Dickkopf M
C. harmonica Graubrust-Dickkopf M
C. woodwardi Braunbrust-Dickkopf M
PITOHUI
P. kirhocephalus Ockerpitohui K,L
P. dichrous Zweifarbenpitohui L
P. incertus Fleckenbrustpitohui L
P. ferrugineus Einfarbpitohui K,L
P. cristatus Schopfpitohui L
P. nigrescens Mohrenpitohui L
P. tenebrosus Singpitohui J
TURNAGRA
T. capensis Piopio N

144 AEGITHALIDAE - SCHWANZMEISEN

AEGITHALOS
A. caudatus Schwanzmeise B
A. leucogenys Weißwangen-Schwanzmeise H
A. concinnus Rotkopf-Schwanzmeise oB,H,I
A. iouschistos Rostwangen-Schwanzmeise H,I
A. niveogularis Weißkehl-Schwanzmeise H
A. fuliginosus Rußschwanzmeise oB
PSALTRIA
P. exilis Zwergmeise J
PSALTRIPARUS
P. minimus Buschmeise A,E

145 REMIZIDAE - BEUTELMEISEN

REMIZ
R. pendulinus Beutelmeise B,H
ANTHOSCOFUS
A. punctifrons Sudanbeutelmeise C
A. parvulus Senegalbeutelmeise C
A. musculus Graubeutelmeise C
A. flavifrons Goldstirn-Beutelmeise C
A. caroli Weißstirn-Beutelmeise C
A. sylviella Rostbauch-Beutelmeise C
A. minutus Kapbeutelmeise C
AURIPARUS
A. flaviceps Goldköpfchen A,E
CEPHALOPYRUS
C. flammiceps Flammenstirnchen B,H

146 PARIDAE - MEISEN

PARUS
P. palustris Sumpfmeise B,I
P. lugubris Trauermeise wB
P. hyrcanus Irantrauermeise oB
P. montanus Weidenmeise B
P. atricapillus Schwarzkopfmeise A
P. carolinensis Carolinameise A
P. sclateri Grauflankenmeise A,E
P. gambeli Gambelmeise A
P. superciliosus Weißbrauenmeise oB
P. davidi Davidmeise oB
P. cinctus Lapplandmeise A,B
P. hudsonicus Hudsonmeise A
P. rufescens Rotrückenmeise A
P. wollweberi Zügelmeise E
P. rubidiventris Rotbrustmeise H,I
P. rufonuchalis Fichtenmeise oB,H
P. melanolophus Schwarzschopfmeise H
P. ater Tannenmeise B,H,I,J
P. venustulus Schmuckmeise oB
P. elegans Panthermeise J
P. amabilis Kapuzenmeise J
P. cristatus Haubenmeise wB
P. dichrous Braunhaubenmeise oB,H,I
P. afer Kapmeise C
P. cinerascens Akazienmeise C
P. griseiventris Graubauchmeise C
P. niger Mohrenmeise C
P. leucomelas Rüppellmeise C
P. carpi Carpmeise C
P. albiventris Weißbauchmeise C
P. leuconotus Weißrückenmeise C
P. funereus Einfarbmeise C
P. fasciiventer Schwarzbrustmeise C
P. fringillinus Rostkehlmeise C
P. rufiventris Rostbauchmeise C
P. major Kohlmeise B,H,I,J,K
P. bokharensis Turkestanmeise oB
P. monticolus Bergkohlmeise oB,H,I,J
P. nuchalis Weißflügelmeise H {B}
P. xanthogenys Kronenmeise H
P. spilonotus Königsmeise H,I
P. holsti Taiwanmeise J {B}
P. caeruleus Blaumeise B
P. cyanus Lasurmeise B
P. varius Buntmeise oB,J
P. semilarvatus Weißstirnmeise J
P. inornatus Schlichtmeise A,E
P. bicolor Indianermeise A,E
MELANOCHLORA
M. sultanea Sultansmeise H,I,J
SYLVIPARUS
S. modestus Laubmeise H,I

147 SITTIDAE - KLEIBER

SITTINAE - KLEIBER
SITTA
S. europaea Kleiber B,H,I
S. castanea Zimtkleiber H,I
S. himalayensis Weißschwanzkleiber H,I
S. victoriae Weißbrauenkleiber I {B}
S. pygmaea Zwergkleiber A,E
S. pusilla Braunkopfkleiber A,E
S. whiteheadi Korsenkleiber wB
S. yunnanensis Yünnankleiber oB {B}
S. canadensis Kanadakleiber A
S. villosa Chinakleiber B
S. leucopsis Weißwangenkleiber H
S. carolinensis Carolinakleiber A,E
S. krueperi Türkenkleiber wB
S. ledanti Kabylenkleiber wB {B}
S. neumayer Felsenkleiber wB
S. tephronota Klippenkleiber B,H
S. frontalis Samtstirnkleiber H,I,J
S. solangiae Gelbschnabelkleiber I {B}
S. azurea Schwarzbauchkleiber J
S. magna Riesenkleiber oB,I {B}
S. formosa Schmuckkleiber I {B}

TICHODROMADINAE - MAUERLÄUFER
TICHODROMA
T. muraria Mauerläufer B,H

DAPHOENOSITTINAE - SPIEGELKLEIBER
NEOSITTA
N. chrysoptera Spiegelkleiber M
N. papuensis Papuakleiber L
DAPHOENOSITTA
D. miranda Prachtkleiber L

148 CERTHIIDAE - BAUMLÄUFER

CERTHIINAE
CERTHIA
C. familiaris Waldbaumläufer B,I
C. americana Andenbaumläufer A,E
C. brachydactyla Gartenbaumläufer wB
C. himalayana Himalayabaumläufer oB,H,I
C. nipalensis Rostbauch-Baumläufer oB,H,I
C. discolor Braunkehl-Baumläufer H,I

SALPORNITHINAE - STAMMSTEIGER
SALPORNIS
S. spilonotus Stammsteiger C,H

149 RHABDORNITHIDAE - TRUGBAUM-LÄUFER

RHABDORNIS
R. grandis Langschnabel-Trugbaumläufer J {B}
R. mystacalis Streifenkopf-Trugbaumläufer J
R. inornatus Braunkopf-Trugbaumläufer J

150 CLIMACTERIDAE - BAUMRUTSCHER

CLIMACTERIS
C. erythrops Rostbrauen-Baumrutscher M
C. affinis Weißbrauen-Baumrutscher M
C. picumnus Braunbaumrutscher M

C. rufa Rostbauch-Baumrutscher M
C. melanura Schwarzschwanz-Baumrutscher M
C. leucophaea Weißkehl-Baumrutscher M
C. placens Papuabaumrutscher L

151 DICAEIDAE - MISTELFRESSER

MELANOCHARIS
M. arfakiana Arfakbeerenpicker L
M. nigra Weißbüschel-Beerenpicker K,L
M. longicauda Gelbbüschel-Beerenpicker L
M. versteri Fächerschwanz-Beerenpicker L
M. striativentris Streifenbauch-Beerenpicker L
RHAMPHOCHARIS
R. crassirostris Schlankschnabel-Beerenpicker L
PRIONOCHILUS
P. olivaceus Grünmantel-Mistelfresser J
P. maculatus Goldbrust-Mistelfresser I,J
P. percussus Mennigbrust-Mistelfresser I,J
P. plateni Palawanmistelfresser J
P. xanthopygius Gelbbürzel-Mistelfresser J
P. thoracicus Rubinkehl-Mistelfresser J
DICAEUM
D. annae Bartmistelfresser J
D. agile Dickschnabel-Mistelfresser H,I,J
D. everetti Braunrücken-Mistelfresser J {B}
D. proprium Graubrust-Mistelfresser J
D. chrysorrheum Gelbsteiß-Mistelfresser H,I,J
D. melanoxanthum Gelbbauch-Mistelfresser H,I
D. vincens Weißkehl-Mistelfresser H
D. aureolimbatum Gelbflanken-Mistelfresser J,K
D. nigrilore Olivkopf-Mistelfresser J
D. anthonyi Goldkronen-Mistelfresser J
D. bicolor Zweifarben-Mistelfresser J
D. australe Rostbauch-Mistelfresser J
D. retrocinctum Mindoromistelfresser J
D. trigonostigma Orangebauch-Mistelfresser H,I,J
D. hypoleucum Weißbauch-Mistelfresser J
D. erythrorhynchos Lachsschnabel-Mistelfresser H,I
D. concolor Einfarb-Mistelfresser H,I,J,K
D. pygmaeum Zwergmistelfresser J
D. nehrkorni Nehrkornmistelfresser K
D. vulneratum Seranmistelfresser K
D. erythrothorax Burumistelfresser K
D. pectorale Papuamistelfresser K,L
D. geelvinkianum Rotkappen-Mistelfresser L
D. nitidum Louisiadenmistelfresser L
D. eximium Bismarckmistelfresser O
D. aeneum Bronzemistelfresser O
D. tristrami Tristrammistelfresser O
D. igniferum Rotkehl-Mistelfresser J,K
D. maugei Blauwangen-Mistelfresser J
D. hirundinaceum Rotsteiß-Mistelfresser K,L,M
D. celebicum Schwarzwangen-Mistelfresser K
D. monticolum Borneomistelfresser J
D. ignipectus Feuerbrust-Mistelfresser H,J,K
D. sanguinolentum Purpurmistelfresser J
D. cruentatum Scharlachmistelfresser H,J
D. trochileum Feuerkopf-Mistelfresser J
OREOCHARIS
O. arfaki Gelbbauch-Beerenpicker L
PARAMYTHIA
P. montium Schopfbeerenfresser L
PARDALOTUS
P. quadragintus Tasmanpanthervogel M {B}
P. punctatus Fleckenpanthervogel M
P. xanthopygius Gelbbürzel-Panthervogel M
P. rubricatus Rotbrauen-Panthervogel M
P. striatus Streifenpanthervogel M
P. ornatus Rotfleck-Panthervogel M
P. substriatus Strichelpanthervogel M
P. melanocephalus Schwarzkopf-Panthervogel M

152 NECTARINIIDAE - NEKTARVÖGEL

ANTHREPTES
A. gabonicus Gabunnektarvogel C
A. fraseri Laubnektarvogel C
A. reichenowi Blaukehl-Nektarvogel C
A. anchietae Buntbauch-Nektarvogel C
A. simplex Schlichtnektarvogel I,J
A. malacensis Braunkehl-Nektarvogel I,J,K
A. rhodolaema Rotkehl-Nektarvogel I,J
A. singalensis Rubinwangen-Nektarvogel H,I,J
A. longuemarei Violettmantel-Nektarvogel C
A. orientalis Schwalbennektarvogel C
A. neglectus Ulugurunektarvogel C
A. aurantium Violettschwanz-Nektarvogel C
A. pallidigaster Amaninektarvogel C {B}
A. rectirostris Goldband-Nektarvogel C
A. rubritorques Rotband-Nektarvogel C {B}
A. collaris Waldnektarvogel C
A. platurus Grünbrust-Nektarvogel C
HYPOGRAMMA
H. hypogrammicum Streifennektarvogel I,J
NECTARINIA
N. seimundi Stutzschwanz-Nektarvogel C
N. batesi Einfarb-Nektarvogel C
N. olivacea Olivnektarvogel C
N. ursulae Graubrust-Nektarvogel C
N. veroxii Graunektarvogel C
N. balfouri Sokotranektarvogel C
N. reichenbachii Reichenbachnektarvogel C
N. hartlaubii Hartlaubnektarvogel C
N. newtonii Gelbbrust-Nektarvogel C
N. thomensis Riesennektarvogel C {B}
N. oritis Blaukopf-Nektarvogel C
N. alinae Ruwenzorinektarvogel C
N. bannermani Bannermannektarvogel C
N. verticalis Grünkopf-Nektarvogel C
N. cyanolaema Braunrücken-Nektarvogel C
N. fuliginosa Karmelglanzköpfchen C
N. rubescens Grünkehl-Glanzköpfchen C
N. amethystina Amethystglanzköpfchen C
N. senegalensis Rotbrust-Glanzköpfchen C
N. hunteri Purpurbürzel-Glanzköpfchen C
N. adelberti Fahlkehl-Glanzköpfchen C
N. zeylonica Ceylonnektarvogel H
N. minima Däumlingsnektarvogel H
N. sperata Purpurkehl-Nektarvogel H,I,J
N. sericea Seidennektarvogel J,K,L,O
N. calcostetha Kupferkehl-Nektarvogel I,J
N. dussumieri Seychellennektarvogel D
N. lotenia Lotosnektarvogel H
N. jugularis Grünrücken-Nektarvogel I,J,K,L,M
N. buettikoferi Sumbanektarvogel K {B}
N. solaris Sonnennektarvogel J
N. asiatica Purpurnektarvogel oB,H,I
N. souimanga Malegassennektarvogel D
N. humbloti Schlichtmantel-Nektarvogel D
N. comorensis Anjouannektarvogel D
N. coquerellii Mayottenektarvogel D
N. venusta Ziernektarvogel C
N. talatala Weißbauch-Nektarvogel C
N. oustaleti Angolanektarvogel C
N. fusca Rußnektarvogel C
N. chalybea Halsbandnektarvogel C
N. manoensis Miombonektarvogel C
N. afra Doppelband-Nektarvogel C
N. prigoginei Marungunektarvogel C {B}
N. preussi Preussnektarvogel C
N. mediocris Füllebornnektarvogel C
N. neergaardi Neergaardnektarvogel C
N. chloropygia Olivbauch-Nektarvogel C
N. minulla Zwergnektarvogel C
N. regia Königsnektarvogel C
N. loveridgei Orangebauch-Nektarvogel C
N. moreaui Moreaunektarvogel C
N. rockefelleri Blutbrust-Nektarvogel C {B}
N. violacea Goldbrust-Nektarvogel C
N. habessinica Glanznektarvogel wB,C
N. bouvieri Bouviernektarvogel C
N. osea Jerichonektarvogel wB,C
N. cuprea Kupfernektarvogel C
N. tacazze Tacazzenektarvogel C
N. bocagii Bocagenektarvogel C
N. purpureiventris Purpurbauch-Nektarvogel C
N. shelleyi Scharlachbrust-Nektarvogel C
N. mariquensis Bindennektarvogel C
N. pembae Veilchenbrust-Nektarvogel C
N. bifasciata Porphyrnektarvogel C
N. coccinigastra Rotbauch-Nektarvogel C
N. erythrocerca Schmucknektarvogel C
N. congensis Kongonektarvogel C
N. pulchella Elfennektarvogel C
N. nectarinioides Mennigbrust-Nektarvogel C
N. famosa Malachitnektarvogel C
N. johnstoni Lobeliennektarvogel C
N. notata Stahlnektarvogel D
N. rufipennis Rotflügel-Nektarvogel C {B}
N. johannae Grünscheitel-Nektarvogel C
N. superba Prachtnektarvogel C
N. kilimensis Bronzenektarvogel C
N. reichenowi Goldschwingen-Nektarvogel C
AETHOPYGA
A. primigenius Graukehl-Nektarvogel J
A. boltoni Mindanaonektarvogel J
A. flagrans Feuerbrust-Nektarvogel J
A. pulcherrima Glanzflügel-Nektarvogel J
A. duyvenbodei Sangihenektarvogel K {B}
A. shelleyi Goldkehl-Nektarvogel J
A. gouldiae Gouldnektarvogel H,I
A. nipalensis Grünschwanz-Nektarvogel H,I
A. eximia Javanektarvogel J
A. christinae Hainannektarvogel I
A. saturata Schwarzkehl-Nektarvogel oB,H,I,J
A. siparaja Karmesinnektarvogel H,I,J,K
A. mystacalis Scharlachnektarvogel J
A. ignicauda Feuerschwanz-Nektarvogel H,I
ARACHNOTHERA
A. longirostra Weißkehl-Spinnenjäger H,I,J
A. crassirostris Dickschnabel-Spinnenjäger I,J
A. robusta Langschnabel-Spinnenjäger J
A. flavigaster Brillenspinnenjäger I,J
A. chrysogenys Gelbwangen-Spinnenjäger I,J
A. clarae Nacktwangen-Spinnenjäger J
A. affinis Graubrust-Spinnenjäger I,J
A. magna Strichelspinnenjäger H,I
A. everetti Everettspinnenjäger J
A. juliae Bergspinnenjäger J

153 ZOSTEROPIDAE - BRILLENVÖGEL

ZOSTEROPS
Z. erythropleurus Rostflanken-Brillenvogel oB
Z. japonicus Japanbrillenvogel oB,J
Z. meyeni Luzonbrillenvogel J
Z. palpebrosus Gangesbrillenvogel H,I,J,K
Z. ceylonensis Ceylonbrillenvogel H
Z. conspicillatus Semperbrillenvogel O
Z. salvadorii Salvadoribrillenvogel J
Z. atricapillus Schwarzstirn-Brillenvogel J
Z. everetti Everettbrillenvogel J,K
Z. nigrorum Philippinenbrillenvogel J
Z. montanus Gebirgsbrillenvogel J,K
Z. wallacei Gelbring-Brillenvogel J
Z. flavus Horsfieldbrillenvogel J {B}
Z. chloris Molukkenbrillenvogel J,K
Z. citrinellus Zitronenbrillenvogel K
Z. consobrinorum Celebesbrillenvogel K
Z. grayi Graybrillenvogel K
Z. uropygialis Tualbrillenvogel K {B}
Z. anomalus Sulawesibrillenvogel K {B}
Z. atriceps Braunscheitel-Brillenvogel K
Z. atrifrons Nehrkornbrillenvogel K
Z. minor Neuguineabrillenvogel L
Z. meeki Tagulabrillenvogel O {B}
Z. mysorensis Biakbrillenvogel L
Z. fuscicapillus Arfakbrillenvogel L
Z. buruensis Burubrillenvogel K
Z. kuehni Ambonbrillenvogel K {B}
Z. novaeguineae Papuabrillenvogel K,L
Z. metcalfii Goldkehl-Brillenvogel O
Z. natalis Weißstirn-Brillenvogel O
Z. luteus Mangrovebrillenvogel M
Z. griseotinctus Louisiadenbrillenvogel L,O
Z. rennellianus Rennellbrillenvogel O
Z. luteirostris Gizobrillenvogel O {B}
Z. rendovae Graukehl-Brillenvogel O
Z. murphyi Murphybrillenvogel O
Z. stresemanni Malaitabrillenvogel O
Z. sanctaecrucis Einfarb-Brillenvogel O {B}
Z. samoensis Samoabrillenvogel O
Z. explorator Layardbrillenvogel O
Z. flavifrons Gelbstirn-Brillenvogel O
Z. minutus Ameisenbrillenvogel O
Z. xanthochrous Waldbrillenvogel O
Z. lateralis Graumantel-Brillenvogel M,N,O
Z. tenuirostris Dünnschnabel-Brillenvogel O
Z. albogularis Norfolkbrillenvogel O {B}
Z. inornatus Lifubrillenvogel O
Z. cinereus Kittlitzbrillenvogel J
Z. abyssinicus Somalibrillenvogel C
Z. pallidus Kapbrillenvogel C
Z. senegalensis Senegalbrillenvogel C
Z. borbonicus Maskarenenbrillenvogel D
Z. ficedulinus Fahlbrillenvogel C {B}
Z. griseovirescens Annobonbrillenvogel C
Z. maderaspatanus Madagaskarbrillenvogel D
Z. mayottensis Dotterbrust-Brillenvogel D
Z. modestus Mahebrillenvogel D {B}
Z. mouroniensis Karthalabrillenvogel D {B}
Z. olivaceus Olivbrillenvogel D
Z. chloronothos Mauritiusbrillenvogel D {B}
Z. vaughani Pembabrillenvogel C
WOODFORDIA
W. superciliosa Woodfordbrillenvogel O
W. lacertosa Sanfordbrillenvogel O {B}

RUKIA
R. palauensis Bronzebrillenvogel J
R. oleaginea Yapbrillenvogel O
R. ruki Trukbrillenvogel O {B}
R. longirostra Langschnabel-Brillenvogel O {B}
TEPHROZOSTEROPS
T. stalkeri Kakopibrillenvogel K
MADANGA
M. ruficollis Orangekehl-Brillenvogel K {B}
LOPHOZOSTEROPS
L. pinaiae Pinaiabrillenvogel K
L. goodfellowi Mindanaobrillenvogel J,K
L. squamiceps Schuppenkopf-Brillenvogel K
L. javanicus Javabrillenvogel J
L. superciliaris Gelbbrauen-Brillenvogel J
L. dohertyi Schopfbrillenvogel J
OCULOCINCTA
O. squamifrons Zwergbrillenvogel J
HELEIA
H. muelleri Fleckenbrust-Brillenvogel J {B}
H. crassirostris Nacktaugen-Brillenvogel J
CHLOROCHARIS
C. emiliae Schwarzring-Brillenvogel J
HYPOCRYPTADIUS
H. cinnamomeus Zimtbrillenvogel J
SPEIROPS
S. brunneus Braunbrillenvogel C {B}
S. leucophoeus Silberbrillenvogel C {B}
S. lugubris Trauerbrillenvogel C

154 MELIPHAGIDAE - HONIGFRESSER

TIMELIOPSIS
T. fulvigula Buschhonigfresser L
T. griseigula Geradschnabel-Honigfresser L
MELILESTES
M. megarhynchus Langschnabel-Honigfresser K,L
M. bougainvillei Bougainvillehonigfresser O
TOXORHAMPHUS
T. novaeguineae Gelbbauch-Pfriemschnabel K,L
T. poliopterus Graukinn-Pfriemschnabel L
OEDISTOMA
O. iliolophum Graubauch-Pfriemschnabel L
O. pygmaeum Zwergpfriemschnabel L
GLYCICHAERA
G. fallax Grünmantel-Honigfresser L,M
LICHMERA
L. lombokia Lombokhonigfresser J
L. argentauris Silberohr-Honigfresser K,L
L. indistincta Braunhonigfresser J,K,L,M
L. incana Grauohr-Honigfresser O
L. alboauricularis Ohrflecken-Honigfresser L
L. squamata Salvadorihonigfresser L
L. deningeri Buruhonigfresser K
L. monticola Seramhonigfresser K
L. flavicans Timorhonigfresser J
L. notabilis Finschhonigfresser K {B}
L. cockerelli Uferhonigfresser M
MYZOMELA
M. blasii Amboinahonigfresser K
M. albigula Weißkinn-Honigfresser L
M. cineracea Schlichthonigfresser L,O
M. eques Dolchstich-Honigfresser L
M. obscura Rußhonigfresser K,L,M
M. cruentata Bluthonigfresser L,O
M. nigrita Mohrenhonigfresser K,L
M. pulchella Neuirlandhonigfresser O
M. kuehni Wetarhonigfresser K {B}
M. erythrocephala Rotkopf-Honigfresser L,M
M. adolphinae Arfakhonigfresser L
M. sanguinolenta Scharlachhonigfresser K,L,M
M. cardinalis Kardinalhonigfresser O
M. sclateri Palakuruhonigfresser L,O
M. lafargei Scharlachnacken-Honigfresser O
M. melanocephala Savohonigfresser O
M. eichhorni Rotbürzel-Honigfresser O
M. malaitae Malaitahonigfresser O
M. tristrami Tristramhonigfresser O
M. jugularis Orangebrust-Honigfresser O
M. erythromelas Flammenkopf-Honigfresser O
M. vulnerata Dreifarben-Honigfresser J
M. rosenbergii Rosenberghonigfresser L
CERTHIONYX
C. niger Trauerhonigfresser M
C. variegatus Elsterhonigfresser M
MELIPHAGA
M. mimikae Mimikahonigfresser L
M. montana Bergwaldhonigfresser L
M. orientalis Schlankschnabel-Honigfresser L
M. albonotata Schneeohr-Honigfresser L
M. aruensis Aruhonigfresser K,L
M. analoga Papuahonigfresser K,L
M. vicina Tagulahonigfresser L {B}
M. gracilis Feenhonigfresser L,M
M. notata Torreshonigfresser M
M. flavirictus Gelbkinn-Honigfresser L
M. lewinii Goldohr-Honigfresser M
M. flava Zitronenhonigfresser M
M. albilineata Weißbart-Honigfresser M
M. virescens Pfeifhonigfresser M
M. versicolor Pirolhonigfresser L,M
M. fasciogularis Mangrovehonigfresser M
M. inexpectata Guadalcanalhonigfresser O
M. fusca Olivkehl-Honigfresser L,M
M. plumula Grünscheitel-Honigfresser M
M. chrysops Dreistreifen-Honigfresser M
M. cratitia Purpurzügel-Honigfresser M
M. keartlandi Grauscheitel-Honigfresser M
M. penicillata Weißbürzel-Honigfresser M
M. hindwoodi Eungellahonigfresser M
M. ornata Gelbscheitel-Honigfresser M
M. reticulata Temminckhonigfresser J
M. leucotis Schwarzkehl-Honigfresser M
M. flavicollis Gelbkehl-Honigfresser M
M. melanops Gelbstirn-Honigfresser M
M. unicolor Wulsthonigfresser M
M. flaviventer Ockerbrust-Honigfresser K,L,M
M. polygramma Drosselhonigfresser K,L
M. macleayana Kappenhonigfresser M
M. frenata Buntschnabel-Honigfresser M
M. subfrenata Goldstreif-Honigfresser L
M. obscura Laubhonigfresser L
OREORNIS
O. chrysogenys Goldwangen-Honigfresser L
FOULEHAIO
F. carunculata Schuppenkopf-Honigfresser O
F. provocator Goldaugen-Honigfresser O
CLEPTORNIS
C. marchei Goldhonigfresser O
APALOPTERON
A. familiare Boninhonigfresser oB {B}
MELITHREPTUS
M. brevirostris Braunkopf-Honigschmecker M
M. lunatus Mondstreif-Honigschmecker M
M. albogularis Weißkinn-Honigschmecker M
M. affinis Schwarzkopf-Honigschmecker M
M. gularis Schwarzkinn-Honigschmecker M
M. laetior Goldrücken-Honigschmecker M
M. validirostris Starkschnabel-Honigschmecker M
ENTOMYZON
E. cyanotis Blauohr-Honigfresser L,M
NOTIOMYSTIS
N. cincta Hihi N {B}
PYCNOPYGIUS
P. ixoides Bülbülhonigfresser L
P. cinereus Marmorhonigfresser L
P. stictocephalus Strichelkopf-Honigfresser K,L
PHILEMON
P. meyeri Zwerglederkopf L
P. brassi Mamberanolederkopf L {B}
P. citreogularis Glattstirn-Lederkopf L,M
P. inornatus Timorlederkopf J
P. gilolensis Halmaheralederkopf K
P. fuscicapillus Morotailederkopf K {B}
P. subcorniculatus Seramlederkopf K
P. moluccensis Burulederkopf K,L
P. buceroides Helmlederkopf J,K,M
P. gordoni Melvillelederkopf M
P. novaeguineae Papualederkopf L,M
P. cockerelli Cockerell-Lederkopf O
P. eichhorni Eichhornlederkopf O
P. albitorques Manuslederkopf L
P. argenticeps Weißscheitel-Lederkopf M
P. corniculatus Lärmlederkopf M
P. diemenensis Lessonlederkopf O
PTILOPRORA
P. plumbea Bleikehl-Honigfresser L
P. meekiana Meekhonigfresser L
P. erythropleura Rotflanken-Honigfresser L
P. guisei Rotrücken-Honigfresser L
P. mayri Mayrhonigfresser L
P. perstriata Streifenhonigfresser L
MELIDECTES
M. fuscus Buntwarzen-Honigfresser L
M. whitemanensis Gilliardhonigfresser O
M. princeps Langbart-Honigfresser L {B}
M. nouhuysi Kurzbart-Honigfresser L
M. ochromelas Rostohr-Honigfresser L
M. leucostephes Diademhonigfresser L
M. belfordi Belfordhonigfresser L
M. rufocrissalis Reichenowhonigfresser L
M. foersteri Foersterhonigfresser L
M. torquatus Zimtbrust-Honigfresser L
MELIPOTES
M. gymnops Fleckenbauch-Honigfresser L
M. ater Huonhonigfresser L
M. fumigatus Aschbrust-Honigfresser L
MYZA
M. celebensis Celebeshonigfresser K
M. sarasinorum Sarasinhonigfresser K
MELIARCHUS
M. sclateri Rostschwanz-Honigfresser O
GYMNOMYZA
G. viridis Grünhonigfresser O
G. samoensis Maohonigfresser O
G. aubryana Rotgesicht-Honigfresser O
MOHO
M. braccatus Schuppenkehlmoho P {B}
M. bishopi Ohrbüschelmoho P {B}
GLYCIPHILUS
G. melanops Goldscheitel-Honigfresser M
PHYLIDONYRIS
P. pyrrhoptera Goldflügel-Honigfresser M
P. novaehollandiae Weißaugen-Honigfresser M
P. nigra Weißohr-Honigfresser M
P. albifrons Weißstirn-Honigfresser M
P. undulata Sperberhonigfresser O
P. notabilis Weißbauch-Honigfresser O
RAMSAYORNIS
R. fasciatus Wellenbrust-Honigfresser M
R. modestus Sumpfhonigfresser L,M
PLECTORHYNCHA
P. lanceolata Strichelhonigfresser M
CONOPOPHILA
C. whitei Grauhonigfresser M
C. albogularis Rostband-Honigfresser K,L,M
C. rufogularis Rostkehl-Honigfresser M
C. picta Granthonigfresser M
XANTHOMYZA
X. phrygia Warzenhonigfresser M {B}
CISSOMELA
C. pectoralis Brustband-Honigfresser M
ACANTHORHYNCHUS
A. tenuirostris Rotnacken-Honigfresser M
A. superciliosus Buntkopf-Honigfresser M
MANORINA
M. melanophrys Glockenhonigfresser M
M. melanocephala Weißstirn-Schwatzvogel M
M. obscura Rußschwatzvogel M
M. flavigula Gelbstirn-Schwatzvogel M
M. melanotis Malleeschwatzvogel M {B}
ANTHORNIS
A. melanura Maori-Glockenhonigfresser N
ACANTHAGENYS
A. rufogularis Braunkehl-Honigfresser L,M
ANTHOCHAERA
A. chrysoptera Zimtflügel-Honigfresser M
A. carunculata Rotlappen-Honigfresser M
A. paradoxa Gelblappen-Honigfresser M
PROSTHEMADURA
P. novaeseelandiae Tui N
PROMEROPS
P. cafer Kaphonigfresser C
P. gurneyi Natalhonigfresser C

155 EMBERIZIDAE - AMMERN

EMBERIZINAE - AMMERN

MELOPHUS
M. lathami Haubenammer H
LATOUCHEORNIS
L. siemsseni Blauammer oB
EMBERIZA
E. calandra Grauammer B
E. citrinella Goldammer B
E. leucocephala Fichtenammer oB
E. cia Zippammer B,H
E. cioides Wiesenammer oB
E. jankowskii Jankowskiammer oB
E. buchanani Steinortolan B,H
E. stewarti Silberkopfammer oB,H
E. cineracea Türkenammer wB
E. hortulana Ortolan B,C
E. caesia Grauortolan wB,C
E. cirlus Zaunammer wB
E. striolata Hausammer wB,C,H
E. impetuani Lerchenammer C
E. tahapisi Bergammer C
E. socotrana Sokotraammer C
E. capensis Kapammer C

AMMERN

E. yessoensis Mandschurenammer oB
E. tristrami Tristramammer oB,H,I
E. fucata Bandammer oB,H,I
E. pusilla Zwergammer B,H,I
E. chrysophrys Gelbbrauenammer oB
E. rustica Waldammer B
E. elegans Gelbkehlammer oB
E. aureola Weidenammer B,H,I,J
E. poliopleura Somaliammer C
E. flaviventris Gelbbauchammer C
E. affinis Braunbürzelammer C
E. cabanisi Cabanisammer C
E. rutila Rötelammer oB,I
E. koslowi Koslowammer oB,I
E. melanocephala Kappenammer wB,H
E. bruniceps Braunkopfammer oB,H
E. sulphurata Schwefelammer oB,J {B}
E. spodocephala Maskenammer oB,H,I,J
E. variabilis Bambusammer oB
E. pallasi Pallasammer oB
E. schoeniclus Rohrammer B,H
CALCARIUS
C. mccownii McCownspornammer A
C. lapponicus Spornammer A,B
C. pictus Smithspornammer A
C. ornatus Gelbkehl-Spornammer A
PLECTROPHENAX
P. nivalis Schneeammer A,B
P. hyperboreus Beringschneeammer A,oB
CALAMOSPIZA
C. melanocorys Prärieammer A
PASSERELLA
P. iliaca Fuchsammer A
MELOSPIZA
M. melodia Singammer A,E
M. lincolnii Lincolnammer A,E
M. georgiana Sumpfammer A
ZONOTRICHIA
Z. capensis Morgenammer E,F
Z. querula Harrisammer A
Z. leucophrys Dachsammer A,E
Z. albicollis Weißkehlammer A,E
Z. atricapilla Kronenammer A
JUNCO
J. vulcani Streifenjunko E
J. hyemalis Junko A,E
J. insularis Guadalupejunko A {B}
J. phaeonotus Rotrückenjunko A,E
PASSERCULUS
P. sandwichensis Grasammer A,E
AMMODRAMUS
A. maritimus Strandammer A
A. caudacutus Spitzschwanzammer A
A. leconteii Le-Conte-Ammer A
A. bairdii Bairdammer A
A. henslowii Henslowammer A
A. savannarum Heuschreckenammer A,E,F
XENOSPIZA
X. baileyi Sierraammer E {B}
MYOSPIZA
M. humeralis Wachtelammer F
M. aurifrons Gelbwangenammer F
SPIZELLA
S. arborea Baumammer A
S. passerina Schwirrammer A,E
S. pusilla Klapperammer A
S. wortheni Mexikoammer E
S. atrogularis Schwarzkinnammer A
S. pallida Fahlammer A,E
S. breweri Nevadaammer A
POOECETES
P. gramineus Abendammer A
CHONDESTES
C. grammacus Rainammer A,E
AMPHISPIZA
A. bilineata Schwarzkehlammer A,E
A. belli Beifußammer A
AIMOPHILA
A. mystacalis Zügelammer E
A. humeralis Schwarzbrustammer E
A. ruficauda Rostschwanzammer E
A. sumichrasti Zimtschwanzammer E
A. strigiceps Dabbeneammer F
A. aestivalis Bachmanammer A
A. botterii Botteriammer A,E
A. cassinii Cassinammer A,E
A. quinquestriata Fünfstreifenammer E
A. carpalis Rostflügelammer A
A. ruficeps Rostscheitelammer A,E
A. notosticta Oaxacaammer E
A. rufescens Rostrückenammer E
RHYNCHOSPIZA
R. stolzmanni Stolzmannammer F
TORREORNIS
T. inexpectata Zapataammer E {B}
ORITURUS
O. superciliosus Streifenammer E
PHRYGILUS
P. atriceps Kapuzenämmerling F
P. gayi Kordillerenämmerling F
P. patagonicus Magellanämmerling F
P. fruticeti Strauchämmerling F
P. unicolor Bleiämmerling F
P. dorsalis Braunmantelämmerling F
P. erythronotus Weißkehlämmerling F
P. plebejus Aschbrustämmerling F
P. carbonarius Schwarzbrustämmerling F
P. alaudinus Schwarzfleckenämmerling F
MELANODERA
M. melanodera Schwarzkehl-Ammerfink F
M. xanthogramma Zügelammerfink F
HAPLOSPIZA
H. rustica Schieferämmerling E,F
H. unicolor Einfarbämmerling F
ACANTHIDOPS
A. bairdii Spitzschnabelämmerling E
LOPHOSPINGUS
L. pusillus Schwarzhauben-Zwergkardinal F
L. griseocristatus Grauhauben-Zwergkardinal F
DONACOSPIZA
D. albifrons Riedammerfink F
ROWETTIA
R. goughensis Goughammerfink C {B}
NESOSPIZA
N. acunhae Tristanammerfink O {B}
N. wilkinsi Wilkinsammerfink O {B}
DIUCA
D. speculifera Spiegeldiuca F
D. diuca Braunsteißdiuca F
IDIOPSAR
I. brachyurus Kurzschwanzdiuca F
PIEZORHINA
P. cinerea Grauämmerling F
XENOSPINGUS
X. concolor Feinschnabelämmerling F {B}
INCASPIZA
I. pulchra Inkaammer F
I. personata Schwarzstirnammer F
I. ortizi Grauflügelammer F {B}
I. laeta Goldschnabelammer F
I. watkinsi Watkinsammer F
POOSPIZA
P. thoracica Maronenbrust-Ammerfink F
P. boliviana Zimtbrust-Ammerfink F
P. alticola Grauschwanz-Ammerfink F {B}
P. hypochondria Rotflanken-Ammerfink F
P. erythrophrys Rostbrauen-Ammerfink F
P. ornata Schmuckammerfink F
P. nigrorufa Rotbrust-Ammerfink F
P. lateralis Rotbürzel-Ammerfink F
P. rubecula Rostbauch-Ammerfink F {B}
P. caesar Kaiserammerfink F
P. hispaniolensis Schwarzbrust-Ammerfink F
P. torquata Bandammerfink F
P. cinerea Schwarzwangen-Ammerfink F
SICALIS
S. citrina Zitronengilbammer F
S. lutea Punasafranammer F
S. uropygialis Goldbürzel-Gilbammer F
S. luteocephala Graunacken-Gilbammer F
S. auriventris Goldbauch-Gilbammer F
S. olivascens Olivbrust-Gilbammer F
S. lebruni Magellangilbammer F
S. columbiana Zwergsafranammer F
S. flaveola Safranammer F
S. luteola Kurzschnabel-Gilbammer E,F
S. raimondii Grauflanken-Gilbammer F
S. taczanowskii Taczanowskigilbammer F
COMPOSPIZA
C. garleppi Garleppammerfink F {B}
C. baeri Baerammerfink F {B}
EMBERIZOIDES
E. herbicola Keilschwanzammer E,F
E. ypiranganus Ypirangaammer F
E. duidae Duidaammer F
EMBERNAGRA
E. platensis Pampaammer F
E. longicauda Langschwanzammer F
VOLATINIA
V. jacarina Jacariniammer E,F
SPOROPHILA
S. frontalis Riesenpfäffchen F {B}
S. falcirostris Falzschnabelpfäffchen F {B}
S. schistacea Schieferpfäffchen E,F
S. intermedia Einfarbpfäffchen F
S. plumbea Graupfäffchen F
S. aurita Brillenpfäffchen E
S. americana Wechselpfäffchen E,F
S. torqueola Braunbürzelpfäffchen E
S. collaris Erzpfäffchen F
S. lineola Diamantpfäffchen E,F
S. luctuosa Trauerpfäffchen F
S. nigricollis Gelbbauchpfäffchen E,F
S. ardesiaca Duboispfäffchen F
S. melanops Kapuzenpfäffchen F
S. obscura Braunpfäffchen F
S. caerulescens Schmuckpfäffchen F
S. albogularis Weißkehlpfäffchen F
S. leucoptera Zweifarbenpfäffchen F
S. peruviana Papageischnabelpfäffchen F
S. simplex Dickschnabelpfäffchen F
S. nigrorufa Schwarzmantelpfäffchen F
S. bouvreuil Orangepfäffchen F
S. insulata Tumacopfäffchen F {B}
S. minuta Zwergpfäffchen E,F
S. hypoxantha Ockerbrustpfäffchen F
S. hypochroma Rotbürzelpfäffchen F {B}
S. ruficollis Schwarzkehlpfäffchen F
S. palustris Sumpfpfäffchen F {B}
S. castaneiventris Rotbauchpfäffchen F
S. cinnamomea Zimtpfäffchen F {B}
S. melanogaster Schwarzbauchpfäffchen F
S. telasco Braunkehlpfäffchen F
S. zelichi Zelichpfäffchen F {B}
ORYZOBORUS
O. nuttingi Nicaraguareisknacker E
O. crassirostris Mohrenreisknacker F
O. maximiliani Dickschnabel-Reisknacker F
O. atrirostris Schwarzschnabel-Reisknacker F
O. angolensis Schwarzkopf-Reisknacker E,F
AMAUROSPIZA
A. concolor Indigopfäffchen E,F
A. moesta Weißachselpfäffchen F {B}
MELOPYRRHA
M. nigra Schwarzgimpelfink E
DOLOSPINGUS
D. fringilloides Weißnackenpfäffchen F
CATAMENIA
C. analis Spiegelcatamenie F
C. inornata Schlichtcatamenie F
C. homochroa Schlankschnabelcatamenie F
TIARIS
T. canora Kubafink E
T. olivacea Goldbraue E,F
T. bicolor Schwarzgesichtchen E,F
T. fuliginosa Schwarzbrüstchen F
LOXIPASSER
L. anoxanthus Goldbug-Gimpelfink E
LOXIGILLA
L. portoricensis Rotkopf-Gimpelfink E
L. violacea Rotsteiß-Gimpelfink E
L. noctis Bartgimpelfink E
MELANOSPIZA
M. richardsoni Blaßfuß-Gimpelfink E {B}
GEOSPIZA
G. magnirostris Großgrundfink G
G. fortis Mittelgrundfink G
G. fuliginosa Kleingrundfink G
G. difficilis Spitzschnabel-Grundfink G
G. scandens Kaktusgrundfink G
G. conirostris Opuntiengrundfink G
CAMARHYNCHUS
C. crassirostris Dickschnabel-Darwinfink G
C. psittacula Papageischnabel-Darwinfink G
C. pauper Kleinschnabel-Darwinfink G {B}
C. parvulus Zweigdarwinfink G
C. pallidus Spechtfink G
C. heliobates Mangrovedarwinfink G {B}
CERTHIDEA
C. olivacea Waldsängerfink G
PINAROLOXIAS
P. inornata Kokosfink E
PIPILO
P. ocai Halsband-Grundammer E
P. erythrophthalmus Rötelgrundammer A,E
P. fuscus Braunrücken-Grundammer A,E
P. aberti Schwarzkinn-Grundammer A
P. albicollis Weißkehl-Grundammer E
CHLORURUS
C. chlorurus Grünschwanz-Grundammer A,E

MELOZONE
M. kieneri Rostnackenammer E
M. biarcuatum Weißwangenammer E
M. leucotis Weißohrammer E
ARREMON
A. taciturnus Schwarzbrust-Ruderammer F
A. flavirostris Zitronenschnabel-Ruderammer F
A. aurantiirostris Goldschnabel-Ruderammer F
A. schlegeli Goldflügel-Ruderammer F
A. abeillei Kapuzenruderammer F
ARREMONOPS
A. rufivirgatus Olivrückenammer A,E
A. tocuyensis Tocuyoammer F
A. chloronotus Grünrückenammer E
A. conirostris Panamaammer E,F
ATLAPETES
A. albinucha Weißnacken-Buschammer E
A. gutturalis Gelbkehl-Buschammer E,F
A. pallidinucha Zimtstirn-Buschammer F
A. rufinucha Rotnacken-Buschammer F
A. leucopis Brillenbuschammer F
A. melanocephalus Grauohr-Buschammer F
A. pileatus Rotkappen-Buschammer E
A. flaviceps Goldkopf-Buschammer F {B}
A. fuscoolivaceus Rußkopf-Buschammer F
A. tricolor Dreifarben-Buschammer F
A. albofrenatus Weißbart-Buschammer F
A. schistaceus Graubrust-Buschammer F
A. nationi Rostbauch-Buschammer F
A. leucopterus Spiegelbuschammer F
A. albiceps Weißkopf-Buschammer F
A. pallidiceps Blaßkopf-Buschammer F {B}
A. rufigenis Rotohr-Buschammer F
A. semirufus Ockerbrust-Buschammer F
A. personatus Tepuibuschammer F
A. fulviceps Braunbart-Buschammer F
A. citrinellus Schwarzbart-Buschammer F
A. apertus Fahlbrust-Buschammer E
A. brunneinucha Braunkopf-Buschammer E,F
A. virenticeps Grünscheitel-Buschammer E
A. torquatus Streifenkopf-Buschammer F
A. atricapillus Schwarzkopf-Buschammer E,F
PEZOPETES
P. capitalis Großfuß-Buschammer E
OREOTHRAUPIS
O. arremonops Tangarenbuschammer F {B}
PSELLIOPHORUS
P. tibialis Gelbschenkel-Buschammer E
P. luteoviridis Griscombuschammer E
LYSURUS
L. castaneiceps Olivbuschammer E
L. crassirostris Dickschnabel-Buschammer E
UROTHRAUPIS
U. stolzmanni Stolzmanntangare F
CHARITOSPIZA
C. eucosma Weißohr-Zwergkardinal F
SALTATRICULA
S. multicolor Vielfarbenammer F
CORYPHASPIZA
C. melanotis Camposammer F {B}
CORYPHOSPINGUS
C. pileatus Grauer Kronfink F
C. cucullatus Haubenfink F
RHODOSPINGUS
R. cruentus Purpurkronfink F

CATAMBLYRHYNCHINAE - PLÜSCHKOPFTANGAREN
CATAMBLYRHYNCHUS
C. diadema Plüschkopftangare F

CARDINALINAE - KARDINÄLE
GUBERNATRIX
G. cristata Grünkardinal F {B}
PAROARIA
P. coronata Graukardinal F
P. dominicana Dominikanerkardinal F
P. gularis Schwarzkehlkardinal F
P. baeri Blutstirnkardinal F
P. capitata Mantelkardinal F
SPIZA
S. americana Dickzissel A,E,F
PHEUCTICUS
P. chrysopeplus Gelbkopf-Kernknacker E,F
P. tibialis Schwarzschenkel-Kernknacker E
P. chrysogaster Gelbbauch-Kernknacker F
P. aureoventris Goldbauch-Kernknacker F
P. ludovicianus Rosenbrust-Kernknacker A,E,F
P. melanocephalus Schwarzkopf-Kernknacker A,E
CARDINALIS
C. cardinalis Rotkardinal A,E
PYRRHULOXIA
P. phoeniceus Purpurkardinal F
P. sinuatus Schmalschnabelkardinal E
CARYOTHRAUSTES
C. canadensis Gelbbauchkardinal F
C. poliogaster Graubauchkardinal E
C. humeralis Gelbschulterkardinal F
RHODOTHRAUPIS
R. celaeno Halsbandkardinal E
PERIPORPHYRUS
P. erythromelas Schwarzkopfkardinal F
PITYLUS
P. grossus Rotschnabelsaltator E,F
P. fuliginosus Papageischnabelsaltator F
SALTATOR
S. atriceps Schwarzkappensaltator E
S. maximus Buntkehlsaltator E,F
S. atripennis Schwarzschwingensaltator F
S. similis Grünschwingensaltator F
S. coerulescens Grausaltator E,F
S. orenocensis Zimtflankensaltator F
S. maxillosus Dickschnabelsaltator F
S. aurantiirostris Goldschnabelsaltator F
S. cinctus Maskensaltator F
S. atricollis Schwarzhalssaltator F
S. rufiventris Rotbauchsaltator F
S. albicollis Strichelsaltator E,F
CYANOLOXIA
C. glaucocaerulea Türkisbischof F
CYANOCOMPSA
C. cyanoides Stahlbischof E,F
C. brissonii Ultramarinbischof F
C. parellina Lasurbischof E
GUIRACA
G. caerulea Azurbischof A,E
PASSERINA
P. cyanea Indigofink A,E,F
P. amoena Lazulifink A,E
P. versicolor Vielfarbenfink A,E
P. ciris Papstfink A,E
P. rositae Rosenbauchfink E
P. leclancherii Orangeblaufink E
PORPHYROSPIZA
P. caerulescens Kobaltämmerling F

THRAUPINAE - TANGAREN
ORCHESTICUS
O. abeillei Fuchstangare F
SCHISTOCLAMYS
S. ruficapillus Gimpeltangare F
S. melanopis Schleiertangare F
NEOTHRAUPIS
N. fasciata Flügelbindentangare F
CYPSNAGRA
C. hirundinacea Weißbürzeltangare F
CONOTHRAUPIS
C. speculigera Spiegeltangare F
C. mesoleuca Witwentangare F {B}
LAMPROSPIZA
L. melanoleuca Rotschnabeltangare F
CISSOPIS
C. leveriana Elstertangare F
CHLORORNIS
C. riefferii Papageitangare F
COMPSOTHRAUPIS
C. loricata Rotbrusttangare F
SERICOSSYPHA
S. albocristata Weißkappentangare F
NESOSPINGUS
N. speculiferus Brustfleckentangare E
CHLOROSPINGUS
C. ophthalmicus Finkenbuschtangare E,F
C. tacarcunae Tacarcunabuschtangare E
C. inornatus Schwarzwangen-Buschtangare E
C. semifuscus Graubrust-Buschtangare F
C. pileatus Weißbrauen-Buschtangare E
C. parvirostris Kurzschnabel-Buschtangare F
C. flavigularis Gelbkehl-Buschtangare F
C. flavovirens Schwarzstirn-Buschtangare F {B}
C. canigularis Graukehl-Buschtangare E,F
CNEMOSCOPUS
C. rubrirostris Graukopf-Buschtangare F
HEMISPINGUS
H. atropileus Schwarzkappenhemispingus F
H. parodii Parodihemispingus F
H. superciliaris Augenbrauenhemispingus F
H. reyi Graukappenhemispingus F
H. frontalis Olivrückenhemispingus F
H. melanotis Schwarzwangenhemispingus F
H. goeringi Graurückenhemispingus F
H. rufosuperciliaris Zimtbrauenhemispingus F
H. verticalis Schwarzkopfhemispingus F
H. xanthophthalmus Gelbaugenhemispingus F
H. trifasciatus Streifenhemispingus F
PYRRHOCOMA
P. ruficeps Zimtkopftangare F
THLYPOPSIS
T. fulviceps Rostkopftangare F
T. ornata Zimtbrusttangare F
T. pectoralis Braunflankentangare F
T. sordida Orangekopftangare F
T. inornata Braunbauchtangare F
T. ruficeps Goldkappentangare F
HEMITHRAUPIS
H. guira Guiratangare F
H. ruficapilla Rostkappentangare F
H. flavicollis Gelbbürzeltangare F
CHRYSOTHLYPIS
C. chrysomelas Zitronentangare E
C. salmoni Seidenflankentangare F
NEMOSIA
N. pileata Schwarzkappentangare F
N. rourei Rubinkehltangare F {B}
PHAENICOPHILUS
P. palmarum Schwarzscheitel-Palmtangare E
P. poliocephalus Grauscheitel-Palmtangare E
CALYPTOPHILUS
C. frugivorus Schmätzertangare E
RHODINOCICHLA
R. rosea Trupialtangare E,F
MITROSPINGUS
M. cassinii Rußgesichttangare E,F
M. oleagineus Olivmanteltangare F
CHLOROTHRAUPIS
C. carmioli Carmioltangare E,F
C. olivacea Gelbbrauentangare E,F
C. stolzmanni Ockerbrusttangare F
ORTHOGONYS
O. chloricterus Olivtangare F
EUCOMETIS
E. penicillata Graukopftangare E,F
LANIO
L. fulvus Braunbrust-Würgertangare F
L. versicolor Gelbstirn-Würgertangare F
L. aurantius Schwarzkehl-Würgertangare E
L. leucothorax Weißkehl-Würgertangare E
CREURGOPS
C. verticalis Ockerschopftangare F
C. dentata Schiefertangare F
HETEROSPINGUS
H. xanthopygius Brauenschopftangare E,F
TACHYPHONUS
T. cristatus Haubentangare F
T. rufiventer Gelbschopftangare F
T. surinamus Goldschopftangare F
T. luctuosus Trauertangare E,F
T. delatrii Schwarzachseltangare E,F
T. coronatus Krontangare F
T. rufus Schwarztangare E,F
T. phoenicius Rotschultertangare F
TRICHOTHRAUPIS
T. melanops Haarschopftangare F
HABIA
H. rubica Karminameisentangare E,F
H. fuscicauda Rotkehl-Ameisentangare E,F
H. atrimaxillaris Schwarzwangen-Ameisentangare E {B}
H. gutturalis Graurücken-Ameisentangare F {B}
H. cristata Scharlachhauben-Ameisentangare F
PIRANGA
P. bidentata Bluttangare E
P. flava Zinnobertangare A,E,F
P. rubra Sommertangare A,E,F
P. roseogularis Rosenkehltangare E
P. olivacea Scharlachtangare A,E,F
P. ludoviciana Kieferntangare A,E
P. leucoptera Weißbindentangare E,F
P. erythrocephala Rotkopftangare E
P. rubriceps Scharlachkopftangare F
CALOCHAETES
C. coccineus Mennigtangare F
RAMPHOCELUS
R. sanguinolentus Flammentangare E
R. nigrogularis Maskentangare F
R. dimidiatus Scharlachbauchtangare E,F
R. melanogaster Schwarzbauchtangare F
R. carbo Purpurtangare F
R. bresilius Brasiltangare F

R. passerinii Passerinitangare E
R. flammigerus Feuerbürzeltangare F
R. icteronotus Gelbrückentangare E,F
SPINDALIS
S. zena Streifenkopftangare E
THRAUPIS
T. episcopus Bischofstangare E,F
T. sayaca Sayacatangare F
T. glaucocolpa Blauflecktangare F
T. cyanoptera Violettschultertangare F
T. ornata Schmucktangare F
T. abbas Abttangare E
T. palmarum Palmentangare E,F
T. cyanocephala Gelbschenkeltangare F
T. bonariensis Furchentangare F
CYANICTERUS
C. cyanicterus Ziertangare F
BUTHRAUPIS
B. arcaei Bangstangare E
B. melanochlamys Blauschultertangare F {B}
B. rothschildi Rothschildtangare F
B. edwardsi Edwardstangare F
B. aureocincta Goldringtangare F {B}
B. montana Blaurücken-Bergtangare F
B. eximia Schwarzbrust-Bergtangare F
B. aureodorsalis Goldrücken-Bergtangare F {B}
B. wetmorei Wetmoretangare F
WETMORETHRAUPIS
W. sterrhopteron Veilchenschultertangare F
ANISOGNATUS
A. melanogenys Schwarzwangen-Bergtangare F
A. lacrymosus Tränenbergtangare F
A. igniventris Mennigohr-Bergtangare F
A. flavinuchus Blauschwingen-Bergtangare F
A. notabilis Schwarzkinn-Bergtangare F
STEPHANOPHORUS
S. diadematus Diademtangare F
IRIDOSORNIS
I. porphyrocephala Purpurmanteltangare F
I. analis Gelbkehltangare F
I. jelskii Jelskitangare F
I. rufivertex Goldscheiteltangare F
I. reinwardti Goldbandtangare F
DUBUSIA
D. taeniata Silberbrauen-Bergtangare F
DELOTHRAUPIS
D. castaneoventris Braunbauch-Bergtangare F
PIPRAEIDEA
P. melanonota Schwarzrückentangare F
EUPHONIA
E. jamaica Gimpelorganist E
E. plumbea Grauorganist F
E. affinis Buschorganist E
E. luteicapilla Gelbscheitelorganist E
E. chlorotica Purpurkehlorganist F
E. trinitatis Trinidadorganist E,F
E. concinna Samtstirnorganist F
E. saturata Orangescheitelorganist F
E. finschi Finschorganist F
E. violacea Veilchenorganist F
E. laniirostris Dickschnabelorganist E,F
E. hirundinacea Schwalbenorganist E
E. chalybea Bronzeorganist F {B}
E. elegantissima Blaukappenorganist F
E. aureata Goldbürzelorganist F
E. musica Antillenorganist E
E. fulvicrissa Roststeißorganist E,F
E. imitans Stirnfleckenorganist E
E. gouldi Olivrückenorganist E
E. chrysopasta Zügelorganist F
E. mesochrysa Grünscheitelorganist F
E. minuta Weißbauchorganist E,F
E. anneae Braunscheitelorganist E,F
E. xanthogaster Gelbbauchorganist E,F
E. rufiventris Rotbauchorganist F
E. pectoralis Braunbauchorganist F
E. cayennensis Cayenneorganist F
CHLOROPHONIA
C. flavirostris Halsbandorganist F
C. cyanea Grünorganist F
C. pyrrhophrys Schwarzbrauenorganist F
C. occipitalis Blauscheitelorganist F
C. callophrys Goldbrauenorganist E
CHLOROCHRYSA
C. phoenicotis Rotohr-Bunttangare F
C. calliparaea Braunohr-Bunttangare F
C. nitidissima Schwarzohr-Bunttangare F {B}
TANGARA
T. phillipsi Siratangare F {B}
T. inornata Schlichttangare E,F
T. cabanisi Cabanistangare E {B}
T. palmeri Palmertangare E,F
T. mexicana Türkistangare F
T. chilensis Siebenfarbentangare F
T. fastuosa Vielfarbentangare F {B}
T. seledon Dreifarbentangare F
T. cyanocephala Blaukappentangare F
T. desmaresti Orangebrusttangare F
T. cyanoventris Blaubrusttangare F
T. johannae Blaubarttangare F
T. schrankii Goldbrusttangare F
T. florida Smaragdtangare E,F
T. arthus Goldtangare F
T. icterocephala Silberkehltangare E,F
T. xanthocephala Gelbkopftangare F
T. chrysotis Goldohrtangare F
T. parzudakii Rotstirntangare F
T. xanthogastra Gelbbauchtangare F
T. punctata Drosseltangare F
T. guttata Fleckentangare E,F
T. varia Tüpfeltangare F
T. rufigula Rostkehltangare F
T. gyrola Grüntangare E,F
T. lavinia Goldflügeltangare E
T. cayana Isabelltangare F
T. cucullata Rotkappentangare E
T. peruviana Schwarzmanteltangare F {B}
T. preciosa Prachttangare F
T. vitriolina Rotscheiteltangare F
T. meyerdeschauenseei Grünkappentangare F {B}
T. rufigenis Rotwangentangare F
T. ruficervix Rotnackentangare F
T. labradorides Schwarznackentangare F
T. cyanotis Silberbrauentangare F
T. cyanicollis Azurkopftangare F
T. larvata Purpurmaskentangare E,F
T. nigrocincta Schwarzbrusttangare F
T. dowii Glanzfleckentangare E
T. fucosa Grünnackentangare E
T. nigroviridis Silberfleckentangare F
T. vassorii Vassoritangare F
T. heinei Heinetangare F
T. viridicollis Silbertangare F
T. argyrofenges Grünkehltangare F
T. cyanoptera Blauflügeltangare F
T. pulcherrima Halsbandtangare F
T. velia Rotbauchtangare F
T. callophrys Opalscheiteltangare F
DACNIS
D. albiventris Weißbauchpitpit F {B}
D. lineata Maskenpitpit F
D. flaviventer Gelbbauchpitpit F
D. hartlaubi Türkispitpit F {B}
D. nigripes Schwarzfußpitpit F {B}
D. venusta Rotschenkelpitpit E,F
D. cayana Blaukopfpitpit E,F
D. viguieri Panamapitpit E,F
D. berlepschi Rotbrustpitpit F {B}
CHLOROPHANES
C. spiza Kappennaschvogel E,F
CYANERPES
C. nitidus Kurzschnabel-Naschvogel F
C. lucidus Azurnaschvogel E,F
C. caeruleus Purpurnaschvogel F
C. cyaneus Türkisnaschvogel E,F
XENODACNIS
X. parina Meisenpitpit F
OREOMANES
O. fraseri Riesenspitzschnabel F
DIGLOSSA
D. baritula Zimtbauch-Hakenschnabel E,F
D. lafresnayii Stahlhakenschnabel F
D. carbonaria Grauschulter-Hakenschnabel F
D. venezuelensis Trauerhakenschnabel F {B}
D. albilatera Schieferhakenschnabel F
D. duidae Schuppenbrust-Hakenschnabel F
D. major Strichelhakenschnabel F
D. indigotica Indigohakenschnabel F
DIGLOSSOPIS
D. glauca Ultramarin-Hakenschnabel F
D. caerulescens Silberhakenschnabel F
D. cyanea Maskenhakenschnabel F
EUNEORNIS
E. campestris Braunlätzchen E

TERSININAE - SCHWALBENTANGAREN

TERSINA
T. viridis Schwalbentangare E,F

156 COEREBIDAE - ZUCKERVÖGEL

COEREBA
C. flaveola Zuckervogel E,F

157 PARULIDAE - WALDSÄNGER

MNIOTILTA
M. varia Kletterwaldsänger A,E,F
VERMIVORA
V. bachmanii Gelbstirn-Waldsänger A,E {B}
V. chrysoptera Goldflügel-Waldsänger A,E,F
V. pinus Blauflügel-Waldsänger A,E
V. peregrina Brauenwaldsänger A,E,F
V. celata Orangefleck-Waldsänger A,E
V. ruficapilla Rubinfleck-Waldsänger A,E
V. virginiae Virginiawaldsänger A,E
V. crissalis Colimawaldsänger A,E
V. luciae Rotbürzel-Waldsänger A,E
V. gutteralis Feuerwaldsänger E
V. superciliosa Schmuckwaldsänger E
PARULA
P. americana Meisenwaldsänger A,E
P. pitiayumi Elfenwaldsänger E,F
DENDROICA
D. petechia Goldwaldsänger A,E,F,G
D. pensylvanica Gelbscheitel-Waldsänger A,E
D. cerulea Pappelwaldsänger E,F
D. caerulescens Blaurücken-Waldsänger A,E
D. plumbea Grauwaldsänger E
D. pharetra Strichelwaldsänger E
D. angelae Angelawaldsänger E
D. pinus Kiefernwaldsänger A,E
D. graciae Arizonawaldsänger A,E
D. adelaidae Antillenwaldsänger E
D. pityophila Kubawaldsänger E
D. dominica Goldkehl-Waldsänger A,E
D. nigrescens Trauerwaldsänger A,E
D. townsendi Townsendwaldsänger A,E
D. occidentalis Einsiedelwaldsänger A,E
D. chrysoparia Goldwangen-Waldsänger A,E {B}
D. virens Grünwaldsänger A,E
D. discolor Rostscheitel-Waldsänger A,E
D. vitellina Dotterwaldsänger E {B}
D. tigrina Tigerwaldsänger A,E
D. fusca Fichtenwaldsänger A,E,F
D. magnolia Magnolienwaldsänger A,E
D. coronata Kronwaldsänger A,E
D. palmarum Palmenwaldsänger A,E
D. kirtlandii Michiganwaldsänger A,E {B}
D. striata Streifenwaldsänger A,E
D. castanea Braunbrust-Waldsänger A,E,F
CATHAROPEZA
C. bishopi Pfeifwaldsänger E {B}
SETOPHAGA
S. ruticilla Schnäpperwaldsänger A,E,F
SEIURUS
S. aurocapillus Pieperwaldsänger A,E,F
S. noveboracensis Drosselwaldsänger A,E
S. motacilla Stelzenwaldsänger A,E,F
LIMNOTHLYPIS
L. swainsonii Swainsonwaldsänger A,E
HELMITHEROS
H. vermivorus Haldenwaldsänger A,E
PROTONOTARIA
P. citrea Zitronenwaldsänger A,E,F
GEOTHLYPIS
G. trichas Weidengelbkehlchen A,E
G. beldingi Beldinggelbkehlchen E
G. flavovelata Goldscheitel-Gelbkehlchen E {B}
G. rostrata Bahamagelbkehlchen E
G. semiflava Olivscheitel-Gelbkehlchen E,F
G. speciosa Ockerbrust-Gelbkehlchen E {B}
G. nelsoni Nelsongelbkehlchen E
G. chiriquensis Panamagelbkehlchen E
G. aequinoctialis Maskengelbkehlchen F
G. poliocephala Wiesengelbkehlchen E
G. formosa Kentuckywaldsänger A,E,F
G. agilis Augenring-Waldsänger A,E,F
G. philadelphia Graukopf-Waldsänger A,E,F
G. tolmiei Dickichtwaldsänger A,E
MICROLIGEA
M. palustris Graubrust-Waldsänger E
XENOLIGEA
X. montana Spiegelwaldsänger E {B}
TERETISTRIS
T. fernandinae Gelbkopf-Waldsänger E
T. fornsi Fornswaldsänger E
LEUCOPEZA
L. semperi Blaßfuß-Waldsänger E {B}

WILSONIA
W. citrina Kapuzenwaldsänger A,E
W. pusilla Mönchswaldsänger A,E
W. canadensis Kanadawaldsänger A,E,F
CARDELLINA
C. rubifrons Dreifarben-Waldsänger A,E
ERGATICUS
E. ruber Purpurwaldsänger E
E. versicolor Rosenwaldsänger E
MYIOBORUS
M. pictus Rotbrust-Waldsänger E
M. miniatus Larvenwaldsänger E,F
M. brunniceps Braunkappen-Waldsänger F
M. pariae Goldaugen-Waldsänger F {B}
M. cardonai Cardonawaldsänger F
M. torquatus Halsband-Waldsänger E
M. ornatus Schwarzohr-Waldsänger F
M. melanocephalus Brillenwaldsänger F
M. albifrons Weißstirn-Waldsänger F
M. flavivertex Salvinwaldsänger F
M. albifacies Weißwangen-Waldsänger F
EUTHLYPIS
E. lachrymosa Fächerwaldsänger E
BASILEUTERUS
B. fraseri Feenwaldsänger F
B. bivittatus Bindenwaldsänger F
B. chrysogaster Goldbauch-Waldsänger F
B. flaveolus Gilbwaldsänger F
B. luteoviridis Bonapartewaldsänger F
B. signatus Peruwaldsänger F
B. nigrocristatus Schwarzscheitel-Waldsänger F
B. griseiceps Grauwangen-Waldsänger F {B}
B. basilicus Santa-Marta-Waldsänger F
B. cinereicollis Graukehl-Waldsänger F {B}
B. coronatus Goldscheitel-Waldsänger F
B. culicivorus Goldhähnchen-Waldsänger E,F
B. rufifrons Rotkappen-Waldsänger E,F
B. belli Goldstreif-Waldsänger E
B. melanogenys Schwarzwangen-Waldsänger E
B. ignotus Pirrewaldsänger E
B. tristriatus Dreistreifen-Waldsänger E,F
B. trifasciatus Cayamarcawaldsänger F
B. hypoleucus Weißbauch-Waldsänger F
B. leucoblepharus Olivflanken-Waldsänger F
B. leucophrys Goldflanken-Waldsänger F
B. rivularis Flußwaldsänger E,F
NEPHELORNIS
N. oneilli Pardusco F
ZELEDONIA
Z. coronata Zeledonie F
PEUCEDRAMUS
P. taeniatus Trugwaldsänger A,E
GRANATELLUS
G. venustus Weißkehlgranatellus E
G. sallaei Graukehlgranatellus E
G. pelzelni Rosenbauchgranatellus F
ICTERIA
I. virens Gelbbrust-Waldsänger A,E
CONIROSTRUM
C. speciosum Rotsteiß-Spitzschnabel F
C. leucogenys Weißohr-Spitzschnabel F
C. bicolor Zweifarben-Spitzschnabel F
C. margaritae Perlbrust-Spitzschnabel F {B}
C. cinereum Weißstirn-Spitzschnabel F
C. tamarugensis Rotstirn-Spitzschnabel F {B}
C. ferrugineiventre Weißbrauen-Spitzschnabel F
C. rufum Rotbrauen-Spitzschnabel F
C. sitticolor Blaurücken-Spitzschnabel F
C. albifrons Kappenspitzschnabel F

158 DREPANIDIDAE - KLEIDERVÖGEL

TELESPYZA
T. cantans Laysangimpel P {B}
T. ultima Nihoagimpel P {B}
PSITTIROSTRA
P. psittacea Ou P {B}
LOXIOIDES
L. bailleui Palila P {B}
PSEUDONESTOR
P. xanthophrys Papageischnabelgimpel P {B}
HEMIGNATHUS
H. virens Amakihi P
H. parvus Anianiau P
H. obscurus Akialoa P {B}
H. lucidus Nukupuu P {B}
H. munroi Akiapolaau P {B}
OREOMYSTIS
O. bairdi Akikiki P {B}
O. mana Hawaiiastläufer P
PAROREOMYZA
P. montana Mauiastläufer P
P. flammea Kakawahie {B}
P. maculata Oahuastläufer P {B}
LOXOPS
L. coccineus Akepa P {B}
VESTIARIA
V. coccinea Iiwi P
PALMERIA
P. dolei Akohekohe P {B}
HIMATIONE
H. sanguinea Apapane P
MELAMPROSOPS
M. phaeosoma Poo-Uli P {B}

159 VIREONIDAE - VIREOS

CYCLARHINAE - DICKSCHNABELVIREOS

CYCLARHIS
C. gujanensis Rostbrauenvireo E,F
C. nigrirostris Schwarzschnabelvireo F

VIREOLANIINAE - WÜRGERVIREOS

VIREOLANIUS
V. melitophrys Brustbandvireo E
V. pulchellus Smaragdvireo E
V. eximius Gelbbrauenvireo E,F
V. leucotis Schieferkopfvireo F

VIREONINAE- VIREOS

VIREO
V. brevipennis Schiefervireo E
V. huttoni Huttonvireo A,E
V. atricapillus Schwarzkopfvireo A,E {B}
V. griseus Weißaugenvireo A,E
V. pallens Mangrovevireo E
V. caribaeus Karibenvireo E
V. bairdi Bairdvireo E
V. gundlachii Gundlachvireo E
V. crassirostris Dickschnabelvireo E
V. vicinior Grauvireo A,E
V. bellii Braunaugenvireo A,E
V. nelsoni Zwergvireo E
V. hypochryseus Goldbauchvireo E
V. modestus Jamaikavireo E
V. nanus Schnäppervireo E
V. latimeri Braunscheitelvireo E
V. osburni Osburnvireo E
V. carmioli Gelbbindenvireo E
V. solitarius Graukopfvireo A,E
V. flavifrons Gelbkehlvireo A,E,F
V. philadelphicus Schlichtvireo A,E,F
V. olivaceus Rotaugenvireo A,E,F
V. flavoviridis Zitronenflankenvireo E,F
V. magister Yucatanvireo E
V. altiloquus Bartvireo A,E,F
V. gilvus Sängervireo A,E,F
V. leucophrys Braunkappenvireo F
HYLOPHILUS
H. poicilotis Rostkappenvireo F
H. thoracicus Gelbbrustvireo F
H. semicinereus Graunackenvireo F
H. pectoralis Aschkopfvireo F
H. sclateri Tepuivireo F
H. muscicapinus Braunwangenvireo F
H. brunneiceps Braunkopfvireo F
H. semibrunneus Rostnackenvireo F
H. aurantiifrons Goldstirnvireo E,F
H. hypoxanthus Braunstirnvireo F
H. flavipes Buschvireo E,F
H. olivaceus Olivvireo F
H. ochraceiceps Fuchsscheitelvireo E,F
H. decurtatus Graukappenvireo E,F

160 ICTERIDAE - STÄRLINGE

ICTERINAE - STÄRLINGE

PSAROCOLIUS
P. oseryi Helmstirnvogel F
P. latirostris Breitschnabel-Stirnvogel F
P. decumanus Krähenstirnvogel E,F
P. viridis Grünschopf-Stirnvogel F
P. atrovirens Grünschnabel-Stirnvogel F
P. angustifrons Breithauben-Stirnvogel F
P. wagleri Rotkopf-Stirnvogel E
P. montezuma Montezumastirnvogel E
P. cassini Braunmantel-Stirnvogel F {B}
P. bifasciatus Parastirnvogel F {B}
P. guatimozinus Mohrenstirnvogel E,F
P. yuracares Olivkopf-Stirnvogel F
CACICUS
C. cela Gelbbürzelkassike E,F
C. haemorrhous Rotbürzelkassike E,F
C. uropygialis Scharlachbürzelkassike E,F
C. chrysopterus Goldschulterkassike F
C. koepckeae Koepckekassike F {B}
C. leucoramphus Bergkassike F
C. sclateri Trauerkassike F
C. solitarius Stahlkassike F
C. melanicterus Haubenkassike E
C. holosericeus Gelbschnabelkassike E,F
ICTERUS
I. chrysocephalus Goldkappentrupial F
I. cayanensis Epaulettentrupial F
I. chrysater Schwarzflügeltrupial E,F
I. nigrogularis Orangebrusttrupial E,F
I. leucopteryx Jamaikatrupial E
I. auratus Goldtrupial E
I. mesomelas Gelbschwanztrupial E,F
I. auricapillus Orangekopftrupial E,F
I. graceannae Weißschwingentrupial F
I. pectoralis Tropfentrupial E
I. gularis Schwarzkehltrupial A,E
I. pustulatus Piroltrupial E
I. cucullatus Maskentrupial A,E
I. icterus Orangetrupial E,F
I. galbula Baltimoretrupial A,E,F
I. spurius Gartentrupial A,E
I. dominicensis Antillentrupial E
I. wagleri Waglertrupial E
I. laudabilis Santa-Lucia-Trupial E
I. bonana Braunkopftrupial E {B}
I. oberi Montserrattrupial E {B}
I. graduacauda Schwarzkopftrupial E
I. maculialatus Bindentrupial E
I. parisorum Scott-Trupial A,E
NESOPSAR
N. nigerrimus Bromelienstärling E
XANTHOPSAR
X. flavus Gilbstärling E {B}
GYMNOMYSTAX
G. mexicanus Nacktaugentrupial F
XANTHOCEPHALUS
X. xanthocephalus Brillenstärling A,E
AGELAIUS
A. xanthophthalmus Gelbaugenstärling F
A. thilius Goldschulterstärling F
A. phoeniceus Rotschulterstärling A,E
A. tricolor Dreifarbenstärling A
A. icterocephalus Gelbkopfstärling F
A. humeralis Braunschulterstärling E
A. xanthomus Gelbschulterstärling E {B}
A. cyanopus Einfarbstärling F
A. ruficapillus Braunkopfstärling F
STURNELLA
S. superciliaris Weißbrauenstärling F
S. militaris Rotbruststärling F
S. bellicosa Weißschenkelstärling F
S. defilippi Schwarzschenkelstärling F {B}
S. loyca Langschwanzstärling F
S. magna Lerchenstärling A,E,F
S. neglecta Wiesenstärling A,E
PSEUDOLEISTES
P. guirahuro Gelbbürzelstärling F
P. virescens Drachenstärling F
AMBLYRAMPHUS
A. holosericeus Rotkopfstärling F
HYPOPYRRHUS
H. pyrohypogaster Rotbauchstärling F {B}
CURAEUS
C. curaeus Stachelkopfstärling F
C. forbesi Forbesstärling F {B}
GNORIMOPSAR
G. chopi Chopistärling F
OREOPSAR
O. bolivianus Andenstärling F
LAMPROPSAR
L. tanagrinus Samtstirnstärling F
MACROAGELAIUS
M. subalaris Braunachselstärling F
M. imthurni Goldachselstärling F
DIVES
D. atroviolacea Kubastärling E
D. dives Trauerstärling E
D. warszewiczi Buschstärling E
QUISCALUS
Q. mexicanus Dohlengrackel A,E,F
Q. major Bootschwanzgrackel A
Q. nicaraguensis Nicaraguagrackel E
Q. quiscula Purpurgrackel A

Q. niger Antillengrackel E
Q. lugubris Trauergrackel E,F
EUPHAGUS
E. carolinus Roststärling A
E. cyanocephalus Purpurstärling A,E
MOLOTHRUS
M. badius Braunkuhstärling F
M. rufoaxillaris Rotachsel-Kuhstärling F
M. bonariensis Seidenkuhstärling E,F
M. aeneus Rotaugen-Kuhstärling A,E,F
M. ater Braunkopf-Kuhstärling A,E
SCAPHIDURA
S. oryzivora Riesenkuhstärling E,F

DOLICHONYCHINAE - BOBOLINKS
DOLICHONYX
D. oryzivorus Bobolink A,E,F

161 FRINGILLIDAE - FINKENVÖGEL

FRINGILLINAE - EDELFINKEN
FRINGILLA
F. coelebs Buchfink B
F. teydea Teydefink wB {B}
F. montifringilla Bergfink B,H

CARDUELINAE - FINKEN
SERINUS
S. pusillus Rotstirngirlitz B
S. serinus Girlitz wB
S. syriacus Zederngirlitz wB
S. canaria Kanarengirlitz wB
S. citrinella Zitronengirlitz wB
S. thibetanus Himalayagirlitz oB,H,I
S. canicollis Gelbscheitelgirlitz C
S. nigriceps Schwarzkopfgirlitz C
S. citrinelloides Dünnschnabelgirlitz C
S. capistratus Zügelgirlitz C
S. koliensis Papyrusgirlitz C
S. scotops Waldgirlitz C
S. leucopygius Weißbürzelgirlitz C
S. atrogularis Angolagirlitz C
S. citrinipectus Gelbbrustgirlitz C
S. mozambicus Mosambikgirlitz C
S. donaldsoni Kernbeißergirlitz C
S. flaviventris Gelbbauchgirlitz C
S. dorsostriatus Weißbauchgirlitz C
S. sulphuratus Schwefelgirlitz C
S. albogularis Weißkehlgirlitz C
S. reichardi Miombogirlitz C
S. gularis Brauengirlitz C
S. mennelli Schwarzwangengirlitz C
S. tristriatus Rüppellgirlitz C
S. ankoberensis Ankobergirlitz C {B}
S. menachensis Jemengirlitz C
S. flavigula Shoagirlitz C {B}
S. striolatus Strichelgirlitz C
S. burtoni Dickschnabelgirlitz C
S. rufobrunneus Prinzengirlitz C
S. leucopterus Weißflügelgirlitz C
S. tottus Hottentottengirlitz C
S. symonsi Basutogirlitz C
S. alario Alariogirlitz C
S. estherae Malaiengirlitz J,K
NEOSPIZA
N. concolor Einfarbgirlitz C {B}
LINURGUS
L. olivaceus Pirolgimpel C
RHYNCHOSTRUTHUS
R. socotranus Goldflügelgimpel C
CARDUELIS
C. chloris Grünling B
C. sinica Chinagrünling oB
C. spinoides Himalayagrünling H,I
C. ambigua Schwarzkopfgrünling oB,H,I
C. spinus Erlenzeisig B
C. pinus Fichtenzeisig A,E,F
C. atriceps Guatemalazeisig E
C. spinescens Andenzeisig F
C. yarrellii Yarrellzeisig F {B}
C. cucullata Kapuzenzeisig F {B}
C. crassirostris Dickschnabelzeisig F
C. magellanica Magellanzeisig F
C. dominicensis Haitizeisig E
C. siemiradzkii Safranzeisig F {B}
C. olivacea Olivzeisig F
C. notata Schwarzbrustzeisig E
C. xanthogastra Gelbbauchzeisig F
C. atrata Schwarzzeisig F
C. uropygialis Kordillerenzeisig F
C. barbata Bartzeisig F
C. tristis Goldzeisig A,E
C. psaltria Mexikanerzeisig A,E,F
C. lawrencei Maskenzeisig A,E
C. carduelis Stieglitz B,H
ACANTHIS
A. flammea Birkenzeisig A,B
A. hornemanni Polarbirkenzeisig A,B
A. flavirostris Berghänfling B,H
A. cannabina Bluthänfling B,H
A. yemensis Jemenhänfling C
A. johannis Somalihänfling C {B}
LEUCOSTICTE
L. nemoricola Waldschneegimpel oB,H,I
L. brandti Mattenschneegimpel oB,H,I
L. arctoa Rosenbauch-Schneegimpel A,oB
CALLACANTHIS
C. burtoni Burtongimpel H
RHODOPECHYS
R. sanguinea Rotflügelgimpel B,H
R. githaginea Wüstengimpel B,H
R. mongolica Mongolengimpel oB,H
R. obsoleta Weißflügelgimpel B,H
URAGUS
U. sibiricus Meisengimpel oB
UROCYNCHRAMUS
U. pylzowi Rosenschwanzgimpel oB
CARPODACUS
C. rubescens Blanfordgimpel oB,H
C. nipalensis Dünnschnabelgimpel H,I
C. erythrinus Karmingimpel B,H,I
C. purpureus Purpurgimpel A
C. cassinii Cassingimpel A,E
C. mexicanus Hausgimpel A,E
C. pulcherrimus Schmuckgimpel H
C. eos Auroragimpel oB
C. rodochrous Rosenbrauengimpel H
C. vinaceus Rubingimpel oB,J
C. edwardsii Edwardsgimpel oB,H,I
C. synoicus Einödgimpel B
C. roseus Rosengimpel oB
C. trifasciatus Bindengimpel oB
C. rhodopeplus Fleckengimpel H,I
C. thura Weißbrauengimpel oB,H,I
C. rhodochlamys Rosenmantelgimpel oB,H,I
C. rubicilloides Gebirgsgimpel oB,H
C. rubicilla Berggimpel B,H
C. puniceus Felsengimpel oB,H
C. roborowskii Roborowskigimpel oB
PINICOLA
P. enucleator Hakengimpel A,B
P. subhimachalus Rhododendrongimpel H
HAEMATOSPIZA
H. sipahi Scharlachgimpel H,I
LOXIA
L. pytyopsittacus Kiefernkreuzschnabel wB
L. scotica Schottischer Kreuzschnabel wB
L. curvirostra Fichtenkreuzschnabel A,B,E,H,I,J
L. leucoptera Bindenkreuzschnabel A,B,E
PYRRHULA
P. nipalensis Schuppenkopfgimpel H,I,J
P. leucogenys Weißwangengimpel J
P. aurantiaca Goldrückengimpel H
P. erythrocephala Rotkopfgimpel H
P. erythaca Maskengimpel oB,H,J
P. pyrrhula Gimpel B
COCCOTHRAUSTES
C. coccothraustes Kernbeißer B,H
C. migratorius Weißhand-Kernbeißer oB
C. personatus Maskenkernbeißer oB
C. icterioides Goldkernbeißer H
C. affinis Gelbschenkel-Kernbeißer oB,H,I
C. melanozanthos Fleckenkernbeißer H,I
C. carnipes Wacholderkernbeißer oB,H
C. vespertinus Abendkernbeißer A,E
C. abeillei Abeillekernbeißer E
PYRRHOPLECTES
P. epauletta Mohrengimpel H,I

162 ESTRILDIDAE - PRACHTFINKEN

PARMOPTILA
P. woodhousei Ameisenpicker C
P. jamesoni Rotstirn-Ameisenpicker C
NIGRITA
N. fusconota Mantelschwärzling C
N. bicolor Zweifarbenschwärzling C
N. luteifrons Blaßstirnschwärzling C
N. canicapilla Graunackenschwärzling C
NESOCHARIS
N. shelleyi Meisenastrild C
N. ansorgei Halsbandastrild C
N. capistrata Weißwangenastrild C
PYTILIA
P. phoenicoptera Auroraastrild C
P. hypogrammica Rotmaskenastrild C
P. afra Wienerastrild C
P. melba Buntastrild C
MANDINGOA
M. nitidula Grüner Tropfenastrild C
CRYPTOSPIZA
C. reichenovii Bergastrild C
C. salvadorii Salvadoriastrild C
C. jacksoni Jacksonastrild C
C. shelleyi Rotmantelastrild C
PYRENESTES
P. sanguineus Karmesinastrild C
P. ostrinus Purpurastrild C
P. minor Grantastrild C
SPERMOPHAGA
S. poliogenys Grantsamenknacker C
S. haematina Rotbrust-Samenknacker C
S. ruficapilla Rotkopf-Samenknacker C
CLYTOSPIZA
C. monteiri Monteiroastrild C
HYPARGOS
H. margaritatus Perlastrild C
H. niveoguttatus Tropfenastrild C
EUSCHISTOSPIZA
E. dybowskii Dybowskiastrild C
E. cinereovinacea Schieferastrild C
LAGONOSTICTA
L. rara Schwarzbauchamarant C
L. rufopicta Pünktchenamarant C
L. nitidula Braunbürzelamarant C
L. senegala Senegalamarant C
L. virata Graurückenamarant C
L. rubricata Dunkelamarant C
L. landanae Landanaamarant C
L. rhodopareia Rosenamarant C
L. larvata Larvenamarant C
L. vinacea Schwarzkehlamarant C
URAEGINTHUS
U. angolensis Blauastrild C
U. bengalus Schmetterlingsastrild C
U. cyanocephala Blaukopfastrild C
U. granatina Granatastrild C
U. ianthinogaster Veilchenastrild C
ESTRILDA
E. caerulescens Schönbürzel C
E. perreini Schwarzschwanz-Schönbürzel C
E. thomensis Cinderellaschönbürzel C
E. melanotis Grünastrild C
E. quartinia Gelbbauchastrild C
E. poliopareia Anambraastrild C {B}
E. paludicola Sumpfastrild C
E. melpoda Orangebäckchen C
E. rhodopyga Zügelastrild C
E. rufibarba Jemenastrild C
E. troglodytes Grauastrild C
E. astrild Wellenastrild C
E. nigriloris Schwarzzügelastrild C {B}
E. nonnula Nonnenastrild C
E. atricapilla Kappenastrild C
E. erythronotos Elfenastrild C
E. charmosyna Feenastrild C
AMANDAVA
A. amandava Tigerfink H,I,J
A. formosa Olivastrild H {B}
A. subflava Goldbrüstchen C
ORTYGOSPIZA
O. atricollis Wachtelastrild C
O. gabonensis Schwarzkinn-Wachtelastrild C
O. locustella Heuschreckenastrild C
AEGINTHA
A. temporalis Dornastrild M
EMBLEMA
E. picta Gemalter Astrild M
E. bella Feuerschwanzamadine M
E. oculata Rotohramadine M
E. guttata Diamantamadine M
OREOSTRUTHUS
O. fuliginosus Bergamadine L
NEOCHMIA
N. phaeton Sonnenastrild L,M
N. ruficauda Binsenastrild M
POEPHILA
P. guttata Zebrafink K,M
P. bichenovii Ringelastrild M

P. personata Maskenamadine M
P. acuticauda Spitzschwanzamadine M
P. cincta Gürtelamadine M
ERYTHRURA
E. hyperythra Bambuspapageiamadine J,K,L
E. prasina Lauchgrüne Papageiamadine I,J
E. viridifacies Manilapapageiamadine J {B}
E. tricolor Forbespapageiamadine L
E. coloria Buntkopf-Papageiamadine J {B}
E. trichroa Dreifarben-Papageiamadine K,L,M,O
E. papuana Papuapapageiamadine L
E. psittacea Rotkopf-Papageiamadine O
E. pealii Fidschipapageiamadine O
E. cyaneovirens Kurzschwanz-Papageiamadine O
E. kleinschmidti Schwarzstirn-Papageiamadine O {B}
CHLOEBIA
C. gouldiae Gouldamadine M
AIDEMOSYNE
A. modesta Zeresamadine M
LEPIDOPYGIA
L. nana Zwergelsterchen D
LONCHURA
L. cantans Afrikanischer Silberschnabel C
L. malabarica Indischer Silberschnabel C,H
L. griseicapilla Graukopf-Silberschnabel C
L. cucullata Kleinelsterchen C
L. bicolor Glanzelsterchen C
L. fringilloides Riesenelsterchen C
L. striata Spitzschwanz-Bronzemännchen H,I,J,K
L. leucogastroides Javabronzemännchen J
L. fuscans Borneobronzemännchen J
L. molucca Wellenbauch-Bronzemännchen K
L. punctulata Muskatamadine H,I,J,K
L. kelaarti Bergbronzemännchen H
L. leucogastra Weißbauch-Bronzemännchen I,J
L. tristissima Trauerbronzemännchen L
L. leucosticta Schuppenbrust-Bronzemännchen L
L. quinticolor Fünffarbennonne J,K
L. malacca Schwarzbauchnonne H,I,J,K
L. maja Weißkopfnonne I,J
L. pallida Blaßkopfnonne K
L. grandis Dickschnabelnonne L
L. vana Arfaknonne L
L. caniceps Graukopfnonne L
L. nevermanni Weißscheitelnonne L
L. spectabilis Prachtnonne L,O
L. forbesi Forbesnonne O
L. hunsteini Hunsteinnonne O
L. flaviprymna Gelbbrust-Schilffink M
L. castaneothorax Braunbrust-Schilffink L,M
L. stygia Hadesschilffink L
L. teerinki Schwarzbrust-Schilffink L
L. monticola Bergschilffink L
L. montana Höhenschilffink L
L. melaena Dickkopf-Schilffink O
L. pectoralis Weißbrust-Schilffink M
PADDA
P. fuscata Timorreisfink K
P. oryzivora Reisfink J,K
AMADINA
A. erythrocephala Rotkopfamadine C
A. fasciata Bandamadine C
PHOLIDORNIS
P. rushiae Strichelköpfchen C

163 PLOCEIDAE - WEBERVÖGEL

VIDUINAE - WITWENVÖGEL
VIDUA
V. chalybeata Rotfuß-Atlaswitwe C
V. purpurascens Weißfuß-Atlaswitwe C
V. funerea Purpuratlaswitwe C
V. wilsoni Wilsonatlaswitwe C
V. hypocherina Glanzwitwe C
V. fischeri Strohwitwe C
V. regia Königswitwe C
V. macroura Dominikanerwitwe C
V. paradisaea Schmalschwanz-Paradieswitwe C
V. orientalis Senegalparadieswitwe C

BUBALORNITHINAE - BÜFFELWEBER
BUBALORNIS
B. albirostris Alektoweber C
B. niger Büffelweber C
DINEMELLIA
D. dinemelli Starweber C

PASSERINAE - SPERLINGE
PLOCEPASSER
P. mahali Augenbrauenmahali C
P. superciliosus Braunwangenmahali C
P. donaldsoni Dornbuschmahali C
P. rufoscapulatus Rotrückenmahali C
HISTURGOPS
H. ruficauda Rotschwanzweber C
PSEUDONIGRITA
P. arnaudi Marmorspätzling C
P. cabanisi Schwarzkopfspätzling C
PHILETAIRUS
P. socius Siedelweber C
PASSER
P. ammodendri Saxaulsperling oB
P. domesticus Haussperling A,B,C,H,I,M
P. hispaniolensis Weidensperling B,H
P. pyrrhonotus Dschungelsperling oB,H
P. castanopterus Somalisperling C
P. rutilans Rötelsperling oB,H,I,J
P. flaveolus Gelbbauchsperling I
P. moabiticus Moabsperling B
P. motitensis Rostsperling C
P. melanurus Kapsperling C
P. insularis Sokotrasperling C
P. rufocinctus Keniasperling C
P. griseus Graukopfsperling C
P. swainsonii Swainsonsperling C
P. gongonensis Papageischnabelsperling C
P. suahelicus Suahelisperling C
P. simplex Wüstensperling B,C
P. montanus Feldsperling B,H,I,J,K
AURIPASSER
A. luteus Braunrücken-Goldsperling C
A. euchlorus Jemengoldsperling C
SORELLA
S. eminibey Maronensperling C
PETRONIA
P. pyrgita Sahelsteinsperling C
P. xanthocollis Gelbkehlsperling wB,H
P. superciliaris Kapsteinsperling C
P. dentata Buschsteinsperling C
P. petronia Steinsperling B,H
P. brachydactyla Fahlsperling B,C,H
MONTIFRINGILLA
M. nivalis Schneefink B
M. adamsi Adamsschneefink oB,H
M. taczanowskii Weißbürzel-Schneefink H
M. davidiana Davidschneefink oB
M. ruficollis Rothals-Schneefink oB
M. blanfordi Blanfordschneefink oB,H
M. theresae Afghanenschneefink oB
SPOROPIPES
S. squamifrons Schnurrbärtchen C
S. frontalis Schuppenköpfchen C

PLOCEINAE - WEBER
AMBLYOSPIZA
A. albifrons Weißstirnweber C
PLOCEUS
P. baglafecht Baglafechtweber C
P. bannermani Bannermanweber C {B}
P. batesi Braunwangenweber C {B}
P. nigrimentum Schwarzkinnweber C {B}
P. bertrandi Bertrandweber C
P. pelzelni Mönchsweber C
P. subpersonatus Loangoweber C {B}
P. luteolus Zwergweber C
P. ocularis Brillenweber C
P. nigricollis Kurzflügelweber C
P. alienus Meisenweber C
P. melanogaster Schwarzbauchweber C
P. capensis Kapweber C
P. temporalis Bocageweber C
P. subaureus Goldweber C
P. burnieri Kilomberoweber C
P. xanthops Safranweber C
P. aurantius Königsweber C
P. heuglini Heuglinweber C
P. bojeri Palmenweber C
P. castaneiceps Genickbandweber C
P. princeps Prinzenweber C
P. xanthopterus Braunkehlweber C
P. castanops Riedweber C
P. galbula Gilbweber C
P. victoriae Victoriaweber C {B}
P. taeniopterus Goldmantelweber C
P. intermedius Cabanisweber C
P. velatus Maskenweber C
P. ruweti Ruwetweber C {B}
P. katangae Katangaweber C
P. reichardi Reichardweber C
P. vitellinus Dotterweber C
P. spekei Somaliweber C
P. spekeoides Foxweber C
P. cucullatus Dorfweber C
P. nigriceps Layardweber C
P. grandis Riesenweber C
P. nigerrimus Mohrenweber C
P. weynsi Weynsweber C
P. golandi Golandweber C {B}
P. dicrocephalus Gelbrückenweber C
P. melanocephalus Schwarzkopfweber C
P. jacksoni Jacksonweber C
P. badius Schulterfleckenweber C
P. rubiginosus Maronenweber C
P. aureonucha Goldnackenweber C {B}
P. tricolor Dreifarbenweber C
P. albinucha Trauerweber C
P. nelicourvi Grünweber D
P. hypoxanthus Kernbeißerweber I,J
P. superciliosus Augenbrauenweber C
P. benghalensis Bengalenweber H,I
P. manyar Manyarweber H,I,J
P. philippinus Bayaweber H,I,J
P. megarhynchus Großschnabelweber H {B}
P. bicolor Waldweber C
P. preussi Preussweber C
P. dorsomaculatus Gelbkappenweber C
P. olivaceiceps Olivkopfweber C
P. nicolli Nicollweber C {B}
P. insignis Braunkappenweber C
P. angolensis Miomboweber C
P. sanctaethomae Sao-Tomé-Weber C
MALIMBUS
M. flavipes Gelbfußweber C {B}
M. coronatus Kronenweber C
M. cassini Cassinweber C
M. racheliae Rachelweber C
M. ballmani Ballmanweber C {B}
M. scutatus Schildweber C
M. ibadanensis Ibadanweber C {B}
M. nitens Rotkehlweber C
M. rubricollis Kletterweber C
M. erythrogaster Rotbauchweber C
M. malimbicus Haubenweber C
ANAPLECTES
A. melanotis Scharlachweber C
QUELEA
Q. cardinalis Kardinalweber C
Q. erythrops Rotkopfweber C
Q. quelea Blutschnabelweber C
FOUDIA
F. madagascariensis Madagaskarweber D
F. eminentissima Komorenweber D
F. omissa Rothschildweber D
F. rubra Mauritiusweber D {B}
F. sechellarum Seychellenweber D {B}
F. flavicans Rodriguezweber D {B}
F. sakalava Sakalavaweber D
BRACHYCOPE
B. anomala Kurzschwanzweber C
EUPLECTES
E. afer Tahaweber C
E. diademata Diademweber C
E. gierowii Bischofsweber C
E. nigroventris Brandweber C
E. hordeacea Flammenweber C
E. orix Oryxweber C
E. aurea Goldrückenweber C
E. capensis Samtwida C
E. axillaris Stummelwida C
E. macrourus Gelbschulterwida C
E. hartlaubi Hartlaubwida C
E. psammocromius Reichenowwida C
E. albonotatus Spiegelwida C
E. ardens Schildwida C
E. progne Hahnschweifwida C
E. jacksoni Leierschwanzwida C
ANOMALOSPIZA
A. imberbis Kuckucksfink C

164 STURNIDAE - STARE

STURNINAE - STARE
APLONIS
A. zelandica Rostflügelstar O
A. santovestris Rostbürzelstar O {B}
A. pelzelni Pelzelnstar O {B}
A. atrifusca Samoastar O

A. cinerascens Rarotongastar O {B}
A. tabuensis Südseestar O
A. striata Dickschnabelstar O
A. fusca Norfolkstar O
A. opaca Carolinenstar O
A. cantoroides Singstar L
A. crassa Tanimbarstar L
A. feadensis Atollstar L,O
A. insularis Rennellstar O
A. dichroa San-Cristobal-Star O
A. grandis Kragenstar O
A. mysolensis Molukkenstar K,L
A. magna Geelvinkstar L
A. minor Sundastar J,K
A. panayensis Malaienstar H,I,J,K
A. metallica Weberstar K,L,M
A. mystacea Mimikastar L
A. brunneicapilla Weißaugenstar O
POEOPTERA
P. kenricki Kenrickstar C
P. stuhlmanni Stuhlmannstar C
P. lugubris Spitzschwanzstar C
GRAFISIA
G. torquata Ringstar C
ONYCHOGNATHUS
O. walleri Wallerstar C
O. nabouroup Fahlflügelstar C
O. morio Rotschwingenstar C
O. blythii Somalistar C
O. frater Sokotrastar C
O. tristramii Tristramstar wB,C
O. fulgidus Kastanienflügelstar C
O. tenuirostris Zimtflügelstar C
O. albirostris Weißschnabelstar C
O. salvadorii Helmstar C
LAMPROTORNIS
L. iris Schillerglanzstar C
L. cupreocauda Kupferglanzstar C
L. purpureiceps Samtglanzstar C
L. superbus Dreifarben-Glanzstar C
L. corruscus Schwarzbauch-Glanzstar C
L. purpureus Purpurglanzstar C
L. nitens Rotschulter-Glanzstar C
L. chalcurus Erzglanzstar C
L. chalybaeus Grünschwanz-Glanzstar C
L. chloropterus Messingglanzstar C
L. acuticaudus Keilschwanz-Glanzstar C
L. splendidus Prachtglanzstar C
L. ornatus Prinzenglanzstar C
L. australis Riesenglanzstar C
L. mevesii Mevesglanzstar C
L. purpuropterus Schweifglanzstar C
L. caudatus Langschwanz-Glanzstar C
CINNYRICINCLUS
C. femoralis Abbottstar C {B}
C. sharpii Rostbauchstar C
C. leucogaster Amethystglanzstar C
SPECULIPASTOR
S. bicolor Spiegelstar C
NEOCICHLA
N. gutturalis Weißflügelstar C
SPREO
S. fischeri Fischerglanzstar C
S. bicolor Zweifarbstar C
S. albicapillus Weißscheitelstar C
S. pulcher Rotbauch-Glanzstar C
S. hildebrandti Hildebrandtglanzstar C
S. shelleyi Shelleyglanzstar C
COSMOPSARUS
C. regius Königsglanzstar C
C. unicolor Grauglanzstar C
SAROGLOSSA
S. aurata Madagaskarstar D
S. spiloptera Marmorstar H,I
CREATOPHORA
C. cinerea Lappenstar C
STURNUS
S. senex Greisenstar H
S. malabaricus Graukopfstar H,I
S. erythropygius Andamanenstar I
S. pagodarum Pagodenstar H
S. sericeus Seidenstar oB,I
S. philippensis Violettrückenstar oB,J,K
S. sturninus Mongolenstar oB,I,J,K
S. roseus Rosenstar B,H
S. vulgaris Star A,B,C,E,H,M,N,O
S. unicolor Einfarbstar wB
S. cineraceus Weißwangenstar oB
S. contra Elsterstar H,I,J
S. nigricollis Schwarzhalsstar I,J
S. burmannicus Burmastar I
S. melanopterus Schwarzflügelstar J
S. sinensis Mandarinstar I,J
LEUCOPSAR
L. rothschildi Balistar J {B}
ACRIDOTHERES
A. tristis Hirtenmaina oB,C,H,I,J,K
A. ginginianus Ufermaina H
A. fuscus Dschungelmaina H,I,J,K
A. grandis Langschopfmaina H,I
A. albocinctus Halsbandmaina B,H
A. cristatellus Haubenmaina oB,I,J
AMPELICEPS
A. coronatus Kronenatzel H,I
MINO
M. anais Orangeatzel L
M. dumontii Papuaatzel K,L,O
BASILORNIS
B. celebensis Königsatzel K
B. galeatus Helmatzel K {B}
B. corythaix Molukkenatzel K
B. miranda Prachtatzel J
STREPTOCITTA
S. albicollis Weißhalsatzel K
S. albertinae Sulaatzel K {B}
SARCOPS
S. calvus Kahlkopfatzel J
GRACULA
G. ptilogenys Dschungelatzel H
G. religiosa Beo H,I,J,K
ENODES
E. erythrophris Rotbrauenstar K
SCISSIROSTRUM
S. dubium Finkenschnabelstar K

BUPHAGINAE - MADENHACKER
BUPHAGUS
B. africanus Gelbschnabel-Madenhacker C
B. erythrorhynchus Rotschnabel-Madenhacker C

165 ORIOLIDAE - PIROLE

ORIOLUS
O. szalayi Grantpirol L
O. phaeochromus Halmaherapirol K
O. forsteni Forstenpirol K
O. bouroensis Burupirol L
O. melanotis Sundapirol K
O. sagittatus Streifenpirol L,M
O. flavocinctus Mangrovepirol K,L,M
O. xanthonotus Gelbmantelpirol J
O. albiloris Weißzügelpirol J
O. isabellae Isabellpirol J {B}
O. oriolus Pirol B,H
O. auratus Schwarzohrpirol C
O. chinensis Schwarznackenpirol oB,H,I,J,K
O. chlorocephalus Grünkopfpirol C
O. crassirostris Sao-Tomé-Pirol C
O. brachyrhynchus Blauflügelpirol C
O. monacha Mönchspirol C
O. percivali Bergpirol C
O. larvatus Maskenpirol C
O. nigripennis Schwarzflügelpirol C
O. xanthornus Schwarzkopfpirol H,I,J
O. hosii Mohrenpirol J
O. cruentus Rotbrustpirol J
O. traillii Blutpirol H,I,J
O. mellianus Seidenpirol oB {B}
SPHECOTHERES
S. viridis Feigenpirol M,O
S. hypoleucus Wetarfeigenpirol K

166 DICRURIDAE - DRONGOS

CHAETORHYNCHUS
C. papuensis Rundschwanzdrongo L
DICRURUS
D. ludwigii Geradschwanzdrongo C
D. atripennis Glanzdrongo C
D. adsimilis Trauerdrongo C
D. fuscipennis Braunschwingendrongo D {B}
D. aldabranus Aldabradrongo D
D. forficatus Gabeldrongo D
D. waldenii Mayottedrongo D {B}
D. macrocercus Königsdrongo oB,H,I,J
D. leucophaeus Graudrongo oB,H,I,J
D. caerulescens Graubrustdrongo H
D. annectans Krähendrongo H,I
D. aeneus Bronzedrongo H,I,J
D. remifer Spateldrongo H,I,J
D. balicassius Philippinendrongo J
D. bracteatus Glanzfleckdrongo J,K,L,M,O
D. megarhynchus Bandschwanzdrongo O
D. densus Wallacedrongo J,K,L
D. sumatranus Sumatradrongo J
D. hottentottus Haarbuschdrongo H,I,J,K
D. andamanensis Andamanendrongo I
D. paradiseus Flaggendrongo H,I,J

167 CALLAEIDAE - LAPPENVÖGEL

CALLAEAS
C. cinerea Graulappenvogel N {B}
CREADION
C. carunculatus Sattelvogel N {B}

168 GRALLINIDAE - SCHLAMMNEST-BAUER

GRALLININAE - DROSSELSTELZEN
GRALLINA
G. cyanoleuca Drosselstelze M
G. bruijni Trugstelze L

CORCORACINAE - DROSSELHÄHER
CORCORAX
C. melanorhamphos Drosselkrähe M
STRUTHIDEA
S. cinerea Gimpelhäher M

169 ARTAMIDAE - SCHWALBENSTARE

ARTAMUS
A. fuscus Grauschwalbenstar H
A. leucorhynchus Weißbauch-Schwalbenstar J,K,L,M
A. monachus Weißrücken-Schwalbenstar K
A. maximus Riesenschwalbenstar L
A. insignis Bismarckschwalbenstar O
A. personatus Maskenschwalbenstar M
A. superciliosus Weißbrauen-Schwalbenstar M
A. cinereus Schwarzgesicht-Schwalbenstar K,M
A. cyanopterus Rußschwalbenstar M
A. minor Zwergschwalbenstar M

170 CRACTICIDAE - WÜRGERKRÄHEN

CRACTICUS
C. mentalis Schwarzrücken-Würgatzel L,M
C. torquatus Graurücken-Würgatzel M
C. nigrogularis Schwarzkehl-Würgatzel M
C. cassicus Papuawürgatzel L
C. louisiadensis Louisiadenwürgatzel L
C. quoyi Mangrovewürgatzel K,L,M
GYMNORHINA
G. tibicen Flötenvogel L,M
STREPERA
S. graculina Weißbürzel-Würgerkrähe M
S. fuliginosa Tasmanwürgerkrähe M
S. versicolor Rußwürgerkrähe M

171 PTILONORHYNCHIDAE - LAUBENVÖGEL

AILUROEDUS
A. buccoides Weißohr-Laubenvogel L
A. crassirostris Grünlaubenvogel M
A. melanotis Schwarzohr-Laubenvogel L,M
SCENOPOEETES
S. dentirostris Zahnlaubenvogel M
ARCHBOLDIA
A. papuensis Archboldlaubenvogel L
AMBLYORNIS
A. inornatus Hüttengärtner L
A. macgregoriae Goldhaubengärtner L
A. subularis Rothaubengärtner L
A. flavifrons Gelbscheitelgärtner L {B}
PRIONODURA
P. newtoniana Säulengärtner M
SERICULUS
S. aureus Goldlaubenvogel L
S. bakeri Rotscheitel-Laubenvogel L {B}
S. chrysocephalus Gelbnacken-Laubenvogel M
PTILONORHYNCHUS
P. violaceus Seidenlaubenvogel M
CHLAMYDERA
C. maculata Fleckenlaubenvogel M
C. nuchalis Graulaubenvogel M
C. lauterbachi Dreigang-Laubenvogel L
C. cerviniventris Braunbauch-Laubenvogel L,M

172 PARADISAEIDAE - PARADIESVÖGEL

CNEMOPHILINAE - FURCHENPARADIESVÖGEL
LORIA
L. loriae Loriaparadiesvogel L
LOBOPARADISEA
L. sericea Lappenparadiesvogel L
CNEMOPHILUS
C. macgregorii Furchenparadiesvogel L

PARADISAEINAE - PARADIESVÖGEL
MACGREGORIA
M. pulchra Brillenparadiesvogel L
LYCOCORAX
L. pyrrhopterus Krähenparadiesvogel L
MANUCODIA
M. ater Glanzparadieskrähe L
M. jobiensis Jobiparadieskrähe L
M. chalybatus Grünparadieskrähe L
M. comrii Kräuselparadieskrähe L
M. keraudrenii Trompeterparadieskrähe K,L,M
PTILORIS
P. paradiseus Schildparadiesvogel M
P. victoriae Victoriaparadiesvogel M
P. magnificus Prachtparadiesvogel L,M
SEMIOPTERA
S. wallacei Bänderparadiesvogel K
SELEUCIDIS
S. melanoleuca Fadenparadieshopf L
PARADIGALLA
P. carunculata Langschwanzparadigalla L {B}
P. brevicauda Kurzschwanzparadigalla L
DREPANORNIS
D. albertisii Gelbschwanz-Paradieshopf L
D. bruijnii Braunschwanz-Paradieshopf L
EPIMACHUS
E. fastosus Breitschwanz-Paradieshopf L {B}
E. meyeri Schmalschwanz-Paradieshopf L
ASTRAPIA
A. nigra Fächerparadieselster L
A. splendidissima Prachtparadieselster L
A. mayeri Schmalschwanz-Paradieselster L {B}
A. stephaniae Stephanieparadieselster L
A. rothschildi Blaubrust-Paradieselster L
LOPHORINA
L. superba Kragenparadiesvogel L
PAROTIA
P. sefilata Strahlenparadiesvogel L
P. carolae Carolaparadiesvogel L
P. lawesii Blaunacken-Paradiesvogel L
P. wahnesi Wahnesparadiesvogel L {B}
PTERIDOPHORA
P. alberti Wimpelträger L
CICINNURUS
C. regius Königsparadiesvogel K,L
DIPHYLLODES
D. magnificus Sichelschwanz-Paradiesvogel L
D. respublica Nacktkopf-Paradiesvogel K,L
PARADISAEA
P. apoda Großer Paradiesvogel K,L
P. raggiana Raggiparadiesvogel L
P. minor Kleiner Paradiesvogel L
P. decora Lavendelparadiesvogel L {B}
P. rubra Rotparadiesvogel K,L
P. guilielmi Kaiserparadiesvogel L
P. rudolphi Blauparadiesvogel L

173 CORVIDAE - KRÄHENVÖGEL

PLATYLOPHUS
P. galericulatus Haubenhäher I,J
PLATYSMURUS
P. leucopterus Trauerelster J
GYMNORHINUS
G. cyanocephala Nacktschnabelhäher A
CYANOCITTA
C. cristata Blauhäher A
C. stelleri Diademhäher A,E
APHELOCOMA
A. coerulescens Buschhäher A,E
A. ultramarina Graubrusthäher A,E
A. unicolor Einfarbhäher E
CYANOLYCA
C. viridicyana Blaukehlhäher F
C. armillata Halsbandhäher F
C. turcosa Türkishäher F
C. pulchra Schmuckhäher F {B}
C. cucullata Blaukappenhäher E
C. pumilo Schwarzkehlhäher E
C. nana Zwerghäher E {B}
C. mirabilis Weißkehlhäher E {B}
C. argentigula Silberhäher E
CISSILOPHA
C. melanocyanea Hartlaubblaurabe E
C. sanblasiana Acapulcoblaurabe E
C. yucatanica Yucatanblaurabe E
C. beecheii Trauerblauhäher E
CYANOCORAX
C. caeruleus Azurblaurabe F {B}
C. cyanomelas Purpurblaurabe F
C. violaceus Hyazinthenblaurabe F
C. cristatellus Krauskopf-Blaurabe F
C. heilprini Fliederblaurabe F
C. cayanus Cayenneblauhäher F
C. affinis Schwarzbrust-Blaurabe E,F
C. chrysops Kappenblaurabe F
C. cyanopogon Weißnacken-Blaurabe F
C. mystacalis Nacktwangen-Blaurabe F
C. dickeyi Schopfblaurabe E
C. yncas Grünhäher E,F
PSILORHINUS
P. morio Braunhäher E
CALOCITTA
C. formosa Langschwanzhäher E
C. colliei Blauwangenhäher E
GARRULUS
G. glandarius Eichelhäher B,H,I,J
G. lanceolatus Strichelhäher H
G. lidthi Prachthäher oB
PERISOREUS
P. canadensis Meisenhäher A
P. infaustus Unglückshäher B
P. internigrans Sichuanhäher oB {B}
UROCISSA
U. ornata Schmuckkitta H {B}
U. caerulea Dickschnabelkitta J
U. flavirostris Gelbschnabelkitta H,I
U. erythrorhyncha Rotschnabelkitta oB,H,I
U. whiteheadi Graubauchkitta I
CISSA
C. chinensis Jagdelster H,I,J
C. hypoleuca Goldbauchelster I
C. thalassina Buschelster J
CYANOPICA
C. cyana Blauelster B
DENDROCITTA
D. vagabunda Wanderelster H,I
D. occipitalis Malaienbaumelster J
D. formosae Graubrust-Baumelster H,I,J
D. leucogastra Weißbauch-Baumelster H
D. frontalis Maskenbaumelster H,I
D. bayleyi Andamanenbaumelster I
CRYPSIRINA
C. temia Spatelbaumelster I,J
C. cucullata Kapuzenbaumelster I {B}
TEMNURUS
T. temnurus Leiterschwanzelster I
PICA
P. pica Elster A,B,H,I
P. nuttalli Gelbschnabelelster A
ZAVATTARIORNIS
Z. stresemanni Akazienhäher C {B}
PODOCES
P. hendersoni Mongolenhäher oB
P. biddulphi Weißschwanzhäher oB
P. panderi Saxaulhäher oB
P. pleskei Pleskehäher oB
PSEUDOPODOCES
P. humilis Höhlenhäher oB
NUCIFRAGA
N. columbiana Kiefernhäher A
N. caryocatactes Tannenhäher B,H,I,J
PYRRHOCORAX
P. pyrrhocorax Alpenkrähe B,H,I
P. graculus Alpendohle B
PTILOSTOMUS
P. afer Piapia C
CORVUS
C. monedula Dohle B,H
C. dauuricus Elsterdohle oB
C. splendens Glanzkrähe H,I,J
C. moneduloides Geradschnabelkrähe O
C. unicolor Banggaikrähe K {B}
C. enca Sundakrähe J,K
C. typicus Celebeskrähe K
C. florensis Floreskrähe J {B}
C. kubaryi Guamkrähe O {B}
C. validus Molukkenkrähe K
C. woodfordi Buntschnabelkrähe O
C. fuscicapillus Braunkopfkrähe K,L
C. tristis Greisenkrähe K
C. capensis Kapkrähe C
C. frugilegus Saatkrähe B,H
C. brachyrhynchos Amerikanerkrähe A
C. caurinus Sundkrähe A
C. imparatus Mexikanerkrähe E
C. sinaloae Sinaloakrähe E
C. ossifragus Fischkrähe A
C. palmarum Palmenkrähe E
C. jamaicensis Jamaikakrähe E
C. nasicus Kubakrähe E
C. leucognaphalus Antillenkrähe E
C. corone Aaskrähe B,H
C. macrorhynchos Dschungelkrähe oB,H,I,J,K
C. orru Salvadorikrähe L,M,O
C. bennetti Bennettkrähe M
C. coronoides Neuhollandkrähe M
C. tasmanicus Tasmankrähe M
C. mellori Gesellschaftskrähe M
C. torquatus Halsbandkrähe I
C. albus Schildrabe C,D
C. hawaiiensis Hawaiikrähe P {B}
C. cryptoleucus Weißhalsrabe A
C. ruficollis Wüstenrabe B,C,H
C. corax Kolkrabe A,B,H
C. rhipidurus Borstenrabe wB
C. albicollis Geierrabe C
C. crassirostris Erzrabe C

Anmerkungen zur Artenliste

Die Reihenfolge der Ordnungen, Familien und Arten in dieser Liste folgt der traditionellen und weltweit benutzten Systematik. Sie wurde 1991 durch Richard Howard und Alick Moore auf den neuesten Stand gebracht. Diese Liste wird im vorliegenden Buch erstmals vollständig in deutscher Sprache vorgestellt. In wenigen Ausnahmefällen waren Abweichungen von der Originalliste nötig, wenn Ergänzungen, Korrekturen oder neue Erkenntnisse diese erforderlich machten.
Die deutschen Namen sind in vielen Fällen lediglich als Vorschläge zu betrachten, da es bislang keine offizielle und verbindliche Liste gibt. Sie sind keineswegs immer schön, treffend oder sinnvoll, oft sogar ausgesprochen häßlich, irreführend oder wenig hilfreich. In vielen Fällen wurde den Vorschlägen von Wolters (1975-82) gefolgt, in der Westpaläarktis nachgewiesene Arten wurden in Übereinstimmung mit der Liste von Barthel & Hill (1988) benannt. Für etwa 2000 Vogelarten mußten neue Namen erdacht werden, da sie bislang keine deutsche Bezeichnung hatten oder ältere Vorschläge sich nicht durchsetzen konnten. Diese neuen Namen lehnen sich in der Regel an die wissenschaftliche oder englische Bezeichnung an. Aus bis zu drei Wörtern zusammengesetzte Namen wurden grundsätzlich nicht, aus vier oder mehr Wörtern gebildete immer mit Bindestrich versehen. Ältere Schreibweisen wurden der neuen Auflage des Duden angepaßt.

Neue Klassifikation
Inzwischen haben Charles G. Sibley und Burt L. Monroe (1990) eine weitere vollständige und ausführlich kommentierte Liste aller Vogelarten in englischer Sprache herausgebracht. Sie beruht auf den zusammen mit Jon E. Ahlquist auf der Basis von DNA-DNA-Hybridisation durchgeführten Untersuchungen zur Evolution und Klassifikation der Vögel. Dabei wird die genetische Verwandtschaft zwischen Arten und Familien mit einer biochemischen Methode analysiert. Das Ergebnis kann man als eine Revolution in der Taxonomie betrachten. Noch wurden längst nicht alle Arten untersucht, und es wird noch viele Jahre dauern, bis sich diese neue Klassifikation allgemein durchsetzt. Das Grundgerüst steht jedoch und soll daher auf der folgenden Seite vorgestellt werden. Dabei werden lediglich die Bezeichnungen der Ordnungen und der in ihnen enthaltenen Familien angegeben, zusätzlich einige der früher selbständigen Familien.

MITARBEITER DIESES BUCHES

Systematik nach Sibley und Monroe
STRUTHIONIFORMES: Struthionidae (Strauße), Rheidae (Nandus), Casuariidae (Kasuare, Emus), Apterygidae (Kiwis)
TINAMIFORMES: Tinamidae (Steißhühner)
CRACIFORMES: Cracidae (Hokkohühner), Megapodiidae (Großfußhühner)
GALLIFORMES: Phasianidae (Hühner), Numididae (Perlhühner), Odontophoridae (Zahnwachteln)
ANSERIFORMES: Anhimidae (Wehrvögel), Anseranatidae (Spaltfußgänse), Dendrocygnidae (Pfeifgänse), Anatidae (Enten)
TURNICIFORMES: Turnicidae (Wachtellaufhühnchen)
PICIFORMES: Indicatoridae (Honiganzeiger), Picidae (Spechte), Megalaimidae (Asiatische Bartvögel), Lybiidae (Afrikanische Bartvögel), Ramphastidae (Tukane)
GALBULIFORMES: Galbulidae (Glanzvögel), Bucconidae (Faulvögel)
BUCEROTIFORMES: Bucerotidae (Hornvögel), Bucorvidae (Hornraben)
UPUPIFORMES: Upupidae (Wiedehopfe), Phoeniculidae (Baumhopfe), Rhinopomastidae (Sichelhopfe)
TROGONIFORMES: Trogonidae (Trogone)
CORACIIFORMES: Coraciidae (Racken), Brachypteraciidae (Erdracken), Leptosomatidae (Kurole), Momotidae (Sägeracken), Todidae (Todis), Alcedinidae (Eisvögel), Dacelonidae (Lieste), Cerylidae (Fischereisvögel), Meropidae (Spinte)
COLIIFORMES: Coliidae (Mausvögel)
CUCULIFORMES: Cuculidae (Kuckucke), Centropodidae (Laufkuckucke), Coccyzidae (Regenkuckucke), Ophistocomidae (Hoatzine), Crotophagidae (Madenkuckucke), Neomorphidae (Erdkuckucke)
PSITTACIFORMES: Psittacidae (Papageien)
APODIFORMES: Apodidae (Segler), Hemiprocnidae (Baumsegler)
TROCHILIFORMES: Trochilidae (Kolibris)
MUSOPHAGIFORMES: Musophagidae (Turakos)
STRIGIFORMES: Tytonidae (Schleiereulen), Strigidae (Eulen), Aegothelidae (Höhlenschwalme), Podargidae (Australische Eulenschwalme), Batrachostomidae (Asiatische Eulenschwalme), Steatornithidae (Fettschwalme), Nyctibiidae (Tagschläfer), Eurostopodidae (Ohrennachtschwalben), Caprimulgidae (Nachtschwalben)
COLUMBIFORMES: Raphidae (Dronten), Columbidae (Tauben)
GRUIFORMES: Eurypigidae (Sonnenrallen), Otididae (Trappen), Gruidae (Kraniche), Heliornithidae (Binsenrallen), Psophiidae (Trompetervögel), Cariamidae (Seriemas), Rhynochetidae (Kagus), Rallidae (Rallen), Mesitornithidae (Stelzenrallen)
CICONIIFORMES: Pteroclidae (Flughühner), Thinocoridae (Höhenläufer), Pedionomidae (Trappenlaufhühnchen), Scolopacidae (Schnepfenvögel), Rostratulidae (Goldschnepfen), Jacanidae (Blatthühnchen), Chionidae (Scheidenschnäbel), Burhinidae (Triele), Charadriidae (Regenpfeifer; inkl. Austernfischer, Stelzenläufer), Glareolidae (Brachschwalben; inkl. Reiherläufer), Laridae (Möwenvögel; inkl. Raubmöwen, Scherenschnäbel), Accipitridae (Greifvögel; inkl. Fischadler), Sagittariidae (Sekretäre), Falconidae (Falken), Podicipedidae (Lappentaucher), Phaethontidae (Tropikvögel), Sulidae (Tölpel), Anhingidae (Schlangenhalsvögel), Phalacrocoracidae (Kormorane), Ardeidae (Reiher), Scopidae (Schattenvögel), Phoenicopteridae (Flamingos), Threskiornithidae (Ibisse), Pelecanidae (Pelikane; inkl. Schuhschnäbel), Ciconiidae (Störche; inkl. Neuweltgeier), Fregatidae (Fregattvögel), Spheniscidae (Pinguine), Gaviidae (Seetaucher), Procellariidae (Röhrennasen)
PASSERIFORMES: Acanthisittidae (Maorischlüpfer), Pittidae (Pittas), Eurylaimidae (Breitrachen), Philepittidae (Jalas), Tyrannidae (Tyrannen; inkl. Schmuck- und Schnurrvögel), Thamnophilidae (Ameisenwürger), Furnariidae (Töpfervögel; inkl. Baumsteiger), Formicariidae (Ameisenvögel), Conopophagidae (Mückenfresser), Rhinocryptidae (Bürzelstelzer), Climacteridae (Baumrutscher), Menuridae (Leierschwänze; inkl. Dickichtvögel), Ptilonorhynchidae (Laubenvögel), Maluridae (Staffelschwänze), Meliphagidae (Honigfresser), Pardalotidae (Südsee-Grasmücken), Eopsaltriidae (Südseeschnäpper), Irenidae (Feenvögel), Orthonychidae (Laufflöter), Pomatostomidae (Australsäbler), Laniidae (Würger), Vireonidae (Vireos), Corvidae (Krähenvögel; inkl. Dickköpfe, Paradiesvögel, Schwalbenstare, Pirole, Drongos, Monarchen, Vangawürger u.a.), Callaeatidae (Lappenvögel), Picathartidae (Felshüpfer), Bombycillidae (Seidenschwänze; inkl. Palmenschwätzer), Cinclidae (Wasseramseln), Muscicapidae (Sänger; inkl. Fliegenschnäpper, Drosseln), Sturnidae (Stare; inkl. Spottdrosseln), Sittidae (Kleiber), Certhiidae (Baumläufer; inkl. Zaunkönige, Mückenfänger), Paridae (Meisen; inkl. Beutelmeisen), Aegithalinidae (Schwanzmeisen), Hirundinidae (Schwalben), Regulidae (Goldhähnchen), Pycnonotidae (Bülbüls), Hypocoliidae (Seidenwürger), Cisticolidae (Halmsänger), Zosteropidae (Brillenvögel), Sylviidae (Zweigsänger; inkl. Drosslinge, Trugbaumläufer), Alaudidae (Lerchen), Nectariniidae (Nektarvögel; inkl. Mistelfresser), Melanocharitidae (Beerenpicker), Paramythiidae (Beerenfresser), Passeridae (Sperlinge; inkl. Stelzen, Braunellen, Webervögel, Prachtfinken), Fringillidae (Finken; inkl. Kleidervögel, Ammern, Waldsänger u.a.)

Literatur:
Barthel, P. H., & A. Hill (1988): Die Limicola-Liste der Vögel der Westpaläarktis. Limicola Bd. 2, Suppl.: 12-36.
Collar, N. J., & P. Andrew (Hrsg., 1988): Birds to watch. The ICBP Worls Checklist of Threatened Birds. ICBP Techn. Publ. 8. Cambridge.
Howard, R., & A. Moore (1991): A Complete Checklist of the Birds of the World. 2. Aufl. London (Academic Press).
Sibley, C. G., & B. L. Monroe (1990): Distribution and Taxonomy of Birds of the World. New Haven & London (Yale University Press).
Wolters, H. E. (1975-82): Die Vogelarten der Erde. Hamburg & Berlin (Paul Parey).

Mitarbeiter dieses Buches

Künstler

Norman Arlott: Seite 1, 3, 162-163, 166-167, 170-171, 174-175, 198-199, 206-207, 210-211, 214-215, 218-219, 250-251, 354-355, 358-359, 362-363
Dianne Breeze: Seite 134-135, 138-139, 142-143
Hilary Burn: Seite 26-27, 226-227, 278-279, 282-283, 286-287
Chris Christoforou: Seite 86-87, 90-91, 94-95
Robert Gillmor: Seite 58-59, 62-63, 66-67, 70-71, 122-123, 150-151
Tony Graham: Seite 18
Peter Hayman: Seite 46-47, 54-55, 126-127, 130-131, 186-187, 190-191, 194-195, 310-311
Vana Haggerty: Seite 24, 27, 29
John Hutchinson: Seite 32
Colin Newman: Seite 10-11, 14-15
Denys Ovenden: Seite 6-7, 42-43, 50-51, 110-111, 114-115, 118-119, 234-235, 238-239, 330-331, 334-335, 338-339, 342-343, 346-347
David Quinn: Seite 146-147, 202-203, 298-299, 302-303, 318-319, 322-323, 326-327
Andrew Robinson: Seite 154-155, 158-159
Chris Rose: Seite 4-5, 242-243, 246-247, 262-263, 266-267, 270-271, 314-315
Ed Stuart: Karten auf Seite 17, 22-23, 24-25, 26-27, 29, 30-31, 366
David Thelwell: Seite 222-223, 230-231, 254-255, 274-274
Owen Williams: Seite 74-75, 78-79, 82-83
Ken Wood: Seite 98-99, 102-103, 106-107
Michael Woods: Seite 8-9, 12-13, 17, 33, 178-179, 182-183, 258-259, 290-291, 294-295

Autoren

Dr. Jon C. Barlow, Kurator der Vogelabteilung, Royal Ontario Museum, Toronto, Kanada
Peter H. Barthel, Dipl.-Biol., Ornithologe, Autor, Herausgeber der Zeitschrift für Feldornithologie «Limicola», Northeim, Deutschland
Robert Burton, MA, MI Biol., Autor für Naturgeschichte, Eltisley, Cambridgeshire, GB
Mark Cocker, Autor und Naturschützer, Norwich, Norfolk, GB
Dr. William E. Davis jr., Leiter und Professor, Division of Science and Mathematics, Boston University, Boston, Massachusetts, USA
Stephen Debus, Zoologischer Assistent, University of New England, Armidale, Newsouthwales, Australien
Jonathan Elphick, Redakteur, Autor und Berater für Ornithologie und Naturgeschichte, Clapham, Exeter, Devon, GB
Mike Everett, Pressesprecher der «Royal Society for the Protection of Birds», RSPB, Sandy, Bedfordshire, GB
Dr. Chris Feare, Leiter der Abteilung Vogelschäden und Landwirtschaft, ADAS Central Science Laboratories, Worplesdon, Surrey, GB
Dr. Jim Flegg, Abteilungsdirektor, Institut für Gartenbauforschung, East Malling, Kent, GB
Dr. Hugh Ford, Dozent, Department of Zoology, University of New England, Armidale, Australien
Clifford Frith, Autor, Photograph, Naturschutzberater, Townsville, Queensland, Australien
Dr. C. Hilary Fry, Biologieprofessor, Sultan Quaboos University, Muscat, Oman
Rosemarie Gnam, Ornithologin, American Museum of Natural History, New York, USA
Dr. Llewellyn Grimes, Warwick, GB
Dr. David Hill, Entwicklungsleiter, British Trust for Ornithology, Tring, Hertfordshire, GB
Dr. John Horsfall, früherer Assistent am Edward Grey Institute of Field Ornithology, Oxford, GB
Anne Houtman, Forscherin, Edward Grey Institute of Field Ornithology, Oxford, GB
Rob Hume, ornithologischer Redakteur, Autor, Reiseleiter, Zeichner, RSPB, Sandy, Bedfordshire, GB
Dr. George A. Hurst, Professor für Natur und Fischerei, Mississippi State University, Mississippi, USA
Morton und Phyllis Isler, Forschungsassistenten, Smithsonian Institution, Washington DC, und Museum of Natural Science, Louisiana State University, Baton Rouge, Louisiana, USA
Dr. Bette J. S. Jackson, Biologieprofessorin, Mary Holmes College, West Point, Mississippi, USA
Dr. Jerome A. Jackson, Biologieprofessor und Kurator für Vögel und Säugetiere, Mississippi State University, Mississippi, USA
Dr. Alan Kemp, Hauptkonservator der Vogelabteilung, Transvaal Museum, Pretoria, Südafrika, Vorsitzender der IUCN/ICBP-Hornvogel-Gruppe
Dr. Alan Knox, Vogeltaxonom, Buckinghamshire County Museum, Halton, Buckinghamshire, GB
Dr. John C. Kricher, Autor, Biologieprofessor, Wheaton College, Norton, Massachusetts, USA
Dr. David McFarland, Ökologe, Vogelzeichner, Queensland National Parks & Wildlife Service, Brisbane, Queensland, Australien
Dr. Robert W. McFarlane, ornithologischer Berater und Autor, Houston, Texas, USA
Dr. Ian McLean, Zoologiedozent, University of Canterbury, Christchurch, Neuseeland
Dr. Carl D. Marti, Zoologieprofessor, Weber State College, Ogden, Utah, USA
Chris Mead, C Biol., MI Biol., Autor und Berichterstatter, Leiter der Beringungsabteilung, British Trust for Ornithology, Tring, Hertfordshire, GB
Rick Morris, Autor und Redakteur für Naturgeschichte, Twickenham, London, GB
Dr. Bryan Nelson, Zoologiedozent, University of Aberdeen, Aberdeen, GB
Nancy L. Newfield, ornithologische Beraterin, Autorin, Dozentin und Reiseleiterin, Metairie, Louisiana, USA
Dr. Malcolm Ogilvie, Autor und Naturschutzberater, Bruichladdich, Isle of Islay, GB
Dr. John P. O'Neill, ornithologischer Autor und Künstler, Museum of Zoology, Louisiana State University, Baton Rouge, Louisiana, USA
Dr. Christopher M. Perrins, Direktor, Edward Grey Institute of Field Ornithology, Oxford, GB
Dr. Richard O. Prum, ornithologischer Mitarbeiter, American Museum of Natural History, New York, USA
Drs. Kees Roselaar, Ornithologe, Instituut voor Taxonomische Zoölogie der Universiteit van Amsterdam, Niederlande
Eric Simms, DFC, MA, MBOU, Ornithologe, Journalist, Tierstimmenforscher, South Witham, Lincolnshire, GB
Dr. Denis Summers-Smith, Mechanikingenieur und Sperlingsforscher, Guisborough, Cleveland, GB
Judith A. Toups, ornithologische Beraterin und Autorin, Gulfport, Mississippi, USA
Dr. Juliet Vickery, Oberassistentin, School of Biological Sciences, University of East Anglia, Norwich, GB
Lori Willimont, Wildbiologin, US Fish & Wildlife Service, Charleston, South Carolina, USA
Martin M. Woodcock, ornithologischer Autor und Künstler, Staplehurst, Kent, GB
John Woodward, Redakteur und Autor für Naturgeschichte, Brighton, East Sussex, GB

REGISTER

Wissenschaftliche Namen

***kursive* Zahlen verweisen auf Abbildungen**

REGISTER

REGISTER

Deutsche Namen

***kursive* Zahlen verweisen auf Abbildungen**

A

B

C

D

E

F

G

REGISTER

REGISTER